D 08-03 16/23

D1642064

40740 | 15.1.2018

Hengeler Mueller

Partnerschaft von Rechtsanwälten mbB
Behrenstraße 42 · 10117 Berlin
Telefon +49 30 20374-0 · Telefax +49 30 20374-333
www.hengeler.com

Die Kostenfestsetzung
von Eicken · Hellstab · Dörndorfer · Asperger

von Eicken · Hellstab · Dörndorfer · Asperger

Die Kostenfestsetzung

bearbeitet von

Heinrich Hellstab
Regierungsdirektor a.D. und Diplom-Rechtspfleger, Berlin

Josef Dörndorfer
Fachhochschullehrer an der
Fachhochschule für öffentliche Verwaltung und Rechtspflege in Bayern

Ingeborg Asperger
Rechtsanwältin, Berlin

mitbegründet von

Kurt von Eicken (†)
Vorsitzender Richter am Kammergericht i.R.

Mitarbeit bis 21. Auflage

Friedrich Lappe (†)
ehem. Professor an der Fachhochschule für öffentliche Verwaltung und Rechtspflege in Bayern

Wolfgang Madert (†)
Rechtsanwalt, Moers

23. Auflage

Luchterhand Verlag 2018

Zitiervorschlag: Kostenfestsetzung/*Bearbeiter*, Rn B 14

Bibliografische Information der Deutschen Nationalbibliothek

Die Deutsche Nationalbibliothek verzeichnet diese Publikation in der Deutschen Nationalbibliografie; detaillierte bibliografische Daten sind im Internet über http://dnb.d-nb.de abrufbar.

ISBN 978-3-472-09522-4

Die Bearbeiter der 23. Auflage:

Ingeborg Asperger, Rechtsanwältin, Berlin: Abschnitt F, G; Anhang III, IV, V, VI

Josef Dörndorfer, Fachhochschullehrer an der Fachhochschule für öffentliche Verwaltung und Rechtspflege in Bayern: Abschnitt B I – XIV, E, H, I; Anhang I, II.

Heinrich Hellstab, Regierungsdirektor a.D. und Diplom-Rechtspfleger, Berlin: Abschnitt A, B XV, C, D.

www.wolterskluwer.de
www.luchterhand-fachverlag.de

Alle Rechte vorbehalten.
© 2018 Wolters Kluwer Deutschland GmbH, Luxemburger Straße 449, 50939 Köln.
Luchterhand – eine Marke von Wolters Kluwer Deutschland GmbH.

Das Werk einschließlich aller seiner Teile ist urheberrechtlich geschützt. Jede Verwertung außerhalb der engen Grenzen des Urheberrechtsgesetzes ist ohne Zustimmung des Verlages unzulässig und strafbar. Das gilt insbesondere für Vervielfältigungen, Übersetzungen, Mikroverfilmungen und die Einspeicherung und Verarbeitung in elektronischen Systemen.

Verlag und Autor übernehmen keine Haftung für inhaltliche oder drucktechnische Fehler.

Umschlagkonzeption: Martina Busch, Grafikdesign, Homburg Kirrberg
Satz: Innodata Inc., Noida, India
Druck und Weiterverarbeitung: Williams Lea & Tag GmbH, München

Gedruckt auf säurefreiem, alterungsbeständigem und chlorfreiem Papier.

Das Werk erschien in der 17. Auflage im J. Schweitzer Verlag KG, München

Inhaltsverzeichnis

Inhaltsverzeichnis V
Schrifttum XIII
Abkürzungen XVII

A. Einführung 1
   I.   Festsetzung 1
   II.   Kostenfestsetzung 2
   III.   Vergütungsfestsetzung 2
   IV.   Festsetzungsgegenstand 3
      1.   Privatrechtlicher Zahlungsanspruch 3
      2.   Öffentlich-rechtlicher Zahlungsanspruch 3
      3.   Privatrechtlicher Erstattungsanspruch 4
      4.   Öffentlich-rechtlicher Erstattungsanspruch 4
      5.   »Materielle« Erstattungsansprüche 4
   V.   Parteien, Beteiligte 5
      1.   Kostenfestsetzung 5
      2.   Kostenfestsetzung in Strafsachen 5
      3.   Vergütungsfestsetzung 5
      4.   Vergütungsfestsetzung gegen die Staatskasse 6
   VI.   Zuständigkeit 6
   VII.   Verfahrensvoraussetzungen 6
      1.   Allgemeine Verfahrensvoraussetzungen 6
      2.   Besondere Verfahrensvoraussetzungen 6
   VIII.   Antrag 7
      1.   Sachantrag 7
      2.   Begründung 8
   IX.   Anspruchs-, Parteienhäufung 8
      1.   Anspruchshäufung 8
      2.   Parteienhäufung 8
      3.   Rangfolge 9
   X.   Rechtliches Gehör 9
   XI.   Einwendungen 9
      1.   Kostenfestsetzung 9
      2.   Kostenfestsetzung gegen die Staatskasse 10
      3.   Vergütungsfestsetzung 10
      4.   Vergütungsfestsetzungen gegen die Staatskasse 10
   XII.   Beweis 11
   XIII.   Entscheidung 11
      1.   Beschluss 11
      2.   Rubrum 11
      3.   Tenor 12
      4.   Begründung 12
      5.   Streitwert 12
      6.   Anwaltsvergütung 12
      7.   Rahmengebühren 13
      8.   Behördenkosten 13
      9.   Rechtsmittelbelehrung 13
      10.   Vordrucke 13

Inhaltsverzeichnis

XIV.	Änderung, Rechtsbehelfe	14
	1. Änderung	14
	2. Erinnerung	14
	3. Beschwerde	14
	4. Rechtsbeschwerde	15
	5. Anhörungsrüge	15
	6. Verwirkung	15
	7. Verböserungsverbot	15
	8. Rechtskraft	15
XV.	Vollstreckung	16
B.	**Kostenfestsetzung im Zivilprozess**	**17**
I.	Grundlagen	19
	1. Festsetzungsanspruch	19
	2. Prozessualer Kostenerstattungsanspruch	20
	3. Materiell-rechtlicher Kostenerstattungsanspruch	22
	4. Verhältnis prozessualer/materieller Kostenerstattungsanspruch	22
II.	Kostengrundentscheidung	24
	1. Kostengrundentscheidung	24
	2. Zur Zwangsvollstreckung geeigneter Titel	25
	3. Vollstreckungstitel	25
III.	Parteien	29
	1. Parteien des Hauptsacheverfahrens	29
	2. Antragsberechtigung	30
	3. Rechtsnachfolger	30
	4. Prozessbevollmächtigte 1. Instanz	30
	5. Tod der Partei	31
	6. Nichtexistente Partei	31
	7. Prozessunfähigkeit	31
	8. Insolvenzverfahren	32
	9. Parteiwechsel	32
	10. Streitgenossen	32
	11. Prozesskostenhilfe	35
IV.	Kostenfestsetzungsverfahren	35
	1. Zuständigkeit	35
	2. Sachliche Unabhängigkeit des Rechtspflegers	37
	3. Verfahrensgrundsätze	37
	4. Bindung des Rechtspflegers	41
	5. Einwendungen	45
V.	Kostenfestsetzungsantrag, Nachliquidation	48
	1. Kostenfestsetzungsantrag	48
	2. Zeitpunkt der Einreichung	50
	3. Nachfestsetzung/Nachliquidation	50
VI.	Der Kostenfestsetzungsbeschluss	51
	1. Inhalt des Kostenfestsetzungsbeschlusses	51
	2. Verzinsungsanordnung	52
	3. Kostenentscheidung	55
	4. Aufnahme von Beschränkungen des Titels	55
	5. Begründung	56
	6. Unterschrift	56
	7. Bekanntmachung	57
	8. Streitgenossen	58
	9. Feststellungsbeschluss	58

VII.	Rechtskraft und Vollstreckbarkeit	59
	1. Rechtskraft	59
	2. Abhängigkeit vom Fortbestand der Kostengrundentscheidung	61
	3. Der Kostenfestsetzungsbeschluss als Vollstreckungstitel	61
	4. Rückfestsetzung	62
	5. Änderung des Kostenfestsetzungsbeschlusses ohne Rechtsbehelf	63
VIII.	Kostenausgleich	65
	1. Voraussetzungen des Kostenausgleichs	65
	2. Fristgerechter Antrag des Gegners	66
	3. Der Gegner versäumt die Wochenfrist	69
	4. Rechtsmittel, insbesondere Beschwer	70
IX.	Anfechtung der Entscheidung des Rechtspflegers	71
	1. Sofortige Beschwerde	71
	2. Beschwerdegegenstand	73
	3. Verfahren vor dem Rechtspfleger	75
	4. Verfahren vor dem Beschwerdegericht	76
	5. Entscheidung des Beschwerdegerichts	78
	6. Rechtsbeschwerde	79
	7. Außerordentliche Rechtsbehelfe	80
	8. Erinnerung	80
X.	Festsetzung zu Gunsten des beigeordneten Rechtsanwalts	82
	1. Zweck und Anwendungsbereich des § 126 ZPO	82
	2. Voraussetzungen und Verfahren	83
	3. Übergang des Anspruchs auf die Staatskasse (§ 59 RVG)	86
	4. Einwendungen des Gegners	87
	5. Festsetzung auf den Namen der Partei	88
XI.	Festsetzung von Zwangsvollstreckungskosten	89
	1. Allgemeines	89
	2. Festsetzung von Zwangsvollstreckungskosten	91
	3. Abgrenzung: Prozesskosten/Zwangsvollstreckungskosten	92
	4. Einzelfälle	94
	5. Keine Kosten der Zwangsvollstreckung	96
	6. Kosten der Abwehr Dritter durch den Gläubiger	98
	7. Erstattungsanspruch des Schuldners	98
XII.	Allgemeine Voraussetzungen der Kostenerstattung	100
	1. Grundlagen der Erstattung	100
	2. Kosten des Rechtsstreits	100
	3. Aufwendungen der Partei	101
	4. Gegenständlicher Anwendungsbereich der Kostengrundentscheidung	102
	5. Kostenrechtlich selbständige Verfahren	103
	6. Sonstige Verfahren	106
	7. PKH-Bewilligungsverfahren	107
	8. Kosten des Rechtsstreits/Kosten des Vergleichs	108
XIII.	Vor- und außerprozessuale Aufwendungen der Parteien	109
XIV.	Notwendige Kosten	112
	1. Allgemeines	112
	2. Treu und Glauben	113
	3. Grundsatz der Kostenpflicht nach § 91 ZPO	114
	4. Chancengleichheit	115
XV.	Einzelfragen der Erstattbarkeit	115
	1. Vorbereitungskosten	116
	2. Auslagen	127

Inhaltsverzeichnis

	3. Vertretungskosten	138
	4. Zwangsvollstreckungskosten	178
C.	**Kostenfestsetzung in Arbeitssachen**	**187**
I.	Allgemeines	187
	1. Beschlussverfahren	187
	2. Urteilsverfahren	188
	3. Festsetzungsverfahren	189
II.	Urteilsverfahren	189
	1. Allgemeines	189
	2. Vertretungskosten	190
	3. Verbandsvertreter	190
	4. Eingeschränkte Erstattung vor dem Arbeitsgericht	192
	5. Anwaltskosten als hypothetische Partei-Reisekosten	193
	6. Ausschluss der Zeitversäumnis	194
	7. Erstattungsfähige Kosten des Berufungs- und Revisionsverfahrens	195
III.	Kosten eines beigeordneten Rechtsanwalts	196
IV.	Verweisung	196
	1. Allgemeines	196
	2. Verweisung Arbeitsgericht – Zivilgericht	196
	3. Verweisung Zivilgericht – Arbeitsgericht	197
V.	Drittschuldnerklagen	198
	1. Allgemeines, Auskunftskosten	198
	2. Zuständigkeit für Klagen aus § 840 ZPO	198
	3. Eingeschränkte Kostenerstattung im Drittschuldnerprozess	198
	4. Materiell-rechtlicher Kostenerstattungsanspruch?	199
	5. Zwangsvollstreckungskosten	200
	6. Festsetzungszuständigkeit	200
D.	**Kostenfestsetzung in öffentlich-rechtlichen Streitverfahren**	**201**
I.	Kostenfestsetzung in der Verwaltungs-, Finanz- und Sozialgerichtsbarkeit	204
	1. Gesetzliche Grundlagen	204
	2. Kostengrundentscheidung	204
	3. Beteiligte	213
	4. Verfahren vor dem Urkundsbeamten der Geschäftsstelle	219
	5. Kostenfestsetzungsgesuch	226
	6. Kostenfestsetzungsbeschluss	228
	7. Rechtskraft und Vollstreckbarkeit des Kostenfestsetzungsbeschlusses	232
	8. Kostenausgleichung	235
	9. Erinnerung, Beschwerde	236
	10. Festsetzung zu Gunsten des beigeordneten Rechtsanwalts	242
	11. Kostenfestsetzung für und gegen mehrere Beteiligte (Streitgenossen)	243
	12. Umfang der erstattungsfähigen Kosten	246
II.	Festsetzung der Kosten des Vorverfahrens	266
	1. Allgemeines	266
	2. Erstattungsfähige Kosten	268
	3. Verwaltungsgebühren	268
	4. Notwendigkeit eines Bevollmächtigten	270
III.	Kostenerstattung im isolierten Vorverfahren	277
	1. Erstattungsregelungen	277
	2. Kostengrundentscheidung	281
	3. Kostenfestsetzung	287
	4. Kostenfestsetzungsbescheid	289
	5. Anfechtung	290

	6.	Vollstreckung	291
	7.	Vorverfahren nach dem Lastenausgleichsgesetz	291
IV.	Erstattung der Kosten des Verwaltungsverfahrens		294
	1.	Allgemeines	294
	2.	Bestellung eines Vertreters von Amts wegen	294
	3.	Sozialrechtliches Verwaltungsverfahren	296
	4.	Enteignung nach dem Baugesetzbuch	297
	5.	Enteignung nach dem Bundesleistungsgesetz	301
	6.	Enteignung nach dem Schutzbereichsgesetz	302
	7.	Enteignung nach dem Landbeschaffungsgesetz	303
	8.	Enteignung nach Landesrecht	303
V.	Kostenfestsetzung in verfassungsgerichtlichen Verfahren		314
	1.	Verfahren vor dem Bundesverfassungsgericht	314
	2.	Verfahren vor den Verfassungsgerichten der Länder	318
VI.	Kostenfestsetzung in Disziplinar-, Wehrdisziplinar- und Wehrbeschwerdeverfahren		327
	1.	Disziplinarverfahren	327
	2.	Wehrdisziplinarverfahren	334
	3.	Wehrbeschwerdeverfahren	337

E. Kostenfestsetzung in Familiensachen und in den Angelegenheiten der freiwilligen Gerichtsbarkeit 341

I.	Allgemeines		341
II.	Kostengrundentscheidung		341
	1.	Ehesachen und Familienstreitsachen	342
	2.	Andere Familiensachen und Angelegenheiten der freiwilligen Gerichtsbarkeit	342
III.	Kostenpflicht bei Vergleich		343
	1.	Familienstreitsachen	343
	2.	Andere Familiensachen und Angelegenheiten der freiwilligen Gerichtsbarkeit	343
IV.	Kostenfestsetzung in Ehesachen und Familienstreitsachen		344
	1.	Anwendbare Vorschriften	344
	2.	Titel	344
	3.	Antrag	345
	4.	Verfahren	346
	5.	Rechtsmittel	346
	6.	Änderung der Verfahrenswertfestsetzung	347
V.	Kostenfestsetzung in den anderen Familiensachen und Angelegenheiten der freiwilligen Gerichtsbarkeit		347
	1.	Anwendbare Vorschriften	347
	2.	Titel	348
	3.	Antrag, Verfahren, Rechtsmittel, Änderung der Wertfestsetzung	348
VI.	Vollstreckungskosten		349
VII.	Festsetzung nach §§ 11 und 55 RVG sowie Beitreibung nach § 126 ZPO		349

F. Kostenfestsetzung in Strafsachen 350

I.	Gesetzliche Grundlage, Anwendungsbereich		351
II.	Die Kostenentscheidung		352
	1.	Die Kostenentscheidung als Voraussetzung für das Festsetzungsverfahren	352
	2.	Die Kostenentscheidung im Urteil, im Strafbefehl und in der die Untersuchung einstellenden Entscheidung	352
	3.	Beschlüsse als Kostenentscheidung	353
	4.	Entscheidung nur dem Grunde nach	353

	5.	Fehlen der Kostengrundentscheidung	354
	6.	Auslegung der Kostengrundentscheidung, Nachtragsbeschluss	354
	7.	Mehrere Kostenentscheidungen	355
	8.	Jugendgerichtliches Verfahren	356
III.		Rechtsmittel gegen die Kostenentscheidung	356
	1.	Die Anfechtung der Kosten- und Auslagenentscheidung	356
	2.	Die Anfechtbarkeit der Auslagenentscheidung bei Unanfechtbarkeit der Hauptentscheidung	357
	3.	Die Beschwerdeentscheidung	358
	4.	Konkurrenz von Rechtsmitteln	358
IV.		Die einzelnen Fälle einer Erstattungspflicht	359
	1.	Freispruch, Ablehnung der Eröffnung des Hauptverfahrens, Einstellung des Verfahrens	359
	2.	Die notwendigen Auslagen des Angeschuldigten bei Klagerücknahme und Einstellung	364
	3.	Kostenpflicht des Verurteilten, Kosten und notwendige Auslagen beim sog fiktiven sowie sog echten Teilfreispruch	365
	4.	Straffreierklärung/falsche Anzeige	369
	5.	Zurücknahme des Strafantrags	369
	6.	Privatklage	371
	7.	Nebenklage	374
	8.	Adhäsionsverfahren	378
	9.	Kosten bei Nebenfolgen	378
	10.	Kosten im Rechtsmittelverfahren	379
	11.	Beschlüsse aus §§ 51, 70, 77, 81 c, 145 StPO u § 56 GVG	387
V.		Kosten des Verfahrens, Umfang der Erstattungspflicht	387
	1.	Gebühren und Auslagen der Staatskasse, Allgemeines	387
	2.	Kosten der Vorbereitung der öffentlichen Klage	387
	3.	Entschädigung von Zeugen und Sachverständigen	388
	4.	Vergütung des gerichtlich bestellten Verteidigers	388
	5.	Kosten der einstweiligen Unterbringung und der Untersuchungshaft	388
	6.	Beiträge für Dolmetscher und Übersetzer	388
	7.	Kosten der Vollstreckung	389
	8.	Kosten des Antrags auf Wiederaufnahme des Verfahrens	389
	9.	Kostenübernahme	389
	10.	Festsetzung der gerichtlichen Gebühren und Auslagen	389
VI.		Notwendige Auslagen, Umfang der Erstattungspflicht	389
	1.	Allgemeines	389
	2.	Entschädigung für notwendige Zeitversäumnis	390
	3.	Sonstige notwendige Auslagen	390
	4.	Gebühren und Auslagen eines Rechtsanwalts	391
	5.	Die Kosten mehrerer Rechtsanwälte	392
	6.	Mehrere Auftraggeber	395
	7.	Der Erstattungsanspruch bei Doppelfunktion des Rechtsanwalts	395
	8.	Die Vergütung bei Tätigwerden von Vertretern des Rechtsanwalts und anderer Verfahrensbevollmächtigter; Unterbevollmächtigter	396
	9.	Der Rechtsanwalt als Vertreter oder Verteidiger in eigener Sache	397
	10.	Die Gebühren des Rechtsanwalts im Einzelnen	398
	11.	Reisekosten des auswärtigen Rechtsanwalts	401
	12.	Auslagen des Wahlverteidigers	403
	13.	Verstoß gegen § 137 Abs 1 S 2 StPO oder § 146 StPO	405
	14.	Die Auslagen des Verteidigers im Ausschließungsverfahren nach §§ 138 a–d StPO	405

	15.	Ausbleiben des Verteidigers	406
	16.	Tod des Berechtigten, des Verpflichteten oder des Angeklagten	407
VII.	Das Festsetzungsverfahren	408
	1.	Gegenstand und Zweck des Verfahrens	408
	2.	Die Kostenentscheidung als Grundlage des Festsetzungsverfahrens	409
	3.	Der Antrag	409
	4.	Das Verfahren im Einzelnen	410
VIII.	Erinnerung	412
	1.	Statthaftigkeit	412
	2.	Gegenstand der Erinnerung	413
	3.	Zuständigkeit	414
	4.	Verfahrensgrundsätze	415
	5.	Richterliche Erinnerungsentscheidung und deren Anfechtung	416
IX.	Beschwerde	416
	1.	Statthaftigkeit der sofortigen Beschwerde	416
	2.	Gegenstand der Beschwerde	417
	3.	Zuständigkeit	418
	4.	Verfahrensgrundsätze	418
	5.	Entscheidung des Beschwerdegerichts	418
	6.	Rechtsbeschwerde	418
X.	Geltendmachung des Erstattungsanspruchs des Beschuldigten durch den Rechtsanwalt oder Dritte	419
	1.	Allgemeines	419
	2.	Kosten im Festsetzungsverfahren	420
	3.	Zwangsvollstreckung aus Kostenfestsetzungsbeschlüssen	420
XI.	Aufrechnung gegen den Kostenerstattungsanspruch	421
XII.	Gebühren und Auslagen des gerichtlich bestellten Verteidigers und des beigeordneten Rechtsanwalts	423
	1.	Der Umfang des Vergütungsanspruchs des Pflichtverteidigers	423
	2.	Zusatzgebühr bei Tätigwerden vor dem Zeitpunkt der Bestellung	424
	3.	Gebühren in den Rechtsmittelinstanzen	425
	4.	Die Pauschvergütung nach § 51 RVG für den Pflichtverteidiger	425
	5.	Die Auslagen des Pflichtverteidigers	430
	6.	Vertreter des Pflichtverteidigers	432
	7.	Festsetzung der Vergütung, Verfahren	433
	8.	Rechtsbehelfe im Festsetzungsverfahren	433
	9.	Der Anspruch auf Wahlverteidigergebühren	434
	10.	Pflichtverteidiger und Vergütungsvereinbarung	438
	11.	Pflichtverteidiger neben Wahlverteidiger	438
	12.	Vorschüsse und Zahlungen, Anrechnung	439
	13.	Gebühren und Auslagen des beigeordneten Rechtsanwalts	440
	14.	Andere Fälle	441
	15.	Die Pauschgebühr nach § 42 RVG für den Wahlverteidiger	441
	16.	Beigeordneter Zeugenbeistand/Vernehmungsbeistand (§ 59 a RVG)	442
XIII.	Kostenerstattungsanspruch nach dem Gesetz über die Entschädigung für Strafverfolgungsmaßnahmen	443
XIV.	Kostenerstattungsanspruch des psychosozialen Prozessbegleiters	444

G. Kostenfestsetzung in Bußgeldsachen 447

I.	Verfahren vor der Verwaltungsbehörde	447
II.	Kostenfestsetzung und Zwangsvollstreckung	448
III.	Gerichtliches Verfahren und Verfahren der Staatsanwaltschaft	448
IV.	Gebühren in Bußgeldverfahren	449

Inhaltsverzeichnis

V.	Bußgeldverfahren und staatsanwaltschaftliches Ermittlungsverfahren	450
VI.	Sonstiges	451

H. Festsetzung der aus der Staatskasse zu zahlenden Vergütung (§ 55 RVG) 452
- I. Allgemeines 452
- II. Eigenart des Verfahrens 452
- III. Festsetzungsantrag 454
- IV. Das Festsetzungsverfahren 456
    1. Zuständigkeiten 456
    2. Bindung des Urkundsbeamten an den Beiordnungsbeschluss 457
    3. Bindung an den Antrag 458
    4. Prüfungsumfang des Urkundsbeamten 458
    5. Einwendungen und Einreden 463
    6. Vertretung von Streitgenossen 463
- V. Die Festsetzungsentscheidung 463
- VI. Erinnerung 464
- VII. Beschwerde 466
- VIII. Festsetzung der weiteren Vergütung (§ 50 RVG) 467
- IX. Festsetzung der Gebühren für Beratungshilfe 468
- X. Übergang von Ansprüchen auf die Staatskasse (§ 59 RVG) 468

I. Das Vergütungsfestsetzungsverfahren nach § 11 RVG 471
1. Allgemeines 471
    a) Verhältnis zum Klageverfahren 471
    b) Verhältnis zum Hauptsacheverfahren 472
2. Die Verfahrensbeteiligten 473
3. Antragsberechtigung 473
4. Antragsgegner 474
5. Verfahrensgegenstand 475
6. Das Verfahren 477
    a) Antrag 477
    b) Zuständigkeit 478
    c) Rechtliches Gehör 478
    d) Aussetzung; Unterbrechung 478
    e) Bindung an den Antrag 479
    f) Hemmung der Verjährung 479
7. Einwendungen 479
8. Entscheidung 483
9. Rechtsbehelfe 483
    a) Ordentliche Gerichtsbarkeit und Arbeitsgerichtsbarkeit 483
    b) Verwaltungs-, Finanzgerichts- und Sozialgerichtsbarkeit 484
10. Zwangsvollstreckung 485
11. Rechtskraft 486

Anhang 487

Stichwortverzeichnis 501

Schrifttum

Arnold/Meyer-Stolte/Herrmann/Rellermeyer/Hintzen/Manfred	Rechtspflegergesetz (8. Aufl 2015)
Asperger/Hellstab	RVG effizient (3. Aufl 2017)
Baumbach/Lauterbach/Albers/Hartmann	Zivilprozessordnung (Kommentar, 75. Aufl 2017) (zitiert: BLAH-*Bearbeiter*)
Beck/Berr/Schäpe	OWi-Sachen im Straßenverkehrsrecht (7. Aufl 2017)
BeckOK ZPO	Beck'scher Online-Kommentar ZPO
Behnke	Bundesdisziplinarordnung (Kommentar, 2. Aufl 1970)
Berliner Kommentar zum Baugesetzbuch	(Loseblatt-Kommentar, Stand Juli 2017 ff)
Binz/Dörndorfer/Petzold/Zimmermann	GKG/FamGKG/JVEG (Kommentar, 3. Aufl 2014)(zitiert: B/D/P/Z-*Bearbeiter*)
Bischof/Jungbauer/Bräuer/Klipstein/Klüsener/Uher	Rechtsanwaltsvergütungsgesetz (Kommentar, 7. Aufl 2016)
Brunner/Dölling	Jugendgerichtsgesetz (Kommentar, 12. Aufl 2011)
Claussen/Janzen	Handkommentar zur Bundesdisziplinarordnung (8. Aufl 1996)
Dahs	Handbuch des Strafverteidigers (8. Aufl 2015)
Dörndorfer	Rechtspflegergesetz (Kommentar, 2. Aufl 2014)
Eckert	Steuerberatergebührenverordnung (Kommentar, 6. Aufl 2017)
Ernst/Zinkahn/Bielenberg/Krautzberger	Baugesetzbuch (Loseblatt-Kommentar, Stand Mai 2017 ff)
Eyermann	Verwaltungsgerichtsordnung (Kommentar, 14. Aufl 2014)
Gansen	Disziplinarrecht in Bund und Ländern (Loseblatt-Kommentar, Stand Juli 2017 ff)
Gebauer/Schneider	Rechtsanwaltsvergütungsgesetz (Kommentar, 8. Aufl 2017)
Germelmann/Matthes/Prütting	Arbeitsgerichtsgesetz (Kommentar, 9. Aufl 2017)
Gerold/Schmidt	Rechtsanwaltsvergütungsgesetz (Kommentar, 22. Aufl 2015)
Giese	Sozialgesetzbuch (Loseblatt-Kommentar, Stand Juli 2014 ff)
Göhler	Ordnungswidrigkeitengesetz (Kommentar, 17. Aufl 2017)
Rehberg/Schons/Vogt u.a.	Rechtsanwaltsvergütungsgesetz (6. Aufl 2015)(zitiert: *Göttlich/Mümmler*)
Gräber	Finanzgerichtsordnung (Kommentar, 8. Aufl 2015)
Grunsky/Waas/Benecke/Greiner	Arbeitsgerichtsgesetz (Kommentar, 8. Aufl 2014)
Harmening	Kommentar zum Lastenausgleich (Stand 1.1.1982)
Hartmann	Kostengesetze (47. Aufl 2017)
Hartung/Schons/Enders	Rechtsanwaltsvergütungsgesetz (Kommentar, 3. Aufl 2017)
Hauck/Noftz	Sozialgesetzbuch (Loseblatt-Kommentar, Stand 2014 ff)
Hennig	Handbuch zum Sozialgerichtsgesetz (Loseblatt-Kommentar, Stand 2014 ff)
Hübschmann/Hepp/Spitaler	Kommentar zur Abgabenordnung und Finanzgerichtsordnung (Loseblatt, Stand Juli 2014 ff)
Karlsruher Kommentar-(Bearbeiter)	zur Strafprozessordnung und zum Gerichtsverfassungsgesetz (7. Aufl 2013) (zitiert: KK-*Bearbeiter*)
Keidel	FamFG (Kommentar, 19. Aufl 2017)

Schrifttum

Meyer-Goßner/Schmitt	Strafprozessordnung mit Gerichtsverfassungsgesetz und Nebengesetzen (Kommentar, 60. Aufl 2017)
Klempt/Meyer	Das Kostenrecht des Steuerprozesses
Knack/Henneke	Verwaltungsverfahrensgesetz (Kommentar, 10. Aufl 2014)
Hummel/Köhler/Mayer/Baunack	Bundesdisziplinargesetz und materielles Disziplinarrecht (Kommentar, 6. Aufl 2016)
Kopp/Schenke	Verwaltungsgerichtsordnung (Kommentar, 23. Aufl 2017)
Kostenrechtsprechung (KostRsp)	bearbeitet von Lappe/Hellstab/Onderka (Loseblatt, Stand Mai 2012 ff)
Lappe	Gebührentips für Rechtsanwälte (3. Aufl 2000)
Lappe	Justizkostenrecht (2. Aufl 1995)
Lechner/Zuck	Bundesverfassungsgerichtsgesetz (Kommentar, 7. Aufl 2015)
Leibholz/Rupprecht	Bundesverfassungsgerichtsgesetz (Kommentar, 1968)
Löwe/Rosenberg/(Bearbeiter)	Die Strafprozessordnung und das Gerichtsverfassungsgesetz (Loseblatt-Kommentar, 2006–2011 ff)(zitiert: LR-*Bearbeiter*)
Lüdicke	Kostenerstattungsansprüche in steuer- und abgabenrechtlichen Vorverfahren (1986)
Madert	Rechtsanwaltsvergütung in Straf- und Bußgeldsachen (5. Aufl 2004)
Madert/Schons	Die Vergütungsvereinbarung des Rechtsanwalts (3. Aufl 2006)
Maunz/Schmidt-Bleibtreu/Klein/Ulsamer	Bundesverfassungsgerichtsgesetz (Loseblatt-Kommentar, Stand Februar 2012 ff)
Meyer	Strafrechtsentschädigung, Kommentar zum StrEG (8. Aufl 2011)
Meyer-Goßner/Schmitt	Strafprozessordnung (Kommentar, 60. Aufl 2017)
Meyer-Ladewig/Keller/Leitherer	Sozialgerichtsgesetz (Kommentar, 12. Aufl 2017)
Münchener Kommentar	zur Zivilprozessordnung (5. Aufl 2016)(zitiert: MünchKommZPO *Bearbeiter*)
Musielak	Zivilprozessordnung (14. Aufl 2017)
Obermayer/Funke-Kaiser	Verwaltungsverfahrensgesetz (Kommentar, 5. Aufl 2017)
Peters/Sautter/Wolff	Kommentar zur Sozialgerichtsbarkeit (Loseblatt-Kommentar, Stand Mai 2016)
Redeker/von Oertzen	Verwaltungsgerichtsordnung (Kommentar, 16. Aufl 2014)
Riedel/Sußbauer	Bundesgebührenordnung für Rechtsanwälte (Kommentar, 10. Aufl 2014)
Riedel/Sußbauer/Fraunholz	RVG (Kommentar, 9. Aufl 2005)
Rohwer-Kahlmann	Aufbau und Verfahren der Sozialgerichtsbarkeit (Loseblatt-Kommentar, Stand August 2007)
Schmidt	Kostenerstattung und Streitwert, Festschrift für Herbert Schmidt
Satzger/Schluckebier/Widmaier	StPO (Kommentar, 2. Aufl 2015)(zitiert SSW-StPO-*Bearbeiter*)
Maunz/Schmidt-Bleibtreu/Klein/Bethge	BVerfGG (Loseblatt-Kommentar, 50. Aufl 2017)
Schoch/Schneider/Bier	Verwaltungsgerichtsordnung (Loseblatt-Kommentar, Stand September 2013 ff)
Schrödter	Baugesetzbuch (Kommentar, 8. Aufl 2015)
Schunk/de Clerck	Verwaltungsgerichtsordnung (Kommentar, 3. Aufl 1984)
Schwab/Weth	Arbeitsgerichtsgesetz (Kommentar, 4. Aufl 2014)
Sodan/Ziekow	Nomos Kommentar zur Verwaltungsgerichtsordnung (4. Aufl 2014)

Stein/Jonas	Kommentar zur Zivilprozessordnung (22. Aufl 2013 ff)
Stelkens/Bonk/Sachs	Verwaltungsverfahrensgesetz (Kommentar, 8. Aufl 2014)
Thomas/Putzo	Zivilprozessordnung (Kommentar, 38. Aufl 2017)
Tipke/Kruse	Abgabenordnung-Finanzgerichtsordnung (Loseblatt-Kommentar, Stand März 2012 ff)
Tschischgale	Das Kostenrecht in Sozialsachen (1959)
Tschischgale/Satzky	Das Kostenrecht in Arbeitssachen (1960)
Wannagat/Eichenhofer	Sozialgesetzbuch-Kommentar zum gesamten Recht des Sozialgesetzbuchs (Stand 2009)
Von Wulffen/Schütze	SGB X, Sozialverwaltungsverfahren und Sozialdatenschutz (Kommentar, 8. Aufl 2014)
Ziemer/Birkholz	Finanzgerichtsordnung (Kommentar, 1982)
Zöller	Zivilprozessordnung (Kommentar, 31. Aufl 2016)

Abkürzungen

AA, aA	anderer Ansicht
aaO	am angeführten Ort
abl Anm	ablehnende Anmerkung
Abs	Absatz
aF	alte Fassung
AGS	Anwaltsgebühren Spezial
AMBLBY	Amtsblatt des Bayerischen Staatsministeriums für Arbeit und soziale Fürsorge
AmtlMittLVARheinpr	Amtliche Mitteilungen der Landesversicherungsanstalt Rheinprovinz
Anm	Anmerkung
AnwBl	Anwaltsblatt
AO	Abgabenordnung
AP	Hueck/Nipperdey/Dietz, Arbeitsrechtliche Praxis, Nachschlagewerk des Bundesarbeitsgerichts
ArbGG	Arbeitsgerichtsgesetz
ArbRsp	Die Rechtsprechung in Arbeitssachen
ArbuR	Arbeit und Recht, Zeitschrift für die Arbeitsrechtspraxis
ARST	Arbeitsrecht in Stichworten
Art	Artikel
AS	Amtliche Sammlung von Entscheidungen der Oberverwaltungsgerichte Rheinland-Pfalz (Koblenz) und Saarland (Saarlouis)
BAG	Bundesarbeitsgericht
BAGE	Amtliche Sammlung der Entscheidungen des Bundesarbeitsgerichts
BauGB	Baugesetzbuch
BauR	Baurecht
BayObLG	Bayerisches Oberstes Landesgericht
BayObLGSt	Sammlung der Entscheidungen des Bayerischen Obersten Landesgerichts in Strafsachen
BayVBl	Bayerisches Verwaltungsblatt
BayVGHE	Amtliche Sammlung der Entscheidungen des Bayerischen Verwaltungsgerichtshofs
BayVwVfG	Bayerisches Verwaltungsverfahrensgesetz
BB	Der Betriebsberater
BBauG	Bundesbaugesetz
BDHE	Amtliche Sammlung der Entscheidungen des Bundesdisziplinarhofs
BDiA	Bundesdisziplinaranwalt
BDiszG	Bundesdisziplinargericht
BDO	Bundesdisziplinarordnung
BerHG	Beratungshilfegesetz
BetrVG	Betriebsverfassungsgesetz
BFH	Bundesfinanzhof
BFHE	Amtliche Sammlung der Entscheidungen des Bundesfinanzhofs
BG	Die Berufsgenossenschaft
BGB	Bürgerliches Gesetzbuch
BGH	Bundesgerichtshof
BGHSt	Amtliche Sammlung der Entscheidungen des Bundesgerichtshofs in Strafsachen
BGHZ	Amtliche Sammlung der Entscheidungen des Bundesgerichtshofs in Zivilsachen
BinnSchiffVerfG	Binnenschifffahrtsverfahrensgesetz
BJustMin	Bundesjustizministerium
BlfPMZ	Blatt für Patent-, Muster- und Zeichenwesen
BLG	Bundesleistungsgesetz
BPatG	Bundespatentgericht
BPatGE	Amtliche Sammlung der Entscheidungen des Bundespatentgerichts
BPersVG	Bundespersonalvertretungsgesetz
BRAGO	Bundesgebührenordnung für Rechtsanwälte
BRAO	Bundesrechtsanwaltsordnung

Abkürzungen

Breithaupt	Sammlung von Entscheidungen der Sozialversicherung, Versorgungs- und Arbeitslosenversicherung
BRS	Baurechtssammlung, Rechtsprechung des BVerwG, der Oberverwaltungsgerichte der Länder und anderer Gerichte zum Bau- und Bodenrecht
BSG	Bundessozialgericht
BSGE	Amtliche Sammlung der Entscheidungen des Bundessozialgerichts
Bsp	Beispiel
BStBl II	Bundessteuerblatt Teil II
BT-Drucks	Bundestagsdrucksache
BVerfG	Bundesverfassungsgericht
DAR	Deutsches Autorecht
DAVorm	Der Amtsvormund
DB	Der Betrieb
DGVZ	Deutsche Gerichtsvollzieherzeitung
DÖV	Die Öffentliche Verwaltung
DStR	Deutsches Steuerrecht
DVBl	Deutsches Verwaltungsblatt
EFG	Entscheidungen der Finanzgerichte
EGGVG	Einführungsgesetz zum Gerichtsverfassungsgesetz
ESVGH	Entscheidungssammlung des Hessischen Verwaltungsgerichtshofs (Kassel) und des Verwaltungsgerichtshofs Baden-Württemberg (Mannheim)
EUGMR	Europäischer Gerichtshof für Menschenrechte
EuGRZ	Europäische Grundrechte-Zeitschrift
EzA	Entscheidungssammlung zum Arbeitsrecht
EzFamR aktuell	EzFamR aktuell. Sofortinformation zur Entscheidungssammlung zum Familienrecht (Luchterhand)
FamRZ	Zeitschrift für das gesamte Familienrecht
fG	freiwillige Gerichtsbarkeit
FG	Finanzgericht
FGG	Gesetz betr die Angelegenheiten der freiwilligen Gerichtsbarkeit
FGO	Finanzgerichtsordnung
FR	Finanzrundschau
G	Gesetz
GA	Goltdammer's Archiv für Strafrecht
GBl	Gesetzblatt
GebrMG	Gebrauchsmustergesetz
gem	gemäß
GewA	Gewerbearchiv
GG	Grundgesetz
ggf	gegebenenfalls
GKG	Gerichtskostengesetz
Gruch	Gruchot, Beiträge zur Erläuterung des Deutschen Rechts
GRUR	Gewerblicher Rechtsschutz und Urheberrecht
GS	Schl-H Gesetzessammlung Schleswig-Holstein
GVG	Gerichtsverfassungsgesetz
GVBl	Gesetz- und Verordnungsblatt
GvKostG	Gesetz über die Kosten der Gerichtsvollzieher
GVOBl	Gesetz- und Verordnungsblatt
HGB	Handelsgesetzbuch
HausrVO	Verordnung über die Behandlung der Ehewohnung und des Hausrats (Hausratsverordnung)
HessFGG	Hessisches Gesetz über die freiwillige Gerichtsbarkeit
HessStdGZ	Hessische Städte- und Gemeindezeitung

HFR	Höchstrichterliche Finanzrechtsprechung
HinterlO	Hinterlegungsordnung
hM	herrschende Meinung
idR	in der Regel
IFLA	Informationen für den Lastenausgleich
Insb	insbesondere
InsO	Insolvenzordnung
iSv	im Sinne von
JBeitrO	Justizbeitreibungsordnung
JBlSaar	Justizblatt des Saarlandes
JGG	Jugendgerichtsgesetz
JMBlNW	Justizministerialblatt des Landes Nordrhein-Westfalen
JR	Juristische Rundschau
JurBüro	Das Juristische Büro
JURIS	Juristisches Informationssystem des Bundes der JURIS GmbH
Justiz	Die Justiz
JVBl	Justizverwaltungsblatt
JVEG	Justizvergütungs- und -entschädigungsgesetz
JVKostO	Justizverwaltungskostenordnung
JW	Juristische Wochenschrift
JZ	Juristenzeitung
KDVG	Kriegsdienstverweigerungsgesetz
KDVV	Kriegsdienstverweigerungsverordnung
KG	Kammergericht
KGR	KGReport Berlin
KMK-HSchR	Veröffentlichungen der Kultusministerkonferenz-Informationen zum Hochschulrecht
KostRÄndG	Kostenrechtsänderungsgesetz
KostO	Kostenordnung
KostRsp	Kostenrechtsprechung, bearbeitet von Lappe/Hellstab/Onderka
KostVerz	Kostenverzeichnis zum Gerichtskostengesetz
KostVfg	Kostenverfügung
KStZ	Kommunale Steuerzeitschrift
KTS	Konkurs-, Treuhand- und Schiedsgerichtswesen
LAG	Lastenausgleichsgesetz, Landesarbeitsgericht
LandbeschG	Landbeschaffungsgesetz
LArbG	Landesarbeitsgericht
LBG	Landbeschaffungsgesetz
LG	Landgericht
LM	Lindenmaier/Möhring, Nachschlagewerk des Bundesgerichtshofs in Zivilsachen
LMK	Lindenmaier/Möhring, Kommentierte BGH-Rechtsprechung
LS	Leitsatz
LSG	Landessozialgericht
LwVG	Gesetz über das gerichtliche Verfahren in Landwirtschaftssachen
m	mit
MDR	Monatsschrift für Deutsches Recht
MittDPatAnw	Mitteilungen vom Verband deutscher Patentanwälte
MittHV	Mitteilungen des Hochschulverbandes
MRK	Europäische Menschenrechtskonvention
MtblBAA	Mitteilungsblätter des Bundesausgleichsamtes
MustV	Musterungsverordnung
mwN	mit weiteren Nachweisen

Abkürzungen

NdsRpfl	Niedersächsische Rechtspflege
NJW	Neue Juristische Wochenschrift
NJW-RR	NJW-Rechtsprechungsreport Zivilrecht
Nr	Nummer
NStZ	Neue Zeitschrift für Strafrecht
nv	nicht veröffentlicht
NVwZ	Neue Zeitschrift für Verwaltungsrecht
NZA	Neue Zeitschrift für Arbeitsrecht
NZWehrr	Neue Zeitschrift für Wehrrecht
OFD	Oberfinanzdirektion
OLG	Oberlandesgericht
OLGE	Die Rechtsprechung der Oberlandesgerichte
OLGR	OLGReport
OLGSt	Entscheidungen der Oberlandesgerichte zum Straf- und Strafverfahrensrecht
OVG	Oberverwaltungsgericht
OVGE	Amtliche Sammlung der Entscheidungen der Oberverwaltungsgerichte für das Land Nordrhein-Westfalen (Münster) und für die Länder Niedersachsen und Schleswig-Holstein (Lüneburg)
OWiG	Gesetz über Ordnungswidrigkeiten
PatG	Patentgesetz
PersV	Die Personalvertretung
PKH	Prozesskostenhilfe
RdElek	Recht der Elektrowirtschaft
RdL	Recht der Landwirtschaft
Rn.	Randnummer (außerhalb des Werkes)
Rdn.	Randnummer (innerhalb des Werkes)
RdSchr	Rundschreiben
RGSt	Amtliche Sammlung der Entscheidungen des Reichsgerichts in Strafsachen
RGZ	Amtliche Sammlung der Entscheidungen des Reichsgerichts in Zivilsachen
RPflG	Rechtspflegergesetz
Rpfleger	Der Deutsche Rechtspfleger
RuS	Recht und Schaden
RVG	Rechtsanwaltsvergütungsgesetz
s	siehe
SchlHA	Schleswig-Holsteinische Anzeigen
SchutzBerG	Schutzbereichsgesetz
SG	Sozialgericht
SGb	Die Sozialgerichtsbarkeit
SGB I	Sozialgesetzbuch – Allgemeiner Teil –
SGB X	Sozialgesetzbuch – Verwaltungsverfahren –
SGG	Sozialgerichtsgesetz
sog/sogen	so genannte
SortSchG	Sortenschutzgesetz
SozEntsch	Sozialrechtliche Entscheidungssammlung
SozR	Entscheidungssammlung, bearbeitet von Richtern des Bundessozialgerichts
SozVers	Die Sozialversicherung
StA	Staatsanwaltschaft
StBerGebV	Steuerberatergebührenverordnung
StGB	Strafgesetzbuch
StPO	Strafprozessordnung
StrEG	Gesetz über die Entscheidung für Strafverfolgungsmaßnahmen
StV	Strafverteidiger

UdG	Urkundsbeamter der Geschäftsstelle
UStG	Umsatzsteuergesetz
UWG	Gesetz über den unlauteren Wettbewerb
v	vom
VBlBW	Verwaltungsblätter Baden-Württemberg
VerschG	Verschollenheitsgesetz
VersorgB	Der Versorgungsbeamte
VersR	Versicherungsrecht
VerwArch	Verwaltungsarchiv
VerwRsp	Verwaltungsrechtsprechung
VG	Verwaltungsgericht
VGH	Verwaltungsgerichtshof
VGHE	Entscheidungssammlung des Bayerischen Verwaltungsgerichtshofs
vgl	vergleiche
Vorbem	Vorbemerkung
VRS	Verkehrsrechtssammlung
VV	Vergütungsverzeichnis
VwGO	Verwaltungsgerichtordnung
VwKostG	Verwaltungskostengesetz
VwVfG	Verwaltungsverfahrensgesetz
VwZG	Verwaltungszustellungsgesetz
WBO	Wehrbeschwerdeordnung
WDO	Wehrdisziplinarordnung
WD-Senate	Wehrdienstsenate
WEG	Wohnungseigentumsgesetz
WM	Wertpapiermitteilungen
WPflG	Wehrpflichtgesetz
WRP	Wettbewerb in Recht und Praxis
WuM	Wohnungswirtschaft und Mietrecht
WZG	Warenzeichengesetz
zB	zum Beispiel
ZBR	Zeitschrift für Beamtenrecht
ZDG	Zivildienstgesetz
ZfS	Zeitschrift für Schadensrecht
ZIP	Zeitschrift für Wirtschaftsrecht und Insolvenzpraxis
ZMR	Zeitschrift für Miet- und Raumrecht
ZPO	Zivilprozessordnung
ZSEG	Gesetz über die Entschädigung von Zeugen und Sachverständigen
zust Anm	zustimmende Anmerkung
ZVG	Gesetz über die Zwangsversteigerung und die Zwangsverwaltung
ZwVollstr	Zwangsvollstreckung
ZZP	Zeitschrift für Zivilprozess

A. Einführung

Übersicht

		Rdn.			Rdn.
I.	Festsetzung	A 1	XI.	Einwendungen	A 23
II.	Kostenfestsetzung	A 2	1.	Kostenfestsetzung	A 23
III.	Vergütungsfestsetzung	A 3	2.	Kostenfestsetzung gegen die Staatskasse	A 24
IV.	Festsetzungsgegenstand	A 4	3.	Vergütungsfestsetzung	A 25
1.	Privatrechtlicher Zahlungsanspruch	A 5	4.	Vergütungsfestsetzungen gegen die Staatskasse	A 26
2.	Öffentlich-rechtlicher Zahlungsanspruch	A 6	XII.	Beweis	A 27
3.	Privatrechtlicher Erstattungsanspruch	A 7	XIII.	Entscheidung	A 28
4.	Öffentlich-rechtlicher Erstattungsanspruch	A 8	1.	Beschluss	A 28
5.	»Materielle« Erstattungsansprüche	A 9	2.	Rubrum	A 29
V.	Parteien, Beteiligte	A 10	3.	Tenor	A 30
1.	Kostenfestsetzung	A 10	4.	Begründung	A 31
2.	Kostenfestsetzung in Strafsachen	A 11	5.	Streitwert	A 32
3.	Vergütungsfestsetzung	A 12	6.	Anwaltsvergütung	A 33
4.	Vergütungsfestsetzung gegen die Staatskasse	A 13	7.	Rahmengebühren	A 34
VI.	Zuständigkeit	A 14	8.	Behördenkosten	A 35
VII.	Verfahrensvoraussetzungen	A 15	9.	Rechtsmittelbelehrung	A 36
1.	Allgemeine Verfahrensvoraussetzungen	A 15	10.	Vordrucke	A 37
2.	Besondere Verfahrensvoraussetzungen	A 16	XIV.	**Änderung, Rechtsbehelfe**	A 38
VIII.	**Antrag**	**A 17**	1.	Änderung	A 38
1.	Sachantrag	A 17	2.	Erinnerung	A 39
2.	Begründung	A 18	3.	Beschwerde	A 40
IX.	**Anspruchs-, Parteienhäufung**	A 19	4.	Rechtsbeschwerde	A 41
1.	Anspruchshäufung	A 19	5.	Anhörungsrüge	A 42
2.	Parteienhäufung	A 20	6.	Verwirkung	A 43
3.	Rangfolge	A 21	7.	Verböserungsverbot	A 44
X.	**Rechtliches Gehör**	A 22	8.	Rechtskraft	A 45
			XV.	**Vollstreckung**	A 46

Die Einführung will, unter Verzicht auf Einzelheiten, einen Überblick über die Festsetzung insgesamt geben, Grundsätze darstellen, die Gemeinsamkeiten der verschiedenen Festsetzungen ebenso wie die Unterschiede darlegen. Sie verzichtet auf Rechtsprechungs- und Schrifttumsnachweise, sie finden sich in den einzelnen Kapiteln.

I. Festsetzung

Unter »Festsetzung« versteht das Verfahrensrecht die Entscheidung in einem **vereinfachten Verfahren**, meist durch Beschluss und ohne mündliche Verhandlung. Festgesetzt werden die verschiedensten **Gegenstände**, etwa Unterhalt (früher § 645 ZPO, jetzt §§ 111 Nr 8, 116 FamFG), Strafen – durch Strafbefehl – (§ 407 Abs 1 StPO), Zeugenentschädigung und Sachverständigenvergütung (§ 4 JVEG), Zwangsgelder (§ 35 FamFG). A 1

Vor allem aber findet sich der Begriff im Zusammenhang mit **Kosten** – im weitesten Sinne –. Hier werden festgesetzt: die Anwaltsvergütung gegen den Auftraggeber (§ 11 Abs 1 RVG) und die Staatskasse (§ 55 Abs 1 RVG), die vom Gegner oder einem sonstigen Beteiligten (§ 103 Abs 2 ZPO, § 85 FamFG) sowie aus der Staatskasse zu erstattenden Kosten (§ 464 b StPO), schließlich die Prozesskostenhilfe-Raten (§ 120 Abs 1 ZPO); auch sonstige Vergütungen wie die des Insolvenzverwalters (§ 64 Abs 1 InsO).

Den Begriff der Festsetzung benutzt das Verfahrensrecht aber auch bei **Bemessungsfaktoren,** so bei der Bestimmung des Grundstückswerts in der Zwangsversteigerung (§ 74 a Abs 5 ZVG), bei pfändbaren Beträgen (§ 850 f Abs 3 ZPO). Am bedeutsamsten sind wiederum **kostenrechtliche**

A.   Einführung

Festsetzungen: des Streitwerts (§ 63 Abs 1, 2 GKG), des Geschäftswerts (§§ 78, 79 GNotKG) und des Gegenstandswerts (§ 33 Abs 1 RVG).

Man stößt auf den Begriff schließlich in **anderen**, nicht hierher gehörenden Zusammenhängen, so bei der »Festsetzung« des Tagessatzes einer Geldstrafe im Urteil (§ 40 Abs 2 S 3 StGB) und bei der »Festsetzung« von Verwaltungskosten (§ 14 Abs 1 VwKostG) – womit die Aufstellung der Kostenrechnung, also ein Verwaltungsakt gemeint ist –.

II. Kostenfestsetzung

A 2 Gegenstand der vorliegenden Darstellung ist die Festsetzung von »**Kosten**«. Darunter versteht das Verfahrensrecht in erster Linie die – zu erstattenden – »Kosten des Rechtsstreits« (§ 91 Abs 1 S 1 ZPO), »Kosten des Verfahrens« (§ 154 Abs 1 VwGO, § 81 FamFG), »Prozesskosten« (§ 103 Abs 1 ZPO).

Diese Kosten setzen sich zusammen aus den **Gerichtskosten** der obsiegenden Partei, ihren **sonstigen Aufwendungen** zur Führung des Rechtsstreits (§ 193 Abs 2 SGG) oder ihrem aus der Führung des Rechtsstreits resultierenden Schaden (§ 91 Abs 1 S 2 ZPO) sowie der **Vergütung ihres Anwalts** (§ 91 Abs 2 S 1 ZPO) oder sonstigen Bevollmächtigten (so insbesondere § 139 Abs 3 S 1, 2 FGO).

In **Strafsachen** gehören zu den »Kosten des Verfahrens« (§ 464 Abs 1 StPO) einerseits nur die **Gerichtskosten** (§ 464 a Abs 1 S 1 StPO), andererseits aber auch die Kosten der **Vorbereitung** der öffentlichen Klage – die Ermittlungskosten also – und die Vollstreckungskosten (§ 464 a Abs 1 S 2 StPO); die Kosten der Partei selbst (§ 464 a Abs 2 Nr 1 StPO) und ihre Anwaltskosten (§ 464 a Abs 2 Nr 2 StPO) fasst das Gesetz unter dem Begriff der »**notwendigen Auslagen**« zusammen (§§ 464 Abs 2, 464 a Abs 2 StPO).

Über die Erstattung dieser Kosten wird zunächst **dem Grunde nach** entschieden, durch die sog Kostengrundentscheidung (§§ 308 Abs 2, 91 ff ZPO, § 81 FamFG, § 464 Abs 2 StPO, § 161 Abs 1 VwGO, § 143 Abs 1 FGO, § 193 Abs 1 SGG). Nach ihr setzt das Gericht den **Betrag** der zu erstattenden Kosten fest (§ 103 Abs 2 ZPO, § 85 FamFG, § 464 b StPO, § 164 VwGO, § 149 Abs 1 FGO, § 197 Abs 1 SGG).

Der Festsetzungsbeschluss ist **Vollstreckungstitel** (§ 794 Abs 1 Nr 2 ZPO, § 85 FamFG, § 464 b S 3 StPO, § 168 Abs 1 Nr 4 VwGO, § 151 Abs 2 Nr 3 FGO, § 199 Abs 1 Nr 4 SGG). Der Festsetzungsantrag, spätestens der -beschluss hemmt die **Verjährung** (§ 204 BGB, § 53 VwVfG; vgl auch § 11 Abs 7 RVG). Obwohl es sich um urteilsvertretende Entscheidungen handelt, verneint die Rechtsprechung das **Spruchrichterprivileg** (§ 839 Abs 2 S 1 BGB).

Der Kostenfestsetzungsbeschluss auf Grund eines Vorbehaltsurteils oder eines noch nicht rechtskräftigen Urteils ist eine **Vorbehaltsentscheidung:** Wird das Urteil aufgehoben, ergibt sich, falls aus dem Beschluss vollstreckt oder zur Abwendung der Zwangsvollstreckung gezahlt worden ist, ein Rückerstattungsanspruch (§§ 302 Abs 4, 600 Abs 2, 717 ZPO). Ähnliches gilt bei der **Streitwertherabsetzung** (§ 107 ZPO). Teils lässt man, obwohl eine Kostengrundentscheidung auf Rückerstattung fehlt, eine »**Rück-Kostenfestsetzung**« zu. Nach Einführung des § 91 Abs 4 ZPO gehören zu den Kosten des Rechtsstreits auch die Kosten, die die obsiegende Partei der unterlegenen Partei im Laufe des Rechtsstreits gezahlt hat. Diese Kosten können im Kostenfestsetzungsverfahren "**rückfestgesetzt**" werden.

III. Vergütungsfestsetzung

A 3 Die Praxis versteht unter »**Kostenfestsetzung**« durchweg auch die Festsetzung der **Vergütung** des Anwalts gegen seinen **Auftraggeber** (§ 11 Abs 1 RVG; dazu jetzt die gesetzliche Überschrift). Diese begriffliche Gleichsetzung ist jedoch gefährlich. Denn zum einen gibt es von Gesetzes wegen den Begriff der »Anwaltskosten« nicht, er findet sich weder im RVG noch im Verfahrensrecht, vielmehr erhält der Anwalt eine »Vergütung« (§ 1 Abs 1 RVG). Zum andern und vor allem aber verwischt die begriffliche Gleichsetzung allzu leicht die erheblichen **Unterschiede** zwischen der Kostenfestsetzung und der Vergütungsfestsetzung: Bei Letzterer handelt es sich nicht um einen Erstattungs-, sondern um einen Zahlungsanspruch; eine Kostengrundentscheidung fehlt; es gilt anderes Verfahrensrecht, insbesondere hinsichtlich der Einwendungen.

Auch bei der Festsetzung der Vergütung des Pflichtverteidigers und des im Rahmen der Prozesskostenhilfe beigeordneten Anwalts gegen die **Staatskasse** (§ 55 Abs 1 RVG) handelt es sich um eine andere Festsetzung als die übliche »Kostenfestsetzung« – nämlich um die Entscheidung über einen **öffentlich-rechtlichen** Zahlungsanspruch.

IV. Festsetzungsgegenstand

Die Frage nach dem **Gegenstand** der Festsetzung ist deshalb von Belang, weil **privatrechtliche** Ansprüche grundsätzlich im Zivilprozess verfolgt werden und die Parteien über sie auch noch im Prozess verfügen können (Geständnis, Säumnis, Verzicht, Anerkenntnis, Vergleich); **öffentlich-rechtliche** Ansprüche hingegen unterliegen dem Verwaltungsverfahren und dem Verwaltungsprozess, die Parteien können generell nicht über sie verfügen. Tritt nun mit der Festsetzung an die Stelle des »an sich« gegebenen Verfahrens das vereinfachte Festsetzungsverfahren, so können nicht andere Verfahrensgrundsätze gelten.   A 4

Des Weiteren ergeht über **Erstattungsansprüche** regelmäßig zunächst eine Kostengrundentscheidung, das Festsetzungsverfahren dient also nur noch der Bestimmung der Anspruchshöhe. Für **Zahlungsansprüche** hingegen gibt es eine solche Vorentscheidung über den Grund des Anspruchs nicht, so dass der »normale« Rechtsweg für Streitigkeiten über den Grund des Anspruchs offen bleiben oder aber im Festsetzungsverfahren über Grund und Höhe des Anspruchs entschieden werden muss.

1. Privatrechtlicher Zahlungsanspruch

Bei der Festsetzung der **Anwaltsvergütung** zwischen Anwalt und »Auftraggeber« (§ 11 RVG) geht es um einen privatrechtlichen Zahlungsanspruch; meist aus einem Geschäftsbesorgungsvertrag zwischen Anwalt und Mandant, ausnahmsweise aus einem gesetzlichen Schuldverhältnis – Geschäftsführung ohne Auftrag, ungerechtfertigte Bereicherung –. Über diesen Anspruch können die Parteien materiell und prozessual verfügen; das muss daher auch im Vergütungsfestsetzungsverfahren möglich sein – »Anerkenntnisbeschluss« entsprechend § 307 ZPO –.   A 5

Die Folge aus dem Umstand, dass keine Grundentscheidung zwischen Anwalt und Mandant vorliegt, zieht § 11 Abs 5 RVG: Steht der **Grund** des Anspruchs in Frage, ist das Festsetzungsverfahren unzulässig, der Anwalt klagt auf Zahlung, der Mandant auf Rückzahlung im Zivilprozess.

2. Öffentlich-rechtlicher Zahlungsanspruch

Die Ansprüche des **Pflichtverteidigers** und der im Rahmen der **Prozesskostenhilfe** oder sonst beigeordneten Anwälte gegen die Staatskasse folgen aus der gerichtlichen Bestellung oder Beiordnung (§ 45 RVG), sie sind also öffentlich-rechtlich. Soweit es sich um zwingendes Recht handelt, können Staatskasse und Anwalt nicht über sie verfügen (Art 20 Abs 3 GG, § 54 VwVfG); hingegen ist ein Vergleich zulässig, soweit Ermessen eingeräumt ist, also über die Bemessung der anwaltlichen Rahmengebühren (§ 14 Abs 1 RVG), zB des sozialgerichtlichen Verfahrens (Nr 3102 VV RVG).   A 6

Über den öffentlich-rechtlichen Anspruch müsste »an sich« die Justizverwaltung durch **Verwaltungsakt** entscheiden, der dann zum **Verwaltungsgericht** angefochten werden kann. An die Stelle dieses Verfahrens tritt die **Festsetzung** (§ 55 RVG) mit einem **vereinfachten Rechtsweg** – Erinnerung, Beschwerde statt Anfechtungsklage, Berufung, Revision – zum Gericht der **Hauptsache** und dem ihm übergeordneten Gericht. Zudem ist bereits das Festsetzungsverfahren als **Parteiverfahren** Anwalt gegen Staatskasse ausgestaltet: Nicht die Justizverwaltung entscheidet, sondern der unabhängige Urkundsbeamte der Geschäftsstelle; gegen dessen Beschluss kann sogar – anders als bei der Anfechtungsklage – die **Staatskasse** den Rechtsweg beschreiten = Erinnerung einlegen (§ 56 RVG).

3. Privatrechtlicher Erstattungsanspruch

A 7 Im **Zivilprozess** und in allen Verfahren, an denen sich die Parteien zwar beteiligen können, aber nicht müssen, entsteht mit der Beteiligung am Verfahren ein aufschiebend bedingter Kostenerstattungsanspruch; das Verfahren begründet insoweit ein **gesetzliches privatrechtliches Schuldverhältnis**.

Über den Anspruch können die Parteien **verfügen**. Auf die Verfügungsbefugnis wirkt das Gesetz jedoch verfahrensrechtlich ein: Der Erstattungsanspruch wird dem Grunde nach **von Amts wegen** zugesprochen (§ 308 Abs 2 ZPO), und zwar auch dann, wenn die Parteien ihn vertraglich abbedungen haben (vgl § 83 Abs 1 S 2 FamFG). Und da das Festsetzungsverfahren lediglich der Bestimmung des zu erstattenden **Betrags** dient (vgl § 103 Abs 2 ZPO), eignet es sich ebenfalls nicht zur Klärung von Streitfragen über den Anspruch überhaupt. Verfügungen der Parteien über den Anspruch können deshalb »erst« mit der **Vollstreckungsabwehrklage** gegen den Kostenfestsetzungsbeschluss durchgesetzt werden (§ 767 ZPO).

Keine Bedenken bestehen hingegen, die Parteien insoweit über den Anspruch im Kostenfestsetzungsverfahren verfügen zu lassen, als das auch im entsprechenden Zivilprozess nach einer Entscheidung über den Grund des Anspruchs im **Höheverfahren** möglich ist; also etwa durch Zugestehen der Tatsachen, aus denen sich die Erstattungsfähigkeit von Parteireisekosten ergibt, oder durch ein Anerkenntnis der durch die Information des Prozessbevollmächtigten entstandenen Kosten.

4. Öffentlich-rechtlicher Erstattungsanspruch

A 8 Besteht eine Verpflichtung zur Teilnahme an einem gerichtlichen Verfahren – wie insbesondere für den Angeklagten im **Strafprozess** – und richtet sich der Erstattungsanspruch zudem nicht gegen einen anderen Verfahrensbeteiligten, sondern gegen die **Staatskasse,** so handelt es sich um einen öffentlich-rechtlichen Anspruch. Für ihn gilt grundsätzlich das gleiche wie für den öffentlich-rechtlichen Zahlungsanspruch (oben **Rdn. A 6**). Allerdings liegt bereits eine **Kostengrundentscheidung** gegen die Staatskasse vor (§ 464 Abs 2, 3 StPO), so dass die Beschränkungen der Festsetzung privatrechtlicher Erstattungsansprüche (vorstehend **Rdn. A 7**) hier ebenfalls gelten. Sie sind jedoch nur insoweit von praktischer Bedeutung, als der Freigesprochene und die Staatskasse über den Erstattungsanspruch **verfügen** können: also nicht über den Erstattungsanspruch überhaupt, wohl aber beispielsweise über die Höhe einer anwaltlichen Rahmengebühr. Ein entsprechender Vergleich muss hier sogar **im Kostenfestsetzungsverfahren** möglich sein, denn es handelt sich – im Gegensatz zu vorstehender **Rdn. A 7** – um den ausschließlichen Rechtsweg für diesen Anspruch: Die Vollstreckungsabwehrklage des § 767 ZPO steht nicht noch anschließend zur Verfügung, weil es mangels einer bürgerlichen Rechtsstreitigkeit an der Zuständigkeit der ordentlichen Gerichte fehlt (§ 13 GVG) und das Verwaltungsstreitverfahren ein Verwaltungsverfahren voraussetzt, das aber gerade durch die Kostenfestsetzung verdrängt ist.

5. »Materielle« Erstattungsansprüche

A 9 Neben dem aus dem **Verfahrensrecht** folgenden Kostenerstattungsanspruch kann sich aus dem **Privatrecht** oder dem **öffentlichen Recht** ein »materiell-rechtlicher«, »materieller« Kostenerstattungsanspruch ergeben, zB aus Verzug (§§ 280 Abs 2, 286 BGB) oder aus der Betriebs- und Personalvertretung (§ 40 Abs 1 BetrVG, § 44 Abs 1 S 1 BPersVG); des Weiteren als Ausgleichsanspruch, insbesondere zufolge **Streitgenossenschaft** (§ 426 Abs 2 BGB). Für diese Ansprüche steht die Kostenfestsetzung nicht zur Verfügung, vielmehr müssen sie in dem für sie maßgeblichen »allgemeinen« **Rechtsweg** verfolgt werden. Im Falle der Konkurrenz: der wirtschaftlichen **Identität** des prozessualen und des materiellen Anspruchs fehlt allerdings grundsätzlich für die Geltendmachung des letzteren durch Klage (Mahngesuch) das Rechtsschutzinteresse.

Darüber, ob und inwieweit auf solche **materiellen** Ansprüche in der Kostenfestsetzung **Rücksicht** zu nehmen ist, gibt es weder ein systematisches Konzept noch eine einheitliche Meinung. So wird zwar ein **prozessualer** Anspruch selbst dann festgesetzt, wenn ihm ein materieller Anspruch **entgegensteht,** letzteren verweist man in den ordentlichen Rechtsweg (Vollstreckungsgegenklage). Einem **Streitgenossen** hingegen, der wegen desselben Kostenbetrags sowohl einen **prozessualen** Erstattungsanspruch als auch einen **materiellen** Ausgleichsanspruch hat, versperrt man, jedenfalls zunächst, den ersten und überlässt es nicht dem Erstattungsschuldner, einen materiellen Anspruch auf Abtretung des Ausgleichsanspruchs aus Vorteilsausgleichung geltend zu machen.

V. Parteien, Beteiligte

1. Kostenfestsetzung

Der Kostenerstattungsanspruch besteht **zwischen den Parteien** oder Beteiligten des Verfahrens in der Hauptsache, sie sind daher auch – nach Maßgabe der Kostengrundentscheidung – Parteien des Kostenfestsetzungsverfahrens. **A 10**

Ausnahmsweise können die **Anwälte** des Erstattungsgläubigers den Erstattungsanspruch, soweit es sich um ihre Vergütung handelt, im eigenen Namen geltend machen (§ 126 ZPO, § 144 Abs 1 S 4 PatG und gleiche Vorschriften). In allen anderen Fällen bedarf es einer »**Umschreibung**« des **Titels** in der Hauptsache bezüglich der Kostengrundentscheidung, dh einer Rechtsnachfolge- oder Mithaftklausel (§§ 727 ff ZPO).

Soweit das Verfahrensrecht den §§ 727 ff ZPO entsprechende Vorschriften nicht kennt, sind sie entweder analog anzuwenden, oder aber es ist entsprechend **Rdn. A 11** zu verfahren.

2. Kostenfestsetzung in Strafsachen

In Strafsachen gelten Besonderheiten. Zum einen richtet sich der Erstattungsanspruch meist gegen die am Verfahren nicht beteiligte **Staatskasse** (§ 467 Abs 1 StPO, usw), zum anderen kommen sonstige Nichtbeteiligte als Erstattungsgläubiger in Betracht: Anzeigende (§ 469 StPO) und Strafantragsteller (§ 470 StPO). **A 11**

Eine »**Umschreibung**« des Strafurteils auf einen Rechtsnachfolger des Freigesprochenen ist nicht »vorstellbar«. Wendet man deshalb die §§ 727 ff ZPO auf den Kostenerstattungsanspruch nicht an, muss man dem Rechtsnachfolger ein Antragsrecht im Kostenfestsetzungsverfahren zugestehen, wie er ja auch in einem – von der Kostenfestsetzung verdrängten – Verwaltungsverfahren Antragsteller sein könnte. Über die Rechtsnachfolge wird mit anderen Worten nicht – wie **Rdn. A 10** – im Klauselverfahren, sondern im Kostenfestsetzungsverfahren entschieden.

3. Vergütungsfestsetzung

Parteien der Vergütungsfestsetzung sind der **Anwalt** und der **Mandant**. Eine Rechtsnachfolgeklausel kommt hier nicht in Betracht, da keine Grundentscheidung vorliegt. Daraus sollte man jedoch nicht die Unzulässigkeit der Festsetzung für und gegen **Rechtsnachfolger** schließen. Denn ebenso, wie man den Anspruch zwischen Anwalt und Mandant unterstellt, kann man dies auch den Anspruch für und gegen Rechtsnachfolger; erst wenn **Einwendungen** erhoben werden, ist die Festsetzung unzulässig (§ 11 Abs 5 S 1 RVG). **A 12**

Ob auch gegen **Mithaftende**, insbesondere Komplementäre und Kommanditisten von Personenhandelsgesellschaften (§§ 128, 161 Abs 2, 171 Abs 1 HGB) und Gesellschafter einer BGB-Gesellschaft (entsprechend), festgesetzt werden kann, ist streitig. Aus dem »Auftraggeber« lässt sich nichts herleiten, denn bei ihm handelt es sich um einen eigenständigen, nicht dem BGB entnommenen Begriff des RVG, unter ihm versteht es den Schuldner der Anwaltsvergütung selbst dann, wenn kein Auftrag vorliegt. Unterwirft man Rechtsnachfolger der Festsetzung nach § 11 RVG, sollten keine Bedenken bestehen, sie auch gegen Mithaftende zuzulassen; bestreiten sie ihre Haftung, wird die Festsetzung abgelehnt (§ 11 Abs 5 S 1 RVG).

4. Vergütungsfestsetzung gegen die Staatskasse

A 13 Gegenstand der Festsetzung (§ 55 RVG) ist der Anspruch insgesamt, dem **Grunde** und der **Höhe** nach. Deshalb steht das Verfahren auch **Rechtsnachfolgern** des Anwalts offen, über die Rechtsnachfolge wird im Festsetzungsverfahren entschieden, eine Verlagerung in einen anderen Rechtsweg gibt es hier nicht.

VI. Zuständigkeit

A 14 Für die Kostenfestsetzung und die Vergütungsfestsetzung sowie für die Festsetzung der Vergütung des Pflichtverteidigers gegen die Staatskasse ist das Gericht des **ersten Rechtszugs** des Verfahrens in der Hauptsache zuständig (§ 103 Abs 2 ZPO, § 85 FamFG, § 464 b StPO, § 164 VwGO, § 149 Abs 1 FGO, § 197 Abs 1 S 1 SGG, §§ 11 Abs 1, 55 Abs 1 RVG), für die Festsetzung der Vergütung des PKH-Anwalts gegen die Staatskasse das Gericht des **Rechtszugs**, ausnahmsweise das erstinstanzliche Gericht (§ 55 Abs 2 RVG). Die Kosten der **Zwangsvollstreckung** (§ 788 Abs 1 ZPO) setzt das Vollstreckungsgericht, hilfsweise das Prozessgericht fest (§ 788 Abs 2 ZPO).

Kostenfestsetzung und Vergütungsfestsetzung obliegen in der ordentlichen und der Arbeitsgerichtsbarkeit funktionell dem **Rechtspfleger** (§ 21 Nr 1, 2 RPflG, § 9 Abs 3 ArbGG), sie sowie die weiteren Festsetzungen in den anderen Gerichtsbarkeitszweigen dem **Urkundsbeamten der Geschäftsstelle** (§ 164 VwGO, § 149 Abs 1 FGO, § 197 Abs 1 S 1 SGG, § 55 RVG). Das BVerfG betraut ebenfalls Rechtspfleger mit der Kosten- und Vergütungsfestsetzung. Die unterschiedlichen Regelungen wirken sich vor allem bei der **Anfechtung** aus: Gegen **Rechtspflegerentscheidungen** ist die Beschwerde gegeben (§ 11 Abs 1 RPflG; Ausnahme Abs 2), über die Erinnerung gegen UdG-Entscheidungen befindet in jedem Fall das Erinnerungsgericht. Die **Abhilfebefugnis** ist jetzt allgemein (§ 572 Abs 1 ZPO, §§ 165, 151, 148 VwGO, §§ 149 Abs 2, 133, 130 FGO, §§ 197 Abs 2, 178 SGG).

VII. Verfahrensvoraussetzungen

1. Allgemeine Verfahrensvoraussetzungen

A 15 In den Festsetzungsverfahren gelten die allgemeinen Verfahrensvoraussetzungen (Parteifähigkeit, Prozessfähigkeit usw.). Sind sie im **Hauptverfahren** bereits geprüft und bejaht worden, kann im Festsetzungsverfahren nicht anders entschieden werden (vgl § 318 ZPO), es sei denn, die tatsächlichen Verhältnisse haben sich geändert.

Sind im Hauptverfahren **Minderjährige** verfahrensfähig (Beispiel: § 9 FamFG), so muss das auch in den Festsetzungsverfahren gelten.

Eine nicht parteifähige Partei gilt für das Verfahren **über ihre Parteifähigkeit** als parteifähig, eine nicht prozessfähige als prozessfähig. Dies setzt sich in der Kostenfestsetzung fort: Ist die Klage mangels Parteifähigkeit abgewiesen worden, sind die Kosten des Beklagten gegen den nicht parteifähigen Kläger festzusetzen.

2. Besondere Verfahrensvoraussetzungen

A 16 Darüber hinaus finden sich besondere Verfahrensvoraussetzungen für Festsetzungsverfahren; vor allem:
  a) Gegenstand der Kostenfestsetzung sind die »**Prozesskosten**«. Die Entscheidung über sonstige Kosten ist selbst dann unzulässig, wenn der Gegner zustimmt. Die Rechtsprechung lässt aus Gründen der Prozessökonomie auch die Festsetzung von **Vorbereitungskosten** – Kosten der Vorbereitung des Prozesses und der Zwangsvollstreckung – zu. In Verwaltungsstreitverfahren sind zudem die Kosten des **Vorverfahrens** festsetzbar (§ 162 Abs 2 S 2 VwGO, § 139 Abs 3 S 3 FGO).
  b) Außerdem bedarf es eines »zur Zwangsvollstreckung geeigneten **Titels**«: ohne Kostengrundentscheidung keine Kostenfestsetzung. Die Formulierung des § 103 Abs 1 ZPO ist allerdings

missverständlich; denn der Kostengrundentscheidung fehlt schon mangels eines bestimmten Geldbetrags die Vollstreckungseignung. Gemeint sind **rechtskräftige** oder in der Hauptsache oder der Kostenentscheidung für **vorläufig vollstreckbar** erklärte Urteile sowie sonstige Vollstreckungstitel (insbesondere des § 794 ZPO).

Deren Kostengrundentscheidung ist für die Kostenfestsetzung nur insoweit von Belang, als sie einen **Erstattungsanspruch** begründet. Soweit sie hingegen einer Partei Kosten »auferlegt«, die diese ohnehin aufwendet, hat sie lediglich deklaratorische, für die Kostenfestsetzung unerhebliche Wirkung. Erst recht gilt das für das Fehlen einer solchen »Entscheidung«. Sind also beispielsweise dem obsiegenden Kläger nicht die durch die Anrufung des unzuständigen Gerichts entstandenen **Mehrkosten** auferlegt worden (§ 281 Abs 3 S 2 ZPO), so gibt es bezüglich der Mehrkosten zwar keinen Kostenerstattungsanspruch des Beklagten gegen den Kläger; der Mangel hindert – entgegen einer verbreiteten Rechtsprechung – jedoch nicht, bei der Festsetzung der Kosten des Rechtsstreits gegen den Beklagten die dem Kläger vor dem unzuständigen Gericht entstandenen Kosten als nicht notwendig anzusehen.

Keiner Kostengrundentscheidung bedarf es regelmäßig zur Festsetzung der **Zwangsvollstreckungskosten** (§ 788 Abs 1 ZPO; Ausnahme: gerichtliche Verfahren, §§ 91 ff, 788 Abs 4 ZPO). Die Kosten des Mahnverfahrens werden mit dem **Vollstreckungsbescheid** sogleich dem Grunde und der Höhe nach zuerkannt (§ 699 Abs 3 ZPO).

c) Gegenstand der Vergütungsfestsetzung ist die **gesetzliche Vergütung** (§ 11 Abs 1 S 1 RVG). Sie muss zudem **fällig** sein (§ 11 Abs 2 S 1 RVG). Aus der Zuständigkeit des Gerichts des ersten Rechtszugs (§ 11 Abs 1 S 1 RVG) wird zudem gefolgert, dass nur die in einem **gerichtlichen Verfahren** entstandene Vergütung festgesetzt werden kann; nicht also beispielsweise die Verfahrensgebühr für denjenigen Teil des Klageanspruchs, der sich vor Prozessbeginn erledigt hat. Der Umstand, dass diese Gebühr nicht aus den Akten zu ersehen ist, gibt hingegen nichts zur Begründung der Beschränkung her, denn die Tätigkeit des Verkehrsanwalts findet in den Akten ebenfalls keinen Niederschlag, gleichwohl ist seine Vergütung festsetzungsfähig (vgl § 19 Abs 1 S 1 BRAGO).

d) Außerdem muss die Vergütung **dem Grunde nach** unstreitig sein (§ 11 Abs 5 RVG). Daraus folgt zugleich: Kann die Vergütung nach § 11 RVG festgesetzt werden, fehlt für einen Rechtsstreit das Rechtsschutzinteresse, die **Vergütungsklage** ist unzulässig. Richtigerweise muss das auch für das **Mahnverfahren** gelten; denn nach Widerspruch oder Einspruch führt die Zulässigkeit der Festsetzung zur Unzulässigkeit der Klage und damit zu ihrer Abweisung. Ein solch überflüssiger Prozess kann bereits mit der Prüfung des Rechtsschutzinteresses im Mahnverfahren verhindert werden.

e) **Rahmengebühren** sind – wegen § 14 RVG – von der »streitigen« Vergütungsfestsetzung zwischen Anwalt und Auftraggeber ausgeschlossen (§ 11 Abs 8 RVG), nicht jedoch von anderen Festsetzungen, zumal sie den ausschließlichen Rechtsweg für Vergütungsansprüche und prozessuale Kostenerstattungsansprüche bilden.

VIII. Antrag

1. Sachantrag

Der Festsetzungsantrag wird heute allgemein als Sachantrag verstanden, er muss mit anderen Worten einen bestimmten Antrag (wie § 253 Abs 2 Nr 2 ZPO) enthalten, einen **bestimmten Geldbetrag** fordern. Der Festsetzungsantrag richtet sich also nicht auf Gebühren, Auslagen usw, sondern auf einen Vergütungs- oder Erstattungsbetrag aus einem Sachverhalt, einem gerichtlichen Verfahren.

Auf diesen bestimmten Antrag kann nur verzichtet werden, wenn der Antragsteller dazu nicht in der Lage ist. Das trifft vor allem bei der **Kostenausgleichung** (§ 106 ZPO) zu; denn bei ihr hängt der Kostenerstattungsbetrag von den dem Antragsteller unbekannten Kosten des Gegners ab.

Beim **Teilfreispruch** (fiktiven Teilfreispruch = Nichtverurteilung) muss der Antragsteller hingegen selbst seine auf den freigesprochenen Teil entfallende fiktive Vergütung berechnen und die Erstattung des Differenzbetrags zur tatsächlich entstandenen Vergütung fordern; er ist zur Berechnung sogar besser in der Lage als das Gericht, weil er die maßgeblichen Umstände (§ 14 RVG) kennt.

2. Begründung

A 18   Zur Begründung dient insbesondere die **Kostenberechnung** des Anwalts (§ 11 RVG, § 103 Abs 2 S 2 ZPO). Sonstige »**Belege**« sind zunächst nur Beweisantritt (§ 420 ZPO), auf sie kommt es mithin erst an, wenn der Gegner das Entstehen der Kosten bestreitet (nachstehend **Rdn. A 26**). Die aus den Akten ersichtlichen **Tatsachen** gelten als vorgetragen, sonstige Tatsachen müssen in der Antragsschrift behauptet werden. Zu ihnen gehören auch diejenigen, die für die Bemessung von Rahmengebühren maßgebend waren (§ 14 Abs 1 S 1 RVG), denn die Beweislast und damit die Darlegungslast für die Billigkeit der Bestimmung trifft den Antragsteller.

Kostenberechnung, Akteninhalt und Tatsachenvortrag müssen eine **schlüssige** Begründung des Festsetzungsantrags ergeben.

In der Vergütungsfestsetzung sind die Tatsachen vorzutragen, aus denen sich das **Entstehen** der Gebühren und Auslagen ergibt; in der Kostenfestsetzung zusätzlich diejenigen, aus denen die **Notwendigkeit** folgt (§ 91 Abs 1 S 1 ZPO, § 85 FamFG, § 464 a Abs 2 StPO, § 162 Abs 1 VwGO, § 139 Abs 1 FGO, § 193 Abs 2 SGG).

IX. Anspruchs-, Parteienhäufung

1. Anspruchshäufung

A 19   In einem gerichtlichen Verfahren können sich **mehrere Kostenerstattungsansprüche** zwischen denselben Parteien ergeben, insbesondere für Rechtszüge und Vollstreckungsmaßnahmen. Der Antragsteller hat die Möglichkeit, sie im selben Kostenfestsetzungsverfahren zu häufen (§ 260 ZPO, § 44 VwGO, § 43 FGO, § 56 SGG), das Gericht die Befugnis, verbundene Ansprüche zu trennen (§ 145 ZPO) und getrennte Ansprüche zu verbinden (§§ 145, 147 ZPO, § 93 VwGO, § 73 Abs 1 FGO, § 113 SGG), auch noch im Erinnerungs- und Beschwerdeverfahren.

Hingegen ist es, weil das Festsetzungsverfahren als Nachverfahren zum Hauptverfahren verstanden wird, nicht möglich, Kostenerstattungsansprüche aus **anderen Verfahren** einzubeziehen.

Stehen sich Erstattungsansprüche der Parteien gegenüber, wird – nach den Regeln für Klage und Widerklage – über die **wechselseitigen Ansprüche** gemeinsam oder getrennt entschieden; der Gegner kann sich aber auch darauf beschränken, seinen Anspruch dem geltend gemachten als Einwendung entgegenzusetzen: mit ihm **aufzurechnen**; dazu nachstehend **Rdn. A 23**.

Die gleichen Grundsätze gelten für die **Vergütungsfestsetzung:** Der Anwalt kann also mehrere Ansprüche im selben Verfahren gemeinsam oder getrennt geltend machen. Das Gericht hat auch hier die genannten Befugnisse der §§ 145 und 147 ZPO usw.

Praktische Bedeutung kommt Anspruchs- und Parteienhäufung vor allem im Hinblick auf die **Beschwerdesumme** von 200 € (§ 567 Abs 2 ZPO usw) zu: Bei Anspruchs- und Parteienhäufung ist die Summe der Beschwerdegegenstände maßgebend (§§ 2, 5 Hs 1 ZPO); dazu nachstehend **Rdn. A 39**.

Die **Kostenausgleichung** (§ 106 ZPO) betrifft nicht wechselseitige Erstattungsansprüche, sondern **einen** Erstattungsanspruch, zu dessen Bemessung es zufolge der Quotelung (§ 92 Abs 1 S 1 ZPO) des Betrags der gesamten Kosten bedarf. Ein Gegenanspruch entsteht erst, wenn ohne Rücksicht auf sie festgesetzt wird (§ 106 Abs 2 ZPO).

2. Parteienhäufung

A 20   Im Falle der Parteien- oder Beteiligtenhäufung in der Hauptsache können die **Erstattungsansprüche gemeinsam** geltend gemacht werden (entsprechend den §§ 59 ff ZPO, § 64 VwGO, § 59 FGO, § 74 SGG), es ist aber auch **gesonderte** Festsetzung zulässig, und zwar selbst dann, wenn die Parteien Gesamtgläubiger, Gesamthandsgläubiger oder Gesamtschuldner sind. Wie bei der Anspruchshäufung hat das Gericht die Befugnisse der Trennung oder Verbindung.

Zulässige Parteienhäufung liegt auch vor, wenn die verschiedenen **Anwälte** desselben Mandanten gemeinsam Festsetzung ihrer **Vergütung** beantragen; wenn der Anwalt gegen seine mehreren **Mandanten** zusammen Festsetzung beantragt; wenn mehrere Anwälte verschiedene Mandanten gemeinsam in Anspruch nehmen.

Auch hier liegt die praktische Bedeutung in der Werteaddition für die **Beschwerdesumme**; wirtschaftlich identische Ansprüche – insbesondere also gegen Gesamtschuldner – werden natürlich nur einmal angesetzt.

3. Rangfolge

Insbesondere bei einer Mehrheit von Kostenerstattungsansprüchen kann die Frage nach ihrer Rangfolge aufkommen. Sie ist teilweise **gesetzlich** geregelt (§ 59 Abs 1 S 2 RVG, § 9 S 3 BerHG; vgl auch § 43 RVG). Im Übrigen kommen eine **verhältnismäßige Teilung** (vgl § 50 Abs 3 RVG) oder eine entsprechende Anwendung der genannten Vorschriften in Betracht.

A 21

X. Rechtliches Gehör

In **allen** Festsetzungsverfahren muss rechtliches Gehör gewährt werden (Art 103 Abs 1 GG). § 104 Abs 1 S 3 ZPO ist insoweit überholt, als er den Eindruck erweckt, es könne ohne Anhörung des Gegners entschieden werden; hat der Gegner bereits bei der Anhörung die Kostenrechnung erhalten, braucht sie ihm mit dem Kostenfestsetzungsbeschluss »natürlich« nicht erneut mitgeteilt zu werden.

A 22

Anspruch auf rechtliches Gehör hat nicht nur der **Antragsgegner** zum Vorbringen des Antragstellers, sondern auch umgekehrt. Allerdings betrifft das rechtliche Gehör nur **Tatsachen** und solche Ausführungen, die in tatsächlicher Hinsicht erheblich sein können. Reine **Rechtsausführungen** fallen nicht unter Art 103 Abs 1 GG, sondern den einfach-rechtlichen Grundsatz (vgl §§ 139, 279 Abs 3 ZPO) des Verbots von **Überraschungsentscheidungen.**

Rechtliches Gehör ist auch zum Ergebnis der **Beweisaufnahme** zu gewähren (nachstehend **Rdn. A 27**), selbst wenn sie lediglich in der Einholung einer Auskunft des Vorsitzenden oder Berichterstatters bestand.

Vom rechtlichen Gehör kann nur abgesehen werden, wenn es zur **Förmelei** wird; insbesondere dann, wenn die **Erstattung** von Gebühren und Auslagen verlangt wird, die unzweifelhaft – nach dem Akteninhalt – aus einem bezifferten oder festgesetzten Streitwert entstanden sind. In derartigen Fällen sollte sogar die Anhörung des Gegners unterbleiben, weil sie zu einer ungerechtfertigten Verzögerung der Titulierung des Erstattungsanspruchs führt und über Einwendungen doch nicht entschieden werden darf (nachstehend **Rdn. A 23**).

Letzteres gilt allerdings nicht bei der **Vergütungsfestsetzung.** Hier ordnet § 11 Abs 2 S 2 RVG ausdrücklich die Anhörung an, weil der Gegner **außergebührenrechtliche** Einwendungen erheben kann und sie – anders als bei der Kostenfestsetzung, nachstehend **Rdn. A 23** – die Festsetzung selbst unzweifelhafter Gebühren und Auslagen verhindern (§ 11 Abs 5 S 1 RVG).

XI. Einwendungen

1. Kostenfestsetzung

Der Kostenerstattungsanspruch ist mit der Kostengrundentscheidung bereits dem **Grunde** nach zuerkannt. Die Festsetzung betrifft nur die **Höhe** des Erstattungsanspruchs. Jegliches Verteidigungsvorbringen gegen den Grund des Anspruchs findet daher in der Kostenfestsetzung keine Berücksichtigung.

A 23

Zu entscheiden ist über den Betrag der zu erstattenden Kosten: ob die beantragten **entstanden** sind und **notwendig** waren. Alles Verteidigungsvorbringen dazu gehört in das Kostenfestsetzungsverfahren.

Erhebt der Gegner Einwendungen im verfahrensrechtlichen Sinne, insbesondere rechtshemmende (Stundung, Verjährung) und rechtsvernichtende (Zahlung, Aufrechnung, Erlass), so kann darüber **im Kostenfestsetzungsverfahren** seinem Gegenstand nach nicht entschieden werden.

Die ausgeschlossenen Einwendungen sind damit aber nicht abgeschnitten, der Schuldner ist vielmehr auf die **Vollstreckungsabwehrklage** (§ 767 ZPO) gegen den Kostenfestsetzungsbeschluss verwiesen. § 767 Abs 2 ZPO steht ihrer Zulässigkeit nicht entgegen, weil die Geltendmachung der Einwendungen **verfahrensrechtlich** nicht möglich war (»eingeschränkte Präklusion«).

Zulässig ist hingegen die **Aufrechnung** mit einem **Kostenerstattungsanspruch** aus **demselben** Verfahren: Er wird gerade nicht im falschen, sondern im richtigen Verfahren zur Entscheidung gestellt. Des Weiteren lässt die Rechtsprechung aus prozessökonomischen Erwägungen auch Einwendungen zu, die **unstreitig** sind (Rechtsgedanke des § 11 Abs 5 S 1 RVG; vgl auch § 8 Abs 1 S 2 JBeitrO). Ist über die **Höhe** eines zur Aufrechnung gestellten Kostenerstattungsanspruchs und über die streitige **Aufrechnungslage** (Aufrechnungsvoraussetzungen) zu entscheiden, kann also nur wegen des zweiten Punkts von einer Entscheidung über die Aufrechnung abgesehen werden.

2. Kostenfestsetzung gegen die Staatskasse

A 24 Bei der Kostenfestsetzung gegen die Staatskasse (§ 464 b StPO) können diese Regeln nur eingeschränkt gelten. Denn die **Vollstreckungsabwehrklage** steht gegen den öffentlich-rechtlichen Erstattungsanspruch nicht ohne weiteres zur Verfügung. Praktische Bedeutung haben vor allem beim **Teilfreispruch** Aufrechnungserklärungen der Staatskasse mit einer Geldstrafe und einem Kostenanspruch, insbesondere im Zusammenhang mit § 43 RVG. Die Rechtsprechung lässt die Kostenfestsetzung davon unberührt und verweist die Streitigkeiten in den Rechtsweg des § 30 a EGGVG (obwohl die Aufrechnung kein Verwaltungsakt ist!).

3. Vergütungsfestsetzung

A 25 In der Vergütungsfestsetzung liegt noch keine **Grundentscheidung** vor. **Bestreitet** der Mandant den Vergütungsanspruch dem Grunde nach, ist deshalb der Festsetzungsantrag unzulässig und daher abzuweisen (§ 11 Abs 5 S 1 RVG): Der Anwalt muss klagen. Gleiches gilt für Einwendungen im verfahrensrechtlichen Sinne (s oben **Rdn. A 23**).

In das Festsetzungsverfahren gehören also nur Verteidigungsvorbringen gegen das **Entstehen der Gebühren und Auslagen** sowie gebührenrechtliche Einwendungen. Letztere sind allerdings schwer vorstellbar; denn Stundung, Verjährung, Zahlung, Aufrechnung, Erlass liegen sämtlich außerhalb des Gebührenrechts; § 11 Abs 5 RVG verwendet mit anderen Worten nicht die verfahrensrechtlichen Begriffe, versteht vielmehr unter Einwendungen – jedenfalls auch – das »Klageleugnen« des Zivilprozesses: das Bestreiten des Vergütungsanspruchs.

Beantragt der Mandant die Festsetzung eines »überhobenen« **Vorschusses** gegen den Anwalt und wendet dieser die Verrechnung auf **vorgerichtliche** Gebühren ein, so liegen ebenfalls **außergebührenrechtliche** Einwendungen vor: weil im Vergütungsfestsetzungsverfahren nur über die Vergütung des **Prozesses** zu entscheiden ist (oben **Rdn. A 16**).

4. Vergütungsfestsetzungen gegen die Staatskasse

A 26 § 55 RVG regelt das **ausschließliche** Verfahren zur Geltendmachung der Vergütungsansprüche und den ausschließlichen Rechtsweg. »Einwendungen« können daher nicht unberücksichtigt bleiben. Gehören sie in einen anderen Rechtsweg, ist ggf entsprechend § 94 VwGO auszusetzen. Praktische Bedeutung hat das weniger für Ansprüche gegen die Staatskasse als für Rückzahlungsansprüche der Staatskasse.

XII. Beweis

Sämtliche Festsetzungsverfahren sind als **Parteiverfahren** ausgestaltet, auch solche, die nicht privatrechtliche, sondern öffentlich-rechtliche Ansprüche gegen die Staatskasse betreffen (s oben Rdn. A 4 ff). Es gilt daher das Beweisrecht für privatrechtliche Parteiverfahren: das Beweisrecht der ZPO, nicht des FamFG, der StPO, der VwGO, usw, mit anderen Worten der **Verhandlungsgrundsatz** und nicht der Untersuchungsgrundsatz, der **Beibringungsgrundsatz** und nicht der Amtsermittlungsgrundsatz. Das bedeutet erstens: Tatsachen bedürfen nur des Beweises, wenn sie **bestritten** werden (§ 138 Abs 3 ZPO). **Offenkundige** Tatsachen brauchen, zweitens, nicht bewiesen zu werden (§ 291 ZPO); als gerichtskundig in diesem Sinne ist der gesamte **Akteninhalt** anzusehen. Drittens: Lediglich die allgemeinen und besonderen **Verfahrensvoraussetzungen** müssen die Parteien – in Zweifelsfällen – beweisen, da § 138 Abs 3 ZPO insoweit nicht anwendbar ist. Grundsätzlich gilt **Strengbeweis,** dh volle Überzeugung (§ 286 ZPO) mit den Beweismitteln der ZPO (§§ 355 ff ZPO). Ausnahmsweise genügt **Glaubhaftmachung** – überwiegende Wahrscheinlichkeit mit allen Beweismitteln (§ 294 ZPO) –: in der **Kostenfestsetzung** für die **Entstehung** der Kosten (§ 104 Abs 2 S 1 ZPO); für bestimmte Auslagen und die Umsatzsteuer sogar die anwaltliche Versicherung (§ 104 Abs 2 S 2, 3 ZPO). Für Tatsachen zur **Notwendigkeit** der entstandenen Kosten ist jedoch Strengbeweis erforderlich, desgleichen – trotz § 11 Abs 2 S 3 RVG – für die Entstehung im **Vergütungsfestsetzungsverfahren:** Es ist mit rechtsstaatlichen Grundsätzen unvereinbar, »überwiegend wahrscheinliche« Kosten und Vergütungen endgültig vollstreckbar zuzusprechen.

A 27

»Beweismittel der Wahl« sind amtliche Auskünfte des Vorsitzenden und der Beisitzer (vgl § 358 a S 1 Nr 2 ZPO) sowie schriftliche Zeugenaussagen (§ 377 Abs 3 ZPO). Die gerichtlichen **Protokolle** beweisen ihren **Inhalt** (§§ 415, 417 ZPO); hingegen nicht, dass es keine **weiteren** Vorgänge in der Verhandlung gegeben hat. Eine – ohnehin nicht protokollpflichtige (vgl § 160 ZPO) – Erörterung (VV RVG Teil 3 Vorbem 3 Abs 3) wird also durch das Protokoll nicht ausgeschlossen; sie muss vom Antragsteller behauptet und im Bestreitensfall bewiesen werden.

Die **Beweislast** trifft generell den Antragsteller. Da über Einwendungen nicht zu entscheiden ist – oben **Rdn. A 23** –, kommt eine Beweislast des **Antragsgegners** kaum in Betracht. Nach allgemeinen Beweislastregeln wird sie ihm von einem Teil der Rechtsprechung ausnahmsweise zugeschoben, etwa bei negativen Tatsachen – dass mit Widerspruch gegen den Mahnbescheid nicht zu rechnen war, kann der Gläubiger kaum beweisen – oder bei Ausnahmen von der Regel – etwa für die Unbilligkeit der vom Anwalt bemessenen Rahmengebühr.

XIII. Entscheidung

1. Beschluss

Die Entscheidung ergeht durch Beschluss. Eine **Teilentscheidung** ist möglich (entsprechend § 301 ZPO).

A 28

2. Rubrum

In der **Kostenfestsetzung** entspricht das Rubrum grundsätzlich dem der Kostengrundentscheidung. Betrifft die Festsetzung nur einen Teil der mit der Grundentscheidung zuerkannten Ansprüche, werden die nicht beteiligten Parteien weggelassen. Ggf tritt an die Stelle einer Partei der Kostengrundentscheidung ihr **Rechtsnachfolger.**

A 29

Der **Vergütungsfestsetzungsbeschluss** erhält ein eigenes Rubrum, das nur den Anwalt – die Anwälte – und den oder die Mandanten nennt.

Prozessbevollmächtigte oder sonstige Bevollmächtigte werden aufgenommen, wenn sie auch noch im Festsetzungsverfahren diese Funktion haben.

3. Tenor

A 30 Die Entscheidungsformel lautet auf Festsetzung der zu erstattenden Kosten oder der zu zahlenden Vergütung; festgesetzt wird ein bestimmter **Betrag**, festgesetzt werden nicht einzelne Gebühren oder Auslagen oder Aufwendungen. Soweit der Antrag erfolglos bleibt, wird er **zurückgewiesen**, wobei es keiner Bezifferung bedarf – »im Übrigen …« –.

Vorbehalte der Kostengrundentscheidung, insbesondere zur Sicherheitsleistung, sind in den Festsetzungsbeschluss zu übernehmen.

Außerdem gehören in den Tenor die **Verzinsung** (§ 104 Abs 1 S 2 ZPO) und – wenn Kosten im Festsetzungsverfahren entstanden sind – die **Kostenentscheidung** (§ 308 Abs 2 ZPO); zur Vermeidung einer erneuten Kostenfestsetzung sollte möglichst sogleich der zu erstattende **Kostenbetrag** auferlegt werden.

4. Begründung

A 31 Der Beschluss bedarf der Begründung, soweit der Antrag oder Verteidigungsvorbringen **zurückgewiesen** wird oder sie sonst zum **Verständnis** der Parteien geboten ist. Ihre Fassung orientiert sich an den §§ 313 Abs 2 u 3, 286 Abs 1 S 2 ZPO; meist genügen kurze Entscheidungsgründe.

Aus der Begründung muss – wegen der unterschiedlichen Folgen der Rechtskraft – insbesondere hervorgehen, ob der Antrag oder das Verteidigungsvorbringen als **unbegründet** oder als **unzulässig** zurückgewiesen wird.

Bei der Vergütungsfestsetzung wird nur über die **Entstehung** der Gebühren und Auslagen entschieden, bei der Kostenfestsetzung außerdem über die **Notwendigkeit** der entstandenen Gebühren, Auslagen und Parteikosten. Wird die Notwendigkeit verneint, kann das Entstehen der fraglichen Kosten »dahin gestellt bleiben«.

Gegenstand des Verfahrens und damit der Entscheidung ist der begehrte **Gesamtbetrag** für einen bestimmten **Sachverhalt**, nicht die einzelne Gebühr usw. Wird der Antrag **zurückgewiesen**, bedarf es deshalb einer Begründung, dass der begehrte Betrag unter **keinem rechtlichen Gesichtspunkt** dem Antragsteller zusteht; es ist mit anderen Worten zu prüfen, ob statt der berechneten Gebühr eine andere Gebühr entstanden ist, statt der Auslage eine Gebühr und umgekehrt, statt der nicht zu erstattenden Anwaltsvergütung zu erstattende Parteikosten und umgekehrt.

Soweit der Antrag **Erfolg** hat, genügt hingegen ein **einziger Rechtsgrund**; in Zweifelsfällen können hilfsweise weitere angeführt werden.

Allein die **wörtliche Übernahme** der Ausführungen einer Partei, insbesondere des Vertreters der Staatskasse, stellt keine genügende Begründung dar. Solche Entscheidungen sind auf Erinnerung oder Beschwerde aufzuheben, wenn sie keinen Bestand haben könnten, weil sie nicht begründet worden sind.

5. Streitwert

A 32 Liegt keine verbindliche **Streitwertfestsetzung** vor, gehört bei Wertgebühren zur Begründetheit der Streitwert (Gegenstandswert); es ist also zu prüfen, ob der vom Antragsteller angenommene Wert richtig ist. Das gilt grundsätzlich auch bei der **Vergütungsfestsetzung**; bestreitet hier der Gegner den Wert, muss allerdings ausgesetzt werden (§ 11 Abs 4 RVG). Letzteres ist in der Kostenfestsetzung ebenfalls möglich. Meist erübrigt sich allerdings eine förmliche Aussetzung, es genügt eine Anregung an die Kammer usw zur Festsetzung des Werts.

6. Anwaltsvergütung

A 33 Die **gesetzliche** Anwaltsvergütung ist grundsätzlich zu erstatten (§ 91 Abs 2 S 1 ZPO, § 464 a Abs 2 Nr 2 StPO, § 162 Abs 2 S 1 VwGO, § 139 Abs 3 S 1 FGO, § 193 Abs 3 SGG); ausnahmsweise hängt die Erstattung von der **Notwendigkeit der Anwaltszuziehung** ab, nämlich in Angelegenheiten der freiwilligen Gerichtsbarkeit (§ 80 S 2 FamFG, der ausdrücklich nicht auf § 91 Abs 2 S 1 ZPO verweist) und im Vorverfahren (§ 162 Abs 2 S 2 VwGO, § 139 Abs 3 S 3 FGO). Im FamFG-Verfahren wird darüber **im Kostenfestsetzungsverfahren** entschieden (§ 85 FamFG), die Notwendigkeit der Anwaltszuziehung im Vorverfahren stellt das Gericht bereits in der **Kostengrundentscheidung** oder auf Antrag durch eine besondere Zwischenentscheidung fest. Nicht erstattungsfähig ist die Anwaltsvergütung im erstinstanzlichen **arbeitsgerichtlichen** Verfahren (§ 12 a Abs 1 S 1 ArbGG).

In allen Fällen wird im Kostenfestsetzungsverfahren darüber befunden, ob die **Prozesshandlungen** usw des Anwalts **notwendig** waren, sofern sie eine höhere Gebühr als die für die **Vertretung** allein ausgelöst haben; also beispielsweise, ob die **Bestellung** für den Rechtsmittelbeklagten genügte (dann 1,1 Verfahrensgebühr, Nr 3201 VV RVG Anm S 1 Nr 1) oder ob schon ein **Antrag** auf Zurückweisung des Rechtsmittels notwendig war (dann 1,6 Verfahrensgebühr, Nr 3200 VV RVG).

Die Vergütung des in eigener Sache »**sich selbst vertretenden**« (§ 78 Abs 4 ZPO) Rechtsanwalts ist im **Zivilprozess** generell – also nicht nur bei Anwaltszwang – kraft ausdrücklicher Regelung zu erstatten (§ 91 Abs 2 S 3 ZPO). Dabei handelt es sich allerdings nicht um Privilegierung und damit um eine Ausnahme von der Regel, vielmehr normiert die Vorschrift das Prinzip des Schadensersatzrechts, dass auch **eigene Berufstätigkeit** zu ersetzen ist. Auf diese Regelung **verweist** ausdrücklich § 464 a Abs 2 Nr 2 StPO, erfasst wird sie ferner von den Pauschalverweisungen in § 173 VwGO, § 155 FGO, § 202 SGG, während die Verweisung des § 80 S 2 FamFG sie ausschließt. Die Verweisungen, insbesondere die der StPO, werden heute durchweg als Rechtsgrund- und nicht nur Rechtsfolgeverweisungen verstanden: Die Anwaltsvergütung in eigener Sache ist nur zu erstatten, wenn der Anwalt sich selbst **vertreten kann**; diese Voraussetzung erfüllt der Anwalt als **Beschuldigter** nicht, er verteidigt sich zwar, ist aber nicht sein eigener Verteidiger.

7. Rahmengebühren

Während bei der **Vergütungsfestsetzung** streitige Rahmengebühren ausscheiden (§ 11 Abs 8 RVG), wird in der **Kostenfestsetzung** auch über sie befunden. Zu prüfen ist zunächst, ob die anwaltlich bestimmte Gebühr **unbillig** ist (§ 14 Abs 1 S 4 RVG). Das erfordert regelmäßig ein Überschreiten der »richtigen« Gebühr um – Faustformel: – mindestens 20 %. Fehlt es an der Unbilligkeit, kann die bestimmte Gebühr nicht herabgesetzt werden. Wird die Unbilligkeit hingegen bejaht, bedarf es einer entsprechenden Begründung und sodann der Bestimmung der »richtigen« Gebühr (wie § 315 Abs 3 S 2 BGB).

A 34

8. Behördenkosten

Anwalts- und Parteikosten von Behörden sind erstattungsfähig, ausgenommen die Aufwendungen der Behörden im **finanz- und sozialgerichtlichen** Verfahren (§ 139 Abs 2 FGO, § 193 Abs 4 SGG).

A 35

9. Rechtsmittelbelehrung

In der allgemeinen und in den besonderen **Verwaltungsgerichtsbarkeiten** ist über Rechtsmittel und Rechtsbehelfe zu belehren (§ 58 Abs 1 VwGO, §§ 55 Abs 1 S 2, 149 Abs 2 S 3 FGO, § 66 Abs 1 SGG), desgleichen in der **Arbeitsgerichtsbarkeit** (§ 9 Abs 5 ArbGG), in **Strafsachen** nur über Rechtsmittel (§ 35 a StPO), in der **Zivilgerichtsbarkeit** nach § 232 ZPO in jeder anfechtbaren gerichtlichen Entscheidung, und in der **freiwilligen Gerichtsbarkeit und in Familiensachen** (§ 39 FamFG).

A 36

10. Vordrucke

Die Praxis benutzt Vordrucke. Sie sind jedoch nur für die – justizinterne – Kassenanweisung über die Vergütung des Pflichtverteidigers und des PKH-Anwalts **verbindlich**, im Übrigen befinden

A 37

XIV. Änderung, Rechtsbehelfe

1. Änderung

A 38 Erlassene – verkündete, mitgeteilte oder aus dem Gerichtsbereich herausgegangene – Beschlüsse können **von Amts wegen** weder geändert noch aufgehoben werden. Das gilt für alle Festsetzungsverfahren, auch die des § 55 RVG sowie im Falle der verspäteten Kostenausgleichung (§ 106 Abs 2 ZPO). Voraussetzung für die Änderung ist also ein **Rechtsbehelf** oder Rechtsmittel oder – soweit keine Rechtskraft eintritt – ein Änderungsantrag. Besonders geregelt ist die Änderung des Kostenfestsetzungsbeschlusses wegen **Streitwertfestsetzung** (§ 107 ZPO).

Zulässig sind jedoch **Berichtigungen** und **Ergänzungen** (entsprechend den §§ 319, 321 ZPO, §§ 42, 43 FamFG, §§ 118, 120 VwGO, §§ 107, 109 FGO, §§ 138, 140 SGG).

2. Erinnerung

A 39 Gegen die Entscheidung des **Urkundsbeamten** der Geschäftsstelle über den Festsetzungsantrag ist die Erinnerung gegeben (§ 11 Abs 3 S 2 RVG, § 56 RVG, §§ 165, 151 VwGO, § 149 Abs 2 FGO, § 197 Abs 2 SGG – nicht immer als »Erinnerung« bezeichnet –). Ausnahmsweise findet auch gegen die **Rechtspflegerentscheidung** die Erinnerung statt: wenn die Beschwerde nicht zulässig ist (§ 11 Abs 2 RPflG).

In der Kosten- und Vergütungsfestsetzung ist die Erinnerung grundsätzlich die **sofortige** (§ 11 Abs 3 S 2 RVG, §§ 165 S 2, 151 S 1 VwGO, § 149 Abs 2 S 2 FGO, § 197 Abs 2 SGG, § 11 Abs 2 S 1 RPflG, § 104 Abs 3 S 1 ZPO), in der Vergütungsfestsetzung gegen die Staatskasse mangels einer Frist im Gesetz die **einfache**. Die **Erinnerungsfrist** beläuft sich auf 2 Wochen, im sozialgerichtlichen Verfahren auf 1 Monat.

Erinnerungsberechtigt sind Antragsteller und Antragsgegner, wenn und soweit sie **beschwert** sind, also auch die Staatskasse als Antragsgegner. Die zulässige Erinnerung ermöglicht die **Erweiterung** des Festsetzungsantrags.

Der Erinnerungsgegner kann sich der Erinnerung **anschließen** (entsprechend § 567 Abs 3 ZPO).

Der Urkundsbeamte bzw der Rechtspfleger **hilft** der begründeten Erinnerung **ab** (§§ 151, 148 VwGO, §§ 133 Abs 1, 130 Abs 1 FGO, §§ 178, 174 SGG, § 572 Abs 1 ZPO, § 11 Abs 2 S 2 RPflG).

Über die Erinnerung **entscheidet** das Gericht, dessen Urkundsbeamter (Rechtspfleger) den Beschluss erlassen hat; über die Erinnerung gegen den Festsetzungsbeschluss des Urkundsbeamten ggf der Rechtspfleger (§ 4 Abs 1 RPflG).

3. Beschwerde

A 40 Gegen die Festsetzungsentscheidung des **Rechtspflegers** ist die Beschwerde gegeben (§ 104 Abs 3 S 1 ZPO, § 464 b S 3 StPO, § 85 FamFG, § 11 Abs 2 RVG, § 9 Abs 3 ArbGG); ebenso gegen die gleiche Entscheidung des Richters (§§ 5 Abs 3 S 1, 6 RPflG, kommt praktisch wohl nicht vor). Desgleichen findet gegen die **Erinnerungsentscheidung** (vorstehend **Rdn. A 39**) Beschwerde statt. Ausgeschlossen ist jedoch die Beschwerde an einen **obersten Gerichtshof des Bundes** (§ 567 Abs 1 ZPO, § 464 b S 3 StPO, § 11 Abs 2 S 2 RVG, § 152 Abs 1 VwGO, §§ 56 Abs 2 S 1, 33 Abs 3, 4 RVG); § 128 Abs 4 S 1 FGO und § 197 Abs 2 SGG schließen die Beschwerde generell aus. Zulässig ist sie nur, wenn der **Wert des Beschwerdegegenstands** 200 € übersteigt (§ 567 Abs 2 ZPO, § 464 b S 3 StPO, § 11 Abs 2 S 3 RVG, § 146 Abs 3 VwGO, §§ 56 Abs 2 S 1, 33 Abs 3 S 1 RVG; 600 €, § 61 FamFG). Da ein Beschwerdeantrag nicht gestellt werden muss, kommt es praktisch auf die

Beschwer an, es sei denn, der Beschwerdeführer **beschränkt** ausdrücklich oder durch eine begrenzte Begründung die Beschwerde. **Mehrere** Beschweren sind **zusammenzurechnen** (§ 5 Hs 1 ZPO), also insbesondere, wenn im selben gerichtlichen Verfahren mehrere Vergütungsansprüche desselben Anwalts oder mehrere Vergütungs- oder Erstattungsansprüche verschiedener Anwälte oder anderer Beteiligter geltend gemacht worden sind.

Beschwerde ist die **sofortige** (§ 104 Abs 3 S 1 ZPO, § 464 b S 3 StPO, §§ 11 Abs 2 S 3, 56 Abs 2 S 1, 33 Abs 3 S 3 RVG, § 147 Abs 1 VwGO), wobei für die Kostenfestsetzung in **Strafsachen** teils die – abzulehnende – Auffassung vertreten wird, die Beschwerdefrist richte sich nach § 311 Abs 2 StPO, betrage also 1 Woche statt der »üblichen« 2 Wochen.

4. Rechtsbeschwerde

Eine **weitere** Beschwerde sieht das Gesetz nicht vor, jedoch findet in der ordentlichen und der Arbeitsgerichtsbarkeit bei Zulassung die **Rechtsbeschwerde** zum BGH bzw zum BAG statt (§ 574 Abs 1 S 1 Nr 2 ZPO, § 70 FamFG, § 464 b S 3 StPO, § 78 ArbGG, §§ 11 Abs 2 S 3, 56 Abs 2 S 1, 33 Abs 6 RVG). A 41

5. Anhörungsrüge

Gegen unanfechtbare Beschlüsse gibt es die Anhörungsrüge wegen Verletzung des Anspruchs auf **rechtliches Gehör** (Art 103 Abs 1 GG; § 321 a ZPO und die gleichen Vorschriften in den anderen Verfahrensgesetzen oder zu verfahrensrechtlichen Regelungen). Da Entscheidungen des Rechtspflegers oder Urkundsbeamten der Geschäftsstelle immer einem Rechtsmittel oder Rechtsbehelf unterliegen, kommen insbesondere **richterliche Beschlüsse** in Betracht, gegen die Beschwerde – Erst-, weitere oder Rechtsbeschwerde – nicht zulässig ist. Die Rüge muss binnen zwei Wochen ab »Kenntnis« von der Gehörsverletzung eingelegt werden (§ 321 a Abs 2 S 1 ZPO): ein ungeeigneter **Fristbeginn**, weil es sich um keine beweisbare Tatsache handelt. Die erfolgreiche Rüge führt zur **Fortsetzung des Verfahrens** in der Instanz. A 42

6. Verwirkung

Der **Erstattungs- oder Vergütungsanspruch** kann verwirkt werden, nicht jedoch das Recht auf eine **gerichtliche Entscheidung**. Soweit es sich um Ansprüche handelt, die unter Art 19 Abs 4 S 1 GG fallen – also Kostenerstattungs- und Vergütungsansprüche gegen die Staatskasse –, muss auch die Anrufung des Richters zulässig bleiben. A 43

Der Verwirkung unterliegen hingegen unbefristete **Erinnerung** und **Beschwerde** im Übrigen.

7. Verböserungsverbot

Da es sich bei allen Festsetzungsverfahren um **Parteiverfahren** handelt, gilt das Verböserungsverbot (entsprechend § 528 ZPO, §§ 331, 358 StPO, § 129 VwGO). Eine abweichende Auffassung findet man zur Kostenfestsetzung in **Strafsachen**, wegen der dortigen Ausnahme im Beschwerdeverfahren (in den §§ 304 ff StPO fehlt eine den §§ 331, 358 StPO entsprechende Regelung). Richtigerweise muss hier jedoch die Verweisung des § 464 b S 3 StPO als die spezielle Norm vorgehen. A 44

8. Rechtskraft

Soweit Festsetzungsbeschlüsse **formell** rechtskräftig werden, erwachsen sie generell auch in **materieller** Rechtskraft. Sie erfasst jedoch nur den **entschiedenen** Teil, »Nachliquidierung« ist mithin grundsätzlich zulässig. A 45

Eine Ausnahme gilt insbesondere für die Festsetzung der Anwaltsvergütung gegen die **Staatskasse** (§ 55 RVG). Die Rechtsprechung wendet überwiegend nicht die Vertrauensschutzregelungen des Verwaltungsverfahrensrechts, sondern § 20 GKG entsprechend an: für die Nachliquidierung und vor allem für die **Rückforderung** durch die Staatskasse.

XV. Vollstreckung

A 46 Kosten- und Vergütungsfestsetzungsbeschlüsse sind **Vollstreckungstitel** (§ 794 Abs 1 Nr 2 ZPO, § 464 b S 3 StPO, § 85 FamFG, § 11 Abs 2 S 3 RVG. § 62 Abs 2 ArbGG). Da die Staatskasse zu zahlen pflegt, kommt der Frage bei Festsetzungen gegen sie keine praktische Bedeutung zu.

Vollstreckungsvoraussetzung ist der Ablauf der einwöchigen Wartefrist (§ 798 ZPO).

Kostenfestsetzungsbeschlüsse der **Verwaltungs-, Finanz- und Sozialgerichte** (§ 168 Abs 1 Nr 4 VwGO, § 151 Abs 2 Nr 3 FGO, § 199 Abs 1 Nr 4 SGG) werden vom **Verwaltungsgericht** (Finanzgericht, Sozialgericht) vollstreckt (§ 170 VwGO, § 151 Abs 1 FGO, § 200 SGG). Für **Vergütungsfestsetzungsbeschlüsse** sollte jedoch § 11 Abs 2 S 3 RVG als die spezielle Vorschrift vorgehen, zumal der Anwalt nicht Beteiligter des Verwaltungsstreitverfahrens ist; die Rechtsprechung vertritt jedoch teils eine Gleichstellung mit der Kostenfestsetzung.

Gemäß § 55 RVG festgesetzte **Rückzahlungsansprüche** gegen Anwälte werden mit Verwaltungszwang vollstreckt (§ 1 Abs 1 Nr 8, Abs 2 JBeitrO).

B. Kostenfestsetzung im Zivilprozess

Übersicht

		Rdn.
I.	**Grundlagen**................	**B 1**
1.	Festsetzungsanspruch...........	B 1
2.	Prozessualer Kostenerstattungsanspruch	B 2
	a) Rechtsnatur...............	B 3
	b) Entstehung................	B 4
	c) Verfügung über den Anspruch...	B 5
	d) Verjährung, Verwirkung........	B 6
	e) Insolvenzverfahren..........	B 7a
3.	Materiell-rechtlicher Kostenerstattungsanspruch.............	B 8
4.	Verhältnis prozessualer/materieller Kostenerstattungsanspruch	B 9
II.	**Kostengrundentscheidung**.......	**B 20**
1.	Kostengrundentscheidung........	B 20
2.	Zur Zwangsvollstreckung geeigneter Titel.............	B 21
3.	Vollstreckungstitel............	B 22
	a) Urteile................	B 22
	b) Prozessvergleiche..........	B 24
	aa) Voraussetzungen........	B 25
	bb) Bedingung, Zeitbestimmung und Widerruf............	B 25
	cc) Rechtsnatur............	B 26
	dd) Form................	B 27
	ee) Kostentragung..........	B 29
	c) Beschwerdefähige Entscheidungen	B 30
	d) Vollstreckungsbescheide.......	B 34
	e) Vollstreckbare Urkunden.......	B 35
	f) Für vollstreckbar erklärter Europäischer Zahlungsbefehl....	B 36
	g) Sonstiges................	B 37
III.	**Parteien**..................	**B 40**
1.	Parteien des Hauptsacheverfahrens..	B 40
2.	Antragsberechtigung...........	B 41
3.	Rechtsnachfolger.............	B 42
4.	Prozessbevollmächtigte 1. Instanz...	B 43
5.	Tod der Partei...............	B 44
6.	Nichtexistente Partei...........	B 45
7.	Prozessunfähigkeit............	B 46
8.	Insolvenzverfahren............	B 47
9.	Parteiwechsel...............	B 48
10.	Streitgenossen...............	B 49
11.	Prozesskostenhilfe............	B 52
IV.	**Kostenfestsetzungsverfahren**.....	**B 53**
1.	Zuständigkeit...............	B 53
2.	Sachliche Unabhängigkeit des Rechtspflegers.............	B 60
3.	Verfahrensgrundsätze..........	B 61
4.	Bindung des Rechtspflegers.......	B 71
	a) Bindung an den Antrag........	B 71
	b) Bindung an die Kostengrundentscheidung.....	B 74
	c) Bindung an die Streitwertfestsetzung........	B 79

		Rdn.
5.	Einwendungen...............	B 84
	a) Grundsatz................	B 84
	b) Nicht zulässige Einwendungen...	B 84a
	c) Zulässige Einwendungen.......	B 87a
	d) Unstreitige Einwendungen......	B 92
V.	**Kostenfestsetzungsantrag, Nachliquidation**............	**B 96**
1.	Kostenfestsetzungsantrag........	B 96
2.	Zeitpunkt der Einreichung.......	B 103
3.	Nachfestsetzung/Nachliquidation...	B 104
VI.	**Der Kostenfestsetzungsbeschluss**...	**B 110**
1.	Inhalt des Kostenfestsetzungsbeschlusses................	B 110
2.	Verzinsungsanordnung.........	B 111
3.	Kostenentscheidung...........	B 116
4.	Aufnahme von Beschränkungen des Titels................	B 119
5.	Begründung................	B 123
6.	Unterschrift................	B 124
7.	Bekanntmachung.............	B 125
8.	Streitgenossen...............	B 134
9.	Feststellungsbeschluss..........	B 134a
VII.	**Rechtskraft und Vollstreckbarkeit**...	**B 135**
1.	Rechtskraft................	B 135
2.	Abhängigkeit vom Fortbestand der Kostengrundentscheidung.........	B 140
3.	Der Kostenfestsetzungsbeschluss als Vollstreckungstitel............	B 141
4.	Rückfestsetzung.............	B 148
5.	Änderung des Kostenfestsetzungsbeschlusses ohne Rechtsbehelf......	B 155
	a) Berichtigung (§ 319 ZPO)......	B 155
	b) Ergänzung (§ 321 ZPO).......	B 156
	c) Fehlen der Kostengrundentscheidung...............	B 157
	d) Wegfall und Änderung der Kostengrundentscheidung.....	B 158
	e) Nachfestsetzung............	B 159
VIII.	**Kostenausgleich**..............	**B 160**
1.	Voraussetzungen des Kostenausgleichs	B 160
2.	Fristgerechter Antrag des Gegners...	B 170
3.	Der Gegner versäumt die Wochenfrist..	B 183
4.	Rechtsmittel, insbesondere Beschwer.	B 187
IX.	**Anfechtung der Entscheidung des Rechtspflegers**.............	**B 190**
1.	Sofortige Beschwerde..........	B 190
	a) Statthaftigkeit.............	B 190
	b) Beschwer................	B 191
	c) Beschwerdewert............	B 191a
	d) Beschwerdefrist und Wiedereinsetzung in den vorigen Stand....	B 192
	e) Einlegung und Form.........	B 195
	f) Anschlussbeschwerde.........	B 196

Dörndorfer

2.	Beschwerdegegenstand.	B 197
	a) Antrag	B 197
	b) Nachschieben von Kosten	B 198
	c) Erweiterung	B 199
	d) Austausch von Positionen	B 200
	e) Einwendungen gegen den Streitwert	B 201
3.	Verfahren vor dem Rechtspfleger	B 202
	a) Abhilfebefugnis	B 202
	b) Entscheidung	B 203
4.	Verfahren vor dem Beschwerdegericht	B 203
	a) Zuständigkeit	B 203
	b) Beschwerdeverfahren	B 208
5.	Entscheidung des Beschwerdegerichts	B 212
	a) Verwerfung	B 212
	b) Zurückweisung	B 213
	c) Aufhebung	B 213a
	d) Zurückverweisung	B 214
	e) Kosten des Beschwerdeverfahrens	B 215
6.	Rechtsbeschwerde	B 218
7.	Außerordentliche Rechtsbehelfe	B 219
8.	Erinnerung	B 219a
	a) Statthaftigkeit	B 219a
	b) Erinnerungsberechtigung/Beschwer	B 219b
	c) Frist	B 219c
	d) Form	B 219d
	e) Anschlusserinnerung	B 219e
	f) Zusammentreffen von Erinnerung und sofortiger Beschwerde	B 219f
	g) Abhilfeverfahren des Rechtspflegers	B 219g
	h) Verfahren des Richters	B 219h
	i) Kosten des Erinnerungsverfahrens	B 219i
X.	**Festsetzung zu Gunsten des beigeordneten Rechtsanwalts**	**B 220**
1.	Zweck und Anwendungsbereich des § 126 ZPO	B 220
2.	Voraussetzungen und Verfahren	B 222
3.	Übergang des Anspruchs auf die Staatskasse (§ 59 RVG)	B 226
4.	Einwendungen des Gegners	B 228
5.	Festsetzung auf den Namen der Partei	B 232
XI.	**Festsetzung von Zwangsvollstreckungskosten**	**B 240**
1.	Allgemeines	B 240
2.	Festsetzung von Zwangsvollstreckungskosten	B 242
3.	Abgrenzung: Prozesskosten/Zwangsvollstreckungskosten	B 244
4.	Einzelfälle	B 247
	a) Kosten der Vorbereitung der Zwangsvollstreckung	B 247a
	b) Kosten der laufenden Zwangsvollstreckung	B 247b
	c) Vollstreckung nach §§ 887, 888, 890 ZPO	B 248
	d) Kostenpflicht des Gläubigers (§ 788 Abs 4 ZPO)	B 249
5.	Keine Kosten der Zwangsvollstreckung	B 250
6.	Kosten der Abwehr Dritter durch den Gläubiger	B 253
7.	Erstattungsanspruch des Schuldners	B 255
XII.	**Allgemeine Voraussetzungen der Kostenerstattung**	**B 300**
1.	Grundlagen der Erstattung	B 300
2.	Kosten des Rechtsstreits	B 301
3.	Aufwendungen der Partei	B 303
4.	Gegenständlicher Anwendungsbereich der Kostengrundentscheidung	B 308
5.	Kostenrechtlich selbständige Verfahren	B 310
6.	Sonstige Verfahren	B 318
7.	PKH-Bewilligungsverfahren	B 330
8.	Kosten des Rechtsstreits/Kosten des Vergleichs	B 335
XIII.	**Vor- und außerprozessuale Aufwendungen der Parteien**	B 342
XIV.	**Notwendige Kosten**	**B 360**
1.	Allgemeines	B 360
2.	Treu und Glauben	B 361
3.	Grundsatz der Kostenpflicht nach § 91 ZPO	B 364
4.	Chancengleichheit	B 367
XV.	**Einzelfragen der Erstattbarkeit**	**B 399**
1.	Vorbereitungskosten	B 400
	a) Allgemeines	B 400
	b) Nichtprozessbezogene Aufwendungen	B 401
	c) Kosten für Rechtsschutzversicherung	B 402
	d) Haftpflichtversicherung	B 403
	e) Privatgutachten	B 405
	f) Detektivkosten	B 412
	g) Übersetzungs- und Dolmetscherkosten	B 421
	h) Testkauf	B 423
	i) Schlichtungsverfahren	B 426
	j) Urheberrechtsstreitigkeiten	B 427
2.	Auslagen	B 430
	a) Dokumentenpauschale	B 430
	b) Fotografiekosten	B 439
	c) Porto- und Fernsprechkosten	B 440
	d) Gerichtskosten	B 443
	e) Aufwendungen der Partei für Zeugen	B 444
	f) Reisekosten der Partei	B 447
	g) Verdienstausfall	B 456
	h) Kreditkosten	B 458
	i) Zustellungskosten	B 459

3.	Vertretungskosten	B 500	cc)	Terminsgebühr	B 570
	a) Allgemeines	B 500	dd)	Einigungsgebühr	B 571
	b) Zeitpunkt der Anwaltsbestellung und -tätigkeit	B 509	ee)	Hebegebühr	B 572
			ff)	Geschäftsgebühr (Nr 2300 f VV RVG)	B 579
	aa) Zwischenzeitliche Klagerücknahme noch nicht bekannt	B 509	gg)	Beratungsgebühr (§ 34 Abs 1 S 1 RVG)	B 582
	bb) Klage vor Rücknahme nicht ordnungsgemäß erhoben	B 510	hh)	Verfahrensgebühr für sonstige Einzeltätigkeiten (Nr 3403 VV RVG)	B 583
	cc) Zeitpunkt der Anwaltsbestellung des Rechtsmittelbeklagten	B 511	ii)	Gutachtengebühr (§ 34 Abs 1 RVG, Nr 2101 VV RVG)	B 587
	dd) Schutzschrift im Verfahren der einstweiligen Verfügung	B 513	jj)	Strafanzeigegebühr (Nr 4302 VV RVG) oder Anwaltskosten für die Verteidigung in einem Strafprozess	B 588
	c) Umfang der Anwaltsbeauftragung	B 514			
	d) Die auswärtige Partei	B 521			
	aa) Anwalt ist am Geschäfts- oder Wohnort der Partei ansässig	B 523	kk)	Reisekosten des Rechtsanwalts	B 589
			ll)	Umsatz-(Mehrwert-)steuer	B 591
	bb) Anwalt ist an einem dritten Ort ansässig	B 530	4.	Zwangsvollstreckungskosten	B 602
			a)	Notwendigkeit von Zwangsvollstreckungskosten	B 602
	cc) Unterbevollmächtigter	B 533		aa) Zeitpunkt der Einleitung der Zwangsvollstreckung	B 603
	dd) Verkehrsanwalt	B 534		
	ee) Mahnverfahren	B 535		(a) Ausreichende Gelegenheit zu freiwilliger Leistung	B 603
	e) Mehrere Anwälte	B 541		
	aa) Allgemeines	B 541		(b) Zustellung des Titels und Nachweis der Sicherheitsleistung	B 604
	bb) Dieselbe Partei in verschiedener Parteistellung	B 542		
	cc) Parteiwechsel	B 543		(c) Anwaltliches Aufforderungsschreiben	B 605
	dd) Patentnichtigkeitsverfahren	B 544		
	ee) Sonstige Spezialanwälte	B 545		bb) Zwangsvollstreckung aus einem für vorläufig vollstreckbar erklärten Urteil	B 606a
	ff) Anwaltswechsel nach Verweisung oder Abgabe	B 546		
	gg) Anwaltswechsel wegen vorzeitiger Beendigung des Anwaltsvertrages	B 550		cc) Kosten der Sicherheitsleistung zur Erreichung der Vollstreckbarkeit	B 607
	hh) Mehrere Anwälte bei Streitgenossen	B 552		dd) Zulässigkeit der Vollstreckungsmaßnahme	B 610
	ii) Streitigkeiten nach dem Wohnungseigentumsgesetz	B 557a		ee) Erfolgsaussicht	B 611
	f) Gebühren und Auslagen des Rechtsanwalts in eigener Sache, als Partei kraft Amts oder amtlich bestellter Vertreter, § 91 Abs 2 S 3 ZPO	B 558	b)	Zwangsvollstreckungskosten gegen mehrere Schuldner	B 612
			c)	Transport- und Lagerkosten	B 613
			d)	Vergleich in der Zwangsvollstreckung	B 614
	g) Erstattungsfragen bei einzelnen Gebühren und Auslagen	B 559	e)	Ersatzvornahme, § 887 Abs 1 ZPO	B 615
	aa) Verfahrensgebühr	B 559			
	bb) Gebührenerhöhung	B 563			

I. Grundlagen

1. Festsetzungsanspruch

Die im Rechtsstreit obsiegende Partei kann von dem Gericht des ersten Rechtszuges die Festsetzung der ihr entstandenen **Prozesskosten** verlangen (§§ 91 Abs 1, 104 Abs 1 S 1 ZPO). Grundlage der Festsetzung ist ein zur Zwangsvollstreckung geeigneter Titel (§ 103 Abs 1 ZPO). Geltend gemacht können grds nur solche Aufwendungen werden, die unmittelbar mit dem Prozessbetrieb zusammenhängen.

B 1

2. Prozessualer Kostenerstattungsanspruch

B 2 Der gegen den unterlegenen Gegner gerichtete prozessuale Kostenerstattungsanspruch der obsiegenden Partei basiert auf der gerichtlichen **Kostengrundentscheidung** und richtet sich alleine nach den Vorschriften der ZPO. Der Anspruch ist privatrechtlicher Natur und kann nur im Kostenfestsetzungsverfahren[1] seiner **Höhe** nach beziffert werden. Eine eigenständige Klage wäre wegen Unzulässigkeit der Verfahrensart abzuweisen.[2]

a) Rechtsnatur

B 3 Der prozessuale Kostenerstattungsanspruch entsteht kraft **Veranlasserhaftung**[3]. Auf ein Verschulden des Erstattungspflichtigen kommt es dabei nicht an. Das Veranlasserprinzip beruht in gewisser Weise auf der Vermutung, dass der Erstattungsschuldner zur Klärung eines Rechtsverhältnisses oder zur Durchsetzung einer Verpflichtung zum Streit Anlass gegeben hat. Er hat ein gerichtliches Verfahren in Kauf genommen und damit den Gegner zu Aufwendungen veranlasst hat. Dieses Prinzip liegt insbesondere der Regelung des § 93 ZPO zu Grunde.

b) Entstehung

B 4 Der prozessuale Kostenerstattungsanspruch entsteht bereits **aufschiebend bedingt** mit der Begründung des Prozessrechtsverhältnisses, dh ab Rechtshängigkeit (Klageerhebung).[4] Das gilt auch bei der Klage durch einen Prozessunfähigen.[5] Aufschiebende Bedingung ist der Erlass einer wenigstens vorläufig vollstreckbaren Kostengrundentscheidung, die dem Prozessgegner die Kosten auferlegt.[6] Der aufschiebend bedingte Anspruch ist weder fällig noch aufrechenbar.[7] Er kann aber bereits abgetreten,[8] gepfändet oder verpfändet und im Insolvenzverfahren des Erstattungsschuldners zur Insolvenztabelle angemeldet werden.[9] In der Insolvenz des Erstattungsgläubigers ist er Teil der Insolvenzmasse (§ 35 InsO).[10]

Mit Erlass einer (vorläufig) vollstreckbaren Kostengrundentscheidung wird der Erstattungsanspruch **auflösend bedingt**. Bedingung ist Aufhebung oder Unwirksamwerden dieser Entscheidung.[11] In diesem Stadium ist der Anspruch **fällig**.[12] Da seine Höhe anhand gesetzlicher Vorschriften bestimmt werden kann, ist er auch aufrechenbar. Die Aufrechnung im selben Rechtsstreit ist jedenfalls dann möglich, wenn die Höhe der zu erstattenden Kosten durch einen rechtskräftigen Kostenfestsetzungsbeschluss (§ 104 ZPO) festgesetzt oder zwischen den Parteien unstreitig ist.[13] Eine angeordnete und noch nicht erbrachte Sicherheitsleistung, steht der Aufrechnung nicht entgegen.[14]

Endgültig und **unbedingt** wird der Kostenerstattungsanspruch mit formeller Rechtskraft (§ 705 ZPO) der Kostengrundentscheidung, mit Wirksamwerden eines Prozessvergleichs oder kraft Gesetzes in den Fällen der §§ 269 Abs 4, 516 Abs 3, 565 ZPO.

---

1 BGH NJW 1983, 284.
2 OLG Köln MDR 1981, 763; *Thomas/Putzo/Hüßtege* § 91 Vorbem Rn. 8.
3 Vgl. zum Veranlasserprinzip BGH NJW 2006, 2490 (2491); MünchKommZPO *Schulz* Vor §§ 91 ff Rn. 26; *Schneider* Rpfleger 1976, 229.
4 BGH MDR 1976, 475; WM 1975, 97; OLG Köln OLGR 2002, 36.
5 BGH MDR 1993, 1249 = NJW 1993, 1865; *Kempter* NJW 1993, 2158.
6 BGH NJW 1983, 284.
7 OLG Düsseldorf NJW 1962, 1400.
8 BGH NJW 1988, 3204.
9 OLG Nürnberg NJW-RR 2012, 1259 (1260); *Zöller/Herget* Vor § 91 Rn. 10.
10 BGH NJW-RR 2009, 567 (569).
11 *Thomas/Putzo/Hüßtege* Vorbem § 91 Rn. 10.
12 BGH WM 1976, 460; OLG Karlsruhe NJW 1994, 593: **aA**: *Staudinger/Gursky* BGB § 387 Rn. 140: Die Fälligkeit setzt den Erlass eines Kostenfestsetzungsbeschlusses voraus.
13 BGH NJW 1963, 714; OLG Brandenburg BeckRS 2012, 18540; OLG Karlsruhe NJW 1994, 593 m Anm *Schmitz*.
14 BGH NJW 2013, 2975; OLG Brandenburg BeckRS 2012, 18540.

I. Grundlagen   B.

Der Kostenfestsetzungsbeschluss hat – außer beim Kostenausgleich nach § 106 ZPO – keine anspruchs- oder fälligkeitsbegründende Funktion.[15]

c) Verfügung über den Anspruch

Der Erstattungsgläubiger kann über seinen Anspruch **verfügen**: Er kann ihn, wie jeden anderen privatrechtlichen Anspruch, abtreten, verpfänden, erlassen und mit ihm aufrechnen (im Einzelnen vgl dazu Rdn. B 4). Der Kostenerstattungsanspruch kann auch gestundet und dadurch in seiner Durchsetzung gehemmt werden. Gegen die Vollstreckung des gestundeten Anspruchs kann der Erstattungsschuldner mit der Vollstreckungsabwehrklage, ohne die Beschränkung des § 767 Abs 2 ZPO vorgehen.[16]   **B 5**

Wegen der Berücksichtigung **materieller** Einwendungen im Kostenfestsetzungsverfahren, wie zB Abtretung, Erfüllung oder Aufrechnung vgl Rdn. B 84, 92.

d) Verjährung, Verwirkung

Der mit Klageerhebung oder anderweitigen Verfahrenseinleitung bereits aufschiebend bedingt entstandene prozessuale Kostenerstattungsanspruch (vgl Rdn. B 4) unterliegt zunächst der regelmäßigen **Verjährungsfrist** des § 195 BGB und verjährt in drei Jahren.[17] Die Verjährung ist aber zunächst nach § 204 Abs 1 u 2 BGB gehemmt. Wird das Verfahren mit einer rechtskräftigen Entscheidung abgeschlossen, wird rechtskräftig nicht nur über die Hauptsache, sondern auch über die Kosten entschieden.[18] Damit wird der Kostenerstattungsanspruch, auch ohne seine Festsetzung, endgültig und unbedingt und verjährt nach § 197 Abs 1 Nr 3 BGB in 30 Jahren.[19] Für den rechtskräftigen Kostenfestsetzungsbeschluss läuft eine gesonderte dreißigjährige Verjährungsfrist. Das kann etwa dann, wenn kurz vor Ablauf der 30-jährigen Verjährungsfrist ein Kostenfestsetzungsbeschluss beantragt wird, zu einer (erheblichen) Verlängerung der Verjährungsfrist führen.[20]   **B 6**

Die **Notwendigkeit** eines zur Festsetzung beantragten Ansatzes kann der Erstattungsschuldner nicht mit der Begründung bestreiten, dass der Erstattungsgläubiger der geltend gemachten Kostenposition (zB Anwaltsvergütung) die Einrede der **Verjährung** entgegensetzen kann. Eingewandt werden kann im Kostenfestsetzungsverfahren vielmehr nur, dass der Erstattungsgläubiger die Verjährungseinrede **bereits erhoben** hat und ihm deshalb kein erstattungsfähiger Aufwand entstanden ist.[21]

Der Erstattungsanspruch kann **verwirkt** und dadurch vernichtet werden, wozu jedoch – wie immer bei **Verwirkung** von Ansprüchen – bloßer Zeitablauf nicht ausreicht. Es müssen noch Umstände hinzutreten, die das verspätete Verfolgen des Anspruchs als treuwidrig erscheinen lassen (§ 242 BGB).[22]   **B 7**

e) Insolvenzverfahren

In der Insolvenz des Erstattungsschuldners ist der prozessuale Kostenerstattungsanspruch **Insolvenzforderung** und der Erstattungsgläubiger **Insolvenzgläubiger** (§§ 38, 174 ff InsO), wenn der Prozess bereits vor Insolvenzeröffnung begonnen hat. Hat der Rechtsstreit erst **danach** begonnen, ist der Erstattungsgläubiger mit seinem Anspruch **Neugläubiger**.[23]   **B 7a**

---

15 BGH JurBüro 1976, 457 = JR 1976, 332 m Anm *Kuntze*.
16 BGH NJW 1952, 144.
17 BGH NJW 2006, 1962 = JurBüro 2006, 370 m Anm *Dilger* in JurBüro 2006, 291.
18 BGH NJW 2006, 1962; *Zöller/Herget* § 104 Rn. 21 »Verjährung«; MünchKommZPO *Schulz* § 104 Rn. 45.
19 BGH JurBüro 2006, 370 = NJW 2006, 1962; OLG Stuttgart JurBüro 2006, 203 = NJW-RR 2006, 1367; OLG Köln JurBüro 2006, 649; OLG München FamRZ 2006, 1559.
20 BGH JurBüro 2006, 370 = NJW 2006, 1962.
21 VGH München Rpfleger 2004, 65; OLG Karlsruhe MDR 1996, 750.
22 VGH München Rpfleger 2004, 65; KG Rpfleger 1994, 385; OLG Bamberg JurBüro 1987, 1412, 1413.
23 BGH Rpfleger 2014, 353 = BeckRS 2014, 04130.

Ein dem Insolvenzschuldner als Erstattungsgläubiger zustehender Anspruch fällt, da er pfändbar ist, grds zur **Insolvenzmasse** (§ 35 InsO).[24] Es sei denn, der Anspruch ist nach § 126 Abs 1, 2 S 2 ZPO zu Gunsten eines beigeordneten Rechtsanwalts verstrickt.[25] Eine generelle Zweckbindung des Anspruchs, die zu seiner Unpfändbarkeit führen würde (§ 851 Abs 1 ZPO), besteht aber nicht.[26]

3. Materiell-rechtlicher Kostenerstattungsanspruch

B 8 Neben dem prozessualen, kann auch ein materiell-rechtlicher Kostenerstattungsanspruch bestehen. Dieser entsteht nicht bereits kraft Veranlassung (vgl Rdn. B 3), sondern setzt eine **materielle Anspruchsgrundlage** voraus.[27] Er kann auf einer vertraglichen Grundlage beruhen (zB Kostenübernahmevereinbarung) oder gesetzlich als Aufwendungsersatzanspruch bzw (verschuldensabhängig) als Schadensersatzanspruch entstehen (zB §§ 280, 286, 311, 683, 823 BGB).[28] Sein Inhalt und Umfang richten sich nach dem Vertrag oder zB nach § 249 BGB. Die §§ 91 ff ZPO sind darauf nicht, auch nicht entsprechend, anwendbar.[29]

B 8a Einzelfälle:

Abmahnung: Solche Kosten sind nicht prozesszugehörig, so dass eine prozessuale Kostenerstattung ausscheidet.[30] Ein materiell-rechtlicher Kostenerstattungsanspruch kann sich zB aus dem Wettbewerbs- oder Urheberrecht (§ 12 Abs 1 S 2 UWG, § 97a Abs 1 S 2 UrhG) aus Geschäftsführung ohne Auftrag (§ 683 BGB) oder aus unerlaubter Handlung (§ 823 BGB) ergeben. Die Erstattung von Rechtsanwaltskosten hängt von der Sachkunde Abmahnenden ab.[31]

Detektivkosten: Sie können im Zusammenhang mit Sorgerechtsentziehung[32] oder bei arbeitsvertraglichen Pflichtverletzungen[33] anfallen.

Selbständiges Beweisverfahren: Die Kostenerstattung kann uU auf einen materiellen Erstattungsanspruch gestützt werden.[34] Schließt sich aber ein Hauptsacheverfahren an, so werden die Kosten des selbständigen Beweisverfahrens von der Kostengrundentscheidung in der Hauptsache miterfasst und es besteht Vorrang der prozessualen Kostenerstattung.[35]

Vorgerichtliche Anwaltskosten: Solche können zB in Form einer Geschäftsgebühr (Nr 2300 VV RVG) für eine außergerichtliche Forderungsbeitreibung oder einer Gebühr nach § 34 Abs 1 RVG für eine Beratungstätigkeit anfallen. Da der Gebührenanfall nicht im unmittelbaren Bezug zu einem Rechtsstreit steht, kann die Kostenerstattung nur auf materiell-rechtliche Grundlagen (zB §§ 284 ff BGB) gestützt werden. Sie sind als Nebenforderungen zusammen mit dem Hauptanspruch gerichtlich geltend zu machen.

4. Verhältnis prozessualer/materieller Kostenerstattungsanspruch

B 9 Wegen ihrer unterschiedlichen Rechtsgrundlagen müssen sich die Kostenerstattungsansprüche nicht zwangsläufig **decken**. Sie können inhaltlich übereinstimmen sich aber auch überschneiden.

---

24 BGH BeckRS 2009, 03658 = MDR 2009, 411.
25 BGH NJW-RR 2007, 1205 = JurBüro 2007, 432.
26 OLG Nürnberg BeckRS 2010, 26440 = MDR 2011, 322.
27 BGH NJW 2007, 1458; dazu auch *Enders* JurBüro 2009, 1 ff.
28 Vgl zur Höhe des Anspruchs, der auf Erstattung vorgerichtlich angefallener Anwaltskosten gerichtet ist: BGH JurBüro 2008, 190; *Schneider* AnwBl 2008, 282; *Hansens* ZfSch 2008, 164; *Enders* JurBüro 2008, 169.
29 BGH NJW 1988, 2032.
30 BeckOK ZPO/*Jaspersen/Wache* ZPO § 91 Rn. 28.
31 BGH NJW-RR 2007, 856 und NJW 2004, 2448.
32 BGH NJW 1990, 2060.
33 BAG BeckRS 2009, 72152.
34 BGH BeckRS 2010, 07906 = MDR 2010, 796.
35 BeckOK ZPO/*Jaspersen/Wache* ZPO § 91 Rn. 37.

I. Grundlagen   B.

Es kann der materiell-rechtliche Erstattungsanspruch in seiner Höhe über den prozessualen hinausgehen.[36] Deshalb schließt die (rechtskräftige) Verneinung des einen Anspruchs die Bejahung des anderen nicht zwingend aus.[37]

a) **Konkurrenzverhältnis** B 10
Der materiell-rechtliche Kostenerstattungsanspruch ist nicht durch §§ 91 ff ZPO, die auch nicht entsprechend anwendbar sind, beschränkt.[38] Ausnahme: Der Ausschluss der erstinstanzlichen Kostenerstattung im arbeitsgerichtlichen Urteilsverfahren durch § 12 a Abs 1 S 1 ArbGG betrifft beide Ansprüche.[39] Ferner kann das Kostengeringhaltungsgebot des § 91 Abs 1 S 1 ZPO, das als allgemeiner Rechtsgedanke über das Prozessrecht hinaus Wirkung entfaltet, die Erforderlichkeit, Kosten zu erstatten, beeinflussen.[40]

b) **Geltendmachung** B 11
Geltend gemacht wird der materiell-rechtliche Kostenerstattungsanspruch in einem eigenen Verfahren oder durch Anspruchshäufung (§ 260 ZPO) im anhängigen Rechtsstreit.[41] Einer gesonderten Klage fehlt jedoch dann das Rechtsschutzbedürfnis, wenn sich der materielle mit dem prozessualen Anspruch deckt und im Kostenfestsetzungsverfahren (§§ 104 ff ZPO) geltend gemacht werden kann.[42] Das setzt voraus, dass die geltend gemachten Kosten mit denjenigen identisch sind, die im Kostenfestsetzungsverfahren geltend gemacht werden können bzw. geltend gemacht worden sind. Dadurch sollen unterschiedliche Entscheidungen, die auf gleichem Sachverhalt beruhen, vermieden werden.[43]

c) **Rechtskraft** B 12
Grds erstreckt sich die **Rechtskraft** eines den materiellen Kostenerstattungsanspruch abweisenden Urteils nicht auf die Kostenfestsetzung. Umgekehrt gilt dasselbe.[44] So steht zB die rechtskräftige Ablehnung der Festsetzung von **Vorbereitungskosten** (zB Kosten eines vorgerichtlichen Sachverständigengutachtens), einer erneuten Geltendmachung im Klageweg nicht entgegen.[45] Wurde die Klage auf Erstattung von Vorbereitungskosten durch Sachurteil rechtskräftig abgewiesen, ist der Kläger grds nicht gehindert die Position anschließend im Kostenfestsetzungsverfahren zu verfolgen.[46] Begründet wird dies mit den unterschiedlichen Prüfungsmaßstäben: Während der Anspruch im Klageverfahren nach **materiellen** Anspruchsgrundlagen geprüft wird, erfolgt die Prüfung im Kostenfestsetzungsverfahren nach §§ 103 ff ZPO nach den (objektivierten) **prozessualen** Maßstäben des § 91 Abs 1 S 1 ZPO.[47] Der BGH[48] nimmt jedoch Rechtskrafterstreckung eines klageabweisenden Urteils auf ein anschließendes

---

36 BGH NJW 2002, 680; BGH NJW 1990, 2060, 2062; OLG Hamm MDR 1993, 909.
37 **Beispiele:** Verneinung des materiellen Anspruchs mangels Verzugs schließt Bejahung des prozessualen Anspruchs nicht aus: OLG Koblenz JurBüro 2009, 259; AnwBl 1986, 251 = JurBüro 1986, 448 = MDR 1986, 324; OLG München JurBüro 1986, 600 = MDR 1986, 324; Verneinung eines prozessualen Anspruchs wegen fehlender Prozesszugehörigkeit schließt in Bezug auf dieselbe Aufwendung einen materiellen Anspruch wegen schuldhaft adäquater Schadensverursachung nicht aus: OLG Koblenz JurBüro 1980, 935 = MDR 1980, 320.
38 BGH NJW 1988, 2032; *Thomas/Putzo/Hüßtege* Vorbem § 91 Rn. 14; MünchKommZPO *Schulz* Vorbem § 91 ZPO Rn. 18.
39 BAG NZA 1992, 1101 = NJW 1993, 157 = MDR 1994, 179.
40 MünchKommZPO *Schulz* Vorbem § 91 Rn. 18.
41 *Thomas/Putzo/Hüßtege* Vorbem § 91 Rn. 15.
42 BGH NJW-RR 2010, 674; BGH NJW 2002, 680.
43 BGH BeckRS 2009, 25418; BAG NZA 2009, 1300.
44 *Thomas/Putzo/Hüßtege* Vorbem § 91 Rn. 16.
45 OLG Nürnberg MDR 1977, 936 = JurBüro 1977, 1617 = BeckRS 1977, 02095; MünchKommZPO *Schulz* Vorbem §§ 91 Rn. 24.
46 OLG Koblenz MDR 2009, 471; LAG Berlin MDR 2002, 238; **aA**: OLG Köln AGS 2010, 43.
47 OLG Dresden NJW 1998, 1872; *Becker-Eberhard* JZ 1995, 814; *Thomas/Putzo/Hüßtege* Vorbem § 91 Rn. 16.
48 BGH NZBau 2012, 290 m Anm *Schwenker* = JurBüro 2012, 211 = MDR 2012, 493; ebenso: OLG Hamm MDR 1993, 909.

Kostenfestsetzungsverfahren an, wenn **keine** neuen Gesichtspunkte zur Erstattungsfähigkeit vorgetragen werden.[49]

B 13 d) **Vorrang des Kostenfestsetzungsverfahrens**

Aufwendungen, die **innerhalb** eines Prozesses entstanden sind (= Gerichtskosten und im Hauptsacheverfahren angefallene außergerichtliche Kosten der Parteien iSv § 91 Abs 1 S 1 ZPO) können, soweit ein prozessualer Kostenerstattungsanspruch besteht, nur im Kostenfestsetzungsverfahren geltend gemacht werden. Insoweit besteht ein Vorrang des Kostenfestsetzungsverfahrens.[50] Es eröffnet einen einfachen, kostengünstigen und raschen Weg zu einem Vollstreckungstitel, so dass zB einer Klage mit der die Kosten eines Prozessbevollmächtigten geltend gemacht werden, das Rechtsschutzbedürfnis fehlt.[51] Das hat auch zur Folge, dass mit einem prozessualen Erstattungsanspruch im Klageverfahren nur aufgerechnet werden kann, wenn er entweder unstreitig oder rechtskräftig festgesetzt worden ist.[52] Umgekehrt schließt das Kostenfestsetzungsverfahren materiell-rechtliche Erstattungsansprüche aus.[53]

B 14 e) **Ablehnung der Kostenfestsetzung**

Ist einer Partei ohne ihr Verschulden die Kostenfestsetzung versagt worden, darf sie ihren Erstattungsanspruch auch klageweise verfolgen. Darüber hat dann das Prozessgericht sachlich zu entscheiden.[54]

B 15 f) **Vergleichsweise Regelung**

Nach einer vergleichsweisen Regelung der materiell-rechtlichen Erstattungspflicht (zB über Vorbereitungskosten), ist eine Geltendmachung derselben Position im Kostenfestsetzungsverfahren nicht mehr möglich, es fehlt dann das rechtliche Interesse.[55]

B 16 g) **Vorprozessuale Kosten**

Sind Kosten nicht innerhalb eines Rechtsstreits, sondern als sog **Vorbereitungskosten** außerhalb des Verfahrens, etwa in seinem Vorfeld, entstanden (zB Kosten für ein Privatgutachten oder Detektivermittlungen), so kann ausnahmsweise aus Gründen der Prozesswirtschaftlichkeit eine Kostenerstattung und -festsetzung nach §§ 91, 103 ff ZPO in Betracht kommen. Voraussetzung dafür ist aber, dass diese Kosten unmittelbar **prozessbezogen** oder **prozessbegleitend** angefallen sind.[56]

B 17–B 19 *(unbesetzt)*

II. Kostengrundentscheidung

1. Kostengrundentscheidung

B 20 Die Kostenfestsetzung im Verfahren nach §§ 103 ff ZPO setzt eine gerichtliche **Kostengrundentscheidung**, die einen Erstattungsanspruch zuspricht, voraus (§ 103 Abs 1 ZPO).[57] Nicht ausreichend ist zB die bloße Erklärung, Kosten übernehmen oder den Anspruch anerkennen zu wollen. Auch

---

49 Kritisch dazu: *Zöller/Herget* Vor § 91 Rn. 13.
50 BGH NJW-RR 2010, 674; vgl dazu bereits Rdn. B 11.
51 BGH NJW 2011, 2966; BGH NJW 2002, 1503.
52 BGH NJW 1963, 714 (LS) = MDR 1963, 388 = BeckRS 1963, 31160905; OLG Stuttgart MDR 1961, 1013; vgl dazu auch Rdn. B 4.
53 BGH NJW 2014, 3247; OLG Brandenburg JurBüro 2009, 144; MünchKommZPO *Schulz* Vorbem § 91 ZPO Rn. 20.
54 BGH NJW 1961, 2016 = Rpfleger 1961, 91 = MDR 1961, 1010; OLG Frankfurt AnwBl 1985, 210 = Rpfleger 1985, 163 (LS) = MDR 1985, 414. Zu der Problematik allgemein: OLG Karlsruhe NJW-RR 1998, 861 = Rpfleger 1998, 174.
55 KG JurBüro 2004, 436; OLG München NJW-RR 1997, 1294.
56 BGH NJW 2007, 3289 und NJW-RR 2006, 501; OLG Nürnberg NJW-RR 2005, 1664; BeckOK ZPO/ *Jaspersen/Wache* ZPO § 91 Rn. 35.
57 OLG Nürnberg JurBüro 2006, 141; OLG Schleswig JurBüro 1985, 781.

ein außergerichtlicher Vergleich, eine Entscheidung durch Schiedsgutachter[58] oder ein Schlichterbeschluss[59] eignen sich nicht als Festsetzungsgrundlage. Das gilt auch für einen richterlichen Protokollvermerk zu einem Vergleich.[60] Die Frage, ob es sich um eine Kostengrundentscheidung im Sinne des § 103 Abs 1 ZPO handelt, ist ausschließlich nach deutschem Recht zu beurteilen.[61]

Eine ohne geeigneten Titel erfolgte Festsetzung ist nichtig und kann zur Klarstellung aufgehoben werden.[62] Wird aus dem nichtigen Kostenfestsetzungsbeschluss die Zwangsvollstreckung betrieben, kann der Schuldner mit der Vollstreckungsabwehrklage (§ 767 ZPO) dagegen vorgehen.

2. Zur Zwangsvollstreckung geeigneter Titel

Der die **Kostengrundentscheidung** beinhaltende Titel muss sich **zur Zwangsvollstreckung eignen** (§ 103 Abs 1 ZPO). Der Titel muss nicht rechtskräftig sein, vorläufige Vollstreckbarkeit genügt.[63] Nur dann, wenn das Hauptsacheverfahren keine vorläufige Vollstreckbarkeit kennt, ist für die Kostenfestsetzung (formelle) Rechtskraft des Titels erforderlich. Seine Vollstreckbarkeit in der Hauptsache setzt die Kostenfestsetzung dagegen nicht voraus. Deshalb eignen sich auch klageabweisende Urteile, Feststellungs- und Gestaltungsurteile als Festsetzungsgrundlagen. Das Vorliegen der Vollstreckungsvoraussetzungen, wie zB Vollstreckungsklausel, Zustellung, Sicherheitsleistung, ist zwar für die Vollstreckung aus dem Titel, nicht aber für die Kostenfestsetzung erforderlich. Zur Zwangsvollstreckung aus dem erlassenen Kostenfestsetzungsbeschluss (§ 794 Abs 1 Nr 2 ZPO) müssen sie dann eigenständig vorliegen.[64]

B 21

Die **einstweilige Einstellung** der Zwangsvollstreckung in der Hauptsache (§§ 707, 719 ZPO) hindert die Kostenfestsetzung nicht. Das gilt auch dann, wenn die Zwangsvollstreckung in der Hauptsache auf Grund einer Vollstreckungsabwehrklage für **unzulässig** erklärt wurde.[65] Der Rechtsnachfolger des Erstattungsgläubigers muss den Titel erst nach §§ 727 ff ZPO auf sich umschreiben lassen.[66]

3. Vollstreckungstitel

Zur Kostenfestsetzung eignen sich:

a) Urteile

aa) **Rechtskräftige** Endurteile (§ 704 ZPO).

B 22

bb) **Kraft Gesetzes vollstreckbare** (vollziehbare) Urteile die einen Arrest oder eine einstweilige Verfügung anordnen oder bestätigen (§§ 922 Abs 1, 925 ZPO).[67]

cc) Für **vorläufig vollstreckbar** erklärte Endurteile (§§ 704, 708 ff ZPO). Die Einlegung eines Rechtsmittels berührt die vorläufige Vollstreckbarkeit nicht.

---

58 OLG Hamburg JurBüro 1982, 769.
59 LG Bielefeld NJW-RR 2002, 432.
60 OLG München JurBüro 1996, 261.
61 OLG Stuttgart Rpfleger 2008, 654.
62 BAG NJW 1963, 1027; OLG München JurBüro 1982, 1563; MünchKommZPO *Schulz* § 104 ZPO Rn. 142; **aA**: KG JurBüro 1982, 1729.
63 OLG Köln BeckRS 2009, 87184 = MDR 2010, 104.
64 OLG Köln MDR 2010, 104.
65 BGH NJW 1995, 3318; LG Hamburg NJW 1961, 1729; LG Berlin Rpfleger 1982, 482 = JurBüro 1983, 128 = MDR 1983, 137.
66 BGH FamRZ 2010, 1160; LG Hamburg NJW 1961, 1729; LG Berlin Rpfleger 1982, 482 = JurBüro 1983, 128 = MDR 1983, 137.
67 *Thomas/Putzo/Seiler* § 922 Rn. 4 u § 925 Rn. 2.

dd) **Vorbehalts**urteile **und Zwischen**urteile (auch soweit sie gegenüber Dritten ergangen sind), ermöglichen, wenn sie eine Kostengrundentscheidung enthalten und soweit diese reicht, eine Kostenfestsetzung.[68]

B 23 Urteile, die weder **rechtskräftig noch vorläufig vollstreckbar** sind, eignen sich nicht zur Kostenfestsetzung. Ungeeignet sind auch noch nicht rechtskräftige Urteile, deren Tenor eine Entscheidung über die vorläufige Vollstreckbarkeit übergangen hat. Urteile, die zwar in der Hauptsache vollstreckbar sind, aber keine Kostengrundentscheidung enthalten, scheiden ebenfalls als Festsetzungsgrundlage aus. In diesen Fällen muss innerhalb einer Frist von 2 Wochen Urteilsergänzung beantragt werden (§ 321 Abs 2 ZPO). Wenn in den Urteilsgründen auf eine versehentlich nicht in den Tenor aufgenommene Kostengrundentscheidung eingegangen oder eine solche nur mitverkündet wurde, kommt Berichtigung nach § 319 ZPO in Betracht.[69]

b) Prozessvergleiche

B 24 Prozessvergleiche sind zur Zwangsvollstreckung geeignete Titel (§ 794 Abs 1 Nr 1 ZPO). Dazu gehören auch gerichtliche Vergleiche, die nach § 278 Abs 6 ZPO zustande gekommen sind.

aa) Voraussetzungen

Der Vergleich muss vor einem **deutschen Gericht** oder vor einer durch die Landesjustizverwaltung eingerichteten oder anerkannten **Gütestelle** (zB Gütestellen nach § 15 UWG oder § 15 a EG-ZPO)[70] abgeschlossen worden sein. Auch aus Vergleichen, die im **PKH-Verfahren** nach § 118 Abs 1 S 3 ZPO oder im **selbständigen Beweisverfahren** nach § 492 Abs 3 ZPO protokolliert wurden, findet die Zwangsvollstreckung statt.

Der Vergleich muss ferner zur **Beilegung** des Rechtsstreits, jedenfalls hinsichtlich eines Teiles des Streitgegenstandes, geführt haben. Es muss sich nicht notwendig um ein Klageverfahren handeln. Auch im Verfahren auf Anordnung eines Arrests oder einer einstweiligen Verfügung kann ein Vergleich geschlossen werden; dazu ist nicht erforderlich, dass das Hauptsacheverfahren bereits anhängig ist. Auch in gerichtlichen Zwangsvollstreckungsverfahren ist ein Vergleich möglich.

Ein Zwischenvergleich umfasst nur Gegenstände, die nicht Streitgegenstand sind (zB Anspruchsvoraussetzungen) und führt deshalb nicht, auch nicht zur teilweisen, Beilegung des Rechtsstreits.[71]

Stellt sich nachträglich heraus, dass der Vergleich auf Grund einer **Anfechtung** (§§ 119, 123 BGB) beseitigt wurde, endet seine Eignung als Vollstreckungstitel und damit als Festsetzungsgrundlage. Liegen die Voraussetzungen für die Unwirksamkeit des Vergleichs vor, so ist darüber grds im fortzusetzenden Rechtsstreit zu entscheiden.[72]

bb) Bedingung, Zeitbestimmung und Widerruf

B 25 Der Vergleich kann unter einer aufschiebenden oder auflösenden **Bedingung** (§ 158 BGB), einer **Zeitbestimmung** (§ 163 BGB) und auch unter dem Vorbehalt des **Widerrufs** für eine oder beide Parteien, geschlossen werden. Der **Widerrufsvorbehalt** stellt im Regelfall eine aufschiebende Bedingung dar.[73] Ein unter Widerrufsvorbehalt geschlossener Vergleich ist deshalb erst dann ein zur Zwangsvollstreckung geeigneter Titel, wenn feststeht, dass innerhalb der dafür vereinbarten

---

68 Zum Verhältnis des Vorbehaltsurteils im Urkundenprozess zum Urteil im Nachverfahren vgl OLG Koblenz JurBüro 1985, 1885.
69 OLG Hamm NJW-RR 1986, 1444.
70 Vgl. dazu den Überblick von *Greger* NJW 2011, 1478.
71 *Thomas/Putzo/Seiler* § 794 Rn. 5.
72 *Thomas/Putzo/Seiler* § 794 Rn. 36.
73 BGH NJW 1984, 312; BVerwG NJW 1993, 2193.

Frist kein Widerruf erfolgte.[74] Eine Bedingung kann auch stillschweigend vereinbart sein; Scheidungsvereinbarungen zB werden idR für den Fall der rechtskräftigen Scheidung geschlossen. Die Vereinbarung ist daher nicht wirksam, wenn die Ehe vor Eintritt der Rechtskraft des Scheidungsbeschlusses durch Tod eines Ehegatten aufgelöst wird.

Endet die Wirksamkeit des Vergleichs durch den Eintritt einer auflösenden Bedingung, so entfällt damit auch seine Eignung als Festsetzungsgrundlage. Ein bereits erlassener Kostenfestsetzungsbeschluss wird, vergleichbar mit der Aufhebung eines vorläufig vollstreckbaren Urteils durch ein Rechtsmittelgericht (§ 717 Abs 1 ZPO), gegenstandslos.

cc) Rechtsnatur

Da der Prozessvergleich neben seiner Wirkung als Prozesshandlung auch materielles Rechtsgeschäft (Vertrag) iSv § 779 BGB ist, muss der Streit oder die Ungewissheit im Wege **gegenseitigen Nachgebens** beseitigt worden sein (Doppelnatur des Prozessvergleichs).[75]   B 26

Anders das Gebührenrecht: Nach Nr 1000 VV RVG löst bereits eine Einigung der Parteien die Einigungsgebühr aus. Insoweit ist kein gegenseitiges Nachgeben erforderlich.

dd) Form

Der Prozessvergleich muss **formgerecht beurkundet** worden sein. Das ist zwingend. Erforderlich ist, dass das Protokoll unterschrieben, vorgelesen, zur Durchsicht vorgelegt oder abgespielt und genehmigt wurde. Darüber ist ein Vermerk anzufertigen (§§ 162 Abs 1, 160 Abs 3 Nr 1 ZPO).[76] Der Vergleich ist Prozesshandlung, so dass nach Maßgabe des § 78 ZPO (auch vor dem Einzelrichter; §§ 348, 348 a ZPO) Anwaltszwang besteht. Kein Anwaltszwang besteht im **PKH-Bewilligungsverfahren** (§§ 117 Abs 1, 118 Abs 1 ZPO).[77]   B 27

ee) Kostentragung

Fehlt im Vergleich eine **Kostenregelung,** so sind nach **§ 98 ZPO** die Kosten – und zwar sowohl diejenigen des Vergleichs als auch diejenigen des durch den Vergleich erledigten Rechtsstreits (§ 98 S 2 ZPO) – als **gegeneinander aufgehoben** anzusehen.[78] Zulässig ist eine Regelung, dass die Kosten der Kostenentscheidung oder -regelung eines anderen Verfahrens folgen sollen. Solange allerdings die maßgebliche Kostenentscheidung nicht ergangen ist, kann auf Grund des Vergleichs keine Kostenfestsetzung erfolgen.

Streitig ist, ob die Parteien durch Vereinbarung die Anwendung des § 98 ZPO ausschließen und die Kostentragung einer gerichtlichen Entscheidung unterstellen können (sog negative Kostenregelung).[79] In diesem Fall hat das Gericht über die Kosten nach § 91 a ZPO zu entscheiden, wobei Maßstab der Kostenverteilung nicht das vergleichsweise Nachgeben, sondern die Erfolgsaussicht nach dem bisherigen Sach- und Streitstand ist.[80]

Wenn die vergleichsweise Kostenregelung von einer späteren gerichtlichen Kostenentscheidung abweicht, vgl Rdn. B 336.   B 29

Zur Auslegung vergleichsweiser Kostenregelungen vgl Rdn. B 78.

---

74 OLG München AGS 2000, 14 = MDR 1999, 1156 = NJW-RR 1999, 1517 (für aufschiebende Bedingung).
75 BGH NJW 2005, 3576; BVerwG NJW 1994, 2306; BGHZ 39, 63 m Nachw; OLG München Rpfleger 1985, 164 = JurBüro 1985, 622 = MDR 1985, 327.
76 OLG Köln FamRZ 1994, 1048.
77 OLG Hamburg FamRZ 1988, 1299.
78 OLG Brandenburg MDR 2006, 1017.
79 Bejahend: BGH FamRZ 2007, 552; OLG Stuttgart NJW-RR 2011, 1439; **aA**: OLG Brandenburg FamRZ 2008, 1202.
80 OLG Stuttgart NJW-RR 1999, 148.

c) Beschwerdefähige Entscheidungen

B 30 Vollstreckungstitel sind ferner Entscheidungen, gegen die das **Rechtsmittel der Beschwerde** stattfindet (§ 794 Abs 1 Nr 3 ZPO). Der Beschluss muss im weitesten Sinne der Beschwerde unterliegen, so dass zB ein Ausschluss nach § 567 Abs 2 ZPO wegen Nichterreichens des Beschwerdewerts unbeachtlich ist. In Betracht kommen:

aa) Beschlüsse nach **§ 91 a ZPO** bei (übereinstimmender) **Hauptsacheerledigung.** Möglich ist dann auch die Festsetzung der Einigungsgebühr (Nr 1000 VV RVG), wenn die Parteien einen gerichtlichen Vergleich mit negativer Kostenregelung getroffen haben (vgl Rdn. B 28).

B 31 **bb) Kostenentscheidungen** nach §§ 269 Abs 4, 516 Abs 3 S 2 ZPO auf Grund **Rücknahme** der Klage, eines Antrags oder Rechtsmittels) sowie nach § 522 Abs 2 ZPO bei **Zurückweisung** der Berufung.

Ob der Kostenbeschluss zu Recht ergangen ist, wird im Kostenfestsetzungsverfahren nicht geprüft. Das gilt insbesondere auch für den Fall, dass tatsächlich nur ein Antrag auf Bewilligung der Prozesskostenhilfe eingereicht wurde. Die Bindung an die Kostengrundentscheidung hat aber nicht zur Folge, dass mangels Einleitung des beantragten Verfahrens tatsächlich nicht entstandene oder zB nach § 118 Abs 1 S 4 ZPO nicht erstattbare Kosten als entstanden oder erstattbar fingiert werden müssten oder dürften.[81]

B 32 **cc) Beschlüsse** nach **§ 89 Abs 1 S 3 ZPO**, die dem einstweilen zur Prozessführung zugelassenen vollmachtlosen Vertreter Kosten des Gegners auferlegen,[82] **§§ 380 Abs 1 S 1, 400 ZPO** (Kostenauferlegung beim Ausbleiben des ordnungsgemäß geladenen Zeugen), **§ 390 Abs 1 S 1 ZPO** (Kostenauferlegung bei unbegründeter Zeugnisverweigerung), **§ 409 Abs 1 S 1 ZPO** (Kostenauferlegung bei Nichterscheinen oder Weigerung der Gutachtenerstattung durch einen Sachverständigen), **§ 494 a Abs 2 ZPO** (Kostenauferlegung nach Ablauf der Frist zur Klagerhebung) und im **Zwangsvollstreckungsverfahren**, wenn sie eine Kostenentscheidung enthalten.

Beschlüsse, durch die ein **Arrest oder eine einstw Verfügung** angeordnet oder ein Antrag auf deren Erlass zurückgewiesen wurde, wenn sie einen Kostenausspruch enthalten; Kosten der **Vollziehung** können dagegen nach § 788 ZPO auch ohne Kostenentscheidung festgesetzt werden.

B 33 *(unbesetzt)*

d) Vollstreckungsbescheide

B 34 Aus Vollstreckungsbescheiden findet die Zwangsvollstreckung statt (§ 794 Abs 1 Nr 4 ZPO). Die »bisher entstandenen Kosten des Verfahrens« sind nach **§ 699 Abs 3 S 1 ZPO** in den Vollstreckungsbescheid aufzunehmen. Dadurch trifft das Mahngericht eine Kostengrundentscheidung und setzt gleichzeitig die Kosten (vereinfacht) fest, so dass ein eigenständiges Festsetzungsverfahren nach §§ 103 ff ZPO ausgeschlossen ist.[83]

Die Titulierung nicht in den Vollstreckungsbescheid aufgenommener Kosten, erfolgt durch dessen Ergänzung. Zuständig dafür ist, wenn die Sache nicht an das Prozessgericht abgegeben wurde, das Mahngericht.[84]

e) Vollstreckbare Urkunden

B 35 Vollstreckbare Urkunden (§ 794 Abs 1 Nr 5 ZPO) gehen nicht aus einem gerichtlichen Verfahren hervor, so dass prozessuale Kostenerstattung ausscheidet. Soweit vor ihrer Errichtung den

---

81 OLG Koblenz JurBüro 1984, 481.
82 Vgl. dazu BAG NZA 2003, 628.
83 Beck-OK/ZPO *Dörndorfer* § 699 Rn. 7.
84 BGH NJW-RR 2009, 860 = Rpfleger 2009, 392; OLG Nürnberg JurBüro 2006, 141.

Beteiligten Aufwendungen entstanden sind (zB Kosten eines selbständigen Beweisverfahrens), muss eine Erstattungspflicht in der Urkunde selbst geregelt oder auf Grund eines materiellen Kostenerstattungsanspruchs klageweise geltend gemacht werden.

f) Für vollstreckbar erklärter Europäischer Zahlungsbefehl

Die Zwangsvollstreckung findet ferner aus für vollstreckbar erklärten Europäischen Zahlungsbefehlen statt (§ 794 Abs 1 Nr 6 ZPO). Das Europäische Mahnverfahren, für das national das Amtsgericht Wedding in Berlin zuständig ist (§ 1087 ZPO), richtet sich nach der **EuMVVO** (VOEG Nr 1896/2006; ABl EU L 399, S 1). Wurde gegen den Zahlungsbefehl (Art 12 EuMVVO) kein Einspruch eingelegt, wird er für vollstreckbar erklärt (Art 18 EuMVVO). Die entstandenen Kosten werden in den Zahlungsbefehl aufgenommen und mit dessen Vollstreckbarerklärung tituliert (vgl § 1093 ZPO). Wie beim Vollstreckungsbescheid (vgl Rdn. B 34) entfällt deshalb ein eigenständiges Kostenfestsetzungsverfahren.

B 36

g) Sonstiges

aa) Nach § 801 ZPO sind **landesrechtliche Vollstreckungstitel** im gesamten Bundesgebiet vollstreckbar. Beispiele: Vor dem Schiedsmann abgeschlossene Vergleiche nach den landesrechtlichen Schiedsmannsordnungen; Leistungsbescheide der Kommunen (vgl zB Art 26 BayVwZVG);[85] das gilt auch für den Kostenfestsetzungsbeschluss, der auf einem landesrechtlichen Titel beruht.

B 37

bb) Nach §§ **80 Abs 5, 84 Abs 2 S 2, 109 Abs 3, 121 Abs 2 S 2 PatG** gelten die Vorschriften der ZPO über das Kostenfestsetzungsverfahren und die Zwangsvollstreckung aus Kostenfestsetzungsbeschlüssen im **patentgerichtlichen** Beschwerde- und Nichtigkeitsverfahren sowie im Rechtsbeschwerde- und Berufungsverfahren vor dem BGH entsprechend. Zuständig für die Festsetzung ist der Rechtspfleger des Bundespatentgerichts.

B 38

cc) Eine Kostenfestsetzung findet dagegen **nicht** statt auf Grund von **Schiedssprüchen** im schiedsrichterlichen Verfahren nach §§ 1025 ff ZPO. Das Schiedsgericht muss, sofern die Parteien nichts anderes vereinbart haben, die zu erstattenden Kosten vielmehr selbst im Schiedsspruch oder in einem gesonderten Schiedsspruch festsetzen (§ 1057 ZPO).

B 39

III. Parteien

1. Parteien des Hauptsacheverfahrens

Die Kostenfestsetzung findet idR zwischen den **Parteien des Hauptsacheverfahrens** statt, ist aber nicht auf sie beschränkt. Als Parteien des Kostenfestsetzungsverfahrens kommen **ferner** in Betracht:

B 40

a) Nebenintervenienten, wenn über die Kosten der Nebenintervention **ausdrücklich** entschieden wurde (§ 101 Abs 1 ZPO).[86] Die Entscheidung alleine über die »Kosten des Rechtsstreits« bildet für und gegen den Nebenintervenienten keine geeignete Festsetzungsgrundlage. Es sei denn, dieser gilt nach § 69 ZPO als Streitgenosse der Hauptpartei (= streitgenössische Nebenintervention).[87] Unterliegt in diesem Fall die unterstützte Partei, hat der streitgenössische Streithelfer die Kosten des Rechtsstreits nach Kopfteilen zu tragen (§ 100 Abs 1 ZPO). Umgekehrt umfasst, wegen der Fiktion des § 69 ZPO, die Kostenentscheidung zu Lasten des Gegners der unterstützten Partei auch die Kosten des Streithelfers. Vereinbaren die Parteien in einem Vergleich Kostenaufhebung, steht dem Streithelfer einer Partei kein prozessualer Kostenerstattungsanspruch zu.[88] Ist eine

---

85 *Drischler* Rpfleger 1984, 308; LG Berlin Rpfleger 1971, 156.
86 OLG Hamm JurBüro 2002, 39; aber auch JurBüro 2001, 592 = AGS 2002, 259; OLG München Rpfleger 1990, 269.
87 BGH NJW-RR 2007, 1577 m Anm *Althammer* JZ 2008, 255; BGH NJW-RR 2010, 1476.
88 BGH NJW-RR 2005, 1159 u JurBüro 2003, 537.

Kostenentscheidung über die Kosten der Nebenintervention iSv § 101 Abs 1 ZPO übergangen worden, kann innerhalb der Frist des § 321 Abs 2 ZPO, die mit Zustellung an den Nebenintervenienten beginnt, Urteilsergänzung beantragt werden.[89]

b) **Dritte**, wenn für oder gegen sie eine zur Kostenfestsetzung geeignete Kostengrundentscheidung ergangen ist (zB gg den vorläufig zugelassenen Prozessvertreter nach § 89 Abs 2 ZPO, gg Zeugen nach §§ 380, 390 ZPO oder gg Sachverständige nach § 409 ZPO). Vgl dazu Rdn. B 32.[90] Dritte, die einem **Vergleich** beigetreten sind, wenn sich die Kostenregelung auch auf sie erstreckt.

c) Zwischen **Streitgenossen** findet auf Grund der gerichtlichen Kostenentscheidung in der Hauptsache keine interne Kostenfestsetzung statt.[91] Ausnahme: Der Titel (zB ein Vergleich) enthält eine eindeutige Regelung zur prozessualen Kostenerstattung zwischen den Streitgenossen.[92]

2. Antragsberechtigung

B 41 **Antragsberechtigt** ist jeder, dem ein Kostenerstattungsanspruch zusteht. Sind die Prozesskosten nach Quoten verteilt worden, steht beiden Parteien ein Antragsrecht zu. Das gilt auch, wenn der obsiegenden Partei die Mehrkosten wegen der Anrufung eines unzuständigen Gerichts oder Kosten der Säumnis auferlegt wurden.

Ein Antragsrecht zur Feststellung der eigenen Erstattungsschuld besteht – anders als im Vergütungsfestsetzungsverfahren nach § 11 RVG – nicht.

3. Rechtsnachfolger

B 42 Nur der im Titel genannte Gläubiger ist antragsberechtigt.

Der **Rechtsnachfolger** des im Titel ausgewiesenen Erstattungsberechtigten ist antragsberechtigt, wenn der Titel auf ihn umgeschrieben ist (§§ 727 ff ZPO).[93] Rechtsnachfolger iSv § 727 ZPO ist auch der Pfandgläubiger, dem der titulierte Anspruch durch Pfändungs- und Überweisungsbeschluss überwiesen wurde.[94]

4. Prozessbevollmächtigte 1. Instanz

B 43 Der **Prozessbevollmächtigte 1. Instanz** kann namens der Partei den Festsetzungsantrag stellen. Prozessbevollmächtigte der höheren Instanz, Verkehrsanwälte und andere Bevollmächtigte bedürfen einer besonderen Verfahrensvollmacht. Nur der im Wege der PKH beigeordnete Anwalt kann nach § 126 Abs 1 ZPO im **eigenen Namen** Kostenfestsetzung seiner Wahlanwaltsvergütung gegen den unterlegenen Gegner beantragen. Sonst stehen dem Prozessbevollmächtigten keine Kostenerstattungsansprüche gegen den Prozessgegner zu.[95] Es sei denn, der Kostenerstattungsanspruch ist an ihn abgetreten und der Titel umgeschrieben worden. Die Rechtsnachfolge auf Grund einer in die Prozessvollmacht aufgenommenen Abtretungserklärung eines (künftigen) Kostenerstattungsanspruchs ist nicht offenkundig.[96]

---

89 BGH NJW 1975, 218; *Jungemeyer/Teichmann* MDR 2011, 1019.
90 BGH NJW-RR 2005, 725: Kostenerstattung bei Ausbleiben eines Zeugen; OLG München JurBüro 1985, 1345: Kostenerstattung bei versehentlicher Zustellung eines Versäumnisurteils an einen Dritten.
91 LG Berlin Rpfleger 1982, 391 = JurBüro 1982, 1723; OLG Koblenz Rpfleger 1980, 444.
92 OLG Koblenz Rpfleger 1990, 436; OLG München NJW 1975, 1366 = AnwBl 1976, 49 = Rpfleger 1975, 323.
93 BGH FamRZ 2010, 1160; OLG Koblenz JurBüro 2008, 91; LAG Düsseldorf JurBüro 1194, 613.
94 LAG Chemnitz JurBüro 1996, 105; *Zöller/Stöber* § 727 Rn. 9.
95 BGH NJW 2006, 2495.
96 LG Limburg Rpfleger 1963, 166.

5. Tod der Partei

Solange das Hauptsacheverfahren nach § 239 ZPO durch den Tod einer Partei **unterbrochen** ist, können Kosten nicht festgesetzt werden, da das Kostenfestsetzungsverfahren dem Hauptsacheverfahren angegliedert ist.[97] Wird aber dennoch die Rechtskraft der Kostengrundentscheidung bescheinigt, ist die Kostenfestsetzung ausnahmsweise zulässig.[98] Auch die Aussetzung (§ 246 ZPO) und das Ruhen (§ 251 ZPO) des Hauptsacheverfahrens wirkt sich auf die Kostenfestsetzung aus.[99] Ist der Unterbrechungsgrund erst **nach** rechtskräftigem Abschluss des Hauptsacheverfahrens entstanden, wird ein anhängiges Kostenfestsetzungsverfahren selbständig unterbrochen.[100] Nach Unterbrechung kann das Kostenfestsetzungsverfahren unter Nachweis der Erbfolge wieder aufgenommen werden. § 246 ZPO ist anwendbar, wenn der Aussetzungsgrund nicht bereits während des Hauptverfahrens vorgelegen hat, aber vom Kostenschuldner nicht geltend gemacht wurde.[101]

B 44

6. Nichtexistente Partei

Im Passivprozess um ihre Nichtexistenz ist die nichtexistente Partei parteifähig, so dass sie auch Kostenfestsetzung beantragen kann.[102] Die Festsetzung hat zugunsten der nichtexistenten Partei und nicht für einen dahinterstehenden Dritten zu erfolgen.[103] Im Kostenfestsetzungsverfahren gilt eine juristische Person trotz Löschung im Register noch solange als parteifähig, als sie mit dem behaupteten Kostenerstattungsanspruch über verwertbares Vermögen verfügt.[104]

B 45

7. Prozessunfähigkeit

a) Prozessunfähigkeit der Partei steht einer Kostenfestsetzung zu ihren Gunsten nicht entgegen. Im **Streit** um die Prozessfähigkeit gilt die Partei auch im Kostenfestsetzungsverfahren als prozessfähig. Der unterlegene Gegner kann nicht einwenden, dass die geschäftsunfähige Partei keinen wirksamen Anwaltsvertrag schließen konnte und deshalb Aufwendungen für ihre anwaltliche Vertretung nicht entstanden sind. Der Vergütungsanspruch kann sich in diesem Fall aus Geschäftsführung ohne Auftrag oder ungerechtfertigter Bereicherung ergeben.[105]

B 46

b) Eine **Prüfung**, ob die Parteien im Erkenntnisverfahren prozessfähig waren, findet im Kostenfestsetzungsverfahren nicht statt. Ist gegen eine Partei (in Unkenntnis ihrer Prozessunfähigkeit) eine Kostengrundentscheidung ergangen, so findet daraus die Festsetzung statt. Die prozessuale Kostenerstattungspflicht setzt nur ein Prozessrechtsverhältnis voraus und dieses besteht nach Klageerhebung unabhängig von der Prozessfähigkeit der Parteien.[106] Gegen ein rechtskräftiges Urteil und dessen Kostengrundentscheidung kann der gesetzliche Vertreter mit der Nichtigkeitsklage (§ 579 Abs 1 Nr 4 ZPO) vorgehen.

---

97 KG NJW-RR 2000, 731; OLG Köln JurBüro 1974, 373; MünchKommZPO *Schulz* § 103 Rn. 47.
98 OLG Koblenz MDR 2008, 292.
99 *Zöller/Herget* § 104 ZPO Rn. 21 »Aussetzung«; MünchKommZPO *Schulz* § 103 Rn. 47, 48; *Stein/Jonas/Bork* § 103 Rn. 2; **aA**: OLG Naumburg JurBüro 1994, 686 für den Fall des Ruhens des Hauptsacheverfahrens.
100 OLG Brandenburg JurBüro 2011, 263; OLG München ZIP 2003, 2318; *Thomas/Putzo/Hüßtege* Vorbem § 239 Rn. 1.
101 KG Rpfleger 1970, 177.
102 BGH Rpfleger 2008, 98; BGH NJW-RR 2004, 1505; **aA**: OLG Zweibrücken JurBüro 2005, 89.
103 BGH NJW 2008, 528; **aA**: OLG München NJW-RR 1999, 1264; OLG Saarbrücken OLGR 2002, 259; OLG Brandenburg NJW-RR 2002, 1217.
104 OLG Koblenz NJW-RR 2004, 1222.
105 OLG Hamburg MDR 1998, 1123; OLG Frankfurt JurBüro 1982, 452.
106 BGH NJW 1993, 1865; OLG Koblenz JurBüro 2007, 34; MünchKommZPO *Schulz* § 91 Rn. 17.

8. Insolvenzverfahren

B 47 War ein gegen den Schuldner anhängiges Verfahren vor der Unterbrechung durch Insolvenzeröffnung (§ 240 ZPO) bereits durch Klage- oder Rechtsmittelrücknahme in der Hauptsache erledigt, aber wegen der Kosten noch anhängig, so liegt ein **Aktivverfahren** über den Kostenerstattungsanspruch des Schuldners (§§ 269 Abs 3, 516 Abs 3 ZPO) vor. Der Insolvenzverwalter kann das Verfahren wegen der Kosten aufnehmen (§ 85 Abs 1 S 1 InsO).[107] Das gilt auch, wenn die Hauptsache vor Unterbrechung ohne Kostenentscheidung nach § 91 a ZPO für erledigt erklärt wurde. Unterliegt der Insolvenzverwalter in einem aufgenommenen **Passivprozess**, so ist der Kostenerstattungsanspruch des Gegners idR Masseverbindlichkeit (§ 55 Abs 1 Nr 1 InsO). Dies gilt auch für die vor Insolvenzeröffnung entstandenen Kosten, da der Erstattungsanspruch als einheitlicher zu behandeln ist und somit eine Differenzierung zwischen vor und nach Insolvenzeröffnung entstandener Kosten nicht zulässig ist.[108] Die Kostenpflicht trifft ausnahmsweise aber den Gegner, wenn bei Unterbrechung des Rechtsstreits die Voraussetzungen des § 93 ZPO noch vorlagen und der Insolvenzverwalter sofort nach Aufnahme den Anspruch anerkennt.[109] Waren diese Voraussetzungen nicht mehr gegeben und erkennt der Verwalter den Anspruch an, so kann der Gegner seinen Kostenerstattungsanspruch (§§ 91 Abs 1, 307 ZPO) nur als Insolvenzgläubiger durch Anmeldung zur Tabelle geltend machen (§§ 86 Abs 2, 87, 174 ff InsO). Vor der Anmeldung sind die Kosten festzusetzen, der Kostenfestsetzungsbeschluss ist vollstreckbarer Schuldtitel iSv § 179 Abs 2 InsO.[110] Bei Anzeige der **Masseunzulänglichkeit** (§ 208 Abs 1 InsO) während oder nach Beendigung des Hauptsacheverfahrens ist eine Kostenfestsetzung, die vor der Anzeige entstandene Kosten (= Altmasseverbindlichkeiten; § 209 Abs 1 Nr 3 InsO) betrifft, unzulässig.[111] Auf Grund des Vollstreckungsverbots nach § 210 InsO fehlt der Festsetzung das Rechtsschutzbedürfnis.

9. Parteiwechsel

B 48 Die aus dem Rechtsstreit ausgeschiedene Partei erlangt einen festsetzbaren Erstattungsanspruch, wenn sich aus dem Urteil eine Kostenentscheidung zu ihren Gunsten ergibt.[112] Bei einem Parteiwechsel auf der **Klägerseite** sind dem Ausscheidenden die Mehrkosten aufzuerlegen. Für einen Kostenbeschluss analog § 269 Abs 3 ZPO gegen den ausscheidenden Kläger fehlt aber dann das Rechtsschutzbedürfnis, wenn dem Beklagten keine Mehrkosten entstanden sind.[113] Da nach einem Parteiwechsel dieselbe Angelegenheit iSv § 15 Abs 2 RVG vorliegt, kann der Rechtsanwalt, der sowohl die ausscheidende als auch die neu eintretende Partei vertritt, die Verfahrensgebühr (Nr 3100 VV RVG) nur einmal, uU erhöht nach Nr 1008 VV RVG, verlangen.[114] Der im Einverständnis mit dem Beklagten herbeigeführte Parteiwechsel auf der **Beklagtenseite** rechtfertigt die analoge Anwendung des § 269 Abs 3 ZPO.[115]

10. Streitgenossen

B 49 a) **Prozessrechtliches.** Bei der Streitgenossenschaft (auch subjektive Klagehäufung genannt) handelt es sich um mehrere Prozessrechtsverhältnisse, die in einem Verfahren zu einer gemeinsamen Verhandlung, Beweisaufnahme und Entscheidung miteinander verbunden sind. Trotz der Verbindung liegen selbständige Verfahren vor.[116] Das Verfahrensrecht unterscheidet **einfache und notwendige**

---

107 MünchKommInsO *Schumacher* § 85 Rn. 8.
108 BGH NZI 2007, 104; OLG Düsseldorf Rpfleger 2001, 272.
109 OLG Frankfurt/M NJW-RR 2006, 418.
110 MünchKommInsO *Schumacher* § 86 Rn. 24.
111 BGH Rpfleger 2005, 382.
112 OLG Hamm JurBüro 1975, 1503.
113 OLG Zweibrücken JurBüro 2004, 494; OLG Hamm MDR 2007, 1447.
114 BGH MDR 2007, 365 = JurBüro 2007, 76; *Zöller/Greger* § 263 Rn. 32.
115 BGH NJW 2006, 1351, 1353.
116 BGH ZIP 2008, 1197.

Streitgenossenschaft (§ 62 ZPO). Während § 62 ZPO nur für die notwendige Streitgenossenschaft gilt, sind die §§ 59 – 61, 63 ZPO auf beide Arten der Streitgenossenschaft anzuwenden. Der Anwendungsbereich betrifft alle Verfahrensarten der ZPO und somit auch Arrest- und einstweilige Verfügung, Mahnverfahren und Zwangsvollstreckung.[117] **Streitgenossen**, einfache wie notwendige, treten allein durch die gemeinsame Prozessführung in kein besonderes Verhältnis zueinander. Sie stehen dem Gegner verfahrensrechtlich grds als Einzelne gegenüber (§ 61 ZPO). Das Recht zur Betreibung des Prozesses und damit auch zur Durchführung eines Kostenfestsetzungsverfahrens steht jedem Streitgenossen eigenständig zu (§ 63 ZPO).

b) **Kostenerstattung.** Die Streitgenossen können mit der Prozessführung einen **gemeinsamen** Rechtsanwalt beauftragen. Es steht aber jedem frei, sich durch einen **eigenen** Anwalt vertreten zu lassen, dessen Vergütung im Falle des Obsiegens erstattungsfähig ist (§ 91 Abs 2 S 1 ZPO).[118] Dieser Grundsatz wird nur eingeschränkt, wenn kein sachlicher Grund für die Einschaltung eines eigenen Rechtsanwalts vorlag und dessen Beauftragung somit **rechtsmissbräuchlich** war.[119] Eine solche Einschränkung nimmt die Rspr zB an im Haftpflichtprozess des Geschädigten gegen den Versicherer und den Halter/Fahrer eines Kfz sowie bei sich selbst vertretenden Mitgliedern einer (noch) bestehenden Rechtsanwaltssozietät.[120] So ist zB bei der Honorarklage einer Anwaltssozietät, die sich durch ein Mitglied vertreten lässt, auch der Zuschlag nach Nr 1008 VV RVG nicht erstattungsfähig.

aa) **Unterliegen aller Streitgenossen.** Nach § 100 Abs 1 ZPO haften die unterlegenen Streitgenossen (auf der Kläger- oder Beklagtenseite), wenn nichts anderes bestimmt wird, nach **Kopfteilen**. Ausnahmsweise kann nach § 100 Abs 2 ZPO die gerichtliche Kostengrundentscheidung eine unterschiedliche Beteiligung der Streitgenossen am Rechtsstreit (zB bei Streitwertverschiedenheit) berücksichtigen. Die Kosten eines erfolglosen Angriffs- oder Verteidigungsmittels, sind nur dem Streitgenossen aufzuerlegen, der es im Rechtsstreit eingesetzt hat (§ 100 Abs 3 ZPO). Einen Fehler in der Urteilsformel darf das Kostenfestsetzungsverfahren nicht berichtigen.[121] Werden Streitgenossen auf der Beklagtenseite in der Hauptsache als **Gesamtschuldner** verurteilt, so haften sie kraft Gesetzes auch für die Kostenerstattung als Gesamtschuldner (§ 100 Abs 4 ZPO, § 421 BGB). Ihre Ausgleichspflicht im Innenverhältnis lässt § 100 ZPO unberührt, es bestimmt sich grds nach § 426 Abs 1 S 1 BGB. Ein prozessualer Kostenerstattungsanspruch zwischen den Streitgenossen besteht nicht. Es sei denn, es wurde eine entsprechende Vereinbarung in einem Vergleich getroffen.[122]

B 50

bb) **Obsiegen aller Streitgenossen.** § 100 ZPO regelt diesen Fall nicht. Werden die Kosten dem unterlegenen Gegner auferlegt, so kann jeder Streitgenosse von ihm die Erstattung seiner tatsächlich entstandenen Prozesskosten, soweit sie notwendig waren (§ 91 Abs 1 ZPO), verlangen. Insoweit besteht grds keine Teil-, Gesamt- oder Mitgläubigerschaft iSv §§ 420 ff BGB.[123] Im Regelfall hat deshalb jeder Streitgenosse, der sich durch einen **eigenen** Rechtsanwalt vertreten lässt, einen Anspruch auf Erstattung der entstandenen Kosten (zu den Einschränkungen s. o. b). Zu beachten ist allerdings die im Prozessrechtsverhältnis begründete **Kostengeringhaltungspflicht**.[124] Haben sich zB die Streitgenossen zunächst gemeinsam anwaltlich vertreten lassen und mandiert im Laufe des Verfahrens einer von ihnen einen eigenen Anwalt, dann sind dessen Kosten nur erstattungsfähig, wenn ein sachlicher Grund zur späteren Individualvertretung vorlag.[125]

---

117 *Thomas/Putzo/Hüßtege* Vorbem § 59 Rn. 4.
118 BVerfG NJW 1990, 2124; BGH MDR 2011, 1506 = NJW 2012, 319.
119 BGH BeckRS 2009, 06496.
120 BGH NJW-RR 2004, 536 (zwei Anwälte bei Klage gg Versicherer und Fahrer); BGH NJW 2007, 2257 (Klage gegen Mitglieder einer Rechtsanwaltssozietät); OLG Köln Rpfleger 1993, 369 mwN.
121 OLG Koblenz NJW-RR 1999, 728; OLG München MDR 1989, 166.
122 OLG Köln FamRZ 1993, 724.
123 *Thomas/Putzo/Hüßtege* § 100 Rn. 13.
124 BGH NJW 2007, 2257.
125 OLG Bamberg NJW-RR 2011, 935, 936; OLG Hamburg JurBüro 1988, 762.

Bei **gemeinsamer** anwaltlicher Vertretung kann jeder Streitgenosse nur Erstattung des auf ihn im Innenverhältnis entfallenden Anteils an den gemeinsamen Anwaltskosten verlangen.[126] Das Innenverhältnis zum gemeinsamen Rechtsanwalt richtet sich nach § 7 Abs 2 S 1 RVG. Danach schuldet jeder Auftraggeber die Gebühren und Auslagen in der Höhe in der sie bei seiner Einzelvertretung entstanden wären. Der Rechtsanwalt kann jedoch nicht mehr als die nach § 7 Abs 1 RVG berechnete Vergütung verlangen (§ 7 Abs 2 S 2 RVG). Soweit sich die Ansprüche gegen die mehreren Auftraggeber decken, besteht zwischen ihnen Gesamtschuldnerschaft (§ 426 BGB). Somit sind die Streitgenossen ihrem Anwalt gegenüber bei gleicher Beteiligung am Rechtsstreit im Zweifel zu gleichen Anteilen verpflichtet (§ 426 Abs 1 BGB). Einen den eigenen Anteil übersteigenden Betrag muss der Gegner deshalb nur erstatten, wenn der höhere Aufwand glaubhaft gemacht wird. Begrenzt wird die Erstattungspflicht des unterlegenen Gegners auf den Betrag, den die Streitgenossen nach § 7 RVG iVm Nr 1008 VV RVG dem gemeinsamen Rechtsanwalt schulden. Die **Kostenfestsetzung** kann gemeinsam oder von jedem Streitgenossen einzeln betrieben werden.[127] Bei gemeinsamer Antragstellung muss der auf jeden Streitgenossen entfallende Anteil getrennt festgesetzt werden. Wird von den Streitgenossen ein Kostenfestsetzungsbeschluss ohne die Angabe eines Beteiligungsverhältnisses erwirkt, so ist der Beschluss dahingehend auszulegen, dass ihnen der festgesetzte Betrag als Gesamtgläubiger zusteht (§ 428 BGB).[128] Eine solche Festsetzung hat zur Konsequenz, dass der Gläubiger eines Streitgenossen den gesamten festgesetzten Betrag pfänden lassen und der Erstattungsschuldner mit einer Forderung gegenüber einem Streitgenossen in voller Höhe aufrechnen kann.[129]

B 51   cc) **Unterliegen einzelner und Obsiegen anderer Streitgenossen.** Bei der gerichtlichen **Kostenentscheidung** sind, da die Parteien teils obsiegt haben und teils unterlegen sind, die §§ 91, 92 ZPO kombiniert anzuwenden. In der Praxis werden die Gerichts- und außergerichtlichen Kosten der Prozessparteien idR nach der sog. »**Baumbach'schen Formel**« verteilt. Die Formel geht von folgenden Grundsätzen aus: Die außergerichtlichen Kosten der obsiegenden Streitgenossen werden dem Gegner auferlegt. Die Gerichts- und außergerichtlichen Kosten des Gegners werden teilweise den unterlegenen Streitgenossen und teilweise dem Gegner auferlegt. Für die Quote ist zunächst das Unterliegen des Gegners gegenüber jedem Streitgenossen maßgebend. Danach werden die Beträge, mit denen der Gegner unterlegen ist, addiert und in ein Verhältnis zu einem fiktiven Gesamtstreitwert gesetzt, der aus der Summe der vom Gegner verfolgten Verurteilungen gebildet wird. Die außergerichtlichen Kosten der unterlegenen Streitgenossen haben diese selber zu tragen.

▶ Beispiel:

K verklagt B und C auf Zahlung von 2000 € als Gesamtschuldner. Der Klage wird gegen B stattgegeben, während sie gegen C abgewiesen wird. Der Anteil des K am Unterliegen beträgt: Gegenüber
– B 0/2000
– C 2000/0.

Unterliegensquote des K damit: 2000:4000 = 1/2.

Kostenentscheidung: Die Gerichtskosten tragen der Kläger und der Beklagte B je zur Hälfte. Die außergerichtlichen Kosten des C trägt der Kläger. Die außergerichtlichen Kosten des Klägers trägt der Beklagte B zur Hälfte; im Übrigen tragen sie die Parteien selbst.

Zur **Kostenfestsetzung** kann der obsiegende Streitgenosse die Kosten anmelden, die nur ihm entstanden sind, soweit diese notwendig (§ 91 Abs 1 ZPO) waren. Haben sich die Streitgenossen jedoch durch einen **gemeinsamen** Rechtsanwalt vertreten lassen, so ist nur der vom obsiegenden

---
126 MünchKommZPO *Schulz* § 100 Rn. 29.
127 *Thomas/Putzo/Hüßtege* § 100 Rn. 14.
128 BGH Rpfleger 1985, 321; **aA**: OLG Hamburg JurBüro 1996, 259.
129 MünchKommZPO *Schulz* § 100 Rn. 31.

Streitgenossen **tatsächlich** erbrachte Anteil an den Anwaltskosten und nicht der abstrakte Haftungsanteil nach § 7 Abs 2 RVG erstattungsfähig.[130] Dieser entspricht dem Bruchteil seiner Beteiligung am Rechtsstreit.[131] Bei gleicher Beteiligung wird ihn idR eine seinem **Kopfteil** entsprechende Belastung treffen. Die Erstattung eines, seine Beteiligung im **Innenverhältnis** übersteigenden Anteils kann er vom Gegner nur verlangen, wenn er glaubhaft macht, dass er, zB wegen der Zahlungsunfähigkeit eines Streitgenossen, mehr bezahlen musste oder muss.[132] Das gilt etwa auch für eine Haftpflichtversicherung, die im Innenverhältnis der Streitgenossen die Prozesskosten alleine tragen muss (§ 101 Abs 1 VVG).[133] Eine freiwillige Übernahme der Anwaltskosten, zB in einer Vereinbarung zwischen den Streitgenossen, begründet keinen höheren Erstattungsanspruch.[134] Trifft den obsiegenden Streitgenossen im Innenverhältnis, weil zB der unterlegene Haftpflichtversicherer die gemeinsamen Anwaltskosten zu tragen hat, keine Zahlungspflicht, entfällt ein Kostenerstattungsanspruch.[135]

dd) Teilunterliegen einzelner Streitgenossen. Die **Kostenentscheidung** hat unter Anwendung der Baumbach'schen Formel die Kosten zu verteilen. Die **Kostenerstattung** erfolgt nach den oben in cc) Rdn. B 51 dargestellten Grundsätzen.   B 51a

11. Prozesskostenhilfe

Die Bewilligung von **Prozesskostenhilfe** hat auf die Verpflichtung zur Erstattung der dem Gegner erwachsenen Kosten keinen Einfluss (§ 123 ZPO). Gegen die **unterlegene** PKH-Partei ist danach die Kostenfestsetzung ohne Besonderheiten zulässig. Zu beachten ist, dass vorschussweise gezahlte Gerichtskosten zurückzuzahlen sind, wenn dem Entscheidungsschuldner PKH bewilligt wurde (§ 31 Abs 3 S 1 GKG) oder die Kosten von der PKH-Partei nach Maßgabe des § 31 Abs 4 GKG übernommen wurden.   B 52

Obsiegt die PKH-Partei, dann kann sie bzw ihr beigeordneter Rechtsanwalt, dieser im eigenen Namen (§ 126 Abs 1 ZPO), gegen den unterlegenen Gegner Kostenfestsetzung beantragen. Ein gesetzlicher Forderungsübergang auf die Staatskasse nach § 59 Abs 1 Alt 2 RVG ist im Kostenfestsetzungsbeschluss zu berücksichtigen.

IV. Kostenfestsetzungsverfahren

1. Zuständigkeit

a) Für die Kostenfestsetzung ist sachlich und örtlich das **Gericht des ersten Rechtszugs** zuständig (§ 104 Abs 1 S 1 ZPO). Funktionell zuständig ist der **Rechtspfleger** (§ 21 Nr 1 RPflG). Das gilt auch dann, wenn es sich um die betragsmäßige Ausfüllung einer vom Rechtsmittelgericht erlassenen Kostengrundentscheidung oder die Festsetzung von Verfahrenskosten handelt, die ein vor dem Berufungsgericht durchgeführtes Arrest- oder einstweiliges Verfügungsverfahren (§ 943 ZPO) oder Wiederaufnahmeverfahren (§ 584 Abs 1 Hs 2 ZPO) betreffen.[136] Zuständig für die Festsetzung von im Vollstreckungsbescheid nicht berücksichtigter Kosten ist, solange das Verfahren nicht an das Prozessgericht abgegeben wurde, das Mahngericht.[137] Hat der nach §§ 375, 400 ZPO ersuchte   B 53

---

130 BGH NJW-RR 2003, 1217 (Aufgabe der Rspr JurBüro 1969, 942); bestätigt durch BGH NJW-RR 2006, 215 u NJW-RR 2006, 1508; KG NJW-RR 2001, 1435.
131 BGH Rpfleger 2006, 339.
132 OLG Koblenz MDR 2007, 686.
133 MünchKommZPO *Schulz* § 100 Rn. 39.
134 OLG München Rpfleger 1995, 519; OLG Stuttgart Rpfleger 1990, 183.
135 OLG Koblenz FamRZ 2005, 737; **aA:** OLG Karlsruhe NZV 1994, 363; MünchKommZPO *Schulz* § 100 Rn. 39.
136 OLG München Rpfleger 1972, 318; OLG München JurBüro 1973, 1098.
137 BGH NJW-RR 2009, 860, 861; OLG Schleswig MDR 2008, 1004; BeckOK-ZPO/*Dörndorfer* § 699 Rn. 7.

Richter einen Ordnungsmittelbeschluss (§§ 380, 409 ZPO) erlassen, so ist auch für die Festsetzung der Kosten, die sich auf diese Kostengrundentscheidung beziehen, das Rechtshilfegericht (international) zuständig.[138]

B 54 **b) Im Falle des § 942 Abs 1 ZPO**, wenn die einstweilige Verfügung durch das Amtsgericht der belegenen Sache erlassen wurde, gilt als Gericht des ersten Rechtszuges das Gericht der Hauptsache (§ 937 Abs 1 ZPO). Kommt es zu keiner Entscheidung über die Rechtmäßigkeit der einstweiligen Verfügung, so ist der Rechtspfleger des Amtsgerichts (§ 942 Abs 1 ZPO) zuständig.

B 55 **c)** Wird ein **vor einem anderen Gericht schwebender Prozess** in einem Vergleich miterledigt, so sind die Kosten beider Prozesse getrennt bei dem jeweiligen Gericht (des ersten Rechtszuges) festzusetzen. Die Einigungsgebühr wird vom Gericht des Vergleichsabschlusses festgesetzt.[139]

B 56 **d)** Wird ein **Rechtsstreit an ein anderes Gericht verwiesen**, so geht die Festsetzungszuständigkeit auch für die Kosten, die vor dem verweisenden Gericht entstanden sind, auf den Rechtspfleger des Gerichts, an das verwiesen wurde, über (§ 281 Abs 3 S 1 ZPO). Wird der Rechtsstreit vom Berufungsgericht (ordentliche Gerichtsbarkeit) an das Arbeitsgericht verwiesen, geht auf dieses auch die Zuständigkeit für die Festsetzung der Kosten des Berufungsverfahrens über.

Ist der Rechtsstreit **nur teilweise verwiesen** worden, so bleibt das verweisende Gericht für die Festsetzung der Kosten des bei ihm verbliebenen Verfahrensteils weiter zuständig.[140]

B 57 **e)** Für die Festsetzung der **Zwangsvollstreckungskosten** ist das Vollstreckungsgericht zuständig, bei dem zum Zeitpunkt der Antragstellung eine Vollstreckungshandlung anhängig ist, und nach Beendigung der Zwangsvollstreckung, in dessen Bezirk die letzte Vollstreckungshandlung erfolgt ist (§ 788 Abs 2 S 1 ZPO). Die Kosten einer Vollstreckung nach §§ 887, 888 und 890 ZPO setzt das **Prozessgericht** des ersten Rechtszuges fest (§ 788 Abs 2 S 2 ZPO). Das gilt auch für die Kosten der Vollstreckbarerklärung eines **ausländischen Titels**, solange nicht vollstreckt wird oder wurde.[141] Die Kosten der Vollstreckung aus einer **notariellen Urkunde** setzt hingegen, da ein Prozessgericht fehlt, das Vollstreckungsgericht fest.[142] Kosten, die der Schuldner zur **Abwendung der Zwangsvollstreckung** aufwenden musste (zB Avalprovision einer Bankbürgschaft), sind als Kosten des Rechtsstreits (im weiteren Sinne) vom Prozessgericht festzusetzen.[143] Bürgschaftskosten die dem Gläubiger zur **Durchführung** der Zwangsvollstreckung aus einem vorläufig vollstreckbaren Urteil entstehen (§§ 709, 751 Abs 2 ZPO), werden als Vollstreckungskosten vom Vollstreckungsgericht festgesetzt.[144] – Es sei denn, es findet danach keine Zwangsvollstreckung statt, dann ist für ihre Festsetzung als **Vorbereitungskosten** das Prozessgericht zuständig.[145]

B 58 **f)** Die im Antragsverfahren auf Erteilung einer **Rechtsnachfolgeklausel nach § 727 ZPO** zu einem Vollstreckungsbescheid anfallenden Kosten setzt das Mahngericht fest.[146] Wird durch das Prozessgericht nach **Rücknahme des Mahnbescheids** über die Kosten nach § 269 Abs 3 S 3 ZPO entschieden, findet dort auch die Kostenfestsetzung statt.[147]

---

138 BGH NJW-RR 725, 726; MünchKommZPO *Schulz* § 104 Rn. 2; **aA**: OLG München OLGE 29, 117.
139 OLG München AnwBl 1990, 172; OLG Köln JurBüro 1973, 638; OLG München Rpfleger 1978, 149.
140 OLG Oldenburg AnwBl 1985, 261 = Rpfleger 1984, 431 = JurBüro 1985, 301 (teilweise Verweisung des Rechtsstreits von der Berufungskammer an die erstinstanzliche Kammer des LG).
141 OLG München NJW-RR 2008, 1665.
142 LG Berlin JurBüro 1986, 929.
143 BGH Rpfleger 2006, 268 = FamRZ 2006, 480; OLG Koblenz JurBüro 2001, 380; *Hansens* RVGreport 2006, 134.
144 OLG Dresden JurBüro 2005, 50; OLG Koblenz MDR 2004, 835; *Zöller/Stöber* § 788 Rn. 5.
145 BGH JurBüro 2008, 214; BGH MDR 2008, 286; OLG Düsseldorf Rpfleger 2010, 435.
146 BGH NJW 1993, 3141; BayObLG Rpfleger 2006, 418.
147 OLG Köln JurBüro 1999, 365 = NJW-RR 1999, 1737.

g) Hat im Kostenfestsetzungsverfahren ein nach der **gerichtlichen Geschäftsverteilung unzuständiger** Rechtspfleger entschieden, wird die Gültigkeit der Entscheidung davon nicht berührt (§ 22 d GVG analog). Bei einem willkürlichen Verstoß ist aber die Entscheidung wegen Verletzung des Anspruchs auf ein faires gerichtliches Verfahren anfechtbar (Art. 20 Abs 3 GG).[148] Das gilt auch, wenn der Rechtspfleger des Landgerichts an Stelle des Rechtspflegers des Streitgerichts oder Vollstreckungsgerichts entschieden hat.[149]

B 59

2. Sachliche Unabhängigkeit des Rechtspflegers

Der Rechtspfleger entscheidet sachlich unabhängig und ist Weisungen, insbesondere solchen der Justizverwaltung (zB Staatskassenvertreter), nicht unterworfen (§ 9 RPflG). Bei schweren Verfahrensmängeln, zB ungenügender Begründung des Kostenfestsetzungsbeschlusses oder auch einer Nichtabhilfeentscheidung (§ 572 Abs 1 S 1 ZPO), kann das Beschwerdegericht bindend an den Rechtspfleger zurückverweisen.[150] In diesem Fall hat er auch über die Kosten des Beschwerdeverfahrens zu entscheiden.[151]

B 60

Bei einem Verstoß gegen die funktionelle Zuständigkeit durch den Richter wird die Wirksamkeit des Geschäfts dadurch nicht berührt (§ 8 Abs 1 RPflG).

3. Verfahrensgrundsätze

a) Das Kostenfestsetzungsverfahren ist ein selbständiges, zur ersten Instanz gehörendes, zivilprozessuales Nachverfahren. Als ZPO-Verfahren unterliegt es den **allgemeinen Verfahrensgrundsätzen** wie zB Dispositions- und Verhandlungsgrundsatz. Die entscheidungserheblichen Tatsachen muss der Antragsteller vortragen. Der Rechtspfleger prüft und entscheidet selbständig, ob der Kostenfestsetzungsantrag zulässig und danach, ob er auch begründet ist. Zur Berücksichtigung der die Kostenansätze rechtfertigenden **Tatsachen** kann (stillschweigend) auf den Inhalt der Verfahrensakten Bezug genommen werden. Bei tatsächlichen Unklarheiten stehen dem Rechtspfleger alle Aufklärungsmöglichkeiten zur Verfügung. Bestehen Zweifel, weil sich bestimmte prozessuale Vorgänge nicht eindeutig aus den Akten ergeben, kann eine dienstliche Äußerung des Prozessgerichts eingeholt werden.[152]

B 61

Auch wenn im Kostenfestsetzungsverfahren der Verhandlungsgrundsatz gilt, sind das Verfahren fördernde Amtsermittlungen grds erlaubt.[153] **Bestrittene Tatsachen** müssen glaubhaft gemacht werden (§ 294 ZPO).[154] Es gelten § 138 Abs 3 ZPO (Geständnisfiktion) und § 286 ZPO (freie Beweiswürdigung).[155]

Die den Parteien obliegende Substantiierungspflicht wird ihnen nach **§ 104 Abs 2 S 2 u 3 ZPO** hinsichtlich der Entstehung (nicht: Notwendigkeit) von Auslagen für Post- und Telekommunikationsdienstleistungsentgelte sowie der Umsatzsteuerberücksichtigung erleichtert.

b) Eine **mündliche Verhandlung** ist zulässig, kommt jedoch in der Praxis kaum vor. Im schriftlichen Verfahren kann der Rechtspfleger, genauso wie der Richter, Erklärungs- und Erwiderungsfristen bestimmen (§§ 221 ff ZPO, § 4 Abs 1 RPflG). Verspätetes Vorbringen darf aber nicht zurückgewiesen werden, es ist bis zum Erlass der Endentscheidung zu beachten. Erst danach kann die Partei neue

B 62

---

148 *Dörndorfer* RPflG § 8 Rn. 8.
149 OLG Hamm Rpfleger 1976, 220 = JurBüro 1976, 808; KG JurBüro 1984, 1571.
150 OLG Rostock MDR 2006, 538; OLG Nürnberg MDR 2004, 169; LAG Düsseldorf JurBüro 1999, 536.
151 OLG Bamberg JurBüro 1979, 1713.
152 OLG München NJW 1964, 1377 = JurBüro 1964, 524; OLG Frankfurt/M Rpfleger 1980, 70 = JurBüro 1980, 229 = MDR 1980, 233.
153 *Zöller/Herget* § 104 Rn. 21 »Verfahren«: praktisch gilt der Untersuchungsgrundsatz; *Lappe* AnwBl 1977, 302.
154 BGH NJW 2007, 2493; BGH NJW-RR 2007, 1578.
155 BGH JurBüro 2008, 536; OLG Koblenz JurBüro 2011, 659.

Tatsachen nur noch mit dem statthaften Rechtsbehelf (Beschwerde oder Erinnerung) vortragen. Ihr droht dann aber die Gefahr der Kostenauferlegung nach § 97 Abs 2 ZPO.

B 63 c) Wie in jedem gerichtlichen Verfahren ist das **rechtliche Gehör** nach Art 103 Abs 1 GG durch mündliche oder schriftliche Anhörung auch im Kostenfestsetzungsverfahren zu gewähren.[156] Das gilt auch in einfach gelagerten Fällen, in denen die Erstattungsfähigkeit der angemeldeten Positionen nicht bezweifelt wird. Der Antragsgegner kann sich (ausnahmsweise) auf einen materiellen Einwand berufen, der auch im Kostenfestsetzungsverfahren beachtlich ist (zB unbestrittener Erfüllungseinwand). Es wäre dann mit den Grundsätzen eines fairen gerichtlichen Verfahrens nicht zu vereinbaren, wenn man seine Verteidigung alleine auf das Rechtsmittelverfahren verdrängen würde.[157] Auch der Antragsteller ist vor Antragsabweisung zu hören und uU auf einen übersehenen Gesichtspunkt hinzuweisen (§ 139 ZPO).[158] Soweit eine dienstliche Äußerung des Richters eingeholt wurde, muss diese den Parteien bekannt gegeben werden. Die Verletzung des rechtlichen Gehörs durch den Rechtspfleger kann im Rechtsmittelverfahren (Beschwerde, Erinnerung) geheilt werden, da in diesen Verfahren neue Angriffs- und Verteidigungsmittel vorgebracht werden können (§ 571 Abs 2 S 1 ZPO; § 11 Abs 2 S 6 RPflG).[159] Selbstkorrektur kommt uU nach Maßgabe des § 321a ZPO in Betracht.

B 64 d) Auch im Kostenfestsetzungsverfahren muss die Richtigkeit **streitiger entscheidungserheblicher Tatsachen** festgestellt werden. Die Beweisführung folgt allerdings nicht den Regeln des Strengbeweises, sondern nach **§ 104 Abs 2 S 1 ZPO** genügt zur Berücksichtigung eines Ansatzes, dass er **glaubhaft gemacht** ist. Das gilt sowohl hinsichtlich des Entstehens eines Aufwands als auch seiner Notwendigkeit iSv § 91 Abs 1 S 1 ZPO.[160] Das bedeutet, dass zur Überzeugung des Rechtspflegers die tatsächlichen Voraussetzungen einer angemeldeten und vom Gegner bestrittenen Kostenposition mit **überwiegender Wahrscheinlichkeit** feststehen müssen; eines Vollbeweises bedarf es nicht.[161] So genügt zB für die Festsetzung der Einigungsgebühr (Nr 1000 VV RVG), dass das Vorliegen einer Vereinbarung im Sinne von Nr 1000 VV RVG überwiegend wahrscheinlich ist.[162] Die Parteien können sich aller Beweismittel, auch wenn sie nicht sofort präsent sind, einschließlich der eidesstattlichen Versicherung bedienen (§ 294 Abs 1 ZPO). Die Einschränkung des § 294 Abs 2 ZPO ist auf das Kostenfestsetzungsverfahren nicht anwendbar.[163] Der Rechtspfleger darf, wenn er dies für erforderlich erachtet, die Parteien und Zeugen uneidlich (§ 4 Abs 2 Nr 1 RPflG) vernehmen, Sachverständigengutachten einholen (wozu im Kostenfestsetzungsverfahren allerdings nur selten Anlass bestehen wird) und die Vorlegung von Urkunden und Akten anordnen.[164] Auch Behörden müssen ihre Ansätze glaubhaft machen.[165]

Tatsächliches Vorbringen, das der Gegner ausdrücklich zugesteht, ist auch ohne Glaubhaftmachung entscheidungserheblich (§ 288 ZPO). Nicht bestrittene Kostenansätze gelten als zugestanden und sind gleichfalls nicht beweisbedürftig (§ 138 Abs 3 ZPO).[166] Das gilt auch bei pauschalem Bestreiten, wenn die Partei eigene Wahrnehmungen zum kostenrechtlich relevanten Sachverhalt gemacht hat.[167] Stehen entscheidungserhebliche Tatsachen, die bestritten wurden, trotz

---

156 BVerfGE 19, 149 = NJW 1990, 1104; OLG Celle AGS 2008, 367; KG JurBüro 2008, 316.
157 OLG Celle MDR 2011, 1500; LG Aachen JurBüro 1990, 1484 = Rpfleger 1990, 348; MünchKommZPO *Schulz* § 104 Rn. 10; **aA**: KG JurBüro 2008, 316; OLG Bamberg JurBüro 1990, 1478.
158 OLG Frankfurt/M NJW 1999, 1265.
159 BVerfGE 5, 22 = NJW 1956, 1026; OLG Koblenz NJW-RR 2004, 286.
160 BGH NJW 2007, 2187.
161 BGH NJW 2007, 2493; BGH NJW-RR 2007, 1578.
162 BGH JurBüro 2007, 411
163 BGH NJW 2007, 2493; MünchKommZPO *Schulz* § 104 Rn. 13; *Zöller/Greger* § 294 Rn. 3.
164 BGH JurBüro 2007, 411.
165 OLG Nürnberg JurBüro 1975, 191.
166 BGH JurBüro 2008, 536; BGH NJW 2008, 2993; OLG Koblenz JurBüro 2011, 659.
167 OLG Koblenz FamRZ 2006, 51.

Beweiserhebung für den Rechtspfleger nicht mit überwiegender Wahrscheinlichkeit fest, ist nach den allgemeinen Beweislastregeln zu entscheiden. Die Beweislast trifft danach denjenigen, der als Erstattungsberechtigter eine Kostenposition für sich beansprucht.[168]

Zur Berücksichtigung der entstandenen Auslagen für **Post- und Telekommunikationsdienstleistungen** genügt die **Versicherung** des Anwalts, dass diese Auslagen angefallen sind (§ 104 Abs 2 S 2 ZPO). Die Beweiserleichterung betrifft aber nur das Entstehen dieser Auslagen. Ihre Notwendigkeit muss, wenn sie das übliche Maß erheblich übersteigen oder vom Gegner bestritten werden, im Einzelnen dargelegt werden.[169]

Zur Festsetzung von **Umsatzsteuerbeträgen** genügt die bloße Erklärung des Antragstellers, dass er diese Beträge nicht als Vorsteuer abziehen kann (§ 104 Abs 2 S 3 ZPO; § 15 UStG). Die Regelung, die eine Umsatzsteuerpflicht voraussetzt, dient der Verfahrenserleichterung und erspart dem Rechtspfleger die Prüfung von uU schwierigen steuerrechtlichen Fragen.[170] Die vom Antragsteller, auch einer GmbH, abgegebene Erklärung ist deshalb grds inhaltlich nicht zu überprüfen.[171] Es sei denn, dass sich die Erklärung nach Aktenlage zweifelsfrei als offensichtlich unrichtig darstellt.[172] Nicht der Umsatzsteuer unterliegen berufliche Leistungen des Anwalts, die dieser in eigener Angelegenheit erbringt.[173] Eine Nachliquidation der Umsatzsteuer ist nach Rechtskraft des Kostenfestsetzungsbeschlusses nur zulässig, wenn darüber im Beschluss nicht entschieden worden ist, weil sich zB erst danach herausstellt, dass der Antragsteller nicht vorsteuerabzugsberechtigt ist.[174]

e) Im Verfahren vor dem Rechtspfleger besteht kein **Anwaltszwang** (§ 13 RPflG). Der Erstattungsberechtigte kann den Kostenfestsetzungsantrag auch dann selber stellen, wenn er im Anwaltsprozess (§ 78 Abs 1 ZPO) durch einen Rechtsanwalt vertreten worden ist und dieser die Kündigung des Geschäftsbesorgungsvertrags angezeigt hat. Es muss nicht erst die Bestellung eines anderen Anwalts angezeigt werden, da § 87 Abs 1 Hs 2 ZPO im Kostenfestsetzungsverfahren nicht anwendbar ist.[175]

B 65

Die Partei kann sich im Kostenfestsetzungsverfahren auch durch einen anderen Anwalt als ihren Prozessbevollmächtigten des ersten Rechtszuges vertreten lassen (zB durch den Unterbevollmächtigten oder den Prozessbevollmächtigten des zweiten Rechtszuges). Hierzu bedarf es aber einer eigenen Vollmachtserteilung und dies sollte, zur Vermeidung von Unklarheiten, ausdrücklich bekannt gegeben werden.[176] In der bloßen Antragstellung durch einen anderen Rechtsanwalt liegt kein Widerruf der Vollmacht des Prozessbevollmächtigten des ersten Rechtszuges.

Grds obliegt die Vertretung der Partei im Kostenfestsetzungsverfahren, soweit nichts anderes vereinbart ist, dem Prozessbevollmächtigten des ersten Rechtszuges.[177] Dies gilt auch soweit es sich um die Festsetzung der Kosten des Verkehrsanwalts, des Unterbevollmächtigten (Terminsvertreters) oder des Prozessbevollmächtigten der Rechtsmittelinstanz handelt. Ein besonderer Auftrag des Mandanten oder der anderen beteiligten Anwälte ist dazu nicht erforderlich. Eine Rüge der Prozessvollmacht ist unbeachtlich, wenn bereits das Prozessgericht einen Mangel der Vollmacht verneint hat.[178]

---

168 OLG Koblenz NJW 2005, 2162; MünchKommZPO *Schulz* § 104 Rn. 14.
169 OLG Frankfurt MDR 1982, 418; OLG Hamburg JurBüro 1974, 1285; OLG Celle JurBüro 1972, 69.
170 BGH JurBüro 2005, 145; OLG Düsseldorf MDR 2008, 652.
171 OLG Düsseldorf JurBüro 2010, 427; OLG Düsseldorf Rpfleger 2004, 184.
172 BGH NJW 2003, 1534; OLG München NJW-RR 2009, 1005.
173 KG NJW-RR 2009, 1421.
174 OLG Stuttgart NJW-RR 2009, 1004.
175 OLG München JurBüro 1979, 1894 = Rpfleger 1979, 465 = MDR 1980, 146; OLG Bamberg JurBüro 1985, 621.
176 OLG München Rpfleger 1979, 465; OLG München Rpfleger 1981, 318 = JurBüro 1981, 970 = MDR 1981, 502: Ein vom Verkehrsanwalt in der Ich-Form gestellter Antrag ist im Zweifel nicht als namens der Partei gestellt anzusehen.
177 OLG Hamm Rpfleger 1978, 422.
178 BGH NJW 2011, 3722.

Ein **eigenes** Antrags- u Beschwerderecht steht dem Anwalt nur in den Festsetzungsverfahren nach § 126 ZPO oder § 11 RVG zu.

f) Das Kostenfestsetzungsverfahren richtet sich im Übrigen nach den Verfahrensgrundsätzen des der Kostengrundentscheidung zugrunde liegenden **Hauptsacheverfahrens**: Es gelten insbesondere die Vorschriften über

B 66 aa) die **Verfahrensunterbrechung** (§§ 239 ff ZPO). Ein Kostenfestsetzungsverfahren wird durch Eröffnung des Insolvenzverfahrens über das Vermögen (§ 240 ZPO) oder den Tod einer Partei (§ 246 ZPO) unterbrochen.[179] Die Unterbrechung in einem späteren Rechtszug betrifft auch die Kosten der Vorinstanzen.[180] Nach Insolvenzeröffnung über das Vermögen des Erstattungsschuldners kann die Feststellung der Höhe des Kostenerstattungsanspruchs nur nach § 87 InsO verfolgt und der Anspruch zur Tabelle angemeldet werden (§§ 38, 174 ff InsO). Bestreitet der Insolvenzverwalter im Prüfungstermin die Forderung (§ 179 Abs 1 InsO), ist der Erstattungsgläubiger berechtigt, das unterbrochene Festsetzungsverfahren wieder aufzunehmen (§ 180 Abs 2 InsO).[181]

Ein trotz Unterbrechung oder Aussetzung ergangener Festsetzungsbeschluss ist nicht unwirksam, er ist aber fehlerhaft und auf Beschwerde (Erinnerung) hin aufzuheben.[182]

B 67 bb) die **Aussetzung des Verfahrens**. Die Aussetzung des **Hauptsacheverfahrens** (zB nach § 246 ZPO) erstreckt sich auch auf das Kostenfestsetzungsverfahren.[183] Die Verfahrensaussetzung in der 2. Instanz hindert jedoch nicht die Festsetzung der Kosten der 1. Instanz.[184] Das **Ruhen** des Hauptsacheverfahrens (§ 251 ZPO) steht der Festsetzung grds nicht entgegen.[185] Dies gilt aber dann nicht, wenn ein Wille der Parteien feststellbar ist, dass sich das Ruhen auch auf das Kostenfestsetzungsverfahren erstrecken soll.[186] Die **selbständige Aussetzung** des Festsetzungsverfahrens ist entsprechend § 148 ZPO zulässig. Eine Aussetzung wird sich insbesondere empfehlen, wenn ein gerichtliches Streitwertfestsetzungsverfahren oder eine Streitwertbeschwerde läuft. Auch dann, wenn zwar kein Wertfestsetzungsverfahren anhängig ist, aber die Bestimmung des Gebührenstreitwerts erforderlich wird, ist das Kostenfestsetzungsverfahren bis zur Entscheidung über den Wert auszusetzen.[187] Dagegen ist der Rechtspfleger nicht befugt, das Festsetzungsverfahren auszusetzen, weil nach seiner Ansicht ein Rechtsmittel in der Hauptsache voraussichtlich zu einer Änderung der Kostengrundentscheidung führen wird, denn diese Befugnis steht nach § 104 Abs 3 S 2 ZPO nur dem Beschwerdegericht zu. Auch eine einstweilige Einstellung der Zwangsvollstreckung aus dem zugrunde liegenden Titel hebt dessen Eignung zur Zwangsvollstreckung und damit zur Kostenfestsetzung nicht auf, rechtfertigt also eine Aussetzung des Festsetzungsverfahrens nicht. Selbst ein Urteil, aus dem die Zwangsvollstreckung auf eine Vollstreckungsgegenklage hin für unzulässig erklärt worden ist, bleibt nach wie vor Kostenfestsetzungstitel.[188]

B 68 cc) die **Verfahrensverbindung**. Die **Verbindung** mehrerer Kostenfestsetzungsverfahren ist zulässig, wenn mehrere Verfahren durch einen Gesamtvergleich erledigt wurden und im Verhältnis Arrest/Hauptsache zueinander stehen.[189]

---

179 KG FamRZ 2008, 1203; OLG Brandenburg JurBüro 2007, 147; so auch: OLG Koblenz MDR 2008, 292; OLG Stuttgart JurBüro 2008, 152, die allerdings die Festsetzung zulassen, wenn ein Rechtskraftzeugnis erteilt wurde.
180 BGH MDR 2006, 55; KG JurBüro 2000, 654.
181 BGH MDR 2012, 990; OLG Brandenburg JurBüro 2007, 147; OLG München ZIP 2003, 2318.
182 OLG Düsseldorf Rpfleger 1997, 84; OLG München Rpfleger 1974, 368; OLG Stuttgart Justiz 1977, 61.
183 OLG Karlsruhe FamRZ 2009, 1702; OLG Koblenz JurBüro 2004, 658.
184 LG Berlin JurBüro 1985, 619; KG AGS 2000, 71 = KGR 2000, 221.
185 OLG Brandenburg JurBüro 2010, 203; OLG Naumburg MDR 1994, 514.
186 *Thomas/Putzo/Hüßtege* § 104 Rn. 4 c.
187 BGH NZI 2014, 473.
188 LG Berlin Rpfleger 1982, 482 = JurBüro 1983, 128 = MDR 1983, 137.
189 KG AnwBl 1985, 267 = JurBüro 1984, 137 = MDR 1984, 590; **aA**: OLG Hamm Rpfleger 1980, 439 (Verbindung nicht statthaft).

dd) die Antragsrücknahme. Die (teilweise) **Rücknahme des Kostenfestsetzungsantrags** ist bis zur Rechtskraft des Kostenfestsetzungsbeschlusses zulässig.[190] Die Einwilligung des Gegners ist, auch wenn der Kostenfestsetzungsbeschluss bereits erlassen wurde, nicht erforderlich.[191] § 269 Abs 1 ZPO ist wegen der verschiedenen Verfahrensabläufe nicht (analog) anwendbar. Ein bereits erlassener aber noch nicht rechtskräftiger Kostenfestsetzungsbeschluss wird wirkungslos (§ 269 Abs 3 S 1 ZPO analog); auf Antrag ist dies durch den Rechtspfleger auszusprechen (§ 269 Abs 4 ZPO analog).

B 69

ee) den Verzicht. Der Erstattungsberechtigte kann auf den **Kostenerstattungsanspruch** (teilweise) **verzichten**. Ein darauf gestützter materieller Einwand des Erstattungspflichtigen ist – soweit die Tatsachen aktenkundig (offenkundig) oder unstreitig sind – vom Rechtspfleger zu beachten.[192] Der Verzicht auf Verkehrsanwaltskosten umfasst dabei auch dadurch ersparte Informationsreise- und Beratungskosten.[193] Zulässig ist auch der Verzicht auf erstattungsfähige Kosten und dafür die Festsetzung nicht erstattungsfähiger Aufwendungen (zB Verkehrsanwaltskosten).[194]

B 70

4. Bindung des Rechtspflegers

a) Bindung an den Antrag

aa) Nach **§ 308 Abs 1 S 1 ZPO** darf der Rechtspfleger im Festsetzungsverfahren einer Partei nicht mehr zusprechen, als sie beantragt hat.[195] Das gilt gleichermaßen für die Festsetzung verauslagter Gerichtskosten und außergerichtlicher Kosten.[196] Diese Bindung wird nach einhelliger Meinung jedoch nur auf den verlangten **Gesamtbetrag** bezogen. Streitgegenstand des Kostenfestsetzungsverfahrens ist bei Geltendmachung der Anwaltsvergütung nicht die geforderte einzelne Gebühr, sondern der gesamte, der Anwaltstätigkeit zu Grunde liegende Gebührensachverhalt. Dem steht nicht entgegen, dass im Kostenfestsetzungsverfahren die anwaltliche Tätigkeit nicht im Einzelnen dargelegt wird, da sie sich idR aus den Verfahrensakten ergibt. Der Rechtspfleger verstößt deshalb nicht gegen § 308 Abs 1 ZPO, wenn er in diesem Rahmen von Amts wegen an Stelle einer berechneten, aber nicht oder nicht in der geforderten Höhe entstandenen Gebühr eine andere, sich aus demselben Sachverhalt ergebende, aber nicht beanspruchte Gebühr berücksichtigt.[197] Die Rechtskraft eines früheren Kostenfestsetzungsbeschlusses darf aber nicht entgegenstehen.

B 71

▶ Beispiel:

Hat die Partei insgesamt 1000,– € zur Erstattung angemeldet, so dürfen für sie nicht deshalb 1200,– € festgesetzt werden, weil sie eine Anwaltsgebühr zu niedrig angesetzt hat.

Wird in demselben Fall aber eine angesetzte Gebühr, weil sie in dieser Höhe nicht entstanden ist, um 200,– € gekürzt, so können gleichwohl die beantragten 1000,– € festgesetzt werden, wenn eine andere Gebühr um denselben Betrag zu niedrig liquidiert wurde.

bb) Ein **Austausch von Positionen** ist aber nicht unbeschränkt, sondern nur im Rahmen des durch den Kostenfestsetzungsantrag festgelegten Verfahrensgegenstandes zulässig. Zwischen den ausgetauschten Posten muss ein **Zusammenhang** bestehen, sie müssen auf denselben Sachverhalt zurückzuführen sein.[198] Dem Antragsteller dürfen deshalb keine Kosten, die ihm auf Grund eines

B 72

---

190 MünchKommZPO *Schulz* § 103 Rn. 45; *Thomas/Putzo/Hüßtege* § 103 Rn. 17.
191 MünchKommZPO *Schulz* § 103 Rn. 45; **aA:** *Musielak/Lackmann* § 103 Rn. 10.
192 OLG Koblenz JurBüro 2006, 480.
193 LG Köln JurBüro 1965, 385; OLG Bamberg JurBüro 1987, 412; LAG Düsseldorf JurBüro 1987, 1085.
194 OLG Koblenz NJW-RR 2012, 1017.
195 OLG Karlsruhe FamRZ 2004, 966.
196 OLG München JurBüro 1995, 427.
197 OLG Karlsruhe FamRZ 2004, 966.
198 OLG Koblenz JurBüro 1992, 610 m Anm *Mümmler*; OLG Frankfurt/M Rpfleger 1988, 162; OLG München MDR 1987, 419.

nicht geltend gemachten Sachverhalts zustehen könnten, zugesprochen werden. Austauschbar ist zB die nicht erstattungsfähige Gebühr des Verkehrsanwalts mit einer nicht angemeldeten aber erstattungsfähigen Mahngebühr.[199] Nicht ausgetauscht werden können hingegen angemeldete aber nicht erstattungsfähige Kosten eines Verkehrsanwalts mit erstattungsfähigen aber nicht beantragten Parteireisekosten.[200]

Ob anstelle der angemeldeten Gebühren eines Rechtsanwalts die vom Erstattungsberechtigten auch einem anderen Anwalt geschuldeten Gebühren berücksichtigt werden können, hängt ebenfalls vom konkreten Festsetzungsgegenstand ab. IdR wird der Festsetzungsantrag dahin ausgelegt werden können, dass der Antragsteller sämtliche Anwaltsgebühren geltend machen will, die ihm nach dem Akteninhalt entstanden sind. Es ist zB zulässig, wenn bei einem nicht notwendigen Anwaltswechsel, statt einer vom zweiten Anwalt liquidierten Verfahrensgebühr eine nicht angemeldete aber erstattungsfähige Terminsgebühr des ersten Anwalts berücksichtigt wird.[201]

B 73 cc) Eine ähnliche, aber nicht vom Streitgegenstand des Festsetzungsverfahrens her zu entscheidende Frage ist die, ob statt wirklich entstandener, aber nicht notwendiger Aufwendungen dadurch ersparte, tatsächlich aber nicht entstandene **fiktive Aufwendungen** der Partei zu berücksichtigen sind (vgl Rdn. B 305). Hier geht es nicht um einen Austausch von Positionen, sondern darum, ob und in welcher Höhe die geforderte, als solche aber nicht erstattungsfähige Aufwendung unter dem Gesichtspunkt ersparter anderer Kosten zu berücksichtigen ist. Gegen die Festsetzung bestehen keine Bedenken, weil dem Erstattungsberechtigten, wenn auch mit anderer Rechtfertigung, nichts anderes, als beantragt, zugesprochen wird.[202] Im **Kostenausgleichsverfahren** nach § 106 ZPO kann bei Berücksichtigung einer Gebühr (zB Terminsgebühr Nr 3104 VV RVG) auf der einen Seite diese auch beim Gegner berücksichtigt werden.[203]

b) Bindung an die Kostengrundentscheidung

B 74 aa) Der Rechtspfleger ist an die Kostengrundentscheidung gebunden, denn das Kostenfestsetzungsverfahren dient nur ihrer **betragsmäßigen** Ausfüllung.[204] Es findet weder eine Korrektur offensichtlich fehlerhafter (zB § 96 ZPO wurde übersehen) oder Ergänzung unvollständiger Kostengrundentscheidungen, noch eine Anpassung an inzwischen veränderte Verhältnisse statt.[205]

B 75 bb) Die **Bindung** an die Kostengrundentscheidung hat aber nicht zur Folge, dass auch bei der Prüfung der Erstattungsfähigkeit der einzelnen Ansätze ein Sachverhalt zu fingieren ist, der tatsächlich nicht vorliegt, aber vorliegen müsste, wenn die Kostengrundentscheidung richtig wäre. So ist zB der Rechtspfleger zwar an die Quotelung nach dem Verhältnis von Klage und Widerklage gebunden, darf aber keine Gebühren für die in Wahrheit nicht rechtshängig gewordene Widerklage festsetzen.[206]

B 76 cc) Sind über Ansprüche, die **auf demselben Lebenssachverhalt** beruhen, in **getrennten Prozessen** Kostengrundentscheidungen ergangen, so ist der Rechtspfleger nicht an der Prüfung gehindert, ob für die getrennte Geltendmachung sachliche Gründe vorlagen. Wenn das nicht der Fall war und die

---

199 OLG München MDR 1987, 419.
200 OLG Koblenz JurBüro 1992, 610; OLG Frankfurt JurBüro 1979, 389; OLG Hamm MDR 1974, 411; MünchKommZPO *Schulz* § 104 Rn. 64; *Zöller/Herget* § 104 Rn. 21 »Gebührenauswechslung«.
201 **AA**: OLG Frankfurt/M JurBüro 1979, 389.
202 KG Rpfleger 1975, 100.
203 BGH NJW 2006, 157, 159; OLG Hamm JurBüro 2002, 318; OLG Köln JurBüro 1994, 601 m Anm *Mümmler*.
204 BGH BGH-Report 2006, 687; BGH NJW 1962, 36 = VersR 1961, 1111 = JZ 1962, 59; OLG Düsseldorf Rpfleger 2005, 55; OLG Naumburg Rpfleger 2001, 372; OLG Hamburg JurBüro 1969, 55; OLG Bamberg JurBüro 1986, 108; OLG Zweibrücken JurBüro 1986, 1573.
205 OLG Koblenz ZIP 2009, 783; OLG München Rpfleger 1979, 388.
206 OLG Koblenz JurBüro 1984, 481.

getrennte Rechtsverfolgung sich als rechtsmissbräuchlich darstellt, sind die dadurch entstandenen Mehrkosten als nicht notwendig abzusetzen. Diese Fragekonnte nämlich in keinem der einzelnen Prozesse geprüft werden, so dass deren Kostengrundentscheidungen darüber auch keine Feststellung enthalten, an die der Rechtspfleger gebunden wäre. Die Gegenpartei hat deshalb nur die Kosten zu erstatten, die bei Geltendmachung sämtlicher Ansprüche in einem einheitlichen Verfahren entstanden wären.[207]

dd) Bei zweifelhaften, mehrdeutigen oder missverständlichen Kostengrundentscheidungen hindert die Bindung aber nicht eine an Wortlaut und sachlichem Gehalt orientierte **Auslegung** durch den Rechtspfleger.[208] Dabei ist der wirkliche Wille des Gerichts zu erforschen. Die Kostenfestsetzung darf infolgedessen nicht mit der Begründung abgelehnt werden, dass der Wortlaut der Kostengrundentscheidung unzulässig ist. Werden etwa die Kosten unter Verstoß gegen den Grundsatz der Einheitlichkeit der Kostengrundentscheidung statt nach Quoten, fälschlich nach Teilabschnitten, Streitgegenständen (zB bei Beteiligung von Streitgenossen) verteilt, so muss der Rechtspfleger diese Kostengrundentscheidung festsetzungsfähig machen.[209] Bei unzulässiger Trennung der Kosten von Klage und Widerklage ist zB eine den Streitwertteilen entsprechende Umrechnung nach Quoten zulässig.[210] Ist der Tenor der Kostengrundentscheidung eindeutig, so kommt aber eine Auslegung wegen falscher oder widersprüchlicher Urteilsgründe nicht in Betracht.[211]

B 77

Bei **Prozessvergleichen** ist der, uU durch Auslegung ermittelbare, Wille der **Parteien** maßgebend. In der Praxis sind zweifelhafte oder unvollständige Kostenregelungen in gerichtlichen Vergleichen manchmal auf Vorstellungen der Parteien zurückzuführen, die der Vergleichswortlaut nicht hinreichend zum Ausdruck bringt. Oft sind auch Problembereiche nicht erkannt und deshalb ungeregelt geblieben.

B 78

Auslegungsbeispiele:
– Übernimmt eine Partei »die Kosten des Rechtsstreits«, dann sind davon im Zweifel auch die Kosten des Prozessvergleichs erfasst.[212] Die Kosten eines außergerichtlichen Vergleichs aber nur, wenn ein entsprechender Parteiwille erkennbar ist.[213] In diesem Fall ist, wenn der Abschluss der (außergerichtlichen) Vereinbarung glaubhaft gemacht wird, nach Klagerücknahme oder Kostenbeschluss nach § 91 a ZPO, auch die anwaltliche Einigungsgebühr (Nr 1000 Abs 1 VV RVG) festsetzbar.[214]
– Die vergleichsweise Kostenübernahme durch den Beklagten umfasst auch die Mehrkosten der Anrufung eines unzuständigen Gerichts.[215]

---

207 BGH NJW 2013, 1369; BGH BeckRS 2013, 00543 = MDR 2013, 247; OLG Köln JurBüro 2011, 536; KG AGS 2001, 46 = KG KGR 2000, 414 = JurBüro 2001, 99; OLG München NJW 1965, 2407 = Rpfleger 1966, 189 = MDR 1965, 998; OLG Köln JurBüro 1973, 1092; OLG Düsseldorf JurBüro 1972, 437 = MDR 1972, 522; OLG Frankfurt/M JurBüro 1974, 1600; OLG Koblenz Rpfleger 1983, 38 = JurBüro 1983, 271; OLG Hamburg JurBüro 1983, 1255); **aA:** OLG Hamm Rpfleger 1980, 439 = JurBüro 1981, 448; OLG Bamberg JurBüro 1983, 130 m abl Anm *Mümmler*.
208 OLG Düsseldorf OLGR 2009, 816; OLG Koblenz JurBüro 2003, 93; KG MDR 2002, 722.
209 OLG Frankfurt/M Rpfleger 1988, 203; OLG Schleswig JurBüro 1982, 1404; *Zöller/Herget* § 104 Rn. 21 »Auslegung«.
210 OLG Naumburg NJW-RR 2000, 1740; OLG München JurBüro 1991, 121; MünchKomm *Schulz* § 104 Rn. 62.
211 OLG Koblenz JurBüro 1985, 1886.
212 OLG Düsseldorf MDR 1999, 119; LAG Düsseldorf MDR 2001, 655.
213 BGH MDR 2011, 571; BGH MDR 2009, 112 = NJW 2009, 519.
214 BGH MDR 2007, 979 = NJW 2007, 2187; OLG Brandenburg BeckRS 2012, 13347; *Bischof* JurBüro 2009, 120.
215 OLG Köln JurBüro 1975, 234; OLG Koblenz JurBüro 1975, 1109 m Anm *Mümmler*; OLG Bamberg JurBüro 1979, 1713 m Anm *Mümmler*; KG JurBüro 1971, 791 = Rpfleger 1971, 260; Rpfleger 1976, 103 = MDR 1976, 405; OLG Schleswig SchlHA 1980, 219; **aA:** OLG Zweibrücken MDR 1996, 971;

- Die Kostenregelung in einem Vergleich erfasst bereits entstandene Kosten der Zwangsvollstreckung aus einem Urteil insoweit, als sie auch bei der Vollstreckung des Vergleichsbetrags entstanden wären.[216]
- Die Regelung der »Kosten des Rechtsstreits« in einem Vergleich erfasst die Kosten, über die bereits eine rechtskräftige Kostengrundentscheidung vorliegt nur, wenn diese ausdrücklich einbezogen wurden.[217]
- Ob die vergleichsweise Kostenaufhebung auch die Gerichtskosten eines vorangegangenen selbständigen Beweisverfahrens erfasst, ist durch Auslegung zu ermitteln. Da sie zu den Gerichtskosten des nachfolgenden Hauptsacheverfahrens zählen, wird ihre Erfassung im Zweifel als gewollt anzunehmen sein.[218]
- Die vergleichsweise Kostenregelung nach Einspruch gegen ein Versäumnisurteil erfasst idR auch die Kosten der Säumnis.[219] Bei Übernahme der »Kosten des Rechtsstreits mit Ausnahme der Vergleichskosten« gehört die Terminsgebühr zu den Kosten des Rechtsstreits.[220] Die Kosten für nicht rechtshängige Ansprüche, die mitverglichen wurden, sind hingegen dem Vergleich zuzuordnen.[221]
- In die Kostenregelung eines Vergleichs kann auch eine Vereinbarung über an sich nicht festsetzbare außergerichtliche Kosten (zB Geschäftsgebühr nach Nr 2400 VV RVG) einbezogen werden, die in diesem Falle festsetzbar werden.[222]

c) Bindung an die Streitwertfestsetzung

B 79 aa) Der Rechtspfleger hat den Streitwert **eigenständig** anzunehmen; zu einer Wertfestsetzung ist er nicht befugt. Eine **gerichtliche Wertfestsetzung** bindet ihn (§ 63 Abs 2 S 1 GKG, § 33 Abs 1 RVG). Hat er Bedenken, so kann er eine Änderung anregen (§ 63 Abs 3 GKG). Er ist jedoch nicht berechtigt, von einer gerichtlichen Wertfestsetzung, die er für unrichtig hält, abzuweichen, auch nicht im Einverständnis mit den Parteien.[223]

B 80 bb) Berechnen sich die Anwaltsgebühren nicht nach dem für die Gerichtsgebühren maßgebenden Wert (zB weil die Gegenstände der gerichtlichen und der anwaltlichen Tätigkeit sich nicht decken) oder fehlt es für die Gerichtsgebühren an einem Wert (das Verfahren ist zB gerichtsgebührenfrei oder die Gerichtsgebühren fallen wertunabhängig an), so muss der Rechtspfleger den Streitwert **eigenständig** feststellen und dies ggf im Kostenfestsetzungsbeschluss begründen. Eine gerichtliche Wertfestsetzung kann in diesen Fällen vom Rechtsanwalt, dem Auftraggeber, einem erstattungspflichtiger Gegner und in den Fällen des § 45 RVG auch von der Staatskasse beantragt werden (§ 33 Abs 2 S 2 RVG).

B 81 cc) Richten sich die Gebühren für die anwaltliche Tätigkeit nach dem für die Gerichtsgebühren maßgebenden Wert (§§ 23 Abs 1 S 1, 32 RVG), ist aber eine gerichtliche Wertfestsetzung noch nicht erfolgt, so kann der Rechtspfleger eine Wertfestsetzung durch das Gericht **anregen**.

OLG München JurBüro 1985, 292; OLG Frankfurt/M Rpfleger 1977, 260 = JurBüro 1977, 1007; OLG Hamm JurBüro 1967, 830.
216 BGH MDR 2010, 654; OLG München NJW-RR 19999, 798.
217 OLG Frankfurt/M Rpfleger 1981, 29 = JurBüro 1981, 451; OLG München JurBüro 1982, 1263 = MDR 1982, 760.
218 BGH NJW 2007, 2187; OLG Oldenburg MDR 1983, 1030; OLG Hamburg MDR 1983, 409; OLG Schleswig JurBüro 1983, 602; **aA:** OLG Frankfurt JurBüro 1983, 1875 = MDR 1983, 941.
219 OLG Düsseldorf AnwBl 1980, 1554 = JurBüro 1980, 134, 135 = MDR 1980, 233; OLG München Rpfleger 1979, 345.
220 BGH MDR 2007, 917 = Rpfleger 2007, 1149; OLG Naumburg JurBüro 2010, 644.
221 OLG Köln JurBüro 2009, 208.
222 OLG Bamberg Rpfleger 2007, 288; OLG Oldenburg JurBüro 2007, 35.
223 OLG Bamberg JurBüro 1979, 1713; OLG Koblenz JurBüro 1986, 112.

IV. Kostenfestsetzungsverfahren   B.

dd) Ein **Verzicht** auf **Rechtsmittel** gegen einen Wertfestsetzungsbeschluss enthält keinen Verzicht auf die Geltendmachung bzw Erstattung höherer Gebühren, wenn der Beschluss später geändert wird.[224]   B 82

ee) Haben die Parteien in einem **Prozessvergleich** die Erstattung von Gebühren aus einem bestimmten Wert vereinbart, so handelt es sich nicht um eine im Kostenfestsetzungsverfahrender Höhe nach auszufüllende Kostengrundentscheidung, sondern um eine materiell-rechtliche Vereinbarung. Aus Zweckmäßigkeitsgründen ist die betragsmäßige Festsetzung aber auch in einem solchen Fall zulässig. Der Rechtspfleger ist jedoch an den von den Parteien vereinbarten Wert gebunden, auch wenn er von einem gerichtlich festgesetzten Wert abweicht.   B 83

5. Einwendungen

a) Grundsatz

Die Pflicht zur Kostenerstattung wird durch die **Kostengrundentscheidung** begründet. Aufgabe des Kostenfestsetzungsverfahrens ist es, die Erstattungspflicht der Höhe nach zu beziffern. Aus dem Verfahrenszweck folgt, dass über Streitigkeiten der Parteien, die **außerhalb** dieser Zielsetzung liegen, nicht im Kostenfestsetzungsverfahren entschieden werden darf.[225] Es bleiben deshalb rechtsvernichtende Einwendungen (zB Erfüllung, Aufrechnung, Erlass, Verwirkung) oder rechtshemmende Einreden (zB Stundung) gegen den Kostenerstattungsanspruch grds unberücksichtigt.[226] Das gleiche gilt, wenn Verletzung der Hinweispflicht durch den Rechtsanwalt aus § 49 b Abs 5 BRAO oder eine abweichende außergerichtliche Kostenvereinbarung der Parteien eingewandt wird.[227] **Materielle Einwendungen** sind vielmehr über § 775 Nr 4, 5 ZPO oder mit der Vollstreckungsabwehrklage (§ 767 ZPO) einer Zwangsvollstreckung aus dem Kostenfestsetzungsbeschluss entgegenzusetzen.[228] Eine Präklusion der Einwendungen nach § 767 Abs 2 ZPO findet nicht statt.   B 84

Aus Gründen der Prozessökonomie lässt die Rspr aber dann eine **Ausnahme** zu, wenn die tatsächlichen Voraussetzungen von Einwendungen feststehen, weil sie zB rechtskräftig festgestellt oder ausdrücklich zugestanden sind.[229] Ein Zugeständnis auf Grund der Geständnisfiktion des § 138 Abs 3 ZPO reicht aus.[230] In diesen Fällen können ausnahmsweise **materielle** Einwendungen im Kostenfestsetzungsverfahren durch den Rechtspfleger berücksichtigt werden. Dies gilt auch für den Einwand der Anrechnung der vorgerichtlichen Geschäftsgebühr nach § 15 a Abs 2 Alt 1 RVG durch den Erstattungspflichtigen, wenn die Erfüllung zugestanden wird oder ohne Weiteres festgestellt werden kann.[231]

b) Nicht zulässige Einwendungen

Nicht zulässig, weil es dabei nicht um die **betragsmäßige Ausfüllung** der Kostengrundentscheidung geht, sind folgende **Einwendungen**:   B 84a

aa) Die **Kostengrundentscheidung** hätte überhaupt nicht oder nicht so ergehen dürfen, weil   B 85
– der Rechtsweg für die Klage nicht gegeben war,[232]
– im Rubrum nicht die richtigen Parteien aufgeführt sind,

---

224 KG JurBüro 1978, 1182.
225 BGH MDR 2006, 1316; BGH NJW 2006, 1962.
226 BGH NJW 2011, 861; OLG Celle BeckRS 2010, 27533.
227 BGH NJW 2011, 861; OLG Saarbrücken MDR 2011, 572; OLG Brandenburg JurBüro 2009, 143; OLG München NJW-RR 1999, 655.
228 BGH NJW-RR 2010, 718; BGH NJW 2006, 1962; OLG Nürnberg FamRZ 2009, 450.
229 BGH NJW 2007, 1213 = MDR 2207, 558; OLG Koblenz JurBüro 2011, 646; OLG Hamburg MDR 2003, 294.
230 *Zöller/Herget* § 104 Rn. 21 »Materiell-rechtliche Einwendungen«; MünchKommZPO *Schulz* § 104 Rn. 35.
231 BGH NJW 2011, 861; BGH NJW 2007, 1213.
232 OLG Schleswig Rpfleger 1957, 5.

- der Anwalt des Gegners keine Prozessvollmacht hatte,[233]
- eine Partei nicht gesetzmäßig vertreten war bzw ein anderer Nichtigkeits- oder Restitutionsgrund vorgelegen hat,
- der Prozessvergleich wegen arglistiger Täuschung angefochten wurde,
- bei Entscheidungen nach §§ 269 Abs 3, 4 oder 516 Abs 3 ZPO, eine Rücknahme der Klage oder des Rechtsmittels nicht erfolgt ist,
- der Gegner die Kostengrundentscheidung auf Grund einer Abrede der Parteien nicht erwirken durfte.

B 86 bb) Der **Kostenerstattungsanspruch** sei durch Erlass, Verzicht, Zahlung oder Aufrechnung erloschen oder wegen einer Stundungsvereinbarung nicht durchsetzbar, wenn der Einwand vom Erstattungsberechtigten bestritten wird.[234]

B 87 cc) Die Parteien haben die Kostengrundentscheidung durch nachfolgende außergerichtliche Vereinbarung oder die bereits rechtskräftige Kostengrundentscheidung durch Vergleich in einem anderen Verfahren geändert.[235] Es sei denn, die fehlende Kostenerstattungspflicht kann durch die vorrangige außergerichtliche Vereinbarung nachgewiesen werden.[236]

dd) Solche aus dem **Verhältnis des Gläubigers zu seinem Anwalt**.[237]

So ist zB der Einwand, dass der Anwalt des Erstattungsberechtigten auf Gebühren verzichtet hat, genauso wenig zu berücksichtigen wie derjenige, dass der Erstattungsberechtigte mit Schadensersatzansprüchen auf Grund Pflichtverletzung gegen den Vergütungsanspruch seines Anwalts aufgerechnet hat (vgl oben Rdn. B 84). Auch der Einwand, dass der Anwaltsvertrag nichtig sei, ist unbeachtlich.[238] Zulässig ist aber der Einwand, der Erstattungsberechtigte habe seinem Anwalt gegenüber erfolgreich die Verjährungseinrede erhoben.[239]

c) Zulässige Einwendungen

B 87a **Zulässig**, weil der Bestand des Erstattungsanspruchs geleugnet oder dessen Höhe bestritten wird, sind folgende **Einwendungen:**

B 88 aa) Die **Gerichtskosten** (einschließlich Zeugen- und Sachverständigenentschädigung) seien der Höhe nach zu Unrecht angesetzt worden (§ 4 KostVfg), so dass der von der Staatskasse in Anspruch genommene Erstattungsgläubiger Rückerstattung verlangen kann.[240] Es sei denn, der Erstattungsgläubiger ist mangels Beschwer nicht erinnerungsbefugt, dann ist dieser Einwand vom Erstattungsschuldner alleine mit der Erinnerung (§ 66 GKG) vorzubringen.[241]

B 89 bb) Der Erstattungsberechtigte kann auf Grund **Kostenfreiheit** (§ 2 GKG) des Erstattungsschuldners Rückzahlung bereits erhobener Kosten aus der Staatskasse verlangen (vgl § 2 Abs 5 S 1 Hs 2 GKG). Das gleiche gilt, wenn einem Entscheidungsschuldner (§§ 29 Nr 1, 31 Abs 3 S 1 Hs 2 GKG) oder einem Übernahmeschuldner (§§ 29 Nr 2, 31 Abs 4 GKG) PKH bewilligt worden ist.

B 90 cc) Der Gebührenstreitwert ist zu hoch angesetzt worden. Es sei denn, es existiert bereits eine bindende Wertfestsetzung (§ 63 Abs 2 S 1 GKG; vgl Rdn. B 79, 80). In diesem Fall kommt eine Umdeutung des Einwands in eine Streitbeschwerde in Betracht.

---

233 OLG Bamberg JurBüro 1977, 1439; LG Bonn AnwBl 1983, 518.
234 KG Rpfleger 1970, 32 = JurBüro 1970, 62; OLG Nürnberg JurBüro 1965, 314.
235 OLG Hamburg JurBüro 1985, 1720.
236 BGH NJW 2007, 1213.
237 BGH NJW-RR 2007, 422; KG JurBüro 2008, 316; KG JurBüro 1970, 327 = MDR 1970, 429; OLG Hamm OLGR 2000, 34.
238 BGH NJW-RR 2007, 422.
239 BayVGH Rpfleger 2004, 65; OLG Karlsruhe Rpfleger 1996, 750; OLG Koblenz Rpfleger 1986, 319.
240 OLG Dresden NJW-RR 2001, 861; OLG Celle JurBüro 2010, 206; OLG Koblenz Rpfleger 1985, 333; **aA**: OLG München AnwBl 1990, 396.
241 BGH FamRZ 2011, 1937.

dd) Die Einrede der **Verjährung** des Kostenerstattungsanspruchs. Dieser verjährt ab Rechtskraft der Kostengrundentscheidung in 30 Jahren (§ 197 Abs 1 Nr 3 BGB; vgl dazu auch Rdn. B 6).[242]

B 91

ee) Der Kostenerstattungsanspruch sei **verwirkt**. Der Verwirkungseinwand ist zu berücksichtigen, wenn die Voraussetzungen dafür **offensichtlich** sind.[243] Neben dem zeitlichen Moment müssen dafür aber Umstände vorliegen, die eine Verfolgung des Erstattungsanspruchs im Kostenfestsetzungsverfahren als treuwidrig (§ 242 BGB) erscheinen lassen.[244]

ff) Der Erstattungsberechtigte habe auf den Kostenerstattungsanspruch **verzichtet**. Im Kostenfestsetzungsverfahren ist dieser materielle Einwand nur zulässig, wenn die tatsächlichen Voraussetzungen für den Verzicht **unstreitig** sind oder sich konkludent aus den Parteierklärungen ergeben.[245]

gg) Ein vom Erstattungsschuldner geleisteter **Prozesskostenvorschuss** (§ 1360 a Abs 4 BGB) ist anzurechnen. Dieser Einwand ist, beschränkt auf die Kosten der Instanz für die der Prozesskostenvorschuss geleistet wurde, dann zu berücksichtigen, wenn über die Zahlung zwischen den Parteien **kein** Streit besteht und die volle Kostenlast den Vorschussgeber trifft, da dieser ansonsten zweimal zahlen müsste.[246] Bei einer **Kostenquotelung** ist die Berücksichtigung der Vorschussleistung dann nicht zulässig, wenn der Kostenanteil des Vorschussempfängers höher ist als die Vorschussleistung. Über eine ev Rückzahlung des Vorschusses muss im Erkenntnisverfahren entschieden werden. Nur, wenn der unstreitig gezahlte Vorschuss den Kostenerstattungsanspruch des Empfängers übersteigt, kommt eine Anrechnung in Betracht.[247] In diesem Fall muss die Summe aus Vorschuss und einem bestehenden Kostenerstattungsanspruch **über** dem Gesamtbetrag der den Vorschussempfänger betreffenden Kosten liegen.[248] Ein überschießender Betrag kann angerechnet werden, da dadurch der Zweck der Vorschussleistung, die Kosten des Vorschussempfängers voll abzudecken, gewahrt wird.

d) Unstreitige Einwendungen

aa) Der Zweck des Kostenfestsetzungsverfahrens schließt aber materiell-rechtliche Einwendungen nicht generell aus. Einwendungen, deren tatsächliche Voraussetzungen zwischen den Parteien **unstreitig** sind (vgl oben Rdn. B 84), können ausnahmsweise berücksichtigt werden. Denn dann bedarf es keiner eigentlichen Entscheidung über die Einwendung, das Festsetzungsverfahren würdigt vielmehr nur einen unstreitigen Akteninhalt. Aus prozessökonomischen Gründen sind solche, auf **unstreitige Tatsachen** gestützte Einwendungen zu berücksichtigen, denn es wäre sinnlos, mit dem Kostenfestsetzungsbeschluss einen Titel zu schaffen, der alsbald auf Vollstreckungsgegenklage hin wieder aufgehoben werden müsste.[249] So kann zB der Einwand, der Kostenerstattungsanspruch sei infolge **Aufrechnung** erloschen, ausnahmsweise berücksichtigt werden, wenn Bestand und Höhe der Gegenforderung sowie Aufrechnungslage zwischen den Parteien unstreitig sind.[250]

B 92

bb) Als unstreitig sind dabei nicht nur ausdrücklich zugestandene (§ 288 ZPO), sondern auch **nicht bestrittene Tatsachen** anzusehen die auf Grund, der auch im Kostenfestsetzungsverfahren geltenden Geständnisfiktion des § 138 Abs 3 ZPO, als zugestanden gelten (vgl oben Rdn. B 84).

B 93

---

242 BGH NJW 2006, 1962 m Anm *Dilger*; BGH JurBüro 2006, 291; OLG Koblenz JurBüro 2006, 318.
243 KG Rpfleger 1994, 385; OLG Bamberg JurBüro 1987, 1412; OLG Karlsruhe FamRZ 1993, 1228; *Zöller/Herget* § 104 Rn. 21 »Verwirkung«; **aA**: BayVGH Rpfleger 2004, 65; *Thomas/Putzo/Hüßtege* § 104 Rn. 12.
244 OLG Bamberg JurBüro 1987, 1412; MünchKommZPO *Schulz* § 104 Rn. 46.
245 OLG Saarbrücken NJW-RR 2013, 638; OLG Koblenz JurBüro 2006, 480; OLG Nürnberg MDR 2000, 908; OLG Bamberg JurBüro 1981, 768.
246 OLG Köln FamRZ 2006, 218; OLG Köln JurBüro 1998, 309; OLG Koblenz Rpfleger 1985, 209; *Zöller/Herget* § 104 Rn. 21 »Prozesskostenvorschuss«.
247 BGH NJW-RR 2010, 718 = MDR 2010, 412; OLG Köln FamRZ 2006, 218.
248 BGH NJW-RR 2010, 718; KG NJW-RR 2002, 140; OLG Bamberg FamRZ 1999, 724 = BeckRS 1998, 06742; *Zöller/Herget* § 104 Rn. 21 »Prozesskostenvorschuss«; MünchKommZPO *Schulz* § 104 Rn. 49.
249 BGH NJW-RR 2007, 422.
250 BGH NJW 1952, 144; OLG Düsseldorf Rpfleger 1996, 373; OLG Hamm Rpfleger 1984, 113.

Dies gilt insbesondere dann, wenn die Partei vom Gericht aufgefordert wurde, zu dem gegnerischen Tatsachenvortrag Stellung zu nehmen.[251]

B 94   cc) Streitig ist eine Einwendung auch, wenn zwar die ihr zu Grunde liegenden Tatsachen unstreitig sind, die Parteien aber dennoch über die **Rechtsfrage** streiten, ob der Erstattungsanspruch erloschen ist oder jedenfalls nicht geltend gemacht werden darf. Das ist zB der Fall, wenn zwar das Bestehen der Gegenforderung und die Aufrechnungserklärung zugestanden wurde, nicht aber die Aufrechnungslage.[252] Bloße rechtsirrige Schlussfolgerungen stehen einer Berücksichtigung der Einwendung aber nicht entgegen.[253]

B 95   dd) Besteht trotz unstreitiger Zahlung ein schutzwürdiges Interesse der Partei an einer Feststellung der ursprünglichen Höhe des Erstattungsanspruchs, so ist die Festsetzung durchzuführen und der unstreitig gezahlte Betrag als **Tilgung** in den Gründen zu vermerken. So ist insbesondere bei nur teilweiser Erfüllung zu verfahren.[254]

V. Kostenfestsetzungsantrag, Nachliquidation

1. Kostenfestsetzungsantrag

B 96   a) Eine besondere **Form** ist für den Antrag nicht vorgeschrieben. Er kann deshalb schriftlich mit eigenhändiger Unterschrift eingereicht oder mündlich zu Protokoll der Geschäftsstelle erklärt werden (§ 103 Abs 2 S 1 ZPO). Anwaltszwang besteht nicht; das gilt auch soweit die Festsetzung von Kosten beantragt wird, die in einem dem Anwaltszwang unterliegenden Verfahren entstanden sind (§ 13 RPflG). Soweit nicht die Partei selbst oder der Prozessbevollmächtigte des ersten Rechtszuges den Antrag stellt, bedürfen Bevollmächtigte einer besonderen Vollmacht (vgl Rdn. B 65); § 88 ZPO ist anwendbar. Die Prozessvollmacht des Rechtsanwalts, der im Rechtsmittelverfahren vertreten hat, erstreckt sich nicht auf das Kostenfestsetzungsverfahren.[255] Auch nicht, wenn die Festsetzung der Kosten des Berufungsverfahrens von ihm beantragt wird. Da das Kostenfestsetzungsverfahren nicht mehr Teil des Anwaltsprozesses ist, ist § 87 Abs 1 Hs 2 ZPO unanwendbar, so dass nach der Anzeige des Erlöschens der Vollmacht an an die Partei zuzustellen ist.[256]

Der Antrag muss bestimmt sein und eindeutig erkennen lassen, welche Festsetzung (zB nach §§ 103 ff ZPO oder nach § 126 Abs 1 ZPO) beantragt wird. Das ist zweifelhaft, wenn nach PKH-Bewilligung der beigeordnete Prozessbevollmächtigte den Antrag in der Ich-Form stellt. Im Zweifel ist vom Rechtspfleger aufzuklären (§ 139 ZPO).[257] Es ist keineswegs selbstverständlich, dass der Anwalt, wenn etwas anderes nicht ausdrücklich erklärt ist, namens des Mandanten handelt (vgl oben Rdn. B 65).

b) **Festsetzungsunterlagen** (§ 103 Abs 2 S 2 ZPO). Beizufügen sind:

B 97   aa) **Vollstreckungstitel.** Der **Titel**, der die Kostengrundentscheidung enthält, wenn er sich nicht bereits bei den Gerichtsakten befindet. Erteilung der einfachen Klausel (§ 724 ZPO) und vorherige Zustellung (§ 750 Abs 1 ZPO) ist nicht erforderlich. Ebensowenig bedarf es eines Nachweises, dass die sonstigen Zwangsvollstreckungsvoraussetzungen (zB Sicherheitsleistung, Zug-um-Zug-Leistung,

---

251 KG Rpfleger 1976, 23 = JurBüro 1976, 246 = MDR 1976, 406; OLG Hamburg JurBüro 1976, 516 = MDR 1976, 585; OLG Bamberg JurBüro 1974, 641; **aA:** OLG Hamm Rpfleger 1973, 318 = JurBüro 1973, 1099; Rpfleger 1977, 108; differenzierend: OLG Stuttgart Rpfleger 1984, 113 = JurBüro 1984, 608
252 OLG Hamm Rpfleger 1984, 113.
253 OLG Düsseldorf Rpfleger 1977, 260 = JurBüro 1977, 1458; KG JurBüro 1983, 1401 = MDR 1984, 150.
254 OLG München AnwBl 1970, 103 = Rpfleger 1970, 98 = JurBüro 1970, 270.
255 OLG München Rpfleger 1979, 465; *Zöller/Herget* § 104 Rn. 21 »Vollmacht«; *Musielak/Lackmann* § 103 Rn. 8.
256 OLG Schleswig JurBüro 1987, 1547; *Thomas/Putzo/Hüßtege* § 87 Rn. 6.
257 OLG Rostock MDR 2006, 418; OLG Koblenz JurBüro 2006, 646.

Ablauf eines Kalendertages) vorliegen.[258] Rechtskraftnachweis ist nur notwendig, wenn sonst die Vollstreckung aus dem Titel (zB Beschluss) nicht zulässig wäre. Bei **Rechtsnachfolge** auf Gläubiger- oder Schuldnerseite ist Titelumschreibung erforderlich.[259] Wird beim Tod einer anwaltlich vertretenen Partei das Verfahren nicht unterbrochen (§ 246 ZPO), kann der Rechtsanwalt einen Kostenfestsetzungsbeschluss für den unbekannten Erben beantragen.[260]

bb) **Kostenberechnung.** Sie ist Teil des Antrags und braucht nicht gesondert unterschrieben zu werden; auch nicht, soweit es sich um die Kostenrechnung eines anderen Rechtsanwalts handelt.[261]

B 98

Die Kostenberechnung muss die einzelnen Positionen, deren Festsetzung beantragt wird, aufschlüsseln.[262] Dadurch wird der Streitgegenstand des Kostenfestsetzungsverfahrens festgelegt. Bezugnahme auf die Prozessakten reicht dazu nicht. Soweit es sich um im Verfahren entstandene Gerichts- und Anwaltskosten handelt, genügt idR die Angabe des Gebührentatbestandes, bei Wertgebühren die des Gebührenwertes (vgl § 10 Abs 2 RVG) und des geforderten Betrages. Die Tatsachen, die den Gebührenanfall begründen, ergeben sich regelmäßig aus den Gerichtsakten. Der Entstehungsgrund anderer Ansätze und ihre Notwendigkeit zur zweckentsprechenden Rechtsverfolgung oder -verteidigung iSv § 91 Abs 1 S 1 ZPO ist substantiiert darzulegen. Werden zB Kosten eines Terminvertreters angemeldet, so reicht zu ihrer Glaubhaftmachung die Einstellung in die Kostenrechnung des Prozessbevollmächtigten und dessen anwaltliche Versicherung zum Entstehen nicht aus. Es muss die vom Terminvertreter ausgestellte und an die Partei gerichtete Kostenrechnung vorgelegt werden.[263] Parteireisekosten müssen näher erläutert werden (zB Anlass der Reise, Höhe der Kosten).

cc) **Belege.** Die zur Rechtfertigung der einzelnen Ansätze dienenden Originalbelege, wenn sie sich nicht bereits bei den Akten befinden.[264] Hinsichtlich der bei einem Rechtsanwalt angefallenen **Post- und Telekommunikationsdienstleistungsentgelte** bedarf es keiner Belege, es genügt die anwaltliche Versicherung ihres Entstehens (§ 104 Abs 2 S 2 ZPO). Die Versicherung muss ausdrücklich abgegeben werden und ergibt sich nicht bereits aus der beantragten Festsetzung dieser Auslagen. Sie kann nur der Anwalt abgeben, bei dem die Auslagen angefallen sind.

B 99

Kann ein Aufwand nicht belegt werden, muss mit anderen Beweismitteln **glaubhaft** gemacht werden, dass er tatsächlich entstanden ist und notwendig war (§§ 104 Abs 2 S 1, 294 ZPO; vgl oben Rdn. B 64).[265] Wird zB die Dokumentenpauschale für die Herstellung von Kopien angesetzt (Nr 7000 Nr 1 VV RVG), so muss dargelegt werden, welche Dokumente kopiert wurden und warum ihre Herstellung notwendig war. Überwiegende Wahrscheinlichkeit reicht zur Glaubhaftmachung.[266] Wird die Notwendigkeit eines Ansatzes vom Gegner bestritten, ist Einzelnachweis erforderlich.[267] Anwaltliche Versicherung reicht nicht; wobei ihr allerdings Indizwert beizumessen ist, wenn die angefallenen Kosten im Verhältnis zum Prozessstoff angemessen erscheinen.[268] Der Rechtspfleger kann aber auch ohne gegnerisches Bestreiten Glaubhaftmachung verlangen.

dd) Aus dem Antrag muss bestimmt hervorgehen, welcher Betrag festgesetzt oder ausgeglichen werden soll. Bei Gerichtskosten genügt der bloße Antrag auf Mitfestsetzung, wenn sich ihre Zahlung

B 100

---

258 OLG Köln MDR 2010, 104; *Thomas/Putzo/Hüßtege* § 103 Rn. 2.
259 BGH MDR 2010, 838 = FamRZ 2010, 1160; OLG Köln JurBüro 2013, 89.
260 OLG Koblenz MDR 2011, 1480.
261 OLG Hamm JurBüro 1973, 68.
262 Vgl *Marx* Rpfleger 1999, 157.
263 BGH JurBüro 2012, 29.
264 *Zöller/Herget* § 104 Rn. 21 »Glaubhaftmachung«; aA: OLG Köln MDR 2009, 345.
265 BGH MDR 2007, 1034.
266 BGH JurBüro 2012, 29 = AnwBl 2011, 787 m Anm *Hansens*.
267 OLG München MDR 1992, 1004; OLG Hamburg JurBüro 1981, 454; OLG Hamm Rpfleger 1975, 264 = JurBüro 1975, 912.
268 VGH BadWürtt JurBüro 1990, 1001; OLG München MDR 1982, 760; *Zöller/Herget* § 104 Rn. 21 »Glaubhaftmachung«.

anhand der Gerichtsakten nachweisen lässt.²⁶⁹ Der Rechtspfleger kann sich aber auch bei der Justizkasse erkundigen.²⁷⁰ Schließlich ist für jeden Gegner eine Abschrift des Antrags beizufügen.

B 101 c) Sind **mehrere Gegner** erstattungspflichtig, muss aus dem Antrag ersichtlich sein, in welcher Höhe Ansätze gegen einzelne Gegner geltend gemacht werden. Sind die Erstattungspflichtigen in der Hauptsache als **Gesamtschuldner** verurteilt worden, so haften sie auch für die Kostenerstattung als Gesamtschuldner (§ 100 Abs 4 ZPO). Haften die Gegner nicht gesamtschuldnerisch, ist zwar ein Antrag, der sich ohne nähere Angabe gegen alle richtet, nicht unzulässig, aber wegen § 100 Abs 1 ZPO nicht schlüssig. Wegen eines gemeinsamen Antrags von Streitgenossen vgl oben Rdn. B 49.

B 102 d) Keines Festsetzungsantrags bedarf es im Falle der vereinfachten Kostenfestsetzung nach § 105 Abs 3 ZPO, wenn die Partei vor Verkündung des Urteils die Berechnung ihrer Kosten eingereicht hat. § 105 ZPO ist auch auf vollstreckbare Beschlüsse und Vergleiche anwendbar.²⁷¹ Unanwendbar ist § 105 ZPO bei Verteilung der Kosten nach Quoten (§ 106 Abs 1 S 2 ZPO).

2. Zeitpunkt der Einreichung

B 103 Eine **Frist** für die Einreichung des Kostenfestsetzungsantrags besteht nicht. Der Kostenerstattungsanspruch kann aber verwirkt werden. Dazu reicht freilich bloßer Zeitablauf nicht aus. Der Erstattungsberechtigte muss dem Erstattungspflichtigen Anlass gegeben haben, darauf zu vertrauen, dass der Anspruch nicht mehr geltend gemacht wird (§ 242 BGB; vgl oben Rdn. B 91).²⁷² Ein solcher Vertrauenstatbestand liegt jedenfalls noch nicht vor, wenn der Erstattungsgläubiger den Abschluss des Rechtsstreits über mehrere Instanzen abwartet.

3. Nachfestsetzung/Nachliquidation

B 104 a) Die obsiegende Partei ist nicht gehalten, alle auf Grund desselben Titels zu erstattenden Kosten auf **einmal** geltend zu machen. Eine weitere Kostenfestsetzung kann deshalb nicht mit der Begründung abgelehnt werden, die Partei hätte diese Kosten schon früher geltend machen können und müssen. Zulässig ist vielmehr eine (Nach-)Festsetzung von Posten, die im ersten Gesuch übergangen, vergessen oder zu niedrig angesetzt wurden. Die formelle oder materielle Rechtskraft des früheren Kostenfestsetzungsbeschlusses steht der **Nachliquidation** nicht entgegen, denn sie erstreckt sich nur auf die im früheren Antrag angesetzten Beträge über die im Beschluss entschieden wurde.²⁷³

B 105 b) In früheren Festsetzungsanträgen nicht geltend gemachte Ansätze können deshalb unbeschränkt und unabhängig von der Frist des § 321 Abs 2 ZPO im Wege der Nachliquidation gefordert werden.²⁷⁴ Im laufenden Kostenfestsetzungsverfahren kann auch das Beschwerde- bzw Erinnerungsverfahren zur Nachliquidation benutzt werden.

B 106 c) Nachliquidiert werden dürfen auch Ansätze, über die der Rechtspfleger versehentlich nicht entschieden hat. Die Partei ist in diesem Fall nicht auf einen Ergänzungsantrag analog § 321 Abs 1 u 2 ZPO beschränkt.²⁷⁵

---

269 *Zöller/Herget* § 104 Rn. 21 »Festsetzungsunterlagen«.
270 OLG Karlsruhe JurBüro 1992, 747.
271 *Thomas/Putzo/Hüßtege* § 105 Rn. 1.
272 LG Bonn Rpfleger 1984, 245; OLG Frankfurt/M AnwBl 1977, 311 = Rpfleger 1977, 261; **aA**: OLG Schleswig JurBüro 1979, 602.
273 BGH NJW 2011, 1367 = JurBüro 2011, 78; OLG München NJW-RR 2006, 1006.
274 BVerfG JurBüro 1995, 583; BGH NJW 2003, 1462; OLG München Rpfleger 1987, 263; KG JurBüro 1980, 764; LG Trier JurBüro 2012, 250; *Zöller/Vollkommer* § 321 Rn. 8.
275 OLG München JurBüro 1987, 1555; KG Rpfleger 1980, 158 = JurBüro 1980, 764; OLG Hamm JurBüro 1980, 1735.

d) Die **Rechtskraft** eines früheren Kostenfestsetzungsbeschlusses steht der Nachliquidation nur entgegen, wenn sich diese auf einen bereits rechtskräftig aberkannten Posten bezieht.[276] Auch die irrige Annahme eines zu niedrigen Streitwerts befugt zur Nachfestsetzung.[277] Nach **Änderung der Streitwertfestsetzung** ist aber nur nach § 107 ZPO zu verfahren.

B 107

Zulässig ist die »Wiederaufrollung« eines bereits rechtskräftig abgeschlossenen Kostenfestsetzungsverfahrens zur Geltendmachung entstandener Gebühren, nachdem sich die Rechtsauffassung geändert hat.[278]

e) Ist im ersten Kostenfestsetzungsverfahren der Ansatz der **Mehrvertretungsgebühr** (Nr 1008 VV RVG) vergessen worden, kann dies im Wege der Nachliquidation korrigiert werden.[279] Auch die zunächst antragsgemäß erfolgte Festsetzung einer um die hälftige Geschäftsgebühr (Nr 2300 VV RVG) reduzierten 0,65 Verfahrensgebühr (Nr 3100 VV RVG) hindert die Nachfestsetzung der **restlichen 0,65 Verfahrensgebühr** nicht.[280]

B 108

f) Der Nachfestsetzung von **Parteireisekosten** steht nicht entgegen, dass bereits Reisekosten des Rechtsanwalts in Höhe fiktiver Parteireisekosten festgesetzt wurden.[281] Die rechtskräftige Absetzung einer **Verkehrsanwaltsgebühr** hindert aber die Nachliquidation fiktiver Parteireisekosten.[282]

B 109

VI. Der Kostenfestsetzungsbeschluss

1. Inhalt des Kostenfestsetzungsbeschlusses

a) Der Beschluss muss, damit er sich zur **Zwangsvollstreckung eignet** (§ 794 Abs 1 Nr 2 ZPO), erkennen lassen, für und gegen welche Parteien er ergeht. Er muss deshalb **ein volles Rubrum** enthalten unter Angabe der Prozess-/Verfahrensbevollmächtigten.

B 110

b) Der **Beschlusstenor** muss enthalten:
– Den zu Grund liegenden Titel nach Art (Urteil, Beschluss, Vergleich), Datum, Aktenzeichen und Gericht, das den Titel erlassen oder protokolliert hat.
– Die Angabe von Erstattungsgläubiger und -schuldner, unter Angabe ihrer Verfahrensbezeichnung als Kläger, Beklagter, Antragsteller usw. Besteht eine Parteiseite aus mehreren Personen, so ist anzugeben, wie viel jeder von ihnen zu fordern oder zu zahlen hat und ob Teil-, Gesamtgläubigerschaft bzw Teil- oder Gesamtschuldnerschaft besteht.[283]
– Den zu erstattenden Gesamtbetrag – zweckmäßigerweise in Ziffern und in Worten – und die Angabe der Währung, in der zu leisten ist. Einzelposten werden nur angegeben, wenn und in welcher Höhe ihre Festsetzung abgelehnt wird. § 308 Abs 1 ZPO gilt nur für den Gesamtbetrag und nicht für einzelne Posten.[284]
– Verzinsungsanordnung nach § 104 Abs 1 S 2 ZPO unter Angabe des Verzinsungsbeginns (vgl dazu Rdn. B 111).
– Die in den Kostenfestsetzungsbeschluss aufzunehmenden Beschränkungen der zu Grunde liegenden Kostengrundentscheidung (vgl dazu Rdn. B 119 ff).
– Die Zurückweisung des Festsetzungsantrags »im Übrigen«, soweit ihm nicht voll stattgegeben worden ist.

---

276 BGH FamRZ 2011, 101; OLG München MDR 2000, 666; *Thomas/Putzo/Hüßtege* § 104 Rn. 24.
277 OLG Hamm Rpfleger 1982, 80; OLG Hamburg MDR 1979, 235.
278 OLG Celle NJW-RR 2011, 711; **aA:** KG Rpfleger 1964, 351 = JurBüro 1964, 810 = MDR 1964, 1015.
279 BVerfG NJW 1995, 1886.
280 BGH FamRZ 2011, 1222; OLG Celle NJW-RR 2011, 711.
281 OLG München MDR 2003, 55.
282 OLG Karlsruhe MDR 1994, 413.
283 OLG Koblenz Rpfleger 1995, 381; OLG Köln MDR 1993, 1021; *Zöller/Herget* § 104 Rn. 21 »Festsetzungsentscheidung«.
284 *Thomas/Putzo/Hüßtege* § 104 Rn. 15.

- Bei Beschlüssen, die einen bereits bestehenden Kostenfestsetzungsbeschluss ersetzen oder abändern, ist dies zum Ausdruck zu bringen.
- Eine Kostenentscheidung, sofern (was selten der Fall sein wird) durch das Festsetzungsverfahren zusätzliche Kosten entstanden sind (vgl Rdn. B 116).

c) Der Kostenfestsetzungsbeschluss muss eine **Begründung** enthalten, wenn Ansätze umstritten sind, abgesetzt oder trotz gegnerischer Beanstandung festgesetzt werden.[285] Sie ist spätestens im Nichtabhilfebeschluss nachzuholen.[286]

d) Der Beschluss muss **unterschrieben** werden, eine Paraphe genügt nicht.

e) Der Kostenfestsetzungsbeschluss kann als **europäischer Vollstreckungstitel** bestätigt werden (Art. 3, 4 Nr 1 EuVTVO).[287]

2. Verzinsungsanordnung

B 111 a) Die Verzinsungsanordnung setzt einen (nachholbaren) Antrag des Erstattungsgläubigers voraus. Die Verzinsung kann, wenn der Kostenerstattungsanspruch bereits fällig ist, frühestens mit dem **Tag des Eingangs** des ersten Festsetzungsantrags (nicht: Verzinsungsantrags) bei Gericht beginnen.[288] Dies gilt auch dann, wenn die Kostengrundentscheidung in der Rechtsmittelinstanz abgeändert wird, soweit der Kostenerstattungsanspruch bestehen bleibt.[289]

Wird der Festsetzungsantrag bereits vor Erlass der Kostengrundentscheidung eingereicht, so entsteht der Verzinsungsanspruch erst mit Erlass des Titels, sofern er mindestens vorläufig vollstreckbar ist.[290]

Ist zwischen den Parteien eine Fälligkeit des Erstattungsanspruchs **vereinbart**, so beginnt erst ab diesem Zeitpunkt die Verzinsung.[291]

Zeitweise Unterbrechung des Kostenfestsetzungsverfahrens, etwa durch Insolvenzeröffnung, hat auf die Verzinsung ab Antragseingang keinen Einfluss.[292]

Zu verzinsen sind auf Antrag auch festgesetzte **Zwangsvollstreckungskosten**, da § 788 Abs 2 ZPO auf § 104 Abs 1 S 2 ZPO verweist.[293] Bei der **Rückfestsetzung** nach § 91 Abs 4 ZPO beginnt die Verzinsung ab Eingang des Rückfestsetzungsantrags.[294]

Erhöht sich der Zinssatz nach rechtskräftiger Entscheidung über den Verzinsungsantrag, steht einer Ergänzung oder Nachfestsetzung die Rechtskraft des Festsetzungsbeschlusses entgegen.[295]

B 112 b) Nach hM ist der erste Festsetzungsantrag für den Zinsbeginn auch dann maßgebend, wenn die **Kostengrundentscheidung** in der Rechtsmittelinstanz **abgeändert** wird, soweit der

---

285 OLG Hamburg MDR 2002, 1274; OLG Düsseldorf Rpfleger 1981, 406.
286 OLG Frankfurt/M Rpfleger 2009, 111; OLG Hamm MDR 2004, 412.
287 Vgl. dazu BGH NJW 2012, 858; OLG Nürnberg Rpfleger 2010, 92; OLG Stuttgart NJW-RR 2009, 934; *Bittmann* Rpfleger 2009, 369.
288 OLG Koblenz Rpfleger 1999, 351; KG Rpfleger 1977, 217.
289 BGH NJW 2006, 1140; OLG Düsseldorf NJW-RR 2006, 718; OLG Koblenz JurBüro 2002, 200.
290 OLG Naumburg OLG-NL 2002, 288; KG NJW 1967, 1569; *Hansens* RVGreport 2008, 208.
291 OLG München Rpfleger 1972, 148 = JurBüro 1972, 260; OLG Frankfurt JurBüro 1975, 661.
292 OLG Hamm Rpfleger 1981, 243.
293 OLG Köln Rpfleger 1993, 120; MünchKomm/Schulz § 104 Rn. 67; Zöller/Stöber § 788 Rn. 19; Thomas/Putzo/Hüßtege § 104 Rn. 16 a; **aA**: LG Bielefeld Rpfleger 1986, 152.
294 OLG Zweibrücken JurBüro 2004, 657; OLG Koblenz JurBüro 2012, 31 = MDR 2012, 51.
295 BGH MDR 2003, 476 = JurBüro 2004, 110 m krit Anm *Toussaint*; OLG München NJW-RR 2002, 1725; **aA**: OLG Koblenz MDR 2002, 1218; AG Mayen JurBüro 2002, 586.

Kostenerstattungsanspruch bestehen bleibt.[296] Hinsichtlich des bestehen bleibenden Teils tritt nämlich die auflösende Bedingung nicht ein. Das gleiche gilt, wenn die Kostengrundentscheidung vom Berufungsgericht abgeändert, im Revisionsverfahren jedoch wieder hergestellt wird.[297] Anders liegt der Fall, wenn das Urteil, auf das sich der Verzinsungsantrag bezieht, vom Revisionsgericht **aufgehoben** und der Rechtsstreit **zurückverwiesen** wird. In diesem Fall tritt die auflösende Bedingung des Kostenerstattungsanspruchs ein, so dass die Verzinsung erst mit Eingang des zweiten Festsetzungsgesuchs, im Anschluss an das neue Urteil, beginnen kann.[298] Wird die Kostengrundentscheidung eines Urteils durch einen **Prozessvergleich** ersetzt, ist sie nicht mehr zur Kostenfestsetzung geeignet. Für die Verzinsung ist deshalb der auf den Vergleich gestützte Festsetzungsantrag maßgebend.[299] Es sei denn, die Parteien haben sich auf den Fortbestand der früheren Kostengrundentscheidung geeinigt.[300]

c) Das Gesetz stellt für den Zinsbeginn auf die Anbringung »des Festsetzungsantrags« ab. Vorausgesetzt wird dabei allerdings, dass die Kostenfestsetzung überhaupt einen zu verzinsenden Betrag ergibt. Auf den Verzinsungsantrag, den eine Partei in der bloßen Erwartung stellt, dass später eine ihr günstige Kostenentscheidung ergeht, kann deshalb nicht abgestellt werden.

B 112a

▶ Beispiel 1:

(1) Im Rechtsstreit K/B werden B die Kosten des Rechtsstreits auferlegt. K meldet daraufhin seine Anwaltskosten und eigene Reisekosten zur Erstattung an; der Festsetzungsantrag geht am 01.04.2016 bei Gericht ein. Der Rechtspfleger setzt nur die Anwaltskosten fest, die Reisekosten werden hingegen als nicht notwendig abgesetzt. Verzinsung: ab 01.04.2016.

(2) *Fortsetzung:* Auf Grund der Beschwerde des K wird am 01.07.2016 auch ein Teil der Reisekosten festgesetzt; Verzinsung: ab 01.04.2016.

(3) *Fortsetzung:* Nach Berufungseinlegung durch B ergeht im Berufungsverfahren am 01.11.2016 ein abänderndes Urteil, wonach die Klage teilweise abgewiesen wird; Kostengrundentscheidung: Von den Kosten des ersten Rechtszuges trägt K 2/3, B 1/3; die Kosten der Berufung trägt K voll. Damit ist die erstinstanzliche Kostenfestsetzung gegenstandslos. B meldet nunmehr seine Anwaltskosten für beide Rechtszüge sowie Kosten für ein vorgerichtliches selbständiges Beweisverfahren an; dieser Antrag geht bei Gericht am 15.11.2016 ein. Es ergibt sich ein Kostenerstattungsanspruch zu Gunsten des B; Zinsbeginn: 15.11.2016.

(4) *Fortsetzung:* In der Revisionsinstanz wird das Berufungsurteil abgeändert; Kostenentscheidung: K trägt 1/3 und B 2/3 der Kosten des Rechtsstreits. Beide Parteien nehmen auf ihre bereits eingereichten Festsetzungsanträge Bezug. K meldet zusätzlich auch Kosten des vorgerichtlichen selbständigen Beweisverfahrens sowie seine Kosten der Revisionsinstanz an; sein Gesuch geht am 01.03.2017 ein. B meldet daraufhin seine Anwaltskosten für die Revisionsinstanz an; sein Antrag geht am 06.03.2017 ein. Auf einen Hinweis des Rechtspflegers meldet K zusätzlich Anwaltskosten für die Berufungsinstanz an; der Antrag geht am 15.05.2017 ein.

Nunmehr ergibt sich wieder ein Erstattungsanspruch zugunsten des K. Obwohl nach Erlass des Berufungsurteils für ihn kein Erstattungsanspruch mehr bestand, blieb sein ursprünglicher Verzinsungsantrag vom 01.04.2016 wirksam. Seine damals angemeldeten Kosten werden jetzt, jedenfalls teilweise, im Rahmen des Kostenausgleichs festgesetzt. Insoweit ist die Verzinsung wieder ab

---

296 BGH JurBüro 2006, 204 = NJW 2006, 1140; OLG Düsseldorf NJW-RR 2006, 718 = Rpfleger 2006, 42, Aufgabe der bish Rspr; OLG Koblenz JurBüro 2002, 200; OLG Bamberg JurBüro 1998, 32; OLG München Rpfleger 1996, 371; OLG Zweibrücken Rpfleger 1995, 313; **aA**: KG Rpfleger 1993, 462; OLG Köln JurBüro 1986, 931.
297 KG MDR 1985, 238 = AnwBl 1985, 221.
298 OLG Düsseldorf MDR 2009, 1407.
299 OLG München NJW-RR 1996, 703; OLG Hamm JurBüro 1993, 299 m Anm *Mümmler*.
300 OLG München MDR 2001, 414.

01.04.2016 anzuordnen. Die Berufungskosten des K sind erst am 15.05.2017 angemeldet worden. Soweit der Ausgleich diese Kosten betrifft, kann Verzinsung erst ab 15.05.2017 angeordnet werden. Soweit die Ausgleichung die Kosten der Revisionsinstanz betrifft, ist Verzinsung des Ausgleichungsbetrages ab 01.03.2017 anzuordnen. Das gleiche gilt auch für die Kosten des vorprozessualen selbstständigen Beweisverfahrens; diese wurden zwar schon von dem erstinstanzlichen Urteil erfasst und hätten damals angemeldet werden können, sind aber von K tatsächlich erst am 01.03.2017 zur Festsetzung beantragt worden.[301] Wird die erste Entscheidung voll bestätigt, dennoch aber deren Kostenausspruch ohne inhaltliche Änderung neu formuliert, so ist für den Zinsbeginn die Anbringung des auf die erste Kostengrundentscheidung gestützten Gesuchs maßgeblich.

▶ Beispiel 2:

Das dem 1. Festsetzungsantrag zugrundeliegende Urteil hat den Beklagten B in die Kosten verurteilt. Die Berufung des B wird zurückgewiesen. Maßgeblich bleibt der Eingang des 1. Gesuchs, gleichgültig, ob das Berufungsgericht nur die Kosten der Berufung oder die Kosten des Rechtsstreits dem Beklagten auferlegt, denn in beiden Fällen ist die Kostenentscheidung des erstinstanzlichen Urteils bestehen geblieben.

Eine unveränderte Bestätigung liegt auch vor, wenn in einem Fall der Kostentrennung die Entscheidung über ausgesonderte Kosten (Säumniskosten) vom Rechtsmittelgericht der Klarheit halber wiederholt wird. Dann bleibt die erstinstanzliche Kostenentscheidung unverändert Grundlage der Kostenfestsetzung hinsichtlich der ausgesonderten Kosten.[302]

B 113 c) Die Änderung der Kostenentscheidung durch das Rechtsmittelgericht verändert also den Verzinsungsbeginn nicht, soweit sich diese mit dem früheren Ausspruch deckt. Der damals gestellte Antrag wirkt fort. Dabei spielt es keine Rolle, ob das Rechtsmittelgericht die Aufhebung oder eine Änderung der Kostenentscheidung anordnet.[303] Auch bei Änderung der Quote wird die Kostenentscheidung nicht aufgehoben.[304] Wird jedoch in der Rechtsmittelinstanz der Ausspruch erweitert, beginnt die Verzinsung für den, den Erstattungsanspruch der früheren Kostenentscheidung übersteigenden Betrag, erst mit dem Erlass der Rechtsmittelentscheidung.[305] Wird in der Rechtsmittelinstanz jedoch die Kostengrundentscheidung durch einen Vergleich ersetzt, kann die Verzinsung auch erst mit dem auf Grund der neuen Kostenregelung gestellten Kostenfestsetzungsantrag beginnen. Im Vergleich ist die Kostentragung nämlich völlig neu geregelt. Das gilt selbst dann, wenn die Kosten entsprechend der gerichtlichen Entscheidung übernommen werden.[306] Dies gilt dann nicht, wenn der Vergleich keine eigenständige Kostenregelung enthält, sondern es bei der Kostenentscheidung der 1. Instanz belässt.[307]

B 114 d) Maßgeblich für den Verzinsungsbeginn ist der Eingang des Festsetzungsantrags, nicht der spätere Eingang des Verzinsungsantrags, denn der Zinsanspruch entsteht materiell-rechtlich mit der Stellung des Festsetzungsantrags.[308]

---

301 Vgl dazu KG AnwBl 1985, 221 = Rpfleger 1985, 122 = JurBüro 1985, 1099 = MDR 1985, 238.
302 KG Rpfleger 1984, 285 = JurBüro 1984, 1408 = MDR 1984, 589.
303 OLG Karlsruhe JurBüro 1997, 426.
304 BGH JurBüro 2006, 204.
305 OLG Bamberg JurBüro 1998, 32; OLG Koblenz Rpfleger 1999, 351.
306 OLG München Rpfleger 1996, 371 = NJW-RR 1996, 703.
307 OLG München NJW-RR 2001, 718.
308 OLG München Rpfleger 1961, 311 = NJW 1961, 465 = JurBüro 1961, 33; OLG Hamm JurBüro 1978, 925; KG Rpfleger 1977, 217 (unter Aufgabe der früheren Ansicht); **aA**: BVerfGE 41, 230 (ohne nähere Begründung).

VI. Der Kostenfestsetzungsbeschluss

e) Der Verzinsungsantrag kann auch noch nachträglich gestellt werden und führt dann zur nachträglichen Verzinsungsanordnung ab Einreichung des Festsetzungsantrags. Der nachträglichen Anordnung steht auch die Rechtskraft des Kostenfestsetzungsbeschlusses nicht entgegen.[309]

B 115

3. Kostenentscheidung

a) Wenn nicht eindeutig feststeht, dass durch das Kostenfestsetzungsverfahren keine besonderen Kosten entstanden sind, muss nach § 308 Abs 2 ZPO von Amts wegen auch über die Kosten des Verfahrens entschieden werden. Diese Kosten sollten betragsmäßig im Beschluss mitfestgesetzt werden.[310]

B 116

Kosten der Zustellung des Festsetzungsbeschlusses sind auf Grund seiner Kostengrundentscheidung (nicht derjenigen des Hauptsachetitels) festsetzbar.[311]

b) Der **Prozessbevollmächtigte** erhält für seine Tätigkeiten im das Kostenfestsetzungsverfahren keine zusätzliche Gebühr. Sie gehören nach § 19 Abs 1 S 2 Nr 14 RVG zum Rechtszug und werden deshalb durch die jeweilige Verfahrensgebühr mitabgegolten. Das gilt auch, soweit der erstinstanzliche Prozessbevollmächtigte die Festsetzung der Kosten der Rechtsmittelinstanzen beantragt. Betreibt ein Verkehrsanwalt oder ein Prozessbevollmächtigter der Rechtsmittelinstanz die Kostenfestsetzung, so wird diese Tätigkeit ebenfalls durch die Verfahrensgebühr des Erkenntnisverfahrens abgegolten.[312]

B 117

Beauftragt die Partei einen Rechtsanwalt, der sie **nur** im Kostenfestsetzungsverfahren vertreten soll, so kann dieser für seine Tätigkeiten eine 0.8 Verfahrensgebühr nach Nr 3403 VV RVG verlangen. Die Gebühr entsteht aus dem geltend gemachten Erstattungsbetrag. Die Gebühr ist im Zivilprozess nach § 91 Abs 2 S 1 ZPO erstattungsfähig, wenn für die Partei, weil sie sich im Prozess selbst vertreten hatte, kein weiterer Rechtsanwalt tätig wurde. Zusätzlich zur Verfahrensgebühr des Prozessbevollmächtigten (Nr 3100 VV RVG) ist die Gebühr der Nr 3403 VV RVG grundsätzlich nicht erstattungsfähig. Es sei denn, die Zuziehung des weiteren Rechtsanwalts war aus besonderen Gründen erforderlich (zB notwendiger Anwaltswechsel nach § 91 Abs 2 S 2 ZPO; vgl Rdn. B 541 ff).

c) Eine etwa erforderliche **Kostenentscheidung** (zB nach Beschwerde oder Erinnerung) ist unter entsprechender Anwendung der §§ 91 ff ZPO zu treffen. Maßgeblich ist dabei nicht die Kostengrundentscheidung des Hauptsachetitels, sondern das Obsiegen und Unterliegen im Festsetzungsverfahren selbst.[313]

B 118

§ 93 ZPO ist nicht alleine deshalb entsprechend anwendbar, weil der Erstattungspflichtige vor Einleitung des Festsetzungsverfahrens nicht außergerichtlich zur Zahlung aufgefordert wurde. Nur dann, wenn sich der Erstattungsschuldner bereit erklärt, den zu erstattenden Betrag, auch ohne gerichtliche Festsetzung zu zahlen, gibt er keine Veranlassung zum Kostenfestsetzungsverfahren.

4. Aufnahme von Beschränkungen des Titels

a) Die Maßgaben im Titel zu seiner **vorläufigen Vollstreckbarkeit** nach §§ 709 ff ZPO (zB Sicherheitsleistung, Höhe der Sicherheit, Abwendungsbefugnis) sind unverändert auch in den Kostenfestsetzungsbeschluss aufzunehmen. Das gilt auch dann, wenn nur wegen der Kosten vollstreckt werden soll.[314]

B 119

---

309 OLG Hamm AnwBl 1970, 103 = Rpfleger 1970, 143; KG AnwBl 1978, 417 = Rpfleger 1978, 385 = JurBüro 1978, 1566 = MDR 1978, 1027.
310 KGR 2004, 69.
311 LG Berlin JurBüro 1972, 821; 1986, 418.
312 VerwG Oldenburg JurBüro 1974, 1394.
313 LG Berlin Rpfleger 1953, 269.
314 OLG Karlsruhe Rpfleger 2000, 555; OLG Nürnberg JurBüro 1964, 44 = DGVZ 1964, 106; LG Berlin JurBüro 1983, 287.

B 120 **b)** Ein **Zug-um-Zug**-Leistungsverhältnis in der Hauptsache betrifft nur diese und ist deshalb nicht in den Kostenfestsetzungsbeschluss aufzunehmen.[315]

B 121 **c)** Ob der im Titel ausgesprochene Vorbehalt der beschränkten Erbenhaftung nach § 780 ZPO auch in den Kostenfestsetzungsbeschluss aufzunehmen ist, hängt davon ab, ob sich die Beschränkung auch auf die Prozesskosten bezieht.[316]

B 122 **d)** Sonstige **Vollstreckungsbeschränkungen**, die sich aus dem Titel ergeben (zB vollstreckungsbeschränkende Vereinbarungen in einem Vergleich), sind in den Festsetzungsbeschluss zu übernehmen.[317] Ebenso ist die einstweilige Einstellung der Zwangsvollstreckung aufzunehmen.[318]

5. Begründung

B 123 Der Kostenfestsetzungsbeschluss ist, wenn Parteianträgen nicht oder nicht vollständig entsprochen wird, umstrittene Posten festgesetzt oder abgesetzt werden, zu begründen.[319]

Spätestens die (Nicht-)Abhilfeentscheidung muss die Begründung nachholen, da sonst ein wesentlicher Verfahrensfehler vorliegt, der zur Aufhebung des Beschlusses und Zurückverweisung führt.[320]

6. Unterschrift

B 124 Obwohl § 329 ZPO nicht auf § 315 ZPO verweist, ist diese Vorschrift analog auch auf Beschlüsse anzuwenden.[321] Daher ist der vollständige Beschluss, also Rubrum, Entscheidungsformel und -gründe, von der vollen Unterschrift des Rechtspflegers abzudecken.[322] Ein Handzeichen (Paraphe) erfüllt diese Voraussetzungen nicht. Werden für den Beschluss Textbausteine benutzt, muss sichergestellt sein, dass der Beschluss in seiner endgültigen Fassung dem Willen des Rechtspflegers entspricht.[323]

Darüber hinaus muss auch der Beschlussausfertigung zu entnehmen sein, dass die Urschrift unterschrieben wurde. Dieser Anforderung genügt eine Ausfertigung nicht, wenn lediglich der Name in Klammer ohne den Zusatz »gez.« wiedergegeben wird. Eine nicht diesen Anforderungen entsprechende Ausfertigung setzt die Rechtsmittelfrist nicht in Lauf.[324]

---

315 OLG Düsseldorf Rpfleger 1971, 322 = JurBüro 1971, 795; OLG Frankfurt/M JurBüro 1980, 1886 = MDR 1980, 1027 und 1981, 59; JurBüro 1981, 280.
316 Der Vorbehalt ist unverändert zu übernehmen: KG NJW 1964, 1330 = Rpfleger 1964, 290; JurBüro 1976, 377 = MDR 1976, 584; einschränkend aber Rpfleger 1981, 365 = MDR 1981, 851; LG Berlin JurBüro 1987, 710; nicht zu übernehmen: OLG Hamm AnwBl 1982, 385 = Rpfleger 1982, 354; OLG Frankfurt/M Rpfleger 1977, 372 = JurBüro 1977, 1626.
317 OLG München Rpfleger 1979, 466 = JurBüro 1979, 1895 = MDR 1980, 147; Ratenzahlungsvereinbarung mit Verfallklausel, die sich auch auf die Kosten erstreckt: OLG Köln Rpfleger 1967, 181 = DGVZ 1968, 10; OLG Düsseldorf JurBüro 1971, 796.
318 OLG Stuttgart Rpfleger 1988, 39; **aA**: Ein Hinweis auf die einstweilige Einstellung der Zwangsvollstreckung aus dem Titel ist rechtlich nicht geboten, KG KGR 2001, 85.
319 OLG Hamburg MDR 2002, 1274; OLG Düsseldorf JurBüro 1974, 371; Rpfleger 1981, 408 = JurBüro 1981, 1540; OLG Koblenz Rpfleger 1978, 329. Die Begründung muss aus sich heraus verständlich sein: OLG Stuttgart JurBüro 1978, 1252 = Justiz 1978, 279; auch akteninterne Vermerke reichen nicht aus, wenn der Beschluss selbst nur eine formale Begründung enthält: OLG Koblenz JurBüro 1975, 942; OLG Köln OLGR 1998, 132; OLG Frankfurt/M AGS 2005, 267; JurBüro 1999, 483; OLG Koblenz JurBüro 2002, 200.
320 OLG Hamm MDR 2004, 412; OLG Hamburg MDR 2002, 1274; OLG Koblenz AGS 2003, 414; *Thomas/Putzo/Hüßtege* § 104 Rn. 20.
321 BGH NJW-RR 1994, 1406.
322 BGH Rpfleger 1998, 123; OLG Celle NJW-RR 1990, 123.
323 OLG Düsseldorf Rpfleger 1994, 75; OLG Celle FamRZ 1990, 419.
324 BGH NJW-RR 1987, 377.

7. Bekanntmachung

a) Die Bekanntmachung des Kostenfestsetzungsbeschlusses an den **Gegner** erfolgt, unter Beifügung einer Abschrift der Kostenrechnung, durch Zustellung von Amts wegen (§ 104 Abs 1 S 3 ZPO). Werden Aufwendung eines Terminsvertreters angemeldet, muss auch dessen eigenständige Kostenrechnung vorgelegt werden. Eine Aufnahme der Posten in die Kostenrechnung des Prozessbevollmächtigten genügt nicht.[325] Eine den Antrag insgesamt zurückweisende Entscheidung ist dem **Gegner** nur dann mitzuteilen, wenn er vom Antrag, zB durch Gewährung rechtlichen Gehörs, bereits Kenntnis erlangt hat.

B 125

Ist die Kostenrechnung dem Gegner schon vorher zur Gewährung des rechtlichen Gehörs zugesandt worden, bedarf es keiner erneuten Zustellung.[326]

Dem **Antragsteller** ist der Beschluss nur dann von Amts wegen zuzustellen, wenn der Antrag ganz oder teilweise zurückgewiesen wird; im Übrigen genügt formlose Mitteilung (§ 104 Abs 1 S 4 ZPO). Zweckmäßiger Weise wird ihm zur Berechnung der Wartefrist (§ 798 ZPO) auch der Tag der Zustellung an den Antragsgegner mitgeteilt.

b) Da das Kostenfestsetzungsverfahren der ersten Instanz zugeordnet ist (§ 103 Abs 2 S 1 ZPO), haben Zustellungen und Mitteilungen stets **an den Prozessbevollmächtigten des ersten Rechtszugs** zu erfolgen (§§ 81, 172 Abs 1 ZPO). Das gilt auch dann, wenn nur Kosten der Rechtsmittelinstanz festgesetzt werden.[327]

B 126

Die Prozessvollmacht des Prozessbevollmächtigten des ersten Rechtszugs und damit seine alleinige Zuständigkeit als Zustellungsadressat (§ 172 Abs 1 ZPO) endet weder dadurch, dass seine letzte Tätigkeit lange zurückliegt, noch allein dadurch, dass ein anderer Rechtsanwalt (zB Verkehrsanwalt, Prozessbevollmächtigter einer Rechtsmittelinstanz) den Festsetzungsantrag eingereicht oder sich im Festsetzungsverfahren für die Partei geäußert hat.[328]

c) Da im Verfahren vor dem Rechtspfleger kein **Anwaltszwang** besteht (§ 13 RPflG), gilt **§ 87 Abs 1 Hs 2 ZPO** nicht. Das Erlöschen der Vollmacht wird deshalb bereits mit **Anzeige** an das Gericht nach § 87 Abs 1 Hs 1 ZPO wirksam.[329] Sowohl der Prozessbevollmächtigte (durch Anzeige der Kündigung oder Niederlegung des Mandats) als auch die Partei sind zu dieser Anzeige befugt. Nach der Anzeige haben deshalb Zustellungen und Mitteilungen an die Partei selbst zu erfolgen.

B 127

Die Anzeige kann auch in einer schlüssigen Erklärung oder in einem schlüssigen Verhalten liegen. Wenn die Partei zB selber einen Festsetzungsantrag einreicht, so kann in ihrem Verhalten die Anzeige des Erlöschens der Prozessvollmacht für das Festsetzungsverfahren liegen und es sind Beschlüsse an sie selbst bekannt zu machen.[330] Alleine aber darin, dass ein anderer Rechtsanwalt (zB Verkehrsanwalt), der auch im Erkenntnisverfahren für die Partei tätig wurde, einen Festsetzungsantrag stellt, liegt keine Erlöschensanzeige. Um Zustellungsprobleme zu vermeiden, sollten in zweifelhaften Fällen die Umstände aufgeklärt werden.

---

325 BGH JurBüro 2012, 29.
326 OLG Köln JurBüro 1986, 1572.
327 LG München Rpfleger 1971, 408 (zu § 176 ZPO aF).
328 OLG Bamberg JurBüro 1974, 1286; OLG Hamm Rpfleger 1978, 421.
329 OLG München MDR 1980, 146; OLG Koblenz Rpfleger 1978, 261; KG Rpfleger 1972, 54 = JurBüro 1972, 251 = MDR 1972, 247; **aA**: OLG Bremen Rpfleger 1986, 99 (auch nach Mandatsniederlegung Zustellung an den bisherigen Prozessbevollmächtigten).
330 *Zöller/Stöber* § 172 Rn. 14: Der Partei sollte außerhalb des Anwaltszwangs kein Anwalt aufgedrängt werden; **aA**: OLG Stuttgart DGVZ 1962, 43.

B 128 d) Die Zustellung an eine Partei, die in einem **EU-Mitgliedstaat** (einschließlich Dänemark) wohnhaft ist, erfolgt vorrangig nach der Eu-ZustVO (§ 183 Abs 5 ZPO).[331] Die Anwendung der §§ 183, 184 ZPO wird durch die Eu-ZustVO verdrängt.[332]

B 129 e) Ist für den ersten Rechtszug kein Prozessbevollmächtigter bestellt worden, so ist **an die Partei selbst** und nicht an einen Prozessbevollmächtigten eines höheren Rechtszugs zuzustellen. Es sei denn, diesem wurde eine besondere Vollmacht für das Festsetzungsverfahren erteilt. Richtet sich der Beschluss an mehrere Personen, muss, sofern kein gemeinsamer Bevollmächtigter bestellt wurde, an jede Person eigenständig zugestellt werden.[333]

B 130 f) Über die Bewilligung der **öffentlichen Zustellung** (§§ 185, 186 ZPO) entscheidet der für das Kostenfestsetzungsverfahren funktionell zuständige Rechtspfleger (§§ 4 Abs 1, 21 Nr 1 RPflG).[334]

B 131 g) Hat ein **beigeordneter** Rechtsanwalt die Kostenfestsetzung nach § 126 ZPO im eigenen Namen beantragt, so ist ihm zuzustellen.

B 132 h) Im **Vergütungsfestsetzungsverfahren** nach § 11 RVG ist der (teilweise) stattgebende Beschluss der Partei (= Antragsgegner) selbst zuzustellen (§ 11 Abs 2 S 3 RVG, § 104 Abs 1 S 3 ZPO). Wird die Partei durch einen neuen Verfahrens-/Prozessbevollmächtigten vertreten, ist an diesen nur zuzustellen, wenn er ausdrücklich auch für das Festsetzungsverfahren bestellt worden ist. Hat sie diesem für das Vergütungsfestsetzungsverfahren keine besondere Vollmacht erteilt, ist der Vergütungsfestsetzungsbeschluss oder die sonstige Entscheidung über den Antrag ihr selbst zuzustellen.[335]

B 133 i) Der Festsetzungsbeschluss wird zweckmäßiger Weise zunächst an den Erstattungspflichtigen zugestellt. Nach Rückkehr der Zustellungsurkunde wird dem Gläubiger eine vollstreckbare Ausfertigung erteilt und, wegen der Wartefrist (§ 798 ZPO), das Datum der Zustellung an den Schuldner in der Vollstreckungsklausel angegeben. Wenn der Gläubiger dies beantragt, ist ihm eine vollstreckbare Ausfertigung auch ohne vorherige Amtszustellung an den Schuldner zu erteilen.[336]

8. Streitgenossen

B 134 Der Kostenfestsetzungsbeschluss muss, wenn das Festsetzungsverfahren von oder gegen **Streitgenossen** betrieben wird, klar ergeben, welche Partei an wen Kosten zu erstatten hat. Wenn mehrere Erstattungspflichtige für die Kosten als Gesamtschuldner haften (vgl § 100 Abs 4 ZPO), so muss das Haftungsverhältnis auch im Kostenfestsetzungsbeschluss angegeben werden. War Partei des Erkenntnisverfahrens eine Gesamthandgemeinschaft (zB Erbengemeinschaft), so muss das auch aus dem Kostenfestsetzungsbeschluss hervorgehen. Wenn die Streitgenossen nach § 100 Abs 1–3 ZPO unterschiedlich haften, muss der jeweils zu erstattende Betrag gesondert angegeben werden (vgl dazu Rdn. B 49).

9. Feststellungsbeschluss

B 134a Das Kostenfestsetzungsverfahren kann auch nur mit einem **Feststellungsbeschluss** abgeschlossen werden, der die Erstattungsschuld betragsmäßig zwar feststellt, aber nicht festsetzt.[337] Ein solcher Beschluss setzt (analog § 256 Abs 1 ZPO) ein rechtliches Interesse des Erstattungsgläubigers voraus. Dieses kann zB bejaht werden, wenn der zur Insolvenztabelle angemeldete und nicht titulierte

---

331 EuGH NJW 2013, 443; *Rellermeyer* Rpfleger 2013, 280.
332 BeckOK ZPO/*Dörndorfer* § 183 Rn. 3 u § 184 Rn. 1.
333 VGH Kassel NJW 2009, 1624.
334 BeckOK ZPO/*Dörndorfer* § 186 Rn. 1; *Dörndorfer* RPflG § 4 Rn. 8.
335 OLG Hamm JurBüro 1992, 3914; OLG München JurBüro 1984, 3914.
336 LG Frankfurt/M AnwBl 1981, 198 = Rpfleger 1981, 204.
337 Offengelassen: BGH NZI 2005, 328; bejahend: OLG Brandenburg OLGR 2007, 424; OLG München ZIP 2004, 2248; MünchKommZPO *Schulz* § 104 Rn. 60; **aA:** LAG Düsseldorf NZI 2003, 622.

VII. Rechtskraft und Vollstreckbarkeit

Erstattungsanspruch vom Insolvenzverwalter bestritten wird.[338] In diesem Fall besteht nämlich, da § 89 Abs 1 InsO die Vollstreckung durch Insolvenzgläubiger während des Insolvenzverfahrens verbietet, für einen Festsetzungsbeschluss kein Rechtsschutzbedürfnis.

VII. Rechtskraft und Vollstreckbarkeit

1. Rechtskraft

a) Der Kostenfestsetzungsbeschluss ist hinsichtlich zu- und abgesprochener (gestrichener) Posten der **formellen und materiellen Rechtskraft** fähig (§§ 322, 705 ZPO). Insoweit tritt, auch bezüglich des festgesetzten Zinssatzes, Bindung ein (§ 318 ZPO).[339] Bisher nicht geltend gemachte oder vom Rechtspfleger übergangene Positionen können aber erstmals oder wiederholt zur Festsetzung beantragt werden.[340] Bei Streitwertänderung lässt § 107 ZPO eine Abänderung des Kostenfestsetzungsbeschlusses trotz Rechtskraft zu. Die rechtskräftige Absetzung von Verkehrsanwaltskosten steht der nachträglichen (ersatzweisen) Festsetzung von fiktiven Reisekosten entgegen.[341]

B 135

b) **Formelle Rechtskraft** tritt mit Unanfechtbarkeit des Kostenfestsetzungsbeschlusses ein. Das ist der Fall bei

B 136

– einer **abschließenden Entscheidung** durch das **Beschwerdegericht**. Über die Beschwerde gegen Kostenfestsetzungsbeschlüsse des Rechtspflegers des Landgerichts und des Amtsgerichts in Familiensachen und Angelegenheiten der freiwilligen Gerichtsbarkeit (ausgenommen: Freiheitsentziehungs- und Betreuungssachen) entscheidet das Oberlandesgericht (§ 119 Abs 1 Nr 1 GVG), sonst das Landgericht (§ 72 Abs 1 GVG). Die Rechtsbeschwerde erfordert in Zivilsachen grds ihre Zulassung durch das Beschwerdegericht (§ 574 Abs 1 S 1 Nr 2 ZPO, § 70 FamFG). Nicht abschließend ist die Beschwerdeentscheidung, wenn das Beschwerdegericht den Festsetzungsbeschluss aufhebt und zurückverweist.
– **Nichterreichen des Beschwerdewertes** (§ 567 Abs 2 ZPO) mit abschließender **Erinnerungsentscheidung** des Richters (§ 11 Abs 2 RPflG).
– einer zu- oder aberkennenden Entscheidung des Rechtspflegers, wenn diese **nicht innerhalb der Beschwerdefrist** (§ 569 Abs 1 S 1 ZPO) oder der **Erinnerungsfrist** (§ 11 Abs 2 S 1 RPflG) angefochten wird. Wird die Frist zur Einlegung der Beschwerde oder Erinnerung **unverschuldet versäumt**, ist auf Antrag **Wiedereinsetzung** in den vorigen Stand zu gewähren (§ 233 ZPO, § 11 Abs 2 S 2 RPflG).
– einem **Verzicht** der Parteien **auf Rechtsmitteleinlegung**.

b) Bei einer **Teilanfechtung** des Kostenfestsetzungsbeschlusses wird **der Rechtskrafteintritt auch hinsichtlich** der nicht angefochtenen **Positionen gehemmt**.[342] Im Rechtsmittelzug kann die Beschwerde deshalb erweitert werden.

B 137

c) Mit Eintritt der formellen Rechtskraft erwachsen die zu- oder abgesprochenen Positionen in materielle Rechtskraft. Diese hindert aber nicht die **Nachliquidation** bisher nicht geltend gemachter Posten (vgl Rdn. B 104). Eine Nachliquidation setzt im Beschwerdeverfahren zusätzlich voraus, dass das Rechtsmittel als solches zulässig ist, sonst muss ein neues Verfahren eingeleitet werden.[343] Dabei ist aber genau darauf zu achten, worüber bereits entschieden worden ist. Ist zB zunächst nur eine 0,5 Termingebühr nach Nr 3105 VV RVG angemeldet und festgesetzt worden, so schließt

B 138

---

338 BGH NZI 2005, 328.
339 BGH NJW 2003, 1462; OLG München MDR 2000, 665 u Rpfleger 1970, 211 = JurBüro 1970, 427; OLG Frankfurt JurBüro 1986, 599.
340 *Thomas/Putzo/Hüßtege* § 104 Rn. 24.
341 OLG Koblenz JurBüro 1995, 92.
342 OLG Karlsruhe Rpfleger 1992, 409; OLG Köln JurBüro 1981, 1404; *Zöller/Herget* § 104 Rn. 21 »Rechtskraft«; MünchKommZPO *Schulz* § 104 Rn. 95, 139; aA: OLG Koblenz JurBüro 2007, 534 = MDR 2007, 1278 (Teilrechtskraft); *Thomas/Putzo/Hüßtege* § 104 Rn. 32.
343 BGH NJW-RR 2011, 499; MünchKommZPO *Schulz* § 104 Rn. 86.

die Rechtskraft ihrer Festsetzung die Nachliquidation der 1,2 Terminsgebühr nach Nr 3104 VV RVG nicht aus, da die erste Festsetzung nicht über den Antrag hinausgehen durfte.[344] Ist dagegen die angemeldete Verfahrensgebühr des Verkehrsanwalts rechtskräftig abgesetzt worden, so steht die Rechtskraft der nachträglichen Festsetzung ersparter Parteireisekosten entgegen. Denn dabei handelt es sich um keinen wirklichen (neuen) Aufwand, sondern nur um einen fiktiven Rechnungsposten.[345] Auch, wenn die rechtskräftig gewordene Entscheidung übersehen hat, dass durch die Zuziehung des Verkehrsanwalts Parteiaufwendungen eingespart wurden, so mag das falsch gewesen sein, dieser Sachverhalt kann aber wegen der eingetretenen Rechtskraft nicht erneut zur Entscheidung gestellt werden.

B 139   d) Eine **Durchbrechung** der materiellen Rechtskraft von Kostenfestsetzungsbeschlüssen regelt § 107 ZPO. Danach ist eine nachträgliche Anpassung an eine gerichtliche Streitwertfestsetzung, die von dem durch den Rechtspfleger bei der Festsetzung angenommenen Wert nach oben oder unten abweicht, zulässig. Die Änderung wird aber nicht von Amts wegen, sondern nur auf **Antrag** einer der Parteien vorgenommen.

aa) Der Antrag ist binnen der **Frist** von einem Monat bei dem Gericht des ersten Rechtszuges anzubringen. Die Frist beginnt mit der Zustellung und, wenn es einer solchen nicht bedarf, mit der Verkündung des den Wert des Streitgegenstandes festsetzenden oder ändernden Beschlusses (§ 107 Abs 2 ZPO). Die Frist ist keine Notfrist; sie kann weder verlängert werden (§ 224 Abs 2 Hs 2 ZPO), noch ist eine Wiedereinsetzung in den vorigen Stand zulässig. Die Versäumung der Frist schließt aber eine Nachliquidation nicht aus, wenn die frühere Kostenfestsetzung in vollem Umfang antragsgemäß erfolgte und deshalb keine dem Antragsteller nachteilige Rechtskraftwirkungen entfaltet.[346]

Der Antrag nach § 107 Abs 2 ZPO kann bereits ab Erlass und noch vor Zustellung des den Streitwert festsetzenden oder ändernden Beschlusses gestellt werden. Bei mehrmaliger Streitwertänderung ist eine wiederholte Antragstellung nach § 107 ZPO zulässig.

bb) § 107 ZPO gestattet die Rechtskraftdurchbrechung aber nur in Bezug auf **streitwertabhängige** Positionen. Eine erneute Prüfung nicht streitwertabhängiger Positionen und sonstiger Voraussetzungen ihrer Erstattbarkeit, wie zB Notwendigkeit, ist nicht zulässig.[347]

cc) Das Verfahren richtet sich, wie das über den ursprünglichen Festsetzungsantrag, nach **§§ 103 ff ZPO**. Sind die Kosten nach § 106 ZPO neu auszugleichen, ist eine Aufforderung an den Gegner entbehrlich, da die Wertänderung die angemeldeten Positionen dem Grunde nach nicht berührt. Der Rechtspfleger erlässt keinen neuen Kostenfestsetzungsbeschluss, sondern er ändert nur den früheren Beschluss durch Angabe des neuen Gesamtbetrags ab. Bei einer Werterhöhung kann der Beschluss zB so gefasst werden, dass über den bereits festgesetzten Betrag hinaus weitere ... € festgesetzt werden. Aus verfahrensökonomischen Gründen dürfen auch unstreitig erbrachte Zahlung im neuen Beschluss berücksichtigt werden.[348] Wenn sich durch die Herabsetzung des Streitwerts eine Überzahlung ergibt, ist auch eine **Rückfestsetzung** (§ 91 Abs 4 ZPO) zulässig.[349] Die Entscheidung ist beiden Parteien zuzustellen. Der Änderungsbeschluss ist mit der sofortigen Beschwerde sowie im Falle des § 567 Abs 2 ZPO, mit der befristeten Erinnerung anfechtbar (§ 107 Abs 3 ZPO, § 11 Abs 2 RPflG).

---

344 BGH NJW 2011, 1367; OLG Celle NJW-RR 2011, 711 (je zur Verfahrensgebühr).
345 OLG Koblenz JurBüro 1995, 92; OLG Hamburg JurBüro 1965, 648 = MDR 1965, 308.
346 KG AnwBl 1975, 235 = Rpfleger 1975, 324 = JurBüro 1975.
347 OLG München AnwBl 1973, 169 = Rpfleger 1973, 258 = JurBüro 1973, 774; OLG Hamm Rpfleger 1983, 256 = JurBüro 1983, 1719; OLG Koblenz AGS 2000, 36.
348 MünchKommZPO *Schulz* § 107 Rn. 9; **aA**: LG Berlin Rpfleger 1997, 454.
349 OLG Düsseldorf Rpfleger 2005, 696 und Rpfleger 1981, 409.

2. Abhängigkeit vom Fortbestand der Kostengrundentscheidung

Auch ein bereits **rechtskräftiger** Kostenfestsetzungsbeschluss bleibt in seiner Existenz vom **Fortbestand** der Kostengrundentscheidung abhängig. Wird diese aufgehoben oder – sei es auch nur unwesentlich – geändert, so wird der Kostenfestsetzungsbeschluss auf Grund seiner **Akzessorietät** zur Kostenentscheidung unwirksam.[350] Dasselbe gilt, wenn die Kostenentscheidung durch einen Prozessvergleich mit anderer Kostenverteilung ersetzt wird.[351] Diese Wirkung tritt auch dann ein, wenn die neue Kostengrundentscheidung mit der früheren inhaltlich übereinstimmt.[352] Wird aus einem vorläufig vollstreckbaren Urteil die Zwangsvollstreckung betrieben, so sind die entstandenen Zwangsvollstreckungskosten insoweit nicht erstattungsfähig, als durch das Rechtsmittelgericht der Verurteilung die materiell-rechtliche Basis entzogen wird.[353]

B 140

Ein wirkungslos gewordener Kostenfestsetzungsbeschluss sollte aus Gründen der Rechtssicherheit (deklaratorisch) **aufgehoben** werden.[354] Auch der frühere Kostenfestsetzungsantrag wird gegenstandslos und muss neu gestellt werden.[355]

3. Der Kostenfestsetzungsbeschluss als Vollstreckungstitel

a) Der Kostenfestsetzungsbeschluss stellt einen **eigenständigen** zur **Zwangsvollstreckung geeigneten Titel** dar (§ 794 Abs 1 Nr 2 ZPO). Der festgesetzte Betrag ist vom Schuldner, wenn die weiteren Vollstreckungsvoraussetzungen (Vollstreckungsklausel, Zustellung) vorliegen, beitreibbar. Die Vollstreckungsklausel kann dem Kostenfestsetzungsbeschluss bereits ab Erlass und vor Zustellung erteilt werden;[356] Rechtskraft ist dazu nicht erforderlich. Auch die einstweilige Einstellung der Zwangsvollstreckung aus dem Hauptsachetitel hindert die **Klauselerteilung** nicht. Ihre Erteilung richtet sich nach den allgemeinen Vorschriften (§§ 795, 724 ff ZPO). Ist die Zwangsvollstreckung aus dem noch nicht rechtskräftigen Hauptsachtitel nur nach Gläubigersicherheitsleistung (§ 709 ZPO) zulässig oder ist der Schuldner abwendungsbefugt (§ 711 ZPO), so gelten diese **Beschränkungen** ohne weiteres auch für die Vollstreckung aus dem Kostenfestsetzungsbeschluss.[357]

B 141

b) Ein **Zeugnis** über die Rechtskraft des Kostenfestsetzungsbeschlusses ist idR entbehrlich, aber nicht ausgeschlossen.

B 142

c) Wird ein **nur gegen Sicherheitsleistung vorläufig vollstreckbares Urteil** rechtskräftig, so hat auf Antrag und in sinngemäßer Anwendung des § 706 ZPO der Urkundsbeamte der Geschäftsstelle die Rechtskraft des Urteils auch auf dem Kostenfestsetzungsbeschluss zu bescheinigen. Dadurch wird dem Gläubiger die Vollstreckung aus dem Kostenfestsetzungsbeschluss ohne Beschränkung ermöglicht.[358]

B 143

d) Nach § 795a ZPO benötigt der nach § 105 ZPO auf das Urteil (oder einen Vergleich) gesetzte **Kostenfestsetzungsbeschluss** keine eigenständige Vollstreckungsklausel. Die vollstreckbare Ausfertigung des Urteils (Vergleichs) bildet dann auch die Grundlage für die Vollstreckung aus dem Kostenfestsetzungsbeschluss. Ist ein Urteil in der Hauptsache nicht vollstreckbar, so ist dennoch eine vollstreckbare Ausfertigung zu erteilen.

B 144

---

350 BGH NJW-RR 2008, 1082 u MDR 2007, 742 = JurBüro 2007, 258; OLG Köln MDR 2010, 104, Rpfleger 2009, 78 u JurBüro 1986, 1249; OLGR 2006, 588; OLG Karlsruhe Rpfleger 2000, 555; OLG Frankfurt/M Rpfleger 1983, 456 = JurBüro 1983, 1564 = MDR 1983, 941; OLG München AnwBl 1982, 124 = Rpfleger 1982, 159 = JurBüro 1982, 447.
351 BGH NJW-RR 2007, 784.
352 OLG Frankfurt/M JurBüro 1983, 1564; MünchKommZPO *Schulz* § 104 Rn. 144.
353 BGH NJW-RR 2012, 311; BGH MDR 2010, 654; LG Hannover NJW-RR 2001, 1437.
354 BGH NJW-RR 2008, 1082; OLG Köln JurBüro 1986, 1249.
355 OLG Hamburg MDR 2005, 1138.
356 LG Frankfurt/M Rpfleger 1981, 204.
357 OLG Karlsruhe Rpfleger 2000, 555.
358 OLG Naumburg Rpfleger 2002, 38; OLG Frankfurt/M Rpfleger 1956, 198.

B 145 e) Aus einem Kostenfestsetzungsbeschluss, der nicht auf das Urteil gesetzt ist, darf nach § 798 ZPO die Zwangsvollstreckung nur beginnen, wenn er **mindestens zwei Wochen vorher zugestellt** worden ist. Die **Wartefrist** ist nach §§ 187 Abs 1, 188 BGB zu berechnen (§ 222 Abs 1 ZPO); der Tag der Zustellung rechnet daher nicht mit. Eine **ohne** Einhaltung der Wartefrist vorgenommene Vollstreckungsmaßnahme ist wirksam, wenn auch fehlerhaft und anfechtbar (§ 766 ZPO).[359] Ein rangwahrendes Pfändungspfandrecht (§ 804 ZPO) für den Gläubiger entsteht aber erst mit Ablauf der Wartefrist.[360]

Die Wartefrist gilt nicht für die Vorpfändung nach § 845 ZPO.[361] Sie kann als gesetzliche Frist weder verlängert noch verkürzt werden. Ein Verzicht des Schuldners auf die Wartefrist ist zulässig.[362]

B 146 f) Aus einem Kostenfestsetzungsbeschluss der auf einem nur gegen Sicherheitsleistung vorläufig vollstreckbaren Urteil basiert, ist nach **§ 795 S 2 iVm § 720 a ZPO** die **Sicherungsvollstreckung** zulässig.

B 147 g) Die Zwangsvollstreckung aus dem Kostenfestsetzungsbeschluss kann eigenständig und unabhängig vom Hauptsachetitel **eingestellt** werden (zB nach § 775 ZPO).

Sicherheitsleistung, die der Schuldner zur **Abwendung** der Zwangsvollstreckung aus einem vorläufig vollstreckbaren Urteil (zB nach §§ 711, 712, 720 a Abs 3 ZPO) erbringt, hat auch die **Unzulässigkeit** der Vollstreckung aus dem Kostenfestsetzungsbeschluss zur Folge.

Die Zwangsvollstreckung aus dem Kostenfestsetzungsbeschluss wird ferner **unzulässig**, wenn Kostengrundentscheidung oder Vollstreckbarkeit des Hauptsachtitels **aufgehoben** werden oder die Zwangsvollstreckung daraus **einstweilen eingestellt** wird (zB nach §§ 707, 719 ZPO). Diese **Vollstreckungshindernisse** sind von den Vollstreckungsorganen von **Amts wegen** zu berücksichtigen (§§ 775 Nr 1 – 3, 776 ZPO). Wird die Zwangsvollstreckung aus dem Hauptsachetitel auf Grund einer Vollstreckungsgegenklage für unzulässig erklärt oder eingestellt (§§ 767, 769 ZPO), so wird dadurch nur dessen Vollstreckbarkeit und nicht die Eignung als Festsetzungsgrundlage betroffen.[363]

4. Rückfestsetzung

B 148 a) Da der Kostenfestsetzungsbeschluss sich eigenständig zur Zwangsvollstreckung eignet, stellt sich die Frage nach einer **Rückfestsetzung** überzahlter Prozesskosten insbesondere dann, wenn »sein« Hauptsachetitel nachträglich aufgehoben oder abgeändert wird.

B 149 Bei unstrittigem Rückerstattungsanspruch wurde eine **Rückfestsetzung** früher in analoger Anwendung des § 717 Abs 2 ZPO zugelassen.[364] Das 1. JuMoG (BGBl I 2004, S 2198) hat mit Wirkung zum 01.09.2004 der Rückfestsetzung in § 91 Abs 4 ZPO eine gesetzliche Grundlage verschafft.

B 150 Die Rückfestsetzung ist auch bei nachträglicher **Änderung** der **Kostengrundentscheidung** durch Vergleich oder **bei Änderung der Streitwertfestsetzung** zulässig.[365] Hat der **beigeordnete Rechtsanwalt** Kosten vom Gegner nach § 126 Abs 1 ZPO im eigenen Namen beigetrieben, so können diese gegen ihn rückfestgesetzt werden.[366]

B 151 Für die **Anwendung des § 91 Abs 4 ZPO** und die Rückfestsetzung ist es unerheblich, ob die Kosten vom Gegner unter Vorbehalt gezahlt wurden, auf welcher Grundlage die Zahlung erfolgte (zB

---

359 BGHZ 30, 175 = NJW 1959, 1873; OLG Hamm NJW 1974, 1516 mwN auch zur Gegenmeinung.
360 RGZ 125, 288; *Thomas/Putzo/Seiler* § 798 Rn. 3; *Zöller/Stöber* § 798 Rn. 3.
361 BGH NJW 1982, 1150.
362 *Zöller/Stöber* § 798 Rn. 3; **aA**: *Schilken* DGVZ 1997, 81.
363 BGH NJW 1995, 3318; *Münzberg* NJW 1996, 2126.
364 Zum früheren Rechtsstand: OLG Düsseldorf MDR 2011, 189; *Schmidt-Räntsch* MDR 2004, 1329. Nachweise auch in BT-Drucks 15/1508 S 16 ff.
365 OLG München NJW-RR 2006, 72; OLG Düsseldorf Rpfleger 2005, 696.
366 BGH NJW-RR 2013, 186; OLG München Rpfleger 2013, 276.

VII. Rechtskraft und Vollstreckbarkeit   B.

Kostenfestsetzungsbeschluss oder bloße Zahlungsaufforderung) und ob es sich um nach § 91 Abs 1 ZPO erstattungsfähige Kosten gehandelt hat.[367] Maßgeblich ist der Betrag, der an den Prozessgegner tatsächlich gezahlt wurde und, dass die Zahlung **im Laufe des Rechtsstreits** erfolgte.

Der Erstattungsgegner kann der Rückfestsetzung, wie auch sonst im Kostenfestsetzungsverfahren nur **unbestrittene materiell-rechtliche Einwendungen** (zB Aufrechnung) entgegensetzen.[368] Bestrittene Einwendungen bleiben unberücksichtigt, da das Kostenfestsetzungsverfahren sich insoweit nicht für eine Streitentscheidung eignet.[369]   B 152

b) Auf Antrag ist der festzusetzende Betrag ab dem Tag des Eingangs des Rückfestsetzungsantrags zu **verzinsen**. Auf einen früheren Zeitpunkt darf die Verzinsung nur bezogen werden, wenn bereits Zinsen auf den früheren und später wirkungslos gewordenen Kostenfestsetzungsbeschluss gezahlt wurden.[370]   B 153

c) Nicht um Rückfestsetzung im Sinne § 91 Abs 4 ZPO handelt es sich bei der Frage, ob ein geleisteter **Prozesskostenvorschuss** im Kostenfestsetzungsverfahren gegen den Vorschussempfänger berücksichtigt werden kann (vgl dazu Rdn. B 91).   B 154

5. Änderung des Kostenfestsetzungsbeschlusses ohne Rechtsbehelf

a) Berichtigung (§ 319 ZPO)

Schreibfehler, Rechenfehler und ähnliche **offenbare Unrichtigkeiten** im Kostenfestsetzungsbeschluss können analog **§ 319 ZPO** auf Antrag oder von Amts wegen jederzeit – auch noch nach formeller Rechtskraft – berichtigt werden.[371] Die Berichtigung kann bei Parteiverwechslung auch zu einer gegenteiligen Festsetzung führen. Eine Unrichtigkeit iSv § 319 ZPO liegt vor, wenn der Beschluss, so wie er verlautbart wurde, versehentlich von der **Willensbildung** des erlassenden Gerichtsorgans (Richter/Rechtspfleger) abweicht. Eine Berichtigung darf aber nur vorgenommen werden, wenn die Unrichtigkeit »offenbar« ist, dh auch für einen Dritten klar zu Tage tritt. Wurde vom Rechtspfleger eine Position versehentlich übergangen, so kommt nicht Berichtigung, sondern Ergänzung nach § 321 ZPO in Betracht.[372]   B 155

Für den Erlass des Berichtigungsbeschlusses ist das Gericht zuständig, das den unrichtigen Beschluss erlassen hat. Es darf aber auch das Rechtsmittelgericht berichtigen.[373]

Vor der Berichtigung ist idR eine **Anhörung** der Parteien geboten.[374] Die Entscheidung kann ohne mündliche Verhandlung durch Beschluss ergehen (§§ 128 Abs 4, 319 Abs 2 ZPO). Der Beschluss ist beiden Parteien von Amts wegen zuzustellen. Gegen den Berichtigungsbeschluss des Rechtspflegers findet die sofortige Beschwerde statt (§ 11 Abs 1 RPflG, § 319 Abs 3 ZPO).

Die Antragsabweisung durch den Rechtspfleger kann vom Antragsteller mit der (befristeten) Erinnerung angefochten werden (§ 11 Abs 2 RPflG, § 319 Abs 3 ZPO).[375]

Die Berichtigung des Kostenfestsetzungsbeschlusses nach § 319 ZPO hat, wenn die Unrichtigkeit für die beschwerte Partei offenkundig war, keinen Einfluss auf Beginn und Lauf der Rechtsmittelfrist,

---

367 OLG München NJW-RR 2006, 72 u JurBüro 2005, 598; MünchKommZPO *Schulz* § 91 Rn. 46.
368 OLG Brandenburg Rpfleger 2012, 106; OLG München NJW-RR 2006, 72; Zöller/Herget § 104 Rn. 21 »Rückfestsetzung«; MünchKommZPO *Schulz* § 91 Rn. 47; **aA:** *Knauer/Wolf* NJW 2004, 2857.
369 OLG Oldenburg MDR 2005, 418; *Thomas/Putzo/Hüßtege* § 91 Rn. 68.
370 OLG Koblenz MDR 2012, 51; OLG Zweibrücken JurBüro 2004, 657.
371 BGH NJW-RR 2004, 501; LG Berlin JurBüro 1999, 538; *Hansens* Rpfleger 1999, 109.
372 OLG Koblenz JurBüro 2007, 648.
373 BGH NJW 1996, 2101 u NJW 1964, 1858; BAG NJW 1964, 1874; OLG Bremen VersR 1973, 228; OLG Frankfurt JurBüro 1976, 958; *Schneider* MDR 1973, 449.
374 LG Köln Rpfleger 1987, 508; BLAH § 319 Rn. 28; Zöller/Vollkommer § 319 Rn. 23.
375 LG Berlin JurBüro 1999, 539; Zöller/Vollkommer § 319 Rn. 27.

die die Anfechtung des Beschlusses selbst betrifft.[376] Das Berichtigungsverfahren eröffnet verfahrensrechtlich eine kostengünstigere und einfachere Möglichkeit zur Beseitigung einer Beschwer, so dass einem Rechtsmittel das Rechtsschutzbedürfnis fehlt.[377]

b) Ergänzung (§ 321 ZPO)

B 156 Ist vom Rechtspfleger im Kostenfestsetzungsverfahren versehentlich nicht über alle zur Festsetzung beantragten Posten entschieden worden, so kann der **unvollständige** Kostenfestsetzungsbeschluss analog **§ 321 ZPO ergänzt** werden.[378] Beschwerde bzw Erinnerung finden insoweit nicht statt.[379]

Die Ergänzung ist innerhalb der zweiwöchigen Frist des § 321 Abs 2 ZPO zu beantragen. Über den Antrag entscheidet der Rechtspfleger nach Gewährung rechtlichen Gehörs durch Beschluss. Mündliche Verhandlung ist zulässig, anders aber als bei Urteilsergänzung nicht vorgeschrieben. Nach Fristablauf können übersehene Kosten noch im Wege der **Nachfestsetzung** in einem neuen Kostenfestsetzungsverfahren geltend gemacht werden.

Die Entscheidung des Rechtspflegers (Ablehnung oder Ergänzung) unterliegt der sofortigen Beschwerde bzw (befristeten) Erinnerung (§ 11 Abs 1, 2 RPflG; § 567 ZPO).[380]

c) Fehlen der Kostengrundentscheidung

B 157 Auf Grund seiner Akzessorietät ist der Kostenfestsetzungsbeschluss beim (anfänglichen) Fehlen einer Kostengrundentscheidung **nichtig** und kann daher zur Klarstellung aufgehoben werden.[381]

d) Wegfall und Änderung der Kostengrundentscheidung

B 158 Wird die dem Kostenfestsetzungsbeschluss zu Grunde liegende **Kostengrundentscheidung** aufgehoben, (teilweise) geändert berichtigt (§ 319 ZPO) ergänzt (§ 321 ZPO) oder durch einen Prozessvergleich ersetzt, so verliert der Beschluss insoweit seine Wirkung.[382] Das gilt auch dann, wenn der die Kostengrundentscheidung enthaltende Hauptsachetitel mangels wirksamer Zustellung sich nicht zur Zwangsvollstreckung eignet.[383] Auch in diesen Fällen ist ein bereits erlassener Kostenfestsetzungsbeschluss (deklaratorisch) aufzuheben.

e) Nachfestsetzung

B 159 Auch nach formeller und materieller Rechtskraft des Kostenfestsetzungsbeschlusses können von der Partei übersehene oder vom Rechtspfleger übergangene Kosten in einem neuen Festsetzungsverfahren zur **Nachfestsetzung** angemeldet werden.[384] Voraussetzung der nachträglichen Geltendmachung ist, dass die Posten nicht bereits rechtskräftig aberkannt oder in nur geringerer Höhe festgesetzt worden sind.

---

376 OLG Koblenz JurBüro 2008, 258.
377 OLG Köln JurBüro 2011, 530.
378 BGH NJW-RR 2009, 209; KG Rpfleger 1980, 158 = JurBüro 1980, 764; OLG Hamm JurBüro 1980, 1736 u JurBüro 1973, 1107 = Rpfleger 1973, 409; OLG Düsseldorf JurBüro 1970, 780; Berichtigung nach § 319 ZPO scheidet aus: OLG Zweibrücken Rpfleger 2003, 101.
379 MünchKommZPO *Schulz* § 104 Rn. 58.
380 OLG Brandenburg NJW-RR 2000, 1593.
381 BAG NJW 1963, 1027 = MDR 1963, 254; *Thomas/Putzo/Hüßtege* § 104 Rn. 7; MünchKommZPO *Schulz* § 103 Rn. 142, 143.
382 BGH NJW-RR 2008, 1082; OLG Köln Rpfleger 2009, 78; OLG Köln BeckRS 2006, 000286; OLG Hamm JurBüro 2001, 593; OLG Karlsruhe Rpfleger 2000, 555.
383 BGH NJW 2013, 2438.
384 BGH NJW 2011, 1367.

VIII. Kostenausgleich

1. Voraussetzungen des Kostenausgleichs

a) Sind durch die Kostengrundentscheidung die Kosten ganz oder teilweise **nach Quoten verteilt**, so findet nach **§ 106 ZPO** ein **Ausgleich** statt. Dieser besteht darin, dass im Kostenfestsetzungsverfahren **einheitlich** über Ansprüche und Gegenansprüche durch deren **Verrechnung** entschieden wird. Nur die Differenz wird zu Gunsten des Erstattungsberechtigten festgesetzt. Das muss nicht notwendiger Weise die Partei sein, der nach der Kostengrundentscheidung die höhere Erstattungsquote zugesprochen wurde, denn der anderen Partei können höhere erstattungsfähige Aufwendungen erwachsen sein. Das Verfahren nach § 106 ZPO dient der Vereinfachung und Beschleunigung der Kostenfestsetzung, da sonst die wechselseitigen Erstattungsansprüche in getrennten Verfahren durch zwei Beschlüsse festgesetzt werden müssten. — B 160

Der Kostenausgleich setzt zwar voraus, dass eine für beide Parteien zur Zwangsvollstreckung geeignete Kostengrundentscheidung in einem Hauptsachetitel vorliegt. Die Kostenentscheidung muss die Kosten, wenigstens teilweise, nach **Quoten**, dh nach Bruchteilen oder Prozentsätzen, verteilen. Auch die Kostenaufhebung nach § 92 ZPO stellt, wegen der hälftigen Teilung der Gerichtskosten, eine solche Kostenverteilung dar.[385]

b) **Mangels einer quotenmäßigen Kostenverteilung** findet ein Ausgleich nach § 106 ZPO in folgenden Fällen **nicht** statt:

– Bei separater Auferlegung der Kosten **verschiedener Rechtszüge**.[386] Es sei denn, es sind wenigstens die Kosten einer Instanz nach Quoten verteilt worden.[387] — B 161

– Wenn einer Partei **Mehrkosten** auferlegt werden. Eine solche **Kostentrennung** sehen zB vor: § 281 Abs 3 S 2 ZPO bei der Anrufung eines unzuständigen Gerichts § 344 ZPO bei Säumnis oder § 96 ZPO bei einem erfolglos gebliebenen Angriffsmittel. In diesen Fällen liegt keine quotenmäßige Verteilung der Kosten vor und es findet kein Ausgleich nach § 106 ZPO statt. Die Kosten sind gesondert festzusetzen und es bleibt den Parteien überlassen mit ihren wechselseitigen Erstattungsansprüchen aufzurechnen.[388] — B 162

– Auch dann, wenn die Kostengrundentscheidung die Kosten nach **Festbeträgen** aufteilt, liegt keine Quotelung vor. — B 163

– Ebenso fehlt es auch an einer quotenmäßigen Verteilung, wenn im **Arrest-/einstweiligen Verfügungsverfahren** die Kosten der Anordnung der einen, die Kosten des Verfahrens zur Aufhebung der anderen Partei auferlegt werden.[389] — B 164

– Auch bei, in unzulässiger Weise unter Verstoß gegen den Grundsatz der Kosteneinheit, vorgenommener Verteilung der Kosten nach **Verfahrensabschnitten**, nach den Kosten der **Klage und Widerklage** oder nach den Kosten der **Berufung und Anschlussberufung** liegt keine Verteilung nach Quoten vor. In diesen Fällen kann aber eine berichtigende Auslegung zu einer den jeweiligen Streitwerten entsprechenden Quotierung führen.[390] — B 165

– Ein außergerichtlicher Vergleich ist kein zur Kostenfestsetzung geeigneter Titel; eine darin vereinbarte Kostenverteilung nach Quoten führt deshalb nicht zur Kostenausgleichung. — B 166

c) Liegen die Voraussetzungen des § 106 ZPO vor, so ist der Kostenausgleich von Amts wegen durchzuführen. Dem Rechtspfleger steht **kein** Ermessen zu.[391] — B 167

---

385 OLG Braunschweig Rpfleger 1977, 177.
386 OLG Hamburg JurBüro 1979, 1376 = MDR 1979, 942.
387 LG Berlin NJW-RR 1998, 215.
388 OLG Köln JurBüro 1992, 431 = Rpfleger 1992, 448; KG AnwBl 1977, 29 = Rpfleger 1977, 107 = JurBüro 1977, 255 (zu § 281 ZPO); OLG Bamberg JurBüro 1982, 1258 (zu § 344 ZPO).
389 OLG Hamm JurBüro 1981, 481; KG JurBüro 1979, 542; OLG Hamburg MDR 1974, 159; vgl auch OLG Frankfurt/M Rpfleger 1986, 281 = JurBüro 1986, 1042.
390 OLG Naumburg NJW-RR 2000, 1740; OLG München JurBüro 1991, 121.
391 LG Bonn Rpfleger 1984, 33; OLG Koblenz JurBüro 1975, 942.

Er darf auch dann nicht davon abweichen und zunächst nur die Kosten einer Partei festsetzen, weil die Berechnung der erstattungsfähigen Kosten der anderen Partei noch weiterer Klärung bedarf. Ebensowenig darf bei Verteilung der Kosten beider Rechtszüge nach Quoten und einheitlicher Anmeldung vorab nicht der Kostenausgleich nur einer Instanz durchgeführt werden.[392]

B 168 d) Sind die Kosten nach § 106 Abs 1 S 1 ZPO auszugleichen, so ist eine Festsetzung nach § 105 ZPO nicht zulässig (§ 106 Abs 1 S 2 ZPO).

B 169 e) Wenn eine Partei den Kostenausgleich nach § 106 ZPO beantragt, hat der Rechtspfleger den Gegner **aufzufordern**, die Berechnung seiner Kosten binnen einer Woche einzureichen. Das Fehlen dieser Aufforderung stellt einen schweren Verfahrensmangel dar, der im Beschwerdeverfahren zur Aufhebung des Beschlusses und zur Zurückverweisung führt.[393] Der Gegner sollte auf die Folgen eines fruchtlosen Fristablaufs hingewiesen werden. Die Aufforderung ist zuzustellen, weil dadurch eine gesetzliche Frist (keine Notfrist) zu laufen beginnt (§§ 222, 224, 329 Abs 2 S 2 ZPO). Zur Gewährung des rechtlichen Gehörs ist die Kostenrechnung des Antragstellers beizufügen.

Der Aufforderung an den Gegner zur Einreichung einer Berechnung seiner Kosten bedarf es dann nicht, wenn (zB bei der Kostenaufhebung nach § 92 Abs 1 ZPO) nur die Gerichtskosten auszugleichen sind.

2. Fristgerechter Antrag des Gegners

B 170 a) Nur eine ordnungsgemäße Berechnung der Kosten einschließlich ihrer Glaubhaftmachung genügt zur Wahrung der Frist. Die bloße Erklärung des Gegners, dass bei ihm die gleichen Kosten wie beim Antragsteller angefallen sind, reicht nicht aus.[394]

B 171 b) Zum Antrag des Gegners ist dem Antragsteller rechtliches Gehör zu gewähren.

B 172 c) Die Gerichtskosten und die außergerichtlichen Kosten beider Parteien werden getrennt ausgeglichen.[395]

B 173 d) **Der Gerichtskostenausgleich** setzt voraus, dass eine Partei tatsächlich mehr Gerichtskosten (zB vorschussweise) gezahlt hat, als sie nach der Kostengrundentscheidung zu tragen hat und, dass die **Überzahlung** auf die Kostenschuld der anderen Partei **verrechnet** wurde. Gerichtskosten werden also nicht ausgeglichen, wenn noch keine Partei ihren quotalen Anteil an die Gerichtskasse gezahlt hat (in diesem Fall erfolgt der Ausgleich über den Kostenansatz).

B 174 e) Danach hat der Rechtspfleger nach den allgemeinen Regeln (§ 91 ZPO) zu ermitteln, welche **außergerichtlichen Aufwendungen** der Parteien erstattungsfähig sind. Diese Aufwendungen werden addiert und entsprechend der Quoten verteilt. Im nächsten Schritt sind jeweils von den ermittelten Beträgen die eigenen außergerichtlichen Kosten der Parteien abzuziehen. Die Partei mit dem **Aktivsaldo** kann vom Gegner, uU erhöht um überzahlte und verrechnete Gerichtskosten (vgl oben Rdn. B 173), Erstattung verlangen.

▶ Beispiel:

Kostengrundentscheidung: Von den Kosten des Rechtsstreits hat der Kläger 1/3, der Beklagte 2/3 zu tragen. Die Gerichtskosten betragen insgesamt 300 €. Der Kläger hat darauf einen Vorschuss in Höhe von 150 € geleistet. An außergerichtlichen Kosten meldet der Kläger 600 € (400 € Kosten des Prozessbevollmächtigten + 200 € Kosten eines Verkehrsanwalts) an. Der Rechtspfleger erkennt davon nur die 400 € des Prozessbevollmächtigten als notwendig an; der Beklagte macht

---

392 OLG Hamm Rpfleger 1977, 373 = JurBüro 1977, 1621.
393 OLG Naumburg FamRZ 2007, 1350.
394 KG Rpfleger 1951, 95.
395 LG Essen JurBüro 1973, 451 = Rpfleger 1973, 183.

Rechtsanwaltskosten in Höhe von 600 € sowie Kosten für ein Privatgutachten in Höhe von 650 € geltend. Diese Posten werden als erstattungsfähig anerkannt.

Kostenausgleich:

(a) Von den **Gerichtskosten** hat der Kläger 100 € (= 1/3) zu tragen. Seine Überzahlung in Höhe von 50 € wird, auf Grund seiner Zweitschuldnerhaftung (§ 31 Abs 2 GKG), auf die Kosten des Beklagten verrechnet und ist ihm zu erstatten.

(b) Von den **außergerichtlichen Kosten** beider Parteien sind 400 + 600 + 650 = 1650 € erstattungsfähig (§ 91 ZPO). Davon hat der Kläger 1/3 = 550 € und der Beklagte 2/3 = 1100 € zu tragen. Da die außergerichtlichen Kosten des Beklagten 1250 € betragen und er davon 1100 € selbst zu tragen hat, ist ihm der Differenzbetrag in Höhe von 150 € vom Kläger zu erstatten. Davon gehen aber die 50 € ab, die auf die Gerichtskostenschuld des Beklagten verrechnet wurden.

Ergebnis: Für den Beklagten sind 100 € gegen den Kläger festzusetzen.

f) Sind die Kosten in den Instanzen **unterschiedlich** verteilt worden, so ist zu unterscheiden: **B 175**

Wurden die Kosten der ersten Instanz, deren Kostenentscheidung unberührt blieb, **bereits ausgeglichen**, so bleibt es dabei. Die Kosten der zweiten Instanz werden gesondert festgesetzt. Es bleibt den Parteien überlassen ggfs aufzurechnen.

Anders ist es indessen, wenn in diesen Fällen die Kosten beider Instanzen **gemeinsam** zur Festsetzung angemeldet werden: Dann werden die Kosten **einheitlich** in einem Festsetzungsbeschluss ausgeglichen und es wird nur **ein** Erstattungsbetrag festgesetzt. Sind die Quoten unterschiedlich hoch, so muss der Ausgleich für jede Instanz besonders berechnet und das Ergebnis in einem einzigen Betrag zusammengefasst werden. Das gleiche gilt, wenn nur die Kosten einer Instanz gequotelt, die der anderen dagegen einer Partei allein auferlegt wurden.[396]

g) Werden von einer Partei Kosten **nachliquidiert**, so bleibt die schon erfolgte Ausgleichung bestehen. **B 176**

Bei **außergerichtlichen** Kosten wird ein nachliquidierter und erstattungsfähiger Betrag quotal gegen den Gegner festgesetzt.

Werden **Gerichtskosten** nachträglich angemeldet, so muss geprüft werden, ob der Anteil, den der Antragsteller von den Gerichtskosten zu tragen hat, bereits an die Gerichtskasse gezahlt wurde. Wurde er auf Grund seiner **Zweitschuldnerhaftung** von der Gerichtskasse wegen eines über seine Quote hinausgehenden Betrags in Anspruch genommen, so kann dieser voll gegen den Gegner festgesetzt werden.

h) Der **Kostenausgleich** kann uU ergeben, dass die Partei, der die kleinere Quote auferlegt wurde, dem Gegner Kosten zu erstatten hat. Ursächlich kann dafür sein, dass dem Gegner (erheblich) höhere erstattungsfähige Prozesskosten entstanden sind (vgl oben Beispiel). Die Erstattungsfähigkeit von Aufwendungen ist für jede Partei individuell nach den Maßgaben des § 91 ZPO zu beurteilen. Werden zB Verkehrsanwaltskosten für eine Partei als erstattungsfähig anerkannt, so kann der Prozessgegner für sich daraus nicht herleiten, dass damit auch die Zuziehung seines Verkehrsanwalts notwendig war. **B 177**

i) Eine nach Aktenlage auf beiden Seiten angefallene, aber nur von **einer** Partei angemeldete Anwaltsgebühr (zB Terminsgebühr) ist beim Kostenausgleich auch bei der **gegnerischen** Partei **von Amts wegen** zu berücksichtigen.[397] Nur für den per Saldo ermittelten Erstattungsbetrag sind **Zinsen** nach § 104 Abs 1 S 2 ZPO festzusetzen. **B 178**

---

396 OLGR Schleswig 2008, 717; OLG Hamm Rpfleger 1977, 373; LG Bonn Rpfleger 1984, 33.
397 OLG Hamm JurBüro 2002, 318.

B 179 k) Ein **Prozesskostenvorschuss** den eine Partei an die andere (zB nach § 1360 a Abs 4 BGB) gezahlt hat, kann auch beim Kostenausgleich berücksichtigt werden, wenn die Zahlung **unstreitig** ist.[398] Dabei ist aber der Zweck des Vorschusses zu berücksichtigen. Ein Prozesskostenvorschuss ist dazu bestimmt, **sämtliche** notwendigen Kosten des Vorschussempfängers zu decken, also auch diejenigen, die er nach der Kostengrundentscheidung **selbst** zu tragen hat. Eine Anrechnung kann deshalb nur dann erfolgen, wenn die Vorschussleistung und ein bestehender Kostenerstattungsanspruch des Vorschussempfängers die dieser Partei entstandenen Kosten übersteigen (vgl dazu bereits Rdn. B 91).[399]

Hat der Vorschussempfänger den Vorschuss bei Einreichung der Berechnung seiner Kosten bereits abgezogen, so ist er beim Kostenausgleich nicht in die Berechnung einzubeziehen.[403]

B 180 l) Ist einer Partei **Prozesskostenhilfe** gewährt worden, so sind **Gerichtskosten** zu ihren Gunsten in den Kostenausgleich nur aufzunehmen, soweit sie tatsächlich Zahlungen an die Gerichtskasse geleistet hat (zB vor Bewilligung der PKH oder in Raten gem § 120 ZPO). Bei entsprechendem Zahlungsnachweis können Gerichtskosten auch danach noch festgesetzt werden.[401]

Die **außergerichtlichen Kosten** sind so auszugleichen, als sei keine PKH-Bewilligung erfolgt.[402] Die bedürftige Partei kann deshalb die vollen Wahlanwaltsgebühren des beigeordneten Rechtsanwalts in ihre Berechnung aufnehmen, obwohl sie dafür nach § 122 Abs 1 Nr 3 ZPO nicht in Anspruch genommen werden kann (siehe Rdn. B 50). Andernfalls würde die Ausgleichsberechnung sie benachteiligen. Das Beitreibungsrecht des beigeordneten Anwalts nach § 126 ZPO und ein Übergang auf die Staatskasse nach § 59 RVG stehen dem nicht entgegen.[403] Hat die **Staatskasse** dem beigeordneten Rechtsanwalt bereits eine Vergütung nach §§ 45 ff RVG gezahlt, so geht auf sie kraft Gesetzes ein gegen den Prozessgegner gerichteter Kostenerstattungsanspruch der PKH-Partei über (§ 59 Abs 1 S 1 Alt 2 RVG). Da der Forderungsübergang jedoch nicht zum Nachteil des beigeordneten Rechtsanwalts geltend gemacht werden darf (§ 59 Abs 1 S 2 RVG), kann dieser vom Erstattungsanspruch einen durch die PKH-Vergütung (= Tabelle § 49 RVG) nicht gedeckten Teil seiner Wahlanwaltsvergütung (= Tabelle § 13 RVG) beanspruchen. Diesen Betrag und nicht den per Saldierung ermittelten, setzt der Rechtspfleger im Kostenfestsetzungsbeschluss zu Gunsten der Partei bzw des beigeordneten Rechtsanwalts (§ 126 Abs 1 ZPO) fest. Die Staatskasse zieht den übergegangenen Betrag durch Kostenrechnung ein (§ 59 Abs 2 RVG).

Sind der PKH-Partei auch **eigene außergerichtliche** Aufwendungen entstanden (zB Reisekosten, Privatgutachterkosten), so ist ein im Rahmen des Kostenausgleichs ermittelter und vom Prozessgegner zu erstattender Betrag **verhältnismäßig** zu teilen. In diesem Fall sind die Anteile der Beteiligten gleichrangig zu behandeln.[404]

▶ Beispiel:

Gesamtaufwand der PKH-Partei 800 € (davon entfallen 600 € auf die Wahlanwaltskosten des beigeordneten Anwalts und 200 € auf ein Privatgutachten). Der Kostenausgleich ergibt per Saldo einen Erstattungsbetrag in Höhe von 500 €.

---

398 OLG Braunschweig FamRZ 2005, 1190.
399 BGH NJW-RR 2010, 718 mwN.
400 OLG Stuttgart Rpfleger 1973, 220 = JurBüro 1973, 450.
401 KG JurBüro 1983, 1056.
402 OLG Brandenburg JurBüro 2007, 259 = Rpfleger 2007, 330; OLG Düsseldorf Rpfleger 2001, 87.
403 OLG Bremen JurBüro 1984, 609; vgl auch OLG München AnwBl 1982, 115 = Rpfleger 1982, 119 = JurBüro 1982, 417 m Anm *Mümmler*.
404 OLG Oldenburg JurBüro 1980, 1052 m Anm *Mümmler*; OLG München AnwBl 1982, 115 = Rpfleger 1982, 119 = JurBüro 1982, 417.

a) Auf die Gutachterkosten der Partei entfallen davon:

$$\frac{500 \times 200}{800} = 125 \text{ €}.$$

b) Der auf den beigeordneten Anwalt entfallende Anteil beträgt:

$$\frac{500 \times 600}{800} = 375 \text{ €}.$$

Ob dieser Betrag in voller Höhe zu Gunsten des beigeordneten Rechtsanwalts festgesetzt werden kann oder ob er nicht vielmehr ganz oder teilweise auf die Staatskasse übergegangen ist, bestimmt sich nach § 59 Abs 1 RVG. Bei einem Übergang auf die Staatskasse erhält der Anwalt davon nur den Differenzbetrag zwischen PKH-Vergütung und Wahlanwaltsvergütung.

m) Die Beteiligung von **Streitgenossen** auf Kläger- und/oder Beklagtenseite schließt einen Kostenausgleich nicht aus. Dazu kommt es dann, wenn die Kostengrundentscheidung dieselben Kosten der Prozessbeteiligten nach Quoten verteilt. Ein solcher Fall liegt nicht vor, wenn lediglich die Kosten einer Partei zu bestimmten Bruchteilen auf einzelne gegnerische Streitgenossen verteilt sind. Bestimmt zB im Rechtsstreit K gegen A, B und C die Kostengrundentscheidung, dass die Beklagten A und B ihre eigenen außergerichtlichen Kosten sowie je 1/3 der Gerichtskosten und der außergerichtlichen Kosten des Klägers K zu tragen haben, während K 1/3 der Gerichtskosten und seiner eigenen außergerichtlichen Kosten sowie die außergerichtlichen Kosten des Beklagten C zu tragen hat, so besteht keine Ausgleichslage, denn A und B steht kein Erstattungsanspruch gegen den K, diesem andererseits keiner gegen C zu. Da jeder Streitgenosse dem Kläger in der Kostenfestsetzung als Einzelgläubiger gegenübersteht, findet keine Ausgleichung, sondern finden drei einseitige Festsetzungen (K gegen A, K gegen B und C gegen K) statt. K kann aber gegen A und B nicht seine vollen Kosten, sondern jeweils nur 1/3 geltend machen. Zur Frage, in welcher Höhe C die Kosten eines gemeinsamen Anwalts der Beklagten gegen K geltend machen kann, s Rdn. B 377. Waren die Streitgenossen am Rechtsstreit mit unterschiedlichen Streitgegenständen beteiligt, so kann jeder die Kosten des gemeinsamen Rechtsanwalts nur in Höhe seiner tatsächlichen Beanspruchung geltend machen.[405]

B 181

Sind die Streitgenossen als Gesamtschuldner zu einem Bruchteil der Kosten des Rechtsstreits verurteilt worden, während der Kläger den Rest zu tragen hat, so liegt ein Ausgleichsfall iSv § 106 ZPO vor. Nimmt der Kläger in diesem Fall die Beklagten gemeinschaftlich auf Kostenerstattung in Anspruch, so können diese ihre gemeinschaftlichen Aufwendungen anmelden. Macht ein einzelner Streitgenosse neben diesen gemeinschaftlichen noch weitere, nur ihm entstandene Aufwendungen geltend, so sind diese nach der Erstattungsquote gesondert festzusetzen.

n) Die Kosten des Ausgleichsverfahrens hat die letztlich erstattungspflichtige Partei zu tragen. Gegenstand des Festsetzungsverfahrens nach § 106 ZPO ist nämlich nicht die Feststellung der beiderseitigen Erstattungsansprüche, sondern die Ermittlung eines Erstattungssaldos.

B 182

3. Der Gegner versäumt die Wochenfrist

a) In diesem Fall wird die Kostenfestsetzung **isoliert**, dh zwar unter Anwendung der Kostenquote, aber ohne Berücksichtigung der Kosten des Gegners durchgeführt (§ 106 Abs 2 S 1 ZPO).

B 183

b) Geht die Berechnung des Gegners nach Ablauf der Wochenfrist und **nach Absetzung** des (einseitigen) Festsetzungsbeschlusses, aber noch **vor dessen Hinausgabe** ein, so ist die Ausgleichung zulässig und ein neuer Festsetzungsbeschluss zu erlassen.[406]

B 184

---

405 OLG München AnwBl 1983, 568 = Rpfleger 1983, 124 = JurBüro 1983, 552.
406 LAG Hamm LAGReport 2005, 124; LG Berlin Rpfleger 1986, 194; MünchKommZPO *Schulz* § 106 Rn. 10; *Zöller/Herget* § 106 Rn. 4; **aA**: OLG Hamm Rpfleger 1996, 261; OLG Köln Rpfleger 1975, 66 = JurBüro 1975, 387.

B 185 c) Seine nicht berücksichtigten Prozesskosten kann der Gegner **nachliquidieren** und einen gesonderten zweiten Festsetzungsbeschluss erwirken (§ 106 Abs 2 S 1 ZPO). Mit dem in diesem Verfahren zu seinen Gunsten festgesetzten Erstattungsanspruch kann er **aufrechnen**.[407] Auch dem Antragsteller des ersten Festsetzungsverfahrens ist mit seinem Erstattungsanspruch die Aufrechnung im zweiten Verfahren gestattet.[408] Eine gegen den ersten Kostenfestsetzungsbeschluss eingelegte Beschwerde oder Erinnerung mit der Zielsetzung, die gegnerischen Kosten zu berücksichtigen, wäre mangels Beschwer unzulässig.[409] Entstehen auf Grund der Nachfestsetzung Mehrkosten, so sind sie dem Gegner aufzuerlegen (§ 106 Abs 2 S 2 ZPO).

B 186 d) Ergeht der Kostenfestsetzungsbeschluss zu Gunsten des Gegners, so stehen sich die jeweils isoliert festgesetzten Erstattungsansprüche im Verhältnis von Forderung und Gegenforderung gegenüber. Jeder der Festsetzungsbeschlüsse unterliegt selbstständig der Anfechtung, bildet einen eigenständigen Vollstreckungstitel.

4. Rechtsmittel, insbesondere Beschwer

B 187 a) Der Kostenfestsetzungsbeschluss nach § 106 Abs 1 ZPO nimmt auf Grund der Kostenquotelung eine Verrechnung der wechselseitigen Erstattungsansprüche vor. Insoweit wird zwar äußerlich eine **einheitliche Entscheidung** getroffen, die sich jedoch genau betrachtet, aus **zwei Entscheidungen** über die Anträge beider Parteien zusammenfügt. Der Beschluss kann deshalb von jeder Partei selbstständig im Umfang der jeweiligen Beschwer mit der sofortigen Beschwerde (§ 11 Abs 1 RPflG iVm § 104 Abs 3 S 1 ZPO) oder der befristeten Erinnerung (§ 11 Abs 2 RPflG) angefochten werden. Der Beschluss ist deshalb auch beiden Parteien **zuzustellen** (s Rdn. B 190 ff). Die **Beschwer** ist nicht nach dem per Saldierung ermittelten und festgesetzten Erstattungsbetrag zu bestimmen. Maßgebend ist vielmehr der **quotale Anteil** des Rechtsmittelführers an einer abgesetzten oder dem Gegner zugesprochenen Kostenposition.[410] Hat der Rechtspfleger zB vom Kläger angemeldete Verkehrsanwaltskosten in Höhe von 800 € abgesetzt, so berechnet sich die Beschwer des Klägers, der 1/4 der Kosten zu tragen hat, auf 600 €.

Dem Rechtsbehelf einer Partei, die nach der Kostengrundentscheidung eine Quote in Höhe von 50 % oder mehr zu tragen hat, fehlt die Beschwer, wenn damit nur die Nichtberücksichtigung einer Gebühr gerügt wird, die entweder auf beiden Seiten oder überhaupt nicht entstanden ist.[411] Die Feststellung im Kostenfestsetzungsbeschluss, dass vom Erstattungsanspruch ein bestimmter Betrag nach § 59 RVG auf die Staatskasse überging, ist weder von einer Partei oder vom PKH-Anwalt noch vom Vertreter der Staatskasse anfechtbar, denn der nach § 59 Abs 1 RVG übergegangene Anspruch wird durch den Beschluss nicht festgesetzt.[412]

Mit Erfolg kann nur gerügt werden, dass der für die Partei oder – im Falle der Antragstellung nach § 126 Abs 1 ZPO – der für den beigeordneten Anwalt festgesetzte Betrag heraufzusetzen ist, weil der Kostenausgleich zu Unrecht einen Übergang des Vergütungsanspruchs auf die Staatskasse ergeben habe.

B 188 b) Wird im Rechtsmittelverfahren dem Beschwerdeführer eine Gebühr, die auf beiden Seiten entstanden ist zugesprochen, so ist sie auch ohne Antrag beim **Gegner** zu berücksichtigen.[413]

---

407 *Lappe* MDR 1983, 292.
408 OLG Köln Rpfleger 1975, 66.
409 OLG Hamburg JurBüro 1978, 283; OLG Koblenz NJW-RR 2000, 519: das Rechtsschutzbedürfnis fehlt.
410 OLG Düsseldorf NJW-RR 2012, 446; OLG Düsseldorf JurBüro 1992, 42; OLG Köln JurBüro 1973, 1100; MünchKommZPO *Schulz* § 106 Rn. 13; *Zöller/Herget* § 106 Rn. 6.
411 OLG Saarbrücken OLGR 2006, 895; OLG Karlsruhe Rpfleger 1996, 374.
412 OLG Schleswig SchlHA 1982, 32.
413 OLG Hamm JurBüro 2002, 318; OLG Köln JurBüro 1994, 601; OLG Oldenburg MDR 1993, 390; **aA**: OLG Stuttgart JurBüro 1987, 1092.

c) Für die **Kostenentscheidung** im Rechtsmittelverfahren ist die Höhe des jeweiligen Unterliegens maßgebend.

B 189

IX. Anfechtung der Entscheidung des Rechtspflegers

1. Sofortige Beschwerde

a) Statthaftigkeit

Die **Entscheidung** des Rechtspflegers im Kostenfestsetzungsverfahren ist, je nach Höhe des **Beschwerdewertes**, entweder mit der **sofortigen Beschwerde** (§ 104 Abs 3 S 1 ZPO, § 11 Abs 1 RPflG) oder mit der **befristeten Erinnerung** (§ 11 Abs 2 RPflG) anfechtbar. Dabei ist es egal, ob der Rechtspfleger den beantragten Kostenfestsetzungsbeschluss erlassen oder den Festsetzungsantrag (teilweise) zurückgewiesen hat. Maßgebend für den statthaften Rechtsbehelf Beschwerde/Erinnerung ist in jedem Fall der Beschwerdewert (§ 567 Abs 2 ZPO). Übersteigt dieser **200 €**, so findet die sofortige Beschwerde, andernfalls die befristete Erinnerung statt.

B 190

Der Rechtsbehelf ist erst **nach** dem Erlass der Entscheidung zulässig. Darauf, ob die Partei von dem erlassenen Beschluss durch Zustellung oder auf andere Weise Kenntnis erlangte, kommt es nicht an. Ein »vorsorglich« gegen einen noch gar nicht erlassenen Beschluss eingelegter Rechtsbehelf ist und bleibt unzulässig.[414]

Anfechtbar ist eine **Entscheidung** des Rechtspflegers, so dass es sich bei reinen Hinweisen (zB nach § 139 ZPO) oder Meinungsäußerungen des Rechtspflegers um keine anfechtbare Entscheidung handelt.[415] Eine nicht verkündete, im schriftlichen Verfahren ergangene Entscheidung ist dann **erlassen**, wenn sie unterschrieben aus dem internen Gerichtsbetrieb hinausgegeben wurde (vgl die Legaldefinition des § 38 Abs 3 S 3 FamFG).[416]

Keine Entscheidung des Rechtspflegers liegt vor, soweit auf Grund einer **Zurückverweisung** Bindung an die Auffassung des Beschwerdegerichts besteht. In diesem Fall ist nur die anweisende Entscheidung anfechtbar.[417]

b) Beschwer

Die **Zulässigkeit** der Beschwerde setzt eine **Beschwer** des Beschwerdeführers voraus. Beschwert kann nur der Unterlegene sein und nie die Partei, für die antragsgemäß festgesetzt wurde.[418] Ein Rechtsbehelf, der lediglich mit der Zielsetzung eingelegt wird, zu einer bestimmten Rechtsfrage die Meinung der nächsten Instanz zu erhalten, ist unzulässig. Mag die Partei oder ihr Prozessbevollmächtigter an deren Klärung auch ein verständliches Interesse haben. Die Beschwerde ist ferner unzulässig, wenn sie ausschließlich dazu benutzt wird, Posten nachzuschieben (Rdn. B 198).[419]

B 191

Die Partei **selbst** und nicht ihr Prozessbevollmächtigter muss beschwert sein; Ausnahme: Festsetzung nach § 126 Abs 1 ZPO. Eine Beschwer fehlt zB beim Kostenausgleich nach § 106 Abs 1 ZPO, wenn die Partei den überwiegenden Teil der Kosten zu tragen hat und eine von ihr angemeldete

---

414 OLG Koblenz JurBüro 1986, 1899.
415 *Dörndorfer* RPflG § 11 Rn. 24.
416 BGH VersR 1974, 365; OLG Koblenz JurBüro 1986, 1899.
417 JurBüro 1984, 285 u 1983, 132; OLG Hamm JurBüro 1978, 1418; OLG Frankfurt/M Rpfleger 1977, 218.
418 LG Berlin JurBüro 2000, 70.
419 OLG Celle MDR 1975, 498; OLG Hamm Rpfleger 1976, 326 = JurBüro 1976, 111; OLG Frankfurt/M Rpfleger 1978, 29 = JurBüro 1978, 449; OLG Hamburg JurBüro 1980, 465; OLG Koblenz JurBüro 1991, 968.

Gebühr abgesetzt worden ist, diese aber im Falle ihrer Festsetzung auch beim Gegner zu berücksichtigen wäre.[420] **Beispiele für fehlende Beschwer:**
- Eine im Hauptsachtitel angeordnete Vollstreckungsbeschränkung (zB Gläubigersicherheitsleistung oder Abwendungsbefugnis des Schuldners) ist nicht in den Kostenfestsetzungsbeschluss übernommen worden.[421]
- Die verauslagten Gerichtskosten sind überhöht angemeldet und festgesetzt worden.[422]
- Trotz wirksamer Rücknahme des Festsetzungsantrags ist ein Kostenfestsetzungsbeschluss ergangen.[423]
- Es werden nicht angemeldete Kosten abgesetzt.[424]

c) Beschwerdewert

B 191a Nach § 567 Abs 2 ZPO ist die Beschwerde gegen eine Entscheidung über Kosten nur zulässig, wenn der **Wert des Beschwerdegegenstandes** 200 € übersteigt. Maßgebend ist die Differenz zwischen dem festgesetzten Betrag und der vom Beschwerdeführer erstrebten Verbesserung.[425] Zinsen und Umsatzsteuer sind bei der Berechnung des Beschwerdewerts zu berücksichtigen.[426] Werden mehrere Kostenfestsetzungsbeschlüsse, die in derselben Sache erlassen wurden, angefochten, so ist für jede Beschwerde der Beschwerdewert eigenständig zu berechnen; eine Zusammenrechnung findet nicht statt.[427] Legen beide Parteien Beschwerde ein und erreicht das Rechtsmittel einer Partei den Beschwerdewert nicht, so ist dieses als Anschlussbeschwerde zu behandeln und auch darüber einheitlich durch das Beschwerdegericht zu entscheiden (§ 567 Abs 3 ZPO).

d) Beschwerdefrist und Wiedereinsetzung in den vorigen Stand

B 192 Die **Beschwerdefrist** beträgt **zwei Wochen**, sie beginnt grds mit der Zustellung der Entscheidung (§ 569 Abs 1 S 1 u 2 ZPO). Sie ist eine **Notfrist** mit der Möglichkeit der Wiedereinsetzung bei unverschuldeter Fristversäumung (§§ 233–238 ZPO). Liegen die Voraussetzungen der Nichtigkeits- oder Restitutionsklage vor, so kann die Beschwerde nach § 569 Abs 1 S 3 ZPO auch nach Ablauf der Notfrist innerhalb der für diese Klagen geltenden Notfristen (vgl § 586 ZPO) erhoben werden.

B 193 Die **Erinnerung** nach § 11 Abs 2 RPflG muss ebenfalls binnen einer (einheitlichen) Frist von **zwei Wochen** nach Zustellung der Entscheidung eingelegt werden (§ 11 Abs 2 S 1 Hs 2 RPflG). Vgl dazu Rdn. B 219a.

B 194 Gegen die Versäumung der Beschwerdefrist kann **Wiedereinsetzung in den vorigen Stand** gewährt werden (§§ 233 ff ZPO). Voraussetzung ist jedoch, dass die Frist unverschuldet versäumt wurde (§ 233 ZPO). Über den Antrag entscheidet das Beschwerdegericht (§ 237 ZPO), das auch über das Verschulden zu befinden hat.[428]

e) Einlegung und Form

B 195 Die **sofortige Beschwerde** kann schriftlich eingelegt oder zu Protokoll der Geschäftsstelle (Rechtspfleger; § 24 Abs 2 Nr 1 RPflG) erklärt werden, da für das Kostenfestsetzungsverfahren kein

---

420 OLG Karlsruhe Rpfleger 1996, 375; OLG Hamm JurBüro 1984, 1409; KG Rpfleger 1978, 22; OLG Köln JurBüro 1973, 1100.
421 KG Rpfleger 1984, 246 = JurBüro 1984, 1572.
422 LG Berlin JurBüro 1984, 116; OLG München JurBüro 1979, 122.
423 OLG Hamm Rpfleger 1973, 370 = JurBüro 1973, 1096.
424 OLG Hamm AnwBl 2002, 437; *Zöller/Herget* § 104 Rn. 21 »Beschwer«.
425 *Dörndorfer* RPflG § 11 Rn. 40.
426 OLG Koblenz MDR 1992, 196.
427 OLG Stuttgart JurBüro 1979, 609; **aA:** OLG Nürnberg JurBüro 1975, 191.
428 BGH NJW-RR 2013, 702; BGH Rpfleger 2003, 597.

Anwaltszwang besteht (§ 13 RPflG, §§ 569 Abs 2 u 3 Nr 1 ZPO).[429] Sie kann bei dem Gericht erster Instanz oder auch bei dem Beschwerdegericht eingelegt werden (§ 569 Abs 1 S 1 ZPO). Für das anschließende Beschwerdeverfahren besteht Anwaltszwang nur im Falle einer mündlichen Verhandlung vor dem Beschwerdegericht (§ 571 Abs 4 ZPO).[430]

Die Verwendung des Wortes »Beschwerde« ist nicht notwendig. Es muss nur erkennbar sein, dass die Partei eine **Überprüfung** der vom Rechtspfleger getroffenen Entscheidung begehrt. Das kann auch durch die Verwendung anderer Rechtsbehelfsbezeichnungen (zB Einspruch, Widerspruch) ausgedrückt werden oder auch aus dem Inhalt des Schreibens hervorgehen. Eine Ausdeutung des Vorbringens als Beschwerde ist aber nicht möglich, wenn die Partei bei Absendung ihres Schriftsatzes die anzufechtende Entscheidung noch gar nicht kannte.[431]

Die Beschwerde »soll« **begründet** werden (§ 571 Abs 1 ZPO). Eine Rechtsmittelbegründung dient vor allem den Interessen des Beschwerdeführers. Durch die Bekanntgabe seiner Beschwer soll dem Beschwerdegericht eine rasche und zielgerichtete Entscheidung ermöglicht werden. Das Fehlen einer Begründung führt nicht zur Unzulässigkeit der Beschwerde, es kann das Gericht aber eine Frist zur Begründung setzen (§ 571 Abs 3 S 1 ZPO).

f) Anschlussbeschwerde

Mit der **Anschlussbeschwerde** kann auch der Gegner die mit der Hauptbeschwerde angefochtene Entscheidung angreifen (§ 567 Abs 3 ZPO). Für ihre Einlegung gelten die allgemeinen Vorschriften des § 569 Abs 2 u 3 ZPO. B 196

Der Beschwerdegegner kann sich aber trotz **Verzicht** auf die Beschwerde und auch noch **nach Ablauf** der Beschwerdefrist einem zulässigen Hauptrechtsmittel anschließen (sog »unselbstständige« Anschlussbeschwerde; § 567 Abs 3 S 1 ZPO).

Die **Zulässigkeit** der Anschlussbeschwerde setzt ferner weder eine Beschwer noch das Erreichen der Beschwerdesumme (§ 567 Abs 2 ZPO) voraus. Mit ihr können deshalb auch bisher nicht geltend gemachte Kosten **nachgeschoben** werden (Nachfestsetzung).[432]

Nach **§ 567 Abs 3 S 2 ZPO** ist die Anschlussbeschwerde jedoch vom Schicksal der Hauptbeschwerde abhängig: Wird diese zurückgenommen oder als unzulässig verworfen, so verliert auch die **unselbstständige** Anschließung ihre Wirkung. Soll diese Abhängigkeit vermieden werden, muss der Gegner seine Beschwerde als selbständiges Rechtsmittel einlegen.[433]

Ist die Beschwerde selbstständig eingelegt worden, aber zB mangels Beschwer oder wegen Verspätung **unzulässig**, so ist sie als unselbstständige Anschlussbeschwerde zu behandeln, wenn die Beschwerde des Gegners zulässig ist.

2. Beschwerdegegenstand

a) Antrag

Der Beschwerdegegenstand kann vom Beschwerdeführer durch einen entsprechenden Antrag auf einen Teil der angefochtenen Entscheidung **begrenzt** werden. Eine solche Begrenzung der Anfechtung kann sich auch aus der Beschwerdebegründung ergeben (zB Anfechtung nur wegen der Absetzung der anwaltlichen Einigungsgebühr). Ergibt sich eine Beschränkung weder aus einem Antrag, noch aus der Begründung, so erfolgt die Anfechtung ohne Einschränkung. B 197

---

429 BGH Rpfleger 2006, 416 = NJW 2006, 2260; KG JurBüro 2000, 32.
430 *Thomas/Putzo/Reichold* § 571 Rn. 8; *Dörndorfer* RPflG § 11 Rn. 95.
431 OLG Stuttgart JurBüro 1986, 1571; LG Berlin JurBüro 1983, 132.
432 KG JurBüro 1991, 560; OLG Bamberg JurBüro 1981, 1679; *Thomas/Putzo/Hüßtege* § 104 Rn. 46.
433 *Zöller/Heßler* § 567 Rn. 58.

b) Nachschieben von Kosten

B 198 Ist dem Kostenfestsetzungsantrag voll stattgegeben worden, so ist eine Beschwerde des Antragstellers **mangels Beschwer** unzulässig. Eine Beschwer kann auch nicht nachträglich dadurch erzeugt werden, dass neue Positionen, über die der angefochtene Beschluss gar nicht entschieden hat, **nachgeschoben** werden.[434] In diesem Fall muss der Gläubiger die bisher nicht angemeldeten Kosten in einem selbständigen Verfahren **nachliquidieren** (= Nachfestsetzung).[435] Das gilt auch, wenn mit dem ursprünglichen Antrag nur ein Teilbetrag geltend gemacht worden ist.

Eine Nachfestsetzung ist aber zulässig, wenn der Kostenfestsetzungsbeschluss aus **anderen** Gründen in zulässiger Weise angefochten wird. In diesem Zusammenhang wird aus prozessökonomischen Gründen auch eine Nachfestsetzung zugelassen.[436] Dann kann sowohl der Beschwerdeführer als auch der Beschwerdegegner, dieser mit der Anschlussbeschwerde, neue Positionen zur Entscheidung stellen. So wie auch mit der Berufung die Klage erweitert werden kann. Die neue Position kann auch hilfsweise geltend gemacht werden.[437]

c) Erweiterung

B 199 Bei der **Rechtsmittelerweiterung** handelt es sich nicht um das Nachschieben neuer Positionen, sondern um die Erweiterung des zunächst nur beschränkt eingelegten Rechtsmittels. Da die Einlegung der sofortigen Beschwerde den Rechtskrafteintritt **insgesamt hemmt**, ist sie ist zulässig, auch wenn die Rechtsmittelbegründung keinen Erweiterungsvorbehalt enthält.[438]

d) Austausch von Positionen

B 200 Auch im Beschwerdeverfahren ist, wie im Festsetzungsverfahren vor dem Rechtspfleger, ein **Austausch** von Positionen zulässig (vgl Rdn. B 71 ff). Es darf in den Grenzen des mit der Beschwerde insgesamt geforderten Betrags, an Stelle eines geforderten, aber nicht erwachsenen oder nicht erstattungsfähigen Ansatzes, eine andere sich aus demselben Sachverhalt ergebende Position zugesprochen werden. Darunter fällt auch die Zuerkennung einer tatsächlich erwachsenen, aber wegen fehlender Notwendigkeit nicht erstattungsfähigen Anwaltsgebühr, in Höhe der durch die Einschaltung des Anwalts ersparten sonstigen notwendigen Parteiaufwendungen (zB Kosten einer Informationsreise).

e) Einwendungen gegen den Streitwert

B 201 Ist der **Streitwert** nicht gerichtlich festgesetzt worden, wird er vom Rechtspfleger bei der Kostenfestsetzung eigenständig angenommen. Andernfalls regt er die Wertfestsetzung an. Alleine darauf, der Rechtspfleger habe den Streitwert **unrichtig** berechnet, kann eine Beschwerde nicht gestützt werden.[439] Das Rechtsmittel ist in einen Antrag auf gerichtliche Streitwertfestsetzung nach § 63 GKG oder § 33 RVG umzudeuten.[440] Ändert sich der Streitwert **nachträglich**, ist das Verfahren nach § 107 ZPO eröffnet.

---

[434] OLG Bamberg JurBüro 1983, 129; OLG Frankfurt/M JurBüro 1978, 449.
[435] BGH NJW-RR 2011, 499.
[436] KG NJW-RR 1991, 768; MünchKommZPO *Schulz* § 104 Rn. 86.
[437] OLG München AnwBl 1969, 352 = Rpfleger 1969, 394.
[438] OLG Karlsruhe Rpfleger 1992, 494; OLG Köln JurBüro 1986, 927 u JurBüro 1981, 1404; MünchKommZPO *Schulz* § 104 Rn. 95; *Zöller/Herget* § 104 Rn. 21 »Rechtskraft«; **aA**: OLG Koblenz JurBüro 2007, 534; *Thomas/Putzo/Hüßtege* § 104 Rn. 32.
[439] KG KGR 2009, 799; OLG Frankfurt/M JurBüro 1979, 1873.
[440] OLG Düsseldorf JurBüro 1988, 1176; OLG Bamberg JurBüro 1976, 185; OLG Frankfurt/M JurBüro 1979, 601 u 1970, 853.

3. Verfahren vor dem Rechtspfleger

a) Abhilfebefugnis

Der Rechtspfleger hat bis zur Vorlage an das Beschwerdegericht eine **Abhilfebefugnis** (§ 572 Abs 1 S 1 ZPO). Damit ist ihm nicht nur die bloße Befugnis zur Abhilfe übertragen, sondern eine **Verpflichtung,** die Zulässigkeit und (teilweise) Begründetheit der sofortigen Beschwerde zu prüfen. Er darf deshalb die Frage, ob und bejahendenfalls in welcher Höhe der Beschwerde abzuhelfen ist, nicht offen lassen.[441] Die **Nichtabhilfeentscheidung** erfolgt durch Beschluss, der den Parteien formlos mitzuteilen ist.[442] Eine (interne) Nichtabhilfeverfügung, die den Parteien nicht zur Kenntnis gebracht wird, genügt diesen Anforderungen nicht und ist verfahrensfehlerhaft. Das gilt erst recht, wenn die Beschwerde sofort dem Beschwerdegericht »zur Entscheidung« vorgelegt wird. Ein derart mangelhaftes Abhilfeverfahren befugt das Beschwerdegericht zur Zurückverweisung der Sache an das Ausgangsgericht.[443] Die Nichtabhilfeentscheidung ist jedenfalls dann zu **begründen,** wenn der Beschwerdeführer bisher nicht bekannte Tatsachen oder neue rechtliche Argumente vorbringt. Der Rechtspfleger muss sich in diesem Fall mit dem Beschwerdevorbringen auseinandersetzen, so dass eine bloße Bezugnahme auf die Gründe der angegriffenen Entscheidung nicht genügt.[444]

Zur **Zurückweisung** der Beschwerde wegen Unzulässigkeit (zB wegen Fristversäumung) oder Unbegründetheit ist der Rechtspfleger nicht befugt, diese Entscheidung obliegt nach Vorlage dem Beschwerdegericht.[445]

b) Entscheidung

Im Falle der **Abhilfe** hat der Rechtspfleger nach Gewährung des **rechtlichen Gehörs** den Erstattungsbetrag in (teilweiser) Änderung der angefochtenen Entscheidung neu festzusetzen oder die bisherige Festsetzung zu ergänzen oder aufzuheben.[446]

Die **Abhilfeentscheidung** beendet das Rechtsmittelverfahren und ist ihrerseits, je nach Umfang der Beschwer, mit der Beschwerde oder Erinnerung anfechtbar. Die Entscheidung ist deshalb auch der durch sie beschwerten Partei zuzustellen. Sie muss bei voller Abhilfe eine Kostenentscheidung enthalten;[447] bei nur teilweiser Abhilfe hat das Beschwerdegericht bei der abschließenden Entscheidung eine einheitliche Kostenentscheidung zu treffen.

Hält der Rechtspfleger die Beschwerde **nicht** für begründet, legt er sie unverzüglich (§ 121 Abs 1 BGB) dem **Beschwerdegericht** vor (§ 572 Abs 1 ZPO, § 11 Abs 1 RPflG). Hält er die Beschwerde nur **teilweise** für begründet, so hilft er ihr insoweit ab. Die restliche Beschwerde legt er zur Entscheidung dem Beschwerdegericht vor. Falls die restliche Beschwer den Beschwerdewert nicht erreicht, legt er sie als **Erinnerung** dem Richter zur Entscheidung vor (§ 11 Abs 2 RPflG).

---

441 OLG Brandenburg FamRZ 2004, 653; OLG München Rpfleger 1981, 412 = JurBüro 1981, 1539.
442 OLG Düsseldorf JurBüro 2010, 427; KG Rpfleger 2008 126; *Zöller/Heßler* § 572 Rn. 10, 11; *Dörndorfer* RPflG § 11 Rn. 45.
443 KG Rpfleger 2008, 126; OLG Stuttgart MDR 2003, 110; OLG Frankfurt/M Rpfleger 1979, 388 = JurBüro 1979, 1572.
444 OLG Frankfurt/M MDR 2010, 344; OLG Brandenburg FamRZ 2004, 653; MünchKommZPO *Schulz* § 104 Rn. 99.
445 BGH NJW-RR 2009, 718; MünchKommZPO *Schulz* § 104 Rn. 99.
446 OLG München Rpfleger 1984, 285 u JurBüro 1980, 1746.
447 OLG Zweibrücken Rpfleger 2003, 101.

4. Verfahren vor dem Beschwerdegericht

a) Zuständigkeit

B 203 **Nach** Vorlage der Beschwerde an das Beschwerdegericht bzw im Erinnerungsverfahren an den Richter geht die funktionelle Zuständigkeit mit über, so dass der Rechtspfleger seine Entscheidung nicht mehr ändern darf.[448]

Eine »Rückgabe« an ihn zum erneuten »Überdenken« ist ohne förmliche Aufhebung und Zurückverweisung nicht zulässig.

B 204 Über die Beschwerde entscheidet das zur Entscheidung in der **Hauptsache** berufene Rechtsmittelgericht (LG oder OLG) als **Beschwerdegericht**. Da die angefochtene Entscheidung vom Rechtspfleger erlassen wurde, entscheidet grds der (originäre) Einzelrichter (§ 568 S 1 ZPO). Dieser kann das Verfahren dem gesamten Spruchkörper (Kammer/Senat) übertragen, wenn die Voraussetzungen des § 568 S 2 ZPO vorliegen.

B 205 Ist das Hauptsacheverfahren an ein anderes Gericht verwiesen oder abgegeben worden, so ist das dem neuen Gericht im Rechtsmittelzuge übergeordnete Gericht zur Beschwerdeentscheidung zuständig, selbst wenn das Rechtsmittel schon vor der Verweisung eingelegt worden war.[449]

B 206 Wird nach **Teilabhilfe** durch den Rechtspfleger der Beschwerdewert nicht mehr erreicht, so hat über die (restliche) Beschwerde der Richter im Erinnerungsverfahren nach § 11 Abs 2 RPflG **endgültig** zu entscheiden. Zuständig ist
– beim Amtsgericht der Einzelrichter;
– bei Kollegialgerichten grundsätzlich ein Mitglied des Spruchkörpers als (originärer) Einzelrichter (§ 11 Abs 2 S 7 RPflG, § 568 S 1 ZPO);
– bei der Kammer für Handelssachen der Vorsitzende (§ 349 Abs 2 Nr 12 ZPO).

B 207 Maßgeblich dafür, ob nach Teilabhilfe im Beschwerde- oder Erinnerungsverfahren zu entscheiden ist, ist der **Beschwerdewert**, den der Rechtsbehelf nach der Abhilfeentscheidung durch den Rechtspfleger noch hat; dh der Richter muss in vollem Umfang auch dann entscheiden, wenn die Beschwerde zwar ursprünglich die Beschwerdesumme erreichte, aber diese nach Teilabhilfe nunmehr nicht erreicht.[450]

Hat sich der Beschwerdegegner einer ursprünglich den Beschwerdewert erreichenden Beschwerde angeschlossen, deren Wert aber durch Teilabhilfe unter den Beschwerdewert gesunken ist, so ist auch der Wert der **Anschlussbeschwerde** mit zu berücksichtigen, denn durch die Teilabhilfe verliert die zulässige Anschließung nicht ihre Wirkung.[451] Dies gilt nicht, wenn beide Parteien unabhängig voneinander Beschwerde einlegen. In diesem Fall dürfen die Werte nicht addiert werden.[452] Übertrifft die Beschwerde einer Partei den Beschwerdewert, hat bei Kostenausgleichung das Beschwerdegericht auch über die Beschwerde der anderen Partei zu entscheiden, da nur eine einheitliche Entscheidung ergehen kann.[453]

Über eine **unzulässige**, weil zB verspätet eingelegte Beschwerde entscheidet das Beschwerdegericht.[454] Wird vom Beschwerdeführer wegen Fristversäumung zugleich **Wiedereinsetzung** in den vorigen Stand beantragt und möchte der Rechtspfleger der Beschwerde (teilweise) abhelfen, so hat

---

448 OLG München Rpfleger 1982, 196 = JurBüro 1982, 1563; KG Rpfleger 1985, 455 = JurBüro 1986, 113.
449 OLG Frankfurt/M Rpfleger 1974, 321.
450 OLG Karlsruhe AGS 2003, 361; OLG Düsseldorf Rpfleger 1998, 103; KG Rpfleger 1978, 29.
451 OLG Karlsruhe AnwBl 1979, 435 = Rpfleger 1979, 389.
452 OLG Düsseldorf Rpfleger 1998, 103.
453 OLG Karlsruhe AnwBl 1979, 435 = Rpfleger 1979, 389.
454 BGH NJW-RR 2009, 718.

er auch über den Wiedereinsetzungsantrag zu entscheiden, wenn er diesen für zulässig und begründet hält.[455]

b) Beschwerdeverfahren

Das Beschwerdeverfahren richtet sich nach §§ 568 – 572 ZPO. Danach gilt: **B 208**
– Dem Beschwerdegegner ist **rechtliches Gehör** zu gewähren. Es dürfen deshalb der Entscheidung des Beschwerdegerichts – mag diese in einer Stattgabe, einer Zurückweisung oder Verwerfung bestehen – keine Tatsachen zugrunde gelegt werden, zu denen sich der Gegner nicht äußern konnte. Auch dem Beschwerdeführer ist zu dem Verteidigungsvorbringen des Gegners rechtliches Gehör zu gewähren.
– Auch das **Verbot von Überraschungsentscheidungen** (§ 139 Abs 2 u 3 ZPO) ist vom Beschwerdegericht zu beachten. **B 209**

Die Beschwerde kann auf **neue Tatsachen und Beweismittel** gestützt werden (§ 571 Abs 2 S 1 ZPO). Damit ist die Beschwerdeinstanz eine vollwertige zweite Tatsacheninstanz.[456] Für das Vorbringen von Angriffs- und Verteidigungsmittel kann der Vorsitzende oder das Beschwerdegericht eine Frist setzen (§ 571 Abs 3 S 1 ZPO).

Eine **mündliche Verhandlung** ist zulässig. Wird sie angeordnet, so besteht dort Anwaltszwang.[457] **B 210**
– Die Beschwerde hat keine aufschiebende Wirkung. Die **Vollziehung** der angefochtenen Entscheidung kann jedoch sowohl vom Rechtspfleger als auch vom Beschwerdegericht **ausgesetzt werden** (§ 11 Abs 1 RPflG, § 570 Abs 2, 3 ZPO).[458] Die Aussetzung erstreckt sich allerdings nicht über das Beschwerdeverfahren hinaus.[459]

Die einstweilige Aussetzung der Vollziehung durch das Beschwerdegericht ist ebenso wie ihre Ablehnung nicht anfechtbar.[460] Die Aussetzungsentscheidung durch den Rechtspfleger unterliegt jedoch der Erinnerung (§ 11 Abs 2 RPflG).

Das Beschwerdegericht kann, nach seinem pflichtgemäßen Ermessen, das **Kostenfestsetzungsverfahren** ferner nach § 104 Abs 3 S 2 ZPO bis zur Rechtskraft der Kostengrundentscheidung **aussetzen**. Durch eine Verfahrensaussetzung kann unnötiger Aufwand vermieden werden: Wenn nämlich der Kostenfestsetzungsbeschluss auf einem vorläufig vollstreckbaren Hauptsachetitel basiert, wird er bei dessen Aufhebung wirkungslos.[461]

– **Verschlechterungsverbot** (Verbot der reformatio in peius). Das Verbot, die angefochtene Entscheidung zum **Nachteil** des Beschwerdeführers abzuändern, gilt auch im Beschwerdeverfahren.[462] Das Verbot gilt allerdings nur in Bezug auf den festgesetzten **Gesamtbetrag**, nicht auf die einzelnen ihm zugrunde liegenden Positionen, so dass der Austausch von Posten zulässig ist.[463] **B 211**

Das Verschlechterungsverbot gilt auch für die untere Instanz, wenn bei nur teilweiser Anfechtung die ursprüngliche Entscheidung voll aufgehoben und zurückverwiesen wurde.[464]

Das Verschlechterungsverbot schließt selbstverständlich eine nachteilige Änderung der angefochtenen Entscheidung auf eine Beschwerde des Gegners hin nicht aus. Sie verbietet auch nicht eine

---

455 OLG Koblenz AnwBl 2003, 315; *Dörndorfer* RPflG § 11 Rn. 94 (zur Erinnerung).
456 BGH NJW 2010, 1002.
457 *Thomas/Putzo/Reichold* § 571 Rn. 8; *Dörndorfer* RPflG § 11 Rn. 42.
458 *Zöller/Heßler* § 570 Rn. 3.
459 OLG Koblenz OLGR 2007, 564.
460 OLG Bremen JurBüro 1986, 764; OLG München Rpfleger 1973, 31 = JurBüro 1972, 1114 = MDR 1973, 147.
461 MünchKommZPO *Schulz* § 104 Rn. 6.
462 Hess LAG JurBüro 1999, 306; OLG München JurBüro 1982, 1563; OLG Hamm Rpfleger 1972, 266.
463 BGH NJW-RR 2006, 810.
464 OLG Köln Rpfleger 1975, 439 = JurBüro 1976, 107.

Klarstellung, dass eine dem Rechtsmittelführer günstige Entscheidung durch Wegfall der Kostengrundentscheidung unwirksam geworden sei.[465] Soll bei einem **Kostenausgleich** nach § 106 ZPO zu Gunsten des Beschwerdeführers erstmals eine Gebühr festgesetzt werden, so ist diese auch beim Gegner zu berücksichtigen.[466]

5. Entscheidung des Beschwerdegerichts

a) Verwerfung

B 212   Ist die Beschwerde **unzulässig**, weil sie zB nicht form- oder fristgerecht eingelegt wurde oder die Beschwer fehlt, so ist sie zu verwerfen (§ 572 Abs 2 ZPO). Die Entscheidung ergeht durch Beschluss (§ 572 Abs 4 ZPO).

b) Zurückweisung

B 213   Ist die Beschwerde zwar **zulässig**, die angefochtene Entscheidung jedoch, wenn auch nur im Ergebnis richtig, ist die Beschwerde **unbegründet** und vom Beschwerdegericht zurückzuweisen.

c) Aufhebung

B 213a   Ist nach der Auffassung des Beschwerdegerichts die Beschwerde **zulässig und begründet**, hat es die angefochtene Entscheidung abzuändern oder aufzuheben und in der Sache selbst über die Kostenfestsetzung zu entscheiden. Bei **teilweiser** Begründetheit wird der Kostenfestsetzungsbeschluss in diesem Umfang abgeändert und die Beschwerde im Übrigen zurückgewiesen. Wird der Beschwerde **stattgegeben**, so ist dies im **Tenor** der Beschwerdeentscheidung unterschiedlich zu verlautbaren: Bei erfolgreicher Beschwerde des **Erstattungsschuldners** wird idR, unter Aufhebung des angefochtenen Beschlusses, das Festsetzungsgesuch zurückgewiesen bzw der vom Rechtspfleger festgesetzte Betrag abgeändert und der Festsetzungsantrag im Übrigen zurückgewiesen. Ist die Beschwerde des **Erstattungsgläubigers** begründet, so ist entweder der zu erstattende Betrag festzusetzen oder anzuordnen, dass über den bereits festgesetzten Betrag hinaus ein zusätzlicher Betrag, nebst Zinsen seit Eingang des ersten Festsetzungsantrags, zu erstatten ist.[467]

d) Zurückverweisung

B 214   Eine Aufhebung des Kostenfestsetzungsbeschlusses mit Zurückverweisung (§ 572 Abs 3 ZPO) an den Rechtspfleger kommt nur bei schweren **Verfahrensmängeln**, wie zB bei unzureichender Begründung, in Betracht.[468] An die Auffassung des Beschwerdegerichts ist der Rechtspfleger gebunden (§ 573 Abs 2 ZPO analog).

e) Kosten des Beschwerdeverfahrens

B 215   Das Beschwerdegericht hat von Amts wegen auch über die Kosten des Beschwerdeverfahrens zu entscheiden (§ 308 Abs 2 ZPO). Die Kostenentscheidung richtet sich nach §§ 91 ff ZPO. Wird der Beschwerde **stattgegeben**, so sind dem Gegner die Kosten aufzuerlegen (§ 91 Abs 1 ZPO) und zwar ohne Rücksicht darauf, ob er der Beschwerde entgegengetreten ist.[469] War Gegenstand der Beschwerde allerdings ein Berechnungsfehler des Gerichts, ist eine Kostenentscheidung entbehrlich.[470] Die Kosten einer **erfolglosen** Beschwerde trägt der Beschwerdeführer (§ 97 Abs 1 ZPO).

---

465   OLG Karlsruhe NJW-RR 2004, 1507; OLG Hamm NJW 1982, 2047; **aA**: KG NJW 1973, 2115.
466   OLG Köln JurBüro 1994, 601.
467   OLG Frankfurt/M JurBüro 1985, 1090 u JurBüro 1985, 1718.
468   OLG Frankfurt/M MDR 2010, 344; OLG Rostock MDR 2006, 538.
469   KG KGR 2004, 69; OLG Frankfurt AnwBl 1999, 414; OLG Düsseldorf JurBüro 1989, 1578 m Anm *Mümmler*; **aA**: OLG Koblenz JurBüro 1984, 446.
470   OLG Frankfurt/M NJW-RR 2000, 362.

IX. Anfechtung der Entscheidung des Rechtspflegers B.

Wird die Beschwerde **zurückgenommen**, so sind die Kosten nach § 516 Abs 3 analog dem Beschwerdeführer aufzuerlegen.[471]

Mit Aufhebung oder Änderung der Kostengrundentscheidung wird das Beschwerdeverfahren **gegenstandslos**. Die Kosten des Verfahrens hat in diesem Falle derjenige zu tragen, der die Festsetzung vor Rechtskraft der Kostengrundentscheidung betrieben hat (Rechtsgedanke des § 717 Abs 2 ZPO).[472] Im Falle der Aufhebung der Entscheidung des Rechtspflegers und **Zurückverweisung** des Verfahrens trifft das Beschwerdegericht keine Kostenentscheidung, sondern überträgt sie der Instanz, an die zurückverwiesen wurde.[473]

B 216

Für eine **erfolgreiche** Beschwerde fallen keine Gerichtsgebühren an.[474] Hat die Beschwerde **teilweisen** Erfolg, kann das Gericht die Gebühr nach billigem Ermessen auf die Hälfte (= 30,00 €) ermäßigen oder bestimmen, dass eine Gebühr nicht erhoben wird (Anm zu KV GKG 1812). Eine Festgebühr in Höhe von 60,00 € entsteht, wenn die Beschwerde **erfolglos** bleibt und deshalb **verworfen** oder **zurückgewiesen** wird (KV GKG 1812). Wird die Beschwerde **vor** der Entscheidung des Beschwerdegerichts (= Übergabe des unterschriebenen Beschlusses an die Geschäftsstelle zur Bekanntgabe) **zurückgenommen**, fällt keine Gebühr an.[475] Ein Rechtsanwalt, der eine Partei im Beschwerdeverfahren vertritt, erhält eine 0,5 Verfahrensgebühr nach Nr 3500 VV RVG.

B 217

6. Rechtsbeschwerde

Gegen die Entscheidung des Beschwerdegerichts (LG/OLG) findet die **Rechtsbeschwerde** statt, wenn das Beschwerdegericht sie in seiner Entscheidung **zugelassen** hat (§ 574 Abs 1 S 1 Nr 2 ZPO). Eine Nichtzulassungsbeschwerde zum Rechtsbeschwerdegericht ist nicht vorgesehen. Die Rechtsbeschwerde (§§ 574–577 ZPO) hat revisionsähnlichen Charakter, mit ihr wird eine Klärung grundsätzlicher Rechtsfragen und eine einheitliche Rechtsprechung durch den **BGH** (§ 133 GVG) bezweckt. Deshalb ist sie nur zuzulassen, wenn entweder die Rechtssache **grundsätzliche Bedeutung** hat oder die **Fortbildung des Rechts** oder die Sicherung einer **einheitlichen Rechtsprechung** eine Entscheidung des Rechtsbeschwerdegerichts erfordert (§ 574 Abs 2 ZPO). Die Rechtsbeschwerde kann auch in einem Kostenfestsetzungsverfahren, das im Anschluss an ein einstweiliges Verfügungsverfahren stattgefunden hat, zugelassen werden. Die Beschränkung des § 574 Abs 1 S 2 ZPO (anwendbar über § 542 Abs 2 ZPO) gilt nicht.[476]

B 218

Die Rechtsbeschwerde ist binnen einer **Notfrist von einem Monat** nach Zustellung des Beschlusses durch Einreichen einer Beschwerdeschrift bei dem Rechtsbeschwerdegericht (judex ad quem) **einzulegen** (§ 575 Abs 1 S 1 ZPO). Sofern die Beschwerdeschrift keine Begründung enthält, ist die Rechtsbeschwerde ferner binnen einer Frist von **einem Monat** nach Zustellung der angefochtenen Entscheidung zu **begründen** (§ 575 Abs 2 ZPO). Der Schriftsatz ist durch einen beim BGH zugelassenen Rechtsanwalt zu unterschreiben (§ 78 Abs 1 S 3 ZPO).[477] Kein Anwaltszwang besteht, wenn der Bezirksrevisor als Vertreter der Staatskasse in einer PKH-Angelegenheit (§ 127 Abs 3 ZPO) Rechtsbeschwerde einlegt.[478] Die Muss-Inhalte der Begründung legt § 575 Abs 3 ZPO fest.

Die Rechtsbeschwerde kann nur darauf **gestützt** werden, dass die angefochtene Entscheidung auf einer Verletzung des Bundesrechts oder einer Vorschrift beruht, deren Geltungsbereich sich über

---

471 MünchKommZPO *Schulz* § 104 Rn. 114.
472 BGH VersR 2007, 519; OLG Celle OLGR 2008, 953; KG Rpfleger 1978, 384 = JurBüro 1978, 1246; OLG Hamm Rpfleger 1977, 215 = JurBüro 1977, 1141; OLG Düsseldorf NJW 1974, 1714 = Rpfleger 1974, 230 = JurBüro 1974, 1032; MünchKommZPO *Schulz* § 104 Rn. 114.
473 OLG Hamm Rpfleger 1971, 443.
474 *Binz/Dörndorfer/Petzold/Zimmermann* KV GKG 1812 Rn. 4.
475 *Binz/Dörndorfer/Petzold/Zimmermann* KV GKG 1812 Rn. 4.
476 BGH NJW-RR 2009, 859; BGH NJW 2005, 2233.
477 BGH NJW 2002, 2181.
478 BGH NJW-RR 2005, 1237.

den Bezirk eines Oberlandesgerichts hinaus erstreckt (§ 576 Abs 1 ZPO). Sie kann nicht darauf gestützt werden, dass das Gericht des ersten Rechtszuges seine Zuständigkeit zu Unrecht angenommen oder verneint hat (§ 576 Abs 2 ZPO). Diese Einschränkung gilt nicht für die Prüfung der internationalen Zuständigkeit.[479] Der Rechtsbeschwerdegegner kann sich bis zum Ablauf einer Notfrist von einem Monat nach der Zustellung der Begründungsschrift durch Einreichen der Rechtsbeschwerdeanschlussschrift beim Rechtsbeschwerdegericht der Rechtsbeschwerde **unselbstständig anschließen** (§ 574 Abs 4 ZPO).

§ 576 Abs 3 ZPO verweist wegen des Begriffs der Rechtsverletzung auf § 546 ZPO, wegen absoluter Rechtsbeschwerdegründe auf § 547 ZPO, wegen des Verlustes des Rügerechts auf § 556 ZPO und wegen nichtreversibler Gesetze auf § 560 ZPO. Ergibt die Begründung der angefochtenen Entscheidung zwar eine Rechtsverletzung, stellt die Entscheidung selbst sich aus anderen Gründen als richtig dar, so ist die Rechtsbeschwerde zurückzuweisen (§ 577 Abs 3 ZPO).

Wird die Rechtsbeschwerde für begründet erachtet, ist die angefochtene Entscheidung aufzuheben und die Sache zur erneuten Entscheidung – ggfs an einen anderen Spruchkörper – zurückzuverweisen (§ 577 Abs 4 ZPO).

7. Außerordentliche Rechtsbehelfe

B 219 Die Möglichkeit einer (außerordentlichen) Rechtsbeschwerde wegen »**greifbarer Gesetzeswidrigkeit**« besteht nicht. Insoweit stehen die engen Zulassungsvoraussetzungen für die Rechtsbeschwerde (§ 574 Abs 2 ZPO) entgegen.[480]

Da die Entscheidung des Beschwerdegerichts in materielle Rechtskraft erwächst, darf das Beschwerdegericht selbst seine Entscheidung auf eine **Gegenvorstellung** hin nicht ändern.

Allerdings ist bei Verletzung des rechtlichen Gehörs das Beschwerdegericht nach einer **Gehörsrüge** (§ 321a ZPO) gehalten, das Verfahren fortzuführen.

8. Erinnerung

a) Statthaftigkeit

B 219a Ist nach den allgemeinen verfahrensrechtlichen Vorschriften gegen die Entscheidung des Rechtspflegers kein Rechtsmittel gegeben, so findet die (befristete) **Erinnerung** statt (§ 11 Abs 2 S 1 RPflG). Dadurch wird der verfassungsrechtlichen **Rechtswegegarantie** (Art. 19 Abs 4 GG) Rechnung getragen, indem die Entscheidung des Rechtspflegers der richterlichen Kontrolle unterworfen wird.[481] Im **Kostenfestsetzungsverfahren** gehören hierher alle Rechtspflegerentscheidungen, in denen der Beschwerdewert die 200 Euro-Grenze nicht übersteigt (§§ 104 Abs 3, 567 Abs 2 ZPO).[482] Auch gegen die **isolierte Kostenentscheidung** des Rechtspflegers im Abhilfeverfahren[483] und gegen den Kostenfestsetzungsbeschluss des Rechtspflegers am **OLG** (zB nach Vollstreckbarerklärung eines Schiedsspruchs) findet die Erinnerung statt.[484]

b) Erinnerungsberechtigung/Beschwer

B 219b Wie die Beschwerde, setzt auch die Erinnerung eine Beschwer voraus. Es muss der Erinnerungsführer durch die angefochtene Entscheidung in seinen Rechten **beeinträchtigt** sein. Das Erreichen einer Erinnerungssumme schreibt § 11 Abs 2 RPf.G hingegen nicht vor. Wird die Erinnerung auf

---

479 BGH NJW-RR 2010, 279.
480 BGH NJW-RR 2004, 356.
481 BVerfG NJW-RR 2001, 1077; BGH Rpfleger 2008, 485; *Dörndorfer* RPflG § 11 Rn. 88.
482 *Dörndorfer* RPflG § 11 Rn. 92.
483 OLG Koblenz NJW-RR 2000, 363; OLG Brandenburg NJW-RR 2000, 1593.
484 BayObLG NJW-RR 2000, 141.

IX. Anfechtung der Entscheidung des Rechtspflegers   **B.**

zunächst nicht beanstandete Posten **erweitert** und übersteigt jetzt der Beschwerdewert die 200 Euro-Grenze, so ist die Erinnerung als sofortige Beschwerde zu behandeln, wenn die Erweiterung innerhalb der Notfrist des § 569 Abs 1 S 1 ZPO erfolgte.[485] Erfolgt die Erweiterung erst **nach** Fristablauf, sind sowohl die sofortige Beschwerde als auch die Erinnerung (diese wegen ihrer Subsidiarität) unzulässig, denn die Verfristung der an sich zulässigen Beschwerde ebnet nicht den Weg zur Erinnerung. Es bleibt nur die Möglichkeit, Wiedereinsetzung in den vorigen Stand zu beantragen.[486]

c) Frist

Die Erinnerung ist innerhalb einer Frist von **zwei Wochen** einzulegen (§ 11 Abs 2 S 1 Hs 2 RPflG).   B 219c
Die Frist beginnt mit der Bekanntmachung der Entscheidung des Rechtspflegers. Bei Fristversäumung kann nach § 11 Abs 2 S 2 RPflG Wiedereinsetzung in den vorigen Stand beantragt werden.

d) Form

Die Erinnerung kann **schriftlich** oder zu **Protokoll der Geschäftsstelle** (zuständig: UdG § 153   B 219d
GVG oder Rpfl § 24 Abs 2 Nr 1 RPflG) bei dem Gericht, dem der Rechtspfleger angehört, eingelegt werden. Für die Einlegung besteht auch dann kein **Anwaltszwang**, wenn nach Vorlage durch den Rechtspfleger ein Kollegialgericht (LG/OLG) darüber zu entscheiden hat. Ordnet das Gericht mündliche Verhandlung an, dann besteht nach Maßgabe des § 571 Abs 4 ZPO Anwaltszwang.[487]

e) Anschlusserinnerung

Nach § 11 Abs 2 S 7 RPflG iVm § 569 Abs 3 ZPO besteht für den Gegner die Möglichkeit, sich   B 219e
der Erinnerung **anzuschließen**.

f) Zusammentreffen von Erinnerung und sofortiger Beschwerde

Legt eine Partei Erinnerung und die andere sofortige Beschwerde gegen den Kostenfestsetzungs-   B 219f
beschluss ein, so ist die Erinnerung wegen des **Vorrangs** der Beschwerde einheitlich mit dieser zu behandeln. Der Rechtspfleger hat die Sache nach Nichtabhilfe oder Teilabhilfe, wenn der Beschwerdewert 200 € noch übersteigt, dem Beschwerdegericht zur einheitlichen Entscheidung vorzulegen.[488] Anders liegt der Fall, wenn der Gegner sich der Erinnerung **anschließt** und die Anschließung den Beschwerdewert von 200 € übersteigt. Ein akzessorisches Rechtsmittel kann zu keiner vom Hauptrechtsmittel abweichenden (höheren) Instanz führen, so dass darüber im Erinnerungsverfahren zu entscheiden ist.[489]

g) Abhilfeverfahren des Rechtspflegers

Der Rechtspfleger kann der Erinnerung abhelfen (§ 11 Abs 2 S 5 RPflG). Ob abzuhelfen ist,   B 219g
muss er prüfen.[490] Kommt eine Abhilfe zu Ungunsten des Gegners in Betracht, ist ihm rechtliches Gehör zu gewähren. Bei voller Abhilfe hat der Rechtspfleger auch über die Kosten des Verfahrens zu entscheiden (§ 308 Abs 2 ZPO). Die Abhilfeentscheidung darf den Erinnerungsführer nicht verschlechtern (Verbot der reformatio in peius) und im Ergebnis nicht über seinen Antrag hinausgehen. Hilft der Rechtspfleger der Erinnerung nicht oder nur teilweise ab, so legt er sie dem zuständigen Richter (§ 28 RPflG) zur Entscheidung vor (§ 11 Abs 2 S 6 RPflG). Der Beschluss ist

---

485 MünchKommZPO *Schulz* § 104 Rn. 124.
486 OLG Nürnberg MDR 2005, 534; *Zöller/Herget* § 104 Rn. 15; zweifelnd: MünchKommZPO *Schulz* § 104 Rn. 124.
487 *Dörndorfer* RPflG § 11 Rn. 95.
488 MünchKommZPO *Schulz* § 104 Rn. 130.
489 BGH NJW 1961, 2309; OLG Hamm Rpfleger 1978, 455.
490 OLG Köln Rpfleger 1975, 140.

Dörndorfer

grds zu begründen.[491] Vorzulegen ist der Rechtsbehelf auch dann, wenn der Rechtspfleger ihn für unzulässig hält. Mit der Vorlage geht die funktionelle Zuständigkeit auf den Richter über. Nach § 11 Abs 2 S 7 RPflG sind auf die Erinnerung im Übrigen die Vorschriften über die Beschwerde (§§ 567 – 577 ZPO) sinngemäß anzuwenden. So kann zB durch den Rechtspfleger/Richter die Zwangsvollstreckung aus dem Kostenfestsetzungsbeschluss bis zur Erinnerungsentscheidung ausgesetzt werden (§ 11 Abs 2 S 7 RPflG iVm § 570 ZPO).

h) Verfahren des Richters

B 219h Über die vorgelegte Erinnerung entscheidet der Richter des Gerichts, dem der Rechtspfleger **angehört** (§ 28 RPflG). Das ist beim AG und LG (Zivilkammer; §§ 348, 348 a ZPO) der Einzelrichter, bei der Kammer für Handelssachen der Vorsitzende (§ 349 Abs 2 Nr 12 ZPO) und in Familiensachen (§ 111 FamFG) der Familienrichter. Anwaltszwang besteht nicht (§ 13 RPflG). Eine unzulässige Erinnerung wird verworfen (§ 11 Abs 2 S 7 iVm § 572 Abs 2 ZPO).

Ist die Erinnerung zulässig und begründet, entscheidet der Richter in der Sache. Ausnahmsweise kann er an den Rechtspfleger zurückverweisen (§ 11 Abs 2 S 7 RPflG iVm § 572 Abs 3 ZPO).[492]

i) Kosten des Erinnerungsverfahrens

B 219i Der Beschluss des Richters muss eine Kostenentscheidung enthalten. Ist sie unterblieben, kann sie nachgeholt werden (§ 321 ZPO).[493] Nach **Rücknahme** der Erinnerung sind dem Erinnerungsführer die Kosten des Verfahrens analog § 516 Abs 3 ZPO aufzuerlegen. Den Beschluss erlässt der Rechtspfleger bzw nach Vorlage der Richter. Das Verfahren ist gerichtsgebührenfrei (§ 11 Abs 4 RPflG); Auslagen (Nr 9000 ff KV GKG) sind zu erheben. Bei anwaltlicher Vertretung entsteht eine 0,5 Verfahrensgebühr (Nr 3500 VV RVG).

Durch Aufhebung oder Änderung der Kostengrundentscheidung wird das Erinnerungsverfahren gegenstandslos. Die Kosten sind auf Antrag demjenigen aufzuerlegen, der die gegenstandslos gewordene Festsetzung beantragt hatte.[494]

X. Festsetzung zu Gunsten des beigeordneten Rechtsanwalts

1. Zweck und Anwendungsbereich des § 126 ZPO

B 220 a) Nach § 126 Abs 1 ZPO haben die für die Partei bestellten Rechtsanwälte das Recht, ihre Gebühren und Auslagen von dem in die Prozesskosten verurteilten Gegner **im eigenen Namen beizutreiben**. Der beigeordnete Anwalt erhält damit gegen den unterlegenen Gegner ein mit dem Einziehungsrecht des § 835 ZPO vergleichbares Beitreibungsrecht.[495] Er kann seinen Anspruch auf Zahlung der nach § 91 ZPO erstattungsfähigen Wahlanwaltsvergütung (§ 13 RVG) gegen den unterlegenen Gegner geltend machen. Auch wenn diesem Prozesskostenhilfe bewilligt wurde.[496] Die Mehrwertsteuer ist dann nicht zu erstatten, wenn die eigene Partei vorsteuerabzugsberechtigt ist.[497]

---

491 OLG München Rpfleger 1992, 382; *Dörndorfer* RPflG § 11 Rn. 99.
492 OLG Karlsruhe Rpfleger 1993, 484.
493 MünchKommZPO *Schulz* § 104 Rn. 136.
494 OLG Düsseldorf NJW 1974, 1714 = Rpfleger 1974, 230 = JurBüro 1974, 1032; OLG Hamm Rpfleger 1977, 215 = JurBüro 1977, 1141; KG Rpfleger 1978, 384 = JurBüro 1978, 1246; **aA**: OLG München Rpfleger 1970, 98 = JurBüro 1970, 268 (von Amts wegen, wenn Gegenstandslosigkeit aus Gründen der Rechtssicherheit festgestellt wird); LG Berlin (Entscheidung nach § 91 a ZPO) JurBüro 1978, 432.
495 BGH FamRZ 2016, 206 = BeckRS 2015, 20310 = Rpfleger 2016, 300 = MDR 2016, 175.
496 OLG Koblenz Rpfleger 2008, 144.
497 BGH NJW-RR 2007, 285; OLG Hamm JurBüro 2002, 33.

b) Während der Erstattungsanspruch zugunsten des beigeordneten Rechtsanwalts verstrickt ist, kann seine Partei nicht darüber verfügen und der Gegner nicht schuldbefreiend an die PKH-Partei zahlen.[498] Im Einzelnen gilt Folgendes:

aa) *Antragsrecht der PKH-Partei:* Solange kein Kostenfestsetzungsbeschluss auf den Namen des beigeordneten Rechtsanwalts ergangen ist, darf die PKH-Partei die Festsetzung gegen den Gegner im eigenen Namen betreiben. Ihr Antragsrecht besteht neben dem Beitreibungsrecht des Rechtsanwalts.[499] Selbst dann, wenn der Partei PKH ohne Zahlungsbestimmungen bewilligt wurde, gilt nichts Anderes.[500] Hat der beigeordnete Rechtsanwalt seine Vergütung aus der Staatskasse erhalten, beschränkt sich das Beitreibungsrecht der Partei auf die Differenz zwischen Wahlanwaltsvergütung und PKH-Vergütung.[501] Das Antragsrecht der Partei erlischt erst, wenn dem Gegner ein Kostenfestsetzungsbeschluss zugunsten des beigeordneten Rechtsanwalts zugestellt wird. Dessen Beitreibungsrecht geht vor.

bb) *Antragsrecht des beigeordneten Rechtsanwalts:* Das Antragsrecht erstreckt sich auf den prozessualen Kostenerstattungsanspruch der PKH-Partei, der auf Erstattung der Wahlanwaltsvergütung (§ 91 Abs 2 S 1 ZPO, § 13 RVG) gerichtet ist. Der Rechtsanwalt kann die Kostenfestsetzung im eigenen Namen betreiben und den zu erstattenden Betrag auf seinen Namen festsetzen lassen. Er ist dann selbst Partei im Festsetzungsverfahren und auch beschwerdeberechtigt. § 126 Abs 1 ZPO begründet für den beigeordneten Rechtsanwalt eine gesetzliche Prozessstandschaft mit Prozessführungsbefugnis.[502] Obsiegt der Gegner im Rechtsmittelverfahren, hat er die Möglichkeit der Rückfestsetzung (§ 91 Abs 4 ZPO) gegen den beigeordneten Rechtsanwalt.[503]

Handelt es sich bei erstattungsfähigen Posten nicht um Kosten des Rechtsanwalts, sondern um solche der Partei (zB Parteireisekosten), bleibt die PKH-Partei weiter einziehungsberechtigt. Zwischen beigeordnetem Rechtsanwalt und Partei besteht keine Gesamtgläubigerschaft (§ 428 BGB) am Erstattungsanspruch und auch kein Innenverhältnis iSv § 430 BGB.[504]

B 221

2. Voraussetzungen und Verfahren

a) Sein Beitreibungsrecht nach § 126 Abs 1 ZPO übt der beigeordnete Rechtsanwalt auf Grund eines Kostenfestsetzungsbeschlusses aus. Der Beschluss wird auf Antrag des Rechtsanwalts im Verfahren nach § 104 ZPO und, bei einer Kostenverteilung nach Quoten in der Kostengrundentscheidung, nach § 106 ZPO erlassen. Partei des Festsetzungsverfahrens ist nicht die PKH-Partei, sondern der beigeordnete Rechtsanwalt. Allerdings muss der Wille, die Festsetzung im eigenen Namen zu betreiben, zweifelsfrei im Antrag erklärt werden. Im Zweifel ist davon auszugehen, dass die Festsetzung im Namen der Partei beantragt wird.[505] Ist auf den Namen der Partei festgesetzt worden, bleibt das Recht des beigeordneten Rechtsanwalts, auf seinen Namen festsetzen zu lassen, bestehen. Eine Verfügung über den Erstattungsanspruch (zB Erfüllung, Aufrechnung oder Pfändung) muss er dann aber gegen sich gelten lassen.[506] Beschwerdeberechtigt ist nur der beigeordnete Rechtsanwalt und nicht die PKH-Partei.[507] Die Eröffnung des Insolvenzverfahrens über das Vermögen der Partei unterbricht nicht das von dem beigeordneten Rechtsanwalt im eigenen Namen

B 222

---

498 BGH FamRZ 2016, 206.
499 BGH NJW 1994, 3292; OLG Koblenz JurBüro 1983, 1724.
500 BGH NJW 2009, 2962; OLG Düsseldorf NJW-RR 1998, 287; BeckOK ZPO/*Kratz* ZPO § 126 Rn. 4: **aA:** OLG Hamm Rpfleger 2003, 138: das Rechtsschutzbedürfnis fehlt.
501 KG Rpfleger 1987, 333.
502 OLG Koblenz JurBüro 2006, 152.
503 BGH NJW-RR 2013, 186; OLG München Rpfleger 2013, 276; OLG Hamburg FamRZ 2012, 736.
504 BGH NJW-RR 2007, 1147; BeckOK ZPO/*Kratz* ZPO § 126 Rn. 2.
505 OLG Celle JurBüro 2014, 30 = BeckRS 2013, 14465,
506 OLG Hamm NJW-RR 2013, 1408; OLG Schleswig NJW-RR 2004, 717; OLG München NJW-RR 1998, 214.
507 OLG Hamburg FamRZ 2012, 736.

betriebene Festsetzungsverfahren.⁵⁰⁸ Hat die PKH-Partei bereits einen Kostenfestsetzungsbeschluss erwirkt, so muss der beigeordnete Rechtsanwalt diesen aufheben und durch einen neuen, auf seinen Namen lautenden, ersetzen lassen. Eine Titelumschreibung nach § 727 ZPO scheidet aus, da kein Fall der Rechtsnachfolge vorliegt.⁵⁰⁹ Wird trotzdem umgeschrieben, so liegt darin der Erlass eines neuen Kostenfestsetzungsbeschlusses.⁵¹⁰

Soweit im Festsetzungsbeschluss, den der beigeordnete Rechtsanwalt im eigenen Namen erwirkt hat, Kosten dem »Antragsteller« auferlegt werden, treffen sie ihn und nicht die PKH-Partei. Auch die Zwangsvollstreckung aus einem solchen Beschluss betreibt der Rechtsanwalt im eigenen Namen, so dass er auch für deren Kosten haftet. Die der Partei für die Zwangsvollstreckung bewilligte Prozesskostenhilfe (vgl § 119 Abs 2 ZPO) erstreckt sich nicht auf Vollstreckungsmaßnahmen, die der beigeordnete Anwalt im eigenen Namen erwirkt.

B 223   b) Das eigene Beitreibungsrecht steht dem beigeordneten Rechtsanwalt ohne Rücksicht darauf zu, ob er als Prozessbevollmächtigter, Verkehrsanwalt- oder zur Wahrnehmung eines Beweisaufnahmetermins (vgl § 121 Abs 4 ZPO) beigeordnet wurde. Auch die Beiordnung zum Unterbevollmächtigten schließt § 121 Abs 4 ZPO nicht aus.⁵¹¹ Auch in Verfahren der außerordentlichen Gerichtsbarkeit nach der VwGO (vgl § 166 VwGO), dem SGG (vgl § 73 SGG), der FGO (vgl § 142 FGO u Rdn. D 130) sowie dem ArbGG (vgl § 11 a ArbGG u Rdn. C 13) kann ein Rechtsanwalt beigeordnet werden (vgl Rdn. D 130 u C 13). In arbeitsgerichtlichen Verfahren ist die Kostenerstattung und damit auch die Anwendung des § 126 ZPO, im Urteilsverfahren des ersten Rechtszugs nach § 12 a Abs 1 S 1 ArbGG allerdings weitgehend ausgeschlossen. Nach § 136 S 2 PatG ist § 126 ZPO im Einspruchsverfahren und in Verfahren wegen Erklärung der Nichtigkeit des Patents sowie in Zwangslizenzverfahren entsprechend anwendbar.

Das Beitreibungsrecht auf die während der Beiordnung entstandenen Vergütungsansprüche ist nicht vom Fortbestand der PKH-Bewilligung und Beiordnung abhängig. Es wird deshalb von der Aufhebung der PKH-Bewilligung nach § 124 ZPO nicht berührt.⁵¹² Auch nach dem Tod des Anwalts kann der Erbe dieses Recht ausüben.

B 224   c) Voraussetzung des eigenen Beitreibungsrechts des beigeordneten Rechtsanwalts nach § 126 ZPO ist, dass der PKH-Partei ein Kostenerstattungsanspruch gegen den Prozessgegner zusteht. Dieser Anspruch basiert auf einer Kostengrundentscheidung zu Lasten des (teilweise) unterlegenen Gegners. Vor Rechtskraft der Kostenentscheidung können die Parteien Vereinbarungen über die Kostentragung treffen (zB Verzicht auf Kostenerstattung vor Klage- oder Rechtsmittelrücknahme). Ist danach ein Kostenerstattungsanspruch zu Gunsten der PKH-Partei nicht entstanden, so entsteht auch das Beitreibungsrecht des beigeordneten Rechtsanwalts nach § 126 ZPO nicht.⁵¹³ Das kann der Gegner im Kostenfestsetzungsverfahren ausnahmsweise einwenden.⁵¹⁴

aa) Sind die Kosten zwischen der PKH-Partei und dem Prozessgegner nach Quoten verteilt (§ 92 ZPO), so ist der Erstattungsanspruch im Wege des Kostenausgleichs nach § 106 ZPO zu ermitteln (vgl dazu Rdn. B 160 ff). Ergibt sich danach ein Saldo zu Gunsten der PKH-Partei, kann dieser nach § 126 ZPO auf den Namen des beigeordneten Rechtsanwalts festgesetzt werden. (Zum Kostenausgleich bei PKH-Bewilligung vgl Rdn. B 180). Reicht der nach § 106 Abs 1 ZPO aufgeforderte Gegner die Berechnung seiner Kosten nicht fristgerecht ein, so ist die Festsetzung ohne Rücksicht auf die Kosten des Gegners durchzuführen (§ 106 Abs 2 S 1 ZPO). Der Gegner kann dann aber

---

508 OLG Koblenz KostRsp ZPO § 126 Nr 1.
509 KG Rpfleger 1977, 451; BeckOK ZPO/*Kratz* ZPO § 126 Rn. 9.
510 BGH 5, 251; BeckOK ZPO/*Kratz* ZPO § 126 Rn. 9; *Thomas/Putzo/Seiler* § 126 Rn. 4.
511 BGH NJW 2004, 2749; OLG Köln BeckRS 2012, 12075; MünchKommZPO *Wache* § 121 Rn. 19.
512 OLG Zweibrücken JurBüro 1984, 237.
513 BGH NJW 2007, 1213 = FamRZ 2007, 123.
514 *Thomas/Putzo/Seiler* § 126 Rn. 7; BeckOK ZPO/*Kratz* ZPO § 126 Rn. 3.

mit seinem Erstattungsanspruch gegen den Anspruch des beigeordneten Rechtsanwalts aufrechnen (§§ 106 Abs 2 S 1, 126 Abs 2 S 2 ZPO).[515]

bb) Die Erstattungsfähigkeit der in Ansatz gebrachten Aufwendungen des beigeordneten Rechtsanwalts ist danach zu beurteilen, ob sie zur zweckentsprechenden Rechtsverfolgung oder -verteidigung notwendig war (§ 91 ZPO). Auf Grund der Erstattungsautomatik des § 91 Abs 2 S 1 ZPO gehört die gesetzliche Vergütung eines Rechtsanwalts kraft Gesetzes zu den erstattungsfähigen Prozesskosten. Und zwar in Höhe einer Wahlanwaltsvergütung nach § 13 RVG. Nach den allgemeinen Grundsätzen des § 91 ZPO beurteilt sich auch die Erstattungsfähigkeit von Auslagen des beigeordneten Rechtsanwalts (zB Dokumentenpauschale, Reisekosten, Post- und Telekommunikationsdienstleistungsentgelte). Danach ist auch zu prüfen, ob die Einschaltung eines zusätzlichen Anwalts notwendig war. Sind in derselben Instanz mehrere Rechtsanwälte nacheinander beigeordnet worden, so steht das Beitreibungsrecht nach § 126 Abs 1 ZPO grundsätzlich jedem zu. Ob und in welchem Umfang es jedoch begründet ist, beurteilt sich nach § 91 Abs 2 S 2 ZPO. Danach wird die Erstattungspflicht auf die Kosten eines Rechtsanwalts begrenzt. Es sei denn, dass in der Person des Rechtsanwalts ein Wechsel eintreten musste. Der unterlegene Gegner ist nur nach Maßgabe des § 91 Abs 2 S 2 ZPO verpflichtet, die Kosten mehrerer Rechtsanwälte zu erstatten. Er darf einer Beitreibung nur in diesem Umfang ausgesetzt werden. Deshalb ist grds die mehrfache Festsetzung von Gebühren, die auf demselben Gebührentatbestand beruhen, ausgeschlossen.

cc) Allein die Tatsache, dass der Rechtsanwalt zB als Verkehrsanwalt nach § 121 Abs 4 ZPO beigeordnet wurde, bindet das Kostenfestsetzungsverfahren nicht. Der Beiordnungsbeschluss besagt nicht, dass die Einschaltung eines Verkehrsanwalts auch iSd § 91 ZPO notwendig war und damit dessen Kosten vom unterlegenen Gegner zu erstatten sind.[516]

dd) War der Rechtsanwalt mehreren nur teilweise obsiegenden Streitgenossen beigeordnet, so steht ihm das Beitreibungsrecht nach § 126 Abs 1 ZPO nur in Höhe des tatsächlich erbrachten Anteils der obsiegenden Streitgenossen an den Rechtsanwaltskosten zu.[517] (Vgl zur Kostenerstattung bei Streitgenossenschaft Rdn. B 49 ff).

d) Für die Festsetzung auf den Namen des beigeordneten Rechtsanwalts ist ein **vorläufig vollstreckbarer Titel**, aus dem sich die Kostengrundentscheidung ergibt, ausreichend. Der Kostenfestsetzungsbeschluss ist aber, ebenso wie der prozessuale Kostenerstattungsanspruch seiner Partei, vom Fortbestand der Kostengrundentscheidung abhängig. Ist die vorläufige Vollstreckbarkeit an eine Sicherheitsleistung gebunden und vollstreckt der beigeordnete Rechtsanwalt nur den Differenzbetrag zwischen PKH-Vergütung aus der Staatskasse und Regelgebühren, so muss er nur in Höhe dieses Betrags Sicherheit leisten.[518] Der Betrag der Sicherheitsleistung muss in den Kostenfestsetzungsbeschluss aufgenommen werden.[519]

B 225

Macht der beigeordnete Rechtsanwalt sein Beitreibungsrecht auf der Grundlage einer noch nicht rechtskräftigen Kostengrundentscheidung geltend, so ist er selbst und nicht die PKH-Partei, bei späterer Aufhebung des Titels, dem Gegner zum Schadensersatz nach § 717 Abs 2 ZPO verpflichtet.[520] Der Gegner kann bereits bezahlte Kosten nach § 91 Abs 4 ZPO gegen den Rechtsanwalt rückfestsetzen lassen.[521]

---

515 BGH FamRZ 2007, 710; *Zimmermann* Rn. 660.
516 OLG Frankfurt/M AnwBl 1982, 381 = JurBüro 1982, 868; OLG Hamm Rpfleger 1983, 328 = MDR 1983, 584; OLG Koblenz JurBüro 1990, 733.
517 BGH NJW-RR 2003, 1217 = Rpfleger 2003, 537 und BGH Rpfleger 2006, 339.
518 OLG Bamberg Rpfleger 1981, 455.
519 MünchKommZPO *Wache* ZPO § 126 Rn. 7.
520 BeckOK ZPO/*Kratz* ZPO § 126 Rn. 12; MünchKommZPO *Wache* § 126 Rn. 7; BLAH/*Hartmann* § 126 Rn. 19.
521 BGH NJW-RR 2013, 186; OLG München Rpfleger 2013, 276.

Das Beitreibungsrecht des Rechtsanwalts schränkt die Prozessführungsbefugnis der PKH-Partei nicht ein. Sie darf insbesondere im höheren Rechtszug die Klage zurücknehmen, den Klageanspruch anerkennen oder sich – auch außergerichtlich – vergleichen, auch wenn damit dem Beitreibungsrecht die Grundlage entzogen wird.[522]

Erst wenn die Kostengrundentscheidung rechtskräftig geworden oder das Verfahren durch einen Vergleich mit Kostenregelung beendet worden ist, steht der prozessuale Kostenerstattungsanspruch der Partei und damit auch das Beitreibungsrecht des Rechtsanwalts nach § 126 Abs 1 ZPO endgültig fest. Die PKH-Partei kann über den verstrickten Erstattungsanspruch nicht mehr beeinträchtigend verfügen. Einwendungen aus seiner Rechtsbeziehung zur PKH-Partei (zB Zahlung, Aufrechnung) kann der Gegner dem Beitreibungsrecht nach § 126 Abs 2 S 1 ZPO nicht entgegensetzen. Ausgenommen ist die Aufrechnung mit Prozesskosten aus demselben Rechtsstreit (§ 126 Abs 2 S 2 ZPO).

e) Dem Beitreibungsrecht nach § 126 Abs 1 ZPO steht nicht entgegen, dass dem unterlegenen Gegner ebenfalls Prozesskostenhilfe bewilligt worden ist. Diese Bewilligung hat auf den Erstattungsanspruch der obsiegenden Partei und damit auch auf das Beitreibungsrecht des Rechtsanwalts keinen Einfluss (§ 123 ZPO).[523]

3. Übergang des Anspruchs auf die Staatskasse (§ 59 RVG)

B 226 a) Das Beitreibungsrecht des beigeordneten Rechtsanwalts nach § 126 Abs 1 ZPO besteht neben seinem Anspruch auf Zahlung einer Vergütung aus der Staatskasse nach § 45 RVG. Er kann über die prozessuale Kostenerstattung zunächst den Gegner in Anspruch nehmen, ohne dass er seinen Anspruch gegen die Staatskasse geltend macht. Soweit aber die Staatskasse eine Vergütung zahlt, geht der Kostenerstattungsanspruch gegen den ersatzpflichtigen Gegner und damit auch das Beitreibungsrecht des Rechtsanwalts kraft Gesetzes auf die Staatskasse über (§ 59 Abs 1 S 1 Alt 2 RVG; §§ 412, 401 Abs 1 BGB). Die nach § 126 Abs 2 S 2 ZPO zulässigen Einwendungen können auch dem übergegangenen Anspruch entgegengesetzt werden.[524] Sie werden nicht durch § 59 Abs 2 RVG, § 8 Abs 1 JBeitrO beschnitten.

b) Der Forderungsübergang darf aber nicht zum Nachteil des beigeordneten Rechtsanwalts geltend gemacht werden (§ 59 Abs 1 S 2 RVG). Das bedeutet, dass der Anspruch des Rechtsanwalts auf die Differenz zwischen PKH-Vergütung und Wahlanwaltsvergütung vorrangig zu befriedigen ist. Die Staatskasse darf den nach § 59 Abs 1 S 1 RVG auf sie übergegangenen Anspruch gegen den ersatzpflichtigen Gegner erst an zweiter Rangstelle geltend machen.[525]

c) Ist dem erstattungspflichtigen Gegner ebenfalls PKH bewilligt worden, so stellt sich die Frage, ob § 122 Abs 1 Nr 1b ZPO die uneingeschränkte Einziehung des Übergangsanspruchs durch die Staatskasse sperrt. Nach wohl hM betrifft diese Forderungssperre nur das Verhältnis der Staatskasse zur PKH-Partei und nicht zum Prozessgegner, auch wenn diesem PKH ohne Zahlungsbestimmungen bewilligt wurde.[526]

B 227 d) Ist die Kostengrundentscheidung noch nicht rechtskräftig, so erwirbt auch die Staatskasse den Erstattungsanspruch und das mit ihm verbundene Beitreibungsrecht des beigeordneten Rechtsanwalts

---

522 OLG Schleswig JurBüro 1962, 48 = SchlHA 1961, 248; OLG Düsseldorf Rpfleger 1965, 36 (LS); OLG Frankfurt/M Rpfleger 1969, 23.
523 BGH JurBüro 1997, 648; OLG Frankfurt Rpfleger 1969, 217; OLG Hamm JurBüro 1972, 72; OLG Hamburg JurBüro 1972, 1023; BGH AnwBl 1999, 492 = MDR 1997, 887 = JurBüro 1997, 648.
524 OLG Schleswig FamRZ 2007, 752.
525 OLG Brandenburg JurBüro 2007, 259.
526 BGH NJW-RR 1998, 70 und JurBüro 1997, 648; OLG Oldenburg JurBüro 2009, 97; OLG Zweibrücken BeckRS 2008, 11209; OLG Nürnberg NJW-RR 2008, 885; BeckOK ZPO/*Kratz* ZPO § 123 Rn. 5; **aA**: OLG München BeckRS 2013, 13631; OLG Frankfurt aM NJW-RR 2012, 316; *Fischer* JurBüro 1998, 662.

nur unter dem Vorbehalt, dass die Entscheidung bestandskräftig wird. Die PKH-Partei ist der Staatskasse gegenüber in der Prozessführung nicht beschränkt. Sie kann sich, insbesondere in einem höheren Rechtszug, mit dem Gegner über die Kosten vergleichen oder die Klage zurücknehmen. Verzichtet die PKH-Partei allerdings grundlos auf den Kostenerstattungsanspruch oder der beigeordnete Rechtsanwalt auf sein Beitreibungsrecht mit der Zielsetzung, die Staatskasse zu benachteiligen, so ist der Verzicht rechtsmissbräuchlich und wirkungslos.[527]

4. Einwendungen des Gegners

a) Auf Grund der Verstrickung des Erstattungsanspruchs bestimmt § 126 Abs 2 S 1 ZPO, dass eine »Einrede« **aus der Person der Partei** unzulässig ist. Ausgeschlossen sind nicht nur Einreden im Sinne des **engen materiell-rechtlichen Begriffs**, sondern alle Einwendungen aus der Person der Partei, die dem Beitreibungsrecht des beigeordneten Rechtsanwalts entgegenstehen könnten.[528] Ausgenommen ist nur die Aufrechnung mit Erstattungsansprüchen des Gegners aus demselben Rechtsstreit (§ 126 Abs 2 S 2 iVm §§ 92, 94, 95 ZPO). Der Einwendungsausschluss bewirkt, dass der Gegner dem Beitreibungsrecht des beigeordneten Rechtsanwalts weder den Einwand der Erfüllung (nach Zahlung an die PKH-Partei) noch den Einwand des nachträglichen Verzichts auf gegenseitige Kostenerstattungsansprüche entgegensetzen kann.[529] Auch die Pfändung des Erstattungsanspruchs durch einen Gläubiger der PKH-Partei ist dem beigeordneten Rechtsanwalt gegenüber nach §§ 135, 136 BGB unwirksam.[530] Das gilt auch für eine Aufrechnung durch den Gegner mit prozessfremden Ansprüchen.[531] Nicht ausgeschlossen sind Einwendungen des Gegners, die bereits vor dem Entstehen der Kostengrundentscheidung entstanden sind und, wie zB ein Verzicht auf gegenseitige Kostenerstattung, das Entstehen des Kostenerstattungsanspruchs hindern.[532]

B 228

b) Die Verstrickungswirkung tritt bereits mit dem Entstehen des Kostenerstattungsanspruchs ein. Sie besteht, solange der beigeordnete Rechtsanwalt den Kostenerstattungsanspruch noch im eigenen Namen geltend machen kann,[533] Die Verstrickung endet, wenn ein auf den Namen der PKH-Partei lautender Kostenfestsetzungsbeschluss ergangen ist.[534] Erst, wenn dieser Kostenfestsetzungsbeschluss aufgehoben oder durch einen zweiten, auf den Namen des Rechtsanwalts lautenden, ersetzt wird (auch durch »Umschreibung«; vgl dazu Rdn. B 222), wird die Verstrickungswirkung wieder hergestellt.[535]

Im Einzelfall kann es treuwidrig sein, wenn sich der Gegner darauf beruft, es sei ein Kostenfestsetzungsbeschluss auf den Namen der Partei ergangen.[536]

B 229

c) Zu den **Kosten desselben Rechtsstreits**, mit denen der Gegner nach § 126 Abs 2 S 2 ZPO ausnahmsweise aufrechnen kann, gehören die Kosten aller Rechtszüge einschließlich eines dem Rechtsstreit vorangegangenen selbständigen Beweisverfahrens.[537]

B 230

---

527 LG Essen MDR 1956, 498; *Bauer* NJW 1956, 1161.
528 BGH BeckRS 2015, 20310; MünchKommZPO *Kratz* ZPO § 126 Rn. 12.
529 BGH NJW 2007, 1213 = FamRZ 2007, 123.
530 BGH BeckRS 2015, 20310.
531 OLG Schleswig FamRZ 2007, 752.
532 BGH NJW 2007, 1213; *Thomas/Putzo/Seiler* § 126 Rn. 7.
533 BGH BeckRS 2015, 20310 u Rpfleger 2007, 269; OLG Koblenz Rpfleger 1994, 422 u JurBüro 1989, 1151; OLG Frankfurt Rpfleger 1990, 468; OLG Schleswig JurBüro 1979, 1205.
534 BGH NJW-RR 2007, 1147 u NJW 1994, 3292; KG BeckRS 9998, 04914.
535 BGH NJW 1994, 3292; KG JurBüro 2002, 374 m Anm *Enders.*
536 BGH NJW 1994, 3292.
537 OLG Hamm Rpfleger 1973, 438 = JurBüro 1974, 234.

Auch mit einem Anspruch auf Rückerstattung von Kosten, die der Gegner auf Grund einer in demselben Rechtsstreit gegenstandslos gewordenen Festsetzung gezahlt hat, ist die Aufrechnung zulässig, wenn die Tatsachen unstreitig sind.[538]

Auf Kosten, die dem Gegner aus einem dem Rechtsstreit vorangegangenen Mahnverfahren zu erstatten sind, ist § 126 Abs 2 S 2 ZPO ebenfalls anwendbar. Das gilt aber nicht für Erstattungsansprüche aus einem anderen Rechtsstreit, mag dieser auch in einem inhaltlichen Zusammenhang stehen.[539]

Der erstattungspflichtige Gegner kann dem Beitreibungsrecht des beigeordneten Rechtsanwalt nicht entgegensetzen, dass er der PKH-Partei einen Prozesskostenvorschuss nach § 1360 a Abs 4 BGB gezahlt hat. Es sei denn, es ist unstreitig, dass mit dem Vorschuss der Vergütungsanspruch des Rechtsanwalts erfüllt wurde (zum Prozesskostenvorschuss vgl Rdn. B 91).

B 231 d) Zulässig sind Einwendungen, die sich gegen **das Entstehen des Erstattungsanspruchs** und damit das Beitreibungsrecht richten. Hierher gehört der Einwand, der Vergütungsanspruch stehe dem Rechtsanwalt nicht, nicht mehr oder nicht in der geltend gemachten Höhe zu. Darunter fällt auch der Einwand des Gegners, dass die Kostengrundentscheidung, aus der der Rechtsanwalt sein Beitreibungsrecht herleitet, geändert worden ist oder dass sich die Parteien vor Rechtskrafteintritt (außergerichtlich) verglichen haben.[540] Dagegen können Einwendungen aus dem Verhältnis der PKH-Partei zum beigeordneten Rechtsanwalt im Kostenfestsetzungsverfahren grundsätzlich nicht erhoben werden.[541] Darunter fällt etwa die Aufrechnung mit Schadensersatzansprüchen auf Grund vom Rechtsanwalt verschuldeter Niederlegung des Mandats oder wegen Schlechterfüllung des Anwaltsvertrages. Da das Beitreibungsrecht des beigeordneten Rechtsanwalts nur im Umfang des Kostenerstattungsanspruchs der PKH-Partei besteht, kann der Gegner aber einwenden, die von dem Anwalt geltend gemachte Vergütung sei aus gebührenrechtlichen Gründen oder nach § 91 ZPO, § 12 a Abs 1 S 1 ArbGG nicht erstattungsfähig.

5. Festsetzung auf den Namen der Partei

B 232 a) Das **Recht der Partei,** ihren Kostenerstattungsanspruch gegen den unterlegenen Gegner durch Antrag auf Kostenfestsetzung geltend zu machen, wird durch das Beitreibungsrecht des beigeordneten Rechtsanwalts nicht berührt. Solange kein Kostenfestsetzungsbeschluss auf den Namen des Rechtsanwalts erlassen wurde, stehen beide Rechte selbstständig nebeneinander.[542] Sie können aber wegen derselben Kosten nicht nebeneinander geltend gemacht werden, da der Gegner nicht doppelt beansprucht werden kann.

B 233 b) Der beigeordnete Rechtsanwalt kann die Kostenfestsetzung auch auf den Namen der PKH-Partei beantragen. Wird nur »Festsetzung« beantragt, empfiehlt sich eine Rückfrage (§ 139 ZPO), auf wessen Namen die Festsetzung erfolgen soll.[543] Vgl dazu schon Rdn. B 222.

B 234 c) Beantragt der beigeordnete Rechtsanwalt die Festsetzung auf den Namen der Partei, so liegt darin kein Verzicht auf sein Beitreibungsrecht aus § 126 Abs 1 ZPO. Es endet in diesem Fall zwar die Verstrickung des Erstattungsanspruchs, ohne dass der Rechtsanwalt dadurch aber gehindert ist, einen Festsetzungsbeschluss auf seinen Namen zu beantragen.[544]

---

538 OLG Hamm JurBüro 1975, 946.
539 LG Berlin AnwBl 1983, 327 = JurBüro 1983, 878; **aA:** OLG Zweibrücken JurBüro 1984, 1044.
540 BGH NJW 2007, 1213 = MDR 2007, 558; *Zöller/Geimer* § 126 Rn. 15.
541 KG JurBüro 1970, 327 = MDR 1970, 429; OLG Bamberg JurBüro 1977, 1439 (Einwand fehlender Vollmacht): **aA:** *Zöller/Geimer* § 126 Rn. 20; MünchKommZPO *Wache* ZPO § 126 Rn. 14: zulässig, wenn die Einwendungen unstreitig sind.
542 BGH NJW 1994, 3292; OLG Hamm NJW-RR 2013, 1408; OLG Celle BeckRS 2008, 12920; OLG Koblenz BeckRS 2012, 11815 u JurBüro 1983, 1724.
543 OLG Naumburg JurBüro 2008, 373.
544 OLG Naumburg JurionRS 2004, 17233; BeckOK ZPO/*Kratz* ZPO § 126 Rn. 19.

d) Solange ein Festsetzungsbeschluss auf den Namen der PKH-Partei existiert, kann der Gegner schuldbefreiend an sie leisten und mit Gegenforderungen gegen den festgesetzten Erstattungsanspruch aufrechnen.[545] Auch die Partei kann mit dem Erstattungsanspruch gegen Forderungen des Gegners aufrechnen. Im Einzelfall kann die vom Gegner erklärte Aufrechnung aber treuwidrig sein.[546] B 235

e) Trotz einer Kostenfestsetzung auf den Namen der Partei kann der beigeordnete Rechtsanwalt sein Beitreibungsrecht durch einen eigenen Festsetzungsantrag nach § 126 Abs 1 ZPO geltend machen. Der zugunsten der Partei ergangene Festsetzungsbeschluss ist dann aufzuheben und durch einen zweiten, auf den Namen des beigeordneten Rechtsanwalts lautenden, zu ersetzen.[547] B 236

f) Wird der auf die Partei lautende Kostenfestsetzungsbeschluss auf den Namen des Rechtsanwalts »umgeschrieben«, so liegt keine Titelumschreibung iSv § 727 ZPO vor. Die Klauselerteilung nach § 727 ZPO setzt Rechtsnachfolge voraus, daran fehlt es hier. Es handelt sich vielmehr um den Erlass eines (neuen) zweiten Kostenfestsetzungsbeschlusses mit neuer Rechtsmittelmöglichkeit.[548] B 237

e) Damit der Gegner nicht einer Zwangsvollstreckung aus beiden Beschlüssen ausgesetzt wird, empfiehlt es sich, die vollstreckbare Ausfertigung des ersten Beschlusses einzuziehen. Wird sie nicht zurückgegeben, so kann im zweiten Beschluss die Zwangsvollstreckung daraus für unzulässig erklärt werden. Der Gegner kann sich dann auf ein Vollstreckungshindernis berufen (§ 775 Nr 1 ZPO). B 238

g) Die »Umschreibung« kann auch noch nach Eintritt der Rechtskraft des zu Gunsten der Partei erlassenen Kostenfestsetzungsbeschlusses erfolgen.[549] B 239

XI. Festsetzung von Zwangsvollstreckungskosten

1. Allgemeines

a) Die Kostentragungspflicht zwischen den Parteien des Zwangsvollstreckungsverfahrens regelt § 788 ZPO iS des **Veranlasserprinzips**. Die Vorschrift betrifft nur das Verhältnis des Vollstreckungsgläubigers zum Vollstreckungsschuldner. Dritte, die von der Zwangsvollstreckung in ihrer Rechtsstellung betroffen werden (zB Drittgewahrsamsinhaber, Drittschuldner, Dritteigentümer), können ihre Ansprüche nicht auf § 788 ZPO stützen.[550] Wohl aber Beteiligte eines Zwangsversteigerungsverfahrens iSd § 9 Nr 1, 2 ZVG.[551] Die davon zu unterscheidende Kostenschuld gegenüber der Staatskasse und dem Gerichtsvollzieher regeln §§ 22, 29 GKG[552] bzw § 13 GVKostG. Bei den Kosten der Zwangsvollstreckung handelt es sich um gegenwärtige und frühere Aufwendungen der Parteien, die auf Grund der Einleitung und Durchführung der Zwangsvollstreckung anfallen.[553] § 788 ZPO gilt für alle Einzelzwangsvollstreckungsmaßnahmen, auch für solche aus der Vollziehung von Arrestbefehl und einstweiliger Verfügung. Erfasst wird die Vollstreckung aus allen Vollstreckungstiteln. Für die Kosten eines Insolvenzverfahrens gilt § 788 ZPO entsprechend. Ausgenommen sind nur die Kosten des Antrags auf Eröffnung eines Insolvenzverfahrens, für die § 4 InsO iVm § 91 ZPO gilt.[554] Unanwendbar ist § 788 ZPO auf die Teilungsversteigerung (§§ 180 f ZVG) und die Vollstreckung arbeitsgerichtlicher Titel, die im Beschlussverfahren ergingen.[555] Auf die Kosten des Klauselerteilungsverfahrens nach AVAG ist nach § 8 Abs 1 S 4 AVAG § 788 ZPO B 240

---

545 BGH NJW-RR 2007, 1147.
546 BGH NJW 1994, 3292; OLG Naumburg JurionRS 2004, 17233.
547 OLG Schleswig NJW-RR 2004, 717; BeckOK ZPO/*Kratz* ZPO § 126 Rn. 9.
548 BeckOK ZPO/*Kratz* ZPO § 126 Rn. 19; *Thomas/Putzo/Seiler* § 126 Rn. 4.
549 KG Rpfleger 1977, 451.
550 BGH NJW 1999, 2276; BAG NJW 2007, 1302; BeckOK ZPO/*Preuß* ZPO § 788 Vor Rn. 1.
551 *Stöber* § 10 ZVG Rn. 15.1.2; **aA:** MünchKommZPO *Schmidt/Brinkmann* ZPO § 788 Rn. 9.
552 BDPZ/*Dörndorfer* GKG § 29 Rn. 10.
553 OLG Brandenburg JurBüro 2007, 548; *Thomas/Putzo/Seiler* § 788 Rn. 2; *Lappe* DGVZ 2008, 183.
554 MünchKommZPO *Schmidt/Brinkmann* ZPO § 788 Rn. 6; *Musielak/Voit/Lackmann* § 788 Rn. 1a.
555 BAG JurBüro 2008, 550; MünchKommZPO *Schmidt/Brinkmann* ZPO § 788 Rn. 6.

entsprechend anzuwenden. Die Kosten der Vollstreckbarerklärung eines ZPO-Titels durch einen ausländischen Staat und dessen Vollstreckung im Ausland unterfallen hingegen nicht dem § 788 ZPO.[556]

b) Für die Beitreibung von Zwangsvollstreckungskosten ist ein eigener Titel, zB ein Kostenfestsetzungsbeschluss, nicht erforderlich. Diese Kosten fallen, soweit sie notwendig waren (§ 91 ZPO), **kraft Gesetzes** dem Schuldner zur Last und werden zugleich mit dem zur Zwangsvollstreckung stehenden Anspruch mitvollstreckt (§ 788 Abs 1 S 1 ZPO). Grundlage ihrer Mitvollstreckung ist der **Hauptsachetitel**.[557] Dieser muss nicht auf Geldzahlung gerichtet sein, so dass auch ein Räumungstitel Grundlage der Eintragung einer Zwangssicherungshypothek sein kann.[558] Die Kosten der Zwangsvollstreckung gehören nicht zu den Prozesskosten, sie werden deshalb auch nicht von der Kostengrundentscheidung in der Hauptsache erfasst. Ihre Erstattungsgrundlage ist § 788 ZPO. Die Tilgung der Hauptforderung hat auf die Mitvollstreckung keinen Einfluss.[559] Beitreibung »zugleich« meint nicht einen zeitlichen, sondern einen verfahrenstechnischen Gleichlauf.[560] Eine gesamtschuldnerische Haftung in der Hauptsache erstreckt § 788 Abs 1 S 3 ZPO auch auf die Kosten der Zwangsvollstreckung und schließt dadurch die Anwendung des § 100 Abs 1 ZPO aus.

c) Das jeweilige **Vollstreckungsorgan** prüft die vom Gläubiger geltend gemachten Zwangsvollstreckungskosten darauf, ob sie **notwendig** (§ 91 ZPO) waren und ob sie dem Grunde nach im **Zusammenhang** mit der Vollstreckung des titulierten Anspruchs in der angegebenen **Höhe** angefallen sind. Diese Voraussetzungen ihrer Erstattungsfähigkeit hat der Gläubiger, so wie bei der Kostenfestsetzung, glaubhaft (§ 294 ZPO) zu machen (§ 104 Abs 2 S 1 ZPO).[561] Dazu ist eine aus sich heraus verständliche und überprüfbare Kostenaufstellung vorzulegen.[562] Eine anwaltliche Versicherung genügt nur zum Nachweis des Entstehens von Post- und Telekommunikationsdienstleistungsentgelten (§ 104 Abs 2 S 2 ZPO). Die Grundsätze des § 287 ZPO sind anwendbar.[563] Nicht erstattungsfähige Kosten sind abzusetzen und überhöht angesetzte auf das erstattungsfähige Maß zu reduzieren. Darüber ist der Gläubiger zu informieren (vgl § 80 Abs 1 S 1 GVGA). Nach § 80 Abs 2 GVGA sind **Teilzahlungen** des Schuldners zu berücksichtigen. Umstritten ist dabei die Prüfungskompetenz der Vollstreckungsorgane, wenn der Gläubiger eine von §§ 366, 367 BGB abweichende Verrechnung von **Teilzahlungen** vornimmt und restliche Vollstreckungskosten in Ansatz bringt.[564] Nach einer Meinung haben die Vollstreckungsorgane die Notwendigkeit der Vollstreckungskosten und damit die Richtigkeit der Verrechnung zu prüfen.[565] Nach anderer Ansicht handelt es sich bei der Verrechnung um eine materiell-rechtliche Prüfungssituation (Erfüllung), die den Vollstreckungsorganen nicht obliegt.[566]

d) **Statthafter Rechtsbehelf gegen den Ansatz von Vollstreckungskosten** durch den **Gerichtsvollzieher** ist die Vollstreckungserinnerung (§ 766 Abs 2 ZPO). Mit der Erinnerung kann der Schuldner fehlende Erstattungsfähigkeit einwenden und der Gläubiger sich gegen die unbegründete

---

556 OLG Hamm IPrax 2002, 301 = BeckRS 30136967; OLG Saarbrücken JurBüro 2002, 99; *Zöller/Stöber* § 788 Rn. 3a; BeckOK ZPO/*Preuß* ZPO § 788 Rn. 4, 5; **aA**: LG Passau Rpfleger 1989, 342 m abl Anm *Ilg*; MünchKommZPO *Schmidt/Brinkmann* ZPO § 788 Rn. 7.
557 BGH NJW 2005, 2460; BeckOK ZPO/*Preuß* ZPO § 788 Rn. 35; *Zöller/Stöber* § 788 Rn. 14.
558 OLG München BeckRS 2013, 15888 = Rpfleger 2014, 77; BeckOK ZPO/*Wilsch* ZPO § 867 Rn. 47.
559 OLG Brandenburg JurBüro 2007, 548.
560 MünchKommZPO *Schmidt/Brinkmann* ZPO § 788 Rn. 34.
561 LG Wuppertal JurBüro 1996, 606; *Zöller/Stöber* § 788 Rn. 15.
562 LG Kaiserslautern Rpfleger 1993, 29; LG Bremen BeckRS 2012, 22624; LG Aurich DGVZ 2004, 15; BeckOK ZPO/*Preuß* ZPO § 788 Rn. 37.
563 OLG München JurBüro 1992, 270.
564 Vgl dazu *Stöber* Forderungspfändung Rn. 464.
565 LG Dortmund DGVZ 2000, 188; LG Coburg DGVZ 1996, 159; *Schmid* DGVZ 1992, 149.
566 BGH NJW 2012, 3308; OLG Oldenburg Rpfleger 1992, 407; LG Stade JurBüro 1991, 721; LG Stuttgart DGVZ 1993, 156; MünchKommZPO *Schmidt/Brinkmann* ZPO § 788 Rn. 37; BeckOK ZPO/*Preuß* ZPO § 788 Rn. 39.

XI. Festsetzung von Zwangsvollstreckungskosten   B.

Absetzung einzelner Posten wehren. Gegen die Mitvollstreckung durch das **Vollstreckungsgericht** (Rechtspfleger) steht dem Schuldner die Vollstreckungserinnerung (§ 766 ZPO) zu. Wenn er davor (ausnahmsweise) angehört wurde, ist die sofortige Beschwerde (§ 11 Abs 1 RPflG, §§ 567, 793 ZPO) statthaft. Die Absetzung von Kosten durch das **Vollstreckungsgericht** ist vom Gläubiger mit der sofortigen Beschwerde (§§ 567 Abs 1, 793 ZPO) angreifbar, wenn der Beschwerdewert 200,- € übersteigt (§ 567 Abs 2 ZPO). Wird diese Schwelle nicht erreicht, findet die (befristete) Erinnerung nach § 11 Abs 2 RPflG statt.[567] Zu Einzelheiten vgl Rdn. B 190 ff.

e) Ist in Beschlüssen **nach §§ 887 – 890 ZPO** unter Anwendung der §§ 91 ff ZPO eine **Kostengrundentscheidung** getroffen worden (vgl § 891 S 3 ZPO), so ist sie für die Kostentragung maßgeblich. § 788 ZPO wird durch sie verdrängt.[568] Diese Kostenentscheidung ist betragsmäßig im Kostenfestsetzungsverfahren nach §§ 103 ff ZPO auszufüllen. § 788 ZPO und nicht § 891 S 3 ZPO gilt aber für **Durchführungsmaßnahmen** (zB Verhaftung des Schuldners, Ersatzvornahme) aus den Beschlüssen.[569]

B 241

f) Auch in den Fällen, in denen das **Grundbuchamt Vollstreckungsorgan** ist (§ 867 ZPO), müssen Zwangsvollstreckungskosten, die mitvollstreckt werden und nicht festgesetzt sind, glaubhaft gemacht werden (§§ 104 Abs 2 ZPO, 294 ZPO).[570] Eines Nachweises in der Form des § 29 Abs 1 S 2 GBO bedarf es aber nicht, da der Kostennachweis Vollstreckungsvoraussetzung der ZPO und nicht Grundbucheintragungsvoraussetzung der GBO ist.[571]

g) Die Beitreibung »zugleich« mit dem zur Vollstreckung stehenden Anspruch bedeutet nicht, dass die Zwangsvollstreckungskosten nur zeitgleich mit dem Hauptsacheanspruch beigetrieben werden dürfen. Erforderlich ist nur, dass die Vollstreckung begonnen hat, nicht einstweilig eingestellt und noch nicht vollständig erledigt ist. Gemeint ist also ein verfahrenstechnischer Gleichlauf.

2. Festsetzung von Zwangsvollstreckungskosten

a) Auch, wenn zur Beitreibung der Zwangsvollstreckungskosten grds keine betragsmäßige Titulierung erforderlich ist, so ist ihre Festsetzung auf Antrag des Gläubigers dennoch zulässig (§ 788 Abs 2 ZPO).

B 242

b) **Sachlich zuständig** ist das **Amtsgericht/Vollstreckungsgericht** (§ 788 Abs 2 iVm §§ 764 Abs 1, 828 Abs 2 ZPO). **Örtlich** ausschließlich zuständig ist dasjenige, in dessen Bezirk zum Zeitpunkt der Antragstellung eine Vollstreckungshandlung **anhängig** ist (§§ 788 Abs 2 S 1, 802 ZPO); **funktionell** zuständig ist der Rechtspfleger (§ 20 Nr 1 RPflG). Danach richtet sich auch die Festsetzung von Kosten, die bei der Zwangsvollstreckung aus einem Vergütungsfestsetzungsbeschluss nach § 11 RVG entstanden sind.[572] Kosten für die Eintragung einer Zwangssicherungshypothek (§ 867 ZPO) werden vom Vollstreckungsgericht, in dessen Bezirk das Grundbuchamt liegt, festgesetzt.[573] Sind **mehrere** Verfahren eingeleitet, ist zur Festsetzung jedes der damit befassten Gerichte, und zwar ohne Einschränkung, zuständig. Der Gläubiger hat ein Wahlrecht (§ 35 ZPO).[574] Kosten, die im Verfahren auf Abnahme der Vermögensauskunft nach §§ 802 c ff ZPO entstanden sind, werden vom AG (Vollstreckungsgericht) festgesetzt, dem der örtlich zuständige Gerichtsvollzieher

---

567 *Dörndorfer* RPflG § 11 Rn. 39, 89 ff.
568 BGH NJW 2015, 1829; BeckOK ZPO/*Preuß* ZPO § 788 Rn. 1.
569 *Thomas/Putzo/Seiler* § 891 Rn. 1, 6; BeckOK ZPO/*Preuß* ZPO § 788 Rn. 1; *Zöller/Stöber* § 891 Rn. 2.
570 BeckOK ZPO/*Wilsch* ZPO § 867 Rn. 47.
571 LG Regensburg Rpfleger 1979, 147 mwN; MünchKommZPO/*Dörndorfer* ZPO § 867 Rn. 20; *Zöller/Stöber* § 867 Rn. 2; *Musielak/Voit/Becker* Rn. 3; **aA**: OLG Celle NJW 1972, 1902; OLG Köln JurBüro 1981, 452; BLAH § 867 ZPO Rn. 19.
572 BGH NJW 2005, 1273 zu § 19 BRAGO m Anm *Enders* JurBüro 2005, 421.
573 *Zöller/Stöber* § 788 Rn. 19a; BeckOK ZPO/*Preuß* ZPO § 788 Rn. 46.1; **aA**: OLG Hamm JurBüro 2002, 588 (das GBA ist zuständig).
574 BeckOK ZPO/*Preuß* ZPO § 788 Rn. 47; *Zöller/Stöber* § 788 Rn. 19b.

(§ 802e ZPO) angehört.[575] Nach Beendigung der Zwangsvollstreckung ist das Vollstreckungsgericht zuständig, in dessen Bezirk die **letzte** Vollstreckungshandlung **erfolgt** ist (§ 788 Abs 2 S 1 ZPO). Auch die Kosten der **Vorbereitung** der Zwangsvollstreckung (zB Kosten einer weiteren Ausfertigung nach § 733 ZPO, Kosten einer anwaltlichen Zahlungsaufforderung) fallen in den Anwendungsbereich des § 788 ZPO. Kommt es zu keiner Vollstreckungshandlung, so werden diese Kosten vom AG (Vollstreckungsgericht) festgesetzt, in dessen Bezirk das Zwangsvollstreckungsverfahren hätte anhängig gemacht werden können.[576] In den Fällen der §§ 878, 888 und 890 ZPO (nicht: § 889 ZPO) entscheidet das **Prozessgericht** des ersten Rechtszuges (§ 788 Abs 2 S 2 ZPO).

B 243 c) Die Kostenfestsetzung erfolgt alleine auf **Gläubigerantrag**.[577] Der Schuldner ist anzuhören, gerichtliche Entscheidungen sind ihm bekanntzumachen.[578] Im Übrigen folgt das Verfahren den Grundsätzen der Festsetzung nach §§ 103 Abs 2, 104 u 107 ZPO (§ 788 Abs 2 S 1 ZPO). Dem Antrag sind die nach § 103 Abs 2 S 2 ZPO erforderlichen Belege beizufügen. Bei tatsächlichen Angaben genügt Glaubhaftmachung (§§ 104 Abs 2 S 1, 294 ZPO).[579] §§ 138 Abs 3, 286 ZPO gelten entsprechend.[580] Bestreitet der Schuldner entscheidungserhebliche Tatsachen, kann der Rechtspfleger jeden Beweis (zB schriftliche Befragung von Parteien, Zeugen und Sachverständigen) erheben.[581] Damit Doppelfestsetzungen vermieden werden, hat der Gläubiger eidesstattlich zu versichern, dass über die Kosten noch keine Festsetzungsentscheidung ergangen ist.[582] Die Einstellung der Zwangsvollstreckung hindert die Festsetzung nicht.[583]

d) Die Entscheidung ergeht durch **Beschluss**, der in gleicher Weise, wie der Kostenfestsetzungsbeschluss nach § 104 ZPO, den Parteien von Amts wegen zuzustellen ist (vgl Rdn. B 125). Im Beschluss ist der Vollstreckungstitel zu bezeichnen, aus dem die Zwangsvollstreckung betrieben wird. Als rechtliche Grundlage der Festsetzung ist § 788 ZPO anzugeben. Auf Antrag kann die Verzinsung des festgesetzten Betrages angeordnet werden (§ 104 Abs 1 S 2 ZPO).[584] Die nach § 788 Abs 2 ZPO festgesetzten Kosten können nicht mehr nach § 788 Abs 1 ZPO mitvollstreckt werden. Wird dem Gläubigerantrag nur teilweise stattgegeben, bedarf der Beschluss einer Begründung.

3. Abgrenzung: Prozesskosten/Zwangsvollstreckungskosten

B 244 a) Aufwendungen des Gläubigers, die mit der Durchsetzung seines Anspruchs verbunden sind, können im Zusammenhang mit dem Prozessbetrieb oder der Durchführung der Zwangsvollstreckung stehen. Handelt es sich um Prozesskosten, so ist für ihre Geltendmachung stets ein eigenständiger Kostenfestsetzungsbeschluss erforderlich. Zwangsvollstreckungskosten hingegen können ohne Festsetzungsbeschluss mitvollstreckt werden. Deshalb müssen Prozesskosten von den Zwangsvollstreckungskosten abgegrenzt werden. Um Kosten der Zwangsvollstreckung handelt es sich, wenn Aufwendungen des Gläubigers **unmittelbar** auf die Zwangsvollstreckung zurückzuführen sind.[585] Sie sind deshalb angefallen, weil der Gläubiger die Befriedigung seiner titulierten Forderung

---

575 OLG Bandenburg MDR 2005, 177 (Kosten einer Abschrift des Vermögensverzeichnisses).
576 BGH BeckRS 2016, 04382 (Avalkosten einer Bürgschaft) = JurBüro 2016, 386; KG JurBüro 2008, 151; *Zöller/Stöber* § 788 Rn. 19a; **aA**: OLG Düsseldorf NJW-RR 2010, 1440 = Rpfleger 2010, 435 = JurBüro 2010, 438.
577 LAG Düsseldorf JurBüro 1994, 613; MünchKommZPO *Schmidt/Brinkmann* ZPO § 788 Rn. 43.
578 OLG Brandenburg MDR 2005, 177; MünchKommZPO *Schmidt/Brinkmann* ZPO § 788 Rn. 43.
579 BGH NJW 2007, 2493 u NJW-RR 2007, 1578.
580 BGH JurBüro 2008, 536; OLG Koblenz JurBüro 2011, 659.
581 OLG Köln BeckRS 2014, 05705 = Rpfleger 2014, 390 (Kosten der Ersatzvornahme nach § 887 Abs 2 ZPO); *Thomas/Putzo/Hüßtege* § 104 Rn. 3c; *Zöller/Herget* § 104 Rn. 21 »Verfahren«.
582 BeckOK ZPO/*Preuß* ZPO § 788 Rn. 49; *Musielak/Voit/Lackmann* § 788 Rn. 22; praktische Hinweise gibt *Jüling* MDR 2001, 490.
583 LG Hamburg NJW 1961, 1729; MünchKommZPO *Schmidt/Brinkmann* ZPO § 788 Rn. 43.
584 *Thomas/Putzo/Seiler* § 788 Rn. 17; BeckOK ZPO/*Preuß* ZPO § 788 Rn. 50; *Zöller/Stöber* § 788 Rn. 19.
585 BGH NJW 2006, 1141.

erreichen wollte.⁵⁸⁶ Solche Aufwendungen können bereits bei der **Vorbereitung,** dh nach Einleitung aber noch vor Beginn der Zwangsvollstreckung, entstanden sein.⁵⁸⁷

▶ Beispiele

Vorbereitungskosten sind solche der
- anwaltlichen Aufforderung an den Schuldner, zur Vermeidung der Zwangsvollstreckung innerhalb einer bestimmten Frist zu leisten
- Ermittlung des Aufenthalts des Schuldners (§ 755 ZPO)
- Grundbuch(vor)eintragung des Schuldners (§ 14 GBO)
- Beschaffung einer Gläubigersicherheitsleistung (§ 709 ZPO).

b) Letztlich kann man die Zuordnung auch nach folgenden Kriterien vornehmen: Zwangsvollstreckungskosten sind zweckgerichtete Aufwendungen des Gläubigers zur Durchsetzung seiner titulierten Ansprüche. Sie sind kausal darauf zurückzuführen, dass der Schuldner nicht **freiwillig** (vollständig) das geleistet bzw unterlassen hat, wozu er auf Grund des Vollstreckungstitels verpflichtet war. Dagegen sind den Prozesskosten solche Aufwendungen zuzuordnen, die der Gläubiger unmittelbar zum Betrieb des Verfahrens, aus dem der Vollstreckungstitel hervorgegangen ist, tätigte. Mit der Zuordnung von Aufwendungen zu den Kosten der Zwangsvollstreckung ist aber noch nichts darüber ausgesagt, ob sie vom Schuldner auch zu erstatten sind. Ihre Erstattungsfähigkeit hängt davon ab, ob sie iSd § 91 ZPO notwendig waren (§ 788 Abs 1 S 1 ZPO; vgl Rdn. B 602 ff).

c) Eine **Besonderheit** gilt für Kosten in Zwangsvollstreckungsverfahren nach §§ 887 – 890 ZPO. Darüber wird nach § 891 S 3 ZPO eine eigenständige Kostenentscheidung getroffen, die auch für die Kostenerstattung maßgebend ist (vgl dazu Rdn. B 241, 248). Auch die in **besonderen Rechtsbehelfsverfahren,** wie zB in Klageverfahren nach §§ 767, 768, 771, 805 ZPO, entstehenden Kosten sind nicht nach § 788 ZPO zu erstatten. Darüber wird in diesen Verfahren gesondert entschieden und die Erstattung richtet sich dann nach §§ 91 ff ZPO.⁵⁸⁸ Das gilt auch für die Kosten eines Erinnerungs- oder Beschwerdeverfahrens nach §§ 732, 766, 793 ZPO.⁵⁸⁹ Nur dann, wenn über die Kosten nicht entschieden wird, wie zB im Fall des § 766 Abs 2 ZPO, gilt § 788 ZPO.⁵⁹⁰

d) Allgemein unterscheidet man unmittelbare und mittelbare Kosten der Zwangsvollstreckung.⁵⁹¹ **Mittelbare** Kosten der Zwangsvollstreckung sind Vermögenseinbußen des Gläubigers, die ihm nur **anlässlich** der Zwangsvollstreckung entstanden sind.⁵⁹² Sie gehören nicht zu den nach § 788 ZPO erstattungsfähigen Kosten. Das betrifft zB entgangenen Gewinn aus Geschäften, die der Gläubiger bei rechtzeitiger Leistung des Schuldners hätte durchführen können.⁵⁹³

e) Umstritten war, ob die **Kosten der Beschaffung und Bereitstellung einer Sicherheitsleistung** (zB Avalkosten einer Bankbürgschaft) nach **§ 709 S 1 ZPO** bereits den Zwangsvollstreckungskosten (§ 788 Abs 1 ZPO) oder noch den Prozesskosten (§§ 91, 103 ZPO), zuzuordnen sind.⁵⁹⁴

B 245

---

586 BGH NJW 2005, 2460.
587 *Zöller/Stöber* § 788 Rn. 3.
588 BGH NJW 2007, 2993; BeckOK ZPO/*Preuß* ZPO § 788 Rn. 12; *Musielak/Voit/Lackmann* § 788 Rn. 6.
589 BGH NJW-RR 1989, 125; MünchKommZPO *Schmidt/Brinkmann* ZPO § 788 Rn. 23.
590 OLG Zweibrücken JurBüro 1990, 534; MünchKommZPO *Schmidt/Brinkmann* ZPO § 788 Rn. 23.
591 BeckOK ZPO/*Preuß* ZPO § 788 Rn. 9; MünchKommZPO *Schmidt/Brinkmann* ZPO § 788 Rn. 11; *Musielak/Voit/Lackmann* § 788 Rn. 5.
592 BGH NJW 2005, 2460.
593 MünchKommZPO *Schmidt/Brinkmann* ZPO § 788 Rn. 11.
594 Noch offen gelassen BGH NJW-RR 2008, 515 u NJW 2012, 3789; vgl dazu auch: OLG Koblenz MDR 2004, 835; OLG Düsseldorf JurBüro 2003, 47.

aa) Die Streitfrage hat der BGH nunmehr dahingehend entschieden, dass diese Kosten in **Vorbereitung der Zwangsvollstreckung** anfallen.[595] Sie entstehen nämlich nicht in Zusammenhang mit der Beschaffung eines Titels, sondern anlässlich der Vollstreckung aus einem vorläufig vollstreckbaren Urteil. Nachdem der Gläubiger die Sicherheitsleistung erbrachte und damit die besondere Vollstreckungsvoraussetzung des § 751 Abs 2 ZPO erfüllte, wird ihm die sofortige Vollstreckung zur Abwendung des Insolvenzrisikos des Schuldners ermöglicht. Infolgedessen sind die damit verbundenen Kosten § 788 Abs 1 ZPO zuzuordnen und grds vom Schuldner an den Gläubiger zu erstatten. Sie unterliegen nicht einer Kostenquotelung in der Hauptsacheentscheidung. Die Auffassung des BGH vereinfacht die Beitreibung der Beschaffungskosten für den Gläubiger, da dieser deren Erstattung nicht auf eine materiell-rechtliche Anspruchsgrundlage stützen muss.[596] Er kann sie vielmehr zusammen mit den titulierten Ansprüchen vollstrecken. Auch aus Gründen der Prozessökonomie ist dieser Meinung beizupflichten. Anders verhält es sich nur, wenn nach der Beschaffung einer Bürgschaft keine Zwangsvollstreckung stattfindet. In diesem Fall sind die Beschaffungskosten (zB Kosten einer Avalbürgschaft) nach §§ 91, 103 ZPO durch das Prozessgericht festzusetzen. Eine Zuständigkeit des Vollstreckungsgerichts scheidet aus.[597] Die Zuständigkeit des Prozessgerichts besteht auch, wenn nach erfolgreicher Vollstreckungsabwehrklage (§ 767 ZPO) der Schuldner Beschaffungskosten einer Prozessbürgschaft geltend macht. Die Bürgschaft war zur einstweiligen Einstellung der Zwangsvollstreckung nach § 769 Abs 1 ZPO erforderlich.[598]

Welche Beschaffungskosten im Einzelfall vom Schuldner zu erstatten sind, hängt davon ab, ob sie notwendig waren. Vgl dazu Rdn. B 607 ff.

B 246 **bb)** Wird ein vorläufig vollstreckbares Urteil aufgehoben oder abgeändert, so ist der Gläubiger dem Schuldner zum Schadensersatz verpflichtet (§ 717 Abs 2 ZPO). Als Schaden sind auch die Kosten der Beschaffung einer **Sicherheitsleistung zur Abwendung der Zwangsvollstreckung** zu ersetzen. Den Meinungsstreit, wie der Schuldner diese Kosten gegen den Gläubigern geltend machen kann, hat der BGH dahingehend entschieden, dass sie als Verfahrenskosten im weiteren Sinn anzusehen und deshalb vom Prozessgericht im Verfahren nach §§ 103 ff ZPO festzusetzen sind.[599] Eine Geltendmachung nach § 717 Abs 2 ZPO ist aber dadurch nicht ausgeschlossen.

4. Einzelfälle

B 247 Als Kosten der Zwangsvollstreckung können, wenn sie notwendig waren, geltend gemacht und festgesetzt werden:

a) Kosten der Vorbereitung der Zwangsvollstreckung

B 247a Hierher gehören Kosten der **Ermittlung** des Aufenthalts oder des Arbeitsplatzes des Schuldners (§ 755 ZPO) und auch von **Auskünften** aus dem Schuldnerverzeichnis (§ 882 f ZPO).[600] Auch die Kosten einer **anwaltlichen Zahlungsaufforderung** mit Androhung der Zwangsvollstreckung sind Vorbereitungskosten.[601] Erstattungsfähig sind sie allerdings nur, wenn der Gläubiger bei der Aufforderung im Besitz einer vollstreckbaren Ausfertigung des Titels ist und dem Schuldner eine angemessene Frist zur freiwilligen Leistung der fälligen Forderung eingeräumt wird. 14 Tage sind

---

595 BGH BeckRS 2016, 04382 = NJW 2016, 2579 = JurBüro 2016, 263 = MDR 2016, 504 = Rpfleger 2016, 442.
596 BGH JurBüro 2008, 214 u NJW 1974, 693 = Rpfleger 1974, 183 = MDR 1974, 573 = JurBüro 1974, 1363; OLG Düsseldorf Rpfleger 1974, 440 = JurBüro 1974, 1443 = MDR 1974, 938.
597 BGH NJW-RR 2008, 515 = JurBüro 2008, 214 = MDR 2008, 286 = Rpfleger 2008, 210; OLG Düsseldorf NJW-RR 2010, 1440 = JurBüro 2010, 438.
598 OLG Düsseldorf JurBüro 2001, 210 = Rpfleger 2001, 201; OLG München MDR 1989, 460 und MDR 1986, 496.
599 BGH Rpfleger 2006, 268 = JurBüro 2006, 436 = NJW 2006, 1001.
600 OLG Brandenburg (noch zu § 915b ZPO aF) BeckRS 2004, 10105 = MDR 2005, 177.
601 BGH NJW-RR 2003, 1581.

ausreichend.⁶⁰² Eine Zustellung des Titels ist nicht erforderlich.⁶⁰³ Vgl dazu auch Rdn. B 605. Die Kosten von Inkassodienstleistungen (vgl §§ 2 Abs 2 S 1, 10 Abs 1 S 1 Nr 1, 11 RDG), die der anwaltlich nicht vertretene Gläubiger in Auftrag gegeben hat, sind in Höhe fiktiver Rechtsanwaltskosten erstattungsfähig.⁶⁰⁴

Die Kosten einer **Vorpfändung** (§ 845 ZPO) sind grds dann erstattungsfähig, wenn der Gläubiger befürchten musste, dass die zu vollstreckende Forderung sonst nicht zu realisieren ist (zB drohende Insolvenz).⁶⁰⁵ Lässt der Gläubiger dagegen die Frist des § 845 Abs 2 ZPO verstreichen, sind diese Kosten nicht erstattungsfähig.⁶⁰⁶

Die Kosten eines vom Drittschuldner für die Abgabe der **Drittschuldnererklärung** (§ 840 ZPO) beauftragten Anwalts sind nicht nach § 788 ZPO erstattungsfähig.⁶⁰⁷

Auch Kosten eines **Privatgutachtens** (zB zur Ermittlung voraussichtlicher Kosten der Beseitigung von Baumängeln) können nach den besonderen Umständen des Einzelfalls notwendige Kosten der Zwangsvollstreckung sein.⁶⁰⁸

Die Kosten einer Anzeige der **Sicherungsvollstreckung** nach § 720 a ZPO vor Ablauf der 2-Wochenfrist (vgl § 750 Abs 3 ZPO) sind nicht erstattungsfähig.⁶⁰⁹

b) Kosten der laufenden Zwangsvollstreckung

Hierher gehören alle Kosten, die der Gläubiger **unmittelbar** zur zwangsweisen Durchsetzung seiner titulierten Ansprüche aufbringen muss.⁶¹⁰ Darunter fallen alle Aufwendungen, die mit der Durchführung einer Vollstreckungsmaßnahme verbunden sind. Das sind zB Gerichts- und Gerichtsvollzieherkosten sowie die Gebühren und Auslagen des mit der Vollstreckung beauftragten Rechtsanwalts.⁶¹¹ **Auch Lager-, Transport- und Erhaltungskosten** sind nach § 788 ZPO erstattungsfähig, wenn sie mit der Durchsetzung der titulierten Pflichten des Schuldners zusammenhängen (zB Kosten des Transports und der Einlagerung von Räumungsgut).⁶¹² Nicht nach § 788 Abs 1 ZPO, sondern als Kosten der Rechtsverfolgung nach §§ 91, 103 ZPO zu erstatten sind diese Kosten, wenn sie im Zusammenhang mit einer angeordneten **Sequestration** entstehen.⁶¹³ Grds sind bei der **Zug-um-Zug Vollstreckung** nach § 756 ZPO die Kosten (Gerichtsvollzieher- und Anwaltskosten) des tatsächlichen Angebots der Gegenleistung durch den **Gerichtsvollzieher** vom Schuldner zu erstatten.⁶¹⁴ Es sei denn, sie sind nach materiellem Recht vom Gläubiger zu tragen (siehe Rdn. B 250).

B 247b

---

602 BGH NJW 2012, 3789.
603 BGH BeckRS 09356.
604 LG Bremen JurBüro 2002, 212; LG Berlin Rpfleger 1975, 373; AG Paderborn JurBüro 1985, 1896; AG Bielefeld DGVZ 1975, 61; **aA:** LG Münster JurBüro 1991, 1215; vgl dazu auch *Wedel* JurBüro 2001, 345.
605 OLG Köln Rpfleger 2001, 149; OLG Frankfurt aM MDR 1994, 843; OLG München NJW 1973, 2070 = Rpfleger 1973, 374 = JurBüro 1973, 872; vgl dazu auch *Weinert* Rpfleger 2005, 1.
606 LAG Köln MDR 1993, 915 = JurBüro 1993, 622.
607 BVerwG Rpfleger 1995, 261; LG Essen JurBüro 1985, 627; AG Düsseldorf JurBüro 1985, 723.
608 OLG Zweibrücken JurBüro 1986, 467; vgl aber auch OLG Köln JurBüro 1986, 1581 = BeckRS 1986, 00276 = MDR 1986, 1033 (verneinend bei Prüfung der Zug-um-Zug zu erbringenden Gegenleistung).
609 OLG Hamburg JurBüro 1983, 91.
610 BGH NJW 2005, 2460.
611 BeckOK ZPO/*Preuß* ZPO § 788 Rn. 19; MünchKommZPO *Schmidt/Brinkmann* ZPO § 788 Rn. 10; *Schuschke/Walker* Rn. 26.
612 OLG Hamburg BeckRS 2000, 10575 = JurBüro 2000, 46; KG NJW-RR 1987, 574 = JurBüro 1987, 125; OLG Karlsruhe Rpfleger 1974, 408; LG Koblenz DGVZ 1994, 91; BeckOK ZPO/*Preuß* ZPO § 788 Rn. 19.
613 BGH NJW 2006, 3010 = JurBüro 2007, 34 u BGH BeckRS 2007, 04103.
614 BGH NJW 2014, 2508 = JurBüro 2014, 549; OLG Hamburg NJW 1971, 387 = JurBüro 1970, 1096; LG Berlin JurBüro 1985, 1582.

c) Vollstreckung nach §§ 887, 888, 890 ZPO

B 248 Nach § 891 S 3 ZPO ergeht in diesen Vollstreckungsverfahren eine eigenständige Kostenentscheidung durch das Prozessgericht.[615] Die §§ 91 – 93, 95 bis 100, 106 u 107 ZPO sind entsprechend anzuwenden. Diese Kostengrundentscheidung ist betragsmäßig durch Kostenfestsetzung nach §§ 103 ff ZPO auszuführen.[616] § 788 ZPO ist insoweit unanwendbar.[617] Auf Kosten der Durchführung von Vollstreckungsmaßnahmen aus Beschlüssen nach §§ 887, 888, 890 ZPO ist § 788 ZPO aber anwendbar.

d) Kostenpflicht des Gläubigers (§ 788 Abs 4 ZPO)

B 249 In Ausnahme zu § 788 Abs 1 kann das Gericht in Verfahren des **Vollstreckungsschutzes** nach § 765 a ZPO, der **Austauschpfändung** nach §§ 811 a, 811 b ZPO sowie bei **Forderungspfändung** nach § 829 ZPO, §§ 850 k, 850 l ZPO (Kontopfändungsschutz) und §§ 851 a, 851 b ZPO (Pfändungsschutz für Landwirte und für Miet- und Pachtzinsen) die Kosten ganz oder teilweise aus besonderen Gründen der **Billigkeit** dem Gläubiger auferlegen. Ausschlaggebend für die Kostenauferlegung muss das **Verhalten des Gläubigers** sein.[618] Als Ausnahmevorschrift ist Abs 4 eng auszulegen und nicht analog auf andere Verfahren anwendbar.[619] Es handelt sich dabei um keine gerichtliche Ermessens-, sondern um eine rechtsgebundene Entscheidung.[620] Der Wortlaut der Vorschrift kennzeichnet mit »kann« nur ihren Ausnahmecharakter und räumt dem Gericht kein freies Ermessen ein.[621] Werden die Kosten ganz oder teilweise dem Gläubiger auferlegt, so ist in dem Umfang die Kostenpflicht des Schuldners aufgehoben. Der Beschluss des Vollstreckungsgerichts (Rechtspfleger; § 20 Nr 17 S 1 RPflG) begründet für den Schuldner einen Erstattungsanspruch gegen den Gläubiger, der nach Abs 2 festzusetzen ist. Gegen den Kostenbeschluss findet die sofortige Beschwerde (§§ 793, 567 ZPO, § 11 Abs 1 RPflG) statt. Fehlt eine Kostenentscheidung, gilt § 788 Abs 1 ZPO. Nach hM ist Abs 4 auch im Beschwerdeverfahren anzuwenden.[622]

5. Keine Kosten der Zwangsvollstreckung

B 250 a) Die Kosten des Angebots einer **Zug-um-Zug** zu erbringenden **Gegenleistung** durch den Gerichtsvollzieher an den Schuldner sind als notwendige Zwangsvollstreckungskosten grds vom Schuldner zu erstatten.[623] Es sei denn, sie sind nach **materiellem Recht** vom **Gläubiger** zu tragen. Das hängt davon ab, ob es sich bei der vom Gläubiger Zug-um-Zug zu erbringenden Gegenleistung um eine Hol-, Schick- oder Bringschuld handelt.[624]

b) Die Kosten einer **Vollstreckbarerklärung** nach §§ 537, 558 ZPO (darüber ist nach § 91 ZPO zu entscheiden).

c) Die Kosten der **Löschung einer Zwangssicherungs- oder Arresthypothek** hängen nicht mehr unmittelbar mit der Durchsetzung des Titels zusammen, sie gehören deshalb nicht zu den

---

615 BGH NJW 2015, 1829; OLG München MDR 1983, 1029; OLG Zweibrücken BeckRS 1989, 08029 = JurBüro 1990, 403.
616 MünchKommZPO *Gruber* ZPO § 891 Rn. 5.
617 *Thomas/Putzo/Seiler* § 891 Rn. 6; MünchKommZPO *Gruber* ZPO § 891 Rn. 5.
618 OLG Köln NJW-RR 1995, 1163; OLG Düsseldorf NJW-RR 1996, 637.
619 BeckOK ZPO/*Preuß* ZPO § 788 Rn. 59; MünchKommZPO *Schmidt/Brinkmann* ZPO § 788 Rn. 52; *Stein/Jonas/Münzberg* Rn. 53; BLAH/*Hartmann* Rn. 9.
620 HM; MünchKommZPO *Schmidt/Brinkmann* ZPO § 788 Rn. 54; BeckOK ZPO/*Preuß* ZPO § 788 Rn. 59; *Stein/Jonas/Münzberg* Rn. 56.
621 *Stein/Jonas/Münzberg* Rn. 56; *Zöller/Stöber* § 788 Rn. 26.
622 OLG Düsseldorf NJW-RR 1996, 637; OLG Köln NJW-RR 1995, 1164; MünchKommZPO *Schmidt/Brinkmann* ZPO § 788 Rn. 54; **aA** *Stein/Jonas/Münzberg* Rn. 58; BLAH/*Hartmann* Rn. 9.
623 BGH NJW 2014, 2508 = JurBüro 2014, 549; OLG Hamburg NJW 1971, 387 = JurBüro 1970, 1096.
624 OLG Frankfurt/M JurBüro 1979, 1721 = Rpfleger 1980, 28; LG Ulm NJW-RR 1991, 91.

Vollstreckungskosten.⁶²⁵ Dasselbe gilt für die Kosten der **Löschung** einer **Vormerkung** auf Grund einer nach § 894 ZPO fingierten Löschungsbewilligung.⁶²⁶ Auch die Kosten der durch einstweilige Verfügung angeordneten Grundbucheintragung einer **Vormerkung** oder eines **Widerspruchs** sind keine Vollstreckungskosten.⁶²⁷ Nicht nach § 788 Abs 1 ZPO erstattungsfähig sind ferner die Kosten der Eintragung eines Rechts oder einer Vormerkung auf Grund einer nach § 894 oder § 895 ZPO fingierten Eintragungsbewilligung.⁶²⁸

d) Zahlt der Gläubiger nach Pfändung des **Anwartschaftsrechts**, das der Schuldner als Vorbehaltskäufer erworben hat, den Restkaufpreis an den Vorbehaltsverkäufer, so erlangt der Schuldner das Vollrecht. Der gezahlte Betrag ist aber nicht nach § 788 Abs 1 ZPO vom Schuldner zu erstatten, denn es handelt sich um keine unmittelbaren Vollstreckungskosten.⁶²⁹ **B 250a**

e) In Verfahren über **vollstreckungsrechtliche Klagerechtsbehelfe** nach §§ 767, 768, 771, 805 sowie in Erinnerungs-, Beschwerdeverfahren nach §§ 732, 766, 793 ZPO ergeht eine gesonderte Kostenentscheidung. Diese und nicht § 788 Abs 2 ZPO ist dann alleinige Grundlage der Kostenfestsetzung. Da die Verfahren über diese Rechtsbehelfe **selbstständig** sind, werden folglich Aufwendungen des Gläubigers nicht von § 788 Abs 1 ZPO erfasst.⁶³⁰ Kosten eines **Erinnerungsverfahrens nach § 766 Abs 2 ZPO** hingegen sind, wenn keine gesonderte Kostenentscheidung ergeht, solche der Zwangsvollstreckung nach § 788 Abs 1 (vgl Rdn. B 244c). **B 251**

f) Die Kosten, die dem Gläubiger für den **Abschluss eines Vollstreckungsvergleichs** mit dem Schuldner entstehen (zB Einigungsgebühr seines Rechtsanwalts nach Nrn 1000, 1003 VV RVG), sind Kosten der Durchführung der Zwangsvollstreckung. Sie sind ihm vom Schuldner zu erstatten, wenn dieser die Kosten im Vergleich **übernommen** hat.⁶³¹ Die hM steht auf dem Standpunkt, dass auch der Vollstreckungsvergleich unmittelbar der Durchsetzung der titulierten Ansprüche des Gläubigers dient und die durch ihn entstandenen Kosten somit solche der Zwangsvollstreckung iSd § 788 ZPO sind.⁶³² Andernfalls müsste der Gläubiger den Erstattungsanspruch gegen den Schuldner auf eine materielle Grundlage stützen und ein neues gerichtliches Verfahren beginnen. Ein solches Vorgehen wäre nicht prozessökonomisch. Für eine Zahlungsvereinbarung nach **§ 802 b Abs 2 ZPO**, die unter Mitwirkung des Gerichtsvollziehers zustande kommt, entsteht idR keine Einigungsgebühr, da es an einer von Nr 1000 VV RVG verlangten Mitwirkungshandlung des Gläubigervertreters fehlt.⁶³³ **B 252**

Fehlt im Vollstreckungsvergleich eine Übernahmevereinbarung, gelten die Kosten des Vergleichs als gegeneinander aufgehoben (§ 98 S 1 ZPO).⁶³⁴ Eine Erstattungspflicht des Schuldners scheidet in diesem Fall aus. Vgl dazu auch Rdn. B 614.

---

625 OLG München MDR 1989, 460; OLG Frankfurt aM JurBüro 1981, 786; OLG Stuttgart Rpfleger 1981, 158.
626 OLG Hamm BeckRS 1999, 14290 = JurBüro 2000, 494.
627 OLG München JurBüro 1974, 1036.
628 OLG Celle NJW 1968, 2246 = JurBüro 1969, 180.
629 MünchKommZPO *Schmidt/Brinkmann* ZPO § 788 Rn. 30; *Thomas/Putzo/Seiler* § 788 Rn. 32; BeckOK ZPO/*Preuß* ZPO § 788 Rn. 11; *Musielak/Voit/Lackmann* Rn. 5; **aA**: LG Bonn Rpfleger 1956, 44 (45) m Anm *Berner*; LG Aachen Rpfleger 1968, 60; *Zöller/Stöber* Rn. 13 »Anwartschaftsrecht«; *Stein/Jonas/ Münzberg* Rn. 19 u § 857 ZPO Rn. 86.
630 BGH NJW 2007, 2993; BGH NJW-RR 1989, 125; OLG München JurBüro 1986, 1583 = MDR 1986, 946.
631 BGH NJW 2006, 1598 = JurBüro 2006, 327 = MDR 2006, 1133 u BGH NJW 2007, 1213 = JurBüro 2007, 216 = Rpfleger 2007, 271 = MDR 2007, 609. So bereits OLG Düsseldorf Rpfleger 1994, 264; OLG Zweibrücken JurBüro 1992, 429; KG JurBüro 1981, 1359.
632 BGH NJW 2006, 1598; zur früheren gegenteiligen Auffassung vgl die Vorauflage.
633 LG Duisburg BeckRS 2013, 14842 = NJOZ 2013, 1889; s dazu auch *Hergenröder* DGVZ 2014, 109.
634 BGH NJW 2007, 1213 = JurBüro 2007, 216 = Rpfleger 2007, 271 = MDR 2007, 609.

6. Kosten der Abwehr Dritter durch den Gläubiger

B 253 a) Ein Dritter, der vom Gläubiger erfolglos die Freigabe der gepfändeten Sache verlangt, kann mit der **Drittwiderspruchsklage** (§ 771 ZPO) gegen die Pfändung vorgehen. Der im Rechtsstreit unterliegende Gläubiger muss seine Rechtsverteidigungskosten selber tragen. Ein Erstattungsanspruch gegen den Schuldner nach § 788 Abs 1 ZPO scheidet aus. Ursächlich für den Aufwand es Gläubigers war eine Vollstreckungsmaßnahme, die in unzulässiger Weise in die Rechte des Dritten eingegriffen hat. Die Prozesskosten sind nur aus Anlass der Zwangsvollstreckung entstanden. Sie können nach dem **Veranlasserprinzip** deshalb nicht dem Schuldner angelastet werden.[635] Auch nicht die Kosten der Vorbereitung eines solchen Prozesses.[636]

B 254 b) Kosten, die dem Gläubiger bei der Vorbereitung und Durchführung eines – nicht von vorneherein aussichtslosen – **Drittschuldnerprozesses** entstanden sind, gehören dagegen grds zu den Kosten der Zwangsvollstreckung iSv § 788 Abs 1 ZPO. Das gilt auch für die Anwaltskosten, die dem Gläubiger anlässlich einer Anmahnung der **Drittschuldnererklärung** (§ 840 ZPO) mit Klageandrohung entstanden sind.[637] Nach hM sind sie dem Gläubiger, wenn er sie nicht beim Drittschuldner betreiben kann, vom Schuldner nach § 788 Abs 1 ZPO zu erstatten.[638] Alleine mit der Forderungspfändung und -überweisung hat der Gläubiger sein Vollstreckungsziel noch nicht erreicht. Zahlt der Drittschuldner nicht, so nimmt der Gläubiger mit der Drittschuldnerklage auch das Interesse des Schuldners wahr. Dazu ist er nach § 842 ZPO verpflichtet. Anders als Drittwiderspruchs- und Vollstreckungsabwehrklage, die auf Abwehr der Zwangsvollstreckung gerichtet sind, dient die Drittschuldnerklage der Vollziehung des Pfändungs- und Überweisungsbeschlusses und damit unmittelbar der Zwangsvollstreckung.[639] Nach dem Veranlasserprinzip hat der Schuldner dem Gläubiger die dadurch verursachten Kosten nach § 788 Abs 1 ZPO zu erstatten. Erstattungsfähig ist auch eine Einigungsgebühr des Gläubigeranwalts aus dem Drittschuldnerprozess.[640]

§ 12 a Abs 1 S 1 ArbGG steht der Kostenerstattung und -festsetzung der dem Gläubiger im Drittschuldnerprozess entstandenen Anwaltskosten nicht entgegen.[641] Diese Vorschrift, nach der vor dem Arbeitsgericht im Urteilsverfahren der 1. Instanz die obsiegende Partei ua keine Erstattung der Kosten ihres Prozessbevollmächtigten verlangen kann, betrifft nur Gläubiger und Drittschuldner als Verfahrensparteien. Auf das Erstattungsverhältnis zwischen Gläubiger und Schuldner nach § 788 Abs 1 ZPO lässt sich der Zweck des § 12 a ArbGG nicht übertragen. Es kommt nur darauf an, dass der Drittschuldnerprozess nicht von vorneherein ohne Erfolgsaussichten geführt wurde.[642]

c) Für die Vergütungsfestsetzung nach § 11 RVG gegen den eigenen Auftraggeber ist nach § 788 Abs 2 ZPO das Vollstreckungsgericht zuständig.[643]

7. Erstattungsanspruch des Schuldners

B 255 a) Nach § 788 **Abs 3 ZPO** sind die Kosten der Zwangsvollstreckung dem Schuldner zu erstatten, wenn das Urteil **aufgehoben** wird. Das gleiche gilt für die Vollstreckung aus einem

---

635 BGH NJW 2005, 2460; KG JurBüro 1977, 259 = Rpfleger 1977, 178; vgl zum Veranlasserprinzip MünchKommZPO *Schmidt/Brinkmann* ZPO § 788 Rn. 2.
636 OLG Koblenz Rpfleger 1977, 66.
637 LG Bonn JurBüro 2001, 26 m Anm *Enders*; einschränkend OLG Köln JurBüro 1992, 267: erstattungsfähig nur, wenn der Gläubiger Zug-um-Zug seinen Schadensersatzanspruch gegen den Drittschuldner an den Schuldner abtritt.
638 BGH NJW 2010, 1674 u 2006, 1141; LG Köln JurBüro 2003, 160; **aA**: OLG München JurBüro 1990, 1355 = MDR 1990, 931; OLG Bamberg JurBüro 1994, 612.
639 BGH NJW 2006, 1141; OLG Hamm OLG-Report 1997, 224.
640 LG Köln JurBüro 2000, 663.
641 BGH NJW 2006, 1141.
642 LG Berlin JurBüro 1985, 1898; **aA**: KG BeckRS 1976, 00775 = JurBüro 1977, 259 = Rpfleger 1977, 178.
643 BGH NJW 2005, 1273 = JurBüro 2005, 421 m Anm *Enders*.

Kostenfestsetzungsbeschluss, der durch die Aufhebung des Urteils gegenstandslos wurde (§ 795 ZPO) sowie nach Aufhebung sonstiger Vollstreckungstitel iSv § 794 ZPO. Da Abs 3 eine mit § 717 Abs 2 ZPO vergleichbare Rechtslage schafft, vollstreckt der Gläubiger aus einem nur vorläufig vollstreckbaren Urteil auf eigene Gefahr.[644] Der Titel muss **ganz oder teilweise** aufgehoben worden sein. Wird der Titel teilweise aufgehoben, muss der Schuldner nur die Kosten tragen, die bei einer Vollstreckung aus dem abgeänderten Titel entstanden wären.[645] Die restlichen beigetriebenen Kosten hat ihm der Gläubiger zu erstatten. Bei Aufhebung der vorläufigen Vollstreckbarkeit, zB nach Erhebung einer Vollstreckungsabwehrklage (§ 767 ZPO) oder einer Drittwiderspruchsklage (§ 771 ZPO), ist Abs 3 unanwendbar.[646] In diesen Verfahren wird nur die Zwangsvollstreckung für unzulässig erklärt. Auch der Wegfall der Vollziehbarkeit eines Arrestes oder einer einstweiligen Verfügung nach abgelaufener Vollziehungsfrist (§ 929 Abs 2 ZPO) fällt nicht unter Abs 3.

b) Aus welchem Grund die Aufhebung erfolgte, ist gleichgültig. Sie kann nach Einspruchs- oder Rechtsmitteleinlegung, in einem Nachverfahren (§§ 302, 599 ZPO) oder im Wiederaufnahmeverfahren erfolgt sein. Abs 3 ist auch auf Vergleiche anwendbar, die den Titel beseitigen und keine besondere Kostenregelung über die Vollstreckungskosten enthalten.[647] Ausgenommen sind aber Unterhaltsvergleiche.[648] Abs 3 erfasst auch den Fall einer Klagerücknahme, als deren Rechtsfolge ein bereits ergangenes Urteil wirkungslos wird (§ 269 Abs 3 ZPO).[649]

B 256

c) Dem Schuldner sind »die Kosten der Zwangsvollstreckung« zu erstatten. Dazu gehören in erster Linie die vom Schuldner **beigetriebenen und von ihm freiwillig** gezahlten Vollstreckungskosten. Abs 3 ist unanwendbar auf Kosten, die durch eigene Anträge des Schuldners entstanden sind, und solche, die ihm durch besondere Kostenentscheidung auferlegt wurden.[650] Ebenso werden Aufwendungen, die dem Schuldner zur **Abwehr** der Zwangsvollstreckung entstanden sind (zB Kosten einer Bürgschaft), von Abs 3 nicht erfasst. Nach hM handelt es sich bei Letzteren um Verfahrenskosten im weiteren Sinne, die nicht unter § 788 ZPO, sondern unter § 91 ZPO fallen und vom Prozessgericht im Kostenfestsetzungsverfahren nach §§ 103 ff ZPO festzusetzen sind.[651] Auch Kosten, die im Zusammenhang mit der Einstellung der Zwangsvollstreckung oder Aufhebung einer Vollstreckungsmaßnahme angefallen sind, fallen nicht unter Abs 3. Diese muss der Schuldner uU auf § 717 Abs 2 ZPO gestützt neu einklagen.[652]

B 257

d) Abs 3 ist Grundlage eines **materiellen Erstattungsanspruchs** des Schuldners gegen den Gläubiger. Die **Geltendmachung** dieses Anspruchs ist umstritten. Nach hM ist eine Geltendmachung nach Abs 1 S 1 durch Beitreibung beim Gläubiger sowie eine Festsetzung nach Abs 2 nicht zulässig.[653] Der Erstattungsanspruch des Schuldners ist vielmehr im Kostenfestsetzungsverfahren nach

B 258

---

644 BGH NJW-RR 2012, 311 = Rpfleger 2012, 105 = JurBüro 2012, 105; *Zöller/Stöber* § 788 Rn. 22.
645 BGH JurBüro 2014, 606 u NJW-RR 2004, 503; OLG Hamburg JurBüro 1981, 1397; LG Köln JurBüro 1991, 600; BeckOK ZPO/*Preuß* ZPO § 788 Rn. 54; *Musielak/Voit/Lackmann* § 788 Rn. 25.
646 OLG Düsseldorf Rpfleger 1993, 172; *Thomas/Putzo/Seiler* Rn. 34a; MünchKommZPO *Schmidt/Brinkmann* ZPO § 788 Rn. 46.
647 OLG Celle Rpfleger 1983, 498; OLG Hamburg JurBüro 1981, 1397; KG NJW 1963, 661.
648 BGH NJW 2008, 1663, 1669,
649 KG Rpfleger 1978, 150.
650 OLG München Rpfleger 1994, 128; OLG Köln JurBüro 1994, 370; OLG Düsseldorf JurBüro 1990, 531; *Zöller/Stöber* § 788 Rn. 24.
651 BGH NJW-RR 2006, 1001; OLG Düsseldorf JurBüro 1996, 430; OLG Karlsruhe JurBüro 1990, 64; OLG Koblenz JurBüro 2001, 380; OLG München NJW-RR 2000, 1096; MünchKommZPO *Schmidt/Brinkmann* ZPO § 788 Rn. 47.
652 OLG München NJW-RR 2000, 517 (Aufhebung einer Arresthypothek); *Stein/Jonas/Münzberg* § 788 ZPO Rn. 51; MünchKommZPO *Schmidt/Brinkmann* ZPO § 788 Rn. 48; *Thomas/Putzo/Seiler* § 788 Rn. 36.
653 BGH NJW-RR 2006, 101; BeckOK ZPO/*Preuß* ZPO § 788 Rn. 56; MünchKommZPO *Schmidt/Brinkmann* ZPO § 788 Rn. 50; *Musielak/Voit/Lackmann* § 788 ZPO Rn. 26; *Schuschke/Walker* Rn. 32; **aA:** *Zöller/Stöber* § 788 Rn. 25.

§§ 103 ff ZPO geltend zu machen.⁶⁵⁴ Grundlage der Festsetzung ist die aufhebende Entscheidung (Urteil/Beschluss); zuständig ist das Prozessgericht (Rechtspfleger). Die Festsetzung setzt außerdem voraus, dass die vom Schuldner angesetzten Aufwendungen unbestritten sind. Andernfalls ist der Anspruch nach § 717 Abs 2 S 2 ZPO im anhängigen Rechtsstreit geltend zu machen oder neu einzuklagen.⁶⁵⁵

B 259 –
B 299   *(unbesetzt)*

XII. Allgemeine Voraussetzungen der Kostenerstattung

1. Grundlagen der Erstattung

B 300   Nach **§ 91 Abs 1 S 1 ZPO** hat die unterliegende Partei dem Gegner dessen Kosten zu erstatten. Der Erstattungsanspruch wird allerdings eingeschränkt: Zu erstatten sind gegnerische Aufwendungen nur, wenn sie
a) zu den Kosten des Rechtsstreits gehören und
b) zur zweckentsprechenden Rechtsverfolgung oder -verteidigung notwendig waren.

Beide Voraussetzungen müssen erfüllt sein. Geltend gemacht wird der Kostenerstattungsanspruch im Kostenfestsetzungsverfahren nach §§ 103 ff ZPO.

2. Kosten des Rechtsstreits

Kosten des Rechtsstreits (Prozesskosten) sind die **unmittelbaren Aufwendungen** der Parteien zur Betreibung des Rechtsstreits.⁶⁵⁶ Der Kläger tätigt Aufwendungen, um einen Vollstreckungstitel zu erlangen, und der Beklagte solche, um eine ihm ungünstige Entscheidung zu verhindern. Es muss sich um Aufwendungen handeln, die im Hinblick auf einen bestimmten Rechtsstreit, also **prozessbezogen** gemacht worden sind.

B 301   a) In demselben Rechtsstreit können **verschiedene Kostengrundentscheidungen** mit unterschiedlichen Inhalten ergehen. Das kann der Fall sein, wenn das Verfahren mehrere Instanzen durchlaufen hat. Daneben kann auch in Nebenverfahren (zB Beschwerdeverfahren) eine eigene Kostenentscheidung ergehen. In solchen Fällen müssen die konkreten Aufwendungen der Parteien »ihrer« Kostengrundentscheidung zugeordnet werden. Die allgemeine Prozesszugehörigkeit reicht nicht aus. Die Zuordnung ist manchmal nicht unproblematisch.

▶ Beispiel:

Gegen das Urteil der ersten Instanz legt der Beklagtenvertreter Berufung ein. Da der Kläger noch keinen Prozessbevollmächtigten für die zweite Instanz bestellt hat, führt er mit dem Prozessbevollmächtigten des Klägers aus der ersten Instanz Vergleichsverhandlungen. Es wird ein außergerichtlicher Vergleich geschlossen: Der Beklagte verpflichtet sich zur Rechtsmittelrücknahme, außerdem übernimmt er sämtliche Kosten des Rechtsstreits. Vereinbarungsgemäß nimmt der Beklagte daraufhin die Berufung zurück. Auf Antrag des Klägers ergeht ein Kostenbeschluss nach § 516 Abs 3 ZPO.

Sind Verfahrens- und Einigungsgebühr des Klägervertreters der ersten oder zweiten Instanz zuzuordnen?

---

654 BGH NJW-RR 2006, 1001; OLG Düsseldorf JurBüro 1977, 1144, 1452; OLG Bamberg JurBüro 1979, 909; OLG Celle Rpfleger 1983, 498 (499); MünchKommZPO *Schmidt/Brinkmann* ZPO § 788 Rn. 51; BeckOK ZPO/*Preuß* ZPO § 788 Rn. 56.
655 *Zöller/Stöber* § 788 Rn. 25; *Thomas/Putzo/Seiler* § 788 Rn. 36; MünchKommZPO *Schmidt/Brinkmann* ZPO 788 Rn. 51; BeckOK ZPO/*Preuß* ZPO § 788 Rn. 58.
656 BGH NJW 2009, 233; *Thomas/Putzo/Hüßtege* § 91 Vorbem Rn. 2.

Der Vergleichsabschluss steht im Zusammenhang mit der eingelegten Berufung des Beklagten, so dass der Gebührenanfall der zweiten Instanz zuzuordnen ist.[657]

Zur Zuordnung der Kosten von Vor- und Nebenverfahren, vgl unten 4. (Rdn. B 408).

B 302 b) Die Prozessbezogenheit erfordert nicht unbedingt, dass der Rechtsstreit bereits anhängig ist. Sie kann bereits zu bejahen sein, wenn die Aufwendungen zu seiner **Vorbereitung** getätigt wurden (sog Vorbereitungskosten). So ein Bezug besteht zB, wenn der (spätere) Kläger zur Verfahrenseinleitung entschlossen war bzw diese sich für den (späteren) Beklagten deutlich, zB durch Klageandrohung, abzeichnete.[658] Wo die Grenze zwischen konkreter Prozessvorbereitung einerseits und allgemeinen Betriebskosten für eine rechtliche Vorsorge andererseits zu ziehen ist, kann letztlich nur nach den Umständen des Einzelfalls entschieden werden.[659] Nach hM muss der Aufwendung ein **konkreter Prozessbezug** dergestalt zugrunde gelegen haben, dass sie ohne den Rechtsstreit nicht getätigt worden wäre.[660] Neben diesem ursächlichen wird teilweise auch ein enger zeitlicher Zusammenhang verlangt.[661]

Bei Zweifeln daran, ob die von der obsiegenden Partei angesetzten Aufwendungen prozessbezogen getätigt wurden, sollten an die **Glaubhaftmachung** (§ 104 Abs 2 S 1 ZPO) strenge Anforderungen gestellt werden (zB Vorlage der vorgerichtlichen Korrespondenz).

3. Aufwendungen der Partei

B 303 a) Zu **Parteiaufwendungen** iSv § 91 Abs 1 S 1 ZPO können auch **Verbindlichkeiten** gehören, die zur Vorbereitung und Führung des (späteren) Rechtsstreits begründet wurden. Das gilt aber nicht für Kreditkosten, insbesondere Zinsaufwendungen, zur Finanzierung des Rechtsstreits.[662] Prozessbezogen können der Partei auch andere **vermögenswerte Nachteile** entstanden sein.[663] Eine gesetzliche Regelung dazu enthält § 91 Abs 1 S 2 ZPO: Danach umfasst die Kostenerstattung auch die Entschädigung für die durch notwendige Reisen oder durch notwendige Wahrnehmung von Terminen entstehende Zeitversäumnis.

B 304 b) Im **Umkehrschluss** ergibt sich aber auch, dass sonstiger **allgemeiner Prozessaufwand** nicht erstattungsfähig ist. Das gilt insbesondere für den zeitlichen Aufwand, der den Parteien im Zusammenhang mit der Prozessvorbereitung und -führung entsteht (zB Zusammenstellen von Unterlagen, Rückfragen bei Dritten, Information des Prozessbevollmächtigten am eigenen Wohnort). Zu diesen allgemeinen Geschäftsunkosten gehören auch sachliche Aufwendungen, wie zB solche für die schriftliche Korrespondenz mit dem eigenen Prozessbevollmächtigten, dem Gegner oder Versicherungen. Es besteht zwar ein ursächlicher Zusammenhang zwischen Rechtsstreit und allgemeinen Geschäftsunkosten, das Kostenfestsetzungsverfahren soll aber nicht mit derartigen Minimalaufwendungen der Parteien belastet werden.[664] Erstattungsfähig sind hingegen grds die Kosten einer Zeitungsanzeige zum Auffinden von Zeugen.[665]

B 305 c) Nur **wirklich** entstandene Kosten sind erstattungsfähig. **Fiktive** Kosten können nur erstattungsfähig sein, wenn sie durch tatsächlich entstandene, aber nicht erstattungsfähige Kosten, eingespart

---

657 OLG Düsseldorf NJW 1959, 680 = MDR 1959, 500; vgl dazu auch: OLG Schleswig JurBüro 1983, 551; OLG Frankfurt MDR 1980, 941 = JurBüro 1980, 1582 m Anm *Mümmler*.
658 BGH NJW 2006, 2415; BGH NJW 2003, 1398.
659 Vgl zB OLG Koblenz JurBüro 1985, 1408 m Anm *Mümmler*; KG MDR 1985, 414 = Rpfleger 1985, 163.
660 BeckOK ZPO/*Jaspersen/Wache* ZPO § 91 Rn. 93; vgl auch: MünchKommZPO *Schulz* ZPO § 91 Rn. 40, 41.
661 OLG Bremen BeckRS 2015, 16244; BeckOK ZPO/*Jaspersen/Wache* ZPO § 91 Rn. 93.
662 OLG Koblenz JurBüro 2006, 205; OLG München NJW-RR 2000, 1096; OLG Hamm MDR 1972, 960.
663 Vgl zB OLG Naumburg Rpfleger 2011, 119 (Akteneinsicht); KG BeckRS 2004, 10947 = NZM 2005, 199 (Grundbucheinsicht).
664 Vgl zB OLG Köln FamRZ 2012, 1323; OLG Koblenz Rpfleger 2003, 384; OLG Stuttgart Rpfleger 1982, 233; LAG Köln JurBüro 1982, 1724; AG Saarbrücken AnwBl 1979, 185.
665 LG Mönchengladbach MDR 2004, 298 = Rpfleger 2004, 185.

wurden. Das trifft zB auf die Kosten einer (fiktiven) Informationsreise der Partei zu ihrem Prozessbevollmächtigten zu, die an die Stelle nicht erstattungsfähiger Verkehrsanwaltskosten treten können.

B 306 d) Auch Aufwendungen die **ein Dritter** im Interesse der Partei erbracht hat, sei es, dass die Partei dem Dritten ersatzpflichtig ist oder, dass dessen Leistung der Partei unentgeltlich zugutekommen soll, sind solche der Partei. Das gilt insbesondere für prozessbezogene Aufwendungen, die zB ein naher Verwandter oder der Ehegatte für die Partei erbringt.[666] Vgl dazu auch Rdn. B 507.

Aufwendungen des Erblassers sind Kosten des Rechtsstreits, wenn der Erbe oder auch nur einer von mehreren Miterben, in den Prozess eingetreten ist und obsiegt hat.[667]

B 307 e) Aufwendungen einer **Versicherung,** die den Prozess für die Partei führt, sind erstattungsfähig, sofern die Kosten auch von der Partei vernünftigerweise hätten aufgewendet werden müssen.[668]

Nicht erstattungsfähig sind dagegen Aufwendungen einer Versicherung zur Prüfung ihrer **Einstandspflicht.** Auch dann, wenn das erzielte Ergebnis bei der späteren Prozessführung zu Gunsten der Partei Verwendung findet.[669]

Anders lassen sich die Aufwendungen zur Prüfung der Einstandspflicht aber beurteilen, wenn die Versicherung den Rechtsstreit danach selber führt. In diesem Fall sind sie zur Prozessvorbereitung erbracht worden, wenn sich zu diesem Zeitpunkt ein Rechtsstreit gegen die Versicherung bereits klar abzeichnete.[670]

4. Gegenständlicher Anwendungsbereich der Kostengrundentscheidung

B 308 a) Von der Kostengrundentscheidung in der Hauptsache werden Kosten der Parteien **nicht** erfasst, die einer **gesonderten Kostenentscheidung** zuzuordnen sind. Sie hat Vorrang vor der Kostengrundentscheidung in der Hauptsache und erfasst die Verfahrenskosten eines besonderen Verfahrens(-teils). Gemeint sind aber nicht Fälle, in denen die Hauptsacheentscheidung selbst eine zulässige Kostentrennung anordnet (zB nach §§ 96, 281 Abs 3, 344 ZPO). Es handelt sich vielmehr um besondere Verfahren, die der Hauptsache **vorausgegangen** oder **neben** ihr anhängig gemacht worden sind.

So ist zB über die Kosten eines zurückgewiesenen oder zurückgenommenen Antrags auf Anordnung eines **selbständigen Beweisverfahrens** (§ 487 ZPO), der außerhalb der Hauptsache gestellt wurde, eine isolierte Kostenentscheidung zu treffen.[671] Das gilt auch, wenn dieses Verfahren wegen des fehlenden Kostenvorschusses oder aus sonstigen Gründen nicht betrieben wird.[672] Wird der Antrag allerdings zurückgenommen, um sofort in das Hauptsacheverfahren zu wechseln, ist dort auch über diese Kosten zu entscheiden.[673]

Auch über die Kosten einer erfolglosen Beschwerde gegen eine **Ablehnungsentscheidung** nach § 44 ZPO (Richterablehnung) oder § 406 ZPO (Ablehnung eines Sachverständigen) ist eine gesonderte Kostenentscheidung nach § 97 ZPO zu treffen.[674] Hat die Beschwerde aber Erfolg, werden die

---

666 OLG Hamburg JurBüro 1974, 59; LG Berlin JurBüro 1977, 1446 (Ehemann als Verkehrsanwalt).
667 KG OLGE 39, 38.
668 OLG Koblenz Rpfleger 1992, 129; OLG Frankfurt aM JurBüro 1979, 440 = VersR 1978, 1145; OLG Bamberg JurBüro 1981, 123; KG JurBüro 1974, 1506 = Rpfleger 1975, 30.
669 OLG Hamburg BeckRS 2000, 12193 = MDR 2000, 1459.
670 OLG Frankfurt/Main BeckRS 2014, 21267 = Rpfleger 1980, 392 = JurBüro 1980, 1581; **aA:** OLG Düsseldorf VersR 1984, 556.
671 KG MDR 1996, 968; OLG Frankfurt aM NJW-RR 1995, 1196; LG Kassel AnwBl 1981, 448.
672 OLG München NJW-RR 2001, 1439.
673 BGH NJW-RR 2005, 1015; **aA:** OLG Zweibrücken JurBüro 2004, 99.
674 OLG Stuttgart BeckRS 2009, 05100; OLG Nürnberg NJW-RR 2002, 720; **aA:** OLG Brandenburg BeckRS 2011, 16782.

Kosten des Beschwerdeverfahrens von der Kostengrundentscheidung in der Hauptsache erfasst.[675] Umstritten ist dann die Erstattungsfähigkeit außergerichtlicher Kosten des Gegners. Dafür kommt es darauf an, ob es sich bei dem Ablehnungsverfahren um ein kontradiktorisches Verfahren handelt.[676]

Kosten der **Bestimmung des zuständigen Gerichts** (§§ 36, 37 ZPO) sind grds solche der Hauptsache, so dass eine isolierte Kostengrundentscheidung nicht erforderlich ist.[677] Wird der Antrag allerdings zurückgenommen, ist eine Kostengrundentscheidung (analog § 269 Abs 3 ZPO) zu treffen.[678]

Die im Eilverfahren vor dem Gericht der **belegenen Sache** entstandenen Kosten (§ 942 ZPO) werden von der Kostenentscheidung des **Rechtfertigungsverfahrens** vor dem Hauptsachegericht erfasst.

Zu den Kosten des Beschwerdeverfahrens bei Zurückweisung des Antrags auf **einstweilige Einstellung der Zwangsvollstreckung** vgl Rdn. B 320.

b) Ob die Kosten eines der Hauptsache **vorgelagerten** oder **neben** ihr betriebenen Verfahrens von der Hauptsachekostengrundentscheidung erfasst werden, hängt maßgeblich davon ab, ob die Partei das Hauptsacheziel auch ohne Durchführung dieses Verfahrens rechtlich oder tatsächlich hätte erreichen können. Ist die Prognose negativ, so sind die Aufwendungen als **Vorbereitungskosten** Teil der Kosten des Rechtsstreits.[679] Es sei denn, es ist über diese Kosten eigenständig entschieden worden. Als Richtschnur für die Kostenfestsetzung gilt nämlich: Eine gesonderte Kostengrundentscheidung ist für das Kostenfestsetzungsverfahren auch dann **verbindlich**, wenn sie nicht vorgesehen war.[680]

5. Kostenrechtlich selbständige Verfahren

a) Mahnverfahren: Die Kosten eines Mahnverfahrens, das nach **rechtzeitigem** Widerspruch in das streitige Verfahren übergeleitet wurde (§ 696 Abs 1 ZPO), werden als Teil der Kosten des Rechtsstreits von der Kostengrundentscheidung erfasst (§ 696 Abs 1 S 5 iVm § 281 Abs 3 ZPO). Ein nach Ablauf der Widerspruchsfrist eingelegter Widerspruch ist noch rechtzeitig, solange der Vollstreckungsbescheid nicht verfügt (erlassen) ist (§ 694 Abs 1 ZPO).[681] Deshalb kann die Gebühr des Antragstellervertreters für den Antrag auf Erlass des Vollstreckungsbescheids (Nr 3308 VV RVG) zu den Kosten des nachfolgenden Rechtsstreits gehören. Diese Gebühr ist vom Antragsgegner auch dann zu erstatten, wenn der Antragstellervertreter den Vollstreckungsbescheid nach Ablauf der Widerspruchsfrist in Unkenntnis der Widerspruchseinlegung beantragte. Dies gilt selbst dann, wenn der Vollstreckungsbescheid wegen der Einlegung des Widerspruchs nicht mehr erlassen werden durfte.[682]

b) Selbständiges Beweisverfahren: Über die Kosten eines **neben** der Hauptsache anhängigen selbständigen Beweisverfahrens ist einheitlich im Hauptsacheverfahren zu entscheiden.[683] Sie sind Teil der Kosten des Rechtsstreits.[684] Voraussetzung ist jedoch **Partei- und Streitgegenstandsidentität** in beiden Verfahren.[685] Hauptsache ist das Erkenntnisverfahren, nicht ein Arrest- oder einstweiliges

---

675 OLG Frankfurt aM BeckRS 2016, 08032; MünchKommZPO *Schulz* ZPO § 97 Rn. 5.
676 Bejahend: BGH NJW 2005, 2233; verneinend: zB OLG München JurBüro 1987, 1088 = BeckRS 1994, 07350.
677 OLG München MDR 2013, 1484; vgl auch *H Schmidt* AnwBl 1984, 552.
678 OLG Hamm NJW-RR 2013, 1341.
679 Beispiele: Kosten der Pflegerbestellung für eine prozessunfähige Partei sind erstattungsfähig: OLG Nürnberg Beschl v 28.03.1977 – 6 W 134/76; Anwaltskosten für die Erstattung einer Strafanzeige können erstattungsfähig sein: KG AnwBl 1983, 563 = JurBüro 1983, 1251; LG Frankfurt AnwBl 1982, 385 = JurBüro 1982, 1247; *N Schneider* NJW-Spezial 2011, 219; **aA** OLG Zweibrücken JurBüro 1985, 1717.
680 BeckOK ZPO/*Jaspersen/Wache* ZPO § 91 Rn. 78.
681 BGH NJW 1982, 888; BeckOK ZPO/*Dörndorfer* ZPO § 694 Rn. 4.
682 BGH JurBüro 1982, 705.
683 BGH NJW 2009, 3240; NJW 2003, 1322 sowie NJW 1996, 1749.
684 OLG Koblenz JurBüro 1986, 112; KG JurBüro 1972, 1113.
685 BGH NJW 2014, 3518; NJW 2006, 810 und NJW 2005, 294.

Verfügungsverfahren. Die Kostenentscheidung eines den Arrestbefehl (einstweilige Verfügung) bestätigenden Urteils umfasst nicht die Kosten eines gleichzeitig durchgeführten Beweisverfahrens.[686]

B 312 Auch wenn das selbstständige Beweisverfahren **vor** Anhängigkeit der Hauptsache durchgeführt wird, sind die dadurch entstandenen Kosten (Gerichts- und Anwaltskosten, Zeugen- und Sachverständigenentschädigung) Teil der Kosten des nachfolgenden Rechtsstreits, wenn **Partei- und Streitgegenstandsidentität** besteht.[687] Es kommt dabei nicht darauf an, ob die Einleitung des Beweisverfahrens notwendig war und, ob das Ergebnis des Beweisverfahrens im Hauptsacheverfahren verwertet worden ist.[688]

B 313 **Identität der Parteien** des selbstständigen Beweisverfahrens und der Hauptsache liegt vor, wenn der Kostentitel der Hauptsache sich gegen die Partei des Beweisverfahrens richtet.[689] Parteiidentität liegt auch vor, wenn im Hauptsacheverfahren auf der einen oder der anderen Seite ein Rechtsnachfolger der Partei (zB ein Zessionar oder Pfandgläubiger) steht.[690]

Bei **Teilidentität der Parteien** selbständiges Beweisverfahren/Hauptsache sind die Kosten des Beweisverfahrens insgesamt und nicht nur anteilig Kosten des Hauptsacheverfahrens.[691] Es sei denn, Gegenstand des Beweisverfahrens waren nur Beweisthemen, die nur die Partei(en) betrafen, die sich nicht mehr am Hauptsacheverfahren beteiligte(n). In diesem Fall erfasst die Kostenentscheidung in der Hauptsache die Kosten des selbstständigen Beweisverfahrens nur teilweise.[692] Die ausscheidbaren Kosten sind im Kostenfestsetzungsverfahren zu ermitteln und auszusondern. IdR sind zugunsten des Erstattungsberechtigten die Gerichtskosten des Beweisverfahrens nur insoweit festzusetzen, als sie den Gegenstand betreffen, an dem er und der Erstattungspflichtige beteiligt waren.[693] Die ausgeschiedene Partei kann nach § 494 a ZPO vorgehen.[694]

Fehlt es an der Personenidentität, so können die im selbständigen Beweisverfahren entstandenen Kosten im Rechtsstreit uU wie Privatgutachterkosten erstattungsfähig sein.[695]

▶ Zusammenfassung Parteiidentität:

Richtet sich das selbständige Beweisverfahren gegen **verschiedene Personen**, zB gegen Architekten und Bauhandwerker, und verklagt der Antragsteller nur einen **Teil** der Antragsgegner, so gehören die **gesamten** Kosten des Beweisverfahrens zu den späteren Kosten des Rechtsstreits.

Es sei denn, dass auch eine **teilweise** Gegenstandsidentität vorgelegen hat (zB weil einzelne Beweiserhebungen ausschließlich die später nicht verklagten Personen betrafen). In diesem Fall müssen im Kostenfestsetzungsverfahren die ausscheidbaren Kosten des Beweisverfahrens ermittelt werden.

---

686 OLG München NJW-RR 1999, 655; KG AnwBl 1984, 212 = JurBüro 1984, 1243.
687 OLG Koblenz MDR 2003, 718 = NJW-RR 2003, 1152.
688 BGH NJW-RR 2003, 1240; KG JurBüro 1997, 319 u JurBüro 1970, 266; OLG Nürnberg NJW 1972, 771; OLG Hamburg JurBüro 1981, 1396; OLG Hamm AnwBl 1973, 360 = Rpfleger 1973, 370 = JurBüro 1973, 969; OLG München JurBüro 1980, 1091; OLG Frankfurt JurBüro 1984, 285; **aA:** OLG Koblenz NJW-RR 1994, 1277; OLG Köln VersR 1973, 91.
689 OLG Hamm JurBüro 1971, 463; KG JurBüro 1976, 1384 = MDR 1976, 846; einschränkend: OLG Köln JurBüro 1978, 1820; OLG Frankfurt JurBüro 1984, 602 = MDR 1984, 320.
690 BGH BeckRS 2013, 18563; KG JurBüro 1981, 1392 = MDR 1981, 940; OLG Frankfurt JurBüro 1984, 768; OLG Hamburg JurBüro 1983, 125; OLG Celle NJW 1963, 54 = Rpfleger 1964, 327; einschränkend: OLG Schleswig BeckRS 1991, 08158 = JurBüro 1991, 1357 (bei hilfsweiser Abtretung); OLG Köln JurBüro 1993, 684 (bei Verfahrenseinleitung erst nach Zession).
691 BGH NJW-RR 2004, 1651 = BeckRS 2004, 08282.
692 BeckOK ZPO/*Jaspersen/Wache* ZPO § 91 Rn. 88.
693 BGH NJW-RR 2004, 1651; OLG Karlsruhe BeckRS 2008, 02167; OLG München BeckRS 2005, 04919.
694 OLG Hamm BeckRS 2012, 03592.
695 LG Berlin JurBüro 1984, 1086.

Neben den Parteien müssen auch die im selbstständigen Beweisverfahren und Rechtsstreit verfolgten **Gegenstände identisch** sein. Da das Beweisverfahren keinen Streitgegenstand kennt, ist der Gegenstandsbegriff nicht im engen zivilprozessualen Sinne zu verstehen.[696]

B 314

Hat der Gegenstand des selbständigen Beweisverfahrens keinerlei qualitativen Bezug zu den Ansprüchen oder Einwendungen im Rechtsstreit, so gehören die Kosten des Beweisverfahrens **nicht** zu den Kosten des Rechtsstreits.[697] Ein Prozessbezug liegt zB dann nicht nur vor, wenn das Beweisverfahren lediglich einen nur hilfsweise zur Aufrechnung gestellten Anspruch betrifft, über den nicht mit Rechtskraftwirkung entschieden wird.[698]

Teilweise Streitgegenstandsidentität reicht hingegen grds aus.[699] Das Gericht muss in diesem Fall aber prüfen, ob die Kosten des selbständigen Beweisverfahrens nicht gesondert und anteilig analog § 96 ZPO zu verteilen sind.[700] Eine Teilkostenentscheidung analog § 494 a Abs 2 ZPO scheidet aus.[701] Ist eine Kostenverteilung vom Gericht übersehen worden, so ist eine Korrektur im Kostenfestsetzungsverfahren nicht zulässig.[702] Hat der Kläger und Antragsteller des selbständigen Beweisverfahrens die Kosten des Rechtsstreits zu tragen, so bedarf es zugunsten des Beklagten keiner Kostendifferenzierung.[703] Eine Kostenentscheidung analog § 96 ZPO ist idR dann zu treffen, wenn im Rechtsstreit der Gegenstand des Beweisverfahrens nicht mehr weiterverfolgt wird.[704]

Eine **verhältnismäßige Aufteilung** der Kosten des selbständigen Beweisverfahrens kommt nur dann in Betracht, wenn es mehreren Hauptverfahren zuzuordnen ist.[705]

Sind die Gegenstände von Beweisverfahren und Hauptsache zwar identisch, der Gegenstand des Beweisverfahrens aber **höher bewertet** worden, so ist der im Hauptsacheverfahren festgesetzte Wert maßgebend. Es sei denn, die Kostenentscheidung oder -vereinbarung umfasst ausdrücklich die gesamten Kosten des Beweisverfahrens.[706]

Endet das **Hauptsacheverfahren ohne Sachentscheidung,** zB wegen Klagerücknahme oder Erledigung der Hauptsache, so erfasst die nach § 269 Abs 3 bzw § 91 a ZPO ergangene Kostenentscheidung auch die Kosten eines vorangegangenen oder parallel anhängigen Beweisverfahrens.[707] Das gleiche gilt für eine Kostenübernahmevereinbarung in einem Prozessvergleich.[708] Auch bei Klageabweisung wegen **Unzulässigkeit** werden die Kosten des Beweisverfahrens von der Kostengrundentscheidung in der Hauptsache erfasst, so dass sich die Kostenerstattung nach § 91 ZPO richtet.[709]

B 315

---

696 BeckOK ZPO/*Jaspersen/Wache* ZPO § 91 Rn. 86.
697 OLG Düsseldorf JurBüro 2006, 143 = BeckRS 2005, 14295; OLG München NJW-RR 2001, 719; OLG Stuttgart JurBüro 1982, 1080 u JurBüro 1982, 599; OLG Hamburg JurBüro 1978, 239.
698 LG Berlin JurBüro 1979, 1974.
699 BGH NJW 2005, 294.
700 BGH NJW 2004, 3121.
701 OLG Düsseldorf BeckRS 2009, 04787; OLG Hamburg JurBüro 1982, 410 = MDR 1982, 326; OLG Hamm JurBüro 1983, 1101.
702 BGH BeckRS 2013, 18563; BGH NJW-RR 2006, 810.
703 OLG Düsseldorf BeckRS 2009, 04787.
704 BGH NJW 2005, 294.
705 OLG München NJW-RR 2001, 719 u JurBüro 1989, 1121; OLG Stuttgart BeckRS 1999, 30891842; OLG Köln NJW 1972, 953 = JurBüro 1972, 441; OLG Düsseldorf NJW 1976, 115 = Rpfleger 1975, 405 = JurBüro 1975, 1370; **aA:** BeckOK ZPO/*Jaspersen/Wache* ZPO § 91 Rn. 89 (die zuerst rechtshängige Sache ist maßgebend).
706 OLG Frankfurt aM Rpfleger 1971, 32 = JurBüro 1970, 1094.
707 BGH NJW 2007, 1282.
708 OLG Karlsruhe BeckRS 2008, 02167.
709 BGHZ 20, 4; OLG München NJW-RR 1986, 1442; KG NJW-RR 1997, 960 = JurBüro 1997, 319; LG Koblenz JurBüro 1984, 924; BeckOK ZPO/*Jaspersen/Wache* ZPO § 91 Rn. 86; **aA:** OLG Saarbrücken BeckRS 2015, 06193; OLG Zweibrücken, 2004, 663; OLG Hamburg JurBüro 1971, 648 = MDR 1971, 852 u MDR 1989, 362.

Ob auch ein Versäumnisurteil die Zuordnung der Kosten eines selbständigen Beweisverfahrens zur Hauptsache ermöglicht, ist eine Frage der Klagebegründung.[710]

B 316 Eine **isolierte Kostenentscheidung** über die Kosten eines selbständigen Beweisverfahrens kommt nur in Betracht, wenn zB trotz Fristsetzung kein Hauptsacheverfahren durchgeführt wird (vgl § 494 Abs 2 S 1 ZPO).[711] Auch bei Zurückweisung des Antrags auf Einleitung eines Beweisverfahrens und dann, wenn das Verfahren mangels Gebührenvorschuss nicht betrieben wird, kann isoliert über die Kosten entschieden werden.[712]

Da die prozessuale Kostenerstattung nach § 91 ZPO Vorrang hat, scheidet eine **materielle Kostenerstattung** grds aus. Auf einen materiell-rechtlichen Kostenerstattungsanspruch kann sie nur gestützt werden, wenn in beiden Verfahren keine Partei- oder Gegenstandsidentität besteht oder ein Hauptsacheverfahren nicht stattfindet.[713] § 91 ZPO (analog) scheidet jedenfalls als Erstattungsgrundlage aus.[714]

B 317 c) **Güteverfahren:** Nach **§ 91 Abs 3 ZPO** gehören zu den Kosten des Rechtsstreits auch die Gebühren eines **Güteverfahrens** vor einer durch die Landesjustizverwaltung eingerichteten oder anerkannten Gütestelle (§ 15 a Abs 4 EGZPO), wenn es binnen eines Jahres vor Klageerhebung beendet wurde.[715] Mit »Gebühren« sind nur die von der Gütestelle erhobenen gemeint und nicht Parteikosten.[716] Ob auch die Kosten anwaltlicher Vertretung vor der Gütestelle (vgl Nr 2303 VV RVG) als Teil der Hauptsachekosten zu erstatten sind, ist streitig. Nach einer Meinung sind sie nicht erstattungsfähig, da das Güteverfahren nicht dem Betrieb des Rechtsstreits, sondern dessen Vermeidung diene.[717] Nach anderer Ansicht sind Anwaltskosten als Vorbereitungskosten nach § 91 Abs 1 ZPO erstattungsfähig, wenn die Gegenstände von Güteverfahren und Rechtsstreit identisch sind und die Kosten notwendig waren.[718] Der letztgenannten Meinung ist zuzustimmen, da die Durchführung des obligatorischen Güteverfahrens Prozessvoraussetzung ist (vgl § 15 a Abs 1 S 1 EGZPO).[719] Nicht unter § 91 Abs 3 ZPO hingegen fallen die Kosten eines Schiedsverfahrens oder eines Schiedsgutachtens.[720]

B 318 **6. Sonstige Verfahren**

a) **Bestimmung des zuständigen Gerichts** nach §§ 36, 37 ZPO: Die Kosten dieses Verfahrens sind Teil der Kosten des Hauptsacherechtsstreits iSv § 91 ZPO. Vgl dazu Rdn. B 308. Steht ein solches Verfahren nicht im Zusammenhang mit dem Hauptsacheverfahren, so ist als Wert ein Bruchteil der Hauptsache anzunehmen.[721]

---

710 KG Rpfleger 1982, 195 = JurBüro 1982, 1521.
711 BGH NJW-RR 2005, 1015.
712 OLG München NJW-RR 2001, 1439; OLG Düsseldorf BeckRS 1993, 9420; MünchKommZPO *Schulz* ZPO § 91 Rn. 25.
713 OLG Köln BeckRS 2012, 06512; OLG Celle BeckRS 2012, 23191.
714 BGH NJW 1983, 284 = ZIP 1982, 1483 = WM 1983, 182 = JurBüro 1983, 376; OLG Düsseldorf AnwBl 1982, 117 = JurBüro 1983, 137 = MDR 1982, 414.
715 Eine Übersicht über die Güteverfahren bietet *Greger* NJW 2011, 1478.
716 BayObLG NJW-RR 2005, 724; BeckOK ZPO/*Jaspersen/Wache* ZPO § 91 Rn. 90; MünchKommZPO *Schulz* ZPO § 91 Rn. 35.
717 OLG Hamburg MDR 2002, 115 m Anm *Schütt* = BeckRS 2010, 04774; OLG Hamm JurBüro 2007, 489 = BeckRS 2010, 04776; differenzierend: LG Mönchengladbach JurBüro 2003, 207.
718 OLG Düsseldorf BeckRS 2009, 19099 = JurBüro 2009, 366; OLG Karlsruhe BeckRS 2008, 15540 = JurBüro 2008, 538; OLG Köln NJW-RR 2010, 431 = JurBüro 2010, 206 = Rpfleger 2010, 164 = MDR 2010, 295; BeckOK ZPO/*Jaspersen/Wache* ZPO § 91 Rn. 90; MünchKommZPO *Schulz* ZPO § 91 Rn. 36.
719 *Thomas/Putzo/Hüßtege* § 91 Rn. 7a.
720 OLG Köln JurBüro 2004, 662.
721 OLG Hamm NJW-RR 2013, 1341 = BeckRS 2013, 10881.

b) Einstweilige Einstellung der Zwangsvollstreckung: Die in Verfahren **nach §§ 707, 719, 769 ZPO** über die einstweilige Einstellung der Zwangsvollstreckung entstandenen Kosten gehören zu den Kosten der Hauptsacheverfahren. Sie können deshalb nicht nach § 788 ZPO als Zwangsvollstreckungskosten festgesetzt werden.[722] Es handelt sich um Kosten des Rechtsstreits. B 319

Auch die Kosten des **Beschwerdeverfahrens** in diesen Angelegenheiten werden von der Hauptsachekostenentscheidung erfasst.[723] Es sei denn, es ergeht im Beschwerdeverfahren eine besondere Kostenentscheidung (zB bei unzulässiger Beschwerde).[724] Findet im Anschluss an die Einstellung im Eilverfahren nach § 769 Abs 2 ZPO kein Hauptsacheverfahren statt, sind die Kosten § 788 Abs 1 S 1 ZPO zuzuordnen.[725] B 320

c) Rückgabe der Sicherheit nach § 109 ZPO: Die Kosten gehören zu den Kosten des Rechtsstreits. Da das Verfahren gebührenfrei ist und die Tätigkeiten eines Rechtsanwalts nach § 19 Abs 1 S 2 Nr 7 RVG zum Rechtszug gehören, stellt sich die Frage nach der Kostenerstattung nur, wenn nicht der Prozessbevollmächtigte tätig wurde. B 321

(unbesetzt) B 322– B 327

d) Kosten der Urteilszustellung: Nach § 788 Abs 1 S 2 ZPO sind sie Kosten der **Vorbereitung** der Zwangsvollstreckung. Auch die Kosten der Beschaffung einer (weiteren) vollstreckbaren Ausfertigung.[726] Vgl dazu auch Rdn. B 459. B 328

Genießt die unterlegene beklagte Partei **Gerichtskostenfreiheit**, so kann sie die Erstattung der dem Kläger entstandenen Zustellungskosten verweigern.[727]

e) Prozesspfleger (§ 57 ZPO): Zu den Kosten des Rechtsstreits gehört die Vergütung, die der Obsiegende nach § 41 RVG seinem Rechtsanwalt schuldet.[728] B 329

7. PKH-Bewilligungsverfahren

a) Kosten der hilfsbedürftigen Partei: Obsiegt sie in der Hauptsache, so kann sie die Kosten des Prüfungsverfahrens als Prozessvorbereitungskosten vom Gegner erstattet verlangen. Dabei spielt es keine Rolle, ob das Bewilligungsverfahren vor oder während des Rechtsstreits gelaufen ist.[729] Kosten des PKH-Beschwerdeverfahrens werden nach § 127 Abs 4 ZPO generell nicht erstattet.[730] B 330

Wie bei allen anderen prozesszugehörigen Aufwendungen auch, hängt die Erstattungsfähigkeit davon ab, ob die Kosten zur zweckentsprechenden Rechtsverfolgung oder -verteidigung notwendig waren. B 331

b) Kosten des Gegners: Eine Erstattung der dem Gegner im PKH-Verfahren entstandenen Kosten schließt **§ 118 Abs 1 S 4 ZPO** aus. Das gilt auch, wenn der PKH-Antrag zurückgenommen wird; § 269 Abs 3 ZPO bzw § 243 FamFG sind nicht anwendbar.[731] Nach hM ist die Kostenerstattung B 332

---

722 OLG München JurBüro 1986, 1583 = MDR 1986, 946.
723 OLG München Rpfleger 1987, 36.
724 OLG Celle NdsRpfleger 1996, 11.
725 *Thomas/Putzo/Hüßtege* § 769 Rn. 21.
726 LG Frankenthal JurBüro 1979, 1325.
727 AG Göppingen DGVZ 1962, 111 = MDR 1963, 691; **aA** AG Hannover MDR 1963, 146.
728 KG JW 1939, 566.
729 OLG Frankfurt AnwBl 1979, 68 = Rpfleger 1979, 111 = JurBüro 1979, 270; OLG Karlsruhe AnwBl 1978, 462 = JurBüro 1979, 120 = MDR 1979, 147; OLG Hamm NJW 1974, 244 = JurBüro 1973, 1091.
730 OLG München MDR 2001, 1260 = NJW-RR 2001, 1497 = Rpfleger 2001, 602; OLG Hamburg MDR 2002, 916; KG Rpfleger 1995, 508; **aA:** *Zöller/Geimer* § 118 Rn. 32 (§ 118 Abs 1 S 4 ZPO ist analog anzuwenden).
731 OLG Braunschweig FamRZ 2005, 1263; OLG Koblenz NJW-RR 2010, 500.

auch dann ausgeschlossen, wenn die PKH-Partei im Rechtstreit unterliegt.[732] Im Beschwerdeverfahren gilt wieder § 127 Abs 4 ZPO.[733]

Im Übrigen hat die Bewilligung der Prozesskostenhilfe auf die Verpflichtung, die dem Gegner entstandenen Kosten zu erstatten, aber keinen Einfluss (§ 123 ZPO).

In einem **Vergleich** kann die Erstattung der dem Gegner im PKH-Bewilligungsverfahren entstandenen Kosten **vereinbart** werden. Es muss dies aber im Wortlaut des Vergleichs eindeutig zum Ausdruck kommen. Die bloße Übernahme der Kosten des Rechtsstreits durch die PKH-Partei lässt nicht ohne Weiteres auf einen solchen Willen schließen.

B 333 c) **Zeugen- und Sachverständigenkosten:** Sind solche im PKH-Bewilligungsverfahren entstanden (vgl § 118 Abs 2 S 3 ZPO), so gehören sie zu den Kosten des Rechtsstreits (§ 118 Ab 1 S 5 ZPO).

B 334 d) **Anwaltsgebühren:** Bei einem Vergleich im PKH-Verfahren können Gebühren nach Nr 1000, 1003 VV RVG entstehen. Wird im PKH-Verfahren ohne mündliche Verhandlung entschieden, fällt keine Terminsgebühr nach Vorbem 3 Abs 3 Alt 3, Nr 3104 VV RVG an.[734]

8. Kosten des Rechtsstreits/Kosten des Vergleichs

B 335 Für die Kostenfestsetzung ist gelegentlich die Frage von Bedeutung, ob geltend gemachte Positionen zu den Kosten des Rechtsstreits oder zu den Kosten des Vergleichs gehören Grds sind bei einer vergleichsweisen »Übernahme der Kosten des Rechtsstreits« die Kosten des Vergleichs mit einbezogen.[735] Eine solche Übernahmevereinbarung umfasst im Zweifel alle notwendigen Kosten iSv § 91 Abs 1 S 1 ZPO, einschließlich der Kosten des Vergleichs.[736] Im Einzelnen ist zu differenzieren:

B 335a a) Enthält der **Vergleich keine Kostenregelung,** so sind nach § 98 ZPO die Kosten des Vergleichs und die (sonstigen) Kosten des erledigten Rechtsstreits, soweit über diese nicht bereits rechtskräftig erkannt ist, als gegeneinander aufgehoben anzusehen. Das hat zur Folge, dass nur überzahlte **Gerichtskosten** zu erstatten und festzusetzen sind (vgl § 92 Abs 1 S 2 ZPO).

B 335b b) Regeln die Parteien die Übernahme der Kosten des Vergleichs **abweichend** von der Vereinbarung über die (sonstigen) Kosten des Rechtsstreits, so können Zweifel über die Zuordnung einer Gebühr entstehen. So kann es zB bei der Einbeziehung **nicht anhängiger** Ansprüche in einen Prozessvergleich zweifelhaft sein, ob die zusätzlich angefallene (Differenz-) Verfahrensgebühr nach Nr 3101 VV RVG zu den Vergleichskosten oder den Kosten des Rechtsstreits gehört. Zweifelhaft kann auch sein, ob Kosten einer vorangegangenen Zwangsvollstreckung solche des Rechtsstreits oder des Vergleichs sind. IdR sind sie § 788 ZPO zuzuordnen.[737] Zur Vermeidung solcher und ähnlicher Zweifel empfiehlt es sich, die Zuordnung im Vergleich ausdrücklich zu regeln.[738]

B 336 c) Im Vergleich ist zwar die Übernahme aller Verfahrenskosten vereinbart worden, später wird aber gerichtlich darüber **anders** entschieden. Eine solche Situation kann sich zB in **Scheidungs- und Scheidungsfolgesachen** ergeben. Nach § 150 Abs 4 S 1, 2 FamFG obliegt es nämlich dem Familiengericht, die Kosten des Verfahrens nach billigem Ermessen zu verteilen. Eine Parteivereinbarung über die Kosten bindet in diesem Fall das Gericht nicht. Es »soll« die Vereinbarung seiner

---

732 OLG Düsseldorf MDR 1989, 941; OLG Schleswig JurBüro 1980, 1733; OLG Köln NJW 1975, 1286 = JurBüro 1975, 614; OLG Koblenz Rpfleger 1975, 99 = JurBüro 1975, 354 u 1981, 772; OLG München NJW 1970, 1555 = JurBüro 1970, 405.
733 KG Rpfleger 1995, 508.
734 BGH NJW 2012, 1294; krit Anm dazu: *Schneider* NJW 2012, 2711.
735 BGH NJW 2009, 519; OLG Rostock JurBüro 2005, 655 = BeckRS 2005, 10927.
736 OLG Brandenburg MDR 2006, 1017.
737 OLG Karlsruhe NJW-RR 1989, 1150.
738 OLG München AGS 1998, 125.

XIII. Vor- und außerprozessuale Aufwendungen der Parteien

Kostenentscheidung zugrunde legen (§ 150 Abs 4 S 3 FamFG). IdR wird es aber keinen Grund geben, von der vergleichsweisen Regelung abzuweichen.[739]

d) Die vergleichsweise Kostenübernahmevereinbarung hat aber, auch wenn sie nicht Grundlage der Kostenfestsetzung ist, **materiell-rechtliche Wirkung.** Sie kann einem auf die gerichtliche Kostenentscheidung gestützten Kostenfestsetzungsantrag entgegengehalten werden. Die Vollstreckung aus einem Kostenfestsetzungsbeschluss, der auf einem solchen Antrag basieren würde, verstößt gegen § 242 BGB und wäre unzulässig iSv § 767 ZPO.[740]   B 337

e) Eine **gerichtliche Kostengrundentscheidung** können die Parteien bis zum Eintritt der formellen Rechtskraft durch eine vergleichsweise Regelung mit der Wirkung **ändern,** dass nur diese Festsetzungsgrundlage ist.[741]   B 338

f) Die bereits **rechtskräftige Kostengrundentscheidung** eines Urteils können die Parteien nur noch mit materiell-rechtlicher Wirkung ändern. Eine Änderung mit der Wirkung, dass der Vergleich auch die prozessuale Grundlage für die Kostenfestsetzung sein soll, ist nicht möglich. Das gilt auch dann, wenn eine solche vergleichsweise Regelung zwischen den Parteien in einem anderen Rechtsstreit getroffen wird.[742]   B 339

g) Kosten des Vergleichs sind die ev dadurch angefallenen Gerichtskosten (vgl zB Nr 1900 KV GKG) und die auf beiden Parteiseiten angefallenen gesetzlichen Vergütungen der Rechtsanwälte nach Nrn 1000, 1003 und uU Nr 3104 VV RVG. Sind in einem Vergleich auch nicht anhängige Gegenstände mitgeregelt worden, so gehört auch die zusätzlich enstandene (Differenz-) Verfahrensgebühr nach Nr 3101 Nr 2 VV RVG dazu.   B 340

h) Für die Festsetzung der beim Vergleichsabschluss angefallenen Kosten ist der Rechtspfleger des Gerichts (1. Instanz) **zuständig,** vor dem der Vergleich protokolliert wurde. Das gilt auch dann, wenn die mitgeregelten Ansprüche bei einem anderen Gericht anhängig waren.[743] Bei einem **Gesamtvergleich** ist eine Verbindung der mehreren Kostenfestsetzungsverfahren nicht zulässig.[744]   B 341

XIII. Vor- und außerprozessuale Aufwendungen der Parteien

1. Aufwendungen der Parteien sind nur dann nach § 91 Abs 1 S 1 ZPO festsetzbar, wenn sie **prozessbezogen** entstanden sind.[745] Diese Einschränkung ist im Sinne der Prozesswirtschaftlichkeit geboten, denn dadurch soll verhindert werden, dass dem unterlegenen Gegner prozessfremde Kosten aufgebürdet werden.[746] Zwischen den Aufwendungen und dem Prozess muss ein kausaler Zusammenhang bestehen.[747]   B 342

---

739 *Thomas/Putzo/Hüßtege* FamFG § 150 Rn. 10; *Zöller/Lorenz* FamFG § 150 Rn. 5; *Löhnig* FamRZ 2009, 741.
740 OLG München Rpfleger 1977, 65 = JurBüro 1977, 407 = MDR 1977, 321; OLG Hamm Rpfleger 1976, 143 = JurBüro 1976, 514.
741 OLG München AnwBl 1976, 90 = Rpfleger 1976, 106 = JurBüro 1976, 376; LG Hannover NdsRpfl 1970, 174; einschränkend: OLG Bamberg JurBüro 1975, 630,
742 OLG Hamm BeckRS 1989, 07843 = JurBüro 1989, 1421; OLG Hamm JurBüro 1975, 517 m zust Anm *Mümmler;* KG JurBüro 1972, 256; **aA:** OLG Koblenz JurBüro 2012, 428; OLG Nürnberg FamRZ 2010, 752; OLG München NJW 1969, 2149 = Rpfleger 1969, 394 = JurBüro 1969, 1004.
743 OLG München NJW 1972, 2311 = JurBüro 1972, 986 u Rpfleger 1978, 149; **aA:** aber: OLG Köln JurBüro 1973, 638.
744 OLG Hamm Rpfleger 1980, 439 = JurBüro 1981, 448 = BeckRS 1980, 00531; **aA:** für Arrest- und Hauptsacheverfahren: KG MDR 1984, 590 = JurBüro 1984, 137 = AnwBl 1985, 267.
745 BGH NJW 2003, 1398; OLG Karlsruhe BeckRS 2009, 18878.
746 BGH NJW 2009, 233 u BGH Rpfleger 2009, 176.
747 BeckOK ZPO/*Jaspersen/Wache* ZPO § 91 Rn. 93.

B 343 2. Insbesondere Kosten, die nicht zur Führung, sondern zur **Vermeidung des Rechtsstreits** entstanden sind, gehören grds nicht zu den Kosten des Rechtsstreits.[748] Darunter fallen zB auf Schuldnerseite die Kosten eines anwaltlichen Schreibens, das auf Zurückweisung des Gläubigeranspruchs gerichtet ist.[749] Auch die Kosten **vorgerichtlicher Vergleichsverhandlungen** sind grds nicht nach § 91 Abs 1 ZPO erstattungsfähig. Das trifft zB auf die Kosten eines vorprozessualen **Schiedsgutachtens** zu.[750] Nach Erteilung des Prozessauftrags sind die Anwaltskosten außergerichtlicher Vergleichsverhandlungen hingegen prozesszugehörig und werden mit der Verfahrensgebühr nach Nr 3100 VV RVG abgegolten (vgl § 19 Abs 1 Nr 2 RVG). Hat sich die Hauptsache durch einen **außergerichtlichen Vergleich** erledigt, so kann die Einigungsgebühr (Nr 1000 VV RVG) aus dem Wert der Hauptsache nicht festgesetzt werden.[751] Außergerichtliche Kosten des Schuldners sind im Allgemeinen § 91 Abs 1 ZPO erst zuzuordnen, wenn im Zeitpunkt ihres Entstehens die Klage bereits **angedroht** war (zB Kosten eines Privatgutachtens).[752]

B 344 3. In **Wettbewerbsstreitigkeiten** gehören die Kosten einer **vorgerichtlichen Abmahnung** nicht zu den Kosten des Rechtsstreits. Die Abmahnung verfolgt nämlich das Ziel, den Rechtsstreit zu vermeiden und dem Abgemahnten die Möglichkeit zu verwehren, sich im späteren Rechtsstreit auf § 93 ZPO berufen zu können. Die Kosten (zB die Verfahrensgebühr nach Nr 2300 VV RVG) sind daher, wie die Mahnung vor einer Zahlungsklage, nicht in Bezug auf einen konkreten Rechtsstreit entstanden.[753] Das gleiche gilt für die Kosten eines sog **Abschlussschreibens**.[754]

In Betracht kommt allerdings die Erstattung solcher Kosten auf Grund eines **materiell-rechtlichen** Kostenerstattungsanspruchs (zB § 12 Abs 1 S 2 UWG).[755]

Auch die Kosten eines auf die Abmahnung hin verfassten vorgerichtlichen **Abwehrschreibens** sind nicht nach § 91 Abs 1 S 1 ZPO erstattungsfähig.[756]

B 345 4. Das **Arrest- und einstweilige Verfügungsverfahren** ist im Verhältnis zur Hauptsache ein eigenständiges Verfahren mit eigener Kostengrundentscheidung. Diese erfasst, wenn sie **ohne** Beteiligung des Antragsgegners ergangen ist, nur die bis zu ihrem Erlass entstandenen Kosten, bei Zurückweisung des Antrages also nicht die Kosten eines erst **danach** durch den Antragsgegner bestellten Rechtsanwalts.[757]

B 346 Hatte der Antragsgegner aber davon anderweitig Kenntnis erlangt und seinen Anwalt bereits mit der Einreichung einer **Schutzschrift** beauftragt, so sind seine Kosten, auch wenn der Antrag des Verfügungsklägers bei Gericht noch nicht eingegangen war, zu erstatten.[758]

B 347 Die Kostenentscheidung des Eilverfahrens erfasst nicht die **Kosten der Vollziehung**. Diese sind vielmehr wie Vollstreckungskosten zu behandeln (§§ 928, 936 ZPO).[759]

---

748 BGH NJW 2008, 2040; OLG Hamburg MDR 2005, 898.
749 KG Rpfleger 2008, 126.
750 BGH NJW-RR 2006, 212.
751 OLG Frankfurt JurBüro 1979, 1652 = MDR 1980, 60.
752 BGH NJW 2003, 1398.
753 BGH JurBüro 2010, 591; BGH NJW-RR 2006, 501 u BGH BeckRS 2008, 21365; BeckOK ZPO/ *Jaspersen/Wache* ZPO § 91 Rn. 101.
754 BGH NJW 2015, 3244.
755 BGH NJW-RR 2010, 1130 = BeckRS 2010, 00702 u BGH NJW 1981, 224.
756 BGH NJW 2008, 2040; OLG Düsseldorf JurBüro 2008, 255 m Anm *Goldbeck*; KG Rpfleger 2008, 126.
757 OLG Hamburg Beschl v 04.04.1976 – 8 W 98/76.
758 BGH NJW-RR 2008, 1093 u BGH NJW 2003, 1257; OLG München NJW 1993, 1604; KG Rpfleger 1980, 437 = JurBüro 1980, 1357 = MDR 1980, 942; OLG Stuttgart JurBüro 1980, 878; OLG Hamburg Rpfleger 1979, 28.
759 KG Rpfleger 1979, 388 = JurBüro 1979, 1568 = MDR 1979, 1329.

XIII. Vor- und außerprozessuale Aufwendungen der Parteien   B.

Die Kostenentscheidung im **Anordnungsverfahren** ermöglicht keine Festsetzung der Kosten des B 348
Aufhebungsverfahrens (§§ 926 Abs 2, 927 ZPO). Es sei denn, dass die Aufhebungsentscheidung
ausdrücklich auch die Kosten des Anordnungsverfahrens einbezieht.⁷⁶⁰

Wird im einstweiligen Verfügungsverfahren ein **Vergleich** ua dahingehend geschlossen, dass die Kos- B 349
tentragung sich nach der späteren Hauptsacheentscheidung richten soll, so kann eine Festsetzung
erst erfolgen, wenn die Hauptsacheentscheidung rechtskräftig geworden ist.⁷⁶¹ Wird die Hauptsa-
cheklage nicht erhoben, fehlt eine Festsetzungsgrundlage für die Kosten des Eilverfahrens.⁷⁶²

Eine dem einstweiligen Verfügungsverfahren vorangegangene **Abmahnung** oder ein **Abschluss-** B 350
schreiben ist der Hauptsache zuzuordnen.⁷⁶³

5. Ein Prozesskostenvorschuss, den eine Partei an die andere **unstreitig** geleistet hat, kann im B 351
Kostenfestsetzungsverfahren berücksichtigt werden. Besteht allerdings Streit darüber, ob, in welcher Höhe der Vorschuss geleistet wurde, so ist darüber nicht im Kostenfestsetzungsverfahren zu
entscheiden. (Zur Verrechnung des Prozesskostenvorschusses vgl Rdn. B 91 u B 179).

Nur wenn der Vorschussempfänger die Anrechnung des unstreitig gezahlten Vorschusses aus offen- B 352
sichtlich verfehlten Gründen in Zweifel zieht, kann sie dennoch vorgenommen werden.⁷⁶⁴

6. Die Kosten eines schiedsrichterlichen Verfahrens gehören nicht zu den Kosten des gerichtlichen B 353
Verfahrens über die Vollstreckbarerklärung des Schiedsspruchs (§§ 1060 ff ZPO).⁷⁶⁵ Das gilt auch
für die Kosten eines im schiedsrichterlichen Verfahren eingeholten Gutachtens, auch wenn dieses
gerichtlich verwertet wird.⁷⁶⁶ Wenn die Parteien nichts anderes vereinbart haben, wird über die
Kosten des schiedsrichterlichen Verfahrens durch das Schiedsgericht entschieden (§ 1057 ZPO). Ist
eine Entscheidung vom Schiedsgericht nicht zu erlangen, müssen sie eingeklagt werden.⁷⁶⁷

7. Die Kosten eines vorgerichtlich eingeholten Schiedsgutachtens gehören, anders als die Kosten B 354
eines Güteverfahrens nach § 15 a EGZPO, nicht zu den Kosten des nachfolgenden Rechtsstreits.⁷⁶⁸
Auch die **Feststellungen im Sachverständigenverfahren,** vor Inanspruchnahme der Feuerversiche-
rung, nach § 15 AFB sind als Schiedsgutachten zu werten.⁷⁶⁹

8. Die Kosten einer Fristsetzung nach den Hinterlegungsgesetzen der Länder sind keine Kosten B 355
des nachfolgenden Rechtsstreits.⁷⁷⁰

9. Soweit eine **vorgerichtliche Tätigkeit** des Rechtsanwalts die **Geschäftsgebühr** (Nr 2300 VV B 356
RVG) ausgelöst hat, stellt sich die Frage nach der Kostenerstattung. Handelt es sich, wie regelmäßig, um eine **prozessvermeidende** Maßnahme (zB Abmahnung oder Abwehrschreiben), kann die
Geschäftsgebühr nicht in das Kostenfestsetzungsverfahren einbezogen werden.⁷⁷¹ Die Kostenerstattung muss in diesem Fall auf einen **materiellen** Erstattungsanspruch gestützt werden. Den früheren

---

760 OLG Düsseldorf NJW-RR 2000, 68.
761 KG Rpfleger 1979, 388 = JurBüro 1979, 1568 = MDR 1979, 1029; vgl KG Rpfleger 1980, 232 = JurBüro
      1980, 938.
762 Vgl zu einem ähnlichen Fall KG Rpfleger 1980, 232 = JurBüro 1980, 938.
763 Str.; vgl. BGH NJW 2008, 1744; BeckOK ZPO/*Jaspersen/Wache* ZPO § 91 Rn. 79; **aA:** *Schneider* NJW
      2009, 2017.
764 KG JurBüro 1979, 269.
765 OLG Nürnberg KTS 1970, 55.
766 OLG Hamm Rpfleger 1973, 1094.
767 OLG Koblenz NJW 1969, 1540.
768 BGH NJW-RR 2006, 212; OLG Koblenz MDR 2015, 1322 u JurBüro 2003, 210; OLG Düsseldorf Jur-
      Büro 1999, 367; OLG Frankfurt JurBüro 1978, 1875; OLG München JurBüro 1989, 1123; KG JurBüro
      1974, 227; OLG Celle Rpfleger 1967, 428 = JurBüro 1966, 968.
769 OLG München Rpfleger 1977, 327 = MDR 1977, 936.
770 OLG Köln JurBüro 1973, 993.
771 BGH NJW 2008, 2040 u BGH NJW 2008, 1323.

Meinungsstreit zur Durchführung der **Anrechnung** der Geschäftsgebühr auf eine im nachfolgenden gerichtlichen Verfahren entstandene Verfahrensgebühr (Nr 3100 und Vorbem 3 Abs 4 VV RVG) hat **§ 15 a Abs 2 RVG** beigelegt.[772] Danach betrifft die Anrechnung primär das Innenverhältnis Rechtsanwalt/Mandant.[773] Im Kostenfestsetzungsverfahren kann sich der Erstattungspflichtige (= »Dritter«) auf die Anrechnung nur berufen, wenn unstreitig feststeht oder ohne Weiteres festgestellt werden kann, dass er den Anspruch auf eine der beiden Gebühren bereits erfüllt hat (§ 15 a Abs 2 Alt 1 RVG).[774]

B 357 10. Kosten einer konkreten Normenkontrolle vor dem **Bundesverfassungsgericht** (Art 100 Abs 1 GG) und Kosten der Stellungnahme zu einer Verfassungsbeschwerde (Art 93 Abs 1 Nr 4a GG) gehören nicht zu denjenigen des Rechtsstreits.[775]

B 358 11. Ist gesetzlich (noch) ein **Verwaltungsvorverfahren** vorgeschrieben, so sind die in diesem Verfahren entstandenen Anwaltskosten erstattungsfähig, wenn die Vertretung durch einen Anwalt **notwendig** war (§ 91 Abs 1 S 1 ZPO).[776]

B 359 12. Hinweis: Zu den **Kosten der Zwangsvollstreckung** vgl Rdn. B 240–254 und 602–615; zu den Kosten der Vollziehung von **Arrest und einstweiliger Verfügung** vgl Rdn. B 347.

XIV. Notwendige Kosten

1. Allgemeines

B 360 Ob Aufwendungen zur zweckentsprechenden Rechtsverfolgung oder Rechtsverteidigung iSv **§ 91 Abs 1 S 1 ZPO** notwendig waren, ist grundsätzlich nach den Umständen des Einzelfalls zu beurteilen. Nur bezüglich der **gesetzlichen Vergütung** des **Rechtsanwalts** der obsiegenden Partei bestimmt § 91 Abs 2 S 1 ZPO eine sog »Erstattungsautomatik«. Damit ist aber nur die Frage beantwortet, ob die Zuziehung eines Rechtsanwalts notwendig war. Keineswegs sind damit alle die Erstattungsfähigkeit von Anwaltskosten betreffenden Fragen beantwortet.

Nach der Rspr sind nämlich nur Kosten für Handlungen der Parteien notwendig, die im Zeitpunkt der Vornahme **objektiv erforderlich** und geeignet erscheinen, um das in Streit stehende Recht zu verfolgen oder zu verteidigen.[777] Abzustellen ist darauf, ob eine wirtschaftlich vernünftige, kostenbewusste Partei die Handlung im damaligen Zeitpunkt (ex ante) als sachdienlich ansehen durfte.[778] Die Parteien sind zu einer sparsamen Prozessführung angehalten, überflüssige Kosten sind zu vermeiden.[779] Das **Kostenschonungsgebot** (»notwendig«) bringt § 91 ZPO gleich mehrfach zum Ausdruck. Das zusätzliche Merkmal »zweckentsprechend« hat keine weitergehende Bedeutung. Es weist nur darauf hin, dass die Maßnahme nicht zweckfremd (zB rechtsmissbräuchlich) sein darf.[780] So verstößt zB die Beauftragung mehrerer Rechtsanwälte durch Streitgenossen grds gegen das Kostenschonungsgebot. Es sei denn, es werden besondere Gründe dafür (zB Interessenkollision) dargelegt und glaubhaft gemacht.[781]

---

772 Einen Überblick dazu bietet *Streppel* MDR 2008, 421.
773 MünchKommZPO *Schulz* ZPO § 91 Rn. 131.
774 BGH NJW 2011, 861.
775 OLG Koblenz Rpfleger 1956, 148; OLG München Rpfleger 1978, 420 = JurBüro 1979, 603 = VersR 1978, 42.
776 OLG München MDR 1990, 1020.
777 BGH NJW 2012, 2734.
778 BGH NJW 2006, 2260, BGH NJW-RR 2004, 1724 u BGH 2003, 898; OLG Düsseldorf Rpfleger 2006, 512.
779 MünchKommZPO *Schulz* ZPO § 91 Rn. 48.
780 BLAH § 91 Rn. 31; BeckOK ZPO/*Jaspersen/Wache* ZPO § 91 Rn. 117.
781 OLG Karlsruhe BeckRS 1999, 12553 = MDR 2000, 235.

2. Treu und Glauben

a) Nach der Rechtsprechung unterliegt jede Rechtsausübung dem aus § 242 BGB abgeleiteten **B 361**
Rechtsmissbrauchsverbot.[782] Der Grundsatz von **Treu und Glauben** gilt auch im Zivilprozess- und Kostenrecht. Für die Kostenerstattung auf der Grundlage des § 91 ZPO folgt daraus, dass die Parteien gehalten sind, die Kosten des Rechtsstreits so gering zu halten, wie dies zur Wahrnehmung ihrer berechtigten Interessen möglich ist.[783] Auf das damit verbundene Erstattungsrisiko hat ggf der Anwalt hinzuweisen.[784]

Bestanden zB mehrere gleichwertige, die berechtigten Interessen der Partei wahrende Möglichkeiten, so sind die tatsächlich getätigten Aufwendungen nur in der Höhe erstattungsfähig, in der sie entstanden wären, wenn sich die Partei auf den am wenigsten aufwändigen Weg beschränkt hätte.

b) Auch der Grundsatz der **Schadensminderungspflicht** (§ 254 Abs 2 S 1 BGB) gilt für die prozessuale Kostenerstattung.[785] So muss zB der Erstattungsberechtigte zunächst klären, ob ein Amtshaftungsanspruch besteht, wenn ihm entstandene Aufwendungen möglicherweise auf einer Amtspflichtverletzung beruhen.[786]

c) Rechtsmissbräuchlich kann es sein, wenn der Kläger mehrere Ansprüche aus demselben Lebenssachverhalt (zB gleichartige Unterlassungsansprüche oder Teilbeträge eines Gesamtanspruchs) in **getrennten Prozessen** geltend macht.[787] Der Einwand des Rechtsmissbrauchs kann auch im Kostenfestsetzungsverfahren erhoben werden. Die unter Verstoß gegen Treu und Glauben angemeldeten Mehrkosten können abgesetzt werden.[788] Der Rechtspfleger ist aber gehindert, die mehreren Verfahren im Kostenfestsetzungsverfahren zu verbinden.[789] Die mit der Verfahrenstrennung verbundenen Mehrkosten sind nur erstattungsfähig, wenn für die getrennte Geltendmachung sachliche Gründe vorlagen. **Beispiele:** **B 362**

(1) Nicht rechtsmissbräuchlich sind:
- Getrennte Klagen gegen Streitgenossen, wenn dieses Vorgehen nicht willkürlich ist oder ein berechtigtes Interesse bestand.[790]
- Getrennte Klagen gegen mehrere Wettbewerber aufgrund eines gemeinschaftlichen begangenen Wettbewerbsverstoßes.[791]
- Klagen gegen Hauptschuldner und Bürgen, wegen der unterschiedlichen Verteidigungsmöglichkeiten.[792]

(2) Rechtsmissbräuchlich sind:
- Getrennte Klagen gegen mehrere Bürgen oder gegen mehrere Gesellschafter aufgrund desselben Sachverhalts.[793]

---

782 BVerfG NJW 2002, 2456; BGH NJW 2007, 2257.
783 BGH NJW 2014, 2285 u BGH BeckRS 2012, 20764 = JurBüro 2013, 30 = MDR 2012, 1314.
784 MünchKommZPO *Schulz* ZPO § 91 Rn. 49.
785 OLG Jena OLG-NL 2006, 207 = Rpfleger 2006, 625 (Kosten eines Privatgutachtens).
786 OLG Koblenz Rpfleger 1986, 446 = JurBüro 1987, 128.
787 BGH NJW 2013, 1369; OLG Düsseldorf JurBüro 2011, 648; FamRZ 1995, 1215; Rpfleger 1976, 219 = JurBüro 1976, 627 u JurBüro 1972, 437 = MDR 1972, 522; OLG München AnwBl 2002, 435 = MDR 2001, 652; OLG Köln Rpfleger 1972, 456 u JurBüro 1973, 1092.
788 BGH NJW-RR 2013, 442 u BGH 2013, 66; KG BeckRS 2006, 12598.
789 OLG Stuttgart BeckRS 2001, 30190830; OLG Hamm JurBüro 1981, 448; OLG Bamberg JurBüro 1983, 130.
790 OLG Hamburg JurBüro 1983, 1255; OLG München NJW 1965, 2407 = Rpfleger 1966, 189 = JurBüro 1965, 807; OLG Frankfurt JurBüro 1974, 1600.
791 KG BeckRS 2006, 12598 u JurBüro 2002, 35; OLG Schleswig JurBüro 1983, 1089.
792 *Musielak/Voit/Flockenhaus* ZPO § 91 Rn. 9; BeckOK ZPO/*Jaspersen/Wache* ZPO § 91 Rn. 152.3.
793 OLG München JurBüro 1987, 1222.

- Klagen gegen mehrere Grundstückseigentümer auf Duldung der Zwangsvollstreckung aus einer Gesamtgrundschuld.[794]
- Klagen gegen mehrere Gesamtschuldner.[795]

B 363 d) Nicht rechtsmissbräuchlich ist es ferner, wenn der Kläger unter mehreren **Gerichtsständen** denjenigen wählt, der ihm am vorteilhaftesten erscheint. Das Gerichtsstandswahlrecht (§ 35 ZPO) kann er frei ausüben, auch wenn dadurch höhere Kosten (zB Reisekosten) entstehen.[796] Es ist auch nicht zu beanstanden, wenn ein Kläger das Gericht wählt, dessen Rechtsprechung ihm in seiner Sache vorteilhaft erscheint.[797] Die Gründe dafür, dass die Wahl des zuständigen Gerichts durch den Kläger rechtsmissbräuchlich erfolgte, hat der Beklagte konkret darzulegen.[798]

e) Der Grundsatz von Treu und Glauben gilt selbstverständlich für beide Parteien. Das hat zur Folge, dass der Erstattungspflichtige nicht einwenden kann, dass Aufwendungen der obsiegenden Partei nicht notwendig waren, wenn er selbst entsprechende eigene Aufwendungen für erforderlich gehalten hat.

3. Grundsatz der Kostenpflicht nach § 91 ZPO

B 364 Die **Kostenpflicht** nach § 91 Abs 1 S 1 ZPO setzt zweierlei voraus: Die Kosten müssen aufgrund einer Maßnahme angefallen sein, die
(1) der **zweckentsprechenden** Rechtsverfolgung oder Rechtsverteidigung diente und
(2) **notwendig** war.

a) Das Merkmal »zweckentsprechend« hat keine weitergehende Bedeutung. Es weist nur darauf hin, dass die Maßnahme nicht zweckfremd (zB rechtsmissbräuchlich) sein darf (vgl Rdn. B 360).[799]

▶ Beispiel:

Auch wenn es für die Partei durchaus zweckmäßig war, den an einem dritten Ort ansässigen »Hausanwalt« zum Prozessbevollmächtigten zu bestellen, so folgt daraus nicht die Notwendigkeit der hierdurch entstandenen Mehrkosten.

Kosten, die eine Partei verursachte, weil sie einen objektiv rechtsirrigen Standpunkt einnahm, sind nur erstattungsfähig, wenn sie auch bei richtiger Rechtsbeurteilung als zweckentsprechende Rechtsverfolgungskosten erscheinen. Für Kosten von Maßnahmen, die auf einem Rechtsirrtum beruhen, muss der Gegner nämlich nicht aufkommen. Das Risiko falscher Rechtsbeurteilung trägt die kostenverursachende Partei.

B 365 b) Die Tatbestandsmerkmale »zweckentsprechend« und »notwendig« enthalten eine **objektive Komponente.** Zur Annahme der Erstattungsfähigkeit von Kosten reicht es deshalb nicht aus, dass sie die Partei subjektiv für zweckentsprechend und notwendig hielt. Es ist ein **objektiver Maßstab** anzulegen, so dass es auf individuelle Fähigkeiten oder Unfähigkeiten nicht ankommt.[800] Es ist vielmehr darauf abzustellen, ob eine **verständige und wirtschaftlich vernünftige Partei** die Maßnahme im Zeitpunkt ihrer **Veranlassung** als sachdienlich und zweckmäßig ansehen durfte.[801] Auf die, auch unverschuldete, Unkenntnis einer Partei oder ihres Rechtsanwalts von maßgeblichen Umständen kommt es nicht an.

---

794 OLG Stuttgart Rpfleger 2001, 617.
795 OLG Koblenz Rpfleger 1991, 80.
796 BGH BeckRS 2014, 06339 = Rpfleger 2014, 396 = MDR 2014, 807.
797 OLG Köln JurBüro 1976, 374 = MDR 1976, 496; KG Rpfleger 1976, 323 = JurBüro 1976, 1100.
798 BGH NJW-RR 2014, 886.
799 BLAH § 91 Rn. 31; BeckOK ZPO/*Jaspersen/Wache* ZPO § 91 Rn. 117.
800 BGH BeckRS 2016, 05436 = JurBüro 2016, 312 = MDR 2016, 487 u BGH NJW-RR 2007, 1575.
801 BGH NJW-RR 2004, 1724; BeckOK ZPO/*Jaspersen/Wache* ZPO § 91 Rn. 119.

> Beispiel:
> Die durch Einreichung einer Berufungserwiderungsschrift nach Berufungsrücknahme entstandenen Rechtsanwaltskosten sind auch dann nicht erstattungsfähig, wenn der Berufungsbeklagte die Rechtsmittelrücknahme nicht kannte oder kennen musste.[802]

c) Über die **Notwendigkeit** von Kosten wird im Kostenfestsetzungsverfahren entschieden. Der funktionell zuständige Rechtspfleger und im Beschwerdeverfahren das Beschwerdegericht, prüft die Erstattungsfähigkeit angemeldeter Kosten unter Berücksichtigung aller konkreten Umstände des Einzelfalls. Diese Prüfung ist **Tatbestandsprüfung und keine Ermessensausübung.** Denn ein konkreter Aufwand kann nicht einerseits notwendig und andererseits nicht notwendig iSv § 91 Abs 1 S 1 ZPO sein. Die Kostenfestsetzungsinstanzen dürfen deshalb über die Notwendigkeit nicht nach ihrem Ermessen entscheiden. Der Rechtspfleger hat eine eigene Prüfungskompetenz und -pflicht. Er ist nicht an eine Entscheidung, die zwischen dem Erstattungsberechtigten und seinem Verfahrensbevollmächtigten im Verfahren nach § 11 RVG ergangen ist, gebunden.[803] Die Notwendigkeit ist auch bei Anwaltskosten für jede einzelne kostenverursachende Maßnahme zu prüfen.

B 366

4. Chancengleichheit

Bei der Prüfung der Erstattungsfähigkeit muss oberstes Gebot die Wahrung der Chancengleichheit der Parteien sein. Das kann uU dazu führen, dass eine Partei notwendige und damit erstattungsfähige Kosten deshalb verursachte, weil sie einen vorhandenen Nachteil ausgleichen wollte. Für gleichartige Kosten der Gegenpartei kann aber die Notwendigkeit zu verneinen sein.

B 367

(unbesetzt)

B 368– B 398

XV. Einzelfragen der Erstattbarkeit

Vorbemerkung

B 399

Zur leichteren Auffindbarkeit bestimmter Erstattungsfragen werden diese im Folgenden untergliedert in

1. **Vorbereitungskosten.** Darunter sind Aufwendungen zu verstehen, die zur Vorbereitung eines konkreten beabsichtigten oder sich sonst klar abzeichnenden Prozesses vor dessen Einleitung getätigt wurden. Bei der Erstattbarkeit solcher Kosten geht es idR darum, ob sie hinreichend prozessbezogen sind und ob sie bereits als zur zweckentsprechenden Rechtsverfolgung oder -verteidigung notwendig angesehen werden können (Rdn. B 400 ff).
2. **Auslagen.** Damit sind während des Prozesses von der Partei selbst gemachte Aufwendungen (Zahlungen, eingegangene Verbindlichkeiten und sonstige Vermögensnachteile) zur Erreichung des Prozessziels gemeint, mit Ausnahme der Kosten der Vertretung im Prozess (Rdn. B 430 ff).
3. **Vertretungskosten** sind die Gebühren und Auslagen der von der Partei eingeschalteten oder sich selbst vertretenden Rechtsanwälte und sonstiger Prozessvertreter (Rdn. B 500 ff).
4. **Zwangsvollstreckungskosten** sind die Aufwendungen zur Vorbereitung und Durchführung der Zwangsvollstreckung und der Vollziehung von Arresten und einstweiligen Verfügungen einschließlich der Vertretungskosten (Rdn. B 602 ff).

---

802 BGH BeckRS 2016, 05436; **aA:** OLG München BeckRS 2016, 16132 = NZFam 2016, 1198 m Anm *N Schneider*.
803 BeckOK ZPO/*Jaspersen/Wache* ZPO § 104 Rn. 19.

1. Vorbereitungskosten

a) Allgemeines

B 400   Vorprozessuale Aufwendungen sind nur dann **hinreichend prozessbezogen,** wenn sie in unmittelbarer Beziehung zu einem und gerade im Hinblick auf einen konkreten Prozess gemacht wurden.[804]

Die erforderliche Prozessbezogenheit besteht nicht bei Kosten zur Klärung unbekannter Vorgänge, auf Grund deren sich die Partei überhaupt erst schlüssig werden will, ob für einen Prozess hinreichende Erfolgsaussicht besteht, dh ob überhaupt der Klage entgegengetreten werden soll.[805] Die Prozessbezogenheit fehlt auch, wenn das Gutachten der Vorbereitung des Versuchs einer außergerichtlichen Einigung diente.[806]

Ist der Kläger entschlossen, seine Ansprüche notfalls prozessual durchzusetzen, muss er aber zunächst feststellen, wer von mehreren in Betracht kommenden der richtige Anspruchsgegner ist, so sind Kosten, die er dafür aufwenden muss, erstattbar.

Ist eine Partei im Rahmen eines konkreten Prozesses mangels hinreichender Sachkunde zum sachgerechten Vortrag bei Fragen aus dem steuerrechtlichen Bereich auf die Hilfe eines Steuerberaters angewiesen, können dessen Kosten erstattungsfähig sein. Die Erstattungsfähigkeit scheidet aber aus, wenn sich die Partei zur Zusammentragung des konkreten Sachverhalts eines Steuerberaters bedient, denn die Ermittlung des prozessrelevanten Tatsachenstoffes ist Aufgabe der Partei selbst bzw. ihres Prozessbevollmächtigten.[807]

Bei vorprozessualen Aufwendungen der angegriffenen Partei ist es mitunter schwierig zu entscheiden, ob nur die Berechtigung des gegen sie geltend gemachten Anspruchs und die Aussichten einer etwaigen Rechtsverteidigung geprüft werden sollten, oder ob die Partei es auf jeden Fall auf einen Prozess ankommen lassen und ihre Verteidigung vorbereiten wollte. Im Zweifel wird man das erstere annehmen.

b) Nichtprozessbezogene Aufwendungen

B 401   Auch Kosten, für die im Zeitpunkt ihrer Entstehung eine hinreichende Prozessbezogenheit noch fehlte, können unter dem Gesichtspunkt erstattbar sein, dass sie später, als der konkrete Prozess sich bereits klar abzeichnete, voll oder zum Teil notwendigerweise hätten aufgewandt werden müssen. Hier gilt der allgemeine Grundsatz, dass an sich nicht erstattbare Kosten in der Höhe zu erstatten sind, in der sie **notwendige andere Kosten erspart** haben. Das trifft insbesondere bei Gutachterkosten zu, die die Partei mangels eigener Fachkenntnisse zu einem späteren Zeitpunkt hätte aufwenden müssen, um sachgemäß vortragen zu können (vgl Rdn. B 406).

---

[804] BGH MDR 2012, 464 = NJW 2012, 1370; NJW 2008, 1597 = Rpfleger 2008, 536; AGS 2006, 461 m Anm *Onderka* = NJW 2006, 2415 = Rpfleger 2006, 505; OLG Bamberg DAR 2008, 472 m Anm *Heinrich*; OLG Brandenburg JurBüro 2009, 144; OLG Bremen MDR 2015, 1200 = NJW 2016, 509; OLG Koblenz MDR 2009, 471 = OLGR 2009, 383; OLG Köln JurBüro 1980, 943; OLG Zweibrücken JurBüro 1984, 1237. Dies gilt auch für ein vorprozessual eingeholtes Privatgutachten als Beweismittel im einstweiligen Verfügungsverfahren: KG KGR 2006, 1009; OLG Hamburg OLGR 2006, 575; OLG Köln OLGR 2008, 651.

[805] OLG Schleswig SchlHA 1961, 334 = Rpfleger 1962, 426 (LS); OLG Celle NJW 1962, 1778 = MDR 1962, 826 = NdsRpfl 1962, 181; **aA:** OLG Nürnberg JurBüro 1965, 236; AnwBl 1971, 17; OLG Karlsruhe Justiz 1978, 167; OLG Celle DAR 1973, 218; KG Rpfleger 1962, 158 (LS); OLG Hamburg AnwBl 1962, 128; OLG Köln OLGR 1998, 119.

[806] OLG Celle OLGR 2007, 455.

[807] OLG Hamm AGS 2015, 494.

c) Kosten für Rechtsschutzversicherung

aa) In diesem Zusammenhang steht die allgemeine Frage, ob Kosten, die eine Partei zur Unterrichtung ihrer **Rechtsschutzversicherung** aufwendet, erstattbar sind. Die Frage ist auch dann, wenn der Hauptprozess schon eingeleitet ist, zu verneinen, soweit es sich um Kosten handelt, die nicht aufgewandt worden oder jedenfalls nicht als notwendig anzuerkennen gewesen wären. Denn der unterlegene Gegner ist nicht erstattungspflichtig für Aufwendungen, die dadurch erwachsen sind, dass der Erstattungsberechtigte sich gegen das Prozessrisiko versichert hat. Das wird evident bei Kosten eines Prozesses der versicherten Partei gegen ihre Versicherung auf Gewährung des Rechtsschutzes. Für die Zugehörigkeit zum Hauptprozess kann es aber nicht darauf ankommen, ob die Rechtsschutzversicherung mehr oder weniger hohe Anforderungen an die Gewährung des Rechtsschutzes stellt, ob sie diesen freiwillig oder gezwungen gewährt. Die Frage ist allerdings in der Rechtsprechung durchaus streitig.[808]

B 402

bb) Eine andere Frage ist es, ob nach allgemeinen Kriterien notwendige Prozesskosten erstattbar sind, die die obsiegende Partei nur deshalb nicht aufzuwenden brauchte, weil sie von der Rechtsschutzversicherung getragen wurden. Diese Frage ist zu bejahen, denn es soll dem Unterlegenen nicht zum Vorteil gereichen, dass der Obsiegende sich versichert hat.[809]

d) Haftpflichtversicherung

Bei Einschaltung der **Haftpflichtversicherung** treten ähnliche Probleme auf. Dabei ist zunächst zu unterscheiden zwischen Kosten, die von der Versicherung oder dem Versicherten zur Klärung der Einstandspflicht auf Grund des Versicherungsvertrages aufgewandt werden, Kosten zur Vorbereitung der Rechtsverteidigung der versicherten Partei und Kosten, die die Versicherung zur Vorbereitung ihrer eigenen Rechtsverteidigung als Prozesspartei aufwendet.

B 403

aa) Die Frage, ob die Versicherung kraft des Versicherungsverhältnisses für eine Haftpflicht der versicherten Partei einstehen muss, hat mit deren Prozess gegen den Geschädigten nichts zu tun. Kosten, die bei der Prüfung dieser Frage entstehen, sind aus den Rdn. B 402 genannten Gründen nicht erstattbar.[810]

Aufwendungen **zur Prüfung der Einstandspflicht** können aber in der Höhe erstattbar sein, in der durch sie andere Kosten erspart wurden, die die Partei selbst notwendigerweise hätte aufwenden müssen, wenn sie den Prozess allein geführt hätte.

bb) Kosten, die die Versicherung zur **Vorbereitung der Rechtsverteidigung** der versicherten Partei aufgewandt hat, sind erstattbar, soweit sie sowohl nach den oben zu a) genannten Kriterien (schon) prozesszugehörig sind, was in aller Regel der Fall sein wird, denn wenn es bei der Klärung der gegnerischen Ansprüche im vorprozessualen Stadium bleibt, stellt sich die Frage der prozessualen Erstattungspflicht nicht; als auch für die Partei selbst zur Vorbereitung ihrer Rechtsverteidigung notwendig gewesen wären. Dabei stellt sich die Frage, ob bei der Beurteilung dessen, was für die Partei notwendig gewesen wäre, ihr die besonderen Kenntnisse ihrer Versicherung zuzurechnen sind. Die Frage ist jedenfalls im Bereich der Pflichtversicherung zu bejahen, denn die Partei hat die

B 404

---

808 OLG Schleswig JurBüro 1980, 334 (Portokosten); OLG Koblenz JurBüro 1980, 1520 (Ablichtungen); **aA:** LG Flensburg AnwBl 1979, 520; LG Düsseldorf AnwBl 1983, 557; AG Wuppertal JurBüro 1979, 1520 (Ablichtungen z Unterrichtung d Rechtsschutzversicherung).
809 OLG Karlsruhe NJW 1962, 813; **aA:** KG Rpfleger 1965, 354 (LS); OLG Celle JurBüro 2000, 205.
810 BGH NJW 2008, 1597 = Rpfleger 2008, 536; OLG Hamm JurBüro 1966, 703; OLG Karlsruhe Rpfleger 1969, 421; OLG Hamburg MDR 1971, 672; auch nicht für Gutachten, die im Prozess verwertet wurden: OLG Koblenz JurBüro 1975, 1244; OLG München JurBüro 1976, 1105 = Rpfleger 1976, 255 = VRS 1976, 90; KG JurBüro 1980, 1581 = Rpfleger 1980, 232; auch nicht Ablichtungen aus Unfallakten durch späteren Prozessbevollmächtigten, wenn zu Regulierungszwecken gefertigt: OLG Celle VersR 1969, 808; s hierzu auch *Hansens*, Erstattungsfähigkeit von Privatgutachten- und Personalkosten einer KfZ-Haftpflichtversicherung, RVGreport 2009, 441.

Versicherungsprämien nicht aufgewandt, um für einen konkreten Prozess sich fachliche Kenntnisse der mit Haftpflichtfragen vertrauten Versicherung zu verschaffen, sondern weil sie verpflichtet war, sich zu versichern. Sie kann deshalb nicht einer Partei gleichgestellt werden, die im Prozess als Laie einem Fachmann gegenübersteht und sich die zum sachgemäßen Vortrag erforderlichen Kenntnisse erst durch besondere Aufwendungen verschaffen muss.

cc) Für Vorbereitungskosten, die die Haftpflichtversicherung für ihre eigene Rechtsverteidigung als (mit)verklagte Partei aufwendet, gilt das zu Rdn. B 400 und B 401 Ausgeführte. Bei einem Haftpflichtversicherungsunternehmen wird man dabei weit eher als bei einer Laienpartei davon ausgehen können, dass sie ohne fremde Hilfe in der Lage ist, sich auch gegenüber einem Fachkundigen sachgerecht zu verteidigen. Die oben zu Rdn. B 400 behandelte Hilfserwägung wird bei ihm daher nur seltener zum Zuge kommen.

Ein Anspruch auf Erstattung von Kosten eines vorprozessual beauftragten Privatsachverständigen kann dann bestehen, wenn bei Erteilung des Gutachtensauftrags ausreichende Anhaltspunkte für einen versuchten Versicherungsbetrug gegeben waren und das im Einzelnen nicht angegriffene Gutachten aufzeigt, dass Ersatz von Schäden begehrt wurde, die durch den Unfall nicht entstanden sein können.[811]

e) Privatgutachten

B 405 aa) Die Klärung streitigen Parteivorbringens obliegt grundsätzlich dem Prozessgericht im Wege der Beweisaufnahme. Es ist nicht Aufgabe der Parteien, die gerichtliche Beweiserhebung vorwegzunehmen. Lediglich zu diesem Zweck vor Beginn oder während des Prozesses eingeholte Gutachten sind deshalb nicht notwendig und ihre Kosten nicht erstattbar.[812] Eine Ausnahme ist nur dann anzuerkennen, wenn das Privatgutachten dazu führt, dass bisher streitiges Vorbringen unstreitig wird oder wenn das Gericht es bei der Entscheidung verwertet und dadurch die Einholung eines gerichtlichen Sachverständigengutachtens überflüssig wird.[813]

Eine Ausnahme kommt ferner für Verfahren in Betracht, in denen das Parteivorbringen mit präsenten Beweismitteln glaubhaft zu machen ist,[814] oder wenn – wie im Fall des vorläufigen Rechtsschutzes – eine amtswegige Einholung von Sachverständigengutachten nicht in Betracht kommt und eine effektive Rechtsverteidigung ohne ein Sachverständigengutachten nicht möglich ist.[815]

Die Einholung eines Privatgutachtens ist zur zweckentsprechenden Rechtsverfolgung notwendig, wenn eine verständige und wirtschaftlich vernünftig denkende Partei die Kosten auslösende Maßnahme ex ante als sachdienlich ansehen durfte.[816] Die Notwendigkeit ist zu begründen und glaubhaft zu machen (§ 104 Abs 2 S 1 ZPO). Zur Begründung der Notwendigkeit gehört auch, dass dargelegt wird, dass die notwendigen Erkenntnisse der Partei weder durch ein selbständiges Beweisverfahren noch durch die gerichtliche Beweisaufnahme vermittelt werden können.[817]

---

811 BGH MDR 2009, 231 = Rpfleger 2009, 176 = RVGreport 2009, 195 m Anm *Hansens*; JurBüro 2009, 94 = MDR 2009, 232 = NJW-RR 2009, 422 = Rpfleger 2009, 117 = RVGreport 2009, 21 m Anm *Hansens*; OLG Celle NJW-RR 2011, 1057 = NZV 2011, 503; OLG Köln NJW 2016, 10 = NJW-RR 2016, 1275.
812 OLG Koblenz JurBüro 2010, 310: Will ein Auftraggeber der Restwerklohnklage des Unternehmers Baumängel entgegenhalten, ist es in der Regel ausreichend, deren Symptome selbst zu beschreiben und die weitere Sachaufklärung dem Gericht zu überlassen; s hierzu auch *Pauly*, Die Erstattung von Privat- und Schiedsgutachterkosten im Bauprozess, MDR 2008, 777.
813 OLG Köln JurBüro 1980, 943.
814 OLG Schleswig JurBüro 1979, 1518 = SchlHA 1979, 183.
815 OLG Bamberg IBR 2011, 61 m Anm von *Schwenker* = NJW-RR 2010, 1681.
816 BGH AGS 2003, 178 = JurBüro 2003, 309; AGS 2006, 461 m Anm *Onderka* = RVGreport 2006, 315; JurBüro 2012, 310 = RVGreport 2012, 229; OLG Koblenz JurBüro 1016, 542 = Rpfleger 2016, 748.
817 OLG Koblenz JurBüro 1016, 542 = Rpfleger 2016, 748.

Kosten, die alleine der hinter einer Partei stehenden, jedoch am Rechtsstreit nicht beteiligten Privathaftpflichtversicherung entstanden sind, kann die Partei nicht im Rahmen der Kostenfestsetzung erstattet verlangen.[818]

bb) Substantiierungsgutachten

Den Parteien obliegt es – auch wenn die Entscheidung von der Anwendung von Erfahrungswissen, zB von der Ursächlichkeit eines bestimmten Tuns oder Unterlassens für einen eingetretenen Erfolg abhängt –, die erforderlichen Tatsachen vorzutragen. Dazu sind in Bezug auf den Streitgegenstand nicht sachkundige Parteien häufig nicht in der Lage. Wenn sie deshalb einen Sachverständigen beauftragen, die hierzu benötigten Tatsachen zu ermitteln, so sind die dafür aufgewandten Kosten zur zweckentsprechenden Rechtsverfolgung oder -verteidigung notwendig und deshalb zu erstatten, soweit sich das Gutachten im Rahmen des Substantiierungszwecks hält. Dabei ist die prozessuale Situation durchaus unterschiedlich: Die beklagte Partei wird sich oft auf ein Bestreiten mit Nichtwissen (§ 138 Abs 4 ZPO) beschränken können, ohne Gefahr prozessualer Nachteile zu laufen, wozu es sachverständiger Hilfe nicht bedarf. Ob das der Fall und wie weit eigener Tatsachenvortrag erforderlich ist, hängt jedoch sehr vom Einzelfall ab, insbesondere auch davon, wie weit der Kläger beim Vortrag nicht nur von Tatsachen, sondern auch von Erfahrungssätzen ins Einzelne geht. Die Festsetzungsinstanzen müssen sich hüten, aus der bei Abschluss der Instanz gewonnenen Erkenntnis allzu kurz auf das zu schließen, was die Partei schon im vorprozessualen Stadium hätten wissen können oder müssen.[819] Die Erstattungsfähigkeit der Kosten für ein prozessbegleitend eingeholtes, privates Sachverständigengutachten ist aber nicht deshalb gegeben, weil einem solchen privaten Gutachten im Rahmen des Rechtsstreits ein höheres Gewicht zukäme als sonstigem Parteivortrag.[820]

B 406

Die nicht sachkundige Partei kann nicht darauf verwiesen werden, sich die erforderlichen Kenntnisse durch Einforderung eines kostenlosen Voranschlags eines Dritten zu beschaffen.[821]

Bei derartigen Substantiierungsgutachten hängt die Erstattbarkeit nicht von weiteren Voraussetzungen ab als der, dass die Partei ohne Hilfe des Sachverständigen ihrer Darlegungspflicht nicht nachkommen oder sich nicht sachgemäß verteidigen konnte. Weder die Vorlegung des Gutachtens im Prozess noch eine weitere Ursächlichkeit in der Richtung, dass der Inhalt des Gutachtens in die gerichtliche Entscheidung eingeflossen sein oder das Prozessergebnis sonst zugunsten der Partei beeinflusst haben muss, ist Voraussetzung der Erstattbarkeit.[822] Die Erstattungsfähigkeit derartiger Kosten hängt auch nicht davon ab, ob das Privatgutachten im Rahmen einer ex-post-Betrachtung die Entscheidung des Gerichts beeinflusst hat.[823] Es ist nicht einmal erforderlich, dass das Gutachten und der auf ihm beruhende Parteivortrag nach dem Inhalt eines später eingeholten gerichtlichen Gutachtens oder nach der gerichtlichen Entscheidung inhaltlich »richtig« oder rechtlich erheblich waren.

---

818 OLG Köln JurBüro 2015, 32 = RVGreport 2015, 70 m Anm *Hansens*; MDR 2016, 555 = RVGreport 2016, 189 m Anm *Hansens*.
819 OLG Hamm JurBüro 1962, 528; KG JurBüro 1967, 164 = Rpfleger 1968, 81; OLG Köln BauR 2004, 1671; OLG Stuttgart Justiz 1971, 88; OLG Zweibrücken JurBüro 1974, 369; OLG München JurBüro 1976, 1105 = Rpfleger 1976, 255 = VRS 1976, 20; JurBüro 1980, 609; OLG Hamburg JurBüro 1982, 287; OLG Frankfurt JurBüro 1977, 1445 = Rpfleger 1977, 327; OLG Bamberg JurBüro 1980, 132; OLG Karlsruhe Justiz 1978, 167; OLG Koblenz JurBüro 1981, 1395; AnwBl 1986, 251 = JurBüro 1986, 448 = MDR 1986, 324.
820 BGH JurBüro 2017, 149 = Rpfleger 2017, 362 = RVGreport 2017, 182 m Anm *Hansens*.
821 KG JurBüro 1985, 1247 gegen LG Berlin JurBüro 1985, 284.
822 BGH JurBüro 2013, 365 = Rpfleger 2013, 416 = RVGreport 2013, 236 m Anm *Hansens*; OLG München Rpfleger 2013, 577.
823 BGH NJW 2012, 1370 = JurBüro 2012, 310 = Rpfleger 2012, 351; OLG München Rpfleger 2013, 577.

> Beispiel:
>
> Wenn der gerichtliche Sachverständige zwar nicht die Tatsachen und den Ursachenzusammenhang, die die Partei auf Grund des von ihr eingeholten Privatgutachtens vorgetragen hatte, bestätigt, aber seine Feststellungen andere Tatsachen oder Kausalzusammenhänge ergeben, die zum Obsiegen der Partei fuhren, so kann die Festsetzung der Kosten des Substantiierungsgutachtens nicht mit der Begründung abgelehnt werden, das Gutachten sei falsch und deshalb wertlos gewesen. Denn ohne es wäre es nicht zu dem prozessentscheidenden gerichtlichen Sachverständigengutachten gekommen.[824]

B 407 **Substantiierungsgutachten** können auch **während des Prozesses notwendig** sein, zB wenn die Partei ohne sachverständige Hilfe nicht zur Erfüllung gerichtlicher Auflagen in der Lage ist. Das gilt ganz besonders, wenn die Klage im ersten Rechtszug mangels ausreichender Substantiierung abgewiesen wurde.[825]

B 408 cc) Ähnlich, aber nicht identisch wie bei einem Substantiierungsgutachten ist die Situation der Partei, die aus eigener Sachkunde nicht in der Lage ist, ein vom Gegner vorgelegtes oder vom Gericht **eingeholtes Gutachten zu überprüfen und zu widerlegen**. Auch diese Situation kann schon vor dem Prozess eintreten, tritt aber überwiegend während des Prozesses auf. Sie kommt auch für Parteien in Betracht, die selbst einige Sachkunde besitzen.

> Beispiel:
>
> Der Handwerker ist nicht in der Lage, gegen das Gutachten eines akademisch gebildeten gerichtlichen Sachverständigen Argumente vorzubringen, die geeignet sind, die Überzeugungskraft des gerichtlichen Gutachtens zu erschüttern.[826]

Die Erstattungsfähigkeit derartiger **Überprüfungsgutachten** bestimmt sich danach, ob eine verständige und wirtschaftlich vernünftig denkende Partei die Kosten auslösende Maßnahme ex ante als sachdienlich ansehen durfte. Die Erstattungsfähigkeit solcher Kosten setzt nicht zusätzlich voraus, dass das Privatgutachten im Rahmen einer ex-post-Betrachtung tatsächlich die Entscheidung des Gerichts beeinflusst hat.[827] So kann auch einer Partei, die selbst nicht über die notwendige Sachkunde zur Führung eines Bauprozesses verfügt, nicht verwehrt werden, sich in einem Ortstermin fachgerecht (durch einen Sachverständigen) beraten zu lassen.[828] Ein Privatgutachten, das lediglich eingeholt wird, um es dem Privatgutachten des Gegners im Vorfeld eines Bauprozesses entgegenzusetzen, ist nicht prozessbezogen und deshalb nicht erstattungsfähig.[829]

---

824 Wie im Text: KG JurBüro 1981, 1382 = AnwBl 1981, 452; OLG Köln JurBüro 1978, 1075 (erstattbar, auch wenn weitergehende Förderung des Rechtsstreits nicht feststellbar); OLG Stuttgart JurBüro 1976, 1693; OLG Düsseldorf JurBüro 1981, 436 (auch wenn Prozessergebnis nicht maßgeblich beeinflusst); **aA**: OLG Hamm NJW 1973, 289 = JurBüro 1972, 1102, das Ursächlichkeit für günstigen Prozessausgang fordert; LG Mönchengladbach KostRsp ZPO § 91 (B – Vorbereitungskosten) Nr 6, LG Berlin JurBüro 1985, 126, die Erstattbarkeit eines zur Darlegung des Hilfsaufrechnungsanspruchs eingeholten Gutachtens bei Klageabweisung wegen fehlender Ursächlichkeit verneinen.
825 KG JurBüro 1968, 413; OLG Koblenz JurBüro 1981, 129; OLG Hamm JurBüro 1978, 1079 = JMBlNRW 1977, 260 (selbst wenn nach Zustellung des Berufungsurteils eingeholt, wenn nur anhand des Gutachtens Verstoß gegen Denkgesetze oder Erfahrungssätze gerügt werden konnte).
826 Vgl dazu OLG Bamberg JurBüro 1976, 1688; **aA**: OLG Koblenz Rpfleger 1980, 194.
827 BGH BGHZ 153, 235; MDR 2012, 464 = NJW 2012, 1370; OLG Koblenz AGS 2013, 310 = JurBüro 2012, 481; OLG Hamm Rpfleger 2001, 61; OLG Stuttgart ZEV 2007, 536; **a.A.** noch die Vorauflage.
828 OLG Köln RVGreport 2016, 468 m Anm *Hansens*.
829 OLG Zweibrücken NJW-RR 2015, 84 = NZBau 2015, 34.

XV. Einzelfragen der Erstattbarkeit   B.

Kosten einer **prozessbegleitenden Sachverständigenberatung** sind nur insoweit erstattbar, als die   B 409
Beratung zugleich notwendige Substantiierungs- oder Überprüfungsgutachten ersetzte; im Übrigen
ist sie nicht als notwendig zu erachten.[830]

dd) Rechtsgutachten sind nur ausnahmsweise erstattbar. Grundsätzlich muss der Prozessbevoll-   B 410
mächtigte sich die erforderlichen Rechtskenntnisse selbst verschaffen, wenn er sie nicht parat hat.[831]

Auch in den Fällen des § 293 ZPO können die Parteien es dem Gericht überlassen, die maßgeblichen Rechtssätze selbst zu ermitteln.[832] § 293 S 2 ZPO erwähnt aber auch »von den Parteien erbrachte Nachweise«. Jedenfalls auf den dort genannten Gebieten, aber auch für abgelegene Gebiete
inländischen Gesetzesrechts erkennt die Rechtsprechung deshalb ausnahmsweise die Erstattbarkeit
von Rechtsgutachten an.[833]

ee) Auch **Gutachten besonderer Art** können aus den vorstehend genannten Gründen erstattbar
sein. Bei besonders hohen Kosten derartiger Gutachten ist ein angemessenes Verhältnis zum Streitgegenstand weitere Voraussetzung der Erstattbarkeit.[834]

Nicht hierher gehören **Mietwertgutachten** zur Begründung eines Mieterhöhungsbegehrens, weil sie
zur Begründung des materiellen Anspruchs eingeholt werden.[835]

Die Aufwendungen für ein vereinbarungsgemäß eingeholtes **Schiedsgutachten** sind im nachfolgenden Rechtsstreit grundsätzlich nicht als Privatgutachten erstattungsfähig;[836] vgl auch Rdn. B 354.

ff) Die Höhe erstattbarer Privatgutachterkosten ist nicht an die Sätze des JVEG gebunden.[837] Erstatt-   B 411
bar ist das Entgelt, das die auftraggebende Partei im Rahmen einer bestehenden Gebührenordnung

---

830 OLG Nürnberg MDR 2001, 1439.
831 OLG Saarbrücken OLGR 2004, 71; OLG Bamberg JurBüro 1982, 918; OLG Hamburg JurBüro 1983, 770; OLG Koblenz KostRsp ZPO § 91 (B – Vorbereitungskosten) Nr 11; BVerfG AGS 1998, 19 = Jur-Büro 1998, 78 = MDR 1997, 1065; OLG München (ja zu ausländischem Urheberrecht) OLGR 2000, 360; OLG Frankfurt OLGR 2002, 274; JurBüro 1979, 112 = Rpfleger 1978, 385 (aber ausnahmsweise ja über ausländisches Recht, wenn das Gericht dessen Vortrag fordert).
832 OLG Karlsruhe OLGR 2005, 776.
833 OLG Celle NdsRpfl 1962, 122 (inländ Recht, wenn rechtliche Überlegungen ungewöhnlichen Umfangs nötig); OLG Stuttgart Justiz 1969, 104 (steuerrechtl Probleme, wenn Prozesserledigung gefördert); OLG München JurBüro 1977, 1139 = Rpfleger 1977, 329 (Steuerberater wie Privatgutachter, insbes zur Ermöglichung der Darlegung); OLG Hamburg JurBüro 1975, 377 (abgelegenes Rechtsgebiet); OLG Koblenz JurBüro 1975, 376 (LS) (nur bei ungewöhnl Rechtslage und maßgeblicher Bedeutung für das Gericht); LG Bremen Rpfleger 1965, 235 (internationales Privatrecht). OLG Karlsruhe hält (bedenklich) ein von der außergerichtlich auf Schadensersatz in Anspruch genommenen Partei zur Beurteilung ihrer Prozessaussicht eingeholtes Rechtsgutachten auf dem Gebiet des Schifffahrtsrechts für prozessual erstattungsfähig, MDR 1976, 670 = Justiz 1976, 210.
834 OLG Düsseldorf JurBüro 1974, 1170 (Marktumfrage); OLG München GRUR 1977, 562 (Meinungsforschungsgutachten); OLG München JurBüro 1976, 666 = Rpfleger 1976, 218; OLG Hamm MDR 1979, 234 (Meinungsumfrage); OLG Hamburg JurBüro 1975, 783 (Privatgutachten zur Überprüfung des Fragenkatalogs gerichtlich angeordneter Meinungsumfrage); OLG Nürnberg MDR 1975, 936; OLG Koblenz JurBüro 1976, 670 (Schriftgutachten).
835 LG Berlin JurBüro 1980, 1078 = MDR 1980, 497; LG Aschaffenburg JurBüro 1980, 1079; LG Ellwangen MDR 1981, 232; LG Bielefeld Rpfleger 1981, 70; LG Düsseldorf JurBüro 1983, 280; LG Saarbrücken AnwBl 1985, 210 = JurBüro 1985, 769; LG München MDR 1984, 57 unter Aufgabe von MDR 1979, 403.
836 BGH NJW-RR 2006, 212 = Rpfleger 2006, 164; dem gegenüber hält OLG Karlsruhe Rpfleger 1969, 422 die Einholung einer **Schadenstaxe** im Kollisionsstreit (Binnenschifffahrt) für prozessual erstattbar, auch wenn ein Prozess nicht unmittelbar bevorsteht.
837 BGH JurBüro 2007, 317 = Rpfleger 2007, 285 = RVGreport 2007, 279 m Anm *Hansens*. Nach KG (Rpfleger 2012, 583 = RVGreport 2012, 429) können die Stundensätze des JVEG als Richtlinie anzusehen sein, auf deren Grundlage der privatrechtlich vereinbarte Stundensatz einer Plausibilitätsprüfung zu unterziehen ist.

Hellstab   121

oder als sonst üblich (§ 612 BGB) mit dem Sachverständigen vereinbart hat, wobei neben dem notwendigen Zeitaufwand auch der Grad der erforderlichen (nicht ohne weiteres der beim Sachverständigen vorhandenen) Fachkenntnisse mitbestimmende Faktoren sind. Besteht nach der Höhe der vom Sachverständigen berechneten Vergütung der Verdacht, dass der Gutachtenauftrag das zur zweckentsprechenden Rechtsverfolgung oder -verteidigung erforderliche Maß überschritten hat oder zu ungenau gefasst war, so kann im Erstattungsverfahren Vorlage einer aufgegliederten Rechnung des Sachverständigen und des Gutachtens verlangt werden. Gegebenenfalls ist die Vergütung für den als erforderlich anzusehenden Teil der Gutachtertätigkeit auf der Grundlage der Berechnung des Sachverständigen – notfalls im Wege der Schätzung – zu ermitteln. Maßgeblich ist der Umfang, den die Partei im Zeitpunkt der Auftragserteilung für erforderlich halten durfte (vgl Rdn. B 365).[838]

Nicht erstattbar ist eine als Sachverständigenleistung besonders in Rechnung gestellte Vergütung für Tätigkeiten, die der Sachverständige der Partei im Rahmen eines Dienst- oder Werkvertrages ohne besondere Vergütung schuldete.[839]

Wenn eine Partei die Gestellung eines sachverständigen Zeugen zu einem Gerichtstermin für erforderlich halten durfte, kann sie die Erstattung der hierdurch entstandenen Auslagen bis zu der Höhe verlangen, in der der sachverständige Zeuge bei einer Heranziehung durch das Gericht nach dem JVEG zu entschädigen gewesen wäre.[840]

f) Detektivkosten

B 412   aa) Zu den Prozesskosten rechnen nicht nur die durch Einleitung und Führung eines Rechtsstreits ausgelösten Kosten, sondern auch solche, die durch rechtmäßige Maßnahmen zur Vorbereitung eines konkret bevorstehenden Verfahrens ausgelöst werden. Diese werden aus Gründen der Prozesswirtschaftlichkeit den Prozesskosten zugerechnet und können im Kostenfestsetzungsverfahren geltend gemacht werden.[841] Demgemäß wird die Erstattungsfähigkeit von Detektivkosten in der Rechtsprechung der Oberlandesgerichte überwiegend dann bejaht, wenn sie zur zweckentsprechenden Rechtsverfolgung oder -verteidigung notwendig waren, eine vernünftige Prozesspartei also berechtigte Gründe hatte, eine Detektei zu beauftragen. Hinzukommen müsse, dass die Detektivkosten sich – gemessen an den wirtschaftlichen Verhältnissen der Parteien und der Bedeutung des Streitgegenstandes – in vernünftigen Grenzen halten und prozessbezogen waren, die erstrebten Feststellungen wirklich notwendig waren sowie die Ermittlungen aus ex-ante-Sicht nicht einfacher und/oder billiger erfolgen konnten. Die Beeinflussung des Prozessausgangs soll regelmäßig ein Indiz für die Notwendigkeit, nicht jedoch Voraussetzung der Erstattungsfähigkeit sein. Des Weiteren wird verlangt, dass der Auftrag an die Detektei zur Bestätigung eines bestimmten festen Verdachts erteilt wurde.[842]

Das Kammergericht[843] stellt an die Erstattung von Detekteikosten folgende Anforderungen:

Die Einschaltung einer Detektei muss der Partei im Zeitpunkt der Beauftragung bei vernünftiger Beurteilung der damaligen Prozesslage als zur Förderung des Prozesserfolgs notwendig erschienen sein, unabhängig davon, ob den Ermittlungen der Detektei auch bei rückschauender Betrachtung

---

838 OLG Brandenburg DS 2011, 36.
839 OLG Koblenz JurBüro 1980, 448 (Architekt für Erläuterung der von ihm im Rahmen des Architektenvertrages vorgenommenen Rechnungskürzungen).
840 OLG Nürnberg AGS 2011, 515 = NJW-RR 2011, 1292 = RVGreport 2011, 434 m Anm *Hansens*.
841 BGH FamRZ 2013, 1387 m Anm *Schlünder* = JurBüro 2013, 590 = NJW 2013, 2668 = Rpfleger 2013, 698 = *Hansens*, RVGreport 2013, 355 m Anm *Hansens*; JurBüro 2006, 140 = Rpfleger 2006, 165; WM 1987, 247, 248; BAG NZA 2009, 1300, 1301.
842 OLG Düsseldorf AGS 2009, 203 = MDR 2009, 1015 = FamRZ 2009, 1698; OLG Zweibrücken OLGR 2002, 131; OLG Koblenz AGS 2012, 92 = JurBüro 2011, 202 = Rpfleger 2011, 350; KG FamRZ 2009, 1699; OLG Hamburg MDR 2011, 1014; OLG Köln Beschl v 03.09.2012 – 17 W 151/12.
843 KG FamRZ 2009, 1699 = KGR 2009, 558; JurBüro 2004, 32.

im Zeitpunkt der Kostenfestsetzung ein prozessfördernder Einfluss zukam oder nicht.[844] Da für die Beurteilung der Notwendigkeit der Zeitpunkt der Auftragserteilung maßgebend ist, kommt es auch nicht darauf an, inwieweit die Ermittlungen in den Prozess eingeführt worden sind. Allerdings ist bei der Anerkennung der Notwendigkeit solcher Kosten Zurückhaltung geboten, um zu vermeiden, dass entgegen dem Grundsatz der kostensparenden Prozessführung dem Unterlegenen kostspielige Aufwendungen lediglich für die Ausforschung aufgrund bloßer Mutmaßungen aufgebürdet werden. Die Einschaltung einer Detektei ist daher nur dann erstattungsrechtlich als erforderlich anzusehen, wenn aus vernünftiger Sicht der Partei ein konkreter Anlass oder Verdacht besteht, dass es für eine zweckentsprechende Rechtsverfolgung oder -verteidigung auf die Bestätigung der Verdachtsmomente durch nachvollziehbare Einzeltatsachen ankommen konnte und diese nur durch ein Detektivbüro sachgerecht ermittelt werden konnten. Detektivkosten können jedoch nur dann erstattungsfähig sein, wenn die erlangten Beweismittel im Rechtsstreit verwertet werden dürfen. Daran fehlt es, soweit die Kosten auf Erstellung eines umfassenden personenbezogenen Bewegungsprofils mittels eines GPS-Systems beruhen, eine punktuelle persönliche Beobachtung aber ausgereicht hätte.[845]

Darüber hinaus gilt ferner Folgendes:

bb) Ermittlungen »ins Blaue«, also ohne konkreten Anhalt, nur in der Hoffnung, der Detektiv werde irgendetwas der Partei Günstiges herausfinden, sind nicht als notwendig anzusehen, selbst wenn sie tatsächlich etwas für den Auftraggeber erbringen. Damit nicht zu verwechseln ist der Fall, dass der Detektiv beauftragt wurde, einem bestimmten Verdacht nachzugehen, er diesen zwar nicht bestätigt findet, aber andere für die Prozessführung des Auftraggebers förderliche Tatsachen ermittelt.[846]

B 413

cc) Die Partei muss außer Stande sein, die für ihr schlüssiges Prozessvorbringen erforderlichen Tatsachen selbst oder **auf andere, billigere Weise** zu ermitteln. Das ist nicht der Fall, wenn bei Auftragserteilung angebotene Beweismittel noch nicht erschöpft waren.[847]

B 414

Das, was zumutbar ist, hängt auch vom Verhalten des Gegners, insbesondere der Intensität seiner Verheimlichungsbemühungen, ab. Auch muss berücksichtigt werden, dass eigene Ermittlungen der Partei leichter den Argwohn des Gegners erregen und die Erfolgsaussichten beeinträchtigen können.[848]

dd) Der Auftrag an den Detektiv muss auf das für den Prozess Erforderliche beschränkt werden.[849] Er muss so gestaltet sein, dass die Partei die **Ausführung des Auftrages überwachen** kann und die Entscheidung über Fortgang und Abbruch der Ermittlungen nicht völlig dem Detektiv überlässt.[850] Dass dies geschehen ist, muss die Partei durch Vorlage der Detektivberichte und einer aufgeschlüsselten Abrechnung des Detektivs im Festsetzungsverfahren darlegen. Kosten, die durch Weiterführung der Ermittlungen auf einem ersichtlich aussichtslosen Weg oder aber nach ausreichendem

B 415

---

844 Siehe auch BGH AGS 2006, 461 m Anm *Onderka* = NJW 2006, 2415 = RVGreport 2006, 315 m Anm *Hansens*. Die Erstattungsfähigkeit von Detektivkosten ist nicht dadurch in Frage gestellt, dass sie objektiv aus Rechtsgründen überflüssig waren, etwa weil das Gericht zunächst die Formunwirksamkeit des Vertrages, auf den die Klägerin ihre Ansprüche stützt, übersieht (OLG Koblenz JurBüro 2007, 149 = Rpfleger 2007, 229 = RVGreport 2007, 429 m Anm *Hansens*).
845 BGH FamRZ 2013, 1387 m Anm *Schlünder* = JurBüro 2013, 590 = NJW 2013, 2668 = Rpfleger 2013, 698 = *Hansens* RVGreport 2013, 355 m Anm *Hansens*.
846 OLG Düsseldorf MDR 1962, 742; OLG Zweibrücken JurBüro 1978, 1876 = KostRsp ZPO § 91 (B – Vorbereitungskosten) Nr 5; OLG Hamm JurBüro 1983, 923; VersR 1983, 498.
847 OLG Hamm JurBüro 1963, 112; MDR 1975, 413; OLG Bamberg JurBüro 1976, 1251; LG Köln JurBüro 1969, 362; OLG Frankfurt JurBüro 1970, 440 = WRP 1970, 154.
848 KG JurBüro 1971, 91.
849 OLG Koblenz JurBüro 2004, 34 = Rpfleger 2004, 183.
850 OLG Koblenz AGS 2012, 92 = JurBüro 2011, 202 = Rpfleger 2011, 350.

Erfolg entstanden sind, können nicht als notwendig und deshalb nicht als erstattbar angesehen werden.[851]

B 416 ee) **Das Risiko, dass die Ermittlungen ergebnislos bleiben**, trägt der Auftraggeber. Dabei ist nicht auf den Erfolg der einzelnen Ermittlungsmaßnahme, sondern auf den des Ermittlungsauftrags abzustellen; jedoch sind Aufwendungen für Ermittlungen, die nicht jedenfalls richtungweisend für den späteren Erfolg waren, nicht zu erstatten.[852]

B 417 ff) **Einführung des Ermittlungsergebnisses** in den Prozess ist nicht erforderlich, wenn sich auch ohne solche Einführung häufig nicht nachweisen lassen wird, dass gerade die Ermittlungen die für die Partei günstige Wendung des Prozesses (zB Gegner lässt Behauptung oder Bestreiten fallen, er vergleicht sich) herbeigeführt haben.[853]

Auch ein **ursächlicher Zusammenhang** mit der richterlichen Entscheidung ist nicht erforderlich.[854]

Die prozessuale Stellung der Partei muss aber durch die Ermittlungen irgendwie vorteilhaft beeinflusst sein.[855]

B 418 gg) Der **Höhe** nach ist die von der auftraggebenden Partei mit dem Detektiv vereinbarte Vergütung erstattbar, soweit diese sich im Rahmen des üblichen hält. Die Höhe des Streitwerts und die wirtschaftlichen Verhältnisse der Parteien sind unerheblich.[856] Allerdings dürfen die dadurch entstandenen Aufwendungen nicht außer Verhältnis zum Streitgegenstand stehen.[857]

B 419 hh) **Erstattbar sind Detektivkosten** in einem Schadenersatz- und Schmerzensgeldprozess nach einem Stromunfall, wenn berechtigte Zweifel daran bestehen, ob der Kläger durch das Unfallereignis tatsächlich so schwer verletzt ist wie behauptet (hier: Angewiesensein auf einen Rollstuhl, Dienst- bzw Erwerbsunfähigkeit);[858] ferner in einem Unterhaltsprozess zum Nachweis, dass die vertragliche Unterhaltspflicht nach Scheitern einer nichtehelichen Lebensgemeinschaft entfallen ist[859] oder wenn ein Anfangsverdacht besteht, dass ein ausgeschiedener Mitgesellschafter gegen den nachvertraglichen Konkurrenzschutz verstößt[860] oder für Detektivkosten, die eine Partei veranlasst, um zeitnah und prozessbezogen einem Verdacht der Unfallmanipulation nachzugehen.[861]

---

851 OLG München Rpfleger 1976, 255 = JurBüro 1976, 1105 = VersR 1976, 20; OLG Schleswig JurBüro 1978, 435; OLG Braunschweig MDR 1974, 1022; OLG Frankfurt JurBüro 1979, 440 = VersR 1978, 1145; KG JurBüro 1971, 91.
852 OLG Karlsruhe Rpfleger 1964, 34 (LS); 1969, 421; OLG München JurBüro 1970, 517; Rpfleger 1976, 255 = JurBüro 1976, 1105 = VersR 1976, 20; OLG Schleswig JurBüro 1978, 435; LAG Frankfurt/M. KostRsp ZPO § 91 (B – Auslagen) Nr 230 = MDR 2001, 598; **aA:** OLG Hamburg JurBüro 1969, 638 (auch für vergebliche Bemühungen, wenn Auftrag sinnvoll und geboten). OLG Koblenz KostRsp ZPO § 91 (B – Auslagen) Nr 228 m krit Anm *von Eicken* JurBüro 2001, 164 = MDR 2001, 373 und 534.
853 **AA:** (Einführung in den Prozess erforderlich): OLG München JurBüro 1970, 312 = MDR 1970, 429; OLG Karlsruhe Justiz 1970, 107.
854 OLG Hamm JurBüro 1969, 1002 = JMBlNRW 1970, 159.
855 OLG München Rpfleger 1976, 255 = JurBüro 1976, 1105; OLG Schleswig JurBüro 1978, 435. Ermittlung einer Zeugenanschrift: OLG Koblenz AGS 1999, 95 = MDR 1999, 192; OLG Braunschweig KostRsp ZPO § 91 (B – Vorbereitungskosten) Nr 181.
856 OLG Hamm JurBüro 1966, 766 = JMBlNRW 1970, 21; LG Frankfurt NJW 1969, 1969; **aA:** OLG Düsseldorf JurBüro 1969, 1216; OLG Hamburg JurBüro 1970, 693 (nur in angemessenem Verhältnis zu den wirtschaftlichen Verhältnissen der Parteien); LG München Rpfleger 2000, 428.
857 KG JurBüro 2004, 32.
858 OLG Celle NdsRpfl 2004, 351.
859 OLG Koblenz JurBüro 2007, 149 = Rpfleger 2007, 229 = RVGreport 2007, 429 m Anm *Hansens*.
860 OLG Koblenz AGS 2012, 92 = JurBüro 2011, 202 = Rpfleger 2011, 350.
861 OLG Bremen MDR 2015, 1200 = NJW 2016, 509.

ii) Auch **Recherchen anderer Personen** können nach den gleichen Grundsätzen erstattbar sein, zB Ermittlungen durch den Rechtsanwalt oder den Patentanwalt.[862] Das gilt jedoch dann nicht, wenn der Erstattungsberechtigte die Detektivkosten seinerseits einem anderen zu erstatten hat.[863]

B 420

Für *Testkäufe* ist die Einschaltung eines Detektivs im Allgemeinen nicht notwendig (vgl Rdn. B 423).[864]

g) Übersetzungs- und Dolmetscherkosten

aa) Kosten der **Übersetzung** prozesserheblicher Schriftstücke[865] sind idR erstattbar, sowohl wenn ein in deutscher Sprache abgefasstes Schriftstück für die ausländische Partei übersetzt wird, wie umgekehrt, wenn ein ausländisches Schriftstück für das Gericht, die deutsche Partei oder deren Prozessbevollmächtigten übersetzt wird, auch soweit die Übersetzung lediglich zur sachgerechten Information des Prozessbevollmächtigten erfolgt. Dem kann auch nicht entgegengehalten werden, dass die Gerichtssprache »Deutsch« sei (vgl § 184 GVG) sei. Es entspricht allgemeiner Meinung, dass § 184 GVG einer Erstattungsfähigkeit von Übersetzungskosten nicht entgegensteht.[866] Dabei ist die Erstattbarkeit nicht davon abhängig, ob ein sprachkundiger Rechtsanwalt hätte beauftragt werden können,[867] oder die Partei bereits einen Verkehrsanwalt eingeschaltet hat.[868]

B 421

Fertigt der Prozessbevollmächtigte die Übersetzungen selbst an, so ist das nicht durch die Prozessgebühr abgegolten, sondern nach § 11 JVEG besonders zu entschädigen.[869]

Um Übersetzungen handelt es sich aber nicht, wenn der Prozessbevollmächtigte den Schriftverkehr mit seiner Partei in einer fremden Sprache führt.[870]

bb) **Dolmetscherkosten** des gerichtlich bestellten Dolmetschers sind gerichtliche Auslagen (Nr 9005 KV GKG).

B 422

Ausnahmsweise können Simultandolmetscherkosten erstattungspflichtig sein, wenn auf Seiten des Parteivertreters keine Fremdsprachenkenntnisse vorhanden sind, die eine mündliche Verständigung mit den Anwälten erlauben, oder wenn ausnahmsweise die ohne Simultandolmetschung eintretenden Erschwernisse bei der Teilnahme an der mündlichen Verhandlung so gravierend sind, dass angesichts der in Rede stehenden Kosten sinnvollerweise von der Möglichkeit einer

---

862 OLG Stuttgart AnwBl 1968, 58 (zusätzl Tage- u Abwesenheitsgeld); BPatG BPatGE 5, 320 = GRUR 1965, 445 (Recherchen im Ausland für Patentnichtigkeitsverfahren); OLG Düsseldorf GRUR 1968, 104; OLG Hamburg JurBüro 1973, 518 (Patentanwalt); OLG Hamm KostRsp ZPO § 91 (B – Vorbereitungskosten Nr 183).
863 OLG Brandenburg JurBüro 2009, 434 = OLGR 2009, 673.
864 OLG Schleswig JurBüro 1984, 920; vgl aber auch OLG Stuttgart JurBüro 1983, 1090 = Justiz 1983, 119.
865 Die Prüfung der Prozesserheblichkeit beinhaltet die Prüfung, ob die Bedeutung der einzelnen Schriftstücke eine wörtliche Übersetzung rechtfertigt, ggf kann auch eine inhaltliche Zusammenfassung ausreichend sein (OLG Celle OLGR 2008, 758).
866 OLG Koblenz JurBüro 2017, 260; OLG Hamburg = Rpfleger 2016, 504; KG RVGreport 2014, 400 m Anm *Hansens*; OLG Celle OLGR 2008, 758; OLG Düsseldorf Rpfleger 1983, 367; OLG Karlsruhe Justiz 1978, 313; *Wedel* JurBüro 2016, 454.
867 OLG Stuttgart JurBüro 1973, 751 (Übersetzung deutschsprachiger Urkunden, die sich ausländische Partei anfertigen lässt, um den Prozessbevollmächtigten sachgemäß informieren zu können); OLG Frankfurt JurBüro 1981, 146 = MDR 1981, 58 (Übersetzung in englischer Sprache abgefasster Gerichtsstandvereinbarung); *Schneider* JurBüro 1967, 689.
868 OLG Hamburg Rpfleger 1996, 370.
869 OLG Köln JurBüro 2002, 592; OLG Frankfurt NJW 1962, 1577 = JurBüro 1962, 343 = Rpfleger 1963, 313; KG JurBüro 1966, 77; OLG Karlsruhe Justiz 1978, 315 = MDR 1978, 674; LG Hamburg MDR 1963, 229.
870 OLG Düsseldorf AnwBl 1983, 560 = Rpfleger 1983, 367 = MDR 1983, 847.

Simultanübersetzung Gebrauch zu machen ist.[871] Die Erstattungsfähigkeit ist jedoch zu verneinen, wenn die Partei und ihre Anwälte in einer ihnen gemeinsam geläufigen Fremdsprache miteinander kommunizieren können.[872]

h) Testkauf

B 423 aa) Insbesondere in Wettbewerbssachen kann die verletzte Partei einen Wettbewerbsverstoß oft nur durch einen Testkauf glaubhaft machen. Ob ihr zuzumuten ist, dafür eigenes Personal einzusetzen, ist eine Frage des Einzelfalls, wobei vor allem die Gefahr zu berücksichtigen ist, dass der Verletzer die Absicht, ihm einen Wettbewerbsverstoß nachzuweisen, erkennt und sich dementsprechend verhält. Die der Testperson gezahlte Vergütung ist deshalb idR erstattbar, soweit der Umfang ihrer Beauftragung das zur Erreichung des prozessualen Ziels Erforderliche und die Vergütung das nach den Umständen Angemessene nicht übersteigt.[873]

UU kommt auch die Einschaltung einer **Detektei in** Betracht, zB wenn Verstöße an verschiedenen Orten und zu verschiedenen Zeiten nachzuweisen sind.[874]

B 424 bb) Auch der **Testkaufpreis** ist eine prozessbezogene Aufwendung, ohne dessen Zahlung der prozessuale Zweck in aller Regel nicht erreichbar ist.[875] Die Kostenfestsetzung darf aber nicht zu einer Bereicherung des Erstattungsgläubigers führen, wie sie einträte, wenn er den Kaufpreis erstattet bekäme, die Testkaufsache aber behalten dürfte. Unter erstattungsrechtlichen Gesichtspunkten kann der obsiegende Verletzte deshalb Festsetzung des Testkaufpreises nur Zug-um-Zug gegen Herausgabe des Testobjekts verlangen. Einer Entscheidung über die materiell-rechtliche Frage, ob der Testkaufvertrag materiell wirksam ist und ob für die eine oder die andere Partei ein Rücktrittsrecht besteht, bedarf es dazu nicht.[876] Dies gilt auch dann, wenn der Erstattungsgläubiger geltend macht, dass ihm im Fall der Rückgabe der Sache ein urheberrechtlicher Vernichtungsanspruch zusteht.[877]

B 425 cc) Nicht notwendig sind die Kosten eines Testkaufs, mit dem nur die Zuständigkeit eines weiteren Gerichts begründet werden soll.[878]

Nicht erstattbar, weil nicht prozessbezogen, sind Aufwendungen für Nachforschungen, mit denen ohne konkreten Verdacht ganz allgemein nach Wettbewerbsverstößen gefahndet wird.[879]

i) Schlichtungsverfahren

B 426 Anwaltskosten, die in einem gescheiterten obligatorischen außergerichtlichen Verfahren zur Streitschlichtung entstanden waren, können im nachfolgenden Klageverfahren als Vorbereitungskosten

---

871 OLG Düsseldorf GRUR-Prax 2016, 317 = RVGreport 2016, 350 m Anm *Hansens*; OLG Stuttgart Justiz 1972, 202.
872 OLG Düsseldorf GRUR-Prax 2016, 317 = RVGreport 2016, 350 m Anm *Hansens*.
873 OLG München AGS 2004, 363 = GRUR-RR 2004, 190 = MarkenR 2004, 192; OLG Zweibrücken GRUR-RR 2004, 343; KG Rpfleger 1976, 219 = JurBüro 1976, 668 = MDR 1976, 670; OLG Koblenz JurBüro 1979, 1708 = WRP 1979, 813 = KostRsp ZPO § 91 (B – Auslagen) Nr 6; OLG Frankfurt JurBüro 1983, 276; JurBüro 1985, 1406 = WRP 1985, 349.
874 OLG Stuttgart JurBüro 1983, 1090 = Justiz 1983, 119; aA: OLG Schleswig JurBüro 1984, 920.
875 OLG Stuttgart JurBüro 1995, 37.
876 KG KGR 2003, 163; JurBüro 1991, 86; Rpfleger 1976, 219 = JurBüro 1976, 668 = MDR 1976, 670; **aA**: OLG Koblenz JurBüro 1979, 1709 = WRP 1979, 813; JurBüro 1985, 1865 = KostRsp ZPO § 91 (B – Auslagen) Nr 6 und 36, beide m Anm *von Eicken*; OLG München AGS 2004, 363; OLG Hamburg MarkenR 2014, 451. Nach OLG Düsseldorf (JurBüro 2009, 199 = OLGR 2008, 815) hat eine dahingehende Einschränkung, dass die Kosten nur Zug-um-Zug gegen Übertragung von Eigentum und Besitz an dem Testkaufprodukt zu erstatten sind, nur dann zu erfolgen, wenn der Gegenanspruch des Erstattungspflichtigen unschwer feststellbar oder unstreitig ist.
877 KG KGR 2003, 163.
878 OLG München Rpfleger 1976, 219 = JurBüro 1976, 1098 = MDR 1976, 670.
879 OLG Frankfurt/M JurBüro 2001, 259.

erstattungsfähig sein. Voraussetzung hierfür ist, dass der Gegenstand des Schlichtungsverfahrens und der Streitgegenstand des Rechtsstreits übereinstimmen und dass im Einzelfall die Inanspruchnahme eines Anwalts im vorgeschriebenen Schlichtungsverfahren erforderlich war.[880] Die Anwaltsgebühren eines Güteverfahrens sind auch erstattungsfähig, wenn das Gericht den Prozess fehlerhaft aussetzt, um dem Kläger Gelegenheit zu geben, das Güteverfahren nachzuholen.[881]

j) Urheberrechtsstreitigkeiten

Die Kosten anwaltlicher Vertretung, die ein Urheberrechtsinhaber im Verfahren nach § 101 Abs 2 S 1 Nr 3 und Abs 9 S 1 UrhG zur Erlangung der Auskunft über IP-Adressen aufwendet, sind notwendige Kosten der Rechtsverfolgung im Sinne des § 91 Abs 1 S 1 ZPO im nachfolgend gegen eine Person geführten Rechtsstreit, die für eine über eine dieser IP-Adressen begangene Urheberrechtsverletzung verantwortlich ist, soweit die Kosten anteilig auf diese Person entfallen. Dies gilt auch dann, wenn das urheberrechtsberechtigte Unternehmen über eine Rechtsabteilung verfügt und dem Auskunftsverfahren vorgelagerte Ermittlungen selbst ausgeführt hat.[882]

B 427

(unbesetzt)

B 428–
B 429

2. Auslagen

a) Dokumentenpauschale

Obwohl es sich idR im Verhältnis zu anderen zur Kostenfestsetzung angemeldeten Kosten um geringfügige Beträge handelt, wurde um die Erstattbarkeit von Schreib- und Kopiekosten mit besonderer Hartnäckigkeit gerungen. Auf kaum einem anderen Gebiet des Erstattungsrechts war die Rechtsprechung so uneinheitlich. Durch die Entscheidung des BGH v 05.12.2002[883] dürfte sie sich allerdings vereinheitlichen. Die Obergerichte werden sich dieser Meinung anschließen (müssen).[884] Außer in den in Nr 7000 VV RVG genannten Fällen kann der Anwalt also keine Dokumentenpauschale beanspruchen.

B 430

Nur selten handelt es sich um von der Partei selbst hergestellte Abschriften und Fotokopien, denn es ist nicht Sache des Auftraggebers, dem Rechtsanwalt Schriftsatzanlagen in der zur Prozessführung erforderlichen Anzahl zur Verfügung zu stellen.[885] Für die Herstellung von Abschriften durch eine nicht anwaltlich vertretene Partei gelten die nachfolgenden für Anwälte geltenden Grundsätze nicht. Ihre Ablichtungen sind idR erstattbar.[886]

Ehe beurteilt werden kann, in welcher Höhe die **Dokumentenpauschale** vom unterlegenen Gegner zu erstatten ist, muss zunächst festgestellt werden, in welcher Höhe der Anwalt sie von seinem Mandanten zusätzlich zu den Gebühren fordern kann. Nach der bereits oben zitierten Entscheidung des BGH kann der Anwalt nur in den in Nr 7000 VV RVG genannten Fällen die Dokumentenpauschale verlangen, da nur insoweit die Kosten für die Herstellung von Abschriften, Ablichtungen oder Ausdrucke nicht zu den allgemeinen Geschäftsunkosten zählen und daher nicht durch die Gebühren gedeckt sind (vgl Vorbem 7 Abs 1 S 1 VV RVG).

B 431

---

880 BayObLG JurBüro 2004, 598 = NJW-RR 2005, 724; OLG Karlsruhe AGS 2009, 98 = JurBüro 2008, 538; OLG Düsseldorf AGS 2009, 352 = JurBüro 2009, 366; LG Freiburg AGS 2009, 99 m Anm *Winkler*.
881 OLG Köln OLGR 2009, 520.
882 BGH AGS 2017, 357 = JurBüro 2017, 358 = RVGreport 2017, 303 m Anm *Hansens*; Fortführung NJW 2015, 70 = Rpfleger 2015, 116 = RVGreport 2014, 474 m Anm *Hansens*; RVGreport 2015, 184 m Anm *Hansens*.
883 BGH NJW 2003, 1127 = Rpfleger 2003, 215 = JurBüro 2003, 246; AGS 2003, 349.
884 ZB OLG München MDR 2003, 1143; OLG Frankfurt AGS 2003, 396.
885 BGH NJW 2003, 1127 = Rpfleger 2003, 215 = JurBüro 2003, 246.
886 OVG Hamburg Rpfleger 1984, 329 billigt die Kosten einer bezahlten Schreibkraft zu, wenn die eigene Herstellung für die Partei wegen außergewöhnlichen Umfangs unzumutbar erscheint.

B 432 Für **Ablichtungen oder Ausdrucke aus Behörden- oder Gerichtsakten** durch den Rechtsanwalt steht diesem die Dokumentenpauschale zu, soweit die Herstellung zur sachgemäßen Bearbeitung der Rechtssache geboten war (Nr 7000 Nr 1 a VV RVG). Dabei kommt es nicht auf die subjektive Sicht des Anwalts, sondern auf die objektive Notwendigkeit an.[887] Der Rechtsanwalt kann dabei nicht auf die Möglichkeit verwiesen werden, sich handschriftliche Notizen zu fertigen, wenn die jederzeitige genaue Kenntnis des Schriftstücks für sein Prozessverhalten objektiv bedeutsam ist. Daraus, dass später eine Verwertung nicht stattfand, kann nicht gefolgert werden, die Ablichtung sei unnötig gewesen.[888]

B 433 Werden im Rechtsstreit **Fotokopien** vermeintlich **einschlägiger Gerichtsentscheidungen** vorgelegt, sind diese nicht erstattungsfähig, soweit sie in Fachzeitschriften veröffentlicht oder in allgemein zugänglichen juristischen Datenbanken abrufbar sind. Die Kosten derartiger Kopien sind nur erstattungsfähig, wenn darlegt wird, warum ein Hinweis auf die Entscheidung und deren Fundstelle in der konkreten Prozesssituation unzureichend war.[889]

B 434 Die Kosten für die Herstellung von Ablichtungen oder Ausdrucken, die der Anwalt aufgrund einer Rechtsvorschrift (zB § 133 ZPO) oder einer Aufforderung durch das Gericht zum Zwecke der Zustellung oder Mitteilung an die Gegenpartei usw herstellt, kann er von seinem Auftraggeber erst ab der 101. Kopie in derselben Angelegenheit und in demselben Rechtszug fordern (Nr 7000 S 1 Nr 1 b, S 2 VV RVG). Die ersten 100 Kopien sind allgemeine Geschäftskosten. In einem neuen Rechtszug wird neu gezählt.

B 435 Das gleiche gilt für Kopien zur Unterrichtung des Auftraggebers (Nr 7000 S 1 Nr 1 c, S 2 VV RVG). Die Kopien nach Nr 1 b und c werden getrennt gezählt.

B 436 Über diese Tatbestände hinaus kann der Anwalt nur dann die Pauschale für die Herstellung von Kopien oder Ausdrucke fordern, wenn er sie im Einverständnis mit seinem Auftraggeber angefertigt hat (Nr 7000 S 1 Nr 1 d VV RVG).

B 437 Soweit Erstattbarkeit besteht, sind vom Rechtsanwalt gefertigte Abschriften und Ablichtungen in der von Nr 7000 VV RVG bestimmten **Höhe** zu erstatten. Der erstattungspflichtige Gegner ist mit dem Einwand, der Erstattungsgläubiger habe seinem Anwalt kein Zusatzmandat zu erteilen brauchen, sondern hätte die Ablichtungen auf dem freien Markt, wo sie billiger zu erlangen sind, selbst besorgen und dem Anwalt zur Verfügung stellen müssen, nicht zu hören. Die Entscheidung, ob und welche Ablichtungen herzustellen sind, hängt mit der anwaltlichen Prozessführung zu eng zusammen, als dass ein solches Verfahren noch als zweckentsprechend bezeichnet werden könnte.[890]

Für die anwaltlich nicht vertretene Partei sind nur die tatsächlich entstandenen Ablichtungskosten erstattbar.[891]

---

887 *Bräuer* in *Bischof/Jungbauer* RVG 4. Aufl VV 7000 Rn. 11 b.
888 OLG Frankfurt AnwBl 1978, 144 = Rpfleger 1978, 151 = JurBüro 1978, 705; OLG Düsseldorf AnwBl 1980, 78 = JurBüro 1979, 850 (Ablichtungen für Streithelfer von bedeutsamen Teilen der Prozessakten); OLG Hamburg JurBüro 1975, 768 = MDR 1975, 935 (Vorprozessakten); Ablichtungen aus Strafakten für den Zivilprozess: OLG Nürnberg JurBüro 1963, 712; OLG Stuttgart AnwBl 1970, 141 u 292 = Justiz 1970, 108; OLG Hamm AnwBl 1970, 292 u 361; LG Essen AnwBl 1979, 117 = JurBüro 1979, 370; LG Frankfurt AnwBl 1981, 323 (LS); Verwaltungsgerichtsprozess: VG Aachen AnwBl 1982, 311; SG Düsseldorf AnwBl 1983, 40; VG Arnsberg AnwBl 1984, 323; VG Stade AnwBl 1985, 54; **aA:** VG Freiburg AnwBl 1978, 4331 (nicht für Ablichtungen aus Verwaltungsakten im Verwaltungsgerichtsprozess).
889 OLG Koblenz MDR 2007, 1347 = NJW-RR 2008, 375 = RVGreport 2008, 28 m Anm *Hansens*.
890 LG Mainz KostRsp ZPO § 91 (B – Auslagen) Nr 5; **aA:** *Lappe* in Anm zu dieser Entscheidung KostRsp BRAGO § 27 Nr 35; OLG Köln JurBüro 1984, 1519.
891 OLG Hamm Rpfleger 1982, 439 = JurBüro 1982, 1725; OLG Nürnberg AnwBl 1975, 68. Der Ansicht des LAG Hamm KostRsp ZPO § 91 (B – Auslagen) Nr 9, in umfangreichen Prozessen seien auch Auslagen für Schreibmaschinen-, Durchschlags- und Kohlepapier, Farbbänder und Schreibmaschinenabnutzung zu erstatten, ist nicht zu folgen (vgl Rdn. B 304).

Die anwaltliche Versicherung reicht für die Darlegung nicht aus. § 104 Abs 2 S 2 ZPO gilt nicht für Schreibauslagen. Es ist nicht Aufgabe des Gerichts, von sich aus die Notwendigkeit der einzelnen zu den Akten gebrachten Anlagen zu prüfen.[892]   B 438

Soweit diese Gerichte jedoch annehmen, die Umstände der Notwendigkeit der Beifügung seien von der Partei nur darzulegen, wenn der Gegner bestreitet, kann nur aus Gründen der Praktikabilität für Fälle zugestimmt werden, in denen sich die zur Festsetzung angemeldeten Schreibauslagen in angemessenem Verhältnis zu dem Umfang des Prozesses halten. Nichtbestreiten des Gegners hat nur in Bezug auf tatsächliches Vorbringen Bedeutung; an einem solchen fehlt es aber fast immer, wenn Schreibauslagen zur Festsetzung angemeldet werden. Bei Zweifeln muss der Rechtspfleger den Anmeldenden auffordern, im Einzelnen anzugeben, was wie oft abgelichtet wurde und warum das zur zweckentsprechenden Rechtsverfolgung (–verteidigung) notwendig war. Auch wenn der Gegner nicht bestreitet, darf nicht festgesetzt werden, wenn sich aus diesem Vorbringen dann ergibt, dass anwaltliche Schreibauslagen gar nicht erwachsen waren, weil nichts »zusätzlich« gefertigt wurde.

b) Fotografiekosten

In vielen Fällen sind Fotografien, insbesondere Farbbilder, ausgezeichnet geeignet, den tatsächlichen Vortrag zu verdeutlichen. Manches lässt sich mit Worten nicht vermitteln, was durch bildliche Darstellung sofort anschaulich wird. Soweit deshalb Fotografien diesem Zweck zu dienen geeignet sind, sind die Anfertigungskosten erstattbar.[893] Das gilt insbesondere für Fotografien, die Gegenstand der Beweisaufnahme (Augenschein, nicht Urkundenbeweis!) waren.   B 439

Dagegen sind Aufwendungen für Demonstrationshilfen (zB Papiermuster) zur Erläuterung und Veranschaulichung des Parteivortrags, die nicht Gegenstand einer gerichtlichen Beweiserhebung waren, nicht erstattungsfähig.[894]

c) Porto- und Fernsprechkosten

aa) Die **anwaltliche Pauschale für Post- und Telekommunikationsdienstleistungen (Nr 7002 VV RVG)** ist stets erstattbar. Sie entsteht in jeder Angelegenheit gesondert, zB für die außergerichtliche Tätigkeit und daneben für die anschließende Prozesstätigkeit ohne Anrechnung, sowie im gerichtlichen Verfahren für jeden Rechtszug. Voraussetzung für ihre Inanspruchnahme ist nur, dass überhaupt irgendwelche Postgebühren dem Anwalt in der betreffenden gebührenrechtlichen Angelegenheit erwachsen sind. Neben der Pauschale können weitere konkrete Postgebühren nicht in Rechnung gestellt werden, wohl aber kann von der Pauschalberechnung zur konkreten Berechnung übergegangen werden. Geht der Rechtsanwalt der Partei gegenüber von der Pauschalberechnung zur konkreten Berechnung über, so kann diese ebenfalls die konkrete Berechnung dem erstattungspflichtigen Gegner gegenüber – notfalls im Wege der Nachliquidation – geltend machen, auch wenn die Pauschale bereits festgesetzt worden war.   B 440

bb) **Konkret berechnete anwaltliche Postentgelte (uä Entgelte)** sind ebenfalls erstattbar, aber nur, soweit sie zur zweckentsprechenden Rechtsverfolgung (–verteidigung) notwendig waren. Für beides reicht die anwaltliche Versicherung gem § 104 Abs 2 S 2 ZPO im Normalfall aus. Erhebt der Gegner jedoch Einwendungen, muss dargelegt werden, welche einzelnen Gebühren wofür entstanden sind und warum deren Auslösung notwendig war. Das letztere ist dann mit anderen Mitteln glaubhaft zu machen. Von Amts wegen braucht eine solche Aufschlüsselung nur verlangt zu werden, wenn die geltend gemachten Kosten nicht in einem angemessenen Verhältnis zu den Umständen des Falles stehen.[895]   B 441

---

892 OLG München Rpfleger 1983, 86; LG Frankfurt JurBüro 1976, 471.
893 KG JurBüro 1968, 918; OLG Hamburg JurBüro 1977, 1444; LG Flensburg JurBüro 1985, 777.
894 BPatG MittdtschPatAnw 2009, 425.
895 OLG Hamburg JurBüro 1981, 454; OLG Frankfurt AnwBl 1982, 202 = Rpfleger 1982, 199 = JurBüro 1982, 555; OLG München Rpfleger 1982, 311 = JurBüro 1982, 1190 = MDR 1982, 760.

B 442 cc) Entgelte, die in Nr 7002 VV RVG genannt und die der Partei selbst erwachsen sind, können nur konkret berechnet werden und können neben der anwaltlichen Postgebührenpauschale erstattbar sein, wenn sie notwendig waren. Geringfügige Porto- und Fernsprechkosten der Partei sind als allgemeiner Prozessaufwand (vgl Rdn. B 304) nicht zu erstatten.[896]

Eine Darlegung der einzelnen Gebühr und ihrer Notwendigkeit wird ebenfalls nur zu fordern sein, wenn der Gegner bestreitet oder die Höhe das den gegebenen Umständen entsprechende Maß erheblich übersteigt.

Nicht erstattbar sind Porto- u. Fernsprechkosten zur Unterrichtung der Rechtsschutzversicherung.[897]

d) Gerichtskosten

B 443 Gerichtskosten sind Gerichtsgebühren und gerichtliche Auslagen (§ 1 Abs 1 GKG). Sie sind erstattbar, wenn und soweit sie zu den von der Kostengrundentscheidung erfassten Kosten des Rechtsstreits gehören (vgl Rdn. B 301) und der Erstattungsberechtigte sie bezahlt hat, nicht jedoch, wenn er sie von der Gerichtskasse erstattet verlangen kann.[898]

Haftet der Erstattungsberechtigte der Gerichtskasse allein, so ist ein Zahlungsnachweis nicht zu verlangen.[899]

Soweit er dagegen zusammen mit anderen – auch dem Erstattungsschuldner – haftet, besteht ein Erstattungsanspruch nur, soweit die Kosten von ihm tatsächlich gezahlt worden sind, um den Erstattungsschuldner nicht der Gefahr mehrfacher Inanspruchnahme – zB durch mehrere obsiegende Streitgenossen (vgl Rdn. B 377–379) oder durch die Gerichtskasse und den Gegner – auszusetzen.

Ist der Erstattungsberechtigte der Gerichtskasse gegenüber nur sog Zweitschuldner (§§ 31 Abs 2, 18 GKG), so werden die von ihm bereits entrichteten Beträge auf die Schuld des Erstattungsschuldners verrechnet. Er kann sie insoweit nicht aus der Gerichtskasse, sondern nur im Wege der Kostenfestsetzung vom Erstattungsschuldner erstattet verlangen.

Ist der Erstattungsberechtigte Gegner einer Partei, der Prozesskostenhilfe bewilligt worden ist, kann er von ihm verauslagte Gerichtskosten auch dann von der Staatskasse zurückerstatten, wenn die bedürftige Partei in einem Vergleich die Kosten des Rechtsstreits übernommen hat und der Vergleich nach Maßgabe des § 31 Abs 4 GKG abgeschlossen worden ist.

e) Aufwendungen der Partei für Zeugen

B 444 aa) Stellt die Partei einen **vom Gericht nicht geladenen Zeugen,** so sind die von der Partei dafür gemachten Aufwendungen (Reisekosten, Tagegeld, Verdienstausfallentschädigung) auf jeden Fall erstattbar, wenn der Zeuge vom Gericht vernommen wird,[900] aber auch dann, wenn es nicht zur Vernehmung gekommen ist, die Gestellung aber vom Gericht angeregt oder vom Standpunkt einer umsichtigen Partei aus (zB wegen Terminsnähe) geboten war.[901] Dies gilt auch dann, wenn eine

---

[896] KG JurBüro 1984, 760 m abl Anm *Mümmler*; **aA:** OLG Schleswig JurBüro 1992, 172 = SchlHA 1992, 133; OLG Hamm JurBüro 1968, 746; LG Bonn AGS 2007, 596.
[897] OLG Schleswig JurBüro 1969, 334.
[898] OLG Düsseldorf JurBüro 1966, 803 = JMBlNRW 1967, 81 (erstinstanzliche Gerichtsgebühren, die der in der Berufungsinstanz obsiegende Beklagte auf Grund des ihn verurteilenden erstinstanzlichen Urteils gezahlt hat).
[899] OLG Köln Rpfleger 1965, 242.
[900] KG NJW 1975, 1422 = Rpfleger 1975, 258 = MDR 1975, 762; OLG Hamm JurBüro 1973, 58 (unerheblich, ob Aussage beim Urteil noch von Bedeutung).
[901] OLG Koblenz JurBüro 1983, 1661 (Terminsnähe); OLG Hamburg JurBüro 1975, 374 = MDR 1975, 499 (Sistierung vom Gericht erbeten); OLG Hamburg JurBüro 2000, 479 = MDR 2000, 666 (Zustimmung ausländischer Zeugen).

Partei die Gestellung eines sachverständigen Zeugen zu einem Gerichtstermin für erforderlich halten durfte.[902]

In Verfahren mit Glaubhaftmachungspflicht (insbesondere Arrest und einstw Verfügung) kommt es dabei darauf an, ob die Partei damit rechnen musste, dass die Vorlage eidesstattlicher Versicherungen dem Gericht nicht ausreichen werde.[903]

bb) War der **Zeuge vom Gericht geladen,** so gilt dasselbe, auch soweit der Zeuge der Gerichtskasse gegenüber auf Zeugenentschädigung verzichtet hatte,[904] Voraussetzung ist jedoch, dass die Partei dem Zeugen seine Auslagen auch tatsächlich erstattet hat.[905]

B 445

cc) Der Höhe nach sind die Aufwendungen aber nur im Rahmen der Vorschriften des JVEG erstattbar (§ 91 Abs 1 S 2 ZPO). Sinn dieser Beschränkung ist es hauptsächlich, eine Umgehung der Entschädigungsbeschränkung, wie sie das JVEG anordnet, und eine Beeinflussung der Zeugen zu Gunsten der gestellenden Partei durch Zahlung oder Zusage einer höheren Entschädigung zu verhindern.[906]

B 446

Ob die Beschränkung auf die Sätze des JVEG auch bei gestellten Sachverständigen gilt, ist mit Rücksicht darauf, dass diese Sätze für den Privatgutachter nicht gelten (vgl Rdn. B 411), zweifelhaft und wohl zu verneinen. Jedoch sind an die Notwendigkeit der Gestellung von nicht geladenen Sachverständigen strenge Maßstäbe anzulegen und ist darauf zu achten, dass sich die geforderte Vergütung in angemessenem Rahmen hält.[907]

dd) Nicht erstattbar sind die Kosten **privater Zeugenvernehmungen.**[908]

B 446a

f) Reisekosten der Partei

aa) Begriff der Reise

Reisekosten sind nach § 91 Abs 1 S 2 ZPO nur dann erstattbar, wenn der Partei ein Schaden entstanden ist, wenn also die Reise ausschließlich zur Terminswahrnehmung oder Information des Prozessbevollmächtigten unternommen wurde, nicht dagegen, wenn die Partei die Reise zu derselben **Zeit auch aus außerprozessualen Gründen gemacht** oder sie ohne weiteres bis zu einer derartigen aus privaten Gründen ohnehin durchzuführenden Reise hätte zurückstellen können.[909] Bei Verbindung privater Reisen mit Terminswahrnehmung nur Mehrkosten für Umweg.[910]

B 447

Es darf aber ohne besonderen Nachweis davon ausgegangen werden, dass der Schaden den Betrag der Zeugenentschädigung erreicht. Daher ist es Sache des Gegners, glaubhaft zu machen, dass der Gläubiger die Reise ohnehin unternommen hätte.

---

902 OLG Nürnberg AGS 2011, 515 = NJW-RR 2011, 1292 = RVGreport 2011, 434 m Anm *Hansens*.
903 OLG Schleswig JurBüro 1981, 760; OLG Frankfurt JurBüro 1977, 555; OLG München JurBüro 1966, 244; OLG Hamm JurBüro 1975, 75.
904 OLG Frankfurt RVGreport 2017, 21 m Anm *Hansens*; 1979, 595; OLG Hamm Rpfleger 1972, 415 = JurBüro 1973, 57 = MDR 1972, 959; OLG Düsseldorf Rpfleger 1972, 180 = JurBüro 1972, 440 = MDR 1972, 617; OLG München JurBüro 1981, 1245; **aA:** OLG Koblenz Rpfleger 1973, 368 = MDR 1973, 859; OLG Bamberg JurBüro 1977, 1619.
905 OLG Frankfurt RVGreport 2017, 21 m Anm *Hansens*.
906 OLG München AGS 2004, 363 = GRUR-RR 2004, 190 = MarkenR 2004, 192; OLG Frankfurt JurBüro 1983, 1253; OLG Hamburg JurBüro 1975, 374 = MDR 1975, 499; KG NJW 1975, 1422 = Rpfleger 1975, 258 = JurBüro 1975, 815 (auch wenn durch rechtzeitige Vorschusszahlung gerichtliche Ladung erreichbar gewesen wäre); ArbG Dortmund JVBl 1965, 115.
907 OLG Düsseldorf JurBüro 1981, 1071; **aA:** OLG Bamberg JurBüro 1973, 1097 (nur nach ZSEG-Sätzen).
908 OLG Frankfurt MDR 1955, 305.
909 OLG Hamm JurBüro 1953, 205.
910 LG Karlsruhe JurBüro 2000, 480.

B 448 bb) **Reisen**, die dadurch notwendig werden, dass die Partei freiwillig den **Prozess nicht von ihrem Wohnsitz aus** (dem Sitz oder dem nach ihren eigenen Geschäftsbedingungen als Gerichtsstand bestimmten Ort) führt, sind nicht zur zweckentsprechenden Rechtsverfolgung (-verteidigung) notwendig und daher nicht zu erstatten.[911]

B 449 cc) **Reisen zum Verhandlungstermin** sind nach der hM in der Rechtsprechung unabhängig davon zu erstatten, ob die Partei anwaltlich vertreten oder ihr persönliches Erscheinen angeordnet ist, es sich um einen Verhandlungstermin oder um einen Beweisaufnahmetermin handelt. Die persönliche Anwesenheit der Partei ist vor dem Hintergrund der Verpflichtung des Gerichts, über die Güteverhandlung (§ 278 Abs 2 ZPO) hinaus in jeder Lage des Verfahrens auf eine gütliche Beilegung des Rechtsstreits hinzuwirken (§ 278 Abs 1 ZPO), und der durch die ZPO-Reform verstärkten materiellen Prozessleitungspflicht des Gerichts, die sich insbesondere durch die Ausübung des Fragerechts in der mündlichen Verhandlung verwirklicht (§ 279 Abs 3, § 139 ZPO), aus Gründen der Prozessökonomie vielfach sachgerecht und zielführend.[912] Erstattungsfähig sind auch die Reisekosten einer Partei, wenn diese aus Übersee (USA) anreist, um sich zur absehbaren Anhörung der Gegenseite und einer Zeugenaussage äußern zu können.[913]

B 450 Dieser Grundsatz gilt dann nicht, wenn abzusehen ist, dass die Partei weder unter dem Gesichtspunkt weiterer Informationserteilung noch zum Zwecke der gütlichen Einigung in dem Termin zur Prozessförderung wird beitragen können,[914] insbesondere, wenn es in dem Termin nur um Rechtsfragen geht,[915] es sich nicht um den ersten Termin handelt und die Sach- und Rechtslage bereits ausführlich besprochen wurde[916] oder es sich um eine Routineangelegenheit handelt.[917] Das Gleiche gilt, wenn ein Missverhältnis zwischen Reisekosten und der persönlichen oder wirtschaftlichen Bedeutung des Prozesses für die Partei besteht.[918] Im Eilverfahren ist die Teilnahme der Partei am Verhandlungstermin im Hinblick auf die Möglichkeit überraschenden Vortrags des Gegners in aller Regel zur zweckentsprechenden Rechtsverfolgung (-verteidigung) nötig.[919]

Die geladene Partei kann aber Reisekosten nicht erstattet verlangen, wenn sie unter ihrer Anschrift am Gerichtsort geladen war und entgegen dem in der Ladung enthaltenen Hinweis die Notwendigkeit der Anreise von auswärts nicht angezeigt hatte, es sei denn, das Gericht bestätigt, dass es auf dem persönlichen Erscheinen auch in diesem Fall bestanden hätte.[920]

---

911 Zentrale Prozessbearbeitung der am Ort ihrer Zweigniederlassung verklagten Partei: OLG Hamm Rpfleger 1972, 415 = MDR 1972, 877; OLG Zweibrücken JurBüro 1973, 365 u 857; OLG Bamberg JurBüro 1976, 88; LG Frankfurt AnwBl 1980, 166 = Rpfleger 1980, 157; OLG Nürnberg MDR 1982, 1027 (Zentrale Bearbeitung durch Bundespost); OLG Hamm JurBüro 1982, 288 (Reisen auswärtiger Vorstandsmitglieder, wenn Parteisitz am Gerichtsort); OLG Frankfurt JurBüro 1966, 517 (Reise des auswärts wohnhaften Geschäftsführers).
912 BGH JurBüro 2008, 208 = NJW-RR 2008, 654 = Rpfleger 2008, 279 = RVGreport 2008, 113 m Anm *Hansens*; OLG Koblenz AGS 2010, 102 m Anm *N Schneider* = FamRZ 2010, 1104 = NJW-Spezial 2010, 187; OLG Celle JurBüro 2003, 594 = NJW 2003, 2994; OLG Köln JurBüro 2006, 599; OLG München JurBüro 2003, 645 = NJW-RR 2003, 1584 = Rpfleger 2004, 63; OLG Stuttgart = JurBüro 2002, 536 = Rpfleger 2002, 657.
913 OLG Koblenz AGS 2011, 517 = JurBüro 2011, 598.
914 BGH aaO; OLG München aaO; OLG Koblenz AGS 2011, 517 = GuT 2011, 165 = JurBüro 2011, 598; OLG Jena JurBüro 2015, 532.
915 OLG Düsseldorf NJW-RR 1996, 1342; OLG Koblenz MDR 1995, 424.
916 OLG Hamm Rpfleger 1992, 83.
917 OLG Hamm aaO; OLG Köln MDR 1993.
918 OLG Stuttgart Rpfleger 1992, 448.
919 OLG Nürnberg Rpfleger 1966, 324 (LS); OLG Frankfurt JurBüro 1979, 907 (auch Anreise aus dem Ausland, wenn persönliches Erscheinen angeordnet war); OLG Karlsruhe AGS 2002, 22 = OLGR 2002, 272.
920 OLG Jena Beschl v 14.08.2013 – 9 W 392/13; OLG Hamm JurBüro 1982, 1074; LAG Berlin-Brandenburg RVGreport 2015, 427 m Anm *Hansens*.

XV. Einzelfragen der Erstattbarkeit   B.

Im Übrigen haben aber die Kostenfestsetzungsinstanzen selbst zu entscheiden, ob die Terminsteilnahme der Partei notwendig war. Eine sie bindende nachträgliche Bestätigung des Prozessgerichts gibt es nicht (vgl Rdn. B 60).[921]

dd) Reisen zum Beweistermin

Die Anwesenheit der Partei im Beweistermin neben ihrem Prozessbevollmächtigten ist nicht grundsätzlich zur zweckentsprechenden Rechtsverfolgung (-verteidigung) notwendig, sondern nur dann, wenn sie infolge eigenen Erlebens besser zu Fragen und Vorhalten befähigt ist als ihr sorgfältig informierter Anwalt.[922]   B 451

Für die nicht durch einen Prozessbevollmächtigten vertretene Partei wird die Teilnahme an einem auswärtigen Beweistermin vor dem ersuchten Richter in aller Regel als notwendig anzusehen sein, es sei denn, sie habe keinerlei eigene Kenntnisse zum Beweisthema. Als erforderlich können unter den oben genannten Voraussetzungen auch Reisen zum **Ortstermin des gerichtlichen** oder sogar des vom Gegner vorprozessual eingeschalteten **Sachverständigen** anzusehen sein, weil derartigen Terminen häufig ausschlaggebende Bedeutung für den Rechtsstreit zukommt.[923]

ee) **Informationsreisen zum auswärtigen Prozessbevollmächtigten** können je nach Gegenstand und Umfang des Prozesses und Fähigkeit der Partei zu ausschließlich schriftlicher Information erstattbar sein. Das gilt aber nur für wirklich durchgeführte Reisen.   B 452

Dem in der Rechtsprechung mehrfach vertretenen Standpunkt, grundsätzlich sei – außer in Routineprozessen – in jeder Tatsacheninstanz eine Informationsreise als notwendig anzuerkennen,[924] kann in dieser Allgemeinheit nicht gefolgt werden. Der Grundsatz der Chancengleichheit erfordert zwar, dass eine Partei wegen ihres auswärtigen Wohnsitzes nicht schlechter stehen darf als der am Gerichtsort ansässige Gegner. Das persönliche Informationsgespräch soll sicherstellen, dass die Partei nicht aus Rechtsunkenntnis Gefahr läuft, dem Prozessbevollmächtigten nicht alle wesentlichen Tatsachen mitzuteilen. Zuzugeben ist, dass eine solche Gefahr uU auch für schreib- und geschäftsgewandte Parteien, ja auch für juristisch gebildete Parteien bestehen kann. Dass eine solche Gefahr immer gegeben sei, entspricht aber nicht der Wirklichkeit. In vielen Fällen ist der Partei aus vorprozessualen Verhandlungen oder gleichartigen Prozessen ganz klar, welche Informationen der Prozessbevollmächtigte braucht. Das gilt zumal für die zweite Tatsacheninstanz, wenn dort der Sachverhalt im Wesentlichen unverändert bleibt, und ganz besonders, wenn der bisherige Prozessbevollmächtigte die Partei weiter vertritt. In solchen Fällen, die nicht immer als Routineprozesse anzusehen sind, kann eine Informationsreise nicht als notwendig anerkannt werden. Im Zweifel wird man zwar zur Wahrung der Chancengleichheit von der genannten Gefahr ausgehen; das setzt aber eine vorherige sorgfältige Prüfung der Umstände des Einzelfalls voraus.

Diese Umstände können auch die Notwendigkeit mehrerer Informationsreisen in einer Instanz ergeben. Dabei ist aber nicht davon auszugehen, welche Information die Partei anlässlich ihres ersten

---

921 KG Rpfleger 1969, 22 = JurBüro 1969, 720; **aA**: OLG Frankfurt JurBüro 1984, 118 = MDR 1984, 148 = KostRsp ZPO § 91 (B – Auslagen) Nr 11 m Anm *Lappe*.
922 KG Rpfleger 1966, 189 = JurBüro 1966, 339; OLG Koblenz JurBüro 1977, 723 = MDR 1977, 673; OLG München JurBüro 1981, 1022; OLG Schleswig Rpfleger 1962, 427 (LS) = SchlHA 1961, 134; OLG Bremen JurBüro 1976, 92 (bei besonders kompliziertem Rechtsstreit uU auch zum Beweistermin im Ausland); **aA**: Grundsätzlich notwendig, soweit nicht offenbar unbillig: OLG Frankfurt MDR 1972, 617; JurBüro 1979, 595; 1980, 1260 = Rpfleger 1980, 156; OLG Karlsruhe Justiz 1966, 132; OLG Bamberg JurBüro 1979, 111; LG Koblenz JurBüro 1968, 152; OLG Koblenz AGS 2010, 102 m Anm *N Schneider* = FamRZ 2010, 1104 = NJW-Spezial 2010, 187; AGS 2000, 18; AGS 2002, 92 = MDR 2002, 464 (auch für Anreise ausländischer Partei mit hohen Kosten).
923 KG Beschl v 18.01.1977 – 1 W 4592/76; OLG Koblenz JurBüro 1975, 378.
924 So etwa OLG Hamm JurBüro 1985, 126 = MDR 1985, 59; OLG Saarbrücken AGS 2002, 215 = OLGR 2002, 187. Für das Verfassungsbeschwerdeverfahren grundsätzlich ja: BVerfG BVerfGE 96, 217 = JurBüro 1998, 177 = NJW 1997, 2668.

Besuchs beim Prozessbevollmächtigten tatsächlich (nur) erteilt hat, sondern es ist zu fragen, ob eine oder mehrere weitere Informationsreisen notwendig gewesen wären, wenn das erste Informationsgespräch sorgfältig (zB durch vorherige Übersendung vorhandener schriftlicher Unterlagen) vorbereitet und umfassend geführt worden wäre. Noch weniger kann der Auffassung gefolgt werden, maßgeblich wäre, wie oft eine ortsansässige Partei ihren Prozessbevollmächtigten aufgesucht hätte, denn diese möchte häufig nur die lästigere schriftliche Information vermeiden, die jedoch von einer schreibgewandten auswärtigen Partei durchaus erwartet werden kann, insbesondere wenn es sich nur um die Erteilung zusätzlicher Informationen handelt.

Nicht zu erstatten sind Kosten von Informationsreisen, die die Kosten eines Prozessbevollmächtigten am Wohnort der Partei erheblich übersteigen, weil in diesem Falle der billigere Weg gewählt werden muss.[925]

ff) Reisen von Streitgenossen

B 453 Soweit nach dem oben Ausgeführten Parteireisekosten erstattungsfähig sind, ist grundsätzlich jeder Streitgenosse berechtigt, selbst zu reisen. Er braucht sich auch bei naher Verwandtschaft nicht darauf verweisen zu lassen, es hätte ausgereicht, dass ein anderer Streitgenosse gereist wäre. Etwas anderes muss lediglich bei völliger Interessengleichheit der Streitgenossen und enger Verbindung zwischen ihnen gelten.[926]

B 454 **gg) Reisekosten von Personal der Partei** sind unter denselben Voraussetzungen wie Reisekosten der Partei erstattbar, wenn diese sich durch einen ihrer Angestellten, Beamten usw vertreten lässt.[927]

War das persönliche Erscheinen der Partei angeordnet, muss der Vertreter den Anforderungen des § 141 Abs 3 ZPO entsprechen. Der Höhe nach sind die Reisekosten von Personal der Partei aber auf den Betrag begrenzt, der bei Wahrnehmung des Termins durch die Partei selbst oder ihren gesetzlichen Vertreter entstanden wäre.[928]

Nehmen neben der Partei selbst auch Angestellte usw an Informationsgesprächen, Verhandlungs- und Beweisterminen statt, so kann das nur ausnahmsweise als notwendig angesehen werden. Ist weder die Partei noch ein einzelnes Mitglied ihres Personals aus eigener Kenntnis umfassend unterrichtet, so ist es idR zumutbar, dass derjenige, der die Reise unternimmt, zunächst intern so umfassend informiert wird, dass später allenfalls schriftlich erteilbare Ergänzungsinformationen zu übermitteln sind. Etwas anderes gilt aber, wenn der Angestellte, Beamte usw der Partei als Zeuge geladen ist oder gestellt wird.

hh) Höhe erstattbarer Reisekosten

B 455 Auch bei der Höhe der Reisekosten reicht es für die Erstattbarkeit nicht ohne weiteres aus, dass die Partei bestimmte Kosten für die als notwendig anzuerkennende Reise tatsächlich aufgewendet hat. Sie muss auch hier im Rahmen des Zumutbaren den billigeren Weg wählen, auf dem der Zweck der Reise sich in gleicher Weise erreichen lässt.

Dient die Reise der Terminswahrnehmung in mehreren Prozessen, so sind in den einzelnen Prozessen nur anteilige Reisekosten festsetzbar, bei drei Prozessen also nur je ein Drittel ohne Rücksicht auf den Erfolg in dem einzelnen Prozess.

---

925 LG Bayreuth JurBüro 1981, 135; vgl auch Rdn. B 521 ff.
926 OLG Bamberg JurBüro 1972, 314; OLG Schleswig JurBüro 1981, 435 = SchlHA 1982, 59; OLG Koblenz JurBüro 1984, 758.
927 OLG Schleswig JurBüro 1980, 1668 = SchlHA 1980, 167 (Reise nur eines Vertreters).
928 KG MDR 1985, 148 (LS); OLG Koblenz JurBüro 1977, 1004; OLG Frankfurt JurBüro 1979, 1519.

Die **Fahrtkosten** richten sich nach den Vorschriften der § 5 JVEG, denn § 91 Abs 1 S 2 letzter Halbsatz ZPO bezieht sich auf den gesamten ersten Halbsatz dieser Vorschrift, nicht nur auf die dort am Schluss genannte Zeitversäumnis.[929]

Für **Pkw-Fahrten** gilt § 5 Abs 2 S 1 Nr 1 JVEG. Danach können 0,25 €/km angesetzt werden.

Bei **Fahrten mit öffentlichen Verkehrsmitteln** können die tatsächlichen Aufwendungen bis zu den Kosten der 1. Klasse angesetzt werden. Kosten der Beförderung des notwendigen Gepäcks und der Platzreservierung sind zu erstatten. Kosten einer Bahncard sind nicht, auch nicht anteilig, erstattbar.[930] Dies gilt dann nicht, wenn die Kosten der Bahncard und der ermäßigten Fahrtkarte die Kosten der normalen Fahrtkarte nicht übersteigen.

Kosten einer **Flugreise zu dem Ort des Prozessgerichts** können nur unter dem Gesichtspunkt einer Zeitersparnis erstattet werden, da § 91 Abs 1 S 2 Hs 2 ZPO iVm § 5 Abs 1 und 3 JVEG eine Fahrtkostenerstattung über die Bahnkosten hinaus nur unter besonderen Umständen vorsieht.[931] Unter dem Gesichtspunkt der Zeitersparnis sollen Flugreisekosten grundsätzlich zu erstatten sein, wenn sich durch den Flug der Zeitaufwand für die Anreise gegenüber einer Fahrt mit der Bahn um drei Stunden verkürzt.[932] In Übereinstimmung mit dieser Regelung ist eine Erstattung von Flugkosten auch zuzubilligen, wenn es sich um eine Auslandsreise handelt[933] oder die Mehrkosten einer Flugreise nicht außer Verhältnis zu den Kosten der Benutzung der Bahn stehen.[934] Dabei ist auch zu berücksichtigen, ob die geltend gemachten Kosten sich in einem angemessenen Verhältnis zu der Bedeutung des Rechtsstreits bewegen. Dies ist etwa bei kostspieligen Fahrten an den Gerichtsort in Bagatellstreitigkeiten abzulehnen.[935] Keine notwendigen Kosten der Rechtsverfolgung oder Rechtsverteidigung stellen danach jedenfalls bei Inlandsflügen die erheblichen Mehrkosten der Business Class dar. Da aber stets mit einer – auch kurzfristigen – Verlegung eines Gerichtstermins gerechnet werden muss, darf ein Flugpreistarif in der Economy Class gewählt werden, der die Möglichkeit zur kurzfristigen Umbuchung des Flugs gewährleistet.[936]

Nach § 6 JVEG ist auch bei Reisen der Partei oder eines Vertreters der durch die Abwesenheit vom Aufenthaltsort verursachte **Aufwand** erstattungsfähig. Die Höhe des Tagegeldes richtet sich nach § 4 Abs 5 S 1 Nr 5 S 2 EStG (bei Abwesenheit von 24 Std = 24 €, von 14 bis 24 Std = 12 €, von 8 bis 14 Std = 5 €, unter 8 Std nichts). Die **Übernachtungskosten** werden in der Höhe durch das Bundesreisekostengesetz begrenzt. Sie sind zu erstatten, wenn die Reise zur Nachtzeit iSv § 758 a Abs 4 S 2 ZPO hätte begonnen werden müssen.[937]

---

929 BVerwG RPfleger 1984, 158; OLG Düsseldorf Rpfleger 1974, 232 = JurBüro 1974, 738 = MDR 1974, 590; **aA:** OLG Karlsruhe Justiz 1969, 224; LAG Hamm MDR 1972, 546 (LS).
930 OLG Karlsruhe JurBüro 2000, 145 = Rpfleger 2000, 129; OLG Celle MDR 2004, 1445; VG Köln RVGreport 2006, 154.
931 BGH AGS 2015, 241 = Rpfleger 2015, 425 = RVGreport 2015, 267 m Anm *Hansens*; JurBüro 2008, 208 = NJW-RR 2008, 654 = Rpfleger 2008, 279 = RVGreport 2008, 113 m Anm *Hansens*.
932 OLG Hamburg JurBüro 2008, 432 = Rpfleger 2008, 445; OLG Frankfurt AGS 2008, 409 = MDR 2008, 1005.
933 OLG Hamm NJW-RR 1997, 768: Anreise der Partei aus Italien.
934 OLG Naumburg JurBüro 2006, 87.
935 OLG München JurBüro 2003, 645 = NJW-RR 2003, 1584 = Rpfleger 2004, 63; OLG Brandenburg JurBüro 2000, 588 = MDR 2000, 1216.
936 BGH AGS 2015, 241 = Rpfleger 2015, 425 = RVGreport 2015, 267 m Anm *Hansens*; OLG Frankfurt JurBüro 2017, 153; OLG Hamburg AGS 2011, 463; OLG Brandenburg AGS 2014, 100 = Rpfleger 2014, 106; einschränkend OLG Zweibrücken (RVGreport 2014, 430 m Anm *Hansens*), das Flugreisekosten des Prozessbevollmächtigten zum Termin grundsätzlich nur nach dem Tarif der Economy-Class für erstattungsfähig hält und nicht nach den Tarifen der Business-Class oder des jederzeit umbuchbaren Economy-Flex-Tickets.
937 OLG Celle RVGreport 2009, 193 m Anm *Hansens*.

g) Verdienstausfall

B 456 aa) Bei Parteien, die als Arbeitnehmer einen echten Verdienstausfall haben, wird dieser erstattet, jedoch nach § 91 Abs 1 S 2 ZPO iVm § 22 JVEG bis zur Höhe von 21 €/Std. Einer Partei, die zur notwendigen Wahrnehmung von Terminen bezahlten Urlaub genommen hat, steht kein Anspruch auf Verdienstausfallentschädigung nach § 91 Abs 1 S 2 ZPO iVm § 22 JVEG, sondern nur ein Anspruch auf Zeitversäumnisentschädigung gemäß § 20 JVEG zu.[938]

Bei Parteien, die als Angestellte oder Beamte eine feste monatliche Vergütung erhalten, aber die versäumte Zeit nacharbeiten müssen, liegt keine eigentliche Minderung ihres Arbeitsentgelts vor. Sie wenden letztlich nur ihre Freizeit auf und können deshalb ebenso wie Parteien, die für die Terminswahrnehmung bezahlten Urlaub nahmen oder Zeitguthaben aus Überstunden verwenden, nur eine Entschädigung für Zeitversäumnis (§ 20 JVEG) beanspruchen.[939]

Bei Geschäftsleuten und anderen Selbstständigen ist ein konkreter Verdienstausfall regelmäßig nicht feststellbar; wohl aber ist anzunehmen, dass ihnen durch eine notwendige Terminswahrnehmung Nachteile entstehen. Sie können deshalb ebenfalls nur die Entschädigung für Zeitversäumnis (§ 20 JVEG) erstattet verlangen, sofern sie nicht glaubhaft machen, dass ihnen höhere echte Vermögenseinbußen erwachsen sind. Diese ergeben sich aber nicht allein daraus, dass sie sonst ein auf Stunden umrechenbares durchschnittliches Einkommen oder einen bestimmten Durchschnittsumsatz erzielen. Denn einmal entsprechen solche Durchschnittswerte nicht ohne weiteres dem durch die Zeitversäumnis erwachsenen Nachteil, zum anderen lässt sich kaum je feststellen, dass sich die Einnahmetatbestände nicht lediglich zeitlich verschoben haben (die Patienten des Arztes sind an einem der folgenden Tage gekommen und nicht endgültig weggeblieben) oder weitergelaufen sind (auch ohne Anwesenheit des Ladeninhabers ist weiter verkauft worden). War es notwendig, zusätzlich eine bezahlte Vertretungskraft einzustellen, sind die Aufwendungen dafür nach § 7 JVEG erstattbar.

Was für Selbstständige gesagt wurde, gilt auch für Gesellschafter von Personenhandelsgesellschaften, Geschäftsführer einer GmbH und andere Organe juristischer Personen sowie für den Ausfall von Beamten oder Angestellten der Partei, die in Wahrnehmung ihrer Obliegenheiten notwendige Termine wahrnehmen.[940]

B 457 bb) Verdienstausfall der Partei oder Arbeitsausfall von Personal der Partei **für die Prozessvorbereitung und -bearbeitung** sind als allgemeiner Prozessaufwand (vgl Rdn. B 304) überhaupt nicht

---

[938] BGH AGS 2012, 199 = MDR 2012, 374 = RVGreport 2012, 159 m Anm *Hansens*.

[939] OLG Hamm Rpfleger 1991, 266; OLG Stuttgart JurBüro 1982, 599 = Justiz 1982, 157; KG Rpfleger 1983, 172; OVG Lüneburg JurBüro 1983, 1180; **aA:** AG Lübeck Rpfleger 1995, 127.

[940] BGH AGS 2009, 100 = AnwBl 2009, 239 = JurBüro 2009, 141 = MDR 2009, 230 = NJW 2009, 1001 = Rpfleger 2009, 274 = RVGreport 2009, 113 m Anm *Hansens*; KG MDR 2007, 920 = Rpfleger 2007, 630 = RVGreport 2007, 429 m Anm *Hansens*; OLG Hamm Rpfleger 1968, 289 = JurBüro 1968, 635 u 1969, 769; Rpfleger 1973, 408 = JurBüro 1974, 87; Rpfleger 1978, 419 = JurBüro 1979, 569 = MDR 1978, 1008; OLG Köln JurBüro 2000, 84; OLG Koblenz JurBüro 1982, 1056 = MDR 1982, 590; vgl auch OLG München Rpfleger 1973, 257 = JurBüro 1973, 987; OLG Hamburg MDR 1974, 590 = JurBüro 1974, 640; JurBüro 1979, 108; OLG Rostock OLGR 2000, 237; OLG Stuttgart JurBüro 1978, 405; Justiz 2001, 360; JurBüro 2001, 484; Ausfall von Beamten: OLG Hamm JurBüro 1968, 146; LG Essen MDR 1977, 320; OVG Koblenz NJW 1982, 1115; LAG Halle JurBüro 2000, 535; **aA:** OLG Frankfurt JurBüro 1985, 1400 (Höchstsatz 120 € zugebilligt); AG Essen MDR 1984, 500 = KostRsp ZPO § 91 (B – Auslagen) Nr 14 m Anm *von Eicken*.

erstattbar.[941] Dies gilt auch für die allgemeine Prozessvorbereitung durch einen Notgeschäftsführer einer GmbH, der hierfür nach Stundensätzen vergütet wird.[942]

h) Kreditkosten

aa) Kosten von Krediten zur Bezahlung von Gerichts-, Anwalts-, Detektiv- usw Kosten sind nach wohl einhelliger Rechtsprechung keine erstattbare Aufwendungen. Dabei entstehende materiell-rechtlichen Fragen können im Festsetzungsverfahren nicht geklärt werden.[943] Teilweise wird das mit einem Umkehrschluss aus § 104 Abs 1 S 2 ZPO begründet, wonach Zinsen nur auf festgesetzte Kosten vom Gegner zu erstatten sind, nicht aber auf zur Vorbereitung und Führung des Rechtsstreits aufgenommene Gelder. Im Übrigen ist kaum glaubhaft zu machen, dass die Aufnahme des Kredits gerade zur Zahlung von Prozesskosten notwendig war und nicht etwa, weil vorhandene liquide Mittel für andere Zwecke geschont werden sollten. Denn Parteien, die so bedürftig sind, dass sie über keinerlei liquide Mittel verfügen, können Prozesskostenhilfe beantragen und werden im Übrigen auch kaum einen Kredit erhalten. Dasselbe gilt für Zinsverluste wegen Verwendung eigenen Kapitals.

B 458

bb) Auch die Kosten der **Sicherheitsleistung zur Abwendung der Zwangsvollstreckung** aus einem vorläufig vollstreckbaren Urteil sind nicht im Kostenfestsetzungsverfahren festsetzbar. Bei ihnen handelt es sich um Schäden, die nach § 717 Abs 2 ZPO nur im Wege der Klage – auch im anhängigen Rechtsstreit – geltend zu machen sind. Das ist allerdings sehr streitig. Nachweise bei Rdn. B 246.

Wegen Kosten der Sicherheitsleistung zur Ermöglichung der Zwangsvollstreckung und des Vollstreckungsgegenklägers vgl Rdn. B 245, B 607.

i) Zustellungskosten

Kosten der Zustellung durch den Gerichtsvollzieher sind auch dann erstattbar, wenn eine Zustellung von Anwalt zu Anwalt (§ 198 ZPO) möglich gewesen wäre, denn diese ist von der Empfangsbereitschaft des Empfängers abhängig; die dadurch möglicherweise entstehende Verzögerung der Zustellung muss der Zustellende nicht in Kauf nehmen.[944] Erstattungsfähig sind auch die Kosten für die Zustellung einer einstweiligen Verfügung beim im EU-Ausland ansässigen Antragsgegner unter direkter Einschaltung eines Rechtsanwaltes und Gerichtsvollziehers am Ort der Zustellung. Die Wahl der Zustellart steht dem Antragsteller unter Beachtung der Vorgaben der Verordnung (EG) Nr 1348/2000 frei, kann aber in Ausnahmefällen beschränkt werden (Missbrauchskontrolle).[945]

B 459

Die Kosten für die unter Inanspruchnahme eines Fahrrad-Kurierdienstes bewirkte »Direktzustellung« eines Schriftsatzes des Prozessbevollmächtigten an den gegnerischen Prozessbevollmächtigten sind nicht erstattungsfähig.[946]

Mit Rücksicht auf das Verfahren nach § 105 ZPO gelten Kosten der Urteilszustellung zwar nach § 788 Abs 1 S 2 ZPO als Kosten der Zwangsvollstreckung. Sie hören damit aber nicht auf, Kosten

---

[941] OLG Köln IBR 2004, 663 m Anm *Malotki*; OLG Nürnberg JurBüro 1966, 879; OLG Schleswig JurBüro 1981, 122 = SchlHA 1980, 166; OLG Hamm Rpfleger 1968, 289 = JurBüro 1968, 635; OLG Stuttgart Rpfleger 1974, 26 = Justiz 1973, 350 (Augenscheinnahme des Sachverständigen auf dem Anwesen der Partei); OLG Koblenz Rpfleger 1976, 408 = JurBüro 1976, 1551. Für Personal der Partei: OLG Frankfurt JurBüro 1961, 307 = GRUR 1962, 166.
[942] OLG Karlsruhe GmbHR 2003, 39 = OLGR 2003, 253.
[943] OLG Koblenz JurBüro 2006, 205 = NJW-RR 2006, 502; Rpfleger 1988, 161; OLG München AGS 2000, 31 = NJW-RR 2000, 1096 = Rpfleger 2000, 27.
[944] KG Rpfleger 1981, 121 = JurBüro 1981, 438; AG Miesbach AnwBl 1970, 237; **aA:** LG Mosbach AnwBl 1963, 146; AG Charlottenburg AnwBl 1969, 167; 1970, 238.
[945] OLG Hamburg MDR 2007, 117 = OLGR 2006, 775.
[946] OLG Köln JurBüro 2002, 591.

des Rechtsstreits zu sein, sind also auch für die Partei erstattungsfähig, die das Urteil zustellt, obwohl sie daraus nicht vollstrecken kann oder will.

B 460–
B 499   *(unbesetzt)*

3. Vertretungskosten

a) Allgemeines

B 500   Die Vertretungskosten, insbesondere die Rechtsanwaltskosten haben seit jeher den größten Teil der Erstattungsproblematik ausgemacht. Das ist auch seit der Aufgabe des Lokalisationszwanges durch Änderung des § 78 ZPO nicht anders geworden. Allerdings hat sich der Schwerpunkt der Zweifels- und Streitfragen dadurch, dass nunmehr alle bei einem Amts- oder Landgericht zugelassenen Rechtsanwälte die Mandantschaft vor allen deutschen Amts- und Landgerichten vertreten können, von der Frage, ob die Voraussetzungen für die Erstattbarkeit der Kosten eines weiteren Rechtsanwalts als Verkehrs-, Verhandlungs- oder Beweisanwalt oder nach einem Wechsel des Gerichts bei Verweisung wegen Unzuständigkeit oder beim Übergang vom Mahn- zum Streitverfahren gegeben sind, zu der Frage hin verschoben, ob die Reisekosten des zunächst beauftragten Anwalts am Sitz/Wohnsitz des Mandanten zum auswärtigen Prozessgericht oder die Kosten für einen zweiten Anwalt notwendige Kosten der Rechtsverfolgung oder -verteidigung sind. Damit ist die Frage, ob ein Anwaltswechsel notwendig war, in den Hintergrund getreten.

B 500a   Für die Erstattung der Vertretungskosten gilt grundsätzlich auch das aus dem Grundsatz von Treu und Glauben abgeleiteten Missbrauchsverbot[947] mit der Folge der Verpflichtung jeder Prozesspartei, die Kosten ihrer Prozessführung, die sie im Falle ihres Sieges vom Gegner erstattet verlangen will, so niedrig zu halten, wie sich dies mit der Wahrung ihrer berechtigten Belange vereinbaren lässt.

So kann es als rechtsmissbräuchlich anzusehen sein, wenn die Festsetzung von Mehrkosten beantragt wird, die dadurch entstanden sind, dass ein oder mehrere gleichartige, aus einem einheitlichen Lebens-vorgang erwachsene Ansprüche gegen eine oder mehrere Personen ohne sachlichen Grund in getrennten Prozessen verfolgt werden.[948] Gleiches gilt für Erstattungsverlangen in Bezug auf Mehrkosten, die darauf beruhen, dass mehrere von demselben Prozessbevollmächtigten vertretene Antragsteller in engem zeitlichem Zusammenhang mit weitgehend gleichlautenden Antragsbegründungen aus einem weitgehend identischen Lebenssachverhalt ohne sachlichen Grund in getrennten Prozessen gegen den- oder dieselben Antragsgegner vorgegangen sind.[949]

B 501   aa) Nach § 91 Abs 2 S 1 ZPO sind die gesetzlichen Gebühren und Auslagen des Rechtsanwalts der obsiegenden Partei in allen Prozessen zu erstatten. Damit ist nur die Frage, ob die Hinzuziehung eines Rechtsanwalts überhaupt erforderlich war, der Prüfung im Kostenfestsetzungsverfahren entzogen. Mit anderen Worten: Die Erstattbarkeit der gesetzlichen Anwaltsvergütung kann – wo das Gesetz es nicht ausdrücklich bestimmt (§ 12 a Abs 1 S 1 ArbGG) – nicht mit der Begründung abgelehnt werden, die Partei habe eines Rechtsanwalts nicht bedurft, sie hätte sich selbst vertreten können. Mehr besagt die Vorschrift nicht. Sie entzieht die Notwendigkeit der einzelnen Gebühr oder Auslage nicht der Prüfung. Für Reisekosten eines bei dem Prozessgericht zugelassenen aber am Ort des Prozessgerichts nicht wohnhaften Rechtsanwalts ist das ausdrücklich bestimmt § 91 Abs 2 S

---

[947] BGH AGS 2012, 511 = JurBüro 2013, 30 = Rpfleger 2013, 49 = RVGreport 2012, 463 m Anm von *Hansens* mwN.
[948] BGH AGS 2007, 541 = JurBüro 2007, 490 = NJW 2007, 2257; OLG Düsseldorf JurBüro 1982, 602; 2002, 486; 2011, 648, 649; KG AGS 2002, 237; AGS 2001, 46; OLG München AGS 2001, 135.
[949] BGH AGS 2014, 300 = RVGreport 2014, 315 m Anm *Hansens*; AGS 2013, 95 = JurBüro 2013, 197 = Rpfleger 2013, 236 = RVGreport 2013, 108 m Anm *Hansens*; AGS 2012, 511 = JurBüro 2013, 30 = Rpfleger 2013, 49 = RVGreport 2012, 463 m Anm *Hansens*.

1 2. Hs ZPO. Daraus kann aber nicht im Umkehrschluss gefolgert werden, dass andere anwaltliche Gebühren und Auslagen stets zu erstatten seien.[950]

bb) Aus der Verwendung der Worte »des Rechtsanwalts« (Einzahl), ganz deutlich aber aus § 91 Abs 2 S 2 ZPO ergibt sich, dass nur die Hinzuziehung **eines einzigen Rechtsanwalts** ohne weiteres als erforderlich angesehen werden soll. Die durch die Beauftragung weiterer Anwälte entstehenden Kosten können ebenfalls erstattungsfähig sein, wenn

1. in der Person des Rechtsanwalts ein Wechsel eintreten musste oder
2. die Kosten der mehreren Anwälte die Kosten eines Anwalts nicht übersteigen oder
3. die Voraussetzungen des § 91 Abs 1 ZPO vorliegen, dh die Beauftragung mehrerer Anwälte zur zweckentsprechenden Rechtsverfolgung oder Rechtsverteidigung notwendig war.

B 502

Allerdings regelt die Vorschrift des § 91 Abs 2 S 2 (früher 3) ZPO nach Ansicht des BGH entgegen dem insoweit weitergehenden Wortlaut nicht die Erstattungsfähigkeit eines für bestimmte Aufgaben anstelle des Hauptbevollmächtigten beauftragten Untervertreters, sondern allein die Inanspruchnahme zweier Rechtsanwälte als Hauptbevollmächtigte.[951] Darüber hinaus findet der inzwischen aufgehobene § 91 Abs 2 S 2 ZPO, nach dem die Reisekosten des beim Prozessgericht zugelassenen, aber nicht am Ort des Prozessgerichts ansässigen Rechtsanwalts generell nicht zu erstatten sind, im Streitfall – entgegen einer in der Rechtsprechung und im Schrifttum vertretenen Ansicht[952] – keine Anwendung.

cc) Aus dem allgemeinen Grundsatz (vgl Rdn. B 361), dass jede Partei gehalten ist, die Prozesskosten möglichst niedrig zu halten, ergibt sich in Bezug auf die RA-Kosten zweierlei:

B 503

1. Die Partei darf ihren RA **nur in dem Umfang** beauftragen, den die jeweilige Prozesssituation erfordert. Weitergehende Aufträge können zwar wirksam erteilt werden, müssen jedoch bedingt werden, wenn die Partei kein Erstattungsrisiko laufen will. Der Rechtsanwalt ist verpflichtet, seinen Mandanten auf dieses Risiko hinzuweisen.

▶ Beispiel:

Die Partei kann zwar zugleich mit dem Auftrag, gegen einen Mahnbescheid Widerspruch einzulegen, schon Prozessauftrag erteilen. Nimmt der Gegner dann den Antrag auf Durchführung des Streitverfahrens zurück, so ist er zur Erstattung der Widerspruchsgebühr, nicht aber der Prozessgebühr verpflichtet. Der Prozessauftrag hätte bedingt für den Fall der Durchführung des Streitverfahrens erteilt werden sollen.

2. Der RA darf in Ausführung seines Auftrages keine kostenauslösenden Maßnahmen treffen, die nach der Prozesslage offensichtlich nutzlos sind.

▶ Beispiel:

Ist die Berufung ausdrücklich zur Fristwahrung eingelegt, so hindert das den Berufungsbeklagten nicht, einen Berufungsanwalt zu bestellen. Es ist aber nicht erforderlich, dass dieser schon einen Schriftsatz mit dem Antrag auf Zurückweisung der Berufung einreicht, ehe der Berufungskläger durch Stellung eines Berufungsantrages zu erkennen gegeben hat, dass die Berufung durchgeführt werden soll.

Beide Fälle greifen ineinander über, weil nicht selten anzunehmen sein wird, dass ein zwar nicht ausdrücklich eingeschränkter Auftrag nach den Umständen stillschweigend nur bedingt erteilt war, sodass ein Vergütungsanspruch dem Anwalt auch gegen den Mandanten nicht erwachsen ist. In

---

950 OLG Düsseldorf JurBüro 1972, 64; OLG München Rpfleger 1972, 417 = JurBüro 1973, 63.
951 BGH NJW 2003, 898 = JurBüro 2003, 202 u NJW 2003, 901 = JurBüro 2003, 205, ebenso *Bischof* MDR 2000, 1357.
952 Vgl OLG Hamburg OLG-Rep 2001, 96, 97; OLG Zweibrücken NJW-RR 2001, 1001, 1002; *Musielak/ Wolst* ZPO 3. Aufl § 91 Rn. 18; *Bischof* MDR 2000, 1357, 1359.

beiden Fällen braucht der unterlegene Gegner die Anwaltsvergütung nicht zu erstatten, soweit sie durch unnötige Maßnahmen ausgelöst worden ist. Dabei ist allerdings vor Beckmesserei im Kostenfestsetzungsverfahren zu warnen: Es steht im Ermessen des Rechtsanwalts, wie er den Prozess führt; nicht alles, was sich im Nachhinein als unnötig erweist, kann als sinnlos und nur kostentreibend bezeichnet werden.

▶ Beispiel:

Der RA tritt Beweis an und vertritt die Partei im Beweisaufnahmeverfahren; erst nach Durchführung der Beweisaufnahme erhebt er die durchgreifende Verjährungseinrede.

Beurteilungsmaßstab sind letztlich Treu und Glauben und § 242 BGB.

B 504 **dd)** Die Partei darf sich zwar ohne weiteres eines Anwalts ihrer Wahl bedienen. Beauftragt sie jedoch einen Rechtsanwalt, der nicht in dem Bezirk des Prozessgerichts niedergelassen ist und am Ort des Prozessgerichts auch nicht wohnt, so sind die hierdurch entstehenden Mehrkosten nur erstattbar, wenn sie zur zweckentsprechenden Rechtsverfolgung oder Rechtsverteidigung notwendig waren (§ 91 Abs 2 S 1 2. Hs ZPO).[953] Dabei hält der BGH die Zuziehung eines in der Nähe ihres Wohn- oder Geschäftsortes ansässigen RA durch eine an einem auswärtigen Gericht klagende oder verklagte Partei im Regelfall für eine Maßnahme der zweckentsprechenden Rechtsverfolgung oder Rechtsverteidigung.[954] Näheres bei Rdn. B 521 ff.

B 505 **ee)** Für die **Hinzuziehung eines Rechtsbeistands** gilt dasselbe (vgl § 4 Abs 1 RDGEG). Auch hier darf die Festsetzung nicht mit der Begründung abgelehnt werden, die Beauftragung des Rechtsbeistands sei überflüssig gewesen, die Partei habe sich selbst vertreten können. Andererseits wird § 91 Abs 2 S 1 ZPO durch die Möglichkeit, einen Rechtsbeistand zu beauftragen, nicht eingeschränkt. Es ist folglich nicht zu prüfen, ob statt eines Rechtsanwalts ein Rechtsbeistand ausgereicht hätte.

B 506 **ff)** Erstattbar sind nur die **gesetzlichen Gebühren und Auslagen**, auch wenn eine Gebührenvereinbarung getroffen worden war.[955]

Eine vereinbarte Anwaltsvergütung ist jedoch gegen den Gegner festzusetzen, wenn dieser sie ausdrücklich vergleichsweise übernommen hat.[956]

B 507 **gg)** Ein Nachweis, dass die Partei die ihr von ihrem Anwalt berechnete Vergütung bereits gezahlt hat, ist für die Festsetzung nicht erforderlich (Ausnahme: Gemeinsamer RA von Streitgenossen, vgl Rdn. B 377–380). Der Festsetzung steht auch nicht entgegen, dass der RA die Vergütung der Partei gegenüber nicht geltend macht, denn ein Verzicht des RA auf seine Vergütung ist im Zweifel nur für den Fall des Unterliegens der Partei gemeint.

Jedenfalls die Gebühren des Prozessbevollmächtigten sind auch dann zu erstatten, wenn dieser der **Ehegatte oder ein naher Angehöriger der Partei** oder ihr ggü unterhaltspflichtig ist.[957]

Dagegen wird beim Ehegatten der Partei, der die Information des auswärtigen Prozessbevollmächtigten übernimmt, anzunehmen sein, dass dies in Erfüllung der ehelichen Beistandspflicht, nicht im Rahmen eines Verkehrsmandats geschieht.[958]

---

953 BGH NJW 2003, 898 = JurBüro 2003, 202 u NJW 2003, 901 = JurBüro 2003, 205.
954 BGH NJW 2003, 898 = JurBüro 2003, 202 u NJW 2003, 901 = JurBüro 2003, 205.
955 OLG München JurBüro 1979, 1062; OVG Münster NJW 1969, 709 = ZMR 1969, 230 = JMBlNRW 1969, 709; OLG Celle NJW 1969, 328 = JurBüro 1969, 269 = GRUR 1970, 152; OLG Karlsruhe JurBüro 1973, 1176; AG Köln VersR 1979, 145 (Rechtsbeistand).
956 OLG Koblenz Rpfleger 1977, 106, das jedoch Glaubhaftmachung einer formgerechten Gebührenvereinbarung verlangt.
957 OLG Hamburg JurBüro 1974, 59; LG Berlin JurBüro 1977, 1446.
958 OLG Hamburg JurBüro 1968, 892 = MDR 1968, 687; OLG Köln JurBüro 1983, 1047; OLG Koblenz JurBüro 1983, 758 (dazu krit *Lappe* Gebührentipps 3. Aufl S 160).

XV. Einzelfragen der Erstattbarkeit B.

Durch Konsolidation (RA beerbt den Mandanten) geht der Erstattungsanspruch nicht unter.[959]

hh) Zulassung des RA bei dem Gericht, dessen Kostengrundentscheidung auszufüllen ist, ist weder Voraussetzung der Entstehung noch der Erstattbarkeit seiner Vergütung. Dass der RA für das Hauptsacheverfahren **wirksam bevollmächtigt** war, ist ebenfalls nicht Voraussetzung der Erstattbarkeit und deshalb im Kostenfestsetzungsverfahren nicht mehr zu prüfen (vgl Rdn. B 85).[960]

B 508

§ 91 Abs 2 S 1 ZPO gilt unmittelbar nur für Verfahren nach der ZPO (nicht nur Prozesse), nicht auch für Verfahren der freiwilligen Gerichtsbarkeit (vgl Rdn. E 15).

b) Zeitpunkt der Anwaltsbestellung und -tätigkeit

Bei der sich verteidigenden Partei (Beklagter, Antragsgegner) kann trotz § 91 Abs 2 S 1 ZPO für die Erstattbarkeit der Zeitpunkt der Beauftragung des RA eine Rolle spielen. Endet das Verfahren vorzeitig, so fragt es sich, ob für sie schon oder noch Anlass bestand, einen Anwalt zu bestellen.

aa) Zwischenzeitliche Klagerücknahme noch nicht bekannt

Ist die Klage oder der Antrag zugestellt, so besteht für die beklagte Partei Anlass, einen RA zu beauftragen (und für diesen, einen Schriftsatz mit Zurückweisungsantrag einzureichen), solange ihr eine **zwischenzeitliche Klagerücknahme noch nicht bekannt** ist.[961] Erstattbar ist dann jedenfalls die 0,8 Verfahrensgebühr (Nr 3101 VV RVG) des von ihr beauftragten RA nach dem Wert der Hauptsache. Hat der RA des Beklagten in Unkenntnis einer zwischenzeitlichen Klagerücknahme einen Schriftsatz mit Sachantrag eingereicht, so erwächst ihm dadurch im Hinblick auf die Fiktion des § 674 BGB die 1,3 Verfahrensgebühr nach dem Wert der Hauptsache, obwohl objektiv mit der Klagerücknahme der Tatbestand der Nr 3101 Nr 1 VV RVG eingetreten war. Diese Gebühr ist dann auch erstattbar, es sei denn, die Unkenntnis von der Klagerücknahme sei von dem RA oder der Partei selbst zu vertreten. Entsprechendes gilt für den Fall der Rechtsmittelrücknahme.[962]

B 509

Vor Zustellung der Klage hat der Anspruchsgegner, der zufällig von der Klageeinreichung Kenntnis erlangt, in der Regel keine Veranlassung, einen Rechtsanwalt zu beauftragen. Führt die Rücknahme der eingereichten Klage vor deren Zustellung zu einer Kostenentscheidung nach § 269 ZPO, besagt das nicht, das die dem Anspruchsgegner entstandenen Kosten erstattungsfähiger Prozessaufwand sind.[963] Eingereicht ist ein Schriftsatz erst, wenn er beim Gericht eingegangen ist. Das Risiko von Verzögerungen zwischen Absendung und Eingang des Schriftsatzes trägt mithin der Absender. Erlangt der Gegner vor dem Eingang Kenntnis von der Klage-(Antrags-, Rechtsmittel-)rücknahme, so wird es so angesehen, als habe er den Schriftsatz in Kenntnis der Rücknahme eingereicht.[964]

Das Vorstehende gilt – jedenfalls, wenn das Gericht dem Beklagten eine Erwiderungsfrist gesetzt hat – auch, wenn die Klage ausdrücklich nur zur Unterbrechung der Verjährung mit dem Versprechen der Rücknahme nach Entscheidung eines Parallelverfahrens erhoben worden ist.[965]

---

959 OLG Hamm Rpfleger 1973, 15 = JurBüro 1973, 990.
960 S Rechtsprechungsübersicht bei KostRsp ZPO § 91 (A) 4.1.0 »Prozessvollmacht«.
961 OLG Hamm AGS 2013, 150 = FamRZ 2013, 1159; AGS 2013, 253 = RVGreport 2013, 63 m Anm *Hansens*.
962 OLG Hamm AGS 2013, 150 = FamRZ 2013, 1159; AGS 2013, 253 = RVGreport 2013, 63 m Anm *Hansens*; KG JurBüro 1974, 1271; OLG Frankfurt JurBüro 1977, 664; AnwBl 1978, 182; OLG Bamberg JurBüro 1982, 231; OLG München AnwBl 1985, 90; OLG Saarbrücken JurBüro 1988; 595; OLG Schleswig JurBüro 1990, 1621; OLG Köln JurBüro 1995, 642; OLG Karlsruhe JurBüro 1996, 420; OLG Koblenz AGS 2005, 131 m Anm *N Schneider* = JurBüro 2005, 81; vgl auch OLG Hamburg JurBüro 1976, 472 (vom Berufungsanwalt verschuldete Unkenntnis der Revisionsrücknahme); aA: OLG Düsseldorf AGS 2008, 623 = JurBüro 2009, 37 = RVGreport 2009, 22 m Anm *Hansens*; *Lappe* in Anm zu KostRsp BRAGO § 32 Nr 13.
963 OLG Koblenz AGS 2013, 147 = JurBüro 2013, 203.
964 KG JurBüro 1985, 1030.
965 OLG Zweibrücken JurBüro 1982, 84.

bb) Klage vor Rücknahme nicht ordnungsgemäß erhoben

B 510   Dass die **Klage vor Rücknahme nicht ordnungsgemäß erhoben** war, schließt die Erstattung von Vertretungskosten des Beklagten nicht schlechthin aus. Für diesen kann zB Anlass zu einer Anwaltsbestellung bestanden haben, wenn der Kläger ihm die Einreichung der Klageschrift formlos mitgeteilt hatte. Ähnliches gilt auch, wenn der Beklagte im Parteiprozess zunächst noch keinen Anwalt bestellt hatte, dies aber nach der mündlichen Verhandlung tut, nachdem der Kläger auf eine Äußerungsfrist gem § 283 ZPO in der Sache neu vorgetragen hatte, auch wenn die Sache dann ohne erneute mündliche Verhandlung endet.[966]

cc) Zeitpunkt der Anwaltsbestellung des Rechtsmittelbeklagten

B 511   Vor Zustellung der Berufung oder einer anderen Rechtsmittelschrift ist idR die Bestellung eines Prozessbevollmächtigten des Rechtsmittelbeklagten für die Rechtsmittelinstanz noch nicht notwendig, auch wenn der Rechtsmittelkläger die Rechtsmitteleinlegung angedroht hatte.[967] Nach Zustellung der Berufungsschrift ist es für den Berufungsbeklagten regelmäßig notwendig, einen Prozessbevollmächtigten für die Vertretung im Berufungsverfahren zu bestellen. Die hierdurch anfallende 1,1 Verfahrensgebühr ist erstattungsfähig. Nicht notwendig ist es, vor dem Vorliegen einer Berufungsbegründung einen Berufungszurückweisungsantrag zu stellen.[968] Die Verfahrensgebühr für das Erwirken einer Kostenentscheidung nach § 515 Abs 3 S 2 ZPO ist trotz voreiliger Bestellung erstattungsfähig; Kostenwert ist in diesem Fall jedoch nur der Mindestwert.[969]

Die Vergütung eines vor Zustellung bestellten Anwalts ist auch erstattbar, wenn die Berufung erst nach Zustellung zurückgenommen wird. Denn auch wenn der RA verfrüht beauftragt wurde, ändert das allgemein an der Erstattbarkeit seiner Gebühren nichts, wenn zu einem späteren Zeitpunkt dieselbe Beauftragung als notwendig anzusehen gewesen wäre.[970]

Weder die Entstehung noch die Erstattbarkeit der Verfahrensgebühr des RA des Berufungsbeklagten hängt davon ab, dass dessen Tätigkeit nach außen in Erscheinung getreten ist.[971]

Die Berufungsbegründung braucht der Berufungsbeklagte vor Bestellung eines eigenen Berufungsanwalts keinesfalls abzuwarten, auch wenn es zweifelhaft ist, ob die Berufung durchgeführt wird, zB weil der Berufungskläger PKH beantragt hat und es nahe liegt, dass er das Rechtsmittel zurücknehmen wird, wenn die PKH verweigert werden sollte.[972]

B 512   Sehr streitig ist, ob, in welcher Höhe und unter welchen Voraussetzungen eine Verfahrensgebühr des vom Berufungsbeklagten bestellten RA erstattbar ist, wenn das **Rechtsmittel ausdrücklich nur zur Fristwahrung,** verbunden mit der Bitte, vorerst noch keinen Anwalt für die Rechtsmittelinstanz zu bestellen, eingelegt war.[973] Schlechthin zu verneinen ist die Frage nur, wenn der Berufungsbeklagte sich durch seinen erstinstanzlichen Prozessbevollmächtigten unstreitig ausdrücklich verpflichtet hat, dieser Bitte bis zu einem bestimmten Zeitpunkt zu entsprechen. Wird die Berufung dann vor dem vereinbarten Zeitpunkt zurückgenommen, so handelt der Berufungsbeklagte vertrags-, jedenfalls aber treuwidrig, wenn er dennoch Festsetzung von Kosten seines Berufungsanwalts beantragt.

---

966 LG Berlin JurBüro 1984, 119 = MDR 1984, 58.
967 KG JurBüro 1976, 671 u KGR Berlin 2000, 16; OLG Karlsruhe Justiz 1982, 126; LG Köln JurBüro 1985, 1403 = Rpfleger 1985, 321 (erst, wenn von Einlegung des Rechtsmittels sichere Kenntnis).
968 BGH AGS 2014, 51 = RVGreport 2014, 114 m Anm *Hansens*.
969 KG AGS 2001, 212 = KGR Berlin 2000, 16.
970 KG NJW 1970, 616 = Rpfleger 1970, 69; OVG Münster KostRsp VwGO § 162 Nr 17; OLG Hamm AnwBl 1978, 137.
971 KG AGS 2009, 354 = JurBüro 2009, 261; OLG München AnwBl 1984, 450.
972 BGH JurBüro 2003, 257 u JurBüro 2003, 595; vgl zum Thema *Madert* NJW 2003, 1496.
973 Siehe hierzu *Hansens*, Der Einfluss eines Stillhaltabkommens im Rahmen der Kostenerstattung, RVGreport 2012, 328.

Ob eine ausdrückliche Vereinbarung durch anwaltliche Übung im Bereich eines bestimmten Gerichts ersetzt werden kann, erscheint sehr zweifelhaft. Vertretbar wäre es wohl nur, eine Übung dahin anzuerkennen, dass Schweigen auf die Bitte, bis zu einem bestimmten Zeitpunkt keinen Berufungsanwalt zu bestellen, als Zustimmung angesehen wird. Denn der Berufungsbeklagte kann durch eine anwaltliche Übung nicht daran gehindert werden, nach seinen eigenen Interessen zu verfahren. Keinesfalls bindet eine in einem Gerichtsbezirk bestehende anwaltliche Übung Anwälte und Parteien außerhalb dieses Bezirks.[974]

Besteht über Zustandekommen und Inhalt eines Stillhalteabkommens Streit, so kann dieser nicht im Kostenfestsetzungsverfahren entschieden werden, weil es sich dann nicht mehr um die bloße betragsmäßige Ausfüllung der Kostengrundentscheidung handelt. Die Festsetzung ist vielmehr so durchzuführen, als läge keine Vereinbarung vor.

In diesem Fall, ebenso in dem Fall, dass der Berufungsführer seine Berufung nicht bis zu dem vereinbarten Zeitpunkt zurücknimmt oder versucht, unter dem Druck der Durchführung der Berufung ein ihm günstigeres Vergleichsergebnis zu erzielen, ist der Berufungsbeklagte ohne erstattungsrechtliches Risiko befugt, alsbald einen (auch den erstinstanzlichen) Prozessbevollmächtigten für die Berufungsinstanz zu bestellen.

Erst recht gilt dies, wenn kein Stillhalteabkommen zwischen den Parteien geschlossen worden ist. Der Berufungskläger hat ohnehin mit der Berufungs- und der Berufungsbegründungsfrist eine längere Überlegungszeit als der Berufungsbeklagte. Es widerspricht § 91 Abs 2 S 1 ZPO und ist auch mit der Wahrung der Chancengleichheit nicht vereinbar, wenn ihm die Möglichkeit eingeräumt wird, durch einseitige Erklärung eine Art von Bann auszusprechen, der den Gegner hindert, ohne erstattungsrechtliches Risiko seine Rechtsverteidigung durch Bestellung eines Berufungsanwalts vorzubereiten, um später nicht in Zeitnot zu geraten. Dieses Risiko besteht aber für den Berufungsbeklagten, wenn man seine Berechtigung zur Bestellung eines Berufungsanwalts von unsicheren Kriterien wie »keine Benachteiligung in Kauf nehmen muss« abhängig macht.[975]

Außer im Falle eines unstreitigen und vom Berufungskläger nicht zur Druckausübung auf den Gegner missbrauchten Stillhalteabkommens ist die Verfahrensgebühr des vom Berufungsbeklagten für die Berufungsinstanz bestellten Prozessbevollmächtigten als erstattbar anzusehen. Wird die Berufung dann jedoch vor ihrer Begründung zurückgenommen, bestand idR für den Berufungsbeklagten kein Anlass, schon einen **Berufungszurückweisungsantrag** schriftsätzlich anzukündigen, weil seine prozessuale Stellung dadurch in keiner Weise verbessert wird. Die Wahrung der Chancengleichheit bezieht sich auf die prozessuale Stellung der Partei, nicht auf die gleiche Chance der beiderseitigen Anwälte, eine 1,6 Verfahrensgebühr (Nr 3200 VV RVG) zu erlangen. Erstattbar ist deshalb in diesem Fall nur eine 1,0 Verfahrensgebühr (Nr 3201 VV RVG) zuzüglich einer 1,6 Verfahrensgebühr (Nr 3200 VV RVG) nach dem Kostenwert (= Wert der in der Berufungsinstanz erwachsenen Gerichts- und beiderseitigen Anwaltskosten) für einen Kostenantrag nach § 516 Abs 3 ZPO, jedoch begrenzt nach § 15 Abs 3 RVG.[976] Wird der Antrag auf Zurückweisung des Rechts-

---

974 OLG Düsseldorf AGS 1996, 136 verneint eine anwaltliche Gepflogenheit.
975 So OLG Bamberg JurBüro 1975, 770 = KostRsp ZPO § 91 (B – Vertretungskosten) Nr 5 und OLG Saarbrücken JurBüro 1978, 708 = KostRsp ZPO § 91 (B – Vertretungskosten) Nr 14.
976 BGH AGS 2007, 537 m Anm *N Schneider* = JurBüro 2008, 35 m Anm *Madert* = Rpfleger 2007, 683 = RVGreport 2007, 427 m Anm *Hansens*; JurBüro 2003, 595 = Rpfleger 2003, 619; AGS 2003, 221 = JurBüro 2003, 255 = Rpfleger 2003, 216; KG AGS 2009, 196 = JurBüro 2008, 646 = Rpfleger 2009, 52; OLG München JurBüro 1972, 786; OLG Karlsruhe Justiz 1981, 441; AnwBl 1984, 619 = Rpfleger 1985, 167 = JurBüro 1985, 225; KG AnwBl 1982, 112 = Rpfleger 1982, 160 = JurBüro 1982, 604; AnwBl 1984, 621 (auch bei gesetzl Verlängerung der Berufungsbegründungsfrist durch die Gerichtsferien); OLG Bamberg AGS 2007, 273; JurBüro 1984, 881; OLG Düsseldorf JurBüro 1983, 1334; OLG Koblenz JurBüro 1983, 558; OLG Frankfurt MDR 1984, 1030; OLG Bremen OLGR 2008, 880; LG Berlin JurBüro 1983, 920; OLG Oldenburg FamRZ 2006, 499 = OLGR 2006, 422; OLG Brandenburg AGS 2008, 621 = OLGR 2009, 271; **aA** (volle Prozessgebühr): OLG Frankfurt JurBüro 1979, 110; AnwBl 1980, 461 = JurBüro

mittels bereits vor Zustellung der Rechtsmittelbegründung gestellt, das Rechtsmittel aber dann begründet, ist eine 1,6-fache Verfahrensgebühr nach Nr 3200 VV RVG unabhängig davon erstattungsfähig, ob das Verfahren später durch Rücknahme, durch Sachentscheidung oder in sonstiger Weise beendet wird.[977]

Die Gebühr für den Antrag auf Zurückweisung der Berufung ist nur in Höhe der Gebühr Nr 3201 VV RVG erstattungsfähig, wenn ein **gerichtlicher Hinweis (§ 522 Abs 1 ZPO)** vorausgegangen ist, aus dem sich zweifelsfrei ergibt, dass das Rechtsmittel unzulässig ist.[978]

Beantragt der Berufungsbeklagte nach Einlegung und Begründung des Rechtsmittels dessen Zurückweisung, so sind die dadurch entstehenden Anwaltsgebühren auch dann notwendige Kosten der Rechtsverteidigung, wenn der Berufungsbeklagte sich mit der Berufungsbegründung nicht inhaltlich auseinandersetzt.[979] Wird der Antrag auf Zurückweisung eines Rechtsmittels vor Zustellung der Rechtsmittelbegründung gestellt, das Rechtsmittel dann aber begründet und in der Sache entschieden, ist eine 1,6-fache Verfahrensgebühr nach Nr 3200 VV RVG erstattungsfähig.[980]

Die Verfahrensgebühr für den Antrag, die gegnerische Nichtzulassungsbeschwerde zurückzuweisen, ist auch dann in voller Höhe zu erstatten, wenn zum Zeitpunkt des Einreichens des Schriftsatzes das Gericht zwar die Nichtzulassungsbeschwerde zurückgewiesen hatte, dieser Beschluss jedoch erst zeitlich nach Eingang des Schriftsatzes mit Zustellung an die Prozessbevollmächtigten wirksam geworden ist.[981]

Der Anwalt, der sich selbst vertritt, kann keine (verminderte) Verfahrensgebühr für das Berufungsverfahren erstattet verlangen, wenn die Berufung des Prozessgegners nur fristwahrend eingelegt und innerhalb der Begründungsfrist zurückgenommen worden ist.[982]

dd) Schutzschrift im Verfahren der einstweiligen Verfügung

B 513 Im Verfahren der einstweiligen Verfügung kann für den Antragsgegner Anlass bestehen, schon vor Zustellung der Antragschrift, ja schon vor Einleitung des Verfahrens einen RA mit der Wahrnehmung seiner Interessen zu beauftragen. Insbesondere wenn es sich um den Erlass von wettbewerbsrechtlichen Unterlassungsverfügungen handelt, muss der vorprozessual Abgemahnte, der sich geweigert hat, eine strafbewehrte Unterlassungsverpflichtung abzugeben, damit rechnen, dass gem § 937 Abs 2 ZPO die einstweilige Verfügung wegen Eilbedürftigkeit ohne mündliche Verhandlung und ohne ihm zuvor Gelegenheit zur Stellungnahme zu geben erlassen wird. Um dem entgegenzu-

---

1980, 1528 = MDR 1980, 940; OLG Nürnberg AnwBl 1982, 201; OLG Schleswig JurBüro 1983, 773 = SchlHA 1983, 53; AnwBl 1984, 620; OLG München AnwBl 1984, 99; LAG Köln AnwBl 1985, 105 = MDR 1985, 83; **aA:** (gar keine Erstattung): BAG JurBüro 2008, 319 = NJW 2008. 1340 = NZA 2008, 606 = RVGreport 2008, 229 m krit Anm *Hansens*; OLG Koblenz AGS 2007, 275 = JurBüro 2007, 89; OLG Bamberg JurBüro 1984, 1526 = KostRsp ZPO § 91 (B – Vertretungskosten) Nr 65 m abl Anm *Lappe*; JurBüro 1985, 407 = KostRsp ZPO § 91 (B – Vertretungskosten) Nr 97 m krit Anm *von Eicken*; JurBüro 1986, 62; OLG Köln JurBüro 1981, 139 = MDR 1980, 939; OLG Hamm AnwBl 1982, 530.
977 BGH AGS 2014, 94 = JurBüro 2014, 79 = Rpfleger 2014, 103 = RVGreport 2014, 74 m Anm *Hansens*, Abweichung BGH Rpfleger 2007, 683.
978 OLG Celle OLGR 2008, 421; OLG Koblenz AGS 2007, 274 = JurBüro 2006, 485 = RVGreport 2006, 431 m Anm *Hansens*; AGS 2007, 370 = JurBüro 2007, 429; OLG München AGS 2007, 273 = FamRZ 2006, 1695 = RVGreport 2006, 431 m Anm *Hansens*.
979 BGH AGS 2009, 143 m Anm *Onderka* = JurBüro 2009, 342 = Rpfleger 2009, 172 = RVGreport 2009, 74 m Anm *Hansens*.
980 BGH AGS 2009, 313 = JurBüro 2009, 432 = NJW 2009, 2220 = Rpfleger 2009, 473 = RVGreport 2009, 274 m Anm *Hansens*, Abgrenzung zu BGH AGS 2007, 537 m Anm *N Schneider* = JurBüro 2008, 35 m Anm *Madert* = Rpfleger 2007, 683 = RVGreport 2007, 427 m Anm *Hansens*.
981 BAG AGS 2013, 99 = RVGreport 2012, 349 m Anm *Hansens*.
982 BGH AGS 2008, 155 = JurBüro 2008, 205 = MDR 2008, 350 = NJW 2008, 1087 = Rpfleger 2008, 227 = RVGreport 2008, 66 m Anm *Hansens*.

wirken, muss es idR als zur zweckentsprechenden Rechtsverteidigung notwendig angesehen werden, dass der Antragsgegner sich vorsorglich mit einer so genannten Schutzschrift an das Gericht wendet, um seinen Standpunkt darzulegen, jedenfalls aber zu erreichen, dass sich ohne mündliche Verhandlung entschieden wird. Die ihm durch eine solche Schutzschrift erwachsenden RA-Kosten (Nr 3100, 3101 oder 3403 VV RVG) ist auf Grund einer später im Anordnungs- oder Widerspruchsverfahren (nicht aber im Aufhebungs- oder im Hauptsacheverfahren) zu seinen Gunsten ergehenden Kostengrundentscheidung erstattbar.[983]

Nach der zum 01.01.2016 in Kraft getretenen neuen Vorschrift des § 945 a ZPO wird bei der Landesjustizverwaltung Hessen ein zentrales, länderübergreifendes elektronisches Register für Schutzschriften (Schutzschriftenregister) geführt. Für die Einreichung werden nach Nr 1160 des KV zum JVKostG Verwaltungsgebühren erhoben. Schuldner dieser Gebühr ist nach § 15 a JVKostG derjenige, der die Schutzschrift eingereicht hat. Der RA, der derartige Kosten für den Mandanten verauslagt hat, kann diese nach Vorbem 7 Abs 1 S 2 RVG iVm §§ 675, 670 BGB von dem Auftraggeber ersetzt verlangen. Eine Schutzschrift gilt als bei allen ordentlichen Gerichten der Länder eingereicht, sobald sie in das Schutzschriftenregister eingestellt ist (§ 945a Abs 2 S 1 ZPO). Gleichzeitig ist § 19 Abs 1 S 2 Nr 1a RVG eingefügt worden, nach dem zu dem Rechtszug oder dem Verfahren auch die Einreichung von Schutzschriften gehört. Damit wurde klargestellt, dass die Einreichung von Schutzschriften zu dem (künftigen) Verfahren gehört, zu dem sie eingereicht werden.

Die Kosten einer beim zentralen Schutzschriftenregister eingereichten Schutzschrift sind im Verfügungsverfahren bei allen ordentlichen Gerichten (§ 945 a Abs 2 ZPO) nach den von der Rechtsprechung[984] entwickelten Maßstäben erstattungsfähig. Darauf, ob das Gericht, bei dem der Verfügungsantrag gestellt wird, die Schutzschrift vor seiner Entscheidung zur Kenntnis genommen hat oder nicht, kommt es nicht an.[985]

Da es mithin nicht darauf ankommt, ob der Antragsgegner überhaupt vor Einreichung der Schutzschrift Kenntnis vom Eingang des Eilantrags hatte, kann es auch keine Rolle spielen, auf welche Weise er eine etwaige Kenntnis erlangt hat.[986] Es kommt auch nicht darauf an, ob die Schutzschrift dem Antragsteller zur Kenntnis gebracht wurde und sie für die Rücknahme des Antrages oder die Entscheidung des Gerichts kausal geworden ist.[987]

Wohl aber muss die Schutzschrift bei diesem Gericht, nicht lediglich bei einem anderen Gericht eingegangen sein, wobei es nicht darauf ankommt, ob dieses andere Gericht ebenfalls für den Erlass der einstweiligen Verfügung zuständig gewesen wäre.

Meldet sich der Antragsgegner nach Einreichung des Antrages mit einem Schriftsatz, der einen Zurückweisungsantrag enthält, so ist die dafür erwachsene 1,3 Verfahrensgebühr (Nr 3100 VV RVG) erstattbar, auch wenn eine mündliche Verhandlung weder anberaumt war noch später stattfindet, auch wenn dieser erst nach Zurückweisung des Verfügungsantrages eingeht.[988]

---

983 BGH AGS 2007, 477 = JurBüro 2007, 430; JurBüro 2003, 369; Rpfleger 2003, 322 (aber nicht mehr, wenn Schutzschrift erst nach Antragsrücknahme eingegangen); OLG Düsseldorf AGS 2008, 413 = JurBüro 2008, 597; OLG Frankfurt AGS 2008, 442 = RVGreport 2008, 314 m Anm *Hansens*; s hierzu auch *Stöber* AGS 2007, 9.
984 BGH AGS 2007, 477 = JurBüro 2007, 430 = RVGreport 2007, 348; OLG Düsseldorf AGS 2008, 413; OLG Hamburg AGS 2016, 546 = JurBüro 2016, 595 = Rpfleger 2017, 119 = RVGreport 2016, 388 m Anm *Hansens*.
985 OLG Hamburg AGS 2016, 546 = JurBüro 2016, 595 = Rpfleger 2017, 119 = RVGreport 2016, 388 m Anm *Hansens*; OLG Frankfurt AGS 2015, 596 = RVGreport 2016, 23 m Anm *Hansens*.
986 OLG München AnwBl 1982, 116 = JurBüro 1982, 763 = MDR 1982, 412; OLG Hamburg JurBüro 1985, 401; **aA**: OLG Karlsruhe JurBüro 1980, 1902 = Justiz 1980, 384.
987 OLG München Rpfleger 1993, 126.
988 KG JurBüro 1980, 1430; OLG Köln JurBüro 1983, 1658.

Der Antragsgegner, der in einer wettbewerbsrechtlichen Streitigkeit im Hinblick auf den sog. fliegenden Gerichtsstand Schutzschriften bei allen deutschen Landgerichten eingereicht hat, kann eine prozessuale Kostenerstattung nur hinsichtlich derjenigen Kosten verlangen, die durch die Einreichung der Schutzschrift bei dem Gericht angefallen sind, bei dem später der Verfügungsantrag eingegangen ist.[989]

c) Umfang der Anwaltsbeauftragung

B 514 Auch der **Umfang der Beauftragung** bedarf einer Prüfung in Bezug auf Prozesszugehörigkeit und Notwendigkeit. Der erteilte Auftrag löst zwar eine seinem Umfang entsprechende RA-Gebühr aus. Diese ist aber nur erstattbar, wenn und soweit sie von der Kostengrundentscheidung umfasst und notwendig ist.

▶ Beispiel:

Der Kläger erteilt seinem RA Auftrag, 10000 € einzuklagen. Die Klage wird aber nur in Höhe von 3000 € erhoben, sei es weil der Beklagte zwischenzeitlich 7000 € gezahlt, sei es weil der RA von der Klageerhebung wegen 7000 € abgeraten hatte.

Dem RA erwächst dann zwar die Verfahrensgebühr nicht nur in Höhe von 1,3 aus 3000 €, sondern auch in Höhe weiterer 0,8 aus 7000 € (Nr 3101 VV RVG) mit Begrenzung nach § 15 Abs 3 RVG. Erstattbar sind aber nur 1,3 Verfahrensgebühr aus 3000 €, weil die Gebühr nur insoweit prozesszugehörig ist. Dem Kläger mag darüber hinaus ein materieller Kostenerstattungsanspruch zustehen, der aber im Kostenfestsetzungsverfahren nicht berücksichtigt werden kann.

Ähnliche Situationen können sich auch während des Rechtsstreits ergeben.[990]

B 515–
B 520 *(nicht besetzt)*

d) Die auswärtige Partei

B 521 Wie bereits ausgeführt, orientiert sich die Frage der Beauftragung eines RA, der nicht am Gerichtsort ansässig ist, an § 91 Abs 2 S 1 2. Hs ZPO. Entstehen hierdurch Mehrkosten, so sind sie erstattungsfähig, wenn sie zur zweckentsprechenden Rechtsverfolgung oder -verteidigung notwendig waren. Zumindest bis zum Wegfall des anwaltlichen Lokalitätsprinzips hatte nach der überwiegenden Rechtsprechung und Literaturmeinung die auswärtige Partei die Verpflichtung, einen am Sitz des Prozessgerichts ansässigen RA mit ihrer Vertretung zu beauftragen. Darüber hinaus wurden Kosten für Informationsreisen der Partei oder einen Verkehrsanwalt nur dann für erstattungsfähig angesehen, wenn die schriftliche Übermittlung der Information entweder nicht möglich, nicht zumutbar oder nicht hinreichend sicher gewesen wäre. Mit dem Wegfall des Lokalitätsprinzips ist auch im Anwaltsprozess beim Amts- und Landgericht ein wesentliches Argument für den Grundsatz weggefallen. Es musste nun für die Prozessführung kein Anwaltswechsel mehr stattfinden, da jeder bei einem Amts- oder Landgericht zugelassene RA postulationsfähig ist (§ 78 Abs 1 S 1, Abs 2 ZPO). Dies führte bei einem Teil der Rechtsprechung zu einer Änderung des Grundsatzes. Der BGH ist inzwischen wegen der durch das Zivilprozessreformgesetz eingeführten Rechtsbeschwerde (§§ 574 ff ZPO) mit der Rechtsfrage mehrfach befasst worden und hat Grundsätze für die

---

[989] OLG Hamburg AGS 2014, 47 mit krit Anm *N Schneider* = MDR 2013, 1477.
[990] OLG Schleswig JurBüro 1984, 435 (Kosten des Auftrags, in vollem Umfang Berufung einzulegen, wenn tatsächlich nur eingeschränkter Berufungsantrag gestellt wird). OLG Hamm JurBüro 1977, 1279 (wenn nur Kostenentscheidung der einstw Verfügung angegriffen werden soll, muss Widerspruch auf die Kosten beschränkt werden; Kosten weitergehenden Antrags sind nicht erstattbar); vgl dazu aber KG MDR 1985, 770; LG Hamburg KostRsp ZPO § 91 (A) unter 4.1.1.1 (bei Teileinspruch gegen Versäumnisurteil ist die RA-Gebühr nur nach dem Teilwert des Einspruchs zu erstatten, auch wenn der Prüfungsauftrag der Partei zunächst weiterging).

Erstattungsfähigkeit aufgestellt.[991] Diese Rechtsprechung wurde inzwischen mehrfach bestätigt.[992] Die Zuziehung eines am Wohn- oder Geschäftsort der Partei ansässigen, aber beim Prozessgericht nicht zugelassenen RA ist danach grundsätzlich für eine zweckentsprechende Rechtsverfolgung oder -verteidigung notwendig iSv § 91 Abs 2 S 1 2. Hs ZPO. Diese Grundsätze gelten auch für die RA, die bei dem Prozessgericht zugelassen sind, aber am Ort des Prozessgerichts nicht wohnen, da der frühere § 91 Abs 2 S 2 ZPO mit dem Ziel aufgehoben wurde, zugelassene und nicht zugelassene RA gleichzustellen.[993]

Unter mehreren Möglichkeiten darf eine verständige und wirtschaftlich vernünftige Partei diejenige auswählen, die sie zum Zeitpunkt der Wahl als sachdienlich ansehen durfte. Sie muss lediglich die kostengünstigste auswählen.[994] Da es sich hierbei um eine Entscheidung ex ante handelt,[995] muss die Überprüfung im Kostenfestsetzungsverfahren auch auf diesen Zeitpunkt abstellen. Dabei ist eine zu kleinliche Berechnung nicht angebracht.

B 522

Einer außerhalb Deutschlands lebenden Partei ist es erlaubt, jeden in Deutschland ansässigen und postulationsfähigen Rechtsanwalt mit ihrer Vertretung im Prozess zu beauftragen, ohne sich vorwerfen lassen zu müssen, sie verletze ihre Pflicht, die Kosten des Rechtsstreits gering zu halten.[996]

aa) Anwalt ist am Geschäfts- oder Wohnort der Partei ansässig

Die Beauftragung eines am Geschäfts- oder Wohnort der Partei ansässigen RA ist nach dem BGH[997] regelmäßig notwendig iSv § 91 Abs 2 S 1 2. Hs ZPO, weil die Partei, die einen Rechtsstreit zu führen beabsichtigt oder selbst verklagt ist und ihre Belange in angemessener Weise wahrgenommen wissen will, nämlich in aller Regel einen RA in der Nähe ihres Wohn- oder Geschäftsortes aufsuchen, um dessen Rat in Anspruch zu nehmen und ihn gegebenenfalls mit der Prozessvertretung zu beauftragen. Sie wird dies wegen der räumlichen Nähe und in der Annahme tun, dass zunächst ein persönliches mündliches Gespräch erforderlich ist. Diese Erwartung ist berechtigt, denn für eine sachgemäße gerichtliche oder außergerichtliche Beratung und Vertretung ist der RA zunächst auf die Tatsacheninformation der Partei angewiesen. Diese kann in aller Regel nur in einem persönlichen mündlichen Gespräch erfolgen. Häufig wird zudem nach einer (Klage-) Erwiderung der Gegenseite ein zweites Gespräch notwendig sein, weil der RA ergänzende Informationen seiner Partei benötigt oder weil später entstandene Missverständnisse auszuräumen sind« (so BGH aaO). Die Argumente des BGH sind auch aus dem Gesichtspunkt heraus richtig, da die Mehrkosten wegen der gesetzlichen Bestimmung des Gerichtsortes nicht einseitig zu Lasten des Klägers gehen können.

B 523

---

991 BGH JurBüro 2003, 202 = NJW 2003, 898 = Rpfleger 2003, 98; JurBüro 2003, 205 = NJW 2003, 901; JurBüro 2003, 370 = NJW 2003, 2027 = Rpfleger 2003, 471; NJW-RR 2004, 858 = JurBüro 2004, 432; JurBüro 2004, 322 = Rpfleger 2004, 315; FamRZ 2004, 866; JurBüro 2006, 203 = Rpfleger 2006, 39; JurBüro 2007, 536 = NJW-RR 2007, 1561; JurBüro 2009, 94 = Rpfleger 2009, 174.
992 ZB BGH Rpfleger 2005, 216.
993 Begr zu Abs 20 Nr 2 im Gesetzentwurf KostRMoG (BT-Drucks 15/1971).
994 BGH JurBüro 2005, 427 = Rpfleger 2005, 216.
995 BGH JurBüro 2003, 202 = NJW 2003, 898 = Rpfleger 2003, 98.
996 OLG Frankfurt JurBüro 2014, 491.
997 BGH JurBüro 2003, 202 = NJW 2003, 898 = Rpfleger 2003, 98. Dies gilt selbst dann, wenn der sachbearbeitende Rechtsanwalt einer überörtlichen Sozietät angehört, die auch am Sitz des Prozessgerichts mit postulationsfähigen Rechtsanwälten vertreten ist: BGH JurBüro 2008, 430 = Rpfleger 2008, 443 = RVGreport 2008, 267 m Anm *Hansens;* OLG München AGS 2013, 149 = RVGreport 2012, 388 m Anm *Hansens*: Erstattungsfähigkeit der Terminsreisekosten eines auswärtigen Prozessbevollmächtigten auch bei späterem Wohnsitzwechsel.

Bisher hat der BGH zwei Ausnahmen von diesem Grundsatz genannt (BGH aaO):
- Zum Zeitpunkt der Beauftragung des RA steht fest, dass ein eingehendes Mandantengespräch für die Prozessführung nicht erforderlich ist. Dies ist insbesondere bei gewerblichen Unternehmen der Fall, die über eine eigene Rechtsabteilung verfügen.[998]
- In einem in tatsächlicher Hinsicht überschaubaren Streit um eine Gegenforderung hat die Gegenseite versichert, nicht leistungsfähig zu sein und ggü der Klage keine Einwände zu erheben.

Dabei stellt der BGH – viel enger als die bisherige hM der Obergerichte – an die Fähigkeit einer in rechtlicher und tatsächlicher Hinsicht umfassenden schriftlichen Information hohe Anforderungen. Diese hält er ua dann für gegeben, wenn das Unternehmen über eine eigene Rechtsabteilung verfügt,[999] diese auch mit rechtskundigem Personal ausgestattet ist, oder es sich um einen Verband zur Verfolgung gewerblicher Interessen handelt.[1000] Die Fähigkeit hält er ua auch bei einem Versicherungsunternehmen nicht für gegeben, wenn sie nicht über eine eigene Rechtsabteilung verfügt[1001] oder die Rechtsabteilung personell und organisatorisch nicht in der Lage ist, Einzelfälle der Leistungsstörung in Versicherungsverträgen zu bearbeiten.[1002] Das Gleiche gilt, wenn die Rechtsabteilung nicht mit der Vorbereitung des Prozesses befasst wird[1003] oder für einen Steuerberater für die Geltendmachung seines Gebührenanspruchs vor einem auswärtigen Gericht.[1004]

B 524 Damit stellt der BGH darauf ab, dass grundsätzlich in jedem Prozess mindestens ein persönliches mündliches Gespräch stattfindet. Dabei betont er, dass bei der Beurteilung, ob die Prozesskosten notwendig waren, eine typisierte Betrachtungsweise geboten ist, denn der Gerechtigkeitssinn, der bei einer übermäßig differenzierten Betrachtung im Einzelfall zu erzielen ist, würde in keinem Verhältnis zu den sich einstellenden Nachteilen stehen, wenn in nahezu allen Fällen darüber gestritten wird, ob die Kosten zu erstatten sind oder nicht.[1005] Es kommt also im Einzelfall nicht darauf an, ob ein persönliches mündliches Gespräch stattgefunden hat oder nicht, sondern nur darauf, ob zum Zeitpunkt der Auftragserteilung bereits feststeht, dass ein Gespräch nicht erforderlich sein wird. Liegt also eine der Ausnahmen nicht vor, sind die Reisekosten des RA zu erstatten. Die erstattungsfähigen Kosten des nicht am Gerichtsort ansässigen RA sind der Höhe nach nicht notwendig auf diejenigen Kosten beschränkt, die durch die Beauftragung eines Terminsvertreters entständen wären, auch wenn jene Kosten die Kosten der Terminsvertretung beträchtlich übersteigen.[1006] Ein Vergleich mit den Kosten eines Unterbevollmächtigten oder Verkehrsanwalts findet nicht statt.[1007]

---

998 BGH JurBüro 2003, 370 = Rpfleger 2003, 471; OLG Karlsruhe OLGR 2007, 1003.
999 BGH JurBüro 2013, 201 = Rpfleger 2013, 234 = RVGreport 2013, 67 m Anm *Hansens* (eingetragener Verbraucherverband); JurBüro 2003, 202 = NJW 2003, 898 = Rpfleger 2003, 98; JurBüro 2003, 370 = NJW 2003, 2027; NJW-RR 2004, 1212; KG JurBüro 2013, 430 = Rpfleger 2013, 579 = RVGreport 2013, 395 m Anm *Hansens* (Studentenwerk, das übergegangene Unterhaltsansprüche geltend macht).
1000 BGH AGS 2009, 304 = JurBüro 2009, 94 = Rpfleger 2009, 174 = RVGreport 2009, 76 m Anm *Hansens*; AGS 2004, 168 = JurBüro 2004, 322 = Rpfleger 2004, 315 = RVGreport 2004, 154 m Anm *Hansens*.
1001 BGH NJW-RR 2004, 430.
1002 BGH BGHReport 2004, 706; NJW-RR 2004, 1212; Verband zur Verfolgung gewerblicher Interessen iSv § 13 Abs 2 Nr 2 UWG: BGH JurBüro 2004, 322 = Rpfleger 2004, 315.
1003 BGH JurBüro 2005, 94; NJW-RR 2004, 1724; OLG Köln OLGR 2008, 473.
1004 BGH JurBüro 2008, 208 = Rpfleger 2008, 279 = RVGreport 2008, 113 m Anm *Hansens*.
1005 BGH Rpfleger 2007, 286 = RVGreport 2007, 235 m Anm *Hansens*; JurBüro 2005, 94; NJW-RR 2004, 1724.
1006 AGS 2008, 204 = JurBüro 2008, 258 m Anm *Wedel* = Rpfleger 2008, 227 = RVGreport 2008, 112 m Anm *Hansens*; JurBüro 2006, 203 = Rpfleger 2006, 39 = RVGreport 2005, 476 m Anm *Hansens*.
1007 *Schütt* MDR 2003, 236 und 1020; *Brams* MDR 2003, 1342; so wohl auch *Karczewski* MDR 2005, 481 in Abschnitt VI und *Bischof* AnwBl 2004, 365 gegen *Zöller/Herget* ZPO 27. Aufl Rn. 13 Reisekosten b) und OLG HH MDR 2003, 1019.

Der BGH hat darüber hinaus auch festgestellt, dass es bei der Prüfung der notwendigen Kosten auf die tatsächliche Organisation eines Unternehmens ankommt und ein Unternehmen keine Pflicht zur Einrichtung einer Rechtsabteilung hat.[1008] **B 525**

Auch die Partei, die sich gelegentlich am Prozessort aufhält, darf grundsätzlich einen an ihrem Geschäfts- oder Wohnort oder in der Nähe ansässigen RA beauftragen.[1009] **B 526**

Für das Rechtsmittelverfahren gelten die gleichen Grundsätze wie für die erste Instanz.[1010] **B 527**

Ist die Partei selbst RA (hier: als Insolvenzverwalter), kann sie sachgerecht schriftlich informieren. Beauftragt sie daher einen nicht am Sitz des Prozessgerichts ansässigen Hauptbevollmächtigten, sind die Kosten eines Unterbevollmächtigten nicht (auch nicht unter dem Gesichtspunkt ersparter Reisekosten zur Information) erstattungsfähig.[1011] Vertritt sich der RA jedoch selbst, gehören seine Reisekosten zu den notwendigen Kosten.[1012] **B 528**

Wurde eine überörtliche Sozietät mit der Prozessführung beauftragt, die sowohl am Geschäfts- oder Wohnort der Partei als auch am Gerichtsort ansässig ist, sind die Reisekosten ebenfalls erstattungsfähig.[1013] **B 529**

bb) Anwalt ist an einem dritten Ort ansässig

Liegen die Voraussetzungen vor, unter denen die Reisekosten eines am Geschäfts- oder Wohnort der Partei ansässigen RA erstattungsfähig sind, sind auch die Reisekosten eines an einem dritten Ort ansässigen RA zu erstatten. Zumindest, wenn sie die Kosten, die bei Beauftragung eines RA am Geschäfts- oder Wohnort entstanden wären, nicht übersteigen.[1014] Die überwiegende Rechtsprechung geht inzwischen davon aus, dass die Reisekosten eines Rechtsanwalts außerhalb des Gerichtsbezirks bis zur höchstmöglichen Entfernung innerhalb des Gerichtsbezirks erstattungsfähig sind.[1015] Ein Unternehmen kann grundsätzlich einen RA auch an einem Ort beauftragen, an dem die dem Rechtsstreit vorangegangene unternehmensinterne Bearbeitung der Sache erfolgt ist, selbst wenn das Unternehmen weder seinen Hauptsitz noch eine Zweigniederlassung unterhält. Die Reisekosten sind dann nach denselben Grundsätzen zu erstatten wie sonst im Falle der Beauftragung eines am Sitz des Unternehmens ansässigen RA.[1016] Bei der Prüfung der Notwendigkeit einer bestimmten Rechtsverfolgungs- oder Rechtsverteidigungsmaßnahme ist eine typisierende Betrachtungsweise geboten.[1017] Für die Erstattungsfähigkeit von Reisekosten bedarf es daher nicht der Feststellung **B 530**

1008 BGH NJW-RR 2004, 430; BGHReport 2004, 706; JurBüro 2004, 433 = NJW-RR 2004, 857; NJW-RR 2004, 1212.
1009 BGH NJW-RR 2004, 1216.
1010 BGH JurBüro 2004, 548 = NJW-RR 2004, 1500.
1011 BGH JurBüro 2004, 658 = NJW 2004, 3187; OLG Köln OLGR 2008, 438.
1012 BGH JurBüro 2003, 426 = NJW 2003, 1534.
1013 BGH AGS 2008, 368 = JurBüro 2008, 430 = Rpfleger 2008, 443 = RVGreport 2008, 267 m Anm *Hansens*.
1014 BGH Rpfleger 2012, 176; AGS 2011, 460 = NJW-RR 2011, 1430 = RVGreport 2011, 346 m Anm *Hansens*; AGS 2012, 47 m Anm *N Schneider* = NJW 2011, 3520 = Rpfleger 2012, 46 = RVGreport 2011, 468 m Anm *Hansens*; JurBüro 2004, 432; JurBüro 2005, 93.
1015 OLG Schleswig AGS 2015, 487 = JurBüro 2016, 148 = RVGreport 2015, 385 m Anm *Hansens*; OLG Köln AGS 2016, 55 = MDR 2016, 184 = RVGreport 2016, 68 m Anm *Hansens*; OLG Frankfurt (25. Senat) AGS 2017, 101; a.A. OLG Frankfurt (6. Senat) AGS 2016, 361 m abl Anm *N Schneider* = JurBüro 2016, 203; OLG Celle AGS 2015, 442 = JurBüro 2016, 146.
1016 BGH AGS 2011, 460 = RVGreport 2011, 346 m Anm *Hansens*; JurBüro 2008, 481 = Rpfleger 2008, 534 = RVGreport 2008, 309 m Anm *Hansens*; OLG Bamberg AGS 2014, 427 = JurBüro 2014, 490 = MDR 2014, 870 = Rpfleger 2014, 697.
1017 BGH AnwBl 2012, 198 = JurBüro 2012, 151 = Rpfleger 2012, 176 = RVGreport 2012, 113 m Anm *Hansens*; AGS 2003, 368 = BRAGOreport 2003, 35 m Anm *Hansens* = JurBüro 2003, 205 = NJW 2003, 901; AnwBl 2005, 792 = NJW-RR 2005, 1662 = Rpfleger 2006, 39; JurBüro 2010, 258 = RVGreport

im Einzelfall, dass die Partei zu dem den Termin wahrnehmenden Rechtsanwalt ein besonderes Vertrauensverhältnis gehabt hat.[1018] Überlässt dagegen der Versicherungsnehmer dem Haftpflichtversicherer die Prozessführung und beauftragt dieser seinen an einem dritten Ort ansässigen »Hausanwalt«, sind die Mehrkosten nicht erstattungsfähig.[1019]

B 531 Die Erstattung von Reisekosten eines auswärtigen Rechtsanwalts ist nicht allein deshalb zu verneinen, weil der Kläger von der Wahlmöglichkeit hinsichtlich des Gerichtsstandes (§ 35 ZPO) Gebrauch gemacht hat.[1020]

B 532 Unabhängig von der grundsätzlichen Erstattungsfähigkeit, können natürlich nur die Kosten für die notwendigen Reisen und in notwendiger Höhe erstattungsfähig sein. Keine notwendige Reise ist zB die Teilnahme am Verkündungstermin.[1021] Die Teilnahme an Verhandlungsterminen oder Beweisaufnahmen ist jedoch immer notwendig, da das Gericht in jeder Lage auf eine gütliche Einigung hinwirken soll. Eine Reise liegt nur dann vor, wenn das Reiseziel außerhalb der Gemeindegrenzen liegt, in der der RA seine Kanzlei oder seinen Wohnsitz hat (Vorbem 7 Abs 2 VV RVG, Rdn. B 447).

Die Höhe der Reisekosten richtet sich nach den Nrn 7703 bis 7006 VV RVG. Bei mehrtägigen Terminen ist zu prüfen, ob die tägliche Rückkehr zumutbar war.[1022] Es sind nur die tatsächlich entstandenen Kosten erstattungsfähig. Die Kosten der Bahncard gehören als allgemeine Geschäftsunkosten nicht dazu.[1023] Eine Flugreise ist nur erstattungsfähig, wenn eine Reise mit der Bahn oder dem Auto nicht zumutbar war.[1024]

Betrifft die Reise mehrere verschiedene Angelegenheiten, sind die Kosten zu verteilen (Vorbem 7 Abs 3 VV RVG).

cc) Unterbevollmächtigter

B 533 Bei größerer Entfernung zwischen Kanzleisitz des Hauptbevollmächtigten und dem Ort des Prozessgerichts bedingt schon der Zeitaufwand für die Reise, dass der Hauptbevollmächtigte die Termine vor dem Prozessgericht nicht selbst wahrnimmt. Regelmäßig wird er diese von einem Unterbevollmächtigten (oder Terminsvertreter) wahrnehmen lassen. In mehreren Entscheidungen hat der BGH die Kosten des Unterbevollmächtigten als erstattungsfähig erklärt, wenn a) die Voraussetzungen für die Erstattung von Reisekosten für den Prozessbevollmächtigten vorliegen (s Rdn. B 523 ff) und b) die Kosten für den Unterbevollmächtigten die ansonsten angefallenen Reisekosten des Prozessbevollmächtigten nicht wesentlich übersteigen. Dabei hält der BGH erst eine Überschreitung über 10 % für wesentlich.[1025] Für die Vergleichsberechnung zwischen den fiktiven Reisekosten des Hauptbevollmächtigten und den durch die Beauftragung des Unterbevollmächtigten zur

---

2010, 157 m Anm *Hansens*; AGS 2012, 47 m Anm *N Schneider* = JurBüro 2012, 89 = RVGreport 2011, 468 m Anm *Hansens*.

1018 BGH AnwBl 2012, 198 = JurBüro 2012, 151 = Rpfleger 2012, 176 = RVGreport 2012, 113 m Anm *Hansens*; JurBüro 2010, 258 = RVGreport 2010, 157 m Anm *Hansens*.
1019 OLG Oldenburg JurBüro 2008, 92.
1020 OLG Frankfurt AGS 2009, 459; OLG Köln AGS 2010, 566 = JurBüro 2010, 481 = Rpfleger 2010, 549; KG MDR 2008, 653 = KostRsp ZPO § 91 (B – Vertretungskosten) Nr 1156 m Anm *Hellstab*; aA OLG Stuttgart Justiz 2008, 281 = OLGR 2008, 768; LG Hamburg JurBüro 2008, 655.
1021 VGH BW Rpfleger 1989, 301; s auch BVerfG v. 23.01.1989 (1 BvR 1526/88).
1022 OLG Düsseldorf JurBüro 1993, 674.
1023 OLG Celle MDR 2004, 1445, LAG SH Bibliothek BAG; OLG Karlsruhe JurBüro 2000, 145.
1024 LAG Bremen MDR 2004, 1325.
1025 BGH AGS 2015, 241 = Rpfleger 2015, 425 = RVGreport 2015, 267 m Anm *Hansens*; JurBüro 2012, 593 = Rpfleger 2012, 712 = RVGreport 2012, 423 m Anm *Hansens*; JurBüro 2003, 202; 2004, 433; 2005, 94; 2005, 427; BGHReport 2004, 70; NJW-RR 2004, 1212; RVGreport 2006, 275 m Anm *Hansens*; OLG Celle JurBüro 2014, 368; OLG Nürnberg AGS 2008, 578 = MDR 2008, 1126 = RVGreport 2008, 352 (LS) m Anm *Hansens*. Ausnahmsweise sind die vollen Reisekosten zu erstatten, wenn der

Terminsvertretung entstandenen Kosten ist auf eine ex ante-Betrachtung abzustellen. Maßgeblich ist, ob eine verständige und wirtschaftlich denkende Partei die kostenauslösende Maßnahme ex ante als sachdienlich ansehen durfte. Dabei darf die Partei ihre berechtigten Interessen verfolgen und die zur vollen Wahrnehmung ihrer Belange erforderlichen Maßnahmen ergreifen. Sie trifft lediglich die Obliegenheit, unter mehreren gleichgearteten Maßnahmen die kostengünstigere auszuwählen.[1026] Diese Rechtsprechung ist grundsätzlich zu begrüßen, da sie kleinliche Berechnungen bei der Kostenfestsetzung vermeidet. Sie beantwortet jedoch nicht die Frage, ob auch Gebühren in die Rechnung einbezogen werden sollen, deren Entstehen bei Beauftragung eines Unterbevollmächtigten noch nicht vorhersehbar war.

▶ **Hierzu ein Beispiel:**

Kläger aus München beauftragt einen RA aus München mit der Klageerhebung vor dem LG Hamburg. Dieser beauftragt einen RA in Hamburg mit der Terminswahrnehmung. In dem Termin wird ein Widerrufsvergleich geschlossen, der nach Prüfung durch den Hauptbevollmächtigten und dessen Beratung des Klägers nicht widerrufen wird. In diesem Fall sind sowohl bei dem Haupt-, als auch bei dem Unterbevollmächtigten eine Einigungsgebühr (Nr 1000 VV RVG) angefallen. Mit der Einigungsgebühr übersteigen die Gesamtkosten für beide Anwälte den Betrag, der bei Wahrnehmung des Termins durch den Hauptbevollmächtigten angefallen wäre, um mehr als 10 %. Mit dem Anfall der Gebühr war allerdings in diesem Fall nicht von vornherein zu rechnen. Ist sie gleichwohl abzusetzen?

Da die »verständige und wirtschaftlich vernünftige Partei« bei ihrer Prognose der voraussichtlich entstehenden Kosten in diesem Fall die Beauftragung des Unterbevollmächtigten für sachlich halten durfte, scheitert die Erstattung nicht an der 10 % Grenze. Wird ein Unterbevollmächtigter zur Wahrnehmung eines Gerichtstermins vom auswärtigen Hauptbevollmächtigten beauftragt, sind dessen fiktive Reisekosten auch dann erstattungsfähig, wenn der Termin nach Erteilung des Auftrags ersatzlos entfällt. Maßgeblich sind allein die Erkenntnismöglichkeiten bei Erteilung des Mandats.[1027] Zu weiteren Berechnungsbeispielen s *Enders* in JurBüro 2004, 627 und 2005, 1 sowie *Karczewski* in MDR 2005, 485.

War die Einschaltung eines Unterbevollmächtigten nicht erforderlich, so sind die hierdurch entstandenen Kosten nur iHv von maximal 100 % der fiktiven Reisekosten des Hauptbevollmächtigten zu erstatten.[1028]

Im Kostenfestsetzungsverfahren ist zu beachten, dass die gesetzlichen Gebühren und Auslagen nach Maßgabe des RVG für einen Terminsvertreter nur anfallen, wenn dieser von der Partei selbst beauftragt wird, nicht aber, wenn dessen Prozessbevollmächtigter im eigenen Namen den Auftrag zur Terminsvertretung erteilt. Deshalb reicht zur Glaubhaftmachung die Vorlage einer Kostenberechnung allein des Prozessbevollmächtigten mit Einstellung der für den Terminsvertreter angesetzten Gebühren und Auslagen nicht aus, ebensowenig wie dessen anwaltliche Versicherung.[1029]

Hauptbevollmächtigte an der Wahrnehmung des Termins aus objektiv zwingenden Gründen verhindert ist: OLG Bamberg OLGR 2005, 259; OLG Dresden AGS 2008, 576 = JurBüro 2008, 653.

1026 BGH AGS 2015, 241 = Rpfleger 2015, 425 = RVGreport 2015, 267 m Anm *Hansens*; AGS 2014, 202 = JurBüro 2014, 367 = RVGreport 2014, 234 m Anm *Hansens*.

1027 OLG Koblenz AGS 2013, 152 m Anm *N Schneider* = JurBüro 2013, 202 = RVGreport 2013, 110 m Anm *Hansens*; OLG Celle AGS 2013, 598 = JurBüro 2014, 27 = RVGreport 2013, 437 m Anm *Hansens*.

1028 OLG Oldenburg JurBüro 2008, 321.

1029 BGH AGS 2011, 568 = AnwBl 2011, 787 = JurBüro 2012, 29 = RVGreport 2011, 389 m Anm *Hansens*; OLG Koblenz AGS 2016, 152; AGS 2013, 150 = JurBüro 2013, 143.

dd) Verkehrsanwalt

B 534   Aufgabe des Verkehrsanwalts ist es, den Verkehr der Partei mit dem auswärtigen Prozessbevollmächtigten zu vermitteln, damit die Partei nicht Gefahr läuft, diesem nicht diejenigen Tatsachen vollständig mitzuteilen, die er zur sachgemäßen Prozessführung benötigt. Er soll also nicht allein die Information, die die Partei selbst für wesentlich hält, entgegennehmen und weiterleiten, sondern darüber hinaus diejenigen Umstände, auf die es rechtlich ankommt oder ankommen könnte, von der Partei erfragen, wie es der Prozessbevollmächtigte bei einer persönlichen Information durch die Partei täte. Dazu ist die richtige rechtliche Erfassung und Einordnung nötig.

Seine Aufgabe ist dagegen nicht, dem Prozessbevollmächtigten andere Arbeit abzunehmen als die Entgegennahme der Mandanteninformation, insbesondere also nicht, den Prozessbevollmächtigten bei der rechtlichen Aufarbeitung des Falls zu entlasten, Schriftsätze für ihn zu entwerfen, ihn in der mündlichen Verhandlung zu unterstützen, Vergleichsverhandlungen mit dem Gegner zu führen und ähnliches. Selbstverständlich ist eine solche Unterstützung des Prozessbevollmächtigten nicht verboten und sie wird auch häufig geleistet. Für die Frage, ob die Vergütung des Verkehrsanwalts vom unterlegenen Gegner zu erstatten ist, sind solche Unterstützungsleistungen aber ohne Belang.

Der Verkehrsanwalt erhält eine Gebühr nach Nr 3400 VV RVG (Verfahrensgebühr wie der Verfahrensbevollmächtigte, höchstens 1,0).

In der Praxis wird der Verkehrsanwalt allerdings wegen der grundsätzlichen Postulationsfähigkeit der RA an Bedeutung verlieren.

Die Erstattungsfähigkeit richtet sich nunmehr nach den vom BGH für den Unterbevollmächtigten aufgestellten Grundsätzen (s Rdn. B 533). Die Erstattungsfähigkeit der Kosten für einen ausländischen Verkehrsanwalt richtet sich nach Deutschen Recht (Nr 3400 VV RVG).[1030]

Im Berufungs- oder Revisionsverfahren sind Verkehrsanwaltskosten im Regelfall nicht erstattungsfähig,[1031] ausnahmsweise dann, wenn es – insbesondere auf Grund einer entsprechenden Auflage des Revisionsgerichts – in diesem Verfahren ausnahmsweise auf neuen Tatsachenvortrag ankam,[1032] oder wenn hierdurch Übersetzungs- bzw Dolmetscherkosten gespart wurden und der Verkehrsanwalt wegen seiner Kenntnisse im ausländischen Recht in der Lage war, den Revisionsanwalt entsprechend zu informieren.[1033] Für die Frage, ob die Kosten des ausländischen Verkehrsanwalts einer ausländischen Partei erstattungsfähig sind, bedarf es einer Notwendigkeitsprüfung im Einzelfall. Dabei ist zu berücksichtigen, dass eine ausländische Partei typischerweise etwa wegen sprachlicher Barrieren, kultureller Unterschiede oder mangelnder Vertrautheit mit dem deutschen Rechtssystem eher auf einen Verkehrsanwalt an ihrem Wohn- oder Geschäftssitz angewiesen sein wird als eine inländische Partei. Die Mitwirkung eines ausländischen Verkehrsanwalts ist jedenfalls nicht erforderlich, wenn der deutsche Verfahrensbevollmächtigte bereits über alle nötigen Informationen verfügt oder wenn es für die ausländische Partei möglich, zumutbar und kostengünstiger ist, den inländischen Prozessbevollmächtigten unmittelbar zu informieren.[1034]

1030   BGH AGS 2005, 268 = NJW 2005, 1373 = Rpfleger 2005, 381; OLG Stuttgart Justiz 2007, 386.
1031   BGH JurBüro 2015, 197 = Rpfleger 2015, 302 = RVGreport 2015, 111 m Anm *Hansens*; AGS 2006, 148 = Rpfleger 2006, 40; AGS 2006, 518 m Anm *Onderka* = NJW-RR 2006, 1563 = Rpfleger 2006, 570 = RVGreport 2006, 311 m Anm *Hansens*: Erstattungsfähig sind jedoch regelmäßig die fiktiven Kosten einer Informationsreise der Partei zu ihrem Prozessbevollmächtigten am Sitz des Gerichts; OLG Rostock JurBüro 2010, 600 = RVGreport 2010, 395 (LS) m Anm *Hansens*; OLG Hamburg AGS 2012, 593 = JurBüro 2012, 371 m Anm *Luz*.
1032   OLG Frankfurt Beschl v 11.04.2017 – 6 W 31/17.
1033   OLG Köln JurBüro 2010, 37 m Anm *Heyse*.
1034   BGH MDR 2012, 192; OL München JurBüro 2011, 265 = MDR 2011, 634 = Rpfleger 2011, 463.

XV. Einzelfragen der Erstattbarkeit

Die Kosten eines ausländischen Verkehrsanwalts, dessen Hinzuziehung zur zweckentsprechenden Rechtsverfolgung oder Rechtsverteidigung geboten war, sind nur in Höhe der Gebühren und Auslagen eines deutschen Rechtsanwalts erstattungsfähig.[1035]

ee) Mahnverfahren

§ 91 Abs 2 S 1 ZPO gilt auch für das Mahnverfahren. Es findet deshalb keine Prüfung statt, ob der Antragsteller (Gläubiger) den Mahnantrag auch ohne anwaltliche Hilfe hätte stellen können. Er kann mit der Durchführung des Mahnverfahrens an sich jeden beliebigen RA betrauen. Dessen Kosten sind, soweit kein Widerspruch eingelegt wird, in den Vollstreckungsbescheid auch dann aufzunehmen, wenn der beauftragte RA weder am Wohnort/Sitz des Gläubigers, noch an dem des Schuldners praktiziert oder zugelassen ist. Der Gläubiger ist also in der Auswahl seines Mahnanwalts frei. Er darf auch einen RA »**am dritten Ort**« beauftragen, aber keine höheren Kosten liquidieren als sie bei Beauftragung eines an seinem Wohnsitz/Sitz praktizierenden Anwalts erwachsen wären.[1036]

B 535

Im Mahnverfahren kann neben den Gebühren der Nrn 3305 bis 3308 VV RVG auch eine Terminsgebühr entstehen (Vorbem 3.3.2 VV RVG).[1037]

B 536

Grundsätzlich ist die Stellung eines Antrages auf Durchführung des streitigen Verfahrens durch den Beklagten nicht notwendig, wenn auch der Kläger einen solchen Antrag gestellt hat. Reicht der Kläger aber nach vorangegangenem Mahnverfahren trotz Aufforderung gemäß § 697 Abs 1 ZPO mehrere Monate keine Anspruchsbegründung ein und stellt der Beklagte einen Klagabweisungsantrag sowie einen Antrag auf Terminsanberaumung nach § 697 Abs 3 ZPO, woraufhin die Klagrücknahme erfolgt, kann der Beklagte die Erstattung einer 1,3 Verfahrensgebühr nach Nr 3100 VV RVG verlangen.[1038]

B 537

(unbesetzt)

B 538–
B 539

Bei Widerspruch ist kein Anwaltswechsel mehr nötig.[1039] Wird der Mahnanwalt auch Prozessbevollmächtigter, ist die Verfahrensgebühr für das Mahnverfahren (Nr 3305 VV RVG) auf die Verfahrensgebühr für den Prozess (Nr 3100 VV RVG) anzurechnen. Eine eventuell im Mahnverfahren entstandene Terminsgebühr wird nicht auf die im Prozess entstandene Terminsgebühr angerechnet, da Mahnverfahren und Prozessverfahren verschiedene Angelegenheiten sind (§ 17 Nr 2 RVG). Für die Reisekosten des Prozessbevollmächtigten und die Mehrkosten für einen Unterbevollmächtigten gelten die unter Rdn. B 530 bis B 531 genannten Grundsätze. Auf die Frage, ob mit einem Widerspruch zu rechnen war, kommt es somit nicht mehr an.[1040]

B 540

Lagen die Voraussetzungen für die Erstattung von Reisekosten eines RA am Geschäfts- oder Wohnort des Klägers nicht vor, sind die Mehrkosten des auswärtigen RA unter den gleichen Bedingungen erstattungsfähig, unter denen bei notwendigem Anwaltswechsel vor dem 01.01.2000[1041] die Kosten des zweiten Anwalts erstattungsfähig waren.[1042] Das gleiche gilt für die Mehrkosten für einen

---

1035 BGH MDR 2013, 167 = RVGreport 2013, 65 m Anm *Hansens*; AGS 2005, 268 m Anm *Madert* = JurBüro 2005, 427 = Rpfleger 2005, 381.
1036 OLG Koblenz JurBüro 1990, 1006.
1037 S hierzu *Enders* JurBüro 2005, 225; OLG Nürnberg AGS 2006, 594 m Anm *Schons* = JurBüro 2007, 21; AGS 2007, 560 m Anm *N Schneider* = JurBüro 2007, 523 = Rpfleger 2007, 508 = RVGreport 2007, 226 m Anm *Hansens*. Die Terminsgebühr ist aber nach Nr 3104 Anm Abs 4 VV RVG auf die Terminsgebühr des nachfolgenden Rechtsstreits anzurechnen.
1038 OLG Hamburg AGS 2014,153 = Rpfleger 2014, 228 = RVGreport 2014, 112 m Anm *Hansens*; vgl. auch OLG Düsseldorf JurBüro 2004, 195; OLG München JurBüro 1992, 604 = Rpfleger 1992, 495.
1039 Brandenburgisches OLG JurBüro 2001, 533.
1040 *Zöller/Herget* ZPO 27. Aufl § 91 Rn. 13 »Mahnverfahren 2)«.
1041 Zur Rechtslage bis zum 31.12.1999 s die Vorauflage.
1042 OLG München JurBüro 2002, 428; OLG Nürnberg MDR 2002, 57; OLG Hamm JurBüro 2001, 484; OLG Koblenz JurBüro 2004, 143.

Hellstab

RA am dritten Ort, wenn die Reisekosten des Prozessbevollmächtigten erstattungsfähig waren,[1043] sowie für Vertretung im Mahnverfahren durch Rechtsbeistände, die beim Anwaltsprozess nicht postulationsfähig sind.[1044]

Von diesem Grundsatz ist der BGH allerdings bei einem Großgläubiger (Deutsche Telekom) abgewichen. Er hielt es nicht für zumutbar, »aus der Vielzahl der einschlägigen Fälle diejenigen herauszusuchen, in denen mit einer gewissen Wahrscheinlichkeit der Schuldner Widerspruch einlegen wird«.[1045] Die Reisekosten des Prozessbevollmächtigten wurden in diesem Fall als erstattungsfähig anerkannt, obwohl ein persönliches Informationsgespräch entbehrlich war. Dieser Auffassung wird nicht zugestimmt. Sie bürdet das vom Gläubiger in Kauf genommene Risiko einseitig dem Schuldner auf.[1046]

e) Mehrere Anwälte

aa) Allgemeines

B 541   Die Kosten mehrerer Anwälte können erstattbar sein, wenn
a) das Gesetz selbst die Erstattbarkeit der Vergütung eines weiteren Anwalts ohne Prüfung der Notwendigkeit vorsieht (vgl Rdn. B 544);
b) die zusätzliche Hinzuziehung eines oder mehrerer Anwälte nach den Umständen des Einzelfalls iSv § 91 Abs 1 S 1 ZPO notwendig war; wozu es nach Erweiterung der Postulationsfähigkeit (§ 78 Abs 1 ZPO) nicht mehr allein ausreicht, dass der zunächst beauftragte Anwalt bei dem Prozessgericht nicht zugelassen ist. Dagegen gehören hierzu die Fälle der Hinzuziehung eines Spezialisten (vgl Rdn. B 545), eines Verkehrsanwalts (vgl Rdn. B 534), eines Unterbevollmächtigten (vgl Rdn. B 533);
c) die Kosten der mehreren Anwälte die Kosten eines Rechtsanwalts nicht übersteigen, § 91 Abs 2 S 2 (vgl Rdn. B 533);
d) ein Anwaltswechsel eintreten musste, was beruhen kann auf Tod des Anwalts (vgl Rdn. B 550) oder sonstiger vorzeitiger Beendigung des Anwaltvertrages aus Gründen in der Person des Anwalts oder der Partei (vgl Rdn. B 551).

In diesen Zusammenhang gehört auch die Frage, ob und wann Streitgenossen allgemein (vgl Rdn. B 552), insbesondere Sozietätsanwälte (vgl Rdn. B 553, 554) sowie Fahrer, Halter und Haftpflichtversicherung (vgl Rdn. B 556) erstattungsrechtlich gehalten sind, sich eines gemeinsamen RA zu bedienen und ob es als Anwaltswechsel anzusehen ist, wenn sie das zwar zunächst getan haben, dann aber von allen oder von einzelnen Streitgenossen ein zusätzlicher Anwalt beauftragt wird (vgl Rdn. B 555).

bb) Dieselbe Partei in verschiedener Parteistellung

B 542   Die Kosten mehrerer Anwälte sind nicht allein deshalb erstattbar, weil **dieselbe Partei in verschiedener Parteistellung**, zB als Beklagter und Widerkläger am Prozess teilnimmt.[1047]

Anders kann es zu beurteilen sein, wenn im Haftpflichtprozess neben dem von der Versicherung für die Rechtsverteidigung bestellten RA die Partei einen besonderen RA für die Widerklage bestellt (vgl Rdn. B 557).

1043   KG AnwBl BE 1997, 585; OLG Hamm OLGR Hamm 1997, 223.
1044   OLG Naumburg OLGR Naumburg 2004, 387.
1045   BGH FamRZ 2004, 866 = RVGreport 2005, 117 m Anm *Hansens*.
1046   *Zöller/Herget* ZPO 27. Aufl § 91 Rn. 13 »Mahnverfahren 2)«.
1047   OLG Hamburg JurBüro 1971, 794 = MDR 1971, 935 (kein besonderer RA für Widerklage); KG Rpfleger 1975, 180 = JurBüro 1975, 654 = MDR 1975, 499 (auch nicht auf Weisung des eintrittspflichtigen Haftpflichtversicherers).

Auch wenn die Partei unterschiedliche Interessen im Prozess wahrnimmt (zB neben eigenen auch fremde als gesetzlicher oder gewillkürter Prozessstandschafter), rechtfertigt das die Kosten mehrerer Anwälte erstattungsrechtlich nicht.[1048]

Dasselbe gilt, wenn dieselbe Körperschaft des öffentlichen Rechts durch verschiedene Behörden vertreten wird;[1049] dies gilt auch wenn eine Gebietskörperschaft durch zwei jeweils unabhängigen Verfassungsorganen zuzuordnende Stellen vertreten wird.[1050]

cc) Parteiwechsel

Bei Parteiwechsel während des Prozesses (gelegentlich fälschlich Rubrumsänderung genannt) ist die eintretende Partei niemals verpflichtet, sich des Anwalts der ausgeschiedenen Partei zu bedienen, auch nicht, wenn zwischen beiden enge wirtschaftliche Beziehungen bestehen (zB GmbH & Co KG und deren persönlich haftende Gesellschafterin, die GmbH; GmbH und deren zunächst persönlich verklagt gewesener Geschäftsführer), weil auch bei Beauftragung desselben Anwalts diesem die Gebühren und Auslagen zweimal zuständen, da es sich um verschiedene gebührenrechtliche Angelegenheiten handelt, wenn ausscheidende und neue Partei nicht untereinander oder mit einem im Prozess bleibenden Dritten Streitgenossen waren.[1051]

B 543

Für die im Prozess bleibende (nicht wechselnde) Partei ist es dagegen in aller Regel nicht notwendig, aus Anlass des Wechsels der Gegenpartei den eigenen Anwalt zu wechseln, für den es sich vor und nach dem Parteiwechsel um dieselbe gebührenrechtliche Angelegenheit handelt, sodass ihm die Gebühren nur einmal erwachsen. Nicht wegen des Parteiwechsels als solchen, sondern aus anderen Gründen kann allerdings ein Anwaltswechsel notwendig sein, zB weil der bisherige RA gegen die neue Gegenpartei nicht vertreten darf.

Daraus, dass der im Prozess bleibenden Partei idR beim Wechsel der Gegenpartei keine neuen Gebühren entstehen, folgt aber nicht, dass ihr auch kein Erstattungsanspruch gegen die ausscheidende Partei zustehe, wenn sie gegen diese einen Erstattungstitel erlangt.[1052]

dd) Patentnichtigkeitsverfahren

Im **Patentnichtigkeitsverfahren** ist die **Zuziehung eines Rechtsanwalts neben einem Patentanwalt** ist typischerweise als zur zweckentsprechenden Rechtsverfolgung oder Rechtsverteidigung notwendig im Sinne von § 91 Abs 1 S 1 ZPO anzusehen, wenn zeitgleich mit dem Nichtigkeitsverfahren ein das Streitpatent betreffender Verletzungsrechtsstreit anhängig ist, an dem die betreffende Partei oder ein mit ihr wirtschaftlich verbundener Dritter beteiligt ist.[1053]

B 544

Die **Gebühren eines Patentanwalts** sind in Patent-, Gebrauchsmuster-, Sortenschutz-, Geschmacksmuster und Kennzeichenstreitsachen immer neben denen des Prozessbevollmächtigten zu erstatten, § 143 Abs 3 PatG, § 27 Abs 3 GebrMG, § 38 Abs 3 SortSchG, § 52 Abs 4 GeschmG, § 140 Abs 3 MarkenG. Nach jeweils gleichlautenden Regelungen sind dem Patentanwalt die Gebühren nach

---

1048 OLG München AnwBl 1972, 276 = Rpfleger 1972, 460 = JurBüro 1972, 786.
1049 OLG Köln AnwBl 1968, 231; JMBlNRW 1970, 159 (mehrere Minister der Bundesregierung); JurBüro 1980, 1083 (auch nicht bei Interessenverschiedenheit der Behörden); OLG Koblenz Beschl v 2.5.1974 – 6 a W 138/74, KostRsp ZPO § 91 (A) 4.2.0. Anders aber, wenn Körperschaft und deren Amtsträger nebeneinander verklagt: OLG Hamm Rpfleger 1971, 103 = JurBüro 1971, 337 = MDR 1971, 312.
1050 BGH BGHZ 188, 121 = JurBüro 2011, 309 = Rpfleger 2011, 348 = RVGreport 2011, 188 m Anm *Hansens*.
1051 Nachweise bei KostRsp ZPO § 91 (A) unter 4.1.2.1.
1052 Vgl dazu OLG München MDR 1984, 946 (wegen unklarer Bezeichnung des Beklagten wird eine nicht gemeinte Person tätig und erlangt einen Erstattungstitel); **aA**: OLG Koblenz AnwBl 1985, 44 = KostRsp ZPO § 91 (B – Vertretungskosten) Nr 54 m abl Anm *von Eicken*.
1053 BGH GRUR 2013, 427 = JurBüro 2013, 256 = Rpfleger 2013, 293 = RVGreport 2013, 155 m Anm *Hansens*; GRUR 2013, 430.

§ 13 RVG zu erstatten. Der Sache nach sind damit diejenigen Gebühren gemeint, die dem Rechtsanwalt nach § 13 RVG iVm dem Vergütungsverzeichnis entstehen. Die frühere Einschränkung auf die Höhe einer vollen Gebühr gilt nicht mehr.[1054] Daneben sind auch die notwendigen Auslagen des Patentanwalts zu erstatten.

War der Patentanwalt in mehreren Instanzen tätig, so sind seine Gebühren in jeder Instanz ohne Notwendigkeitsprüfung erstattbar.

Zu berücksichtigen sind die Gebühren unabhängig davon, ob diese in der Person des Prozessbevollmächtigten in gleicher Höhe erwachsen ist, daher auch, wenn ein Prozessbevollmächtigter wegen Klagerücknahme nicht bestellt wurde.[1055]

Wohl aber ist die Erhöhung der Verfahrensgebühr gem Nr 1008 VV RVG zu berücksichtigen, wenn der Patentanwalt selbst mehrere Auftraggeber in derselben Angelegenheit vertreten hat.[1056]

Ist der Prozessbevollmächtigte zugleich als Patentanwalt beauftragt, so stehen ihm die Patentanwaltgebühren nach den oben genannten Vorschriften neben den Rechtsanwaltsgebühren zu und sind auch neben diesen erstattungsfähig.[1057]

Nicht entsprechend anwendbar sind diese Vorschriften in wettbewerbsrechtlichen und sonstigen allgemeinen Prozessen. In diesen setzt die Erstattungsfähigkeit von Patentanwaltskosten voraus, dass die Hinzuziehung eines Patentanwalts wegen besonderer, zum Aufgabenbereich des Patentanwalts gehörender technischer Schwierigkeiten geboten war.[1058]

Nicht gerechtfertigt ist es, § 140 Abs 3 MarkenG in Kennzeichenstreitsachen nur anzuwenden, wenn nicht nur markenrechtliche, sondern auch technische Fragen zur Erörterung stehen. Es reicht vielmehr aus, dass ein Anspruch aus einem im MarkenG geregelten Rechtsverhältnis geltend gemacht wird, mögen daneben auch andere Anspruchsgrundlagen gegeben sein und diese allein der Entscheidung zugrunde gelegt werden.[1059]

Eine Kennzeichenstreitsache liegt aber nicht vor, wenn in Wahrheit ausschließlich ein wettbewerbsrechtlicher Unterlassungsanspruch geltend gemacht wird, insbesondere wenn ein Verband zur Förderung gewerblicher Interessen (§ 8 UWG) klagt.[1060]

Ob in einem Bestrafungsverfahren (§ 890 ZPO) auf Grund eines in einer Kennzeichenstreitsache ergangenen Urteils § 140 MarkenG anzuwenden ist, ist streitig, dürfte aber zu bejahen sein.[1061]

1054 BGH JurBüro 2005, 34 = Rpfleger 2005, 51; OLG Frankfurt JurBüro 2005, 202; OLG Köln RVGreport 2006, 314 m Anm *Hansens*.
1055 OLG Frankfurt Rpfleger 1983, 413 = JurBüro 1983, 237 (etwaige Differenzprozessgebühr des Prozessbevollmächtigten gem § 32 Abs 2 BRAGO für mitverglichene nicht rechtshängige Ansprüche nicht zu berücksichtigen).
1056 OLG Frankfurt MittDPatAnw 1979, 38; OLG Düsseldorf ebenda S 78, OLG München JurBüro 1983, 1815 = MDR 1984, 62; **aA**: BPatGE 5, 316 für Vertretung der Partei und des Nebenintervenienten.
1057 BGH JurBüro 2003, 428 = NJW-RR 2003, 913.
1058 OLG Köln JurBüro 2013, 92 = RVGreport 2013, 68 m Anm *Hansens*; OLG Frankfurt GRUR-RR 2011, 118; OLG Celle NJW 1969, 328 = GRUR 1970, 152 = JurBüro 1969, 268; OLG Hamm JurBüro 1977, 1007; OLG Koblenz JurBüro 1983, 602; OLG Düsseldorf Rpfleger 1981, 408 = JurBüro 1981, 1386; KG NJW 1968, 755.
1059 OLG Nürnberg JurBüro 1963, 46; OLG Frankfurt KostRsp WZG § 32 Nr 3; KG KostRsp WZG § 32 Nr 6 mwN; JurBüro 1985, 931 (hat das Prozessgericht der Klage unter warenzeichenrechtl Gesichtspunkten stattgegeben, so steht für das Festsetzungsverfahren bindend fest, dass § 32 Abs 5 WZG gegeben ist).
1060 OLG Hamburg JurBüro 1975, 1103; 1980, 1904; OLG Köln KostRsp WZG § 32 Nr 14.
1061 Bejahend jeweils zum früheren § 32 Abs 5 WZG: OLG München JurBüro 1978, 751; OLG Frankfurt Rpfleger 1979, 1211; OLG Düsseldorf Rpfleger 1983, 496 (Aufgabe früherer Rspr); verneinend: OLG Hamburg JurBüro 1980, 1728.

Aus einer Patentstreitsache usw sich ergebende Gebührenprozesse sind keine Patentstreitsachen usw; ebenso nicht Beschwerdeverfahren im Rahmen der Kostenfestsetzung[1062] oder im Beschwerdeverfahren wegen einer Kostenentscheidung nach § 93 ZPO.[1063]

Im Gebrauchsmusterlöschungsverfahren sind idR nur die Kosten entweder eines Patent- oder eines Rechtsanwalts erstattungsfähig.[1064]

An die »Mitwirkung« des Patentanwalts sind keine formalen Anforderungen zu stellen. Irgendeine im Rahmen des Prozessauftrages liegende Tätigkeit, die für die Förderung einer der oben genannten Streitsachen ursächlich geworden ist, reicht aus.[1065] Sofern eine Mitwirkungsanzeige nicht bis zum Abschluss des Rechtsstreits erfolgt ist, kann die tatsächliche Mitwirkung auch noch im Kostenfestsetzungsverfahren glaubhaft gemacht werden.[1066]

Anders als bei den Gebühren fordert das Gesetz bei den Auslagen des Patentanwalts eine Notwendigkeitsprüfung. Allein daraus, dass ein Patentanwalt mitgewirkt hat, folgt noch nicht, dass alle seine Mitwirkungshandlungen notwendig waren und deshalb durch sie verursachte Auslagen ohne weiteres erstattbar sind. Das gilt besonders für Reisekosten zur Teilnahme an Terminen. Wie immer ist jedoch nicht entscheidend, ob sich die Terminsteilnahme tatsächlich als notwendig erwiesen hat, sondern ob sachliche Gründe für die Annahme vorlagen, dass die Anwesenheit des Patentanwalts im Termin erforderlich sein könnte, was idR zu bejahen sein wird.[1067]

Die § 143 Abs 3 PatG, § 19 Abs 3 GebrMG, § 38 Abs 3 SortSchG, § 52 Abs 4 GeschmMG, § 140 Abs 3 MarkenG gelten zwar nur für deutsche Patentanwälte, die Vorschriften sind aber entsprechend anzuwenden, wenn ein **ausländischer Patentanwalt** aus einem Mitgliedstaat der Europäischen Union mitgewirkt hat. Voraussetzung ist allerdings, dass der ausländische Patentanwalt nach seiner Ausbildung und dem Tätigkeitsbereich, für den er in dem anderen Mitgliedstaat zugelassen ist, einem in Deutschland zugelassenen Patentanwalt im Wesentlichen gleichgestellt werden kann.[1068] Das gilt auch für schweizerische Patentanwälte.[1069]

Der Patentanwalt kann für die Mitwirkung in eigener Sache keine Gebühr erstattet verlangen.[1070]

Die Kosten der Hinzuziehung von anderen Personen in ähnlicher Funktion (Patentingenieure, technische Berater) sind nur nach § 91 ZPO, dh praktisch wie Privatgutachter (vgl Rdn. B 405–411), erstattbar.

Wegen Recherchen von Patentanwälten vgl Rdn. B 420.

ee) Sonstige Spezialanwälte

Sonstige Spezialanwälte sind idR neben dem Prozessbevollmächtigten nicht als notwendig anzuerkennen. Dieser muss sich vielmehr die erforderlichen Spezialkenntnisse selbst verschaffen.[1071]

B 545

1062 OLG Frankfurt Rpfleger 1975, 323 = JurBüro 1975, 777; OLG Düsseldorf JurBüro 1982, 575.
1063 OLG Zweibrücken RVGreport 2009, 395 m Anm *Hansens*; AnwBl 2009, 150.
1064 BGHZ 43, 352 = NJW 1965, 1599 = GRUR 1965, 621.
1065 KG KostRsp § 32 WZG Nr 6; OLG Düsseldorf JurBüro 1984, 928.
1066 BGH JurBüro 2007, 596 = Rpfleger 2007, 626; KG JurBüro 2008, 544 = Rpfleger 2008, 598; OLG Hamburg MDR 2007, 369 = OLGR 2006, 923.
1067 KG Rpfleger 1975, 100 (LS) = JurBüro 1975, 376; OLG Stuttgart Rpfleger 1983, 173 = JurBüro 1983, 766 = Justiz 1983, 77.
1068 BGH JurBüro 2007, 596 = Rpfleger 2007, 626 = RVGreport 2007, 391 m Anm *Hansens*; OLG Koblenz GRUR-RR 2002, 127 = EWiR 2002, 851 m Anm *Röping*; OLG Düsseldorf AnwBl 1989, 107 = GRUR 1988, 761.
1069 KG JurBüro 2008, 544 = Rpfleger 2008, 598 = RVGreport 2009, 114 m Anm *Hansens*.
1070 OLG Frankfurt Rpfleger 1974, 321; JurBüro 1980, 139 = WRP 1979, 657.
1071 OLG Stuttgart AnwBl 1981, 196 = JurBüro 1981, 1069 = Justiz 1981, 205; OLG Koblenz JurBüro 1984, 922.

Dieser auch für die Notwendigkeit der Beschaffung von Rechtsgutachten (vgl Rdn. B 410) geltende Grundsatz hat aber Zumutbarkeitsgrenzen. Wo diese im Einzelfall verlaufen, beurteilt sich nach dessen besonderen Umständen.[1072]

Zwei Gesichtspunkte erscheinen dabei erheblich: Einmal muss die Einarbeitung dem Prozessbevollmächtigten zeitlich zumutbar sein, wobei die Besonderheit des Rechtsgebiets und die Höhe des Streitwerts eine Rolle spielen; zum anderen muss aber auch für die Partei eine hinreichende Sicherheit bestehen, dass die Einarbeitung des Prozessbevollmächtigten zur richtigen und vollen Erfassung der Spezialmaterie führt, denn sie soll nicht Gefahr laufen, dass dieser trotz zumutbarer Anstrengung wesentliche Einzelheiten der fremden Materie übersieht.

Die Hinzuziehung eines auswärtigen Spezialanwalts kann jedoch nicht als notwendig angesehen werden, wenn sich unter den beim Prozessgericht zugelassenen Anwälten solche mit den erforderlichen Spezialkenntnissen befinden und die Partei keine Anstrengungen unternommen hat, sich nach solchen bei der anwaltlichen Standesorganisation oder bei Interessenvertretungen für das Spezialgebiet zu erkundigen.[1073]

ff) Anwaltswechsel nach Verweisung oder Abgabe

B 546 Wird der Prozessbevollmächtigte des **Klägers** vor dem unzuständigen Gericht als Verkehrsanwalt im Verfahren vor dem neuen Gericht tätig oder beauftragt er einen Unterbevollmächtigten und ist deren Einschaltung als solche auch notwendig (vgl Rdn. B 533 bzw B 532), handelt es sich bei den Gebühren dieser RA nicht um Mehrkosten iSd § 281 Abs 3 S 2 ZPO, denn sie wären auch entstanden, wenn der Kläger sofort das richtige Gericht angerufen hätte.

B 547 Der vor dem unzuständigen Gericht in Anspruch genommene **Beklagte** (Antragsgegner) ist berechtigt, einen an seinem Geschäft- oder Wohnort ansässigen RA mit seiner Vertretung zu beauftragen (s Rdn. B 521 ff). Zunächst hat sich der Beklagten-Vertreter darauf zu beschränken, einen Antrag auf Verweisung zustellen.[1074] Schließt sich der Kläger diesem Antrag nicht an und kommt es zu einer mündlichen Verhandlung, sind die Reisekosten des Beklagten-Vertreters Mehrkosten, die nach einer Entscheidung nach § 281 Abs 3 S 2 ZPO der Kl zu tragen hat.[1075] Die Kosten eines Unterbevollmächtigten sind in diesem Fall nach den vom BGH aufgestellten Grundsätzen erstattungsfähig (s Rdn. B 533). Da der Beklagten-Vertreter auch beim unzuständigen Gericht postulationsfähig ist, muss ein Anwaltswechsel nach Verweisung nicht eintreten.

B 548 Wird der Rechtsstreit **vom ordentlichen Gericht an das Arbeitsgericht oder umgekehrt verwiesen**, so ergeben sich Besonderheiten wegen § 12 a Abs 1 S 1 ArbGG, wonach im Urteilsverfahren des 1. Rechtszuges vor dem Arbeitsgericht kein Anspruch der obsiegenden Partei auf Erstattung der Kosten für die Zuziehung eines Prozessbevollmächtigten oder Beistandes besteht (s Rdn. C 14–16).

Die nur vor dem zunächst angerufenen Arbeitsgericht erwachsenen RA-Kosten bleiben auch auf Grund eines vom ordentlichen Gericht erlassenen Titels von der Erstattung ausgeschlossen, mag dieser auch einen Ausspruch nach § 281 Abs 3 S 2 ZPO enthalten.[1076] Lediglich die Anwaltskosten, die vor dem ordentlichen Gericht – erstmalig oder erneut – entstehen, sind erstattbar.

B 549 Umgekehrt bleiben vor dem zunächst angerufenen ordentlichen Gericht erwachsene RA-Kosten des Bekl grundsätzlich auf Grund eines arbeitsgerichtlichen Titels erstattbar (§ 12 a Abs 1 S 3 ArbGG). Der RA kann die bereits vor dem Gericht der ordentlichen Gerichtsbarkeit erwachsenen Gebühren gem § 20 RVG nur dann neu fordern, wenn die Verweisung an ein Gericht eines

---

1072 OLG Hamm JurBüro 1962, 107 = MDR 1963, 59 = JMBlNRW 1962, 164.
1073 Vgl OLG Koblenz JurBüro 1978, 1345 (Spezialist als Verkehrsanwalt nicht erforderlich, wenn am Gerichtsort mehrere Spezialisten zugelassen sind).
1074 OLG Saarbrücken v 31.07.2003 – 2 W 41/03 in Juris.
1075 OLG Koblenz JurBüro 2002, 150.
1076 OLG Brandenburg JurBüro 2000, 422.

niedrigeren Rechtszuges (vom Berufungsgericht an das ArbG 1. Instanz) erfolgte. Dann handelt es sich bei den vor den ordentlichen Gerichten erwachsenen RA-Kosten um echte Mehrkosten. Wird dagegen – wie meist – an ein Arbeitsgericht desselben Rechtszuges verwiesen, handelt es sich um den gleichen Rechtszug und die Gebühren können nur einmal entstehen (§ 15 Abs 2 RVG). Lässt der Beklagte sich vor dem ArbG weiter von seinem bisherigen RA vertreten, sind die vor dem Gericht der ordentlichen Gerichtsbarkeit entstandenen Kosten gemäß § 12 a Abs 1 S 3 ArbGG zu erstatten, obwohl die gleichen Gebühren im Arbeitsgerichtsprozess nicht noch mal anfallen.[1077]

gg) Anwaltswechsel wegen vorzeitiger Beendigung des Anwaltsvertrages

(a) Den **Tod des Anwalts** kann die Partei nicht vermeiden. Ein Anwaltswechsel muss deshalb iSd § 91 Abs 2 S 2 ZPO für sie aber nur dann eintreten, wenn der Verstorbene als Einzelanwalt beauftragt war. War dagegen eine Anwaltssozietät beauftragt, so obliegt nunmehr die Vertretung den übrigen Mitgliedern der Sozietät;[1078] dadurch erneut ausgelöste Gebühren können von der Sozietät nicht neben den durch die Tätigkeit des Verstorbenen ausgelösten Gebühren gefordert werden (§ 15 Abs 2 S 1 RVG).[1079]

B 550

Unterhielt der verstorbene Einzelanwalt mit anderen Anwälten dagegen lediglich eine **Bürogemeinschaft,** so werden diese nicht Vertragspartner der Partei; sie sind nicht verpflichtet, für den Verstorbenen einzutreten, die Partei ist auch dem Gegner gegenüber nicht verpflichtet, einen von ihnen mit seiner weiteren Vertretung zu beauftragen, was im Übrigen nichts daran ändern würde, dass neue Gebühren entstünden.[1080]

Ist für den verstorbenen RA ein **Abwickler bestellt** worden, so ist die Partei auch erstattungsrechtlich nicht gehalten, diesen mit ihrer weiteren Vertretung zu beauftragen.[1081]

Beauftragt sie jedoch den Abwickler, so entstehen dadurch keine erstattbaren Mehrkosten. Dem ist der Fall gleichzusetzen, dass die Partei die Sozietät, der der Abwickler angehört, beauftragt.[1082]

Hat der Verstorbene seinen Tod selbst verursacht (zB durch Selbstmord oder Fahrlässigkeit im Straßenverkehr), so beseitigt das seinen Vergütungsanspruch gegen die Partei nicht; für sie ist unter den og Voraussetzungen auch in diesem Falle der Anwaltswechsel unvermeidlich.[1083]

Ein notwendiger Anwaltswechsel liegt auch vor, wenn der verstorbene RA sich selbst vertreten hatte und die Erben nunmehr einen anderen Anwalt beauftragen müssen.

(b) Wird die Erfüllung des Anwaltsvertrages **aus Gründen in der Person des Anwalts** (zB durch Aufgabe der Praxis, Ausschluss aus der Anwaltschaft, Aufgabe der Zulassung) unmöglich oder kündigt der RA den Anwaltsvertrag vor Beendigung der gebührenrechtlichen Angelegenheit, so hängt die Frage, ob ein Fall des notwendigen Anwaltswechsels vorliegt und der Gegner deshalb die Kosten zweier Anwälte erstatten muss, davon ab, ob der erste RA für seine bisher geleisteten Dienste von der Partei die gesetzliche Vergütung verlangen kann. Das ist nach den §§ 323, 324, 628 Abs 1 S 2, Abs 2 BGB, § 15 Abs 4 RVG zu beurteilen.

B 551

1077 BAG BAGE 112, 293 = NJW 2005, 1301.
1078 OLG München AnwBl 1995, 109.
1079 OLG Frankfurt JurBüro 1990, 1180.
1080 OLG Stuttgart Justiz 1969, 224.
1081 OLG Hamburg MDR 2005, 839; OLG Köln AnwBl 1997, 291; OLG Düsseldorf NJW 1963, 660; OLG Frankfurt AnwBl 1980, 517 = Rpfleger 1981, 29 = MDR 1980, 1026 = JurBüro 1981, 126 = VersR 1980, 933.
1082 OLG Köln OLGR 2008, 538; OLG München JurBüro 1994, 300; OLG Hamm AnwBl 1969, 349 = Rpfleger 1969, 168 = JurBüro 1969, 642; LG Flensburg Rpfleger 1994, 383 = KostRsp ZPO § 91 (B – Vertretungskosten) Nr 618 m Anm *von Eicken*.
1083 KG JW 1930, 3337; 1934, 914 u 3145; OLG Naumburg JW 1934, 1742; *Gerold/Schmidt/ Müller-Rabe* Rn. 22, 23 zu § 54 RVG stellen auf die Motive für den Selbstmord des RA ab.

Danach lassen sich folgende **Fallgruppen** bilden:

Beruht die Unmöglichkeit der Vertragserfüllung auf einem von **dem RA selbst zu vertretenden Umstand,** so greift § 628 Abs 1 S 2 BGB ein. Nach § 15 Abs 4 RVG bleibt zwar an sich der Gebührenanspruch bestehen, soweit die Gebührentatbestände bereits erfüllt sind. Der RA kann aber die Vergütung insoweit nicht fordern, als seine bisherigen Leistungen für den Mandanten kein Interesse haben. Das wird der Fall sein, soweit dieser dieselben Gebühren seinem neuen RA erneut zahlen muss. Damit entfällt der Gebührenanspruch des ersten RA keineswegs immer völlig. Hat er zB den Mandanten in einem Termin vertreten und damit die Terminsgebühr erlangt, findet aber nach der Bestellung des neuen RA kein Termin mehr statt, so ist die Tätigkeit für den Mandanten nicht interesselos geworden, kann der Rechtsanwalt mithin die Terminsgebühr liquidieren. Erstattungsrechtlich läuft das auf die 1. Alternative des § 91 Abs 2 S 2 ZPO hinaus. Der unterlegene Gegner muss nur die RA-Vergütung erstatten, die entstanden wäre, wenn der erste RA die Vertretung zu Ende geführt hätte, gleichgültig, ob die Gebührentatbestände nur von diesem, nur von dem neuen RA oder von beiden erfüllt worden sind. Denn mehr schuldet der Erstattungsgläubiger seinen Anwälten insgesamt nicht.

Beruhen Unmöglichkeit oder Kündigung des RA auf einem **vom Mandanten zu vertretenden Umstand,** so bleibt der Vergütungsanspruch des RA jedenfalls soweit bestehen, als Gebührentatbestände bereits erfüllt sind, §§ 324, 628 Abs 1 S 1 BGB, § 15 Abs 4 RVG. Ob weitergehende Ansprüche zustehen, ist erstattungsrechtlich ohne Belang, denn wenn Unmöglichkeit der Vertragserfüllung oder Kündigung auf einem von der Partei zu vertretenden Grund beruhen, ist der Anwaltswechsel für sie nicht unvermeidbar gewesen, braucht der Gegner also nicht mehr als die Kosten eines RA zu erstatten.

Möglich ist auch, dass die Unmöglichkeit der Vertragserfüllung **weder vom Mandanten noch vom Anwalt zu vertreten** ist. Dann kann der RA nach § 15 Abs 4 RVG die Vergütung verlangen, soweit er die Gebühren- und Auslagentatbestände bereits erfüllt hat. Der Mandant muss einen neuen Anwalt beauftragen, dem er uU die gleiche Vergütung noch einmal entrichten muss. Ein notwendiger Anwaltswechsel mit der Folge, dass der Gegner die Kosten beider Anwälte erstatten muss, liegt jedoch auch dann nur vor, wenn die Partei die Umstände, die zur Unmöglichkeit der vollen Vertragserfüllung durch den ersten RA führten, nicht voraussehen und durch Beauftragung eines anderen RA hätte vermeiden können. Dass dies der Fall war, muss der Erstattungsgläubiger dartun und glaubhaft machen. Ebenso auch, wenn das Mandat wegen Unstimmigkeiten zwischen Mandant und RA gekündigt wurde und nicht feststellbar ist, wer für diese verantwortlich zu machen ist – jedenfalls hat der erstattungspflichtige Gegner in keinem dieser Fälle die durch einen Anwaltswechsel verursachten Mehrkosten zu erstatten, wenn die obsiegende Partei nicht nachweist, dass die Unstimmigkeiten auf schicksalhaften Umständen beruhen, was eigentlich nur bei Gemütserkrankung der Partei vorstellbar ist.[1084] Wann der **RA die Unmöglichkeit zu vertreten** hat, ist eine Frage des Einzelfalls.[1085]

Allgemein lässt sich sagen, dass der RA es zu vertreten hat, wenn er ihm bei Mandatsübernahme bewusste konkrete Zweifel daran, ob er das Mandat werde zu Ende führen können, nicht offenbart, es sei denn, er träfe Vorsorge, dass der Mandant (und damit der unterlegene Gegner) nicht doppelt

---

[1084] OLG Hamburg MDR 1970, 428; JurBüro 1972, 1081; JurBüro 1973, 448 = MDR 1973, 324; OLG Frankfurt AnwBl 1983, 565 = JurBüro 1983, 122; OLG Celle Rpfleger 1964, 327 (Gemütserkrankung der Partei); OLG Zweibrücken JurBüro 1965, 920 (Kündigung durch wahrscheinlich geschäftsunfähige Partei).
[1085] Vgl dazu KostRsp ZPO § 91 (A) unter 4.2.1.1 und 4.2.1.2 und die Kommentarliteratur zu §§ 15 Abs 4, 54 RVG.

belastet wird (zB durch Fortführung der Kanzlei durch einen Sozius, durch Vereinbarung mit dem Praxisübernehmer).[1086]

Ebenso muss der RA es vertreten, wenn er sich durch **freiwillige Praxis- oder Zulassungsaufgabe** die Vertragserfüllung unmöglich macht und infolgedessen die Partei ihrem neuen RA dieselben Gebühren erneut zahlen muss. Darauf, ob die Gründe für das Verhalten des RA achtenswert sind, kommt es nicht an.[1087] Die materiell-rechtliche Frage, ob der erste Prozessbevollmächtigte überhaupt einen Vergütungsanspruch gegen die Partei hat, ist im Kostenfestsetzungsverfahren grundsätzlich nicht zu prüfen.[1088]

Kein notwendiger Anwaltswechsel liegt vor, wenn **an die Stelle der anwaltlich vertretenen bisherigen Partei nunmehr ein Rechtsanwalt** als Rechtsnachfolger, Insolvenzverwalter usw tritt oder wenn ein RA gesetzlicher Vertreter der Partei wird und nunmehr dem bisherigen Prozessbevollmächtigten das Mandat kündigt, weil er den Prozess persönlich fortführen will.[1089]

Wird der RA – sei es vom Gegner, sei es von der eigenen Partei – als Zeuge benannt und ist seine Vernehmung zu erwarten, so macht das einen Anwaltswechsel nicht notwendig.[1090]

Für die Partei unvermeidbar kann die Niederlegung des Mandats durch den ersten RA wegen **Interessenkollision** dann sein, wenn diese weder von dem RA, noch von der Partei vorauszusehen oder veranlasst war.[1091]

1086 BGH AGS 2013, 94 = JurBüro 2013, 35 = Rpfleger 2013, 50 = RVGreport 2013, 26 m Anm *Hansens*; NJW 2013, 1369; AGS 2012, 544 = RVGreport 2012, 422 m Anm *Hansens*; BGH NJW 1957, 1152, 1153; RGZ 33, 369, 371; OLG Frankfurt JurBüro 1986, 453; OLG Koblenz MDR 1991, 1098; OLG Düsseldorf JurBüro 1993, 731; OLG Hamm NJW-RR 1996, 1343; OLG Koblenz FamRZ 2006, 1559; OLG Nürnberg JurBüro 1972, 518; OLG Hamburg AnwBl 1972, 129; vgl auch OLG Koblenz AGS 2006, 451 m Anm *Madert* = JurBüro 2006, 543; OLG Celle Rpfleger 1969, 22 = NdsRpfl 1968, 284.
1087 KG Rpfleger 1962, 158 (Annahme beamtenrechtlicher Stellung); insoweit **aA**: OLG Neustadt MDR 1961, 946; OLG München AnwBl 1970, 77 = JurBüro 1970, 318 = Rpfleger 1970, 97; OLG Hamburg JurBüro 1981, 1515 = MDR 1981, 767; OLG Frankfurt JurBüro 1980, 141; OLG Schleswig SchlHA 1972, 11; **aA**: OLG Düsseldorf JurBüro 1978, 1877 (bei Zulassungsaufgabe 1 Jahr nach Übernahme des Mandats); OLG Frankfurt AnwBl 1968, 232 = MDR 1967, 774 (das auf Voraussehbarkeit und Vermeidbarkeit für die Partei abstellt); Rpfleger 1980, 66 (Zulassungsaufgabe aus achtenswerten Gründen); OLG Hamburg MDR 1965, 395 und 396 (wenn Praxisaufgabe bei Mandatsübernahme nicht bekannt und RA alles Zumutbare getan, um Mandanten vor erneuter Gebührenbelastung zu bewahren). Nicht freiwillig ist die Aufgabe von Praxis oder Zulassung, wenn sie wegen Alters oder Krankheit erfolgt (OLG Frankfurt JurBüro 1974, 1599, insoweit **aA**: OLG Braunschweig JurBüro 1973, 871), oder der durch eine Änderung der Gerichtsorganisation veranlasste Zulassungswechsel (OLG Koblenz JurBüro 1978, 1068); ein ehrengerichtlicher Ausschluss des RA aus der Anwaltschaft oder die Aufgabe der Zulassung zur Vermeidung ehrengerichtlicher Maßnahmen sind zwar nicht freiwillig, aber idR gleichwohl vom RA zu vertretende Umstände. Dem erstattungspflichtigen Gegner gegenüber muss sich die Partei in diesem Fall das Verhalten ihres Anwalts zurechnen lassen, wenn sie gegen diesen keinen Ersatzanspruch wegen der Mehrkosten durch Einschaltung eines neuen RA erlangt (**aA**: KG JurBüro 1980, 607).
1088 OLG München JurBüro 2007, 596 = RVGreport 2008, 27 m Anm *Hansens*.
1089 KG JurBüro 1963, 559; OLG Nürnberg JurBüro 1962, 625 (RA nimmt als Konkursverwalter unterbrochenen Prozess auf); OLG Koblenz JurBüro 1984, 1085 (ebenso auch wenn früherer RA erklärt, er sei an Weiterführung nicht interessiert); OLG Frankfurt Rpfleger 1978, 419 (RA als Nachlasspfleger); LG Nürnberg-Fürth KostRsp ZPO § 91 (B – Vertretungskosten) Nr 38 (RA wird Testamentsvollstrecker).
1090 OLG München NJW 1967, 886 = JurBüro 1967, 254 = MDR 1967, 503; OLG Hamm AnwBl 1977, 165 = Rpfleger 1976, 435; LG Bonn AnwBl 1975, 161.
1091 OLG Nürnberg JurBüro 1967, 920 (erster RA legt Mandat im Prozess gegen Stadt nieder, um Wahl als Stadtrat anzunehmen); OLG Frankfurt JurBüro 1977, 554; aber DNotZ 1964, 636 = Rpfleger 1965, 290 (LS) (nicht wenn erster RA Miterben wegen Ansprüchen aus vor ihm als Notar errichteten Testament gegen anfechtenden Miterben vertritt); OLG München JurBüro 1979, 113 (neuer RA bei Anfechtung eines Prozessvergleichs wegen Regressabsicht gegen früheren Prozessbevollmächtigten).

hh) Mehrere Anwälte bei Streitgenossen

B 552 (a) Jeder Streitgenosse – ob einfacher oder notwendiger – steht dem Gegner verfahrensrechtlich als Einzelner gegenüber (vgl Rdn. B 49). Er ist deshalb grundsätzlich auch erstattungsrechtlich nicht gehalten, zusammen mit dem/den Streitgenossen nur einen einzigen gemeinsamen RA zu beauftragen. Beauftragt jeder Streitgenosse von vornherein einen eigenen RA, so sind im Falle des Obsiegens deren Kosten ohne Prüfung, ob auch die Beauftragung eines gemeinsamen RA durch alle Streitgenossen ausgereicht hätte, zu erstatten.[1092] Das gilt auch für persönlich oder wirtschaftlich eng verbundene Parteien.[1093]

Streitgenossenschaft liegt aber nicht vor, wenn eine Körperschaft des öffentlichen Rechts durch verschiedene Behörden vertreten wird.[1094]

Wie jedes Recht findet auch das Recht, sich neben Streitgenossen eines eigenen RA zu bedienen, seine Grenze beim Rechtsmissbrauch; die Kosten eines eigenen RA des Streitgenossen sind deshalb dann nicht zu erstatten, wenn ersichtlich ist, dass die mehreren Anwälte von den Streitgenossen nur beauftragt worden sind, um dem Gegner höhere Kosten zu verursachen.[1095] Das wird aber nur ausnahmsweise bei völliger Interessengleichheit der Streitgenossen angenommen werden können. Ergibt sich diese nicht aus den Akten, so ist es nicht Sache des Erstattungsgläubigers, darzulegen, dass sachliche Gründe für die Aufspaltung der Mandate vorlagen, dass also kein Rechtsmissbrauch vorlag, vielmehr muss der Erstattungsschuldner den Rechtsmissbrauch glaubhaft machen.[1096]

B 553 (b) Für **Sozietätsanwälte** als Streitgenossen gilt grundsätzlich nichts anderes, wenn jeder von ihnen sich durch einen außenstehenden dritten RA vertreten lässt oder sich selbst vertritt und den Prozess auch tatsächlich selbst führt.[1097]

B 554 Führen die Sozietätsanwälte dagegen den Prozess tatsächlich nicht jeder für sich, sondern beauftragen sie sich gegen- oder wechselseitig, so spricht das für völligen Gleichlauf der Interessen, insbesondere, wenn tatsächlich nur einheitliche Schriftsätze gefertigt werden und die Termine nur von jeweils einem von ihnen wahrgenommen werden. In diesem Fall könnte idR ebenso auch die Sozietät oder einer der Sozietätsanwälte gemeinschaftlich beauftragt werden, sodass nur die Kosten

---

1092 BGH AGS 2012, 151 = JurBüro 2012, 150 = Rpfleger 2012, 105 = RVGreport 2012, 68 m Anm *Hansens*.
1093 Eheleute: OLG Nürnberg FamRZ 1964, 442 = JurBüro 1965, 926; OLG Stuttgart Justiz 1967, 167; Miterben: OLG Frankfurt AnwBl 1980, 505 = KostRsp ZPO § 91 (B – Vertretungskosten) Nr 26 m krit Anm *von Eicken*. Mitgesellschafter, auch soweit neben Gesellschaft verklagt: OLG Düsseldorf AnwBl 1981, 70 = JurBüro 1981, 762 = MDR 1981, 323. OLG Hamm Rpfleger 1978, 329 nimmt demgegenüber Rechtsmissbrauch an, wenn für GmbH & Co KG und persönlich haftende GmbH je eigener Prozessbevollmächtigter bestellt wird; **aA**: OLG Bamberg JurBüro 1986, 923.
1094 OLG Düsseldorf MDR 2012, 494 = NJW-Spezial 2012, 221; OLG Köln AnwBl 1968, 231; JMBlNW 1970, 159; Rpfleger 1980, 157 = JurBüro 1980, 1083.
1095 BGH AGS 2009, 306 = RVGreport 2009, 153 m Anm *Hansens*; vgl auch BVerfG BVerfGE 81, 387 = NJW 1990, 2124.
1096 Vgl dazu OLG Hamm AGS 2007, 476 = OLGR 2007, 771; OLGR 2003, 39; JurBüro 1979, 1060; OLG Stuttgart Justiz 1980, 20; OLG Köln MDR 2006, 886; JurBüro 1999, 418 = OLGR 1999, 148; OLG Karlsruhe AGS 2000, 99 = MDR 2000, 235 = OLGR 1999, 418; OLG Naumburg Rpfleger 2005, 482.
1097 Vgl. BGH AGS 2007, 541 m Anm *Schons* = JurBüro 2007, 490 = RVGreport 2007, 309 m Anm *Hansens*; OLG Düsseldorf JurBüro 2007, 263; Rpfleger 1976, 256 = JurBüro 1976, 660; OLG Nürnberg AnwBl 1981, 194 = JurBüro 1981, 763; AnwBl 1978, 261; OLG Hamm AnwBl 1983, 526 = JurBüro 1983, 925; OLG München Rpfleger 1981, 71 = JurBüro 1981, 138. Demgegenüber wollen OLG Köln JurBüro 1980, 613, OLG Stuttgart AnwBl 1980, 196 = Rpfleger 1980, 194 = JurBüro 1980, 701, LG Köln JurBüro 1978, 1396 und LG Berlin Rpfleger 1979, 465 = JurBüro 1979, 1714 regelmäßig nur die Kosten der Vertretung durch die Sozietät als erstattungsfähig anerkennen, die der Selbstvertretung mehrerer Mitglieder nur dann, wenn dafür sachliche Gründe vorliegen.

erstattungsfähig sind, die in diesem Fall entstanden wären (mit Erhöhung der Verfahrensgebühr nach Nr 1008 VV RVG).[1098]

Wegen Gebührenprozessen gegen den eigenen Mandanten vgl Rdn. B 566.

(c) Aus dem Recht jedes Streitgenossen, einen eigenen RA zu beauftragen, folgt nicht, dass die Streitgenossen gemeinschaftlich oder **der einzelne Streitgenosse mehrere Anwälte beauftragen** oder den Anwalt wechseln dürfen, ohne dass dafür eine Notwendigkeit besteht, sofern nur die Zahl der in Anspruch genommenen Anwälte die Zahl der Streitgenossen nicht übersteigt. Das wird zwar unter Hinweis auf die durch die Bestellung eines gemeinschaftlichen Prozessbevollmächtigten erzielte Ersparnis vereinzelt auch in der obergerichtlichen Rechtsprechung angenommen,[1099] ist aber nicht zutreffend. Wenn die Streitgenossen sich einmal für die Beauftragung eines gemeinschaftlichen Prozessbevollmächtigten entschieden haben, ist jeder von ihnen ordnungsgemäß anwaltlich vertreten. Dass dabei insgesamt geringere Kosten erwachsen als bei Beauftragung eines besonderen Anwalts für jeden Streitgenossen kann zwar auch dem einzelnen Streitgenossen und damit auch dem unterlegenen Gegner zugute kommen. Der Streitgenosse erlangt dadurch aber kein erstattungsrechtliches Guthaben, über das er durch Beauftragung eines weiteren Anwalts oder durch einen Anwaltswechsel beliebig, ohne dass dafür eine Notwendigkeit vorliegt, verfügen kann. § 91 Abs 2 S 2 ZPO regelt den Fall mehrerer Rechtsanwälte bei Streitgenossenschaft nicht. Er kann nicht ergänzend dahin verstanden werden, dass bei Streitgenossen die Kosten mehrerer Rechtsanwälte bis zur Höhe der Kosten eines besonderen Rechtsanwalts je Streitgenosse zu erstatten seien, denn es besteht keine erstattungsrechtliche Rechtfertigung dafür, die von den Streitgenossen gemeinsam erzielte Ersparnis einem einzelnen Streitgenossen, der einen weiteren RA beauftragt oder den Anwalt wechselt, zugute kommen zu lassen. Hinzu kommt, dass keineswegs schon bei der Festsetzung von vornherein feststeht, ob der einzelne obsiegende Streitgenosse tatsächlich etwas erspart hat. Er schuldet nämlich dem gemeinschaftlichen RA nach § 7 Abs 2 S 1 RVG die Gebühren und Auslagen, die er schulden würde, wenn der RA nur in seinem Auftrage tätig geworden wäre. Wird er darauf in Anspruch genommen, so hat er selbst durch die Beauftragung eines gemeinschaftlichen RA nichts erspart und damit dann auch der unterlegene Gegner nichts. Davon, ob dieser mögliche Fall eintritt, kann aber die erstattungsrechtliche Beurteilung der Beauftragung eines weiteren Anwalts oder eines Anwaltswechsels durch den einzelnen Streitgenossen nicht abhängig gemacht werden, erst recht nicht vom Bestehen oder der Durchsetzbarkeit eines Ausgleichsanspruchs gegen die Streitgenossen. Kosten, die dadurch entstehen, dass der einzelne Streitgenosse neben dem oder statt des gemeinschaftlichen Prozessbevollmächtigten einen weiteren RA beauftragt, sind deshalb nur dann erstattbar, wenn die Hinzuziehung des weiteren RA nach den allgemeinen Voraussetzungen notwendig waren.[1100]

B 555

1098 KG JurBüro 1986, 271 = MDR 1985, 851; OLG Schleswig JurBüro 1988, 1030; vgl auch schon Rpfleger 1979, 70 = JurBüro 1979, 198 (wechselseitiges Mandat steht gemeinsamem Mandat an dritten RA gleich, folgt aber nicht ohne weiteres aus gegenseitiger Vertretung oder aus Benutzung von Sozietätsbriefbögen). Ähnlich auch OLG Bamberg JurBüro 1985, 773 u OLG Koblenz KostRsp ZPO § 91 ZPO (B – Vertretungskosten) Nr 58. OLG Frankfurt AnwBl 1981, 155 = JurBüro 1981, 926 will demgegenüber Selbstvertretung der Sozietätsanwälte auch dann annehmen, wenn einer von ihnen allein die Schriftsätze fertigt und die Termine wahrnimmt; dieser soll im Zweifel Unterbevollmächtigter, nicht Prozessbevollmächtigter sein. Das ist lebensfremd; selbst wenn diese Annahme aber gerechtfertigt wäre, gäbe es für solches Vorgehen keine andere Erklärung, als dass rechtsmissbräuchlich dem Gegner höhere Kosten verursacht werden sollen.

1099 OLG Karlsruhe Justiz 1981, 16 (Verkehrsanwalt ohne Notwendigkeitsprüfung neben gemeinsamem Prozessbevollmächtigtem); KG AnwBl 1974, 27 = Rpfleger 1973, 437 = JurBüro 1974, 27 (Streitgenossen bestellen von vornherein mehrere gemeinschaftliche Anwälte).

1100 Im Falle des Verkehrsanwalts: OLG München AnwBl 1991, 163 = MDR 1991, 156 (Aufgabe bish Rspr); OLG Hamm NJW 1971, 2079 = Rpfleger 1971, 321 = JurBüro 1971, 694; OLG Hamburg JurBüro 1984, 1725 = MDR 1984, 588; OLG Koblenz JurBüro 1981, 1190; OLG Schleswig JurBüro 1979, 1660 = SchlHA 1979, 181; OLG Stuttgart JurBüro 1983, 768 u 438; OLG Bamberg JurBüro 1982, 1848; AnwBl 1985, 214; OLG Düsseldorf AnwBl 1984, 100 = JurBüro 1984, 1238 = Rpfleger 1984, 32 (Aufgabe früherer Rechtsprechung); KG JurBüro 1982, 1038 weist darauf hin, dass die Kosten

Die Zahl der bei der Kostenerstattung berücksichtigungsfähigen Anwälte ist aber auch nicht auf die Zahl der Streitgenossen beschränkt. Die Umstände, die bei der Einzelpartei die Beauftragung mehrerer Anwälte als notwendig erscheinen lassen, können bei einzelnen, mehreren oder allen Streitgenossen vorliegen. Auch wenn die Streitgenossen einen gemeinschaftlichen Prozessbevollmächtigten bestellen, kann deshalb die Zahl der notwendigerweise hinzugezogenen Anwälte diejenige der Streitgenossen übersteigen.

B 556 (d) Diese Überlegungen gelten grundsätzlich auch für den Fall, dass in Verkehrsunfallsachen **Halter, Fahrer und Haftpflichtversicherer** als Gesamtschuldner verklagt werden.[1101] Jedoch ergeben sich Besonderheiten daraus, dass häufig der gemeinschaftliche Prozessbevollmächtigte von dem Haftpflichtversicherer beauftragt wird, seine Bestellung also nicht auf der eigenen Entscheidung der anderen Streitgenossen (Halter und/oder Fahrer) beruht. Es fragt sich dann, ob damit deren Wahlrecht verbraucht ist oder ob sie neben dem von der Versicherung bestellten RA ohne erstattungsrechtliche Nachteile noch einen eigenen RA beauftragen dürfen. Die Frage ist umstritten, aber zu verneinen, sofern es sich lediglich um die Abwehr gegnerischer Ansprüche handelt und konkrete Interessengegensätze zwischen den Streitgenossen nicht vorliegen. Wenn der Versicherer den gemeinschaftlichen Prozessbevollmächtigten bestellt hat, so ist dem zwar nicht zu entnehmen, dass die Interessen der Streitgenossen nach eigener Beurteilung gleichlaufen. Das ändert aber nichts daran, dass die Streitgenossen ordnungsmäßig vertreten sind, denn ob die Bestellung des gemeinschaftlichen RA auf eigener Entschließung oder auf (versicherungs-) vertraglicher Bindung beruht, ist prozessual unerheblich. Die bloße Möglichkeit, dass ein Interessengegensatz entstehen könnte, rechtfertigt erstattungsrechtlich die Beauftragung eines zusätzlichen Anwalts für den einzelnen Streitgenossen nicht. Es trifft zwar zu, dass die auf § 7 II Abs 5 AKB beruhende Verpflichtung des Versicherungsnehmers, die Führung des Rechtsstreites dem Versicherer zu überlassen, auch dem vom Versicherer bestellten Anwalt Vollmacht und jede verlangte Aufklärung zu geben, nur das Innenverhältnis dieser Personen, nicht das Verhältnis zum Gegner betrifft. Das bedeutet aber nicht, dass die tatsächliche Bestellung eines gemeinschaftlichen Prozessbevollmächtigten im Verhältnis des obsiegenden Streitgenossen zum Gegner verfahrensrechtlich und damit auch erstattungsrechtlich ohne Bedeutung sei mit der Folge, dass jeder Streitgenosse neben den Kosten des gemeinschaftlichen auch noch die Kosten eines besonderen eigenen Prozessbevollmächtigten erstattet verlangen könnte, wenn die Bestellung des letzteren nicht auf Grund besonderer Umstände des Einzelfalles notwendig war. Ein Grund hierfür kann bestehen, wenn konkrete Anhaltspunkte dafür vorliegen, dass der vom Versicherer bestellte gemeinschaftliche RA die Individualinteressen des später obsiegenden Streitgenossen nicht sachgerecht wahrnehmen werde, weil anders als im Normalfall ein Interessenkonflikt zwischen den Streitgenossen sich tatsächlich abzeichnete.[1102]

Das gilt unabhängig davon, ob zunächst die Versicherung einen gemeinschaftlichen und dann der einzelne Streitgenosse seinen weiteren RA bestellt hat oder umgekehrt. Denn die haftpflichtversicherte

---

eines Verkehrsanwalts erstattbar sein können, wenn dessen Einschaltung dazu geführt hat, dass der Streitgenosse keinen eigenen Prozessbevollmächtigten bestellt hat. Im Falle der Bestellung eines weiteren RA neben zunächst bestelltem gemeinschaftlichem Prozessbevollmächtigten: OLG Hamburg JurBüro 1972, 58 = MDR 1972, 60; OLG Koblenz JurBüro 1979, 266 = MDR 1979, 407; OLG Hamm Rpfleger 1981, 29 = JurBüro 1981, 925.

1101 BGH AGS 2004, 188 = JurBüro 2004, 323 = Rpfleger 2004, 314; KG JurBüro 2008, 480 = NJW-RR 2008, 1616, Aufgabe AGS 1998, 100 = JurBüro 1998, 198.

1102 OLG Stuttgart Justiz 1973, 391; KG Rpfleger 1977, 215 = JurBüro 1977, 853; OLG Schleswig SchlHA 1980, 202; OLG Koblenz JurBüro 1981, 1733; MDR 1986, 855; OLG Köln JurBüro 1982, 1076; OLG München Rpfleger 1983, 495 = JurBüro 1984, 442 = MDR 1983, 941 in einem Fall, für den die AHB galten; vgl zu OLG Koblenz AnwBl 1995, 2000 = JurBüro 1995, 265 = MDR 1995, 263; OLG München JurBüro 1995, 269 = OLG 1995, 96; AnwBl 1998, 284 = MDR 1997, 830 = OLGR 1997, 299; OLG Düsseldorf MDR 1995, 474 = OLGR 95, 124. **AA:** OLG Düsseldorf AnwBl 1984, 622 = MDR 1985, 148; OLG Nürnberg KostRsp ZPO § 91 (B – Vertretungskosten) Nr 29 m krit Anm *von Eicken* = JurBüro 1981, 1673 m Anm *Mümmler*; LG Köln AnwBl 1977, 30; LG Frankfurt AnwBl 1978, 102.

oder mitversicherte Partei muss damit rechnen, dass der Versicherer von der ihm gegenüber bestehenden Befugnis gem § 7 AKB Gebrauch macht. Bestellt sie ohne Absprache mit dem Versicherer bereits vorher einen eigenen Prozessbevollmächtigten, so tut sie das auf eigenes erstattungsrechtliches Risiko. Im Festsetzungsverfahren braucht dabei nicht entschieden zu werden, ob die Kosten des von der Partei selbst oder des von der Versicherung bestellten RA zu erstatten sind: Mehr als die Kosten eines RA werden gegen den unterlegenen Gegner nur festgesetzt, wenn ausnahmsweise die Bestellung zweier Anwälte notwendig war.[1103]

Hat der Versicherer dem Versicherten gegenüber auf seine Befugnis zur Bestellung des Prozessbevollmächtigten verzichtet und kommt es deshalb oder auch aus anderen Gründen nicht zur Bestellung eines gemeinschaftlichen Prozessbevollmächtigten, so bleibt es ebenfalls bei dem allgemeinen Grundsatz, dass jeder Streitgenosse berechtigt ist, einen eigenen Prozessbevollmächtigten zu bestellen (vgl Rdn. B 552) und dessen Kosten vom unterlegenen Gegner zu erstatten sind.[1104]

Mit der vorstehenden Frage hängen die anderen Fragen zusammen, ob Fahrer und Halter erstattungsrechtlich gehalten sind, eigene Gegenansprüche im selben Prozess und durch den zur Abwehr der gegnerischen Ansprüche von der Versicherung bestellten RA geltend zu machen. Die erste Frage wird nur ausnahmsweise insbesondere dann, wenn die Verteidigung gegenüber den gegnerischen Ansprüchen bereits auf denselben Sachverhalt gestützt ist, zu bejahen sein. Liegt ein solcher Ausnahmefall vor oder entschließt sich ein Versicherter, seine Gegenansprüche widerklageweise im Haftpflichtprozess geltend zu machen, so kann er ohne erstattungsrechtlichen Nachteil damit einen anderen RA beauftragen, als den ihm zur Abwehr der Klage vom Versicherer bestellten. Denn niemand kann gezwungen werden, eigene Ansprüche durch einen RA geltend zu machen, der zwar das Vertrauen seiner Versicherung, nicht aber sein eigenes besitzt. Dieser Gesichtspunkt scheidet aber aus, wenn die Partei den auch von der Versicherung beauftragten RA zunächst selbst schon mit der Abwehr der gegnerischen Ansprüche beauftragt hatte; dann gilt das oben zu Rdn. B 541 Ausgeführte.[1105]

B 557

ii) Streitigkeiten nach dem Wohnungseigentumsgesetz

Nach § 50 WEG sind den Wohnungseigentümern als zur zweckentsprechenden Rechtsverfolgung oder Rechtsverteidigung notwendigen Kosten nur die Kosten eines bevollmächtigten Rechtsanwalts zu erstatten, wenn nicht aus Gründen, die mit dem Gegenstand des Rechtsstreits zusammenhängen, eine Vertretung durch mehrere bevollmächtigte Rechtsanwälte geboten war.

B 557a

Die Regelung des § 50 WEG kommt grundsätzlich für alle Rechtsstreitigkeiten zur Anwendung, in denen die Wohnungseigentümer als Streitgenossen auftreten, nicht jedoch in Streitigkeiten, an denen die Gemeinschaft der Wohnungseigentümer beteiligt ist. Insbesondere in einem Beschlussanfechtungsverfahren, in dem die beklagten Wohnungseigentümer obsiegen, wird der Anspruch auf Kostenerstattung im Regelfall nur die Kosten eines gemeinsam bevollmächtigten Rechtsanwalts umfassen. Die Änderung dient insoweit der Begrenzung des Kostenrisikos für den anfechtenden Wohnungseigentümer.[1106]

Hat der Verwalter einen Rechtsanwalt beauftragt, die beklagten Wohnungseigentümer in einem Beschlussanfechtungsverfahren zu vertreten, und lassen sich einzelne dieser Eigentümer, ohne dass dies geboten ist, durch weitere Anwälte vertreten, sind die Kosten des von dem Verwalter beauftragten Anwalts vorrangig zu erstatten.[1107]

1103 BGH AGS 2004, 188 = JurBüro 2004, 323 = Rpfleger 2004, 314; OLG Koblenz JurBüro 1994, 230; aA zu Unrecht: OLG Frankfurt JurBüro 1986, 756; LG Berlin JurBüro 1983, 1260 und 1871; KG AGS 1998, 100 = AnwBl 1999, 59 = JurBüro 1998, 198.
1104 OLG Düsseldorf NJW 1968, 1237 = VersR 1969, 222; OLG Schleswig JurBüro 1984, 1563 m zust Anm *Mümmler* = SchlHA 1984, 132.
1105 OLG Stuttgart JurBüro 1973, 1200 = Justiz 1973, 319; OLG Nürnberg AnwBl 1982, 74.
1106 BT-Drucks 16/3843 S 28.
1107 BGH NJW 2009, 3168 = Rpfleger 2009, 699.

Die vorrangige Kostenerstattung trägt der gesetzlichen Befugnis des Verwalters gemäß § 27 Abs 2 Nr 2 WEG Rechnung, das Beschlussanfechtungsverfahren im Namen aller Wohnungseigentümer mit Wirkung für und gegen sie zu führen. Wohnungseigentümer, die einen weiteren Rechtsanwalt mit ihrer Prozessvertretung beauftragen, können dann im Regelfall nicht mit einer Kostenerstattung rechnen. Entsprechendes gilt, wenn die Wohnungseigentümer einen Beschluss über die Beauftragung eines bestimmten Rechtsanwalts fassen.[1108] Sind danach nur die Kosten eines Anwalts erstattungsfähig, kommt die vorrangige Erstattung des von der Mehrheit der beklagten Wohnungseigentümer beauftragten Prozessbevollmächtigten aber nur in Betracht, wenn den übrigen Beklagten Gelegenheit gegeben worden ist, auf die Willensbildung Einfluss zu nehmen, also der Versuch unternommen worden ist, eine Verständigung über einen gemeinsamen Rechtsanwalt mit sämtlichen beklagten Wohnungseigentümern herbeizuführen; ansonsten ist der Kostenerstattungsanspruch zu quoteln.[1109]

Beauftragen demgegenüber mehrere Kläger denselben Rechtsanwalt mit der Erhebung einer Anfechtungsklage gegen dieselben Beschlüsse der Wohnungseigentümer, sind die Kosten der Kläger insoweit nicht zur Rechtsverfolgung notwendig, als sie darauf beruhen, dass der Rechtsanwalt statt für alle Kläger gemeinschaftlich für jeden Kläger gesondert Klage erhebt.[1110]

f) Gebühren und Auslagen des Rechtsanwalts in eigener Sache, als Partei kraft Amts oder amtlich bestellter Vertreter, § 91 Abs 2 S 3 ZPO

B 558   aa) **In eigener Sache** sind dem RA die Gebühren und Auslagen zu erstatten, die er als Gebühren und Auslagen eines bevollmächtigten RA erstatet verlangen könnte. Dabei spielt es keine Rolle, ob es sich um einen Parteiprozess oder um ein Verfahren mit Anwaltszwang handelt. Unerheblich ist auch, ob der RA sich im Verfahren als solcher zu erkennen gegeben hat.[1111] Ein Rechtsanwalt, der sich vor einem auswärtigen Prozessgericht selbst vertritt, hat in aller Regel einen Anspruch auf Erstattung seiner Reisekosten nach den Bestimmungen des RVG. Die Regel, wonach einer auswärtigen rechtskundigen Partei zuzumuten ist, einen Prozessbevollmächtigten am Gerichtsort zu beauftragen, gilt insoweit nicht, weil es im berechtigten und vorrangigen Interesse des Rechtsanwalts liegt, sein Anliegen persönlich im Rechtsgespräch in der mündlichen Verhandlung vorzubringen.[1112] Vertreten sich mehrere Rechtsanwälte, die in Sozietät verbunden waren, in einem Schadensersatzprozess jeweils selbst, sind sie im Falle des Obsiegens hinsichtlich der Kostenerstattung so zu behandeln, als hätten sie sich durch einen gemeinsamen Rechtsanwalt vertreten lassen. Etwas anderes gilt nur, wenn sachliche Gründe für eine Einzelmandatierung vorliegen.[1113]

bb) In eigener Sache ist der RA nur dann tätig, wenn er selbst Partei oder Streithelfer ist oder den Prozess in eigener Person als gesetzlicher Vertreter (Vorstandsmitglied, Geschäftsführer) der Partei oder als Partei kraft Amtes (Nachlass-, Insolvenz-, Zwangsverwalter) führt.

cc) Nicht ausreichend ist es jedoch, dass der RA in eigener Sache lediglich einen von ihm bestellten Prozessbevollmächtigten informiert, weil er dann den Prozess nicht in eigener Person wie ein bevollmächtigter RA führt.

1108 BGH NJW 2009, 3168 = Rpfleger 2009, 699.
1109 BGH JurBüro 2012, 32 = Rpfleger 2011, 697 = RVGreport 2011, 432 m Anm *Hansens*.
1110 BGH MDR 2010, 1286 = NJW-RR 2011, 230.
1111 VG Schleswig NJW 1984, 940.
1112 OLG München AGS 2012, 310 = JurBüro 2012, 429 = Rpfleger 2012, 587 = RVGreport 2012, 306 m Anm *Hansens*.
1113 BGH AGS 2007, 541 m Anm *Schons* = JurBüro 2007, 490 = RVGreport 2007, 309 m Anm *Hansens*; OLG Düsseldorf JurBüro 2007, 263 = MDR 2007, 747; OLG Naumburg OLGR 2006, 196; OLG München AGS 2000, 103.

dd) Vertritt der **RA sich selbst und gleichzeitig Streitgenossen,** so entspricht es, wenn nur er selbst obsiegt, der Rdn. B 379 vertretenen Auffassung am besten, seinen Erstattungsanspruch auf den auf ihn entfallenden Kopfteil unter den Streitgenossen zu begrenzen, ebenso wie wenn er zusammen mit den Streitgenossen einen dritten RA bevollmächtigt hätte. Würde man ihm den ungekürzten Erstattungsanspruch zuerkennen, so könnte er daneben noch seinen Vergütungsanspruch gegen die von ihm vertretenen Streitgenossen geltend machen, also entgegen § 91 Abs 2 S 3 ZPO mehr als ein bevollmächtigter RA erhalten. Die volle Vergütung eines bevollmächtigten RA wird er vom Gegner nur fordern können, wenn er zuvor vergeblich ernsthaft versucht hat, Zahlung von seinen Streitgenossen in Höhe von deren Kopfteilen zu erlangen.[1114]

ee) Für den Patentanwalt ist § 91 Abs 2 S 3 ZPO nicht entsprechend anwendbar.[1115]

ff) In **Verfahren der freiwilligen Gerichtsbarkeit** ist § 91 Abs 2 S 3 ZPO nicht entsprechend anwendbar. Vertritt sich eine Testamentsvollstreckerin, die von Beruf Rechtsanwältin ist, in einem Verfahren betreffend ihre Entlassung aus dem Amt als Testamentsvollstreckerin selbst, so kann sie daher im Kostenfestsetzungsverfahren nach § 85 FamFG iVm §§ 103 ff ZPO keine Gebühren nach dem RVG in Ansatz bringen.[1116]

g) Erstattungsfragen bei einzelnen Gebühren und Auslagen

aa) Verfahrensgebühr

Auch für den voll Obsiegenden ist nicht immer die Verfahrensgebühr, die er seinem RA schuldet, auch voll erstattbar. Erstattbar ist vielmehr nur der **prozesszugehörige,** dh vom Kostentitel erfasste **Teil der Gebühr.**   B 559

▶ Beispiel:

> Die Klage wird auftragsgemäß wegen 10000 € eingereicht. Nach Abgang der Klageschrift teilt der Mandant mit, 5000 € seien gezahlt. Die Klage wird zugleich mit einem Schriftsatz zugestellt, dass sie in Höhe von 5000 € zurückgenommen werde. Obwohl die Verfahrensgebühr nach 10000 € voll erwachsen ist, ist nur der dem Wert 5000 € entsprechende Teil prozesszugehörig und deshalb auch nur erstattungsfähig, weil die Klage nur wegen 5000 € rechtshängig geworden ist. Die restliche vom Kläger seinem RA geschuldete Gebühr kann zwar aus materiell-rechtlichen Gründen zu erstatten sein; sie ist aber nicht festsetzbar.[1117]

Ein erledigendes Ereignis allein ändert den Wert des Streitgegenstandes noch nicht. Dieser verringert sich erst mit wirksamer (uU Einwilligung des Beklagten nötig, § 269 Abs 1 ZPO) Klagerücknahme oder (in der mündlichen Verhandlung abgegebener, nicht nur schriftsätzlich angekündigter) übereinstimmender Erledigungserklärung.[1118]   B 560

▶ Beispiel:

> Wäre im obigen Beispiel die Klagerücknahme dem Beklagten erst nach Klagezustellung mitgeteilt worden, so wäre dem RA, den dieser zwischenzeitlich mit der Abwehr der Klage beauftragt hatte, die Verfahrensgebühr nach dem Wert 10000 € mindestens in Höhe von 0,8 (Nr 3101 VV RVG), bei Einreichung eines Schriftsatzes mit Klageabweisungsantrag vor Kenntniserlangung von der teilweisen Klagerücknahme sogar in voller Höhe nicht nur erwachsen, sondern auch

---

1114 OLG Bremen JurBüro 1978, 1879.
1115 OLG München JurBüro 1991, 387; OLG Frankfurt JurBüro 1982, 283.
1116 OLG Köln ErbR 2011, 368 m Anm *N Schneider* = FGPrax 2011, 205.
1117 Vgl auch OLG Schleswig JurBüro 1984, 435.
1118 OLG Stuttgart JurBüro 1981, 860 = Justiz 1981, 316; OLG Düsseldorf JurBüro 1994, 241; **aA:** OLG Koblenz JurBüro 1986, 55; JurBüro 1992, 465 (schon schriftsätzliche Erledigungserklärung verringert den Streitwert).

erstattbar. Dabei spielt es keine Rolle, ob der Beklagte seinem RA die Zahlung der 5000 € mitgeteilt hatte, denn das änderte an dem prozesszugehörigen Auftrag, Abweisung der auf Zahlung von 10000 € lautenden Klage zu erreichen, nichts. Es spielt auch keine Rolle, ob der Klagerücknahmeschriftsatz bereits bei Gericht eingegangen war, als der Beklagte seinen RA beauftragte: Das beendete zwar objektiv die Rechtshängigkeit in Höhe der Rücknahme (§ 269 Abs 3 ZPO), nicht aber die Notwendigkeit für den Beklagten, sich gegen die volle Klage zu verteidigen, solange ihm oder seinem RA die Klagerücknahme nicht bekannt war; der Auftrag des Beklagtenanwalts galt insoweit trotz objektiver (Teil-)Beendigung gem § 674 BGB als fortbestehend.[1119]

B 561 Wurde die Klage (das Rechtsmittel) zwar nach Beauftragung des Beklagtenanwalts, aber vor Erfüllung einer der Tatbestände der Nr 3101 Nr 1 VV RVG zurückgenommen und beantragt dieser einen **Kostenbeschluss** gem § 269 Abs 4 (§ 516 Abs 3) ZPO, so erwächst dem Beklagtenvertreter die Verfahrensgebühr zu 0,8 nach dem Wert der Hauptsache und zu 1,3 nach dem Kostenwert (Wert der bis zur Rücknahme erwachsenen Gerichts- und beiderseitigen außergerichtlichen Kosten) mit Beschränkung nach § 15 Abs 3 RVG. Sie ist auf Grund des Kostenbeschlusses auch in dieser Höhe festsetzbar.

B 562 Für die Vertretung des Antragsgegners kann neben der 0,5 Verfahrensgebühr (Nr 3307 VV RVG) die 1,3 Verfahrensgebühr (Nr 3100 VV RVG) erwachsen, wenn der RA auftragsgemäß (nur wenn der Mandant darauf besteht)[1120] mit dem Widerspruch einen Klageabweisungsantrag verbindet. Wenn es dann nicht zur Durchführung des Streitverfahrens kommt, weil der Antragsteller den Mahnantrag oder den Antrag auf Durchführung des Streitverfahrens zurücknimmt, so hat das nach § 696 Abs 4 S 3 ZPO zur Folge, dass die Streitsache als nicht rechtshängig geworden anzusehen ist. Dann kann die erstattungsrechtliche Frage entstehen, ob die Differenzgebühr (Gebühr Nr 3307 VV RVG wird auf die Gebühr Nr 3100 VV RVG angerechnet) für die schriftsätzliche Ankündigung des Klageabweisungsantrages erstattbar ist.

Voraussetzung der Erstattbarkeit ist zunächst, dass überhaupt ein Erstattungstitel zu Gunsten des Antragsgegners ergeht, was bei bloßer Rücknahme des Antrags auf Durchführung des Streitverfahrens nicht geschehen dürfte.[1121]

Hatte bereits der Antragsteller die Durchführung des streitigen Verfahrens beantragt, so besteht im Regelfall für den Antragsgegner keine Notwendigkeit, bereits Klageabweisung zu beantragen, solange ihm der anspruchsbegründende Schriftsatz des Antragstellers nicht zugestellt worden ist.[1122]

Beantragt der Antragsteller dagegen entweder die Durchführung des streitigen Verfahrens nicht oder stellt er diesen Antrag zwar, zahlt aber die weitere Prozessgebühr (§ 12 Abs 3 S 3 GKG) nicht ein oder nimmt er den Antrag auf Durchführung des streitigen Verfahrens zurück, so steht es dem Antragsgegner frei, seinerseits das Streitverfahren zu beantragen. Die 1,3 Verfahrensgebühr bzw die Differenzgebühr ist in diesem Fall erstattbar.[1123]

B 562a Eine wegweisende Entscheidung hat der BGH[1124] zur Frage der Kostenerstattung bei Anwaltsbeauftragung in Unkenntnis einer bereits erfolgten Rechtsmittelrücknahme getroffen. Danach sind die durch die Einreichung einer Berufungserwiderung nach Berufungsrücknahme entstandenen Kosten

---

1119 OLG Koblenz JurBüro 1998, 537; OLG Köln JurBüro 1988, 351; OLG München JurBüro 1985, 716; OLG Bamberg JurBüro 1982, 231.
1120 *Gerold/Schmidt/Müller-Rabe* RVG 19. Aufl RVGVV 3305–3308 Rn. 48.
1121 BGH v 21.07.2005 – VII ZB 39/05 (Juris).
1122 KG JurBüro 2002, 641 (mit Darstellung des Streitstandes); *Gerold/Schmidt/Müller-Rabe* RVG 21. Aufl RVG VV 3305–3308 Rn. 44 f.
1123 OLG Hamburg JurBüro 1993, 95.
1124 AGS 2016, 252 = FamRZ 2016, 900 = JurBüro 2016, 312 = Rpfleger 2016, 502 = RVGreport 2016, 186 m Anm *Hansens*; aA: OLG Celle AGS 2017, 99 = JurBüro 2017, 151 = RVGreport 2017, 109 m Anm *Hansens*; OLG Köln AGS 2017, 251 = JurBüro 2017, 251 (Streitfrage offen gelassen). S auch *Müller-Rabe*, Kostenerstattung bei Rücknahme von Klage oder Rechtsmittel, JurBüro 2017, 3.

XV. Einzelfragen der Erstattbarkeit B.

eines Rechtsanwalts auch dann nicht erstattungsfähig, wenn der Berufungsbeklagte die Rechtsmittelrücknahme nicht kannte oder kennen musste. Erstattungsfähig ist die 1,1 Verfahrensgebühr nach Nr 3201 VV RVG, vorausgesetzt, der Prozessbevollmächtigte des Rechtsmittelgegners hat auf Grund eines ihm erteilten Auftrags schon vor der Rücknahme des Rechtsmittels das Geschäft im Sinne der Vorbemerkung 3 Abs 2 RVG VV betrieben. In Abgrenzung zu dieser Entscheidung hat der BGH für den Geltungsbereich des § 80 S 1 FamFG entschieden, dass erstattungsfähige Kosten auch solche sind, die der Antrags- oder Rechtsmittelgegner in nicht vorwerfbarer Unkenntnis von der Rücknahme des Antrags oder Rechtsmittels verursacht hat.[1125]

bb) Gebührenerhöhung

Die **erhöhte Verfahrensgebühr** (Nr 1008 VV RVG) ist insoweit erstattbar, als ein Erstattungstitel für mehrere Auftraggeber des RA ergeht. Ob dies auch für **Gesellschafter einer Gesellschaft bürgerlichen Rechts** (GbR) gilt, die einen RA beauftragt haben, kommt auf den Einzelfall an.

B 563

Der BGH hat in seiner rechtsfortbildenden Entscheidung der GbR Rechtsfähigkeit und damit auch Prozessfähigkeit zuerkannt. Für die Frage, ob eine Erhöhungsgebühr entsteht, muss man zunächst unterscheiden, ob es sich um einen Aktiv- oder Passivprozess handelt.

Handelt es sich um einen Aktivprozess, fällt die erhöhte Verfahrensgebühr für die nach der vorgenannten Grundsatzentscheidung (und nach Ablauf einer gewissen Übergangszeit) anhängigen Verfahren nicht mehr an.[1126] Für die älteren Verfahren verbleibt es bei der bisherigen Handhabung.[1127] Danach mussten die Gesellschafter selbst klagen. Die Gebührenerhöhung war somit gerechtfertigt.[1128]

B 564

Beim Passivprozess kommt es darauf an, wer verklagt wird.[1129] Nur wenn zweifelsfrei feststeht, dass nur die GbR verklagt wird, fällt keine erhöhte Verfahrensgebühr an. Werden dagegen die Gesellschafter zusammen mit der GbR oder alleine verklagt, fällt die erhöhte Verfahrensgebühr an und ist auch zu erstatten.[1130]

B 565

Da **Anwaltssozietäten**, soweit sie nicht ohnehin als juristische Personen (Anwalts-GmbH oder Aktiengesellschaft) organisiert sind, als rechtsfähige GbR iS der vorgenannten BGH-Rechtsprechung anzusehen sind, gilt das Vorstehende auch für sie, insbesondere im Honorarprozess gegen den eigenen Mandanten. Ob das auch für überörtliche Sozietäten gilt, hängt davon ab, ob die Honorarforderungen als gemeinschaftliches Vermögen erworben werden sollen oder ob der Gesellschaftszweck mehr auf die gegenseitige Hilfeleistung beschränkt ist (keine Außengesellschaft).[1131] Bloße Bürogemeinschaften haben zwar auch einen gemeinschaftlichen Zweck, der aber nicht auf gemeinschaftliche Berufsausübung gerichtet ist.[1132] Zu der Frage des Anfalls einer erhöhten Verfahrensgebühr, wenn eine Anwaltssozietät nicht als GbR anzusehen ist, siehe *Gerold/Schmidt/Müller-Rabe* RVG VV 1008 Rn. 55, 56).

B 566

Dies gilt auch für eine vertragsärztliche Gemeinschaftspraxis.[1133]

B 567

1125 BGH AGS 2017, 251 = Rpfleger 2017, 340 = RVGreport 2017, 143 m Anm *Hansens*.
1126 BGH JurBüro 2004, 375 = NJW-RR 2004, 489; dieser Entscheidung haben sich fast alle Obergerichte angeschlossen.
1127 BGH JurBüro 2004, 145; OLG Dresden ZMR 2007, 634.
1128 BGH JurBüro 2003, 89; OLG Zweibrücken JurBüro 2005, 424 = OLGR 2005, 418.
1129 OLG Köln JurBüro 2006, 248 = KostRsp RVG VV Nr 1008 Nr 7 m Anm *N Schneider*; OLG Schleswig NJW-RR 2004, 422.
1130 KGR Berlin 2005, 566; OLG Koblenz JurBüro 2002, 417.
1131 Näheres s *Gerold/Schmidt/Müller-Rabe* RVG VV 1008 Rn. 65 ff.
1132 *Gerold/Schmidt/Müller-Rabe* RVG VV 1008 Rn. 69.
1133 BSG SozR 4–1930 § 6 BRAGebO Nr 1 = ZMGR 2005, 107.

B 568   Die Vertretung einer **Wohnungseigentümergemeinschaft** löst keine Gebührenerhöhung aus.[1134] Nach der Rechtsprechung des BGH ist die Gemeinschaft der Wohnungseigentümer rechtsfähig, soweit sie bei der Verwaltung des gemeinschaftlichen Eigentums am Rechtsverkehr teilnimmt (Teilrechtsfähigkeit).[1135] Erteilt die Wohnungseigentümergemeinschaft ungeachtet der Möglichkeit, den Anwaltsauftrag in eigenem Namen erteilen zu können, den Auftrag durch ihre einzelnen Mitglieder, entsteht zwar die Gebührenerhöhung; diese ist jedoch nicht erstattungsfähig. In Übergangsfällen ist hinsichtlich der Kostenerstattung auf Klägerseite darauf abzustellen, ob die neue Rechtsprechung des BGH bekannt war. Wenn ja, ist die Gebührenerhöhung nicht zu erstatten.[1136]

B 569   Auch bei der **Erbengemeinschaft** sind Auftraggeber alle Miterben. Die erhöhte Verfahrensgebühr fällt daher an und ist erstattbar.[1137]

cc) Terminsgebühr

B 570   Die **Terminsgebühr** kann entstehen, ohne dass sich dies aus der Gerichtsakte ergibt (Vorbem 3 Abs 3 VV RVG). Sie kann auch dann im Kostenfestsetzungsverfahren festgesetzt werden, wenn die tatsächlichen Voraussetzungen für den Anfall der Gebühr zwischen den Parteien streitig sind.[1138] Wird vom Gegner bestritten, dass die Besprechung den die Gebühr auslösenden Inhalt hatte, muss der die Gebühr Beantragende beweisen, dass die Voraussetzungen für das Entstehen der Gebühr vorliegen.[1139]

dd) Einigungsgebühr

B 571   Streitig ist, ob Kosten eines **prozessbeendenden außergerichtlichen Vergleichs** festsetzbar sind. Ein solcher Vergleich ist allerdings niemals selbst ein Kostenfestsetzungstitel. Oft wird in ihm aber ein prozessuales Vorgehen zur Beendigung des Rechtsstreits vereinbart, das seinerseits zu einem Festsetzungstitel führt, zB Rücknahme der Klage oder des Rechtsmittels, übereinstimmende Hauptsachenerledigungserklärung, Anerkenntnis, Ergehenlassen eines Versäumnisurteils.

Gegen die Festsetzbarkeit der Vergleichsgebühr wird vorgebracht, außergerichtlich entstandene Kosten seien keine Prozesskosten und könnten deshalb nicht auf Grund eines nur die Prozesskosten erfassenden Titels festgesetzt werden. Das trifft nicht zu, wenn man – wie auch sonst (vgl Rdn. B 300) – unter Prozesskosten alle Aufwendungen versteht, die eine Partei im Hinblick auf einen bestimmten Prozess getätigt hat. Deshalb sollte den Parteien der einfache und billige Weg zur Titulierung der Vergleichsgebühr im Wege der Festsetzung nicht verschlossen werden, wenn zwischen den Parteien unstreitig ist, dass der außergerichtliche Vergleich mit dem Ziel der dann auch durchgeführten Beilegung des Rechtsstreits und deren Kostenfolge abgeschlossen worden ist. Dann bedarf es weder einer materiellen Würdigung des Vergleichs noch können an der Prozessbezogenheit der Vergleichsgebühr Zweifel bestehen.[1140]

1134   OLG Koblenz JurBüro 2006, 315 = RVGreport 2006, 223 m Anm *Hansens*; KG AGS 2006, 317 = JurBüro 2006, 474: zu einem Ausnahmefall vgl OLG Schleswig AGS 2008, 382 = JurBüro 2008, 365 = KostRsp RVG VV 1008 Nr 26 m Anm *Onderka*.
1135   BGH BGHZ 163, 154 = NJW 2005, 2061 = Rpfleger 2005, 521.
1136   *N Schneider* in Anm zu KostRsp RVG VV 1008 Nr 9 mwN zur Rechtsprechung; ferner BGH JurBüro 2008, 310 = Rpfleger 2008, 391.
1137   BGH AGS 2004, 278 m Anm *Onderka* = JurBüro 2004, 375 = Rpfleger 2004, 439; OLG Brandenburg JurBüro 2007, 524.
1138   BGH JurBüro 2007, 533 = Rpfleger 2007, 575 = RVGreport 2007, 394 m Anm *Hansens*; JurBüro 2007, 303 = NJW-RR 2007, 1578 = Rpfleger 2007, 344; AGS 2008, 330.
1139   OLG Köln AGS 2009, 613; OLG Koblenz AGS 2005, 411 = NJW 2005, 2162; vgl auch BGH AGS 2007, 549 = JurBüro 2007, 533.
1140   OLG München JurBüro 1968, 983 = NJW 1969, 242 (bei außergerichtlichem Teilvergleich und Vereinbarung, die Kosten sollten der gerichtlichen Entscheidung über den Rest folgen); KG JurBüro 1971, 1033; OLG Hamm AnwBl 1974, 275 = JurBüro 1974, 1130 = MDR 1974, 942; JurBüro 1976, 913;

XV. Einzelfragen der Erstattbarkeit   B.

ee) Hebegebühr

Die Hebegebühr (Nr 1009 VV RVG) gehört nicht zu den eigentlichen Prozesskosten, denn das Erkenntnisverfahren ist mit Erlass des Urteils abgeschlossen. Jedenfalls dann, wenn die Gebühr durch eine sei es freiwillige, sei es zur Abwendung der noch nicht eingeleiteten Zwangsvollstreckung geleistete Zahlung des Schuldner entsteht, gehört sie auch nicht zu den Kosten der Zwangsvollstreckung. Sie gehört aber zu den Kosten des Rechtsstreits im weiteren Sinn, denn dieser ist erst mit Leistung oder Beitreibung des Geschuldeten endgültig abgeschlossen. Das rechtfertigt nach jetzt allgemeiner Ansicht die Festsetzung der Hebegebühr, wenn es sich um Zahlungen auf prozessualer Grundlage handelt. Denn es wäre prozessunökonomisch, den Empfänger einer solchen zu Händen seines Anwalts erbrachten Zahlung wegen dieser Gebühr auf die klageweise Geltendmachung eines materiell-rechtlichen Erstattungsanspruchs zu verweisen, bei der sich dann erneut dieselbe Situation ergeben könnte.

B 572

Das Festsetzungsverfahren kommt aber nicht in Betracht, wenn es sich lediglich um Zahlungen handelt, die ein Schuldner vor Erlass eines ihn dazu verpflichtenden Titels während des Rechtsstreits leistet, denn solche nur aus materiell-rechtlichen Gründen erbrachten Zahlungen können auch im weiteren Sinn nicht zu den Kosten des Rechtsstreits gezählt werden.[1141]

Jede Festsetzung von Kosten des Rechtsstreits oder der Zwangsvollstreckung setzt voraus, dass es sich um notwendige Kosten handelt. § 91 Abs 2 S 1 ZPO erübrigt die Prüfung der Notwendigkeit nicht, denn die Hebegebühr gehört nicht zu den dort gemeinten Kosten der Prozessführung.[1142] Daraus folgt zugleich, dass die Kostengrundentscheidung die Hebegebühr ebenso wenig wie die Kosten der Zwangsvollstreckung umfasst. Soweit die Entstehung der Hebegebühr für den Empfänger der Zahlung notwendig war, ist sie deshalb stets in voller Höhe, nicht nur zu der etwaigen Kostenquote der Kostengrundentscheidung festzusetzen.[1143]

B 573

Grundsätzlich bedarf es der Einschaltung von Anwälten im Zahlungsverkehr zwischen den Parteien nicht.[1144] Schaltet der Zahlungsempfänger selbst seinen Anwalt in den Zahlungsvorgang ein, so ist das nur ausnahmsweise als notwendig anzuerkennen, wenn mit der Leistungsabwicklung Schwierigkeiten verbunden sind, die dieser Gläubiger nach seinen Fähigkeiten und Kenntnissen nicht allein zu meistern in der Lage ist. Das kann (muss aber nicht) bei einem im Ausland ansässigen Gläubiger der Fall sein,[1145] wenn Person oder Verhalten des Schuldners Anlass zu anwaltlicher Überwachung des Zahlungseingangs geben,[1146] bei besonderer Eilbedürftigkeit[1147] oder bei Zug-um-Zug zu erbringenden Leistungen.[1148]

B 574

Die Hebegebühr gehört dann nicht zu den notwendigen Kosten, wenn die Zahlung an den RA auf einer Handlung des Gläubigers oder seines RA beruht. Dies ist insbesondere der Fall, wenn der Schuldner zur Zahlung an den RA aufgefordert wurde.

In der Mitteilung einer Geldempfangsvollmacht liegt allein zwar noch keine Aufforderung an den Gegner, an den Prozessbevollmächtigten zu zahlen. Ist bei der Mitteilung aber nicht auf die Entstehung einer zu erstattenden Hebegebühr hingewiesen worden, so muss der Gläubiger es sich selbst

---

OLG Düsseldorf AnwBl 1978, 427 = JurBüro 1978, 1813 (im entschiedenen Fall allerdings verneint); OLG Stuttgart JurBüro 1980, 1728; OLG Karlsruhe 1983, 279 = Justiz 1983, 16 (auch bei späterer Anfechtung des unstreitig vereinbarten Anerkenntnisses); LG Karlsruhe AnwBl 1971, 52. **AA:** OLG Frankfurt JurBüro 1979, 1652 = MDR 1980, 60; OLG Düsseldorf JurBüro 1982, 1672.

1141 Vgl OLG Celle DAR 1970, 328.
1142 OLG München NJW-RR 1998, 1452.
1143 OLG Düsseldorf AnwBl 1980, 264 = JurBüro 1980, 865.
1144 OLG München JurBüro 1992, 178.
1145 OLG München AnwBl 1963, 339 = JurBüro 1963, 485.
1146 KG NJW 1960, 2345.
1147 OLG Frankfurt Rpfleger 1952, 445.
1148 KG JW 1934, 2499.

zurechnen lassen, wenn der Gegner an den Anwalt zahlt; die Entstehung der Hebegebühr ist dann nicht als notwendig anzusehen.[1149] Dies gilt auch, wenn der Schuldner dem Anwalt einen Scheck übergibt und bei der Übergabe nicht auf den Anfall der Hebegebühr hingewiesen wurde.[1150]

B 575 Die Hebegebühr erwächst auch dem RA, der zur Abwendung der Zwangsvollstreckung eine Zahlung seiner Partei an den Gegner weiterleitet. Sie kann unter den oben genannten Voraussetzungen gem § 717 Abs 2 ZPO zu ersetzen sein, wenn und soweit das vorläufig vollstreckbare Urteil später aufgehoben oder geändert wird.[1151] Soweit eine »Rückfestsetzung« überhaupt für zulässig erachtet wird (vgl Rdn. B 148–150), wird auch diese Hebegebühr als festsetzbar anzusehen sein.

B 576 Notwendig ist die Entstehung der Hebegebühr, wenn der Gegner unaufgefordert an den RA des Gläubigers statt an diesen selbst zahlt, denn damit führt er selbst den Gebührentatbestand herbei.[1152]

B 577 Ebenso ist die Hebegebühr als notwendig stets erstattbar, wenn die Partei sich vergleichsweise verpflichtet hat, zu Händen des gegnerischen Anwalts zu zahlen, denn auch mit der Übernahme dieser Verpflichtung hat sie selbst die Ursache für die Entstehung der Gebühr gesetzt.[1153]

B 578 Die Hebegebühr kann auch entstehen, wenn der RA mit von seinem Mandanten erhaltenem Geld eine Sicherheit zur Herbeiführung der Vollstreckbarkeit oder zur Abwendung der Zwangsvollstreckung leistet. Nr 1009 Abs 5 VV RVG schließt das nicht aus, denn Sicherheiten sind keine Kosten iS dieser Bestimmung. Ob die so entstandene Hebegebühr aber erstattbar ist, hängt zunächst davon ab, ob Kosten der Sicherheitsleistung überhaupt als erstattbar anzusehen sind (vgl Rdn. B 245, 246). Selbst soweit das bejaht wird, folgt daraus aber nicht, dass auch die Einschaltung des Anwalts in den Hinterlegungsvorgang für die Partei notwendig ist. Das ist vielmehr nach den individuellen Fähigkeiten der hinterlegenden Partei im Einzelfall zu beurteilen (vgl Rdn. B 607).

ff) Geschäftsgebühr (Nr 2300 f VV RVG)

B 579 Die streitige Frage, ob und wie die Geschäftsgebühr (Nr 2300 VV RVG) iSd Anrechnungsvorschrift Vorbem 3 Abs 4 VV RVG bei der Festsetzung der Prozesskosten berücksichtigt werden kann, ist durch die Einfügung des § 15 a RVG mit dem G v 30.07.2009 (BGBl I S 2449) geklärt worden. Vorausgegangen war eine durch den BGH ausgelöste Rechtsprechung, die darin gipfelte, dass der BGH in seinem Beschl v 22.01.2008[1154] entschieden hatte, dass die Anrechnung der Geschäftsgebühr im Kostenfestsetzungsverfahren unabhängig davon zu berücksichtigen ist, ob die Geschäftsgebühr nach materiellem Recht vom Prozessgegner zu erstatten ist und ob sie unstreitig, geltend gemacht, tituliert oder bereits beglichen ist.

B 580 Durch die Einfügung des § 15 a RVG wurde die Wirkung der Anrechnung sowohl im Innenverhältnis zwischen Anwalt und Mandant als auch gegenüber Dritten, also insbesondere im gerichtlichen Kostenfestsetzungsverfahren, nunmehr ausdrücklich geregelt.

1149 OLG München JurBüro 1992, 178.
1150 KG RVGreport 2004, 399 m Anm *Hansens*; OLG München JurBüro 1992, 178 m abl Anm *Roidl* und *Mümmler*.
1151 OLG Celle DAR 1970, 328 = keine notwendigen Kosten der Rechtsverteidigung.
1152 OLG Hamm JurBüro 1971, 241; OLG Düsseldorf Rpfleger 1973, 188; AnwBl 1980, 264 = JurBüro 1980, 865; OLG Schleswig JurBüro 1985, 394 und AnwBl 1989, 169; OLG Frankfurt OLGR 1993, 172; Rpfleger 1981, 367 = JurBüro 1981, 1181 = MDR 1981, 856 (unter Aufgabe von JurBüro 1959, 519); KG RVGreport 2004, 399; **aA**: OLG Hamburg MDR 1991, 679 und OLGR Hamburg 2000, 210.
1153 KG Rpfleger 1981, 410 = JurBüro 1981, 1349; **aA**: OLG Karlsruhe AGS 2006, 406 m Anm *Henke* = OLGR 2006, 365; OLG Hamburg MDR 1991, 679 und OLGR Hamburg 2000, 210.
1154 AGS 2008, 158 = JurBüro 2008, 302 = NJW 2008, 1323 = Rpfleger 2008, 332 = RVGreport 2008, 148 (LS) m krit Anm *Hansens*. Vgl hierzu die chronische Darstellung bei *Jungbauer* in *Bischof* RVG VV 2300 Rn. 237 ff.

§ 15 a Abs 1 RVG regelt das Innenverhältnis zwischen dem Rechtsanwalt und dem Auftraggeber. Beide Gebühren (zB Geschäftsgebühr Nr 2300 VV RVG, Verfahrensgebühr Nr 3100 VV RVG) bleiben grundsätzlich unangetastet und der Rechtsanwalt hat die Wahl, welche Gebühren er fordert. Ihm ist lediglich verwehrt, insgesamt mehr als den Betrag zu fordern, der sich aus der Summe der beiden Gebühren nach Abzug des anzurechnenden Betrages ergibt. Bei einer Mehrforderung kann der Auftraggeber dem Rechtsanwalt die Anrechnung entgegenhalten.[1155]

§ 15 a Abs 2 RVG regelt die Anrechnung im Verhältnis zu Dritten. Da die Anrechnung den Bestand der einzelnen Gebührenansprüche bereits im Innenverhältnis zwischen dem Rechtsanwalt und dem Auftraggeber unberührt lässt, wirkt sie sich insoweit im Verhältnis zu Dritten nicht aus. In der Kostenfestsetzung muss also etwa eine Verfahrensgebühr auch dann in voller Höhe festgesetzt werden, wenn eine Geschäftsgebühr entstanden ist, die auf sie angerechnet wird. Um zu verhindern, dass der erstattungspflichtige Dritte dem Erstattungsberechtigten einen höheren Betrag erstatten muss als diesem im Verhältnis gegenüber dem Rechtsanwalt angefallen ist, kann sich der Erstattungspflichtige auf die Anrechnung berufen. Dies kann der Fall sein,
a) wenn der erstattungspflichtige Dritte eine der Anrechnung unterliegende Gebühr bereits gezahlt hat,
b) wenn wegen einer der Gebühren bereits ein Titel besteht oder
c) wenn beide Gebühren in demselben Verfahren gegen den erstattungspflichtigen Dritten geltend gemacht werden.[1156]

Eine Erfüllung iSd § 15 a Abs 2 RVG durch den Dritten liegt auch dann vor, wenn der anzurechnende Gebührenanspruch im Wege der Aufrechnung erloschen ist.[1157]

Ein Prozessvergleich bildet dann einen auf die Geschäftsgebühr bezogenen Vollstreckungstitel, wenn der Vergleich sich unmissverständlich dazu verhält, in welcher Höhe die Geschäftsgebühr mit abgegolten werden soll. Dafür muss der Titel die Geschäftsgebühr beziffern.[1158]

Die Geschäftsgebühr ist nicht anzurechnen, wenn die obsiegende Partei mit ihrem Prozessbevollmächtigten für dessen vorgerichtliche Tätigkeit eine zulässige Vergütungsvereinbarung getroffen hat.[1159]

Klagt der Zessionar aus abgetretenem Recht einen durch seinen Prozessbevollmächtigten namens des Zedenten vorgerichtlich geltend gemachten Anspruch ein, ist die vorprozessual angefallene Prozessgebühr des Anwalts auf seine im Klageverfahren verdiente Verfahrensgebühr anzurechnen. Der Gegenstand beider Aufträge ist auf Grund der gebotenen wirtschaftlichen Betrachtungsweise derselbe. Auch der Umstand, dass der Auftrag zur außergerichtlichen Vertretung und der Auftrag zur gerichtlichen Vertretung von zwei verschiedenen Personen erteilt wurden, ändert nichts daran, dass das von der anwaltlichen Tätigkeit betroffene Recht dasselbe bleibt.[1160]

Nach dem Wortlaut des § 15 a Abs 2 RVG kann sich der Erstattungspflichtige auf die vorgenannten Fallgestaltungen der Anrechnung berufen, er muss es aber nicht. Aus der Formulierung des Gesetzes ergibt sich, dass die Anrechnung nur erfolgt, wenn sich der Erstattungspflichtige auf das Vorliegen einer der vorgenannten Fallgestaltungen beruft. Dies erfordert einen über die Äußerung bloßer

---

1155 BT-Drucks 16/12717 S 68.
1156 Zu den Fallgestaltungen vgl die Beispiele von *Hansens* RVGreport 2009, 16; 2009, 323; 2009, 332; AnwBl 2009, 535; ZAP Fach 24 S 1175; *Müller-Rabe* NJW 2009, 2913; *Baronin von König* Rpfleger 2009, 487; *N Schneider* AGS 2009, 361; 2009, 465; *Enders* JurBüro 2009, 393, 449.
1157 OLG Köln AGS 2011, 619 = JurBüro 2012, 22 = RVGreport 2012, 33 m Anm *Hansens*.
1158 OLG Oldenburg AGS 2011, 42 = JurBüro 2011, 85 = RVGreport 2011, 67 m Anm *Hansens*; zu den Voraussetzungen der Gebührenanrechnung nach einem Prozessvergleich vgl. auch BGH AGS 2011, 6 = JurBüro 2011, 188 = RVGreport 2011, 65 m Anm *Hansens*.
1159 KG AGS 2010, 511 = JurBüro 2010, 528; *Enders* RVGreport 2010, 343 m Anm *Hansens*.
1160 BGH NJW 2012, 781 = RVGreport 2012, 71 m Anm *Hansens*; OLG Hamm AGS 2012, 7 = NJW-RR 2011, 1566; OLG Düsseldorf JurBüro 2011, 589.

Vermutungen hinaus gehenden Sachvortrag.[1161] Die Anrechnung erfolgt nicht von Amts wegen, sondern ist erst auf substantiierten, über eine Äußerung bloßer Vermutungen hinausgehenden Einwand des Festsetzungsgegners zu beachten. Im Übrigen bleibt bei Unaufklärbarkeit der Anrechnungsvoraussetzungen immer noch die Beweislastentscheidung zu Lasten dessen, der sich auf die Anwendbarkeit der Anrechnungsvorschrift nach Vorbem 3 Abs 4 VV RVG beruft.[1162]

Die Rechtskraft einer Entscheidung im Kostenfestsetzungsverfahren über einen Antrag, mit dem eine Verfahrensgebühr unter hälftiger Anrechnung der Geschäftsgebühr geltend gemacht worden ist, steht einer Nachfestsetzung der restlichen Verfahrensgebühr nicht entgegen.[1163] Der Anwalt kann also einen Antrag auf Nachfestsetzung der hälftigen Verfahrensgebühr stellen, wenn entweder von vornherein nur die reduzierte Gebühr geltend gemacht worden ist oder nach Anmeldung der vollen Gebühr dieser Antrag auf Hinweis des Gerichts später reduziert wurde. In beiden Fällen fehlt es an einer Festsetzungsentscheidung des Gerichts, die hätte in Rechtskraft erwachsen können.[1164]

B 581 Der BGH[1165] hat nach In-Kraft-Treten des § 15 a RVG mit dem 05.08.2009 festgestellt, dass die Einfügung des § 15 a RVG keine Änderung des RVG darstellt, sondern lediglich die Ansicht des Gesetzgebers klarstellt, dass die seiner Ansicht nach bereits vor Einfügung des § 15 a RVG bestehende Gesetzeslage, derzufolge sich die Anrechnung gem Vorbem 3 Abs 4 VV RVG grundsätzlich im Verhältnis zu Dritten im Kostenfestsetzungsverfahren nicht auswirkt. Damit findet § 60 Abs 1 RVG keine Anwendung, sondern § 15 a RVG ist bereits auf noch nicht abgeschlossene Verfahren anzuwenden.[1166]

gg) Beratungsgebühr (§ 34 Abs 1 S 1 RVG)

B 582 Die nach § 34 Abs 1 S 1 RVG vereinbarte Beratungsgebühr ist grundsätzlich nicht erstattungsfähig; sie zählt nicht zu den Kosten des Rechtsstreits iSd § 91 Abs 1 ZPO.[1167] Sie ist jedoch dann in Höhe der Gebühren und Auslagen eines Prozessbevollmächtigten im Amtsgerichtsprozess für erstattungsfähig anzusehen, wenn die Partei aufgrund dieser Beratung Schriftsätze selbst fertigt und einreicht.[1168]

hh) Verfahrensgebühr für sonstige Einzeltätigkeiten (Nr 3403 VV RVG)

B 583 Tatbestandsmäßige Voraussetzung der Verfahrensgebühr für sonstige Einzeltätigkeiten ist, dass ein nicht zum Prozess- oder Verfahrensbevollmächtigten bestellter RA in einem gerichtlichen Verfahren

---

1161 *Hansens* AnwBl 2009, 535, 539.
1162 BGH AGS 2008, 158 = JurBüro 2008, 302 = NJW 2008, 1323 = Rpfleger 2008, 332 = RVGreport 2008, 148 (LS) m krit Anm *Hansens*.
1163 BGH JurBüro 2011, 78 = Rpfleger 2011, 178 = RVGreport 2011, 28 m Anm *Hansens*; OLG Celle AGS 2010, 582 m Anm *N Schneider* = NJW-RR 2011, 711.
1164 *Onderka* in Anm zu KostRsp RVG § 15 a Nr 19.
1165 AGS 2009, 466 = RVGreport 2009, 387 (LS) *Hansens*; II. Senat AGS 2009, 466 = AnwBl 2009, 798 m Anm *Schons* = JurBüro 2009, 638 m Anm *Enders* = RVGreport 2009, 387 m Anm *Hansens*; V. Senat AGS 2010, 413; XII. Senat AGS 2010, 54 = NJW-Spezial 2010, 156 = RVGreport 2010, 110; AGS 2010, 106; IX. Senat AGS 2010, 159 = JurBüro 2010, 358 = RVGreport 2010, 190 m Anm *Hansens*.
1166 Ebenso OLG Düsseldorf AGS 2009, 372; OLG Dresden RVGreport 2009, 352 m Anm *Hansens*; OLG Koblenz RVGreport 2009, 389 m Anm *Hansens*; OLG Köln RVGreport 2009, 388 m Anm *Hansens*; OLG Stuttgart AGS 2009, 371 = RVGreport 2009, 349 m Anm *Hansens*; OVG Münster AGS 2009, 447 = RVGreport 2009, 382 m Anm *Hansens*; LG Berlin AGS 2009, 367 = RVGreport 2009, 350 m Anm *N Schneider*; **aA** für die Annahme einer Gesetzesänderung und Anwendung von § 60 RVG: KG RVGreport 2009, 391 m Anm *Hansens*; OLG Frankfurt RVGreport 2009, 392 m Anm *Hansens*; OLG Celle OLGR 2009, 749 = RVGreport 2009, 389 m Anm *Hansens*.
1167 AnwK-RVG/*Onderka* § 34 Rn. 36.
1168 LG Berlin AGS 2008, 515 = RVGreport 2008, 268 m zust Anm *Hansens* = KostRsp RVG § 34 Nr 7 m zust Anm *Onderka*; **aA**: OLG Rostock AGS 2008, 314 = JurBüro 2008, 371 = OLGR 2008, 522 = RVGreport 2008, 269 (LS) m abl Anm *Hansens* = KostRsp RVG § 34 Nr 7 m abl Anm *Onderka*.

eine Einzeltätigkeit ausübt. Eine Erstattung der Gebühr kommt nur in Betracht, wenn die Beauftragung des RA notwendig war. Dafür kommen im Wesentlichen folgende Situationen in Betracht:

— Die Partei kann und will den **Prozess ohne Prozessbevollmächtigten** führen und nur für einzelne Tätigkeiten anwaltliche Hilfe in Anspruch nehmen (zB Anfertigung eines Schriftsatzes oder Wahrnehmung eines Termins). Dann ist die Gebühr ohne Notwendigkeitsprüfung gem § 91 Abs 2 S 1 ZPO erstattbar. Wird der RA neben dem Prozessbevollmächtigten tätig, richtet sich die Erstattungsfähigkeit nach den allgemeinen Grundsätzen (vgl Rdn. B 521 ff). **B 584**

— Das Rechtsmittelgericht (Oberlandesgericht oder BGH) gibt dem noch nicht durch einen bei ihm zugelassenen RA vertretenen Rechtsmittelbeklagten zu Händen des Prozessbevollmächtigten der unteren Instanz Gelegenheit, zu einer **Vorfrage des Rechtsmittelverfahrens** (zB Wiedereinsetzungsantrag, Streitwertbestimmung, Annahme der Revision) Stellung zu nehmen. In diesem Fall ist die Gebühr für den Schriftsatz eines beim Rechtsmittelgericht nicht zugelassenen RA jedenfalls dann ohne weitere Notwendigkeitsprüfung erstattbar, wenn das Rechtsmittelgericht den Schriftsatz verwertet hat und der Rechtsmittelbeklagte auch später keinen Prozessbevollmächtigten für die Rechtsmittelinstanz bestellt, weil durch die Schriftsatzgebühr die höhere Verfahrensgebühr eines Prozessbevollmächtigten erspart wird.[1169] Der Ansicht, der Schriftsatz eines postulationsunfähigen RA sei prozessual schlechthin unbeachtlich und könne deshalb auch nichts ersparen, ist nicht zuzustimmen, denn im Festsetzungsverfahren ist nicht darüber zu befinden, ob das Rechtsmittelgericht berechtigt war, den Schriftsatz zu beachten. Kommt es doch zur Bestellung eines Prozessbevollmächtigten, so ist die Verfahrensgebühr (Nr 3403 VV RVG) nur unter den Voraussetzungen des § 91 Abs 2 S 2 ZPO neben der Prozessgebühr erstattungsfähig (s Rdn. B 521 ff). Im Nichtzulassungsbeschwerdeverfahren ist die Einzeltätigkeit eines beim BGH nicht zugelassenen Rechtsanwalts grundsätzlich nicht erstattungsfähig, wenn auch ein beim Bundesgerichtshof zugelassener Verfahrensbevollmächtigter bestellt wird.[1170] **B 585**

— Ein Prozessbevollmächtigter kann noch nicht bestellt werden, weil im Verfahren der einstweiligen Verfügung der Antrag noch nicht gestellt ist, der Antragsgegner aber Anlass hat, für den Fall einer Entscheidung ohne mündliche Verhandlung über den erwarteten Antrag seinen Standpunkt zur Geltung zu bringen (Schutzschrift) (s Rdn. B 513). **B 586**

ii) Gutachtengebühr (§ 34 Abs 1 RVG, Nr 2101 VV RVG)

Die nach § 34 Abs 1 S RVG individualvertraglich vereinbarte Gebühr für die Erstattung eines Gutachtens zählt nicht zu den Kosten des Rechtsstreits nach § 91 Abs 1 ZPO. Eine vereinbarte Gebühr ist niemals erstattungsfähig. Auch eine Erstattung bis zur Höhe der fiktiven gesetzlichen Gebühr ist ausgeschlossen, da die bisher einschlägige Gebühr nach Nr 2103 VV RVG mit Wirkung zum 01.07.2006 aufgehoben worden ist.[1171] Auch die Gebühr für eine Begutachtung über die Aussichten eines Rechtsmittels ist grundsätzlich nicht erstattungsfähig.[1172] Wird der begutachtende Rechtsanwalt mit der Durchführung des Rechtsmittelverfahrens beauftragt, entstehen aufgrund der Anrechnung nach Nr 2101 VV RVG iVm der Anm zu Nr 2100 VV RVG keine zusätzliche Gebühren. Wird der begutachtende Rechtsanwalt nicht mit der Durchführung des Rechtsmittelverfahrens beauftragt, scheitert die Erstattungsfähigkeit an § 91 Abs 2 S 1 ZPO, wonach die Kosten eines zweiten Anwalts grundsätzlich nicht erstattungsfähig sind.[1173] **B 587**

1169 OLG Braunschweig JurBüro 1973, 137.
1170 BGH AGS 2012, 493 = JurBüro 2012, 592 = RVGreport 2012, 351 m Anm *Hansens*.
1171 AnwK-RVG/*Onderka* § 3 a Rn. 130, § 34 Rn. 66.
1172 OLG München JurBüro 1992, 103 = Rpfleger 1992, 175; OLG Schleswig JurBüro 1984, 435 = SchlHA 1984, 47 (LS).
1173 AnwK-RVG/*N Schneider* VV 2101 Rn. 22, 24.

jj) Strafanzeigegebühr (Nr 4302 VV RVG) oder Anwaltskosten für die Verteidigung in einem Strafprozess

B 588　Die Gebühr für die Erstattung einer Strafanzeige kann erstattbar sein, wenn die zur Klage schon entschlossene Partei nur durch ein Ermittlungs- oder Strafverfahren gegen ihren Prozessgegner die zur Begründung des zivilrechtlichen Anspruchs erforderlichen Tatsachen und Beweismittel erlangen konnte.[1174]

Die Kosten für die Verteidigung in einem Strafprozess können dann erstattbar sein, wenn eine Verurteilung in dem Strafverfahren sich auf das Zivilverfahren auswirken kann.[1175]

kk) Reisekosten des Rechtsanwalts

B 589　Nach § 91 Abs 2 erster Satzteil ZPO sind grundsätzlich auch die gesetzlichen Auslagen des RA der obsiegenden Partei ohne Notwendigkeitsprüfung in allen Prozessen zu erstatten. Davon macht jedoch der 2. Satzteil der Vorschrift eine Ausnahme für den Rechtsanwalt, der nicht im Bezirk des Prozessgerichts niedergelassen ist und auch nicht am Ort des Prozessgerichts wohnt: Seine Reisekosten sind nur insoweit zu erstatten, als seine Zuziehung zur zweckentsprechenden Rechtsverfolgung oder -verteidigung notwendig war. Bis 01.07.2004 schränkte der inzwischen aufgehobene § 91 Abs 2 S 2 ZPO auch für den beim Prozessgericht zugelassenen RA, der seinen Wohnsitz oder seine Kanzlei nicht an dem Ort hat, an dem sich das Prozessgericht oder eine auswärtige Abteilung dieses Gerichts befindet, die Erstattungsfähigkeit der Reisen zum Prozessgericht ein. Bei ihm waren die Mehrkosten nicht zu erstatten. Mehrkosten waren dabei die Kosten, die diejenigen Kosten übersteigen, die entstanden wären, wenn ein am Ort des Prozessgerichts wohnhafter oder praktizierender RA beauftragt worden wäre. Das Kostenrechtsmodernisierungsgesetz wollte mit der Streichung von § 91 Abs 2 S 2 ZPO die unterschiedliche Erstattungsfähigkeit der Reisekosten von zugelassenen und nicht zugelassenen, aber postulationsfähigen RA beseitigen.[1176] Textlich ist diese Gleichstellung allerdings nicht gelungen, da § 91 Abs 1 S 1 ZPO unverändert blieb. Nach dem Gesetzestext wären nunmehr die Reisekosten des zugelassenen, aber nicht am Gerichtsort wohnenden RA in jedem Fall zu erstatten. Man muss daher das Gesetz nach dem Willen des Gesetzgebers **auslegen** und auch insoweit **nur die zur zweckentsprechenden Rechtsverfolgung oder Rechtsverteidigung notwendigen Reisekosten** für erstattungsfähig halten.[1177] Im Übrigen s Rdn. B 521 ff.

B 590　Die Kosten anwaltlicher Reisen, die mehreren Geschäften dienen, sind im Verhältnis der Kosten zu verteilen, die bei gesonderter Ausführung der einzelnen Geschäfte entstanden wären (Vorbem 7 Abs 3 VV RVG). Lehnt der RA die Aufteilung ab, so sind die Kosten bei der Festsetzung nicht zu berücksichtigen, weil die Entstehung bestimmter Kosten für das einzelne Geschäft dann nicht glaubhaft gemacht ist.[1178]

B 590a　Zu den erstattungsfähigen Reisekosten zählen auch die Übernachtungskosten eines RA, wenn es diesem nicht zuzumuten ist, am Terminstag anzureisen. Dabei ist darauf abzustellen, dass dem RA nicht zugemutet werden kann, die notwendige Anreise zum Terminsort zur Nachtzeit anzutreten. Als Nachtzeit ist in Anlehnung an § 758 a Abs 4 ZPO die Zeit von 21.00 Uhr bis 6.00 Uhr anzusehen.[1179]

1174　OLGR Saarbrücken 1998, 136; KG AnwBl 1983, 563 = JurBüro 1983, 1251; LG Frankfurt AnwBl 1982, 385 = JurBüro 1982, 1247; **aA**: OLG Koblenz JurBüro 2006, 259 = NJW 2006, 1072; OLG Düsseldorf Rpfleger 1969, 393.
1175　OLG Bamberg JurBüro 2003, 145.
1176　BT-Drucks 15/1971, Begründung zu Art 4 Abs 20 Nr 2.
1177　*Zöller/Herget* ZPO Rn. 13 »Auswärtiger Anwalt«.
1178　OLG Hamm JurBüro 1964, 370.
1179　OLG Naumburg AGS 2016, 593 = MDR 2016, 1475 = RVGreport 2017, 20 m Anm *Burhoff*; OLG Hamburg AGS 2011, 463; OLG Jena AGS 2015, 305 = RVGreport 2015, 146 m Anm *Hansens*; OLG Karlsruhe AGS 2003, 498 = NJW-RR 2003, 1654.

XV. Einzelfragen der Erstattbarkeit   B.

II) Umsatz-(Mehrwert-)steuer

Der RA hat Anspruch auf Ersatz der auf seine Vergütung entfallenden Umsatzsteuer, sofern diese B 591
nicht nach § 19 Abs 1 des Umsatzsteuergesetzes unerhoben bleibt (Nr 7008 VV RVG). Die obsiegende Partei, die ihrem RA die Steuer zu ersetzen hat, kann ihrerseits Erstattung vom unterlegenen Gegner nach Maßgabe der etwaigen Kostenquote verlangen.

Nur die Vergütung des RA (= Gebühren und Auslagen, § 1 Abs 1 RVG) unterliegt der Steuer, nicht B 592
etwaige von ihm für die Partei verauslagte Beträge (Gerichtskosten, Zeugen- und Sachverständigenvorschüsse). Auch auf fiktive Kosten entfällt keine Umsatzsteuer. Wohl aber ist in den Fällen, in denen eine als solche nicht erstattbare Gebühr in Höhe ersparter erstattbarer Kosten zu erstatten ist, die auf die ja wirklich entstandene Gebühr zu entrichtende Steuer ebenfalls zu erstatten, soweit auch in ihrer Höhe andere Kosten erspart worden sind.

▶ Beispiel:

Durch die nicht notwendige Einschaltung eines Unterbevollmächtigten sind Gebühren und Auslagen in Höhe von 500 € zuzüglich 19 % MwSt (= 95 €) = 595 € erwachsen. Die Beauftragung eines Unterbevollmächtigten hat aber sonst notwendig gewordene Reisekosten des Hauptbevollmächtigten von 300 € + 19 % MwSt (= 57 €) = 357 € erspart. Der voll unterlegene Gegner hat die die Kosten des Unterbevollmächtigten in Höhe der ersparten Kosten von 357 € (nicht 300 €) zu erstatten.

Voraussetzung ist aber auch ausreichend für die Erstattung, die eindeutige und unmissverständliche B 593
Erklärung des Antragsstellers, dass er die Beträge nicht als Vorsteuer abziehen kann (§ 104 Abs 2 S 3 ZPO).[1180] Die bloße Aufnahme der Umsatzsteuer in die Kostenrechnung genügt dagegen nicht.[1181] Es genügt auch nicht die Schilderung von Umständen, aus denen gefolgert werden kann, dass der Antragsteller nicht vorsteuerabzugsberechtigt ist.[1182]

Wird die Erklärung abgegeben, ist die Umsatzsteuer grundsätzlich ohne weitere Prüfung zu erstatten.[1183] Dies gilt nur dann nicht, wenn die Unrichtigkeit der Erklärung dem Gericht offensichtlich B 594
ist oder sich aus einem entsprechenden vom Antragsgegner zu erbringenden Beweis ergibt.[1184]

Ist die Partei ein **ausländischer Unternehmer,** so darf ihr deutscher Rechtsanwalt ihr nach § 3 a B 595
Abs 4 Nr 3 UStG keine Umsatzsteuer in Rechnung stellen; die Partei ist deshalb auch nicht befugt, die von ihr gar nicht ersetzte Steuer vom unterlegenen Gegner erstattet zu verlangen.[1185] Die Festsetzung ist in diesem Fall trotz Erklärung abzulehnen.

Dagegen ist die unterlegene, ihrerseits nicht der Umsatzsteuerpflicht unterliegende ausländische Partei verpflichtet, dem obsiegenden deutschen Gegner die von diesem seinem RA gezahlte Steuer zu erstatten, denn für diesen handelt es sich um einen Teil der seinem Anwalt geschuldeten Vergütung, also um Prozesskosten.[1186]

Ob der RA in eigener Sache mit dem Betrag, den er nach § 91 Abs 2 S 4 ZPO vom unterlegenen B 596
Gegner erstattet verlangen kann, der Umsatzsteuer unterliegt, hängt davon ab, ob es sich um ein sog Innengeschäft aus der beruflichen Tätigkeit des Anwalts handelt (zB um eine Gebührenklage gegen

---

1180 KG JurBüro 1995, 206; OLG München JurBüro 1995, 34.
1181 OLG Celle NdsRpfl 1995, 105; OLGR Jena 1995, 227; **aA**: AG Charlottenburg m abl Ansicht *Baumgärtel* JurBüro 1996, 428.
1182 KG JurBüro 1995, 206.
1183 BGH JurBüro 1993, 426.
1184 BGH JurBüro 1993, 426 u JurBüro 2005, 145.
1185 OLG Jena Beschl v 11.07.2011 – 9 W 303/11; OLG Stuttgart JurBüro 1982, 1674 = Justiz 1982, 403; OLG Hamburg JurBüro 1982, 1350 = MDR 1982, 857; OLG Frankfurt AnwBl 1983, 335 = Rpfleger 1983, 85 = JurBüro 1983, 446.
1186 OLG Frankfurt Rpfleger 1984, 116 = JurBüro 1984, 589.

den Mandanten) oder um ein rein privates Außengeschäft. Nur im letzteren Fall ist er umsatzsteuerpflichtig (Eigenverbrauch iSd UStG 1980) und kann deshalb auch die von ihm geschuldete Steuer vom unterlegenen Gegner erstattet verlangen.[1187] Gehört die Angelegenheit zu seinem beruflichen Bereich, fällt keine Umsatzsteuer an. Sie ist daher auch nicht bei Vorliegen der Erklärung erstattbar.[1188]

B 597 Ändert sich der Steuersatz, so richtet sich die Entscheidung, ob der alte oder der neue Steuersatz anzuwenden ist, nach dem Eintritt der Fälligkeit der Steuer und damit nach der Fälligkeit der Vergütung, für die nach § 8 Abs 1 RVG mehrere Tatbestände in Betracht kommen.

Völlig unerheblich ist für die Erstattung der Steuer der Zeitpunkt, zu dem der Kostenfestsetzungsbeschluss beantragt oder erlassen wird, es sei denn, man sehe auch den Zinsanspruch nach § 104 Abs 1 S 2 ZPO als umsatzsteuerpflichtig an.[1189]

B 598 Bei der Kostenfestsetzung nach § 126 Abs 1 ZPO kann der beigeordnete Rechtsanwalt von der unterlegenen Partei nicht die Erstattung von Mehrwertsteuer auf die Honorarforderung fordern. Für die arme, zum Abzug der Vorsteuer berechtigte Partei ist der ihr von dem Prozessbevollmächtigten in Rechnung zu stellende Mehrwertsteuerbetrag ein durchlaufender Posten.[1190]

Wegen der Dokumentenpauschale vgl Rdn. B 430 ff, der Porto- und Fernsprechkosten vgl Rdn. B 440 ff.

B 599–B 600 *(unbesetzt)*

4. Zwangsvollstreckungskosten

B 601 Wegen Festsetzbarkeit von Vollstreckungskosten allgemein vgl Rdn. B 242 f, wegen Zugehörigkeit zu den Kosten der Zwangsvollstreckung und der Abgrenzung zu anderen Aufwendungen vgl Rdn. B 244–254.

a) Notwendigkeit von Zwangsvollstreckungskosten

B 602 Die Beitreibung bzw Festsetzung von Kosten nach § 788 ZPO steht nur für solche Aufwendungen offen, die auf die Durchsetzung des titulierten Anspruchs gerichtet sind.[1191] Ist ein Versäumnisurteil, aus dem die Zwangsvollstreckung betrieben worden ist, durch einen Prozessvergleich ersetzt worden, kann der Gläubiger grundsätzlich die Erstattung der Vollstreckungskosten in der Höhe verlangen, in der sie angefallen wären, wenn er von vornherein die Vollstreckung auf den Vergleichsbetrag beschränkt hätte. Werden in dem Vergleich weitere nicht streitgegenständliche Ansprüche geregelt, setzt die Festsetzung der Kosten der Zwangsvollstreckung allerdings voraus, dass sich feststellen lässt, in welchem Umfang das Versäumnisurteil in der Sache Bestand hat.[1192]

Voraussetzung für die Erstattungspflicht des Schuldners ist, dass die vom Gläubiger aufgewendeten Kosten der Zwangsvollstreckung notwendig iSd § 91 ZPO waren (§ 788 Abs 1 S 1 ZPO). Hierzu gehören alle Aufwendungen, die gemacht werden, um unmittelbar die Vollstreckung aus dem Titel vorzubereiten oder die einzelnen Vollstreckungsakte durchzuführen. Notwendig sind diese Kosten,

---

1187 H Schmidt AnwBl 1982, 156; Rdschr OFD Düsseldorf AnwBl 1982, 193. Die Entscheidungen des KG Rpfleger 1981, 411 = JurBüro 1981, 1685 = MDR 1981, 1024, OLG Hamburg JurBüro 1982, 1349, die unter Bezugnahme auf BFH NJW 1977, 408 eine Umsatzsteuerpflicht und damit Erstattungsberechtigung schlechthin verneinen, beruhen noch auf der früheren Fassung des UStG.
1188 BGH JurBüro 2005, 145.
1189 S hierzu *Hansens* JurBüro 1983, 325 mwN.
1190 BGH AGS 2007, 628 = JurBüro 2007, 88 = Rpfleger 2006, 609 = NJW-RR 2007, 285 gegen OLG Düsseldorf JurBüro 1993, 29; OLG Koblenz JurBüro 1997, 588.
1191 BGH JurBüro 2005, 496 = Rpfleger 2005, 552.
1192 BGH AGS 2010, 253 = JurBüro 2010, 319 = Rpfleger 2010, 380 = RVGreport 2010, 231 m Anm *Hansens*.

wenn sie für eine Maßnahme angefallen sind, die der Gläubiger zum Zeitpunkt ihrer Vornahme bei verständiger Würdigung der Sachlage zur Durchsetzung seines titulierten Anspruchs objektiv für erforderlich halten durfte.[1193] Beauftragt der Gläubiger einen RA mit der Durchführung der Zwangsvollstreckung, so bezieht sich die Notwendigkeit auch auf die Beauftragung. § 91 Abs 2 S 1 ZPO ist auf die Zwangsvollstreckung nicht anzuwenden. Bei der Beurteilung dieser Frage kommt es darauf an, ob der Gläubiger über die persönlichen Fähigkeiten verfügt, die Rechtslage unter Berücksichtigung der spezifischen Schwierigkeiten des konkreten Vollstreckungsverfahrens richtig einzuschätzen.[1194]

Kann ein Zwangsversteigerungsverfahren die Befriedigung des betreibenden Gläubigers aus dem Versteigerungserlös von vorneherein erkennbar nicht einmal teilweise erreichen, sind die Kosten der Zwangsvollstreckung nicht als notwendig im Sinne von § 788 Abs 1 ZPO anzusehen. Dass der Versteigerungsantrag des Gläubigers aufgrund der ihm bleibenden Chance freiwilliger Leistungen des Schuldners zulässig ist, ändert daran nichts.[1195]

aa) Zeitpunkt der Einleitung der Zwangsvollstreckung

(a) Ausreichende Gelegenheit zu freiwilliger Leistung

Die Einleitung der Zwangsvollstreckung ist erst dann notwendig, wenn der Schuldner seinen im Vollstreckungstitel auferlegten Verpflichtungen nicht nachgekommen ist. Dabei ist ihm ausreichend Zeit einzuräumen, freiwillig zu erfüllen.[1196] Der Zeitraum, der ihm dazu zu belassen ist, kann nicht einheitlich für alle Fälle festgelegt werden, richtet sich vielmehr nach den Umständen des Einzelfalles unter Berücksichtigung von Treu und Glauben. Hatte – bei einem Zahlungstitel – der Schuldner im Erkenntnisverfahren keine ernstliche Einwendungen gegen seine Zahlungspflicht vorgebracht, insbesondere Anerkenntnis- oder Versäumnisurteil gegen sich ergehen lassen, ist Vollstreckungstitel ein nach langwierigen Verhandlungen ohne Einräumung einer Leistungsfrist zustande gekommener Vergleich oder eine vollstreckbare Urkunde, so ist die Einleitung der ZwVollstr schon dann als notwendig anzuerkennen, wenn der Schuldner nicht alsbald geleistet hat, wobei übliche Überweisungszeiträume einzuräumen sind. Bisheriges verzögerliches Verhalten, durch konkrete Tatsachen begründeter Verdacht, dass der Schuldner versuchen werde, sich der Vollstreckung zu entziehen oder in Vermögensverlust zu fallen droht, können es rechtfertigen, die Vollstreckung einzuleiten, sobald der vollstreckbare Titel vorliegt. Dabei trägt der Gläubiger allerdings das Risiko, dass der Schuldner doch rechtzeitig geleistet hatte. Andererseits steht es der Erstattungsfähigkeit von Aufwendungen des Gläubigers nicht entgegen, dass sie verfrüht gemacht wurden, wenn sie zu einem späteren Zeitpunkt berechtigt gewesen wären.[1197]

B 603

(b) Zustellung des Titels und Nachweis der Sicherheitsleistung

Nach §§ 750 Abs 1 S 1, Abs 2, 751 Abs 2 ZPO darf die ZwVollstr erst beginnen, wenn Titel und Nachweis der Sicherheitsleistung spätestens gleichzeitig zugestellt werden. Im Falle des § 750 Abs 2 ZPO trifft dies auch auf die Klausel zu. Daraus kann aber nicht der Schluss gezogen werden, alle vor diesen Zustellungen liegenden Maßnahmen des Gläubigers seien verfrüht und mithin nicht notwendig. Unter Beginn der ZwVollstr iS dieser Vorschriften ist nur die Zulässigkeit der Anwendung staatlichen Zwanges zu verstehen, die erst durch bereits kostenverursachende Aufträge an RA oder Vollstreckungsorgan ausgelöst wird und der auch andere notwendige Vorbereitungsmaßnahmen

B 604

1193 BGH JurBüro 2014, 549 = Rpfleger 2014, 611 = RVGreport 2014, 399 m Anm *Hansens*; AGS 2006, 214 = JurBüro 2006, 327 = RVGreport 2006, 196; AGS 2006, 458 = JurBüro 2006, 329 = RVGreport 2006, 111.
1194 BGH BGHZ 186, 70 = AGS 2010, 446 = JurBüro 2011, 97; JurBüro 2004, 42; FamRZ 2004, 789.
1195 BGH JurBüro 2015, 99 = NJW 2014, 8 = Rpfleger 2015, 159 = RVGreport 2015, 28 m Anm *Hansens*.
1196 BGH BRAGOReport 2002, 153; BGH FamRZ 2004, 101; OLGR Saarbrücken 1998, 181.
1197 KG JurBüro 2001, 211; OLG Schleswig JurBüro 1999, 609; *Hansens* JurBüro 1995, 208.

des Gläubigers (zB Ermittlung des Wohnsitzes des Schuldners) vorausgehen können. Den genannten Zustellungen kommt auch nicht die Funktion zu, den Schuldner an seine Leistungspflicht zu erinnern, sodass ihm danach noch eine angemessene Zeit zur Bewirkung der Leistung belassen werden müsse, um die Notwendigkeit der ZwVollstr annehmen zu können; damit wäre es nämlich unvereinbar, dass die ZwVollstr auch bei gleichzeitiger Zustellung sofort begonnen werden darf. Zu fordern ist also nur, dass ein vollstreckbarer Titel mit etwa nötiger Klausel vorlag und der Schuldner hinreichend Gelegenheit zur freiwilligen Leistung gehabt hatte, als der Gläubiger die kostenauslösende Maßnahme zur zwangsweisen Durchsetzung seines Titels ergriff.[1198] Für Aufwendungen, die nicht die etwa zur Vollstreckung erforderliche Sicherheitsleistung und deren Beschaffung betreffen (über diese vgl Rdn. B 245 u Rdn. B 605), muss außerdem die Sicherheit geleistet sein. Nicht erforderlich ist, dass die formellen Voraussetzungen dem Schuldner durch Zustellung in diesem Zeitpunkt bereits nachgewiesen waren.

▶ Beispiel:

Beauftragt der Gläubiger seinen RA mit der Durchführung der Zwangsvollstreckung und dieser den Gerichtsvollzieher mit der Pfändung unter gleichzeitiger Zustellung von Titel, Klausel und Nachweis der (bereits erfolgten) Sicherheitsleistung, so sind sowohl die Gebühr des Anwalts (Nr 3309 VV RVG) als auch die des Gerichtsvollziehers (KV Nr 100, 205 GvKostG) auch dann zu erstatten, wenn der Vollstreckungsauftrag zurückgenommen wird, weil der Schuldner nunmehr verspätet geleistet hat, obwohl beide Aufträge zu einem Zeitpunkt erteilt wurden, als die formellen Voraussetzungen für die Anwendung staatlichen Zwanges noch nicht vorlagen.[1199]

(c) Anwaltliches Aufforderungsschreiben

B 605   Die Meinungen, ob das auch für die anwaltliche Aufforderung an den Schuldner gilt, zur Vermeidung der ZwVollstr zu leisten, waren bisher geteilt. Nach den Entscheidungen des BGH ist diese Rechtsfrage geklärt.[1200] Diese Aufforderung löst bereits die anwaltliche Vollstreckungsgebühr aus und kann auch nicht als überflüssige kostenverursachende Maßnahme angesehen werden, weil sie nach § 18 Nr 3 RVG zusammen mit der (ersten) durch sie vorbereiteten Vollstreckungshandlung als dieselbe Angelegenheit gilt, sodass durch diese nach § 15 Abs 2 RVG keine zusätzliche Anwaltsgebühr entsteht. Dabei ist es gleichgültig, ob der Auftrag auf Durchführung der ZwVollstr oder nur auf Absendung eines solchen Aufforderungsschreibens gerichtet war. Die Aufforderung ist nur darauf gerichtet, dem Schuldner vermeidbare weitere Vollstreckungskosten durch Beauftragung von staatlichen Vollstreckungsorganen zu ersparen. Es liegt deshalb kein Grund vor, die dadurch entstehende Anwaltsgebühr anders zu behandeln, als andere Aufwendungen für Aufträge, die zeitlich vor den nach §§ 750, 751 ZPO erforderlichen Zustellungen erteilt wurden.

B 606   Nicht erstattbar sind die Kosten eines Aufforderungsschreibens, wenn der Gläubiger damit nicht den RA beauftragt, den er später mit der Durchführung der ZwVollstr beauftragt, und der Anwaltswechsel vermeidbar war.[1201]

bb) Zwangsvollstreckung aus einem für vorläufig vollstreckbar erklärten Urteil

B 606a Die Vollstreckung aus einem vorläufig vollstreckbaren Urteil ist für den Kläger mit besonderen Risiken verbunden. Wird ein für vorläufig vollstreckbar erklärtes Urteil aufgehoben oder abgeändert, so ist der Kläger nach § 717 Abs 2 ZPO zum Ersatz des Schadens verpflichtet, der dem Beklagten durch die Vollstreckung des Urteils oder durch eine zur Abwendung der Vollstreckung gemachte

---

1198 BGH Rpfleger 2003, 596 und FamRZ 2004, 101.
1199 BGH Rpfleger 2003, 596.
1200 BGH Rpfleger 2003, 596 = NJW-RR 2003, 1581; FamRZ 2004, 101.
1201 OLG Frankfurt JurBüro 1981, 397.

Leistung entstanden ist. Der Beklagte kann den Anspruch auf Schadensersatz in dem anhängigen Rechtsstreit geltend machen.

Wird die Vollstreckung in einer Höhe betrieben, die sich im weiteren Rechtsmittelverfahren nicht bestätigt, können die Kosten der Zwangsvollstreckung nur in dem Umfang geltend gemacht werden, in dem sie unter Berücksichtigung der niedrigeren Forderung angefallen wären.[1202] War die Forderung zum Zeitpunkt der Vollstreckung noch nicht fällig, hätte der ursprüngliche Titel also nicht geschaffen, sondern die Klage als »derzeit unbegründet« abgewiesen werden müssen, sind die Kosten überhaupt nicht erstattungsfähig.[1203]

cc) Kosten der Sicherheitsleistung zur Erreichung der Vollstreckbarkeit

(a) Daraus, dass Kosten der Sicherheitsleistung nach fast einheitlicher Rechtsprechung gegen den endgültig unterlegenen Schuldner festsetzbar sind, folgt nicht ohne weiteres, dass jegliche vom Gläubiger dafür getätigten Aufwendungen auch im Einzelfall erstattbar sind. Insbesondere ist es nicht selbstverständlich, dass die **Kosten** eines vom Gläubiger für die Beschaffung und Hinterlegung der Sicherheit in Anspruch genommenen Rechtsanwalts **notwendig** und deshalb erstattbar sind. § 91 Abs 2 S 1 ZPO ist im ZwVollstrVerfahren jedenfalls nicht unmittelbar anwendbar, weil es nicht mehr zum Prozess gehört. Dennoch wird die Hinzuziehung eines RA in der eigentlichen ZwVollstr wegen der Kompliziertheit dieses Verfahrens mit Recht fast allgemein als notwendig angesehen. Für die Beschaffung und Hinterlegung einer Sicherheit, auch einer Bankbürgschaft, gilt das jedoch nicht ohne weiteres. Sie bereitet vielen Parteien, zumal Kaufleuten, keine Schwierigkeiten, die die Hinzuziehung eines RA rechtfertigen könnten. Die Erstattbarkeit wird überwiegend, wenn auch mit sehr unterschiedlichen Begründungen verneint. Manche nehmen an, für die anwaltliche Mitwirkung bei der Sicherheitsbeschaffung und -hinterlegung entstehe überhaupt keine besondere Anwaltsgebühr, sie werde vielmehr durch die Prozessgebühr (jetzt: Verfahrensgebühr) (§ 37 BRAGO, jetzt: § 19 RVG) oder durch die Vollstreckungsgebühr (§ 57 BRAGO, jetzt Nr 3309 VV RVG) abgegolten, so dass Erstattungsprobleme nicht entstünden.[1204]

B 607

Dieser Ansicht ist jedoch nicht zu folgen, weil die Bereitstellung der für die Vollstreckung erforderlichen wirtschaftlichen Mittel nicht zu den Aufgaben des mit der Prozessführung oder der Vollstreckung beauftragten Rechtsanwalts gehört, sondern Sache der Partei selbst ist. Im Falle der Hinterlegung handelt es sich zudem um ein besonderes behördliches Verfahren, das nach § 19 Abs 1 Nr 1 RVG nicht zum Rechtszug gehört und bei einem Vergleich mit den in § 18 Nr 6 bis 20 aufgeführten Geschäften, die als besondere Angelegenheiten gelten und deshalb (§ 15 Abs 2 RVG) auch besondere Anwaltsgebühren auslösen, erst recht nicht zu der mit der Vollstreckungsgebühr abgegoltenen (ersten) Vollstreckungsmaßnahme. Zu dem Abgeltungsbereich der Vollstreckungsgebühr kann allenfalls der von § 751 Abs 2 ZPO geforderte Nachweis, nicht aber die Sicherheitsleistung selbst gerechnet werden. Der RA erhält deshalb für die fragliche Tätigkeit die Verfahrensgebühr (Nr 3100 f oder 3403 f VV RVG), nicht mehr die Geschäftsgebühr.[1205]

Gerade weil für den RA neben der Vollstreckungsgebühr (Nr 3309 VV RVG) zusätzliche Gebühren entstehen, ergibt sich die erstattungsrechtliche Frage, ob die Anwaltszuziehung zur Beschaffung und Hinterlegung der Sicherheit notwendig war. Sie ist nach den Umständen des Einzelfalls,

---

1202 BGH AGS 2012, 90 = JurBüro 2012, 105 = NJW-RR 2012, 311 = Rpfleger 2012, 105; NJW-RR 2011, 1217.
1203 BGH AGS 2012, 90 = JurBüro 2012, 105 = NJW-RR 2012, 311 = Rpfleger 2012, 105.
1204 ZB OLG Köln JurBüro 1977, 1397; Rpfleger 1984, 74 (LS); OLG Stuttgart JurBüro 1981, 220; 1982, 561; OLG Koblenz Rpfleger 1983, 500 = JurBüro 1984, 562 = MDR 1984, 325 mwN auch für andere Meinungen; JurBüro 1990, 995.
1205 *Gerold/Schmidt/Müller-Rabe* RVG 19. Aufl VV 3309 Rn. 293; OLG München JurBüro 1990, 866; OLG Karlsruhe JurBüro 1989, 78; OLG Bamberg JurBüro 1973, 1076; OLG Nürnberg NJW 1967, 940; KG MDR 1976, 767; JurBüro 1977, 501.

insbesondere den Fähigkeiten und Erfahrungen der Partei zu entscheiden. In vielen Fällen wird die Gebühr nicht erstattbar sein.[1206]

B 608 **(b)** Bei den eigentlichen Hinterlegungskosten (die Gebühren der Hinterlegungsstellen sind nicht mehr bundeseinheitlich durch die HinterlO, sondern landesrechtlich geregelt) sowie baren Auslagen für die Beschaffung und Aufrechterhaltung von zwecks Sicherheitsleistung des Gläubigers beigebrachten Bankbürgschaften (Avalprovision) kann die ausschließliche Zweckbestimmung für die Zwangsvollstreckung nicht zweifelhaft sein. Sie sind deshalb grundsätzlich erstattbar. Das erübrigt aber nicht die Prüfung, ob der Aufwand in voller Höhe notwendig war. Es kommt in der Praxis häufig vor, dass die Bürgschaft länger aufrechterhalten wird, als notwendig. Das kann ua darauf beruhen, dass der Gläubiger die Bürgschaft schon in Anspruch nimmt, ehe ihm diese Form der Sicherheitsleistung nachgelassen worden war, dass die Bürgschaft für einen Zeitraum oder in einem Umfang aufrechterhalten wird, in dem eine Sicherheitsleistung nicht mehr erforderlich war, insbesondere nach Rechtskraft oder Einstellung der Zwangsvollstreckung ohne Sicherheitsleistung. Die Notwendigkeit zur Sicherheitsleistung entfällt aber für den Gläubiger noch nicht dadurch, dass der Schuldner auf Grund eines Einstellungsbeschlusses seinerseits Sicherheit leistet.[1207]

Erstattbar ist die Avalprovision nur für den Zeitraum und in dem Umfang, in dem die Sicherheit zu leisten war einschließlich einer kurzen Zeitspanne, die auch bei gehöriger Aufmerksamkeit beider Seiten nötig war, um das Erlöschen der Bürgschaft durch Rückgabe der Bürgschaftsurkunde zu bewirken.[1208]

Der Streit, ob der Schuldner durch verspätete Rückgabe der Bürgschaftsurkunde selbst eine unnötig hohe Avalprovision veranlasst hat, ist nicht im Festsetzungsverfahren auszutragen.[1209]

B 609 **(c)** Andere mit der Sicherheitsleistung verbundene Vermögensnachteile sind dagegen aus den Gründen, aus denen Kreditkosten für die Beschaffung von Prozesskosten nicht zu den Kosten des Rechtsstreits gehören (vgl Rdn. B 458), nicht erstattbar. Hierher gehören Zinsen für zwecks Sicherheitsleistung aufgenommene Darlehen, Zinsverluste durch nicht nutzbringende Festlegung von Geldmitteln, Zinsdifferenz zwischen Hinterlegungs- und sonst erzielbaren Zinsen für eigenes Kapital.[1210]

dd) Zulässigkeit der Vollstreckungsmaßnahme

B 610 Voraussetzung für die Erstattbarkeit ist die Zulässigkeit der vom Gläubiger ergriffenen Vollstreckungsmaßnahme. Die Kosten unzulässiger Maßnahmen sind selbst dann nicht erstattbar, wenn der Gläubiger die Unzulässigkeit nicht erkennen konnte.[1211]

Auch die Kosten an sich zulässiger Vollstreckungsmaßnahmen sind nicht zu erstatten, soweit sie überflüssig waren, weil das Ziel auch ohne den Kostenaufwand zu erreichen war oder zusammenfassbare Maßnahmen ohne sachlichen Grund einzeln vorgenommen wurden.[1212]

1206 OLG Celle JurBüro 1969, 179; KG aaO; OLG Stuttgart Justiz 1982, 88.
1207 OLG München JurBüro 1976, 1697 = MDR 1977, 56.
1208 OLG Frankfurt Rpfleger 1978, 261 = JurBüro 1978, 752 = WM 1978, 382 (nicht für Zeit, in der Gläubiger noch nicht ermächtigt war); OLG Nürnberg JurBüro 1962, 429 (nicht für Zeit nach Einstellung ohne Sicherheit); OLG Düsseldorf JurBüro 1977, 1144 (nicht für Provision, soweit Klage abgewiesen und im Übrigen ohne Sicherheit vollstreckbar).
1209 OLG Frankfurt JurBüro 1978, 441; LG Berlin Beschl v 23.03.1978 119/78 bei KostRsp ZPO § 91 (B) 5.4.1.3; dort auch weitere Nachweise; **aA:** offenbar OLG Karlsruhe Justiz 1986, 406 (notwendig bis Bürgschaftsurkunde der Bank zurückgegeben werden kann).
1210 Rechtsprechungsnachweise bei KostRsp ZPO § 91 (A) unter 5.4.2.
1211 KG Rpfleger 1968, 229; OLG Hamburg NJW 1963, 1015 = DGVZ 1963, 136 (nicht erkennbare Unzulässigkeit).
1212 OLG Düsseldorf JurBüro 1965, 657 = JMBlNRW 1965, 204 (keine RA-Gebühr für Antrag auf Vormerkungseintragung neben gerichtlicher Eintragungsanordnung); KG AnwBl 1974, 187 = JurBüro 1974, 1386 (nur 1 RA-Gebühr für gesonderte Anträge auf Pfändung mehrerer Forderungen gegen verschiedene

XV. Einzelfragen der Erstattbarkeit

ee) Erfolgsaussicht

Dass eine ZwVollstrMaßnahme erfolglos bleibt, ist an sich kein Grund, die durch sie veranlassten Kosten als nicht notwendig und deshalb nicht erstattbar anzusehen. Wie alle Rechte hat auch das Recht des Gläubigers, Befriedigung im Wege der ZwVollstr zu suchen, seine Grenze beim Rechtsmissbrauch. Selbst wenn die Grenze der verfahrensrechtlichen Unzulässigkeit noch nicht erreicht ist, das Vollstreckungsorgan sein Tätigwerden also noch nicht wegen Missbräuchlichkeit des gestellten Antrages ablehnen kann, kann es gerechtfertigt sein, die Notwendigkeit einer Vollstreckungsmaßnahme iSd § 788 ZPO zu verneinen und damit dem Gläubiger das Kostenrisiko für die voraussehbare Erfolglosigkeit einer Vollstreckungsmaßnahme aufzubürden. Wann das der Fall ist, hängt von den Umständen des Einzelfalls ab. Bei einem ersten Vollstreckungsversuch wird schon im Hinblick auf den vom Gläubiger für einen Antrag auf Offenbarungsversicherung (§ 807 ZPO) zu führenden Fruchtlosigkeitsnachweis ein Missbrauch weit seltener anzunehmen sein, als bei in kurzem Abstand wiederholten gleichartigen Vollstreckungsversuchen. Die niemals auszuschließende theoretische Möglichkeit, dass der Schuldner gerade am Vortag zu einem großen Gewinn oder anderem pfändbaren Vermögen gekommen sein könnte, ohne dass dafür konkrete Anhaltspunkte vorliegen, reicht aber nicht aus, dem Schuldner auch die Kosten unnützer VollstrVersuche aufzubürden.[1214]

B 611

b) Zwangsvollstreckungskosten gegen mehrere Schuldner

Der Gläubiger steht grundsätzlich jedem einzelnen Schuldner selbstständig gegenüber. Es steht dem Gläubiger frei, die Zwangsvollstreckung gegen einen einzelnen der im Erkenntnisverfahren als Gesamtschuldner Verurteilten zu betreiben. Für die notwendigen Kosten dieser ZwVollstr haften aber nunmehr nach § 788 Abs 1 S 3 auch die anderen als Gesamtschuldner Verurteilten als Gesamtschuldner.[1215]

B 612

Der Grundsatz der Einzelvollstreckung schließt es nicht aus, dass ZwVollstrMaßnahmen gegen mehrere Schuldner gemeinsam durchgeführt werden oder sogar durchgeführt werden müssen. Das kommt insbesondere in den Fällen vor, in denen mehrere einen in ihrem Mitbesitz stehenden Gegenstand herauszugeben haben. Dann können einheitliche Vollstreckungskosten gegen alle entstehen.

Drittschuldner wegen derselben VollstrForderung); AG Germersheim Rpfleger 1982, 159 (Mehrkosten gegenüber Verwaltungszwangsverfahren durch Gerichtsvollzieherbeauftragung seitens der Sozialbehörde); AG Koblenz DGVZ 1998, 79 (Vollstreckung bei Nichtzahlung durch Verschulden des Gl).

1213 BGH JurBüro 2004, 446 = NJW-RR 2005, 212 = Rpfleger 2004, 505.
1214 LG Bochum JurBüro 1982, 398 (nein, wenn nicht mehr erfolgsversprechend); LG Nürnberg-Fürth AnwBl 1982, 122; LG Ulm AnwBl 1975, 239 (maßgebend Sicht des Gläubigers im Zeitpunkt der Durchführung, er muss Schuldner nicht fragen, ob Offenbarungsversicherung schon abgegeben); Kassen- u Taschenpfändung: LG Frankfurt JurBüro 1976, 1670 (ja neben Verhaftungsauftrag); LG Köln JurBüro 1985, 551; AG Hadamar JurBüro 1976, 1670 (nur wenn konkrete Anhaltspunkte für Erfolg); AG Hannover JurBüro 1983, 240 (nein ohne konkreten Anhaltspunkt für Erfolg, auch wenn Schuldner zahlt); wiederholter Pfändungsauftrag: LG Paderborn JurBüro 1984, 464 (nein 4 Monate nach fruchtloser Pfändung ohne konkreten Anhaltspunkt für Erfolg); LG Aschaffenburg JurBüro 1983, 393 (nein, wenn Haftbefehl nicht vollstreckt u kein Anhaltspunkt für Erfolg); 1985, 787; AG Bingen DGVZ 2000, 46; LG Oldenburg JurBüro 1991, 1003; LG Aachen JurBüro 1990, 778; AG Darmstadt JurBüro 1985, 787; LG Osnabrück DGVZ 1977, 126; kombinierter Pfändungs- und Verhaftungsauftrag: AG Beckum DGVZ 2008, 106 (Pfändungsauftrag nur notwendig, wenn nachgewiesen werden kann, dass Schuldner pfändbares Vermögen erworben hat).
1215 LG Stuttgart JurBüro 2004, 337; LG Mannheim DWW 2002, 166; KG Rpfleger 1998, 442; aA: LG Kassel Rpfleger 2000, 402 (wenn er seine Pflicht bereits erfüllt hat (hier: Räumung)).

Hellstab

Dabei muss aber sorgfältig darauf geachtet werden, ob sich die Zwangsvollstreckung wirklich gegen mehrere richtete, was nicht notwendig immer der Fall ist, wenn mehrere zu der gleichen Leistung verurteilt worden sind (Mehrere sind zur Räumung derselben Wohnung verurteilt worden, der Gläubiger vollstreckt aber nur gegen einen von ihnen, weil er mit dem oder den anderen noch in Mietverhandlungen steht).

Eine gesamtschuldnerische Haftung für die Kosten einer ZwVollstr gegen mehrere gemeinschaftlich tritt besonders in den Fällen ein, in denen der Gläubiger notwendigerweise gegen die mehreren Schuldner gemeinsam vorgehen muss, weil sie in Rechtsgemeinschaft an dem Gegenstand der Zwangsvollstreckung stehen.

▶ Beispiele:

Eintragung einer Zwangshypothek auf dem Grundstück der Erbengemeinschaft. Die Mitglieder einer ungeteilten Erbengemeinschaft sind zur Herausgabe eines Nachlassgegenstandes verurteilt worden. Der Gläubiger beauftragt einen RA mit der ZwVollstr, dieser den Gerichtsvollzieher mit der Wegnahme. Für die RA- und Gerichtsvollzieherkosten haften alle Mitglieder der Erbengemeinschaft. Für die Kosten eines nunmehr vom Gläubiger gegen die einzelnen Mitglieder durchgeführten Offenbarungsversicherungsverfahrens gem § 883 Abs 2 ZPO haftet wiederum nur jeweils der einzelne zur Versicherung geladene Miterbe.

c) Transport- und Lagerkosten

B 613 Auslagen des Gerichtsvollziehers für Beförderung und Verwahrung gepfändeter Sachen (GvKostG KV Nr 707) sind stets erstattbar, sofern die Pfändung als solche nicht unzulässig war. Problematischer sind die Fälle, in denen der Schuldner zur Herausgabe einer beweglichen Sache verurteilt worden ist und der Gläubiger diese Verpflichtung zwangsweise durchsetzt. Dann kommt es entscheidend darauf an, ob nach dem Tenor des Vollstreckungstitels der Schuldner seine Verpflichtung erfüllt, wenn er die Sache dem Vollstreckungsorgan herausgibt, was bei einer Holschuld der Fall ist,[1216] oder ob er verpflichtet ist, die Sache dem Gläubiger an dessen Wohnsitz oder Sitz oder einem bestimmten dritten Ort zu übergeben, die Verbringung dorthin also noch zu seiner titulierten Leistungspflicht gehört. Im letzteren Fall sind die durch die zwangsweise Verbringung des Leistungsgegenstandes entstehenden Transportkosten einschließlich etwa notwendiger Zwischenlagerungskosten erstattbar. Dabei kann nach Wortlaut oder Sinn des Titels die Verbringung des Gegenstandes an den Übergabeort als unvertretbare, vom Schuldner selbst zu erbringende Leistung geschuldet sein (dann Vollstreckung nach § 888 ZPO, sodass die Frage der Erstattung von Transportkosten nicht entsteht, weil diese nicht dem Gläubiger oder dem von ihm beauftragten Vollstreckungsorgan erwachsen).[1217]

Ein besonderer Fall ist die gerichtliche Anordnung der Herausgabe an den Gerichtsvollzieher oder eine andere vom Gericht bestimmte Person zur treuhänderischen Verwahrung, um die Sache(n) der Einwirkung beider Parteien bis zur endgültigen Entscheidung zu entziehen. In diesem Fall erfüllt der Schuldner seine Verpflichtung nicht schon mit der bloßen Herausgabe an das Vollstreckungsorgan. Inhalt der gerichtlichen Anordnung ist vielmehr auch die Verbringung an den dritten Ort. Die dafür nötigen Transportkosten und jedenfalls auch die reinen Verwahrkosten sind vom Schuldner zu erstatten.[1218]

1216 OLG Stuttgart JurBüro 1981, 943 = Justiz 1981, 204 (in diesem Fall keine Erstattung der Transportkosten); OLG Schleswig SchlHA 1953, 154 (keine Erstattung der Transportkosten, wenn über Ort der Leistungsverpflichtung des Schuldners im Erkenntnisverfahren nicht entschieden).
1217 Vgl OLG Frankfurt NJW 1985, 1686 = MDR 1983, 325; dazu E Schneider MDR 1983, 1686.
1218 OLG Karlsruhe Rpfleger 1981, 157 = Justiz 1981, 47; OLG Koblenz Rpfleger 1981, 319 = MDR 1981, 855; KG Rpfleger 1982, 80 = JurBüro 1982, 135; KostRsp ZPO § 788 Nr 64; OLG Frankfurt KostRsp § 788 Nr 43; LG Stuttgart DGVZ 1981, 26; **aA**: OLG Schleswig SchlHA 1953, 154; JurBüro 1979, 917 = SchlHA 1979, 164; LG Berlin DGVZ 1976, 156.

Ob dasselbe auch für die über die bloße Verwahrung hinausgehenden Kosten der Verwaltung und Pflege (die eigentliche Sequestration) gilt, ist streitig und wohl zu verneinen.[1219]

Ist der Schuldner verpflichtet, bestimmte Handlungen an einer Sache des Gläubigers vorzunehmen, so hat er die Kosten, die dem Gläubiger notwendigerweise dadurch entstehen, dass er die Sache auf Wunsch des Schuldners in dessen Betriebsräume schafft, zu erstatten.[1220]

Wegen Transportkosten des Gläubigers bei der Vollstreckung von Zug-um-Zug-Verurteilungen vgl Rdn. B 250.

d) Vergleich in der Zwangsvollstreckung

Ob die Kosten eines im Zwangsvollstreckungsverfahren geschlossenen Vergleichs zu den nach § 788 Abs 1 ZPO beitreibbaren notwendigen Kosten der Zwangsvollstreckung gehören, war in Rechtsprechung und Literatur umstritten. Der BGH hat diese Frage dahin entschieden, dass die Kosten eines Vollstreckungsvergleichs regelmäßig nach § 788 Abs 1 ZPO beigetrieben werden können, wenn der Schuldner in dem Vergleich die Kosten übernommen hat. Das gilt auch für die durch die Einschaltung eines Rechtsanwalts entstandene Einigungsgebühr.[1221] Ohne eine solche Vereinbarung wären die Vergleichskosten in entsprechender Anwendung von § 98 S 1 ZPO als gegeneinander aufgehoben anzusehen § 98 ZPO ist auch auf eine Einigung der Parteien anzuwenden, die kein gegenseitiges Nachgeben enthält.[1222]

B 614

Wird ein vorläufig vollstreckbares Urteil durch einen Prozessvergleich ersetzt, wonach der Schuldner zur Zahlung eines geringeren Betrags verpflichtet ist, kann der Gläubiger grundsätzlich die Erstattung der Kosten aus der zuvor auf der Grundlage des Urteils betriebenen Zwangsvollstreckung in der Höhe verlangen, in der sie angefallen wären, wenn er von vornherein die Vollstreckung auf den Vergleichsbetrag beschränkt hätte.[1223]

e) Ersatzvornahme, § 887 Abs 1 ZPO

Ermächtigt das Gericht den Gläubiger, eine vertretbare Handlung auf Kosten des Schuldners vornehmen zu lassen, so sind die Kosten der Ersatzvornahme, soweit sie nicht durch eine vom Schuldner nach § 887 Abs 2 ZPO geleistete Vorauszahlung gedeckt sind, als Kosten der Zwangsvollstreckung grundsätzlich festsetzbar. Ob die Arbeiten, die der Gläubiger hat vornehmen lassen, voll unter die titulierte Verpflichtung des Schuldners und mithin überhaupt unter die Ermächtigung zur Ersatzvornahme fallen und ob sie in dieser Höhe notwendig waren, ist eine mitunter – insbesondere bei Verpflichtungen zur Vornahme von Bauarbeiten – schwierig zu beurteilende Frage, deren Entscheidung vor allem dann, wenn der Leistungstitel nicht ganz genau formuliert war, einem regelrechten Bauprozess gleichkommen kann. Die Schwierigkeit dieser Entscheidung rechtfertigt es aber nicht, das Kostenfestsetzungsverfahren mit der Begründung für nicht anwendbar zu erklären, es sei nicht geeignet über streitige Einwendungen zu entscheiden. Es geht um die Frage, ob bestimmte Aufwendungen zu den Kosten der Zwangsvollstreckung gehören und ob sie notwendig waren. Über beides ist nur im Kostenfestsetzungsverfahren zu befinden. Zum Nachweis der Notwendigkeit von Ersatzvornahmekosten genügt die Glaubhaftmachung gem § 104 Abs 2 ZPO, eine Beweisaufnahme mit Sachverständigenbeweis ist nicht erforderlich.[1224] Zuständig ist – gleichgültig wie man sonst die

B 615

1219 OLG München Rpfleger 1973, 30 = JurBüro 1973, 347; OLG Koblenz Rpfleger 1981, 319 (mwN); **aA**: OLG Karlsruhe Rpfleger 1981, 319 = Justiz 1981, 47.
1220 OLG Frankfurt Rpfleger 1981, 495 = JurBüro 1981, 1583.
1221 BGH AGS 2006, 214 m Anm *Mock* = JurBüro 2006, 327 = FamRZ 2006, 780 = RVGreport 2006, 196 m Anm *Hansens*.
1222 BGH AGS 2007, 303 m Anm *Mock* = FamRZ 2007, 555 = JurBüro 2007, 217 m Anm *Enders* = Rpfleger 2007, 271 = RVGreport 2007, 276 (LS) m Anm *Hansens*.
1223 BGH JurBüro 2014, 606 = Rpfleger 2014, 696 = RVGreport 2014, 397 m Anm *Hansens*.
1224 OLG Oldenburg Beschl v 17.09.1997 – 8 W 90/97.

Zuständigkeit für die Festsetzung von Zwangsvollstreckungskosten beurteilt (vgl Rdn. B 242) – auf jeden Fall der Rechtspfleger des Prozessgerichts, weil dieses bezüglich der Ersatzvornahme zugleich Vollstreckungsgericht ist.[1225] Die Kosten einer Ersatzvornahme, für die keine Ermächtigung des Gerichts vorlag, sind nicht erstattungsfähig.[1226]

Zu den Zwangsvollstreckungskosten können dabei auch Kosten eines Privatgutachtens gehören, wenn der Gläubiger die Ersatzvornahme nicht ohne Hilfe eines Sachverständigen durchführen konnte.[1227]

1225 OLG Stuttgart Justiz 1978, 105; JurBüro 1984, 121; **aA:** OLG Koblenz MDR 1984, 591.
1226 BGH JurBüro 2004, 446.
1227 OLG Brandenburg JurBüro 2008, 271 = OLGR 2008, 630; OLG Frankfurt JurBüro 1983, 127 = DB 1983, 495; **aA:** OLG Düsseldorf KostRsp ZPO § 91 (A) unter 5.2.3, das darauf hinweist, dass der Gläubiger für die Höhe der erforderlichen Vorauszahlungen nach § 887 Abs 2 ZPO nicht darlegungspflichtig sei. Der Gläubiger muss jedoch – auch wenn das Gericht ausreichend hohe Vorschüsse anordnet – darauf achten, dass die Ersatzvornahme fachlich richtig durchgeführt wird.

C. Kostenfestsetzung in Arbeitssachen

Übersicht

		Rdn.
I.	**Allgemeines**	C 1
1.	Beschlussverfahren	C 2
2.	Urteilsverfahren	C 3
3.	Festsetzungsverfahren	C 4
II.	**Urteilsverfahren**	C 5
1.	Allgemeines	C 5
2.	Vertretungskosten	C 6
3.	Verbandsvertreter	C 7
4.	Eingeschränkte Erstattung vor dem Arbeitsgericht	C 8
5.	Anwaltskosten als hypothetische Partei-Reisekosten	C 9
6.	Ausschluss der Zeitversäumnis	C 10
7.	Erstattungsfähige Kosten des Berufungs- und Revisionsverfahrens	C 11
	a) Allgemeines	C 11
	b) Kostenteilung im Berufungsverfahren	C 12

		Rdn.
III.	Kosten eines beigeordneten Rechtsanwalts	C 13
IV.	**Verweisung**	C 14
1.	Allgemeines	C 14
2.	Verweisung Arbeitsgericht – Zivilgericht	C 15
3.	Verweisung Zivilgericht – Arbeitsgericht	C 16
V.	**Drittschuldnerklagen**	C 17
1.	Allgemeines, Auskunftskosten	C 17
2.	Zuständigkeit für Klagen aus § 840 ZPO	C 18
3.	Eingeschränkte Kostenerstattung im Drittschuldnerprozess	C 19
4.	Materiell-rechtlicher Kostenerstattungsanspruch?	C 20
5.	Zwangsvollstreckungskosten	C 21
6.	Festsetzungszuständigkeit	C 22

I. Allgemeines

Das Kostenrecht ist in arbeitsgerichtlichen Verfahren entsprechend der besonderen sozialpolitischen Bedeutung teilweise abweichend vom Zivilprozess geregelt. **C 1**

1. Beschlussverfahren

Zunächst muss danach unterschieden werden, ob es sich um ein *Urteils-* oder um ein *Beschlussverfahren* handelt. Das Beschlussverfahren über Angelegenheiten aus dem Betriebsverfassungsgesetz, aus dem Sprecherausschussgesetz, aus dem Mitbestimmungsgesetz, in Angelegenheiten aus den §§ 94, 95, 139 SGB IX, in Angelegenheiten aus dem Gesetz über Europäische Betriebsräte, in Angelegenheiten aus § 51 BBiG, in Angelegenheiten aus § 10 des Bundesfreiwilligengesetzes, in Angelegenheiten aus dem SE-Beteiligungsgesetz, in Angelegenheiten aus dem SCE-Beteiligungsgesetz, in Angelegenheiten aus dem Gesetz über die Mitbestimmung der Arbeitnehmer bei einer grenzüberschreitenden Verschmelzung und über die Tariffähigkeit und Tarifzuständigkeit einer Vereinigung (vgl § 2 a ArbGG) ist gemäß § 2 Abs 2 GKG in allen Rechtszügen *gebühren- und auslagenfrei*. Ferner kommen, da das ArbGG keine diesbezüglichen Vorschriften enthält und insoweit auch nicht auf die ZPO verweist, auch *Kostenerstattungsansprüche* zwischen den am Beschlussverfahren Beteiligten nicht in Betracht. Unberührt hiervon bleibt die gegebenenfalls bestehende Pflicht des Arbeitgebers, die dem Betriebsrat erwachsenen Kosten zu tragen (§ 40 BetrVG). Infolge der Verweisung in § 126 Abs 3 S 1 InsO auf § 12 a Abs 1 S 1 u 2 ArbGG gilt der Ausschluss der Kostenerstattung auch im **insolvenzrechtlichen Beschlussverfahren** zum Kündigungsschutz.[1] **C 2**

---

[1] Zum insolvenzarbeitsrechtlichen Beschlussverfahren *Rieble* NZA 2007, 1393; die Vorschriften des ArbGG über das Beschlussverfahren gelten auch für die in § 83 Abs 1 BPersVG genannten *personalvertretungsrechtlichen Streitigkeiten vor den Verwaltungsgerichten* (§ 83 Abs 2 BPersVG), obwohl es sich beim Personalvertretungsrecht um öffentliches Recht handelt und die sich daraus ergebenden Streitigkeiten öffentlichrechtlichen Charakter haben (BVerwG PersV 1972, 214; ZBR 1978, 214 = PersV 1979, 151).

2. Urteilsverfahren

C 3 Im Urteilsverfahren ist das GKG § 1 Abs. 2 Nr 4 GKG) anzuwenden. Die Gebühren bestimmen sich nach dem Teil 8 des Kostenverzeichnisses (§ 3 Abs 2 GKG). Von besonderer Bedeutung sind hier die abweichenden Streitwertvorschriften (§ 42 Abs 2 GKG).[2]

Für die *Erstattung* der Parteikosten gelten grundsätzlich die zivilprozessualen Vorschriften (§ 46 Abs 2 S 1 ArbGG), sofern die Vorschriften des ArbGG nichts Abweichendes bestimmen. Danach sind auch im arbeitsgerichtlichen Verfahren Kosten insoweit zu ersetzen, als sie für eine zweckentsprechende Rechtsverfolgung oder Rechtsverteidigung *notwendig* waren (§ 91 Abs 1 S 1 ZPO). Hinsichtlich des *Umfanges* der zu erstattenden Kosten wird der prozessuale Kostenerstattungsanspruch im Urteilsverfahren des ersten Rechtszuges insoweit eingeschränkt, als der obsiegenden Partei gemäß § 12 a Abs 1 ArbGG kein Anspruch auf Entschädigung wegen **Zeitversäumnis** (vgl Rdn. C 10) und auf Erstattung der Kosten für die Zuziehung eines **Prozessbevollmächtigten** oder **Beistandes** (vgl Rdn. C 9) zusteht. Die eingeschränkte Kostenerstattung gilt nicht nur in den Urteilsverfahren nach § 2 ArbGG, sondern auch im Mahnverfahren und im Arrest- und einstweiligen Verfügungsverfahren. Die in § 12 a Abs 1 ArbGG angeordneten Einschränkungen des prozessualen Kostenerstattungsanspruches sind *verfassungsrechtlich* nicht zu beanstanden.[3] Dem entspricht eine besondere Hinweispflicht des Prozessvertreters (§ 12 a Abs 1 S 2 ArbGG).[4]

Diese Einschränkungen der Erstattungspflicht gelten nicht für die *Rechtsmittelinstanzen* (vgl Rdn. C 11).

Die Einschränkung des *prozessualen* Kostenerstattungsanspruches wirkt sich auch auf den *materiellen* Kostenerstattungsanspruch (als materieller Schadensersatzanspruch auf Erstattung von Rechtsverfolgungskosten) aus.[5] Eine Ausnahme hiervon wird dann zugelassen, wenn die Anwendung des § 12 a Abs 1 S 1 ArbGG zu zweckwidrigen Ergebnissen führen würde. Dies ist zB dann der Fall, wenn das Gericht feststellt, dass der Kläger den Ausschluss der Kostenerstattungspflicht dadurch missbraucht, dass er den Gegner in sicherer Kenntnis der Rechtslage in einen Rechtsstreit unter Hinzuziehung eines Rechtsanwalts zwingt.[6] Desgleichen unterliegen ihr *außerprozessual* entstandene *Vertretungskosten*, wenn es nicht zu einem *Prozess* gekommen ist (vgl Rdn. C 19, 20).

Den Parteien eines Rechtsstreits vor dem Arbeitsgericht bleibt es jedoch unbenommen, entgegen der Regelung in § 12 a Abs 1 S 1 ArbGG innerhalb der Vertragsfreiheit gem. § 305 BGB die Erstattung prozessual nicht auferlegungsfähiger Kosten zu vereinbaren und so einen materiell-rechtlichen Anspruch zu schaffen bzw. aufrechtzuerhalten. Eine solche Vereinbarung kann auch in einem (gerichtlichen) Vergleich erfolgen. Der gesetzliche Ausschluss der Erstattungsfähigkeit aufgewandter Anwaltskosten steht nach allgemeiner Rechtsauffassung der Rechtswirksamkeit einer ausdrücklich vertraglich vereinbarten Kostenübernahme nicht entgegen. § 12 a Abs 1 S 1 ArbGG beinhaltet kein gesetzliches Verbot iSd. § 134 BGB.[7]

---

[2] Vgl hierzu und zu den Gerichtskosten *Tschischgale/Satzky* S 1 ff; 71 ff; *Germelmann* § 12 ArbGG; *Schwab/Weth* § 12 Rn. 15; ErfK/*Koch* § 12 ArbGG Rn. 10 ff; zu den Auswirkungen des KostRModG auf das arbeitsgerichtliche Verfahren *Natter* NZA 2004, 586 ff.

[3] BVerfGE 31, 306 = NJW 1971, 2302; LArbG Stuttgart AnwBl 1986, 106 = KostRsp ArbGG § 12 a Nr 32 m Anm *Schneider*; ArbG Hamm MDR 1980, 698; *Germelmann*, § 12 a ArbGG Rn. 6.

[4] Zum Einwand der unterbliebenen Belehrung im Vergütungsfestsetzungsverfahren nach § 11 Abs 5 RVG LArbG Düsseldorf AGS 2004, 148.

[5] BArbG BAGE 21, 1; 24, 486; 70, 191 = NZA 1992, 1101 = MDR 1994, 179; 73, 314; EzA § 840 ZPO Nr 3; RVGreport 2009, 192 m Anm *Hansens*; LArbG Hannover AGS 2007, 431 = RVG prof 2007, 137 m Anm *N Schneider*. Das LArbG Hamm (NZA 1992, 524) wendet § 12 a Abs 1 S 1 ArbGG jedoch nicht auf eine vorprozessuale Vereinbarung über die Kostenerstattung an.

[6] BArbG BAGE 70, 191 = NZA 1992, 1101; LArbG Chemnitz KostRsp ArbGG § 12 a Nr 75 m Anm *Hellstab*.

[7] LArbG Chemnitz KostRsp ArbGG § 12 a Nr. 83; LArbG Düsseldorf LAGE ZPO 2002 § 103 Nr. 2; LArbG Frankfurt/M LAGE ArbGG § 12 a Nr. 20.

II. Urteilsverfahren

Die Einschränkung der Kostenerstattung im erstinstanzlichen Verfahren gilt jedoch nicht für Kosten, die dem *Beklagten* dadurch entstanden sind, dass der Kläger vor einem Gericht der *anderen Gerichtsbarkeiten* Klage erhoben und dieses den Rechtsstreit an das Arbeitsgericht *verwiesen* hat (§ 12 a Abs 1 S 3 ArbGG; hierzu und zu der Kostenerstattung bei Verweisung des Rechtsstreits im Übrigen vgl Rdn. C 14 ff).

Eine weitere abweichende Kostenerstattungsregelung enthält § 12 a Abs 2 ArbGG bei der **verhältnismäßigen Kostenteilung** (§ 92 Abs 1 ZPO) im Berufungsverfahren (vgl Rdn. C 12).

3. Festsetzungsverfahren

Durch die allgemeine Verweisung auf das Verfahrensrecht der ZPO gelten für das Kostenfestsetzungsverfahren die §§ 103 ff ZPO. Einschränkungen enthält das ArbGG insoweit nicht. Es kann daher allgemein auf die Ausführungen zur Kostenfestsetzung im Zivilprozess verwiesen werden (Abschnitt B). Zuständig für die Kostenfestsetzung ist der *Rechtspfleger* (§ 9 Abs 3 ArbGG, § 21 RPflG). Gegen die Entscheidung des Rechtspflegers ist als Rechtsbehelf die sofortige Beschwerde binnen zwei Wochen gegeben (§ 46 Abs 2 ArbGG, §§ 104 Abs 3 S 1, 569 Abs 1 S 1 ZPO), wenn der Wert des Beschwerdegegenstandes 200 € übersteigt (§ 567 Abs 2 ZPO). Wird dieser Wert nicht erreicht, findet die binnen einer Frist von zwei Wochen einzulegende Erinnerung statt (§ 11 Abs 2 S 1 RpflG). Der Rechtspfleger hat einer begründeten Beschwerde abzuhelfen (§ 572 Abs 1 ZPO). Bei Nichtabhilfe ist die Sache unverzüglich dem Beschwerdegericht vorzulegen (§ 572 Abs 1 ZPO). Beschwerdegericht ist das Landesarbeitsgericht (§ 46 Abs 2 ArbGG, § 104 Abs 3 S 1, § 572 Abs 1 ZPO, § 78 ArbGG).[8]

C 4

Der Kostenfestsetzungsbeschluss ist ein *Vollstreckungstitel* nach § 794 Abs 1 Nr 2 ZPO (§ 62 ArbGG), der auch nach den Vorschriften der ZPO vollstreckt wird (§ 62 Abs 2 ArbGG).

II. Urteilsverfahren

1. Allgemeines

Der prozessuale Kostenerstattungsanspruch umfasst auch im arbeitsgerichtlichen Verfahren gemäß § 91 Abs 1 ZPO die der obsiegenden Partei zur zweckentsprechenden Rechtsverfolgung und Rechtsverteidigung erwachsenen *notwendigen Aufwendungen* unter Berücksichtigung der erstinstanzlich angeordneten *Beschränkungen* (vgl Rdn. C 8 ff). Der Erstattungsanspruch umfasst grundsätzlich auch die Entschädigung für die durch notwendige Reisen oder durch notwendige Wahrnehmung von Terminen entstandene *Zeitversäumnis*. Zur Bemessung der hierfür zu gewährenden Entschädigung sind die für Zeugen geltenden Vorschriften entsprechend anzuwenden (§ 91 Abs 1 S 2 ZPO). Dies gilt auch für die Reisekosten (vgl Rdn. D 142). Zum Begriff der *Reise* vgl Rdn. B 447.

C 5

Bildet der Arbeitgeber Kompetenzzentren und überträgt er diesen die Prozessvertretung in allen personalrechtlichen Angelegenheiten für alle Dienststellen, besteht trotzdem kein Anspruch auf Erstattung der Kosten der Terminswahrnehmung durch Bedienstete dieser Kompetenzzentren, wenn er am Gerichtsstand des Erfüllungsortes verklagt wird und sich dort eine zur Prozessführung geeignete Person befindet.[9]

Zu den *allgemeinen* Voraussetzungen der Erstattungsfähigkeit vgl Rdn. B 300 ff, zu *Einzelfragen* der Erstattungsfähigkeit vgl auch Rdn. B 400 ff (Vorbereitungskosten), Rdn. B 430 ff (Auslagen) und Rdn. B 501 ff (Vertretungskosten).

---

8 Vgl zur Beschwerde Rdn. B 190 ff.
9 LAG Hessen Beschl v 19.10.2015 – 2 Ta 567/14; Beschl v 19.10.2011 – 13 Ta 381/11.

2. Vertretungskosten

C 6   Die Parteien können in der **ersten Instanz** den Rechtsstreit selbst führen oder sich durch einen Rechtsanwalt oder einen Verbandsvertreter vertreten lassen (§ 11 Abs 1, 2 ArbGG). Die Erstattung der Vertretungskosten ist in der ersten Instanz jedoch eingeschränkt (vgl Rdn. C 8).

Nimmt die Partei im erstinstanzlichen Verfahren die Termine selbst wahr, sind die dadurch entstehenden *Reisekosten* als notwendige Kosten der Rechtsverfolgung stets erstattungsfähig. Im arbeitsgerichtlichen Verfahren muss die Partei vielfach mit der Anordnung ihres *persönlichen Erscheinens* rechnen. Deshalb und wegen des besonderen Charakters des arbeitsgerichtlichen Verfahrens als einem Parteiprozess kann der Partei im Allgemeinen nicht entgegengehalten werden, dass sie aus Kostenersparnisgründen einen *Rechtsanwalt am Sitze des Gerichts* hätte hinzuziehen können.[10]

Etwas anderes gilt jedoch dann, wenn die aufgewendeten Reisekosten in keinem *tragbaren Verhältnis* zur Klageforderung stehen.[11]

Vor dem **Landesarbeitsgericht** ist die Vertretung durch einen Rechtsanwalt oder Verbandsvertreter, vor dem **Bundesarbeitsgericht** die Vertretung durch Rechtsanwälte vorgeschrieben (§ 11 Abs 4 ArbGG). Dabei *ist jeder* bei einem deutschen Gericht zugelassene Rechtsanwalt zur Vertretung befugt. Dies ist für die Frage der Erstattung von Anwaltskosten von Bedeutung. Aus der Tatsache, dass jeder vor einem deutschen Gericht zugelassene Rechtsanwalt mit der Vertretung beauftragt werden kann, folgt jedoch nicht, dass die von der Partei dem Anwalt geschuldete Vergütung immer in vollem Umfange von dem unterlegenen Gegner zu *erstatten* ist. Unter Berücksichtigung des allen Kostenerstattungsvorschriften innewohnenden, aus dem *Grundsatz von Treu und Glauben* und aus der Grundregel des § 91 Abs 1 ZPO abzuleitenden Prinzips, die Kosten niedrig zu halten,[12] folgt, dass die Kosten, die durch die Beauftragung eines *im Bezirk des erst- oder zweitinstanzlichen Gerichts* ansässigen Rechtsanwalts entstanden sind, uneingeschränkt zu erstatten sind. Beauftragt die Partei für die Vertretung vor dem Bundesarbeitsgericht einen Anwalt, der *außerhalb* des vorgenannten regionalen Bereichs ansässig ist, so sind in aller Regel nur die Reisekosten als notwendige Kosten iSv § 91 Abs 1 ZPO anzuerkennen, die entstanden wären, wenn die Partei einen Anwalt aus ihrem regionalen Bereich beauftragt hätte.[13]

Ausnahmsweise können Reisekosten eines auswärtigen Rechtsanwalts darüber hinaus erstattungsfähig sein, wenn die *besondere Vertrautheit* mit einer umfangreichen *Spezialmaterie* die Zuziehung rechtfertigt[14] oder wenn *besondere Sachkunde* gefordert ist, die kein ortsansässiger Rechtsanwalt besitzt.[15]

3. Verbandsvertreter

C 7   Nach § 11 Abs 2 S 2 Nr 4 ArbGG ist eine Vertretung durch Vertreter von Gewerkschaften und von Vereinigungen von Arbeitgebern sowie Zusammenschlüssen solcher Verbände für ihre Mitglieder oder für andere Verbände oder Zusammenschlüsse mit vergleichbarer Ausrichtung und derer Mitglieder zulässig. Dies gilt auch für Vertreter von selbstständigen Vereinigungen von Arbeitnehmern

---

10 LArbG Nürnberg RVGreport 2008, 465 m Anm *Hansens*; LArbG Hamburg LAGE § 12 a ArbGG 1979 Nr 18; LArbG Köln EzA § 91 Nr 3; LArbG Frankfurt AP § 61 ArbGG 1953 Kosten Nr 9; LArbG Hamm MDR 1971, 428; *Germelmann* Rn. 20 zu § 12 a ArbGG; **aA**: *Tschischgale/Satzky* S 167, die die abzulehnende Auffassung vertreten, dass die der Partei bei eigener Prozessführung entstehenden Reisekosten grundsätzlich nur bis zur Höhe der Kosten erstattungsfähig sind, die bei Vertretung durch einen Rechtsanwalt entstanden wären.

11 LArbG Köln aaO; LArbG Düsseldorf/Köln EzA ZPO § 91 Nr 1; LArbG Berlin BB 1979, 1200.

12 Dies gilt insbesondere auch im Arbeitsgerichtsprozess, vgl BAGE 10, 39 = AP § 61 ArbGG Kosten Nr 3; BAG NZA 2004, 398.

13 BAG DB 1963, 139; LArbG Köln NZA-RR 2004, 552.

14 LArbG Düsseldorf/Köln Rpfleger 1980, 300.

15 ArbG Bochum MDR 1977, 963.

mit sozial- oder berufspolitischer Zwecksetzung (§ 11 Abs 2 S 2 Nr 3 ArbGG). Vor dem Bundesarbeitsgericht und dem Landesarbeitsgericht sind außer den Rechtsanwälten nur die in § 11 Abs 2 S 2 Nr 4 und 5 bezeichneten Organisationen zugelassen (§ 11 Abs 4 S 2 ArbGG). Diese können vor dem Bundesarbeitsgericht nur durch Personen mit Befähigung zum Richteramt handeln. Für die Vertretung vor dem *Arbeitsgericht* gelten hinsichtlich der Kostenerstattung die Einschränkungen des § 12 a Abs 1 S 1 ArbGG (vgl Rdn. C 8).[16]

Dass der Verbandsvertreter Angestellter seiner Vereinigung ist und als solcher für seine Tätigkeit ein festes Gehalt bezieht, schließt eine Erstattungsfähigkeit von Kosten in Form von *Gebühren* oder gebührenähnlichen Entschädigungen von vornherein aus.[17]

Die meisten Satzungen der in § 11 Abs 2 S 2 Nr 4 ArbGG angesprochenen Verbände gewähren dem Mitglied im Falle eines Rechtsstreits unentgeltlichen Rechtsschutz. Gleichwohl sehen sie die Zahlung einer *Vergütung* oder eines *erhöhten Verbandsbeitrags* vor. Diese besondere Vergütung ist, da es sich um *konkrete Kosten der Prozessführung* handelt, unter den Voraussetzungen des § 91 ZPO erstattungsfähig. Die besondere Vergütung darf aber nicht höher sein als die Gebühren, die bei einer Prozessvertretung durch einen *Rechtsanwalt* angefallen wären. Dies entspricht dem Grundsatz, der in § 12 a Abs 2 S 1 ArbGG zum Ausdruck gekommen ist. Die Zahlung der Vergütung an den Verband ist durch die Partei darzutun und erforderlichenfalls zu beweisen. Wird der Rechtsschutz durch den Verband ohne zusätzliche Vergütung oder Auslagenerstattung gewährt, hat die Partei mithin nur *allgemeine Mitgliedsbeiträge* zu leisten, sind dies keine *konkreten* Prozesskosten und daher nicht erstattungsfähig. Die Erstattungsfähigkeit der für die Prozessvertretung durch einen Verbandsvertreter aufzuwendenden Kosten ist somit danach zu beurteilen, ob im Einzelfall eine *Vergütung* oder nur die mit der Vertretung verbundenen *Barauslagen* an den Verband zu zahlen sind oder ob die Vertretung *unentgeltlich* erfolgt.[18]

Hinsichtlich der *Reisekosten* und anderer *Auslagen* der Verbandsvertreter gilt das gleiche wie für Rechtsanwälte; mithin auch die von der Rechtsprechung entwickelten Grundsätze, wonach die Reisekosten eines weiter entfernt wohnenden Verbandsvertreters grundsätzlich nur in der Höhe erstattungsfähig sind, in der sie durch einen am Wohnort der Partei oder am Sitz der sachbefassten Gerichte bzw in deren Nähe befindlichen Verbandsvertreter entstanden wären.[19]

Ist der Verbandsvertreter **Rechtsanwalt**, stehen ihm für seine Berufstätigkeit Gebühren und Auslagen nach dem RVG zu. Streitig ist aber, ob diese Kosten ohne weiteres *erstattungsfähig* sind.[20]

Der Rechtsanwalt kann zunächst grundsätzlich nur für die Mitglieder des Verbandes vor Gericht auftreten, bei dem er als *Verbandsvertreter* tätig ist; er kann aber auch von dem Verband seinen Mitgliedern *als freier Rechtsanwalt* zur Verfügung gestellt werden, was sachlich als (zulässige) Vermittlung eines freien Mandatsverhältnisses anzusehen ist.

Ob die Vergütung des Rechtsanwalts erstattungsfähig ist, hängt aber allein davon ab, ob der Anwalt einen vom Ausgang des Prozesses unabhängigen Anspruch gegen die *Partei* hat, denn nur dann sind seine Kosten deren konkrete, prozessbezogene und damit erstattungsfähige Aufwendungen. Die Erstattungsfähigkeit ist hingegen nicht gegeben, wenn die Satzung des den Rechtsanwalt stellenden Verbandes im Ergebnis darauf abzielt, die *Partei von Kosten freizustellen;* auch dann nicht, wenn die Vergütung des Rechtsanwalts nur bei *Prozessgewinn* vom *Gegner* eingezogen werden soll.[21]

---

16 *Schwab/Weth* Rn. 17 zu § 12 a ArbGG.
17 LArbG Düsseldorf (Köln) AP § 91 ZPO Nr 29 mit zust Anm *Tschischgale; Brill* DB 1966, 1354.
18 *Tschischgale* aaO; JurBüro 1957, 191; *Tschischgale/Satzky* S 174; *Brill* aaO; *Geller* ArbuR 1954, 114.
19 *Tschischgale* Anm zu LArbG Düsseldorf/Köln AP § 91 ZPO Nr 29.
20 Vgl *Brill* aaO; *Stein/Jonas/Leipold* Rn. 118 zu § 91 ZPO.
21 Wie hier *Stein/Jonas/Leipold* aaO; *Germelmann* § 12 a ArbGG Rn. 37; ferner *Volkmar* ArbRsp 1932, 84; **aA**: teilweise wohl *Brill* aaO.

4. Eingeschränkte Erstattung vor dem Arbeitsgericht

C 8 Die in § 12 a Abs 1 S 1 ArbGG angeordnete eingeschränkte Kostenerstattung betrifft *alle Urteilsverfahren des ersten Rechtszuges* (vgl § 2 Abs 5 ArbGG). Dies sind alle erstinstanzlichen *Erkenntnisverfahren* in der Hauptsache einschließlich des vor dem ArbGG stattfindenden *Mahnverfahrens* und alle Arrest- und Einstweilige-Verfügungs-Verfahren.[22] Der Ausschluss der Kostenerstattung für die Hinzuziehung eines Prozessbevollmächtigten oder Beistands vor dem Arbeitsgericht nach § 12 a Abs 1 S 1 ArbGG gilt auch im Urteilsverfahren unter Beteiligung der Urlaubs- und Lohnausgleichskasse der Bauwirtschaft.[23]

Die Versagung eines Erstattungsanspruches zugunsten der obsiegenden Partei wegen ihrer Anwaltsgebühren und ihrer Zeitversäumnis im ersten Rechtszug ist nicht verfassungswidrig.[24]

Die Einschränkungen des § 12 a Abs 1 ArbGG gelten auch dann, wenn der Erlass einer einstweiligen Verfügung bei dem **Amtsgericht der belegenen Sache** in einer arbeitsrechtlichen Angelegenheit beantragt wird. Das Amtsgericht wird in diesem Falle für das Arbeitsgericht tätig mit der Folge, dass außergerichtliche Kosten – auch für das Verfahren vor dem Amtsgericht der belegenen Sache – nur nach Maßgabe des § 12 a Abs 1 ArbGG unter den Parteien zu erstatten sind.[25]

Die Kostenerstattung ist nach § 12 a Abs 1 S 1 ArbGG ebenfalls eingeschränkt hinsichtlich der Kosten einer **Vollstreckungsgegenklage**[26] und – entgegen dem Wortlaut der Vorschrift – für die Kosten des **Nebenintervenienten**.[27]

Der Nebenintervenient ist zwar nicht Partei, er wird aber als »Rechtsgenosse« von der sozialpolitischen Sonderregelung für das Prozessieren vor dem ArbG erster Instanz miterfasst.

Der Ausschluss der Kostenerstattung nach § 12 a Abs 1 S 1 ArbGG findet im **Beschwerdeverfahren nach § 78 ArbGG** keine Anwendung.[28]

Die Beschränkungen der erstattungsfähigen Aufwendungen vor dem Arbeitsgericht gelten auch dann, wenn das Verfahren ohne Urteil, insbesondere durch **Vergleich** endet. Hat sich eine Partei durch einen gerichtlichen Vergleich verpflichtet, die Kosten des Rechtsstreits zu übernehmen, ist eine Festsetzung der durch § 12 a Abs 1 ArbGG von der Kostenerstattung ausgeschlossenen Aufwendungen nicht möglich. Das Kostenfestsetzungsverfahren dient nur der Ermittlung und Festsetzung *gesetzlicher Prozesskosten*, jedoch nicht der Durchsetzung sonstiger privatrechtlicher

---

22 LArbG Frankfurt NJW 1965, 1549; LArbG Bremen BB 1982, 2188; etwas anderes gilt nach LArbG Stuttgart AnwBl 1981, 35 dann, wenn wegen der Anhängigkeit in der **Berufungsinstanz** das LArbG als Gericht der Hauptsache für einen Antrag auf Erlass einer einstweiligen Verfügung zuständig ist. Das LArbG ist dann nicht Gericht des ersten Rechtszuges. Die im Verfügungsverfahren entstandenen Kosten für die Zuziehung eines Prozessbevollmächtigten sind daher erstattbar. Zur Reichweite der Kostenpräklusion nach § 12 a Abs 1 ArbGG vgl auch *Schleusener/Kühn* NZA 2008, 147.
23 LAG Frankfurt RVGreport 2016, 70 m Anm *Hansens*.
24 LArbG Stuttgart AnwBl 1986, 106; vgl hierzu auch BVerfGE 31, 308 ff.
25 ArbGG Iserlohn KostRsp ArbGG § 12 a Nr 14; LArbG Hamm MDR 1980, 698; abzulehnen ist die Auffassung des LArbG Bremen (BB 1982, 2188), wonach § 12 Abs 1 S 1 ArbGG keine Anwendung finden soll, wenn – wie in Bremen – die Arbeitsgerichte keinen Eildienst unterhalten und deshalb das Amtsgericht eine einstweilige Verfügung erlassen muss. Nach Einlegung des Widerspruchs und Verweisung an das zuständige Arbeitsgericht findet daher § 12 a Abs 1 S 3 ArbGG keine Anwendung. Dies entspricht dem Grundgedanken der arbeitsgerichtlichen Kostenverteilung, und zwar auch dann, wenn das Amtsgericht funktional als Arbeitsgericht tätig wird (ebenso *Strube* Anm zu LArbG Bremen aaO).
26 LArbG Berlin InVo 2004, 75 = MDR 2003, 1021; LArbG Berlin AnwBl 1981, 504; LArbG Düsseldorf InVo 2006, 40.
27 LArbG Stuttgart AP § 12 a ArbGG 1979 Nr 2.
28 BAG JurBüro 2015, 195 = NZA 2015, 182 = RVGreport 2015, 145 m Anm *Hansens*.

Ansprüche. § 12 a Abs 1 S 1 ArbGG enthält ein striktes (öffentlich-rechtliches) Festsetzungsverbot.[29] § 12 a Abs 1 S 1 ArbGG entfaltet materiell-rechtliche Wirkungen und schränkt nicht nur den prozessualen Kostenerstattungsanspruch ein. Diese Bestimmung steht der Annahme eines nach materiell-rechtlichen Normen ersatzfähigen Schadens in Höhe der Kosten für die Zuziehung eines Prozessbevollmächtigten entgegen.[30]

Aus prozessökonomischen Gründen wird die Festsetzung gleichwohl zugelassen, wenn die zur Erstattung angemeldeten Beträge *unstrittig* sind und einer Festsetzung *nicht widersprochen* wird.[31]

Eine weitere Lösungsmöglichkeit ist die *bezifferte* Aufnahme der Kosten in den *Vergleich*.[32] Den Parteien eines Rechtsstreits vor dem Arbeitsgericht bleibt es jedoch unbenommen, entgegen der Regelung in § 12 a Abs 1 S 1 ArbGG innerhalb der Vertragsfreiheit gem § 305 BGB die Erstattung prozessual nicht auferlegungsfähiger Kosten zu vereinbaren und so einen materiell-rechtlichen Anspruch zu schaffen bzw aufrechtzuerhalten. Eine solche Vereinbarung kann auch in einem (gerichtlichen) Vergleich erfolgen. Der gesetzliche Ausschluss der Erstattungsfähigkeit aufgewandter Anwaltskosten steht einer ausdrücklich vertraglich vereinbarten Kostenübernahme nicht entgegen. Regeln die Parteien aber eine solche Kostenübernahme nicht bzw nicht mit hinreichender Deutlichkeit, bleibt es bei dem Ausschluss der Erstattungsfähigkeit der Kosten nach § 12 a Abs. 1 ArbGG.[33] § 12 a Abs 1 S 1 ArbGG beinhaltet kein gesetzliches Verbot iSd § 134 BGB.[34]

5. Anwaltskosten als hypothetische Partei-Reisekosten

Die Beschränkung der Erstattungspflicht hinsichtlich erstinstanzlicher Vertretungskosten verhindert nur eine *unmittelbare* Erstattung der Anwaltskosten. § 12 a Abs 1 S 1 ArbGG will der unterlegenen Partei keinen ungerechtfertigten Kostenvorteil zufließen lassen, sondern will allgemein den Arbeitsgerichtsprozess verbilligen und damit das Prozesskostenrisiko beschränken.[35]

C 9

Soweit die Anwaltsbeauftragung Kosten *erspart* hat, die der *Partei* sonst notwendigerweise entstanden wären, kann der unterliegende Prozessgegner nicht von jeglicher Kostenerstattung freigestellt sein. Die Anwaltskosten sind vielmehr in dem Umfange erstattungsfähig, in dem durch die Anwaltsbestellung Kosten der Partei erspart geblieben sind. Das gilt in erster Linie für Reisekosten, aber auch für ersparte Entgelte für Post- und Telekommunikationsdienstleistungen.[36]

Durch die hypothetische Parteikostenberechnung soll erreicht werden, dass die obsiegende Partei auf Grund der Anwaltszuziehung nicht schlechter gestellt wird, als sie stehen würde, wenn sie den Rechtsstreit selbst geführt hätte. Diese mit dem Grundsatz von Treu und Glauben begründete

---

29 LArbG Mainz NZA 1992, 141; LArbG Düsseldorf AGS 2004, 494 = Rpfleger 2004, 736; LAGE § 12 a ArbGG 1979 Nr 9 = JurBüro 1987, 289; EzA ArbGG § 12 A Nr 3; AP § 61 ArbGG Nr 2, 3, 9; LArbG Frankfurt NZA-RR 2000, 500; LArbG Hamm MDR 1972, 546; *Tschischgale/Satzky* S 168; *Grunsky* Rn. 5 zu § 12 a ArbGG; *Stein/Jonas/Leipold* Rn. 116 zu § 91 ZPO.
30 BAGE 70, 191 = DB 1992, 2506 m Anm *Schiefer*; zu Grundsatzfragen der Kostenregelung im arbeitsgerichtlichen Vergleich vgl auch *Weimar* NZA 2003, 540.
31 LArbG München AnwBl 1979, 67; NJW 1954, 656; LArbG Stuttgart NJW 1959, 65; LArbG Frankfurt AR-Blattei Arbeitsgerichtsbarkeit XIII Entsch 14; Beschl v 09.01.1981 – 6 Ta 192/80 – (JURIS); die Rechtslage ist vergleichbar mit der Rückkostenfestsetzung, wenn es um die unstreitige Festsetzung von Kosten geht, für die ebenfalls nur eine materiellrechtliche Grundlage besteht (vgl hierzu Rdn. B 148 ff und Rdn. D 105 ff).
32 *Stein/Jonas/Leipold* aaO.
33 LArbG Chemnitz KostRsp ArbGG § 12 a Nr 83.
34 LArbG Düsseldorf LAGE ZPO 2002 § 103 Nr 2; LArbG Frankfurt LAGE ArbGG § 12 a Nr 20.
35 BAGE 10, 39 = AP § 61 ArbGG 1953 Kosten Nr 3 = NJW 1961, 92 = DB 1960, 1508; NZA 1992, 1101.
36 HM; vgl *Tschischgale/Satzky* S 167 mit Nachweisen zur Rechtsprechung in Fn 47; *Wenzel* MDR 1980, 540; *Schaub* NJW 1968, 480 ff; ferner LArbG Düsseldorf JurBüro 1986, 1394; LArbG Hamm MDR 1971, 877 = JurBüro 1971, 1053; LArbG Nürnberg JurBüro 1995, 66.

Abweichung von § 12 a Abs 1 S 1 ArbGG kann aber dann nicht Platz greifen, wenn die Partei mit Sicherheit zum Gericht *nicht angereist* wäre.[37]

Die hypothetische Parteikostenerstattung ist immer anzuwenden, wenn bei einem weit entfernten Wohnsitz mit der Bestellung eines Anwalts am Gerichtsort Reisen zum Termin entbehrlich werden sollen. Wird dieses Ziel erreicht, weil das Gericht von der Anordnung des persönlichen Erscheinens absieht, so sind die Anwaltskosten in der Höhe erstattungsfähig, in der Reisekosten der Partei erspart worden sind. In anderen Fällen reist der Anwalt anstelle der Partei, da er am selben Ort wie die Partei ansässig ist und in ihrem Auftrag die Termine wahrnimmt. Die hier tatsächlich entstehenden Reisekosten dürfen aber *nicht nach den Bestimmungen des RVG* abgerechnet werden. Bei der Prüfung der Frage, welche Parteikosten erspart worden sind, müssen nach § 91 Abs 1 S 2 ZPO die Vorschriften des JVEG (§§ 5, 6) herangezogen werden. Bei der Bemessung des Tagegeldes wird auf die persönlichen Verhältnisse der *Partei* und nicht diejenigen des *Anwalts* abgestellt.[38]

Bestellt die auswärtige Partei auf die Klage hin einen Anwalt am Gerichtsort und wird die Klage noch vor dem ersten Termin *zurückgenommen*, sind die Anwaltskosten nicht in Höhe hypothetisch berechneter Reisekosten zu erstatten.[39]

Wird der Arbeitgeber, der seinen Hauptsitz außerhalb des Gerichtsbezirks hat, am Gerichtsstand des Erfüllungsortes oder des gewöhnlichen Arbeitsortes (§ 48 Abs 1a ArbGG) verklagt, gehören die (fiktiven) Kosten der Anreise des Arbeitgebers vom Hauptsitz zum Gerichtstermin nur dann zu den notwendigen Kosten im Sinne von § 91 ZPO, wenn eine ordnungsgemäße Prozessführung durch Mitarbeiter der Arbeitgeberin am Ort des Prozessgerichts nicht möglich wäre.[40]

Die hypothetische Parteikostenberechnung ist auch durchzuführen, wenn es sich bei dem im ersten Rechtszug beigezogenen Prozessbevollmächtigten nicht um einen Rechtsanwalt, sondern um einen *Verbandsvertreter* gemäß § 11 Abs 1 S 1 ArbGG handelt.

6. Ausschluss der Zeitversäumnis

C 10 Der Ausschluss der Entschädigung wegen Zeitversäumnis (§ 12 a Abs 1 S 1 ArbGG) ist unabhängig davon, ob *das persönliche Erscheinen der Partei* angeordnet war. Als Zeitversäumnis ist die durch notwendige *Reisen* oder durch notwendige *Wahrnehmung von Terminen* entstandene Zeitversäumnis zu verstehen, denn § 12 a Abs 1 S 1 ArbGG ist eine Sonderregelung im Verhältnis zu § 91 Abs 1 ZPO. *Sonstige* Zeitversäumnis, zB beim Durcharbeiten des Prozessstoffes, bei der Sichtung und Sammlung von Beweismaterial, bei der Abfassung von Schriftsätzen usw ist schon nach § 91 Abs 1 S 1 ZPO nicht erstattungsfähig, gleichviel, ob sich die Partei der Arbeit selbst unterzogen oder sich eines Angestellten bedient hat. Zeitversäumnis ist auch dann nicht zu entschädigen, wenn sie für die Partei mit *Verdienstausfall* verbunden war.[41]

Die Versagung des Erstattungsanspruchs zugunsten der obsiegenden Partei wegen ihrer Zeitversäumnis nach § 12 a Abs 1 S 1 ArbGG ist auch *nicht verfassungswidrig*.[42]

Erstattungsfähig bleiben dagegen die baren Auslagen für Fahrtkosten, Aufwandsentschädigung, Übernachtungskosten und sonstige Aufwendungen (§§ 5–7 JVEG), vgl Rdn. C 5.

---

37 LArbG Stuttgart AnwBl 1986, 160 = ARST 1985, 133.
38 Vgl hierzu *Wenzel* MDR 1980, 540 (541).
39 LArbG Hamm MDR 1971, 428.
40 BAG NJW 2015, 3053 = NZA 2015, 1150; LAG Mecklenburg-Vorpommern AGS 2016, 204 = NZA-RR 2016, 34 = Rpfleger 2016, 249.
41 *Stein/Jonas/Leipold* Rn. 34 zu § 91 ZPO; *Germelmann* § 12 a ArbGG Rn. 15; *Grunsky* Rn. 4 zu § 12 a ArbGG; *Schwab/Weth* § 12 a ArbGG Rn. 13; verlangt werden können auch nicht innerbetriebliche Vertretungskosten, die als solche durch Zeitversäumnis bedingt sind (LArbG Frankfurt BRAGOreport 2002, 30; NJW 1968, 863); vgl hierzu auch die Rdn. B 304 und Rdn. B 456.
42 LArbG Stuttgart AnwBl 1986, 106.

7. Erstattungsfähige Kosten des Berufungs- und Revisionsverfahrens

a) Allgemeines

Die Einschränkungen des § 12 a Abs 1 ArbGG gelten in den Rechtsmittelinstanzen nicht. Anwendbar sind daher die Regelungen des § 91 ZPO, mithin auch § 91 Abs 2 S 1 ZPO, wonach die Gebühren und Auslagen eines *Rechtsanwalts* stets zu erstatten sind (hierzu und insbesondere zu den erstattungsfähigen Reisekosten vgl Rdn. C 9). Dies gilt selbst dann, wenn sich die Partei durch einen Verbandsvertreter kostenlos hätte vertreten lassen können.[43] Im Berufungsverfahren gilt dies auch für *Verbandsvertreter* (vgl Rdn. C 7).

C 11

b) Kostenteilung im Berufungsverfahren

Abweichend von der zivilprozessualen Kostenerstattung bestimmt § 12 a Abs 2 S 1 ArbGG für den Fall, dass im zweitinstanzlichen Urteilsverfahren die Kosten nach § 92 Abs 1 ZPO *verhältnismäßig geteilt* werden und die *eine* Partei durch einen *Rechtsanwalt* und die *andere* Partei durch einen *Verbandsvertreter* nach § 11 Abs 2 S 2 Nr 4 ArbGG vertreten ist, dass die verbandsmäßig vertretene Partei hinsichtlich der außergerichtlichen Kosten so zu stellen ist, als wenn sie durch einen *Anwalt vertreten* worden wäre. Mit dieser Regelung werden unbefriedigende Ergebnisse in der Kostenfestsetzung vermieden, die sich aus einer quotenmäßigen Verteilung der Kosten ergeben können: Für den Verbandsvertreter fallen in der Regel nur Auslagen an. Im Falle des Obsiegens der durch einen Verbandsvertreter vertretenen Partei zu mehr als der Hälfte müsste diese Partei gleichwohl einen Teil der Anwaltskosten des Gegners tragen. § 12 a Abs 2 S 1 ArbGG ordnet nun *eine fiktive Kostenausgleichung* dergestalt an, dass die »billigere Partei« so zu stellen ist, als wenn sie durch einen Rechtsanwalt vertreten worden wäre. Die Ersparnis kommt maW ihr allein zugute. Die fiktive Kostenausgleichung dient jedoch nur der *Abwehr* gegnerischer Ersatzansprüche. Ansprüche auf Erstattung stehen ihr nur insoweit zu, als ihr Kosten im Einzelfall tatsächlich entstanden sind (§ 12 a Abs 2 S 2 ArbGG). Dabei ist zunächst der dem Verhältnis des Unterliegens entsprechende Teil abzusetzen.[44]

C 12

Die durch einen Verbandsvertreter vertretene Partei braucht für die Kostenausgleichung die fiktiven Kosten nicht ausdrücklich *anzumelden*, soweit es sich um die nach dem Pauschgebührensystem der RVG zu bemessenen Anwaltsvergütung handelt, die ohne weiteres nach dem Verfahrensablauf ermittelt werden kann (Verfahrens- und Termingebühr Nr 3200, 3202 VV RVG), Pauschale für Entgelte für Post- und Telekommunikationsdienstleistungen nach Nr 7002 VV RVG und die Mehrwertsteuer nach Nr 7008 VV RVG.

Individuelle Kosten – wie Reisekosten des Verbandsvertreters oder fiktive Kosten eines Korrespondenzanwalts – bedürfen jedoch der Geltendmachung im Kostenfestsetzungsverfahren, andernfalls sie unberücksichtigt bleiben.[45]

§ 12 a Abs 2 S 1 ArbGG bestimmt die fiktive Kostenausgleichung zwar nur für das *Berufungsverfahren*, gleichwohl ist diese – weil sie eine gerechte Kostenverteilung sicherstellt – immer dann anzuwenden, wenn es zu einer *Kostenteilung* kommt, zB in einem Beschluss nach § 91 a Abs 1 ZPO oder bei anteilmäßiger Übernahme der Kosten in einem Vergleich.[46]

---

43 BAG BAGE 153, 261 = AGS 2016, 98 = NJW 2016, 1675 = NZA 2016, 188 = Rpfleger 2016, 245 = RVGreport 2016, 109 m Anm *Hansens*.
44 *Brill* ArbuR 1979, 367; *Grunsky* Rn. 14–16 zu § 12 a ArbGG; derselbe BB 1979, 949; *Tschischgale/Satzky* S 175/176.
45 LArbG Hamm EzA § 12 ArbGG 1979 Nr 1 = KostRsp ArbGG § 12 a Nr 13 = MDR 1980, 612 = DB 1980, 1404; LArbG Kiel Beschl v 27.12.1984 – 2 Ta 50/84 – (JURIS); **aA:** LArbG München AMBLBY 1981 C 37 = AR-Blattei Arbeitsgerichtsbarkeit XIII Entsch 112 (fiktive Anwaltskosten müssen geltend gemacht werden).
46 *Grunsky* Rn. 15 zu § 12 a ArbGG; *Schwab/Weth* Rn. 64 zu § 12 a ArbGG.

Eine fiktive Kostenausgleichung ist ferner auch dann vorzunehmen, wenn die Vertretung für die Parteien *unterschiedliche Kosten* verursacht hat. Dann sind für beide Parteien die Kosten des »teureren« Vertreters einzusetzen.[47]

§ 12 a Abs 2 S 1 ArbGG ist auch anzuwenden, wenn beide Parteien durch *Verbandsvertreter* vertreten sind und insoweit unterschiedlich hohe Vertretungskosten anfallen. Im Kostenfestsetzungsverfahren sind dann für beide Parteien die Kosten des teuren Verbandes einzusetzen.[48]

Die Einsetzung der fiktiven Anwaltskosten dient nur der Abwehr gegnerischer Ersatzansprüche. Hat die Partei dagegen zu mehr als der Hälfte obsiegt, so steht ihr nicht ihrerseits ein Erstattungsanspruch gegen den anwaltlich vertretenen Gegner zu, es sei denn, sie hat die Kosten im Einzelfall tatsächlich gehabt.[49]

III. Kosten eines beigeordneten Rechtsanwalts

C 13   Nach § 11 a Abs 1 ArbGG gelten die Vorschriften der ZPO über die Prozesskostenhilfe in Verfahren vor den Gericht in Arbeitssachen entsprechend. Die nach § 11 a Abs 1 ArbGG idF vor dem 1.1.2014 vorgesehene besondere Beiordnung eines Rechtsanwalts ist weggefallen. Die Beiordnung eines Rechtsanwalts bestimmt sich nunmehr alleine nach § 121 ZPO. Zu den Übergangsfällen vgl die Vorauflage.

Für das **Verfahren auf Festsetzung der Vergütung** eines nach § 11 a ArbGG im Rahmen der Prozesskostenhilfe beigeordneten Rechtsanwalts wird auf Abschnitt H verwiesen.

IV. Verweisung

1. Allgemeines

C 14   Für die Zulässigkeit des Rechtsweges und der Verfahrensart sowie für die sachliche und örtliche Zuständigkeit gelten gemäß § 48 Abs 1 ArbGG die §§ 17 bis 17 GVG entsprechend. Für die Kosten gilt § 17 b Abs 2 GVG. Danach werden die im Verfahren vor dem angegangenen Gericht erwachsenen Kosten als Teil der Kosten behandelt, die bei dem im Verweisungsbeschluss bezeichneten Gericht erwachsen. Dem Kläger sind die entstandenen Kosten auch dann aufzuerlegen, wenn er in der Hauptsache obsiegt (§ 17 b Abs 1 S 2 GVG).

Zu unterscheiden sind die Fragen der *Erstattungsfähigkeit* und der *Mehrkosten* im Sinne des § 17 b Abs 1 S 2 GVG. Die *Erstattungsfähigkeit* bestimmt sich nach den Vorschriften, die für das *Gericht* gelten, vor dem die Kosten *entstanden* sind, während sich die *Mehrkosten* erst aus einer Betrachtung des *gesamten Verfahrens* ergeben.

2. Verweisung Arbeitsgericht – Zivilgericht

C 15   Die Erstattung der vor dem *Arbeitsgericht* erwachsenen Aufwendungen bleibt auch bei Verweisung an ein ordentliches Gericht ausgeschlossen, soweit es die Kosten der *Zeitversäumnis* der obsiegenden Partei sowie deren *Vertretungskosten* betrifft (§ 12 a Abs 1 S 1 ArbGG).[50]

---

47 *Grunsky* aaO; *Schwab/Weth* Rn. 62 zu § 12 a ArbGG.
48 *Schwab/Weth* Rn. 62 zu § 12 a ArbGG.
49 *Grunsky* Rn. 16 zu § 12 a ArbGG.
50 OLG Brandenburg AGS 2000, 138 = JurBüro 2000, 422 = MDR 2000, 257; KG AnwBl BE 1994, 82; OLG Karlsruhe JurBüro 1990, 1154 = Rpfleger 1990, 223; OLG München AnwBl 1989, 108; OLG Stuttgart JurBüro 1984, 1732; OLG Hamburg JurBüro 1983, 771.

Die vor dem Arbeitsgericht entstandenen Anwaltskosten können nur erstattet werden, soweit sie im Verfahren vor dem ordentlichen Gericht *erneut entstehen*.[51]

Nach Verweisung eines Rechtsstreits vom Arbeitsgericht an ein Landgericht können die Reisekosten des bisherigen Prozessbevollmächtigten, der die Partei auch vor dem Landgericht vertritt, erstattungsfähig sein.[52]

3. Verweisung Zivilgericht – Arbeitsgericht

Kontrovers wird die Erstattungsfähigkeit der Kosten beurteilt, die bei Verweisung des Rechtsstreits vom ordentlichen Gericht an das Arbeitsgericht dem *Beklagten* in dem anderen Rechtsweg erwachsen sind. So bleiben nach einer Meinung die *vollen* vor dem ordentlichen Gericht entstandenen Anwaltskosten erstattungsfähig.[53]

C 16

Nach anderer Meinung sind nur die *Mehrkosten* zu erstatten.[54]

Auszugehen ist von § 17 b Abs 2 S 1 GVG, § 281 Abs 3 S 1 ZPO, wonach die im Verfahren vor dem angegangenen Gericht erwachsenen Kosten Teil der Kosten sind, die vor dem Gericht entstehen, an das die Streitsache verwiesen wird. Dem *Kläger* sind jedoch die entstandenen *Mehrkosten* aufzuerlegen, wenn er in der Hauptsache obsiegt (§ 17 b Abs 2 S 2 GVG, § 281 Abs 3 S 2 ZPO). Wegen der nach § 12 a Abs 1 S 1 ArbGG vor dem Arbeitsgericht eingeschränkten Kostenerstattung ordnet § 12 a Abs 1 S 3 ArbGG an, dass Satz 1 dieser Vorschrift dann nicht gilt, wenn der Rechtsstreit von einer anderen Gerichtsbarkeit an das Arbeitsgericht verwiesen wird. So wird klargestellt, dass die infolge Anrufung eines unzuständigen Gerichts entstandenen Kosten nicht wegen § 12 a Abs 1 S 1 ArbGG von der Erstattungsfähigkeit ausgeschlossen sind.[55]

Damit steht aber noch nicht ohne weiteres der *Umfang* der erstattungsfähigen Kosten fest. Denn die Frage ist, ob die in § 12 a Abs 1 S 3 ArbGG angeordnete grundsätzliche Erstattungsfähigkeit auch dann gilt, wenn die Kosten vor dem Arbeitsgericht *erneut* entstehen, weil nach § 17 b Abs 2 S 2 GVG, § 281 Abs 3 S 2 ZPO nur **Mehrkosten** aufzuerlegen und zu erstatten sind. Der Begriff »Mehrkosten« wird übereinstimmend als Differenz zwischen den Kosten, die dem Beklagten *im Rechtsstreit tatsächlich entstanden* sind und denjenigen, die ihm bei *sofortiger Anrufung des zuständigen Gerichts entstanden wären*, definiert.[56]

Entsprechend dem Gesetzeswortlaut wird man daher wie folgt differenzieren müssen:
(a) *Unterliegt* der Kläger kostenpflichtig, hat er dem Beklagten die diesem vor dem Zivilgericht entstandenen Kosten zu erstatten, auch wenn sie vor dem Arbeitsgericht *erneut* entstanden

---

51 LArbG Kiel JurBüro 2004, 142; KG aaO; OLG München aaO; OLG Schleswig AGS 1995, 33 = JurBüro 1995, 207; *Von Eicken* Anm zu OLG Frankfurt KostRsp ZPO § 281 Nr 21.
52 OLG Hamburg AGS 2016, 312 = MDR 2016, 242 = Rpfleger 2016, 376 = RVGreport 2016, 190 m Anm *Hansens*.
53 BAG BAGE 112, 293 = NJW 2005, 1301 = NZA 2005, 429; LArbG Köln NZA-RR 2008, 491; LArbG Düsseldorf JurBüro 2006, 647; LArbG Stuttgart AGS 2000, 67; Rpfleger 1983, 497 = NJW 1984, 86; LArbG Frankfurt NZA–RR 1999, 498 = MDR 1999, 144; AnwBl 1985, 104; LArbG Kiel AnwBl 1985, 102 = KostRsp ArbGG § 12 a Nr 26 m Anm *Lappe*; LArbG München ARST 1982, 79 = AMBL BY 1981 C 41–C 43; AnwBl 1985, 103; LArbG Hamm MDR 1987, 876; LArbG Mainz JurBüro 1988, 1658; LArbG Hannover Rpfleger 1991, 218; Thür. LArbG NZA-RR 2001, 106; *Hansens* BRAGOreport 2002, 69.
54 LArbG Berlin ARST 1983, 190; LArbG Bremen NZA-RR 1997, 26 = AnwBl 1999, 240 MDR 1986, 434 = KostRsp ArbGG § 12 a Nr 34 m Anm E *Schneider* mit weiteren Nachweisen zum Meinungsstand; ArbG Siegen AGS 1998, 103 = NZA-RR 1999, 213; vgl zum pro und contra auch *Tschischgale/Satzky* S 185 mwN.
55 Ebenso *Tschischgale/Satzky* S 186.
56 Vgl *Tschischgale/Satzky* aaO.

sind (§ 12 a Abs 1 S 3 ArbGG). Dazu gehören die Rechtsanwaltskosten auch dann, wenn der Beklagte sich nach der Verweisung weiter von demselben Rechtsanwalt vertreten lässt.[57]

(b) *Obsiegt* der Kläger hingegen und wird der Beklagte auch in die Kosten verurteilt, so hat der Kläger diesem nur die durch die Anrufung des unzuständigen Gerichts entstandenen *Mehrkosten* zu erstatten (§ 17 b Abs 2 S 2 GVG, § 281 Abs 3 S 3 ZPO). Soweit die Kosten vor dem Arbeitsgericht *erneut* entstanden sind, liegen aber keine Mehrkosten vor.

Das bedeutet: Der vor dem falschen (Zivil-)Gericht in Anspruch genommene Beklagte behält seinen *ersten* Kostenerstattungsanspruch, wenn er *obsiegt; unterliegt* er hingegen, sind nur seine *Mehrkosten* erstattungsfähig.[58]

V. Drittschuldnerklagen

1. Allgemeines, Auskunftskosten

C 17 Klagt der Gläubiger des Arbeitnehmers auf Grund eines Pfändungs- und Überweisungsbeschlusses an dessen Stelle den Arbeitslohn gegen den Drittschuldner ein, so ergeben sich daraus vielfältige kostenerstattungsrechtliche Probleme, die im Zusammenhang mit der den prozessualen Kostenerstattungsanspruch *einschränkenden Bestimmung des § 12 a Abs 1 S 1 ArbGG* stehen. Das gilt auch für Rechtsstreitigkeiten, die sich aus dem **Auskunftsanspruch** und dem **Schadensersatzanspruch** (§ 840 Abs 1 bzw Abs 2 S 2 ZPO) ergeben.

Soweit dem *Drittschuldner* durch die Auskunftserteilung nach § 840 ZPO Kosten entstanden sind, besteht mangels einer Rechtsgrundlage keine Verpflichtung des *Pfändungsgläubigers*, dem Drittschuldner die Kosten zu erstatten.[59]

2. Zuständigkeit für Klagen aus § 840 ZPO

C 18 Während für die erstgenannten *Drittschuldnerprozesse* die sachliche Zuständigkeit des *Arbeitsgerichts* unstreitig gegeben ist, scheint das BAG, das bisher eine ausschließliche Zuständigkeit der Gerichte für Arbeitssachen für Klagen aus § 840 ZPO angenommen hatte,[60] davon abgerückt zu sein, indem es nun für die Geltendmachung von *Ansprüchen aus § 840 ZPO* die *Zivilgerichte* für zuständig hält.[61]

Diese Aussage wird allerdings – trotz Aufnahme in einen offiziellen Leitsatz – nur in einem *obiter dictum* getroffen, weil die Frage wegen der Bindungswirkung des § 73 Abs 2 ArbGG nicht entscheidungserheblich war. Das BAG erwähnt in dieser Entscheidung die frühere Rechtsprechung überhaupt nicht.[62]

3. Eingeschränkte Kostenerstattung im Drittschuldnerprozess

C 19 Obsiegt der Pfändungsgläubiger, hat der Drittschuldner die Kosten des Prozesses zu tragen (§ 91 Abs 1 ZPO). Der sich daraus ergebende prozessuale Kostenerstattungsanspruch ist in der *ersten*

---

57 BAG BAGE 112, 293 = NJW 2005, 1301 = NZA 2005, 429; JurBüro 2013, 419 = NZA-RR 2013, 6 = RVGreport 2013, 193; LArbG Kiel AGS 2014, 207; LArbG Köln AGS 2012, 48
58 *Lappe* Anm zu LArbG Kiel KostRsp ArbGG § 12 a Nr 26.
59 BAGE 47, 138 = NJW 1985, 289 = NZA 1985, 289 = EzA § 840 ZPO Nr 1 = AP § 840 ZPO Nr 4 mit krit Anm *Grunsky*; SG Hamburg SGb 1985, 292; aus dem neueren Schrifttum vgl ferner *Eckert* MDR 1986, 799 mit weiteren Rechtsprechungs- und Literaturhinweisen; **aA**: die Erstattungsfähigkeit der Kosten eines für die Auskunftserteilung nach § 840 ZPO beigezogenen Anwalts bejahend: LG Essen JurBüro 1985, 627; AG Düsseldorf JurBüro 1985, 723, und zwar dann, wenn die Zuziehung auf Grund besonderer Umstände in der Sach- und Rechtslage zwingend erforderlich war.
60 Vgl BAGE 10, 39 = AP § 61 ArbGG Kosten Nr 3 = DB 1960, 1508 = NJW 1961, 92.
61 BAGE 47, 138 = NJW 1985, 289 = NZA 1985, 289 = EzA § 840 ZPO Nr 1 = AP § 840 ZPO Nr 4.
62 Vgl hierzu die krit Anm von *Grunsky* AP § 840 ZPO Nr 4.

Instanz eingeschränkt, weil Kosten der *Zeitversäumnis* der obsiegenden Partei sowie die Kosten einer *Vertretung* nicht erstattungsfähig sind (§ 12 a Abs 1 S 1 ArbGG; vgl Rdn. C 8). Diese Vorschrift findet auch im Drittschuldnerprozess Anwendung.[63]

Sie gilt für alle erstinstanzlichen Urteilsverfahren, also auch im Drittschuldnerprozess, an dem der *Arbeitnehmer* nicht beteiligt ist.

4. Materiell-rechtlicher Kostenerstattungsanspruch?

Umstritten ist jedoch, ob die in § 12 a Abs 1 S 1 ArbGG normierte *Einschränkung* des prozessualen Kostenerstattungsanspruches auch den *materiell-rechtlichen* Kostenerstattungsanspruch betrifft. Diese Frage stellt sich im Hinblick auf den Schadensersatzanspruch nach § 840 Abs 2 S 2 ZPO, den der Pfändungsgläubiger gegen den die Auskunft verweigernden Drittschuldner bei der Lohnpfändung hat. Nach der nicht unwidersprochen gebliebenen Rechtsprechung des BAG[64] wird der materiell-rechtliche Kostenerstattungsanspruch in Gestalt des Schadensersatzes nach § 840 Abs 2 S 2 ZPO durch die Bestimmung des § 12 a Abs 1 S 1 ArbGG *eingeschränkt*: Der *materiell-rechtliche* Kostenerstattungsanspruch geht seinem Umfange nach nicht weiter als ein *prozessualer* Kostenerstattungsanspruch. Ein Pfändungsgläubiger, der sich im Drittschuldnerprozess vor dem Arbeitsgericht durch einen Rechtsanwalt vertreten lässt, kann daher die aus prozessrechtlichen Gründen nicht erstattungsfähigen Vertretungskosten auch nicht als *Schadensersatz* nach § 840 Abs 2 S 2 ZPO geltend machen.

C 20

Unbestritten ist, dass der *prozessuale* Kostenerstattungsanspruch unabhängig vom Prozess auch Inhalt eines *materiell-rechtlichen* Kostenerstattungsanspruchs sein kann.[65]

Sind prozessualer und materiell-rechtlicher Kostenerstattungsanspruch *kongruent*, besteht kein Raum für eine *gesonderte Geltendmachung des materiell-rechtlichen* Kostenerstattungsanspruches. Eine selbstständige klageweise Geltendmachung des materiellen Anspruches ist insoweit *unzulässig*, als ein sich mit ihm deckender, im Kostenfestsetzungsverfahren durchsetzbarer prozessualer Kostenerstattungsanspruch besteht.[66]

Fehlt es dagegen an einer Entscheidung nach § 91 ZPO, lässt sich der materiell-rechtliche Kostenerstattungsanspruch gesondert einklagen. Er kann jedoch gesetzlichen Beschränkungen unterworfen sein (vgl Rdn. B 7). Zu ihnen gehört die den prozessualen Kostenerstattungsanspruch im arbeitsgerichtlichen Verfahren einschränkende Bestimmung des § 12 a Abs 1 S 1 ArbGG. Dies erfordert, wie das BAG zutreffend ausführt,[67] der Schutzzweck des § 12 a Abs 1 S 1 ArbGG. Die Bestimmung verfolge den Zweck, den arbeitsgerichtlichen Prozess des ersten Rechtszuges zu verbilligen, und schränke deshalb den prozessualen Kostenerstattungsanspruch dadurch ein, dass bestimmte Aufwendungen nicht notwendig im Sinne des § 91 Abs 1 ZPO sind. Die Vorschrift gelte ausnahmslos für das erstinstanzliche Verfahren, also auch dann, wenn der Arbeitnehmer obsiegt oder – wie im Drittschuldnerprozess – nicht am Verfahren beteiligt ist.[68]

---

63 BAG NJW 2006, 717 = NZA 2006, 343 = RVGreport 2006, 110 m Anm *Hansens*; BAGE 24, 486 mwN = AP § 61 ArbGG 1953 Kosten Nr 13 = NJW 1973, 1061 = KostRsp ArbGG § 12 a Nr 8.
64 BAGE 70, 191 = NZA 1992, 1101 = MDR 1994, 179; BAG AP § 61 ArbGG 1953 Kosten Nr 14 m Anm *Mes* = AnwBl 1978, 310 m Anm *Chemnitz*; AnwBl 1978, 355; BAGE 24, 486 = AP § 61 ArbGG 1953 Kosten Nr 13 m Anm *Lüke* = NJW 1973, 1061 = KostRsp ArbGG § 12 a Nr 8 m Anm *von Eicken*; BAGE 21, 1 = AP § 61 ArbGG 1953 Kosten Nr 10 = NJW 1968, 1740; BAGE 10, 39 = AP § 61 ArbGG 1953 Kosten Nr 3 = NJW 1961, 92 m Anm *Hofmann*; NJW 1961, 698; *Tschischgale/Satzky* S 169 ff; LG Rottweil Rpfleger 1980, 265; **aA**: LG Tübingen AP § 12 a ArbGG 1979 Nr 1 = NJW 1982, 1980 = Rpfleger 1982, 392.
65 BGHZ 45, 256.
66 RGZ 130, 217; *Stein/Jonas/Leipold* Rn. 20 vor § 91 ZPO; *Tschischgale/Satzky* S 170.
67 BAGE 24, 486 = AP § 61 ArbGG 1953 Kosten Nr 13 = NJW 1973, 1061 = KostRsp ArbGG § 12 a Nr 8.
68 *Tschischgale/Satzky* S 171.

5. Zwangsvollstreckungskosten

C 21 *Verneint* man sowohl einen *prozessualen* als auch einen *materiellen* Kostenerstattungsanspruch im Drittschuldnerprozess, so stellt sich die Frage, ob die nicht erstattungsfähigen Aufwendungen des Gläubigers *gemäß § 788 Abs 1 ZPO dem Schuldner* zur Last fallen.[69]

Der BGH hat diese Frage dahin entschieden, dass die dem Gläubiger in einem Drittschuldnerprozess entstandenen notwendigen Kosten, soweit sie nicht beim Drittschuldner beigetrieben werden können, im Verfahren nach § 788 ZPO gegen den Schuldner festgesetzt werden. Dies gilt hinsichtlich entstandener Anwaltskosten auch dann, wenn der Drittschuldnerprozess vor dem Arbeitsgericht geführt wird.[70]

Unabhängig von dieser Kontroverse sind die *übrigen* Kosten eines Drittschuldnerprozesses, die vom Arbeitnehmer nicht beigetrieben werden können, *Kosten der Zwangsvollstreckung*, die nach § 788 ZPO den *Schuldner* treffen.[71]

Dies gilt auch dann, wenn der *Gläubiger* im Drittschuldnerprozess *unterlag*, die Klage bei Erhebung jedoch Erfolg versprach,[72] und auch dann, wenn sich der Gläubiger mit dem Drittschuldner *verglichen* hat. Verursacht der Gläubiger durch eine *unsorgfältige* Führung des Drittschuldnerprozesses höhere Kosten als notwendig, so sind nur die Kosten als notwendige Kosten der Zwangsvollstreckung anzuerkennen, die bei *sachgemäßer* Prozessführung entstanden wären.[73]

6. Festsetzungszuständigkeit

C 22 Die Kosten des Lohnpfändungsgläubigers im Drittschuldnerprozess sind, wenn sie als Zwangsvollstreckungskosten geltend gemacht werden, vom Amtsgericht und nicht vom Arbeitsgericht festzusetzen.[74]

---

69 Verneinend LArbG Stuttgart AnwBl 1985, 648 = Rpfleger 1986, 28; LArbG Frankfurt AnwBl 1979, 28; KG MDR 1989, 745 = Rpfleger 1989, 382 (Aufgabe Rpfleger 1977, 178). Bejahend OLG Koblenz JurBüro 1991, 602 = EWiR 1991, 101 m Anm von *Hansens*; OLG Düsseldorf JurBüro 1990, 1014; OLG Stuttgart Justiz 1986, 460; LG Bochum Rpfleger 1984, 286; OLG Köln Rpfleger 1974, 164; LG Krefeld MDR 1972, 788; LG Düsseldorf AnwBl 1981, 75; LG Berlin AnwBl 1980, 518; LG Aachen Rpfleger 1982, 309 = JurBüro 1982, 1419; LG Oldenburg JurBüro 1991, 727 (Aufgabe Rpfleger 1982, 198); AG Sulzbach KostRsp ArbGG § 12 a Nr 27 = JurBüro 1984, 942; ArbG Würzburg AnwBl 1978, 238; bei Notwendigkeit der anwaltlichen Vertretung LG Bielefeld MDR 1970, 1021; LG Mainz NJW 1973, 1134.
70 BGH AGS 2010, 201 m Anm *Mock* = JurBüro 2010, 268 = RVGreport 2010, 112 m Anm *Hansens*; AGS 2006, 458 m Anm *Mock* = BGH-Report 2006, 457 m Anm *Schuschke* = JurBüro 2006, 329 = NJW 2006, 1141 = Rpfleger 2006, 204 = RVGreport 2006, 111 m Anm *Hansens*.
71 LArbG Stuttgart ArbuR 1979, 378 = AR-Blattei Arbeitsgerichtsbarkeit XIII Entsch 98.
72 LArbG Bremen NJW 1961, 2324; LG München MDR 1966, 338; LG Berlin JurBüro 1985, 1898.
73 LG Berlin aaO.
74 LG Tübingen Rpfleger 1982, 392 = NJW 1982, 1890.

D. Kostenfestsetzung in öffentlich-rechtlichen Streitverfahren

(Verwaltungs-, Finanz-, Sozial-, Verfassungs-, Disziplinargerichte, Verwaltungs- und Vorverfahren)

Übersicht

		Rdn.
I.	**Kostenfestsetzung in der Verwaltungs-, Finanz- und Sozialgerichtsbarkeit**	**D 1**
1.	Gesetzliche Grundlagen	D 1
	a) Kostengrundentscheidung	D 1
	b) Kostenfestsetzung	D 2
	c) Vollstreckung	D 3
2.	Kostengrundentscheidung	D 4
	a) Kostengrundentscheidung	D 4
	b) Kostengrundentscheidungen des verwaltungsgerichtlichen Verfahrens	D 10
	c) Kostengrundentscheidungen des finanzgerichtlichen Verfahrens	D 23
	d) Kostengrundentscheidungen des sozialgerichtlichen Verfahrens	D 30
3.	Beteiligte	D 40
	a) Beteiligte der Hauptsache	D 40
	b) Antragsrecht	D 41
	c) Prozessbevollmächtigte	D 42
	d) Rechtsnachfolger	D 43
	e) Tod der Partei	D 44
	f) Von der Kostenerstattung ausgeschlossene Beteiligte	D 45
	g) Beigeladene	D 48
	aa) Grundlagen	D 48
	bb) Entscheidung	D 49
	cc) Anfechtbarkeit	D 53
	dd) Billigkeitsentscheidung	D 54
	ee) Umfang der erstattungsfähigen Kosten	D 57
4.	Verfahren vor dem Urkundsbeamten der Geschäftsstelle	D 59
	a) Zuständigkeit	D 59
	b) Rechtsstellung des Urkundsbeamten	D 61
	c) Verfahrensrecht	D 62
	aa) Anwendung der ZPO	D 62
	bb) Prozessvoraussetzungen	D 65
	cc) Besondere Verfahrensvoraussetzungen	D 66
	dd) Schlüssigkeit	D 67
	ee) Rechtliches Gehör	D 68
	ff) Beweis	D 69
	d) Bindung des Urkundsbeamten der Geschäftsstelle	D 71
	aa) Bindung an den Antrag	D 71
	bb) Bindung an die Kostengrundentscheidung	D 72
	cc) Bindung an den Streitwert	D 73
	e) Einwendungen	D 74
5.	Kostenfestsetzungsgesuch	D 75
	a) Form	D 75
	b) Sachantrag	D 76
	c) Belege, Abschrift der Kostenberechnung	D 77
	d) Zeitpunkt der Einreichung	D 80
	e) Nachliquidation	D 82
6.	Kostenfestsetzungsbeschluss	D 83
	a) Inhalt	D 83
	b) Verzinsung	D 87
	aa) Allgemeines	D 87
	bb) Sozialgerichtliches Verfahren	D 88
	cc) Antrag	D 89
	dd) Nachholung des Antrags	D 90
	ee) Mehrere Kostenerstattungsansprüche	D 91
	ff) Änderung der Kostengrundentscheidung	D 93
	c) Kostenentscheidung	D 94
	d) Aufnahme von Beschränkungen	D 95
	e) Begründung	D 96
	f) Zustellung	D 97
	g) Rechtsbehelfsbelehrung	D 98
7.	Rechtskraft und Vollstreckbarkeit des Kostenfestsetzungsbeschlusses	D 99
	a) Rechtskraft	D 99
	b) Abhängigkeit vom Bestand der Kostengrundentscheidung	D 102
	c) Kostenfestsetzungsbeschluss als Vollstreckungstitel	D 103
	d) Rückkostenfestsetzung	D 105
	e) Änderung des Kostenfestsetzungsbeschlusses ohne Erinnerung	D 110
8.	Kostenausgleichung	D 111
9.	Erinnerung, Beschwerde	D 112
	a) Erinnerung	D 112
	aa) Statthaftigkeit	D 112
	bb) Beschwer	D 113
	cc) Frist	D 114
	dd) Form	D 115
	ee) Anschlusserinnerung	D 116
	ff) Gegenstand	D 117
	gg) Nachtragsliquidation	D 118
	hh) Reformatio in peius	D 119
	ii) Einwendungen gegen den Streitwert	D 120
	jj) Abhilfe	D 121
	b) Beschwerde	D 122
	c) Verfahren	D 124
	aa) Erinnerungsverfahren	D 124
	bb) Aussetzung der Vollziehung	D 125

	cc) Erinnerungs- und Beschwerdeentscheidung	D 126
	dd) Zurückverweisung	D 127
	ee) Anschließung	D 128
	ff) Kostenentscheidung	D 129
10.	Festsetzung zu Gunsten des beigeordneten Rechtsanwalts	D 130
11.	Kostenfestsetzung für und gegen mehrere Beteiligte (Streitgenossen)	D 131
	a) Gesetzliche Grundlagen	D 131
	b) Obsiegen aller Streitgenossen	D 132
	c) Obsiegen und Unterliegen von Streitgenossen	D 134
12.	Umfang der erstattungsfähigen Kosten	D 135
	a) Allgemeines	D 135
	b) Notwendige Kosten	D 138
	c) Ergänzung durch § 91 ZPO	D 139
	d) Parteikosten im Einzelnen	D 140
	aa) Generalunkosten	D 140
	bb) Bare Aufwendungen	D 141
	cc) Reisekosten, Zeitversäumnis	D 142
	dd) Informationsreisen	D 143
	ee) Terminsreisen	D 144
	ff) Behördliche Terminsvertreter	D 145
	gg) Revisions-, Verkündungstermine	D 146
	hh) Freifahrscheine, aufgehobene Termine	D 147
	ii) Wahrnehmung verschiedener Termine	D 148
	jj) Privatgutachten	D 149
	kk) Rechtsgutachten	D 150
	ll) Bürgschaftsprovision	D 151
	mm) Mediation	D 151a
	e) Vertretung durch Bevollmächtigte	D 152
	aa) Allgemeines	D 152
	bb) Verwaltungsgerichtsprozess	D 153
	cc) Finanzgerichtsprozess	D 154
	dd) Sozialgerichtsprozess	D 155
	ee) Sonstige Bevollmächtigte	D 156
	ff) Verbandsvertreter	D 157
	gg) Hochschullehrer	D 158
	f) Vergütung der Bevollmächtigten	D 159
	aa) Rechtsanwälte, Rechtsbeistände, Steuerberater	D 159
	bb) Sonstige Bevollmächtigte	D 160
	cc) Gebühren	D 161
	dd) Rechtsschutz	D 163
	ee) Auslagen	D 164
	ff) Umsatzsteuer	D 165
	gg) Post- und Telekommunikationsdienstleistungen	D 166
	hh) Dokumentenpauschale	D 167
	ii) Reisekosten	D 173
	jj) Mehrere Rechtsanwälte	D 174
	kk) Selbstvertretung	D 175
II.	Festsetzung der Kosten des Vorverfahrens	D 179
1.	Allgemeines	D 179
	a) Verwaltungsgerichtliches Vorverfahren	D 180
	b) Finanzgerichtliches Vorverfahren	D 181
	c) Sozialgerichtliches Vorverfahren	D 182
2.	Erstattungsfähige Kosten	D 183
3.	Verwaltungsgebühren	D 184
4.	Notwendigkeit eines Bevollmächtigten	D 185
	a) Allgemeines	D 185
	b) Bevollmächtigter der Behörde	D 186
	c) Einzelfälle	D 187
	d) Selbstvertretung	D 188
	e) Entscheidung	D 189
	f) Zuständigkeit	D 190
	g) Gegenstand der Entscheidung	D 191
	h) Erstattungsfähige Gebühr für das Vorverfahren	D 192
	i) Gegenstandswert	D 193
III.	Kostenerstattung im isolierten Vorverfahren	D 194
1.	Erstattungsregelungen	D 194
2.	Kostengrundentscheidung	D 197
	a) Erforderlichkeit	D 197
	b) Von Amts wegen	D 198
	c) Sozialrechtliches Verwaltungsverfahren	D 199
	d) Steuerrechtliches Vorverfahren in Kindergeldsachen	D 200
	e) Unterbliebene Kostengrundentscheidung	D 201
	f) Inhalt der Kostengrundentscheidung	D 202
	g) Hauptsacheerledigung	D 203
	h) Abweichungen im BayVwVfG	D 205
	i) Kostenerstattung bei Drittbeteiligten	D 206
	j) Zuziehung eines Bevollmächtigten	D 207
	k) Unanfechtbarkeit	D 208
3.	Kostenfestsetzung	D 209
	a) Allgemeines	D 209
	b) Zuständigkeit	D 210
	c) Antragsrecht, Inhalt des Antrags	D 211
	d) Erstattungsfähige Kosten	D 213
	e) Vergütung eines Rechtsanwalts	D 214
	f) Erstattungsfähige Gebühr	D 216
4.	Kostenfestsetzungsbescheid	D 217
	a) Betrag	D 217
	b) Gegenstandswertfestsetzung	D 218
	c) Verzinsung	D 219
5.	Anfechtung	D 220
	a) Erstattungsberechtigter	D 220
	b) Sozialrechtliches Verwaltungsverfahren	D 221
6.	Vollstreckung	D 222

7.	Vorverfahren nach dem Lastenausgleichsgesetz. D 223	1.	Verfahren vor dem Bundesverfassungsgericht. . . . . D 262
	a) Erstattungsregelungen . . . . D 223		a) Kostentragung . . . . D 262
	b) Beschwerdeverfahren . . . . D 224		b) Kostenfestsetzung. . . . . D 263
	c) Vergütung . . . . D 225		c) Erstattungsfähige Kosten . . . . D 264
	d) Kostenentscheidung. . . . . D 226		d) Rechtsanwaltsvergütung. . . . . D 265
	e) Kostenfestsetzung. . . . . D 227		e) Auslagenerstattung für äußerungsberechtigte Beteiligte . . . . D 268
IV.	**Erstattung der Kosten des Verwaltungsverfahrens** . . . . **D 228**	2.	Verfahren vor den Verfassungsgerichten der Länder. . . . . D 269
1.	Allgemeines . . . . D 228		a) Baden-Württemberg. . . . . D 270
2.	Bestellung eines Vertreters von Amts wegen . . . . D 229		b) Bayern . . . . D 271
	a) Grundlagen . . . . D 229		c) Berlin . . . . D 272
	b) Vergütung . . . . D 230		d) Brandenburg . . . . D 273
	c) Ersatzanspruch gegen den Vertretenen. . . . . D 231		e) Bremen . . . . D 274
	d) Festsetzung. . . . . D 232		f) Hamburg . . . . D 275
3.	Sozialrechtliches Verwaltungsverfahren. . . . . D 233		g) Hessen . . . . D 276
4.	Enteignung nach dem Baugesetzbuch . . . . D 235a		h) Mecklenburg-Vorpommern . . . . . . D 277
	a) Gesetzestext . . . . D 236		i) Niedersachsen . . . . D 278
	b) Umfang der Kostenerstattung. . . . . D 237		j) Nordrhein-Westfalen . . . . D 279
	c) Gebühren und Auslagen eines Bevollmächtigten . . . . D 238		k) Rheinland-Pfalz . . . . D 280
	d) Kostenfestsetzung. . . . . D 239		l) Saarland . . . . D 281
	e) Anfechtung . . . . D 240		m) Sachsen . . . . D 282
	f) Vollstreckung . . . . D 241		n) Sachsen-Anhalt. . . . . D 283
5.	Enteignung nach dem Bundesleistungsgesetz. . . . . D 242		o) Schleswig-Holstein . . . . D 284
6.	Enteignung nach dem Schutzbereichsgesetz . . . . D 243		p) Thüringen . . . . D 285
7.	Enteignung nach dem Landbeschaffungsgesetz. . . . . D 244	VI.	**Kostenfestsetzung in Disziplinar-, Wehrdisziplinar- und Wehrbeschwerdeverfahren** . . . . **D 286**
8.	Enteignung nach Landesrecht . . . . D 245	1.	Disziplinarverfahren . . . . D 286
	a) Vorbemerkung . . . . D 245		a) Gesetze . . . . D 286
	b) Baden-Württemberg. . . . . D 246		aa) Bund . . . . D 286
	c) Bayern . . . . D 247		bb) Länder . . . . D 287
	d) Berlin . . . . D 248		b) Allgemeines . . . . D 288
	e) Brandenburg . . . . D 249		c) Behördliches Verwaltungsverfahren . . D 290
	f) Bremen . . . . D 250		d) Gerichtliches Disziplinarverfahren. . . D 297
	g) Hamburg . . . . D 251		aa) Kostenentscheidung. . . . . D 297
	h) Hessen . . . . D 252		bb) Erstattungspflicht. . . . . D 302
	i) Mecklenburg-Vorpommern . . . . . . D 253		cc) Kosten des Verfahrens . . . . D 305
	j) Niedersachsen . . . . D 254		dd) Notwendige Kosten . . . . D 306
	k) Nordrhein-Westfalen . . . . D 255		ee) Kostenfestsetzung. . . . . D 309
	l) Rheinland-Pfalz . . . . D 256	2.	Wehrdisziplinarverfahren. . . . . D 313
	m) Saarland . . . . D 257		a) Gesetzestext . . . . D 313
	n) Sachsen . . . . D 258		b) Kostenerstattung . . . . D 314
	o) Sachsen-Anhalt. . . . . D 259	3.	Wehrbeschwerdeverfahren . . . . D 315
	p) Schleswig-Holstein . . . . D 260		a) Gesetzestext . . . . D 315
	q) Thüringen . . . . D 261		b) Kostenerstattung . . . . D 316
V.	**Kostenfestsetzung in verfassungsgerichtlichen Verfahren** . . . **D 262**		aa) Allgemeines . . . . D 316
			bb) Kostengrundentscheidung . . . D 317
			cc) Umfang der erstattungsfähigen Aufwendungen. . . . . D 318
			dd) Kostenfestsetzung. . . . . D 319
			ee) Gerichtliches Verfahren . . . . . D 320

D. Kostenfestsetzung in öffentlich-rechtlichen Streitverfahren

I. Kostenfestsetzung in der Verwaltungs-, Finanz- und Sozialgerichtsbarkeit

1. Gesetzliche Grundlagen

a) Kostengrundentscheidung

D 1   Wie in bürgerlichen Rechtsstreitigkeiten bestimmen auch die Prozessordnungen der öffentlich-rechtlichen Gerichtsbarkeiten zunächst, wer *im Verhältnis der Beteiligten untereinander*[1] die durch den Rechtsstreit entstandenen Kosten *in welchem Umfang* letzten Endes zu tragen hat (sogen Ausgleichspflicht). Offen bleibt hierbei, welche Kosten von den Beteiligten eines gerichtlichen Verfahrens dem *Staat* für die Gewährung des Rechtsschutzes durch seine Gerichte und an *Bevollmächtigte* für ihre Tätigkeit zu zahlen sind; jedoch wirkt die Kostenentscheidung auch zugunsten der Staatskasse (§ 29 Nr 1 GKG).

Die Entscheidung über die Verteilung der Kosten auf die am Verfahren Beteiligten obliegt dem *Gericht*, das darüber im Urteil oder, wenn ein solches nicht ergeht, durch Beschluss zu befinden hat. Ausnahmsweise können die *Beteiligten* über die Kostenerstattung selbst verfügen, und zwar durch Abschluss eines gerichtlichen Vergleichs[2] oder durch das angenommene Anerkenntnis im sozialgerichtlichen Verfahren (§ 101 Abs 2 SGG).

Das Gericht hat im Erkenntnisverfahren aber nur darüber zu entscheiden, *wer* die Kosten zu tragen hat, nicht dagegen, *welche* Kosten zu erstatten sind.[3]

b) Kostenfestsetzung

D 2   Auf Grund der Entscheidung des Gerichts – des gerichtlichen Vergleichs oder des angenommenen Anerkenntnisses – setzt der *Urkundsbeamte der Geschäftsstelle*[4] auf Antrag des Erstattungsberechtigten den *Betrag* der zu erstattenden Kosten mit dem Kostenfestsetzungsbeschluss fest.

c) Vollstreckung

D 3   Der Kostenfestsetzungsbeschluss stellt gemäß § 168 Abs 1 Nr 4 VwGO, § 151 Abs 2 Nr 3 FGO, § 199 Abs 1 Nr 4 SGG einen vollstreckbaren Titel dar, auf Grund dessen der Erstattungsgläubiger die von ihm zunächst verauslagten – gezahlten oder geschuldeten – Kosten vom Erstattungsschuldner verlangen kann.

2. Kostengrundentscheidung

a) Kostengrundentscheidung

D 4   Die Festsetzung der im Verhältnis der Beteiligten untereinander zu erstattenden Kosten erfolgt auf Grund der Kostenentscheidung des Gerichts (§ 161 Abs 1 VwGO, § 143 Abs 1 FGO, §§ 193 Abs 1, 197 a Abs 1 SGG) oder der in einem gerichtlichen Vergleich getroffenen[5] oder gemäß § 160 VwGO, § 195 SGG dafür maßgeblichen Regelung.[6]

---

1   Vgl §§ 154 ff VwGO, §§ 135 ff FGO, §§ 193 ff SGG.
2   Vgl §§ 106, 160 VwGO, §§ 101 Abs 1, 195 SGG; im finanzgerichtlichen Verfahren soll der Abschluss eines gerichtlichen Vergleichs nicht möglich sein.
3   BFHE 86, 507 = BB 1966, 1089 = DB 1966, 1594.
4   Vgl § 164 VwGO, § 149 Abs 1 FGO, § 197 Abs 1 SGG.
5   Eine Bestimmung über die Kosten liegt auch dann vor, wenn eine Kostenregelung ausdrücklich ausgeklammert und zur Entscheidung des Gerichts gestellt wird (*Olbertz* in: *Schoch/Schneider/Bier* VwGO § 160 Rn. 1; LSG Berlin-Brandenburg KostRsp SGG § 160 Nr 1 gegen LSG Essen NZS 2001, 163).
6   *Olbertz* in: *Schoch/Schneider/Bier* VwGO § 164 Rn. 2; OLG München NJW 1975, 1266; LSG Koblenz SozVers 1976, 248.

I. Kostenfestsetzung in der Verwaltungs-, Finanz- und Sozialgerichtsbarkeit D.

aa) *Jede* gerichtliche Entscheidung, durch die ein Verfahren beendet wird, hat eine Entscheidung über die Kosten zu enthalten; und zwar **von Amts wegen**, besonderer Anträge der Beteiligten bedarf es nicht.

D 5

Ausnahmeregelungen enthalten § 144 FGO für das finanzgerichtliche Verfahren und §§ 102, 156, 165 SGG für das sozialgerichtliche Verfahren:

Nach § 144 FGO ist im *finanzgerichtlichen* Verfahren bei Rücknahme eines Rechtsbehelfs im vollem Umfange über die Kosten des Verfahrens nur zu entscheiden, wenn ein Beteiligter Kostenerstattung beantragt. Der Antrag eines Beteiligten auf Kostenentscheidung muss die spätere Geltendmachung eines Kostenerstattungsanspruches erkennen lassen.[7]

Das kann regelmäßig angenommen werden, wenn der Beteiligte durch einen Rechtsanwalt oder sonstigen zugelassenen Bevollmächtigten vertreten war. Im *sozialgerichtlichen* Verfahren erfolgt bei Klagerücknahme, bei Rechtsmittelrücknahme, beim angenommenen Anerkenntnis, bei Erledigung der Hauptsache und bei gerichtlichem Vergleich ohne Kostenregelung eine Entscheidung über die Kosten **nur auf Antrag**.[8]

bb) Eine versehentlich unterbliebene Kostenentscheidung ist zu *ergänzen* (§ 120 Abs 1 VwGO, § 109 Abs 1 FGO, § 140 Abs 1 SGG); die Ergänzung ist binnen zwei Wochen (§ 120 Abs 2 VwGO, § 109 Abs 2 FGO) bzw binnen eines Monats (§ 140 Abs 1 SGG) nach Zustellung der Entscheidung zu beantragen. Eine *Berichtigung* (§ 118 VwGO, § 107 FGO, § 138 SGG) kommt nur dann in Frage, wenn die Entscheidungsgründe erkennen lassen, dass über die Kosten im bestimmten Sinne entschieden werden sollte.[9]

D 6

cc) Ausnahmen von dem Grundsatz einer zwingenden Kostenentscheidung gelten jedoch für unselbständige *Zwischenverfahren* (zB nach § 94 VwGO), für die eine gesonderte Kostenentscheidung nicht möglich ist.[10] Zu den unselbständigen Zwischenverfahren gehört auch das Überprüfungsverfahren nach § 99 Abs 2 VwGO.[11]

D 7

Dies gilt auch bei Teilurteilen und Zwischenurteilen. Hier ist die Kostenentscheidung dem Endurteil vorbehalten, weil sich vorher der Umfang des Unterliegens in der Instanz nicht übersehen lässt. Eine gesonderte eigene Kostenentscheidung ist dagegen erforderlich, wenn das Zwischenurteil in einem Zwischenstreit mit einem Dritten ergeht.[12]

Entscheidungen über *Rechtsmittel* gegen die vorgenannten Urteile müssen jedoch einen Kostenausspruch enthalten; er richtet sich nach den §§ 154 ff VwGO, §§ 135 ff FGO, § 193 SGG.[13]

dd) Einer Kostenentscheidung bedarf es ferner nicht bei **Verweisung des Rechtsstreits** an ein anderes Gericht (§ 83 S 1 VwGO, § 70 FGO, § 98 SGG jeweils iVm §§ 17 a Abs 2, 17 b Abs 2 GVG). In diesen Fällen entscheidet das Gericht, an das verwiesen ist, über die *gesamten* Kosten des Rechtsstreits, auch soweit sie vor dem unzuständigen Gericht entstanden sind.[14]

D 8

---

7 BFHE 86, 811 = DB 1966, 2006; BFH/NV 1998, 622; bei Klagerücknahme nach Einlegung der Revision durch den Beklagten ergeht die Kostenentscheidung von Amts wegen, BFH KostRsp § 144 FGO Nr 5.
8 *Münker* in: *Hennig* SGG Rn. 16 zu § 193 SGG.
9 *Redeker/von Oertzen* Anm 2 zu § 161 VwGO.
10 *Kopp/Ramsauer* Anm 2 zu § 161 VwGO.
11 BVerwG BayVBl. 2011, 417 = NVwZ-RR 2011, 261; Aufgabe Beschl v 29.07.2002 – BVerwG 2 AV 1.02.
12 BVerwGE 36, 16 [21]; vgl auch VGH München BayVBl 1988, 272; *Eyermann/Fröhler* Anm 12 zu § 161.
13 BVerwG aaO; *Meyer-Ladewig* Anm 2 zu § 193 SGG; *Münker* in: *Hennig* Anm 5 zu § 193 SGG.
14 BVerwGE 43, 193; *Hübschmann/Hepp/Spitaler* Anm 47 zu § 66 FGO; *Münker* in: *Hennig* SGG Rn. 11 zu § 193 SGG.

Das Gericht, an das verwiesen worden ist, bestimmt zugleich, dass die durch die Anrufung des unzuständigen Gerichts entstandenen Mehrkosten entspr § 17 b Abs 2 S 2 GVG vom Kläger bzw Antragsteller zu tragen sind.[15]

D 9 ee) Die Frage, ob **Ergänzungsurteile** eine Kostenentscheidung enthalten müssen, wird nicht einheitlich beantwortet. Nach einer Ansicht[16] bedarf es keiner Kostenentscheidung; für die Kostenverteilung gilt die Kostenentscheidung des ergänzten Urteils. Zu folgen ist der Gegenmeinung.[17]

Denn die Kosten des Ergänzungsverfahrens können nur bei *Erfolg* des Antrags der Kostenverteilung der Hauptsache folgen, bei seiner *Abweisung* müssen sie hingegen den Antragsteller treffen.

Die Kostenfestsetzung aus einer gerichtlichen Entscheidung kann jedoch nur dann erfolgen, wenn diese Entscheidung einen wegen der Kosten »dem Grunde nach« **zur Zwangsvollstreckung geeigneten Titel** darstellt (§ 173 VwGO, § 155 FGO, § 202 SGG jeweils iVm § 103 ZPO).[18]

Welche Titel als zur Zwangsvollstreckung geeignet in Frage kommen, ist in den einzelnen Verfahrensordnungen abschließend geregelt (vgl § 168 Abs 1 VwGO, § 151 Abs 2 FGO, § 199 Abs 1 SGG).

b) Kostengrundentscheidungen des verwaltungsgerichtlichen Verfahrens

Vollstreckungstitel sind:

D 10 aa) **Rechtskräftige und vorläufig vollstreckbare gerichtliche Entscheidungen** (§ 168 Abs 1 Nr 1 VwGO). Unter gerichtlichen *Entscheidungen* im Sinne von § 168 Abs 1 Nr 1 VwGO sind sowohl Urteile als auch Vorbescheide, Gerichtsbescheide und Beschlüsse zu verstehen. Es ist jedoch streitig, was »*rechtskräftige oder für vorläufig vollstreckbar erklärte* Entscheidungen« in diesem Sinne sind. Nach einer Meinung[19] kommt es auf die Rechtskraft bzw vorläufige Vollstreckbarkeit allein bei *Urteilen* an; die ZPO verwendet im Gegensatz zur VwGO diese Begriffe nur in Bezug auf Urteile (§ 704 ZPO) und regelt Entscheidungen (Beschlüsse), die mit der Beschwerde angefochten werden können, in § 794 Abs 1 Nr 3 ZPO gesondert. Die Beschwerde nach § 149 VwGO hat grundsätzlich keine aufschiebende Wirkung. Beschlüsse sind daher, soweit ihr Inhalt vollstreckungsfähig ist, unabhängig vom Eintritt der Rechtskraft vollstreckbar; eine vorläufige Vollstreckbarkeit im Sinne der §§ 708 ff ZPO gibt es bei ihnen nicht. Dieser Auffassung ist zu folgen. Es ist nicht erkennbar, dass die VwGO die Vollstreckbarkeit von Titeln insoweit einschränken wollte. Im Übrigen setzt die VwGO die Vollstreckbarkeit nicht rechtskräftiger Beschlüsse in § 149 VwGO geradezu voraus, sonst wäre die Bestimmung über die einstweilige Aussetzung der Vollziehung in § 149 Abs 1 S 2 VwGO gegenstandslos. Die *gegenteilige* Auffassung vertritt der BFH[20] zur wortgleichen Regelung in § 151 Abs 2 FGO. Er stellt auf den reinen Wortlaut des § 151 Abs 2 Nr 1 FGO ab und fordert daher für Beschlüsse entweder Rechtskraft oder vorläufige Vollstreckbarkeit. Vgl Rdn. D 23.

---

15 OVG Münster NVwZ-RR 1993, 670; BVerwGE 25, 305; 43, 194 zu § 155 Abs 4 aF VwGO. Die Beschwerdeentscheidung nach § 17 a Abs 4 GVG hat jedoch über die Kosten des Beschwerdeverfahrens zu befinden (BSG SozR 3–1500 § 51 Nr 15).
16 VGH München BayVBl 1978, 378; *Eyermann/Fröhler* Anm 9 zu § 120 VwGO; *Kopp/Schenke* Anm 2 zu § 161 VwGO; *Pawlak* in: Hennig SGG Rn. 36 zu § 140 SGG.
17 *Redeker/von Oertzen* Anm 6 zu § 120 VwGO; *Meyer-Ladewig* Anm 3 zu § 140 SGG; *Hübschmann/Hepp/Spitaler* Anm 35 zu § 109 FGO; *Clausing* in: Schoch/Schneider/Bier Anm 8 zu § 120 VwGO.
18 Vgl BFHE 101, 57 = BStBl II 1971, 2421; BFHE 114, 326 = BStBl II 1975, 263; LSG Essen Breithaupt 1982, 544.
19 *Redeker/von Oertzen* Anm 2 zu § 168 VwGO; *Kopp/Schenke* Anm 3 zu § 168 VwGO.
20 BFHE 108, 479 = BStBl II 1973, 499 = BB 1973, 735.

I. Kostenfestsetzung in der Verwaltungs-, Finanz- und Sozialgerichtsbarkeit   D.

Urteile auf *Anfechtungs- und Verpflichtungsklagen* hin können nur wegen der Kosten für vorläufig vollstreckbar erklärt werden (§ 167 Abs 2 VwGO). Die Vollstreckbarkeitserklärung erfolgt von Amts wegen und gegen Sicherheitsleistung.[21]

Ist über die vorläufige Vollstreckbarkeit *nicht* entschieden worden, so kann Urteilsergänzung nach § 168 Abs 1 VwGO, § 716 ZPO, § 120 VwGO beantragt werden.

bb) **Gerichtsbescheide** nach § 84 VwGO, sofern innerhalb eines Monats kein Antrag auf mündliche Verhandlung gestellt worden ist (§ 84 Abs 3 VwGO).   D 11

cc) **Beschlüsse**, sofern sie einen vollstreckungsfähigen Inhalt haben. Wird das Verfahren nicht durch Urteil, sondern in anderer Weise beendet, so ist auch in diesen Fällen durch Beschluss über die Kosten zu entscheiden (§ 161 Abs 1 VwGO). Hierzu zählen insbesondere Beschlüsse   D 12
– nach **Zurücknahme** der Klage (§ 92 VwGO), der **Berufung** (§ 126 VwGO) und der **Revision** (§ 140 VwGO);
– über die **Verwerfung der Berufung** (§ 125 Abs 2 VwGO) und der **Revision** (§ 144 Abs 1 VwGO);
– über die **Verwerfung oder Zurückweisung der Nichtzulassungsbeschwerde** (§ 133 Abs 5 VwGO). Bei *Zulassung* der Revision folgen die Kosten der Entscheidung über die Revision; wird die zugelassene Revision nicht eingelegt, sind die Kosten des Beschwerdeverfahrens nachträglich dem Beschwerdeführer aufzuerlegen;[22]
– nach Beendigung des Rechtsstreits durch einen **gerichtlichen Vergleich** (§ 106 VwGO); dies aber nur dann, wenn der Vergleich keine Regelung über die Kosten getroffen hat, hierzu § 160 VwGO; vgl Rdn. D 20.

dd) Beschlüsse nach **Erledigung des Rechtsstreits in der Hauptsache** auf übereinstimmende Erklärung beider Streitteile (§ 161 Abs 2 VwGO).   D 13

ee) Beschlüsse nach **Einstellung des Verfahrens bei Tod des Klägers** oder bei **Auflösung einer Personenvereinigung** in Streitigkeiten über höchstpersönliche Rechte, bei denen eine Rechtsnachfolge nicht möglich ist.[23]   D 14

ff) Entscheidungen in **Normenkontrollverfahren** nach § 47 Abs 5 S 1 VwGO.   D 15

gg) Beschlüsse in gerichtlichen Verfahren des **vorläufigen Rechtsschutzes** auf Anordnung oder Wiederherstellung der aufschiebenden Wirkung von Widerspruch und Anfechtungsklage nach § 80 Abs 5 VwGO einschließlich der Beschlüsse in Abänderungsverfahren nach § 80 Abs 7 VwGO und der Beschlüsse nach § 80 b Abs 3 VwGO. Diese Verfahren enthalten als besonders ausgestaltete, im Verhältnis zu den Hauptsacheverfahren selbständige Beschlussverfahren[24] eine *selbständige* Kostenentscheidung, für die die allgemeinen Bestimmungen der §§ 154 ff VwGO gelten; und zwar auch dann, wenn gleichzeitig ein reguläres Klageverfahren: die *Hauptsache* anhängig ist.[25]   D 16

Die Kostenentscheidung darf nicht bis zum Ende des Hauptverfahrens zurückgestellt und von diesem abhängig gemacht werden.[26]

---

21 BVerwGE 16, 254 = DVBl 1963, 925 = NJW 1963, 2042 m Anm *Noack* NJW 1964, 369.
22 BVerwGE 38, 104 = HFR 1971, 405 = MDR 1971, 686, st Rspr; BFH BStBl II 1976, 684; BSG SozR 1500 § 184 Nr 1; *Hennig* in: *Hennig* SGG Anm 378 zu § 160 a SGG.
23 OVG Lüneburg OVGE 11, 501; BVerwG DVBl 1963, 523.
24 BVerfGE 35, 382, 397; VGH Kassel DÖV 1965, 7; 1966, 67; OVG Lüneburg DVBl 1976, 81; VGH München BayVBl 1980, 566; VG Karlsruhe NJW 1975, 1854.
25 OVG Münster OVGE 25, 111 = NJW 1970, 164; ZMR 1968, 93; OVG Lüneburg DVBl 1960, 819; 1962, 344; OVG Hamburg DÖV 1967, 833; DVBl 1966, 282; 1963, 931; VG Darmstadt NJW 1975, 1716.
26 OVG Münster OVGE 25, 111 = NJW 1970, 164.

Die Kostenverteilung richtet sich nur dann nach der Hauptsache, wenn die Kostenentscheidung *unterblieben* ist und auch nicht mehr nach § 120 VwGO *nachgeholt* werden kann.[27]

Die Kostenentscheidung eines Beschlusses nach § 80 Abs 5 VwGO bleibt auch bei einer späteren Änderung der Entscheidung nach § 80 Abs 6 VwGO bestehen.[28]

D 17 hh) Beschlüsse in gerichtlichen Verfahren des vorläufigen Rechtsschutzes bei Verwaltungsakten mit Doppelwirkung (§ 80 a VwGO). Nach § 80 a Abs 3 S 2 VwGO ist § 80 Abs 5 bis 8 VwGO entsprechend anzuwenden. Vgl vorstehend Rdn. D 16.

D 18 ii) Beschlüsse über die einstweilige **Aussetzung der Vollziehung im Beschwerdeverfahren** (§ 149 Abs 1 S 2 VwGO). Die Entscheidung über die einstweilige Aussetzung der Vollziehung nach § 149 Abs 1 S 2 VwGO erfolgt in keinem besonderen und selbstständigen Verfahrensabschnitt, über dessen Kosten eine besondere Entscheidung zu treffen wäre. Die Kosten, die im Zusammenhang mit einer Entscheidung gemäß § 149 Abs 1 VwGO anfallen, gehören zu den Kosten des Verfahrens, dessen Entscheidung mit der Beschwerde angegriffen worden ist.[29]

D 19 jj) **Einstweilige Anordnungen** (§ 123 VwGO). In den Entscheidungen der Verwaltungsgerichte über einstweilige Anordnungen ist von Amts wegen über die Kosten zu befinden. Die einstweilige Anordnung ist ein Vollstreckungstitel, unabhängig davon, ob sie rechtskräftig oder gegen sie ein Rechtsbehelf eingelegt worden ist (§ 168 Abs 1 Nr 2 VwGO).[30]

Die Vollstreckung richtet sich nach §§ 167 ff VwGO, § 123 VwGO iVm §§ 928–932 ZPO.

D 20 kk) **Gerichtliche Vergleiche** (§ 168 Abs 1 Nr 3 VwGO). Es kommen nur die nach § 106 VwGO vor einem Verwaltungsgericht geschlossenen Vergleiche in Betracht. Sie müssen den Rechtsstreit ganz oder zum Teil erledigen.[31]

Der Prozessvergleich setzt ein *anhängiges Gerichtsverfahren* voraus; er kann aber in jeder Verfahrensart und in jedem Verfahrensstadium abgeschlossen werden. Dies gilt auch für selbstständige Beschlussverfahren (zB nach § 80 Abs 5 VwGO).[32]

Ein im Prozesskostenhilfeverfahren nach § 166 VwGO iVm § 118 Abs 1 S 3 ZPO zu gerichtlichem Protokoll geschlossener Vergleich genügt, § 168 Abs 1 Nr 3 VwGO.[33]

Der gerichtliche Vergleich setzt im Sinne von § 779 BGB ein *gegenseitiges Nachgeben* voraus, das nicht materiell-rechtlicher Natur sein muss, sondern auch in dem Verzicht auf prozessuale Rechte liegen kann.[34]

Der gerichtliche Vergleich muss von den *Beteiligten* abgeschlossen sein, jedoch müssen nicht *alle* Beteiligte iSv § 63 VwGO am Vergleich mitwirken. Notwendige Vergleichsbeteiligte sind der Kläger und der Beklagte, weil nur sie den geltend gemachten Anspruch prozessual ganz oder teilweise erledigen können. Bisher nicht am Verfahren Beteiligte können Vergleichsbeteiligte sein. Der nicht am Verfahren Beteiligte muss nicht notwendigerweise beigeladen werden.[35]

Der Vergleich kann unter aufschiebender oder auflösender *Bedingung* abgeschlossen werden. Häufigster Fall ist der Abschluss unter Vorbehalt des Widerrufs, also unter aufschiebender Bedingung. Der Vergleich erlangt dann Wirksamkeit, wenn er nicht widerrufen wird, der Widerruf auch nicht

---

27 BVerwGE 29, 115 = NJW 1968, 1003.
28 VGH Mannheim DÖV 1971, 356.
29 BayVGHE 24, 153; VGH München VBl 1985, 23; VGH Kassel DÖV 1990, 134.
30 *Redeker/von Oertzen* Anm 22 zu § 123 VwGO; *Kopp/Schenke* Anm 40 zu § 123 VwGO.
31 BVerwGE 10, 110; 14, 103; 28, 334.
32 VG Berlin NJW 1967, 366; VGH München BayVBl 1980, 565.
33 *Redeker/von Oertzen* Anm 7 zu § 166 VwGO.
34 *Redeker/von Oertzen* Anm 1 zu § 106 VwGO.
35 BVerwG Buchholz 130 § 9 RuSt AG Nr 8 = NJW 1988, 662 = BayVBl 1988, 121.

mehr wirksam ausgeübt werden kann. Erst dann bildet der Vergleich einen zur Zwangsvollstreckung geeigneten Titel.

Die Beteiligten können den Vergleich zur Niederschrift des Gerichts oder des beauftragten oder ersuchten Richters schließen (zu den Formerfordernissen vgl § 106 VwGO). Unterbleiben diese Förmlichkeiten, ist der Vergleich *prozessual* unwirksam und scheidet daher als zur Zwangsvollstreckung und damit zur Kostenfestsetzung geeigneter Titel aus.[36]

Der Prozessvergleich ist wirksam, wenn die Beteiligten einem protokollierten gerichtlichen Vergleichsvorschlag, der im Termin vorgelesen worden ist, zustimmen,[37] nicht aber, wenn die Beteiligten einem Vergleichsvorschlag des Gerichts *schriftlich* zustimmen.[38]

Ein gerichtlicher Vergleich kann auch dadurch geschlossen werden, dass die Beteiligten einen in der Form eines Beschlusses ergangenen Vorschlag des Gerichts, des Vorsitzenden oder des Berichterstatters schriftlich gegenüber dem Gericht annehmen.

Im Verfahren vor dem Oberverwaltungsgericht und dem Bundesverwaltungsgericht müssen alle Beteiligte durch einen *Bevollmächtigten* nach § 67 Abs 1 VwGO vertreten sein. Dies gilt jedoch nicht bei Abschluss eines Vergleiches im Prozesskostenhilfe-Bewilligungsverfahren.

II) Ist der Prozessvergleich als solcher wegen formeller Mängel unwirksam, so kann die getroffene Vereinbarung gleichwohl als **außergerichtlicher** materiell-rechtlicher **Vergleich** Bestand haben, wenn dies dem mutmaßlichen Parteiwillen entspricht.[39]

D 21

Der außergerichtliche Vergleich ist jedoch *kein Vollstreckungstitel* nach § 168 Abs 1 Nr 3 VwGO und kann daher nicht Grundlage der Festsetzung von Prozesskosten sein.[40]

Der außergerichtliche Vergleich *beendet* zudem nicht den Rechtsstreit. Zur Beendigung kommt es erst, wenn auf Grund des Vergleichs die Klage zurückgenommen oder der Rechtsstreit für erledigt erklärt wird. Vollstreckungstitel ist dann der eine Kostenentscheidung enthaltende und das Verfahren beendende Einstellungsbeschluss (entspr § 92 Abs 2 VwGO).[41]

Wird nach Abschluss eines außergerichtlichen Vergleichs, der *eine Kostenregelung* enthält, der Rechtsstreit in der *Hauptsache für erledigt* erklärt, ist es streitig, ob die Kostenentscheidung nach § 161 Abs 2 VwGO oder nach § 160 VwGO zu ergehen hat.

Der VGH München spricht sich für eine Anwendung des § 160 VwGO aus.[42]

Anderer Ansicht sind der VGH Kassel und Literatur-Stimmen.[43]

Enthält der außergerichtliche Vergleich *keine Kostenregelung*, richtet sich die Kostenentscheidung nach Erledigung der Hauptsache nach § 161 Abs 2 VwGO.[44]

---

36 OVG Lüneburg NJW 1978, 1543 = OVGE 33, 452; VGH München JurBüro 2014, 217.
37 OLG Celle NJW 1965, 1970.
38 OVG Lüneburg aaO.
39 BGH FamRZ 1985, 166.
40 OVG Lüneburg NJW 1978, 1543; VG Hamburg JurBüro 1983, 123.
41 VG Hamburg JurBüro 1983, 123.
42 VGH München BayVBl 1980, 119 = DÖV 1980, 144 mwN.
43 VGH Kassel AnwBl 1983, 286 = DÖV 1983, 558; *Renck-Laufke* BayVBl 1978, 461.
44 OVG Koblenz NJW 1967, 1437 = DÖV 1967, 391; OVG Münster DÖV 1983, 347; **aA**: BVerwG NVwZ-RR 1991, 202 = NZWehr 1991, 115, das für das Antragsverfahren nach der Wehrbeschwerdeordnung die Regel des § 160 VwGO entsprechend anwendet.

Wird die Klage auf Grund eines außergerichtlichen Vergleichs *zurückgenommen*, in dem eine Aufteilung der Kosten vereinbart worden ist, folgt die Kostenentscheidung trotzdem allein aus der zwingenden gesetzlichen Regelung des § 155 Abs 2 VwGO.[45]

D 22 **mm) Vollstreckbar** erklärte **Schiedssprüche** öffentlich-rechtlicher Schiedsgerichte und schiedsrichterliche Vergleiche, sofern die Entscheidung über die Vollstreckbarkeit rechtskräftig oder für vorläufig vollstreckbar erklärt ist (§ 168 Abs 1 Nr 5 VwGO). In Betracht kommen nur Schiedssprüche und schiedsrichterliche Vergleiche in einem nach den §§ 1025 ff ZPO vereinbarten Schiedsverfahren über öffentlich-rechtliche Streitigkeiten. Bei den durch Gesetz, Rechtsverordnung oder Satzung errichteten Schiedsgerichten wird das Verfahren und damit auch die Vollstreckung gesondert geregelt (vgl § 187 Abs 1 VwGO); die Vorschriften der ZPO finden keine entsprechende Anwendung.[46]

Schiedssprüche nach § 1039 ZPO und schiedsrichterliche Vergleiche nach § 1044 a ZPO sind der Vollstreckung nur fähig, wenn sie nach §§ 1042, 1044 a ZPO durch das für den Anspruch sonst zuständige Verwaltungsgericht für vollstreckbar erklärt worden sind.

c) Kostengrundentscheidungen des finanzgerichtlichen Verfahrens

D 23 Aus welchen Titeln im Bereich der Finanzgerichtsbarkeit vollstreckt wird, ist in § 151 Abs 2 FGO ausdrücklich und erschöpfend geregelt.[47]

An Stelle der in § 704 bzw § 794 Nr 3 ZPO erwähnten »Endurteile, die rechtskräftig oder für vorläufig vollstreckbar erklärt worden sind«, und »Entscheidungen, gegen die das Rechtsmittel der Beschwerde stattfindet«, erwähnt § 151 Abs 2 Nr 1 FGO die »rechtskräftigen und vorläufig vollstreckbaren gerichtlichen Entscheidungen«. Daraus folgt für die Finanzgerichtsbarkeit, dass die Entscheidungen entweder rechtskräftig oder für vorläufig vollstreckbar erklärt sein müssen. Mithin kann aus dem Umstand, dass gegen Beschlüsse eingelegte Beschwerden keine aufschiebende Wirkung haben (§ 131 FGO), § 151 Abs 2 Nr 1 FGO nicht dahingehend ausgelegt und auf Beschlüsse angewendet werden, die weder rechtskräftig noch für vorläufig vollstreckbar erklärt worden sind.[48]

Vollstreckungstitel stellen daher *rechtskräftige* und *vorläufig vollstreckbare* gerichtliche Entscheidungen dar (§ 151 Abs 2 Nr 1 FGO). Unter vorläufig vollstreckbaren Entscheidungen sind »für vorläufig vollstreckbar erklärte« Entscheidungen (vgl § 704 ZPO) zu verstehen.[49]

Gerichtliche Entscheidungen in diesem Sinne sind

D 24 **aa) Urteile**, die entweder rechtskräftig oder für vorläufig vollstreckbar erklärt sind. Die vorläufige Vollstreckbarkeit von Urteilen richtet sich gemäß § 151 Abs 1 FGO nach den §§ 708 ff ZPO unter Berücksichtigung der Besonderheiten des finanzgerichtlichen Verfahrens.[50]

Urteile über *Anfechtungs- und Verpflichtungsklagen* werden nur wegen der Kosten für vorläufig vollstreckbar erklärt (§ 151 Abs 3 FGO). Die Entscheidung über die vorläufige Vollstreckbarkeit erfolgt *von Amts wegen*.[51] Ist über die vorläufige Vollstreckbarkeit nicht entschieden worden, so kann *Urteilsergänzung* nach § 151 FGO, § 716 ZPO, § 109 FGO beantragt werden.

---

45 VGH Kassel KostRspr VwGO § 155 Nr 15; AnwBl 1983, 286; OVG Münster DÖV 1981, 975; VGH München KostRsp VwGO § 155 Nr 2 = BayVBl 1977, 16; VGH Mannheim Justiz 1986, 149; **aA:** OVG Bremen DÖV 1965, 407; VGH München BayVBl 1986, 507.
46 *Redeker/von Oertzen* Anm 13 zu § 168 VwGO; RGZ 108, 198.
47 BFHE 108, 479 = BStBl II 1973, 499 = BB 1973, 735; *Hübschmann/Hepp/Spitaler* Anm 3 zu § 151 FGO.
48 BFH aaO; siehe hierzu aber Rdn. D 10 zu der gleichlautenden Bestimmung in der VwGO.
49 BFHE 108, 479 = BStBl II 1973, 499.
50 Vgl hierzu *Gräber* Anm 8 zu § 151 FGO.
51 BFHE 101, 478 = BStBl II 1971, 426; BFHE 106, 23 = BStBl II 1972, 709; str, **aA:** *Ziemer/Birkholz* Anm 4, 5 zu § 151 FGO.

I. Kostenfestsetzung in der Verwaltungs-, Finanz- und Sozialgerichtsbarkeit   D.

bb) Gerichtsbescheide (§ 90 a Abs 3 FGO). Wie im Verwaltungsprozess (vgl Rdn. D 11) ist auch im Finanzprozess der Gerichtsbescheid zur Zwangsvollstreckung geeignet, sofern nicht nach § 90 a Abs 2 FGO rechtzeitig mündliche Verhandlung beantragt wurde.   D 25

cc) Beschlüsse, sofern sie einen vollstreckungsfähigen Inhalt haben. Zu den Voraussetzungen ihrer Eignung als Vollstreckungstitel und damit als Grundlage der Kostenfestsetzung vgl Rdn. D 10, 23.   D 26

Wird ein selbstständiges Verfahren durch Beschluss beendet, so ist auch in diesen Fällen von Amts wegen über die Kosten zu entscheiden (§ 143 Abs 1 FGO). Hierzu zählen Beschlüsse
– nach **Rücknahme der Klage** (§§ 72, 144 FGO) und nach Rücknahme der **Revision** (§§ 125, 144 FGO); eine Entscheidung über die Kosten erfolgt nach Rücknahme der Revision jedoch nur, wenn ein Beteiligter Kostenerstattung beantragt (§ 144 FGO; vgl Rdn. D 5);
– über die Verwerfung oder Zurückweisung der **Nichtzulassungsbeschwerde** (§ 115 Abs 5 FGO); bei *Zulassung* der Revision folgen die Kosten der Kostenentscheidung im Revisionsverfahren; für den Fall, dass die Revision nicht eingelegt wird, vgl Rdn. D 13;
– über die **Verwerfung der Revision** (§ 126 Abs 1 FGO);
– nach **Erledigung des Rechtsstreits** in der Hauptsache (§ 138 FGO).

dd) Beschlüsse in gerichtlichen Verfahren des **vorläufigen Rechtsschutzes auf** Aussetzung der Vollziehung nach § 69 Abs 3 FGO bzw Anordnung der Wiederherstellung der aufschiebenden Wirkung der Klagen in den Fällen des § 69 Abs 4 FGO. Da diese Verfahren neben dem Hauptsacheverfahren selbstständige Verfahren sind, muss der das Verfahren abschließende Beschluss eine Kostenentscheidung enthalten (§ 143 Abs 1 FGO).[52]   D 27

Die Entscheidung über den Kostenpunkt im Beschluss über den Antrag auf Aussetzung der Vollziehung eines angefochtenen Verwaltungsaktes kann nach § 69 Abs 3 S 5 FGO nur im Zusammenhang mit einer Änderung der Entscheidung über den Antrag auf Aussetzung der Vollziehung geändert werden.[53]

ee) Einstweilige Anordnungen (§§ 151 Abs 2 Nr 1, 114, 143 Abs 1 FGO), vgl Rdn. D 19. Im Anordnungsverfahren ist wie im Hauptsacheverfahren von Amts wegen eine Kostenentscheidung zu treffen. Die einstweilige Anordnung ist ein Vollstreckungstitel, der nach den allgemeinen Vorschriften zu vollstrecken ist (§§ 150 ff FGO; § 114 FGO iVm §§ 928–932 ZPO).   D 28

ff) Beschlüsse über **einstweilige Aussetzung der Vollziehung** im Beschwerdeverfahren (§ 141 Abs 1 S 2 FGO).   D 29

Vgl hierzu Rdn. D 17 zur gleichlautenden Vorschrift des § 149 Abs 1 S 2 VwGO.

d) Kostengrundentscheidungen des sozialgerichtlichen Verfahrens

Voraussetzung der Kostenfestsetzung ist auch im sozialgerichtlichen Verfahren das Vorliegen eines Titels im Sinne des § 199 Abs 1 SGG über die Frage, ob und in welchem Umfange eine Kostenerstattung zwischen den Beteiligten stattfindet.[54]   D 30

Im Gegensatz zu den Regelungen in der allgemeinen Verwaltungsgerichtsbarkeit und in der Finanzgerichtsbarkeit kann in der Sozialgerichtsbarkeit grundsätzlich aus *allen* gerichtlichen Entscheidungen vollstreckt werden, und zwar ohne Rücksicht darauf, ob die Entscheidungen **rechtskräftig** sind oder nicht (§§ 198 Abs 2, 199 Abs 1 Nr 1 SGG). Da die Einlegung eines Rechtsmittels grundsätzlich keine aufschiebende Wirkung hat, bedarf es auch keiner Regelung über die vorläufige Vollstreckbarkeit. Etwas anderes gilt nur dann, wenn das SGG ausdrücklich eine aufschiebende

---

52 FG Kassel EFG 1967, 20; *Hübschmann/Hepp/Spitaler* Anm 919 zu § 69 FGO; BFHE 88, 195 = DB 1967, 1116 = NJW 1967, 2080.
53 BFHE 86, 345 = BB 1966, 1020 = HFR 1966, 413; vgl hierzu aber zum verwaltungsgerichtlichen Verfahren Rdn. D 16.
54 LSG Essen Breithaupt 1982, 544.

Hellstab   211

Wirkung anordnet (§ 199 Abs 1 Nr 1 SGG). Derartige Regelungen enthalten § 97 SGG (aufschiebende Wirkung der Klage in besonderen Fällen), § 154 SGG (Berufung gegen Urteile der Sozialgerichte), § 175 SGG (beschwerdefähige Entscheidungen der Sozialgerichte), § 165 SGG (Revision gegen Urteile der Sozialgerichte und Landessozialgerichte).

D 31 Gehört in einem Rechtszug weder der Kläger noch der Beklagte zu den in § 183 SGG genannten Personen, werden Kosten nach dem GKG erhoben; für die Kostenentscheidung finden die §§ 154 bis 162 VwGO entsprechende Anwendung. Bei Klagerücknahme findet § 162 Abs 2 VwGO keine Anwendung (§ 197 a SGG).

Als **Vollstreckungstitel**, die eine Kostenentscheidung nach § 193 Abs 1 SGG zu enthalten haben, kommen in Betracht:

D 32 aa) **Endurteile**;

D 33 bb) **Gerichtsbescheide** (§ 105 SGG), sofern sie *unbedingt* geworden sind und die Wirkung eines rechtskräftigen Urteils erlangt haben;

D 34 cc) **Beschlüsse** nach § 169 SGG über die Verwerfung einer unzulässigen Revision und Beschlüsse über die Beschwerde gegen die Nichtzulassung der Revision. Bei *Zulassung* der Revision folgen die Kosten des Beschwerdeverfahrens der Kostenentscheidung in der Hauptsache.[55]

D 35 dd) Beschlüsse über Anträge auf Erlass einer **einstweiligen Anordnung**, § 199 Abs 1 Nr 2 SGG.[56]

D 36 ee) auf besonderen Antrag ergehende **Kostenbeschlüsse** nach **Klagerücknahme** (§ 102 SGG) und **Rechtsmittelrücknahme** (Berufung, Revision, §§ 156, 165 SGG).

D 37 ff) **Gerichtliche Vergleiche** (§§ 199 Abs 1 Nr 2, 101 Abs 1 SGG). Der gerichtliche Vergleich muss prozessrechtlich wirksam abgeschlossen sein. Vgl hierzu Rdn. D 20. Die Beteiligten müssen beteiligtenfähig (§ 70 SGG), prozessfähig (§ 71 SGG) und ggf wirksam vertreten sein (§ 73 SGG), im Verfahren vor dem Bundessozialgericht nach § 166 SGG.[57]

Enthält der Vergleich *keine Kostenregelung*, trägt nach § 195 SGG jeder Beteiligte seine Kosten. Das gilt aber nur, wenn die Beteiligten nichts Abweichendes bestimmt haben.[58]

Wird die Kostenregelung ausdrücklich ausgenommen und zur Entscheidung des Gerichts gestellt, entscheidet das Gericht gemäß § 193 SGG nach billigem Ermessen.[59]

Ein **außergerichtlicher Vergleich** kann keine Grundlage zur Kostenfestsetzung abgeben. Er beendet den Rechtsstreit nicht unmittelbar. Die Beteiligten müssen eine zusätzliche Prozesshandlung zur Beendigung des Rechtsstreits vornehmen (Klagerücknahme, Hauptsacheerledigung). Die Entscheidung über die Kostenerstattung erfolgt auf Antrag nach § 193 SGG, bei Klagerücknahme nach § 102 S 3 SGG. Dabei ist die Kostenregelung im außergerichtlichen Vergleich zu berücksichtigen.[60]

D 38 gg) **Angenommenes Anerkenntnis** (§§ 101 Abs 2, 199 Abs 1 Nr 2 SGG). Das Anerkenntnis nach § 101 Abs 2 SGG ist die Erklärung des Beklagten des Inhalts, dass der Anspruch oder das streitige Recht oder Rechtsverhältnis zumindest dem Grunde nach anerkannt wird. Das Anerkenntnis bedarf der Annahme durch den Kläger.

---

[55] BSG SozR 1500 § 193 Nr 2.
[56] *Ruppelt* in: *Hennig* Anm 7 zu § 199 SGG.
[57] *Meyer-Ladewig* Anm 8 zu § 101 SGG; **aA**: *Rohwer-Kahlmann* Anm 18 zu § 101 SGG, die die abwegige Auffassung vertreten, vor dem Bundessozialgericht könnten die Beteiligten den Vergleich deshalb persönlich abschließen, weil das Gericht nur beurkundend tätig werde: Der Vergleich ist Prozesshandlung!
[58] LSG Koblenz SozVers 1976, 248.
[59] *Hauck* in: *Hennig* Anm 41 zu § 101 SGG; *Meyer-Ladewig* Anm 11 zu § 101 SGG, Anm 3 zu § 195 SGG mwN; *Peters/Sautter/Wolff* Anm zu § 195 SGG mwN.
[60] *Meyer-Ladewig* Anm 4 zu § 195 SGG mwN.

I. Kostenfestsetzung in der Verwaltungs-, Finanz- und Sozialgerichtsbarkeit   D.

Eine besondere Form schreibt das Gesetz für das Anerkenntnis und dessen Annahme nicht vor.[61]

Das Anerkenntnis ist dem Gericht gegenüber abzugeben und, wenn das in der mündlichen Verhandlung geschieht, zu protokollieren (§ 122 SGG iVm § 160 Abs 3 Nr 1 ZPO). Diese Protokollierung bildet aber keine Wirksamkeitsvoraussetzung, das Anerkenntnis kann auch schriftlich oder zur Niederschrift des Urkundsbeamten der Geschäftsstelle erklärt werden.[62]

Das angenommene Anerkenntnis erledigt den Rechtsstreit, ohne dass es weiterer Prozesshandlungen bedarf. Ein Einstellungsbeschluss ist nicht erforderlich. Das angenommene Anerkenntnis ist ein Vollstreckungstitel (§ 199 Abs 1 Nr 2 SGG) und bildet daher auch eine Grundlage für die Kostenfestsetzung, sofern es *Regelungen über die Kostenerstattung* enthält.

Eine Anerkenntniserklärung kann in der Form eines bestimmenden Schriftsatzes gegenüber dem Gericht erklärt werden; eine Protokollierung des Anerkenntnisses ist nicht erforderlich.[63] Nach dem BSG[64] ist sogar die Erklärung auch gegenüber dem Kläger möglich.

Enthält das angenommene Anerkenntnis *keine* Regelung über die Kostenerstattung, entscheidet auf Antrag das Gericht nach § 193 Abs 1 SGG durch Beschluss.[65]

hh) Gegenstand des Festsetzungsverfahrens nach § 197 SGG kann auch eine Grundentscheidung des Gerichts über die Auferlegung von **Mutwillenskosten** nach §§ 192 iVm 193 Abs 1 SGG sein, soweit sie einem Beteiligten (§ 69 SGG) Kosten auferlegt, die dieser, dessen Vertreter oder Bevollmächtigter durch Mutwillen, Verschleppung oder Irreführung dem Gericht oder einem Beteiligten verursacht hat. Der zuerkannte Anspruch ist aber kein Kostenerstattungsanspruch aus dem Prozessrechtsverhältnis, sondern er ist ein originärer Schadensersatzanspruch. Die Entscheidung stellt gleichwohl einen Vollstreckungstitel nach § 199 Abs 1 Nr 1 SGG dar.[66]   D 39

Die Auferlegung von Kosten nach § 192 SGG hängt nicht vom Ausgang des Verfahrens ab. Die Entscheidung über die Verfahrenskosten nach § 193 Abs 1 SGG kann daher anders ausfallen.[67]

3. Beteiligte

a) Beteiligte der Hauptsache

Beteiligte des Kostenfestsetzungsverfahrens sind die Beteiligten der Hauptsache (vgl § 61 VwGO, § 57 FGO, § 69 SGG); also diejenigen, die sich im Rechtsstreit gegenüberstanden. Die bisherigen Verfahrensbeteiligten stehen sich nunmehr als echte Streitparteien gegenüber (Kostengläubiger einerseits, Kostenschuldner andererseits). Zwischen **Streitgenossen** findet mithin grundsätzlich keine Kostenfestsetzung statt. Die Rechtsprechung lässt sie ausnahmsweise zu, wenn zwischen ihnen ein Kostenerstattungsanspruch durch Vergleich begründet worden ist. Vgl Rdn. B 40.   D 40

Beigeladene sind Beteiligte des Kostenfestsetzungsverfahrens nur dann, wenn das Gericht sie in die Kosten verurteilt (vgl § 154 Abs 3 VwGO, § 135 Abs 3 FGO, § 193 Abs 1 SGG) oder ihre außergerichtlichen Kosten einem anderen Beteiligten auferlegt hat (§ 162 Abs 3 VwGO, § 139 Abs 4 FGO, § 193 Abs 1 SGG).

---

61 *Rohwer-Kahlmann* Anm 38 zu § 101 SGG.
62 *Rohwer-Kahlmann* aaO, *Peters/Sautter/Wolff* Anm 3 zu § 101 SGG.
63 BSG Breithaupt 1993, 87 = NZS 1992, 40; SozR 1500 § 101 Nr 6; LSG Essen Beschluss vom 18.05.1984 – L 15 Kn 72/81 – (n v) gegen LSG Essen (12. Senat) Breithaupt 1982, 544, wonach das angenommene Anerkenntnis alleine als Titel zur Kostenfestsetzung nur dann geeignet ist, wenn es in mündlicher Verhandlung zu Protokoll erklärt und angenommen worden ist.
64 BSG SozEntsch SGG § 101 Nr 6.
65 *Pawlak* in: Hennig SGG Anm 63 zu § 101 SGG; *Meyer-Ladewig* Anm 23 zu § 101 SGG; *Rohwer-Kahlmann* Anm 41 zu § 101 SGG; *Peters/Sautter/Wolff* Anm 3 zu § 101 SGG.
66 *Meyer-Ladewig* Anm 12 zu § 192 SGG.
67 S hierzu auch Rdn. D 47.

Ausnahmsweise können am Kostenfestsetzungsverfahren auch **Dritte** beteiligt sein, wenn für oder gegen sie ein zur Kostenfestsetzung geeigneter Titel vorliegt. In Betracht kommen:

(aa) der **Vertreter ohne Vertretungsmacht** (§ 193 VwGO, § 155 FGO, § 202 SGG, jeweils iVm § 89 Abs 1 ZPO);

(bb) **Zeugen** oder **Sachverständige** (§ 98 VwGO, § 82 FGO, § 118 SGG, jeweils iVm §§ 380, 390, 409 ZPO);

(cc) die **Staatskasse**, wenn ihr die Kosten der Beigeladenen nach § 162 Abs 3 VwGO, § 139 Abs 4 FGO oder in den **Fällen** der erfolgreichen Wiederaufnahme und entsprechender Kostenentscheidung nach § 154 Abs 4 VwGO, § 135 Abs 4 FGO auferlegt wurden;

(dd) Beteiligte, die einem **gerichtlichen Vergleich beigetreten** sind, wenn sich die Kostenregelung auf sie erstreckt.

b) Antragsrecht

D 41 Antragsberechtigt ist der Beteiligte, dem aus dem Titel ein *Anspruch auf Kostenerstattung* zusteht (§ 103 Abs 1 ZPO). Abzulehnen ist die Ansicht in der Literatur,[68] wonach jeder antragsberechtigt ist, der an der Festsetzung ein berechtigtes Interesse hat und Beteiligter des Festsetzungsverfahrens ist, also auch der *Schuldner* der Kosten. Bereits nach dem Wortlaut des § 103 Abs 1 ZPO erfolgt die Kostenfestsetzung nur auf Antrag des Kostengläubigers. Etwas anderes besagt § 197 Abs 1 SGG nicht.[69]

Das Antragsrecht kann auch *mehreren Beteiligten* zustehen, etwa als Gesamthandsgläubigern. Sind die Kosten nach Quoten verteilt (dazu gehört auch die Kostenteilung, vgl § 155 Abs 1 VwGO, § 136 FGO, § 193 Abs 1 SGG), muss man auch einem möglichen *Erstattungsschuldner* das Antragsrecht einräumen, weil sich erst im Kostenausgleichsverfahren ergibt, wer erstattungsberechtigt ist. Im finanzgerichtlichen Verfahren steht den Finanzbehörden (§ 139 Abs 2 FGO) ein Anspruch auf Erstattung ihrer Aufwendungen nicht zu. Im sozialgerichtlichen Verfahren sind die Aufwendungen der in § 184 Abs 1 SGG genannten Gebührenpflichtigen nicht erstattungsfähig (§ 193 Abs 4 SGG). Das sind die Sozialversicherungsträger, Kassenärztliche und Kassenzahnärztliche Vereinigungen, kommunale Gebietskörperschaften, sofern sie nicht als Sozialhilfeträger tätig werden.

c) Prozessbevollmächtigte

D 42 Für den antragsberechtigten Beteiligten kann der Prozessbevollmächtigte den Antrag stellen. Ihm steht aber kein Antragsrecht *im eigenen Namen* zu. Auch nach *Abtretung* des Kostenerstattungsanspruchs kann er die Kostenfestsetzung im eigenen Namen nur betreiben, wenn die Kostengrundentscheidung – wie im zivilgerichtlichen Kostenfestsetzungsverfahren (vgl Rdn. B 42) – gemäß § 727 ZPO auf ihn umgeschrieben ist.[70]

Ein ohne Titelumschreibung erfolgte Kostenfestsetzung soll *wirkungslos* sein.[71]

Dem kann man jedoch nicht folgen, weil in vielen anderen Kostenfestsetzungsverfahren, zB in Strafsachen und in der freiwilligen Gerichtsbarkeit, über die Rechtsnachfolge zu entscheiden ist. Ein Verstoß begründet mithin nur Anfechtbarkeit, keine Nichtigkeit.

---

68 *Peters/Sautter/Wolff* Anm 2 zu § 197 SGG; *Meyer-Ladewig* Anm 3 zu § 197 SGG.
69 *Tschischgale* S 104.
70 VGH Kassel JVBl 1965, 92; OVG Münster NJW 1966, 2425; BFHE 101, 57 = BStBl II 1971, 242 = BB 1971, 463; *Hübschmann/Hepp/Spitaler* Anm 2 B zu § 149 FGO; *Tipke/Kruse* Anm 5 zu § 149 FGO; *Meyer-Ladewig* Anm 3 zu § 197 SGG; **aA:** *Klempt/Meyer* S 85 ohne nähere Begründung; *Ziemer/Birkholz* Anm 39 zu § 139 FGO, die die Auffassung vertreten, dass die nur sinngemäße Anwendung des § 103 ZPO (über § 155 FGO) eine flexiblere Handhabung gestattet.
71 BFH aaO.

I. Kostenfestsetzung in der Verwaltungs-, Finanz- und Sozialgerichtsbarkeit   D.

d) Rechtsnachfolger

Antragsberechtigt sind auch die Einzel- und die Gesamtrechtsnachfolger des ursprünglichen Kostengläubigers. Voraussetzung ist regelmäßig eine entsprechende Rechtsnachfolgeklausel zur Kostengrundentscheidung entsprechend §§ 727 ff ZPO, ggf beschränkt auf den Kostenerstattungsanspruch, uU sogar einen Teil davon.[72]   D 43

▶ Beispiel:

Hat ein Dritter den Kostenerstattungsanspruch gepfändet und sich zur Einziehung überweisen lassen (§§ 829, 835 ZPO), so erwirkt er in Höhe seiner Forderung zunächst eine Rechtsnachfolgeklausel (§ 727 ZPO). Auf ihrer Grundlage kann er statt der Partei die Kostenfestsetzung beantragen.

e) Tod der Partei

Vgl Rdn. B 44.   D 44

f) Von der Kostenerstattung ausgeschlossene Beteiligte

Während die VwGO die zur zweckentsprechenden Rechtsverfolgung oder Rechtsverteidigung notwendigen Aufwendungen *aller Beteiligten* in die Kostenerstattung einbezieht (§ 162 Abs 1 VwGO; hinsichtlich der Kosten der Beigeladenen vgl Rdn. D 48 ff), sind nach § 139 Abs 2 FGO die *Aufwendungen der Finanzbehörden* und nach § 193 Abs 4 SGG die Aufwendungen der in § 184 Abs 1 SGG genannten Gebührenpflichtigen von der Kostenerstattung ausgeschlossen. *Praktisch* scheiden sie damit als Erstattungsgläubiger aus, *verfahrensrechtlich* wäre ihr Anspruch unbegründet.   D 45

§ 139 Abs 2 FGO enthält keine Definition des Begriffs **Finanzbehörde**. Als Finanzbehörde iS dieser Vorschrift ist jede *steuerverwaltende* Behörde zu verstehen, die den Verwaltungsakt, der den Gegenstand des Klageverfahrens bildet, erlassen hat. Maßgebend ist, ob die Behörde in ihrer steuerverwaltenden Funktion an dem Verfahren beteiligt ist.[73]   D 46

Einzelfälle aus der Rechtsprechung:

Die Kirchensteuerbehörde ist als steuerhoheitliche Befugnisse ausübende nichtstaatliche Körperschaft des öffentlichen Rechts Finanzbehörde,[74] ebenso die in Nordrhein Westfalen in Kirchensteuersachen über den Einspruch entscheidende kirchliche Stelle.[75]

Keine Finanzbehörden sind die Einfuhr- und Vorratsstelle und das Bundesamt für Ernährung und Forstwirtschaft (jetzt Bundesanstalt für Landwirtschaft und Ernährung),[76] auch nicht eine Gemeinde, die einen Prozess wegen Zerlegung eines Grundsteuermessbetrages oder der Gewerbesteuer führt;[77] ferner nicht das Landesfinanzministerium als Beklagter in berufsrechtlichen Streitigkeiten iSv § 33 Abs 1 Nr 3 FGO.[78]

---

72 Vgl BGH AGS 2011, 408 = JurBüro 2010, 480 = Rpfleger 2010, 603 = RVGreport 2010, 267 m Anm Hansens; BFH, BFH/NV 2009, 1821; 1991, 690; OVG Münster Beschl v 10.10.2014 – 2 D 11/11.NE; NJW 1966, 2426.
73 BFHE 107, 352 = BStBl II 1973, 243 = DStR 1973, 88; JurBüro 2015, 313 = Rpfleger 2015, 427. Soweit die Oberfinanzdirektion Beklagte in einem berufsrechtlichen Verfahren iSd § 33 Abs 1 Nr 3 FGO ist, steht ihr ein Kostenerstattungsanspruch zu (FG Hannover EFG 2004, 924; FG Kassel AGS 1999, 57 = EFG 1998, 1423).
74 FG München EFG 1971, 35.
75 FG Köln EFG 2005, 1647; 1985, 39; FG Düsseldorf EFG 1988, 246.
76 BFHE 107, 352 = BStBl II 1973, 243 = DStR 1973, 88; BFHE 115, 182 = BStBl II 1975, 489.
77 BFHE 113, 168 = BStBl II 1974, 747; BFH/NV 2008, 237; FG München EFG 1974, 485; FG Karlsruhe EFG 1969, 191.
78 FG Kassel AGS 1999, 57 = EFG 1998, 1423.

D. Kostenfestsetzung in öffentlich-rechtlichen Streitverfahren

Wird ein Bundesland wegen überlanger Verfahrensdauer an einem Finanzgericht des Bundeslandes nach § 155 S 2 FGO i.V.m. §§ 198 ff GVG beim Bundesfinanzhof als hierfür erstinstanzlich zuständigem Gericht verklagt, ist das Bundesland keine »Finanzbehörde« gemäß § 139 Abs. 2 FGO.[79]

Nicht erstattungsfähig sind im Falle eines Obsiegens der Finanzbehörde auch deren Aufwendungen im *Vorverfahren*.[80]

§ 139 Abs 2 FGO ist auch nicht anwendbar bei Streitigkeiten betr Maßnahmen der Marktorganisation (§ 34 Abs 1 S 4 MOG idF vom 20.09.1995, BGBl I S 1146).

D 47 Im **Sozialgerichtsverfahren** ist nach § 193 Abs 4 SGG nicht nur die öffentliche Hand, sondern es sind sämtliche Nichtprivilegierte von der Erstattung der Aufwendungen ausgeschlossen. Dazu gehören Kläger und Beklagte, die nicht Versicherte, Leistungsempfänger einschließlich Hinterbliebenenleistungsempfänger, Behinderte oder deren Sonderrechtsnachfolger nach § 56 SGB I sind (§ 183 Abs 1 SGG). Zu diesem Kreis gehört die öffentliche Hand auch dann, wenn sie in ihrer Funktion als Arbeitgeberin beteiligt ist.[81] Ferner gehören hierzu auch private Pflegeversicherungsunternehmen.[82] Der Ausschluss der Kostenerstattung ist verfassungsrechtlich unbedenklich.[83]

Ausnahmsweise können die nach § 193 Abs 4 SGG von der Kostenerstattung ausgeschlossenen Beteiligten einen Erstattungsanspruch geltend machen, wenn ihnen im Rahmen einer Entscheidung nach § 192 SGG (Auferlegung von *Mutwillenskosten*) ein Ersatzanspruch zugesprochen worden ist. § 193 Abs 4 SGG wird dabei nicht umgangen, denn es handelt sich bei dem Anspruch aus § 192 SGG und dem Anspruch aus § 193 Abs 1 SGG um zwei verschiedenartige Ansprüche nach Voraussetzung und Umfang. Soweit sie sich überschneiden, ist § 192 SGG als Sondervorschrift anzusehen und geht § 193 SGG vor.[84]

g) Beigeladene

aa) Grundlagen

D 48 Der Beigeladene ist zwar *Beteiligter* des Verfahrens (§§ 63 Nr 3, 162 Abs 1, 2 VwGO; §§ 57 Nr 3, 139 Abs 1, 3 FGO; §§ 69 Nr 3, 193 Abs 1, 197 a Abs 2 SGG), die Erstattung seiner außergerichtlichen Kosten wird aber *nicht ohne weiteres* von der Kostengrundentscheidung der Hauptsache erfasst. Seine Kosten sind nur zu erstatten, wenn das Gericht sie aus Billigkeit der unterliegenden Partei oder der Staatskasse *ausdrücklich auferlegt* (§ 162 Abs 3 VwGO, § 139 Abs 4 FGO, § 197 a SGG).[85]

Beteiligter iSd § 162 Abs 3 VwGO ist auch der *Vertreter des öffentlichen Interesses* und der Anhörungsberechtigte gem § 47 Abs 2 S 3 VwGO,[86] jedoch nicht die in dem Zwischenverfahren nach § 99 Abs 2 S 6 VwGO beigeladene oberste Aufsichtsbehörde.[87]

Mit dieser eingeschränkten Kostenerstattung korrespondiert die ebenfalls eingeschränkte Kostentragungspflicht. Dem Beigeladenen können Kosten nur auferlegt werden, wenn er Anträge gestellt

---

79 BFH JurBüro 2015, 313 = Rpfleger 2015, 427.
80 *Tipke/Kruse* Anm 22 zu § 139 FGO.
81 BSG SozR 4–2400 § 7 Nr 6 = SGb 2006, 535.
82 BSG Breithaupt 2002, 925 = JurBüro 2003, 91 = NJW-RR 2002, 1652; Breithaupt 2004, 567.
83 BVerfG NVwZ 2008, 772 = SGb 2008, 532 m Anm *Wenner*.
84 *Meyer-Ladewig* Anm 3 b zu § 193 SGG.
85 FG Düsseldorf EFG 1968, 81 = BB 1968, 616; OVG Lüneburg OVGE 17, 358.
86 OVG Münster KostRsp VwGO § 162 Nr 51 (Bundesbeauftragter für Asylangelegenheiten); VGH München BayVBl 1980, 117 (Anhörungsberechtigter gem § 47 Abs 2 S 3 VwGO); *Redeker/von Oertzen* Rn. 7 zu § 154 VwGO.
87 BVerwG JurBüro 2012, 197 = RVGreport 2012, 470 m Anm *Hansens*; KostRsp VwGO § 162 Nr 323 m Anm *Hellstab*.

oder Rechtsmittel eingelegt hat (§ 154 Abs 3 VwGO, § 135 Abs 3 FGO, § 197 a SGG). Dies setzt aber voraus, dass der Beigeladene selbst oder mit dem Hauptbeteiligten, den er unterstützt hat, im Sinne des § 154 Abs 1 oder 2 VwGO (§ 135 Abs 1 oder 2 FGO) unterlegen ist.[88] Der Beigeladene ist aber nur in dem Umfang kostenpflichtig, als durch seine Prozesshandlungen Mehrkosten entstanden sind.[89] Im Nichtzulassungsbeschwerdeverfahren kann der Beigeladene mit einer positiven Entscheidung nach § 162 Abs 3 VwGO nur dann rechnen, wenn er Anträge gestellt hat und damit ein Kostenrisiko (§ 154 Abs 3 VwGO) eingegangen ist oder wenn er das Verfahren in sonstiger Weise gefördert hat.[90]

Dem Beigeladenen können bei einem Erfolg der Revision des Klägers auch dann keine Kosten auferlegt werden, wenn er sich nicht nur auf Rechtsausführungen beschränkt, sondern darüber hinaus beantragt hat, die Revision als unbegründet zurückzuweisen.[91] Es entspricht auch nicht der Billigkeit, die außergerichtlichen Kosten des beigeladenen Bauherrn für erstattungsfähig zu erklären, wenn die zur Kostentragung verpflichtete Baugenehmigungsbehörde für die Rechtsposition des Beigeladenen gestritten hat.[92] Im *sozialgerichtlichen* Verfahren erfolgen die Entscheidungen über Kostentragung oder -erstattung im Rahmen der Kostenentscheidung nach § 193 Abs 1 SGG bzw § 197 a SGG.[93] Handelt es sich bei den Beigeladenen um juristische Personen, ist die Kostenerstattung zu deren Gunsten nicht nach §§ 193 Abs 4, 184 SGG ausgeschlossen.[94]

bb) Entscheidung

Die Entscheidung über die Erstattung der außergerichtlichen Kosten des Beigeladenen setzt **keinen Antrag** voraus. Die Entscheidung erfolgt von Amts wegen im Rahmen der in der Hauptsache entweder im Urteil oder in einem Kostenbeschluss zu treffenden Kostenentscheidung (§ 161 Abs 1 VwGO, § 143 Abs 1 FGO, §§ 193 Abs 1, 197 a SGG), da sie nicht nur die Höhe des Erstattungsanspruchs bestimmt, sondern diesen erst begründet.[95]

D 49

Eine Entscheidung ist auch zu treffen bei *Klage-* oder *Rechtsmittelrücknahme*[96] und bei *Erledigung der Hauptsache*.[97]

D 50

Unterliegende Partei ist die Partei, der die Verfahrenskosten auferlegt werden. Auch ein Beteiligter, der einen Rechtsbehelf zurücknimmt, ist »unterliegende Partei« iSd § 162 Abs 3 VwGO.[98]

D 51

---

88 VGH Mannheim VBlBW 2011, 279.
89 *Schoch/Schmidt-Aßmann/Pietzner* Rn. 92 zu § 162 VwGO; VGH Kassel ESVGH 28, 33; zur Frage der Erstattungsfähigkeit der außergerichtlichen Kosten, die dem Beigeladenen im Berufungszulassungsverfahren entstanden sind, vgl VGH München BayVBl 2003, 349; BFHE 143, 119.
90 BVerwG KostRsp. VwGO § 162 Nrn 367, 368; KostRsp VwGO § 162 Nr 313; Buchholz 310 § 162 VwGO Nr 36 = NVwZ-RR 2001, 276; Buchholz 310 § 162 VwGO Nrn 28, 30 und 31; BFH BFH/NV 2009, 1452; 2007, 1140; für das Berufungszulassungsverfahren: OVG Bautzen DÖV 2015, 492; OVG Weimar JurBüro 2015, 532.
91 BFH aaO.
92 OVG Münster BauR 2004, 976 = DÖV 2004, 394 = NVwZ-RR 2004, 247.
93 LSG Hamburg MDR 1959, 250; SG Düsseldorf SGb 1954, 152 m Anm *Jennewein*.
94 BSG NZS 2008, 493 = SozR 5–4200 § 7 Nr 5 = SGb 2008, 664; SozR 4–2400 § 13 Nr 17.
95 BVerwGE 14, 171; VerwRsp 17, 638; OVG Koblenz AS 12, 224; VGH München BayVBl 1976, 286; BFHE 91, 65 = BStBl II 1968, 208 = BB 1968, 409.
96 OVG Bautzen NJ 2004, 139; OVG Lüneburg OVGE 17, 358; OVG Münster DÖV 1978, 621 = KostRsp VwGO § 162 Nr 36; VGH München BayVBl 1974, 293.
97 OVG Koblenz VerwRsp 24, 488.
98 VGH Mannheim ESVGH 13, 243; VGH Kassel VerwRsp 21, 218; VGH München KostRsp VwGO § 162 Nr 19; OVG Bremen JurBüro 1982, 1665.

Haben sich die Beteiligten in einem *außergerichtlichen Vergleich* über die außergerichtlichen Kosten des Beigeladenen nicht geeinigt, so kann das Gericht insoweit nach §§ 161 Abs 2, 162 Abs 3 VwGO entscheiden.[99]

Ist dagegen in einem gerichtlichen Vergleich keine ausdrückliche dem § 162 Abs 2 VwGO entsprechende Regelung enthalten, so können die außergerichtlichen Kosten des Beigeladenen nicht erstattet werden.[100]

Eine Entscheidung nach § 162 Abs 3 VwGO kommt auch nicht mehr in Betracht, wenn die Beiladung vor der Entscheidung in der Sache unanfechtbar aufgehoben worden ist.[101]

D 52 Ein **fehlender Ausspruch** über die Erstattung der außergerichtlichen Kosten des Beigeladenen kann, da die Entscheidung Teil der Kostenlastentscheidung ist, nicht im Kostenfestsetzungsverfahren, sondern nur im Wege der *Urteilsergänzung* nach § 120 VwGO, § 109 FGO, § 140 SGG, Antrag innerhalb einer Frist von zwei Wochen bzw eines Monats – im sozialgerichtlichen Verfahren – ab Zustellung der Entscheidung, nachgeholt werden.[102]

Enthält die Kostengrundentscheidung keine Aussage über die Erstattung der außergerichtlichen Kosten des Beigeladenen, so kann auf den *Ausschluss* der Erstattung gewöhnlich nur dann geschlossen werden, wenn die *Begründung* der Kostenfolge erkennen lässt, dass das Gericht bewusst von einem Ausspruch zugunsten des Beigeladenen abgesehen hat.[103]

Der Ausspruch kann für die erste Instanz *in der Berufungsinstanz nachgeholt* werden; bei beschränkter Berufungseinlegung nur, soweit die erstinstanzliche Entscheidung noch nicht rechtskräftig geworden ist.[104]

cc) Anfechtbarkeit

D 53 Erfolgt der Ausspruch über die Erstattungsfähigkeit der außergerichtlichen Kosten des Beigeladenen in einer isolierten Kostenentscheidung, ist diese nicht anfechtbar (§ 158 Abs 2 VwGO, § 145 FGO). Auch die als Teil der Hauptsacheentscheidung ergangene Entscheidung nach § 162 Abs 3 VwGO, § 139 Abs 4 FGO ist nicht isoliert anfechtbar (§ 158 Abs 1 VwGO, § 145 FGO).

dd) Billigkeitsentscheidung

D 54 Es entspricht regelmäßig der Billigkeit, die außergerichtlichen Kosten des Beigeladenen dem unterlegenen Beteiligten aufzuerlegen, wenn der Beigeladene Anträge gestellt und sich damit einem Kostenrisiko ausgesetzt hat.[105]

Es kann ferner bei Auferlegung der Kosten zu Lasten des Klägers berücksichtigt werden, dass sich der Beklagte im Verfahren nicht hat vertreten lassen, vielmehr nur der Beigeladene dem Begehren des Klägers entgegengetreten ist und auch Anträge gestellt hat. Außerdem kann berücksichtigt werden, dass sich bei einer Kostenentscheidung nach § 100 Abs 1 ZPO jedenfalls die Gerichtskosten und die Anwaltskosten des Beigeladenen infolge der Berechnung aus dem Gesamtstreitwert und

---

99 VGH München BayVBl 1973, 81 = DÖV 1973, 52 = VerwRsp 24, 638.
100 VGH München BayVBl 1986, 445.
101 OVG Lüneburg NdsRpfl 2002, 33 = NVwZ-RR 2002, 897.
102 BVerwG Buchholz 310 § 120 VwGO Nr 1; NVwZ-RR 1994, 236 VerwRsp 17, 638; VGH Kassel NVwZ-RR 1991, 167; DVBl 1996, 113; OVG Hamburg VerwRsp 31, 1025; VG Berlin NJW 1976, 1707; BFHE 91, 559 = BStBl II 1968, 345; FG Berlin EFG 1969, 363; FG München KostRsp FGO § 138 Nr 71.
103 BVerwG VerwRsp 17, 638; VGH München BayVBl 1973, 249; **aA**: VG Berlin aaO, das einen ausdrücklichen Ausspruch über die Erstattungsfähigkeit fordert.
104 VGH München BayVBl 1982, 542.
105 OVG Bremen KostRsp VwGO § 162 Nr 67; FG Köln EFG 1983, 300 = HFR 1983, 392; FG Münster EFG 1969, 135 = JurBüro 1969, 505.

anschließender Verteilung auf die (mehreren) Kläger zu gleichen Kopfteilen für die Kläger besonders günstig gestalten.[106]

(unbesetzt) D 55

Der *Staatskasse* sind die außergerichtlichen Kosten des Beigeladenen aufzuerlegen, wenn die Beiladung rechtswidrig erfolgt ist.[107] Der zu Unrecht Beigeladene hat jedoch seine außergerichtlichen Kosten selbst zu tragen, wenn die Beiladung durch einen Rechtsanwalt beantragt wurde.[108]   D 56

ee) Umfang der erstattungsfähigen Kosten

Der Umfang der dem Beigeladenen zu erstattenden außergerichtlichen Kosten richtet sich nach den allgemeinen Bestimmungen (§ 162 Abs 1, 2 VwGO, § 139 Abs 1–3 FGO, § 193 Abs 2–4 SGG). Erstattungsfähig sind aber nur solche Kosten, die nach erfolgter Beiladung angefallen sind.   D 57

Zu den erstattungsfähigen Kosten des Beigeladenen gehören daher seine eigenen Auslagen und die Kosten eines Bevollmächtigten einschließlich der Kosten des *Vorverfahrens*.[109] Die Kosten des Beigeladenen für einen *Bevollmächtigten* sind unabhängig davon erstattungsfähig, ob der Kläger den Rechtsstreit ohne Zuziehung eines Bevollmächtigten geführt hat.[110]

Die dem Beigeladenen im *Vorverfahren* durch die Beiziehung eines *Bevollmächtigten* entstandenen Kosten sind nach Maßgabe des § 162 Abs 2 S 2 VwGO erstattungsfähig. Sie bedürfen daher eines ausdrücklichen Ausspruchs darüber, ob die Zuziehung eines Bevollmächtigten notwendig war.[111]   D 58

Es ist dabei nicht erforderlich, dass der Beigeladene im Vorverfahren Widerspruchsführer war.[112]

4. Verfahren vor dem Urkundsbeamten der Geschäftsstelle

a) Zuständigkeit

Zuständig für die Kostenfestsetzung ist der Urkundsbeamte der Geschäftsstelle des Gerichts des **ersten Rechtszuges** (§ 164 VwGO, § 149 Abs 1 FGO, § 197 Abs 1 SGG), auch für die in den Rechtsmittelinstanzen entstandenen Kosten; in der Regel also der Urkundsbeamte der Geschäftsstelle des Verwaltungsgerichts, Finanzgerichts oder Sozialgerichts, ausnahmsweise eines höheren Gerichts (vgl §§ 47, 48, 49, 50 VwGO; § 39 Abs 2 SGG).   D 59

In gerichtlichen Verfahren des *vorläufigen Rechtsschutzes* nach § 80 Abs 5, 6 VwGO, § 69 Abs 3 FGO ist der Urkundsbeamte des Gerichts des ersten Rechtszuges im *Hauptsacheverfahren* für die Festsetzung der Kosten in diesen insoweit selbstständigen Verfahren zuständig. Dies gilt auch dann, wenn die Rechtsmittelgerichte als »Gericht erster Instanz«, dh erstmalig über Anträge des vorläufigen Rechtsschutzes zu entscheiden haben.[113]

---

106 BVerwG Buchholz 421.2 Nr 67 = KMK-HSchR 1979, 264.
107 VGH Kassel NJW 1979, 178; VGH München VGHE 27, 23; BFHE 134, 537 = BStBl II 1982, 239 = NVwZ 1983, 63.
108 VGH München DÖV 2006, 268 = NVwZ-RR 2006, 440.
109 BVerwG NVwZ 1986, 303 = BayVBl 1986, 282; OVG Koblenz NJW 1965, 930 = AS 9, 259; VGH München BayVBl 1978, 412; *Hübschmann/Hepp/Spitaler* Rn. 185 zu § 139 FGO; **aA:** VG Gelsenkirchen MDR 1970, 361, das die Kosten des Vorverfahrens nicht für erstattungsfähig hält.
110 VGH München KostRsp VwGO § 162 Nr 19.
111 BVerwG aaO; OVG Koblenz aaO; VGH Kassel KostRsp VwGO § 162 Nr 83; VG Freiburg/Br. Beschl v 03.07.2015 – 4 K 280/12; VG Saarlouis NJW 1969, 154.
112 VGH München VGHE 30, 54.
113 OVG Lüneburg NdsRpfl 1986, 112 = SchlHA 1986, 127 = Rpfleger 1986, 319; BFH BFHE 220, 8 = AGS 2008, 201 = BFH/NV 2008, 488 = JurBüro 2008, 205; BFHE 88, 368 = HFR 1967, 386 = BB 1967, 783.

D 60 Bei **Verweisung** des Rechtsstreits an ein anderes Gericht derselben oder einer anderen Gerichtsbarkeit ist der Urkundsbeamte der Geschäftsstelle des Gerichts erster Instanz zuständig, an das verwiesen wurde, und zwar für die Festsetzung der gesamten Kosten des Rechtsstreits, auch soweit sie vor dem unzuständigen Gericht entstanden sind.[114]

b) Rechtsstellung des Urkundsbeamten

D 61 Der Urkundsbeamte der Geschäftsstelle übt bei der Kostenfestsetzung wie der Rechtspfleger *gesetzlich delegierte Richtertätigkeit* aus. Er entscheidet ein Streitverfahren in *sachlicher Unabhängigkeit*.[115] Da der Urkundsbeamte bei seiner Entscheidung keine verwaltende Tätigkeit ausübt, können ihm auch keine bindenden **Anweisungen**, weder vom Richter noch von seiner vorgesetzten Behörde, erteilt werden. In die dem Urkundsbeamten der Geschäftsstelle obliegenden Aufgaben dürfen Richter nicht eingreifen.[116]

Im *Rechtsmittelverfahren* erteilte Anweisungen sind jedoch – wie überall – zu befolgen.

Der Stellung des Urkundsbeamten der Geschäftsstelle im Kostenfestsetzungsverfahren entspricht es, dass diese Aufgaben nur von einem Beamten des *gehobenen* Dienstes wahrgenommen werden können. So war bereits in Preußen mit Rücksicht auf die weitgehenden Befugnisse und Pflichten des Urkundsbeamten der Geschäftsstelle die Entscheidung über Kostenfestsetzungsgesuche nur den Beamten des schwierigen Bürodienstes (§ 1 G v 18.12.1927, PrGS S 209) vorbehalten. Für den Bereich der ordentlichen Gerichtsbarkeit und der Arbeitsgerichtsbarkeit sind die Aufgaben der Kostenfestsetzung auf den Rechtspfleger übertragen (vgl § 21 RPflG, § 9 Abs 3 ArbGG).

§ 153 GVG findet hier keine Anwendung (vgl § 2 EGGVG).

c) Verfahrensrecht

aa) Anwendung der ZPO

D 62 Die verfahrensrechtliche Ausgestaltung des Kostenfestsetzungsverfahrens ist in den öffentlich-rechtlichen Prozessordnungen *nicht näher geregelt*. Da das Kostenfestsetzungsverfahren ein *Nachverfahren* des jeweiligen Hauptsacheverfahrens zur betragsmäßigen Ausfüllung der Kostengrundentscheidung darstellt, liegt es zunächst nahe, das Verfahrensrecht des *Hauptsacheverfahrens* auch auf das Kostenfestsetzungsverfahren anzuwenden. Dem ist aber entgegenzuhalten, dass es im Kostenfestsetzungsverfahren nicht mehr um die Verfolgung *öffentlich-rechtlicher* Ansprüche, sondern um die Durchsetzung eines *privatrechtlichen* Erstattungsanspruchs – wie im Zivilprozess – geht. Obwohl der Kostenerstattungsanspruch anlässlich eines Streits über einen öffentlich-rechtlichen Anspruch entstanden ist, bleibt er auch in diesem Verfahren privatrechtlicher Natur. Der Kostenerstattungsanspruch entsteht durch die – rechtmäßige – Rechtsverfolgung oder Rechtsverteidigung und wird durch die Kostenentscheidung begründet: Der *Prozess* erweist sich somit als *gesetzliches Schuldverhältnis*.[117] Damit wird deutlich, dass kein Grund besteht, das Verfahrensrecht der Hauptsacheverfahren (VwGO, FGO, SGG) auf das Kostenfestsetzungsverfahren anzuwenden. Im Übrigen ist auch aus den allgemeinen Verweisungsvorschriften (§ 173 VwGO, § 155 FGO, § 202 SGG) zu entnehmen, dass das Verfahrensrecht der ZPO entsprechend anzuwenden ist, wenn die grundsätzlichen Unterschiede der beiden Verfahrensarten (VwGO, FGO, SGG einerseits – ZPO andererseits) dies nicht ausschließen; kraft der Verweisungsvorschriften sind bereits die §§ 103 ff ZPO entsprechend anzuwenden. Für

---

114 Vgl hierzu auch Rdn. B 56.
115 *Klink* SGb 1958, 345; *Amend* SGb 1961, 142; *Richter* SGb 1962, 391; *Reese* SGb 1972, 249; *Olbertz* in: Schoch/Schmidt-Aßmann/Pietzner Anm 10 zu § 164 VwGO.
116 Vgl BVerfG BVerfGE 22, 299 = DÖV 1969, 258; LSG Koblenz Breithaupt 1974, 182; das LSG hatte es deswegen abgelehnt, im Rahmen seiner Entscheidung nach § 193 Abs 1 SGG festzustellen, dass der im Rechtsstreit aufgetretene Rechtsbeistand ein Liquidationsrecht hat.
117 RGZ 110, 398, 400; *Lappe* S 139.

das Kostenfestsetzungsverfahren gilt somit das *Verfahrensrecht der ZPO*. Das bedeutet, dass auch im Kostenfestsetzungsverfahren die für die Durchsetzung eines privatrechtlichen Zahlungsanspruches im Zivilprozess geltenden allgemeinen Verfahrensgrundsätze Anwendung finden.

(a) Es gilt daher der **Verhandlungs-** oder **Beibringungsgrundsatz**, wonach nur die Beteiligten darüber entscheiden, welche Tatsachen in das Kostenfestsetzungsverfahren eingebracht und ob sie bestritten oder zugestanden werden. Die Beteiligten haben somit die Herrschaft über das Verfahren. Keine Anwendung findet daher der in den Hauptsacheverfahren geltende **Untersuchungsgrundsatz**, wonach das Gericht den Sachverhalt von Amts wegen zu erforschen hat, ohne an das Vorbringen und Beweisanträge der Beteiligten gebunden zu sein (§ 86 Abs 1 VwGO, § 76 Abs 1 FGO, § 103 SGG).   D 63

(b) Neben der Herrschaft über das Verfahren steht den Beteiligten auch das **Verfügungsrecht** über den sachlichen **Kostenerstattungsanspruch** zu; im Kostenfestsetzungsverfahren gilt daher auch der **Verfügungsgrundsatz (Dispositionsgrundsatz)**.[118] Den vorgenannten Grundsätzen entspricht es, dass die Beteiligten des Kostenfestsetzungsverfahrens sowohl über die *Tatsachen* – durch Zugestehen (§ 288 ZPO) und Nichtbestreiten (§ 138 Abs 3 ZPO) – als auch über den *Anspruch* – durch *Anerkenntnis* (§ 307 ZPO),[119] *Verzicht* (§ 306 ZPO), *Vergleich* verfügen können. Diese Befugnis ist lediglich *verfahrensmäßig* beschränkt: Weil der Anspruch durch die Kostengrundentscheidung bereits *dem Grunde nach* zuerkannt ist, ist im Kostenfestsetzungsverfahren alles unzulässig, was den Anspruchsgrund berührt. Soweit es hingegen allein um die *Höhe* der Kosten geht, ist eine Verfügung über die dafür erheblichen *Tatsachen* und die *Rechtsfolge* zulässig. Insbesondere gelten nicht bestrittene Tatsachen als zugestanden (§ 138 Abs 3 ZPO).[120]   D 64

bb) Prozessvoraussetzungen

Die allgemeinen Verfahrensvoraussetzungen – Prozessvoraussetzungen, Sachurteilsvoraussetzungen – müssen auch im Kostenfestsetzungsverfahren erfüllt sein; das bedeutet praktisch vor allem: *Beteiligtenfähigkeit* (Parteifähigkeit), *Prozessfähigkeit, gesetzliche Vertretung* (§§ 61, 62 VwGO; § 58 FGO; §§ 70–72 SGG; §§ 50–52 ZPO). Die Prozessvoraussetzungen sind *von Amts wegen* zu prüfen.   D 65

cc) Besondere Verfahrensvoraussetzungen

Neben den allgemeinen Prozessvoraussetzungen müssen die besonderen Voraussetzungen des Kostenfestsetzungsverfahrens erfüllt sein. Das sind vor allem: D 66
(a) eine **Kostengrundentscheidung**. Ohne sie gibt es keine Kostenfestsetzung.[121] Ob aus ihr der geltend gemachte Anspruch folgt, ist hingegen eine Frage seiner Begründetheit.
(b) Ein ordnungsgemäßer **Kostenfestsetzungsantrag** (§ 103 Abs 2 S 1 ZPO).
(c) **Antragsbefugnis** (vgl Rdn. D 41).
(d) Der Antrag muss sich auf **Prozesskosten** (§ 103 Abs 1 ZPO) einschließlich Vorverfahrenskosten (§ 162 Abs 1 VwGO, § 139 Abs 1 FGO, § 193 Abs 2 SGG) beziehen.
(e) **Zuständigkeit** (§ 164 VwGO, § 149 Abs 1 FGO, § 197 Abs 1 SGG).
(f) Über die Kosten darf noch **nicht rechtskräftig entschieden** sein (§ 121 VwGO, § 110 FGO, § 141 SGG; § 322 ZPO).
(g) Rechtsschutzinteresse.

---

118 FG Nürnberg EFG 1976, 142.
119 FG Nürnberg aaO; **aA**: FG Kassel EFG 1975, 25, das die Auffassung vertritt, dass das Gericht im Kostenfestsetzungsverfahren eigenständig über die Erstattung der Aufwendungen entscheidet und daher nicht an ein »Anerkenntnis« des erstattungspflichtigen Beteiligten gebunden sei. Es will ferner eine Bindung an die Erklärungen der Beteiligten nur insoweit anerkennen, als es dem Antragsteller keine höheren Aufwendungen zusprechen kann, als dieser selbst beantragt.
120 *Lappe* S 211.
121 BAG NJW 1963, 1027.

Auch das Vorliegen der besonderen Verfahrensvoraussetzungen ist *von Amts wegen* zu prüfen (nicht jedoch von Amts wegen zu ermitteln). Beweist der Antragsteller sie im Zweifelsfall nicht, wird der Antrag als unzulässig abgewiesen.

dd) Schlüssigkeit

D 67 Sind die allgemeinen Prozessvoraussetzungen und die besonderen Verfahrensvoraussetzungen erfüllt, ist die begehrte Kostenfestsetzung mithin *zulässig*, so wird die *Begründetheit* des Antrags geprüft. Das erfordert zunächst die Schlüssigkeit: Die vom Antragsteller vorgetragenen und die aus den Gerichtsakten ersichtlichen Tatsachen müssen, wenn man sie als wahr unterstellt, den Erstattungsantrag rechtfertigen. Der Akteninhalt braucht nicht ausdrücklich vorgetragen werden, er hat sozusagen als Teil der Begründung zu gelten. Die Schlüssigkeit erfordert insbesondere, dass es sich
(a) um *entstandene*, »erwachsene« *Prozesskosten* handelt (vgl Rdn. D 136), die
(b) zur zweckentsprechenden Rechtsverfolgung oder Rechtsverteidigung *notwendig* waren (§ 162 Abs 1 VwGO, § 139 Abs 1 FGO, § 193 Abs 2 SGG) und
(c) dem Antragsgegner durch einen zur *Zwangsvollstreckung geeigneten Titel* auferlegt worden sind (§ 103 Abs 1 ZPO).

Ist der Antrag nicht schlüssig und stellt der Antragsteller nach gerichtlichem Hinweis (§ 86 Abs 3 VwGO, § 76 Abs 2 FGO, § 106 Abs 1 SGG, § 139 ZPO) die Schlüssigkeit auch nicht her, so ist der Antrag *als unbegründet zurückzuweisen*.

ee) Rechtliches Gehör

D 68 § 104 ZPO sieht eine *Anhörung des Gegners* nicht vor. Nach § 104 Abs 1 S 3 ZPO ist dem Antragsgegner eine Abschrift der Kostenrechnung von Amts wegen zuzustellen, wenn dem Antrag ganz oder teilweise entsprochen wird. Dies entspricht jedoch nicht mehr einer an Art 103 Abs 1 GG ausgerichteten Verfahrensgestaltung. Aus dem nach Art 103 Abs 1 GG zu gewährenden rechtlichen Gehör folgt, dass der Gegner Gelegenheit haben muss, zu behaupteten *Tatsachen* Stellung zu nehmen.[122] Wegen des Grundsatzes der Waffengleichheit sind auch Behörden zu hören, obwohl sie nicht grundrechtsfähig sind,[123] ferner die Staatskasse, sofern ihr Kosten auferlegt sind (vgl §§ 154 Abs 4, 162 Abs 3 VwGO). Nur dann, wenn diese Anhörung in einfachen Sachen zur Förmelei wird, kann sie (zunächst) unterbleiben und auf Erinnerung hin nachgeholt werden. Dies wird immer dann der Fall sein, wenn die Erstattung von Gebühren und Auslagen verlangt wird, die gesetzlich vorgegeben sind und die unzweifelhaft – nach dem Akteninhalt – aus einem bezifferten oder festgesetzten Streitwert entstanden sind. Dies betrifft auch die Auslagenpauschale des Rechtsanwalts nach Nr 7002 VV RVG oder die Pauschale für Post- und Telekommunikationsentgelte nach § 162 Abs 2 S 3 VwGO. Bei einem Verzicht auf die Anhörung ist aber zu beachten, dass mit der Erinnerung Anwaltsgebühren anfallen (§ 18 Nr 5 RVG, Nrn 3500, 3513 VV RVG).[124] Eine solche Handhabung wird daher nur in wirklich »glatten« Fällen vertretbar sein.

Als Konkretisierung des rechtlichen Gehörs nach Art 103 Abs 1 GG wird heute die auch im Kostenfestsetzungsverfahren geltende *Aufklärungspflicht* (§ 86 Abs 3 VwGO, § 76 Abs 2 FGO, § 106 Abs 1 SGG, § 139 ZPO) verstanden. Dabei ist aber die *Neutralitätspflicht* zu wahren; Hinweise an einen Beteiligten sind den anderen Beteiligten zur Kenntnis zu bringen. Gibt zB der Kostenfestsetzungsantrag zu Bedenken Anlass und weist der Urkundsbeamte der Geschäftsstelle den Antragsteller darauf hin, so hat er dem Antragsgegner mit dem Kostenfestsetzungsantrag auch sein Schreiben mit dem Antragsteller eine eventuelle Gegenäußerung zu übermitteln.[125]

---

122 BVerfGE 19, 148; OLG Celle AGS 2008, 367; KG JurBüro 2008, 316; *Lappe* Rdn. A 22.
123 OLG Düsseldorf Rpfleger 1988; *Lappe* NJW 1989, 3261.
124 BVerwG AGS 2007, 406 = JurBüro 2007, 534 = Rpfleger 2007, 595 = RVGreport 2007, 342 m Anm *Hansens*.
125 OLG Stuttgart Rpfleger 1974, 26.

ff) Beweis

Bestreitet der Antragsgegner die vom Antragsteller behaupteten – entscheidungserheblichen – Tatsachen nicht, so gelten sie als *zugestanden* (§ 138 Abs 3 ZPO), sie bedürfen mithin keines Beweises (§ 288 ZPO). *Entscheidungserhebliche, bestrittene* Tatsachen bedürfen dagegen des Beweises; Tatsachen, auf die es im Hinblick auf die allgemeinen Prozessvoraussetzungen oder besonderen Verfahrensvoraussetzungen ankommt, darüber hinaus auch dann, wenn sie nicht bestritten werden, aber zweifelhaft sind, weil insoweit Amtsprüfung zu erfolgen hat. Soweit es sich allerdings um *offenkundige*, dh vor allem gerichtskundige, aus den Gerichtsakten ersichtliche Tatsachen handelt, ist ein Zugestehen gegenüber einer abweichenden Behauptung des Antragstellers ohne Bedeutung, denn diese Tatsachen bedürfen ohnehin keines Beweises (§ 291 ZPO).[126]

D 69

Der *Gegenbeweis* ist jedoch zulässig.[127]

Bestreitet der Antragsgegner (erforderlichenfalls entsprechend § 138 Abs 4 ZPO), so muss der Antragsteller den **Beweis führen**. Dabei ist zu unterscheiden:

(a) Handelt es sich um das *Entstehen* der Kosten, so genügt *Glaubhaftmachung* (§§ 104 Abs 2 S 1, 294 ZPO), bezüglich der anwaltlichen Auslagen für *Post- und Telekommunikationsdienstleistungen* sogar die anwaltliche *Versicherung* ihres Entstehens (§ 104 Abs 2 S 2 ZPO).
(b) Hängt von den Tatsachen die *Notwendigkeit* der Kosten ab, ist *Strengbeweis* erforderlich. In der Praxis lässt man demgegenüber auch beim Beweis über Tatsachen hinsichtlich der Frage der *Notwendigkeit* Glaubhaftmachung genügen.[128]

Dies entspricht jedoch nicht dem System der ZPO, wonach Glaubhaftmachung nur dort ausreicht, wo sie ausdrücklich zugelassen ist, in allen anderen Fällen dagegen als Regelbeweis der Strengbeweis gefordert wird. Das folgt auch aus dem Wortlaut des § 104 Abs 2 S 1 ZPO, der die Glaubhaftmachung nur auf die »Berücksichtigung eines Ansatzes«, mithin nur auf das Entstehen bezieht. Dies wird nochmals in § 104 Abs 2 S 2 ZPO deutlich ausgesprochen, wonach sich die Versicherung des Anwalts nur auf das *Entstehen* bezieht.

Beweismittel sind die der ZPO. Im praktischen Alltag hat die Einholung amtlicher Auskünfte und die schriftliche Zeugenaussage die größte Bedeutung (zB Auskunft des Vorsitzenden über den Verlauf des Termins).

Können die für die Erstattung erheblichen Tatsachen nicht bewiesen werden, folgt die Entscheidung der **Beweislast**, dh, dass die Entscheidung zu Lasten des Beteiligten ergeht, der das Vorhandensein nicht beweisbarer Tatsachen behauptet hat. Im Kostenfestsetzungsverfahren trifft die Beweislast für *Entstehen* und *Notwendigkeit* der Kosten sowie für die allgemeinen und besonderen *Verfahrensvoraussetzungen* in aller Regel den Antragsteller (Erstattungsgläubiger). Wegen der *Einwendungen* vgl Rdn. D 74.

D 70

d) Bindung des Urkundsbeamten der Geschäftsstelle

aa) Bindung an den Antrag

Der Urkundsbeamte der Geschäftsstelle darf im Kostenfestsetzungsverfahren dem obsiegenden Beteiligten nicht *mehr* an erstattungsfähigen Kosten zusprechen, als dieser *beantragt* hat (§ 88 VwGO, § 96 FGO, § 123 SGG; vgl auch § 308 Abs 1 ZPO). Das bezieht sich jedoch nur auf den *Gesamtbetrag* der Kosten. Bis zur Höhe des begehrten Gesamtbetrages darf der Urkundsbeamte einen Ausgleich vornehmen, indem er anstelle eines unberechtigten einen berechtigten Betrag setzt, selbst wenn der Ansatz dieses Betrages nicht gefordert ist.[129]

D 71

---

126 *Zöller/Greger* Anm 1 zu § 291 ZPO.
127 *Zöller/Greger* Anm 4 zu § 291 ZPO.
128 Vgl KG Rpfleger 1976, 325 = JurBüro 1976, 814.
129 *Klempt/Meyer* S 128; *Tschischgale* S 107; *Kaiser* DStR 1968, 438; vgl auch Rdn. B 71 ff.

bb) Bindung an die Kostengrundentscheidung

D 72 Die Kostenfestsetzungsinstanzen (Urkundsbeamter der Geschäftsstelle, übergeordnete Gerichte) sind an die Kostengrundentscheidung gebunden.[130]

Ihre Tätigkeit erstreckt sich nur auf *betragsmäßige* Ausfüllung der Kostengrundentscheidung. Eine Abänderung der Kostengrundentscheidung ist ihnen verwehrt.[131]

Die Bindungswirkung besteht nicht nur dem Grunde nach, sondern auch dem Umfang nach, soweit hierüber das Gericht zu entscheiden hat.[132]

Das Gleiche gilt auch für einen Vergleich, wenn sich die Beteiligten auch über die Kosten dem Grunde nach verglichen haben.

Die Bindungswirkung soll sich sogar auf das *Rubrum* erstrecken. Die Kosten eines Prozessbevollmächtigten, der nicht im Rubrum aufgeführt ist, könnten nicht festgesetzt werden; er müsse Berichtigung oder Ergänzung des Rubrums beantragen.[133]

Dem kann man jedoch nicht beipflichten. Denn die Anwaltsgebühren entstehen auch ohne Niederschlag der Anwaltstätigkeit in den Gerichtsakten.[134] Gleichwohl wird über Entstehen und Notwendigkeit der Vergütung des Prozessbevollmächtigten allein im Kostenfestsetzungsverfahren entschieden.

Die Bindungswirkung geht aber nur soweit, wie die Kostengrundentscheidung *Bestand* hat. Solange eine Kostengrundentscheidung noch abänderbar ist, sind die daraus abgeleiteten Kostenerstattungsansprüche auflösend bedingt. Die endgültige Kostenerstattungspflicht steht erst dann fest, wenn die auflösende Bedingung weggefallen ist.[135]

Die Kostengrundentscheidung enthält keine Bindung des Urkundsbeamten über Fragen des *Entstehens* von Kosten. So stellt eine gerichtliche Entscheidung darüber, dass die Zuziehung eines Bevollmächtigten im Vorverfahren notwendig war (§ 162 Abs 2 S 2 VwGO, § 139 Abs 3 S 3 FGO), nicht mit Bindungswirkung für den Urkundsbeamten der Geschäftsstelle fest, dass ein Bevollmächtigter tatsächlich zugezogen worden ist.[136]

In diesen Fällen muss der Urkundsbeamte der Geschäftsstelle jeweils selbstständig prüfen, ob eine solche Zuziehung vorliegt und ob der Bevollmächtigte im Vorverfahren tatsächlich aufgetreten ist.

cc) Bindung an den Streitwert

D 73 Der Urkundsbeamte der Geschäftsstelle hat bei der Festsetzung der erstattungsfähigen Kosten die gerichtliche Wertfestsetzung zu berücksichtigen (§ 63 GKG, §§ 32, 33 RVG) und darf von ihr nicht abweichen.[137] Ist der Wert vom Gericht nicht festgesetzt, entscheidet er im Rahmen der Kostenfestsetzung selbst über den Streitwert oder Gegenstandswert.[138] Ergibt sich der Wert nicht unmittelbar aus dem Gesetz, ist die Entscheidung des Gerichts herbeizuführen.[139]

---

130 KG MDR 1976, 584; *Klempt/Meyer* S 127; *Meyer* JurBüro 1979, 963; *Tschischgale* S 106.
131 *Tipke/Kruse* Anm 3 zu § 149 FGO; *Peters/Sautter/Wolff* Anm 1 zu § 197 SGG.
132 *Peters/Sautter/Wolff* aaO.
133 So OVG Münster OVGE 9, 264; *Redeker/von Oertzen* Rn. 1 zu § 164 VwGO; *Olbertz* in: *Schoch/Schmidt-Aßmann/Pietzner* Rn. 22 zu § 164 VwGO.
134 So auch VG Münster RVGreport 2004, 157; VG Karlsruhe RVGreport 2016, 28 m Anm *Hansens*.
135 BFHE 90, 156 = BStBl II 1968, 59; FG Saarland EFG 1985, 465.
136 BFHE 113, 409 = BStBl II 1975, 196.
137 VGH München KostRsp. VwGO § 164 Nr 26 m Anm *Hellstab*; BayVBl 2014, 411 = JurBüro 2014, 248; BayVBl 2008, 417.
138 *Klempt/Meyer* S 127.
139 BGH AGS 2014, 246 m Anm *N Schneider* = JurBüro 2014, 364 = Rpfleger 2014, 450 = RVGreport 2014, 240 m Anm *Hansens*; vgl. auch Rdn. B 79 ff.

I. Kostenfestsetzung in der Verwaltungs-, Finanz- und Sozialgerichtsbarkeit D.

Nimmt der Urkundsbeamte den Streitwert selbständig an, kann der Streitwert im Wege der Erinnerung gegen den Kostenfestsetzungsbeschluss vom Gericht überprüft werden.[140]

In aller Regel wird die Erinnerung jedoch als Antrag auf gerichtliche Wertfestsetzung zu verstehen sein.

Ob der festgesetzte Wert allerdings dem *Gegenstand der anwaltlichen Tätigkeit* entspricht (§ 2 Abs 1 RVG) oder ob dieser dahinter zurückbleibt, ist vom Urkundsbeamten zu entscheiden.

e) Einwendungen

Die Ausgestaltung des Kostenfestsetzungsverfahren als selbstständiges Nachverfahren, in dem der in der Kostengrundentscheidung zuerkannte Kostenerstattungsanspruch lediglich nur noch seinem Betrag nach festgestellt wird, hat zur Folge, dass der Erstattungsschuldner im Kostenfestsetzungsverfahren nur solche Einwendungen vorbringen kann, die die Entstehung und Erstattung der Prozesskosten betreffen. D 74

Einwendungen **gegen den Anspruch überhaupt** – also rechtshemmende, rechtsvernichtende Einwendungen wie Stundung, Zahlung, Aufrechnung, Verjährung[141] – können keine Berücksichtigung finden. Der Erstattungsschuldner kann sachliche Einwendungen, die nicht im Kostenrecht ihren Grund haben, grundsätzlich nur mit der auch in den öffentlich-rechtlichen Gerichtsbarkeitszweigen zulässigen Zwangsvollstreckungsgegenklage nach § 767 ZPO geltend machen.[142]

Die Vollstreckungsklage stellt die materiell-rechtliche Verfügungsfreiheit über den Anspruch verfahrensrechtlich wieder her.[143]

Dabei ist zu beachten, dass die einschränkende Vorschrift des § 767 Abs 2 ZPO – Entstandensein der Einwendungen nach dem Schluss der mündlichen Verhandlung – dahin zu verstehen ist, dass alle diejenigen Einwendungen zulässig sind, die *aus Verfahrensgründen* nicht früher geltend gemacht werden konnten (»eingeschränkte Präklusion«).

Ausnahmsweise können *unstreitige* Einwendungen berücksichtigt werden, zB
– wenn die *Erfüllung* (Zahlung) unstreitig ist,[144]
– bei Kostenregelungen in außergerichtlich getroffenen Musterverfahrensvereinbarungen,[145]
– wenn in einem *außergerichtlichen Vergleich* die Kostenteilung vereinbart ist, auf Grund der Klagerücknahme aber die Kosten wegen der zwingenden Vorschrift der § 155 Abs 2 VwGO, § 136 Abs 2 FGO dem Kläger auferlegt werden.[146]

Ferner kann auch der Einwand der *unzulässigen Rechtsausübung* zu berücksichtigen sein, wenn das Vorbringen des Erstattungsgläubigers unstreitig und offensichtlich als Verstoß gegen Treu und Glauben zu bewerten ist. Dem Urkundsbeamten der Geschäftsstelle kann nicht zugemutet werden, zur

---

140 FG Münster EFG 1967, 578.
141 VGH München BayVBl 2004, 284 = NVwZ-RR 2004, 227 = Rpfleger 2004, 65: Auf die Verjährung kann sich der Kostenschuldner des anwaltlichen Vergütungsanspruchs allenfalls dann berufen, wenn der Kostengläubiger gegenüber seinem Anwalt die Einrede der Verjährung erhoben hat.
142 Allgemeine Meinung; vgl auch Rdn. B 84 ff; für die Sozialgerichte: BGH NJW 1956, 1356.
143 *Lappe* S 212.
144 BGH JurBüro 2014, 486 = RVGreport 2014, 318 m Anm *Hansens*; JurBüro 2010, 252 = Rpfleger 2010, 342.
145 BVerwG JurBüro 2008, 142 = RVGreport 2008, 58 m Anm *Hansens*; VGH Mannheim NVwZ 2013, 379 = VBlBW 2013, 114.
146 *Redeker/von Oertzen* Anm 4 zu § 164 VwGO: Dem Kostenfestsetzungsantrag des Beklagten steht der Verzicht im außergerichtlichen Vergleich entgegen, sodass schon die Kostenfestsetzung zu unterbleiben hat, der Kläger also nicht auf die Vollstreckungsgegenklage angewiesen ist.

prozessualen Durchsetzung eines gegen Treu und Glauben verstoßenden Verhaltens beizutragen; der Erstattungsschuldner darf dann nicht auf die Vollstreckungsgegenklage verwiesen werden.[147]

Zu weiteren zulässigen und unzulässigen Einwendungen vgl Rdn. B 84 ff.

5. Kostenfestsetzungsgesuch

a) Form

D 75 Da sich die öffentlich-rechtlichen Verfahrensordnungen auf die knappen Regelungen in § 164 VwGO, § 149 FGO, § 197 SGG beschränken, sind über § 173 VwGO, § 155 FGO, § 202 SGG die Bestimmungen der ZPO in §§ 103 ff ZPO ergänzend heranzuziehen.

Das Kostenfestsetzungsgesuch kann schriftlich eingereicht oder zu Protokoll der Geschäftsstelle erklärt werden (§ 103 ZPO), künftig auch durch ein elektronisches Dokument (§ 130 a ZPO, § 108 a SGG, § 77 a FGO, § 86 a VwGO). Auch soweit Bundesgerichte als Gericht des ersten Rechtszuges zur Festsetzung zuständig sind (vgl Rdn. D 59), besteht kein Anwaltszwang (§ 78 Abs 3 ZPO). Das Gesuch kann durch einen *Bevollmächtigten* eingereicht werden. Der *bisherige* Verfahrensbevollmächtigte braucht keine erneute Vollmacht vorzulegen (vgl § 81 ZPO). Im Übrigen ist der Mangel der Vollmacht *von Amts wegen* zu berücksichtigen, wenn nicht als Bevollmächtigter ein *Rechtsanwalt* auftritt (§ 88 Abs 2 ZPO). Diese Bestimmung gilt auch im *verwaltungsgerichtlichen* Verfahren,[148] jedoch mit der Maßgabe, dass die Vollmacht dann von Amts wegen zu prüfen ist, wenn besondere Gründe dazu Anlass geben, die Bevollmächtigung des Anwalts in Zweifel zu ziehen. Im *finanzgerichtlichen* Verfahren wird § 88 Abs 2 ZPO durch § 62 Abs 3 FGO und im *sozialgerichtlichen* Verfahren durch § 73 Abs 3 S 2 SGG verdrängt.[149]

Das Gesuch muss eindeutig erkennen lassen, dass eine Festsetzung nach § 103 ZPO und nicht etwa nach § 126 ZPO, §§ 11, 55 RVG gewollt ist.

Dem Kostenfestsetzungsgesuch ist – soweit nicht aus den Akten bereits ersichtlich – der zur Zwangsvollstreckung geeignete *Titel*, der eine Entscheidung über die Kosten enthält (§ 103 Abs 1 ZPO), beizufügen; vgl hierzu Rdn. D 5 ff.

Der Titel muss noch bestehen. Durch den Urkundsbeamten der Geschäftsstelle wird nur die *formelle* Wirksamkeit des Titels geprüft. Dazu gehört allerdings auch, ob ein *Vergleich* den gesetzlichen Anforderungen entspricht; Bezeichnung als »Vergleich« und Protokollierung genügen nicht. Besondere Zwangsvollstreckungsvoraussetzungen (insbesondere die Sicherheitsleistung oder die Leistung Zug-um-Zug) müssen nicht für den *Erlass* des Kostenfestsetzungsbeschlusses, sondern erst für die Zwangsvollstreckung aus dem Kostenfestsetzungsbeschluss vorliegen. Auch die Einstellung der Zwangsvollstreckung (zB nach § 719 ZPO) hat keinen Einfluss auf die Kostenfestsetzung; diese hindert lediglich die Zwangsvollstreckung aus dem Kostenfestsetzungsbeschluss.

b) Sachantrag

D 76 Das Kostenfestsetzungsverfahren ist ein Antragsverfahren, das Gesuch erfordert einen Sachantrag im Sinne von § 82 Abs 1 VwGO, § 65 Abs 1 FGO, § 92 SGG: auf Festsetzung eines *bestimmten Geldbetrages*. Dieser bestimmt zusammen mit dem Prozess als Lebenssachverhalt den *Streitgegenstand* des Kostenfestsetzungsverfahrens. Die Gebühren, Auslagen und Aufwendungen (§ 103 Abs 2 S 2 ZPO) fungieren lediglich als rechtliche Begründung. Bei der Entscheidung sind sie deshalb »austauschbar«: Statt mit der angesetzten Verkehrsgebühr (Nr 3400 VV RVG) kann der zuerkannte Betrag mit Reisekosten zur Information des Prozessbevollmächtigten begründet werden.[150]

---

147 FG Kassel EFG 1970, 403.
148 BVerwG NJW 1984, 318.
149 *Peters/Sautter/Wolff* Anm 3 zu § 73 SGG; zum Antragsrecht vgl Rdn. D 41.
150 *Lappe* S 208.

I. Kostenfestsetzung in der Verwaltungs-, Finanz- und Sozialgerichtsbarkeit   D.

Die Kostenberechnung (§ 103 Abs 2 S 2 ZPO) ist die des § 10 RVG. Sonstige Parteikosten sind nach Grund und Höhe zu bezeichnen. Da sich die Gerichtskosten in aller Regel aus den Akten ergeben und ihre Zahlung leicht feststellbar ist, lässt die Praxis den unbestimmten Antrag auf Festsetzung »gezahlter Gerichtskosten« zu. *Tatsachen*, aus denen sich die Notwendigkeit der Rechtsverfolgung oder -verteidigung (§ 162 Abs 1 VwGO, § 139 Abs 1 FGO, § 193 Abs 2 SGG) ergibt, sind *schlüssig darzulegen*. Sofern sie aus dem Akteninhalt entnommen werden können, genügt die Bezugnahme.

Zum Sachantrag gehört auch die Angabe des *Beteiligungsverhältnisses* mehrerer Gläubiger (§§ 420 ff BGB).

c) Belege, Abschrift der Kostenberechnung

Der Kostenberechnung sind die zur Rechtfertigung der einzelnen Ansätze dienenden *Belege* beizufügen (§ 103 Abs 2 S 2 ZPO). Verfahrensmäßige Bedeutung haben sie jedoch nur als *Beweisantritt* (vgl § 420 ZPO) für den Fall, dass der Gegner das Entstehen der Aufwendungen bestreitet (§ 138 Abs 3 ZPO). Gleiches gilt für die anwaltliche Versicherung (nachstehend). Soweit es sich um die *Entstehung* der Kosten handelt, genügt *Glaubhaftmachung* (§§ 104 Abs 2 S 1, 294 ZPO), bezüglich der anwaltlichen Auslagen für Post- und Telekommunikationsdienstleistungen sogar die *anwaltliche Versicherung* ihres Entstehens (§ 104 Abs 2 S 2 ZPO).   D 77

Zum Nachweis der für die Beurteilung der *Erstattungsfähigkeit* erforderlichen Tatsachen vgl Rdn. D 54.

Dem Kostenfestsetzungsgesuch ist ferner eine *Abschrift der Kostenberechnung* beizufügen (§ 104 Abs 1 S 3 ZPO). Diese dient dem rechtlichen Gehör des Gegners (Art 103 GG).

aa) Richtet sich der Antrag gegen *mehrere erstattungspflichtige Gegner*, vgl Rdn. B 101.   D 78

bb) *Vereinfachte* Kostenfestsetzung nach § 105 ZPO vgl Rdn. B 102.   D 79

d) Zeitpunkt der Einreichung

aa) Das Kostenfestsetzungsgesuch ist an keine **Frist** gebunden. Da in § 164 VwGO, § 149 FGO, § 197 SGG nichts darüber gesagt ist, ab wann der Erstattungsgläubiger seinen Antrag auf Kostenfestsetzung stellen kann, gilt § 103 ZPO entsprechend. Das bedeutet, dass das Kostenfestsetzungsgesuch bei der Geschäftsstelle des Gerichts des ersten Rechtszuges angebracht werden kann, sobald »ein zur Zwangsvollstreckung geeigneter Titel«, dh ein zumindest *wegen der Kosten vollstreckbarer Titel* vorliegt. Da der Festsetzungsanspruch wie der Kostenerstattungsanspruch erst in 30 Jahren (§ 197 Abs 1 Nr 3 BGB) ab dem Zeitpunkt des Entstehens des Anspruchs, dh mit dem Erlass der Kostengrundentscheidung, auflösend bedingt durch den Eintritt der Rechtskraft, verjährt,[151] könnte das Kostenfestsetzungsgesuch auch noch innerhalb dieser Frist angebracht werden.   D 80

bb) Das Gesuch darf aber jedoch nicht mit ungebührlicher Verzögerung gestellt werden, da der Kostenerstattungsanspruch innerhalb der dreißigjährigen Frist **verwirkt** sein kann. Die Verwirkung ist *von Amts wegen* zu beachten. Wann die Voraussetzungen der Verwirkung erfüllt sind, hängt von den Umständen des Einzelfalles ab. Es muss seit der Möglichkeit der Anbringung eines Kostenfestsetzungsgesuches *längere Zeit* verstrichen sein und der Erstattungsschuldner aus dem *Verhalten des Erstattungsgläubigers* annehmen können, dass dieser seinen Anspruch nicht mehr   D 81

---

151 BGH AGS 2007, 219 = Rpfleger 2006, 439 = RVGreport 2006, 233 m Anm *Hansens*; BFHE 90, 156 = BStBl II 1968, 59 = BB 1967, 1466; VG Weimar ThürVBl 2016, 24.

geltend machen will, die verspätete Geltendmachung also gegen Treu und Glauben verstoßen würde.[152]

Ein genauer Zeitraum, ab dem die Verwirkung eintreten soll, kann nicht generalisierend festgelegt werden. Während *Tschischgale*[153] die Verwirkung bereits nach über einem Jahr seit Ergehen des Kostentitels die Verwirkung eintreten lassen will, soll nach OVG Lüneburg[154] die »Verwirkungsfrist« regelmäßig 7 Jahre betragen. Da der Antrag *auf gerichtliche Entscheidung* nicht der Verwirkung unterliegt, führt die Bejahung der Verwirkung des Kostenerstattungsanspruches zur Abweisung als *unbegründet*, nicht als *unzulässig*.

e) Nachliquidation

D 82   Eine Nachliquidation ist zulässig, soweit die *Rechtskraft* eines früheren Kostenfestsetzungsbeschlusses nicht entgegensteht. Sie bezieht sich grundsätzlich nur auf die seinerzeit geforderten Beträge und steht einer Nachforderung weiterer Beträge nicht entgegen.[155] Die Nachfestsetzung ist zulässig, wenn die im Kostenfestsetzungsverfahren geltend gemachten Beträge versehentlich auf einer veralteten, niedrigeren Gebührentabelle beruhen.[156] Die Nachfestsetzung kann auch eine Gebührendifferenz betreffen, etwa wenn die Kostenfestsetzung nach einem zu geringen Streitwert beantragt worden ist und der Irrtum erst später auffällt.

Die Nachforderung eines rechtskräftig abgesetzten Betrages mit einer anderen rechtlichen Begründung ist aber nicht zulässig.[157] Desgleichen nicht, wenn die Würdigung eines Sachverhalts diesen »ausgeschöpft« hat, etwa dahin, dass *zwei* Informationsreisen zum Prozessbevollmächtigten erforderlich waren: Hier kann keine *dritte* Reise »nachliquidiert« werden.[158]

6. Kostenfestsetzungsbeschluss

a) Inhalt

D 83   Da der Kostenfestsetzungsbeschluss einen Vollstreckungstitel darstellt (§ 168 Abs 1 Nr 4 VwGO, § 151 Abs 2 Nr 3 FGO, § 199 Abs 1 Nr 3 SGG), muss sich – nachstehend bb) – aus dem Tenor des Beschlusses eindeutig ergeben, für und gegen wen der Titel lautet (vgl § 750 ZPO). Der Beschluss hat daher ein volles, *eigenständiges Rubrum* zu enthalten, beschränkt auf die *Beteiligten der Kostenfestsetzung*.

D 84   Der *Tenor* des Beschlusses muss enthalten:
aa) die Bezeichnung der *Kostengrundentscheidung* nach Art (Urteil, Beschluss, Vergleich, Anerkenntnis), Gericht, Datum und Aktenzeichen; hierauf ist insbesondere bei *vorläufig vollstreckbaren* Kostengrundentscheidungen wegen § 717 Abs 1 ZPO größte Sorgfalt zu verwenden (vgl Rdn. D 105);
bb) die Angabe des *Erstattungsschuldners* und des *Erstattungsgläubigers*, zweckmäßigerweise nach der Parteirolle im erstinstanzlichen Verfahren. Besteht eine Seite aus mehreren Personen, ist das *Beteiligungsverhältnis* dieser Personen untereinander – sofern ein solches besteht – anzugeben, zB in ungeteilter Erbengemeinschaft, als Gesamtschuldner, als Gesamtgläubiger;

---

152 BVerwG BVerwGE 102, 33; VG Weimar ThürVBl 2016, 24; VGH Kassel KostRsp VwGO § 162 Nr 81; *Bornhaupt* BB 1974, 876.
153 *Tschischgale* S 104.
154 OVG Lüneburg NJW 2004, 699 = NdsRpfl 2004, 87; LG Bonn Rpfleger 1984, 245.
155 VGH Kassel KostRsp VwGO § 162 Nr 81; FG Münster EFG 1969, 519.
156 OLG Köln AGS 2016, 473 = JurBüro 2016, 465 = NJW-RR 2016, 1085 = RVGreport 2016, 380; BGH AGS 2010, 580 m Anm *N Schneider* = JurBüro 2011, 78 = Rpfleger 2011, 178; einschränkend BGH AGS 2011, 566 mit abl Anm *N Schneider* = RVGreport 2011, 309 m Anm *Hansens*.
157 OVG Lüneburg NVwZ-RR 2010, 661 = RVGreport 2010, 392 m Anm *Hansens*.
158 Vgl ferner Rdn. B 104.

I. Kostenfestsetzung in der Verwaltungs-, Finanz- und Sozialgerichtsbarkeit

cc) den zu erstattenden *Betrag* in Ziffern und Worten und unter Angabe der Währung;
dd) sofern beantragt, die Anordnung der *Verzinsung* mit dem Tag des Beginns (vgl Rdn. D 87 ff);
ee) die in der Kostengrundentscheidung enthaltenen *Beschränkungen* (vgl Rdn. D 95);
ff) die Zurückweisung des Kostenfestsetzungsgesuchs »im Übrigen«, soweit dem Antrag nicht in vollem Umfang entsprochen worden ist;
gg) eine *Kostenentscheidung* (vgl Rdn. D 94);
hh) sofern der Beschluss frühere Festsetzungen *ersetzt* oder nur eine *Teilentscheidung* enthält, ist dies deutlich zum Ausdruck zu bringen (vgl Rdn. B 110).

Der Kostenfestsetzungsbeschluss muss grundsätzlich eine *Begründung* enthalten (vgl Rdn. D 96). **D 85**

Der Kostenfestsetzungsbeschluss muss ferner ein *Datum* enthalten, *unterschrieben* sein unter Beifügung der Bezeichnung »als Urkundsbeamter der Geschäftsstelle«. **D 86**

b) Verzinsung

aa) Allgemeines

Der im Kostenfestsetzungsbeschluss festgesetzte Betrag der zu erstattenden Kosten ist zu verzinsen (§ 104 Abs 1 S 2 ZPO). Die Verfahrensordnungen der *öffentlich-rechtlichen* Gerichtsbarkeiten treffen hinsichtlich der Verzinsungspflicht keine *eigenständigen* Regelungen, so dass gemäß § 173 VwGO, § 155 FGO, § 197 Abs 1 S 2 SGG die Bestimmung des § 104 Abs 1 S 2 ZPO entsprechende Anwendung findet, wonach auf Antrag auszusprechen ist, dass die festgesetzten Kosten von der Anbringung des Gesuches, im Falle des § 105 Abs 2 ZPO von der Verkündung des Urteils ab, mit 5 Prozentpunkten über dem Basiszinssatz nach § 247 BGB zu verzinsen sind.[159] **D 87**

bb) Sozialgerichtliches Verfahren

Die bisher für das sozialgerichtliche Verfahren streitige Frage, ob § 104 Abs 1 S 2 ZPO über § 202 SGG angewendet werden kann (vgl hierzu die 18. Auflage), ist durch die Änderung des § 197 SGG durch das 6. SGGÄndG klargestellt worden. § 104 Abs 1 S 2 ZPO ist nunmehr gem § 197 Abs 1 S 2 SGG entsprechend anzuwenden. **D 88**

cc) Antrag

Die Verzinsung ist auf Antrag ab *Anbringung des Kostenfestsetzungsgesuchs* auszusprechen. Ist das Kostenfestsetzungsgesuch angebracht worden, bevor ein Kostentitel vorliegt, erfolgt die Verzinsung der festgesetzten Kosten erst ab *Erlass eines Titels* im Sinne des § 103 Abs 1 ZPO.[160] **D 89**

Ist im Urteil nicht ausgesprochen, dass das Urteil zumindest hinsichtlich der Kosten *vorläufig vollstreckbar* ist, werden die Kosten erst von der *Rechtskraft* des Urteils an verzinst.[161]

Dies gilt im *sozialgerichtlichen* Verfahren mit der Einschränkung, dass dort nur verlangt werden kann, dass überhaupt ein Kostentitel vorliegt. Auf Rechtskraft oder vorläufige Vollstreckbarkeit kommt es dort nicht an. Vgl Rdn. D 30.

---

159 OVG Hamburg NJW 1961, 1739 = DVBl 1961, 527; FG Kassel EFG 1969, 87; BFHE 102, 220 = BStBl II 1971, 562; *Tschischgale* NJW 1969, 221.
160 FG Hamburg EFG 1974, 437 = HFR 1974, 510; BFHE 102, 220 = BStBl II 1971, 562; 114, 326 = BStBl II 1975, 263; SG Gelsenkirchen in dem nicht veröffentlichten Beschluss vom 14.09.1981 – S 12 (15) V 181, 78 –.
161 FG Berlin EFG 1976, 20.

dd) Nachholung des Antrags

D 90 **Der Antrag** auf Verzinsung kann **nachgeholt** werden, auch wenn bereits ein Kostenfestsetzungsbeschluss ergangen ist. Die Verzinsung ist auch in diesem Falle seit Anbringung des Kostenfestsetzungsgesuches auszusprechen.[162]

ee) Mehrere Kostenerstattungsansprüche

D 91 Stehen sich *selbstständige* Kostenerstattungsansprüche gegenüber, ist auch jeder Anspruch gesondert zu verzinsen. Wird allerdings *aufgerechnet*, unterliegt wegen der Rückwirkung der Aufrechnung (§ 389 BGB) von Anfang an nur der verbleibende Differenzanspruch der Verzinsung.

▶ Beispiel:

Der Kläger beantragt am 1. April die Festsetzung der Kosten des ersten Rechtszuges in Höhe von 1000 € und der Beklagte am 10. April die Festsetzung der Kosten des zweiten Rechtszuges in Höhe von 1500 €. Erklärt keine Partei die Aufrechnung, werden folglich beide Beträge festgesetzt, sind sie vom 1. bzw 10. April ab zu verzinsen. Rechnet der Beklagte hingegen mit seinem Erstattungsanspruch gegen den Anspruch des Klägers auf und ergeht folglich ein Festsetzungsbeschluss über 500 € zu seinen Gunsten, so sind (nur) sie ab 10. April zu verzinsen.

D 92 Besteht von vornherein nur ein *Ausgleichsanspruch* (Fall des § 106 ZPO), so wird nur er verzinst. Erfolgt wegen nicht rechtzeitiger Einreichung der Kostenberechnung *getrennte* Festsetzung (§ 106 Abs 2 ZPO), so ist auch die Verzinsung für jede Festsetzung gesondert anzuordnen.

ff) Änderung der Kostengrundentscheidung

D 93 Sehr streitig ist die Frage, wann die Verzinsung beginnt, wenn die Kostengrundentscheidung in den Rechtsmittelinstanzen geändert oder zwar aufgehoben, dann aber in der höheren Instanz wiederhergestellt wird. Vgl hierzu zum Stand der Rechtsprechung Rdn. B 112 ff.

In diesen Fällen ist darauf abzustellen, inwieweit die in den Rechtsmittelinstanzen ergangenen Kostenentscheidungen nach ihrem *materiellen Gehalt* die erste Kostenentscheidung verändert haben; soweit die Kostenentscheidung *inhaltlich* bestehen bleibt, bleibt auch die Kostenfestsetzung bestehen mit der Folge, dass die Verzinsung ab der Anbringung des ersten Gesuchs an anzuordnen ist.[163]

c) Kostenentscheidung

D 94 Über die Kosten des Kostenfestsetzungsverfahrens ist *von Amts wegen* zu entscheiden (§ 161 Abs 1 VwGO, § 143 Abs 1 FGO, §§ 193 Abs 1, 197 a Abs 1 SGG), nach Maßgabe des Unterliegens *in ihm* (§§ 154, 155 VwGO, §§ 135, 136 FGO; im sozialgerichtlichen Verfahren ggf nach Maßgabe des § 193 SGG). Von einer Kostenentscheidung kann nur abgesehen werden, wenn ein Rechtsschutzbedürfnis für sie fehlt, wenn maW ersichtlich *keine* Gerichts- und Anwaltskosten entstanden sind (vgl hierzu auch Rdn. B 116). Nach Möglichkeit sollte die Kostenentscheidung *betragsmäßig* ergehen, damit ein weiteres Kostenfestsetzungsverfahren vermieden wird.

Nach Zurückverweisung entscheidet der Urkundsbeamte der Geschäftsstelle auch über die Kosten des **Erinnerungs-** und ggf **Beschwerdeverfahrens** (vgl Rdn. D 129).

d) Aufnahme von Beschränkungen

D 95 Die in der Kostengrundentscheidung enthaltenen Beschränkungen der Vollstreckung sind – wenn sie sich auch auf die Vollstreckung wegen der Kosten erstrecken – unverändert in den Kostenfestsetzungsbeschluss zu übernehmen. Zu den möglichen Vollstreckungsbeschränkungen zählen

---

162 FG Kassel EFG 1969, 87 = DStR 1969, 241.
163 *Lappe* Anm zu KG KostRsp ZPO § 104 (B) Nr 10.

I. Kostenfestsetzung in der Verwaltungs-, Finanz- und Sozialgerichtsbarkeit   **D.**

nicht nur solche, die im Gesetz ausdrücklich vorgesehen sind (Sicherheitsleistung, Vorbehalt der beschränkten Erbenhaftung), dies gilt auch für zB in einem Vergleich enthaltene, sich auch auf die Kosten beziehende vollstreckungsbeschränkende Vereinbarungen.[164]

Zu weiteren Einzelfällen vgl Rdn. B 119 ff.

e) Begründung

Der Kostenfestsetzungsbeschluss bedarf zumindest insoweit, als die Sach- und Rechtslage *zweifelhaft* oder unter den Beteiligten *streitig* war, der Begründung (vgl hierzu auch § 122 Abs 2 VwGO, § 113 Abs 2 FGO, § 142 Abs 2 SGG). Der Beschluss muss aus sich heraus, ggf in Verbindung mit der beigefügten Kostenberechnung, erkennen lassen, *worüber* entschieden worden ist; dem kann wegen der die Nachliquidierung ausschließenden Rechtskraft (vgl Rdn. D 82) im Einzelfall große Bedeutung zukommen. Des Weiteren soll er für die Beteiligten *verständlich* und *nachvollziehbar* sein. Die Begründung darf sich dabei nicht in leerformelhaften Formulierungen oder in der reinen Wiedergabe des Gesetzeswortlauts erschöpfen.[165]   **D 96**

Es müssen die *tatsächlichen* und *rechtlichen* Erwägungen im konkreten Einzelfall dargelegt werden. Die Begründung besteht hinsichtlich streitiger Tatsachen aus der *Beweiswürdigung* (§ 108 VwGO, § 96 FGO, § 128 SGG, § 286 ZPO), ggf der Feststellung der *Beweislast*, im Übrigen aus der rechtlichen *Subsumtion*. Die Entscheidung darf – in Konkretisierung des Grundsatzes der Gewährung rechtlichen Gehörs nach Art 103 GG – nur auf Tatsachen und Beweisergebnisse gestützt werden, zu denen sich die Beteiligten *äußern* konnten (§ 108 Abs 2 VwGO, § 96 Abs 2 FGO, § 128 Abs 2 SGG).

f) Zustellung

Der Kostenfestsetzungsbeschluss ist dem *Antragsteller* formlos zu übersenden, wenn seinem Antrage voll stattgegeben worden ist, und von Amts wegen zuzustellen, wenn eine teilweise oder völlige Zurückweisung erfolgt ist (§ 56 Abs 1 VwGO, § 53 Abs 1 FGO, § 63 Abs 1 SGG, § 104 Abs 1 S 4 ZPO).   **D 97**

Dem *Antragsgegner* ist der Festsetzungsbeschluss von Amts wegen zuzustellen, falls dem Antrage ganz oder zum Teil stattgegeben worden ist. Dabei wird die Abschrift der Kostenberechnung beigefügt, falls sie ihm nicht bereits vorher im Rahmen der Gewährung des rechtlichen Gehörs mitgeteilt worden ist.

Die Zustellung von Amts wegen erfolgt stets nach dem *Verwaltungszustellungsgesetz* (§ 56 Abs 2 VwGO, § 53 Abs 2 FGO, § 63 Abs 2 SGG). Sind die Beteiligten durch einen *Prozessbevollmächtigten* vertreten und besteht das Vollmachtsverhältnis noch fort (§ 87 ZPO), hat die Zustellung an ihn zu erfolgen (§ 67 Abs 3 VwGO, § 62 Abs 3 FGO, § 73 Abs 3 SGG, § 8 VwZG). Vgl hierzu auch Rdn. B 125.

g) Rechtsbehelfsbelehrung

Der erlassene oder abgelehnte Kostenfestsetzungsbeschluss muss eine Rechtsbehelfsbelehrung enthalten, da die Frist zur Einlegung der Erinnerung bzw zur Anrufung des Gerichts nur zu laufen beginnt, wenn die Beteiligten über den Rechtsbehelf schriftlich belehrt worden sind (§ 58 Abs 1 VwGO, § 55 Abs 1 FGO, § 66 SGG). Bei *unterbliebener Belehrung* ist die Einlegung des Rechtsbehelfs nur innerhalb eines Jahres seit Bekanntgabe (Zustellung) zulässig (§ 58 Abs 2 VwGO, § 55 Abs 2 FGO, § 66 Abs 2 SGG).   **D 98**

---

164 OLG München Rpfleger 1979, 466 = JurBüro 1979, 1895.
165 SG Wiesbaden SozV 1980, 54.

7. Rechtskraft und Vollstreckbarkeit des Kostenfestsetzungsbeschlusses

a) Rechtskraft

D 99 **aa) Kostenfestsetzungsbeschlüsse**, die sachlich oder prozessual über den Kostenerstattungsanspruch entscheiden, sind *der formellen* und *materiellen* Rechtskraft fähig (§ 121 VwGO, § 110 FGO, § 141 SGG, § 322 ZPO). Sie können mithin weder *von Amts wegen* noch auf Gegenvorstellung hin geändert werden.[166]

Die **formelle** Rechtskraft tritt in dem Zeitpunkt ein, in dem die Entscheidung *unanfechtbar* wird, also nach
(a) Erlass einer auf Anfechtung des Kostenfestsetzungsbeschlusses ergangenen und unanfechtbaren gerichtlichen Entscheidung,
(b) Ablauf der Erinnerungsfrist,
(c) Verzicht aller durch den Kostenfestsetzungsbeschluss beschwerten Beteiligten auf zulässige Rechtsbehelfe,
(d) Rücknahme eines Rechtsbehelfs nach Ablauf der Frist.

Die formelle Rechtskraft tritt auch nicht teilweise ein, wenn der Kostenfestsetzungsbeschluss oder die auf die Erinnerung ergehende Entscheidung des Gerichts von einem Beteiligten und damit nur *teilweise* angefochten wird, weil sich für den nicht angefochtenen Teil der Entscheidung der insoweit beschwerte weitere Beteiligte der Erinnerung oder Beschwerde noch anschließen kann.[167]

Mit Eintritt der formellen Rechtskraft erwächst der Kostenfestsetzungsbeschluss oder die nachfolgende gerichtliche Entscheidung in **materieller** Rechtskraft.

D 100 **bb)** Die Rechtskraft erfasst nur den *geltend gemachten* Anspruch. Sie bezieht sich aber nur auf die *geforderten Beträge* und schließt daher eine nachträgliche Festsetzung (»**Nachliquidation**«, vgl Rdn. D 82) nicht aus. Bisher nicht beantragte Beträge können somit nachgefordert werden; also etwa eine vom Prozessbevollmächtigten nachträglich dem Mandanten in Rechnung gestellte Gebühr oder die Nachholung des Verzinsungsantrages gem § 104 Abs 1 S 2 ZPO (vgl Rdn. D 90). Die Nachliquidation kann aber unzulässig, richtig: unbegründet sein, wenn die Voraussetzungen der Verwirkung vorliegen.[168]

Eine nachträgliche Festsetzung ist auch hinsichtlich der Kosten eines Bevollmächtigten für das *Vorverfahren* zulässig, wenn die gerichtliche Entscheidung darüber, dass die Zuziehung eines Bevollmächtigten für das Vorverfahren notwendig war (§ 162 Abs 2 S 2 VwGO, § 139 Abs 3 S 3 FGO), nachträglich ergeht. Erschöpft die Entscheidung über die Kostenerstattung allerdings die Notwendigkeit von Aufwendungen für einen bestimmten Sachverhalt, so steht der Nachforderung die Rechtskraft entgegen; vgl Rdn. D 82.[169]

D 101 **cc)** Die Rechtskraft des Kostenfestsetzungsbeschlusses wird kraft Gesetzes durch § 173 VwGO, § 155 FGO, § 202 SGG iVm § 107 ZPO durchbrochen: Ergeht nach der Kostenfestsetzung eine – erstmalige oder ändernde – **Streitwertfestsetzung**, so ist, falls diese Entscheidung von der Wertberechnung abweicht, die der Kostenfestsetzung zu Grunde liegt, *auf Antrag* die Kostenfestsetzung entsprechend zu ändern. Es entscheidet der Urkundsbeamte der Geschäftsstelle des Gerichts des ersten Rechtszuges.

Zu weiteren Einzelheiten und über das Verfahren vgl Rdn. B 139.

---

166 VGH München NVwZ-RR 1995, 362; OLG München AnwBl 1982, 532; *Kaiser* DB 1967, 397; *Meyer-Ladewig* Anm 9 zu § 197 SGG; *Tschischgale* S 111.
167 BGHZ 7, 143; *Redeker/von Oertzen* Anm 1 zu § 124 VwGO.
168 OLG Frankfurt MDR 1974, 240 = JurBüro 1974, 229.
169 *Lappe* S 220.

b) Abhängigkeit vom Bestand der Kostengrundentscheidung

Der Kostenfestsetzungsbeschluss ist trotz seiner formellen Selbstständigkeit keine isolierte Entscheidung, sondern teilt das Schicksal der Kostengrundentscheidung, von der er abhängig ist. Die durch den Kostenfestsetzungsbeschluss festgesetzten Ansprüche sind – solange die Kostengrundentscheidung *nicht rechtskräftig* ist – *auflösend bedingt*, da diese jederzeit im Rechtsmittelverfahren aufgehoben oder abgeändert werden kann. Die endgültige Erstattungspflicht steht somit erst dann fest, wenn die auflösende Bedingung fortgefallen ist.[170]

D 102

Zu weiteren Einzelheiten vgl Rdn. B 140.

c) Kostenfestsetzungsbeschluss als Vollstreckungstitel

aa) Der Kostenfestsetzungsbeschluss ist ein **gesetzlicher** Schuldtitel, aus dem vollstreckt werden kann (§ 168 Abs 1 Nr 4 VwGO, § 151 Abs 2 Nr 3 FGO, § 199 Abs 1 Nr 3 SGG).

D 103

bb) Für die Zwangsvollstreckung aus Kostenfestsetzungsbeschlüssen gelten folgende **Besonderheiten:**
(a) Ist der Kostenfestsetzungsbeschluss auf das *Urteil gesetzt* (§ 105 ZPO) oder auf den Prozessvergleich,[171] so erfolgt die Zwangsvollstreckung auf Grund einer vollstreckbaren Ausfertigung des Urteils bzw des Vergleichs; es bedarf keiner besonderen Vollstreckungsklausel für den Festzungsbeschluss (§ 795 a ZPO).
(b) Ist der Kostenfestsetzungsbeschluss nicht auf das Urteil gesetzt, ist grundsätzlich eine besondere Vollstreckungsklausel erforderlich. Einer *Vollstreckungsklausel* bedarf es dann nicht, wenn zugunsten der *öffentlichen Hand* (§ 169 VwGO, § 150 FGO) oder wegen einer Geldforderung gegen die öffentliche Hand (§ 170 Abs 1 bis 3 VwGO, § 152 Abs 1 bis 3 FGO) vollstreckt werden soll (§ 171 VwGO, § 153 FGO). Für das sozialgerichtliche Verfahren fehlt es an einer vergleichbaren Regelung.
(c) Die Zwangsvollstreckung darf zudem erst beginnen, wenn der Beschluss mindestens eine Woche vorher zugestellt ist (§ 798 ZPO: *Wartefrist*). Im Falle der Vollstreckung gegen die öffentliche Hand darf die Benachrichtigung und Zahlungsaufforderung (§ 170 Abs 2 VwGO, § 152 Abs 2 FGO) erst nach Ablauf der Wochenfrist ergehen.[172]
(d) *Vollstreckungsgericht* ist das Gericht des ersten Rechtszuges (§ 167 Abs 1 S 2 VwGO, § 151 Abs 1 S 2 FGO), in der Sozialgerichtsbarkeit das Amtsgericht (§ 198 Abs 1 SGG iVm § 764 ZPO; umstr, teils wird auch die Zuständigkeit des Sozialgerichts angenommen).

D 104

d) Rückkostenfestsetzung

aa) Die Kostenfestsetzung auf Grund einer nicht rechtskräftigen Kostengrundentscheidung ist eine **Vorbehaltsentscheidung**, deren endgültige Wirksamkeit auflösend bedingt vom Bestand der Kostengrundentscheidung abhängig ist. Tritt die Bedingung ein, wird der Kostentitel nicht rechtskräftig, weil er im Rechtsmittelwege aufgehoben worden ist, verliert der Kostenfestsetzungsbeschluss *ohne weiteres* seine Wirksamkeit (§ 173 VwGO, § 155 FGO, § 202 SGG, jeweils iVm § 717 Abs 1 ZPO). Der Schuldner kann einer gleichwohl betriebenen Vollstreckung die aufhebende Entscheidung entgegensetzen (entspr § 775 Nr 1 ZPO). Darüber hinaus ist auf seinen Antrag hin der Kostenfestsetzungsbeschluss »deklaratorisch« *aufzuheben*.

D 105

bb) Bezüglich der auf einen Kostenfestsetzungsbeschluss – vor Rechtskraft der Kostengrundentscheidung – erfolgten Zahlungen, sei es freiwillig oder im Wege der Zwangsvollstreckung, war die Frage uneinheitlich beantwortet worden, ob diese Beträge zu Gunsten des bisherigen Schuldners gegen den bisherigen Gläubiger im Wege der *Rückkostenfestsetzung* festsetzbar sind.

D 106

---

170 BFHE 90, 156 = BStBl II 1968, 59.
171 Vgl *Baumbach/Hartmann* Anm 1 zu § 795 a ZPO.
172 FG Kassel EFG 1969, 419 (420); *Tipke/Kruse* Anm 3 zu § 151 FGO.

D 107 Nach Einführung des § 91 Abs 4 ZPO[173] gehören zu den Kosten des Rechtsstreits auch die Kosten, die die obsiegende Partei der unterlegenen Partei im Verlaufe des Rechtsstreits gezahlt hat. Die obsiegende Partei muss, wenn das erstinstanzliche, vorläufig vollstreckbare Urteil im weiteren Verlauf des Rechtsstreits aufgehoben oder abgeändert wird, ihren aus § 717 Abs 2 ZPO resultierenden Schadensersatzanspruch nicht in einem besonderen Rechtsstreit geltend machen, sondern kann die Kosten im Kostenfestsetzungsverfahren »rückfestsetzen« lassen. Der Gesetzgeber hat mit dieser Vorschrift klargestellt, dass auch Kosten, die die obsiegende Partei der unterlegenen Partei im Verlauf des Rechtsstreits gezahlt hat, solche des Rechtsstreits sind.[174]

D 108 Voraussetzung ist aber weiterhin, dass die »rückfestzusetzenden« Kosten dem Grunde und der Höhe nach unstreitig oder eindeutig feststellbar sind und keine materiell-rechtlichen Einwendungen erhoben werden. Werden materiell-rechtliche Einwendungen erhoben, wird aus prozessökonomischen Gründen eine Ausnahme dann gemacht, wenn die Einwendungen unstreitig oder zumindest eindeutig feststellbar sind.[175]

D 109 cc) Eine besondere, gesetzlich nicht geregelte Rückfestsetzung kann im Falle des § 107 ZPO erforderlich werden, wenn also nach Zahlung oder Vollstreckung der **Streitwert herabgesetzt** wird und der Kostenerstattungsanspruch sich folglich ermäßigt. Ebenso, wenn Gebühren oder Auslagen des Gerichts oder Rechtsanwalts zugesprochen worden sind, deren Ansatz bzw Berechnung sich – im Rechtsweg – als *rechtswidrig* erweist.

e) Änderung des Kostenfestsetzungsbeschlusses ohne Erinnerung

D 110 Ein einmal erlassener Kostenfestsetzungsbeschluss ist (in Anwendung des allgemein anerkannten verfahrensrechtlichen Grundsatzes der Selbstbindung des Gerichts) nicht mehr abänderbar (vgl § 318 ZPO). Von diesem Grundsatz sind folgende für Urteile geltenden Ausnahmen auch für den Kostenfestsetzungsbeschluss entsprechend anzuwenden: Berichtigung *offenbarer Unrichtigkeiten* wie Schreibfehler, Rechenfehler oder ähnliche offenbare Unrichtigkeiten (§ 118 VwGO, § 107 FGO, § 138 SGG). Eine Unrichtigkeit in diesem Sinne liegt vor, wenn die gewollte der tatsächlich ausgesprochenen Erklärung widerspricht (»Erklärungsfehler«).[176]

Dies ist der Fall bei bloßen Schreib- und Abschreibfehlern, ebenso auch bei unrichtiger Bezeichnung der Beteiligten. Hierunter fallen auch erkennbar versehentliche Auslassungen.[177]

Eine Unrichtigkeit liegt nicht vor, wenn der Urkundsbeamte sich auch in der gewollten Erklärung geirrt hat, Wille und Erklärung also übereinstimmen (»Denkfehler«). Das Berichtigungsverfahren dient grundsätzlich nicht dazu, Fehler der Entscheidung selbst zu beseitigen. Anderes gilt nur für Rechenfehler, selbst wenn sie also »Denkfehler« sind, weil Rechnen weder Teil der Tatsachenfeststellung noch der Rechtsanwendung ist. Die Unrichtigkeit muss offenbar sein. Der Widerspruch zwischen dem Gewollten und dem Erklärten muss sich unmittelbar aus der Entscheidung ergeben und für jeden erkennbar sein.

Berichtigt wird durch einen besonderen Beschluss des Organs, das die zu berichtigende Entscheidung erlassen hat. Das braucht nicht dieselbe Person zu sein.

Berichtigt wird *von Amts wegen*, ebenso auch *auf Antrag*. Vor Erlass des Berichtigungsbeschlusses ist den Beteiligten rechtliches Gehör zu gewähren.[178]

---

173 In der Fassung des 1. Justizmodernisierungsgesetzes vom 24.08.2004 (BGBl. I S. 2198).
174 OLG Düsseldorf AGS 2011, 409 = JurBüro 2010, 649
175 Vgl. Rdn. B 148 ff; KG RVGreport 2011, 388 m Anm *Hansens*; OLG Brandenburg Rpfleger 2012, 106.
176 VGH München VGHE 1, 82.
177 BVerwG DÖV 1960, 236.
178 BVerfGE 34, 1.

I. Kostenfestsetzung in der Verwaltungs-, Finanz- und Sozialgerichtsbarkeit　　D.

8. Kostenausgleichung

Eine Kostenausgleichung (§ 106 ZPO) ist in den öffentlich-rechtlichen Gerichtsbarkeiten praktisch nur im **verwaltungsgerichtlichen** Verfahren möglich, weil sich nur in diesem Verfahren die Beteiligten als Parteien im Sinne von § 91 Abs 1 S 1 ZPO gegenüberstehen.　　D 111

Im **finanzgerichtlichen** und **sozialgerichtlichen** Verfahren ist eine quotenmäßige Verteilung der Kosten insoweit ausgeschlossen, als im finanzgerichtlichen Verfahren nach § 139 Abs 2 FGO die Aufwendungen der Finanzbehörden und im sozialgerichtlichen Verfahren nach § 193 Abs 4 SGG die Aufwendungen der nach § 184 Abs 1 SGG Gebührenpflichtigen nicht erstattungsfähig sind; eine Kostenausgleichung ist daher begrifflich nicht möglich. Soweit im sozialgerichtlichen Verfahren weder der Kläger noch der Beklagte in einem Rechtszug zu den in § 183 SGG genannten Personen angehört, finden die §§ 154 bis 162 VwGO Anwendung. Insoweit ist auch in diesen Verfahren eine Kostenausgleichung möglich. Im **finanzgerichtlichen** Verfahren ist allerdings trotz § 139 Abs 2 FGO eine Anwendung des § 106 ZPO dann denkbar, wenn zB ein Beigeladener, der sich der Finanzbehörde angeschlossen hatte, nach eingelegter Revision zum Teil unterliegt, zum Teil gegenüber dem anderen Beteiligten obsiegt.[179]

Für das **sozialgerichtliche** Verfahren kommt hinzu, dass dort die Vorschriften der ZPO (§§ 91–107 ZPO) über die Erstattung der Kosten zwischen den Parteien und Beteiligten weder entsprechend angewandt noch ergänzend herangezogen werden können, weil dort das Kostenrecht grundsätzlich anders gestaltet ist. Eine Kostenverteilung, wie sie § 106 ZPO als Grundlage für die Ausgleichung voraussetzt, ist im Sozialgerichtsverfahren begrifflich nicht möglich. Nur allgemein oder besonders bestimmte Kosten, ganz oder zu einem gewissen (einseitigen) Bruchteile, können jeweils einem Beteiligten (evtl mehreren als Gesamtschuldnern) zur Erstattung auferlegt werden.[180]

Das SGG enthält in §§ 183 bis 197 a SGG über die Kosten des sozialgerichtlichen Verfahrens eine eigenständige und erschöpfende Regelung.[181]

Wenn Verfahrensbeteiligte teils obsiegen und teils unterliegen, so sind die Kosten gegeneinander aufzuheben oder verhältnismäßig zu teilen (§ 155 Abs 1 VwGO, § 136 Abs 1 FGO). »*Gegeneinander aufheben*« bedeutet, dass außergerichtliche Kosten nicht erstattet werden und Gerichtskosten nur, soweit ein Beteiligter mehr als die Hälfte zahlt (§ 155 Abs 1 S 2 VwGO, § 136 Abs 1 S 2 FGO). Verteilt das Gericht die Kosten des Rechtsstreits *nach Quoten*, entstehen weder *zwei* Kostenerstattungsansprüche noch *ein* Anspruch auf die *Differenz* beider Ansprüche, sondern lediglich *ein* Kostenerstattungsanspruch, und zwar mit einem Betrage, der sich von den *Gesamtkosten* ableitet. Aus der Abhängigkeit des Kostenerstattungsanspruches von den Gesamtkosten bedarf es der Kenntnis der gegnerischen Kosten. Dies durchzusetzen ist Aufgabe des § 106 ZPO.

Eine Kostenausgleichung findet jedoch nicht statt, wenn Beteiligte getrennte, *wechselseitige*, verschiedene Kostenerstattungsansprüche haben.

▶ Beispiele:

(a) Die durch Verschulden eines Beteiligten entstandenen Kosten werden diesem auferlegt (vgl § 155 Abs 5 VwGO, § 137 FGO), die Kosten des Rechtsstreits einem anderen Beteiligten.
(b) Der Beklagte trägt die Kosten des Rechtsstreits, der Kläger bestimmte Mehrkosten, zB durch die Anrufung des unzuständigen Gerichts (entspr § 281 Abs 3 S 2 ZPO).

Beiden Fallgestaltungen ist gemeinsam, dass es sich im Unterschied zu den obigen Fällen hier um verschiedene Kosten handelt. Im Fall b bewirkt die Kostenentscheidung für den Kläger einen Anspruch auf Erstattung seiner Kosten bis auf die Mehrkosten und für den Beklagten einen Anspruch auf Erstattung seiner Mehrkosten.

179　*Gräber* Anm 8 zu § 149 FGO.
180　*Tschischgale* S 109.
181　BSG NJW 1957, 765.

Es stehen sich also zwei Ansprüche gegenüber, die *ohne Kenntnis der gegnerischen Kosten* bemessen werden können, so dass es einer Kostenausgleichung nach § 106 ZPO nicht bedarf. Die Ansprüche können gegeneinander aufgerechnet werden (§§ 387 ff BGB), und zwar in der Kostenfestsetzung.

Wegen des bei Durchführung der Ausgleichung durchzuführenden Verfahrens wird auf Rdn. B 160 ff verwiesen.

9. Erinnerung, Beschwerde

a) Erinnerung

aa) Statthaftigkeit

D 112   Die Entscheidung des **Urkundsbeamten der Geschäftsstelle** über die Festsetzung der zu erstattenden Kosten kann von den Beteiligten angefochten werden.

Dies erfolgt im *verwaltungsgerichtlichen* Verfahren durch Antrag auf Entscheidung durch das Gericht (§§ 165, 151 VwGO), *im finanzgerichtlichen* Verfahren durch Einlegen der Erinnerung (§ 149 Abs 2 FGO) und im *sozialgerichtlichen* Verfahren durch Anrufung des Gerichts (§ 197 Abs 2 SGG).

bb) Beschwer

D 113   Die Zulässigkeit der Erinnerung setzt voraus, dass der Erinnerungsführer durch den Beschluss des Urkundsbeamten der Geschäftsstelle beschwert ist. Das ist der Fall, wenn sie dem *Antragsteller* etwas versagt, was er beantragt hatte (*formelle* Beschwer). Der *Antragsgegner* ist durch die Festsetzung von Kosten beschwert (*materielle* Beschwer). Ein Mindestwert der Beschwer ist nicht erforderlich.

Ein *Beteiligter* und nicht dessen *Prozessbevollmächtigter* muss beschwert sein. Der Prozessbevollmächtigte hat daher kein eigenes Erinnerungs- bzw Beschwerderecht, es sei denn, die Kostenfestsetzung ist zu seinen Gunsten erfolgt.[182]

Eine von dem Prozessbevollmächtigten *selbst* eingelegte Erinnerung kann im Zweifelsfalle vom Gericht als *im Namen der Partei* eingelegt angesehen werden.[183]

Auch der *Zessionar* aus einem abgetretenen Kostenerstattungsanspruch hat kein eigenes Erinnerungsrecht, es sei denn, der Titel wurde gem § 727 ZPO umgeschrieben.[184]

cc) Frist

D 114   Die Erinnerung ist befristet. Sie muss im *verwaltungsgerichtlichen* und im *finanzgerichtlichen* Verfahren binnen zwei Wochen (§§ 165, 151 VwGO, § 149 Abs 2 FGO) und im *sozialgerichtlichen* Verfahren binnen eines Monats (§ 197 Abs 2 SGG) nach Bekanntgabe eingelegt werden. Bei Fehlen

---

182 VGH Kassel AGS 1998, 135 = JurBüro 1999, 3; OVG Bremen JurBüro 1988, 605; VGH München BayVBl 1977, 611; OVG Münster NJW 1966, 2425; KostRsp VwGO § 165 Nr 5 und Nr 7 m Anm *Noll*; KostRsp VwGO § 165 Nr 17; VG Weimer ThürVBl 1995, 213. Die gegenteilige Auffassung des OVG Lüneburg MDR 1973, 257 = NJW 1972, 2015, wonach der Rechtsanwalt befugt ist, in eigenem Namen Erinnerung und Beschwerde einzulegen, wenn der Urkundsbeamte im Kostenfestsetzungsverfahren eine im Antrag aufgeführte Gebühr für die anwaltliche Tätigkeit absetzt, ist abzulehnen. Ebenso *von Eicken* Anm zu OVG Lüneburg aaO in KostRsp VwGO § 165 Nr 4; *Rennen* MDR 1973, 644; **aA**: *Kopp* Anm 4 zu § 165 VwGO; *Schunck/de Clerk* Anm 3 b zu § 165 VwGO, jeweils ohne eigene Stellungnahme. Vgl auch BVerwG NJW 1986, 2128 = BayVBl 1986, 669 zur Wertfestsetzung gegenüber einem Rechtsanwalt im Widerspruchsverfahren.
183 VGH München BayVBl 1977, 611.
184 FG Münster EFG 1969, 30.

I. Kostenfestsetzung in der Verwaltungs-, Finanz- und Sozialgerichtsbarkeit   D.

der *Rechtsbehelfsbelehrung* im Kostenfestsetzungsbeschluss ist die Erinnerung innerhalb eines Jahres nach Bekanntgabe zulässig (§ 58 Abs 2 VwGO, § 55 Abs 2 FGO, § 66 Abs 2 SGG).[185]

Bei unverschuldeter Versäumnis der Frist kann *Wiedereinsetzung* in den vorigen Stand in Betracht kommen (§ 60 VwGO, § 56 FGO, § 67 SGG).[186]

dd) Form

Die Erinnerung kann schriftlich oder zu Protokoll der Geschäftsstelle des Gerichts eingelegt werden. Die Erinnerung muss das Rechtsschutzziel erkennen lassen, am besten einen *bestimmten Antrag* enthalten, aus dem zu entnehmen ist, inwieweit der Erinnerungsführer sich beschwert fühlt und was er begehrt.[187]   D 115

Der Antrag begrenzt den Rahmen, innerhalb dessen eine anderweitige gerichtliche Festsetzung möglich ist. Zu berücksichtigen ist dabei einerseits das Verbot der reformatio in peius (vgl Rdn. D 119); andererseits darf das Gericht im Erinnerungsverfahren nicht über den Antrag des Erinnerungsführers hinausgehen. Eine Begründung der Erinnerung ist dagegen nicht erforderlich, da auch die Beschwerde nicht begründet zu werden braucht.[188]

Der Antrag kann auch nach Ablauf der Erinnerungsfrist *erweitert* werden (vgl Rdn. B 199).

ee) Anschlusserinnerung

Ein Beteiligter, der durch den Kostenfestsetzungsbeschluss betroffen wird, kann sich der Erinnerung eines anderen Beteiligten gegen diesen Beschluss im Wege der Anschlusserinnerung anschließen.[189] Die Anschlusserinnerung ist nicht fristgebunden (§ 173 VwGO iVm § 567 Abs 3 S 1 ZPO analog). Für ihre Zulässigkeit ist auch keine »Beschwer« erforderlich.[190] Zulässig ist, und zwar noch nach Ablauf der Erinnerungsfrist, auch die unselbständige Anschlusserinnerung, die unwirksam wird, wenn der Erinnerungsführer die Erinnerung zurücknimmt oder wenn diese als unzulässig verworfen wird.[191]   D 116

ff) Gegenstand

Gegenstand der Erinnerung gegen die Kostenfestsetzung ist der *Betrag*, um den der Erinnerungsführer die Kosten höher oder niedriger festgesetzt haben will, als im angefochtenen Beschluss geschehen.[192]   D 117

Gleichwohl hat das Gericht im Erinnerungsverfahren den *gesamten* Kostenfestsetzungsbeschluss einschließlich aller einzelnen Posten der Kostenrechnung nachzuprüfen, auch wenn die Erinnerung nur auf einen Teil des Beschlusses beschränkt ist. Denn Gegenstand der Erinnerung ist nicht eine bestimmte Gebühr, die aberkannt oder zuerkannt werden soll, sondern der diese Gebühr ausmachende *Betrag*, um den sich der *Gesamtbetrag* der festgesetzten Kosten erhöhen oder ermäßigen soll.[193]

---

185 OVG Münster DÖV 1970, 102.
186 *Redeker/von Oertzen* Anm 6 zu § 147 VwGO; *Tipke/Kruse* Anm 6 zu § 149 FGO; *Meyer-Ladewig* Anm 10 zu § 197 SGG.
187 FG Koblenz EFG 1972, 394.
188 FG Koblenz aaO; BFH BStBl II 1968, 608; **aA:** FG Berlin EFG 1969, 256.
189 VGH Mannheim JurBüro 1990, 650; VGH München VGHE 15, 71 = BayVBl 1962, 250; FG Berlin EFG 1981, 581; **aA:** VG Neustadt/W NVwZ-RR 2004, 160.
190 VG Stuttgart NVwZ-RR 2007, 216; *Kopp/Schenke* Vorbemerkung vor § 124 Rn. 39.
191 FG Bremen EFG 1969, 499.
192 *Eyermann/Fröhler* Anm 1 zu § 165 VwGO.
193 FG Hamburg EFG 1968, 138; FG Karlsruhe EFG 1969, 313.

Innerhalb des begehrten Gesamtbetrages ist der *Austausch* einzelner Posten zulässig. Der Antragsteller kann auch anstelle eines unberechtigten Postens einen berechtigten einschieben. Das gilt nicht nur für den Fall, dass der Antragsteller gegen die Ablehnung eines Ansatzes Erinnerung eingelegt hat, sondern auch für den Fall, dass der Antragsgegner wegen einer zugebilligten Kostenposition Erinnerung eingelegt hat und der Antragsteller nun den umstrittenen Posten auswechselt.[194]

gg) Nachtragsliquidation

D 118 Die *nur* (!) zum Zwecke der Geltendmachung neuer Kostenpositionen eingelegte Erinnerung ist mangels Beschwer unzulässig. Diese sind in einem neuen Kostenfestsetzungsverfahren vor dem Urkundsbeamten der Geschäftsstelle zu beantragen.[195]

Die Nachtragsliquidation im Rahmen einer zulässigen Erinnerung ist nicht unbestritten.[196]

Entsprechend den Regeln über die Klageerweiterung in der Berufungsinstanz ist der die Zulässigkeit bejahenden Auffassung zu folgen.

hh) Reformatio in peius

D 119 Das Verbot der reformatio in peius (Verböserungsverbot) ist als Grundsatz aller Verfahrensordnungen auch im Erinnerungsverfahren zu beachten. Das bedeutet aber nur, dass der angefochtene Kostenfestsetzungsbeschluss im Ergebnis nicht zum Nachteil des Erinnerungsführers abgeändert werden darf, nicht hingegen, dass eine zu Recht gerügte Unrichtigkeit einzelner Posten nicht dadurch ausgeglichen werden könnte, dass andere (evtl nicht beanstandete) Posten zu Gunsten des Erinnerungsführers korrigiert werden.[197]

Fehlt es aber an einer wirksamen Kostengrundentscheidung, gilt das Verbot der reformatio in peius nicht.[198]

ii) Einwendungen gegen den Streitwert

D 120 Vgl Rdn. B 201.

jj) Abhilfe

D 121 Hält der Urkundsbeamte der Geschäftsstelle die Erinnerung für *zulässig und begründet*, kann er ihr abhelfen.[199]

Die Abhilfe steht nicht im *Ermessen* oder gar *Belieben* des Urkundsbeamten, er *muss* vielmehr abändern, wenn sich die Erinnerung, ggf nach weiteren, durch sie gebotenen Ermittlungen, als begründet erweist. Dies gilt auch für einen Teil der Erinnerung. Abhilfe zum Nachteil des Erinnerungsführers ist ausgeschlossen *(Verböserungsverbot).*[200] Vor der Abhilfe ist der Erinnerungsgegner zu hören (Art 103 GG).

Mit der Abhilfe gewährt der Urkundsbeamte ggf auch Wiedereinsetzung in den vorigen Stand (Rdn. D 114).

---

194 VGH München BayVBl 1974, 595.
195 VGH München BayVBl 1974, 595; *Meyer-Ladewig* Anm 10 zu § 197 SGG; *Tschischgale* S 109.
196 Für die Zulässigkeit s Rdn. B 169; *Klempt/Meyer* S 130 ohne weitere Differenzierung. Gegen die Zulässigkeit *Meyer-Ladewig* aaO; *Tschischgale* aaO.
197 BFHE 98, 12 = BStBl II 1970, 251; FG Hamburg EFG 1968, 138; FG Freiburg EFG 1969, 313; SG Leipzig KostRsp SGG § 197 Nr 13; *Meyer-Ladewig* Anm 10 zu § 197 SGG.
198 OLG Hamm NJW 1972, 2047 = Rpfleger 1972, 319.
199 Vgl §§ 165, 151, 148 VwGO; §§ 133, 130 FGO; FG Berlin EFG 1973, 549; §§ 178, 174 SGG; *Meyer-Ladewig* Anm 10 zu § 197 SGG; *Tschischgale* S 110; *Rohwer-Kahlmann* Anm 16 zu § 197 SGG.
200 *Lappe* S 219.

I. Kostenfestsetzung in der Verwaltungs-, Finanz- und Sozialgerichtsbarkeit D.

Hilft der Urkundsbeamte der Geschäftsstelle nicht ab, legt er die Erinnerung dem *Gericht* zur Entscheidung vor.

Das Gericht entscheidet über die Erinnerung durch *Beschluss* ohne *ehrenamtliche Richter*.[201] Eine mündliche Verhandlung ist nicht erforderlich.

b) Beschwerde

aa) Die Entscheidung über die Erinnerung ist im *finanzgerichtlichen* und im *sozialgerichtlichen* Verfahren unanfechtbar (§ 128 Abs 4 S 1; § 197 Abs 2 SGG[202]). D 122

Im *verwaltungsgerichtlichen* Verfahren kann die Entscheidung des Gerichts mit der Beschwerde (§ 146 VwGO) angefochten werden, wenn das Verwaltungsgericht entschieden hat. Entscheidungen des Oberverwaltungsgerichts und des Bundesverwaltungsgerichts über Erinnerungen gegen Kostenfestsetzungsbeschlüsse sind dagegen unanfechtbar (§§ 146 Abs 1, 152 VwGO).

Die Beschwerde ist jedoch ausgeschlossen in Verfahren nach dem Asylverfahrensgesetz (§ 80 AsylVfG)[203] und nach dem Vermögensgesetz (§ 37 Abs 2 S 1 VermG).[204]

Die Beschwerde ist nur zulässig, wenn der *Wert des Beschwerdegegenstandes* 200 € übersteigt (§ 146 Abs 3 VwGO). Er bestimmt sich nach der Beschwer aus der Erinnerungsentscheidung und wird durch den Antrag im Beschwerdeverfahren begrenzt. Der Beschwerdewert errechnet sich als Prozesswert sinngemäß nach § 173 VwGO iVm den §§ 2, 3–9 ZPO. Maßgeblicher Zeitpunkt für die Berechnung ist die Einlegung des Rechtsmittels. Bei der Berechnung des Beschwerde wertes sind die Kosten des Vorverfahrens, soweit sie vom Gericht für notwendig erklärt werden, mit zu berücksichtigen.[205] Sind Reisekosten für verschiedene Termine in verschiedenen Sachen angefallen, sind diese nach der Zahl der Verfahren aufzuteilen. Es ist nicht zu beanstanden, wenn dabei für einzelne Verfahren die Beschwerdesumme unterschritten wird.[206]

Als Nebenforderung geltend gemachte Zinsansprüche sind auf den Wert des Beschwerdegegenstandes nicht anzurechnen (§ 173 VwGO iVm § 4 Abs 1 Halbsatz 2 ZPO).

Im Übrigen gelten die gleichen Zulässigkeitsvoraussetzungen wie im Erinnerungsverfahren. Beschwerdeberechtigt sind alle Beteiligten, die von der angegriffenen Entscheidung betroffen sind. Ein Prozessbevollmächtigter ist nicht befugt, im eigenen Namen Beschwerde gegen eine gerichtliche Entscheidung über eine Erinnerung gegen einen Kostenfestsetzungsbeschluss einzulegen.[207] Die Beschwerde gegen die gerichtliche Entscheidung über die Erinnerung gegen den Kostenfestsetzungsbeschluss unterliegt dem Vertretungszwang.[208]

---

201 BSGE 1, 1; 1, 36 für das sozialgerichtliche Verfahren; im verwaltungsgerichtlichen Verfahren folgt dies bereits aus § 5 Abs 3 S 3 VwGO, im finanzgerichtlichen Verfahren aus § 5 Abs 3 S 2 FGO.
202 LSG Sachsen AGS 2014, 92 = JurBüro 2014, 195; LSG München JurBüro 2016, 265; LSG Sachsen-Anhalt Beschl v 16.08.2016 – L 4 AS 218/16 B.
203 OVG Hamburg AuAS 2001, 32; OVG Münster JurBüro 1995, 650; VGH München AGS 2013, 290; VGH Mannheim Justiz 2012, 72.
204 OVG Frankfurt/Oder NJ 2000, 331; OVG Magdeburg VIZ 1996, 353; OVG Bautzen SächsVBl 1994, 208.
205 BVerwG VBlBW 1987, 62 (zum Begriff des Wertes des Beschwerdegegenstandes); OVG Münster NJW 1961, 1365 für die Zuziehung eines Anwalts.
206 VGH Mannheim Beschl v 16.05.2000 – 95 652/00.
207 OVG Lüneburg JurBüro 2015, 413.
208 OLG Berlin-Brandenburg AGS 2017, 247; OVG Lüneburg Beschl v 13.11.2015 – 13 OA 146/15 = AGS 2016, 310 = NordÖR 2016, 88 (LS) = NVwZ-RR 2016, 240 = RVGreport 2016, 194 *Hansens*; VGH Kassel DÖV 2010, 48 = NVwZ 2009, 1445; VGH München Beschl v 13.03.2014 – 15 C 13.2684.

D 123 **bb) Die Anschlussbeschwerde** ist statthaft.[209] Für die Anschlussbeschwerde bestehen nach der Verwaltungsgerichtsordnung keine Erhebungs- und Begründungsfristen.[210]

Sie ist, abgesehen von der *erstmaligen* Beschwer durch die Erinnerungsentscheidung, nur insoweit zulässig, als im gleichen Umfange auch schon *bereits Erinnerung* eingelegt worden ist.[211]

Darf das Gericht erster Instanz den Kostenfestsetzungsbeschluss nicht zum Nachteil des Antragstellers abändern, der allein Erinnerung gegen die teilweise Ablehnung seines Kostenfestsetzungsantrages erhoben hat, so kann das Beschwerdegericht diese Abänderungsbefugnis nicht dadurch erlangen, dass der Antragsgegner den Beschluss des Erstgerichts mit der Beschwerde anficht; es muss hier in der umgekehrten Richtung dasselbe gelten wie gegenüber dem Antragsteller, der, wenn nur er gegen den Kostenfestsetzungsbeschluss des Urkundsbeamten Erinnerung erhoben hat, mit der Beschwerde gegen den Beschluss des Erstgerichts nicht mehr verlangen kann, als er schon mit der Erinnerung verlangt hat.[212]

▶ Beispiel:

A stellt einen Kostenfestsetzungsantrag gegen die im Verwaltungsrechtsstreit unterlegene Gemeinde B. Es werden geltend gemacht 50 € Porto- und Telefonauslagen und 400 € Reisekosten zum Verhandlungstermin. Der Kostenfestsetzungsbeschluss wird antragsgemäß erlassen. B legt Erinnerung ein und beantragt Aufhebung hinsichtlich der zuerkannten Reisekosten. Das Verwaltungsgericht ändert den Kostenfestsetzungsbeschluss insoweit ab, als Reisekosten nur in Höhe von 200 € zu erstatten sind. Dagegen legt A Beschwerde ein. Nach Ablauf der Beschwerdefrist schließt sich B der Beschwerde an mit dem Antrag, den Kostenfestsetzungsbeschluss wegen 30 € Porto- und Telefonauslagen aufzuheben und die Entscheidung des Verwaltungsgerichts insoweit aufzuheben, als Reisekosten für erstattungsfähig erklärt wurden. Die Anschlussbeschwerde ist hinsichtlich des Antrages auf Aufhebung des Kostenfestsetzungsbeschlusses wegen zuerkannter Porto- und Telefonauslagen unzulässig, weil mit der Beschwerde nicht mehr verlangt werden kann, als schon mit der Erinnerung verlangt worden ist; im Übrigen ist die Anschlussbeschwerde zulässig.

c) Verfahren

aa) Erinnerungsverfahren

D 124 Für das Erinnerungsverfahren gelten die gleichen Verfahrensgrundsätze wie im Verfahren vor dem Urkundsbeamten der Geschäftsstelle. Es können neue Tatsachen und Beweismittel vorgebracht werden. Rechtliches Gehör ist zu gewähren.

bb) Aussetzung der Vollziehung

D 125 Für den angefochtenen Kostenfestsetzungsbeschluss kann die Aussetzung der Vollziehung beantragt werden (§§ 165 S 2, 151 S 3, 149 Abs 1 S 2 VwGO; § 149 Abs 3 FGO; im sozialgerichtlichen Verfahren in entsprechender Anwendung der §§ 178, 175 SGG).

Im *verwaltungsgerichtlichen* Verfahren findet gegen die Entscheidung über die Aussetzung der Vollziehung die *Beschwerde* statt.[213]

---

209 VGH München VGHE 19, 151; BayVBl 1974, 595.
210 OVG Hamburg NVwZ 2007, 604.
211 VGH München aaO.
212 VGH München aaO.
213 VGH München VGHE 24, 153.

Im *finanzgerichtlichen* und *sozialgerichtlichen* Verfahren ist dagegen die Entscheidung über die Aussetzung der Vollziehung *unanfechtbar*, weil auch die Entscheidung über die Erinnerung unanfechtbar ist (vgl § 128 Abs 4 S 1 FGO; § 197 Abs 2 SGG).

Die Aussetzung der Vollziehung wird nur in Frage kommen, wenn ernstliche Zweifel an der *Rechtmäßigkeit* der Kostenfestsetzung bestehen und eine Änderung oder Aufhebung des Kostenfestsetzungsbeschlusses wahrscheinlich ist. Sie ist geboten, wenn die *wirtschaftlichen Verhältnisse* des Kostengläubigers so schlecht sind, dass ein evtl Rückforderungsanspruch gefährdet erscheint,[214] die mögliche Abänderung der Kostengrundentscheidung im Rechtsmittelverfahren reicht nicht aus.[215] Ausgeschlossen ist auch der Einwand, dass gegen die rechtskräftige Entscheidung in der Hauptsache Verfassungsbeschwerde eingelegt wurde.[216]

cc) Erinnerungs- und Beschwerdeentscheidung

Für das mit der Erinnerung oder mit der Beschwerde angerufene Gericht gilt bei seiner Entscheidung: Ist das Rechtsmittel *unzulässig*, ist es zu verwerfen; ist es *unbegründet*, wird es zurückgewiesen. Ist das Rechtsmittel *im Ganzen* begründet, ist die Vorentscheidung aufzuheben. Bei teilweisem Erfolg ist die Vorentscheidung abzuändern und das Rechtsmittel im Übrigen zurückzuweisen. Das angerufene Gericht kann auch den Kostenfestsetzungsbeschluss aufheben und zur erneuten Entscheidung an den Urkundsbeamten der Geschäftsstelle *zurückverweisen*. Im *verwaltungsgerichtlichen* Beschwerdeverfahren kann das Beschwerdegericht die Entscheidung über die Erinnerung aufheben und die Sache zur erneuten Entscheidung an das Verwaltungsgericht oder (gemäß § 173 VwGO iVm einer entsprechenden Anwendung der §§ 572 Abs 3, 573 Abs 1 S 3 ZPO) an den Urkundsbeamten der Geschäftsstelle des Verwaltungsgerichts zurückverweisen.[217]

D 126

Das wird dann der Fall sein, wenn die Sache noch nicht entscheidungsreif ist oder wenn in den bisherigen Entscheidungen nur über den Anspruchsgrund, aber nicht über den Betrag des Erstattungsanspruchs entschieden worden ist (§ 173 VwGO iVm einer entsprechenden Anwendung des § 538 Abs 1 Nr 3 ZPO).[218]

dd) Zurückverweisung

Der Urkundsbeamte der Geschäftsstelle oder das Verwaltungsgericht ist nach Zurückverweisung durch das Beschwerdegericht bei seiner neuen Entscheidung an die *Rechtsauffassung* des zurückverweisenden Gerichts *gebunden*. Das Verbot der Verböserung ist dabei zu beachten (vgl Rdn. D 119). Die Aufhebung einer Entscheidung und die Zurückverweisung bedeutet für den, der den Rechtsbehelf eingelegt hat, dass seine Sache nur unter richtiger Anwendung der materiell-rechtlichen und prozessualen Rechtssätze behandelt werden soll. Das Verböserungsverbot gilt aber auch, wenn die angefochtene Entscheidung trotz teilweiser Anfechtung vom zur Entscheidung berufenen Gericht im Ganzen aufgehoben und die Sache zurückverwiesen worden ist.[219]

D 127

ee) Anschließung

Im Falle der Anschlusserinnerung (Anschlussbeschwerde; vgl Rdn. D 123) hat die Anschließung als prozessuales Angriffsmittel zur Folge, dass der Erinnerungs-(Beschwerde-)gegner die Rechtsstellung

D 128

---

214 FG Köln EFG 1998, 1423.
215 FG Köln EFG 1998, 1423.
216 FG Düsseldorf EFG 1967, 142.
217 VGH München BayVBl 2004, 505 = NVwZ-RR 2004, 309; OVG Münster KostRsp VwGO § 162 Nr 74; VG Münster RVGreport 2004, 157.
218 BVerwG JurBüro 2008, 597 = Rpfleger 2008, 666; OVG Münster KostRsp VwGO § 162 Nr 74.
219 OLG Köln NJW 1975, 2347.

eines Erinnerungs-(Beschwerde-)führers erhält und damit die Abänderung der angegriffenen Entscheidung auch zu seinen Gunsten erreichen kann: Das *Verböserungsverbot* wird beseitigt.[220]

Das zur Entscheidung berufene Gericht hat über die Rechtsbehelfe *einheitlich* zu entscheiden. *Teilentscheidungen* werden als unzulässig angesehen.[221]

Dem ist insoweit zuzustimmen, als eine Teilentscheidung über eine *unselbstständige* Anschlusserinnerung unzulässig ist; denn solange über die Haupterinnerung noch nicht entschieden ist, kann die (unselbstständige) Anschlusserinnerung durch Zurücknahme oder Verwerfung der Haupterinnerung gegenstandslos werden.

Im Übrigen können jedoch nach den Regeln für das Teilurteil auch Teilentscheidungen ergehen.

ff) Kostenentscheidung

D 129   Mit Abschluss jedes anhängigen Verfahrens, auch des Erinnerungs- und des Beschwerdeverfahrens, ist *von Amts wegen* zu entscheiden, wer die Kosten des Verfahrens zu tragen hat (§ 161 Abs 1 VwGO, § 143 Abs 1 FGO, § 193 Abs 1 SGG, § 197 a Abs 1 SGG iVm § 161 Abs 1 VwGO). Und zwar auch dann, wenn das Verfahren gerichtsgebührenfrei ist, aber außergerichtliche Kosten entstehen können. Es kommt grundsätzlich nicht darauf an, ob Kosten entstanden sind. Die Kostenentscheidung stellt nur dem Grunde nach fest, wen die Kostentragungspflicht trifft.[222]

Die Kostenentscheidung ist ausnahmsweise – mangels eines Rechtsschutzbedürfnisses – entbehrlich, wenn *sicher feststeht*, dass weder Gerichtskosten noch außergerichtliche Kosten entstanden sind. Ist ein Beteiligter im Erinnerungsverfahren oder Beschwerdeverfahren durch einen Rechtsanwalt vertreten, fallen regelmäßig Kosten an (§ 18 Nr 5 RVG). Dies gilt auch für Erinnerungsverfahren gegen Kostenfestsetzungsbeschlüsse des Urkundsbeamten der Geschäftsstelle der Verwaltungsgerichtsbarkeit.[223]

Wird die Erinnerung *zurückgenommen*, bevor der Urkundsbeamte der Geschäftsstelle über die Abhilfe entschieden hat, wird er nach Verfahrenseinstellung (entspr § 92 Abs 2 VwGO, § 72 Abs 2 FGO) über die Kosten zu entscheiden haben (§§ 161 Abs 1, 155 Abs 2 VwGO); *im finanzgerichtlichen* Verfahren gem § 144 FGO jedoch nur, wenn ein Beteiligter Kostenerstattung beantragt. Im *sozialgerichtlichen* Verfahren ist in entsprechender Anwendung von § 102 SGG das Verfahren durch Beschluss einzustellen und gem § 193 Abs 1 SGG über die Kosten zu entscheiden. Im finanz- und sozialgerichtlichen Verfahren hat dies aber nur eine geringe Bedeutung, da gemäß § 139 Abs 2 FGO weder die Aufwendungen der Finanzbehörden noch gemäß § 193 Abs 4 SGG die Aufwendungen der Behörden der in § 184 Abs 1 SGG genannten Gebührenpflichtigen erstattungsfähig sind. Denkbar sind aber entsprechende Fallgestaltungen, wenn Beigeladene, Streitgenossen (§ 57 Nr 3 FGO, §§ 74, 75 SGG) am Verfahren beteiligt und deren Kosten für erstattungsfähig erklärt worden sind (§ 139 Abs 4 FGO, § 193 Abs 1 SGG).

10. Festsetzung zu Gunsten des beigeordneten Rechtsanwalts

D 130   In den Verfahrensordnungen der öffentlich-rechtlichen Gerichtsbarkeiten gelten die Vorschriften der ZPO über die Prozesskostenhilfe entsprechend (§ 166 VwGO, § 142 Abs 1 FGO, § 73 a Abs 1 SGG).

Wird dem Beteiligten ein Rechtsanwalt (Steuerberater) beigeordnet, so kann dieser seinen Vergütungsanspruch gegen den Beteiligten nicht geltend machen (§ 122 Abs 1 Nr 3 ZPO). Obsiegt der

---

[220] BVerwGE 9, 143; OVG Berlin NVwZ 1990, 681.
[221] VGH München BayVBl 1962, 250 = VGHE 15, 71.
[222] OVG Koblenz Rpfleger 1983, 124; OVG Bremen JurBüro 1984, 557.
[223] BVerwG AGS 2007, 406 = JurBüro 2007, 534 = RVGreport 2007, 342 m Anm *Hansens*; SG Berlin AGS 2009, 582 = ErbR 2010, 16 m Anm *N Schneider*.

mit der Prozesskostenhilfe begünstigte Beteiligte, kann er die Kosten des Rechtsstreits von dem in die Kosten verurteilten Beteiligten verlangen. Im Falle der Prozesskostenhilfe hat der Rechtsanwalt (Steuerberater) des obsiegenden Beteiligten einen *eigenen Kostenerstattungsanspruch* (§ 126 Abs 1 ZPO). Der Anspruch geht nicht nur auf die Differenz zwischen der aus der Staatskasse zu gewährenden Vergütung (§ 49 RVG) und der Vergütung eines Wahlanwalts, sondern auf die *volle Wahlanwaltsvergütung*.

§ 49 RVG gilt nur für *Wertgebühren*. Er hat keine Bedeutung für sozialgerichtliche Verfahren, in denen gem Nrn 3102, 3106 VV RVG Betragsrahmengebühren anfallen.

Der Rechtsanwalt hat die *Wahl*, ob er die Staatskasse oder den in die Kosten verurteilten Beteiligten in Anspruch nehmen will. Hält er sich an die Staatskasse, geht der Anspruch auf die Staatskasse über (§ 59 RVG), die dann ihrerseits den Betrag vom Unterlegenen einzieht.

Ist dem Unterlegenen ebenfalls Prozesskostenhilfe bewilligt, ergeben sich unterschiedliche Folgen: Dem unmittelbaren Anspruch des Anwalts steht die Prozesskostenhilfe nicht entgegen (§ 123 ZPO), während die Staatskasse den Betrag nicht geltend machen kann (§ 122 Abs 1 Nr 1 b ZPO). In diesem Falle ist der Kostenerstattungsantrag des Rechtsanwalts mangels Rechtsschutzinteresses oder aus allgemeinen Missbrauchserwägungen als unzulässig abzulehnen und an die Staatskasse zu verweisen.[224]

Wegen weiterer Einzelheiten und des Verfahrens vgl Rdn. B 220 ff.

Wegen der Festsetzung der aus der Staatskasse zu erstattenden Vergütung vgl Rdn. H 1 ff.

11. Kostenfestsetzung für und gegen mehrere Beteiligte (Streitgenossen)

a) Gesetzliche Grundlagen

Die öffentlich-rechtlichen Verfahrensordnungen enthalten wie die ZPO in § 100 Regelungen darüber, wer die Kosten trägt, wenn der kostenpflichtige Teil aus mehreren Personen besteht (§ 159 VwGO, § 135 Abs 5 FGO, § 194 SGG). § 159 VwGO und § 194 SGG erklären § 100 ZPO für entsprechend anwendbar, während die Regelungen in § 135 Abs 5 FGO inhaltlich § 100 Abs 1 und 2 ZPO entsprechen. § 159 S 2 VwGO und § 194 S 2 SGG bestimmen ferner, dass dann, wenn das streitige Rechtsverhältnis dem kostenpflichtigen Teil gegenüber nur einheitlich entschieden werden kann, die Kosten den mehreren Personen als Gesamtschuldnern auferlegt werden können.

D 131

Der kostenpflichtige Teil kann aus mehreren Personen bestehen, wenn von Anfang an Streitgenossenschaft vorliegt (§ 64 VwGO, § 59 FGO, § 74 SGG iVm §§ 59 ff ZPO) oder später durch Verbindung verschiedener Verfahren entsteht (§ 93 VwGO, § 73 FGO), außerdem, wenn mehrere Beteiligte oder Beigeladene erstattungspflichtig sind.

Beim *Unterliegen aller Streitgenossen* trägt nach der Grundregel des § 100 Abs 1 ZPO, § 135 Abs 5 S 1 FGO jeder einen *Kopfteil* der Kosten, ohne Rücksicht auf das Maß seiner Beteiligung am Streitgegenstand und ohne für den Kopfteil der anderen zu haften. Dies gilt jedoch nur für die Erstattungspflicht gegenüber dem Gegner; im Verhältnis der unterliegenden Streitgenossen zueinander ist das materielle Recht maßgebend.[225]

Eine *abweichende Verteilung* der Kosten kommt in Betracht bei erheblicher Verschiedenheit der Beteiligung der Streitgenossen am Rechtsstreit (§ 100 Abs 2 ZPO, § 135 Abs 5 S 2 FGO) oder wenn ein Streitgenosse ein besonderes Angriffs- oder Verteidigungsmittel geltend macht (§ 100 Abs 3 ZPO).

---

224 *Lappe* S 213.
225 *Stein/Jonas* Anm 6 zu § 100 ZPO.

D.   Kostenfestsetzung in öffentlich-rechtlichen Streitverfahren

Werden mehrere Beteiligte in der Hauptsache als *Gesamtschuldner* verurteilt, so haften sie auch für die Kostenerstattung als Gesamtschuldner, mit Ausnahme der durch ein besonderes Angriffs- oder Verteidigungsmittel iSd § 100 Abs 3 ZPO verursachten Kosten (§ 100 Abs 4 ZPO).

Eine besondere *Anordnung* der Haftung nach Kopfteilen oder als Gesamtschuldner ist in der Kostenentscheidung nicht erforderlich, wenn die Voraussetzungen des § 100 Abs 1 ZPO (Kopfteile) oder § 100 Abs 4 ZPO (Gesamtschuldner) gegeben sind. Eine *abweichende* Kostenverteilung ist in der Kostenentscheidung *ausdrücklich* auszusprechen. Dies gilt auch bei einer gesamtschuldnerischen Kostentragung nach § 159 S 2 VwGO, § 194 S 2 SGG.[226]

Ebenso wie in der ZPO sind die Fälle *nicht geregelt*, dass
(a) alle Streitgenossen obsiegen oder
(b) einer oder einzelne von mehreren Streitgenossen unterliegen.

b) Obsiegen aller Streitgenossen

D 132   Obsiegen alle Streitgenossen,

▶ Beispiel:

Die Eheleute X klagen gegen die Gemeinde Y wegen der Ablehnung eines Bauantrages. Die Gemeinde wird kostenpflichtig zur Erteilung der Baugenehmigung verurteilt.

ist die materiell-rechtliche Anspruchsgrundlage mangels einer gesetzlichen Regelung umstritten. In der öffentlich-rechtlichen Kommentarliteratur[227] wird angenommen, dass die obsiegenden Streitgenossen regelmäßig Anteilsgläubiger (§ 420 BGB) und nicht Gesamtgläubiger sind. Nach der Entscheidung des BGH,[228] der erstmals zu diesen Fragen Stellung genommen hat, ist aber zu unterscheiden:
(a) Zunächst hat jeder der obsiegenden Streitgenossen einen Anspruch auf Erstattung der *ihm entstandenen* Kosten (§ 162 Abs 1 VwGO, § 139 Abs 1 FGO, § 193 Abs 2 SGG). Das sind die Parteikosten, und wenn jeder Streitgenosse einen Anwalt hatte, die diesem gezahlte oder geschuldete Vergütung.[229]
(b) Waren die Streitgenossen durch *denselben* Anwalt vertreten, kommt es darauf an, ob die Streitgenossen die Anwaltskosten bereits beglichen haben. Dann schuldet jeder den von ihnen – rechtmäßig – *gezahlten* Teil. Der Kostenerstattungsanspruch steht ihnen zu diesem Teil zu. Sie sind mithin insoweit Teilgläubiger (§ 420 BGB).
(c) Soweit die Anwaltskosten *noch nicht gezahlt* sind, kann jeder Streitgenosse die von ihm – rechtmäßig – *geschuldeten* Anwaltskosten verlangen. Soweit die Streitgenossen diese Kosten als Gesamtschuldner schulden (vgl § 7 Abs 2 RVG), sind sie *Gesamtgläubiger* des Anspruchs (§ 428 BGB).

D 133   Für die praktische Umsetzung dieser Fallgestaltungen in der Kostenfestsetzung bedeutet dies, dass es nicht genügt, nur die Kostenfestsetzung der *Gesamtkosten* zu *beantragen*. Der Antrag muss auch das Gläubigerverhältnis nennen. Denn nach der vorgenannten Entscheidung des BGH ist ein

---

226   VGH Kassel ESVGH 22, 90; *Eyermann/Fröhler* Anm 4 zu § 159 VwGO; *Meyer-Ladewig* Anm 4 zu § 194 SGG; **aA**: *Redeker-von Oertzen* Anm 8 zu § 159 VwGO, die eine besondere Anordnung der gesamtschuldnerischen Haftung auch im Falle des § 159 S 2 VwGO nicht für erforderlich halten. Dem kann aber nicht zugestimmt werden. Die Frage, ob ein Rechtsverhältnis mehreren Personen gegenüber nur einheitlich entschieden werden kann, muss der Beurteilung durch das in der Hauptsache erkennende Gericht überlassen bleiben und kann nicht im Kostenfestsetzungsverfahren entschieden werden (VGH Kassel aaO).
227   *Redeker/von Oertzen* Anm 1 zu § 159 VwGO; *Eyermann/Fröhler* Anm 8 zu § 159 VwGO; *Tipke/Kruse* Anm 11 zu § 135 FGO; *Meyer-Ladewig* Anm 2 zu § 194 SGG.
228   Rpfleger 1985, 321 = AnwBl 1985, 524 m Anm *Japes* und *Joswig*; zustimmend *Selb* JZ 1986, 483 [484]; VGH München KommunalPraxis Bayern 2007, 34.
229   VGH München BayVBl 1976, 696.

Kostenfestsetzungsbeschluss, den obsiegende Streitgenossen gemeinsam über einen einheitlichen Betrag erwirken und die dabei denselben Anwalt hatten, dahingehend auszulegen, dass hinsichtlich des Kostenerstattungsanspruchs Gesamtgläubigerschaft vorliegt. Die Nichtbeachtung dieser Rechtslage hat Folgen für die Zwangsvollstreckung. Wird gegen den Kostenerstattungsanspruch eines Streitgenossen aufgerechnet, erlischt bei Teilgläubigerschaft die Gegenforderung nur in Höhe des Teilbetrages. Liegt Gesamtgläubigerschaft vor, hat eine Aufrechnung in voller Höhe Erfolg.

Es ist daher entweder die »Festsetzung der Anwaltsvergütung (= Gesamtbetrag) zu Gunsten der Streitgenossen« zu beantragen »mit der Maßgabe, dass diese Gesamtgläubiger in Höhe von … € (nach Maßgabe der gesamtschuldnerischen Haftung nach § 7 Abs 2 RVG) sind. Die Vergütung ist noch nicht gezahlt.« Oder es ist zu beantragen, »die Anwaltsvergütung (= Gesamtbetrag) zu Gunsten jedes Streitgenossen in Höhe von … € (= gezahlter Teilbetrag) festzusetzen. In dieser Höhe hat jeder die Vergütung gezahlt.«

Wird die Kostenfestsetzung ohne Angabe des Gläubigerverhältnisses beantragt und auf gerichtliche Beanstandung (§ 139 ZPO) hin die Angabe nicht nachgeholt, muss der Antrag richtigerweise als unzulässig abgewiesen werden.

c) Obsiegen und Unterliegen von Streitgenossen

Wenn ein Streitgenosse obsiegt, der andere Streitgenosse unterliegt, führt dies analog § 155 Abs 1 VwGO, § 136 Abs 1 FGO bzw nach § 193 SGG iVm § 92 ZPO zu einer verhältnismäßigen Teilung der Kosten.[230]

D 134

Die Rechtsprechung wendet bei der Umsetzung dieser Fallgestaltung häufig die *Baumbachsche Formel* an.[231]

Hatten die Streitgenossen getrennte Aufwendungen und waren sie auch durch verschiedene Prozessbevollmächtigte vertreten, bereitet dies hinsichtlich der Kostenfestsetzung keine Schwierigkeiten. Jeder Erstattungsberechtigte meldet seine ihm entstandenen oder rechtmäßig geschuldeten Kosten an.

Sehr streitig ist die Frage, wie zu verfahren ist, wenn die *mehreren* Streitgenossen durch *denselben* Anwalt vertreten waren oder sonst gemeinschaftliche Aufwendungen hatten.[232]

Ausgangspunkt ist der für die Kostenfestsetzung geltende Grundsatz, dass es ausreicht, einem Prozessbevollmächtigten rechtmäßig *geschuldete* Gebühren zur Festsetzung anzumelden. Haben Streitgenossen, von denen einer obsiegt und der andere unterliegt, einen gemeinsamen Anwalt, könnte der obsiegende Streitgenosse den vollen Gebührenbetrag anmelden, für den er dem Rechtsanwalt gegenüber gemäß § 7 Abs 2 RVG haftet, mithin »rechtmäßig schuldet«. Der unterliegende Streitgenosse hätte dann nur noch den Restbetrag zu zahlen. Dieses Ergebnis wird überwiegend abgelehnt und verlangt, dass bei der Kostenfestsetzung nur der Betrag zu berücksichtigen sei, für den der Streitgenosse letztlich im Innenverhältnis haftet (§ 7 Abs 2 RVG, § 426 BGB). Zum Meinungsstreit führte vor allem die Entscheidung des BGH[233] mit folgendem Leitsatz:

---

230 *Redeker/von Oertzen* Anm 7 zu § 159 VwGO; *Tipke/Kruse* Anm 5 zu § 135 FGO; *Meyer-Ladewig* Anm 2 zu § 194 SGG; für die ZPO vgl BGHZ 8, 325.

231 *Baumbach/Hartmann* Anm 6 C zu § 100 ZPO; in einem Fall, in dem bei gleich hoher Beteiligung der Beklagte Y siegt, der Beklagte X unterliegt, lautet die Formel: Die Gerichtskosten tragen der Kläger und der Beklagte X je zur Hälfte. Von den außergerichtlichen Kosten trägt der Kläger die des Beklagten Y voll und die Hälfte der eigenen, der Beklagte X die eigenen und die Hälfte der dem Kläger erwachsenen Kosten.

232 Vgl hierzu die Rechtsprechungsnachweise bei KostRsp ZPO § 91 (A) unter 04.01.3.0 und unter § 100 ZPO; ferner VGH Mannheim NJW 1973, 2317; 1975, 1671; OVG Lüneburg AnwBl 1982, 310; OVG Münster KostRsp VwGO § 162 Nr 56; die Beispiele bei *Gruber* DStR 1983, 23 und Rdn. B 377 ff.

233 NJW 1954, 1451 (L) = JurBüro 1969, 941.

»Wenn von mehreren durch einen Rechtsanwalt vertretenen Streitgenossen einer obsiegt, der andere unterliegt, so kann der obsiegende Streitgenosse die ihm erwachsene notwendige Kostenschuld gegenüber dem gemeinsamen Prozessvertreter nach Maßgabe der Kostenentscheidung in voller Höhe erstattet verlangen, ohne dass im Kostenfestsetzungsverfahren die Frage zu erörtern ist, ob der Erstattungsberechtigte selbst diese Kostenschuld erfüllt hat oder – etwa infolge Mittellosigkeit des mithaftenden unterlegenen Streitgenossen – letztlich wird erfüllen müssen. Aus dem Innenverhältnis der Streitgenossen und der sich daraus etwa für die Streitgenossen untereinander ergebenden Ausgleichspflicht kann der prozessuale Kostenschuldner gegenüber dem Erstattungsberechtigten im Kostenfestsetzungsverfahren keine Rechte herleiten.«

Diese Aussage setzt jedoch die folgende, auch vom BGH angewandte *Kostengrundentscheidung* voraus:

▶ Beispiel:

Klage des A gegen B und C. Bezüglich B wird die Klage abgewiesen, während C antragsgemäß verurteilt wird. Kostenentscheidung: Die Gerichtskosten tragen A und C je zur Hälfte. A trägt die außergerichtlichen Kosten des B. C trägt seine eigenen außergerichtlichen Kosten und die außergerichtlichen Kosten des A.

Die Auseinandersetzung geht also darum, ob *in der Kostenfestsetzung* beim Unterliegen eines oder einzelner von mehreren Streitgenossen das Innenverhältnis zu berücksichtigen ist. Im Ergebnis ist aber wie folgt zu verfahren: Obsiegt der eine Streitgenosse, während der andere unterliegt, darf auf das *Innenverhältnis* der Streitgenossen, die einen gemeinsamen Anwalt beauftragt hatten, nur zurückgegriffen werden, wenn die Kostenentscheidung nach der sog *Baumbachschen Formel* ergangen ist, die dem Kläger, der gegen einen Streitgenossen obsiegt und gegen den anderen unterliegt, die Hälfte seiner eigenen außergerichtlichen Kosten auferlegt, weil er mit seiner Klage gegen einen Beklagten abgewiesen worden ist und insofern nur zur Hälfte Erfolg gehabt hat. Hat hingegen nach der Kostengrundentscheidung der unterlegene Streitgenosse die *außergerichtlichen Kosten des Klägers in vollem Umfang* zu tragen, muss der Kläger ohne Rücksicht auf das Innenverhältnis der Streitgenossen die vollen Kosten zu erstatten, die der obsiegende Streitgenosse dem gemeinsamen Anwalt nach § 7 Abs 2 RVG schuldet.[234]

Der BGH hat diese Entscheidung inzwischen aufgegeben[235] und vertritt nunmehr die Auffassung, dass in einem Prozess, in welchem ein Streitgenosse obsiegt hat und ein anderer unterlegen ist und beide durch einen gemeinsamen Anwalt vertreten waren, der obsiegende Streitgenosse grundsätzlich nur den seiner Beteiligung am Rechtsstreit entsprechenden Bruchteil der Anwaltskosten von dem Prozessgegner verlangen kann.[236]

12. Umfang der erstattungsfähigen Kosten

a) Allgemeines

D 135 aa) Gegenstand des Kostenfestsetzungsverfahrens nach Maßgabe der Kostengrundentscheidung sind die *Kosten des Verfahrens* (§ 162 Abs 1 VwGO, § 139 Abs 1 FGO, § 193 Abs 2 SGG).

Das sind die **unmittelbaren Aufwendungen** der Beteiligten, die im Zusammenhang der Führung eines konkreten Rechtsstreits entstanden sind. Nicht erstattungsfähig sind die nur *mittelbaren* Aufwendungen.[237]

---

234 OLG Frankfurt VersR 1985, 1052 (LS); *Lappe* Rpfleger 1980, 263; ferner Anm zu OLG Hamburg KostRsp VwGO § 100 ZPO Nr 19; *Zöller/Schneider* Anm 8 zu § 100 ZPO.
235 JurBüro 2004, 197 = NJW-RR 2003, 1217 = Rpfleger 2003, 537 = LMK 2003, 200 m Anm *Lappe* = BRAGOreport 2003, 210 m Anm *Hansens*.
236 Ebenso VGH Mannheim JurBüro 1994, 224.
237 BFH BStBl II 1969, 398; FG Karlsruhe EFG 1974, 585.

bb) Kosten des Verfahrens (Prozesskosten) sind:
(a) die von den Beteiligten *gezahlten* Gerichtskosten,
(b) die von den Beteiligten *gezahlten* – oder auch nur *geschuldeten* – Vergütungen der Bevollmächtigten oder *Beistände* (§ 162 Abs 2 S 1 VwGO, § 139 Abs 3 S 1 FGO, § 193 Abs 3 SGG),
(c) *sonstige Aufwendungen* der Beteiligten. Diese müssen regelmäßig gezahlt sein. Das sind vor allem *bare* Aufwendungen, wie Porti, Telekommunikations- und Reisekosten, sowie die Zeitversäumnisse durch Wahrnehmung von Terminen (entsprechend § 91 Abs 1 S 2 ZPO).
(d) *Kosten des Vorverfahrens* (§ 162 Abs 1, Abs 2 S 2 VwGO, § 139 Abs 1, Abs 3 S 3 FGO, § 193 Abs 1 SGG).

Zu den Kosten des Vorverfahrens vgl Rdn. D 179 ff.

Das Kostenfestsetzungsverfahren dient der *betragsmäßigen* Ausfüllung der *Kostengrundentscheidung*. Daraus folgt, dass nur solche Kosten in das Kostenfestsetzungsverfahren eingebracht werden können, die in dem der Kostengrundentscheidung vorausgehenden und dieses abschließenden Verfahrens entstanden sind. Besondere Kostenentscheidungen (zB Beschwerdeverfahren innerhalb des Hauptsacheverfahrens) haben zur Folge, dass die diesen besonderen Verfahrensabschnitt betreffenden Kosten von den übrigen Kosten des Hauptsacheverfahrens auszuscheiden sind. Vgl hierzu auch Rdn. B 308.

cc) Im *sozialgerichtlichen* Kostenfestsetzungsverfahren sind auch die durch besondere Entscheidung des Gerichts einem Beteiligten auferlegten **Mutwillenskosten** (§ 192 SGG) festzusetzen, sofern das Gericht nicht bereits in der Entscheidung einen bestimmten Betrag bestimmt hat. Die Vorschrift gilt nur für Verfahren, in denen im Rechtszug weder der Kläger noch der Beklagte zu den in § 183 SGG genannten Personen gehört (§ 197 a Abs 1 SGG).

In der Regel ergeht nur eine Grundentscheidung, zB die Kosten der Wahrnehmung eines bestimmten Termins einer Beweisaufnahme zu erstatten.

Zu den festsetzbaren Kosten kann auch die Gebühr gehören, die Beteiligte nach § 184 SGG zu entrichten haben.[238]

In diesem Falle wird aber die Körperschaft nicht von ihrer Gebührenpflicht befreit. Der Beteiligte, der sie zu erstatten hat, wird nicht Schuldner dieser Gebühr gegenüber dem Gericht, sondern Schuldner eines Schadensersatzanspruches in Höhe des Gebührenbetrages gegenüber der begünstigten Körperschaft.[239]

b) Notwendige Kosten

Zu erstatten sind nicht *alle* Prozesskosten, sondern nur diejenigen, die zur zweckentsprechenden Rechtsverfolgung oder Rechtsverteidigung *notwendig* waren (§ 162 Abs 1 VwGO, § 139 Abs 1 FGO, § 193 Abs 2 SGG). Die »Notwendigkeit« ist ein unbestimmter Rechtsbegriff, daher abstrakt auszulegen und sodann der Sachverhalt zu subsumieren. Es gibt maW nur *eine* rechtmäßige Auslegung und somit nur *ein* richtiges Ergebnis im konkreten Einzelfall.[240]

Notwendig sind (nur) diejenigen Kosten, deren Aufwendung im Rahmen der Prozessführung *sachgemäß* erscheinen musste. Beurteilungsmaßstab ist dabei weder die *subjektive* Auffassung des die Kosten aufwendenden Beteiligten noch eine *objektive* Betrachtungsweise unter dem Gesichtspunkt der späteren *Entscheidungserheblichkeit*. Vielmehr kommt es darauf an, was eine vernünftige – also nicht die konkrete – Partei im Zeitpunkt der Aufwendung für sachgerecht halten durfte. In die

---

238 BSG MDR 1965, 863.
239 *Peters/Sautter/Wolff* Anm 2 zu § 192 SGG; vgl hierzu auch Rdn. D 39 und D 47.
240 *Lappe* S 143.

Beurteilung ist ferner die allgemeine Verkehrsanschauung einzubeziehen, wobei allerdings die jeweiligen Besonderheiten des Einzelfalles zu berücksichtigen sind.[241]

Die Begriffe »zweckentsprechend« und »notwendig« weisen ferner auf die Grundvorstellung des Gesetzgebers hin, dass die Beteiligten verpflichtet sind, die Kosten der Prozessführung, die sie ggf vom Gegner verlangen, so *niedrig* zu halten, wie sich dies mit der vollen Wahrung ihrer prozessualen Belange vereinbaren lässt: Pflicht zur »kostenschonenden« Prozessführung. Kosten, die durch überflüssige oder zwecklose Prozessmaßnahmen entstanden sind, sind nicht zu erstatten.[242]

c) Ergänzung durch § 91 ZPO

D 139   Die Bestimmungen über die erstattungsfähigen notwendigen Kosten werden durch die sinngemäße Anwendung des § 91 ZPO ergänzt (§ 173 VwGO, § 155 FGO, § 202 SGG). Wegen dieser allgemeinen Verweisungsvorschriften bedurfte es keiner vollständigen Regelung aller erstattungsfähigen Kosten in den öffentlich-rechtlichen Prozessordnungen. Es genügte die Aussage, dass die im Zivilprozess vorgesehene Erstattung der zur zweckentsprechenden Rechtsverfolgung oder Rechtsverteidigung notwendigen Aufwendungen eines Beteiligten auch in den öffentlich-rechtlichen Verfahren stattfindet.[243]

Danach umfasst die Kostenerstattung auch die Entschädigung für die durch notwendige Reisen oder durch notwendige Wahrnehmung von Terminen entstandenen *Zeitversäumnisse* (§ 91 Abs 1 S 2 ZPO). Die Höhe der Entschädigung richtet sich nach dem JVEG. Für die Bemessung erstattungsfähiger Parteireisekosten ist § 5 JVEG und für die Zeitversäumnis §§ 19–22 JVEG heranzuziehen. Zur Einschränkung der Entschädigung wegen Zeitversäumnis für Behördenvertreter vgl Rdn. D 142.

d) Parteikosten im Einzelnen

aa) Generalunkosten

D 140   Erstattungsfähig sind die für den Beteiligten durch den Prozess erforderlichen baren Aufwendungen. Nicht erstattet werden die sog Generalunkosten. Das sind die persönlichen und sachlichen Aufwendungen, die die Beteiligten *allgemein* für ihre Teilnahme am Rechts- und Geschäftsverkehr erbringen und nur anteilig auf den konkreten Rechtsstreit umgelegt werden könnten. Auch bei Behörden oder großen Unternehmen, die Rechtsabteilungen unterhalten, ist der entsprechende allgemeine Verwaltungsaufwand selbst dann nicht erstattungsfähig, wenn er für den konkreten Rechtsstreit genau spezifiziert werden könnte.[244]

Zu den nicht erstattungsfähigen Generalunkosten gehören auch die Aufwendungen für die Vorbereitung und Bearbeitung des Prozesses durch den Beteiligten selbst oder dessen Angestellte einschließlich der damit verbundenen Zeitversäumnisse.[245]

---

241 BVerwG Buchholz 310 § 162 VwGO Nr 26; JurBüro 2000, 651; VGH München BayVBl 1980, 157; VGH Mannheim VBlBW 1984, 376; *Neumann* in: *Sodan/Ziekow*, Anm 21 ff zu § 162 VwGO; *Olbertz* in: *Schoch/Schmidt-Aßmann/Pietzner* Anm 15 zu § 162 VwGO; vgl hierzu für den Zivilprozess Rdn. B 360 ff.
242 OVG Münster RiA 1974, 217; KostRsp VwGO § 162 Nr 17; Nr 85; OVG Lüneburg OVGE 24, 398; VGH Mannheim VBlBW 1994, 146; VG Darmstadt HSGZ 1986, 405; *Kopp/Schenke* Anm 1 c zu § 162 VwGO; *Eyermann/Fröhler* Rn. 4 zu § 162 VwGO; *Peters/Sautter/Wolff* Anm 2 zu § 193 SGG.
243 *Hellstab* Anm zu BVerwG Rpfleger 1984, 158 mwN.
244 OVG Lüneburg OVGE 5, 356; OVG Hamburg DVBl 1950, 158; 242; OVG Koblenz ZMR 1963, 126; NJW 1982, 1115; OVG Münster KostRsp § 162 VwGO Nr 149 m Anm *Noll*; VGH Mannheim JurBüro 1990, 1005; Beschl v 11.03.1994 – 4 S 317/94; VG Berlin KostRsp VwGO § 162 Nr 8; VGH München BayVBl 1980, 157; 1966, 324; VG Köln AGS 2000, 88; BFH JurBüro 2015, 313 = Rpfleger 2015, 427.
245 BGHZ 66, 112; VGH München BayVBl 1966, 324; 1975, 291; OVG Lüneburg NJW 1969, 1923 = OVGE 25, 491; VG München RiA 1981, 138; FG Hamburg EFG 1982, 193; *ausnahmsweise* können die

bb) Bare Aufwendungen

Notwendige bare Aufwendungen der Beteiligten sind in der *tatsächlich entstandenen* Höhe **D 141** erstattungsfähig.

Juristische Personen des öffentlichen Rechts und Behörden können gemäß § 162 Abs 2 S 3 VwGO an Stelle ihrer tatsächlichen notwendigen Aufwendungen für Post- und Telekommunikationsdienstleistungen den in Nr 7002 VV zum RVG bestimmten Höchstsatz der Pauschale fordern.[246] Der Behörde steht dabei ein Wahlrecht zu zwischen ihren tatsächlichen notwendigen Auslagen für Post- und Telekommunikationsdienstleistungen und der Pauschale nach Nr 7002 VV. Auf die tatsächliche (ggf unerhebliche) Höhe der Auslagen im Einzelfall kommt es nicht an. Voraussetzung der Geltendmachung der Pauschale ist lediglich, dass überhaupt Aufwendungen für Post- und Telekommunikationsdienstleistungen angefallen sind.[247] Es reicht aus, wenn gerichtlich übersandte Empfangsbekenntnisse per Telefax zurückgesendet werden.[248] Die Pauschale kann für jede Instanz geltend gemacht werden.[249] Ein doppelter Ansatz des Pauschsatzes für das Klageverfahren und das Vorverfahren ist dagegen nicht möglich.[250] Dagegen spricht bereits der Wortlaut des § 162 Abs 2 S 3 VwGO, wonach juristische Personen des öffentlichen Rechts und Behörden anstelle ihrer tatsächlichen Aufwendungen für Post- und Telekommunikationsleistungen den in Nr 7002 VV RVG bestimmten Pauschsatz fordern können. Die Regelung soll es den genannten Stellen ermöglichen, Entgelte für Post- und Telekommunikationsdienstleistungen im Kostenfestsetzungsverfahren pauschal geltend zu machen, ohne umfangreiche Aufzeichnungen und aufwändige Berechnungen durchführen zu müssen.[251] Daraus ergibt sich, dass die Regelung sich nicht nur auf das in § 162 Abs 2 S 2 VwGO angesprochene Vorverfahren bezieht, sondern auf alle in § 162 Abs 1 VwGO genannten notwendigen Aufwendungen dieser Stellen im Gerichtsverfahren einschließlich des Vorverfahrens.[252]

Die Pauschale kann auch das Jugendamt als gesetzlicher Vormund geltend machen, obwohl es nicht Beteiligter ist und die Aufwendungen von ihm selbst und nicht von seinem Mündel getätigt worden sind.[253]

Von den Beteiligten *selbst hergestellte Ablichtungen* sind nur in der Höhe der notwendigen, *tatsächlich entstandenen* Kosten zu erstatten; die Ausnahmeregelungen über die Erstattung gerichtlicher und anwaltlicher Schreibauslagen (GKG KostVerz Nr 9000; Nr 7000 VV RVG) sind nicht anwendbar.[254]

Nicht erstattbar sind grundsätzlich die Kosten für Ablichtungen, die die Beteiligten *ohne gerichtliche Aufforderung* von ihren verfügbaren Unterlagen gefertigt haben. Hierzu gehören zB Ablichtungen

---

Aufwendungen eines anwaltlich nicht vertretenen Beteiligten für die Herstellung von Schriftsätzen durch eine bezahlte Schreibkraft erstattungsfähig sein, wenn und soweit die Partei außer Stande ist oder es ihr – zB wegen des außergewöhnlichen Umfanges – nicht zuzumuten ist, die Schriftsätze selbst herzustellen: OVG Hamburg KostRsp VwGO § 162 Nr 69 = Rpfleger 1984, 329 (LS).

246 Der Begriff der Behörde iSv § 162 Abs 2 S 3 VwGO ist in einem funktionalen Sinn zu verstehen, nicht in einem verfahrensrechtlichen Sinn. Beliehene Unternehmer sind insoweit keine Behörde (VG Minden Beschl v 12.10.2007 – 9 L 629/06).
247 VG Gelsenkirchen JurBüro 2014, 83; VG Berlin AGS 2012, 359; VG Gera JurBüro 2010, 657.
248 VG Weimar AGS 2017, 150.
249 VG Neustadt (Weinstraße) Beschl v 10.02.2014 – 1 K 71/12.NW.
250 VG Gelsenkirchen NVwZ-RR 2009, 624.
251 Vgl BT-Drucks 14/6856 S 14; VG Schleswig AGS 2007, 595.
252 VG Sigmaringen KostRsp VwGO § 162 Nr 298; VG Gelsenkirchen NVwZ-RR 2009, 624; aA: VG Gelsenkirchen NVwZ-RR 2008, 539.
253 VG Berlin KostRsp VwGO § 162 Nr 363.
254 OVG Hamburg KostRsp VwGO § 162 Nr 69 = Rpfleger 1984, 329 (LS); VGH Mannheim KostRsp VwGO § 162 Nr 31; OLG Hamm Rpfleger 1982, 439; BFH JurBüro 2015, 313 = Rpfleger 2015, 427; SG Fulda Beschl v 04.04.2016 – S 4 SF 45/15 E.

von Schriftstücken aus Behördenakten oder von Plänen, die sich in Behördenakten befinden, Ablichtungen einschlägiger Literatur,[255] oder Kosten für Ablichtungen, die die Behörde vor Einreichung ihrer Akten (§ 99 VwGO) an das Gericht zur *eigenen weiteren Information* vornimmt.[256] Eine Erstattungsfähigkeit kann nur dann bejaht werden, wenn aufgrund des Umfangs des Verfahrens und den aufgeworfenen Streitfragen der Inhalt der Behördenakten stets präsent sein muss.[257]

cc) Reisekosten, Zeitversäumnis

D 142   Die Erstattung notwendiger Kosten umfasst auch die Entschädigung für die durch notwendige Reisen oder durch notwendige Wahrnehmung von Terminen entstandenen Reisekosten einschließlich der Zeitversäumnis. Zum Begriff der Reise vgl Rdn. B 447. Die Höhe der Entschädigung richtet sich nach dem JVEG (entsprechend § 91 Abs 1 S 2 ZPO, vgl Rdn. D 139).[258] Hat eine Behörde ihrem Bediensteten als Terminsvertreter bei Gericht nach den beamtenrechtlichen Vorschriften eine Wegstreckenentschädigung für die Benutzung seines privaten PKW zu gewähren, ist diese als notwendiger Aufwand im Sinne der Vorschriften der VwGO erstattungsfähig und nicht der sich aus dem JVEG ergebende Betrag.[259]

Abzulehnen ist die Auffassung des VGH München[260], wonach sich die Höhe der erstattungsfähigen Aufwendungen gemeindlicher Vertreter nicht nach dem ZSEG (jetzt JVEG), sondern nach dem bayerischen Gesetz über die Reisekostenvergütung der Beamten und Richter bemessen soll. Dem widerspricht § 91 Abs 1 S 2 ZPO, der gemäß § 173 VwGO Anwendung findet. Die entsprechende Anwendung des ZSEG für die Kostenerstattung der am Prozess Beteiligten folgt aus dem Grundsatz der Bestimmbarkeit und Voraussehbarkeit der zu erwartenden Prozesskosten. Durch die Anwendung des JVEG wird erreicht, dass sich die Terminwahrnehmungskosten unabhängig von den individuellen Verhältnissen der jeweiligen Beteiligten nur nach den Sätzen des JVEG richten. Eine gleichmäßige Behandlung der Erstattungsvorschriften erfordert auch der Gleichheitssatz (Art 3 GG). Es gibt keine Gründe, die am Verfahren unmittelbar Beteiligten besser zu stellen als die am Verfahren nicht beteiligten Zeugen; eher ließe sich das Gegenteil rechtfertigen. Sind die Entschädigungsbeträge nach dem Reisekostenrecht höher oder sehen Verwaltungsanordnungen über die Benutzung von Dienstwagen höhere Sätze als nach § 5 Abs 2 Nr 1 JVEG vor, gilt dies nicht für gerichtliche Verfahren.

dd) Informationsreisen

D 143   Nach den allgemeinen Grundsätzen (Rdn. D 138) werden in der Tatsacheninstanz stets Reisekosten und Zeitversäumnis des auswärtigen Beteiligten für *mindestens eine* Informationsreise zu ihrem

---

255 VGH Mannheim, Beschlüsse vom 06.03.1974 – IV 347/33 –; vom 28.07.1978 – II 827/76 – und vom 18.01.1973 – VII 1315/72 –, zitiert nach *Scholz* VBlBW 1981, 37 (38); ferner Justiz 1984, 32; FG Nürnberg EFG 1974, 323; VGH München BayVBl 1980, 157; FG Hamburg EFG 1968, 79.

256 OVG Münster KostRsp ZBR 1984, 317; VGH Mannheim KostRsp VwGO § 162 Nr 209; VG Frankfurt/O JurBüro 2008, 654; VG Schleswig SchlHA 1972, 111.

257 VG Potsdam KommJur 2004, 438.

258 BVerwG Rpfleger 1984, 158; VGH München BayVBl 1972, 129; 1974, 595; 1980, 157; VGH Kassel ESVGH 21, 182; OVG Münster NJW 1964, 2128; VG Schleswig SchlHA 1973, 176; FG Hamburg EFG 1982, 193; FG Kassel EFG 1969, 310.

259 VG Gießen Beschl v 03.03.2009 – 6 O 74/09; zur Problematik der Erstattung der Reisekosten von Behördenvertretern im (verwaltungs-)gerichtlichen Kostenfestsetzungsverfahren s. a. die Darstellung von *Neumann* DÖV 2012, 510.

260 BayVBl 1973, 164; 1983, 56.

I. Kostenfestsetzung in der Verwaltungs-, Finanz- und Sozialgerichtsbarkeit D.

auswärtigen Bevollmächtigten anerkannt.[261] Die Erstattungsfähigkeit weiterer Reisen richtet sich nach den Besonderheiten des Einzelfalles.[262]

Dies gilt auch für öffentlich-rechtliche Körperschaften oder Behörden. Diese müssen nicht etwa einen Bediensteten einer am Gericht oder in dessen Nähe befindlichen nachgeordneten Behörde entsenden. Voraussetzung ist aber, dass die notwendigen Informationen nicht in Wort, Schrift und Bild oder durch Lagepläne übermittelt werden können.[263]

ee) Terminsreisen

Aufwendungen der Beteiligen zur Wahrnehmung *gerichtlicher* Termine werden als notwendige Aufwendungen nach Maßgabe des JVEG (vgl Rdn. D 139) regelmäßig erstattet,[264] auch dann, wenn der Beteiligte durch einen Anwalt vertreten, das persönliche Erscheinen nicht vom Gericht angeordnet und auch nicht ohne weiteres sachdienlich ist.[265]   D 144

ff) Behördliche Terminsvertreter

Bei Terminswahrnehmung durch Vertreter einer *Behörde* sind regelmäßig nur die Kosten *eines* Terminsvertreters erstattungsfähig.[266]   D 145

Etwas anderes gilt nur dann, wenn das Gericht auch das Erscheinen eines Fachdezernenten der Behörde angeregt oder wenn es sich von dem anwesenden Fachdezernenten fachliche Einzelheiten erläutern lässt.[267] Die Teilnahme von Fachdezernenten kann geboten sein, wenn die Partei aus der gebotenen ex ante-Sicht davon ausgehen konnte, dass die Terminsanwesenheit jederzeit erforderlich sein würde, um etwaige Fragen des Gerichts zur Aufklärung des Sachverhalts zu beantworten und auf Vorbringen der Gegenseite und auf Äußerungen der angehörten Sachverständigen sofort und sachkundig einzugehen. Ob und in welchem Umfang die Behördenvertreter tatsächlich angehört worden sind, ist unerheblich.[268]

Erstattungsfähig ist jedoch das von der Behörde dem Vertreter der Behörde gezahlte *Tagegeld* (§ 6 JVEG). Das Tagegeld ist eine Aufwandsentschädigung, die der Berechtigte bei Abwesenheit von seiner Wohnung und seinem Tätigkeitsmittelpunkt zum Ausgleich der Mehraufwendungen für Verpflegung erhält. Die Höhe des Tagegeldes bestimmt sich gemäß § 6 Abs 1 JVEG nach § 4 Abs 5 S 1 Nr 5 S 2 EStG.

---

261 OVG Münster NVwZ-RR 1995, 123; VGH München BayVBl 1969, 290, 399; einengend in: BayVBl 1980, 157: nur bei schwierigen Streitsachen; VGH Mannheim JurBüro 1990, 1001; keine Erstattung, wenn die Informationsreise zur Vorbereitung der mündlichen Verhandlung dient; *Eyermann/Fröhler* Rn. 4 zu § 162 VwGO; FG Kassel EFG 1968, 262; *Tipke/Kruse* Rn. 17 zu § 139 FGO mwN.
262 VGH Kassel Beschl v 24.07.2009 – 6 E 856/09; OVG Münster NVwZ-RR 1995, 123: Die Erstattung von mehr als vier Informationsreisen je Instanz kann nur bei außergewöhnlich schwierigen und/oder umfangreichen Streitigkeiten in Betracht kommen.
263 OVG Lüneburg JurBüro 2001, 427 = NVwZ-RR 2001, 414; VGH München BayVBl 1969, 399.
264 VGH München BayVBl 1980, 157; *Eyermann/Fröhler* Rn. 6 zu § 162 VwGO.
265 VGH München BayVBl 1969, 290; VGH Kassel ESVGH 21, 182; DÖV 1976, 607 (LS); einschränkend OVG Lüneburg DÖV 1974, 99, wonach Reisekosten für Behördenbedienstete neben den Reisekosten eines Rechtsanwalts einer Behörde nur dann notwendige Aufwendungen sind, wenn fachliche Kenntnisse von Behördenbediensteten mit besonderer Vorbildung erforderlich sind oder wenn verwaltungspolitische Zusammenhänge besonderer Art vorgetragen werden müssen.
266 VGH München BayVBl 1969, 399; OVG Lüneburg OVGE 29, 374; DÖV 1974, 99; VG Schleswig SchlHA 1973, 176.
267 VGH München BayVBl 1973, 164; VG Schleswig aaO.
268 BVerwG NVwZ-RR 2014, 984 = RVGreport 2015, 143; KostRsp VwGO § 162 Nr 337; OVG Koblenz Beschl v 09.01.2012 – 8 E 11451/11.OVG: Zur Notwendigkeit der Teilnahme eines privaten Sachverständigen an der mündlichen Verhandlung zur Erläuterung seines im Rahmen einer Bauleitplanung der Gemeinde gegenüber erstatteten Gutachtens.

Der Terminsvertreter einer Behörde kann jedoch keine Kostenerstattung für *Zeitversäumnis* geltend machen.[269]

Für diese *enge Handhabung* spricht der völlige Ausschluss der Aufwendungen der Behörden im sozial- und vor allem im finanzgerichtlichen Verfahren, vgl Rdn. D 45 ff, und die darin zum Ausdruck kommende generelle Wertung des Gesetzgebers.

Juristische Personen des öffentlichen Rechts und Behörden haben keinen Anspruch auf Entschädigung für die Zeitversäumnis wegen der Wahrnehmung eines Gerichtstermins vor den Verwaltungsgerichten durch einen Bediensteten.[270] Es entspricht herrschender – unter der Geltung des früheren ZSEG entwickelter – Auffassung, dass juristische Personen des öffentlichen Rechts und Behörden eine Entschädigung für die Zeitversäumnis eines Bediensteten durch die Wahrnehmung eines Gerichtstermins nicht beanspruchen können. Entscheidend wurde darauf abgestellt, dass § 2 Abs 1 S 1 ZSEG nach seinem Wortlaut an einen »Verdienstausfall« und damit an ein durch die konkrete Terminswahrnehmung verursachtes Vermögensopfer anknüpfte. Juristische Personen des öffentlichen Rechts oder Behörden können aber regelmäßig nicht geltend machen, dass ihnen durch die Entsendung eines Beamten oder Angestellten zu einem Verhandlungstermin in einem Rechtsstreit ein solcher finanzieller Nachteil entstanden sei (etwa in Gestalt einer Überstundenvergütung). Die allgemeinen Kosten für diesen Bediensteten haben keinen eindeutig kalkulierbaren Bezug zum konkreten Rechtsstreit, wie ihn § 2 Abs 2 ZSEG voraussetzte.[271] Daran ist auch unter der Geltung des JVEG festzuhalten.

gg) Revisions-, Verkündungstermine

D 146 Reisekosten der Beteiligten zu Gerichtsterminen im *Revisionsverfahren* sind grundsätzlich nicht erstattungsfähig,[272] ebenso zu *Verkündungsterminen*.[273]

hh) Freifahrscheine, aufgehobene Termine

D 147 Bei *Bahnbediensteten* sind die Fahrtauslagen nach Tarif nicht erstattungsfähig, wenn die Deutsche Bundesbahn intern den Mitarbeitern Freifahrscheine aushändigt.[274]

---

269 OVG Münster Beschl v 18.08.2000 – 3 E 596/97; VG Köln AGS 2000, 88; OVG Saarlouis Beschl v 21.08.1996 – 2 Z 1/96; VGH Mannheim NVwZ-RR 1990, 665; OVG Lüneburg NdsRpfl. 1996, 259 = NVwZ-RR 1997, 143; OVG Koblenz NJW 1982, 1115; VG Schleswig aaO; **aA:** VG Karlsruhe KostRsp VwGO § 162 Nr 86, wonach eine Körperschaft des öffentlichen Rechts für die Wahrnehmung eines Gerichtstermins durch ihre Bediensteten Zeitentschädigung verlangen kann (Mindestsatz nach § 2 ZSEG); ferner AG Berlin-Wedding ArchivPF 1982, 278; LG Koblenz ArchivPF 1982, 279; AG Berlin-Charlottenburg ArchivPF 1982, 280 und *Oppeln/Bronikowski* ArchivPF 1982, 273 ff.
270 BVerwG Buchholz 310 § 162 VWGO Nr 40 = JurBüro 2005, 314 = NVwZ 2005, 466 = Rpfleger 2005, 331; BFH JurBüro 2015, 313 = Rpfleger 2015, 427.
271 BVerwG Rpfleger 1984, 158; Rpfleger 1989, 255; BGH NJW 1976, 1256; OVG Lüneburg NVwZ-RR 1997, 143; OVG Koblenz NJW 1982, 1115; VGH Mannheim JurBüro 1990, 1005; **aA:** OLG Stuttgart NJW-RR 1990, 1341; OLG Bamberg JurBüro 1992, 242; OLG Karlsruhe Rpfleger 1993, 484; OLG Hamm NJW-RR 1997, 767; *Olbertz* in: Schoch/Schmidt-Aßmann/Pietzner VWGO § 162 Rn. 21–24; *Belz* in: Münchener Kommentar zur ZPO Bd 1 2. Aufl 2000 § 91 Rn. 81; *von Oppeln-Bronikowski* Rpfleger 1984, 342, jeweils mwN.
272 VGH München BayVBl 1969, 290; OVG Lüneburg JurBüro 1982, 711.
273 BVerwG JurBüro 2012, 371 = RVGreport 2012, 347 m Anm *Hansens*; VGH Mannheim Rpfleger 1989, 301 m Anm *Hellstab*, best. durch BVerfG Beschl v 23.01.1989 – 1 BvR 1526/88; VGH München BayVBl 1976, 317 = VerwRsp 28, 236; aus der Entscheidung BVerfGE 36, 308 kann Gegenteiliges nicht hergeleitet werden. Das BVerfG hat seine Entscheidung ausdrücklich auf die Besonderheiten des verfassungsgerichtlichen Verfahrens abgestellt.
274 **AA:** VGH Kassel ESVGH 3, 254; VGH München BayVBl 1969, 399.

I. Kostenfestsetzung in der Verwaltungs-, Finanz- und Sozialgerichtsbarkeit **D.**

Entstandene Reisekosten aus der Wahrnehmung eines *fehlerhaft anberaumten* Termins sind zu erstatten, ebenso wie die Reisekosten eines Terminsvertreters, wenn die Terminsaufhebung dem Terminsvertreter unverschuldet nicht mehr rechtzeitig vor der Abfahrt erreichte.[275]

ii) Wahrnehmung verschiedener Termine

Hat ein Beteiligter zur Wahrnehmung mehrerer Termine in verschiedenen Streitsachen Reisekosten aufgewendet, kann er diese Aufwendungen *von jedem* der unterlegenen Gegner, soweit die Kosten auch in deren Sache allein entstanden wären und zur zweckentsprechenden Rechtsverfolgung oder Rechtsverteidigung notwendig waren, in *voller Höhe* erstattet verlangen, im ganzen aber nur einmal.[276]   D 148

Zu weiteren Einzelfragen bei Erstattung der Reisekosten der Beteiligten vgl Rdn. B 447 ff.

jj) Privatgutachten

Die Kosten für ein von einem Beteiligten eingeholtes privates Gutachten sind mit Rücksicht darauf, dass jeder Beteiligte gehalten ist, die Kosten so niedrig wie möglich zu halten, nur *in Ausnahmefällen* erstattungsfähig. Die Einholung eines Privatgutachtens ist nur dann als notwendig anzuerkennen, wenn die Partei mangels genügender eigener Sachkunde ihr Begehren tragende Behauptungen nur mit Hilfe des eingeholten Gutachtens darlegen oder unter Beweis stellen kann. Außerdem ist der jeweilige Verfahrensstand zu berücksichtigen: Die Prozesssituation muss das Gutachten herausfordern, und dessen Inhalt muss auf die Verfahrensförderung zugeschnitten sein.[277] Zu berücksichtigen ist hierbei, dass entweder die Behörde im Verwaltungsverfahren oder das Gericht im gerichtlichen Verfahren die erforderlichen Beweise von Amts wegen erhebt. Die Anforderungen an die Erstattungsfähigkeit der Kosten eines während des gerichtlichen Verfahrens eingeholten Privatgutachtens sind dabei strenger zu beurteilen.[278]   D 149

Die Aufwendungen für ein Privatgutachten, das ohne das Bestehen einer prozessualen Notlage eingeholt und in den Prozess eingeführt wurde, sind auch dann nicht erstattungsfähig, wenn der Prozessgegner und das Gericht auf das Gutachten eingehen, es sich also nachträglich als nützlich erweist oder gar weitere Beweiserhebungen erübrigt. Ist die Behörde im Ausgangsverfahren in rechtswidriger Weise vorliegenden fachlichen Stellungnahmen nicht gefolgt, die einem Widerspruchsführer günstig sind und die er für ausreichend hält, ist er nicht gehalten, Privatgutachten zu beauftragen, sondern hat das rechtswidrige behördliche Vorgehen im Widerspruchsverfahren zu beanstanden und notfalls den Rechtsweg zu beschreiten.[279]

Da das Gericht den Sachverhalt von Amts wegen zu erforschen hat, unterliegt es grundsätzlich seiner Entscheidung, ob die von den Beteiligten angeführten Tatsachen begutachtungsbedürftig und der Beweisaufnahme durch Einholung eines Sachverständigengutachtens zuzuführen sind. Es wird daher in aller Regel die Anregung, ein Sachverständigengutachten einzuholen – gegebenenfalls

---

275 VGH Kassel DÖV 1976, 607 (LS); OVG Lüneburg OVGE 28, 374.
276 OVG Münster OVGE 22, 19 = NJW 1966, 1051 mwN; *Baumbach/Lauterbach* Anm 5 zur § 91 ZPO, Stichwort: »Mehrheit von Prozessen«; **aA**: FG Kassel EFG 1969, 310, das unter Heranziehung des Rechtsgedankens in § 29 BRAGO die Auffassung vertritt, dass die erstattungsfähigen Aufwendungen nach dem Verhältnis der Kosten zu verteilen sind, die bei gesonderter Verhandlung der einzelnen Rechtssachen entstanden wären.
277 BVerwG JurBüro 2012, 371 = RVGreport 2012, 347 m Anm *Hansens*; JurBüro 2009, 94; AGS 2001, 273 = NVwZ 2001, 919; OVG Lüneburg JurBüro 2003, 314; VGH Mannheim DÖV 2015, 492 LS = JurBüro 2015, 311 = Justiz 2015, 214; VGH München Beschl v 27.07.2011 – 22 M 10.2119.
278 VGH München BayVBl 1999, 762 = NVwZ-RR 1999, 614; BayVBl 1973, 193; 1972, 615 (im Widerspruchsverfahren eingeholtes Privatgutachten); VGH Mannheim NVwZ-RR 1998, 691 (im einstweiligen Rechtsschutzverfahren eingeholtes Gutachten); FG Kassel EFG 1969, 254.
279 OVG Lüneburg JurBüro 2016, 652.

unter gleichzeitiger Benennung eines geeigneten Gutachters – zur sachgerechten Wahrnehmung der Parteiinteressen ausreichen, die Einholung eines Privatgutachtens also nicht erforderlich sein.[280] Demgegenüber können aber Aufwendungen für private Gutachten erstattungsfähig sein, wenn in einem durch besondere Komplexität gekennzeichneten fachplanungsrechtlichen Großverfahren die Kläger nur durch die Beiziehung von Sachverständigen in die Lage versetzt werden, die Tatsachenbasis des Planfeststellungsbeschlusses und die zugrunde liegenden gutachterlichen Ergebnisse derart in Zweifel zu ziehen, dass das Gericht Veranlassung für eine eigene Beweiserhebung sehen musste.[281]

Andererseits ist der fachlich nicht versierte Laie nicht davon entbunden, sich selbst sachkundig zu machen. Seine Mitwirkungspflicht im Prozess kann dies vielmehr verlangen. Notfalls muss er sich der Hilfe eines selbst in Auftrag gegebenen Sachverständigengutachtens bedienen. Dessen Kosten können erstattungsfähig sein.[282]

Ausnahmsweise können die Kosten für ein Privatgutachten erstattungsfähig sein, wenn es sich um *schwierige*, fachliche, insbesondere *technische* Fragen handelt, zu denen eine nicht genügend sachkundige Partei Stellung nehmen muss, um ihre Interessen ausreichend wahrzunehmen. Hierbei ist auch der Gesichtspunkt der »Waffengleichheit« zu berücksichtigen, wenn die gegnerische Behörde jederzeit auf technisch ausgebildete Bedienstete zurückgreifen kann, um dem Kläger entgegenzutreten[283] bzw wenn also der Beteiligte mangels genügender eigener Sachkunde tragende Behauptungen nur mit sachverständiger Hilfe darlegen kann und die Prozesssituation das Gutachten herausfordert und dessen Inhalt auf die Verfahrensförderung zugeschnitten ist.[284] Im einstweiligen Rechtsschutzverfahren ist die Einschränkung des gerichtlichen Amtsermittlungsgrundsatzes und die gesteigerte Darlegungslast der Beteiligten zu berücksichtigen.[285] So können die Kosten eines Privatgutachtens im Fall einer Notlage unter Beweissicherungsgesichtspunkten erstattungsfähig sein.[286]

Die Kosten für ein von der *Behörde* eingeholtes Sachverständigengutachten sind nicht erstattungsfähig, wenn sie nicht in direktem, unmittelbarem Zusammenhang mit einem Gerichtsverfahren stehen, sondern zum Ermittlungsaufwand im Rahmen des (allgemeinen) Verwaltungsverfahrens

---

280 VGH Mannheim RVGreport 2017, 184 m Anm *Hansens*; VBlBW 1996, 375 = Justiz 1997, 150; VGH München BayVBl 1975, 711.
281 BVerwG JurBüro 2008, 597 = Rpfleger 2008, 666 = RVGreport 2008, 397 m Anm *Hansens*.
282 BVerwG NVwZ 1993, 268; VGH Mannheim NVwZ-RR 1998, 690: ähnlich für die nicht selbst hinreichend sachkundige Behörde; OVG Münster KostRsp § 162 VwGO Nr 340: fachwissenschaftliches Gutachten in einem Prüfungsrechtsstreit.
283 VGH Mannheim NVwZ-RR 2002, 315; VGH München BayVBl 1972, 248; 1973, 193; 1975, 279, 711; 1977, 701; 1980, 298; NVwZ-RR 1997, 499; 2002, 316; VGH Kassel HessVGRsp 1973, 13; OVG Lüneburg AnwBl 1984, 322; OVG Münster NVwZ-RR 2002, 902: Zur Notwendigkeit der Einholung eines Privatgutachtens betreffend die Immissionsprognose zu einer Hofstelle mit Intensivtierhaltung; OVG Münster AGS 2002, 60; etwas einengend OVGE 33, 90 = KostRsp VwGO § 162 Nr 3 m Anm *Noll*: wenn sich der die Kosten aufwendende Beteiligte in einer prozessualen Notlage befunden hat, in der es ihm unausweislich erscheinen musste und angesichts eines ungewöhnlichen Verfahrensablaufs objektiv gerechtfertigt war, zur sachgerechten Wahrnehmung seiner Interessen unaufgefordert auch erhebliche kostenintensive Maßnahmen zu ergreifen; VGH Mannheim Justiz 1984, 145 (Zuziehung eines Sachverständigen zu einer Verhandlung); BFHE 101, 484 = BStBl II 1971, 400; FG Münster EFG 1968, 219; FG Kassel EFG 1968, 583 (Gutachten über Einzelfragen des Buchnachweises steuerbegünstigter Großhandelsumsätze im Rahmen eines maschinellen Buchungssystems); *Peters/Sautter/Wolff* Anm 2 a zu § 193 SGG unter Bezugnahme auf LSG Celle SGb 1968, 340 = Breithaupt 1968, 803; BayerVerfGH NJW 1963, 2164 (Kosten für ein Gutachten eines Rentenberechnungsinstituts nicht notwendig); VGH München JurBüro 2014, 308; JurBüro 2014, 372 (Privatgutachten in einem wasserrechtlichen Verfahren zur Entgegnung auf die Stellungnahme des Wasserwirtschaftsamtes als amtlicher Sachverständiger).
284 BVerwGE 112, 263 = NVwZ 2001, 919; OVG Lüneburg JurBüro 2003, 314 = NVwZ-RR 2002, 703.
285 OVG Lüneburg JurBüro 2014, 201 = NJW 2014, 49; NJW 2012, 1828.
286 OVG Greifswald NordÖR 2005, 65.

gehören;[287] ferner nicht die Kosten einer auf Anforderung der Verwaltungsbehörde erfolgten eignungstechnischen Begutachtung zur Vorbereitung eines Fahrerlaubnisverfahrens.[288]

Dagegen sind die Kosten eines *vor Klageerhebung* eingeholten Privatgutachtens erstattungsfähig, wenn es eingeholt wurde, um ein Gutachten der Gegenseite zu widerlegen und um hinreichend substantiiert und mit genügender Erfolgsaussicht Klage erheben zu können (sog »Substantiierungsgutachten«).[289]

Die Einholung eines Privatgutachtens bereits im *Verwaltungsverfahren* ist regelmäßig nicht notwendig.[290] Ein Ausnahmefall im Verwaltungsverfahren, in welchem Aufwendungen für private, also nicht vom Gericht bestellte Sachverständige erstattungsfähig sind, kann dann gegeben sein, wenn ein Kläger in Fallkonstellationen, in denen das Nachvollziehen von Berechnungen oder technischen oder ökologischen Zusammenhängen einen mit der Materie nicht vertrauten Laien überfordert, zur Erfüllung seiner prozessualen Mitwirkungspflicht, sich selbst sachkundig zu machen, ein Sachverständigengutachten in Auftrag gibt und dies zum Zwecke der Substantiierung seiner Klage im gerichtlichen Verfahren vorlegt.[291]

Nicht erstattungsfähig sind auch Aufwendungen, die ein (beigeladener) Vorhabensträger eines planfestgestellten Vorhabens für die Hinzuziehung von Sachverständigen während des Verwaltungsprozesses getätigt hat. Es handelt sich in der Regel um nicht erstattungsfähige »nachgelagerte Planungskosten«.[292] Ferner Gutachterkosten, die ein beigeladener Vorhabensträger für die Beiziehung eines Privatsachverständigen in der mündlichen Verhandlung aufgewendet hat, um die streitbefangene Planung im gerichtlichen Klageverfahren zu verteidigen.[293]

Die Kosten für die Einholung eines Privatgutachtens, das im *Verfahren des vorläufigen Rechtsschutzes* und für die Klage im *Verfahren der Hauptsache* Bedeutung erlangt hat, sind im Rahmen der Kostenfestsetzung grundsätzlich dem Hauptsacheverfahren zuzuordnen.[294] In baunachbarrechtlichen Streitigkeiten können die Kosten für ein vom Nachbarn privat eingeholtes Lärmgutachten jedenfalls dann bereits im Rahmen des Eilverfahrens erstattungsfähig sein, wenn mit diesem die Hauptsache praktisch vorweggenommen wird.[295] Jedenfalls ist in Verfahren des vorläufigen Rechtsschutzes die Einschränkung des gerichtlichen Amtsermittlungsgrundsatzes und die gesteigerte Darlegungslast der Beteiligten zu berücksichtigen.[296] Die Erstattungsfähigkeit der Kosten für ein von einem Prozessbeteiligten eingeholtes Privatgutachten richtet sich der Höhe nach nicht unmittelbar nach den Vergütungssätzen des JVEG.[297] Die Stundensätze des JVEG sind jedoch als Richtlinie anzusehen, auf deren Grundlage der privatrechtlich vereinbarte Stundensatz einer Plausibilitätsprüfung zu unterziehen ist.[298]

---

287 VGH München BauR 2008, 1127 = NVwZ-RR 2008, 738; VGH Mannheim Justiz 1982, 380 = VBlBW 1982, 365.
288 OVG Lüneburg OVGE 24, 476 = NJW 1969, 573.
289 OVG Lüneburg aaO.
290 OVG Lüneburg NdsRpfl 2007, 83.
291 VGH Kassel Beschl v 20.04.2011 – 11 F 90/11.
292 OVG Lüneburg JurBüro 2012, 205.
293 VGH München BayVBl 2010, 477 = NwZ-RR 2010, 663.
294 BVerwG Buchholz 310 § 162 VwGO Nr 43 = NJW 2007, 453.
295 OVG Lüneburg Beschl v 02.04.2012 – 1 OA 48/12.
296 OVG Lüneburg JurBüro 2014, 201 = NJW 2014, 495; VGH München NVwZ-RR 2001, 69.
297 BGH JurBüro 2007, 317 = Rpfleger 2007, 285 = RVGreport 2007, 279 m Anm *Hansens*; KG Rpfleger 2012, 583 = RVGreport 2012, 429; OVG Lüneburg JurBüro 2014, 201 = NJW 2014, 495; VGH München Beschl v 07.04.2011 – 22 C 10.1854.
298 KG Rpfleger 2012, 583 = RVGreport 2012, 429.

kk) Rechtsgutachten

D 150 Die Kosten für ein vorprozessual zur Beurteilung der Erfolgsaussichten einer Klage privat eingeholtes anwaltliches Rechtsgutachten sind regelmäßig nicht erstattungsfähig.[299] Davon abzugrenzen sind die Kosten einer anwaltlichen Beratung im Hinblick auf die Frage, ob eine Klage erhoben werden soll, wenn die Einholung des Rats notwendig und sachgerecht war. Nicht erstattungsfähig sind auch die Kosten für ein von einem Beteiligten vorgelegtes Rechtsgutachten über Fragen des inländischen Rechts,[300] auch nicht, wenn die entscheidende Rechtsfrage besonders schwierig und höchstrichterlich noch nicht geklärt ist; es sei denn, es handelt sich um ferner liegende Rechtsfragen aus Sondergebieten.[301]

Zur Erstattungsfähigkeit der Kosten für Privatgutachten vgl ferner Rdn. B 405 ff.

ll) Bürgschaftsprovision

D 151 Provisionen (Avalprovisionen) für Bürgschaften, durch die dem Finanzamt Sicherheit zur Abwendung der Vollziehung eines Abgabenbescheides geleistet wird, sind nicht erstattungsfähig.[302]

Gegenstand der Kostenfestsetzung sind die auf Grund der Kostengrundentscheidung zu erstattenden Kosten des Verfahrens. Die Aussetzung der Vollziehung erfolgt in einem rechtlich getrennten und selbstständigen Verfahren, das auch mit einer gesonderten Kostenentscheidung endet. Deshalb kann die Avalprovision allenfalls als Aufwendung für das Verfahren auf Aussetzung der Vollziehung und nicht als Aufwendung für den Rechtsstreit in der Hauptsache angesehen werden.[303]

Mithin kann hier auch die zivilgerichtliche Rechtsprechung über die Erstattungsfähigkeit der Avalprovision keine Anwendung finden, denn dort wird die Sicherheitsleistung zur Abwendung einer Vollstreckung aus einem Titel der Hauptsache erbracht. Damit ist jedoch die materielle Rechtsfrage, ob die Rechtswidrigkeit des angefochtenen Bescheids die Behörde zur Erstattung verpflichtet, nicht verneint.

mm) Mediation

D 151a Zu den Kosten des Verfahrens zählen auch die Kosten der Verfahrensbeteiligten anlässlich einer gerichtlichen oder gerichtsnahen Mediation anfallenden Kosten. Die Kosten umfassen auch die zur Wahrnehmung des Mediationstermins entstandenen Reisekosten für die Parteien und deren Prozessbevollmächtigten sowie die Parteiauslagen und das Abwesenheitsgeld ihrer Prozessbevollmächtigten.[304]

e) Vertretung durch Bevollmächtigte

aa) Allgemeines

D 152 Die öffentlich-rechtlichen Prozessordnungen haben die Erstattung von Aufwendungen für Bevollmächtigte nicht völlig einheitlich geregelt. Nach § 162 Abs 2 S 1 VwGO sind im *verwaltungsgerichtlichen* Verfahren die Gebühren und Auslagen eines Rechtsanwalts oder eines Rechtsbeistands,

---

299 OVG Lüneburg NJW 2010, 1301.
300 BVerwG JurBüro 1991, 1696 = Rpfleger 1991, 388; VGH München BayVBl 1986, 541; FG Münster EFG 1968, 219 (Verfassungsrecht).
301 VGH München VGHE 20, 23 (deutsches Hochschulrecht kein Sondergebiet).
302 BFHE 104, 508 = BStBl II 1972, 429; 105, 330 = BStBl II 1972, 573; FG Hamburg EFG 1971, 34; FG Kassel EFG 1997, 179; FG Köln EFG 2001, 654; FG Düsseldorf EFG 1970, 130.
303 BFHE 136, 65 = BStBl II 1982, 602 = HFR 1982, 465; FG Hamburg aaO; FG Köln EFG 2000, 232; FG Karlsruhe EFG 1996, 997; **aA:** FG Karlsruhe EFG 2007, 783 = JurBüro 2007, 107.
304 OVG Lüneburg JurBüro 2012, 86; VG Stuttgart JurBüro 2012, 151 = Rpfleger 2012, 291; OVG Greifswald NordÖR 2006, 299; VGH Kassel ZKM 2008, 61.

in Abgabensachen auch die nach § 67 Abs 2 S 2 Nr 3 VwGO zur Vertretung Befugten, stets erstattungsfähig; nach § 139 Abs 3 S 1 FGO im *finanzgerichtlichen* Verfahren die gesetzlich vorgesehenen Gebühren und Auslagen eines Bevollmächtigten oder Beistandes, der nach den Vorschriften des Steuerberatungsgesetzes zur geschäftsmäßigen Hilfeleistung befugt ist; und nach § 193 Abs 3 SGG im *sozialgerichtlichen* Verfahren die gesetzlichen Gebühren und die notwendigen Auslagen eines Rechtsanwalts oder eines Rechtsbeistands. § 139 Abs 3 S 2 FGO bestimmt ferner, dass Aufwendungen für einen Bevollmächtigten oder Beistand, für den Gebühren und Auslagen gesetzlich nicht vorgesehen sind, bis zur Höhe der gesetzlichen Gebühren und Auslagen der Rechtsanwälte erstattet werden. Nach § 139 Abs 3 S 4 FGO ist eine Kostenerstattung ausgeschlossen, wenn der Bevollmächtigte in einem Angestelltenverhältnis zu einem Beteiligten steht.

Die ausdrückliche Aufzählung eines bestimmten Kreises von Bevollmächtigten bedeutet, dass deren Gebühren und Auslagen stets erstattungsfähig sind, dh, es ist nicht zu prüfen, ob die Zuziehung eines Bevollmächtigten zur zweckentsprechenden Rechtsverfolgung *notwendig* war (Prinzip des § 91 Abs 2 S 1 ZPO).[305] Dieser Grundsatz gilt auch zu Gunsten von Körperschaften des öffentlichen Rechts und von Behörden, die über Mitarbeiter mit der Befähigung zum Richteramt verfügen.[306] Die Erstattungsfähigkeit hängt auch nicht von dem Schwierigkeitsgrad der streitgegenständlichen Sach- und Rechtsfragen ab; dies gilt auch bei Routineangelegenheiten, die zum juristischen Alltag gehören.[307]

Es steht im Belieben des Beteiligten, ob er sich vertreten lassen will. Hat er das getan, sind die *dadurch* entstandenen Kosten zu erstatten; ob die über die Vertretung hinausgehenden *Prozesshandlungen* und damit die durch sie ausgelösten Gebühren *notwendig* waren, ist eine ganz andere Frage.

Nicht anerkannt werden kann die Erstattung von Kosten eines Rechtsanwalts, Rechtsbeistandes usw nur, wenn die Zuziehung gegen Treu und Glauben verstößt, insbesondere offensichtlich nutzlos und objektiv nur dazu angetan ist, dem Gegner Kosten zu verursachen.[308]

Voraussetzung der Erstattung ist jedoch weiter, dass der Beteiligte *rechtlich zulässig* vertreten war.

bb) Verwaltungsgerichtsprozess

Im Verwaltungsgerichtsprozess ist dies der Fall bei Vertretung durch einen *Rechtsanwalt* oder einen *Rechtsbeistand*. Rechtsbeistand iS dieser Vorschrift ist nur, wem nach Art 1 § 1 RBerG aF (id Gesetzesfassung vor dem 18.08.1980) erteilt worden ist. Durch das 5. BRAGOÄndG v 18.08.1980 (BGBl I S 1503) wurde der Beruf des Rechtsbeistands geschlossen und die Erlaubnismöglichkeiten nach dem RBerG auf die in Art 1 § 1 Abs 1 S 2 RBerG enumerativ aufgezählten Rechtsgebiete beschränkt. Nach dieser Berufsschließung wurden keine neuen Erlaubnisse für Rechtsbeistände erteilt. Die Erlaubnisinhaber waren berechtigt, weiterhin die Berufsbezeichnung Rechtsbeistand zu führen. Das RBerG wurde durch das Rechtsdienstleistungsgesetz v 12.12.2007 (BGBl I S 2840) abgelöst. Nach § 4 Abs 1 RDGEG erhalten die nicht verkammerten Rechtsbeistände die Vergütung nach dem RVG. Für Kammerrechtsbeistände gilt das RVG unmittelbar.[309]

D 153

---

305 FG Karlsruhe EFG 1984, 185.
306 OVG Berlin NVwZ-RR 2013, 782; OVG Münster Beschl v 01.12.2011 – 17 E 1169/11.
307 OVG Münster Beschl v 01.12.2011 – 17 E 1169/11.
308 OVG Berlin JurBüro 2001, 368 = NVwZ-RR 2001, 613; dasselbe gilt grds für eine Hochschule bei einer gegen sie angestrengten nicht offensichtlich aussichtslosen Verpflichtungsklage, OVG Berlin JurBüro 2001, 369 = NVwZ-RR 2001, 613; OVG Lüneburg NVwZ-RR 2004, 155; VGH Mannheim DÖV 2005, 391 = NJW 2005, 2473; OVG Münster Beschl v 01.12.2011 – 17 E 1169/11.
309 VGH Mannheim ESVGH 13, 95. Dies gilt unabhängig davon, dass Rechtsbeistände nicht iSv § 67 Abs 1 S 1 VwGO in Verfahren vor dem OVG/VGH und BVerwG vertretungsberechtigt sind, und zwar auch dann nicht, wenn sie Mitglied einer Rechtsanwaltskammer sind (VGH Mannheim NJW 1998, 1330; vgl auch BVerwG Buchholz 427.3 § 341 LAG Nr 1).

Aufwendungen für einen Bevollmächtigten, der, ohne als Rechtsbeistand zugelassen zu sein, geschäftsmäßig eine fremde verwaltungsgerichtliche Angelegenheit besorgt hat, sind daher nicht erstattungsfähig.[310]

Die Vertretung durch Bevollmächtigte nach § 67 Abs 2 S 2 Nr 3 VwGO (ua Steuerberater, Steuerbevollmächtigte, Wirtschaftsprüfer) ist nur zulässig und damit seine Vergütung nur erstattungsfähig, wenn der Verwaltungsrechtsstreit eine *Abgabensache* betrifft. Abgabenangelegenheiten iS dieser Vorschrift sind nur Rechtsstreitigkeiten betreffend Steuer- und Monopolsachen nach § 1 Abs 1 StBerG. Ausgeschlossen ist die Vertretung in Streitigkeiten um sonstige Abgaben, weil sich darauf die berufsrechtliche Zulassung der Steuerberater zur Rechtsberatung nicht bezieht (vgl §§ 32 Abs 1, 33 StBerG).[311] Die Beurteilung der Frage, ob eine zulässige Vertretung in einer Steuersache vorliegt, richtet sich nach § 1 StBerG. Die dort genannten Fälle der Hilfeleistung darf geschäftsmäßig nur von dem in §§ 2, 3 StBerG genannten Personenkreis ausgeübt werden. Die Abgrenzung, ob eine Verwaltungs- oder Steuersache vorliegt, ist in Einzelfällen streitig. So darf ein Steuerberater in einem Verwaltungsverfahren, das die Erteilung einer Investitionszulagenbescheinigung nach § 4 a Abs 1 InvZulG 1975 betrifft, nicht beratend tätig werden,[312] auch nicht im Rechtsstreit eines Grundstückseigentümers wegen der Heranziehung zu einem Beitrag nach § 8 KAG.[313]

cc) Finanzgerichtsprozess

D 154   Im finanzgerichtlichen Verfahren auftretende Bevollmächtigte oder Beistände müssen nach den Vorschriften des StBerG (§§ 3, 4) zur geschäftsmäßigen Hilfeleistung in Steuersachen befugt sein. Die Regelungen enthalten einen abschließenden Katalog der befugten Personen. Beistände iS von § 139 Abs 3 S 1 FGO sind zur Hilfeleistung in Steuersachen befugte Personen, die den Kläger im Prozess oder im Vorverfahren unterstützen, ohne ihn zu vertreten. Beistand kann auch durch das Anfertigen von Schriftsätzen oder durch Gutachten geleistet werden. Unerheblich ist, ob der Kläger oder der Beistand den Schriftsatz unterzeichnet.[314]

Im Gegensatz zum verwaltungsgerichtlichen Verfahren kann im finanzgerichtlichen Verfahren auch eine *juristische Person* als Bevollmächtigte auftreten.[315]

Steht ein Bevollmächtigter/Beistand in einem Angestelltenverhältnis zu einem Beteiligten, so werden keine Gebühren erstattet (§ 139 Abs 3 S 4 FGO). Für die Qualifizierung des »Angestellten« sind arbeitsrechtliche Gesichtspunkte maßgebend.[316]

dd) Sozialgerichtsprozess

D 155   Da im sozialgerichtlichen Verfahren ebenfalls die Gebühren und Auslagen eines Rechtsanwalts oder Rechtsbeistands stets zu erstatten sind, gilt das zu oben Rdn. D 153 Gesagte.

---

310   VGH Mannheim aaO.
311   OVG Münster DÖV 2005, 527.
312   BVerwG NJW 1985, 1972 = AnwBl 1985, 539 = Rbeistand 1986, 69 m Anm *Hoechstetter*; VGH Kassel AnwBl 1982, 535.
313   OVG Münster DWW 1981, 100.
314   *Tipke/Kruse* Rn. 23 zu § 139 FGO.
315   OVG Berlin NJW 1974, 2254; OVG Koblenz NJW 1980, 1866; *Eyermann/Fröhler* Rn. 11 zu § 67 VwGO; BFHE 95, 366 = BStBl II 1969, 435 = BB 1969, 860; **aA**: FG Kiel EFG 1986, 245; vgl hierzu auch *Horn* BB 1986, 1622.
316   *Tipke/Kruse* aaO.

I. Kostenfestsetzung in der Verwaltungs-, Finanz- und Sozialgerichtsbarkeit D.

ee) Sonstige Bevollmächtigte

Neben dem in § 162 Abs 2 S 1 VwGO, § 139 Abs 3 S 3 FGO, § 193 Abs 3 SGG genannten Personenkreis können sich Beteiligte auch durch sonstige Personen im Rechtsstreit vertreten lassen (vgl § 67 VwGO, § 62 FGO, § 73 SGG).[317]

D 156

Ob die diesen Bevollmächtigten entstandenen Kosten erstattungsfähig sind, hängt von der Frage ab, ob die Vertretung ohne Verstoß gegen das RDG oder StBerG zulässig war. Auf die Zurückweisung des Bevollmächtigten durch das Gericht wegen unzulässiger Vertretung kommt es nicht an. Der Urkundsbeamte hat selbstständig zu entscheiden, ob ein Erstattungsanspruch wegen Nichtigkeit des Geschäftsbesorgungsvertrages (§ 134 BGB) ausgeschlossen ist. Die Vorschriften über die Prozessvertretung lassen die Bestimmungen des RDG oder des StBerG unberührt.[318]

ff) Verbandsvertreter

Im *sozialgerichtlichen* Verfahren sind auch die an die privilegierten Verbände (§ 73 Abs 2 Nr 7, 8 SGG) für die Prozessvertretung ihrer Mitglieder zu zahlenden Pauschalgebühren als außergerichtliche Kosten zu erstatten.[319] Erstattungspflichtige Auslagen entstehen jedoch nur dann, wenn die Erstattung in der Verbandssatzung vorgesehen ist.[320]

D 157

gg) Hochschullehrer

Die Prozessvertretung durch Hochschullehrer ist teils in den Prozessordnungen ausdrücklich vorgesehen (§ 67 Abs 2 VwGO, § 73 Abs 2 SGG, § 3 BDG iVm § 67 Abs 2 VwGO, § 22 Abs 1 S 1 BVerfGG) und im Übrigen allgemein anerkannt. Der Hochschullehrer hat Anspruch auf eine Vergütung in Höhe der einem *Rechtsanwalt* zustehenden Gebühren und Auslagen.[321] Ein sich selbst vertretender Rechtslehrer an einer Hochschule kann jedoch keine Kosten entsprechend § 91 Abs 2 S 3 ZPO geltend machen.[322]

D 158

Hochschullehrer iS dieser Vorschriften sind jedoch nur Rechtslehrer an *wissenschaftlichen* Hochschulen. Hierzu gehören nicht *Fachhochschullehrer* an einer Gesamthochschule[323] oder Hochschullehrer an einer Fachhochschule[324] mit der Folge, dass für deren Mitwirkung eine Erstattung von Gebühren und Auslagen nach dem RVG nicht in Betracht kommt.[325]

---

317 Zu den Einschränkungen in den Verfahren vor dem BVerwG, BFH und BSG vgl § 67 Abs 1 VwGO, § 62 a FGO, § 166 SGG.
318 BVerwGE 19, 339 (zum RBerG).
319 BSGE 98, 183 = RVGreport 2008, 64 (LS) m Anm *Hansens* = SGb 2007, 542 = SozR 4–1300 § 63 SGB X Nr 6 = ZfS 2007, 268, abweichend von BSG BSGE 78, 159 = SozR 3–1300 § 63 Nr 7; SG Dortmund SGb 1973, 280 m Anm *Baller*; SG Hannover Breithaupt 1968, 88; *Kunze* SGb 1977, 345 mwN zur Rechtsprechung; ferner VGH München ZBR 1983, 371.
320 BSG JurBüro 1991, 1235.
321 BVerwG NJW 1978, 1173 = BayVBl 1978, 315; ZBR 1984, 351 (LS) = KostRsp VwGO § 162 Nr 76 (LS); VGH München BayVBl 1992, 561 = NJW 1992, 853; SG Düsseldorf SGb 2004, 631.
322 BVerfG BVerfGE 71, 23 = NJW 1986, 422; OVG Münster NJW 1976, 1333; *Hellstab* in Anm zu AG Berlin Tempelhof-Kreuzberg AGS 2010, 624; VG München JurBüro 2013, 368 m Anm *Hellstab*.
323 OVG Münster DRiZ 1980, 191.
324 BVerwG NJW 1997, 2399; OVG Berlin KostRsp VwGO § 162 Nr 30 (Fachhochschule für Wirtschaft in Berlin).
325 OVG Münster aaO; OVG Berlin aaO.

f) Vergütung der Bevollmächtigten

aa) Rechtsanwälte, Rechtsbeistände, Steuerberater

D 159   Soweit die Vertretung durch *Rechtsanwälte* erfolgt, stehen diesen die Gebühren und Auslagen nach dem RVG zu. Dies gilt nach § 4 Abs 1 RDGEG auch für *Rechtsbeistände; Steuerberater* und *Steuerbevollmächtigte* erhalten im gerichtlichen Verfahren ebenfalls Gebühren und Auslagen nach dem RVG (§§ 1, 45 StBGebV). Im Übrigen handelt es sich bei den Gebühren und Auslagen der StBGebV ebenfalls um *gesetzliche* Gebühren und Auslagen iS des § 139 Abs 3 S 2 FGO. Zwar ist die StBGebV »nur« eine RechtsVO. Sie beruht aber auf § 64 StBerG und hat damit eine gesetzliche Grundlage, die den Voraussetzungen des § 139 Abs 3 S 2 FGO entspricht.[326]

bb) Sonstige Bevollmächtigte

D 160   Für das Mitwirken anderer Personen als Bevollmächtigter oder Beistand bestehen keine gesetzlichen Vorschriften über ihre Vergütung. Ihnen können aber Aufwendungen *bis zur Höhe* der gesetzlichen Gebühren und Auslagen der Rechtsanwälte erstattet werden (vgl § 139 Abs 3 S 2 FGO). Ausgangspunkt für die einem sonstigen Bevollmächtigten zustehenden Vergütung ist der in §§ 611, 612, 675 BGB begründete privatrechtliche Anspruch des Bevollmächtigten, dessen Höhe sich nach der *vereinbarten* Vergütung (§ 611 BGB) oder bei Vorliegen der Voraussetzungen des § 612 BGB nach der »*üblichen*« Vergütung bestimmt. Bei der Bemessung der Vergütung wird zu berücksichtigen sein, dass der nur im *Einzelfall* mit der Besorgung einer fremden Angelegenheit Betraute im Gegensatz zu einem Rechtsanwalt keinen *Geschäftsbetrieb* zu unterhalten hat. Die gesetzlichen Gebühren der Rechtsanwälte (Steuerberater) sind als *Durchschnittsgebühren* angelegt, die nicht im Einzelfall, sondern in ihrem Gesamtaufkommen auch der Deckung der allgemeinen Kosten dienen sollen. Dieses Bedürfnis entfällt bei einem nur im Einzelfall Betrauten. Grundsätzlich dürfte daher in einem solchen Falle eine Anerkennung der Vergütung in Höhe der Gebühren eines Rechtsanwalts (Steuerberaters) nur bei *niedrigen Gegenstandswerten* in Betracht kommen, wobei hier – anders als bei Rechtsanwälten (Steuerberatern) – Umfang und Schwierigkeit der Sache sowie der Arbeits- und Zeitaufwand im Einzelfalle maßgebend sein müssen. Die einem Rechtsanwalt (Steuerberater) zustehende Vergütung darf also nur in *voller Höhe* als erstattungsfähig anerkannt werden, wenn eine geringere Vergütung die geleistete Arbeit nicht angemessen honorieren würde.[327]

cc) Gebühren

D 161   Den Rechtsanwälten (Rechtsbeiständen, Steuerberatern) stehen im *verwaltungs-, finanz- und sozialgerichtlichen* Verfahren die Gebühren nach Teil 1 und Teil 3 des VV zum RVG zu.

Wegen der Einzelheiten wird auf die Erläuterungswerke zum RVG verwiesen.

Nach § 162 Abs 2 S 1 VwGO, § 139 Abs 3 S 1 FGO, § 193 Abs 3 SGG sind diese *gesetzlichen* Gebühren zwar stets zu erstatten, gleichwohl ist im Festsetzungsverfahren zu prüfen, ob im Einzelfall eine Gebühren auslösende Tätigkeit vorlag und ob die reine Vertretung übersteigenden Prozesshandlungen im Sinne der Erstattungsvorschriften der zweckentsprechenden Rechtsverfolgung oder Rechtsverteidigung dienten.[328]

Ausnahmen von diesem Grundsatz sind allenfalls in ganz ungewöhnlich gelagerten Fällen denkbar.[329] Eine Kostenerstattung findet ausnahmsweise dann nicht statt, wenn die Zuziehung eines Rechtsanwalts durch eine Behörde, die sich durch einen Juristen vertreten lassen kann, gegen Treu

---

326   FG Berlin EFG 1985, 235.
327   Vgl hierzu auch OVG Münster OVGE 26, 144 = DÖV 1971, 716 = VerwRspr 22, 1011.
328   OVG Münster KostRsp VwGO § 162 Nr 17; BFHE 118, 549 = BStBl II 1976, 504.
329   *Neumann* in: *Sodan/Ziekow*, Anm 69 zu § 162 VwGO; VGH Mannheim NVwZ 1992, 388: Einschaltung eines Rechtsanwalts erst, nachdem sich das Verfahren bereits objektiv in der Hauptsache erledigt hatte.

und Glauben verstößt, weil sie offensichtlich nutzlos und objektiv nur dazu angetan ist, dem Gegner Kosten zu verursachen. Maßgeblich für die Beurteilung der Rechtsmissbräuchlichkeit ist dabei nicht, ob der Prozessgegner oder das Gericht die Tätigkeit des bevollmächtigten Rechtsanwalts für nutzlos halten, sondern ob sie für die von ihm vertretene Partei von Nutzen ist. Es liegt deshalb im eigenen Ermessen der Behörde, ob sie sich im gerichtlichen Verfahren durch einen Rechtsanwalt vertreten lässt oder ob sie sich für die Prozessführung eines entsprechend qualifizierten Beamten oder Angestellten bedient. Diese Grundsätze gelten auch dann, wenn die Behörde in einer Vielzahl von Verfahren, die in tatsächlicher und rechtlicher Hinsicht im Wesentlichen gleich zu beurteilen sind, beteiligt gewesen ist.[330]

So sind Kosten der anwaltlichen *Vertretung* des Berufungsbeklagten grundsätzlich auch dann erstattungsfähig, wenn die Berufung nur zur Fristwahrung eingelegt und sodann zurückgenommen wurde.[331]

Ob hingegen bereits der die volle Verfahrensgebühr auslösende *Antrag auf Zurückweisung der Berufung* bereits notwendig war, ist heftig umstritten (vgl Rdn. B 511, 512).

Vor einer durch das BVerwG selbst veranlassten Anhörung der übrigen Verfahrensbeteiligten zu einer Nichtzulassungsbeschwerde stellt es im Allgemeinen keine naheliegende oder gar angemessene Rechtsverfolgung dar, sich bereits in diesem Stadium des Verfahrens anwaltlicher Vertretung zu bedienen.[332] Nach OVG Magdeburg[333] ist es im Regelfall nicht erforderlich, dass ein Antragsgegner in dem Verfahren auf Zulassung der Berufung alsbald nach Eingang eines Berufungszulassungsantrages und ohne Kenntnis der Zulassungsgründe einen Rechtsanwalt durch Prozessvollmacht mit der Wahrnehmung seiner Interessen im Zulassungsverfahren beauftragt.

Die Streitfragen, die sich aus der Rechtsprechung des BGH[334] zur *Anrechnung der Geschäftsgebühr* nach Vorbem 3 Abs 4 VV RVG ergaben, sind durch die Einfügung des **§ 15 a RVG** mit dem G v 30.07.2009 (BGBl I S 2449) geklärt worden. Durch § 15 a RVG wird die Wirkung der Anrechnung sowohl im Innenverhältnis zwischen Anwalt und Mandant als auch gegenüber Dritten, also insbesondere im gerichtlichen Kostenfestsetzungsverfahren, nunmehr ausdrücklich geregelt. Es wird klargestellt, dass sich die Anrechnung im Verhältnis zu Dritten grundsätzlich nicht auswirkt. In der Kostenfestsetzung muss die Verfahrensgebühr damit auch dann in voller Höhe festgesetzt werden, wenn eine Geschäftsgebühr entstanden ist, die auf sie angerechnet wird. Sichergestellt wird jedoch, dass ein Dritter nicht über den Betrag hinaus auf Ersatz oder Erstattung in Anspruch genommen werden kann, den der Rechtsanwalt von seinem Mandanten verlangen kann.

D 162

Das bedeutet für die Kostenfestsetzung in den öffentlich-rechtlichen Gerichtsbarkeiten, dass sich die Anrechnung der Geschäftsgebühr auf die Verfahrensgebühr des Rechtsanwalts nach Vorbemerkung 3 Abs 4 VV RVG nur dann auf die Höhe des Kostenerstattungsanspruchs gegen den unterlegenen Prozessgegner auswirkt, wenn das Gericht eine Entscheidung über die Notwendigkeit der Hinzuziehung eines Bevollmächtigten für das Vorverfahren getroffen hat (§ 162 Abs 2 S 2 VwGO,

---

330 OVG Lüneburg JurBüro 2008, 543; NVwZ-RR 2004, 155. In NC-Sachen kann sich die Hochschule immer von einem Rechtsanwalt vertreten lassen: OVG Berlin JurBüro 2001, 369; OVG Hamburg NVwZ-RR 2007, 823; OVG Lüneburg NVwZ-RR 2004, 155; VGH Mannheim VBlBW 2007, 33; DÖV 2005, 391 = NVwZ 2005, 838.
331 OVG Münster aaO; VGH München NJW 1982, 2394; BayVBl 1986, 317; **aA:** VGH München JurBüro 1994, 349.
332 BVerwG NJW 1995, 2867; Buchholz 310 § 162 VwGO Nr 28.
333 DÖV 2010, 988 (LS); Beschl v 06.10.2014 – 1 O 119/14.
334 BGH JurBüro 2008, 302 = NJW 2008, 1323; JurBüro 2008, 469 m Anm *Enders* = RVGreport 2008, 311 m Anm *Hansens*. Dieser Rechtsprechung sind auch die Verwaltungsgerichte weitgehend gefolgt, vgl die Übersicht in KostRsp VwGO § 162 Nr 333 und zuletzt BVerwG Beschl v 22.07.2009 – BVerwG 9 KSt 4.08.

§ 139 Abs 3 S 3 FGO, § 197 a Abs 1 SGG iVm § 162 Abs 2 S 2 VwGO).[335] Die im Verwaltungsverfahren (nicht Widerspruchsverfahren) entstandene Geschäftsgebühr ist somit nicht mehr anrechenbar (§ 15 a Abs 2 letzte Alt RVG).[336]

Der BGH hat nach In-Kraft-Treten des § 15 a RVG mit dem 05.08.2009 in ständiger Rspr festgestellt,[337] dass die Einfügung des § 15 a RVG keine Änderung des RVG darstellt, sondern lediglich die Ansicht des Gesetzgebers klarstellt, dass die seiner Ansicht nach bereits vor Einfügung des § 15 a RVG bestehende Gesetzeslage, derzufolge sich die Anrechnung gem. Vorbem 3 Abs 4 VV RVG grundsätzlich im Verhältnis zu Dritten, also insbesondere im Kostenfestsetzungsverfahren, nicht auswirkt. Damit findet § 60 Abs 1 RVG keine Anwendung, sondern § 15 a RVG ist bereits auf noch nicht abgeschlossene Verfahren anzuwenden.

dd) Rechtsschutz

D 163 Die Gebühren sind auch dann erstattungsfähig, wenn der obsiegenden Partei Rechtsschutz durch eine Gewerkschaft gewährt wird, sie sie also nicht selbst zahlt.[338]

Gleiches gilt bei Zahlung durch einen Rechtsschutzversicherer (vgl Rdn. B 402).

ee) Auslagen

D 164 Der Bevollmächtigte hat auf Grund des Geschäftsbesorgungsvertrages (§ 675 BGB) Anspruch auf Ersatz *der Aufwendungen*, die er zum Zwecke der Ausführung des Auftrags gemacht hat und nach Umständen für erforderlich halten durfte (§ 670 BGB). Das RVG setzt diesen Anspruch voraus und beschränkt sich darauf, das Verhältnis der Gebühren zu den Auslagen und gewisse typische Auslagen näher zu regeln: Umsatzsteuer (Nr 7008 VV RVG), Entgelte für Post- und Telekommunikationsdienstleistungen, Dokumentenpauschale und Reisekosten (Nrn 7000 ff VV RVG). Der Ersatz *anderer* Aufwendungen, der nach bürgerlichem Recht gefordert werden kann, ist dadurch nicht ausgeschlossen. *Allgemeine Geschäftsunkosten* werden aber durch die Gebühren und nicht mit Auslagen abgegolten (Vorbem 7 Abs 1 VV RVG). Die Notwendigkeit aller Auslagen ist in der Kostenfestsetzung zu prüfen (§ 162 Abs 1 VwGO, § 139 Abs 1 FGO, § 193 Abs 2 SGG).

ff) Umsatzsteuer

D 165 Vgl hierzu Rdn. B 591.

gg) Post- und Telekommunikationsdienstleistungen

D 166 Vgl hierzu Rdn. B 440 ff.

hh) Dokumentenpauschale

D 167 Vgl hierzu Rdn. B 430 ff.

D 168– D 172 *(unbesetzt)*

---

335 OVG Bautzen AGS 2013, 205.
336 Zur Anwendung des § 15 a RVG vgl die Übersichten bei *Enders* JurBüro 2009, 393 ff, 449 ff; *Hansens* AnwBl 2009, 535; RVGreport 2009, 161 ff, 241 ff, 332 ff; *N Schneider* AGS 2009, 361.
337 Vgl. u.a. II. Senat AGS 2009, 466 = AnwBl 2009, 798 m Anm *Schons* = JurBüro 2009, 638 m Anm *Enders* = RVGreport 2009, 387 m Anm *Hansens*; XII. Senat AGS 2010, 54 = NJW-Spezial 2010, 156 = RVGreport 2010, 110; AGS 2010, 106; IX. Senat Beschl v 11.03.2010 – IX ZB 82/08; V. Senat AGS 2010, 460 = NJW-Spezial 2010, 605 = RVGreport 2010, 343 m Anm *Hansens*.
338 VGH München BayVBl 1983, 634.

I. Kostenfestsetzung in der Verwaltungs-, Finanz- und Sozialgerichtsbarkeit

ii) Reisekosten

Reisekosten als Teil des Vergütungsanspruchs fallen nur durch eine *Geschäftsreise* an (Nrn 7003, 7004 VV RVG). Eine Geschäftsreise liegt vor, wenn der Anwalt seine politische Gemeinde verlässt, wenn er also sowohl außerhalb des Orts des Büros als auch außerhalb seines davon verschiedenen Wohnorts gereist ist (Vorbem 7 Abs 2 VV RVG). Auf die Entfernung kommt es nicht an. Der Anwalt kann selbst bei kürzesten Strecken Reisekosten beanspruchen, solange er dabei die Gemeindegrenze überquert, selbst wenn zwei Gemeinden nahtlos aneinandergrenzen. Der Anwalt muss nicht stets die kürzeste Verbindung wählen. Es ist aus erstattungsrechtlicher Sicht nicht zu beanstanden, wenn der Anwalt den zweckmäßigsten Weg wählt, auch wenn er etwas länger ist.[339] Verkehrskosten jeder Art innerhalb der Gemeinde sind allgemeine Geschäftsunkosten (Vorbem 7 Abs 1 VV RVG). In verwaltungs-, finanz- und sozialgerichtlichen Verfahren sind die Reisekosten des Rechtsanwalts *grundsätzlich erstattungsfähig* (§ 162 Abs 2 S 1 VwGO, § 139 Abs 3 S 1 FGO, § 193 Abs 3 SGG). Die in § 91 Abs 2 S 1 ZPO für den Zivilprozess gegebene Einschränkung findet über § 173 VwGO keine Anwendung. Im Übrigen steht die Anwendung des § 162 Abs. 2 S 1 VwGO bezüglich der Erstattungsfähigkeit von Reisekosten eines Anwalts zur Wahrnehmung gerichtlicher Termine unter dem Vorbehalt des § 162 Abs. 1 VwGO, wonach es sich um zur zweckentsprechenden Rechtsverfolgung notwendige Aufwendungen handeln muss.[340]

D 173

Mit Rücksicht auf den Grundsatz, die Kosten so niedrig wie möglich zu halten, werden nach der Rechtsprechung in aller Regel nur die Reisekosten eines Rechtsanwalts erstattet, der seine Kanzlei am Sitz oder im Bezirk des *angerufenen Gerichts* hat, und allenfalls noch die Reisekosten des Rechtsanwalts, der seine Kanzlei am *Wohnsitz seines Mandanten* oder in dessen Nähe hat. Dass die Gebühren und Auslagen eines Rechtsanwalts stets erstattungsfähig sind, schließt eine Prüfung der Notwendigkeit dieser Auslagen im Einzelfall nicht aus.[341]

Nur ausnahmsweise wird die Beiziehung eines *auswärtigen* Rechtsanwalts als notwendig anerkannt: wenn der von der Partei beauftragte Rechtsanwalt über besondere Fachkenntnisse verfügt und der Streitfall Fragen aus dem betreffenden Spezialgebiet von solcher Schwierigkeit aufwirft, dass eine verständige Partei zur angemessenen Wahrnehmung ihrer Rechte die Hinzuziehung gerade eines solchen Anwalts für ratsam halten musste,[342] oder wenn die durch den Anwalt erfolgte Interessenwahrnehmung im Verwaltungsverfahren ein besonderes Vertrauensverhältnis schaffte, sodass die weitere Beauftragung im anschließenden gerichtlichen Verfahren gerechtfertigt ist.[343] Dies gilt auch

---

339 VG Würzburg JurBüro 2000, 77.
340 BVerwG NJW 2007, 3656 = RVGreport 2008, 65 m Anm *Hansens;* OVG Magdeburg Beschl v 01.11.2005 – 4 O 327/05; OVG Bautzen NVwZ-RR 2016, 520; OVG Münster RVGreport 2015, 226 m Anm *Hansens.*
341 VG Koblenz AGS 2012, 546; VGH Mannheim VBlBW 1984, 376; VGH München BayVBl 1985, 38; 1973, 621 (Flurbereinigungssachen) = AnwBl 1974, 50; OVG Hamburg NJW 1966, 1770; VGH Kassel ESVGH 13, 85; JVBl 1965, 278; OVG Koblenz NVwZ-RR 2004, 711; NJW 1963, 1796 = DVBl 1963, 786; AS 9, 81 = DVBl 1963, 788; VG Karlsruhe JurBüro 2004, 546; KostRsp VwGO § 162 Nr 85; FG Hamburg EFG 2016, 393 m Anm *Brettschneider*; FG Cottbus EFG 1996, 1054; **weitergehender:** OVG Münster KostRsp VwGO Nr 43 m Anm *Noll* (innerhalb eines Bundeslandes), demgegenüber OVG Münster KostRsp VwGO § 162 Nr 75 (dann nicht erstattungsfähig, wenn die Partei geltend macht, der Rechtsanwalt sei von ihrem früheren Wohnort her bekannt und betreut sie in ihrem Geschäftsbetrieb juristisch). Nach dem *VG Freiburg* (AGS 2016, 362) hat ein Prozessbeteiligter, der Erstattung seiner zur zweckentsprechenden Rechtsverfolgung oder Rechtsverteidigung notwendigen Kosten verlangen kann, Anspruch auf die Erstattung fiktiver Reisekosten seines Prozessbevollmächtigten ab dem vom Sitz des Verwaltungsgerichts weitest entfernten Ort im Gerichtsbezirk und nicht nur ab seinem Wohnort im Gerichtsbezirk, wenn sich sein Prozessbevollmächtigter in der mündlichen Verhandlung durch einen am Ort des Verwaltungsgerichts niedergelassenen Anwalt vertreten lässt.
342 OVG Greifswald AnwBl 1999, 132 = NVwZ-RR 1996, 238; OVG Lüneburg JurBüro 2015, 413; VGH Mannheim MDR 1974, 432; VBlBW 1984, 376.
343 VGH München BayVBl 2016, 536; VG Gera AGS 1998, 91.

für juristische Personen des öffentlichen Rechts oder Behörden, und zwar unabhängig davon, ob das Gesetz Vertretungszwang vorschreibt oder die Behörde/juristische Person des öffentlichen Rechts über eigene juristisch qualifizierte Mitarbeiter oder gar eine eigene Rechtsabteilung verfügt.[344]

Die Zuziehung eines auswärtigen Rechtsanwalts kann notwendig sein,
– wenn die Streitsache Schwierigkeiten in tatsächlicher Hinsicht aufweist,[345]
– als *Hausanwalt* eines Naturschutzverbandes für dessen Regionalverband,[346]
– wenn der auswärtige Rechtsanwalt die Partei bereits in einem Parallelverfahren vertritt,[347]
– wenn der Rechtsanwalt seine Kanzlei am Sitz oder im Bezirk des angerufenen Gerichts oder am Wohnsitz bzw Geschäftssitz seines Mandanten oder in der Nähe hat,[348]
– wenn ein Anwalt auf Grund einer Rahmenvereinbarung in zahlreichen Verfahren einer Partei mit der Prozessführung beauftragt worden ist und die Prozessführung spezielle Rechtskenntnisse erfordert.[349]

Bei den Spezialgebieten, in denen die Reisekosten eines auswärtigen Rechtsanwalts erstattungsfähig sind, handelt es sich insbesondere um das *Waffenrecht*[350] und das *Automatenrecht*.[351] Dem stellt man den *Verbandsanwalt* gleich.[352]

In *Berufungsverfahren* bzw *Revisionsverfahren vor den Bundesgerichten* sind die Reisekosten erstattungsfähig,[353] zumal es den BGH-Anwälten vergleichbare Gruppen weder in Leipzig noch in Kassel noch in Erfurt noch in München gibt.

jj) Mehrere Rechtsanwälte

D 174 Die Vorschrift des § 91 Abs 2 S 2 ZPO über die Erstattung der Kosten mehrerer Rechtsanwälte ist in den öffentlich-rechtlichen Prozessordnungen ergänzend heranzuziehen (§ 173 VwGO, § 155 FGO § 202 SGG). Danach sind die Kosten mehrerer Rechtsanwälte nur insoweit zu erstatten, als sie die Kosten eines Rechtsanwalts nicht übersteigen oder als in der Person des Rechtsanwalts ein Wechsel eintreten musste.[354]

Gegebenenfalls sind die Kosten des zweiten Rechtsanwalts bis zur Höhe eines etwa erforderlichen Verkehrsanwalts erstattungsfähig.[355]

Selbst in besonders umfangreichen und schwierigen Prozessen werden die Kosten mehrerer *nebeneinander* tätig gewordener Anwälte nirgends erstattet.

---

344 OVG Berlin NVwZ-RR 2013, 782; NVwZ 2006, 713.
345 OVG Frankfurt (Oder) NVwZ-RR 2002, 317.
346 BVerwG BayVBl 2008, 517 = NJW 2007, 3656 = RVGreport 2008, 65 m Anm *Hansens*.
347 VG München JurBüro 2009, 433.
348 VGH Mannheim DÖV 2009, 548 = NJW 2009, 1895; NVwZ-RR 1993, 112; VGH München Beschl v 27.07.2006 – 2 N 04.2478.
349 OVG Münster Beschl v 05.05.2008 – 13 E 61/08.
350 OVG Lüneburg AnwBl 1983, 278; VGH München BayVBl 1977, 478 m Anm *Kador* BayVBl 1977, 637; VG Bayreuth MDR 1974, 431; VGH Mannheim MDR 1974, 432.
351 VGH Kassel JVBl 1965, 278; VGH München BayVBl 1977, 477.
352 VGH München VGHE 17, 25.
353 VGH München BayVBl 1996, 476 = NVwZ-RR 1997, 326 (Berufungsverfahren); VGH München BayVBl 1968, 70 (BVerwG); FG Bremen DStR 1972, 244 (BFH).
354 VGH Kassel ESVGH 21, 182; NJW 1969, 1640; VGH Mannheim KostRsp VwGO § 162 Nr 27; BFHE 119, 14 = BStBl II 1976, 574; FG Hamburg EFG 1974, 586 = HFR 1975, 89; FG Hannover EFG 1969, 135.
355 VGH Kassel NJW 1969, 1640; FG Kassel EFG 1971, 595; **aA**: BFHE 109, 299 = BStBl II 1973, 664 (im finanzgerichtlichen Verfahren sind Verkehrsanwaltskosten in der Regel nicht erstattungsfähig).

kk) Selbstvertretung

(a) **Rechtsanwälte**, Bevollmächtigte und Beistände iS der § 162 Abs 2 VwGO, § 139 Abs 3 FGO, § 193 Abs 3 SGG, die sich selbst vertreten, haben nach § 173 VwGO, § 155 FGO, § 202 SGG in sinngemäßer Anwendung des § 91 Abs 2 S 3 ZPO einen Anspruch darauf, dass die ihnen nach den gesetzlichen Gebührenordnungen zustehenden Gebühren und Auslagen als notwendige Aufwendungen erstattet werden.[356] Ein Rechtsanwalt wird auch dann in eigener Sache tätig, wenn er als gesetzlicher Vertreter oder Organ eines Beteiligten auftritt.[357]

D 175

Dies gilt auch im *sozialgerichtlichen* Verfahren.[358]

Die gegenteilige Auffassung[359] ist abzulehnen. § 91 Abs 2 S 3 ZPO enthält einen über § 202 SGG auch im Sozialgerichtsprozess anwendbaren allgemeinen Grundsatz. Die Gebühren und Auslagen, die der Rechtsanwalt in entsprechender Anwendung des § 91 Abs 2 S 3 ZPO vom erstattungspflichtigen Gegner verlangen kann, gehören zu den gesetzlichen Gebühren und Auslagen iS des § 193 Abs 3 SGG und sind damit stets erstattungsfähig.[360]

(b) § 91 Abs 2 S 3 ZPO ist deshalb auf **Rechtslehrer an Hochschulen** nicht anwendbar.[361]

D 176

Entscheidende Voraussetzung ist der Einsatz von *Berufstätigkeit*. Sie wird allgemein auch im Schadensersatzrecht vergütet.

(c) Sonstige Beteiligte, die sich nicht durch einen Bevollmächtigten iS der vorgenannten Vorschriften vertreten lassen, haben, sofern sie selbst nicht zu diesem Personenkreis gehören, keinen Anspruch darauf, dass ihnen in entsprechender Anwendung des § 91 Abs 2 S 3 ZPO Gebühren und Auslagen nach dem RVG als notwendige Aufwendungen erstattet werden.[362]

D 177

Prozesse, die für den **Ehegatten** geführt werden, können gebührenrechtlich nicht anders behandelt werden als Prozesse in eigener Sache. Das Gleiche gilt für Prozesse, die der Bevollmächtigte als **gesetzlicher Vertreter** führt, zB für seine Kinder. In eigener Angelegenheit iS von § 91 Abs 2 S 3 ZPO handelt auch ein Rechtsanwalt, der als **Insolvenzverwalter, Konkursverwalter, Nachlassverwalter, Testamentsvollstrecker** oder **Zwangsverwalter** auftritt.[363]

Zur Selbstvertretung im Vorverfahren Rdn. D 188.

(d) Für die **umsatzsteuerrechtliche** Behandlung der Erstattung von Gebühren und Auslagen an einen in eigener Sache tätigen Bevollmächtigten im gerichtlichen Kostenfestsetzungsverfahren gilt Folgendes:

D 178

Ein umsatzsteuerpflichtiger Leistungsaustausch iS des § 1 Abs 1 Nr 1 UStG liegt nicht vor, wenn ein Rechtsanwalt sich in eigener Sache – in beruflicher oder privater Angelegenheit – selbst vertritt.[364]

Unter Umständen ist in diesen Fällen aber ein steuerpflichtiger Eigenverbrauch nach § 1 Abs 1 Nr 2 Buchstabe b UStG 1980 gegeben, wenn der Rechtsanwalt im Rahmen seines Unternehmens

---

356 BVerwGE 61, 100 = DVBl 1981, 680; VGH München BayVBl 1989, 757; VG Schleswig NJW 1984, 940; VG Oldenburg NVwZ-RR 1995, 62; BFHE 94, 113 = BStBl II 1969, 81 = NJW 1969, 951; BStBl II 1977, 82; FG München EFG 1967, 183; BFHE 103, 314 = BStBl II 1972, 94 (Steuerbevollmächtigte); FG Karlsruhe EFG 1969, 459; EFG 1983, 269; *Tipke/Kruse* Rn. 25 zu § 139 FGO; *Hübschmann/Hepp/Spitaler* Rn. 142 zu § 139 FGO.
357 OVG Lüneburg AGS 2002, 104 = NVwZ-RR 2002, 237 = RiA 2003, 103.
358 SG Frankfurt NJW 1972, 1104; SG Koblenz SGb 1967, 280.
359 *Tschischgale* S 101; *Brackmann* S 263.
360 *Peters/Sautter/Wolff* Anm 2 c zu § 193 SGG; *Rohwer-Kahlmann* Rn. 23 zu § 193 SGG.
361 OVG Münster NJW 1976, 1333 = KostRsp VwGO § 162 Nr 24 = AnwBl 1976, 295; BVerfGE 71, 23 = NJW 1986, 422; *Hellstab* in Anm zu AG Berlin Tempelhof-Kreuzberg AGS 2010, 624.
362 BFHE 122, 24 = BStBl II 1977, 615 = BB 1977, 936.
363 BFH HFR 1966, 83; siehe auch Rdn. B 558.
364 BFHE 120, 333 = BStBl II 1977, 82 = DB 1977, 1124 = AnwBl 1977, 161; KG Rpfleger 1981, 411.

sonstige Leistungen für Zwecke ausführt, die außerhalb des Unternehmens liegen. Dies ist der Fall, wenn sich der Rechtsanwalt im Rahmen seines Unternehmens in einer *privaten* – nichtunternehmerischen – Angelegenheit selbst vertritt.[365]

Die zu erstattende Umsatzsteuer wird gemäß § 10 Abs 4 Nr 2 UStG nach den Kosten bemessen, mit denen die Kostenrechnung des Unternehmens aus Anlass der nichtunternehmerischen Nutzung belastet wird.[366] Wie der Kostenanteil zu ermitteln ist, ist umstritten.[367]

Vertritt ein Rechtsanwalt sich in einer *beruflichen* Angelegenheit selbst, dann liegt mangels Ausführung von Leistungen für Zwecke »außerhalb des Unternehmens« ein der Umsatzsteuer unterliegender Eigenverbrauch nach § 1 Abs 1 Nr 2 Buchstabe b UStG 1980 nicht vor.[368]

Ältere entgegengesetzte Rechtsprechung ist durch Gesetzesänderung überholt.

II. Festsetzung der Kosten des Vorverfahrens

1. Allgemeines

D 179 Die Aufwendungen eines Beteiligten im Vorverfahren sind nach Maßgabe der Kostengrundentscheidung des Klageverfahrens als außergerichtliche Kosten erstattungsfähig (§ 162 Abs 1 VwGO, § 139 Abs 1 FGO).[369]

Dies gilt auch im *sozialgerichtlichen* Verfahren nach § 193 Abs 1 SGG. Es wird zwar nicht ausdrücklich gesagt, gleichwohl ist allgemein anerkannt, dass zu den Kosten des Verfahrens auch die Kosten des Vorverfahrens gehören.[370]

Der Begriff des *Vorverfahrens* iS der vorgenannten Vorschriften wird durch das *Prozessrecht* bestimmt. Danach ist als Vorverfahren jedes förmliche Vorschaltverfahren anzusehen, dessen Durchführung die gerichtliche Klage voraussetzt.

a) Verwaltungsgerichtliches Vorverfahren

D 180 Das verwaltungsgerichtliche Vorverfahren ist in der *VwGO* geregelt. Es beginnt mit dem Widerspruch (§ 69 VwGO) und endet mit dem Widerspruchsbescheid (§ 73 VwGO), der ergeht, wenn die Ausgangsbehörde dem Widerspruch nicht abhilft (§ 72 VwGO).[371]

Hierzu gehören auch in *Sondergesetzen* geregelte Vorverfahren (vgl § 190 VwGO; ferner vgl Rdn. D 223), sofern auch sie Voraussetzung eines nachfolgenden Klageverfahrens sind. Ein keine Klagevoraussetzung bildendes Verwaltungsverfahren gehört nicht dazu, auch wenn für dieses einem Bevollmächtigten gegen den Auftraggeber gesetzliche Gebühren- und Auslagenansprüche zustehen.

---

365 FG Hannover EFG 1985, 629; OLG Hamm MDR 1985, 683.
366 FG Hannover aaO.
367 Das FG Hannover (JurBüro 1985, 1877) nimmt 45 % der fiktiven Vergütung an, das LG Berlin (Rpfleger 1998, 173) nimmt 50 % des Nettoentgelts als Bemessungsgrundlage, das LG Bremen (Rpfleger 1991, 330) versagt die Umsatzsteuer schlechthin, das FG Karlsruhe (EFG 1983, 629) nimmt 100 % der fiktiven Vergütung als Bemessungsgrundlage.
368 OLG Schleswig JurBüro 1985, 399; LG Berlin JurBüro 1985, 224; hierzu und zu weiteren umsatzsteuerrechtlichen Fragen Vfg der OFD Hannover vom 27.11.1984 in DB 1985, 89; vgl ferner Rdn. B 591.
369 BVerwG Buchholz 310 § 162 VwGO Nr 11.
370 BSGSozR 1500 § 193 SGG Nr 3 = Breithaupt 1977, 377; LSG München Breithaupt 1998, 454; LSG Celle Breithaupt 1978, 993; LSG Berlin Breithaupt 1976, 183; *Meyer-Ladewig* Rn. 5 a zu § 193 SGG mwN.
371 OVG Münster NVwZ-RR 2002, 317; VGH München BayVBl 1973, 163; VGH Mannheim VBlBW 1983, 168. Anwaltskosten im Vorverfahren können auch dann erstattungsfähig sein, wenn die Durchführung eines Vorverfahrens als Sachurteilsvoraussetzung nach § 68 VwGO zwar nicht notwendig gewesen ist, die Rechtsbehelfsbelehrung aber dahin lautete, dass gegen den Bescheid Widerspruch eingelegt werden kann, OVG Lüneburg RVG-Letter 2005, 94.

II. Festsetzung der Kosten des Vorverfahrens

Keine Vorverfahren nach § 162 Abs 1 VwGO sind
- das Verfahren, das mit dem Erlass eines Planfeststellungsbeschlusses beendet worden ist,[372]
- das Verfahren vor der Bundesprüfstelle für jugendgefährdende Schriften,[373]
- das Einspruchsverfahren nach § 26 bad.-württ. KommWG,[374]
- das Schlichtungsverfahren nach § 30 des nordrhein-westfälischen Gesetzes über kommunale Gemeinschaftsarbeit,[375]
- das Verfahren auf Erlass einer einstweiligen Anordnung gemäß § 123 VwGO,[376]
- das Verfahren über den Antrag auf Wiederherstellung bzw auf Anordnung der aufschiebenden Wirkung nach § 80 Abs 5 VwGO,[377]
- das behördlichen Aussetzungsverfahren nach § 80 Abs. 5 VwGO im Verhältnis zum gerichtlichen Aussetzungsverfahren,[378]
- das Verfahren zur Versetzung eines Beamten in den Ruhestand wegen Dienstunfähigkeit,[379]
- das Wahlprüfungsverfahren nach § 50 KWG LSA,[380]
- das Anhörungsverfahren nach § 28 VwVfG NRW.[381]

b) Finanzgerichtliches Vorverfahren

Als Vorverfahren iS von § 139 Abs 1 FGO kommt ebenfalls nur das durch einen außergerichtlichen Rechtsbehelf eingeleitete behördliche Verfahren in Betracht, das, sofern es ganz oder teilweise erfolglos geblieben ist, gem § 44 Abs 1 FGO Voraussetzung für die Anfechtungsklage ist. Vorverfahren in diesem Sinne sind nur die der gerichtlichen Nachprüfung unterliegenden Einspruchsverfahren.[382] Erledigt sich die Streitfrage im Einspruchsverfahren, so findet keine Kostenerstattung statt, weil der Gesetzgeber für diesen Fall davon ausgegangen ist, dass es zur zweckentsprechenden Rechtsverfolgung oder Rechtsverteidigung ausreicht, wenn sich der Steuerpflichtige gegenüber der Finanzbehörde selbst vertritt.[383]

D 181

Erhebt ein Steuerpflichtiger eine Untätigkeitsklage nach § 46 FGO, so ist das bei Erhebung der Untätigkeitsklage nicht abgeschlossene Einspruchsverfahren das Vorverfahren iS von § 139 Abs 1 FGO.[384]

Keine Vorverfahren iSv § 139 Abs 1 FGO sind das Aussetzungsverfahren nach § 69 Abs 3 FGO,[385] ferner, wenn das Urteil auf eine Sprungklage gegen einen auf Einspruch hin geänderten Steuerbescheid ergangen ist[386] und wenn nach erhobenem Einspruch mit Zustimmung der Behörde recht-

---

[372] BVerwGE 104, 27 = BayVBl 1997, 508 = NVwZ 1997, 576.
[373] OVG Münster NJW 1970, 215.
[374] VGH Mannheim Justiz 1981, 487 = VBlBW 1982, 196.
[375] OVG Münster KostRsp VwGO § 162 Nr 15 m Anm *Noll*.
[376] VGH Mannheim VBlBW 1981, 291 = ESVGH 31, 151 = Justiz 1981, 327; OVG Lüneburg SchlHA 1975, 103 = NJW 1974, 2022 mit zust Anm *Busch*.
[377] VGH Mannheim VBlBW 1981, 291 = ESVGH 31, 151 = Justiz 1981, 327; VBlBW 1983, 168; VGH München BayVBl 1973, 163; VGH Kassel HessVGRspr 1975, 55; OVG Weimar JurBüro 2001, 61 = ThürVBl 2001, 205; OVG Münster NJW 1973, 1471; **aA**: noch der 10. Senat des OVG Münster NJW 1972, 1966 = DÖV 1973, 63; ferner *Redeker/von Oertzen* Rn. 13 zu § 162 VwGO; *Eyermann/Fröhler* Rn. 12 zu § 162 VwGO.
[378] OVG Magdeburg Beschl v 02.02.2012 – 4 O 43/12.
[379] OVG Lüneburg KostRsp VwGO § 162 Nr 338.
[380] OVG Magdeburg KostRsp VwGO § 162 Nr 366.
[381] OVG Münster Beschl v 15.06.2016 – 6 E 392/16.
[382] FG Kiel AnwBl 1985, 540.
[383] BVerfGE 35, 282; 27, 175.
[384] BFHE 95, 431 = BStBl II 1969, 438 = DStR 1969, 463.
[385] FG Kiel AnwBl 1985, 540.
[386] BFHE 103, 99 = BStBl II 1972, 92.

zeitig Anfechtungsklage nach § 45 Abs 1 S 1 FGO erhoben wird, weil darin die Umwandlung des Einspruchs in eine Klage liegt.[387]

Kein Vorverfahren ist ein Einspruch, dem das Finanzamt in einem vorangegangenen Verfahren stattgegeben hatte, wenn ein zweiter in die Klage einmündender Einspruch das gleiche materielle Ziel verfolgt,[388] und das Überdenkungsverfahren nach § 29 DVStB.[389]

Die behördlichen Aussetzungsverfahren nach § 361 Abs 2 AO 1977 (s § 69 Abs 2 FGO) sind im Verhältnis zum gerichtlichen Aussetzungsverfahren ebenfalls keine Vorverfahren.[390]

c) Sozialgerichtliches Vorverfahren

D 182 Die früher streitige Frage, ob die Kosten eines Vorverfahrens zu den außergerichtlichen Kosten des Verfahrens vor dem SG gehören, ist zunächst[391] eindeutig dahin beantwortet worden, dass zu den Kosten nach § 193 Abs 2 SGG auch die notwendigen Aufwendungen eines für das Klageverfahren gemäß § 78 SGG *zwingend* vorgeschriebenen Vorverfahrens gehören.[392]

Erstattungsfähig sind die Vorverfahrenskosten jedoch nicht nur bei einem zwingend vorgeschriebenen Vorverfahren, erstattungsfähig sind auch die Kosten eines *fakultativen* Vorverfahrens. Voraussetzung ist lediglich, dass dem Vorverfahren ein Klageverfahren folgt. Die im Leitsatz des BSG[393] zum Ausdruck kommende Einschränkung auf zwingend vorgeschriebene Vorverfahren wird durch die Gründe der Entscheidung nicht gedeckt. In den Gründen bringt das BSG eindeutig und generalisierend zum Ausdruck, »dass es sich nach dem Sinn und Zweck des Gesetzes im Hinblick auf die Funktion des Vorverfahrens vereinbaren lässt, dass zu den Kosten iS des § 193 Abs 2 SGG auch die Kosten eines Vorverfahrens gehören, wenn ihm ein Klageverfahren folgt und die gemachten Aufwendungen zur zweckentsprechenden Rechtsverfolgung oder Rechtsverteidigung notwendig waren«.[394]

2. Erstattungsfähige Kosten

D 183 Erstattungsfähig sind die notwendigen persönlichen Auslagen eines Beteiligten, die *Parteikosten*. Es gelten hierfür die gleichen Grundsätze wie für die im *gerichtlichen* Verfahren entstandenen Kosten.

Hinzukommen können bereits gezahlte *Verwaltungsgebühren* (vgl Rdn. D 184). Die Gebühren und Auslagen eines *Bevollmächtigten* im Vorverfahren sind nur erstattungsfähig, wenn die Hinzuziehung durch das Gericht *für notwendig erklärt* worden ist (vgl Rdn. D 185 ff).

3. Verwaltungsgebühren

D 184 Zu den im Vorverfahren regelmäßig zu zahlenden Gebühren gehören die nach besonderen Gebührengesetzen erhobenen Gebühren für den *Widerspruchsbescheid* der Widerspruchsbehörde. Diese

---

387 BFH BStBl II 1973, 852.
388 BFHE 102, 454 = BStBl II 1971, 714 = BB 1971, 1309.
389 FG Münster EFG 2006, 530.
390 BFHE 122, 15 = BStBl II 1977, 557; FG Hannover KostRsp FGO § 139 Nr 84; FG Münster EFG 1967, 298; FG Kassel EFG 1983, 299; FG Hamburg EFG 1983, 205; FG München EFG 1983, 624; FG Düsseldorf EFG 1984, 186.
391 BSGSozR 1500 § 193 Nr 3 = SGb 1977, 109 = Breithaupt 1977, 377.
392 Seither ebenso SG Speyer Breithaupt 1977, 187 = SGb 1977, 419; LSG Celle Breithaupt 1978, 993; SG Hamburg JurBüro 1983, 1674; SG Berlin MDR 1981, 260.
393 Fn 370.
394 Vgl hierzu auch LSG Celle Fn 370.

Gebühren sind *außergerichtliche* Kosten der Beteiligten und daher nicht wie Gerichtskosten zu behandeln.[395]

Das hat zur Folge, dass bei einer Erledigung des Klageverfahrens durch *Vergleich* mit Kostenfolge nach § 160 VwGO die Widerspruchsgebühr nicht erstattet wird.[396]

Dies gilt auch, wenn das Gericht nach *Erledigung der Hauptsache* in einem Kostenbeschluss die *außergerichtlichen* Kosten der Beteiligten gegeneinander aufgehoben hat.[397]

Damit steht aber noch nicht fest, dass diese Gebühren im Kostenfestsetzungsverfahren festzusetzen sind. Nach dem allgemein für das Kostenfestsetzungsverfahren geltenden Grundsatz, dass nur *rechtmäßig gezahlte oder geschuldete* Kosten erstattungsfähig sind, hat der Urkundsbeamte das Vorliegen dieser Voraussetzungen zu prüfen.

Ist der Widerspruchsbescheid aufgehoben worden, teilt der Gebührenansatz (Widerspruchsgebühr) das rechtliche Schicksal des Widerspruchsbescheides, das sich nach dem materiellen Gebührenrecht beurteilt.

So entfällt zB nach § 15 GebGNW die Widerspruchsgebühr nicht, wenn sich das anschließende Verfahren durch Vergleich erledigt.[398]

Ist danach der Rechtsgrund = Gebührentatbestand für die Widerspruchsgebühr weggefallen, kann der zu Unrecht gezahlte Betrag nicht nach § 162 Abs 1 VwGO als Teil der notwendigen Kosten des Vorverfahrens geltend gemacht werden. Die Erstattung der Widerspruchsgebühr ist daher nur als materieller Anspruch auf Aufhebung des Ansatzes der Widerspruchsgebühr geltend zu machen,[399] auch dann, wenn Widerspruchsbehörde und die aus der Kostenentscheidung des Gerichts verpflichtete Behörde identisch sind. Nicht gefolgt werden kann dem BVerwG,[400] wenn es die Auffassung vertritt, dass hierüber nur in einem *Klageverfahren* und nicht in einem Kostenfestsetzungsverfahren entschieden werden könne. Es trifft schon nicht zu, dass das Kostenfestsetzungsverfahren nur dann das richtige Verfahren sei, wenn ein vollstreckbarer Titel nach § 168 VwGO die Grundlage für eine dem Erstattungsbegehren stattgebenden Kostenfestsetzung biete. Denn die Frage nach der richtigen Verfahrensart kann nur danach entschieden werden, ob es grundsätzlich möglich ist, im Kostenfestsetzungsverfahren einen Titel für die Erstattung der Kosten des Vorverfahrens zu erreichen, nicht aber danach, ob ein Betroffener im konkreten Einzelfall mit seinem Begehren Erfolg haben kann. Der Urkundsbeamte hat zu entscheiden, ob die Widerspruchsgebühr zu den notwendigen Kosten des Vorverfahrens gehört, dh ob der Rechtsgrund für die Zahlung der Widerspruchsgebühr noch besteht.

Streitig ist auch, ob die Festsetzung der Widerspruchsgebühr grundsätzlich schon daran scheitert, dass Widerspruchsbehörde und Erstbehörde nicht identisch sind.[401]

---

395 BVerwG Buchholz 310 § 162 VwGO Nr 11; OVG Hamburg NJW 1961, 937 = DVBl 1961, 418; VerwRspr 27, 1006; VGH Mannheim ESVGH 33, 69; Urt v 10.02.1977 – II 416/76 – Juris –; VG Hannover NdsRpfl 1984, 175; VGH München BayVBl 1984, 692.
396 BVerwG NJW 1975, 1715 = BayVBl 1976, 57 = DVBl 1976, 80; RdL 1976, 167; OVG Münster DVBl 1981, 55 m abl Anm *Redeker*; VGH Mannheim NVwZ-RR 2002, 325 = VBlBW 2002, 212.
397 BVerwG Buchholz 310 § 162 VwGO Nr 11; VGH Mannheim aaO.
398 OVG Münster DVBl 1981, 55 m abl Anm *Redeker*; vgl für Niedersachsen OVGE 36, 487 und zur rechtlichen Qualität des Gebührenfestsetzungsbescheides für einen zurückweisenden Widerspruchsbescheid OVG Münster KStZ 1984, 217 mwN.
399 BVerwG NJW 1975, 1715 = BayVBl 1976, 57 = DVBl 1976, 80; VGH Mannheim Urt v 11.07.1983 – 2 S 768/83 – Juris.
400 AaO.
401 **Bejahend:** VG Hannover NdsRpfl 1964, 175; **verneinend:** VGH Mannheim Urt v 11.07.1983 – 2 S 768/83 – Juris; BVerwG aaO.

So wird sich diese Frage in der Regel nicht stellen. Geht es um die Rückzahlung der Widerspruchsgebühr, weil – wegen Aufhebung des Widerspruchsbescheides – der Rechtsgrund der Zahlung weggefallen ist, kann die Rückerstattung im Festsetzungsverfahren nicht angeordnet werden. Die Rückzahlung ist von der Widerspruchsbehörde zu fordern.

Ist die Widerspruchsgebühr ausnahmsweise erstattungsfähig, so wird der der Widerspruchsgebühr entsprechende Betrag zu Lasten des Erstattungsschuldners festgesetzt. In diesem Falle ist die Widerspruchsbehörde weder Adressat der Kostenregelung noch Beteiligter des Kostenfestsetzungsverfahrens. Für dieses Ergebnis spricht die Systematik des § 162 VwGO. Auch die Gebühren und Auslagen des Bevollmächtigten im Vorverfahren sind nach § 162 Abs 2 VwGO ebenfalls im Verhältnis Kläger/Beklagter erstattungsfähig, ohne dass berücksichtigt würde, dass Erst- und Widerspruchsbehörde nicht identisch sind.[402]

4. Notwendigkeit eines Bevollmächtigten

a) Allgemeines

D 185 Die Notwendigkeit der Zuziehung eines Bevollmächtigten im Vorverfahren hängt davon ab, ob diese Maßnahme *im Einzelfall* zur zweckentsprechenden Rechtsverfolgung oder Rechtsverteidigung erforderlich ist. Aus der Tatsache, dass der Gesetzgeber hinsichtlich der Erstattung der Kosten eines Bevollmächtigten danach unterscheidet, ob die Zuziehung des Bevollmächtigten im *gerichtlichen* Verfahren oder im *Vorverfahren* erfolgte, ist zu entnehmen, dass die Erstattung von Bevollmächtigtenkosten im Vorverfahren *nicht die Regel* sein soll. Der Gesetzgeber ging davon aus, dass »eine Vertretung durch Rechtsanwälte nicht üblich und im Allgemeinen auch nicht notwendig ist«.[403]

Es darf daher nicht zu einer ausnahmslosen Kostenerstattung führen, wenn nicht der gesetzliche Unterschied zwischen § 162 Abs 2 S 1 VwGO und Abs 2 S 2 derselben Vorschrift (vom Gesetz angeordnete Erstattungsfähigkeit einerseits, Ausspruch der Erstattungsfähigkeit durch besondere gerichtliche Erklärung andererseits) leer laufen soll.[404]

Aus dieser Einschränkung ist aber nicht zu folgern, dass die »Notwendigkeit« grundsätzlich eng zu fassen sei. Der Begriff »notwendig« findet sich nicht nur in § 162 Abs 2 S 2 VwGO (§ 139 Abs 3 S 3 FGO), sondern auch in § 162 Abs 1 VwGO (§ 139 Abs 1 FGO). Er ist in beiden Vorschriften *gleich* auszulegen. Es kommt allein darauf an, was der Beteiligte vernünftigerweise für notwendig halten durfte.[405]

Ob die Maßnahme im Einzelfall zur zweckentsprechenden Rechtsverfolgung notwendig ist, muss von der Sicht einer verständigen Partei her und nicht nach den objektiven Maßstäben einer rechts- und sachkundigen Person beurteilt werden. Die Beauftragung eines Rechtsanwalts ist das gute Recht des Bürgers, und seine Erkenntnis- und Urteilsfähigkeit, ob dies notwendig ist, darf nicht überschätzt werden.[406]

Dabei sind die *persönlichen* Fähigkeiten des Beteiligten und die Schwierigkeiten der *Sache* zu berücksichtigen. Notwendig und vernünftig ist die Zuziehung eines Bevollmächtigten im Widerspruchsverfahren dann, wenn es der Partei nach ihren persönlichen Fähigkeiten und wegen der Schwierigkeiten der Sache nicht zuzumuten war, das Vorverfahren selbst zu führen. Maßstab ist, ob

---

402 VG Hannover aaO.
403 BVerwG Buchholz 310 § 162 VwGO Nr 17; BT-Drucks 111/55 S 48.
404 OVG Münster OVGE 36, 197 = NVwZ 1983, 365 = MDR 1983, 784.
405 BFHE 90, 471 = BStBl II 1968, 181.
406 BVerwGE 17, 245 = NJW 1964, 686; VGH Kassel NJW 1965, 1732 = DVBl 1965, 850; VG Aachen AnwBl 1978, 464; OVG Münster NJW 1972, 1966 = AnwBl 1972, 231; OVG Koblenz NJW 1972, 222 = AnwBl 1972, 63.

sich ein vernünftiger Bürger mit gleichem Bildungs- und Erfahrungsstand bei der gegebenen Sach- und Rechtslage eines Rechtsanwalts bedient hätte.[407]

Maßgebender *Zeitpunkt* für die Beurteilung der Notwendigkeit der Beiziehung ist die *Beauftragung* des Bevollmächtigten. Die Entscheidung kann daher nicht durch eine rückschauende Betrachtung in Zweifel gezogen werden.[408]

Wann die Zuziehung eines Bevollmächtigten im Vorverfahren notwendig ist, wird man in den verschiedenen Verfahrensordnungen unterschiedlich beantworten müssen. So machen zB Kompliziertheit und Umfang des *Steuerrechts*, die Fülle der Rechtsprechung und Verwaltungsanordnungen für den Steuerpflichtigen sachkundigen Rat praktisch unentbehrlich.[409]

Andererseits haben aber Gesichtspunkte wie das Übergewicht der Verwaltung gegenüber dem Bürger außer Betracht zu bleiben,[410] auch bedürfe es nicht der Herstellung völliger »*Waffengleichheit*«, da die Verwaltung an das Gesetz gebunden und ohnehin noch der gerichtlichen Kontrolle unterworfen ist.[411]

Ein Beschluss über die Notwendigkeit der Zuziehung eines Bevollmächtigten für das Vorverfahren setzt zwingend voraus, dass der Rechtsanwalt förmlich bevollmächtigt war; eine lediglich beratende Tätigkeit reicht nicht aus.[412]

Die Zuziehung eines Bevollmächtigten kann auch dann für notwendig erklärt werden, wenn der Vertreter keiner der in § 162 Abs 2 S 1 VwGO genannten Personengruppe angehört.[413]

Eine Entscheidung über die Notwendigkeit der Hinzuziehung eines Bevollmächtigten im Vorverfahren hat das Gericht nur zu treffen, wenn und soweit es im Hauptsacheverfahren über die Kostentragungspflicht entscheidet.[414] Im Rahmen der das Verfahren nach § 80 Abs 5 VwGO abschließenden Kostenentscheidung ist § 162 Abs 2 S 2 VwGO in Bezug auf die Kosten der Hinzuziehung eines Bevollmächtigten im Hauptsacheverfahren nicht anwendbar.[415] Die Entscheidung des Verwaltungsgerichts über die Notwendigkeit der Zuziehung eines Bevollmächtigen für das Vorverfahren bleibt von dem – deklaratorischen – Ausspruch der Unwirksamkeit des erstinstanzlichen Urteils nach beidseitiger Erledigungserklärung in der Berufungsinstanz unberührt.[416]

---

407 BVerwG Buchholz 316 § 80 VwVfG Nr 2; BayVBl 1983, 605 = JurBüro 1983, 1179 = NZWehrr 1984, 41; NZWehrr 1984, 124; KostRsp VwGO § 162 Nr 68; OVG Berlin-Brandenburg Beschl v 03.04.2017 – OVG 10 L 24.17; OVG Magdeburg AnwBl 2001, 578; VBlBW 1986, 257; weitergehender VGH München BayVBl 1972, 364; 1981, 636, das die Zuziehung nicht nur in schwierigen oder umfangreichen Verfahren, sondern in der Regel für eine rechtsunkundige Person bejaht, und VG Oldenburg AnwBl 1981, 248, das die Notwendigkeit der Zuziehung eines Bevollmächtigten idR bejahen will, da der Bürger ohne rechtskundigen Rat nur in Ausnahmefällen materiell- und verfahrensrechtlich in der Lage sei, seine Rechte gegenüber der Verwaltung ausreichend zu wahren.
408 BVerwG AGS 1997, 92 = BayVBl 1996, 571; KostRsp VwGO § 162 Nr 362.
409 BFHE 90, 471 = BStBl II 1968, 181; FG Münster EFG 1968, 218.
410 BVerwG Buchholz 316 § 80 VwVfG Nr 2.
411 BVerwGE 61, 100 = BayVBl 1981, 93 = DVBl 1981, 680 = AnwBl 1981, 245; **aA:** *Tipke/Kruse* Rn. 36 zu § 139 FGO, die die Auffassung vertreten, dass auch der Gesichtspunkt der Waffengleichheit die Hinzuziehung eines Bevollmächtigten erfordert, weil die Finanzverwaltung in der Regel von besonders geschulten Beamten vertreten wird; *Mallmann* NVwZ 1983, 338.
412 OVG Greifswald NordÖR 2005, 121; OVG Münster NVwZ-RR 1996, 620 = KostRsp VwGO § 162 Nr 220 m Anm *Noll*.
413 VGH Mannheim KostRsp VwGO § 162 Nr 211 (pensionierter Richter als gerichtlich bestellter Betreuer).
414 OVG Schleswig NordÖR 2006, 302.
415 OVG Schleswig NordÖR 2006, 302; OVG Münster NVwZ-RR 2006, 856; FG Hannover KostRsp FGO § 139 Nr 84.
416 VGH Mannheim NVwZ-RR 2016, 279 = RVGreport 2016, 152 m Anm *Hansens*.

b) Bevollmächtigter der Behörde

D 186 Angesichts des Wortlauts des § 162 Abs 2 S 2 VwGO (vgl auch § 80 Abs 2 VwVfG) besteht grundsätzlich für *jeden* Beteiligten die Möglichkeit, wie im Prozess, so auch im Vorverfahren sich eines Bevollmächtigten zu bedienen, dessen Zuziehung dann – soweit die Voraussetzungen gegeben sind – für notwendig erklärt werden kann, mithin auch für die Ausgangsbehörde. An das Vorliegen einer »Notwendigkeit« für die Zuziehung eines Bevollmächtigten im Vorverfahren durch eine Körperschaft des öffentlichen Rechts sind aber strenge Anforderungen zu stellen. Die Behörde bedarf angesichts der Fach- und Sachkunde ihrer Bediensteten grundsätzlich *keines* Beistands im Vorverfahren. In der Regel muss die Ausgangsbehörde mit eigenem Fachpersonal so ausgestattet sein, dass sie ihre Verwaltungstätigkeit ohne fremde Unterstützung ausführen kann. Die Behörde hat zudem die Möglichkeit, sich von der Rechtsaufsichtsbehörde beraten zu lassen. Eine Notwendigkeit der Zuziehung eines Bevollmächtigten im Vorverfahren wird daher nur *ganz ausnahmsweise* anzuerkennen sein.[417]

c) Einzelfälle

D 187 Die Zuziehung eines Bevollmächtigten (Rechtsanwalts) im Vorverfahren ist als **notwendig** anzusehen für die Vertretung eines Kriegsdienstverweigerers;[418] zur Klärung schwieriger Rechtsfragen auf dem Gebiet des Automatenrechts;[419] wenn der Beteiligte zur Aufklärung des Sachverhalts seiner Mitwirkungspflicht genügt hat und dies nicht ausreicht;[420] in Verfahren um die Erteilung einer Ausnahmegenehmigung nach § 37 Abs 3 WaffG;[421] für einen Architekten, der sich gegen die Versagung der bauaufsichtlichen Genehmigung für ein eigenes Bauvorhaben wendet;[422] in ausländerrechtlichen Streitigkeiten;[423] wenn die Behörde dem Beitragspflichtigen anlässlich einer Vorsprache empfiehlt, schriftlich Widerspruch einzulegen, statt einen solchen zu Protokoll zu geben;[424] wenn es nicht bzw nicht ausschließlich um Fragen der Verunstaltung;[425] sondern allein bzw auch um die zutreffende städtebauliche Bewertung der Umgebung (hier: allgemeines Wohn- oder Mischgebiet) geht;[426] bei der Anfechtung einer landschaftsschutzrechtlichen Ordnungsverfügung;[427] in Personalratsstreitigkeiten;[428] für Zahnärzte, die sich gegen das Heranziehungssystem für den zahnärztlichen Notfalldienst wenden;[429] für die Vertretung einer Ortsgemeinde in ein Widerspruchsverfahren gegen eine Baugenehmigung für ein Vorhaben auf dem Gebiet einer benachbarten Ortsgemeinde.[430]

Die Zuziehung eines Bevollmächtigten für das Vorverfahren kann auch dann gemäß § 162 Abs 2 S 2 VwGO für notwendig erklärt werden, wenn das Vorverfahren erst nach Erhebung einer

---

417 Vgl hierzu auch VGH Mannheim AGS 1996, 91; VG Freiburg AGS 1999, 166; VBlBW 1983, 333; OVG Magdeburg LKV 1998, 319 (ausnahmsweise bejaht für eine kleine Gemeinde in einem subventionsrechtlichen Verfahren); *Friese* DÖV 1974, 264; *Stelkens/Bonk/Sachs* Rn. 30 zu § 80 VwVfG.
418 BVerwGE 17, 245 = NJW 1964, 686 = MDR 1964, 349; NJW 1978, 1988 = AnwBl 1978, 309; AGS 1997, 116 = JurBüro 1998, 34.
419 VGH München GewA 1972, 162.
420 VG Köln JurBüro 1984, 728.
421 VGH Kassel AnwBl 1983, 278; VG Stuttgart AnwBl 1971, 360; OVG Münster AnwBl 1976, 95; 1972, 231; VGH München AnwBl 1973, 115; OVG Koblenz AnwBl 1972, 63.
422 OVG Münster VerwRspr 29, 1025.
423 VG Karlsruhe AnwBl 1978, 463; VGH München B v 29.09.1974 – Nr 203 VIII 74 –; VGH Kassel FEVS 35, 330; *Sonnenschein/Berger* JuS 1996, 1107.
424 VG Würzburg BayVBl 1980, 371.
425 Vgl OVG Münster NVwZ 1983, 355.
426 OVG Münster KostRsp VwGO § 162 Nr 87.
427 VG Saarlouis KostRsp VwGO § 162 Nr 42.
428 VGH München ZBR 1990, 159.
429 OVG Münster NVwZ-RR 2006, 838.
430 OVG Koblenz NVwZ-RR 2011, 454.

Untätigkeitsklage durch Erhebung des Widerspruchs durch den Bevollmächtigten gegen einen nach Klageerhebung ergangenen Verwaltungsakt eröffnet wurde.[431]

Die Zuziehung eines Bevollmächtigten ist **regelmäßig nicht notwendig** bei einem Lehrer oder Bürokaufmann für das Vorverfahren gegen einen Einberufungsbescheid;[432] für das Vorverfahren betr die Zulassung zum Studium außerhalb der festgesetzten Kapazität;[433] in Werbesachen, wenn es ausschließlich um das Urteil des sog gebildeten Durchschnittsbetrachters geht,[434] wenn die Genehmigung von Plakattafeln aus Gründen der Verunstaltung oder der Verkehrssicherheit abgelehnt worden ist[435] oder wenn der Widerspruchsführer von Berufs wegen mit den in Zusammenhang mit der Aufstellung von Werbeanlagen stehenden baurechtlichen Fragen vertraut ist;[436] in Sozialhilfesachen, wegen der für das Sozialhilferecht typischen engen und langen Beziehung zwischen Hilfsbedürftigen und Sozialhilfeträger;[437] für das Vorverfahren durch Gemeinden;[438] wenn der Empfänger eines Abgabenbescheides einen erkennbar auf einem Irrtum der Behörde beruhenden Mangel nicht schon im Vorverfahren, sondern erst im Klageverfahren – mit der Folge sofortiger Klaglosstellung durch die Behörde – geltend macht;[439] wenn die Partei selbst bereits Widerspruch eingelegt hat und der Bevollmächtigte erst einige Tage vor Ablauf der mit dem Nachbarwiderspruch angegriffen wasserbehördlichen Erlaubnis tätig wird;[440] für das Vorverfahren gegen einen Verwaltungsakt, der erst während des nach zulässiger Untätigkeitsklage anhängigen verwaltungsgerichtlichen Verfahrens ergeht, wenn die beklagte Behörde gleichzeitig Widerspruchsbehörde ist und der Kläger bereits im Klageverfahren anwaltlich vertreten ist.[441]

Auch einer Aktiengesellschaft, zu deren Tätigkeitsbereich die Baubetreuung gehört, ist es zuzumuten, das Widerspruchsverfahren auch in einer schwierigen Steuerbegünstigungssache (II. WoBauG) selbst zu führen.[442]

d) Selbstvertretung

Auch die Gebühren und Auslagen des sich selbst vertretenden Rechtsanwalts sind erstattungsfähig, wenn die Beiziehung eines Rechtsanwalts »an sich« notwendig war. Einem Rechtsanwalt ist nicht stets oder in aller Regel zuzumuten, eine eigene Rechtssache persönlich zu vertreten. Entscheidend ist, ob sich ein vernünftiger Bürger auf gleichem Bildungs- und Erfahrungsniveau bei der gegebenen Sach- und Rechtslage im Allgemeinen eines Rechtsanwalts bedienen würde. Ist die Beiziehung eines Rechtsanwalts notwendig, dann kann sich der Beteiligte in seiner Eigenschaft als Rechtsanwalt selbst vertreten[443] mit der Folge, dass er entsprechend dem in § 91 Abs 2 S 3 ZPO enthaltenen

D 188

---

431 OVG Magdeburg NVwZ-RR 2017, 85.
432 BVerwG NZWehrr 1984, 124 = Buchholz 316 § 80 VwVfG Nr 15; NZWehrr 1984, 41 = BayVBl 1983, 605 = JurBüro 1983, 1179.
433 OVG Münster JurBüro 1983, 695 = NVwZ 1983, 356; OVG Hamburg HmbJVBl 2000, 23 = NordÖR 2000, 155; KostRsp VwGO § 162 Nr 66; OVG Bremen JurBüro 1985, 1062.
434 VGH Mannheim VBlBW 2007, 474; OVG Münster NVwZ 1983, 365.
435 OVG Lüneburg JurBüro 1986, 1026.
436 OVG Bautzen AGS 2004, 368 = SächsVBl 2004, 162.
437 OVG Münster NWVBl 1991, 96; OVG Koblenz FEVS 32, 426; VG Braunschweig NVwZ 1988, 758.
438 VGH Mannheim Justiz 2005, 440; AGS 1996, 1991; VBlBW 1983, 333.
439 VGH Kassel HessStdGZ 1986, 174.
440 OVG Bremen JurBüro 1980, 1541.
441 OVG Münster NVwZ-RR 2004, 395; **aA:** VGH Kassel DVBl 2008, 68; nach OVG Lüneburg JurBüro 2008, 322 ist die Zuziehung eines Bevollmächtigten nur dann nicht notwendig, wenn schon die Einleitung des Widerspruchsverfahrens entbehrlich war.
442 VGH Mannheim VBlBW 1986, 459.
443 BVerwG DVBl 1981, 680 = AnwBl 1981, 244 = JurBüro 1981, 1670; Buchholz 316 VwVfG § 80 Nr 1; Buchholz § 162 VwGO Nr 17; OVG Berlin-Brandenburg Beschl v 03.04.2017 – OVG 10 L 24.17.

Rechtsgedanken die Gebühren und Auslagen erstattet verlangen kann, die als Gebühren und Auslagen eines bevollmächtigten Rechtsanwalts zustehen würden.[444]

Die abzulehnende Gegenmeinung beruht im wesentlichen auf der Überlegung, § 91 Abs 2 S 3 ZPO stelle eine Sonderregelung dar, die eng mit der Befugnis des Anwalts zusammenhänge, sich in gerichtlichen Verfahren selbst vertreten zu können (vgl § 78 Abs 4 ZPO). Im Hinblick auf den grundsätzlichen Unterschied eines gerichtlichen Verfahrens und eines außergerichtlichen Verfahrens, das von einer Selbstvertretung der Beteiligten ausgehe, lasse sich deshalb § 91 Abs 2 S 3 ZPO auch nicht sinngemäß auf das Vorverfahren anwenden. Mit dem BVerwG[445] ist dem aber entgegenzuhalten, dass die Interessenlage des Vorverfahrens mit dem gerichtlichen Verfahren gleichwohl identisch ist. Die in § 91 Abs 2 S 3 ZPO enthaltene Interessenabwägung ist nicht ausschließlich auf das gerichtliche Verfahren zugeschnitten. Denn auch das Verwaltungsverfahren ist ein rechtlich geregeltes Verfahren, in dem Interessengegensätze ausgetragen werden. Bei notwendiger Beiziehung als Rechtsanwalt im Vorverfahren hat die Behörde mit der Tätigkeit eines Rechtsanwalts zu rechnen wie im gerichtlichen Verfahren. Hier wie dort wird es dem Betroffenen prinzipiell nicht zugemutet, sich selbst zu vertreten. Es besteht kein überzeugender Grund, der unterliegenden Behörde die Ersparnis an Kosten für eine Fremdvertretung zugutekommen zu lassen, wenn dem sich erlaubt selbst vertretenden Rechtsanwalt die Selbstvertretung im Verhältnis zur Gegenseite rechtlich nicht zugemutet wird.[446]

Die Besonderheit, dass im Vorverfahren prinzipiell Fremdvertretung unerwünscht ist, kann bei gleichwohl notwendiger Beiziehung eines Rechtsanwalts nicht derart durchschlagen, dass dem obsiegenden Widerspruchsführer nur die Kosten eines tatsächlich beigezogenen fremden Beistandes erstattet werden.[447]

Eine derart im Falle der Selbstvertretung eines Rechtsanwalts einseitige Begünstigung der unterliegenden Behörde widerspricht dem Sinn der Vorschrift hinsichtlich der gleichartigen prozessualen Regelung. Die bei notwendiger Beiziehung eines Rechtsanwalts angestrebte Waffengleichheit muss in allen ihren zulässigen Elementen von dem unterliegenden Gegner honoriert werden.[448]

Letztlich kommt es auch hier (vgl Rdn. D 175) darauf an, dass der Rechtsanwalt seine *Berufstätigkeit* einsetzt und sie ersetzt werden muss, wenn sie einem Nichtrechtsanwalt zu erstatten wäre.

e) Entscheidung

D 189   Die Entscheidung des Gerichts, die Zuziehung eines Bevollmächtigten für das Vorverfahren sei notwendig, gehört sachlich zum *Kostenfestsetzungsverfahren*.[449] Diese gerichtliche Entscheidung befin-

---

444   BVerwG aaO; VGH Mannheim ESVGH 26, 178; JurBüro 1980, 936 = AnwBl 1980, 219; VGH München BayVBl 1972, 645; OVG Münster NVwZ-RR 1990, 668; AnwBl 1998, 57; AGS 1988, 57; FG Hannover EFG 1969, 553; FG München EFG 1971, 190; FG Berlin EFG 1970, 235 = NJW 1970, 728; FG Kassel EFG 1969, 311 = DStR 1969, 510; AnwBl 1971, 296; *Kopp* Rn. 5 zu § 80 VwVfG; *Stelkens/Bonk/Sachs* Rn. 20 zu § 80 VwVfG; aA: VGH München NJW 1978, 2414 = BayVBl 1978, 411 m abl Anm *Czermak* BayVBl 1978, 704; OVG Lüneburg VerwRspr 27, 125; *Knack/Busch* Rn. 6.2 zu § 80 VwVfG; *Hauk-Haines-Nehls* SGB X 1, 2 K § 63 Rn. 8; BFHE 104, 306 = BStBl II 1972, 355; 108, 574 = BStBl II 1973, 535; 123, 9 = BStBl II 1977, 767; FG Hannover KostRsp FGO § 139 Nr 85; FG Hamburg EFG 1971, 291; FG Baden-Württemberg EFG 1969, 459 = JurBüro 1969, 1053; *Tipke/Kruse* Rn. 36 zu § 139 FGO.
445   DVBl 1981, 680 = AnwBl 1981, 244 = JurBüro 1981, 1670.
446   Vgl hierzu auch BVerfG NJW 1980, 1677 = AnwBl 1980, 303 = Rpfleger 1980, 179.
447   So aber BFH aaO.
448   BVerwG aaO.
449   BVerwGE 27, 39 = NJW 1967, 1580; BayVBl 2008, 185; OVG Koblenz NVwZ-RR 1996, 717; VGH Kassel NJW 1965, 1732 = DVBl 1965, 850; OVG Münster RVGreport 2017, 111 m Anm *Hansens*; OVG Lüneburg DVBl 1963, 334; OVG Hamburg HambJVBl 1985, 194; BFHE 90, 150 = BStBl II 1968, 56 = BB 1967, 1466.

det nicht über die Frage, *wer* die Kosten des gerichtlichen Verfahrens trägt – dies ist Gegenstand der Kostengrundentscheidung –, sondern darüber, *welche Aufwendungen* der Beteiligten erstattungsfähig sind. Die Entscheidung über den Umfang der erstattungsfähigen Kosten ist aber eine Aufgabe des Kostenfestsetzungsverfahrens, das grundsätzlich dem Urkundsbeamten der Geschäftsstelle zugewiesen ist (§ 164 VwGO, § 149 FGO). Die Tatsache, dass der Gesetzgeber die Entscheidung nach § 162 Abs 2 S 2 VwGO, § 139 Abs 3 S 3 FGO dem *Gericht* und nicht dem *Urkundsbeamten* zugewiesen hat, ändert daran nichts. Das Gesetz geht davon aus, das Gericht könne über die Notwendigkeit der Zuziehung eines Bevollmächtigten für das Vorverfahren besser und zutreffender entscheiden als der Urkundsbeamte der Geschäftsstelle; so würden Erinnerungen gegen die Kostenfestsetzung, die zu einer Verzögerung des Verfahrens führen, von vornherein vermieden werden.[450]

Damit steht auch fest, dass die Entscheidung über die Notwendigkeit der Zuziehung eines Bevollmächtigten nicht *zwingender Teil der Kostengrundentscheidung* nach § 161 VwGO, § 143 FGO ist. Enthält das Urteil die Entscheidung nicht, kann sie auf Antrag durch Beschluss jederzeit nachgeholt werden. Die Bestimmungen über die Urteilsergänzung finden keine Anwendung.[451]

Die Entscheidung kann *nach rechtskräftigem Abschluss* des Verfahrens ergehen[452] und, da sie nicht einen Teil der Kostengrundentscheidung bildet, *selbstständig angefochten* werden.[453]

Im *finanzgerichtlichen* Verfahren ergeht die Entscheidung in aller Regel erst, wenn Kostenfestsetzung beantragt wird.[454]

In *anderen* Verfahren ist die Zusammenfassung mit der Kostengrundentscheidung die Regel.

f) Zuständigkeit

Besteht Klarheit darüber, dass die Entscheidung über die Notwendigkeit der Beiziehung eines Bevollmächtigten eine Entscheidung des *Kostenfestsetzungsverfahrens* ist, so wird die Frage, *welches Gericht* zur Entscheidung berufen ist, nicht einheitlich beantwortet. Nach einer Ansicht soll aus der Zugehörigkeit zum Kostenfestsetzungsverfahren zu folgen, dass das Gericht zuständig ist, dem nach § 164 VwGO, § 149 FGO *die Kostenfestsetzung obliegt*.[455] Nach anderer Ansicht ist für diese Entscheidung das Gericht zuständig, das erstmals zu Gunsten des Klägers eine Entscheidung über die Verfahrenskosten trifft.[456]

D 190

Bei *dogmatischer* Betrachtung wäre der erstgenannten Ansicht zu folgen, denn aus der rechtlichen Einordnung des Ausspruchs nach § 162 Abs 2 S 2 VwGO, § 135 Abs 3 S 3 FGO als Entscheidung im Kostenfestsetzungsverfahren ergibt sich auch, dass diese Entscheidung nur von dem Gericht des ersten Rechtszuges getroffen werden darf, das also zur Kostenfestsetzung berufen ist (§ 164 VwGO, § 149 FGO). Ferner bildet das Kostenfestsetzungsverfahren ein organisatorisch selbstständiges, vom Klageverfahren getrenntes Verfahren. Die Selbstständigkeit und unterschiedliche Zielsetzung beider Verfahren verlangen, dass Entscheidungen grundsätzlich in dem Verfahren getroffen werden, zu dem sie in ihrem sachlichen Gehalt nach gehören.

Aus *prozessökonomischen* Gründen ist jedoch der Auffassung zu folgen, die das Gericht für zuständig hält, das erstmals über die Verfahrenskosten zugunsten des Klägers entscheidet. Ist dies das

---

450 BVerwG aaO; Buchholz 310 § 162 VwGO Nr 16; OVG Münster OVGE 17, 200 = VerwRspr 15, 245.
451 BVerwGE 27, 391; DÖV 1981, 343 = BayVBl 1981, 411; VGH München BayVGHE 30, 54; BayVBl 1981, 604; 1981, 636; VGH Kassel NJW 1965, 1732 = DVBl 1965, 850.
452 VGH Mannheim Justiz 1985, 367.
453 BVerwGE 27, 39 (41); VGH Kassel HessVGRspr 1975, 55; BFHE 94, 44 = BStBl II 1969, 77.
454 BFHE 90, 150 = BStBl II 1968, 56.
455 OVG Münster KostRsp § 162 VwGO Nr 324; Nr 187 m Anm *Noll*; OVG Hamburg HambJVBl 1985, 194; BFHE 90, 150; BFH/NV 2011, 832; Beschl v 20.01.2015 – VII B 207/12.
456 BVerwG Buchholz 310 § 162 VwGO Nr 16; VGH Kassel KostRsp VwGO § 162 Nr 81; *Eyermann/Fröhler* Anm 12 zu § 162 VwGO.

Rechtsmittelgericht, liegt für den Urkundsbeamten der Geschäftsstelle sofort eine unanfechtbare Entscheidung vor. Ist die Entscheidung nachzuholen, ist sie von dem Gericht zu treffen, das für die Kostenfestsetzung zuständig ist.[457]

g) Gegenstand der Entscheidung

D 191   Die Entscheidung des Gerichts über die Notwendigkeit der Zuziehung eines Bevollmächtigten im Vorverfahren befasst sich nur mit der Frage, ob die Zuziehung eines Bevollmächtigten für das Vorverfahren notwendig war. Das Gericht hat nicht zu prüfen, ob eine solche Zuziehung *stattgefunden* hat.[458]

Etwas anderes gilt nur dann, wenn auf Grund der vorliegenden Akten ganz einwandfrei festgestellt werden kann, dass im Vorverfahren ein Bevollmächtigter *nicht* zugezogen worden ist. Für eine positive Entscheidung fehlt dann das Rechtsschutzbedürfnis.[459]

Für die Beurteilung der Notwendigkeit der Zuziehung eines Bevollmächtigten kommt es allein auf die Umstände im Zeitpunkt der *Bevollmächtigung* an.[460]

Ob und inwieweit der Bevollmächtigte sich dann *tatsächlich* für seinen Mandanten eingesetzt hat, ist hierbei ohne Belang.[461]

Die Prüfung und Entscheidung der Frage, ob ein Bevollmächtigter im Vorverfahren tatsächlich zugezogen worden ist und ob bzw in welcher Höhe Aufwendungen entstanden sind, ist Aufgabe des Urkundsbeamten der Geschäftsstelle.[462]

Ist ein Bevollmächtigter im Vorverfahren tatsächlich *nicht* zugezogen worden, bleibt ein entsprechender Beschluss des Gerichts ohne Wirkung und für die vom Urkundsbeamten der Geschäftsstelle in eigener Zuständigkeit vorzunehmende Festsetzung der erstattungsfähigen Aufwendungen ohne Bedeutung. Eine Kostenerstattung wird dann abgelehnt.[463]

h) Erstattungsfähige Gebühr für das Vorverfahren

D 192   Der Rechtsanwalt verdient im Vorverfahren die Geschäftsgebühr nach Nr 2300 VV RVG. Ergeht eine Entscheidung nach § 162 Abs 2 S 2 VwGO, § 139 Abs 3 S 3 FGO, ist die Anrechnung nach Vorbem 3 Abs 4 VV RVG zu berücksichtigen. Das gilt auch für sozialrechtliche Vorverfahren, in denen keine Betragsrahmengebühren entstehen. Soweit für das Vorverfahren Gebühren nach Nrn 2400, 2401 VV RVG anfallen, findet die Vorbem 3 Abs 4 VV RVG keine Anwendung. Vgl im Übrigen Rdn. D 162.

i) Gegenstandswert

D 193   Der Gegenstandswert für die erstattungsfähigen Gebühren des Vorverfahrens innerhalb der gerichtlichen Kostenerstattung (§ 162 Abs 1 VwGO, § 139 FGO, § 193 Abs 2 SGG) entspricht dem Wert des Streitgegenstandes, wegen dessen das Vorverfahren in das Klageverfahren übergegangen ist.[464]

---

457 OVG Münster RVGreport 2017, 111 m Anm *Hansens*.
458 BFHE 119, 5 = BStBl II 1976, 568 = BB 1976, 1110.
459 BFH aaO.
460 OVG Magdeburg JurBüro 2007, 491; VGH Kassel KostRsp VwGO § 162 Nr 83.
461 VGH Kassel aaO; FG Hamburg EFG 1974, 322; FG Koblenz EFG 1968, 423; FG Saarbrücken EFG 1985, 188; **aA:** FG Karlsruhe EFG 1981, 352, das verlangt, dass der Bevollmächtigte mehr als nur die einfache Formalhandlung der Einlegung des Einspruchs für seinen Auftraggeber erbringen muss; FG Düsseldorf EFG 1968, 175.
462 BFH aaO.
463 BFHE 113, 409 = BStBl II 1975, 196; FG Münster EFG 1970, 404.
464 BFH BStBl II 1974, 249; 1975, 39; diese Frage ist sehr umstritten, s *Tipke/Kruse* Rn. 46 zu § 139 FGO mwN.

Dies folgt aus dem Wortlaut der § 162 Abs 2 S 2 VwGO, § 139 Abs 3 S 3 FGO, die eine Kostenerstattung anordnen, soweit das Vorverfahren anhängig war. Das ist so zu verstehen, dass Gebühren und Auslagen nur zu erstatten sind, »soweit« das Vorverfahren erfolglos geblieben und daher als Klage fortgeführt wird.[465] Die inzidente Festsetzung eines höheren Gegenstandwerts für das Vorverfahren scheidet selbst dann aus, wenn der Streitgegenstand des Vorverfahrens weiter war als der des gerichtlichen Verfahrens.[466]

III. Kostenerstattung im isolierten Vorverfahren

1. Erstattungsregelungen

Die **Verwaltungsverfahrensgesetze** des Bundes und der Länder   D 194

Bund

Verwaltungsverfahrensgesetz (VwVfG) idF vom 23.01.2003 (BGBl I S 102), zuletzt geändert durch G v 18.07.2016 (BGBl I 1679)

Baden-Württemberg

Landesverwaltungsverfahrensgesetz (LVwVfG) idF vom 12.04.2005 (GBl S 350), zuletzt geändert durch G v 12.05.2015 (GBl S 324)

Bayern

Bayerisches Verwaltungsverfahrensgesetz (BayVwVfG) v 23.12.1976 (GVBl S 544), zuletzt geändert durch G v 22.12.2015 (GVBl S 458)

Berlin

Gesetz über das Verfahren der Berliner Verwaltung v 21.04.2016 (GVBl S 218)

Brandenburg

Verwaltungsverfahrensgesetz für das Land Brandenburg (VwVfGBbg) idF vom 07.07.2009 (GVBl I S 262), zuletzt geändert durch G v 11.07.2014 (GVBl I Nr 32)

Bremen

Bremisches Verwaltungsverfahrensgesetz (BremVwVfG) v 15.11.1976 (GVBl S 243), zuletzt geändert durch G v 27.01.2015 (GVBl S 15)

Hamburg

Hamburgisches Verwaltungsverfahrensgesetz (HmbVwVfG) v 09.11.1977 (GVBl S 333), zuletzt geändert durch G v 14.03.2014 (GVBl S 102)

Hessen

Hessisches Verwaltungsverfahrensgesetz (HVwVfG) idF vom 15.01.2010 (GVBl S 18), zuletzt geändert durch G v 26.06.2015 (GVBl S 254)

Mecklenburg-Vorpommern

Landesverwaltungsverfahrensgesetz (VwVfG M-V) idF vom 01.09.2014 (GVOBl S 476), zuletzt geändert durch G v 25.04.2016 (GVOBl S 198, 202)

---

465 *Bornhaupt* FR 1972, 437; **aA**: *Tipke/Kruse* Rn. 46 zu § 139 FGO.
466 OVG Münster Beschl v 22.07.2011 – 12 E 1074/10.

D.   Kostenfestsetzung in öffentlich-rechtlichen Streitverfahren

Niedersachsen

Niedersächsisches Verwaltungsverfahrensgesetz (NVwVfG) vom 03.12.1976 (GVBl S 311), zuletzt geändert durch G v 24.09.2009 (GVBl S 361)

Nordrhein-Westfalen

Verwaltungsverfahrensgesetz für das Land Nordrhein-Westfalen (VwVfGNW) idF vom 12.11.1999 (GVBl S 602), zuletzt geändert durch G v 20.05.2014 (GVBl S 294)

Rheinland-Pfalz

Landesgesetz über das Verwaltungsverfahren in Rheinland-Pfalz (Landesverwaltungsverfahrensgesetz – LVwVfG) v 23.12.1976 (GVBl S 308), zuletzt geändert durch G v 22.12.2015 (GVBl S 487) iVm § 19 des Landesgesetzes zur Ausführung der Verwaltungsgerichtsordnung (AGVwGO) idF v 05.12.1977 (GVBl S 452), zuletzt geändert durch G v 21.07.2003 (GVBl. S. 212)

Saarland

Saarländisches Verwaltungsverfahrensgesetz (SVwVfG) v 15.12.1976 (ABl S 1151), zuletzt geändert durch G v 25.06.2014 (ABl S 306)

Sachsen

Gesetz zur Regelung des Verwaltungsverfahrens- und des Verwaltungszustellungsrechts für den Freistaat Sachsen v 19.05.2010 (GVBl S 142)

Sachsen-Anhalt

Verwaltungsverfahrensgesetz für das Land Sachsen-Anhalt (VwVfG LSA) vom 18.11.2005 (GVBl S 698), zuletzt geändert durch G v 26.03.2013 (GVBl S 134)

Schleswig-Holstein

Allgemeines Verwaltungsgesetz für das Land Schleswig-Holstein (LVwG) idF v 02.06.1992 (GVBl S 243), zuletzt geändert durch G v 21.07.2016 (GVBl S 659)

Thüringen

Verwaltungsverfahrensgesetz (ThürVwVfG) idF vom 01.12.2014 (GVBl S 685)

und das **Sozialgesetzbuch** – 10. Buch – (SGB X) enthalten im wesentlichen übereinstimmende Regelungen über die Kostenerstattung im Vorverfahren, dem sich *ein Klageverfahren nicht anschließt*, dem sog isolierten Vorverfahren.

Im Verwaltungsverfahren nach der **Abgabenordnung** findet eine Kostenerstattung im isolierten Vorverfahren/Widerspruchsverfahren nicht statt. Die Erstattung der Kosten des Vorverfahrens bleibt auf die Fälle beschränkt, in denen ein gerichtliches Verfahren vor dem Finanzgericht nachfolgt (§ 139 Abs 3 S 3 FGO).[467]

Isoliertes Vorverfahren nach § 77 EStG

D 195   Als Ausnahme von dem Grundsatz, dass in außergerichtlichen Rechtsbehelfsverfahren nach der Abgabenordnung Kosten im isolierten Vorverfahren nicht erstattet werden, enthält das als Steuerverfahren ausgebildete Kindergeldrecht in § 77 EStG eine dem § 63 SGB X nachgebildete Vorschrift. Danach hat die Familienkasse demjenigen, der den Einspruch erhoben hat, soweit der Einspruch gegen die Kindergeldfestsetzung erfolgreich ist, die zur zweckentsprechenden Rechtsverfolgung oder Rechtsverteidigung notwendigen Aufwendungen zu erstatten (§ 77 Abs 1 EStG). § 77 EStG

---

467   FG Köln AnwBl 1981, 207 = KostRsp FGO § 139 Nr 23 m Anm *Noll* u *Lappe*; zur Verfassungsmäßigkeit des Ausschlusses der Kostenerstattung BVerfGE 35, 283; BFH BFH 180, 529 = BStBl II 1996, 501 = BB 1996, 2029, ferner *Lüdicke* S 71.

ist über seinen Wortlaut hinaus nicht nur auf Einsprüche gegen Kindergeldfestsetzungen, sondern auch auf Einsprüche gegen die Aufhebung von Kindergeldfestsetzungen[468] und auf Verfahren auf die beantragte Abzweigung des Kindesgeldes[469] anwendbar. Eine Kostenerstattung nach § 77 Abs 1 EStG scheidet jedoch für Vorverfahren gegen Kostenfestsetzungsbescheide nach § 77 Abs 3 S 1 EStG aus.[470]

Nach § 77 Abs 1 S 2 EStG sind die Kosten auch in den Fällen zu erstatten, in denen der Einspruch nur deshalb keinen Erfolg hat, weil die Verletzung einer Form- oder Verfahrensvorschrift nach § 126 AO unbeachtlich ist. Wird zB die erforderliche Anhörung nach § 91 AO erst im Einspruchsverfahren nachgeholt und ist keine andere Sachentscheidung zu treffen, so bleibt dem Einspruch der Erfolg versagt (§ 126 Abs 1 Nr 3 AO). Auch in diesem Fall sind die notwendigen Aufwendungen zu erstatten.

Ausnahmen

Die Bestimmungen über die Kostenlast sowie die Kostenerstattung für das isolierte Vorverfahren gelten nur für den *jeweiligen Anwendungsbereich* der Verwaltungsverfahrensgesetze (§§ 1, 2 VwVfG, § 1 SGB X). Soweit diese aus ihrem Geltungsbereich verschiedene Materien herausnehmen (vgl § 2 VwVfG), findet § 80 VwVfG keine Anwendung. Bestehen für sie keine *speziellen* Kostenregelungen, trägt jeder Beteiligte die eigenen Kosten, auch wenn der Widerspruch Erfolg hatte. Soweit bundesrechtliche Vorschriften Regelungen zur Ausfüllung der nach den §§ 72, 73 VwGO zu treffenden Kostenentscheidung getroffen haben, findet eine Erstattung der Kosten des Vorverfahrens statt.[471]

D 196

Der Anwendungsbereich der § 80 VwVfG entsprechenden landesrechtlichen Vorschriften auf **kommunalabgabenrechtliche** Verwaltungsverfahren ist umstritten. Die Verwaltungsverfahrensgesetze der Länder enthalten unterschiedlich formulierte Ausnahmeregelungen für das Landesabgabenrecht, die durch Verweisungsvorschriften der Kommunalabgabengesetze auf Vorschriften der Abgabenordnung ausgefüllt werden. Die Verweisungen erfassen aber nicht die Vorschriften über das außergerichtliche Rechtsbehelfsverfahren der Abgabenordnung. Deshalb war es strittig, ob für das Widerspruchsverfahren in Kommunalabgabensachen die Kostenerstattungsregelung der Landesverwaltungsverfahrensgesetze Anwendung finden.

Nach der Rechtsprechung des *BVerwG*[472] ist die Anwendung der LVwVfG auf kommunalabgabenrechtliche Verwaltungsverfahren nur dann ausgeschlossen, wenn die entsprechenden Exemtionsklauseln die Anwendbarkeit des Verwaltungsverfahrensgesetzes in seiner Gesamtheit ausschließen wollen. Es sind die Fälle jedoch anders zu beurteilen, wenn die Geltung der LVwVfG nur ausgeschlossen ist, »soweit« die Abgabenordnung anzuwenden ist.

Die Anwendung des § 80 VwVfG ist danach nach Landesrecht in abgabenrechtlichen Verfahren nach dem Kommunalabgabengesetz **ausgeschlossen** in **Brandenburg**[473]; **Hessen**[474] und **Nordrhein-Westfalen**[475].

---

468 BFH BFH/NV 2003, 25 = HFR 2003, 149.
469 BFH BFHE 2014, 410 = BStBl II 2015, 148 = BFH/NV 2014, 1929.
470 FG Düsseldorf EFG 2006, 909 = KostRsp EStG § 77 Nr 8 m Anm *Hellstab*.
471 Vgl zu § 48 BLG: BVerwG VerwRsp 31, 119, vgl Rdn. D 242.
472 Buchholz 316 § 80 VwVfG Nr 30 = DÖV 1990, 207 = NVwZ 1990, 651.
473 OVG Berlin Beschl v 09.05.2006 – 9 M 9.06.
474 VGH Kassel ESVGH 33, 152.
475 OVG Münster NVwZ 1992, 585 = NWVBl 1992, 69. Ausgenommen von der Anwendung des § 80 Abs 1 VwVfG ist in Nordrhein-Westfalen nach § 2 Abs 1 VwVfGNRW auch die Verwaltungstätigkeit des Westdeutschen Rundfunks Köln, damit findet § 80 Abs 1 VwVfGNRW im Verfahren wegen der Befreiung von der Rundfunkgebührenpflicht keine Anwendung (OVG Münster Beschl v 25.04.2013 – 16 A 1873/12).

§ 80 VwVfG ist **anwendbar** in:

- **Baden-Württemberg**[476]
- **Bayern**[477]
- **Berlin**[478]
- **Bremen**[479]

  Ausgenommen von der Anwendung des § 80 Abs 1 VwVfG ist in Bremen nach § 2 Abs 1 Nr 2 BremVwVfG die Verwaltungstätigkeit des Radio Bremen, damit findet § 80 Abs 1 BremVwVfG im Verfahren wegen der Befreiung von der Rundfunkgebührenpflicht keine Anwendung.[480]

- **Hamburg**[481]
- **Mecklenburg-Vorpommern**[482]
- **Niedersachsen**[483]
- **Rheinland-Pfalz**[484]
- **Saarland**[485]
- **Sachsen**[486]

  Nach dem OVG Bautzen[487] ist § 80 Abs 2, 3 VwVfG auch in Verfahren wegen der Befreiung von der Rundfunkgebührenpflicht anzuwenden. § 2 Abs 3 SächsVwVfZG ist nach seinem Normzweck einschränkend dahin auszulegen, dass er sich nur auf den Kernbereich der Rundfunkfreiheit bezieht, nicht aber auf Bereiche, in denen die Rundfunkanstalt typische Verwaltungstätigkeit ausübt.

- **Sachsen-Anhalt**[488]
- **Schleswig-Holstein**[489]
- **Thüringen.**[490]

---

476 Die Frage ist aufgrund der Neufassung des § 80 Abs 4 Nr 2 LWVfG nicht mehr strittig.
477 Die entgegenstehende Regelung in Art 2 Abs 2 Nr 1 BayVwVfG, die Grundlage der Entscheidung des BverwG (Buchholz 316 § 80 VwVfG Nr 30 = DÖV 1990, 207 = NVwZ 1990, 651) war, ist gestrichen worden.
478 § 2 LVwVfG enthält ua nur einen Ausschluss für Verfahren der Landesfinanzbehörden in Steuerangelegenheiten.
479 Die Exemtionsklausel in § 2 Abs 2 Nr 1 schließt die Geltung des LVwVfG nur aus, »soweit« die Abgabenordnung anzuwenden ist.
480 OVG Bremen NordÖR 2013, 542.
481 § 2 LVwVfG enthält nur einen Aussschluss für Verfahren der Landesfinanzbehörden in Steuerangelegenheiten.
482 Aufgrund von § 80 Abs 4 Nr 2 LVwVfG.
483 Die Exemtionsklausel in § 2 Abs 2 Nr 1 schließt die Geltung des LVwVfG nur aus »soweit« die Abgabenordnung anzuwenden ist.
484 Gem § 3 Abs 5 S 1 RhPfKAG aufgrund des Verweises auf § 19 RhPfAGVwGO.
485 OVG Saarlouis AS 19, 432; NVwZ 1987, 508.
486 § 2 LwVfG enthält keine Exemtionsklausel.
487 U v 17.12.2015 – 3 A 582/14.
488 OVG Magdeburg KostRsp VwVfG § 80 Nr 99 m Anm *Hellstab*.
489 Gem § 11 SchlHKAG
490 Gem § 2 Abs 2 Nr 1 LwVfG. Die entgegenstehende Entscheidung des OVG Weimar ThürVBl 2005, 70 ist zur früheren Fassung des § 2 LwVfG ergangen und daher gegenstandslos.

III. Kostenerstattung im isolierten Vorverfahren

§ 80 VwVfG ist ferner **nicht** anwendbar, wenn sich der Bürger erfolgreich gegen eine bloße Verfahrenshandlung der Behörde richtet, die mangels Anfechtbarkeit dem Widerspruchsverfahren (§§ 68 ff VwGO) nicht unterliegt.[491]

§ 63 SGB X ist **nicht** anzuwenden auf ein Verwaltungsverfahren betreffend die Rücknahme eines Verwaltungsaktes (Neufeststellungsverfahren),[492] ferner nicht in einem Widerspruchsverfahren gegen das Angebot einer Trainingsmaßnahme nach den §§ 48 ff SGB III.[493]

2. Kostengrundentscheidung

a) Erforderlichkeit

Die Vorschriften über die Kostenerstattung im isolierten Vorverfahren (§ 80 VwVfG, § 63 SGB X, § 77 EStG) begründen keinen unmittelbaren Anspruch auf Erstattung der im Vorverfahren entstandenen notwendigen Aufwendungen, sondern enthalten zunächst lediglich Regelungen über den Inhalt der nach § 72 oder § 73 VwGO zu treffenden *Kostenentscheidung* (zum sozialrechtlichen Vorverfahren vgl Rdn. D 199 und zum steuerrechtlichen Vorverfahren in Kindergeldsachen Rdn. D 200). Bestandteil der Kostenentscheidung ist auch die Entscheidung gem § 80 Abs 2 VwVfG, § 63 Abs 2 SGB X, § 77 Abs 2 EStG darüber, ob die *Zuziehung eines Rechtsanwalts* oder eines sonstigen Bevollmächtigten für das Vorverfahren notwendig war. Erst nach Ergehen einer Kostenentscheidung (Kostengrundentscheidung), die den Erstattungspflichtigen bestimmt, ist nach § 80 Abs 3 VwVfG, § 63 Abs 3 SGB X, § 77 Abs 3 EStG Raum für eine Kostenfestsetzung, durch die die Behörde über »den Betrag der zu erstattenden Aufwendungen« entscheidet.

D 197

b) Von Amts wegen

Die Kostengrundentscheidung erfolgt von Amts wegen entweder im *Abhilfebescheid* (§ 72 VwGO) der Ausgangsbehörde oder im *Widerspruchsbescheid* (§ 73 VwGO) der Widerspruchsbehörde. Ergeht auf einen Widerspruch wegen eines *Teils* ein Abhilfebescheid, so hat sich die von der Widerspruchsbehörde zu treffende Kostenentscheidung nur noch nach demjenigen Teil des Widerspruchs zu richten, über den nicht schon im Abhilfeverfahren entschieden worden ist. Über die durch eine teilweise Abhilfe des Widerspruchs entstandenen Kosten hat gemäß § 72 VwGO die Ausgangsbehörde zu entscheiden.[494]

D 198

Erledigt sich der Widerspruch durch Zurücknahme oder auf andere Weise, bevor die Ausgangsbehörde den Widerspruch der Widerspruchsbehörde vorgelegt hat, so ist die Ausgangsbehörde für die gem Art 80 Abs 1 S 1 und 4 BayVwVfG zu treffende Kostenentscheidung zuständig.[495]

c) Sozialrechtliches Verwaltungsverfahren

Während für den Geltungsbereich des VwVfG in den §§ 72, 73 VwGO bestimmt ist, wer die Kostengrundentscheidung erlässt, sind – mit dem SGB X – entsprechende Regelungen im SGG offenbar versehentlich unterblieben. § 85 Abs 1–2 SGG enthalten keine Aussage darüber, dass auch über die Kosten zu entscheiden ist. § 63 Abs 3 S 1 SGB X spricht nur von der Behörde, die die Kostenentscheidung getroffen hat. Diese Regelungslücke kann durch *analoge Anwendung der §§ 72, 73 VwGO* geschlossen werden. Die inhaltlich gleichen Vorschriften des § 80 VwVfG und des § 63 SGB X regeln gleiche Sachverhalte, die gesetzlichen Tatbestandsmerkmale stimmen miteinander überein. Infolgedessen ist davon auszugehen, dass beide Sachverhalte gleich zu behandeln sind.

D 199

---

491 BVerwG NVwZ 1983, 345 = AnwBl 1983, 77; OVG Münster NVwZ 1982, 251 = BayVBl 1983, 412 = KostRsp VwVfG § 80 Nr 18 m Anm *Noll*.
492 BSGE 55, 92 = SozR 1300 § 63 Nr 1; SG Leipzig KostRsp SGB X § 63 Nr 69 m Anm *Hellstab*.
493 BSG KostRsp SGB X § 63 Nr 64 m Anm *Hellstab* = SozR 4–1300 § 63 Nr 2.
494 VGH Mannheim VBlBW 1982, 13.
495 VGH München BayVBl 1985, 467.

Danach haben auch in sozialrechtlichen Vorverfahren die Behörden dem Grunde nach über die Kosten zu entscheiden, wie dies nach §§ 72, 73 VwGO vorgesehen ist.[496]

d) Steuerrechtliches Vorverfahren in Kindergeldsachen

D 200　Der Abschnitt X des EStG über die Gewährung von Kindergeld (§§ 62 ff EStG) enthält keine Bestimmungen darüber, wer die Kostengrundentscheidung zu erlassen hat. Den §§ 72, 73 VwGO vergleichbare Vorschriften enthält die FGO nicht. Diese Regelungslücke kann durch analoge Anwendung der §§ 72, 73 VwGO geschlossen werden. Die inhaltlich gleichen Vorschriften des § 80 VwVfG, § 63 SGB X und des § 73 EStG regeln gleiche Sachverhalte, die gesetzlichen Tatbestandsmerkmale stimmen miteinander überein. Die Finanzverwaltung hat daher auch in ihrer Dienstanweisung zum Kindergeld nach dem Einkommensteuergesetz unter R 7.5 angeordnet, dass dann, wenn dem Einspruch im vollen Umfang abgeholfen wird, im Abhilfebescheid auch eine Kostenentscheidung bekannt zu geben ist.

e) Unterbliebene Kostengrundentscheidung

D 201　Eine ganz oder teilweise unterbliebene Kostengrundentscheidung kann jederzeit von Amts wegen oder auf Antrag *nachgeholt werden*. Das VwVfG und das SGB X kennen keine Bindung an eine Frist entsprechend dem § 120 VwGO.[497] Ob ein fehlender Ausspruch im Sinne des § 80 Abs 2, Abs 3 S 2 VwVfG eine im Wege der Ergänzung nachholbare »Nichterklärung« darstellt oder stattdessen einer »Negativerklärung« gleichkommt, dh der bewussten, bestandskraftfähigen und einer Ergänzung entgegenstehenden Erklärung, dass die Zuziehung nicht notwendig gewesen sei, muss im Wege der Auslegung ermittelt werden.[498]

Gegebenenfalls kann die Ergänzung des Abhilfe-Widerspruchsbescheids mit der *Verpflichtungsklage* durchgesetzt werden.[499]

Hat die Ausgangsbehörde dem Widerspruch eines durch einen Bevollmächtigten vertretenen Widerspruchsführers abgeholfen, jedoch keine Kostenentscheidung iSd § 72 VwGO getroffen, ist die Klage auf die Verpflichtung der Ausgangsbehörde zum Erlass einer ihm günstigen Kostenentscheidung für das abgeschlossene Vorverfahren einschließlich des Ausspruchs über die Notwendigkeit der Zuziehung eines Bevollmächtigten zu richten.[500]

Hatte die Ausgangsbehörde bereits den Antrag des Widerspruchsführers auf *Festsetzung* seiner im Vorverfahren entstandenen notwendigen Aufwendungen abgelehnt, ist die Verpflichtungsklage sachdienlicherweise auch auf den Erlass eines dem Kostenfestsetzungsantrag stattgegebenen Kostenfestsetzungsbescheides zu erstrecken.[501]

Enthält der Widerspruchsbescheid zwar eine Anerkennung der Notwendigkeit der *Zuziehung eines Rechtsanwalts* nach § 80 Abs 3 S 2 VwVfG, aber keine *Kostengrundentscheidung*, so folgt daraus, weil dies die Entscheidung über die Notwendigkeit der Beiziehung voraussetzt, auch ohne ausdrücklichen Ausspruch die Kostenerstattungspflicht des Widerspruchsgegners.[502]

496　*Gottl* VersorgB 1981, 71.
497　VG Düsseldorf AnwBl 1984, 321; *Redeker/von Oertzen* Rn. 33 zu § 73 VwGO; unentschieden geblieben in BVerwGE 68, 1 = KostRsp VwVfG § 80 Nr 30.
498　OVG Magdeburg NVwZ-RR 2008, 738.
499　VG Düsseldorf aaO; VG Wiesbaden NVwZ-RR 2011, 4; VG Aachen AnwBl 1978, 464; BSG ArztR 2007, 105 = SGb 2006, 739 = SozR 4–1300 § 63 SGB X Nr 4.
500　VGH Mannheim VBlBW 1982, 46; BSG ArztR 2007, 105 = SGb 2006, 739 = SozR 4–1300 § 63 SGB X Nr 4.
501　VGH Mannheim aaO.
502　BVerwGE 68, 1 = KostRsp VwVfG § 80 Nr 30.

f) Inhalt der Kostengrundentscheidung

Die Kostengrundentscheidung muss eine Aussage über die *Tragung der Kosten* und gegebenenfalls über die *Notwendigkeit der Zuziehung eines Bevollmächtigten* enthalten.[503]

D 202

Bei *erfolgreichem* Widerspruch ist der Rechtsträger dem Widerspruchsführer kostenpflichtig, dessen Behörde den angefochtenen Verwaltungsakt erlassen hat (§ 80 Abs 1 S 1 VwVfG, § 63 Abs 1 S 1 SGB X, § 77 Abs 1 S 1 EStG). Dies gilt auch dann, wenn der Widerspruch nur deshalb *keinen Erfolg* hat, weil die Verletzung einer Verfahrens- oder Formvorschrift unbeachtlich ist (§§ 45, 80 Abs 1 S 2 VwVfG, §§ 41, 63 Abs 1 S 2 SGB X, § 77 Abs 1 S 2 EStG). Unter *Rechtsträger* wird (wie in § 78 Abs 1 Nr 1 VwGO) der Hoheitsträger verstanden, dessen Rechte und Pflichten die Behörde durch den Erlass des Verwaltungsaktes wahrgenommen hat.[504]

Im *sozialrechtlichen* Verwaltungsverfahren ist dies der Sozialleistungsträger (zB Sozialversicherungsträger, aber auch Bund, Land oder Gemeinde). In Zulassungsangelegenheiten und in Verfahren der Wirtschaftlichkeitsprüfung bei erfolglosen Drittwidersprüchen von Krankenkassen sind die Krankenkassen »dem Rechtsträger, dessen Behörde den angefochtenen Verwaltungsakt erlassen hat«, im Wege einer Analogie gleichzustellen. Sie sind als öffentlich-rechtliche Körperschaften ebenso wie die in § 63 Abs 1 S 1 SGB X erfassten Behörden bzw deren Rechtsträger Hoheitsträger und gehörten ebenfalls wie diese zum Kreis der kassen- bzw vertragsärztlichen Institutionen.[505] Im Verfahren nach §§ 62 ff EStG ist dies die Familienkasse.

Von der Kostenerstattung *ausgenommen* sind Aufwendungen des erfolgreichen Widerspruchsführers, die durch sein *Verschulden* entstanden sind (§ 80 Abs 1 S 4 VwVfG, § 63 Abs 1 S 3 SGB X, § 77 Abs 1 S 3 EStG). Das Ausscheiden von Verschuldenskosten aus der sonst angeordneten Kostenerstattung ist materiell-rechtlich in der *Kostengrundentscheidung* zu treffen; ohne diese Entscheidung ist eine Berücksichtigung in der Kostenfestsetzung ausgeschlossen.[506]

Erfolgreich ist ein Widerspruch, soweit ihm die Ausgangsbehörde *abhilft* (§ 72 VwGO) oder die Widerspruchsbehörde im Widerspruchsbescheid (§ 73 VwGO) *stattgibt*. Es kommt einzig und allein auf das Stattgeben an. *Aus welchen Gründen* dem Widerspruch stattgegeben wird, spielt dabei keine Rolle.[507]

Ein Widerspruch ist grundsätzlich auch dann erfolgreich, wenn eine während des Widerspruchsverfahrens eingetretene Rechtsänderung zu einem für den Widerspruchsführer günstigen Verfahrensausgang führt[508] oder wenn die Widerspruchsbehörde dem Widerspruch stattgibt, obwohl er unstatthaft (oder unzulässig) war.[509]

Da die Kostenlast des Rechtsträgers nur soweit geht, wie der Widerspruch erfolgreich ist, der Widerspruch also zu einer günstigeren Sachentscheidung geführt hat, ist nach dem VwVfG über die Kosten *nach Quoten* im Verhältnis des Erfolgs zur Erfolglosigkeit des Widerspruchs zu entscheiden.

Die Auffassung, bei einem teilweisen Erfolg des Widerspruchs bei der Kostenfestsetzung sei zu prüfen, ob die geltend gemachten Aufwendungen einem eventuellen Teilerfolg bzw Teilmisserfolg

---

503 VG Düsseldorf AnwBl 1984, 321.
504 *Stelkens/Bonk/Sachs* Rn. 9 zu § 80 VwVfG.
505 BSG BSGE 96, 257 = NZS 2007, 391 = SGb 2006, 738 = KostRsp SGB X § 63 Nr 67 m Anm *Hellstab*; AGS 1998, 132 = SozR 3–1300 § 63 Nr 9.
506 BVerwG Buchholz 316 § 80 VwVfG Nr 4.
507 OVG Berlin NJW 1982, 2516; VGH Mannheim NJW 1986, 1370 = VBlBW 1987, 20 = BayVBl 1986, 60 = BWVPr 1986, 107.
508 BSG GesR 2011, 179 = MedR 2011, 427 = SGb 2010, 712.
509 BVerwG NVwZ 1983, 544 = KostRsp VwVfG § 80 Nr 26.

zuzurechnen sind,⁵¹⁰ ist abzulehnen. Sie beruht auf einem falschen Verständnis des Verhältnisses der Kostengrundentscheidung zur Kostenfestsetzung.⁵¹¹

Da es bei der Kostenerstattung im Vorverfahren nach dem SGB X nur darum geht, welche Kosten dem Widerspruchsführer zu erstatten sind, kann der aus § 155 Abs 1 VwGO entlehnte Grundsatz, dass der Teil der Aufwendungen zu erstatten ist, der dem Verhältnis zwischen Erfolg und Misserfolg des Rechtsbehelfs entspricht, nicht unmittelbar angewandt werden. Das SGG kennt keine entsprechende Bestimmung, sodass im sozialrechtlichen Verwaltungsverfahren ein größerer Spielraum besteht.⁵¹² Die Verteilungsquote wird in der Weise gebildet, indem das Obsiegen und Unterliegen – notfalls geschätzt – des Widerspruchsführers wertmäßig in ein Verhältnis gesetzt wird.⁵¹³

Nach dem VwVfG sind bei *erfolglosem* Widerspruch der *Behörde* ihre notwendigen Kosten zu erstatten, ausgenommen in Widerspruchsverfahren gegen Verwaltungsakte im Rahmen eines bestehenden oder früheren öffentlich-rechtlichen Dienst- oder Amtsverhältnisses (§ 80 Abs 1 S 3 VwVfG).

Das *sozialrechtliche* Vorverfahren enthält in § 63 SGB X – im Gegensatz zu § 80 VwVfG – keine Regelung über die Pflicht des Widerspruchsführers, bei erfolglosem Widerspruch die zur zweckentsprechenden Rechtsverfolgung oder Rechtsverteidigung notwendigen Aufwendungen der Behörde zu erstatten. Dies steht im Zusammenhang mit § 64 Abs 1 SGB X, wonach für das Verfahren bei den Behörden nach dem SGB X keine Gebühren und Auslagen erhoben werden. Den Widerspruchsführer trifft also nie eine Pflicht, der Behörde Kosten des Vorverfahrens zu erstatten. Dies gilt auch in Vorverfahren nach dem X. Abschnitt der EStG (§§ 62 ff EStG).

g) Hauptsacheerledigung

D 203   aa) **Keine Kostengrundentscheidung nach** den §§ 72, 73 VwGO ergeht, wenn sich ein Widerspruchsverfahren ohne eine Entscheidung in der Sache selbst erledigt. In diesen Fällen besteht keine Rechtsgrundlage für eine Erstattung der dem Widerspruchsführer entstandenen notwendigen Aufwendungen. § 161 Abs 2 VwGO ist nicht entsprechend anwendbar.⁵¹⁴ Dies gilt auch in Verfahren nach § 63 SGB X.⁵¹⁵

D 204   bb) Dies gilt auch, wenn sich das Widerspruchsverfahren gegen einen die Einberufung zum Wehrdienst betreffenden Einberufungsbescheid durch die nachträgliche Anerkennung als Kriegsdienstverweigerer erledigt,⁵¹⁶ oder wenn sich ein Widerspruch dadurch erledigt, dass die Behörde den angefochtenen Verwaltungsakt auf den *Widerspruch eines Dritten* hin aufgehoben hat.⁵¹⁷

---

510   So *Meyer/Borgs* Rn. 33, 44 zu § 80 VwVfG; *Böhm* NJW 1977, 1721.
511   Wie hier *Obermayer/Funke-Kaiser* Rn. 16 zu § 80 VwVfG; *Knack/Busch* Rn. 43 zu § 80 VwVfG; *Altenmüller* DVBl 1978, 287; DÖV 1978, 909.
512   *Hauck/Haines/Nehls* SGB X/1, 2 K § 63 Rn. 4.
513   *Von Wulffen* Rn. 15 zu § 63 SGB X mwN.
514   BVerwGE 62, 201 = NJW 1982, 300 = KostRsp VwVfG § 80 Nr 16 m Anm *Noll*; BVerwGE 62, 296 = NVwZ 1982, 242; VGH Kassel ESVGH 35, 5; VGH Mannheim VBlBW 1984, 375; OVG Greifswald KostRsp VwVfG § 80 Nr 97; **aA**: unter Bejahung einer entsprechenden Anwendbarkeit des § 161 Abs 2 VwGO: VGH Mannheim VBlBW 1981, 16 = NJW 1981, 1524.
515   OVG Münster AnwBl 1991, 415 = NVwZ-RR 1991, 223; VG Düsseldorf Behindertenrecht 2004, 117; LSG Stuttgart KostRsp SGB X § 63 Nr 74; **aA**: LSG Darmstadt KostRsp SGB X § 63 Nr 70.
516   BVerwG Urteile v 17.01.1986 – BVerwG 8 C 7.84 und 8 C 118.83 Buchholz 310 § 72 VwGO Nr 13 – (offen gelassen für Fälle, in denen bereits der Anerkennungsantrag dem Einberufungsbescheid mit Erfolg entgegengesetzt werden kann).
517   BVerwG NJW 1982, 1827 = BayVBl 1982, 473 = KostRsp VwVfG § 80 Nr 19.

h) Abweichungen im BayVwVfG

Abweichend von dem Vorhergesagten hat das bayerische VwVfG weitere Sachverhalte ausdrücklich geregelt: D 205
(aa) Bei *Rücknahme* des Widerspruchs hat der Widerspruchsführer die Kosten zu tragen (Art 80 Abs 1 S 2 BayVwVfG);
(bb) bei *Hauptsacheerledigung* (Art 80 Abs 1 S 5 BayVwVfG) ist über die Kosten unter Berücksichtigung des bisherigen Sachstandes nach billigem Ermessen zu entscheiden;
(cc) bei einem *teilweisen Erfolg* des Widerspruchs ist § 155 Abs 1 VwGO entsprechend anzuwenden (Art 80 Abs 1 S 3 BayVwVfG);
(dd) Aufwendungen anderer Beteiligter sind erstattungsfähig, wenn sie aus Billigkeit demjenigen, der die Kosten des Widerspruchsverfahrens zu tragen hat, oder der Staatskasse auferlegt werden (Art 80 Abs 2 S 2 BayVwVfG).

i) Kostenerstattung bei Drittbeteiligten

Drittbeteiligte des Vorverfahrens haben mangels einer Rechtsgrundlage *(Ausnahme:* Art 80 Abs 2 S 2 BayVwVfG) *keinen* Anspruch auf Kostenerstattung.[518] D 206

Die Bestimmung des § 80 Abs 2 VwVfG, wonach Gebühren und Auslagen *eines Rechtsanwalts im Vorverfahren* erstattungsfähig sind, wenn die Zuziehung eines Bevollmächtigten notwendig ist, enthält *keine selbstständige Rechtsgrundlage* für eine Kostenentscheidung zu Gunsten eines Drittbeteiligten, der an dem Widerspruchsverfahren nicht als Widerspruchsführer oder Widerspruchsgegner (vgl § 80 Abs 1 VwVfG) beteiligt war.

Eine analoge Anwendung der im verwaltungsgerichtlichen Verfahren gemäß § 162 Abs 3 VwGO für Beigeladene geltenden Regelung scheidet aus. Die Bestimmung des § 80 Abs 1 VwVfG ist ihrem *Wortlaut* entsprechend anzuwenden und lässt eine Ausdehnung auf andere dort nicht geregelte Fälle des Abschlusses eines Widerspruchsverfahrens und der in diesem Verfahren entstandenen Kosten nicht zu.[519]

Für den Drittbeteiligten besteht auch dann kein Anspruch auf Erstattung der Gebühren und Auslagen eines Verfahrensbevollmächtigten, wenn die Widerspruchsbehörde die Zuziehung eines Rechtsanwalts für *notwendig erklärt* hat.[520]

j) Zuziehung eines Bevollmächtigten

Die Entscheidung über die Frage, ob die Zuziehung eines Bevollmächtigten im Vorverfahren notwendig war (vgl § 80 Abs 2 VwVfG, § 63 Abs 2 SGB X, § 77 Abs 2 EStG), ist Bestandteil der *Kostengrundentscheidung*. Dabei sind die zu § 162 Abs 2 S 2 VwGO entwickelten Grundsätze zu beachten (vgl Rdn. D 185). Beide Vorschriften haben den gleichen Sinn und Zweck, nämlich Gebühren und Auslagen eines Rechtsanwalts oder sonstigen Bevollmächtigten nur dann als erstattungsfähig anzuerkennen, wenn deren Zuziehung im Vorverfahren notwendig war. Die vorgenannten Vorschriften geben die Ansicht des Gesetzgebers wieder, dass im Vorverfahren eine besondere Vertretung *in der Regel* nicht üblich und nicht erforderlich ist (vgl BT-Drucks III/Nr 55 S 48). Deshalb ist im Vorverfahren die Vertretung durch einen Rechtsanwalt oder sonstigen Bevollmächtigten D 207

---

518 BVerwGE 70, 58 = NVwZ 1985, 335 = JurBüro 1985, 1058 (entschieden für den Fall eines erfolglosen Widerspruchs des Leiters eines Kreiswehrersatzamtes gegen einen das Recht zur Kriegsdienstverweigerung anerkennenden Bescheid).
519 BVerwG aaO; NJW 1982, 1827 = KostRsp VwVfG § 80 Nr 19; NVwZ 1983, 544 = KostRsp VwVfG § 80 Nr 26; **aA:** VGH Kassel KostRsp VwGO § 162 Nr 83, wonach die Zuziehung eines Bevollmächtigten für das Vorverfahren durch einen Dritten iS des § 71 VwGO, der im anschließenden Verwaltungsrechtsstreit beizuladen wäre, für notwendig erklärt werden kann.
520 BVerwG BayVBl 1986, 567 = BWVPr 1986, 275 = Buchholz 316 § 80 VwVfG Nr 22.

nicht die Regel, sondern die *Ausnahme*, wobei auf den Einzelfall vom Standpunkt einer verständigen Partei abzustellen ist. Es kommt dabei darauf an, ob es für einen verständigen Bürger vernünftig war, einen Bevollmächtigten zur zweckentsprechenden Rechtsverfolgung oder Rechtsverteidigung im Vorverfahren zu beauftragen. Dabei sind die persönlichen Fähigkeiten und die Schwierigkeiten der Sache zu berücksichtigen.

Einzelfälle im verwaltungsgerichtlichen Verfahren vgl Rdn. D 187.

Für das *sozialrechtliche* Vorverfahren gelten die gleichen Grundsätze. Die Zuziehung eines Bevollmächtigten ist dann als notwendig zu erklären, wenn das Widerspruchsverfahren rechtlich oder tatsächlich nicht einfach ist oder der Widerspruchsführer ohne den Bevollmächtigten hilflos wäre.[521]

Die gleichen Grundsätze gelten auch im **steuerrechtlichen Vorverfahren** nach § 77 Abs 2 EStG. Das gilt auch bei der Selbstvertretung durch einen Rechtsanwalt oder Steuerberater.[522]

Die Zuziehung eines Bevollmächtigten kann im Einzelfall auch dann gem § 77 Abs 3 S 2 EStG notwendig sein, wenn der Bevollmächtigte seinen Einspruch nicht begründet, dem Rechtsbehelf aber gleichwohl seitens der Familienkasse stattgegeben wird.[523] Trotz grundsätzlicher Notwendigkeit der Zuziehung eines Bevollmächtigten ist diese zu verneinen, wenn alle erforderlichen Hinweise von der Familienkasse gegeben werden und wenn die kindergeldberechtigte Person die abgefragten Daten und Unterlagen ohne weiteres hätte beibringen können.[524]

k) Unanfechtbarkeit

D 208 Die Kostenfestsetzung erfordert eine *unanfechtbare* Kostengrundentscheidung. Dies folgt bereits daraus, dass § 80 VwVfG, § 63 SGB X, § 77 EStG die Erstattung von Aufwendungen lediglich für das *isolierte* Vorverfahren regeln. Diese Bestimmungen werden durch entsprechende, auch das Vorverfahren erfassende Regelungen in anschließenden *gerichtlichen* Verfahren verdrängt (vgl § 162 Abs 1 VwGO; für das sozialgerichtliche Verfahren im Rahmen der Entscheidung nach § 193 Abs 2 SGG).[525]

Daraus folgt, dass für die *Kostenfestsetzung* aus einem Vorverfahren nur dann Raum ist, wenn und soweit der Abhilfe-(Widerspruchs-)bescheid mit seiner Kostenentscheidung *unanfechtbar* geworden ist, weil sich ein Klageverfahren nicht angeschlossen hat; in allen anderen Fällen ist die Festsetzung der Kosten des Vorverfahrens Teil der Kostenfestsetzung des gerichtlichen Verfahrens.[526]

Das Erfordernis der Unanfechtbarkeit kann auch nicht mit dem Hinweis darauf verneint werden, dass im *Prozessrecht* Kostenfestsetzungen denkbar sind, bevor die zu Grunde liegende Kostengrundentscheidung in Rechtskraft erwachsen ist.[527]

Bei der nach den Prozessordnungen zulässigen Kostenfestsetzung auf Grund eines nur vorläufig vollstreckbaren Titels sieht das Prozessrecht unmittelbar ein Regulativ vor, wenn auf Grund eines nur vorläufig vollstreckbaren und später aufgehobenen Titels geleistet oder vollstreckt wird: Nach

---

521 SG Berlin KOV-Mitt BE 1982, 25; das SG Freiburg AnwBl 1984, 564 geht sogar weiter und ist der Auffassung, dass in einem Widerspruchsverfahren gegen den Beitragsbescheid einer Berufsgenossenschaft die Beiziehung eines Bevollmächtigten regelmäßig notwendig ist, auch wenn es sich nicht um ein schwieriges und umfangreiches Verfahren gehandelt hat. Es ist ferner der Auffassung, dass der Bürger nur in Ausnahmefällen in der Lage ist, seine Rechte gegenüber der Verwaltung ausreichend zu wahren.
522 FG Bremen EFG 2000, 273.
523 FG Hannover AGS 2000, 143 = EFG 1999, 905 = JurBüro 2000, 537.
524 FG Hamburg FGReport 2004, 67; vgl hierzu auch BFH BFH/NV 2003, 25 = HFR 2003, 149.
525 *Obermayer/Funke-Kaiser*, § 80 Rn. 54; *Knack/Hennecke/Dürr*, § 80 Rn. 50; *Stelkens/Bonk/Sachs/Kallerhoff*, § 80 Rn. 93; aA Altenmüller DVBl 1978, 285 (289) und *Kopp/Ramsauer*, § 80 Rn. 49, die nur eine Kostenfestsetzung unter Vorbehalt annehmen.
526 OVG Koblenz AS 19, 87 (90).
527 So *Altenmüller* aaO.

§ 717 Abs 2 ZPO ist bei Aufhebung eines vorläufig vollstreckbaren Titels für durchgeführte Vollstreckungsmaßnahmen oder zur Abwehr von Vollstreckungen gemachte Leistungen Schadensersatz zu leisten. Entsprechende Vorschriften kennen die Verwaltungsverfahrensgesetze nicht. Die in den §§ 48, 49 VwVfG enthaltenen Schadensersatzregelungen können hierauf nicht angewandt werden, vgl hierzu auch § 50 VwVfG.

3. Kostenfestsetzung

a) Allgemeines

Die Festsetzung der im isolierten Vorverfahren entstandenen und zu erstattenden notwendigen Aufwendungen erfolgt durch einen *besonderen Verwaltungsakt* nach den §§ 35–52 VwVfG, §§ 31–51 SGB X, §§ 118–133 AO. Für die Ermittlung der für die Kostenfestsetzung notwendigen Entscheidungsgrundlagen gelten die *allgemeinen Vorschriften für das Verwaltungsverfahren* (§§ 10–34 VwVfG, §§ 8–25 SGB X, §§ 78–118 AO; insbesondere § 24 VwVfG, § 20 SGB X; § 88 AO über den Untersuchungsgrundsatz und § 28 VwVfG, § 24 SGB X, § 91 AO über die Anhörung des durch die Kostengrundentscheidung Verpflichteten).

D 209

b) Zuständigkeit

Der Betrag der zu erstattenden Kosten wird von der Behörde festgesetzt, die die *Kostengrundentscheidung* getroffen hat (§ 80 Abs 3 1. Halbsatz VwVfG, § 63 Abs 1 1. Halbsatz SGB X, § 77 Abs 3 1. Halbsatz EStG). Das ist die *Ausgangsbehörde*, die dem begründeten Widerspruch in vollem Umfang abgeholfen und über die Kosten entschieden hat (§ 72 VwGO). In den anderen Fällen ist die *Widerspruchsbehörde* zuständig (§ 73 Abs 3 S 2 VwGO). Hat ein *Ausschuss* oder *Beirat* (§ 73 Abs 2 VwGO) die Kostengrundentscheidung getroffen, entscheidet die Behörde über die Kostenfestsetzung, bei der der Ausschuss oder Beirat gebildet ist (§ 80 Abs 3 S 1 VwVfG, § 63 Abs 3 S 1 SGB X).

D 210

c) Antragsrecht, Inhalt des Antrags

Die Festsetzung der erstattungsfähigen Kosten erfolgt nur auf Antrag des in der *Kostengrundentscheidung* bezeichneten *Erstattungsberechtigten*.[528] Die Auffassung, das Antragsrecht stehe auch dem aus der Kostenentscheidung *belasteten* Beteiligten zu, »weil er sich Klarheit über die auf ihn zukommenden Belastungen verschaffen will«,[529] ist abzulehnen. Die Rechtslage ist vergleichbar mit dem gerichtlichen Kostenfestsetzungsverfahren, das ebenfalls nur von dem aus der Kostenentscheidung berechtigten Beteiligten beantragt werden kann (vgl Rdn. D 42). Da das Antragsrecht sich aus dem Bestehen eines Kostenerstattungsanspruchs ableitet, kann auch der *Bevollmächtigte*, dessen Zuziehung für notwendig erklärt worden ist, nicht *selbstständig* die Festsetzung seiner ihm zustehenden Gebühren und Auslagen beantragen.[530]

D 211

Der Vergütungsanspruch des Bevollmächtigten richtet sich allein gegen den von ihm vertretenen Beteiligten. Der Beteiligte macht diesen Anspruch als Bestandteil seines nur ihm nach Maßgabe der Kostengrundentscheidung zustehenden Kostenerstattungsanspruchs geltend.

Der Antrag muss die Festsetzung eines *bestimmten Betrages* verlangen. Die entstandenen Aufwendungen sind darzulegen und durch entsprechende Belege nachzuweisen. Für die Aufwendungen eines *Bevollmächtigten* genügt es, dass sie erwachsen sind, dh rechtmäßig *geschuldet* werden.

D 212

---

[528] *Meyer/Borgs* Rn. 43, *Stelkens/Bonk/Sachs* Rn. 34, jeweils zu § 80 VwVfG; *Giese* Rn. 8 zu § 63 SGB X; *Hauck/Haines/Nehls* SGB X/1, 2 K § 63 Rn. 13.
[529] So *Knack/Busch* Rn. 7.2 zu § 80 VwVfG.
[530] BVerwG NJW 1986, 2128; OVG Koblenz AS 19, 87; *Meyer-Borgs* Rn. 43 zu § 80 VwVfG; *Obermayer/Funke-Kaiser* Rn. 53 zu § 80 VwVfG; *Hellstab* MDR 1986, 901.

d) Erstattungsfähige Kosten

D 213 Die Entscheidung über die Notwendigkeit der aufgewendeten Kosten folgt im wesentlichen denselben Grundsätzen, wie sie in der gerichtlichen Kostenfestsetzung gelten. Erstattungsfähig sind daher grundsätzlich nur *tatsächlich entstandene* Kosten. Die Erstattungsfähigkeit setzt aber voraus, dass die Aufwendungen zur zweckentsprechenden Rechtsverfolgung oder Rechtsverteidigung *notwendig* waren (§ 80 Abs 1 S 1 VwVfG, § 63 Abs 1 S 1 SGB X, § 77 Abs 1 EStG).

Die notwendigen Aufwendungen sind die persönlichen Auslagen des Beteiligten oder – im Geltungsbereich des § 80 VwVfG – der Behörde, die sog *Parteikosten*, und die Gebühren und Auslagen eines notwendig hinzugezogenen *Bevollmächtigten* (zu letzterem vgl Rdn. D 152 ff). Die Prüfung der Notwendigkeit der Aufwendungen erfolgt bei der Kostenfestsetzung. Die Beurteilung der Notwendigkeit erfolgt aus der Sicht eines verständigen Beteiligten, bezogen auf den Zeitpunkt des Entstehens der Aufwendungen.[531]

Notwendig ist eine Aufwendung, die erforderlich ist, um eine »optimale« Rechtsverfolgung oder Rechtsverteidigung zu ermöglichen. Dabei ist – abgestellt auf den Erstattungsberechtigten – ein *objektiver* Maßstab anzulegen.[532]

Zu den erstattungsfähigen Aufwendungen können Telefon-, Fernschreib- und Portoauslagen, Reisekosten zur Behörde ggf zum Bevollmächtigten gehören. Für alle Beteiligten gilt auch hier der im Prozesskostenrecht geltende Grundsatz der Prozesswirtschaftlichkeit: Die Aufwendungen so niedrig wie möglich zu halten.[533]

Nicht erstattungsfähig sind genereller *Arbeits- und Zeitaufwand*, weder des Widerspruchsführers noch der Behörde. Verdienstausfall für die Wahrnehmung *behördlich bestimmter Termine* ist erstattungsfähig. Es sind – wie im Prozess – die Bestimmungen des JVEG anzuwenden.

Die Gebühren und Auslagen eines notwendig hinzugezogenen *Bevollmächtigten* sind grundsätzlich erstattungsfähig. Für einen Rechtsanwalt/Beistand richtet sich die Vergütung nach dem RVG, für einen Steuerberater nach der StBVV; für sonstige Bevollmächtigte vgl Rdn. D 156.

Für einen *Verbandsvertreter* können grundsätzlich die Auslagen erstattet werden, die der Widerspruchsführer dem Verband ersetzen muss. Eine Gebühr kann der Verbandsvertreter regelmäßig vom Widerspruchsführer nicht verlangen, denn die sozialpolitischen Verbände, die von ihren Mitgliedern Beiträge erheben, besorgen die Vertretung in Widerspruchsverfahren unentgeltlich; insoweit kommt also eine Erstattung nicht in Betracht, ebenso nicht die Erstattung von Mitgliedsbeiträgen. Die dem Widerspruchsführer ausnahmsweise satzungsgemäß entstehenden Kosten, in der Regel eine Pauschgebühr, sind keine Sondermitgliedsbeiträge, da sie nur einen pauschalierten Teil der angefallenen Kosten darstellen; sie sind folglich zu erstatten.[534]

e) Vergütung eines Rechtsanwalts

D 214 aa) Die Höhe der Vergütung eines *Rechtsanwalts* richtet sich nach dem RVG; gleiches gilt für den *Rechtsbeistand* (§ 4 Abs 1 RDGEG). Die Vergütung des Steuerberaters bestimmt sich nach der StBVV.

D 215 bb) Die Vergütung des Rechtsanwalts bestimmt sich nach den in VV RVG Teil 2 Abschnitt 3 festgelegten Gebührentatbeständen. Der Rechtsanwalt erhält ebenso wie im Verwaltungsverfahren auch im Widerspruchsverfahren die Gebühr nach Nr 2300 VV RVG, jeweils gesondert, da diese Verfahrensabschnitte gem. § 17 Nr 1 RVG jeweils besondere Angelegenheiten sind. In beiden Fällen handelt es sich um Satzrahmengebühren, die nach den Grundsätzen des § 14 RVG näher zu

---

531 BVerwGE 17, 245.
532 *Meyer/Borgs* Rn. 34 zu § 80 VwVfG.
533 BVerwGE 79, 232 = NVwZ 1988, 723.
534 *Hauck/Haines/Nehls* K § 63 Rn. 9; *Meyer-Ladewig* Rn. 10 zu § 193 SGG mwN.

bestimmen sind. Die im vorhergehenden Verwaltungsverfahren entstandene Geschäftsgebühr ist nach der Vorbemerkung 2.3 Abs. 4 VV RVG zur Hälfte, höchstens mit einem Gebührensatz von 0,75 auf die Geschäftsgebühr im Vorverfahren anzurechnen.

In sozialrechtlichen Verwaltungsverfahren ist danach zu unterscheiden, ob im anschließenden gerichtlichen Verfahren Gerichtskosten zu erheben sind oder nicht (§ 3 Abs 1 S 2 RVG). Es ist also zu prüfen, ob weder ein künftiger Kläger noch ein künftiger Beklagter zu den in § 183 SGG genannten Personen gehört. Wird dies bejaht, sind im Verwaltungsverfahren die Betragsrahmengebühren nach Nr 2302 VV RVG zu erheben, auch hier unter Beachtung der Anrechnung nach Vorbemerkung 2.3 Abs. 4 VV RVG.

Die angemessene Rahmengebühr bestimmt der *Rechtsanwalt* unter Berücksichtigung der nach § 14 RVG maßgeblichen Umstände nach *billigem Ermessen*. Die Festsetzungsbehörde hat die geltend gemachten Rahmengebühren daraufhin zu überprüfen, ob die Gebührenbestimmung *unbillig* ist; denn eine unbillige Gebühr ist nicht zu erstatten (§ 14 RVG).[535]

Ist die getroffene Gebührenbestimmung unbillig, kann die *Festsetzungsbehörde* nach ihrem billigen Ermessen die Gebührenbestimmung treffen. Dies folgt aus einer entsprechenden Anwendung von § 315 Abs 3 BGB.[536]

f) Erstattungsfähige Gebühr

Das RVG weist für das Verwaltungsverfahren und das Vorverfahren/Widerspruchsverfahren in den Nrn 2300/2302 eigenständige Gebühren aus. Erstattungsfähig ist nur die für das Vorverfahren/Widerspruchsverfahren entstandene Gebühr ggf. unter Berücksichtigung der Anrechnung.

D 216

4. Kostenfestsetzungsbescheid

a) Betrag

Die Kostenfestsetzung besteht in der Feststellung des **Betrages,** dessen Zahlung der Erstattungsberechtigte vom Erstattungspflichtigen verlangen kann. Damit wird – wie in gerichtlichen Festsetzungsverfahren – gleichzeitig über die *Notwendigkeit* der geltend gemachten Aufwendungen entschieden.

D 217

b) Gegenstandswertfestsetzung

War der Erstattungsberechtigte durch einen Rechtsanwalt vertreten, bedarf es bei der Kostenfestsetzung – soweit die Gebühren wertabhängig sind – keiner förmlichen **Gegenstandswertfestsetzung.** Über den Gegenstandswert wird bei der Kostenfestsetzung inzident mitentschieden.[537]

D 218

Die Gegenstandwertfestsetzung ist entbehrlich und mangels einer gesetzlichen Regelung auch *unzulässig*. Eine selbstständige Bedeutung hat die Wertfestsetzung nicht. Die für gerichtliche Verfahren

---

535 Zur Bestimmung der angemessenen Gebühr vgl BVerwGE 62, 196; BVerwG RVGreport 2006, 21; AGS 2012, 337; BSG NJW 2017, 10; JurBüro 2012, 140; 1984, 1511; SGb 1984, 578 m Anm *Plagemann; Schneider* Anm zu OLG Köln KostRsp BRAGO § 12 Nr 1; LG Kaiserslautern aaO Nr 2; AG Hamburg aaO Nr 3; LG Nürnberg-Fürth aaO Nr 4 und LG Limburg aaO Nr 5. Praktische **Faustformel:** Unbillig ist eine mindestens um 20 % überhöhte Gebühr, womit geringere Korrekturen ausgeschlossen sind, vgl BVerwG RVGreport 2006, 21.
536 LG Berlin Rpfleger 1979, 275; OLG Stuttgart Justiz 1984, 22; KG JurBüro 1984, 847.
537 BVerwG NJW 1986, 2128 = BayVBl 1986, 669 = Buchholz 316 § 80 VwVfG Nr 21; OVG Koblenz AS 19, 87; OVG Berlin NJW 1982, 634 = JurBüro 1982, 1503 = AnwBl 1984, 50; VG Regensburg BayVBl 1977, 187; *Knack/Busch* Rn. 7 zu § 80 VwVfG; *Stelkens/Bonk/Sachs* Rn. 82 zu § 80 VwVfG; **aA:** VG Augsburg AnwBl 1984, 319; VGH München KostRsp VwGO §§ 72, 73 Nr 10 m Anm *Noll* und *Lappe*.

bestehenden Regelungen (§§ 23, 33 RVG) dienen dort einer einheitlichen Bestimmung der Gebühr zwischen Anwalt und Auftraggeber einerseits und Auftraggeber und erstattungspflichtigem Gegner andererseits. Weil für die gerichtliche Wertfestsetzung Verbindlichkeit vorgesehen ist, werden abweichende Entscheidungen in möglichen Verfahren zwischen den Beteiligten vermieden.[538]

Da im verwaltungsbehördlichen Verfahren eine Gegenstandswertfestsetzung gesetzlich nicht vorgesehen ist, kann eine gleichwohl vorgenommene Wertfestsetzung keine *Bindungswirkung* entfalten, zumal wenn eine Erstreckung der Bindung auf Dritte stattfinden soll.[539]

c) Verzinsung

D 219 Im isolierten Vorverfahren sind die festgesetzten Kosten nicht zu **verzinsen**.[540]

Angesichts der Tatsache, dass die Verwaltungsverfahrensgesetze eine abschließende Regelung der Kosten im Vorverfahren enthalten, ist eine analoge Anwendung von § 104 Abs 1 S 2 ZPO ausgeschlossen.

5. Anfechtung

a) Erstattungsberechtigter

D 220 Für den **Erstattungsberechtigten** ist (nach Durchführung des erforderlichen Vorverfahrens) die *Verpflichtungsklage* gegeben, dem **Erstattungspflichtigen** steht (nach Durchführung des erforderlichen Vorverfahrens) die *Anfechtungsklage* zu.[541]

Der notwendig hinzugezogene **Bevollmächtigte** hat kein Anfechtungsrecht im eigenen Namen (zum fehlenden Antragsrecht vgl Rdn. D 42), auch nicht unter dem Gesichtspunkt, dass bei der Kostenfestsetzung für die Berechnung seiner Gebühren ein abweichender Gegenstandswert angenommen worden ist.[542]

Als unselbstständiges Element der Festsetzung der zu erstattenden Aufwendungen kann ein abweichender Gegenstandswert im Zusammenhang mit der Anfechtung der Festsetzung beanstandet werden. Hierzu ist aber nur der Erstattungsberechtigte, nicht dessen Bevollmächtigter befugt.

Die Rechtslage ist hier vergleichbar mit dem gerichtlichen Kostenfestsetzungsverfahren. Dort steht dem Bevollmächtigten ebenfalls kein Anfechtungsrecht zu (vgl Rdn. D 113).

b) Sozialrechtliches Verwaltungsverfahren

D 221 Der Kostenfestsetzungsbescheid ist auch im **sozialrechtlichen Verwaltungsverfahren** als Verwaltungsakt selbstständig anfechtbar (§§ 51, 54 Abs 1, 2 und 4 SGG). Für das gerichtliche Verfahren sind die Sozialgerichte zuständig. Bei der Bestimmung des Betrags der zu erstattenden Kosten handelt es sich um eine »Folgeentscheidung« zum ursprünglichen, erfolgreich mit dem Widerspruch angegriffenen Verwaltungsakt; der mit ihm der Höhe nach geregelte Kostenerstattungsanspruch ist mithin auch ein »Folgeanspruch« zu dem ursprünglich geltend gemachten, mit dem Widerspruch durchgesetzten Sozialleistungsanspruch. Der Bescheid betrifft so in einem weiteren Sinne eine »Sozialleistung«.[543]

---

538 *Lappe* aaO.
539 OVG Berlin aaO.
540 BVerwG BVerwGE 61, 100 = JurBüro 1981, 1670; VGH München BayVBl 1979, 806; BSG MDR 1987, 171.
541 BVerwG BVerwGE 79, 226 = NVwZ 1988, 721.
542 BVerwG NJW 1986, 2128 = BayVBl 1986, 669; OVG Koblenz AS 19, 87; OVG Berlin NJW 1982, 634 = JurBüro 1982, 1503 = AnwBl 1984, 50; **aA**: OVG Bremen MDR 1980, 873; VGH München KostRsp VwGO §§ 72, 73 Nr 10.
543 BSG AmtlMittLVA Rheinpr 1986, 42.

Für das *gerichtliche* Verfahren ist zu beachten, dass wegen des Anspruchs auf Erstattung der Kosten eines Vorverfahrens, dem ein gerichtliches Verfahren nicht gefolgt ist, die *Berufung unzulässig* ist, weil es sich bei dem verfolgten Anspruch um eine einmalige Leistung iS von § 144 Abs 1 Nr 1 SGG handelt.[544]

6. Vollstreckung

Die Durchsetzung der festgesetzten Kosten hängt davon ab, ob der Erstattungsanspruch dem *Widerspruchsführer* oder dem *Rechtsträger der Ausgangsbehörde* zusteht.

D 222

Dem *Widerspruchsführer* steht bei Nichtzahlung die allgemeine Leistungsklage gegen den Hoheitsträger der Ausgangsbehörde zu.[545]

Die *Ausgangsbehörde* muss den für sie festgesetzten Erstattungsanspruch durch Leistungsbescheid nach §§ 1 Abs 1, 3 Abs 2 Buchst a VwVfG geltend machen und gegebenenfalls vollstrecken.[546]

7. Vorverfahren nach dem Lastenausgleichsgesetz

a) Erstattungsregelungen

Das LAG idF vom 02.06.1993 (BGBl I S 845), zuletzt geändert durch G vom 29.06.2015 (BGBl I S 1042), bestimmt:

D 223

§ 327 Vertretung

(1) Der Antragsteller kann sich im Verfahren vor den Ausgleichsbehörden und den bei diesen gebildeten Ausschüssen vertreten lassen; jedoch kann sein persönliches Erscheinen angeordnet werden. Wer nicht geschäftsmäßig die Vertretung von Geschädigten vor den Ausgleichsbehörden und den bei diesen gebildeten Ausschüssen übernimmt, kann zurückgewiesen werden, wenn es ihm an der Fähigkeit zum geeigneten schriftlichen oder mündlichen Vortrag mangelt; dasselbe gilt für Personen, welche die Vertretung für Verbände (Absatz 2 Nr 3) ausüben. Personen, die als Angehörige der Ausgleichsbehörden, der bei diesen gebildeten Ausschüsse, der Heimatauskunftstellen (§ 24 des Feststellungsgesetzes), der Auskunftstellen (§ 28 des Beweissicherungs- und Feststellungsgesetzes) oder der bei diesen gebildeten Kommissionen tätig waren, dürfen während eines Zeitraumes von drei Jahren nach Beendigung dieser Tätigkeit nicht für Auftraggeber tätig werden, mit deren Angelegenheiten sie innerhalb der letzten drei Jahre vor Beendigung materiell befasst waren.

(2) Zur geschäftsmäßigen Vertretung vor den Ausgleichsbehörden und den bei diesen gebildeten Ausschüssen sind neben Rechtsanwälten und den auf Grund des Rechtsberatungsgesetzes vom 13. Dezember 1935 (Reichsgesetzbl I S 1478), zuletzt geändert durch das Außenwirtschaftsgesetz vom 28. April 1961 (Bundesgesetzbl I S 481), befugten Personen und Vereinigungen nur zugelassen
1. *die in Artikel 1 § 3 des Rechtsberatungsgesetzes bezeichneten Behörden, Körperschaften und Personen, soweit die Vertretung zu ihrem Aufgabenbereich gehört,*
2. *Personen und Gesellschaften, soweit sie auf Grund von § 3 und § 4 Nr 1, 2 und 4 des Steuerberatungsgesetzes geschäftsmäßig Hilfe in Steuersachen leisten dürfen,*
3. *von den zuständigen obersten Bundesbehörden oder den Landesregierungen anerkannte Verbände, deren Zweck nicht auf einen wirtschaftlichen Geschäftsbetrieb gerichtet ist, sofern die Verbände ihre Mitglieder unentgeltlich vertreten und die Vertretung in unter den Dritten Teil dieses Gesetzes fallenden Angelegenheiten zu ihren satzungsmäßigen Aufgaben gehört; diesen Verbänden kann die Vertretung durch den Leiter des Landesausgleichsamts untersagt werden,*
   a) wenn die Vertretung ganz oder überwiegend von Personen ausgeübt wird, denen die Zulassung nach §§ 4 bis 8 der 1. Ausführungsverordnung zum Rechtsberatungsgesetz vom

---

544 BSG aaO; Breithaupt 1985, 628.
545 *Stelkens/Bonk/Sachs* Rn. 84 zu § 80 VwVfG mwN.
546 *Stelkens/Bonk/Sachs* Rn. 83 zu § 80 VwVfG mwN.

13. Dezember 1935 (Reichsgesetzbl I S 1481) zu versagen wäre, und wenn gerügte Mängel in dieser Hinsicht nicht in angemessener Zeit abgestellt werden,

b) wenn ihre Rechtsform zur Umgehung der erforderlichen Zulassung missbraucht wird,

c) wenn sie für ihre rechtsbesorgende Tätigkeit Werbung treiben, es sei denn, dass es sich nur um Hinweise handelt, die für ihre Mitglieder bestimmt sind.

(3) Die in Absatz 2 Nr 1 bis 3 genannten Behörden, Körperschaften, Personen und Verbände sind, soweit sie zur geschäftsmäßigen Vertretung vor den Ausgleichsbehörden und den Beschwerdeausschüssen zugelassen sind, auch zur geschäftsmäßigen Rechtsberatung in den unter den Dritten Teil dieses Gesetzes fallenden Angelegenheiten befugt.

(4) aufgehoben

§ 334 Gebühren und Kosten

(1) Das Verfahren vor den Ausgleichsbehörden und den Beschwerdeausschüssen ist gebührenfrei.

(2) Die notwendigen Kosten des Verfahrens vor den Ausgleichsbehörden einschließlich der Beschwerdeausschüsse dürfen dem Antragsteller nicht auferlegt werden. Die Kosten einer Vertretung trägt der Antragsteller; dies gilt nicht für das Beschwerdeverfahren, soweit die Zuziehung eines Bevollmächtigten zur zweckentsprechenden Rechtsverfolgung notwendig und die Beschwerde begründet war. Über die Tragung der Kosten wird bei Entscheidung zur Sache mitentschieden.

(3) Im Verfahren vor den Verwaltungsgerichten der Länder werden Gebühren in Höhe des Mindestsatzes erhoben. Im Verfahren vor dem Bundesverwaltungsgericht ermäßigen sich die Gebühren auf ein Viertel.

(4) Für die Kostenregelung im Verfahren vor den Verwaltungsgerichten gelten die für diese Gerichte maßgebenden Vorschriften.

Nach § 334 Abs 2 LAG trägt der Antragsteller im **Verwaltungsverfahren** seine eigenen Kosten, auch die einer etwaigen Vertretung. Lediglich bei Verhandlungen vor dem Beschwerdeausschuss werden Auslagen, die dem Antragsteller durch die Teilnahme an einer mündlichen Verhandlung entstehen, dann erstattet, wenn er förmlich geladen wurde, nicht jedoch, wenn er lediglich von dem Sitzungstermin unterrichtet worden ist und ihm die Teilnahme anheimgestellt wurde.[547]

b) Beschwerdeverfahren

D 224 Dagegen ist im Beschwerdeverfahren eine Erstattung von *Vertretungskosten* möglich, wenn der Antragsteller mit seiner Beschwerde Erfolg hat und die Zuziehung eines Bevollmächtigten zur zweckentsprechenden Rechtsverfolgung notwendig war. Die Zuziehung eines Bevollmächtigten wird regelmäßig anzuerkennen sein angesichts der Schwierigkeit und Unübersichtlichkeit der Lastenausgleichsmaterie und der häufig gegebenen Ungewandtheit der Antragsteller.[548]

Die Regelung des § 334 Abs 2 S 2 LAG findet auch dann Anwendung, wenn der Antragsteller sich hat vertreten lassen, weil der Vertreter der Interessen des Ausgleichsfonds Beschwerde eingelegt hat und dessen Beschwerde in den Fällen, in denen er sich gegen einen positiven Bescheid wendet, abgewiesen worden ist, oder in den Fällen, in denen er zugunsten des Antragstellers Beschwerde eingelegt hat, Erfolg hat.[549]

---

547 Nr 119 Abs 2 des Sammelrundschreiben Verfahren (Mtbl BAA 1967, 338).
548 *Harmening* Anm 2 b zu § 334 LAG.
549 Nr 79 Abs 2 Sammelrundschreiben Verfahren (aaO). Nach Nr 79 Abs 5 Sammelrundschreiben Verfahren wird aber die Auffassung vertreten, dass in den Fällen, in denen der Vertreter der Interessen des Ausgleichsfonds zu Gunsten des Antragstellers Beschwerde eingelegt hat oder der Angriff gegen die Entscheidung im Wesentlichen auf tatsächlichem Gebiet liegt, im Allgemeinen keine Notwendigkeit für eine Vertretung bestehen wird.

III. Kostenerstattung im isolierten Vorverfahren

Unter das Beschwerdeverfahren fällt nach eingelegter Beschwerde auch das *Abhilfeverfahren* durch das Ausgleichsamt, jedoch nicht das Verfahren vor dem Ausgleichsamt nach Zurückverweisung durch den Beschwerdeausschuss.

Die Erstattungsfähigkeit der Kosten einer notwendigen Vertretung gilt für alle nach § 327 LAG berechtigten Bevollmächtigten. Es wird dabei nicht zwischen den durch die Beauftragung eines (nichtgeschäftsmäßigen) Bevollmächtigten im Sinne des § 327 Abs 1 LAG und eines (geschäftsmäßigen) Bevollmächtigten im Sinne des § 327 Abs 2 veranlassten Verfahrenskosten unterschieden.[550]

Wer zur geschäftsmäßigen Vertretung vor den Ausgleichsbehörden zugelassen ist, bestimmt § 327 Abs 2 LAG abschließend.

c) Vergütung

Für die Vergütung eines *Bevollmächtigten* ist Ausgangspunkt der Bemessung der erstattungsfähigen Kosten einer Vertretung der in §§ 611, 612, 675 BGB begründete privatrechtliche Vergütungsanspruch des Bevollmächtigten, dessen Höhe sich nach der *vereinbarten* Vergütung (§ 611 BGB) oder bei Vorliegen der Voraussetzungen des § 612 BGB nach der »*üblichen* Vergütung« bestimmen würde. Sofern die Vertretung durch einen Rechtsanwalt bzw Steuerberater erfolgt, richtet sich die Vergütung nach dem RVG bzw StBGebV. Die Kosten einer Vertretung durch einen »sonstigen Bevollmächtigten« im Sinne des § 327 Abs 1 LAG können daher bis zur Höhe der für geschäftsmäßig tätige Bevollmächtigte im Sinne des § 327 Abs 2 LAG geltenden gesetzlichen Gebühren erstattungsfähig sein. Die Obergrenze werden die einem Rechtsanwalt/Steuerberater nach dem RVG bzw der StBGebV zustehenden Gebühren bilden, nachdem durch das Fünfte Gesetz zur Änderung der Bundesgebührenordnung für Rechtsanwälte vom 18.08.1980 (BGBl I S 1503) der eine besondere Gebührenordnung für Rechtsbeistände enthaltende Art IX KostÄndG 1957 dahingehend geändert wurde, dass nunmehr auch für Rechtsbeistände das RVG anwendbar ist. Zur Bestimmung der angemessenen Vergütung vgl Rdn. D 160.

D 225

d) Kostenentscheidung

Über die Tragung der Kosten wird nach § 334 Abs 2 S 3 LAG bei Entscheidung zur Sache mitentschieden. Dabei kommt auch eine Wertfestsetzung in Betracht, wenn der Antragsteller gegen Entgelt durch einen zugelassenen Bevollmächtigten vertreten und soweit diese Vertretung notwendig und die Beschwerde begründet war. Die Kostenentscheidung ist zu begründen und hat den verpflichteten Kostenträger zu benennen (Nr 79 Abs 3 Sammelrundschreiben Verfahren).

D 226

e) Kostenfestsetzung

Die Kosten des Bevollmächtigten sind von der obsiegenden Partei unmittelbar bei dem verpflichteten Kostenträger geltend zu machen. Wird die Erstattung nicht im gegenseitigen Einvernehmen geregelt, so gilt Folgendes: Die Kosten und Gebühren auf Antrag durch Kostenbescheid festzusetzen obliegt dem Vorsitzenden des Beschwerdeausschusses, soweit nicht hiermit in den Ländern eine andere überörtliche Stelle betraut wird. Der Bescheid ist mit einer Rechtsmittelbelehrung zu versehen, nach der binnen eines Monats Widerspruch beim Beschwerdeausschuss (bei abweichender Länderregelung bei der sich aus der VwGO ergebenden Stelle) und als weiterer Rechtsbehelf binnen eines Monats die Anrufung des Verwaltungsgerichts zulässig ist.

D 227

---

550 BVerwG Buchholz 427.3 § 327 LAG Nr 1.

IV. Erstattung der Kosten des Verwaltungsverfahrens

1. Allgemeines

D 228 Nach den Verwaltungsprozessordnungen findet eine Erstattung vorgerichtlicher Kosten nur statt, wenn dem Vorverfahren ein gerichtliches Verfahren folgt (vgl Rdn. D 179 ff). Für das sog *isolierte Vorverfahren*, dem also kein gerichtliches Verfahren folgt, treffen die Verwaltungsverfahrensgesetze eigenständige Regelungen (vgl Rdn. D 194 ff). Die Kostenerstattung ist aber in allen Fällen auf die Kosten des *Vorverfahrens* beschränkt. Die am Verfahren auf Erlass eines Verwaltungsaktes Beteiligten haben im *Verwaltungsverfahren* mangels einer *gesetzlichen Regelung* keinen Anspruch auf Ersatz der ihnen aus der Verfahrensbeteiligung entstandenen Kosten.[551]

Das Fehlen einer gesetzlichen Regelung über die Erstattung von Kosten für das Verwaltungsverfahren vor dem Widerspruch oder für das Verwaltungsverfahren, für das ein Widerspruchsverfahren nicht vorgesehen ist, lässt nicht den Schluss zu, der Gesetzgeber habe eine Regelung *fehlerhaft oder irrtümlich unterlassen*; eine *analoge Anwendung* anderer Rechtsvorschriften über die Kostenerstattung ist daher ausgeschlossen. Man muss vielmehr davon ausgehen, dass der Gesetzgeber bewusst eine Kostenerstattung für das erstzügige Verwaltungsverfahren bis zur Widerspruchseinlegung nicht hat vorsehen wollen.[552]

Einen Erstattungsanspruch können am Verwaltungsverfahren Beteiligte nur *ausnahmsweise* geltend machen: wenn er *spezialgesetzlich* vorgesehen ist. Dies ist der Fall in Verwaltungsverfahren, in denen dem Beteiligten im Verfahren vor der den Verwaltungsakt erlassenden Behörde bestimmte *Mitwirkungspflichten* auferlegt sind, so im **sozialrechtlichen Verwaltungsverfahren** (vgl Rdn. D 233).

Ein Erstattungsanspruch ist ferner vorgesehen in Verwaltungsverfahren, die die **Entziehung eines Rechts** eines Beteiligten zum Gegenstand haben (vgl Rdn. D 236 ff).

Ohne eine Regelung kann ein Aufwendungsersatz nur aus **materiellem** Recht begehrt werden, insbesondere aus Amtspflichtverletzung.[553]

2. Bestellung eines Vertreters von Amts wegen

a) Grundlagen

D 229 Sonderregelungen treffen die Verwaltungsverfahrensgesetze (§ 16 VwVfG, § 81 AO, § 15 SGB X, § 11 b VermG) hinsichtlich der einem von Amts wegen bestellten Vertreter zu gewährenden Vergütung.

Die vorgenannten Bestimmungen enthalten einen abschließenden Katalog von Fällen, in denen das *Familiengericht* auf Ersuchen der Behörde für bestimmte am Verwaltungsverfahren Beteiligte und bei verfahrensrelevanten herrenlosen Sachen einen geeigneten Vertreter bestellt. Nach § 16 Abs 3 VwVfG, § 81 Abs 3 AO, § 15 Abs 3 SGB X hat der von Amts wegen bestellte Vertreter gegen den Rechtsträger der Behörde, die um seine Bestellung ersucht hat, einen Anspruch auf eine angemessene *Vergütung* und auf Erstattung seiner baren *Auslagen*. Die gleichen Ansprüche hat nach § 19 Abs 3 VwVfG der von der *Behörde* bestellte Vertreter bei gleichförmigen Eingaben (§ 17 Abs 4 VwVfG) oder für Beteiligte bei gleichem Interesse (§ 18 Abs 1 S 2 VwVfG).

---

[551] BVerfGE 35, 283; BVerwGE 22, 281; 40, 313; NJW 1982, 300; BGHZ 56, 211; BSGE 24, 211; FG Köln AnwBl 1981, 207; LSG München AMBl BY 1967, B 33.

[552] VG Schleswig Urt v 25.09.1978 – 9 A 558/78 – (Juris); BSGE 55, 92 = Breithaupt 1984, 172 = SozR 1300 § 63 SGB X Nr 1: auch nicht für das Verfahren betreffend die Rücknahme eines Verwaltungsaktes (Neufeststellung).

[553] BGH NJW 1957, 97; MDR 1962, 641; LG Heidelberg NJW 1967, 2317 m zust Anm *Wiedemann*; BVerwGE 44, 52 = DVBl 1974, 355; 40, 313; OVG Münster OVGE 27, 125; OLG München BB 1979, 1335 = AnwBl 1979, 478 = VersR 1979, 1129.

IV. Erstattung der Kosten des Verwaltungsverfahrens

Nicht hierher gehören die *Aufwendungsersatzansprüche*, die ein in den Fällen der §§ 16 VwVfG, 81 AO, 15 SGB X – wegen der teilweisen Vergleichbarkeit der Tatbestände – nach §§ 1909 ff BGB familiengerichtlich bestellter *Pfleger* erhält. Dessen Ansprüche (ggf auch eine Vergütung) richten sich allein nach §§ 1835, 1836 BGB.

b) Vergütung

Bestimmungen über die *Höhe* des Vergütungsanspruches enthalten die Verwaltungsverfahrensgesetze nicht. Die von der Behörde zu bestimmende angemessene Vergütung wird sich im Allgemeinen nach dem *Umfang* der dem Vertreter obliegenden Aufgaben und nach der *Schwierigkeit* des Verwaltungsverfahrens zu richten haben. Weiter dürfte die *Bedeutung* des Verfahrens für den vertretenen Beteiligten zu berücksichtigen sein. Insoweit ist auch der Wert der Sache als Indiz heranzuziehen.[554]

D 230

Werden *Rechtsanwälte*, Rechtsbeistände oder Angehörige der steuerberatenden Berufe zu Vertretern bestimmt, richtet sich die Vergütung nach dem RVG bzw StBVV. § 1 Abs 2 RVG steht nicht entgegen, da der Rechtsanwalt nicht Pfleger im Sinne des bürgerlichen Rechts ist. Werden solche Vertreter von Beteiligten unmittelbar bevollmächtigt, richtet sich ihre Vergütung unmittelbar nach dem RVG bzw der StBVV. Gleiches muss bei gerichtlicher Bestellung gelten.

Für *sonstige* bestellte Vertreter, die also den vorgenannten Berufszweigen nicht angehören, wird sich die angemessene Vergütung an der nach dem RVG bzw der StBVV möglichen Vergütung als Obergrenze und im Rahmen dessen auszurichten haben, was bei Fehlen einer staatlichen Gebührenordnung als übliche Vergütung geschuldet wird (§ 612 Abs 2 BGB).[555]

Der Begriff der Erstattung von Auslagen setzt voraus, dass die Aufwendungen bereits getätigt wurden und lediglich eine nachträgliche Begleichung erfolgen soll. Eine Pflicht der Behörde zur Leistung eines Vorschusses sehen die Bestimmungen nicht vor.[556] Die Beschränkung des Erstattungsanspruches auf die *baren Auslagen* stellt klar, dass der Arbeitsaufwand des Vertreters im Rahmen der Erfüllung seiner Aufgaben nur bei Bestimmung der angemessenen *Vergütung* Berücksichtigung finden kann.

Zu den baren Auslagen gehören Postgebühren, Schreibauslagen, Tagegelder und Reisekosten.

Erfolgt die Vertretung für mehrere Personen, so sind die von diesen zu erstattenden Kosten nach billigem Ermessen unter Berücksichtigung ihres Interesses am Ausgang des Verfahrens auf die Vertretenen aufzuteilen, im Zweifel zu gleichen Anteilen (vgl § 100 ZPO, ferner § 19 Abs 3 VwVfG, wo allgemein Aufteilung zu gleichen Teilen vorgeschrieben ist).[557]

c) Ersatzanspruch gegen den Vertretenen

Die Behörde kann von dem Vertretenen Ersatz ihrer Aufwendungen verlangen (§§ 16 Abs 3 S 2, 19 Abs 3 S 2 VwVfG, § 81 Abs 3 S 2 AO, § 15 Abs 3 S 2 SGB X). Aufwendungen der Behörde im Sinne der vorgenannten Vorschriften sind die Beträge, die dem Vertreter in Erfüllung seiner Ansprüche geleistet worden sind. Die *Geltendmachung* des Ersatzanspruches steht im *pflichtgemäßen Ermessen* der Behörde. Bei ihrer Ermessensausübung hat die Behörde zu berücksichtigen
– Art und Umfang der Aufwendungen,
– die Einkommens- und Vermögensverhältnisse des Vertretenen,
– die Stellung des Vertretenen im Verwaltungsverfahren,

D 231

---

554 *Obermayer/Funke-Kaiser* Rn. 71 zu § 16 VwVfG; aA *Knack/Henneke*/Ritgen, § 16 VwVfG Rn. 14; *Stelkens/Bonk/Sachs*/Bonk/Schmitz, § 16 VwVfG Rn. 31.
555 Vgl hierzu auch § 139 Abs 3 S 2 FGO, wonach Aufwendungen für einen Bevollmächtigten oder Beistand, für den Gebühren und Auslagen gesetzlich nicht vorgesehen sind, *bis zur Höhe* der gesetzlichen Gebühren und Auslagen der Rechtsanwälte erstattet werden.
556 *Obermayer/Funke-Kaiser*, Rn. 73 zu § 16 VwVfG; BVerwG NVwZ-RR 2009, 46.
557 *Kopp/Ramsauer* Rn. 28 zu § 16 VwVfG.

— die Möglichkeit, die Aufwendungen nach Verwaltungskostenrecht als Auslagen einem anderen Beteiligten aufzuerlegen.

Hinsichtlich der dem Vertreter erstatteten baren *Auslagen* ist ein Rückgriff der Behörde gegen den Vertretenen immer dann geboten,
— wenn der Vertretene nicht mittellos ist und
— wenn es sich um solche Kosten handelt, die nicht infolge der Vertretung entstanden sind und die ein nichtvertretener Beteiligter stets selbst zu tragen hat.[558]

d) Festsetzung

D 232   Die Festsetzung der Vergütung des *Vertreters*, seiner baren Auslagen sowie der eigenen Aufwendungen obliegt der Behörde (§§ 16 Abs 3 S 3, 19 Abs 3 S 3 VwVfG, § 81 Abs 3 S 3 AO, § 15 Abs 3 S 3 SGB X). Sie ergeht durch *Leistungsbescheid*, der einen Verwaltungsakt darstellt (§ 35 VwVfG, § 118 AO, § 31 SGB X) und eine Rechtsbehelfsbelehrung enthalten muss (§ 59 VwGO bei Bundesbehörden; vgl aber auch § 58 VwGO, § 356 AO, § 36 SGB X). Der Leistungsbescheid kann bei der den Bescheid erlassenden Behörde mit dem *Widerspruch* (§ 79 VwVfG iVm § 68 VwGO; § 62 SGB X iVm § 78 SGG) bzw mit dem Einspruch (§ 347 AO), der Widerspruchsbescheid bzw die Einspruchsentscheidung mit *der Anfechtungsklage* angefochten werden. Falls der Rechtsträger der Behörde nach dem Erlass des Festsetzungsbescheides seiner Zahlungsverpflichtung nicht nachkommt, verfügt der Vertreter über die allgemeine *Leistungsklage*.[559] Der *Vertretene* kann die Feststellung der von ihm der Behörde zu ersetzenden Aufwendungen mit der *Anfechtungsklage* angreifen. Im Rahmen des Widerspruchs- und Klageverfahrens sind die Angemessenheit der Vergütung des Vertreters und die Richtigkeit der Auslagenfeststellung inzident zu prüfen, weil die vom Rechtsträger der Behörde dem Vertreter geschuldeten Zahlungen das Ausmaß des Aufwendungsanspruchs bilden, den die Behörde gegen den Vertretenen geltend machen kann.[560]

3. Sozialrechtliches Verwaltungsverfahren

D 233   Im Verwaltungsverfahren des SGB hat nach § 65 a SGB I der Leistungsberechtigte, der einem Verlangen des zuständigen Leistungsträgers nach Mitwirkung gemäß § 61 (persönliches Erscheinen), § 62 Abs 1 (Untersuchungen) SGB I nachkommt, einen Anspruch auf Ersatz seiner notwendigen *Auslagen* und seines *Verdienstausfalls* in angemessenem Umfang. Durch diesen Ersatzanspruch erhält der Leistungsberechtigte einen Ausgleich für die materiellen Folgen der ihm obliegenden Mitwirkungspflicht. Der Anspruch auf Ersatz der notwendigen Auslagen nach § 65 a SGB soll einen angemessenen Ausgleich für wirtschaftlich unzumutbare Belastungen ermöglichen, die dem Leistungsberechtigten aus der bei der Tatsachenfeststellung gesetzlich gebotenen Mitwirkung entstanden sind. Er besteht unabhängig davon, ob der Leistungsempfänger mit seinem Begehren in der Sache letztlich Erfolg hat und in welchem Verfahrensabschnitt die Mitwirkung erbracht wurde.[561]

Die Bestimmung des § 65 a SGB I gibt aber keinen *zwingenden* materiellen Anspruch, sondern nur ein Recht auf ermessensrichtige Entscheidung. Allerdings dürfte im Regelfall das Ermessen zu Gunsten des Mitwirkungsverpflichteten auszuüben sein, weil sich kaum sachgerechte Gesichtspunkte für eine Differenzierung zwischen Bewilligung und Nichtbewilligung finden lassen.[562]

Der Aufwendungsersatzanspruch nach § 65 a SGB I bezieht sich nur auf den Ersatz der notwendigen Auslagen und eines Verdienstausfalles in *angemessenem Umfang;* er ist im Falle einer vom Leistungsträger geforderten persönlichen Vorsprache (§ 61 SGB I) auf *Härtefälle* beschränkt.

---

558 *Obermayer/Funke-Kaiser* Rn. 76 ff zu § 16 VwVfG.
559 *Obermayer/Funke-Kaiser* Rn. 84 zu § 16 VwVfG.
560 *Obermayer/Funke-Kaiser* Rn. 85 zu § 16 VwVfG.
561 VGH Mannheim ESVGH 44, 160.
562 *Wannagat/Thieme* Rn. 1 zu § 65 a SGB I.

IV. Erstattung der Kosten des Verwaltungsverfahrens

Auslagen im Sinne dieser Vorschrift können Wegekosten, Verpflegungskosten, Übernachtungskosten sein, grundsätzlich jedoch allein *bare* Auslagen. Erstattungsfähig sind zudem lediglich *notwendige* Auslagen. Regelmäßig werden nur die Fahrtkosten für öffentliche Verkehrsmittel erstattet, bei der Bundesbahn für die 2. Klasse. Ausnahmen sind denkbar bei ungünstigen Verkehrsverhältnissen oder wegen besonderer persönlicher Umstände (Behinderte), uU können auch die Kosten eines privaten Kraftwagens notwendig iS von § 65 a SGB I sein, in letzterem Falle sogar die Kosten eines Begleiters. Was notwendig ist, ergibt sich aus den Umständen des Einzelfalles. Der Mitwirkungsverpflichtete muss die Kosten niedrig halten.[563]

Verdienstausfall ist nur der tatsächliche Lohnausfall.

Im Falle einer vom Leistungsträger geforderten persönlichen Vorsprache (§ 61 SGB I) beschränkt sich der Aufwendungsersatzanspruch auf *Härtefälle*. Wann dies der Fall ist, wird man nur nach den Umständen des konkreten Einzelfalles bestimmen können. Dies könnte zB dann der Fall sein, wenn es dem zum Erscheinen Verpflichteten wegen seiner wirtschaftlichen Verhältnisse nicht zugemutet werden kann, die notwendigen Auslagen selbst zu tragen. Der Aufwendungsersatz nach § 65 a SGB I wird *auf Antrag* gewährt. Der Anspruch ist gegenüber dem Leistungsträger geltend zu machen.

(unbesetzt) D 234 – D 235

4. Enteignung nach dem Baugesetzbuch

Spezielle gesetzliche Regelungen über die Kostenerstattung in Verwaltungsverfahren sind insbesondere in Bundes- und Ländergesetzen enthalten, die administrative Enteignungsverfahren regeln. Nachfolgend sind die Gesetzestexte auszugsweise wiedergegeben und erläutert. D 235a

a) Gesetzestext

Baugesetzbuch

idF v 23.09.2004 (BGBl I S 2414), zuletzt geändert durch G v 04.05.2017 (BGBl I S 1057)

Erstes Kapitel D 236

Fünfter Teil

§ 121 Kosten

(1) Der Antragsteller hat die Kosten zu tragen, wenn der Antrag auf Enteignung abgelehnt oder zurückgenommen wird. Wird dem Antrag auf Enteignung stattgegeben, so hat der Entschädigungsverpflichtete die Kosten zu tragen. Wird einem Antrag auf Rückenteignung stattgegeben, so hat der von der Rückenteignung Betroffene die Kosten zu tragen. Wird ein Antrag eines sonstigen Beteiligten abgelehnt oder zurückgenommen, sind diesem die durch die Behandlung seines Antrags verursachten Kosten aufzuerlegen, wenn sein Antrag offensichtlich unbegründet war.

(2) Kosten sind die Kosten des Verfahrens und die zur zweckentsprechenden Rechtsverfolgung oder Rechtsverteidigung notwendigen Aufwendungen der Beteiligten. Die Gebühren und Auslagen eines Rechtsanwalts oder eines sonstigen Bevollmächtigten sind erstattungsfähig, wenn die Zuziehung eines Bevollmächtigten notwendig war. Aufwendungen für einen Bevollmächtigten, für den Gebühren und Auslagen gesetzlich nicht vorgesehen sind, können nur bis zur Höhe der gesetzlichen Gebühren und Auslagen von Rechtsbeiständen erstattet werden.

(3) Aufwendungen, die durch das Verschulden eines Erstattungsberechtigten entstanden sind, hat dieser selbst zu tragen; das Verschulden eines Vertreters ist dem Vertretenen zuzurechnen.

---

[563] *Wannagat/Thieme* Rn. 3 zu § 65 a SGB I.

(4) Die Kosten des Verfahrens richten sich nach den landesrechtlichen Vorschriften. Die Enteignungsbehörde setzt die Kosten im Enteignungsbeschluss oder durch besonderen Beschluss fest. Der Beschluss bestimmt auch, ob die Zuziehung eines Rechtsanwalts oder eines sonstigen Bevollmächtigten notwendig war.

§ 122 Vollstreckbarer Titel

(1) Die Zwangsvollstreckung nach den Vorschriften der Zivilprozessordnung über die Vollstreckung von Urteilen in bürgerlichen Rechtsstreitigkeiten findet statt
1. *aus der Niederschrift über eine Einigung wegen der in ihr bezeichneten Leistungen;*
2. *aus einem nicht mehr anfechtbaren Enteignungsbeschluss wegen einer Ausgleichszahlung;*
3. *aus einem Beschluss über die vorzeitige Besitzeinweisung oder deren Aufhebung wegen der darin festgesetzten Leistungen.*

Die Zwangsvollstreckung wegen einer Ausgleichszahlung ist erst zulässig, wenn die Ausführungsanordnung wirksam und unanfechtbar geworden ist.

(2) Die vollstreckbare Ausfertigung wird von dem Urkundsbeamten der Geschäftsstelle des Amtsgerichtes erteilt, in dessen Bezirk die Enteignungsbehörde ihren Sitz hat, und, wenn das Verfahren bei einem Gericht anhängig ist, von dem Urkundsbeamten der Geschäftsstelle dieses Gerichts. In den Fällen der §§ 731, 767 bis 770, 785 und 786 der Zivilprozessordnung tritt das Amtsgericht, in dessen Bezirk die Enteignungsbehörde ihren Sitz hat, an die Stelle des Prozessgerichtes.

§ 217 Antrag auf gerichtliche Entscheidung

(1) Verwaltungsakte nach dem Vierten und Fünften Teil des Ersten Kapitels sowie nach den §§ 18, 28 Abs 3, 4 und 6, den §§ 39 bis 44, 126 Abs 2, § 150 Abs 2, § 179 Abs. 4, den §§ 181, 209 Abs 2 oder § 210 Abs 2 können nur durch Antrag auf gerichtliche Entscheidung angefochten werden. Satz 1 ist auch anzuwenden auf andere Verwaltungsakte aufgrund dieses Gesetzbuchs, für die die Anwendung des Zweiten Abschnitts des Fünften Teils des Ersten Kapitels vorgeschrieben ist oder die in einem Verfahren nach dem Vierten oder Fünften Teil des Ersten Kapitels erlassen werden, sowie für Streitigkeiten über die Höhe der Geldentschädigung nach § 190 in Verbindung mit § 88 Nr 7 und § 89 Abs 2 des Flurbereinigungsgesetzes. Mit dem Antrag auf gerichtliche Entscheidung kann auch die Verurteilung zum Erlass eines Verwaltungsakts oder zu einer sonstigen Leistung sowie eine Feststellung begehrt werden. Über den Antrag entscheidet das Landgericht, Kammer für Baulandsachen.

(2) Der Antrag ist binnen eines Monats seit der Zustellung des Verwaltungsakts bei der Stelle einzureichen, die den Verwaltungsakt erlassen hat. Ist die ortsübliche Bekanntmachung des Verwaltungsakts vorgeschrieben, so ist der Antrag binnen sechs Wochen seit der Bekanntmachung einzureichen. Hat ein Vorverfahren (§ 212) stattgefunden, so beginnt die in Satz 1 bestimmte Frist mit der Zustellung des Bescheids, der das Vorverfahren beendet hat.

(3) Der Antrag muss den Verwaltungsakt bezeichnen, gegen den er sich richtet. Er soll die Erklärung, inwieweit der Verwaltungsakt angefochten wird, und einen bestimmten Antrag enthalten. Er soll die Gründe sowie die Tatsachen und Beweismittel angeben, die zur Rechtfertigung des Antrags dienen.

(4) Die Stelle, die den Verwaltungsakt erlassen hat, hat den Antrag mit ihren Akten unverzüglich dem zuständigen Landgericht vorzulegen. Ist das Verfahren vor der Stelle noch nicht abgeschlossen, so sind statt der Akten Abschriften der bedeutsamen Aktenstücke vorzulegen.

b) Umfang der Kostenerstattung

D 237 Die umfassendsten Regelungen hinsichtlich der dem Beteiligten im Verwaltungsverfahren zu erstattenden Kosten enthalten die Vorschriften des Enteignungsverfahrens nach dem Baugesetzbuch (§ 121 BauGB). Auf die Bestimmungen des BauGB verweisen – soweit sie keine eigenständigen Vorschriften über die Kosten des Verfahrens enthalten – zT die Enteignungsgesetze der Länder.

Während § 121 Abs 1 BauGB den Inhalt der *Kostengrundentscheidung* regelt, mithin *wer* – je nach Verfahrenserledigung – die Kosten zu tragen hat, bestimmt § 121 Abs 2 S 1 BauGB den *Umfang* des Kostenerstattungsanspruchs. Danach sind Kosten des Enteignungsverfahrens einmal die Kosten, die der *Enteignungsbehörde* im Enteignungsverfahren entstehen, und darüber hinaus die *Aufwendungen der Beteiligten*, die zur zweckentsprechenden Rechtsverfolgung oder Rechtsverteidigung *notwendig* waren. Ferner sind nach § 121 Abs 2 S 2 BauGB die Gebühren und Auslagen eines *Rechtsanwalts* oder eines sonstigen Bevollmächtigten dann erstattungsfähig, wenn die Zuziehung eines Bevollmächtigten notwendig war.

Die Kostenregelung des § 121 BauGB gilt auch für das *Besitzeinweisungsverfahren* nach § 116 BauGB. Dagegen hat im Rahmen eines *Umlegungsverfahrens* nach §§ 45 ff BauGB der am Verfahren beteiligte Grundeigentümer keinen Anspruch auf Erstattung der durch die Beauftragung eines Rechtsanwalts entstandenen Kosten. Diese Kosten gehören nicht zu den Verfahrenskosten der Umlegung im Sinne von § 78.[564]

Eine analoge Anwendung der Vorschriften aus dem Enteignungsverfahren kommt nicht in Betracht, weil die Umlegung keine Enteignung und die Tragweite dieses Eingriffs auch nicht der einer Enteignung vergleichbar sei.[565]

Dies gilt selbst dann, wenn die Umlegung unzulässig ist.[566]

Die *Kosten des Verfahrens* nach § 121 Abs 2 S 1 BauGB: die Verwaltungsgebühren und Auslagen richten sich gemäß § 121 Abs 4 BauGB nach den *landesrechtlichen* Vorschriften. Entsprechende Regelungen enthalten die Gebührengesetze und Verwaltungsgebührenordnungen der Länder, soweit sie von dieser »Ermächtigung« Gebrauch gemacht haben. Fehlen entsprechende Vorschriften, gelten die landesrechtlichen Regelungen weiter, die sich mit den Kosten des Enteignungsverfahrens befassen.[567]

Zu den der Enteignungsbehörde ferner zu erstattenden Kosten zählen die Auslagen für die Beiziehung von Sachverständigen, Wahrnehmung auswärtiger Termine, Schreibauslagen, Zuziehung von Zeugen, Tagegelder, Portoauslagen, Bekanntmachungskosten.

Die *Aufwendungen der Beteiligten* sind – bis auf die Gebühren und Auslagen für die Zuziehung eines Rechtsanwalts oder eines sonstigen Bevollmächtigten – stets zu ersetzen, wenn sie zur zweckentsprechenden Rechtsverfolgung oder Rechtsverteidigung notwendig waren. Aufwendungen in diesem Sinne sind insbesondere *persönliche Auslagen* wie Reisekosten, Kosten für die Teilnahme an Terminen, Kosten für Reisen zu einem Bevollmächtigten. Hierzu gehört auch ein *Verdienstausfall*. Es gelten die gleichen Grundsätze wie im Erstattungsrecht gerichtlicher Verfahren (vgl Rdn. D 135 ff) und im isolierten Vorverfahren (vgl Rdn. D 194 ff). Es ist jedoch abzustellen auf die Besonderheiten des Enteignungsverfahrens. Den Beteiligten obliegt auch hier die Vorverpflichtung, unnötige Kosten zu vermeiden. Dabei ist ein objektiver Maßstab anzulegen. Das bedeutet, dass die Kosten verursachenden Maßnahmen im Zeitpunkt der Vornahme zur Rechtsverfolgung oder -verteidigung objektiv geeignet und erforderlich erscheinen müssen, aus der Sicht eines vernünftigen Eigentümers.[568]

Zu den Aufwendungen der Beteiligten zählen auch die vor Einleitung des Enteignungsverfahrens im Rahmen der zwingend vorgeschriebenen freihändigen Erwerbsbemühungen (§ 87 Abs 2 S 1 BBauG) entstandenen Aufwendungen, wenn die Bemühungen erfolglos bleiben und sodann ein

---

564 BGHZ 63, 81 = NJW 1975, 52 = WM 1974, 1167; OLG München BayVBl 2002, 570 = NVwZ-RR 2003, 78 = NuR 2002, 768.
565 *Krefft* LM Nr 7 zu § 96 BBauG.
566 BGHZ 65, 280 = WM 1976, 160.
567 Zu weiteren Einzelheiten hierzu vgl *Schrödter* Rn. 7 zu § 121 BBauG.
568 BGHZ 61, 240 = NJW 1973, 2202 = BauR 1974, 47 = BayVBl 1974, 25 = DB 1973, 2181.

Enteignungsantrag gestellt wird.[569] Anders jedoch, wenn die Beteiligten sich vor der Stellung des Enteignungsantrags einigen oder im Falle erfolgloser Einigungsbemühungen später kein Enteignungsantrag gestellt wird. § 121 BauGB eröffnet der Enteignungsbehörde nur im Rahmen eines anhängigen Enteignungsverfahrens die Möglichkeit, über die Kosten zu entscheiden.

c) Gebühren und Auslagen eines Bevollmächtigten

D 238 Die Gebühren und Auslagen eines Rechtsanwalts oder eines sonstigen Bevollmächtigten sind erstattungsfähig, wenn die *Zuziehung notwendig* war (§ 121 Abs 2 S 2 BauGB). Diese Regelung ist auch in anderen Gesetzen enthalten (§ 162 Abs 2 S 2 VwGO, § 139 Abs 3 S 2 FGO, § 80 Abs 2 VwVfG, § 63 Abs 2 SGB X). Es wird insoweit zunächst auf die dortigen Ausführungen verwiesen (vgl Rdn. D 185, 207). Die Notwendigkeit der Zuziehung eines Bevollmächtigten wird im Enteignungsverfahren, soweit es die Person des *Enteigneten* betrifft, grundsätzlich zu *bejahen* sein. Bei der Kompliziertheit des Enteignungsverfahrens und den schwierigen Rechtsfragen, insbesondere der Höhe der Entschädigung, kann es dem Enteigneten nicht zugemutet werden, seine Angelegenheiten selbst wahrzunehmen.[570]

Es ist ferner in Betracht zu ziehen, dass dem *Enteignungsbegünstigten* in der Regel rechtskundige Berater zur Verfügung stehen und es schon aus diesem Grunde für den betroffenen Eigentümer nahe liegt, sich ebenfalls eines rechtskundigen Beistands zu bedienen.[571]

Die Notwendigkeit der Zuziehung eines Bevollmächtigten kann auch nicht etwa davon abhängig gemacht werden, ob die Zuziehung zu einem *Erfolg* geführt hat.[572]

Die Zuziehung eines Rechtsanwalts ist selbst dann zu bejahen, wenn der Betroffene selbst *rechtskundig* ist.[573]

Dies kann auch für einen *Rechtsanwalt selbst* gelten, wenn er in Enteignungsverfahren bisher noch nicht oder nur wenig tätig geworden ist. Nach der Rechtsprechung des BVerwG zu § 80 VwVfG[574] ist für die Frage, ob es einem Rechtsanwalt zuzumuten ist, eine eigene Rechtssache persönlich zu vertreten, entscheidend, ob sich ein vernünftiger Bürger mit gleichem Bildungs- und Erfahrungsniveau bei der gegebenen Sach- und Rechtslage im Allgemeinen eines Rechtsanwalts bedienen würde. Ob diese Voraussetzungen erfüllt sind, wird sich nach den Umständen des Einzelfalles richten.

Die Bestimmung, dass Aufwendungen für einen *sonstigen Bevollmächtigten*, für den Gebühren und Auslagen gesetzlich nicht vorgesehen sind, nur bis zur Höhe der gesetzlichen Gebühren und Auslagen von *Rechtsbeiständen* erstattet werden können (§ 121 Abs 2 S 3 BauGB), die also den Erstattungsanspruch für diesen Personenkreis auf die »niedrigeren Vergütungsansprüche von Rechtsbeiständen« einschränken will, läuft ins Leere. Für Rechtsbeistände gilt nach § 4 RDGEG das RVG.

d) Kostenfestsetzung

D 239 Die erstattungsfähigen Kosten können entweder im *Enteignungsbeschluss* oder durch *besonderen* Beschluss festgesetzt werden. Es bleibt dem pflichtgemäßen Ermessen der Enteignungsbehörde überlassen, in welchem Verfahren sie die Kosten festsetzt.[575]

---

569 *Holtbrügge* Rn. 8 zu § 121 Berliner Kommentar z BauGB.
570 *Holtbrügge* Rn. 10 zu § 121 Berliner Kommentar z BauGB; *Ernst/Zinkahn/Bielenberg* Rn. 13 zu § 121 BBauG.
571 BGHZ 61, 240 = NJW 1973, 2202 = WM 1973, 1299 = DB 1973, 2181 = BayVBl 1974, 25 = BauR 1974, 47.
572 BGH aaO; *Steffen* DVBl 1969, 174.
573 BGH DVBl 1969, 204 = WM 1968, 478.
574 AnwBl 1981, 244 = JurBüro 1981, 1670; Buchholz 310 § 162 VwGO Nr 17.
575 Vgl BT-Drucks 7/4793 S 44.

IV. Erstattung der Kosten des Verwaltungsverfahrens

Der Kostenfestsetzungsbeschluss kann noch ergehen, wenn das Enteignungsverfahren durch einen stattgebenden oder ablehnenden Enteignungsbeschluss oder einen gesetzlich nicht vorgesehenen, nach der Rücknahme des Enteignungsantrages jedoch zulässigen Einstellungsbeschluss in der Hauptsache bereits *abgeschlossen* ist.[576]

Der Enteignungsbeschluss oder der besondere Kostenfestsetzungsbeschluss hat nach § 121 Abs 4 BauGB auch zu bestimmen, ob die *Zuziehung eines Rechtsanwalts* oder eines sonstigen Bevollmächtigten notwendig war. Letztere Entscheidung ist keine Ermessensentscheidung der Enteignungsbehörde, sondern eine Rechtsentscheidung.[577]

e) Anfechtung

Die im Enteignungsbeschluss enthaltene Kostenfestsetzung, ebenso die durch einen besonderen Beschluss erfolgte Festsetzung sind durch Antrag auf gerichtliche Entscheidung nach den §§ 217 ff BauGB anfechtbar.[578]

D 240

f) Vollstreckung

Das BauGB enthält keine ausdrücklichen Regelungen darüber, wie die festgesetzten Kosten vollstreckt werden können. § 122 Abs 1 Nr 2 BauGB bestimmt nach seinem Wortlaut nur, dass die Vollstreckung stattfindet aus einem nicht mehr anfechtbaren Enteignungsbeschluss wegen der zu zahlenden Geldentschädigung. Bei festgesetzten Kosten handelt es sich zwar nicht um eine Geldentschädigung im Sinne von § 122 Abs 1 Nr 2 BauGB, diese Bestimmung ist jedoch entsprechend anzuwenden. Sie soll sicherstellen, dass der Enteignungsbeschluss wegen aller darin genannten Geldansprüche ein Vollstreckungstitel darstellen soll.[579]

D 241

Dies gilt auch, wenn ein gesonderter Kostenfestsetzungsbeschluss ergeht.

5. Enteignung nach dem Bundesleistungsgesetz

Bundesleistungsgesetz (BLG)

D 242

vom 19.10.1956 (BGBl I S 815), zuletzt geändert durch G v 11.08.2009 (BGBl I S 2723)

§ 48

(1) Das Verfahren vor den Verwaltungsbehörden ist kostenfrei. Dem Leistungspflichtigen können jedoch Auslagen insoweit auferlegt werden, als er sie durch grobes Verschulden verursacht hat.

(2) Auslagen, die dem Leistungspflichtigen durch das Verfahren entstanden sind, werden ihm erstattet, wenn sie zur zweckentsprechenden Wahrnehmung seiner Rechte notwendig waren und sich sein Antrag als begründet erweist.

In Verfahren nach dem BLG sind die dem Leistungspflichtigen im Verwaltungsverfahren zur Durchführung der Anordnung entstandenen *notwendigen Kosten* zu erstatten (§ 48 Abs 2 BLG). Nach der allgemeinen Fassung der Vorschrift sind auch die Kosten für *Bevollmächtigte* erstattungsfähig, soweit ihre *Zuziehung notwendig* war. Es kann daher auf die Ausführungen zum Enteignungsverfahren nach dem BauGB (vgl Rdn. D 238) verwiesen werden. Der Erstattungsantrag erweist sich als begründet, wenn die einzelnen Auslagen verursachenden Maßnahmen für die Aufklärung des Sachverhalts sachdienlich und zur zweckentsprechenden Rechtsverfolgung oder Rechtsverteidigung notwendig waren.

---

576 BGHZ 56, 221 = NJW 1971, 1752.
577 *Holtbrügge* Rn. 13 zu § 121 Berliner Kommentar zum BauGB.
578 *Holtbrügge* Rn. 13 zu § 121 Berliner Kommentar zum BauGB.
579 BT-Drucks 7/4793 S 44; *Holtbrügge* Rn. 13 zu § 121 Berliner Kommentar zum BauGB; *Ernst/Zinkahn/Bielenberg* Rn. 15 zu § 121 BBauG.

Im *Widerspruchsverfahren* ist nach §§ 72, 73 VwGO auch über die Kosten des Vorverfahrens zu entscheiden. Die Vorschrift des § 48 Abs 2 BLG gilt auch für das Widerspruchsverfahren.[580]

Die Vorschrift des § 48 Abs 2 BLG ist ferner anzuwenden für das Verfahren auf Festsetzung einer Entschädigung (§ 65 BLG), desgleichen auf Anforderungen nach §§ 66 ff BLG bei Manövern und anderen Übungen (§ 81 Abs 2 BLG).

Die *Festsetzung* der erstattungsfähigen Kosten – entweder als Bestandteil der Entschädigungsfestsetzung nach § 51 BLG oder durch besondere Festsetzung – kann unter den Voraussetzungen des § 57 BLG zunächst mit der *Beschwerde* angefochten werden, über die die Aufsichtsbehörde entscheidet. Gegen die Beschwerdeentscheidung ist die *Klage* nach § 58 BLG zum ausschließlich zuständigen Landgericht gegeben. Die Erstattung der Kosten kann auch Bestandteil einer zu beurkundenden gütlichen *Einigung* sein (§ 51 Abs 1, 2 BLG).

Die *Vollstreckung* richtet sich nach § 52 BLG.

6. Enteignung nach dem Schutzbereichsgesetz

D 243 Gesetz über die Beschränkung von Grundeigentum für die militärische Verteidigung (Schutzbereichsgesetz – SchBerG)

vom 07.12.1956 (BGBl I S 899), zuletzt geändert durch G v 13.05.2015 (BGBl I S 706)

§ 19 Festsetzung durch Beschluss

(1) Kommt eine Einigung nicht zu Stande, so setzt die Festsetzungsbehörde die Höhe der Entschädigung fest, nachdem sie den Beteiligten Gelegenheit zur Äußerung gegeben hat.

(2) Festgesetzt wird durch einen schriftlichen Bescheid, in dem die Festsetzungsbehörde, der Zahlungspflichtige und der Zahlungsempfänger anzugeben sind und der eine Rechtsmittelbelehrung zu enthalten hat. Er ist den Beteiligten zuzustellen.

§ 20 Zwangsvollstreckung

(1) Die Urkunde über die Einigung nach § 18 Abs 3 ist nach Zustellung an die Beteiligten vollstreckbar. Der Festsetzungsbescheid nach § 19 Abs 2 ist den Beteiligten gegenüber vollstreckbar, wenn er für sie unanfechtbar geworden ist oder das Gericht ihn für vorläufig vollstreckbar erklärt hat.

(2) Die Zwangsvollstreckung richtet sich nach den Vorschriften der Zivilprozessordnung über die Vollstreckung von Urteilen in bürgerlichen Rechtsstreitigkeiten. Die vollstreckbare Ausfertigung des Festsetzungsbescheides wird vom Urkundsbeamten der Geschäftsstelle des Amtsgerichts erteilt, in dessen Bezirk das zum Schutzbereich erklärte Grundstück liegt, und, wenn das Verfahren bei einem Gericht anhängig ist, vom Urkundsbeamten der Geschäftsstelle dieses Gerichts. In den Fällen der §§ 731, 767 bis 770, 785, 786, 791 der Zivilprozessordnung tritt das Amtsgericht, in dessen Bezirk das zum Schutzbereich erklärte Grundstück liegt, an die Stelle des Prozessgerichts.

§ 22 Kosten

(1) Das Verfahren vor den Verwaltungsbehörden ist kostenfrei. Dem Eigentümer oder einem anderen Berechtigten können jedoch Auslagen insoweit auferlegt werden, als er sie durch grobes Verschulden verursacht hat.

(2) Auslagen, die dem Eigentümer oder einem anderen Berechtigten durch das Verfahren entstanden sind, werden ihm erstattet, wenn sie zur zweckentsprechenden Wahrnehmung seiner Rechte notwendig waren und sich sein Antrag als begründet erweist.

---

580 BVerwG VwRspr 31, 119.

IV. Erstattung der Kosten des Verwaltungsverfahrens D.

Die Erstattungsvorschrift des § 22 Abs 2 SchutzBerG hat den gleichen Inhalt wie § 48 Abs 2 BLG. Es kann daher insoweit auf die dortigen Ausführungen verwiesen werden (vgl Rdn. D 242).

Die *Festsetzung* der Kosten kann entweder im Rahmen der gütlichen Einigung nach § 18 SchutzBerG oder durch besonderen Beschluss der Festsetzungsbehörde nach § 19 SchutzBerG erfolgen. Gegen den Festsetzungsbescheid steht den Beteiligten innerhalb von zwei Wochen nach Zustellung der Rechtsbehelf der *Beschwerde* zu, über die die Aufsichtsbehörde entscheidet (§ 24 SchutzBerG). Gegen die Beschwerdeentscheidung kann *Klage* zum ausschließlich zuständigen Landgericht erhoben werden (§ 25 SchutzBerG). Die *Vollstreckung* erfolgt nach Maßgabe des § 20 SchutzBerG.

7. Enteignung nach dem Landbeschaffungsgesetz

Gesetz über die Landbeschaffung für die Aufgaben der Verteidigung (Landbeschaffungsgesetz – LBG) D 244

vom 23.02.1957 (BGBl I S 134), zuletzt geändert durch Artikel 35 des G vom 31.08.2015 (BGBl I S 1474)

§ 19 Berücksichtigung weiterer Vermögensnachteile

Wegen anderer durch die Enteignung eintretender Vermögensnachteile sind die Entschädigungen unter gerechter Abwägung der Interessen der Allgemeinheit und der Beteiligten festzusetzen, insbesondere für
1. *den vorübergehenden oder dauernden Verlust, den der von der Enteignung Betroffene in seinem Erwerb erleidet, jedoch nur bis zu dem Betrag des Aufwands, der erforderlich ist, um ein anderes Grundstück in der gleichen Weise wie das zu enteignende Grundstück zu benutzen oder zu gebrauchen,*
2. *die Wertminderung, die durch Enteignung eines Grundstücksteiles oder eines Teiles eines räumlich oder wirtschaftlich zusammenhängenden Grundbesitzes bei dem anderen Teil oder durch Enteignung eines Rechts an einem Grundstück bei einem anderen Grundstück entsteht, soweit die Wertminderung nicht schon bei der Festsetzung der Entschädigung nach Nummer 1 berücksichtigt ist.*

Das Landbeschaffungsgesetz enthält keine besonderen Vorschriften über die Erstattung der den Beteiligten im Enteignungs- und Entschädigungsverfahren entstandenen Kosten. Nach der Rechtsprechung[581] ist es jedoch anerkannt, dass im Enteignungsverfahren entstandene Kosten zu den durch die Enteignung verursachten entschädigungsfähigen Vermögensnachteilen gehören können. Je nach dem Umfang, der Bedeutung und der Schwierigkeit des Verfahrens kann auch die Beauftragung eines *Rechtsanwalts* als sachdienlich und notwendig angesehen werden. Eine Kostenerstattung kommt daher nur in Frage, wenn *enteignet* wird. Sonst, zB bei Antragsrücknahme, braucht der Enteignungsantragsteller die dem Eigentümer entstandenen Kosten nicht zu erstatten.[582]

Über die Erstattung der Verfahrenskosten entscheidet die *Behörde*.

Für die *Klage* auf Geldentschädigung ist der Rechtsweg vor den ordentlichen Gerichten (Landgericht) gegeben (§ 59 LBG).

8. Enteignung nach Landesrecht

a) Vorbemerkung

Die nachstehend wiedergegebenen Auszüge aus den Enteignungsgesetzen der Länder enthalten D 245
weitgehend die gleichen Regelungen über die Erstattung der in Enteignungsverfahren entstandenen Kosten wie das *Baugesetzbuch*. Es kann daher insoweit auf die Ausführungen zum Enteignungsverfahren nach dem Baugesetzbuch (vgl Rdn. D 236 ff) verwiesen werden. Auf diese Vorschriften (idF

---

581 BGHLM Nr 9 LandbeschG = MDR 1964, 830 = BB 1964, 1405; DVBl 1968, 204; BVerwG Buchholz 406.33 § 19 Nr 1 = RdL 1969, 212 = BRS 26, 294; VGH München VGHE 18, 59.
582 BGHZ 56, 221 (zur früheren vergleichbaren Rechtslage nach § 121 BBauG aF).

des BBauG) verweisen *ausdrücklich* die Enteignungsgesetze der Länder **Berlin, Bremen, Hamburg, Mecklenburg-Vorpommern und Sachsen.**

Für die Länder **Nordrhein-Westfalen, Saarland und Schleswig-Holstein** gilt für das Enteignungsverfahren noch das Preußische Gesetz über die Enteignung von Grundeigentum v 11.06.1874.[583]

Das Preußische Enteignungsgesetz kennt keine Bestimmung über die Erstattung der in Enteignungsverfahren für eine zweckentsprechende Rechtsverfolgung oder Rechtsverteidigung notwendigen Kosten. In der Rechtsprechung ist aber anerkannt,[584] dass diese Kosten – auch die für die Beratung und Vertretung durch einen *Rechtsanwalt* entstandenen Kosten – als sog Folgekosten erstattungsfähig sind, soweit sie vom Standpunkt eines vernünftigen Eigentümers zur Wahrung seiner Rechte erforderlich waren. Mangels einer gesetzlichen Regelung gilt aber auch hier, dass eine Erstattung nur in Betracht kommen kann, wenn es zu einer *Enteignung* und somit zur Festsetzung einer Entschädigung kommt.[585]

b) Baden-Württemberg

D 246 **Landesenteignungsgesetz (LEntG)**

vom 06.04.1982 (GBl S 97), zuletzt geändert durch G v 14.12.2004 (GBl S 884)

Dritter Teil

1. Abschnitt

§ 36 Vollstreckbare Titel

(1) Die Zwangsvollstreckung nach den Vorschriften der Zivilprozessordnung über die Vollstreckung von Urteilen in bürgerlichen Rechtsstreitigkeiten findet statt
1. *aus der Niederschrift über eine Enteignung im Sinne von § 27 Abs 2 wegen der in ihr bezeichneten Leistungen,*
2. *aus einem nicht mehr anfechtbaren Enteignungsbeschluss wegen der zu zahlenden Geldentschädigung oder einer Ausgleichszahlung,*
3. *aus einem Beschluss nach § 6 Abs 3, § 16 Abs 1, § 20, § 26 Abs 5, § 35 Abs 4 und § 38 Abs 2 und 3 wegen der darin festgesetzten Leistungen.*

Die Zwangsvollstreckung wegen einer Ausgleichszahlung ist erst zulässig, wenn die Ausführungsanordnung wirksam und unanfechtbar geworden ist.

(2) Die vollstreckbare Ausfertigung wird von dem Urkundsbeamten der Geschäftsstelle des Amtsgerichts erteilt, in dessen Bezirk die Enteignungsbehörde ihren Sitz hat und, wenn das Verfahren bei einem Gericht anhängig ist, von dem Urkundsbeamten der Geschäftsstelle des Gerichts. In den Fällen der §§ 731, 767 bis 770, 785, 786 und 791 der Zivilprozessordnung tritt das Amtsgericht, in dessen Bezirk die Enteignungsbehörde ihren Sitz hat, an die Stelle des Prozessgerichts. ...

3. Abschnitt: Kosten und Aufwendungen

§ 39 Gebühren und Auslagen

(1) Für Amtshandlungen der Enteignungsbehörde werden Gebühren und Auslagen nach dem Landesgebührengesetz erhoben.

(2) Zur Zahlung der Gebühren und Auslagen ist verpflichtet

---

583 **Nordrhein-Westfalen:** PrGS S 221 – SGVNW 214; **Saarland:** idF d G Nr 808 v 17.12.1964, ABl 1965, 117; **Schleswig-Holstein:** GS Schl-H 214.
584 Vgl BGH NJW 1966, 493 m Anm *Schneider*; BGH LM Nr 28 zu Preuß EnteignungsG = BRS 34 Nr 176 = MDR 1978, 821 = ZMR 1978, 176.
585 BGHZ 56, 221; vgl auch Rdn. D 244.

1. der Entschädigungsverpflichtete, wenn dem Enteignungsantrag,
2. der von der Rückenteignung Betroffene, wenn einem Antrag auf Rückenteignung,
3. der Enteignungsbegünstigte, wenn einem Antrag auf Aufhebung des Enteignungsbeschlusses nach § 35

stattgegeben wird, andernfalls der Antragsteller.

(3) Im Verfahren nach § 16 werden Gebühren und Auslagen nicht erhoben.

§ 40 Aufwendungen der Beteiligten

(1) Aufwendungen der Beteiligten, die zur zweckentsprechenden Rechtsverfolgung oder Rechtsverteidigung notwendig sind, sind von demjenigen zu erstatten, der zur Zahlung der Gebühren für Amtshandlungen der Enteignungsbehörde verpflichtet ist.

(2) Die Enteignungsbehörde setzt auf Antrag den Betrag der zu erstattenden Aufwendungen fest. Aus einem unanfechtbaren Kostenfestsetzungsbeschluss findet die Zwangsvollstreckung nach den Vorschriften der Zivilprozessordnung über die Vollstreckung von Kostenfestsetzungsbeschlüssen statt. § 36 Abs 2 ist entsprechend anzuwenden.

4. Abschnitt

§ 41 Antrag auf gerichtliche Entscheidung

Entscheidungen über Entschädigungen, über Ausgleichszahlungen mit Ausnahme des Härteausgleichs nach § 16 und über die Erstattung von Aufwendungen der Beteiligten können nur durch Antrag auf gerichtliche Entscheidung angefochten werden. Über den Antrag entscheidet das Landgericht, Kammer für Baulandsachen. Die Vorschriften des Neunten Teils des Bundesbaugesetzes über das Verfahren vor den Kammern (Senaten) für Baulandsachen sind entsprechend anzuwenden.

Vierter Teil

§ 42 Rückenteignung

(1)–(5) ...

(6) Auf das Rückenteignungsverfahren sind die Vorschriften des Dritten Teils entsprechend anzuwenden.

c) Bayern

Bayerisches Gesetz über die entschädigungspflichtige Enteignung (BayEG)   D 247

idF vom 25.07.1978 (GVBl S 625), zuletzt geändert durch VO v 22.07.2014 (GVBl S 286)

Art 38 Vollstreckbarer Titel

(1) Die Zwangsvollstreckung nach den Vorschriften der Zivilprozessordnung über die Vollstreckung von Urteilen in bürgerlichen Rechtsstreitigkeiten findet statt
1. *aus der Niederschrift über eine Einigung wegen der in ihr bezeichneten Leistungen,*
2. *aus einem nicht mehr anfechtbaren Enteignungsbeschluss wegen der Geldentschädigung oder einer Ausgleichszahlung,*
3. *aus einem Beschluss nach Art 7 Abs 3, Art 14 Abs 8, Art 18, 25, 27 Abs 7 und Art 37 Abs 4, Art 40 in Verbindung mit Art 74 Abs 2 Satz 3 und Art 75 Abs 2 Satz 4 BayVwVfG.*

Die Zahlungsvollstreckung wegen einer Ausgleichszahlung ist erst zulässig, wenn die Ausführungsanordnung wirksam und unanfechtbar geworden ist.

(2) Die vollstreckbare Ausfertigung wird von dem Urkundsbeamten der Geschäftsstelle des Amtsgerichts erteilt, in dessen Bezirk die Enteignungsbehörde ihren Sitz hat und, wenn das Verfahren bei einem Gericht anhängig ist, von dem Urkundsbeamten der Geschäftsstelle dieses Gerichts. In den Fällen der §§ 731, 767 bis 770, 785, 786 und 791 der Zivilprozessordnung tritt das Amtsgericht, in dessen Bezirk die Enteignungsbehörde ihren Sitz hat, an die Stelle des Prozessgerichts.

(3) Die Vollstreckung nach dem Bayerischen Verwaltungszustellungs- und Vollstreckungsgesetz bleibt im Übrigen unberührt.

Art 42 Kosten

(1) Für Amtshandlungen nach diesem Gesetz werden Kosten (Gebühren und Auslagen) nach dem Kostengesetz (KG) erhoben.

(2) Für das Enteignungsverfahren und das Rückenteignungsverfahren nach Teil III Abschnitt 1 wird jeweils eine Gebühr (Verfahrensgebühr) erhoben. Wird einem Antrag stattgegeben, so ist zur Zahlung der Kosten der Entschädigungsverpflichtete (Art 9 Abs 2), sonst der Antragsteller verpflichtet. Wird einem Antrag auf Rückenteignung stattgegeben, so ist der von der Rückenteignung Betroffene zur Zahlung der Kosten verpflichtet. Art 2 Abs 2 bis 4 KG bleiben unberührt.

(3) Für das Verfahren über einen Antrag auf Aufhebung eines Enteignungsbeschlusses wird neben der Verfahrensgebühr nach Absatz 2 Satz 1 eine eigene Gebühr erhoben. Wird dem Antrag stattgegeben, so ist zur Zahlung der Kosten der Enteignungsbegünstigte, sonst der Antragsteller verpflichtet. Art 2 Abs 2 bis 4 KG bleiben unberührt.

(4) Für Amtshandlungen nach Art 7 ist der Träger des Vorhabens zur Zahlung der Kosten verpflichtet. Art 2 Abs 2 bis 4 KG bleiben unberührt.

(5) Das Verfahren über einen Antrag nach Art 18 ist kostenfrei.

Art 43 Aufwendungen der Beteiligten

(1) Die Aufwendungen der Beteiligten im Enteignungs- und Besitzeinweisungsverfahren, die zur zweckentsprechenden Rechtsverfolgung oder Rechtsverteidigung notwendig sind, sind vom Schuldner der Kosten des Enteignungsverfahrens oder, wenn nur ein Besitzeinweisungsverfahren durchgeführt wird, vom Schuldner der Kosten des Besitzeinweisungsverfahrens zu erstatten.

(2) Die Enteignungsbehörde setzt den Betrag der den Beteiligten zu erstattenden Aufwendungen in dem Beschluss, in dem über die Entschädigung entschieden wird, oder, wenn das beantragt und ein berechtigtes Interesse daran geltend gemacht wird, in einem gesonderten Beschluss fest. Ist der gesonderte Beschluss unanfechtbar, so findet aus ihm die Zwangsvollstreckung nach den Vorschriften der Zivilprozessordnung über die Vollstreckung von Kostenfestsetzungsbeschlüssen statt; Art 38 Abs 2 gilt sinngemäß.

(3) Aufwendungen eines Beteiligten für Sachverständige sind nur bis zu der Höhe erstattungsfähig, die sich aus der entsprechenden Anwendung der Vorschriften ergibt, die für die Entschädigung von Sachverständigen durch die Enteignungsbehörde maßgebend sind.

(4) Wird der Enteignungsantrag abgelehnt oder zurückgenommen oder erledigt er sich auf andere Weise, so bestimmt sich der Gegenstandswert der zu erstattenden Gebühren nach der Entschädigung, die nach dem Antrag voraussichtlich festgesetzt worden wäre. Eine Beweiserhebung nur zum Zweck der Ermittlung des Gegenstandswerts findet nicht statt. Die Sätze 1 und 2 gelten entsprechend, wenn nur ein Besitzeinweisungsverfahren durchgeführt wird.

Art 44 Rechtsbehelfe

(1) Für Klagen wegen der Entschädigung, wegen Ausgleichszahlungen mit Ausnahme des Härteausgleichs nach Art 18 und wegen der Erstattung von Aufwendungen der Beteiligten ist der Rechtsweg zu den ordentlichen Gerichten gegeben.

(2)–(3) …

d) Berlin

D 248 **Berliner Enteignungsgesetz**

vom 14.07.1964 (GVBl S 737), geändert durch G v 30.11.1984 (GVBl S 1664)

§ 5 Enteignungsverfahren

(1)–(2) ...

(3) Für das Enteignungsverfahren gelten die §§ 107 bis 122, 145, 149 bis 154 des Bundesbaugesetzes entsprechend.

§ 7 Gerichtliches Verfahren

(1) Verwaltungsakte nach diesem Gesetz können nur durch Antrag auf gerichtliche Entscheidung angefochten werden.

(2) § 157 Abs 1 Satz 2, Abs 2 bis 4 und §§ 158 bis 171 des Bundesbaugesetzes gelten entsprechend.

§ 8 Anwendung von Vorschriften des Bundesbaugesetzes

Soweit in diesem Gesetz auf Vorschriften des Bundesbaugesetzes verwiesen wird, ist das Bundesbaugesetz in der Fassung vom 18. August 1976 (BGBl I S 2256, 3617), zuletzt geändert durch Gesetz vom 6. Juli 1979 (BGBl I S 949), anzuwenden.

e) Brandenburg

Enteignungsgesetz des Landes Brandenburg D 249

vom 19.10.1992 (GVBl I S 430), zuletzt geändert durch G v 07.07.1997 (GVBl I S 72)

§ 44 Kosten

(1) Der Antragsteller hat die Kosten zu tragen, wenn ein Antrag abgelehnt oder zurückgenommen wird. Wird dem Antrag auf Enteignung oder Übernahme stattgegeben, so hat der Entschädigungsverpflichtete die Kosten zu tragen; dies gilt auch bei sonstigen Entscheidungen, die eine Entschädigung festsetzen. Wird einem Antrag auf Rückenteignung stattgegeben, so hat der von der Rückenteignung Betroffene die Kosten zu tragen. Wird ein Antrag eines sonstigen Beteiligten abgelehnt oder zurückgenommen, sind diesem die durch die Behandlung seines Antrags verursachten Kosten aufzuerlegen, wenn sein Antrag offensichtlich unbegründet war.

(2) Kosten sind die Kosten des Verfahrens und die zur zweckentsprechenden Rechtsverfolgung oder Rechtsverteidigung notwendigen Aufwendungen der Beteiligten. Die Gebühren und Auslagen eines Rechtsanwalts oder eines sonstigen Bevollmächtigten sind erstattungsfähig, wenn die Zuziehung eines Bevollmächtigten notwendig war. Aufwendungen für einen Bevollmächtigten, für den Gebühren und Auslagen gesetzlich nicht vorgesehen sind, können nur bis zur Höhe der gesetzlichen Gebühren und Auslagen von Rechtsbeiständen erstattet werden.

(3) Aufwendungen, die durch das Verschulden eines Erstattungsberechtigten entstanden sind, hat dieser selbst zu tragen; das Verschulden eines Vertreters ist dem Vertretenen zuzurechnen.

(4) Die Enteignungsbehörde setzt die Kosten in der Sachentscheidung oder durch besonderen Beschluss fest. Sie bestimmt hierbei auch, ob die Zuziehung eines Rechtsanwalts oder eines sonstigen Bevollmächtigten notwendig war.

§ 45 Vollstreckbarer Titel

(1) Die Zwangsvollstreckung nach den Vorschriften der Zivilprozessordnung über die Vollstreckung von Urteilen in bürgerlichen Rechtsstreitigkeiten findet statt
1. *aus der Niederschrift über eine Einigung wegen der in ihr bezeichneten Leistungen;*
2. *aus nicht mehr anfechtbarem Enteignungsbeschluss wegen der zu zahlenden Geldentschädigung oder einer Ausgleichszahlung;*
3. *aus einem Beschluss über die vorzeitige Besitzeinweisung oder deren Aufhebung wegen der darin festgesetzten Leistungen;*

4. aus Beschlüssen nach § 16 Abs 9, § 22, § 23 in Verbindung mit § 74 Abs 2 Satz 3 und § 75 Abs 2 Satz 4 des Verwaltungsverfahrensgesetzes, § 26 Abs 6, § 36 Abs 3 und § 39 Abs 2 sowie aus allen sonstigen in Anwendung des § 41 ergehenden Beschlüssen;
5. aus Kostenfestsetzungsbeschlüssen nach § 44 Abs 4 wegen der von dem Entschädigungsverpflichteten dem Entschädigungsberechtigten zu erstattenden Aufwendungen.

Die Zwangsvollstreckung wegen einer Ausgleichszahlung ist erst zulässig, wenn die Ausführungsanordnung wirksam und unanfechtbar ist.

(2) Die vollstreckbare Ausfertigung wird von dem Urkundsbeamten der Geschäftsstelle des Kreisgerichts erteilt, in dessen Bezirk die Enteignungsbehörde ihren Sitz hat, und, wenn das Verfahren bei einem Gericht anhängig ist, von dem Urkundsbeamten der Geschäftsstelle dieses Gerichts. In den Fällen der §§ 731, 767 bis 770, 785, 786 und 791 der Zivilprozessordnung tritt das Kreisgericht, in dessen Bezirk die Enteignungsbehörde ihren Sitz hat, an die Stelle des Prozessgerichts.

f) Bremen

D 250 **Enteignungsgesetz für die Freie Hansestadt Bremen**

vom 05.10.1965 (GBl S 129), zuletzt geändert durch G v 27. 05. 2014 (GBl S 263)

§ 6

(1), (2) ...

(3) Für das Enteignungsverfahren gelten die §§ 107–122, 145, 146 und 149–154 des Bundesbaugesetzes entsprechend.

§ 7

(1) Für die Kosten des Enteignungsverfahrens gilt § 121 des Bundesbaugesetzes entsprechend mit folgender Maßgabe:

Hatte der zu Enteignende einen Rechtsanwalt oder Rechtsbeistand mit der Wahrnehmung seiner Interessen vor der Enteignungsbehörde beauftragt, so hat der Enteignungsbegünstigte ihm die Auslagen des Bevollmächtigten und die Gebühren bis zu einer vollen Gebühr zu erstatten, wenn die Enteignungsbehörde die Zuziehung eines Bevollmächtigten für erforderlich erklärt. Geschäftswert ist in diesem Fall der Betrag der rechtswirksam festgesetzten oder durch Einigung erzielten Entschädigung. Übersteigt die festgesetzte oder durch Einigung erzielte Entschädigung das Angebot des Enteignungsbegünstigten, so hat er dem zu Enteignenden auch die weiteren insoweit entstandenen Gebühren zu erstatten. Geschäftswert ist für diese weiteren Gebühren der Unterschiedsbetrag zwischen der endgültigen Entschädigung und dem letzten Angebot des Enteignungsbegünstigten vor Einleitung des Enteignungsverfahrens.

(2) Der Geschäftswert wird durch Beschluss der Enteignungsbehörde festgesetzt, und zwar auch dann, wenn das Enteignungsverfahren vor seinem rechtswirksamen Abschluss gegenstandslos wird.

§ 8

Verwaltungsakte nach diesem Gesetz können nur durch Antrag auf gerichtliche Entscheidung angefochten werden. Die §§ 157 Abs 1 Satz 2, Absätze 2–4 sowie 158–171 des Bundesbaugesetzes gelten entsprechend.

g) Hamburg

D 251 **Hamburgisches Enteignungsgesetz**

idF v 11.11.1980 (GVBl S 305), zuletzt geändert durch G v 18.02.2004 (GVBl S 107)

§ 7 Enteignungsverfahren

(1)–(3) ...

IV. Erstattung der Kosten des Verwaltungsverfahrens

(4) Die §§ 106 bis 122, 194, 200 und 201, 208 bis 212 BauGB sowie die auf Grund des § 199 BauGB erlassenen Rechtsverordnungen sind sinngemäß anzuwenden. § 209 BauGB gilt sinngemäß auch für die Vorbereitung der Planung nach § 6.

§ 9 Verfahren vor den Gerichten

(1) Verwaltungsakte der Enteignungsbehörde sowie Verwaltungsakte der zuständigen Behörde nach § 7 Abs 4 Satz 2 dieses Gesetzes in Verbindung mit § 209 Abs 2 BauGB können nur durch Antrag auf gerichtliche Entscheidung angefochten werden. Über den Antrag entscheidet das Landgericht, Kammer für Baulandsachen.

(2) Für das gerichtliche Verfahren gelten die §§ 217 Absätze 2 bis 4, 218, 221 bis 228 und 231 BauGB sinngemäß.

(3) Gegen die Endurteile des Landgerichts findet die Revision an das Oberlandesgericht, Senat für Baulandsachen, statt, wenn der Wert des Beschwerdegegenstandes zweihundertfünfzig Euro übersteigt.

§ 10 Anwendung des Bundesbaugesetzes

Soweit in diesem Gesetz Bestimmungen des Baugesetzbuches für anwendbar erklärt werden, ist die Fassung vom 27. August 1997 (BGBl I 1977 S 2142; 1998 I S 137) maßgebend. Die in diesen Bestimmungen für die Bundesregierung oder für die Landesregierungen enthaltenen Ermächtigungen gelten für den Senat.

h) Hessen

Hessisches Enteignungsgesetz (HEG)   D 252

vom 04.04.1973 (GVBl S 107), zuletzt geändert durch G v 27.09.2012 (GVBl S 290)

§ 49 Kosten

(1) Der Antragsteller hat die Kosten des Verfahrens zu tragen. Wird einem Antrag auf Rückenteignung stattgegeben, so hat der von der Rückenteignung Betroffene die Kosten des Verfahrens zu tragen. Wird ein Antrag eines sonstigen Beteiligten abgelehnt, so können diesem die durch die Behandlung seines Antrags verursachten Kosten auferlegt werden.

(2) Kosten des Planfeststellungsverfahrens sind die Verwaltungskosten. Kosten des Enteignungsverfahrens sind die Verwaltungskosten und die zur zweckentsprechenden Rechtsverfolgung oder Rechtsverteidigung notwendigen Aufwendungen der Beteiligten; die Gebühren und Auslagen eines Rechtsanwaltes oder sonstigen Bevollmächtigten sind erstattungsfähig, es sei denn, dass die Enteignungsbehörde die Zuziehung eines Bevollmächtigten nicht für erforderlich erklärt.

(3) Für die Entschädigung von Zeugen und Sachverständigen gilt das Justizvergütungs- und – entschädigungsgesetz vom 5. Mai 2004 (BGBl. I S. 718, 776), zuletzt geändert durch Gesetz vom 30. Juli 2009 (BGBl. I S. 2449), in der jeweils geltenden Fassung entsprechend.

(4) Die Enteignungsbehörde setzt die Kosten durch Beschluss fest.

§ 50 Klage wegen der Art und Höhe der Entschädigung oder Ausgleichszahlung

(1) Wegen der Art und Höhe der nach diesem Gesetz zu leistenden Entschädigungen und Ausgleichszahlungen ist Rechtsweg vor den ordentlichen Gerichten gegeben. Örtlich ist das Gericht ausschließlich zuständig, in dessen Bezirk das in Anspruch genommene Grundstück liegt.

(2) Die Klage ist erst zulässig, wenn der Enteignungsbeschluss oder der Besitzeinweisungsbeschluss hinsichtlich des Teils A unanfechtbar geworden ist. § 28 Abs 2 bleibt unberührt.

§ 54 Vollstreckbarer Titel

(1) Die Zwangsvollstreckung nach den Vorschriften der Zivilprozessordnung über die Vollstreckung von Urteilen in bürgerlichen Rechtsstreitigkeiten findet statt

1. *aus der Niederschrift über eine Enteignung und aus einem unanfechtbaren Enteignungsbeschluss (Teil B) wegen einer Ausgleichszahlung;*
2. *aus einem Beschluss über die vorzeitige Besitzeinweisung oder deren Aufhebung wegen der darin festgesetzten Leistungen.*

Die Zwangsvollstreckung wegen einer Ausgleichszahlung ist erst zulässig, wenn die Ausführungsanordnung wirksam und unanfechtbar geworden ist. Die vollstreckbare Ausfertigung wird von dem Urkundsbeamten der Geschäftsstelle des Amtsgerichts erteilt, in dessen Bezirk die Enteignungsbehörde ihren Sitz hat und, wenn das Verfahren bei einem Gericht anhängig ist, von dem Urkundsbeamten dieses Gerichts. In den Fällen der §§ 731, 767 bis 770, 785, 786 und 791 der Zivilprozessordnung tritt das Amtsgericht in dessen Bezirk die Enteignungsbehörde ihren Sitz hat, an die Stelle des Prozessgerichts.

(2) Im Übrigen findet das Hessische Verwaltungsvollstreckungsgesetz in der jeweils geltenden Fassung Anwendung.

i) Mecklenburg-Vorpommern

D 253   S Rdn. D 245.

j) Niedersachsen

D 254   Niedersächsisches Enteignungsgesetz (NEG)

idF v 06.04.1981 (GVBl S 83), zuletzt geändert durch G v 05.11.2004 (GVBl S 394)

§ 41 Vollstreckbare Titel

(1) Die Zwangsvollstreckung nach den Vorschriften der Zivilprozessordnung über die Vollstreckung von Urteilen in bürgerlichen Rechtsstreitigkeiten findet statt
1. *aus der Niederschrift über eine Einigung (§ 30) wegen der in ihr bezeichneten Leistungen,*
2. *aus einem unanfechtbaren Enteignungsbeschluss (§ 32) wegen der darin festgesetzten Zahlungen,*
3. *aus einem Beschluss über die vorzeitige Besitzeinweisung, deren Änderung oder Aufhebung wegen der darin festgesetzten Leistungen sowie aus einem gesonderten Beschluss über die Besitzeinweisungsentschädigung (§ 35).*

Die Zwangsvollstreckung wegen einer Ausgleichszahlung ist erst zulässig, wenn die Ausführungsanordnung wirksam und unanfechtbar geworden ist.

(2) Die vollstreckbare Ausfertigung wird von dem Urkundsbeamten der Geschäftsstelle des Amtsgerichts erteilt, in dessen Bezirk die Enteignungsbehörde ihren Sitz hat. Wenn das Verfahren bei einem Gericht anhängig ist, wird die vollstreckbare Ausfertigung von dem Urkundsbeamten der Geschäftsstelle dieses Gerichts erteilt. In den Fällen der §§ 731, 767 bis 770, 785, 786 und 791 der Zivilprozessordnung tritt das Amtsgericht, in dessen Bezirk die Enteignungsbehörde ihren Sitz hat, an die Stelle des Prozessgerichts.

§ 42 Kosten

(1) Der Träger des Vorhabens hat die den Beteiligten aus Anlass des Verfahrens erwachsenen Kosten zu tragen, soweit sie zur zweckentsprechenden Rechtsverfolgung notwendig waren. Wird ein Antrag auf Rückenteignung (§ 44) abgelehnt oder zurückgenommen, so hat der Antragsteller die Kosten des Verfahrens zu tragen. Wird ein Antrag eines sonstigen Beteiligten abgelehnt oder zurückgenommen, so können diesem die durch die Behandlung seines Antrags verursachten Kosten auferlegt werden.

(2) Die Entscheidung über die Kosten kann einem besonderen Beschluss vorbehalten werden. Über die Kosten ist in einem besonderen Beschluss zu entscheiden, wenn ein Beteiligter dies beantragt und ein berechtigtes Interesse daran geltend macht.

(3) Der Betrag der zu erstattenden Kosten wird auf Antrag von der Enteignungsbehörde in einem Kostenfestsetzungsbeschluss festgesetzt. Aus einem unanfechtbaren Kostenfestsetzungsbeschluss findet die

Zwangsvollstreckung nach den Vorschriften der Zivilprozessordnung über die Vollstreckung von Kostenfestsetzungsbeschlüssen statt. § 41 Abs 2 gilt entsprechend.

(4) Für die Kosten der Enteignungsbehörde gelten die allgemeinen Vorschriften über die Erhebung von Gebühren und Auslagen in der Verwaltung.

§ 43 Rechtsmittel

(1) Die in Verfahren nach diesem Gesetz erlassenen Verwaltungsakte der Enteignungsbehörde können nur durch Antrag auf gerichtliche Entscheidung angefochten werden. Über den Antrag entscheidet das Landgericht (Kammer für Baulandsachen).

(2) Die Vorschriften des Neunten Teils des Bundesbaugesetzes über das Verfahren vor den Kammern (Senaten) für Baulandsachen sind anzuwenden. An die Stelle der Vorschriften des Bundesbaugesetzes, auf die in dessen Neuntem Teil Bezug genommen ist, treten die entsprechenden Vorschriften dieses Gesetzes.

(3) ...

k) Nordrhein-Westfalen

Siehe Rdn. D 245. D 255

l) Rheinland-Pfalz

Landesenteignungsgesetz (LEnteigG) D 256

vom 22.04.1966 (GVBl S 103) zuletzt geändert durch G v 22.12.2009 (GVBl S 413)

§ 44 Vollstreckbarer Titel

(1) Die Zwangsvollstreckung nach den Vorschriften der Zivilprozessordnung über die Vollstreckung von Urteilen in bürgerlichen Rechtsstreitigkeiten findet statt
1. *aus der Niederschrift über eine Einigung wegen der in ihr bezeichneten Leistungen;*
2. *aus einem nicht mehr anfechtbaren Enteignungsbeschluss;*
3. *aus einem Beschluss über die vorzeitige Besitzeinweisung oder deren Aufhebung wegen der darin festgesetzten Leistungen.*

Die Zwangsvollstreckung wegen einer Ausgleichszahlung ist erst zulässig, wenn die Ausführungsanordnung wirksam und unanfechtbar geworden ist.

(2) Die vollstreckbare Ausfertigung wird von dem Urkundsbeamten der Geschäftsstelle des Amtsgerichtes erteilt, in dessen Bezirk die Enteignungsbehörde ihren Sitz hat und, wenn das Verfahren bei einem Gericht anhängig ist, von dem Urkundsbeamten der Geschäftsstelle dieses Gerichtes. In den Fällen der §§ 731, 767 bis 770, 785, 786 und 791 der Zivilprozessordnung tritt das Amtsgericht, in dessen Bezirk die Enteignungsbehörde ihren Sitz hat, an die Stelle des Prozessgerichtes.

§ 47 Kosten

(1) Der Enteignungsbegünstigte hat die Kosten des Verfahrens zu tragen. Wird einem Antrag auf Rückenteignung stattgegeben, so hat der von der Rückenteignung Betroffene die Kosten des Verfahrens zu tragen. Wird ein Antrag eines sonstigen Beteiligten abgelehnt, so können diesem die durch die Behandlung seines Antrages verursachten Kosten auferlegt werden.

(2) Zu den Kosten des Enteignungsverfahrens gehören nur die Verwaltungskosten und die zur zweckentsprechenden Rechtsverfolgung oder Rechtsverteidigung notwendigen Aufwendungen der Beteiligten. Die Gebühren und Auslagen eines Rechtsanwaltes oder eines sonstigen Bevollmächtigten sind erstattungsfähig, es sei denn, dass die Hinzuziehung eines Bevollmächtigten von der Enteignungsbehörde nicht für notwendig erklärt wird.

(3) Die einem Beteiligten zu erstattenden Aufwendungen werden auf Antrag von der Enteignungsbehörde festgesetzt.

§ 48 Rechtsmittel

(1) Entscheidungen der Enteignungsbehörde über Entschädigungen, Ausgleichszahlungen und Erstattungen von Aufwendungen und Kosten können nur durch Antrag auf gerichtliche Entscheidung angefochten werden; über den Antrag entscheidet das Landgericht, Kammer für Baulandsachen. Im Übrigen ist, soweit nichts anderes bestimmt ist, der Verwaltungsrechtsweg gegeben; ein Vorverfahren (§ 68 der Verwaltungsgerichtsordnung) findet nicht statt.

(2) In den Fällen des Absatzes 1 Satz 1 sind die §§ 217 bis 231 des Baugesetzbuchs (BauGB) in der Fassung vom 27. August 1997 (BGBl I S 2141; 1998 I S 137) in der jeweils geltenden Fassung anzuwenden; soweit in diesen Bestimmungen auf die §§ 110, 111 und 113 Abs 2 und 5 sowie § 117 Abs 5 BauGB verwiesen wird, treten an deren Stelle die §§ 32, 33 und 35 Abs 2 und 4 sowie § 39 Abs 3 dieses Gesetzes.

(3) Enthalten Verwaltungsakte der Enteignungsbehörde nicht nur Entscheidungen im Sinne des Absatzes 1 Satz 1, so kann der Antrag auf gerichtliche Entscheidung nach Absatz 1 Satz 1 binnen eines Monats nach Zustellung einer Mitteilung der Enteignungsbehörde über die Unanfechtbarkeit im übrigen Teile der Entscheidung oder über den rechtskräftigen Abschluss oder die sonstige Erledigung eines hinsichtlich dieser Teile des Verwaltungsaktes anhängig gewordenen Verwaltungsrechtsstreits gestellt werden. Die Mitteilung bedarf zu ihrer Wirksamkeit eines Hinweises auf die Frist nach Satz 1.

m) Saarland

D 257 Siehe Rdn. D 245.

n) Sachsen

D 258 Siehe Rdn. D 245.

o) Sachsen-Anhalt

D 259 **Enteignungsgesetz des Landes Sachsen-Anhalt**

vom 13.04.1994 (GVBl LSA S 508, 759), zuletzt geändert durch G v 13.04.2010 (GVBl S 192)

§ 37 Vollstreckbare Titel

(1) Die Zwangsvollstreckung nach den Vorschriften der Zivilprozessordnung über die Vollstreckung von Urteilen in bürgerlichen Rechtsstreitigkeiten findet statt
1. *aus der Niederschrift über eine Einigung (§ 26) wegen der in ihr bezeichneten Leistungen,*
2. *aus einem unanfechtbaren Enteignungsbeschluss (§ 28) wegen der darin festgesetzten Zahlungen,*
3. *aus einem Beschluss über die vorzeitige Besitzeinweisung, deren Änderung oder Aufhebung wegen der darin festgesetzten Leistungen sowie aus einem gesonderten Beschluss über die Besitzeinweisungsentschädigung (§ 31).*

Die Zwangsvollstreckung wegen einer Ausgleichszahlung ist erst zulässig, wenn die Ausführungsanordnung wirksam und unanfechtbar geworden ist.

(2) Die vollstreckbare Ausfertigung wird von dem Urkundsbeamten der Geschäftsstelle des Amtsgerichts erteilt, in dessen Bezirk die Enteignungsbehörde ihren Sitz hat. Wenn das Verfahren bei einem Gericht anhängig ist, wird die vollstreckbare Ausfertigung von dem Urkundsbeamten der Geschäftsstelle dieses Gerichts erteilt. In den Fällen der §§ 731, 767 bis 770, 785, 786 und 791 der Zivilprozessordnung tritt das Amtsgericht, in dessen Bezirk die Enteignungsbehörde ihren Sitz hat, an die Stelle des Prozessgerichts.

§ 38 Kosten

(1) Der Träger des Vorhabens hat die den Beteiligten aus Anlass des Verfahrens erwachsenen Kosten zu tragen, soweit sie zur zweckentsprechenden Rechtsverfolgung notwendig waren. Wird ein Antrag auf

Rückenteignung (§ 40) abgelehnt oder zurückgenommen, so hat der Antragsteller die Kosten des Verfahrens zu tragen. Wird ein Antrag eines sonstigen Beteiligten abgelehnt oder zurückgenommen, so können diesem die durch die Behandlung seines Antrags verursachten Kosten auferlegt werden.

(2) Die Entscheidung über die Kosten kann einem besonderen Beschluss vorbehalten werden. Über die Kosten ist in einem besonderen Beschluss zu entscheiden, wenn ein Beteiligter dies beantragt und ein berechtigtes Interesse daran geltend macht.

(3) Der Betrag der zu erstattenden Kosten wird auf Antrag von der Enteignungsbehörde in einem Kostenfestsetzungsbeschluss festgesetzt. Aus einem unanfechtbaren Kostenfestsetzungsbeschluss findet die Zwangsvollstreckung nach den Vorschriften der Zivilprozessordnung über die Vollstreckung von Kostenfestsetzungsbeschlüssen statt. § 37 Abs 2 gilt entsprechend.

(4) Für die Kosten der Enteignungsbehörde gelten die allgemeinen Vorschriften über die Erhebung von Gebühren und Auslagen in der Verwaltung.

§ 39 Rechtsbehelfe

(1) Die in Verfahren nach diesem Gesetz erlassenen Verwaltungsakte der Enteignungsbehörde können nur durch Antrag auf gerichtliche Entscheidung angefochten werden. Über den Antrag entscheidet das Landgericht (Kammer für Baulandsachen).

(2) Die Vorschriften der §§ 217 bis 232 des Baugesetzbuchs über das Verfahren vor den Kammern (Senaten) für Baulandsachen sind anzuwenden. An die Stelle der Vorschriften des Baugesetzbuchs, auf die in dessen §§ 217 bis 232 Bezug genommen ist, treten die entsprechenden Vorschriften dieses Gesetzes.

(3) Die Absätze 1 und 2 gelten nicht für Verwaltungsakte der Enteignungsbehörde im Planfeststellungsverfahren nach § 23.

p) Schleswig-Holstein

Siehe Rdn. D 245. D 260

q) Thüringen

Thüringer Enteignungsgesetz D 261

vom 23.03.1994 (GVBl S 329), zuletzt geändert durch G v 25.11.2004 (GVBl S 853)

§ 39 Kosten

(1) Für Amtshandlungen nach diesem Gesetz werden Kosten (Gebühren und Auslagen) nach dem Thüringer Verwaltungskostengesetz (ThürVwKostG) erhoben.

(2) Für das Enteignungsverfahren und das Rückenteignungsverfahren nach den §§ 42 und 43 wird jeweils eine Gebühr (Verfahrensgebühr) erhoben. Wird einem Antrag stattgegeben, so ist zur Zahlung der Kosten der Entschädigungsverpflichtete (§ 9 Abs 3), sonst der Antragsteller verpflichtet. Wird einem Antrag auf Rückenteignung stattgegeben, so ist der von der Rückenteignung Betroffene zur Zahlung der Kosten verpflichtet. § 6 Abs 1 Nr 2 und 3 und Abs 2 ThürVwKostG bleibt unberührt.

(3) Für das Verfahren über einen Antrag auf Aufhebung eines Enteignungsbeschlusses wird neben der Verfahrensgebühr nach Absatz 2 Satz 1 eine eigene Gebühr erhoben. Wird dem Antrag stattgegeben, so ist zur Zahlung der Kosten der Enteignungsbegünstigte, sonst der Antragsteller verpflichtet. § 6 Abs 1 Nr 2 und 3 und Abs 2 ThürVwKostG bleibt unberührt.

(4) Für Amtshandlungen nach § 36 ist der Träger des Vorhabens zur Zahlung der Kosten verpflichtet. § 6 Abs 1 Nr 2 und 3 und Abs 2 ThürVwKostG bleibt unberührt.

(5) Das Verfahren über einen Antrag nach § 16 ist kostenfrei.

§ 40 Aufwendungen der Beteiligten

(1) Die Aufwendungen der Beteiligten im Enteignungs- und Besitzeinweisungsverfahren, die zur zweckentsprechenden Rechtsverfolgung oder Rechtsverteidigung notwendig sind, sind vom Schuldner der Kosten des Enteignungsverfahrens oder, wenn nur ein Besitzeinweisungsverfahren durchgeführt wird, vom Schuldner der Kosten des Besitzeinweisungsverfahrens zu erstatten.

(2) Die Enteignungsbehörde setzt den Betrag der den Beteiligten zu erstattenden Aufwendungen in dem Beschluss, in dem über die Entschädigung entschieden wird, oder, wenn das beantragt und ein berechtigtes Interesse daran geltend gemacht wird, in einem gesonderten Beschluss fest. Ist der gesonderte Beschluss unanfechtbar, so findet aus ihm die Zwangsvollstreckung nach den Bestimmungen der Zivilprozessordnung über die Zwangsvollstreckung von Kostenfestsetzungsbeschlüssen statt; § 41 Abs 2 gilt sinngemäß.

(3) Aufwendungen eines Beteiligten für Sachverständige sind nur bis zu der Höhe erstattungsfähig, die sich aus der entsprechenden Anwendung der Bestimmungen ergibt, die für die Entschädigung von Sachverständigen durch die Enteignungsbehörde maßgebend sind.

(4) Wird der Enteignungsantrag abgelehnt oder zurückgenommen oder erledigt er sich auf andere Weise, so bestimmt sich der Gegenstandswert der zu erstattenden Gebühren nach der Entschädigung, die nach dem Antrag voraussichtlich festgesetzt worden wäre. Eine Beweiserhebung nur zum Zweck der Ermittlung des Gegenstandswerts findet nicht statt. Die Sätze 1 und 2 gelten entsprechend, wenn nur ein Besitzeinweisungsverfahren durchgeführt wird.

§ 41 Vollstreckbarer Titel

(1) Die Zwangsvollstreckung nach den Bestimmungen der Zivilprozessordnung über die Vollstreckung von Urteilen in bürgerlichen Rechts Streitigkeiten findet statt
1. *aus der Niederschrift über eine Einigung wegen der in ihr bezeichneten Leistungen,*
2. *aus einem nicht mehr anfechtbaren Enteignungsbeschluss wegen der Geldentschädigung oder einer Ausgleichszahlung,*
3. *aus einem Beschluss nach § 14 Abs 8, §§ 16, 23, 25 Abs 7, § 35 Abs 4 und § 36 Abs 3, § 38 iVm Verbindung mit § 74 Abs 2 Satz 3 und § 75 Abs 2 Satz 4 ThürVwVfG.*

Die Zwangsvollstreckung wegen einer Ausgleichszahlung ist erst zulässig, wenn die Ausführungsanordnung wirksam und unanfechtbar geworden ist.

(2) Die vollstreckbare Ausfertigung wird von dem Urkundsbeamten der Geschäftsstelle des Amtsgerichts erteilt, in dessen Bezirk die Enteignungsbehörde ihren Sitz hat, und, wenn das Verfahren bei einem Gericht anhängig ist, von dem Urkundsbeamten der Geschäftsstelle dieses Gerichts. In den Fällen der §§ 731, 767 bis 770, 785, 786 und 791 der Zivilprozessordnung tritt das Amtsgericht, in dessen Bezirk die Enteignungsbehörde ihren Sitz hat, an die Stelle des Prozessgerichts.

(3) Die Vollstreckung nach dem Thüringer Verwaltungszustellungs- und Vollstreckungsgesetz bleibt im Übrigen unberührt.

V. Kostenfestsetzung in verfassungsgerichtlichen Verfahren

1. Verfahren vor dem Bundesverfassungsgericht

a) Kostentragung

D 262 Das Verfahren vor dem BVerfG und den Verfassungsgerichten der grundsätzlich *frei von Gerichtskosten* (§ 34 Abs 1 BVerfGG). Es gilt ferner der *Grundsatz des Selbstbehalts der eigenen Auslagen*,[586] dh, dass die entstandenen eigenen Auslagen und ggf Rechtsanwaltskosten von demjenigen zu tragen sind, bei dem sie entstehen. Nur ausnahmsweise findet eine *Kostenerstattung* in den Fällen des § 34 a

---

586 BVerfGE 49, 70 [89]; EuGRZ 1984, 269.

BVerfGG statt, wobei in den Fällen des § 34 a Abs 1 und 2 BVerfGG die Auslagenerstattung *obligatorisch* ist, während sie im Falle des § 34 a Abs 3 BVerfGG im *Ermessen* des BVerfG steht.[587]

Der Ausspruch der Auslagenerstattung nach § 34 a BVerfGG setzt keinen Antrag voraus, die Auslagenerstattung ist vielmehr *von Gerichts wegen* anzuordnen.[588]

Die Bestimmung des § 34 a BVerfGG betrifft nur die Erstattung von Auslagen, die einem *Beteiligten* durch das Verfahren vor dem BVerfG erwachsen sind; die Erstattung der einem am Verfahren nicht Beteiligten erwachsenen Auslagen ist im Gesetz nicht vorgesehen.[589]

Spricht das BVerfG eine Auslagenerstattung nicht aus und verweist es das Verfahren zurück an die *Fachgerichte*, können *diese* über die vor dem BVerfG entstandenen Kosten keine Entscheidung treffen.[590]

b) Kostenfestsetzung

Nach Maßgabe der Kostengrundentscheidung des BVerfG gemäß § 34 a BVerfGG werden die zu erstattenden Beträge in entsprechender Anwendung der §§ 464 b StPO, 103, 104 ZPO auf Antrag durch den *Rechtspfleger beim BVerfG* festgesetzt.[591] Die festgesetzten Kosten sind auf Antrag zu verzinsen.[592]

D 263

c) Erstattungsfähige Kosten

Das BVerfGG enthält keine Definition darüber, was unter »notwendigen Auslagen« zu verstehen ist. Hier kann jedoch auf das *Verfahrensrecht der Fachgerichte* zurückgegriffen werden. Danach sind notwendige Auslagen »die zur zweckentsprechenden Rechtsverfolgung oder Rechtsverteidigung notwendigen Aufwendungen der Parteien«.[593]

D 264

Als Beurteilungsmaßstab ist in der Regel § 91 ZPO heranzuziehen. Zu den notwendigen Aufwendungen gehören daher die *Parteikosten:* die persönlichen Auslagen des Beteiligten; Entschädigungen für Zeitversäumnisse und Reisekosten jedoch nur, wenn das Gericht das persönliche Erscheinen angeordnet hat oder für angemessen hält.[594] Kosten für die Prozessvorbereitung, die Durcharbeitung des Prozessstoffs oder die Anfertigung von Schriftsätzen sind nicht zu erstatten, da die Rechtswahrung insoweit dem eigenen Pflichtenkreis der Partei zuzurechnen ist.[595]

Im Verfahren vor dem BVerfG sind die Auslagen für die Wahrnehmung eines *Verkündungstermins* als erforderlich anzusehen.[596]

Außergerichtliche Kosten, die im Ausgangsverfahren angefallen sind, werden von § 34 a Abs 2 BVerfGG nicht erfasst.[597]

---

587 Vgl hierzu *Maunz/Schmidt-Bleibtreu/Klein/Bethge* Rn. 22 zu § 34 BVerfGG (aF) mwN.
588 *Maunz/Schmidt-Bleibtreu/Klein/Bethge* Rn. 17 zu § 34 BVerfGG (aF).
589 BVerfGE 20, 350 = DÖV 1967, 57; zu den Auslagen der in Verfahren vor dem BVerfG äußerungsberechtigten Beteiligten der Ausgangsverfahren vgl Rdn. D 268.
590 LSG Celle Breithaupt 1968, 355 = NJW 1968, 1743.
591 *Maunz/Schmidt-Bleibtreu/Klein/Bethge* Rn. 30 zu § 34 BVerfGG (aF).
592 BVerfGE 41, 228; StGH Baden-Württemberg RVGreport 2016, 113 m Anm *Hansens*; bei einem nachträglich gestellten Verzinsungsantrag ist die Verzinsung ab Eingang des Kostenfestsetzungsgesuches auszusprechen, vgl Rdn. D 87.
593 BVerfG AGS 1995, 49; *Maunz/Schmidt-Bleibtreu/Klein/Bethge* Rn. 17 zu § 34 BVerfGG (aF); *Leibholz/Rupprecht* Anm 6 zu § 34 BVerfGG (aF); *Lechner* Anm zu § 34 Abs 2 BVerfGG (aF).
594 *Lechner* aaO.
595 BVerfG AGS 2008, 101 = NJW 2008, 3207; VerfGH Berlin BerlAnwBl 2011, 184 = JurBüro 2011, 370 = Rpfleger 2011, 568.
596 BVerfGE 36, 308.
597 BVerfG NJW 1992, 3157.

Auch in Kostenfestsetzungsverfahren vor dem Bundesverfassungsgericht ist die Nachliquidation nach den allgemeinen Grundsätzen des Kostenrechts zulässig.[598]

d) Rechtsanwaltsvergütung

D 265   Stets erstattungsfähig sind ferner die *gesetzlichen* Gebühren und Auslagen eines Rechtsanwalts, obwohl im Verfahren vor dem BVerfG, abgesehen von der mündlichen Verhandlung, kein Anwaltszwang besteht (§ 22 Abs 1 BVerfGG). Ob auch die Kosten für die Mitwirkung *mehrerer Rechtsanwälte* erstattungsfähig sind, kann nicht von vornherein mit dem Hinweis auf § 91 Abs 2 S 3 ZPO verneint werden. Da § 34 a BVerfGG für das Verfahren vor dem BVerfG eine eigenständige Regelung der Auslagenerstattung enthält, ist die Erstattung der Kosten für mehrere Rechtsanwälte unter dem Gesichtspunkt der »Waffengleichheit« zulässig, wenn zB in einem Verfassungsbeschwerde-Verfahren mit einem umfangreichen und besonders schwierigen Verfahrensgegenstand eine mündliche Verhandlung stattfindet, zu der die dem Beschwerdeführer gegenüberstehenden Verfahrensbeteiligten für spezielle Rechtsgebiete besondere Kenner aufbieten.[599]

Die Kosten eines Rechtsanwalts, der den Beschwerdeführer im Hinblick auf die Formulierung einer Verfassungsbeschwerde oder eines Antrags auf Erlass einer einstweiligen Anordnung sowie die Durchführung des Verfahrens vor dem Verfassungsgerichtshof berät, ohne zum Verfahrensbevollmächtigten bestellt zu werden, können als notwendige Kosten anerkannt werden. Der Kostengläubiger muss jedoch wegen des größeren Beurteilungsspielraums für die Bewertung von Auslagen als »notwendig« im verfassungsrechtlichen Verfahren zur Erforderlichkeit der geltend gemachten Kosten im Kostenfestsetzungsverfahren substantiiert vortragen und ihre Entstehung im Einzelnen glaubhaft machen.[600]

Bei Vertretung durch einen *Rechtslehrer* an einer deutschen Hochschule (§ 22 Abs 1 BVerfGG) findet ebenfalls eine Erstattung bis zur Höhe der gesetzlichen Gebühren und Auslagen eines Rechtsanwalts statt.[601]

In dieser Höhe sind auch das Honorar und die sonstigen Auslagen einer »*anderen Person*«, die das BVerfG gemäß § 22 Abs 1 S 4 BVerfGG als Beistand zugelassen hat, notwendige Auslagen, sofern dem Beistand im Verhältnis zu seinem Auftraggeber Ansprüche in dieser Höhe erwachsen sind.[602]

Die sinngemäße Anwendung des § 91 ZPO führt ferner dazu, dass der *Rechtsanwalt* die gesetzlichen Gebühren und Auslagen auch für den Fall einer Vertretung *in eigener Sache* beanspruchen kann (§ 91 Abs 2 S 3 ZPO). Dies gilt auch für einen *Rechtsbeistand*,[603] jedoch nicht für einen *Rechtslehrer*.[604]

D 266   aa) Die *Gebühren* des Rechtsanwalts richten sich entweder nach § 37 Abs 1 oder Abs 2 RVG, je nach Verfahrensart. Die Wertgebühren des § 37 Abs 2 RVG fallen nach einem **Gegenstandswert** an, der der Festsetzung durch das BVerfG bedarf, sofern im Einzelfall ein höherer Gegenstandswert als der *Mindestwert* von 5000 € (vgl § 37 Abs 2 S 2 RVG) in Betracht kommt, verneinendenfalls wäre eine Festsetzung des Gegenstandswerts mangels Rechtsschutzbedürfnis abzulehnen.[605]

---

598 BVerfG JurBüro 1995, 583 = Rpfleger 1995, 476.
599 BVerfGE 46, 321 = NJW 1978, 259 = MDR 1978, 292; BVerfGE 81, 387 = NJW 1990, 2124 = Rpfleger 1990, 387.
600 VerfGH Berlin BerlAnwBl 2011, 184 = JurBüro 2011, 370 = Rpfleger 2011, 568.
601 BVerwG NJW 1978, 1173 = BayVBl 1978, 315.
602 *Maunz/Schmidt-Bleibtreu/Klein/Bethge* Rn. 27 zu § 34 BVerfGG (aF).
603 BVerfGE 50, 254, BVerfG AGS 1996, 68 m Anm *von Eicken*.
604 BVerfG NJW 1986, 422 = BVerfGE 71, 23.
605 BVerfG AGS 2009, 241 = RVGreport 2009, 277.

Die Festsetzung des Gegenstandswerts erfolgt nur auf Antrag (§ 33 Abs 1 RVG), da eine Festsetzung von Amts wegen nicht in Betracht kommt, weil Gerichtsgebühren nicht erhoben werden (§ 34 Abs 1 BVerfGG).[606]

bb) Als Auslagen des Rechtsanwalts fallen in Verfahren vor dem BVerfG vor allem **Schreibauslagen** an (Nr 7000 VV RVG), da regelmäßig zahlreiche Überstücke der Schriftsätze für das Zustellungsverfahren notwendig sind. Die anfallenden Schreibauslagen übersteigen in der Regel das Maß der Abgeltung dieser Aufwendungen mit der Prozessgebühr. So sind Überstücke eines inhaltlich wesentlichen Schriftsatzes, der in die Handakte des Senats aufgenommen und in Voten verwertet wird, auch dann notwendig, wenn sie unaufgefordert in der Anzahl eingereicht werden, in der auch die Mehrabdrucke der Verfassungsbeschwerde angefordert worden sind.[607]

D 267

Nicht erstattungsfähig sind die Kosten für die Anfertigung von Ablichtungen von Entscheidungen des BVerfG für den eigenen *Mandanten*[608] oder die Anfertigung von Ablichtungen aus den *Akten des Ausgangsverfahrens*, wenn die Verfassungsbeschwerdeschrift auch ohne Zuhilfenahme der Ablichtungen einen schlüssigen, substantiierten Vortrag enthält und ihr Inhalt das BVerfG bereits veranlasst hätte, die Akten des Ausgangsverfahrens gemäß § 27 BVerfGG beizuziehen.[609]

e) Auslagenerstattung für äußerungsberechtigte Beteiligte

Das BVerfG hat im konkreten Normenkontrollverfahren (Art 100 Abs 1 GG) den Beteiligten des Ausgangsverfahrens (§ 82 Abs 3 BVerfGG) und im Verfassungsbeschwerdeverfahren gegen eine gerichtliche Entscheidung dem durch die Entscheidung Begünstigten (§ 94 Abs 3 BVerfGG) Gelegenheit zur Äußerung zu geben. Die äußerungsberechtigten Beteiligten werden aber dadurch nicht zu Beteiligten des Verfahrens vor dem Bundesverfassungsgericht; ein Beitritt ist für sie nicht vorgesehen.[610]

D 268

Das Verfahren vor dem BVerfG ist gegenüber dem Ausgangsverfahren ein kostenrechtlich selbstständiges Verfahren,[611] für das Verfahren vor dem BVerfG gilt auch hier der *Grundsatz des Selbstbehalts* der eigenen Auslagen.[612]

Der äußerungsberechtigte Beteiligte kann seine ihm entstandenen Aufwendungen weder gegen die unterliegende Partei des Ausgangsverfahrens des konkreten Normenkontrollverfahrens[613] noch gegen den erfolglosen Beschwerdeführer des Verfassungsbeschwerdeverfahrens geltend machen.[614]

Eine entsprechende Anwendung des § 34 a BVerfGG ist ausgeschlossen, er betrifft nur für die an einem Verfahren vor dem BVerfG Beteiligten. Das gilt ohne Rücksicht auf die Art des Ausgangsverfahrens.[615]

Auf diese besondere kostenrechtliche Ausgangslage werden die Parteien des Ausgangsverfahrens bei der Zustellung des Aussetzungs- und Vorlagebeschlusses ausdrücklich hingewiesen. Damit die Parteien selbst entscheiden können, ob sie einen Vertreter nach § 22 BVerfGG bestellen und die hierdurch erwachsenen Kosten auf sich nehmen wollen, erfolgt die Zustellung nicht an die *Prozessbevollmächtigten* des Ausgangsverfahrens, sondern an die Parteien selbst. Diese werden ferner

---

606 Vgl auch BVerfGE 3, 366.
607 BVerfGE 65, 72.
608 BVerfG NJW 1985, 1151 = NJW 1985, 334.
609 BVerfGE 61, 208.
610 BVerfGE 2, 213, 217; 20, 350 = DÖV 1967, 57; vgl auch § 94 Abs 5 BVerfG.
611 BVerfGE 53, 332.
612 *Maunz/Schmidt-Bleibtreu/Klein/Bethge* Rn. 18 a zu § 82 BVerfGG.
613 BVerfGE 36, 101; BVerfG NJW 1999, 203 = NVwZ 1999, 175.
614 OLG München VersR 1979, 90 = Rpfleger 1978, 420.
615 BVerfGE 36, 101.

gleichzeitig darüber belehrt, dass der *Gegenstandswert,* nach dem die Rechtsanwaltsgebühren zu berechnen sind, mit dem Gegenstandswert des Ausgangsverfahrens nicht notwendig identisch ist.[616]

Lässt sich ein äußerungsberechtigter Beteiligter durch einen *Rechtsanwalt* vertreten, so stehen diesem nach § 37 Abs 2 S 1 RVG Gebühren nach einem Gegenstandswert zu, der nach § 37 Abs 2 S 2 RVG zu bemessen ist und auf Antrag nach § 33 Abs 1 RVG festgesetzt wird.

2. Verfahren vor den Verfassungsgerichten der Länder

D 269 Die nachfolgend auszugsweise wiedergegebenen Bestimmungen über die Kostenerstattung in den Verfahren vor den Verfassungsgerichten der Länder lehnen sich weitgehend an §§ 34, 34 a BVerfGG an, so dass allgemein auf die Erläuterungen Rdn. D 262 ff verwiesen werden kann.

a) Baden-Württemberg

D 270 Gesetz über den Verfassungsgerichtshof

vom 13.12.1954 (GBl 171), zuletzt geändert durch G v 01.12.2015 (GBl S 1030)

§ 60 Kosten

(1) Das Verfahren vor dem Verfassungsgerichtshof ist kostenfrei. Im Falle mutwilliger Rechtsverfolgung können dem Antragsteller Kosten auferlegt werden.

(2) Erweist sich eine Ministeranklage oder ein Antrag auf Aberkennung eines Landtagsmandats als unbegründet, so sind dem Angeklagten die notwendigen Auslagen einschließlich der Kosten der Verteidigung aus der Staatskasse zu ersetzen. Dasselbe gilt für den Antragsteller im Verfahren nach Art 57 Abs 4 der Verfassung, wenn sich der Vorwurf als unbegründet erweist.

(3) Erweist sich eine Verfassungsbeschwerde als begründet, sind dem Beschwerdeführer die notwendigen Auslagen ganz oder teilweise zu erstatten.

(4) In den übrigen Fällen kann der Verfassungsgerichtshof die volle oder teilweise Erstattung der Auslagen anordnen.

b) Bayern

D 271 Gesetz über den Verfassungsgerichtshof (VfGHG)

vom 10.05.1990 (GVBl 122), zuletzt geändert durch G v 08.04.2013 (GVBl S 174)

Art 27 Kosten

(1) Das Verfahren des Verfassungsgerichtshofs ist kostenfrei. Ist jedoch in den Fällen des Art 2 Nr 6 die Beschwerde und in den Fällen des Art 2 Nr 7 die Popularklage unzulässig oder offensichtlich unbegründet, so kann der Verfassungsgerichtshof dem Beschwerdeführer oder Antragsteller eine Gebühr bis zu eintausendfünfhundert Euro auferlegen. Der Verfassungsgerichtshof kann dem Beschwerdeführer oder Antragsteller aufgeben, einen entsprechenden Vorschuss zu leisten. Über die Auferlegung eines Kostenvorschusses entscheidet der Verfassungsgerichtshof in der kleinen Besetzung.

(2) In den Fällen des Art 2 Nr 1 sind dem nicht für schuldig Befundenen die notwendigen Auslagen einschließlich der Kosten der Verteidigung zu ersetzen.

(3) Erklärt der Verfassungsgerichtshof in einem Verfahren nach Art 56 eine Rechtsvorschrift für verfassungswidrig, nichtig oder nur in einer bestimmten Auslegung für verfassungsgemäß, ordnet er an, dass die juristische Person des öffentlichen Rechts, deren Vorschrift Gegenstand des Verfahrens war, dem Antragsteller oder Beschwerdeführer die notwendigen Auslagen ganz oder teilweise zu erstatten hat.

---

616 Vgl hierzu auch BVerfGE 53, 332, 334.

(4) Erweist sich eine Verfassungsbeschwerde als begründet, sind dem Beschwerdeführer die notwendigen Auslagen ganz oder teilweise zu erstatten. Erstattungspflichtig ist die juristische Person des öffentlichen Rechts, der die Verletzung des verfassungsmäßigen Rechts zuzurechnen ist.

(5) In den übrigen Fällen kann der Verfassungsgerichtshof volle oder teilweise Erstattung von Kosten und Auslagen anordnen.

Art 28 *Prozesskostenhilfe, Kostenfestsetzung, Gegenstandswert*

(1) Die Vorschriften der Zivilprozessordnung über Prozesskostenhilfe gelten entsprechend. Über einen Antrag auf Gewährung von Prozesskostenhilfe entscheidet der Verfassungsgerichtshof in der kleinen Besetzung.

(2) Ist ein Kostenvorschuss eingefordert oder die Erstattung von Kosten oder Auslagen von einem Beteiligten beantragt worden, so entscheidet über die Pflicht zur Kostentragung nach Erledigung der Hauptsache der Verfassungsgerichtshof in der kleinen Besetzung.

(3) Der Urkundsbeamte der Geschäftsstelle setzt auf Antrag die zu erstattenden Kosten und Auslagen fest. Dem Antrag sind Kostenberechnung und Belege beizufügen.

(4) Gegen den Kostenfestsetzungsbeschluss kann binnen einer Frist von zwei Wochen ab Zustellung Erinnerung eingelegt werden. Über die Erinnerung entscheidet der Verfassungsgerichtshof in der kleinen Besetzung. Die Erinnerung hat aufschiebende Wirkung.

(5) Der Verfassungsgerichtshof setzt in der kleinen Besetzung den Gegenstandswert nach der Bundesgebührenordnung für Rechtsanwälte fest.

c) Berlin

Gesetz über den Verfassungsgerichtshof (VerfGHG)   D 272

vom 08.11.1990 (GVBl 2246), zuletzt geändert durch G v 21.04.2016 (GVBl S 221)

§ 33 *Kosten*

(1) Das Verfahren vor dem Verfassungsgerichtshof ist kostenfrei.

(2) Wird eine Verfassungsbeschwerde oder ein Einspruch nach § 14 Nr 2, 3 und 7 verworfen (§ 23), so kann der Verfassungsgerichtshof dem Beschwerdeführer eine Gebühr bis zu 500 € auferlegen. Die Entscheidung über die Gebühr und über ihre Höhe ist unter Berücksichtigung aller Umstände, insbesondere des Gewichts der geltend gemachten Gründe, der Bedeutung des Verfahrens für den Beschwerdeführer und seiner Vermögens- und Einkommensverhältnisse zu treffen. Der Verfassungsgerichtshof kann dem Antragsteller nach Maßgabe der Sätze 1 und 2 eine Gebühr auferlegen, wenn er einen Antrag auf Erlass einer einstweiligen Anordnung zurückweist.

(3) Von der Auferlegung einer Gebühr ist abzusehen, wenn sie unbillig wäre.

(4) Der Verfassungsgerichtshof kann eine erhöhte Gebühr bis zu 2500 € auferlegen, wenn die Einlegung der Verfassungsbeschwerde oder des Einspruchs nach § 14 Nr 2 und 3 einen Missbrauch darstellt oder wenn ein Antrag auf Erlass einer einstweiligen Anordnung missbräuchlich gestellt ist.

(5) Für die Einziehung der Gebühren gilt § 59 Abs 1 der Landeshaushaltsordnung entsprechend.

(6) Der Berichterstatter kann dem Beschwerdeführer aufgeben, binnen eines Monats einen Vorschuss auf die Gebühr nach Abs 2 S 1 zu zahlen. Der Berichterstatter hebt die Anordnung auf oder ändert sie ab, wenn der Beschwerdeführer nachweist, dass er den Vorschuss nach seinen persönlichen und wirtschaftlichen Verhältnissen nicht, nur zum Teil oder nur in Raten aufbringen kann. Die Anordnungen des Berichterstatters sind unanfechtbar.

§ 34 Auslagenerstattung

(1) Erweist sich eine Verfassungsbeschwerde als begründet, so sind dem Beschwerdeführer die notwendigen Auslagen ganz oder teilweise zu erstatten.

(2) In den übrigen Fällen kann der Verfassungsgerichtshof volle oder teilweise Erstattung der Auslagen anordnen.

d) Brandenburg

D 273 Gesetz über das Verfassungsgericht des Landes Brandenburg (Verfassungsgerichtsgesetz Brandenburg – VerfGG Bbg)

idF vom 22.11.1996 (GVBl I 343), zuletzt geändert durch G v 19.06.2013 (GVBl I Nr 23)

§ 32 Kostenentscheidung

(1) Das Verfahren vor dem Verfassungsgericht ist kostenfrei.

(2) Wird ein Antrag als offensichtlich unzulässig verworfen oder als offensichtlich unbegründet zurückgewiesen, so kann das Verfassungsgericht dem Antragsteller eine Gebühr bis zu fünfhundert Euro auferlegen. Die Entscheidung über die Gebühr und über ihre Höhe ist unter Berücksichtigung aller Umstände, insbesondere des Gewichts der geltend gemachten Gründe, der Bedeutung des Verfahrens für den Antragsteller und seiner Vermögens- und Einkommensverhältnisse zu treffen. Das Verfassungsgericht kann dem Antragsteller nach Maßgabe der Sätze 1 und 2 eine Gebühr auferlegen, wenn es einen Antrag auf Erlass einer einstweiligen Anordnung zurückweist.

(3) Von der Auferlegung einer Gebühr ist abzusehen, wenn sie unbillig wäre.

(4) Das Verfassungsgericht kann eine erhöhte Gebühr bis zu zweitausendfünfhundert Euro auferlegen, wenn der Antrag einen Missbrauch darstellt oder wenn der Antrag auf Erlass einer einstweiligen Anordnung missbräuchlich gestellt ist.

(5) Für die Einziehung der Gebühren gilt § 59 Abs 1 der Landeshaushaltsordnung entsprechend.

(6) Der Berichterstatter kann dem Antragsteller aufgeben, binnen eines Monats einen Vorschuss auf die Gebühr nach Absatz 2 Satz 1 zu zahlen. Der Berichterstatter hebt die Anordnung auf oder ändert sie ab, wenn der Antragsteller nachweist, dass er den Vorschuss nach seinen persönlichen und wirtschaftlichen Verhältnissen nicht, nur zum Teil oder nur in Raten aufbringen kann. Die Anordnungen des Berichterstatters sind unanfechtbar.

(7) Erweist sich eine Verfassungsbeschwerde als begründet, so sind dem Beschwerdeführer die notwendigen Auslagen ganz oder teilweise zu erstatten. In den übrigen Fällen kann das Verfassungsgericht volle oder teilweise Erstattung der Auslagen anordnen.

e) Bremen

D 274 Gesetz über den Staatsgerichtshof

vom 18.06.1996 (GVBl S 179), zuletzt geändert durch G v 12.04.2011 (GVBl S 251)

§ 19

(1) Das Verfahren vor dem Staatsgerichtshof ist gebührenfrei. Auslagen werden nicht erstattet. Auf Antrag kann der Staatsgerichtshof anordnen, dass Beteiligten die notwendigen Auslagen zu erstatten sind.

(2) Erweist sich ein Antrag nach Art 111 der Landesverfassung als unzulässig oder unbegründet, so sind dem angeklagten Mitglied des Senats die notwendigen Auslagen einschließlich der Kosten der Verteidigung zu ersetzen.

V. Kostenfestsetzung in verfassungsgerichtlichen Verfahren

f) Hamburg

Gesetz über das Hamburgische Verfassungsgericht D 275

idF v 23.03.1982 (GVBl S 59), zuletzt geändert durch G v 03.06.2015 (GVBl S 105)

§ 16

(1) Soweit in diesem Gesetz nichts anderes bestimmt ist, finden auf das Verfahren diejenigen Vorschriften entsprechende Anwendung, die für das Verfahren vor dem Verwaltungsgericht Hamburg gelten.

(2) …

§ 66 Kosten

(1) Im Verfahren vor dem Verfassungsgericht werden keine Kosten erhoben, soweit nicht in den Absätzen 2 und 3 etwas anderes bestimmt ist.

(2) Wird eine Beschwerde nach § 14 Nummer 7 zurückgewiesen, so kann das Verfassungsgericht der Beschwerdeführerin bzw. dem Beschwerdeführer eine Gebühr von 10 Euro bis zu 500 Euro auferlegen, wenn die Einlegung der Beschwerde einen Missbrauch darstellt. Die Gebühr wird nach den Vorschriften der Justizbeitreibungsordnung vom 11. März 1937 (BGBl III 365-1), zuletzt geändert am 29. Juli 2009 (BGBl I S 2258, 2269), in der jeweils geltenden Fassung eingezogen.

(3) Für die Erteilung von Ausfertigungen und Abschriften werden Schreibauslagen nach Maßgabe des Gerichtskostengesetzes erhoben.

§ 67 Auslagen von Antragstellern

(1) Wird im Verfahren nach § 14 Nummer 8 die bzw. der Angeklagte oder im Verfahren nach § 14 Nummer 9 die Antragsgegnerin bzw. der Antragsgegner freigesprochen, so sind ihr bzw. ihm die notwendigen Auslagen einschließlich der Kosten der Verteidigung zu ersetzen. Das Gleiche gilt, wenn sich der Antrag in dem Verfahren nach § 34 Absatz 5 des Gesetzes über die Wahl zur Hamburgischen Bürgerschaft in der Fassung vom 22. Juli 1986 (HmbGVBl S 223), zuletzt geändert am 19. Februar 2013 (HmbGVBl S 48), in der jeweils geltenden Fassung oder nach § 1des Gesetzes über die Wahl zu den Bezirksversammlungen in der Fassung vom 5. Juli 2004 (HmbGVBl S 313, 318), zuletzt geändert am 25. Juni 2013 (HmbGVBl S 312), in der jeweils geltenden Fassung in Verbindung mit § 34 Absatz 5 des Gesetzes über die Wahl zur Hamburgischen Bürgerschaft als begründet erweist.

(2) Erweist sich ein Antrag der Initiatorinnen und Initiatoren einer Volksinitiative oder Referendumsbegehren, einzelner Stimmberechtigter oder einer Gruppe von Stimmberechtigten nach § 27 des Volksabstimmungsgesetzes als begründet, sind den Antragstellerinnen oder Antragstellern die notwendigen Auslagen ganz oder teilweise zu erstatten.

(3) Das Verfassungsgericht kann in allen übrigen Fällen die volle oder teilweise Erstattung der Auslagen anordnen.

g) Hessen

Gesetz über den Staatsgerichtshof D 276

idF vom 19.01.2001 (GVBl S 78), zuletzt geändert durch G v 28.03.2015 (GVBl S 158)

§ 28

(1) Das Verfahren des Staatsgerichtshofes ist kostenfrei.

(2) Ist jedoch die Grundrechtsklage, der Antrag auf Erlass einer einstweiligen Anordnung, deren Gegenstand im Hauptsacheverfahren eine Grundrechtsklage wäre, oder ein Antrag nach §§ 48 bis 51 unzulässig oder offensichtlich unbegründet, so kann der Staatsgerichtshof der antragstellenden Person eine Gebühr bis zu 750 Euro, im Falle des Missbrauchs bis zu 1500 Euro auferlegen. Der Staatsgerichtshof

kann einen entsprechenden Vorschuss anfordern und seine weitere Tätigkeit von dessen Zahlung abhängig machen.

(3) Von der Auferlegung einer Gebühr ist abzusehen, wenn diese unbillig wäre.

(4) Die Präsidentin oder der Präsident des Staatsgerichtshofes entscheidet auf Antrag über eine Stundung oder den Erlass von Gebühren in entsprechender Anwendung des § 117 Abs 1 und 2 der Landeshaushaltsordnung in der jeweils geltenden Fassung.

(5) Erkennt der Staatsgerichtshof im Falle der §§ 31 bis 35 auf nichtschuldig, ordnet er die Erstattung der notwendigen Auslagen einschließlich der Kosten der Verteidigung an.

(6) Erweist sich eine Grundrechtsklage als begründet, sind der antragstellenden Person die notwendigen Auslagen zu erstatten.

(7) In den übrigen Fällen kann der Staatsgerichtshof volle oder teilweise Erstattung von Kosten und Auslagen anordnen.

(8) Erstattungspflichtig ist die juristische Person des öffentlichen Rechts, der die Verletzung der Verfassung des Landes Hessen zuzurechnen ist. Im Übrigen ist das Land Hessen erstattungspflichtig.

§ 29

Der Staatsgerichtshof kann auf Antrag Prozesskostenhilfe entsprechend den Vorschriften der Zivilprozessordnung bewilligen.

h) Mecklenburg-Vorpommern

D 277 Gesetz über das Landesverfassungsgericht Mecklenburg-Vorpommern (Landesverfassungsgerichtsgesetz – LVerfGG)

vom 19.07.1994 (GVOBl M-V S 734), zuletzt geändert durch G v 19.01.2010 (GVBl S 22)

§ 33 Kosten

(1) Das Verfahren vor dem Landesverfassungsgericht ist kostenfrei.

(2) Wird eine Verfassungsbeschwerde nach § 11 Abs 1 Nr 8 bis 10 oder eine Anfechtung im Verfahren nach § 11 Abs 1 Nr 5 verworfen (§ 20), so kann das Landesverfassungsgericht dem Beschwerdeführer oder Anfechtenden eine Gebühr bis zu 500 € auferlegen. Die Entscheidung über die Gebühr und über ihre Höhe ist unter Berücksichtigung aller Umstände, insbesondere des Gewichts der geltend gemachten Gründe, der Bedeutung des Verfahrens für den Beschwerdeführer oder Antragsteller und seiner Vermögens- und Einkommensverhältnisse zu treffen. Das Landesverfassungsgericht kann dem Antragsteller nach Maßgabe der Sätze 1 und 2 eine Gebühr auferlegen, wenn es einen Antrag auf Erlass einer einstweiligen Anordnung zurückweist.

(3) Das Landesverfassungsgericht kann eine erhöhte Gebühr bis zu 2500 € auferlegen, wenn die Einlegung der Verfassungsbeschwerde oder die Anfechtung nach § 11 Abs 1 Nr 5 einen Missbrauch darstellt oder wenn ein Antrag auf Erlass einer einstweiligen Anordnung missbräuchlich gestellt ist.

(4) Für die Einziehung der Gebühren gilt § 8 des Landesjustizkostengesetzes entsprechend.

(5) Der Berichterstatter kann dem Beschwerdeführer oder Anfechtenden aufgeben, binnen eines Monats einen Vorschuss auf die Gebühr nach Absatz 2 Satz 1 zu zahlen. Der Berichterstatter hebt die Anordnung auf oder ändert sie ab, wenn der Beschwerdeführer oder Anfechtende nachweist, dass er den Vorschuss nach seinen persönlichen und wirtschaftlichen Verhältnissen nicht, nur zum Teil oder nur in Raten aufbringen kann. Die Anordnungen des Berichterstatters sind unanfechtbar.

§ 34 Auslagenerstattung

(1) Soweit sich eine Verfassungsbeschwerde als begründet erweist, sind dem Beschwerdeführer die notwendigen Auslagen zu erstatten.

V. Kostenfestsetzung in verfassungsgerichtlichen Verfahren D.

(2) In den übrigen Fällen kann das Landesverfassungsgericht volle oder teilweise Erstattung der Auslagen anordnen.

i) Niedersachsen

Gesetz über den Staatsgerichtshof D 278

vom 01.07.1996 (GVBl S 342), zuletzt geändert durch G v 26.10.2016 (GVBl S 310)

§ 21

(1) Das Verfahren vor dem Staatsgerichtshof ist kostenfrei.

(2) Erweist sich die Anklage in den Verfahren nach § 8 Nr 2 und 3 als unbegründet, so sind der Betroffenen oder dem Betroffenen die notwendigen Auslagen einschließlich der Kosten der Verteidigung zu ersetzen. Im Übrigen werden Auslagen nicht erstattet.

j) Nordrhein-Westfalen

Gesetz über den Verfassungsgerichtshof für das Land Nordrhein-Westfalen D 279

vom 14.12.1989 (GVBl S 708), zuletzt geändert durch G v 07.04.2017 (GVBl S 401)

§ 54 Kostenentscheidung

(1) Das Verfahren vor dem Verfassungsgerichtshof ist kostenfrei.

(2) Erweist sich ein Antrag nach Art 32 der Verfassung als unbegründet, so sind dem Antragsgegner die notwendigen Auslagen einschließlich der Kosten der Verteidigung zu ersetzen.

(3) Erweist sich ein Antrag nach Art 32 als begründet, so kann dem Antragsgegner die Erstattung der Auslagen der Gegenseite ganz oder teilweise auferlegt werden.

(4) In den übrigen Fällen kann der Verfassungsgerichtshof volle oder teilweise Erstattung der Auslagen anordnen.

(5) Wird ein Antrag als offensichtlich unzulässig verworfen oder als offensichtlich unbegründet zurückgewiesen, so kann der Verfassungsgerichtshof dem Antragsteller eine Gebühr von 10 bis 500 Euro auferlegen, wenn die Stellung des Antrags einen Missbrauch darstellt.

k) Rheinland-Pfalz

Landesgesetz über den Verfassungsgerichtshof D 280

vom 23.07.1949 (GVBl S 285), zuletzt geändert durch G v 14.07.2015 (GVBl S 165)

§ 21 Gerichtskosten

(1) Das Verfahren vor dem Verfassungsgerichtshof ist kostenfrei.

(2) Ist eine Verfassungsbeschwerde (§ 2 Nr 2), eine Beschwerde gegen Entscheidungen des Wahlprüfungsausschusses (§ 2 Nr 3) oder die Beschwerde eines anderen Beteiligten nach § 43 Abs 1 unzulässig oder offensichtlich unbegründet, so kann der Verfassungsgerichtshof, bei Verfassungsbeschwerden auch der nach § 15 a Abs 1 gebildete Ausschuss durch einstimmigen Beschluss, dem Beschwerdeführer eine Gebühr bis zu 500 Euro auferlegen; stellt die Einlegung der Beschwerde einen Missbrauch dar, so kann die Gebühr bis auf 2500 Euro erhöht werden. Die Entscheidung über die Gebühr und über ihre Höhe ist unter Berücksichtigung aller Umstände, insbesondere des Gewichts der geltend gemachten Gründe, der Bedeutung des Verfahrens für den Beschwerdeführer und seiner Vermögens- und Einkommensverhältnisse zu treffen. Weist der Verfassungsgerichtshof einen Antrag auf Erlass einer einstweiligen Anordnung zurück, so kann er dem Antragsteller nach Maßgabe der Sätze 1 und 2 eine Gebühr auferlegen.

(3) Von der Auferlegung einer Gebühr ist abzusehen, wenn sie unbillig wäre.

(4) Für die Einziehung der Gebühren gilt § 59 Abs 1 der Landeshaushaltsordnung für Rheinland-Pfalz entsprechend.

(5) Der Vorsitzende kann dem Beschwerdeführer aufgeben, binnen eines Monats einen Vorschuss auf die Gebühr nach Absatz 2 Satz 1 zu zahlen. Der Vorsitzende hebt die Anordnung auf oder ändert sie ab, wenn der Beschwerdeführer nachweist, dass er den Vorschuss nach seinen persönlichen und wirtschaftlichen Verhältnissen nicht, nur zum Teil oder nur in Raten aufbringen kann. Die Anordnungen des Vorsitzenden sind unanfechtbar.

(6) Hat der Beschwerdeführer den ihm aufgegebenen Vorschuss nicht oder nicht rechtzeitig gezahlt, kann der nach § 15 a Abs 1 gebildete Ausschuss durch einstimmigen Beschluss die Beschwerde zurückweisen. § 15 a Abs 2 bis 4 gilt entsprechend.

§ 21 a Auslagenerstattung

(1) Erweist sich eine Verfassungsbeschwerde (§ 2 Nr 2) oder die Beschwerde eines anderen Beteiligten nach § 43 Abs 1 als begründet, so sind dem Beschwerdeführer die notwendigen Auslagen ganz oder teilweise zu erstatten. In Verfahren über die Beschwerde gegen Entscheidungen des Wahlprüfungsausschusses (§ 2 Nr 3) gilt § 14 Abs 2 des Landeswahlprüfungsgesetzes entsprechend.

(2) In den Fällen des § 2 Nr 4 sind dem nicht für schuldig Befundenen die notwendigen Auslagen, einschließlich der Kosten der Verteidigung, zu ersetzen. Im Falle einer Verurteilung kann der Verfassungsgerichtshof volle oder teilweise Erstattung von Auslagen anordnen.

(3) In den übrigen Fällen kann der Verfassungsgerichtshof volle oder teilweise Erstattung der Auslagen anordnen.

I) Saarland

D 281 Gesetz über den Verfassungsgerichtshof

vom 06.02.2001 (ABl I S 582), zuletzt geändert durch G v 16.07.2014 (ABl I S 358)

§ 26 Kosten und Auslagen

(1) Das Verfahren vor dem Verfassungsgerichtshof ist kostenfrei.

(2) Erweist sich eine Anklage nach § 9 Nr 1 bis 3 als unbegründet, so sind dem/der Angeklagten die notwendigen Auslagen einschließlich der Kosten der Verteidigung zu ersetzen.

(3) In den übrigen Fällen kann der Verfassungsgerichtshof volle oder teilweise Erstattung der Auslagen anordnen.

(4) Wird eine Anfechtung nach § 9 Nr 4 oder eine Beschwerde nach § 9 Nr 13 als unzulässig oder unbegründet zurückgewiesen, so kann der Verfassungsgerichtshof dem/der Anfechtenden bzw dem Beschwerdeführer/der Beschwerdeführerin eine Gebühr von 50 bis 2500 Euro auferlegen, wenn die Anrufung des Gerichts einen Missbrauch des Rechtsbehelfs darstellt.

Geschäftsordnung des Verfassungsgerichtshofes des Saarlandes

vom 05.08.1991 (ABl S 974)

§ 11

(1) ...

(2) Soweit das VGHG und diese Geschäftsordnung Besonderes nicht anordnen, bestimmt der Verfassungsgerichtshof sein Verfahren nach freiem Ermessen unter Berücksichtigung der Grundsätze des deutschen Verfahrensrechts.

V. Kostenfestsetzung in verfassungsgerichtlichen Verfahren D.

m) Sachsen

Sächsisches Verfassungsgerichtshofgesetz (– SächsVerfGHG) D 282

vom 18.02.1993 (GVBl 177), zuletzt geändert durch G v 14.2.2013 (GVBl S 94)

§ 10 Anwendbarkeit des Verfahrensrechts des Bundesverfassungsgerichts, Geschäftsordnung

(1) Soweit in diesem Gesetz nichts anderes bestimmt ist, sind auf das Verfahren vor dem Verfassungsgerichtshof die geltenden allgemeinen Verfahrensvorschriften des Gesetzes über das Bundesverfassungsgericht (Bundesverfassungsgerichtsgesetz – BVerfGG) in der Fassung der Bekanntmachung vom 11. August 1993 (BGBl. I S. 1473), das zuletzt durch Artikel 3 des Gesetzes vom 12. Juli 2012 (BGBl. I S. 1501, 1502) geändert worden ist, in der jeweils geltenden Fassung entsprechend anzuwenden.

(2) Soweit in diesem Gesetz nichts anderes bestimmt ist, regelt der Verfassungsgerichtshof sein Verfahren und seinen Geschäftsgang durch eine Geschäftsordnung, die im Sächsischen Gesetz- und Verordnungsblatt zu veröffentlichen ist.

§ 16 Kosten und Auslagenerstattung

[anstatt §§ 34 und 34 a BVerfGG]

(1) Das Verfahren des Verfassungsgerichtshofes ist kostenfrei. § 34 Abs 2 bis 6 BVerfGG findet keine Anwendung.

(2) Erweist sich im Verfahren nach § 7 Nr 9 der Antrag auf Aberkennung des Mandats oder Amtes als unbegründet, so sind dem Angeklagten die notwendigen Auslagen einschließlich der Kosten der Verteidigung zu erstatten.

(3) Erweist sich eine Verfassungsbeschwerde als begründet, so sind dem Beschwerdeführer die notwendigen Auslagen ganz oder teilweise zu erstatten.

(4) In den übrigen Fällen kann der Verfassungsgerichtshof volle oder teilweise Erstattung der notwendigen Auslagen anordnen.

n) Sachsen-Anhalt

Gesetz über das Landesverfassungsgericht (Landesverfassungsgerichtsgesetz – LVerfGG) D 283

vom 23.08.1993 (GVBl S 441), zuletzt geändert durch G v 05. 11. 2009 (GVBl S 525, 526)

§ 32

(1) Das Verfahren vor dem Landesverfassungsgericht ist kostenfrei.

(2) Erweist sich eine Verfassungsbeschwerde nach § 2 Nr 7 als begründet, so sind dem Beschwerdeführer die notwendigen Auslagen ganz oder teilweise zu erstatten.

(3) In den übrigen Fällen kann das Landesverfassungsgericht die volle oder teilweise Erstattung der notwendigen Auslagen anordnen.

(4) Der Urkundsbeamte der Geschäftsstelle setzt auf Antrag die zu erstattenden Kosten und Auslagen fest. Über die Erinnerung gegen den Kostenfestsetzungsbeschluss entscheidet das Landesverfassungsgericht. Die Erinnerung hat aufschiebende Wirkung.

o) Schleswig-Holstein

Gesetz über das Schleswig-Holsteinische Landesverfassungsgericht (Landesverfassungsgerichtsgesetz – LVerfGG) D 284

v 10.01.2008 (GVBl S 25), zuletzt geändert durch G v 14.06.2016 (GVBl S 361)

§ 33 Kosten und Auslagen

(1) Das Verfahren des Landesverfassungsgerichts ist kostenfrei.

(2) Das Landesverfassungsgericht kann eine Gebühr bis zu 2500 Euro auferlegen, wenn die Einlegung der Beschwerde gegen die Entscheidung des Landtages über die Gültigkeit der Landtagswahl (§ 3 Nr. 5) oder der Beschwerde gegen die Entscheidung des Landtags über die Gültigkeit der Abstimmung bei einem Volksentscheid (§ 3 Nr. 6) einen Missbrauch darstellt oder wenn der Antrag auf Erlass einer einstweiligen Anordnung (§ 30) missbräuchlich gestellt ist.

(3) Für die Einziehung der Gebühr gilt § 59 Abs. 1 der Landeshaushaltsordnung entsprechend.

(4) Auf Antrag kann das Landesverfassungsgericht volle oder teilweise Erstattung der Auslagen anordnen.

p) Thüringen

D 285 Gesetz über den Thüringer Verfassungsgerichtshof (Thüringer Verfassungsgerichtshofgesetz – ThürVerfGHG)

vom 28.06.1994 (GVBl S 781), zuletzt geändert durch G v 08.08.2014 (GVBl S 469)

§ 28 Kosten

(1) Das Verfahren vor dem Verfassungsgerichtshof ist kostenfrei.

(2) Ist eine Verfassungsbeschwerde, eine Beschwerde nach § 48 oder die Beschwerde eines anderen Beteiligten nach § 52 unzulässig oder offensichtlich unbegründet, so kann der Verfassungsgerichtshof dem Beschwerdeführer eine Gebühr bis zu 550 Euro auferlegen. Die Entscheidung über die Gerichtsgebühr und über ihre Höhe ist unter Berücksichtigung aller Umstände, insbesondere des Gewichts der geltend gemachten Gründe, der Bedeutung des Verfahrens für den Beschwerdeführer und seiner Vermögens- und Einkommensverhältnisse, zu treffen. Der Verfassungsgerichtshof kann dem Antragsteller nach Maßgabe der Sätze 1 und 2 eine Gebühr auferlegen, wenn er einen Antrag auf Erlass einer einstweiligen Anordnung zurückweist.

(3) Von der Auferlegung einer Gebühr ist abzusehen, wenn sie unbillig wäre.

(4) Der Verfassungsgerichtshof kann eine erhöhte Gebühr bis zu 2.600 Euro auferlegen, wenn die Einlegung der Verfassungsbeschwerde, der Beschwerde nach § 48 oder der Beschwerde des anderen Beteiligten nach § 52 einen Missbrauch darstellt oder wenn ein Antrag auf Erlass einer einstweiligen Anordnung (§ 26) missbräuchlich gestellt ist.

(5) Für die Einziehung der Gebühren gelten § 117 der Landeshaushaltsordnung sowie § 30a Abs 1 und 2 des Einführungsgesetzes zum Gerichtsverfassungsgesetz entsprechend.

(6) Der Präsident kann dem Beschwerdeführer aufgeben, binnen eines Monats einen Vorschuss auf die Gebühr nach Absatz 2 Satz 1 zu zahlen. Der Präsident hebt die Anordnung auf oder ändert sie ab, wenn der Beschwerdeführer nachweist, dass er den Vorschuss nach seinen persönlichen und wirtschaftlichen Verhältnissen nicht, nur zum Teil oder nur in Raten aufbringen kann. Die Anordnungen des Präsidenten sind unanfechtbar.

(7) Hat der Beschwerdeführer den ihm aufgegebenen Vorschuss nicht oder nicht rechtzeitig gezahlt, kann der nach § 34 gebildete Ausschuss durch einstimmigen Beschluss die Beschwerde zurückweisen.

§ 29 Auslagenerstattung

(1) Erweist sich eine Verfassungsbeschwerde oder die Beschwerde eines anderen Beteiligten nach § 52 als begründet, so sind dem Beschwerdeführer die notwendigen Auslagen ganz oder teilweise zu erstatten. In den übrigen Fällen kann der Verfassungsgerichtshof volle oder teilweise Erstattung der Auslagen anordnen.

(2) Der Verfassungsgerichtshof kann in Ausnahmefällen die volle oder teilweise Erstattung der Auslagen der Äußerungsberechtigten nach § 36 Abs 3 und § 46 Abs 2 anordnen.

VI. Kostenfestsetzung in Disziplinar-, Wehrdisziplinar- und Wehrbeschwerdeverfahren

1. Disziplinarverfahren

a) Gesetze

aa) Bund

Bundesdisziplinargesetz (BDG) D 286

vom 09.07.2001 (BGBl I 1510), zuletzt geändert durch G v 19.10.2016 (BGBl I 2362)

Behördliches Disziplinarverfahren

§ 37 Kostentragungspflicht

(1) Dem Beamten, gegen den eine Disziplinarmaßnahme verhängt wird, können die entstandenen Auslagen auferlegt werden. Bildet das Dienstvergehen, das dem Beamten zur Last gelegt wird, nur zum Teil die Grundlage für die Disziplinarverfügung oder sind durch Ermittlungen, deren Ergebnis zu Gunsten des Beamten ausgefallen ist, besondere Kosten entstanden, können ihm die Auslagen nur in verhältnismäßigem Umfang auferlegt werden.

(2) Wird das Disziplinarverfahren eingestellt, trägt der Dienstherr die entstandenen Auslagen. Erfolgt die Einstellung trotz Vorliegens eines Dienstvergehens, können die Auslagen dem Beamten auferlegt oder im Verhältnis geteilt werden.

(3) Bei einem Antrag nach § 36 gilt im Falle der Ablehnung des Antrags Absatz 1 und im Falle seiner Stattgabe Absatz 2 entsprechend.

(4) Soweit der Dienstherr die entstandenen Auslagen trägt, hat er dem Beamten auch die Aufwendungen zu erstatten, die zur zweckentsprechenden Rechtsverfolgung notwendig waren. Hat sich der Beamte eines Bevollmächtigten oder Beistands bedient, sind auch dessen Gebühren und Auslagen erstattungsfähig. Aufwendungen, die durch das Verschulden des Beamten entstanden sind, hat dieser selbst zu tragen; das Verschulden eines Vertreters ist ihm zuzurechnen.

(5) Das behördliche Disziplinarverfahren ist gebührenfrei.

Widerspruchsverfahren

§ 44 Kostentragungspflicht

(1) Im Widerspruchsverfahren trägt der unterliegende Teil die entstandenen Auslagen. Hat der Widerspruch teilweise Erfolg, sind die Auslagen im Verhältnis zu teilen. Wird eine Disziplinarverfügung trotz des Vorliegens eines Dienstvergehens aufgehoben, können die Auslagen ganz oder teilweise dem Beamten auferlegt werden.

(2) Nimmt der Beamte den Widerspruch zurück, trägt er die entstandenen Auslagen.

(3) Erledigt sich das Widerspruchsverfahren in der Hauptsache auf andere Weise, ist über die entstandenen Auslagen nach billigem Ermessen zu entscheiden.

(4) § 37 Abs. 4 und 5 gilt entsprechend.

Kostenentscheidung im gerichtlichen Disziplinarverfahren

§ 77 Kostentragung und erstattungsfähige Kosten

(1) Für die Kostentragungspflicht der Beteiligten und die Erstattungsfähigkeit von Kosten gelten die Bestimmungen der Verwaltungsgerichtsordnung entsprechend, sofern sich aus den nachfolgenden Vorschriften nichts anderes ergibt.

(2) Wird eine Disziplinarverfügung trotz Vorliegens eines Dienstvergehens aufgehoben, können die Kosten ganz oder teilweise dem Beamten auferlegt werden.

(3) In Verfahren über den Antrag auf gerichtliche Fristsetzung (§ 62) hat das Gericht zugleich mit der Entscheidung über den Fristsetzungsantrag über die Kosten des Verfahrens zu befinden.

(4) Kosten im Sinne dieser Vorschrift sind auch die Kosten des behördlichen Disziplinarverfahrens.

§ 78 Gerichtskosten

In gerichtlichen Disziplinarverfahren werden Gebühren nach dem Gebührenverzeichnis der Anlage zu diesem Gesetz erhoben. Im Übrigen sind die für Kosten in Verfahren vor den Gerichten der Verwaltungsgerichtsbarkeit geltenden Vorschriften des Gerichtskostengesetzes entsprechend anzuwenden.

bb) Länder

D 287 *Baden-Württemberg*

Landesdisziplinargesetz (LDG) v 14.10.2008 (GVBl S 343), zuletzt geändert durch G v 01.12.2015 (GVBl S 1035)

Bayern

Bayerisches Disziplinargesetz (BayDG) v 24.12.2005 (GVBl S 665), zuletzt geändert durch G v 22. 07. 2014 (GVBl S 286)

Berlin

Disziplinargesetz v 29.06.2004 (GVBl S 263), zuletzt geändert durch G v 19.03.2009 (GVBl S 70)

Brandenburg

Landesdisziplinargesetz v 18.12.2001 (GVBl I S 254), zuletzt geändert durch G v 20. 11. 2013 (GVBl I Nr 32)

Bremen

Bremisches Disziplinargesetz v 19.11.2002 (GBl S 545), zuletzt geändert durch G v 15.12.2015 (GBl S 610)

Hamburg

Hamburgisches Disziplinargesetz (HmbDG) v 18.02.2004 (GVBl S 69), zuletzt geändert durch G v 12.02.2014 (GVBl S 56)

Hessen

Hessische Disziplinargesetz (HDG) v 21.07.2006 (GVBl S 394), zuletzt geändert durch G v 27.05.2013 (GVBl S 218)

Mecklenburg-Vorpommern

Landesdisziplinargesetz (LDG M-V) idF v 11.11.2015 (GVOBl S 437)

Niedersachsen

Niedersächsische Disziplinargesetz (NDG) v 13.10.2005 (GVBl S 296), zuletzt geändert durch G v 06.12. 2012 (GVBl S 518)

Nordrhein-Westfalen

Landesdisziplinargesetz (LDG NRW) v 16.11.2004 (GVBl S 624), zuletzt geändert durch G v 14.06.2016 (GVBl S 310)

Rheinland-Pfalz

Landesdisziplinargesetz v 02.03.1998 (GVBl S 29), zuletzt geändert durch G v 15.06.2015 (GVBl S 90)

Saarland

Saarländische Disziplinargesetz (SDG) v 13.12.2005 (ABl I S 2010), zuletzt geändert durch G v 22.12.2014 (ABl I S 428)

Sachsen

Sächsisches Disziplinargesetz (SächsDG) v 10.04.2007 (GVBl S 54), zuletzt geändert durch G v 22.10.2016 (GVBl S 498)

Sachsen-Anhalt

Disziplinargesetz Sachsen-Anhalt (DG LSA) v 21.03.2006 (GVBl S 102), zuletzt geändert durch G v 03.07.2015 (GVBl S 314)

Schleswig-Holstein

Landesdisziplinargesetz v 18.03.2003 (GVBl S 154), zuletzt geändert durch LVO v 16.03.2015 (GVBl S 96)

Thüringen

Thüringer Disziplinargesetz v 21.06.2002 (GVBl S 257), zuletzt geändert durch G v 12.08.2014 (GVBl S 472)

b) Allgemeines

Neuordnung des Disziplinarrechts   D 288

Durch das Gesetz zur Neuordnung des Bundesdisziplinarrechts wurde die Bundesdisziplinarordnung (BDO) mit Wirkung vom 01.01.2002 außer Kraft gesetzt. Disziplinarverfahren, die noch nach der BDO eingeleitet wurden, werden nach Maßgabe der Überleitungsvorschriften in § 85 BDG nach den Vorschriften des BDG weitergeführt. Anhängige gerichtliche Disziplinarverfahren werden nach der bisherigen BDO fortgeführt. Das Bundesdisziplinargericht wurde mit Ablauf des 31.12.2003 aufgelöst. Die zu diesem Zeitpunkt bei diesem Gericht anhängigen Verfahren gingen in dem Stand, in dem sie sich befanden, auf das zuständige Verwaltungsgericht über.

Verfahrensrechtlich ist das Disziplinarrecht von der Bindung an das Strafprozessrecht gelöst und statt dessen eng an das Verwaltungsverfahrensrecht angelehnt worden. Das behördliche Disziplinarverfahren ist nunmehr auf ein einheitliches Verwaltungsverfahren ausgerichtet. Der gerichtliche Rechtsschutz ist nunmehr auf die Verwaltungsgerichte verlagert.

Im Disziplinarverfahren werden *keine Gebühren* erhoben (§§ 37 Abs 5, 44 Abs 4, 78 Abs 1 BDG). Die Kostenregelungen lehnen sich an die verwaltungsverfahrensrechtlichen und verwaltungsprozessualen Kostenvorschriften an, soweit die Besonderheiten des Disziplinarrechts dies zulassen.

Dem Beamten, gegen den eine Disziplinarmaßnahme verhängt wird, können die entstandenen Auslagen auferlegt werden (§§ 37 Abs 1, 44 Abs 4 BDG), in gerichtlichen Disziplinarverfahren werden Auslagen nach den Bestimmungen des Gerichtskostengesetzes erhoben (§ 78 Abs 1 S 2 BDG).

Soweit der Dienstherr die entstandenen Auslagen trägt, hat er dem Beamten auch die Aufwendungen, die zur zweckentsprechenden Rechtsverfolgung notwendig waren, zu erstatten. Hat sich der Beamte eines Bevollmächtigten oder Beistandes bedient, sind auch dessen Gebühren und Auslagen erstattungsfähig (§ 37 Abs 4 BDG). Die Erstattung der Kosten eines Bevollmächtigten oder Beistandes sind auch im Widerspruchsverfahren bei entsprechendem Verfahrensausgang zu erstatten (§ 44 Abs 4 BDG). Erstattungsfähige Kosten des gerichtlichen Disziplinarverfahrens sind die zur zweckentsprechenden Rechtsverfolgung oder Rechtsverteidigung notwendigen Aufwendungen der Beteiligten einschließlich der Kosten des behördlichen Disziplinarverfahrens (§ 78 Abs 2 BDG). Die gesetzlichen Gebühren und Auslagen eines Rechtsanwalts sind stets erstattungsfähig (§ 78 Abs 3 BDG).

Das *Widerspruchsverfahren* ist ein Vorverfahren und wird im Wesentlichen gemäß den Bestimmungen der §§ 68 ff VwGO durchgeführt. Die Kostentragungslast bestimmt sich nach dem Maß des Obsiegens und Unterliegens und sieht daneben jedoch für den Fall des Erfolgs des Widerspruchs trotz Vorliegen eines Dienstvergehens eine einzelfallbezogene Billigkeitsentscheidung vor (§ 44 BDG).

Im gerichtlichen Disziplinarverfahren wird durch die zu treffende Kostenentscheidung in Anlehnung an die Systematik der §§ 154 ff VwGO einheitlich sowohl für die Gerichtskosten als auch über die dem Beamten zu erstattenden Aufwendungen entschieden.

Die Kostenfestsetzung erfolgt entweder durch die das Verwaltungsverfahren durchführende Dienstbehörde, im Widerspruchsverfahren die Widerspruchsbehörde, im gerichtlichen Disziplinarverfahren durch den Urkundsbeamten der Geschäftsstelle des Verwaltungsgerichts (§ 164 VwGO). Gegenstand des gerichtlichen Kostenfestsetzungsverfahrens sind auch die Kosten des behördlichen Disziplinarverfahrens (§ 77 Abs 2 BDG).

D 289   *(unbesetzt)*

c) Behördliches Verwaltungsverfahren

D 290   § 37 BDG regelt die im behördlichen Disziplinarverfahren bestehende **Kostentragungspflicht** bei dessen Abschluss durch Erlass einer Disziplinarverfügung gemäß § 33 BDG oder einer Einstellungsverfügung gemäß § 32 BDG sowie für die Einstellungskonstellation des § 36 BDG. Wird das behördliche Disziplinarverfahren durch Erhebung einer Disziplinarklage (§ 34 BDG) abgeschlossen, folgt die Kostentragungspflicht der Beteiligten erst aus der gerichtlichen Kostenentscheidung.[617] Nach Maßgabe des § 37 BGD kann der Dienstvorgesetzte dem Beamten bei Verhängung einer Disziplinarmaßnahme die in diesem Verfahren entstandenen Kosten auferlegen. Wird das Disziplinarverfahren eingestellt, trägt der Dienstherr die entstandenen Auslagen. Erfolgt die Einstellung trotz Vorliegens eines Dienstvergehens, können die Auslagen dem Beamten auferlegt oder im Verhältnis geteilt werden. Die *auferlegten Kosten* müssen durch die Ermittlungen zur Aufklärung der mit der Disziplinarmaßnahme geahndeten Pflichtverletzungen verursacht sein. Kosten, bei denen es an diesem Zusammenhang fehlt, können dem Beamten nicht auferlegt werden.[618]

Die Entscheidung des zuständigen Dienstvorgesetzten erfolgt nach *pflichtgemäßem Ermessen*. Eine *teilweise* Auferlegung der Kosten hat nach Bruchteilen und nicht nach Verfahrensabschnitten zu erfolgen.[619]

Einer Kostenentscheidung bedarf es nur, wenn dem Beamten Kosten aufgebürdet werden sollen.[620]

D 291   **aa) Mehreren Betroffenen** sind die Kosten ganz oder zu einem Bruchteil gemeinsam aufzuerlegen. Sie haften als Gesamtschuldner mit der Möglichkeit des internen Ausgleichs nach den Vorschriften des BGB.[621]

---

617 S Rdn. D 297 ff.
618 BDHE 6, 114.
619 BDHE 3, 229; aA: wohl BVerwG-Wehrdienstsenate BVerwGE 46, 18.
620 *Claussen/Janzen* Rn. 2 zu § 112 BDO.
621 Vgl § 466 StPO; *Claussen/Janzen* aaO.

bb) Stellt die Einleitungsbehörde das förmliche Disziplinarverfahren **ein** und verhängt eine D 292
Disziplinarmaßnahme, so erfasst die Kostenentscheidung auch die Kosten des förmlichen
Disziplinarverfahrens.[622]

(unbesetzt) D 293

cc) Die **Kostenentscheidung** kann zusammen mit der Disziplinarmaßnahme **angefochten** werden. D 294
Sie ist aber auch selbstständig anfechtbar.[623]

dd) Die **Festsetzung** der Kosten erfolgt durch den unmittelbaren Dienstvorgesetzten, sobald die D 295
Disziplinarverfügung oder ggf eine selbstständige Kostenentscheidung unanfechtbar geworden ist.
Die Kostenfestsetzung ist als Verwaltungsakt anfechtbar.

ee) Die Erstattung der dem Beamten zur zweckentsprechenden Rechtsverfolgung entstandenen D 296
Aufwendungen bestimmt sich gemäß § 37 Abs 4 S 1 BDG nach der die Auslagen betreffenden
Grundentscheidung Die Erstattung erfolgt demgemäß, soweit der Dienstherr die Auslagen selbst
zu tragen hat, sei es, dass eine entsprechende Kostenentscheidung dies ausdrücklich ausspricht oder
dass mangels entsprechenden Ausspruchs auf der Grundlage der Absätze 1 bis 3 feststeht, dass nicht
der Beamte, sondern der Dienstherr die Auslagen zu tragen hat.[624] Entgegen dem allgemeinen
Verwaltungsverfahren sind nach § 37 Abs 4 S 2 BDG schon im behördlichen Teil des Disziplinarverfahrens die zur zweckentsprechenden Rechtsverfolgung notwendigen **Aufwendungen eines
Rechtsanwalts** erstattungsfähig. Der Beamte kann bereits mit der Einleitung eines behördlichen
Disziplinarverfahrens einen Rechtsanwalt als Verfahrensbevollmächtigten oder einen Beistand in
der Erwartung beiziehen, dass dessen gesetzliche Gebühren auf der Grundlage des § 37 Abs 4 S
2 BDG in dem Umfang vom Dienstherr erstattet werden, in dem dieser auch die entstandenen
Auslagen zu tragen hat.[625]

d) Gerichtliches Disziplinarverfahren

aa) Kostenentscheidung

Wie in den übrigen gerichtlichen Verfahren setzt auch das Kostenfestsetzungsverfahren nach dem D 297
BDG voraus, dass als Grundlage der Festsetzung eine *Kostengrundentscheidung* vorliegt, die bestimmt, *wer* die Kosten trägt.[626]

Die betragsmäßige Ausfüllung der Kostenentscheidung erfolgt durch den *Kostenfestsetzungsbeschluss.*

Nach § 77 BDG muss *jede* Entscheidung in der Hauptsache bestimmen, wer die *Kosten des Verfahrens* zu tragen hat.[627] Für die Kostentragungspflicht der Beteiligten und die Erstattungsfähigkeit
von Kosten gelten die Bestimmungen der VwGO entsprechend (§ 77 Abs 1 BDG). Zu den Kosten
zählen auch die Kosten des behördlichen Disziplinarverfahrens (§ 77 Abs 4 BDG).

Nach § 77 Abs 1, § 162 Abs 2 S 2 VwGO kann das Gericht die Zuziehung eines Bevollmächtigten
des Beamten nicht bloß in Bezug auf das Vorverfahren, sondern in Bezug auf das gesamte behördliche Disziplinarverfahren für notwendig erklären.[628] Die Zuziehung eines vom Dienstherrn im
behördlichen Disziplinarverfahren bevollmächtigten Rechtsanwalts ist jedoch im Hinblick auf die

---

622 BDHE 6, 116.
623 BDHE 5, 185.
624 *Gansen* DiszR Rn. 8 zu § 37 BDG.
625 *Gansen* DiszR Rn. 9 zu § 37 BDG.
626 OVG Münster ZBR 1958, 7.
627 Zu den nach Landesrecht möglichen Entscheidungen vgl die Synopse bei *Gansen* DiszR Teil VI.
628 BVerwG Buchholz 235.1 § 37 BDG Nr 1; VGH Mannheim JurBüro 2013, 430.

in §§ 37 Abs 5, 44 Abs 4 BDG geregelte Gebührenfreiheit des behördlichen Disziplinarverfahrens nicht notwendig.[629]

D 298– D 299 (unbesetzt)

D 300 Die Kostenentscheidung eines Urteils des Bundesdisziplinargerichts ist nicht selbstständig **anfechtbar** (§ 158 VwGO). Die Überprüfung der Kostenentscheidung kann daher nur im Rahmen der Berufung in der Hauptsache erfolgen.[630]

D 301 (unbesetzt)

bb) Erstattungspflicht

D 302 Im Disziplinarklageverfahren trägt der Beamte, gegen den auf eine Disziplinarmaßnahme erkannt wird, die Kosten des Verfahrens (§ 77 Abs 1 BDG). Eine nur teilweise Auferlegung ist nach Maßgabe des § 77 Abs 1 S 2 BDG möglich. Diese kommt in Betracht, wenn mehrere Anschuldigungs-/Klagepunkte unterschiedlich entschieden wurden und das Ausmaß der Verurteilung oder Freistellung sich zahlenmäßig und vom Gewicht der Vorwürfe her nach Bruchteilen bestimmen lässt. § 77 Abs 2 BDG regelt den Fall, dass bei einer Klage des Beamten die angefochtene Disziplinarverfügung aufgehoben wird, obwohl ein Dienstvergehen vorliegt. In einem derartigen Fall können die Kosten ganz oder teilweise dem Beamten auferlegt werden.

D 303– D 304 (unbesetzt)

cc) Kosten des Verfahrens

D 305 Da nach § 78 Abs 1 S 1 BDG das Verfahren nach der BDG gebührenfrei ist, sind nur die in § 78 Abs 1 S 2 BDG bezeichneten Auslagen nach dem Gerichtskostengesetz und die zur zweckentsprechenden Rechtsverfolgung oder Rechtsverteidigung notwendigen Aufwendungen zu erstatten. Hierzu gehören auch die gesetzlichen Gebühren und Auslagen eines Rechtsanwalts (§ 77 Abs 1 BDG iVm § 162 VwGO).

dd) Notwendige Kosten

D 306 **(a)** Die dem Beamten erwachsenen Auslagen sind notwendig, wenn sie *objektiv*, also nicht nur nach den Vorstellungen des Beamten, geboten waren, um in den verschiedenen Verfahrensarten je nach der Sachlage die Rechte des Beamten in zweckentsprechender Weise wahrzunehmen.

Auslagen sind bare Aufwendungen oder die Belastung mit entsprechenden Verbindlichkeiten. Hierzu zählen Kosten für Reisen des Beamten zum Hauptverhandlungstermin, aber auch für Reisen zur Vernehmung im behördlichen Verwaltungsverfahren und zur Teilnahme an Beweisaufnahmen während des gerichtlichen Verfahrens. Eine Entschädigung für *Verdienstausfall*, etwa eines vorläufig des Dienstes enthobenen und privat beschäftigten Beamten, kommt nicht in Betracht.[631]

Zu den notwendigen Aufwendungen der Beteiligten einschließlich der Kosten des behördlichen Disziplinarverfahrens gehören nicht die von der Behörde vor Einleitung des behördlichen Disziplinarverfahrens aufgewendeten Kosten für die Durchführung einer Observation.[632]

D 307 **(b)** Zu den dem Beamten entstandenen Auslagen gehören stets die Kosten eines Rechtsanwalts (§ 78 Abs 3 BDG). Seine Zuziehung ist nicht auf ihre Notwendigkeit zu überprüfen.

---

629 VGH Mannheim JurBüro 2013, 40.
630 BDHE 5, 179; 185.
631 *Behnke* Rn. 25 zu § 115 BDO; **aA:** wohl *Claussen/Janzen* Rn. 1 b zu § 115 BDO.
632 OVG Berlin-Brandenburg Beschl v 04.09.2014 – OVG 3 K 36.14.

VI. Kostenfestsetzung in Disziplinar-, Wehrdisziplinar- und Wehrbeschwerdeverfahren D.

Der *Rechtsanwalt* erhält seine Vergütung nach Maßgabe des Teil 6 Abschnitt 2, Nrn 6200–6216 VV RVG. *Vereinbarte* Honorare (§ 4 RVG) sind nicht zu erstatten, soweit sie die gesetzliche Höchstgebühr übersteigen.[633]

Tritt als Verteidiger ein *Rechtslehrer* an einer deutschen Hochschule auf, so stehen ihm Gebühren und Auslagen nach dem RVG zu.[634]

Ist der Bevollmächtigte *kein Rechtsanwalt*, sind nur Auslagen erstattungsfähig. Das ergibt der Wortlaut des § 78 Abs 3 BDG, der deutlich zwischen Gebühren und Auslagen unterscheidet.

Für die *Bemessung* der anwaltlichen Vergütung (§ 14 Abs 1 RVG) im disziplinargerichtlichen Verfahren gelten die allgemeinen Grundsätze.

(c) Zur erstattungsfähigen Vergütung des Rechtsanwalts gehören auch die **Auslagen** nach Teil 7 Vorbem Abs 2 und 3, Nrn 7000–7008 VV RVG.   D 308

Für die Erstattung der in der Praxis oft umstrittenen Ablichtungsauslagen ist bei der Prüfung, ob die Anfertigung von Fotokopien aus den Behörden- und Gerichtsakten zur sachgemäßen Bearbeitung der Rechtssache geboten war, im im Zweifel zu Gunsten des Informationsbedürfnisses des Prozessbevollmächtigten zu entscheiden. In umstrittenen und in tatsächlicher Hinsicht schwierig gelagerten Fällen kann es dem Prozessbevollmächtigten nicht verwehrt werden, alle wesentlichen Aktenvorgänge abzulichten. Bei der Beurteilung der »Wesentlichkeit« ist ein großzügiger Maßstab anzulegen.[635]

Die Auslagen für *zusätzliche Ablichtungen* für den Auftraggeber zu Informationszwecken sind zur sachlichen Bearbeitung der Rechtssache nicht geboten und daher nicht erstattungsfähig.[636]

Reisekosten eines *auswärtigen Rechtsanwalts* können nur dann erstattet werden, wenn besondere Gründe die Hinzuziehung eines auswärtigen Rechtsanwalts zur zweckentsprechenden Rechtsverteidigung notwendig erscheinen lassen (§ 162 Abs 2 VwGO, § 91 Abs 2 ZPO).

ee) Kostenfestsetzung

(a) Die Kostenfestsetzung erfolgt auf der Grundlage der *rechtskräftigen Kostengrundentscheidung.*   D 309

Das Kostenfestsetzungsverfahren findet entgegen dem bisherigen § 116 Abs 2 BDO nicht von Amts wegen statt, sondern bedarf eines Antrags des Kostengläubigers.

Der Urkundsbeamte prüft *Entstehen* und *Notwendigkeit* der geltend gemachten Gebühren und Auslagen. Hinsichtlich der einem Rechtsanwalt zustehenden Gebühren ist zu prüfen, ob die bestimmte Gebühr *billigem Ermessen* entspricht (§ 14 Abs 1 S 1 RVG). Die Entscheidung erfolgt durch Beschluss.

(b) Gegen den Kostenfestsetzungsbeschluss des Urkundsbeamten ist die Erinnerung nach § 165 VwGO zulässig.   D 310

(*unbesetzt*)   D 311– D 312

---

633 Vgl Rdn. F 109 zur vergleichbaren Rechtslage im Strafverfahren.
634 BVerwG KostRsp VwGO § 162 Nr 76; **aA:** *Claussen/Janzen* Rn. 1 b zu § 115 BDO: nur Auslagenerstattungsanspruch.
635 VGH Mannheim VBlBW 1984, 257; für das Strafverfahren vgl Rdn. F 115.
636 VGH Mannheim aaO.

2. Wehrdisziplinarverfahren

a) Gesetzestext

D 313 **Wehrdisziplinarordnung (WDO)**

idF v 16.08.2001 (BVBl I S 2093), zuletzt geändert durch G v 31.08.2015 (BGBl I S 1474)

15. Kosten des Verfahrens

§ 136 Allgemeines

Kosten werden nur im gerichtlichen Disziplinarverfahren erhoben.

§ 137 Umfang der Kostenpflicht

(1) Gerichtliche Disziplinarverfahren sind gebührenfrei.

(2) Als Auslagen werden erhoben
1. *Auslagen, die nach den Vorschriften des Gerichtskostengesetzes erhoben werden,*
2. *Kosten, die durch die dienstliche Gestellung des Soldaten und von Soldaten als Zeugen oder Sachverständigen (§ 89) entstanden sind, mit Ausnahme der Postgebühren,*
3. *die während der Ermittlungen des Wehrdisziplinaranwalts entstandenen Reisekosten des Wehrdisziplinaranwalts, eines ersuchten Richters und ihrer Schriftführer,*
4. *die Kosten für die Unterbringung und Untersuchung des Soldaten in einem öffentlichen psychiatrischen Krankenhaus oder in einem Bundeswehrkrankenhaus,*
5. *die an einen Rechtsanwalt zu zahlenden Beträge sowie die baren Auslagen eines sonst bestellten Verteidigers,*
6. *die Auslagen des nach § 85 Abs 2 bestellten Betreuers oder Pflegers.*

§ 138 Kostenpflicht des Soldaten und des Bundes

(1) Die Kosten des Verfahrens sind dem Soldaten aufzuerlegen, wenn er verurteilt wird; sie sind jedoch dem Bund teilweise oder ganz aufzuerlegen, soweit es unbillig wäre, den Soldaten damit zu belasten. Satz 1 Halbsatz 2 gilt auch, wenn durch Untersuchungen zur Aufklärung bestimmter belastender oder entlastender Umstände besondere Kosten entstanden und diese Untersuchungen zu Gunsten des Soldaten ausgegangen sind.

(2) Entsprechendes gilt, wenn das Wehrdienstgericht das disziplinargerichtliche Verfahren einstellt, weil der Soldat auf andere Weise als durch eine Verurteilung in einem gerichtlichen Disziplinarverfahren seinen Dienstgrad und seine sonstigen Rechte aus dem Dienstverhältnis verloren hat, und wenn nach dem Ergebnis der Ermittlungen ein Dienstvergehen oder eine als Dienstvergehen geltende Handlung erwiesen ist.

(3) Wird der Soldat freigesprochen oder stellt das Wehrdienstgericht das disziplinargerichtliche Verfahren in anderen als den in Absatz 2 bezeichneten Fällen ein, sind ihm nur solche Kosten aufzuerlegen, die er durch schuldhafte Säumnis verursacht hat.

(4) Kosten des Verfahrens, die nicht nach Absatz 1 Satz 1, Absatz 2 oder 3 dem Soldaten zur Last fallen, sind dem Bund aufzuerlegen, es sei denn, dass sie ganz oder teilweise von einem Dritten zu tragen sind.

§ 139 Kosten bei Rechtsmitteln und Rechtsbehelfen

(1) Die Kosten eines erfolgreichen Rechtsmittels des Soldaten oder des Wehrdisziplinaranwalts, soweit dieser es zu Gunsten des Soldaten eingelegt hat, sind dem Bund aufzuerlegen. Die Kosten eines zu Ungunsten des Soldaten eingelegten und erfolgreichen Rechtsmittels des Wehrdisziplinaranwalts trägt der Soldat; sie sind jedoch dem Bund teilweise oder ganz aufzuerlegen, soweit es unbillig wäre, den Soldaten damit zu belasten.

(2) Die Kosten eines zurückgenommenen oder erfolglos eingelegten Rechtsmittels treffen den, der es eingelegt hat.

(3) Hat das Rechtsmittel teilweise Erfolg, hat das Wehrdienstgericht die Kosten teilweise oder ganz dem Bund aufzuerlegen, soweit es unbillig wäre, den Soldaten damit zu belasten.

(4) Hat das Wehrdienstgericht das gerichtliche Disziplinarverfahren eingestellt, weil gegen den Soldaten, der nach Einlegung der Berufung in den Ruhestand getreten ist, ein verwirktes Beförderungsverbot nicht verhängt werden darf, so hat dieser die Kosten des Verfahrens zu tragen. Soweit es unbillig wäre, den Soldaten mit den Kosten des Verfahrens zu belasten, sind sie dem Bund ganz oder teilweise aufzuerlegen.

(5) Die Absätze 1 bis 4 gelten sinngemäß für die Kosten des Verfahrens, die durch einen Antrag auf gerichtliche Entscheidung in den Fällen des § 92 Abs 4, § 95 Abs 2, § 98 Abs 3 Satz 2, § 127 Abs 4 und § 128 oder durch einen Antrag auf Wiederaufnahme des Verfahrens entstanden sind.

§ 140 Notwendige Auslagen

(1) Die dem Soldaten erwachsenen notwendigen Auslagen sind dem Bund aufzuerlegen, wenn der Soldat freigesprochen oder das disziplinargerichtliche Verfahren aus anderen als den in § 138 Abs 2 bezeichneten Gründen eingestellt wird.

(2) Die dem verurteilten Soldaten erwachsenen notwendigen Auslagen sind teilweise oder ganz dem Bund aufzuerlegen, soweit es unbillig wäre, den Soldaten damit zu belasten. Satz 1 gilt auch, wenn die zur Anschuldigung gestellten Pflichtverletzungen nur zum Teil die Grundlage der Verurteilung bilden oder durch Untersuchungen zur Aufklärung bestimmter belastender oder entlastender Umstände dem Soldaten besondere Auslagen erwachsen und diese Untersuchungen zu Gunsten des Soldaten ausgegangen sind.

(3) Wird ein Rechtsmittel vom Wehrdisziplinaranwalt zu Ungunsten des Soldaten eingelegt und wird es zurückgenommen oder bleibt es erfolglos, sind die dem Soldaten im Rechtsmittelverfahren erwachsenen notwendigen Auslagen dem Bund aufzuerlegen. Dasselbe gilt, wenn ein vom Wehrdisziplinaranwalt zu Gunsten des Soldaten eingelegtes Rechtsmittel Erfolg hat. Hat ein zu Ungunsten des Soldaten eingelegtes Rechtsmittel des Wehrdisziplinaranwalts Erfolg, so sind die notwendigen Auslagen, die dem Soldaten im Rechtsmittelverfahren erwachsen sind, teilweise oder ganz dem Bund aufzuerlegen, soweit es unbillig wäre, den Soldaten damit zu belasten.

(4) Hat der Soldat das Rechtsmittel beschränkt und hat es Erfolg, sind die notwendigen Auslagen des Soldaten dem Bund aufzuerlegen.

(5) Hat ein Rechtsmittel teilweise Erfolg, gilt § 139 Abs 3 entsprechend. Bei einem in vollem Umfang erfolglosen Rechtsmittel des Soldaten ist es unzulässig, die notwendigen Auslagen, die diesem im Rechtsmittelverfahren erwachsen sind, ganz oder teilweise dem Bund aufzuerlegen.

(6) Notwendige Auslagen, die dem Soldaten durch schuldhafte Säumnis erwachsen sind, werden dem Bund nicht auferlegt.

(7) Die notwendigen Auslagen des Soldaten werden dem Bund nicht auferlegt, wenn der Soldat die Einleitung des gerichtlichen Disziplinarverfahrens dadurch veranlasst hat, dass er vorgetäuscht hat, das ihm zur Last gelegte Dienstvergehen begangen zu haben. Es kann davon abgesehen werden, die notwendigen Auslagen des Soldaten dem Bund aufzuerlegen, wenn

1. *der Soldat das gerichtliche Disziplinarverfahren dadurch veranlasst hat, dass er sich selbst in wesentlichen Punkten wahrheitswidrig oder im Widerspruch zu seinen späteren Erklärungen belastet oder wesentliche entlastende Umstände verschwiegen hat, obwohl er sich zu dem gegen ihn erhobenen Vorwurf geäußert hat,*
2. *gegen den Soldaten wegen eines Dienstvergehens eine Disziplinarmaßnahme im gerichtlichen Disziplinarverfahren nur deshalb nicht verhängt wird, weil ein Verfahrenshindernis besteht,*
3. *das Wehrdienstgericht das Verfahren nach § 108 Abs 3 S 2 einstellt,*
4. *die Einleitungsbehörde das gerichtliche Disziplinarverfahren einstellt und eine einfache Disziplinarmaßnahme verhängt.*

(8) Zu den notwendigen Auslagen gehören auch
1. *die Entschädigung für eine notwendige Zeitversäumnis nach den Vorschriften, die für die Entschädigung von Zeugen gelten, wenn kein Anspruch auf Dienst- oder Versorgungsbezüge besteht,*
2. *die Gebühren und Auslagen eines Rechtsanwalts, soweit sie nach § 91 Abs 2 der Zivilprozessordnung zu erstatten wären, sowie die Auslagen eines sonstigen Verteidigers.*

(9) Für die Vorermittlungen nach § 92, die Antragsverfahren nach § 92 Abs 4, § 95 Abs 2, § 98 Abs 3 S 2, § 127 Abs 4 und § 128 sowie im Wiederaufnahmeverfahren gelten die Absätze 1 bis 8 sinngemäß.

§ 141 Entscheidung über die Kosten

(1) Jede Entscheidung in der Hauptsache muss bestimmen, wer die Kosten des Verfahrens zu tragen hat.

(2) Die Entscheidung darüber, wer die notwendigen Auslagen trägt, trifft das Wehrdienstgericht in dem Urteil oder dem Beschluss, der das Verfahren abschließt.

(3) Die Kosten können von den Dienst- oder Versorgungsbezügen oder von einem nach § 109 bewilligten Unterhaltsbeitrag abgezogen werden. Soweit erforderlich, werden Geldbeträge nach den Vorschriften des Verwaltungs-Vollstreckungsgesetzes beigetrieben.

(4) Sieht die Einleitungsbehörde nach Abschluss der Vorermittlungen gem § 92 von der Einleitung eines gerichtlichen Disziplinarverfahrens ab oder stellt sie das gerichtliche Disziplinarverfahren ein, entscheidet auf ihren Antrag oder auf Antrag des Soldaten der zuständige Richter des Truppendienstgerichts, das zur Entscheidung über die Hauptsache zuständig gewesen wäre, wer die notwendigen Auslagen trägt. Der Antrag auf Erstattung der notwendigen Auslagen ist innerhalb eines Monats nach Zustellung der Entscheidung beim Truppendienstgericht einzureichen. Beabsichtigt der Richter, die notwendigen Auslagen nicht in vollem Umfang dem Bund aufzuerlegen, ist dem Soldaten Gelegenheit zur Äußerung zu geben. Der Beschluss ist dem Soldaten zuzustellen und der Einleitungsbehörde bekannt zu geben.

(5) Gegen die Entscheidung des Truppengerichts oder des Richters des Truppengerichts über die Kosten und die notwendigen Auslagen ist die Beschwerde zulässig. Die Beschwerde ist bis zum Ablauf eines Monats nach Zustellung der Entscheidung bei dem Truppendienstgericht einzulegen. Über die Beschwerde entscheidet das Truppendienstgericht.

§ 142 Kostenfestsetzung

Die Höhe der Kosten, die nach der Kostenentscheidung zu erstatten sind, wird vom Urkundsbeamten der Geschäftsstelle des Truppendienstgerichts festgesetzt. Auf Erinnerung gegen die Festsetzung entscheidet der Vorsitzende der Truppendienstkammer endgültig. § 112 gilt entsprechend.

b) Kostenerstattung

D 314 Die Wehrdisziplinarordnung sieht eine **Kostenpflicht** nur für das gerichtliche Disziplinarverfahren einschließlich gewisser gerichtlicher Antragsverfahren (§ 139 Abs 5 WDO) vor. Frühester Zeitpunkt für das Entstehen der Kostenpflicht ist die Zustellung der Einleitungsverfügung nach § 93 Abs 1 WDO. Für das gerichtliche Antragsverfahren nach der WBO, dem gerichtlichen Verfahren bei Aufhebung oder Änderung einer einfachen Disziplinarmaßnahme (§ 45 Abs 2 WDO) und bei der gerichtlichen Entscheidung über eine Disziplinarbeschwerde richtet sich die Kostenpflicht nach § 20 WBO.

Kosten des gerichtlichen Disziplinarverfahrens sind nur die Auslagen der Bundeskasse und die notwendigen Auslagen des Soldaten (§ 137 Abs 1 WDO). § 137 Abs 2 WDO enthält eine erschöpfende Aufzählung aller erstattungsfähigen Auslagen.

Die Bestimmungen der Wehrdisziplinarordnung über die Kosten des Verfahrens und die Erstattung notwendiger Auslagen entsprechen im Wesentlichen denen des BDG. Es kann somit auf die Ausführungen zum Disziplinarverfahren nach dem BDG verwiesen werden (vgl Rdn. D 286 ff).

D.
VI. Kostenfestsetzung in Disziplinar-, Wehrdisziplinar- und Wehrbeschwerdeverfahren

Die *Festsetzung* der Kosten erfolgt *von Amts wegen* durch den Urkundsbeamten des Truppendienstgerichtes auf der Grundlage einer unanfechtbaren Kostengrundentscheidung. Der Kostenfestsetzungsbeschluss ist mit der unbefristeten Erinnerung anfechtbar. Sie hat keine aufschiebende Wirkung. Über die Erinnerung entscheidet das Truppendienstgericht endgültig.[637] Neben dem Soldaten ist der Ausbildungs- und Kostenprüfungsbeamte der Truppendienstgerichte als Vertreter der Staatskasse zur Einlegung der Erinnerung berechtigt. An die Stelle des Leiters der Strafverfolgungsbehörde bei dem Landgericht (Nr 145 RiStBV) tritt der für das gerichtliche Disziplinarverfahren zuständige Wehrdisziplinaranwalt.[638] Die durch § 142 S 3 WDO vorgenommene Verweisung auf § 112 WDO macht deutlich, dass die allgemeinen Verfahrensvorschriften für einen Antrag auf gerichtliche Entscheidung auch auf die Erinnerung Anwendung finden.

3. Wehrbeschwerdeverfahren

a) Gesetzestext

Wehrbeschwerdeordnung (WBO) D 315

neugefasst durch B v 22.01.2009, BGBl I S 81, zuletzt geändert durch G v 21.07.2012 (BGBl I S 1583)

§ 13 Inhalt des Beschwerdebescheides

(1) – (3) ....

(4) Soweit der Beschwerde stattgegeben wird, ist auch über die Erstattung der notwendigen Aufwendungen sowie über die Notwendigkeit der Hinzuziehung eines Bevollmächtigten zu entscheiden.

§ 16 Weitere Beschwerde

(1) Ist die Beschwerde in truppendienstlichen Angelegenheiten erfolglos geblieben, kann der Beschwerdeführer innerhalb eines Monats nach Zustellung des Beschwerdebescheides weitere Beschwerde einlegen.

(2) Die weitere Beschwerde kann auch eingelegt werden, wenn über die Beschwerde innerhalb eines Monats nicht entschieden worden ist.

(3) Für die Entscheidung über die weitere Beschwerde ist der nächsthöhere Disziplinarvorgesetzte zuständig.

(4) Für die weitere Beschwerde gelten die Vorschriften über die Beschwerde entsprechend.

§ 16 a Notwendige Aufwendungen und Kosten im vorgerichtlichen Verfahren

(1) Das vorgerichtliche Verfahren beginnt mit der Einlegung der Beschwerde. Es ist kostenfrei.

(2) Soweit die Beschwerde in truppendienstlichen Angelegenheiten erfolgreich ist, sind dem Beschwerdeführer die ihm zur zweckentsprechenden Rechtsverfolgung oder Rechtsverteidigung erwachsenen notwendigen Aufwendungen zu erstatten.

(3) Die Vergütung eines Rechtsanwalts oder eines sonstigen Bevollmächtigten ist nur dann erstattungsfähig, wenn die Hinzuziehung notwendig war.

(4) Soweit der Beschwerde vor Erlass eines Beschwerdebescheides abgeholfen wird, sind die Absätze 1 bis 3 unter Berücksichtigung des bisherigen Sachstandes sinngemäß anzuwenden.

(5) Die Entscheidung über die Erstattung der notwendigen Aufwendungen sowie die Notwendigkeit der Hinzuziehung eines Bevollmächtigten kann durch Anrufung des Truppendienstgerichts angefochten werden. § 17 Absatz 4 gilt entsprechend. Der Vorsitzende der Truppendienstkammer entscheidet hierüber

---

[637] BVerwG NZWehr 1989, 210.
[638] *Dau* Rn. 5 zu § 142 WDO.

endgültig durch Beschluss. Erlässt der Bundesminister der Verteidigung oder der Generalinspekteur der Bundeswehr den Beschwerdebescheid, gelten die Sätze 1 bis 3 entsprechend mit der Maßgabe, dass das Bundesverwaltungsgericht an die Stelle des Truppendienstgerichts tritt.

(6) § 140 Absatz 8 und § 142 der Wehrdisziplinarordnung gelten entsprechend.

§ 20 Notwendige Aufwendungen und Kosten im Verfahren vor dem Truppendienstgericht

(1) Soweit dem Antrag auf Entscheidung des Truppendienstgerichts stattgegeben wird, sind die dem Beschwerdeführer im Verfahren vor dem Truppendienstgericht einschließlich der im vorgerichtlichen Verfahren erwachsenen notwendigen Aufwendungen dem Bund aufzuerlegen. Dies gilt nicht für notwendige Aufwendungen, die dem Beschwerdeführer durch schuldhafte Säumnis erwachsen sind.

(2) Dem Beschwerdeführer können die Kosten des Verfahrens vor dem Truppendienstgericht auferlegt werden, soweit das Gericht den Antrag als offensichtlich unzulässig oder als offensichtlich unbegründet erachtet. Die Kosten des Verfahrens, die er durch schuldhafte Säumnis verursacht hat, sind ihm aufzuerlegen.

(3) Ist der Antrag auf gerichtliche Entscheidung gegenstandslos geworden, sind die Absätze 1 und 2 unter Berücksichtigung des bisherigen Sachstands sinngemäß anzuwenden.

(4) § 137 Absatz 1 und 2 Nummer 1 bis 3, § 140 Absatz 8, § 141 Absatz 1 und 2 sowie § 142 der Wehrdisziplinarordnung gelten entsprechend.

b) Kostenerstattung

aa) Allgemeines

D 316 Die Wehrbeschwerdeordnung enthält die nähere Ausgestaltung des dem Soldaten nach § 34 Soldatengesetz ausdrücklich eingeräumten Beschwerderechts gegen Maßnahmen seines Vorgesetzten oder von Dienststellen der Bundeswehr oder gegen pflichtwidriges Verhalten von Kameraden. Die Beschwerde ist binnen einer bestimmten Frist schriftlich oder zu Protokoll des nächsten Dienstvorgesetzten anzubringen. Bei Erfolglosigkeit findet gegen einen ablehnenden Beschwerdebescheid die weitere Beschwerde statt. Gegen die Entscheidung über sie kann die Entscheidung des Truppendienstgerichts beantragt werden.

bb) Kostengrundentscheidung

D 317 Sowohl im Beschwerdeverfahren als auch im Verfahren der weiteren Beschwerde ist, soweit der Beschwerde bzw der weiteren Beschwerde stattgegeben wird, auch über die *Erstattung der notwendigen Aufwendungen* sowie über die *Notwendigkeit der Hinzuziehung eines Bevollmächtigten* zu entscheiden (§§ 13 Abs 4, 16 Abs 4 WBO, sog. *Kostengrundentscheidung*). Eine isolierte Entscheidung über die Aufwendungen und zur Heranziehung eines Bevollmächtigten muss getroffen werden, wenn der Beschwerde vor Erlass eines Beschwerdebescheides abgeholfen wird (vgl. § 16 a Abs 4 WBO). Für eine Erstattung nach § 16 a Abs 4 WBO muss kein förmlicher Beschwerdebescheid ergangen sein, es genügt, dass dem Begehren des Beschwerdeführers auf sonstige Weise entsprochen wurde.[639] Auf die Rücknahme der Beschwerde finden §§ 13 Abs 4, 16 Abs 4 WBO keine Anwendung.[640] Fehlt eine Entscheidung zu den entstandenen Aufwendungen und zur Hinzuziehung eines Bevollmächtigten, kann sie nachgeholt werden.[641]

Die Entscheidung über die Erstattung der notwendigen Aufwendungen sowie die Notwendigkeit der Hinzuziehung eines Bevollmächtigten können durch Anrufung des Truppendienstgerichtes isoliert angefochten werden (§ 16 a Abs 5 S 1 WBO), das endgültig entscheidet (§ 16 a Abs 5 S 3

---

[639] BVerwG Buchholz 450.1 § 16 a WBO Nr 1 = NZWehrr 2010, 38.
[640] *Dau* Rn. 73 zu § 13 WBO.
[641] *Dau* Rn. 74 zu § 13 WBO.

VI. Kostenfestsetzung in Diziplinar-, Wehrdisziplinar- und Wehrbeschwerdeverfahren D.

WBO). Hat der Bundesminister der Verteidigung oder der Generalinspekteur den Beschwerdebescheid erlassen, entscheidet anstelle des Truppendienstgerichts das Bundesverwaltungsgericht. Das *vorgerichtliche Verfahren* einschließlich der *gerichtlichen Entscheidungen* sind *kostenfrei* (§ 16 a Abs 1 S 2 WBO).

cc) Umfang der erstattungsfähigen Aufwendungen

Nach § 16 a Abs 2 WBO sind die dem Beschwerdeführer zur zweckentsprechenden Rechtsverfolgung oder Rechtsverteidigung erwachsenen notwendigen Aufwendungen zu erstatten. *Notwendige Aufwendungen* können sein Telefon- und Portokosten, Kosten für Kopien, sofern sie zur Aufklärung des Sachverhalts aufgewandt wurden. Ferner können auch Kosten der Informationsreisen zum Bevollmächtigten erstattet werden. Aufwendungen für Fotografien, Auslagen für das Mitbringen von Zeugen zur Aufklärung des Sachverhalts sind nicht erstattungsfähig.[642] Nach § 16 a Abs 6 WBO i.V.m. § 140 Abs 8 WDO zu den notwendigen Auslagen auch die Entschädigung für notwendige Zeitversäumnis nach dem JVEG, wenn kein Anspruch auf Dienst- oder Versorgungsbezüge besteht.

D 318

Nach § 16 a Abs. 3 WBO ist die *Vergütung eines Rechtsanwalts* oder sonstigen Bevollmächtigten erstattungsfähig, wenn die Kostengrundentscheidung (§§ 13 Abs 4, 16 Abs 4 WBO) die Beiziehung für notwendig erklärt hatte. Diese Bestimmung entspricht nach Wortlaut und Zweck den Regelungen der § 80 Abs 2 VwVfG und § 162 Abs 2 S 2 VwGO, so dass sich die dort entwickelten Grundsätze auf die Auslegung und Anwendung von § 16 a Abs 3 WBO übertragen lassen.[643] Die Gebühren und Auslagen eines Rechtsanwalts sind gem § 16 a Abs 6 WBO iVm § 140 Abs 8 WDO nach Maßgabe des § 91 Abs 2 ZPO (Gebühren nach Teil 2 Abschnitt 4 VV RVG) zu erstatten.

Die Regelungen für die Entscheidung über die Erstattung notwendiger Aufwendungen und Kosten im vorgerichtlichen Beschwerdeverfahren in truppendienstlichen Angelegenheiten finden auf das *Disziplinarbeschwerdeverfahren* Anwendung (§ 42 WDO).[644]

dd) Kostenfestsetzung

Die Festsetzung der im Beschwerdeverfahren bzw. im Verfahren der weiteren Beschwerde zu erstattenden Kosten erfolgt gem § 16 Abs. 6 WBO iVm § 142 WDO durch den *Urkundsbeamten der Geschäftsstelle* des Truppendienstgerichts. Auf die Erinnerung gegen die Festsetzung entscheidet der Vorsitzende des Truppendienstgerichts endgültig.

D 319

Trifft der Bundesminister der Verteidigung oder der Generalinspekteur die Entscheidung, dass die Kosten des Verfahrens dem Beschwerdeführer zu erstatten sind, so werden diese auf Antrag durch den Urkundsbeamten der Geschäftsstelle des Bundesverwaltungsgerichts festgesetzt.[645] Über die *Erinnerung* entscheidet in diesen Fällen der Wehrdienstsenat des Bundesverwaltungsgerichts.

ee) Gerichtliches Verfahren

Ist die weitere Beschwerde erfolglos geblieben, kann der Beschwerdeführer nach Maßgabe des § 17 WBO die Entscheidung des Truppendienstgerichts beantragen. Gegen Entscheidungen oder Maßnahmen des Bundesministers der Verteidigung einschließlich der Entscheidung über Beschwerden oder weitere Beschwerden kann der Beschwerdeführer nach § 21 Abs 1 WBO unmittelbar die Entscheidung des Bundesverwaltungsgerichts beantragen. Dies gilt nach § 22 WBO auch für Entscheidungen des Generalinspekteurs der Bundeswehr über weitere Beschwerden.

D 320

---

642 *Dau* Rn. 11 zu § 16 a WBO.
643 BVerwG Buchholz 450.1 § 16 a WBO Nr 2 = JurBüro 2010, 482 = NZWehr 2010, 123; vgl Rdn. D 185 ff.
644 *Dau* Rn. 46 zu § 42 WDO.
645 BVerwG AGS 2012, 337 m Anm *N Schneider*.

In all diesen Fällen hat die gerichtliche Entscheidung eine Kostenentscheidung zu treffen. Wird nach beim Bundesminister der Verteidigung erfolgter Einreichung des Antrags auf gerichtliche Entscheidung dem Rechtsschutzbegehren des Antragstellers durch die zuständige Behörde in vollem Umfang abgeholfen, hat der Wehrdienstsenat über den Antrag zu entscheiden, die notwendigen Auslagen dem Bund aufzuerlegen.[646]

Die Vorschrift über die Erstattung von Kosten und notwendigen Aufwendungen gilt auch für die gerichtliche Entscheidung über eine Disziplinarbeschwerde (§ 42 WDO).[647]

Zu den Kosten des gerichtlichen Verfahrens, für das keine Gerichtsgebühren erhoben werden (§ 20 Abs 4 WBO iVm § 137 Abs 1 WDO) gehören durch weitere Bezugnahme (§ 20 Abs 4 WBO) die in § 137 Abs 2 Nr 1–3 WDO und § 140 Abs 8 WDO näher bezeichneten Auslagen. Die Auslagen und Gebühren eines Rechtsanwalts sind stets erstattungsfähig (§ 140 Abs 8 Nr 1, § 91 Abs 2 ZPO).

Das *Kostenfestsetzungsverfahren* richtet sich durch die Bezugnahme in § 20 Abs 4 WBO nach der WDO (§ 142 WDO). Danach setzt der Urkundsbeamte des Truppendienstgerichts die Höhe der Kosten fest, die nach der Kostengrundentscheidung zu erstatten sind. Gegen den Kostenfestsetzungsbeschluss ist *Erinnerung* gegeben, über die der Vorsitzende der Truppendienstkammer endgültig entscheidet.[648] Die *Förmlichkeiten der Erinnerung* bestimmen sich nach § 112 WDO.

In den Fällen des § 21 WBO (Entscheidungen des Bundesministers der Verteidigung) und § 22 WBO (Entscheidungen des Generalinspekteurs der Bundeswehr), in denen die unmittelbare Zuständigkeit des BVerwG – Wehrdienstsenate – begründet ist, setzt der Urkundsbeamte der Wehrdienstsenate die zu erstattenden Kosten fest;[649] über die Erinnerung entscheidet der Wehrdienstsenat ohne ehrenamtlichen Richter.[650]

---

646 BVerwG Buchholz 450.1 § 17 WBO Nr 60.
647 *Dau* Rn. 49 zu § 42 WDO.
648 *Böttcher/Dau* Rn. 63 zu § 20 WBO mwN.
649 BVerwG AGS 2012, 337 m Anm *N Schneider*.
650 BVerwG NZWehrr 1980, 144.

E. Kostenfestsetzung in Familiensachen und in den Angelegenheiten der freiwilligen Gerichtsbarkeit

Übersicht

	Rdn.			Rdn.
I.	Allgemeines	E 1	4. Verfahren	E 12
II.	Kostengrundentscheidung	E 2	5. Rechtsmittel	E 13
1.	Ehesachen und Familienstreitsachen	E 3	a) Beschwer bis 200 €	E 13
2.	Andere Familiensachen und Angelegenheiten der freiwilligen Gerichtsbarkeit	E 4	b) Beschwer über 200 €	E 14
			6. Änderung der Verfahrenswertfestsetzung	E 15
III.	Kostenpflicht bei Vergleich	E 5	V. Kostenfestsetzung in anderen Familiensachen und den Angelegenheiten der freiwilligen Gerichtsbarkeit	E 16
1.	Familienstreitsachen	E 6	1. Anwendbare Vorschriften	E 16
2.	Andere Familiensachen und Angelegenheiten der freiwilligen Gerichtsbarkeit	E 7	2. Titel	E 17
IV.	Kostenfestsetzung in Ehesachen und Familienstreitsachen	E 8	3. Antrag, Verfahren, Rechtsmittel, Änderung der Wertfestsetzung	E 18
1.	Anwendbare Vorschriften	E 8	VI. Vollstreckungskosten	E 19
2.	Titel	E 9	VII. Vergütungsfestsetzung nach §§ 11 und 55 RVG sowie Beitreibung nach § 126 ZPO	E 20
	a) Beschluss	E 9		
	b) Gerichtlicher Vergleich und Vollstreckungsbescheid	E 10		
3.	Antrag	E 11		

I. Allgemeines

Die Kostenfestsetzung in Familiensachen (§ 111 FamFG) und den Angelegenheiten der freiwilligen Gerichtsbarkeit (§ 23 a Abs 2 GVG) hat, wie in bürgerlichen Rechtsstreitigkeiten, die Funktion, den **verfahrensrechtlichen Kostenerstattungsanspruch** des erstattungsberechtigten Beteiligten, der **Höhe** nach zu beziffern. Sie richtet sich nach Vorschriften des FamFG und der ZPO. Wie im Zivilprozess setzt auch die Kostenfestsetzung in Verfahren nach dem FamFG eine gerichtliche Kostengrundentscheidung oder Kostenübernahmeregelung in einem gerichtlichen Vergleich voraus (vgl § 85 FamFG). Der Erstattungsanspruch, der auch in Familiensachen und in den Angelegenheiten der freiwilligen Gerichtsbarkeit, nur im Kostenfestsetzungsverfahren geltend gemacht werden kann, wird durch einen Kostenfestsetzungsbeschluss beziffert und in vollstreckbarer Weise tituliert (§ 85 FamFG iVm §§ 104, 794 Abs 1 Nr 2 ZPO). Von der verfahrensrechtlichen Kostenerstattung, die auf der Kostenpflicht nach §§ 80, 81 FamFG basiert und sich auf die Kosten des jeweiligen Verfahrens bezieht, ist die materiell-rechtliche Kostenersatzpflicht zwischen den Beteiligten abzugrenzen. Diese hat ihre Grundlagen im materiellen Recht (zB §§ 280, 823 BGB) und betrifft überwiegend die Erstattung vorgerichtlicher Aufwendungen der Beteiligten (zB Mahnkosten).[1]

E 1

II. Kostengrundentscheidung

Die verfahrensrechtliche Kostenerstattung basiert in der Regel auf einer **gerichtlichen Kostengrundentscheidung.** Wie das Gericht über die Kostenpflicht zu entscheiden hat, ist im FamFG nicht einheitlich geregelt. Es kommt vielmehr darauf an, ob darüber in einer Ehesache bzw

E 2

---

[1] Zur materiellen Kostenerstattungspflicht vgl BGH NJW 2007, 1458; OLG Köln NJOZ 2006, 3718 = FamRZ 2006, 1050.

E. Kostenfestsetzung in Familiensachen u. Angelegenheiten der freiwilligen Gerichtsbarkeit

Familienstreitsache oder in einer anderen Familiensache bzw Angelegenheit der freiwilligen Gerichtsbarkeit zu befinden ist.

1. Ehesachen und Familienstreitsachen

E 3   Die Pflicht zur Kostengrundentscheidung folgt für Ehesachen (vgl §§ 111 Nr. 1, 121 FamFG) und Familienstreitsachen (vgl §§ 111 Nrn 8 – 10, 112 FamFG) aus § 308 Abs 2 ZPO iVm § 113 Abs 1 S 2 FamFG. Sie richtet sich nach dem (starren) Erfolgsgrundsatz[2] des Unterliegens bzw Obsiegens in der Hauptsache (§§ 91 ff ZPO iVm § 113 Abs 1 S 2 FamFG). In Scheidungs- und Folgesachen gilt vorrangig die Sonderregelung des § 150 Abs 1 FamFG und danach sind die Kosten grundsätzlich gegeneinander aufzuheben. Eine Erstattung außergerichtlicher Aufwendungen der Beteiligten findet somit im Verbundverfahren in der Regel nicht statt (§ 92 Abs 1 S 2 ZPO iVm § 113 Abs 1 S 2 FamFG). In Unterhaltssachen (§ 231 Abs. 1 FamFG) hat das Gericht nach § 243 FamFG, in Abweichung von §§ 91 ff ZPO, die Verfahrenskosten nach billigem Ermessen auf die Beteiligten zu verteilen.

2. Andere Familiensachen und Angelegenheiten der freiwilligen Gerichtsbarkeit

E 4   In den Familiensachen, die keine Ehesachen bzw. Familienstreitsachen betreffen, das sind die in § 111 Nrn. 2 – 7 FamFG aufgelisteten sowie Unterhaltssachen nach § 231 Abs 2 FamFG, Güterrechtssachen nach § 261 Abs 2 FamFG, sonstige Familiensachen nach § 266 Abs 2 FamFG und entsprechende Lebenspartnerschaftssachen, richtet sich die Kostenpflicht nach **§ 81 FamFG** und danach ist stets über die Kosten zu entscheiden (§ 81 Abs 1 S 3 FamFG). In den Angelegenheiten der freiwilligen Gerichtsbarkeit ist dagegen, abgesehen von einigen Ausnahmefällen (zB bei Erbscheinseinziehung nach § 353 Abs 1 FamFG), eine Kostengrundentscheidung dem gerichtlichen Ermessen überlassen.[3] Trifft das Gericht eine Kostengrundentscheidung, die mit der Endentscheidung zu verbinden ist (§ 82 FamFG), so kann es die Kosten des Verfahrens den Beteiligten nach billigem Ermessen[4] ganz oder teilweise auferlegen (§ 81 Abs 1 S 1 FamFG). Dadurch ist eine flexible Kostenverteilung möglich.[5] Das Gericht kann auch anordnen, dass von der Erhebung der Kosten abzusehen ist (§ 81 Abs 1 S 2 FamFG). Ist die Kostengrundentscheidung versehentlich unterblieben, ist der Beschluss auf Antrag[6] nachträglich zu ergänzen (§ 43 Abs 1 FamFG). Sind mehrere Personen verfahrensbeteiligt, sollte die Kostenentscheidung den oder die Erstattungsberechtigten identifizierbar angeben, andernfalls ist sie auszulegen.[7] Bei mehrfacher Beteiligung auf einer Seite (zB Miterben) sollte, wenn ihnen Kosten auferlegt werden, die Haftung dieser Beteiligten (Teilschuld, Gesamtschuld) genau bestimmt werden. Im Zweifelsfall haften sie, da § 100 Abs 1 ZPO unanwendbar ist und § 32 GNotKG sowie §§ 26, 27 FamGKG nur für die Gerichtskosten gelten, zu gleichen Teilen (§ 420 BGB).[8]

E 4a Da die Kostengesetze die Haftung für die Gerichtskosten (= Gebühren und Auslagen) selbständig regeln (vgl §§ 21 – 27 FamGKG bzw §§ 22 ff GNotKG), besteht für eine gerichtliche Entscheidung darüber nur dann ein Bedürfnis, wenn angeordnet werden soll, dass von der Kostenerhebung abzusehen ist (§ 81 Abs 1 S 2 FamFG).[9] Eine gerichtliche Kostenentscheidung ist aber dann erforderlich, wenn in Antragsverfahren die Kostenpflicht nicht automatisch den Antragsteller trifft. Das

---

2   *Keidel/Zimmermann* FamFG § 81 Rn. 28.
3   Vgl dazu BT-Drucks 16/6308 S 215.
4   Zu den Ermessenskriterien: BayObLG FamRZ 1991, 846 = Kostenauferlegung wegen schuldhafter Verfahrensveranlassung; BayObLG Rpfleger 1991, 357 = Kostenauferlegung auf Grund der persönlichen oder wirtschaftlichen Verhältnisse der Beteiligten.
5   *Keidel/Zimmermann* FamFG § 81 Rn. 28.
6   Über den Gesetzeswortlaut hinaus auch von Amts wegen, *Keidel/Zimmermann* § 82 Rn. 6.
7   BayObLG Rpfleger 1960, 95.
8   BayObLG Rpfleger 1977, 26.
9   LG Düsseldorf JurBüro 1980, 1072.

sind zB die Sonderfälle des § 21 Abs 1 S 2 FamGKG. In den dort genannten Verfahren wird die Kostenhaftung anderer Beteiligter erst durch Kostenauferlegung begründet (§ 24 Nr 1 FamGKG; § 27 Nr 1 GNotKG).

III. Kostenpflicht bei Vergleich

Soweit die Beteiligten über den Verfahrensgegenstand verfügen können, haben sie auch die Möglichkeit sich gerichtlich zu **vergleichen**. Hinsichtlich der für die Kostenerstattung anwendbaren Vorschriften ist danach zu differenzieren, ob der Vergleich eine Familienstreitsache oder eine andere Familiensache bzw Angelegenheit der freiwilligen Gerichtsbarkeit betrifft. E 5

1. Familienstreitsachen

In Familienstreitsachen (§ 112 FamFG) gilt § 98 ZPO (iVm § 113 Abs 1 FamFG). Vorrangig ist für die Kostenerstattung (§ 91 ZPO) die **Vereinbarung** im gerichtlichen Vergleich maßgebend.[10] Übernimmt ein Beteiligter »sämtliche Kosten«, dann trägt er auch die Vergleichskosten.[11] Unvollständige oder zweifelhafte Vereinbarungen über die Kostentragungspflicht sind auszulegen (§ 157 BGB).[12] E 6

Fehlt eine Kostenvereinbarung im Vergleich, gilt § 98 ZPO.[13] Es tritt kraft Gesetzes die Kostenfolge des § 92 Abs 1 S 1 Alt 1 ZPO ein.[14]

2. Andere Familiensachen und Angelegenheiten der freiwilligen Gerichtsbarkeit

Soweit der Verfahrensgegenstand vergleichsfähig ist, kann auch in diesen Verfahren ein **gerichtlicher Vergleich** geschlossen werden (§§ 36, 156 Abs 2 FamFG). Aber auch dann, wenn die Hauptsache nicht der Disposition der Beteiligten unterliegt (zB eine Erbenstellung), ist ein Vergleich über den **Kostenpunkt**, zB Übernahme außergerichtlicher Kosten, zulässig.[15] Die Kostenerstattung (§ 80 FamFG) richtet sich primär nach den Vereinbarungen im Vergleich (§ 83 Abs 1 FamFG). Übernimmt ein Beteiligter »die Kosten des Verfahrens«, so bezieht sich die Übernahme regelmäßig nur auf die nach § 80 FamFG **erstattungsfähigen** Kosten.[16] Dazu gehören nicht zwingend Anwaltskosten, da § 80 FamFG nicht auf § 91 Abs 2 ZPO verweist. Ob auch die Kosten für versäumte Termine oder das Verfahren vor einem unzuständigen Gericht darunter fallen, ist wiederum eine Auslegungsfrage.[17] E 7

Enthält der Vergleich **keine Regelung** über die Kostenpflicht, gilt § 83 Abs 1 FamFG: Die Beteiligten tragen die Gerichtskosten zu gleichen Teilen (§ 83 Abs 1 S 1 FamFG = wie § 92 Abs 1 S 2 ZPO). Mehrere Beteiligte auf einer Seite (zB drei Miterben) gelten als »ein« Teil. Ihre außergerichtlichen Kosten (einschließlich der Anwaltskosten) tragen die Beteiligten selber (§ 83 Abs 1 S 2 FamFG). Wird in einem Vollstreckungsverfahren ein Vergleich geschlossen der keine Kostenvereinbarung enthält, ist § 83 Abs 1 FamFG und nicht § 788 ZPO anzuwenden.[18]

Haben die Beteiligten im Vergleich, der keine Kostenregelung enthält, die Anwendung des § 83 Abs 1 FamFG ausgeschlossen, ist eine gerichtliche Kostenentscheidung unter Anwendung der §§ 83 Abs 2, 81 FamFG möglich, da sich das Verfahren auf »sonstige Weise« erledigte.[19]

---

10 BGH NJW 2005, 1373.
11 OLG Brandenburg MDR 2006, 1017; OLG Düsseldorf MDR 1999, 119.
12 BGH NJW 2005, 1373; vgl dazu auch Rdn. B 78.
13 OLG Karlsruhe JurBüro 2010, 597.
14 Vgl dazu Rdn. B 28.
15 *Keidel/Meyer-Holz* FamFG § 36 Rn. 16.
16 OLG Düsseldorf MDR 1999, 119; vgl dazu auch: *Keidel/Zimmermann* § 83 Rn. 4.
17 *Keidel/Zimmermann* FamFG § 83 Rn. 4; BeckOK FamFG/*Nickel* § 83 Rn. 2.
18 BGH BeckRS 2007, 01685 = NJW 2007, 1213.
19 BeckOK FamFG/*Nickel* § 83 Rn. 5; *Keidel/Zimmermann* FamFG § 83 Rn. 6.

IV. Kostenfestsetzung in Ehesachen und Familienstreitsachen

1. Anwendbare Vorschriften

E 8 In Ehesachen und Familienstreitsachen (s Rdn. E 3) gelten für die Kostenerstattung und Kostenfestsetzung die **§§ 91, 103 – 107 ZPO** entsprechend (§ 113 Abs 1 S 2 FamFG). Bei Kostenauferlegung hat der kostenpflichtige Beteiligte dem Obsiegenden dessen Verfahrenskosten nach den Grundsätzen des § 91 ZPO zu erstatten. Erstattungsfähig sind, wie in bürgerlichen Rechtsstreitigkeiten,[20] die Gerichts- und außergerichtlichen Kosten des Gegners, wenn diese zur zweckentsprechenden Rechtsverfolgung oder Rechtsverteidigung notwendig waren (§ 91 Abs 1 S 1 ZPO). Bei Vertretung durch einen Rechtsanwalt sind dessen gesetzliche Gebühren und Auslagen nach RVG immer erstattungsfähig (§ 91 Abs 2 S 1 ZPO = sog »Erstattungsautomatik«). Auf die Frage der Notwendigkeit der Zuziehung des Rechtsanwalts kommt es nicht an.[21] Da die Hauptsache eine Familiensache betrifft, ist auch das dazugehörige Kostenfestsetzungsverfahren eine solche.[22]

2. Titel

a) Beschluss

E 9 Die Kostenfestsetzung setzt einen zur Zwangsvollstreckung geeigneten Titel voraus (§ 103 Abs 1 ZPO). Da nach § 38 Abs 1 FamFG, der auch in Ehesachen und Familienstreitsachen gilt, die Endentscheidung durch **Beschluss** ergeht (§§ 113 Abs 1 S 1, 116 Abs 1 FamFG), stellt dieser regelmäßig die Grundlage für die Kostenfestsetzung her. In Familienstreitsachen kann das Gericht auch einen Anerkenntnis- oder Versäumnisbeschluss erlassen.[23] Der Beschluss unterliegt grundsätzlich[24] der Beschwerde (vgl §§ 58 Abs 1, 117 FamFG) und ist deshalb ebenfalls ein geeigneter Vollstreckungstitel (§ 120 Abs 1 FamFG, § 794 Abs 1 Nr 3 ZPO). Dass die Beschwerde im Einzelfall unzulässig ist, weil zB die Beschwerdesumme nicht erreicht wird (vgl § 61 Abs 2 FamFG), ist unschädlich.[25] Endentscheidungen müssen aber, damit sie vollstreckbar sind, **wirksam** sein (§ 120 Abs 1 S 1 FamFG). In Ehesachen und Familienstreitsachen setzt die Wirksamkeit formelle Rechtskraft der Entscheidung voraus (§ 116 Abs 2 und 3 S 1 FamFG). In Folgesachen (zB Unterhalt) werden Entscheidungen darüber hinaus nicht vor Rechtskraft des Scheidungsausspruchs wirksam (§ 148 FamFG). Da das Institut der vorläufigen Vollstreckbarkeit (§§ 708 ff ZPO) nicht in das FamFG aufgenommen wurde,[26] eignet sich der Beschluss erst zur Kostenfestsetzung, wenn er formell rechtskräftig geworden ist (Nachweis: Rechtskraftzeugnis, § 706 ZPO bzw § 46 S 3 FamFG). In Familienstreitsachen kann und in Unterhaltssachen soll das Gericht die sofortige Wirksamkeit anordnen (§ 116 Abs 3 S 2 und 3 FamFG). Ordnet das Gericht sie an, ist auch die Kostenfestsetzung vor Rechtskraft zulässig. Ist die Unterhaltssache aber Scheidungsfolgesache, dann geht § 148 FamFG vor.[27] Macht der Zahlungspflichtige glaubhaft, dass die Vollstreckung ihm einen nicht zu ersetzenden Nachteil bringen würde, kann das Gericht auf seinen Antrag die Vollstreckung vor Rechtskrafteintritt einstellen oder beschränken (§ 120 Abs 2 S 1 FamFG).[28] Die Einstellung der

---

20 S. dazu Rdn. B 1 ff.
21 BGH NJW 2003, 1532.
22 *Zöller/Herget* § 104 Rn. 23 »Zuständigkeit«.
23 *Keidel/Weber* FamFG § 116 Rn. 6.
24 Gegen den Versäumnisbeschluss findet der Einspruch statt (§ 113 Abs 1 S 2 FamFG iVm §§ 338 ff ZPO).
25 *Thomas/Putzo/Hüßtege* § 794 Rn. 43.
26 BT-Drucks 16/6308 S. 226.
27 *Keidel/Weber* FamFG § 148 Rn. 5.
28 Kritik an dieser Regelung übt *Keidel/Weber* FamFG § 120 Rn. 16; vgl dazu auch *Giers* FPR 2008, 441 (444).

Vollstreckung in der Hauptsache hindert die Kostenfestsetzung als solche nicht.[29] Da die Einstellung aber ein Vollstreckungshindernis erzeugt, ist darauf im Kostenfestsetzungsbeschluss hinzuweisen,[30] denn es darf weder aus dem Hauptsachetitel noch aus dem Kostenfestsetzungsbeschluss vollstreckt werden (§§ 775 Nr 2, 776 ZPO).

b) Gerichtlicher Vergleich und Vollstreckungsbescheid

In Familienstreitsachen kann auch ein gerichtlicher Vergleich der Kostenfestsetzung zugrunde liegen.[31] Rückständige Zahlungsansprüche (zB Unterhaltsansprüche) können alternativ auch im gerichtlichen Mahnverfahren verfolgt und durch Vollstreckungsbescheid tituliert werden (§ 113 Abs 2 FamFG, § 794 Abs 1 Nr 1 und 4 ZPO). Für die Festsetzung der Mahnverfahrenskosten ist das Mahngericht zuständig und zwar auch dann, wenn einzelne Ansätze zunächst übersehen wurden.[32] Mangels Kostengrundentscheidung ist der Vollstreckungsbescheid keine Grundlage für einen Kostenfestsetzungsbeschluss.[33] Die Kostenfestsetzung erfolgt vielmehr durch Aufnahme der erstattungsfähigen Positionen in den Vollstreckungsbescheid (§ 699 Abs 3 S 1 ZPO).[34] Bei übersehenen Positionen ist der Vollstreckungsbescheid zu ergänzen.[35] Aufgenommen werden kann zB auch eine Einigungsgebühr.[36]

E 10

3. Antrag

Die Festsetzung des zu erstattenden Betrages erfolgt auf Antrag (§ 103 Abs 2 ZPO iVm § 113 Abs 1 S 2 FamFG). **Antragsbefugt** ist der nach der Kostengrundentscheidung bzw Kostenvereinbarung erstattungsberechtigte Beteiligte. Dritte müssen als Rechtsnachfolger durch Erteilung der titelübertragenden Klausel legitimiert sein (§ 727 ZPO). Die Erstattungspflicht trifft den Beteiligten, dem Verfahrenskosten auferlegt wurden bzw der sie in einem gerichtlichen Vergleich übernommen hat. Da die Kostenfestsetzung keine Vollstreckungshandlung darstellt, hängt die die Zulässigkeit des Antrags nicht davon ab, dass davor eine vollstreckbare Ausfertigung der Entscheidung erteilt wurde. Es muss aber die **Wirksamkeit** der Entscheidung auf der sie basiert feststehen (vgl dazu Rdn. E 9). Der Festsetzungsantrag ist bei der Geschäftsstelle des Gerichts des ersten Rechtszugs einzureichen (§ 103 Abs 1 ZPO iVm § 113 Abs 1 S 2 FamFG). Das gilt auch dann, wenn die Festsetzung die Verfahrenskosten eines Rechtsmittelverfahrens (Beschwerde- oder Rechtsbeschwerdeverfahren) betrifft. Es besteht kein Anwaltszwang (§ 114 Abs 4 Nr 6 FamFG, § 78 Abs 3 ZPO, § 13 RPflG). Beizufügen sind die zur Rechtfertigung der einzelnen Ansätze dienenden Belege (§ 103 Abs 2 ZPO iVm § 113 Abs 1 S 2 FamFG). Wird ein Ansatz bestritten, genügt es, wenn die tatsächlichen Voraussetzungen dafür glaubhaft gemacht werden (§§ 104 Abs 2 S 1, 294 ZPO iVm § 113 Abs 1 S 2 FamFG).[37] Im Verfahren gilt auch die Geständnisfiktion des § 138 Abs 3 ZPO.[38] Hinsichtlich der Auslagen für Post- und Telekommunikationsdienstleistungsentgelte ist die anwaltliche Versicherung des Entstehens ausreichend (§ 104 Abs 2 ZPO iVm § 113 Abs 1 S 2 FamFG). Zur Berücksichtigung der Umsatzsteuer genügt die Erklärung des Antragstellers, dass er die Beträge nicht als Vorsteuer abziehen kann (§ 104 Abs 2 S 3 ZPO iVm § 113 Abs 1 S 2 FamFG). Vorausgesetzt wird

E 11

---

29 KG AGS 2001, 64 mwN.
30 OLG Stuttgart Rpfleger 1988, 39; aA: KG AGS 2001, 64 m Anm *Hansens*.
31 Vgl insoweit Rdn. E 5.
32 BGH NJW-RR 2009, 860 = Rpfleger 2009, 392; OLG Schleswig Rpfleger 2008, 513.
33 KG MDR 1995, 530; aA OLG Koblenz JurBüro 1985, 780. Vgl auch Rdn. B 34.
34 BGH MDR 2009, 589.
35 BeckOK ZPO/*Dörndorfer* § 699 Rn. 7; *Thomas/Putzo/Hüßtege* § 699 Rn. 17.
36 KG Rpfleger 2005, 697.
37 S hierzu: BGH NJW-RR 2007, 1578; BGH NJW 2007, 2493.
38 BGH JurBüro 2008, 536; OLG Koblenz JurBüro 2011, 659.

aber, dass ein umsatzsteuerpflichtiges Geschäft vorliegt.[39] Auf Antrag ist Verzinsung der festgesetzten Kosten anzuordnen (§ 104 Abs 1 S 2 ZPO, § 113 Abs 1 S 2 FamFG).[40]

4. Verfahren

E 12 Über den Festsetzungsantrag entscheidet das **Gericht des ersten Rechtszuges** (§ 104 Abs 1 S 1 ZPO iVm § 113 Abs 1 S 2 FamFG). Funktionell zuständig ist der Rechtspfleger (§ 20 Nr. 1 RPflG). Er prüft zunächst, ob der Antrag zulässig ist (= Form und Inhalt, Belege, Antragsbefugnis) und danach dessen Begründetheit (= wirksamer zur Vollstreckung geeigneter Titel, Entstehung und Notwendigkeit der angemeldeten Kosten). Dem Gegner ist (schriftlich oder mündlich) rechtliches Gehör zu gewähren.[41] Mündliche Verhandlung ist nicht ausgeschlossen. Tatsächliches Vorbringen, das der Gegner bestreitet, ist glaubhaft zu machen, Tatsachen die nicht bestritten werden gelten als zugestanden.[42] Der Rechtspfleger hat darüber zu entscheiden, ob die geltend gemachten Kosten zur zweckentsprechenden Rechtsverfolgung bzw Rechtsverteidigung notwendig waren (§ 91 Abs 1 S 1 ZPO, § 113 Abs 1 FamFG). Die gerichtliche Kostenentscheidung bindet ihn auch dann, wenn er sie für unzulässig hält.[43] Die Festsetzung wird durch den im Antrag bezifferten Gesamtbetrag begrenzt (§ 308 Abs 1 S 1 ZPO iVm § 113 Abs 1 S 2 FamFG). Bis zu dieser Begrenzung können Einzelposten ausgetauscht werden. Der Kostenfestsetzungsbeschluss bedarf der Begründung, wenn die Festsetzung geltend gemachter Kosten abgelehnt wird oder, wenn deren Erstattungsfähigkeit zweifelhaft ist. Eine vereinfachte Festsetzung nach § 105 ZPO ist möglich, an die Stelle des Urteils tritt in diesem Fall der Beschluss (§ 38 FamFG). Die Nachliquidation zunächst übersehener Kosten ist auch nach Rechtskraft des Kostenfestsetzungsbeschlusses noch zulässig.[44]

5. Rechtsmittel

a) Beschwer bis 200 €

E 13 Gegen die Entscheidung des Rechtspflegers (Festsetzung oder Antragsabweisung) findet, da die sofortige Beschwerde unzulässig wäre, die **befristete (sofortige) Erinnerung** statt (§ 11 Abs 2 S 1 RPflG, §§ 104 Abs 3 S 1, 567 Abs 2 ZPO); eine Mindestbeschwer muss nicht erreicht werden.[45] Die Erinnerung ist innerhalb einer Notfrist von zwei Wochen einzulegen (§ 11 Abs 2 S 4 RPflG iVm § 569 Abs 1 S 1 ZPO); Anwaltszwang besteht nicht (§ 13 RPflG). Der Rechtspfleger kann der Erinnerung, nach Gewährung rechtlichen Gehörs, ganz oder teilweise abhelfen (§ 11 Abs 2 S 2 RPflG). Hilft er der Erinnerung in vollem Umfang ab, muss er auch über die außergerichtlichen Kosten des Erinnerungsverfahrens entscheiden (§ 308 Abs 2 ZPO). Die Abhilfeentscheidung stellt sachlich einen neuen Kostenfestsetzungsbeschluss dar und beschwert den Gegner.[46] Bei Nichtabhilfe entscheidet über die Erinnerung der Richter (§§ 11 Abs 2 S 3, 28 RPflG); seine Entscheidung ist unanfechtbar (§ 567 Abs 2 ZPO).

b) Beschwer über 200 €

E 14 In diesen Fällen unterliegt die Entscheidung des Rechtspflegers der **sofortigen Beschwerde** (§ 11 Abs 1 RPflG, §§ 104 Abs 3 S 1 ZPO), die innerhalb einer Notfrist von zwei Wochen einzulegen ist (§ 569 ZPO); Anwaltszwang besteht nicht (§ 13 RPflG).[47] Der Rechtspfleger kann der

---

39 Zum Anwalt in eigener Sache vgl BGH JurBüro 2005, 145.
40 Vgl dazu: *Schlamann* Rpfleger 2003, 6; *Enders* JurBüro 2001, 510 und 2002, 453.
41 OLG Düsseldorf MDR 2011, 1500.
42 Vgl Rdn. E 11.
43 OLG Schleswig JurBüro 1982, 1404.
44 OLG München Rpfleger 1987, 262 mwN.
45 *Dörndorfer* RPflG § 11 Rn. 97.
46 OLG München Rpfleger 1989, 55.
47 BGH NJW 2006, 2260.

sofortigen Beschwerde abhelfen (§ 572 Abs 1 S 2 ZPO), andernfalls hat er sie unverzüglich dem Beschwerdegericht (= Oberlandesgericht § 119 Abs 1 Nr 1a GVG) zur Entscheidung vorzulegen. Das weitere Verfahren des Beschwerdegerichts richtet sich nach §§ 568 – 573 ZPO. Rechtsbeschwerde findet nur statt, wenn das Beschwerdegericht sie zugelassen hat (§ 574 Abs 3 ZPO).[48]

6. Änderung der Verfahrenswertfestsetzung

Wird nach der Kostenfestsetzung der Verfahrenswert festgesetzt (§ 55 FamGKG)[49] und weicht dieser von der im Kostenfestsetzungsbeschluss angenommenen Wertberechnung nach oben oder unten ab, so ist die Kostenfestsetzung auf Antrag des dadurch beschwerten Beteiligten **abzuändern** (§ 107 Abs 1 ZPO iVm § 113 Abs 1 FamFG). Der Antrag ist innerhalb einer Frist von einem Monat ab Zustellung bzw. Verkündung des Wertfestsetzungsbeschlusses einzureichen (§ 107 Abs 2 ZPO). Er ist auch nach formeller Rechtskraft (§ 705 ZPO) des Kostenfestsetzungsbeschlusses zulässig. Der Rechtspfleger erlässt keinen neuen Beschluss, er ändert nur den Gesamtbetrag des alten Beschlusses entsprechend ab.

E 15

V. Kostenfestsetzung in anderen Familiensachen und den Angelegenheiten der freiwilligen Gerichtsbarkeit

1. Anwendbare Vorschriften

Das FamFG regelt das **Kostenfestsetzungsverfahren** in Familiensachen, die **keine** Ehesache oder Familienstreitsache betreffen und in den Angelegenheiten der freiwilligen Gerichtsbarkeit, nicht eigenständig. **§ 85 FamFG** verweist vielmehr (wie früher § 13 a Abs 3 FGG)[50] auf das Kostenfestsetzungsverfahren der ZPO. Auf Grund dieser Verweisung sind die §§ 103 – 107 ZPO entsprechend anzuwenden; ergänzend treten die §§ 38, 39 FamFG hinzu. Die **Kostentragungs-** und **Erstattungspflicht** ist in §§ 80 – 84 FamFG eigenständig geregelt. Die **Erstattungsfähigkeit** von Kosten der Beteiligten richtet sich nach § 80 S 1 FamFG und § 80 S 2 FamFG iVm § 91 Abs 1 S 2 ZPO.[51] Erfasst werden Gerichtskosten (Gebühren und Auslagen) und die zur Durchführung des Verfahrens notwendigen außergerichtlichen Aufwendungen der Beteiligten. Richtschnur für die Erstattungsfähigkeit von Aufwendungen ist, ob sie zur Verfolgung der Angelegenheit **objektiv** erforderlich (= notwendig) waren.[52] Das gilt auch für die Erstattungsfähigkeit von Anwaltskosten, da § 91 Abs 2 ZPO unanwendbar ist. Die Notwendigkeit der **Anwaltszuziehung** wird danach zu beurteilen sein, ob der Beteiligte ohne Gefahr einen Rechtsnachteil zu erleiden, das Verfahren auf Grund seiner eigenen Kenntnisse und Fähigkeiten auch ohne Rechtsanwalt hätte führen können.[53] Im Regelfall wird die anwaltliche Vertretung im Hinblick auf die komplexen und komplizierten FamFG-Materien und trotz der gerichtlichen Amtsermittlungspflicht (vgl § 26 FamFG) zu bejahen sein.[54] Zu entscheiden ist darüber im Kostenfestsetzungsverfahren.[55] In bürgerlichen Rechtsstreitigkeiten müssen erstattungsfähige Aufwendungen der Parteien prozessbezogen angefallen sein, dh es wird eine sachliche Beziehung zum konkreten Rechtsstreit verlangt. Das gilt auch im Anwendungsbereich des FamFG. Die Aufwendungen müssen in der Angelegenheit in der die Erstattungsanordnung ergangen ist, entstanden sein. Umstände die aus dem Gesichtspunkt von Treu und Glauben[56]

E 16

---

48 BGH NJW-RR 2004, 356.
49 Das gilt auch bei erstmaliger Festsetzung des Verfahrenswertes: OLG Hamm JurBüro 1975, 1107 m Anm *Mümmler*.
50 BT-Drucks 16/6308 S 216.
51 Vgl dazu Rdn. B 447 bis 457.
52 BGH MDR 2007, 1163 zu § 91 Abs 1 S 1 ZPO; vgl dazu auch: Rdn. B 360 ff.
53 OLGR Zweibrücken 2003, 349.
54 OLG Brandenburg BeckRS 2015, 02260 = FamRZ 2015, 1226; OLG Celle NJW-RR 2015, 1535; *Keidel/Zimmermann* FamFG § 85 Rn. 9.
55 BayObLG FGPrax 1999, 77 zum früheren § 13 a FGG.
56 Vgl dazu Rdn. B 361 ff.

E. Kostenfestsetzung in Familiensachen u. Angelegenheiten der freiwilligen Gerichtsbarkeit

zu einer Begrenzung der Erstattungsfähigkeit führen, können auch in FamFG-Verfahren eine Rolle spielen. Dadurch kann bereits die gerichtliche Kostengrundentscheidung nach § 81 Abs 1 FamFG beeinflusst werden. Wenn ein Beteiligter anwaltlich vertreten war, kann sich die Notwendigkeit der Anwaltszuziehung durch einen anderen Beteiligten, auch aus dem Gesichtspunkt der Waffengleichheit der Beteiligten ergeben (arg § 121 Abs 2 S 1 ZPO). War die Vertretung durch einen Anwalt notwendig und hat der Beteiligte **mehrere Rechtsanwälte** beauftragt, so können zur Beurteilung der Erstattungsfähigkeit der Kosten, die dazu in bürgerlichen Rechtsstreitigkeiten entwickelten Erstattungsgrundsätze herangezogen werden.[57] Das gilt auch für andere außergerichtliche Positionen, wie zB die Kosten von Privatgutachten. Gebühren und Auslagen eines Anwalts in eigener Sache sind nicht erstattungsfähig, § 91 Abs 2 S 4 ZPO ist unanwendbar.[58] Zu den erstattungsfähigen Aufwendungen der Beteiligten gehören auch Gerichtskosten die der Erstattungsberechtigte zB als Vorschuss aufwenden musste.

2. Titel

E 17   Grundlage der Kostenfestsetzung ist, wie in Ehesachen und Familienstreitsachen, ein zur Zwangsvollstreckung geeigneter Titel (§ 85 FamFG iVm § 103 Abs 1 ZPO). Nach **§ 86 Abs 1 FamFG** findet die Vollstreckung statt aus:
- (Nr 1) gerichtlichen **Beschlüssen**,
- (Nr 2) **gerichtlich gebilligten Vergleichen** über den Umgang oder die Herausgabe des Kindes (§ 156 Abs 2 FamFG) und
- (Nr 3) **weiteren Vollstreckungstiteln** iS des § 794 ZPO (zB gerichtliche Vergleiche in Ehewohnungs- oder Haushaltssachen nach § 794 Abs. 1 Nr. 1 ZPO, Kostenfestsetzungsbeschlüsse nach § 794 Abs 1 Nr 2 ZPO und notarielle Urkunden nach § 794 Abs 1 Nr 5 ZPO).

E 17a Damit aus einem Beschluss vollstreckt werden kann, muss er **wirksam** geworden sein (§ 86 Abs 2 FamFG). Nach der Grundregel des § 40 Abs 1 FamFG ist dafür der Zeitpunkt der **Bekanntgabe** an den Beteiligten, für den er seinem wesentlichen Inhalt nach bestimmt ist, maßgebend. Dieser notwendige Bekanntmachungsadressat, also diejenige Person, die notwendiger Weise vom Inhalt des gerichtlichen Beschlusses Kenntnis erlangen muss, ist im Einzelfall nach materiellem Recht zu bestimmen. Anknüpfungspunkt ist dabei der Rechtsfolgenausspruch im Beschluss.[59] Die Art der Bekanntmachung richtet sich nach §§ 15 Abs 2, 41 Abs 1 S 2, Abs 2 FamFG.

E 17b Abweichend von § 40 Abs 1 FamFG werden (erst) mit **formeller Rechtskraft** wirksam:
- Familien- und betreuungsgerichtliche Genehmigungsentscheidungen (§ 40 Abs 2 FamFG),
- gerichtliche Ersetzungsentscheidungen (§ 40 Abs 3 FamFG) und
- Entscheidungen in Gewaltschutzsachen (§ 216 Abs 1 FamFG).

In diesen Fällen erfordert die Kostenfestsetzung einen formell rechtskräftigen Beschluss (§§ 45, 46 FamFG). Von einer Aussetzung der Vollziehung des Beschlusses (zB im Beschwerdeverfahren; § 64 Abs 3 FamFG) wird auch die Kostengrundentscheidung betroffen, so dass sie sich nicht mehr zur Kostenfestsetzung eignet. Wird die Kostengrundentscheidung aufgehoben oder geändert, fällt ein darauf basierender Kostenfestsetzungsbeschluss ohne weiteres weg und ist mit deklaratorischer Wirkung aufzuheben.[60]

3. Antrag, Verfahren, Rechtsmittel, Änderung der Wertfestsetzung

E 18   Da § 85 FamFG auf die §§ 103 – 107 ZPO insgesamt verweist, ergeben sich im Vergleich zum Kostenfestsetzungsverfahren in Ehesachen- und Familienstreitsachen[61] keine Abweichungen. Das

---

57 Vgl dazu Rdn. B 541 ff.
58 KG Rpfleger 2004, 252 = MDR 2004, 717.
59 *Keidel/Meyer-Holz* FamFG § 40 Rn. 21.
60 BGH NJW-RR 2008, 1082; OLG Köln MDR 2010, 104.
61 Vgl dazu Rdn. E 8 – E 15.

gilt ebenso für die Anfechtung der Entscheidung des Rechtspflegers, insoweit sind § 104 Abs 3 ZPO und § 11 Abs 2 RPflG entsprechend anzuwenden. Gegen die Entscheidung findet danach die sofortige Beschwerde (§§ 567 ff ZPO) oder die befristete Erinnerung (§ 11 Abs 2 RPflG) statt. Bei einer Änderung der Verfahrenswert- bzw Geschäftswertfestsetzung (vgl § 55 FamGKG, § 79 GNotKG) kann der Kostenfestsetzungsbeschluss entsprechend § 107 ZPO abgeändert werden.[62]

VI. Vollstreckungskosten

In **Ehesachen und Familienstreitsachen** erfolgt die Vollstreckung nach dem 8. Buch der ZPO (§ 120 Abs 1 FamFG iVm §§ 704 ff ZPO). Die Erstattungsfähigkeit von Vollstreckungskosten richtet sich deshalb unmittelbar nach **§ 788 ZPO**. Soweit sie notwendig waren (§ 91 ZPO), fallen sie kraft Gesetzes dem Schuldner zur Last. Sie werden entweder nach § 788 Abs 1 ZPO ohne Festsetzungsbeschluss mit beigetrieben oder auf Antrag des erstattungsberechtigten Beteiligten vom Vollstreckungsgericht nach § 788 Abs 2 ZPO festgesetzt.[63]

E 19

Die Vollstreckung von Endentscheidungen in **Familiensachen**, die **keine** Ehesache oder Familienstreitsache betreffen sowie in Angelegenheiten der freiwilligen Gerichtsbarkeit, richtet sich nach §§ 86 ff FamFG. Über § 95 Abs 1 FamFG ist **§ 788 ZPO** auch in diesen Verfahren entsprechend anzuwenden.[64]

VII. Vergütungsfestsetzung nach §§ 11 und 55 RVG sowie Beitreibung nach § 126 ZPO

Bei Vertretung von Beteiligten in FamFG-Verfahren kann der Rechtsanwalt seine gesetzliche Vergütung gegen den (zahlungsunwilligen) Auftraggeber festsetzen lassen (§ 11 RVG). Nach **§ 11 Abs 2 S 3 RVG** sind auf das Vergütungsfestsetzungsverfahren die §§ 103 ff ZPO iVm § 85 FamFG entsprechend anzuwenden.

E 20

Wird der Rechtsanwalt einem Beteiligten im Wege der **Verfahrenskostenhilfe** beigeordnet (§ 78 FamFG bzw § 113 Abs 1 FamFG, § 121 ZPO), ist ihm seine gesetzliche Vergütung nach Maßgabe der §§ 45 ff RVG auf Antrag aus der Staatskasse zu gewähren. Das gilt unter den Voraussetzungen der §§ 39, 45 Abs 2 RVG auch, wenn er nach § 138 FamFG beigeordnet wurde. Die Festsetzung richtet sich nach **§ 55 RVG**. Auch eine Beitreibung der Vergütung im eigenen Namen von einem anderen erstattungspflichtigen Beteiligten nach § 126 ZPO kann in Betracht kommen.[65]

---

62 Vgl dazu Rdn. B 139 ff.
63 Vgl dazu Rdn. B 240 ff und Rdn. B 602 ff.
64 Vgl auch: *Keidel/Zimmermann* FamFG § 85 Rn. 4.
65 S dazu Rdn. B 220.

F. Kostenfestsetzung in Strafsachen

Übersicht

		Rdn.
I.	Gesetzliche Grundlage, Anwendungsbereich	F 1
II.	Die Kostenentscheidung	F 3
1.	Die Kostenentscheidung als Voraussetzung für das Festsetzungsverfahren	F 3
2.	Die Kostenentscheidung im Urteil, im Strafbefehl und in der die Untersuchung einstellenden Entscheidung	F 4
3.	Beschlüsse als Kostenentscheidung	F 5
4.	Entscheidung nur dem Grunde nach	F 6
5.	Fehlen der Kostengrundentscheidung	F 7
6.	Auslegung der Kostengrundentscheidung, Nachtragsbeschluss	F 8
7.	Mehrere Kostenentscheidungen	F 9
8.	Jugendgerichtliches Verfahren	F 10
III.	Rechtsmittel gegen die Kostenentscheidung	F 11
1.	Die Anfechtung der Kosten- und Auslagenentscheidung	F 11
2.	Die Anfechtbarkeit der Auslagenentscheidung bei Unanfechtbarkeit der Hauptentscheidung	F 12
3.	Die Beschwerdeentscheidung	F 13
4.	Konkurrenz von Rechtsmitteln	F 14
IV.	Die einzelnen Fälle einer Erstattungspflicht	F 15
1.	Freispruch, Ablehnung der Eröffnung des Hauptverfahrens, Einstellung des Verfahrens	F 15
2.	Die notwendigen Auslagen des Angeschuldigten bei Klagerücknahme und Einstellung	F 24
3.	Kostenpflicht des Verurteilten, Kosten und notwendige Auslagen beim sog fiktiven sowie sog echten Teilfreispruch	F 25
4.	Straffreierklärung/falsche Anzeige	F 29
5.	Zurücknahme des Strafantrags	F 30
6.	Privatklage	F 33
7.	Nebenklage	F 44
8.	Adhäsionsverfahren	F 56
9.	Kosten bei Nebenfolgen	F 59
10.	Kosten im Rechtsmittelverfahren	F 61
11.	Beschlüsse aus §§ 51, 70, 77, 81 c, 145 StPO u § 56 GVG	F 78
V.	Kosten des Verfahrens, Umfang der Erstattungspflicht	F 80
1.	Gebühren und Auslagen der Staatskasse, Allgemeines	F 80
2.	Kosten der Vorbereitung der öffentlichen Klage	F 81
3.	Entschädigung von Zeugen und Sachverständigen	F 83

		Rdn.
4.	Vergütung des gerichtlich bestellten Verteidigers	F 84
5.	Kosten der einstweiligen Unterbringung und der Untersuchungshaft	F 85
6.	Beiträge für Dolmetscher und Übersetzer	F 86
7.	Kosten der Vollstreckung	F 87
8.	Kosten des Antrags auf Wiederaufnahme des Verfahrens	F 88
9.	Kostenübernahme	F 89
10.	Festsetzung der gerichtlichen Gebühren und Auslagen	F 90
VI.	Notwendige Auslagen, Umfang der Erstattungspflicht	F 91
1.	Allgemeines	F 91
2.	Entschädigung für notwendige Zeitversäumnis	F 93
3.	Sonstige notwendige Auslagen	F 94
4.	Gebühren und Auslagen eines Rechtsanwalts	F 95
5.	Die Kosten mehrerer Rechtsanwälte	F 98
	a) Mehrere Wahlverteidiger	F 98
	b) Mehrere Pflichtverteidiger	F 99
	c) Pflichtverteidiger neben Wahlverteidiger	F 100
6.	Mehrere Auftraggeber	F 101
7.	Der Erstattungsanspruch bei Doppelfunktion des Rechtsanwalts	F 102
8.	Die Vergütung bei Tätigwerden von Vertretern des Rechtsanwalts und anderer Verfahrensbevollmächtigter; Unterbevollmächtigter	F 103
9.	Der Rechtsanwalt als Vertreter oder Verteidiger in eigener Sache	F 106
10.	Die Gebühren des Rechtsanwalts im Einzelnen	F 108
11.	Reisekosten des auswärtigen Rechtsanwalts	F 113
12.	Auslagen des Wahlverteidigers	F 114
13.	Verstoß gegen § 137 Abs 1 S 2 StPO oder § 146 StPO	F 116
14.	Die Auslagen des Verteidigers im Ausschließungsverfahren nach §§ 138 a–d StPO	F 117
15.	Ausbleiben des Verteidigers	F 118
16.	Tod des Berechtigten, des Verpflichteten oder des Angeklagten	F 119
VII.	Das Festsetzungsverfahren	F 122
1.	Gegenstand und Zweck des Verfahrens	F 122
2.	Die Kostenentscheidung als Grundlage des Festsetzungsverfahrens	F 124
3.	Der Antrag	F 125

I. Gesetzliche Grundlage, Anwendungsbereich   F.

4.	Das Verfahren im Einzelnen .... F 127	a)	Das Vierfache der Mindestgebühren, rückwirkende Bestellung .... F 172
VIII.	Erinnerung .... F 131	b)	Einschränkung auf die Hälfte, Vergütungsvereinbarung, Vorschuss .... F 173
1.	Statthaftigkeit .... F 131		
2.	Gegenstand der Erinnerung........ F 136		
3.	Zuständigkeit .... F 140		
4.	Verfahrensgrundsätze........... F 144	2.	Zusatzgebühr bei Tätigwerden vor dem Zeitpunkt der Bestellung...... F 174
5.	Richterliche Erinnerungsentscheidung und deren Anfechtung............ F 150	3.	Gebühren in den Rechtsmittelinstanzen F 175
	a) Abschließende Entscheidung..... F 150	4.	Die Pauschvergütung nach § 51 RVG für den Pflichtverteidiger........... F 176
	b) Aufhebung und Zurückverweisung............. F 155	5.	Die Auslagen des Pflichtverteidigers... F 178
	c) Entscheidung nur über die Kosten .... F 156	6.	Vertreter des Pflichtverteidigers...... F 182
		7.	Festsetzung der Vergütung, Verfahren . F 183
IX.	Beschwerde .... F 157	8.	Rechtsbehelfe im Festsetzungsverfahren .... F 184
1.	Statthaftigkeit der sofortigen Beschwerde .... F 157	9.	Der Anspruch auf Wahlverteidigergebühren .... F 185
2.	Gegenstand der Beschwerde....... F 162	10.	Pflichtverteidiger und Vergütungsvereinbarung .... F 188
3.	Zuständigkeit .... F 164		
4.	Verfahrensgrundsätze........... F 165	11.	Pflichtverteidiger neben Wahlverteidiger .... F 189
5.	Entscheidung des Beschwerdegerichts . F 166		
6.	Rechtsbeschwerde .... F 167	12.	Vorschüsse und Zahlungen, Anrechnung .... F 190
X.	Geltendmachung des Erstattungsanspruchs des Beschuldigten durch den Rechtsanwalt oder Dritte .... F 168	13.	Gebühren und Auslagen des beigeordneten Rechtsanwalts........ F 191
1.	Allgemeines.................. F 168	14.	Andere Fälle................. F 192
2.	Kosten im Festsetzungsverfahren ..... F 169	15.	Die Pauschgebühr nach § 42 RVG für den Wahlverteidiger............. F 194
3.	Zwangsvollstreckung aus Kostenfestsetzungsbeschlüssen .... F 170		
		16.	Beigeordneter Zeugenbeistand/ Vernehmungsbeistand (§ 59 a RVG) .. F 195a
XI.	Aufrechnung gegen den Kostenerstattungsanspruch......... F 171		
XII.	Gebühren und Auslagen des gerichtlich bestellten Verteidigers und des beigeordneten Rechtsanwalts .... F 172	XIII.	Kostenerstattungsanspruch nach dem Gesetz über die Entschädigung für Strafverfolgungsmaßnahmen .... F 196
1.	Der Umfang des Vergütungsanspruchs des Pflichtverteidigers .... F 172	XIV.	Kostenerstattungsanspruch des psychosozialen Prozessbegleiters..... F 200

I. Gesetzliche Grundlage, Anwendungsbereich

Das Kostenfestsetzungsverfahren in Strafsachen hat seine **gesetzliche Grundlage** in § 464 b S 1 StPO: **F 1**

> »Die Höhe der Kosten und Auslagen, die ein Beteiligter einem anderen Beteiligten zu erstatten hat, wird auf Antrag eines Beteiligten durch das Gericht des ersten Rechtszugs festgesetzt«.

Das Verfahren findet dann statt, wenn es sich um die Erstattung von Kosten handelt, die ein Beteiligter zunächst aufgewendet hat und danach von einem anderen Beteiligten ersetzt verlangt. Auch die Staatskasse ist, wenn sie einem Verfahrensbeteiligten Auslagen zu erstatten hat (zB § 467 Abs 1 StPO), Beteiligter iSd § 464 b StPO. **F 2**

Verfahrensgegenstand im Offizialverfahren ist der Anspruch des Freigesprochenen oder Außerverfolgungsgesetzten auf Erstattung seiner durch das Verfahren bedingten Aufwendungen (§ 467 Abs 1 StPO). Diese nennt das Gesetz notwendige Auslagen (§§ 464 Abs 2, 467 Abs 1 StPO) und unterteilt sie in notwendige Aufwendungen des Angeschuldigten selbst – »Parteikosten« (§ 464 a Abs 2 Nr 1 StPO) – und in die Vergütung seines Rechtsanwalts (§ 464 a Abs 2 Nr 2 StPO). Begrifflich sind die notwendigen Auslagen Teil der Entschädigung für Strafverfolgungsmaßnahmen (§§ 1 ff, vor allem § 7 Abs 1 StrEG). Der Erstattungsanspruch gegen die Staatskasse ist öffentlich-rechtlicher Natur. Er entsteht aus der Abwehr der Strafverfolgung und wird durch die rechtskräftige Kostenentscheidung (§§ 459, 464 Abs 2 StPO) begründet. Gemäß § 464 b StPO wird der öffentlich-rechtliche Aufopferungsanspruch wie der privatrechtliche Kostenerstattungsanspruch des Zivilprozesses geltend gemacht. Dem Amtsverfahren Strafprozess folgt das Zivilverfahren Kostenfestsetzung, in dem der öffentlichen Hand die Parteirolle »Staatskasse« (§ 467 Abs 1 StPO) zugewiesen wird. Nur dann, wenn sich der Erstattungsanspruch nicht gegen den Staat richtet, sondern gegen einen anderen Verfahrensbeteiligten (zB gegen den Privatkläger, § 471 Abs 2 StPO), handelt es sich auch im Strafprozess um »echte« Kostenfestsetzung, dh um die Entscheidung über einen privatrechtlichen Anspruch.

Die notwendigen Auslagen sind streng zu unterscheiden von den Kosten des Verfahrens, nämlich den Gebühren und Auslagen der Staatskasse (§ 464 a Abs 1 S 1 StPO). Über sie ist getrennt in dem sog Kostenansatz gemäß § 19 Abs 2, 3 GKG zu entscheiden. Für sie gilt § 464 b StPO nicht. Über Erinnerungen des Kostenschuldners und der Staatskasse gegen den Kostenansatz des Kostenbeamten entscheidet das in § 66 Abs 1 GKG bestimmte Gericht.

II. Die Kostenentscheidung

1. Die Kostenentscheidung als Voraussetzung für das Festsetzungsverfahren

F 3   Das Kostenfestsetzungsverfahren in Strafsachen setzt ebenso wie das in bürgerlichen Rechtsstreitigkeiten voraus, dass eine Entscheidung darüber bereits vorliegt, von wem die Kosten des Verfahrens zu tragen sind; denn das Kostenfestsetzungsverfahren hat nur eine Entscheidung über die Höhe der zu erstattenden Kosten und Auslagen zu treffen. Das Kostenfestsetzungsverfahren nach § 464 b legt die notwendigen Auslagen eines Beteiligten nach Maßgabe der gerichtlichen Auslagenentscheidung betragsmäßig fest und schafft insoweit einen vollstreckbaren Titel gem § 794 Abs 1 Nr 2 ZPO.[1]

2. Die Kostenentscheidung im Urteil, im Strafbefehl und in der die Untersuchung einstellenden Entscheidung

F 4   Nach § 464 Abs 1 StPO muss jedes Urteil, jeder Strafbefehl und jede Untersuchung einstellende **Entscheidung darüber** Bestimmung treffen, **von wem die Kosten des Verfahrens zu tragen sind.** Gemäß § 464 Abs 2 StPO trifft das Gericht die Entscheidung darüber, wer die notwendigen Auslagen trägt, in dem Urteil oder in dem Beschluss, der das Verfahren abschließt. Niemand kann zur Kostentragung herangezogen werden, ohne dass ihm die Kosten auferlegt sind, es sei denn, es liegt ein Fall des § 29 Nr 2, 3 GKG vor (Übernahme der Kosten oder Haftung kraft Gesetzes für einen anderen). In welcher Höhe ein Kostenpflichtiger Kosten zu tragen hat, wird im Kostenansatzverfahren (§§ 19, 66 GKG) festgestellt.

Eine Kosten- und Auslagenentscheidung ist hiernach zu treffen in jedem Urteil, welches, falls es rechtskräftig wird, das Verfahren abschließt. Ein Rechtsmittelurteil, welches das Urteil der Vorinstanz aufhebt und die Sache zur erneuten Verhandlung und Entscheidung zurückverweist, kann über die Kostentragungspflicht nicht entscheiden; es muss auch die Entscheidung über die Kosten des Rechtsmittelverfahrens (§ 473 StPO) der Vorinstanz in dem neuen Urteil überlassen.

Mit »jede eine Untersuchung einstellende Entscheidung« sind Entscheidungen gemeint, die ein gerichtlich anhängig gewordenes Verfahren abschließen. Hierher gehören Beschlüsse, die anstelle eines Urteils treten (zB §§ 206 a, 206 b, 349 Abs 2, 441 Abs 2 StPO) sowie Beschlüsse, die über einen Rechtsbehelf oder ein Rechtsmittel entscheiden und das Verfahren im Ganzen abschließen (zB §§ 319, 322, 346 und 349 Abs 1 StPO). Wenn ein selbstständiger Verfahrensabschnitt oder ein vom Ausgang der Hauptsache unabhängiges Zwischenverfahren abgeschlossen wird, liegt ebenfalls eine Untersuchung einstellende Entscheidung vor, so dass in dem Beschluss eine Kostenentscheidung zu

---

[1] SSW-StPO/*Steinberger-Fraunhofer*, § 464 b Rn. 1.

II. Die Kostenentscheidung

treffen ist.[2] Es handelt sich dabei vornehmlich um Entscheidungen, die ein Beschwerdeverfahren abschließen. Wird zB die Haftbeschwerde des Beschuldigten verworfen, so trägt er die Kosten des Beschwerdeverfahrens (§ 473 Abs 1 StPO); hat seine Beschwerde Erfolg und hebt das Beschwerdegericht den Haftbefehl auf, so fallen die Kosten der Staatskasse zur Last; dies gilt auch dann wenn die Haftbeschwerde erfolglos war und der Beschuldigte später frei gesprochen worden ist.[3]

3. Beschlüsse als Kostenentscheidung

Unter § 464 Abs 1 StPO fallen ferner alle **in Beschlussform ergehenden Entscheidungen**, die auf Einstellung des Verfahrens lauten. Das sind die Beschlüsse nach §§ 153 Abs 2, 153 b Abs 2 StPO, ferner die Beschlüsse auf Ablehnung der Eröffnung des Hauptverfahrens (§ 204 StPO), auf Einstellung wegen eines Verfahrenshindernisses (§ 206 a StPO).

F 5

Bei der vorläufigen Einstellung des Verfahrens ist zu differenzieren. Der Beschluss nach § 153 a Abs 2 StPO fällt nicht unter § 464 StPO, denn bei Nichterfüllung der Auflagen und Weisungen wird das Verfahren fortgesetzt, bei Erfüllung aber das Verfahren durch besonderen Beschluss endgültig eingestellt (§ 467 Abs 5 StPO); letzterer muss mit einer Kosten- und Auslagenentscheidung versehen werden. In den Fällen der §§ 153 c und 153 d StPO entfällt eine Kostenentscheidung, da das Verfahren von der Staatsanwaltschaft ohne Mitwirkung des Gerichts eingestellt wird. Beschlüsse nach § 205 StPO fallen nicht unter § 464 StPO, weil sie das Verfahren nicht abschließen.

Zu den verfahrensbeenden Entscheidungen gehören auch Beschlüsse, durch die das Verfahren ganz oder teilweise nach § 154 StPO eingestellt wird.[4]

Ungeachtet der Bezeichnung als »vorläufig« führt die Einstellung zur Beendigung der gerichtlichen Anhängigkeit des von ihr betroffenen Teils der Anklage und in diesem Umfang zu einem der weiteren Verfolgung entgegenstehenden Verfahrenshindernis.[5]

Die verfahrensabschließende Wirkung der Einstellung nach § 154 Abs 2 StPO wird durch die Möglichkeit, das Verfahren unter der tatbestandlichen Voraussetzungen des § 154 Abs 3 und 4 StPO durch Gerichtsbeschluss wieder aufzunehmen, nicht in Frage gestellt.[6]

Erfolgt die Einstellung mit Rücksicht auf ein anderweitig noch anhängendes Strafverfahren, so kann zunächst eine Kostenentscheidung nicht getroffen werden. Ist aber die vorläufige Einstellung iSd § 154 Abs 4 StPO zu einer endgültigen geworden (durch rechtskräftigen Abschluss des Verfahrens wegen der anderen Tat und des ungenützten Ablaufs der anschließenden 3-Monatsfrist), so ist die Kostenentscheidung nachzuholen.[7] Dieselbe Problematik tritt bei der Verfahrensbeschränkung nach § 154 a Abs 2, 3 StPO und der vorläufigen Einstellung nach § 154 b Abs 2, 4 StPO auf.

4. Entscheidung nur dem Grunde nach

Die gerichtliche Entscheidung über die Kosten des Verfahrens und die Entscheidung über die Tragung notwendiger Auslagen ist nur eine Entscheidung »dem Grunde nach«, kurz **Kostengrundentscheidung** genannt.

F 6

Nach § 464 Abs 2 StPO trifft das Gericht in dem Urteil oder in dem Beschluss, der das Verfahren abschließt, die Entscheidung darüber, wer die notwendigen Auslagen trägt. Eine Auslagenentscheidung ist aber überflüssig, wenn es nach dem Gesetz selbstverständlich ist, wer die Auslagen zu tragen hat. Ist nichts anderes bestimmt, so gilt die gesetzliche Regelung. Ist zB der Angeklagte

---

2 KG Beschl v 09.07.2010 – 1 Ws 171/09.
3 OLG Hamm Beschl v 22.01.2009 – 5 WS 300/08.
4 BGH Beschl v 23.03.1996 – 1 StR 685/95.
5 BGHSt 30, 197, 198.
6 BGH Beschl v 25.01.2012 – 4 StR 631/11.
7 OLG Stuttgart NStZ 1992, 137.

verurteilt oder seine Berufung voll verworfen worden, so ist es rechtlich selbstverständlich, dass er seine notwendigen Auslagen selbst zu tragen hat, diese Selbstverständlichkeit gehört nicht in das Urteil.[8]

Ob Kosten und Auslagen im Einzelfall tatsächlich entstanden sind, ist unerheblich. Daher ist eine ausdrückliche Kostenentscheidung auch dann erforderlich, wenn sich die Kostenfolge einer gerichtlichen Maßnahme unmittelbar aus dem Gesetz ergibt. In welcher Höhe der Kostenpflichtige Gerichtskosten zu tragen hat, wird im Kostenansatzverfahren (§ 19 GKG) entschieden. Sind im Strafbefehl schon die Höhe der Gebühren und Auslagen der Staatskasse festgesetzt, so handelt es sich um einen nur äußerlich mit der Kostengrundentscheidung verbundenen Kostenansatz; lässt der Beschuldigte den Strafbefehl rechtskräftig werden, so kann er gegen den Kostenansatz Erinnerung einlegen.[9]

Welche Auslagen zu den »notwendigen Auslagen« des Beteiligten gehören und in welcher Höhe sie zu erstatten sind, gehört in das Kostenfestsetzungsverfahren nach § 464 b StPO.

Mit Wirkung zum 01.01.2017 sind die Bestimmungen über die Kostentragungspflicht des Verurteilten ergänzt worden. In § 465 Abs 2 S 4 StPO ist nun geregelt, dass das Gericht anordnen kann, dass die Erhöhung der Gerichtsgebühren im Falle der Beiordnung eines psychosozialen Prozessbegleiters ganz oder teilweise unterbleibt, wenn es unbillig wäre, den Angeklagten damit zu belasten. Diese Regelung ist deshalb erfolgt, weil durch das 3. Opferrechtsreformgesetz[10] für den Verletzten die Möglichkeit geschaffen wurden, dass ihm ein psychosozialer Prozessbegleiter beigeordnet wird. In den Nrn 3150 bis 3152 KV GKG ist geregelt, dass sie dann die Gerichtskosten erhöhen, es sei denn, das Gericht hat eine Anordnung nach § 465 Abs 2 S 4 StPO getroffen.

Die Kostenentscheidung ist zu begründen (§ 34 StPO) und mit einer Rechtsmittelbelehrung zu versehen (§§ 35 a, 44 S 2 StPO).

5. Fehlen der Kostengrundentscheidung

F 7 Fehlt entgegen der Vorschrift des § 464 Abs 1 StPO die **Kostengrundentscheidung**, so fallen die Kosten des Verfahrens der Staatskasse zur Last und jeder Beteiligte trägt seine notwendigen Auslagen selbst.[11]

Eine unterbliebene Kostenentscheidung kann nicht nachgeholt, eine unvollständige nicht ergänzt werden. Denn die – wenn auch versehentlich – fehlende Entscheidung stellt eine solche in negativer Form dar, nämlich, dass eine Überbürdung nicht stattfindet. Abhilfe ist nur durch Einlegung der sofortigen Beschwerde (§ 464 Abs 3 S 1 StPO) möglich. Ist das Urteil rechtskräftig, entfällt jede Ergänzungsmöglichkeit. Die Nachholung unterlassener Kostenentscheidung analog § 33 a StPO ist nicht zulässig.[12]

Nach abgeschlossener Urteilsverkündung dürfen nur Schreibversehen und andere offensichtliche Unrichtigkeiten beseitigt werden.[13]

6. Auslegung der Kostengrundentscheidung, Nachtragsbeschluss

F 8 Das Gesetz knüpft in einer Reihe von Vorschriften grundsätzlich an eine Sachentscheidung bestimmten Inhalts die Pflicht, dass die Staatskasse oder ein Verfahrensbeteiligter die einem anderen erwachsenen notwendigen Auslagen erstattet.

---

8 BGHSt 36, 27; LG-*Hilger* § 464 StPO Rn. 19.
9 LR-*Hilger* § 464 StPO Rn. 5.
10 Gesetz zur Stärkung der Opferrechte v 21.12.2015 (BGBl I, S 2525).
11 KK-*Schikora/Schimansky* § 464 StPO Rn. 4; LR-*Hilger* § 464 StPO Rn. 22–29.
12 OLG Oldenburg NStZ-RR 2006, 191
13 OLG Nürnberg Beschl v 04.12.2013 – 2 Ws 642/13.

Eine **Auslegung einer Kostenentscheidung**, die fehlt oder unvollständig ist, entsprechend der materiellen Rechtslage, wird deshalb vielfach für zulässig gehalten. Wird zB der Angeklagte »auf Kosten der Staatskasse« freigesprochen, fehlt aber der Ausspruch, dass die notwendigen Auslagen des Angeklagten der Staatskasse zur Last fallen, so soll es zulässig sein, die Entscheidung dahin auszulegen, weil das der materiellen Vorschrift des § 467 Abs 1 StPO entspreche; oder: die »kostenpflichtige« Verurteilung des Angeklagten sei dahin auszulegen, dass der Angeklagte auch die notwendigen Auslagen des Nebenklägers zu tragen habe.[14]

Wird die Berufung auf Kosten der Staatskasse verworfen, so kann sie dahin verstanden werden, dass die Staatskasse auch die im Berufungsrechtszug entstandenen notwendigen Auslagen des Freigesprochenen zu tragen hat.[15]

Enthält eine verfahrensbeendende Entscheidung keine Kosten- und Auslagenentscheidung, so ist eine Ergänzung der Entscheidung **durch Nachtragsbeschluss, etwa in analoger Anwendung von § 321 ZPO, unzulässig**; denn auch ein Beschluss, der – wenn auch versehentlich – keine nach § 464 Abs 1, 2 StPO erforderliche Kosten- und Auslagenentscheidung enthält, stellt in negativer Form eine »Entscheidung über Kosten und Auslagen« dar.[16]

7. Mehrere Kostenentscheidungen

Ergehen in einem Verfahren mehrere **Kosten- und Auslagenentscheidungen**, die gegensätzliche Ergebnisse haben, so werfen diese Entscheidungen keine Probleme auf, wenn die Verteidigergebühren nach verschiedenen Gebührenvorschriften bewertet werden.

F 9

▶ Beispiel:

Der Angeklagte wird in erster Instanz verurteilt; er hat die Kosten des Verfahrens zu tragen, § 465 StPO; er beschränkt die Berufung auf das Strafmaß erfolgreich; seine notwendigen Auslagen im Berufungsverfahren werden der Staatskasse auferlegt, § 473 Abs 3 StPO.[17]

Dann trägt der Angeklagte die Gebühren der Nr 4100 VV RVG, die Staatskasse die nach Nr 4124 ff VV RVG.

Probleme mit gegensätzlichen Kostenentscheidungen ergeben sich, wenn die Tätigkeit des Rechtsanwalts durch die gleiche Gebühr abgegolten ist.

▶ Beispiel:

Auf eine Haftbeschwerde des Verteidigers wird der Haftbefehl aufgehoben; die im Beschwerdeverfahren entstandenen Kosten und Auslagen werden der Staatskasse auferlegt.

Die Mehrarbeit des Verteidigers infolge seiner Tätigkeit im Beschwerdeverfahren wird durch eine Erhöhung der im Ausgangsverfahren entstandenen Gebühr mit abgegolten (§ 14 RVG). Um zu ermitteln, welche Auslagen des Beschwerdeverfahrens der Angeklagte aus der Staatskasse erstattet erhält, sind zwei Vergütungsrechnungen zu erstellen:
1. Die Gebühr des Verteidigers für seine gesamte Tätigkeit,
2. die Gebühr des Verteidigers, wenn er im Beschwerdeverfahren nicht tätig gewesen wäre. Der Unterschied zwischen den Gebühren zu 1. und zu 2. hat die Staatskasse zu erstatten.

---

14 So OLG Düsseldorf (1. Strafsenat) JurBüro 1988, 1071; OLG Düsseldorf (2. Strafsenat) AGS 1994, 85 m Anm *Madert*; OLG Köln JurBüro 1985, 424.
15 OLG Oldenburg Beschl v 28.03.2011 – 1 Ws 159/11.
16 OLG Köln Beschl v 14.01.2013 – 2 Ws 308/11.
17 OLG Stuttgart JurBüro 1980, 97.

Eine andere Möglichkeit, die Gesamtvergütung und die Einzelvergütungen zu ermitteln, ist, die Gesamtvergütung im Verhältnis der Einzelvergütungen aufzuteilen.

▶ **Beispiel:**

Ein Privatklageverfahren wird vor der Hauptverhandlung eingestellt, die Auslagen werden dem Beschuldigten auferlegt; der Privatkläger legt Beschwerde ein mit dem Antrag, das Privatklageverfahren durchzuführen; die Beschwerde wird verworfen; die Kosten und Auslagen des Beschwerdeverfahrens werden dem Privatkläger auferlegt. Abgesehen von der Gebühr nach Nr 4104 VV RVG für das vorbereitende Verfahren ist eine Gebühr nach Nr 4108 VV RVG für das gerichtliche Verfahren außerhalb der Hauptverhandlung entstanden. Unterstellt, dass die Gesamtvergütung des Rechtsanwalts 360 € beträgt, 250 € bei alleiniger Vertretung im ersten Rechtszug und 200 € bei alleiniger Vertretung im Beschwerdeverfahren, so ergibt sich: Die Kosten von 360 € werden im Verhältnis von 250 € zu 200 € (= 5:4) geteilt. Dann entfallen auf den Privatkläger 160 €, auf den Beschuldigten 200 €.[18]

8. Jugendgerichtliches Verfahren

F 10   Im Verfahren gegen einen Jugendlichen oder gegen einen Heranwachsenden bei Anwendung von Jugendstrafrecht kann das Gericht nach §§ 74, 109 Abs 2 JGG davon absehen, dem Angeklagten Kosten und Auslagen aufzuerlegen. Eine Kostenbelastung soll vermieden werden, weil sonst ein erziehungsfremdes, nicht jugendgemäßes Element in das Jugendstrafverfahren hineingetragen und im Ergebnis oft wie eine – im Jugendstrafrecht unzulässige – Geldstrafe wirken würde. Wird darauf erkannt, dass dem verurteilten Jugendlichen oder Heranwachsenden Kosten und Auslagen nicht auferlegt werden, muss der Angeklagte seine eigenen notwendigen Auslagen des Wahlverteidigers selbst tragen, weil diese mangels entsprechender Rechtsgrundlage der Staatskasse nicht auferlegt werden können.[19] Nach § 80 Abs 1 JGG kann gegen einen Jugendlichen keine Privatklage erhoben werden. Die Anschließung als Nebenkläger ist nur eingeschränkt möglich (§ 80 Abs 3 JGG). Privat- und Nebenklagen gegen Heranwachsende sind zulässig (§§ 109, 112 JGG). Die durch die Nebenklage verursachten Kosten und Auslagen können dem Angeklagten auch dann auferlegt werden, wenn (im Übrigen) davon abgesehen wurde, ihm Kosten und Auslagen aufzuerlegen.[20]

III. Rechtsmittel gegen die Kostenentscheidung

1. Die Anfechtung der Kosten- und Auslagenentscheidung

F 11   Nach § 464 Abs 3 S 1 StPO ist gegen die Entscheidung über die Kosten und die notwendigen Auslagen **sofortige Beschwerde** zulässig. Ist die sofortige Beschwerde zulässig, so ist sie es auch gegen das Unterlassen der Kostenauslagenentscheidung. Bei einer unterlassenen Kostengrundentscheidung kann ein Kostenfestsetzungsantrag lediglich dann in eine sofortige Beschwerde gegen die fehlende Kostengrundentscheidung umgedeutet werden, wenn der Antragsteller in irgendeiner Art und Weise zugleich die Kostengrundentscheidung beanstandet hat.[21]

Die Beschwerdefrist beträgt eine Woche; die Frist beginnt gem § 311 Abs 2 StPO mit der Bekanntmachung (§ 35 StPO) der Entscheidung. Es ist gleich, ob die Kosten- und Auslagenentscheidung in einem Urteil oder in einem Beschluss enthalten ist, ob sie mit einer Hauptentscheidung verbunden ist oder nicht. Der Wert des Beschwerdegegenstandes muss 200 € übersteigen (§ 304 Abs 3 StPO). Kostenentscheidungen des Bundesgerichtshofes und der Oberlandesgerichte können nicht angefochten werden (§ 304 Abs 4 StPO). Eine weitere Anfechtung der auf eine Beschwerde ergangenen Entscheidungen findet nicht statt (§ 310 Abs 2 StPO). Beschränkt sich ein Rechtsmittelverzicht

---

18 *Meyer* JurBüro 1983, 321.
19 BGH Beschl v 25.07.2000 – 4 StR 229/00.
20 OLG Köln Beschl v 07.10.2009 – 2 Ws 468/98.
21 KG Beschl v 14.08.2007 – 1 AR 1086/07.

III. Rechtsmittel gegen die Kostenentscheidung

auf die Hauptentscheidung, bleibt die Kosten- und Auslagenentscheidung anfechtbar. Ein ohne Einschränkung erklärter Rechtsmittelverzicht erstreckt sich auch auf die Kostenbeschwerde.[22]

Legt der Beschwerdeführer »Rechtsmittel« gegen die Hauptentscheidung ein, so muss er innerhalb der einwöchigen Beschwerdefrist des § 311 Abs 2 StPO zum Ausdruck bringen, dass er auch die Kostenentscheidung angreifen will.[23]

Beschwerdeberechtigt ist, wer durch den Inhalt oder das Unterbleiben der Kostenentscheidung beschwert ist. Die Staatsanwaltschaft kann das Rechtsmittel auch zugunsten des Angeklagten einlegen (§ 296 Abs 2 StPO). Der Bezirksrevisor ist nicht befugt, die Kostenentscheidung eines Urteils anzufechten.[24]

Dem Angeklagten ist Wiedereinsetzung in den vorigen Stand zu gewähren, wenn er das Rechtsmittel aufgrund einer fehlenden gerichtlichen Rechtsmittelbelehrung nicht fristgerecht eingelegt hat. Im Strafverfahren ist auch ein anwaltlich vertretener Betroffener zu belehren, weil die Zurechnung eines anwaltlichen Mitverschuldens mit den Besonderheiten des Strafrechts nicht im Einklang steht.[25]

Ein ohne Einschränkung eingelegtes Rechtsmittel umfasst zugleich die Kosten- und Auslagenentscheidung, soweit eine Änderung der Sachentscheidung zur Änderung der Kostenentscheidung führen muss (zB: auf Rechtsmittel hin wird der zunächst Verurteilte freigesprochen oder der zunächst Freigesprochene verurteilt). Ist das Rechtsmittel gegen die Entscheidung zur Hauptsache erfolglos, so ist die Kosten- und Auslagenentscheidung des angefochtenen Urteils nur überprüfbar, wenn ausdrücklich auch die Kostenentscheidung, wenigstens hilfsweise, mit der sofortigen Beschwerde angegriffen worden ist. Auch die hilfsweise eingelegte Beschwerde muss innerhalb der Wochenfrist des § 311 Abs 2 StPO eingelegt werden.[26] Daraus ergibt sich: Fühlt sich der Angeklagte sowohl in der Hauptsache wie in der Kostenentscheidung beschwert, sollte er neben dem Rechtsmittel zur Hauptsache auch Beschwerde gegen die Kostenentscheidung einlegen. Im Jugendstrafverfahren ist die Rechtsmittelbeschränkung des § 55 JGG zu beachten; diese gilt auch für die Anfechtbarkeit der Auslagenentscheidung im Berufungsurteil.[27]

2. Die Anfechtbarkeit der Auslagenentscheidung bei Unanfechtbarkeit der Hauptentscheidung

Die Beschwerde ist unzulässig, »wenn eine Anfechtung der in Abs 1 genannten Hauptentscheidung durch den Beschwerdeführer nicht statthaft ist«, § 464 Abs 3 S 1 StPO. Danach ist Unanfechtbarkeit in den Fällen gegeben, in denen das Gesetz die Hauptentscheidung ausdrücklich für nicht anfechtbar (§§ 46 Abs 2, 153 Abs 2 S 4, 153 a Abs 2 S 4 und 5, 161 a Abs 3 S 4, 304 Abs 4, 310 Abs 2, 390 Abs 5 S 2, 400 Abs 2 S 2, 406 a Abs 1 StPO, § 47 Abs 2 S 2 OWiG, § 47 Abs 2 S 2 JGG) oder für nur beschränkt anfechtbar erklärt (§ 80 OWiG) oder sie der Anfechtung durch den Betroffenen im konkreten Fall entzieht (§ 55 Abs 2 JGG). Ist die im Berufungsurteil getroffene Hauptsacheentscheidung für den Angeklagten nach § 55 Abs 2 JGG unanfechtbar, so ist auch die sofortige Beschwerde gegen die Kostenentscheidung im Berufungsurteil unzulässig. Die Unanfechtbarkeit der Kostengrundentscheidung ergibt sich zwar nicht unmittelbar aus § 55 Abs 2 JGG, sondern aus dem systematischen Zusammenwirken der Regelungen in § 55 Abs 2 JGG und § 464 Abs 3 S 1 Hs 2 StPO: Danach ist eine sofortige Beschwerde gegen die in einem Urteil getroffene

F 12

---

22 OLG Köln Beschl v 14.12.2012 – 2 Ws 853/12.
23 BGH NJW 1973, 336.
24 OLG Köln AGS 1995, 41.
25 BVerfG Beschl v 02.03.2014 – 2 BvR 53/13.
26 BGHSt 25, 77.
27 KG NStZ-RR 2008, 263.

Kostenentscheidung unzulässig, wenn eine Anfechung der Hauptsache durch den Beschwerdeführer nicht statthaft ist.[28]

Unanfechtbar ist die Auslagenentscheidung auch dann, wenn die Hauptentscheidung nach dem systematischen Gesamtzusammenhang keiner Anfechtung unterliegt (§§ 153 b, 154, 154 b StPO).[29]

Der Ausschluss der Beschwerde gilt ohne Rücksicht darauf, ob die Nebenentscheidung gesetzwidrig ist.[30]

Die Kostenentscheidung ist jedoch weiterhin mit der sofortigen Beschwerde anfechtbar, wenn gegen die Hauptentscheidung ein Rechtsmittel statthaft ist, das aber nur mangels Beschwer nicht eingelegt werden kann.[31]

Wird der Angeklagte freigesprochen, dann kann er mangels Beschwer keine Berufung gegen den Freispruch einlegen. Gegen das Urteil ist die Berufung aber statthaft, zB für den Nebenkläger. Also kann der Angeklagte gegen die Kostenentscheidung sofortige Beschwerde einlegen, wenn er durch sie beschwert ist, zB wenn das Gericht nicht die notwendigen Auslagen des Freigesprochenen der Staatskasse auferlegt hat.

3. Die Beschwerdeentscheidung

F 13 Das Beschwerdegericht ist an die tatsächlichen Feststellungen, auf denen die Kostenentscheidung beruht, gebunden, § 464 Abs 3 S 2 StPO. In Kostensachen ist es dem Beschwerdegericht grundsätzlich verwehrt, seine eigenen tatsächlichen Feststellungen an die Stelle derjenigen der angefochtenen Entscheidung zu setzen, Das Fehlen der maßgeblichen Sachverhaltsfeststellungen führt regelmäßig zur Aufhebung der Auslagenentscheidung und zur Zurückverweisung an die Vorinstanz.[32]

Dieser Grundsatz erfährt allerdings dann eine Einschränkung, wenn die Sache tatsächlich einfach ist und sich die maßgeblichen Tatsachen zweifelsfrei den Akten entnehmen lassen.[33]

Auch die Feststellung der Unbeschränktheit der Berufung im Urteil des Berufungsgerichts ist für das Beschwerdegericht im Verfahren über die Kostenbeschwerde gem § 464 Abs 3 S 2 StPO bindend.[34]

Eine Bindung an die tragenden Feststellungen der angefochtenen Entscheidung ist auch bei isolierten Kostenbeschlüssen anzunehmen.[35]

4. Konkurrenz von Rechtsmitteln

F 14 Nach § 464 Abs 3 S 3 StPO kann gegen die Hauptentscheidung Berufung oder Revision und zugleich gegen die Kostenentscheidung sofortige Beschwerde eingelegt werden. Dann ist das Berufungs- oder Revisionsgericht auch für die Entscheidung über die sofortige Beschwerde zuständig, wenn und solange es mit dem Rechtsmittel gegen die Hauptentscheidung befasst ist. »Befassen« ist sachliche Prüfung des Hauptrechtsmittels. Wird das Rechtsmittel als unzulässig verworfen (§§ 319, 346, 329, 349 Abs 1 StPO), dann liegt eine sachliche Prüfung des Rechtsmittels nicht vor (anders das Beschlussverfahren nach § 349 Abs 2, 4 StPO). Auch bei der Zurücknahme des Rechtsmittels

---

28 OLG Hamm Beschl v 02.07.2013 – 3 Ws 139/13.
29 Nachweise der Rechtsprechung s KK-*Schikora/Schimansky* StPO § 464 Rn. 8; OLG Hamm AGS 2002, 63.
30 OLG Düsseldorf MDR 1993, 376.
31 OLG München StraFo 1997, 191. Für das OWi-Verfahren s OLG Düsseldorf MDR 1989, 567 (Kostenbeschwerde zulässig, auch wenn Antrag auf Zulassung der Rechtsbeschwerde verworfen), VRS 1996, 222 u OLG Schleswig MDR 1987, 433; **aA:** OLG Stuttgart NStZ 1989, 548; KG NStZ-RR 2000, 162.
32 BGHSt 26, 89; OLG Stuttgart, NStZ-RR 2003, 60.
33 KG Beschl v 23.06.2009 – 1 Ws 64/09.
34 OLG Celle Beschl v 06.08.2013 – 1 Ws 192/13.
35 KG Beschl v 02.12.2011 – 1 Ws 82/11.

kommt es nicht zur sachlichen Prüfung. In all diesen Fällen fällt die Entscheidungskompetenz an das Beschwerdegericht zurück.

Greift der Angeklagte mit der Berufung oder der Revision nur die Kostenentscheidung an, ist das Rechtsmittel in eine sofortige Beschwerde umzudeuten.[36]

Führt das Hauptrechtsmittel zu einer Aufhebung oder Änderung der Hauptentscheidung, so wird der Kostenentscheidung die Grundlage entzogen. Sie ist aufzuheben oder der neuen Hauptentscheidung anzupassen. Es kommt also nicht darauf an, ob sie selbstständig angefochten ist oder nicht, die Kostenbeschwerde ist gegenstandslos. Sie gewinnt als Hilfsbeschwerde erst dann eigene Bedeutung, wenn das Hauptrechtsmittel keinen Erfolg hat.[37]

IV. Die einzelnen Fälle einer Erstattungspflicht

1. Freispruch, Ablehnung der Eröffnung des Hauptverfahrens, Einstellung des Verfahrens

a) § 467 Abs 1 StPO lautet:

F 15

»Soweit der Angeschuldigte freigesprochen, die Eröffnung des Hauptverfahrens gegen ihn abgelehnt oder das Verfahren gegen ihn eingestellt wird, fallen die Auslagen der Staatskasse und die notwendigen Auslagen des Angeschuldigten der Staatskasse zur Last.«

Die Vorschrift ist eine kostenrechtliche Folge der Unschuldsvermutung des Art 6 Abs 2 EMRK und stellt den Nichtverurteilten grundsätzlich von den Kosten des Verfahrens und seiner notwendigen Auslagen frei.[38]

Aus der Verwendung des Begriffs »Angeschuldigter« (vgl § 157 StPO) ergibt sich, dass das Verfahren durch Erhebung der öffentlichen Klage bei Gericht anhängig geworden sein muss. Endet dieses Verfahren durch eine Entscheidung, die keine Verurteilung iSv § 465 Abs 1 StPO enthält, dann gilt die Regel, dass die Kosten des Verfahrens und die notwendigen Auslagen des Angeschuldigten der Staatskasse zur Last fallen. Staatskasse ist die Staatskasse des Landes, dem das Gericht des ersten Rechtszugs angehört. Ausnahmen von der Regel des Abs 1 enthalten die Abs 2 bis 5 des § 467 StPO, ferner die §§ 470 S 2, 472 a Abs 2, 472 b Abs 2 StPO.

Wie eine Ablehnung der Eröffnung des Hauptverfahrens (§ 204 StPO) ist auch die Nichteröffnung des Sicherheitsverfahrens (§ 414 StPO), wie ein Freispruch die Ablehnung des Antrags der Staatsanwaltschaft im Sicherungsverfahren (§ 414 Abs 2 S 4 StPO) zu behandeln.[39]

Auf einen Freispruch wegen Schuldunfähigkeit, verbunden mit einer Maßregel der Besserung und Sicherung, findet § 465 StPO Anwendung.

Werden in einem freisprechenden Urteil nur die Kosten des Verfahrens der Staatskasse auferlegt, so fehlt eine Kostenentscheidung, nach der die notwendigen Auslagen des Angeschuldigten festgesetzt werden können (siehe auch oben Rdn. F 8). Die Belastung der Staatskasse mit den notwendigen Auslagen des Angeschuldigten muss vielmehr förmlich ausgesprochen werden. Erfasst werden die Kosten und Auslagen, die bis zum Zeitpunkt der Entscheidung angefallen sind. Die dem Freigesprochenen durch ein unbegründetes Rechtsmittel der Staatsanwaltschaft weiter entstandenen Auslagen sind Gegenstand der Kostenentscheidung des Rechtsmittelgerichts (§ 473 Abs 2 S 1 StPO). Sind dem Angeschuldigten Auslagen von einem Dritten aufgrund besonderer gerichtlicher Anordnung zu erstatten (§§ 51 Abs 1 S 1, 70 Abs 1 S 1, 77 Abs 1 S 1, 81 c Abs 6 S 1, 138 c Abs 6, 145 Abs 4, 161 a Abs 2 S 1; vgl Rdn. F 78), dürfen sie von der Überbürdung nicht ausgenommen

---

36 OLG Düsseldorf NStZ-RR 1999, 252.
37 BGH NJW 1973, 336; OLG Düsseldorf NJW 1971, 1281.
38 SSW-StPO/*Steinberger-Fraunhofer* § 467 Rn. 1.
39 BGH NJW 1970, 1242.

werden. Staatskasse und Dritte haften dem Angeschuldigten insoweit als Gesamtschuldner (§ 421 BGB). Die Haftung der Staatskasse ist nicht subsidiär, der Erstattungsberechtigte muss sich also nicht darauf verweisen lassen, zunächst gem § 464 b den Dritten in Anspruch zu nehmen. Der Erstattungsberechtigte kann sich zunächst an die Staatskasse als den sicheren Schuldner halten, die ihrerseits wiederum den Dritten in Regress nehmen kann.[40]

§ 467 Abs 1 StPO gilt nicht nur zugunsten des Angeschuldigten, sondern auch zugunsten der Personen, die kraft eigenen Rechts gegen eine Verurteilung vorgehen und für seine Freisprechung einzutreten befugt sind (§§ 298, 361 Abs 2 StPO).

Nach § 467 Abs 1 StPO fallen ferner die Auslagen der Staatskasse und die notwendigen Auslagen des Angeschuldigten der Staatskasse zur Last, »soweit ... die Eröffnung des Hauptverfahrens gegen ihn abgelehnt ... wird.«

Nach § 467 Abs 1 StPO fallen ferner die Auslagen der Staatskasse zur Last, »soweit ... das Verfahren gegen ihn eingestellt wird.«

Unter Einstellung ist nur eine dem Freispruch oder der Ablehnung des Verfahrens gleichkommende endgültig gemeinte Einstellung des gerichtlich anhängig gewordenen Verfahrens durch gerichtliche Entscheidung zu verstehen.[41]

Endgültige Einstellungen sind die nach §§ 153 Abs 2, 153 b Abs 2, 153 e Abs 2 StPO, auch die Fälle des § 154 Abs 2 und § 154 b Abs 4, weil das Verfahren nur unter ganz bestimmten Umständen wieder aufgenommen werden kann, ferner die Einstellungen gem §§ 206 a, 206 b, 260 Abs 3 StPO. Zu den Ausnahmen gem § 467 Abs 3 S 2 Nr 2 sowie Abs 4 und Abs 5 StPO s Rdn. F 21–23.

F 16 b) Eine **Ausnahme** vom Grundsatz der Erstattungspflicht enthält § 467 **Abs 2 StPO**. Danach werden die Kosten des Verfahrens, die der Angeschuldigte durch eine **schuldhafte Säumnis** verursacht hat, ihm und nicht der Staatskasse auferlegt, die ihm insoweit entstandenen notwendigen Auslagen trägt er selbst.

Der Begriff der schuldhaften Säumnis ist eng auszulegen und umfasst nur die vorwerfbare Versäumung eines Termins oder eine Frist.[42]

Bleibt der Angeklagte in der Hauptverhandlung aus, dann liegt Säumnis vor, auch wenn das Ausbleiben durch triftige Gründe gerechtfertigt war, der Angeklagte das Gericht jedoch nicht rechtzeitig unterrichtet hat, obwohl ihm dies möglich war.[43]

Ob ein Fall der Säumnis vorlag und deshalb dem Angeschuldigten Kosten des Verfahrens auferlegt bzw seine Auslagen insoweit der Staatskasse nicht auferlegt werden, entscheidet das Gericht in der Kostengrundentscheidung. Unterbleibt das, so kann das im Kostenfestsetzungsverfahren nicht nachgeholt werden, vor allem darf nicht ausgesprochen werden, dass die im versäumten Termin entstandenen Auslagen des Erstattungsberechtigten nicht notwendig gewesen wären.[44]

Welche Verfahrenskosten der Höhe nach dem Angeschuldigten auferlegt werden, wird im Kostenansatzverfahren, welche Auslagen von der Erstattung ausgenommen werden, wird im Kostenfestsetzungsverfahren entschieden. Zur Kostenfolge der Wiedereinsetzung in den vorigen Stand s unten Rdn. F 77, zur kostenrechtlichen Folge der Säumnis anderer Personen (Zeugen, Sachverständigen, Verteidiger, Schöffen) s unten Rdn. F 78–79.

---

40 SSW-StPO/*Steinberger-Fraunhofer* § 467 Rn. 4.
41 LR-*Hilger* § 467 StPO Rn. 8; *Meyer* JurBüro 1982, 481.
42 OLG Düsseldorf AGS 1995, 335.
43 OLG Stuttgart NJW 1974, 512; OLG Düsseldorf AGS 1995, 41.
44 OLG Zweibrücken Rpfleger 1979, 344; LG Wuppertal JurBüro 1984, 1059; **aA**: LG Trier Rpfleger 1977, 106; LG Wuppertal JurBüro 1979, 1184.

c) Eine weitere Einschränkung ist die **unwahre Selbstanzeige**. Nach § 467 Abs 3 S 1 StPO werden die notwendigen Auslagen des Angeschuldigten der Staatskasse nicht auferlegt, wenn der Angeschuldigte die Erhebung der öffentlichen Klage dadurch veranlasst hat, dass er in einer Selbstanzeige vorgetäuscht hat, die ihm zur Last gelegte Tat begangen zu haben. Der Angeschuldigte muss sich gegenüber einer Behörde fälschlich als Täter oder Teilnehmer einer Straftat angegeben haben zu einer Zeit, in der das Ermittlungsverfahren gegen ihn noch nicht eingeleitet war. Die unwahre Selbstanzeige muss die Erhebung der öffentlichen Klage verursacht haben. Warum er die Täterschaft vorgetäuscht hat, ist gleichgültig.[45]

F 17

In der das Verfahren abschließenden Entscheidung ist auszusprechen, dass die Staatskasse die Verfahrenskosten, nicht aber die notwendigen Auslagen des Angeschuldigten trägt.

d) § 467 Abs 3 S 2 Nr 1 StPO regelt die **wahrheitswidrige Belastung**. Das Gericht kann davon absehen, die notwendigen Auslagen des Angeschuldigten der Staatskasse aufzuerlegen, wenn der Angeschuldigte die Erhebung der öffentlichen Klage dadurch veranlasst hat, dass er sich selbst in wesentlichen Punkten wahrheitswidrig oder im Widerspruch zu seinen späteren Erklärungen belastet hat. Der Angeschuldigte muss die belastende Erklärung als Beschuldigter im Ermittlungsverfahren abgegeben haben und ihre Eignung, belastend zu wirken, erkannt und billigend in Kauf genommen haben.[46]

F 18

Ob er einen Angehörigen begünstigen wollte, ist unerheblich.[47]

Die wahrheitswidrige Selbstbelastung unterscheidet sich von der unwahren Selbstanzeige dadurch, dass bereits Verdachtsgründe vorlagen, die der Beschuldigte aber durch die Selbstbelastung in einem wesentlichen, das heißt für die Entschließung der StA entscheidenden Punkt so verstärkt hat, dass dadurch die Anklageerhebung mit verursacht worden ist.[48]

Seine Erklärung muss für die Anklageerhebung ursächlich gewesen sein. Das gilt auch dann, wenn der Angeschuldigte seine Angaben noch vor Anklageerhebung widerrufen hat, die Staatsanwaltschaft ihm aber nicht glaubt.

Die Vorschrift gilt nach einer Ansicht auch, wenn sich ein Angeklagter in erster Instanz wahrheitswidrig belastet und deshalb verurteilt wird, in der Berufungsinstanz sein Geständnis widerruft, die Tat leugnet und freigesprochen wird.[49]

Das ist nicht zulässig, denn Ausnahmebestimmungen sind grundsätzlich nicht erweiternd auszulegen.[50]

e) Auch beim **Verschweigen wesentlicher entlastender Umstände** kann das Gericht von der Überbürdung absehen, § 467 Abs 3 S 2 Nr 1 StPO. Wesentliche Umstände sind zB das Alibi und die Tatsachen für Notwehr. Das Verschweigen hat aber nur dann kostenrechtliche Nachteile, wenn der Angeschuldigte sich vor Klageerhebung zur Beschuldigung geäußert hat. Schweigt der Beschuldigte bis zur Anklageerhebung (dasselbe gilt für den Betroffenen im Bußgeldverfahren bis zum Erlass des Bußgeldbescheides), gibt aber nach Anklageerhebung sein Schweigen auf und wird dann wegen seines Vorbringens entlastender Umstände freigesprochen, so ist § 467 Abs 3 S 2 Nr 1 nicht anzuwenden. Denn das Gesetz gewährt dem Angeschuldigten das Recht zu schweigen. Es steht in seinem Belieben zu entscheiden, ob und wann er sich zur Sache äußern will. Wenn ein Angeschuldigter mithin die gesetzliche Möglichkeit ausnutzt, sich nicht zur Sache zu äußern, so darf dieses Verhalten nicht auf dem Umweg einer Teilbelastung mit den Kosten des Verfahrens gleichsam

F 19

---

45 KK-*Schikora/Schimansky* § 464 StPO Rn. 5; LR-*Hilger* § 467 StPO Rn. 30.
46 OLG Koblenz VRS 45, 374; OLG Braunschweig NJW 1973, 158.
47 LG Flensburg JurBüro 1976, 482.
48 OLG Oldenburg VRS 1987, 125.
49 OLG Düsseldorf StZ 1992, 557; OLG München StZ 1984, 185 m zust Anm *Schikora* JurBüro 1975, 915.
50 OLG Koblenz MDR 1982, 252.

bestrafungsähnlich berücksichtigt werden, wenn er freigesprochen wird; an sein Schweigen können keine kostenrechtlichen Nachteile geknüpft werden.[51]

Eine Mindermeinung wendet aus Billigkeitsgründen die Vorschrift dann an, wenn der Beschuldigte im Ermittlungsverfahren in Kenntnis des entlastenden Umstandes keine Aussage zur Sache gemacht hat, denselben Umstand aber im gerichtlichen Verfahren vorbringt.[52]

Eine Ausnahme von § 467 Abs 3 S 2 StPO enthält **§ 109 a Abs 2 OWiG**, der bestimmt:

> »Soweit dem Betroffenen Auslagen entstanden sind, die er durch ein rechtzeitiges Vorbringen entlastender Umstände hätte vermeiden können, kann davon abgesehen werden, diese der Staatskasse aufzuerlegen.«

Wendet die Kostengrundentscheidung § 467 Abs 3 S 2 Nr 1 StPO nicht an, so darf die Entscheidung im Kostenfestsetzungsverfahren nicht dadurch ausgehöhlt werden, dass die verfahrensbedingten Auslagen des Freigesprochenen ganz oder zum Teil als nicht nötig angesehen werden, weil er das Verfahren hätte vermeiden können.[53]

F 20 f) § 467 Abs 3 S 2 Nr 1 StPO ist eine **Kannvorschrift**. Die Ermessensausübung hängt davon ab, ob der Beschuldigte vernünftige und billigenswerte Gründe für sein Verschweigen hatte.[54]

Das ist zB der Fall, wenn er seine der Umwelt bisher unbekannte Geisteskrankheit aus menschlich verständlichen Gründen verschweigt[55] oder wenn er einen entlastenden Umstand verschwiegen hat, um die Strafverfolgung eines nahen Angehörigen, nicht anderer Personen, zu verhindern.[56]

Das Gericht darf daher die Freistellung auf einen Teil der notwendigen Auslagen beschränken.[57]

▶ Beispiel:

> Der Angeschuldigte hat bei seiner Anhörung im Ermittlungsverfahren entlastende Umstände verschwiegen, deshalb ergeht Strafbefehl; es entspricht der Billigkeit, den Angeschuldigten nur soweit von den notwendigen Auslagen zu entlasten, als sie nicht durch die Hauptverhandlung entstanden sind; denn die Hauptverhandlung hätte er durch Offenbarung des wirklichen Sachverhalts vermeiden können.[58]

F 21 g) Nach § 467 Abs 3 S 2 Nr 2 StPO kann das Gericht davon absehen, die notwendigen Auslagen des Angeschuldigten der Staatskasse aufzuerlegen, wenn er wegen einer Straftat nur deshalb nicht verurteilt wird, weil ein **Verfahrenshindernis** besteht. Aus der Formulierung »nur deshalb nicht verurteilt« ergibt sich, dass das festgestellte oder – bei unaufklärbaren tatsächlichen Zweifeln – anzunehmende Verfahrenshindernis der einzige Grund sein muss, der der Verurteilung entgegensteht.[59]

Umgekehrt ausgedrückt: Nr 2 ist nur anzuwenden, wenn bei Nichtvorliegen eines Verfahrenshindernisses eine Verurteilung erfolgt wäre.[60]

---

51 OLG Düsseldorf StV 1994, 108.
52 OLG Karlsruhe Die Justiz 1976, 263; s auch BVerfG NJW 1982, 275; dazu *Meyer* DAR 1982, 277 und *Schmidt* AnwBl 1982, 478; nach OLG München DAR 1983, 397 auch anwendbar, wenn durch das Verschweigen die Fortführung des Verfahrens veranlasst wurde.
53 Siehe die vorstehend angegebene Rechtsprechung sowie OLG München AnwBl 1979, 198; OLG Zweibrücken Rpfleger 1979, 344.
54 OLG Hamm MDR 1977, 1042; *Meyer-Gossner* § 467 StPO Rn. 15.
55 LR-*Hilger* § 467 StPO Rn. 48.
56 LG Münster AnwBl 1074, 227; *Meyer-Gossner* § 467 StPO Rn. 15.
57 OLG Hamm NJW 1970, 2128; OLG Hamburg NJW 1971, 292; LR-*Hilger* § 467 StPO Rn. 52.
58 LG Münster NJW 1972, 281.
59 LG-*Hilger* § 467 StPO Rn. 54.
60 OLG Hamm NStZ-RR 1997, 127; KG NJW 1994, 600; OLG München NStZ 1989, 124; OLG Zweibrücken JurBüro 1989, 514.

Nr 2 ist nicht anwendbar, wenn unabhängig vom Bestehen des Verfahrenshindernisses die Verurteilung wegen anderer tatsächlicher oder rechtlicher Umstände zweifelhaft gewesen wäre. Dann bleibt es bei der Regel des § 467 Abs 1 StPO. Die Feststellung, dass der Angeklagte ohne Bestehen eines Verfahrenshindernisses mit Sicherheit verurteilt worden wäre, kann an und für sich nur getroffen werden, wenn die Hauptverhandlung bis zur Schuldspruchreife durchgeführt worden ist.

Mit seiner Grundsatzentscheidung vom 05.11.1999[61] ist der BGH von der bis dahin herrschenden restriktiven Auffassung abgerückt, den Anwendungsbereich des § 467 Abs 3 S 2 Nr 2 StPO auf diejenigen Fälle zu beschränken, in denen bei Hinwegdenken des Verfahrenshindernisses eine Verurteilung wegen der bereits bis zur Schuldspruchreife durchgeführten Hauptverhandlung mit Sicherheit zu erwarten gewesen wäre. In dieser Grundsatzentscheidung ist der Anwendungsbereich der Vorschrift vielmehr auf jene Fälle erweitert worden, bei denen nach weitgehender Durchführung der Hauptverhandlung ein auf die bisherige Beweisaufnahme gestützter erheblicher Tatverdacht besteht und keine Umstände erkennbar sind, die bei einer neuen Hauptverhandlung die Verdichtung des Tatverdachts zur prozessordnungsgemäßen Feststellung der Tatschuld in Frage stellen würden. Dies ist nun herrschende Meinung.[62]

Auch die Unschuldsvermutung schließt es nicht aus, bereits in den der Schuldspruchreife vorausgehenden Verfahrensabschnitten wegen fortbestehender Verdachtserwägungen einen verbleibenden Tatverdacht festzustellen und zu bewerten und dies auch bei der Entscheidung wegen der kostenrechtlichen Folgen zu berücksichtigen, wenn das Verfahren ohne förmlichen Schuldspruch beendet wird.[63]

Allerdings genügen nicht formelhafte Begründungen wie »nach den bisherigen Feststellungen liege die schuldhafte Begehung einer Straftat vor« oder »nach Aktenlage wäre die Verurteilung des Angeklagten nicht zweifelhaft gewesen.«[64]

Liegen die Voraussetzungen Verfahrenshindernis und sichere Verurteilung bei Wegdenken des Hindernisses vor, so rechtfertigt das allein noch nicht das Abweichen von der Regel des § 467 Abs 1 StPO. Hinzukommen müssen vielmehr Gründe, die es unbillig erscheinen lassen, die Staatskasse mit den Auslagen des Angeklagten zu belasten. Diese Gründe dürfen nicht in der voraussichtlichen Verurteilung des Angeschuldigten und der zugrunde liegenden Tat gesehen werden. Es muss ein vorwerfbares prozessuales Fehlverhalten vorliegen.[65]

Stand das Verfahrenshindernis dem Verfahren von vornherein erkennbar entgegen, bleibt es ebenfalls bei der Regel des Abs 1.[66]

Tritt es erst während des Verfahrens ein oder wird sein Vorliegen erst nachträglich erkennbar, so können die Verfahrensabschnitte vor und nach diesem Zeitpunkt für die Anwendung der Ausnahmeregelung unterschiedlich behandelt werden.[67]

Hinsichtlich des Verfahrenshindernisses Verfolgungsverjährung enthält § 25 a StVG eine Ausnahmevorschrift. Kann in einem Bußgeldverfahren wegen eines Halte- oder Parkverstoßes der Führer des Kraftfahrzeugs, der den Verstoß begangen hat, nicht vor Eintritt der Verfolgungsverjährung ermittelt werden oder würde seine Ermittlung einen unangemessenen Aufwand erfordern, so werden dem Halter des Kraftfahrzeugs oder seinem Beauftragten die Kosten des Verfahrens auferlegt; er hat dann auch seine Auslagen zu tragen. Von dieser Entscheidung wird abgesehen, wenn es unbillig wäre, den Halter des Kraftfahrzeugs oder seinen Beauftragten mit den Kosten zu belasten.

---

61 BGH NStZ 2000, 330.
62 KG Beschl v 02.12.2011 – 1 Ws 82/11 unter Aufgabe der eigenen Rechtsprechung und mwN.
63 BVerfG NJW 1992, 1612.
64 BVerfG StV 1991, 118; NJW 1992, 1611 u 1612.
65 OLG Düsseldorf JurBüro 1990, 239; OLG Köln StV 1991, 115.
66 OLG München StV 1988, 71.
67 BayObLG KostRsp StPO § 467 (A) Nr 80.

F 22 **h) Stellt das Gericht das Verfahren** nach einer Vorschrift **ein**, die das **nach seinem Ermessen** zulässt, so kann es davon absehen, die notwendigen Auslagen des Angeschuldigten der Staatskasse aufzuerlegen, § 467 Abs 4 StPO. Gemeint sind die Fälle der endgültigen Verfahrenseinstellung, zB § 153 Abs 2 StPO. Es handelt sich um eine Ausnahme (»kann davon absehen«) von der Regel des Abs 1. Abs 4 kann nur angewandt werden, wenn erwiesen ist, dass der Angeschuldigte die Tat begangen hat und es als billig erscheint, dass er seine notwendigen Auslagen trägt.[68]

Die Überbürdung der notwendigen Auslagen kann im Einzelfall angemessen sein, wenn diese durch unrichtige Sachbehandlung iSv § 21 GKG entstanden sind oder wenn das Verschulden des Täters sehr gering ist.[69]

Nach OLG Frankfurt besteht zur Überbürdung auf die Staatskasse idR kein Anlass, wenn der Angeschuldigte auf Erstattungsansprüche verzichtet hat.[70]

F 23 **i)** Ist das Verfahren nach § 153 a StPO vorläufig eingestellt und wird es nach Erfüllung der Auflagen und Weisungen endgültig eingestellt, so werden die notwendigen Auslagen des Angeschuldigten der Staatskasse nicht auferlegt, § 467 Abs 5 StPO.

2. Die notwendigen Auslagen des Angeschuldigten bei Klagerücknahme und Einstellung

F 24 **Nimmt die Staatsanwaltschaft die öffentliche Klage zurück** und stellt sie das Verfahren ein, so hat das Gericht auf Antrag der Staatsanwaltschaft oder des Angeschuldigten die dem Angeschuldigten erwachsenen notwendigen Auslagen der Staatskasse aufzuerlegen, § 467 a Abs 1 S 1 StPO. Die öffentliche Klage muss also erhoben und wirksam zurückgenommen sein, sodann muss die Staatsanwaltschaft das Ermittlungsverfahren eingestellt haben.[71]

Gleiches gilt, wenn die Staatsanwaltschaft den Antrag auf Aburteilung im beschleunigten Verfahren (§ 417 StPO) zurücknimmt und das Verfahren einstellt oder die Verurteilung im beschleunigten Verfahren abgelehnt wird.[72]

Weiter gilt die Vorschrift für die Zurücknahme des Strafbefehlsantrags vor dessen Erlass oder vor Anberaumung einer Hauptverhandlung.

Bei der Einstellung des Ermittlungsverfahrens muss es sich um eine endgültige Einstellung handeln. § 467 Abs 1 StPO gilt daher nicht nur im Fall des § 170 Abs 2 StPO, sondern auch, wenn die Staatsanwaltschaft nach Zurücknahme der Anklage das Verfahren nach §§ 153 Abs 1, 153 b Abs 1, 153 c Abs 3 oder 153 d Abs 2 StPO eingestellt hat.

Die Vorschrift ist bei Einstellung eines Ermittlungsverfahrens, das nicht gerichtlich anhängig gewesen ist, nicht anzuwenden.[73]

Es muss ein Antrag vorliegen, der an keine Frist oder Form gebunden ist. Antragsberechtigt sind die Staatsanwaltschaft und der Angeschuldigte, dessen gesetzlicher Vertreter und der Erziehungsberechtigte (§ 67 JGG).

Zuständig ist das Gericht, bei dem die öffentliche Klage erhoben war. Das Gericht ist an die Einstellungsverfügung und die die Einstellung tragenden Gründe gebunden. Liegt ein Fall des § 467 a Abs 1 S 1 StPO vor, ist die Belastung der Staatskasse grundsätzlich zwingend. Die Entscheidung ist gemäß § 467 a Abs 3 StPO unanfechtbar. Nach § 467 a Abs 1 S 2 gilt § 467 Abs 2 bis 5 StPO

---

68 OLG Nürnberg OLGSt § 467 StPO S 107.
69 OLG Hamm MDR 1976, 424.
70 OLG Frankfurt Rpfleger 1983, 143.
71 LG Nürnberg-Fürth NJW 1971, 1281.
72 LG Aachen JMBlNRW 1970, 152 (157).
73 BGHSt 30, 152 (157).

sinngemäß. Macht das Gericht von dieser Möglichkeit Gebrauch, dann ist diese Entscheidung gemäß § 467 Abs 3 StPO anfechtbar. Folglich ist die Entscheidung zu begründen und mit einer Rechtsmittelbelehrung zu versehen. Der Ausspruch nach Abs 1 tritt in entsprechender Anwendung von § 14 Abs 1 StrEG außer Kraft, wenn später gegen den Berechtigten wegen derselben Tat das Hauptverfahren eröffnet wird; bereits gezahlte Beträge können dann zurückgefordert werden.[74]

Nach Abs 2 kann das Gericht in den Fällen des Abs 1 S 1 die einem Nebenbeteiligten erwachsenen notwendigen Auslagen auf Antrag der Staatsanwaltschaft oder des Nebenbeteiligten der Staatskasse oder einem anderen Beteiligten auferlegen. Nebenbeteiligte sind die in §§ 431 Abs 1 S 1, 442 und 444 Abs 1 S 1 StPO Aufgeführten. Der Zurücknahme der öffentlichen Klage steht die Zurücknahme des Antrags auf selbstständige Anordnung der Einziehung oder gleichstehender Maßnahmen (§§ 440, 442 Abs 1 StPO) gleich. Das Gericht kann auf Grund seines Ermessens die Auslagen ganz oder zum Teil der Staatskasse oder einem anderen Beteiligten auferlegen. Als solche kommen der Beschuldigte, der Privatkläger, der Nebenkläger oder ein anderer Nebenbeteiligter in Betracht, wenn ihr Verhalten für das Entstehen der Auslagen ursächlich gewesen ist. Nach Abs 3 ist die Entscheidung nach den Abs 1 und 2 unanfechtbar.

3. Kostenpflicht des Verurteilten, Kosten und notwendige Auslagen beim sog fiktiven sowie sog echten Teilfreispruch

a) Nach § 465 Abs 1 StPO hat der Angeklagte die Kosten des Verfahrens insoweit zu tragen, als sie durch das Verfahren wegen einer Tat entstanden sind, wegen der er verurteilt oder eine Maßregelung der Besserung und Sicherung gegen ihn angeordnet wird. Eine **Verurteilung** iS dieser Vorschrift liegt auch dann vor, wenn der Angeklagte mit Strafvorbehalt verwarnt wird oder das Gericht von Strafe absieht. Die notwendigen Auslagen des Angeklagten sind hier nicht erwähnt, weil es des besonderen Ausspruches hierüber im Fall der Verurteilung nicht bedarf. Es bleibt dann bei dem allgemeinen Grundsatz, dass jeder Verfahrensbeteiligte seine Kosten selbst zu tragen hat, wenn im Gesetz eine Erstattung nicht ausdrücklich vorgesehen ist. Kosten einzelner Verfahrensteile, die durch besonderen Beschluss Dritten auferlegt worden sind (§§ 51 Abs 1 S 1, 70 Abs 1 S 1, 77 Abs 1 S 1, 81 c Abs 6 S 1, 138 c Abs 6, 145 Abs 4, 161 a Abs 2 S 1 StPO; § 28 GKG), sind von der Ersatzpflicht ausgenommen. Die Entscheidung über die Kosten des Verfahrens begründet einen öffentlich-rechtlichen Kostenanspruch der Staatskasse (§§ 464 Abs 1, 464 a Abs 1 StPO), also keinen echten »Kostenerstattungsanspruch«.[75] F 25

Mitangeklagte, gegen die in Bezug auf dieselbe Tat auf Strafe erkannt wird, haften gem § 466 StPO als Gesamtschuldner.

Was zu den Kosten gehört, bestimmt § 464 a Abs 1 StPO (s unten Rdn. F 80 ff). Die Höhe der Kosten wird im Kostenansatzverfahren gem § 19 GKG festgestellt.

b) Der Grundsatz, dass der Verurteilte die Kosten des Verfahrens zu tragen hat, wird eingeschränkt bei Jugendlichen und Heranwachsenden. Nach §§ 74, 104 Abs 1, 109 Abs 2 S 1 JGG kann in Verfahren gegen **Jugendliche und Heranwachsende,** auf die Jugendstrafrecht angewendet wird, davon abgesehen werden, dem Angeklagten Kosten und Auslagen aufzuerlegen. Wird davon abgesehen, sind die Kosten des Verfahrens der Staatskasse aufzuerlegen. Die Staatskasse trägt die Kosten auch dann, wenn die Kostenentscheidung dem Wortlaut des § 74 JGG entspricht. Wegen der dem Angeklagten entstandenen Auslagen s oben Rdn. F 10. F 26

c) Weitere Einschränkung in § 465 Abs 2 StPO F 27

Danach hat das Gericht den Verurteilten von bestimmten Auslagen freizustellen. Dazu gehören seit dem 01.01.2017 auch diejenigen Gerichtskosten, die sich wegen der Beiordnung eines

---

[74] KK-*Schikora/Schimansky* § 467 a StPO Rn. 2.
[75] *Lappe* Justizkostenrecht S 224.

psychosozialen Prozessbegleiters nach den Nrn 3150 bis 3152 KV GKG erhöhen. Wenn diese Kostenbelastung für den Verurteilten im Einzelfall unbillig wäre, kann das Gericht bestimmen, dass die Erhöhung der Gerichtskosten ganz oder teilweise unterbleibt. Dies kann beispielsweise dann der Fall sein, wenn sich im Laufe des Strafverfahrens die rechtliche Bewertung der angeklagten Tat ändert.[76]

Im Übrigen kann das Gericht den Verurteilten aber auch von den sonstigen besonderen Auslagen freistellen. Voraussetzung ist, dass durch Untersuchung zur Aufklärung bestimmter belastender oder entlastender Umstände besondere Auslagen entstanden sind und diese unter Untersuchungen (zB Gutachten, Zeugenvernehmung) zu Gunsten des Angeklagten ausgegangen sind. Das Gericht hat diese Auslagen teilweise oder ganz der Staatskasse aufzuerlegen, wenn es unbillig wäre, den Angeklagten damit zu belasten.

Hierzu gehört der Fall des **sog fiktiven Teilfreispruchs.** Er ist gegeben, wenn der Schuldspruch des Urteils wegen derselben Tat iSd § 264 StPO geringer ausfällt, als in der Anklage angenommen wird (zB bei Einzelakten einer fortgesetzten Handlung oder bei einzelnen von mehreren tateinheitlichen Gesetzesverletzungen). Dann kommt es nicht zu einem förmlichen Teilfreispruch, sondern zu einer Verurteilung mit der Folge, dass der Angeklagte gem § 465 Abs 1 StPO die Kosten des Verfahrens und seine notwendigen Auslagen zu tragen hat, falls nicht das Gericht § 465 Abs 2 StPO anwendet, der nach S 3 entsprechend für die notwendigen Auslagen des Angeklagten gilt. Alle Auslagen müssen somit darauf überprüft werden, ob sie entstanden sind durch Untersuchungen, die zu Gunsten des Angeklagten ausgegangen sind. Diese Auslagen sind dann der Staatskasse aufzuerlegen.[77]

Das Gericht kann sich auch darauf beschränken, die besonderen Auslagen nur nach dem Entstehungsgrund abzugrenzen und insoweit ganz oder teilweise der Staatskasse aufzuerlegen. Das können zB sein: Die Vernehmung bestimmter Zeugen, die Einholung von Gutachten, Augenscheinseinnahmen, Blutproben oder andere körperliche Eingriffe. Auch Tatsachen, die für die Strafzumessung erheblich sind, kommen in Betracht, wie zB Leumundszeugnisse, Einholung von Auskünften über die wirtschaftliche Lage des Angeklagten, vor allem für die Ermittlung des Nettoeinkommens im Hinblick auf eine zu erwartende Geldstrafe. Ein Umstand in diesem Sinne kann auch die gesamte Aufklärung einer von mehreren tateinheitlich angeklagten Gesetzesverletzung oder die Aufklärung von Teilakten einer fortgesetzten Tat sein.[78]

Zu den entlastenden Umständen gehören auch die das Strafmaß bestimmenden Umstände.[79]

Im Einzelfall können die gesamten Auslagen »besondere« sein, nämlich dann, wenn solche Auslagen überhaupt nicht entstanden sind, wenn von Anfang an sich der Schuldvorwurf auf den sich später als begründet erwiesenen Teil der Anklage beschränkt hätte, zB weil der wegen eines Vergehens Angeklagte nur wegen einer Ordnungswidrigkeit verurteilt wird, wobei er einen Bußgeldbescheid widerspruchslos hingenommen hätte.[80]

Für die Verteidigerkosten kommt das in Betracht, wenn sich die Verteidigung auf den Teil des Vorwurfs beschränkte, der nicht zur Verurteilung führte.[81]

Die Ansicht, eine Beschränkung der Verteidigung sei insoweit nicht möglich, ist falsch.[82]

---

76 BT-Drucks 18/4621, S 36 zu § 465 StPO
77 Beispiele s KostRsp StPO § 456 Nr 1 Anm *Herget*. Wegen des erfolgreich beschränkten Einspruchs gegen den Strafbefehl s LG Mosbach StV 1997, 34.
78 *Meyer* JurBüro 1994, 518 (zum Auslagenerstattungsanspruch des Verurteilten im Falle eines unechten Teilfreispruchs); LG Flensburg JurBüro 1982, 740.
79 LG Kiel AnwBl 1981, 33.
80 BGH NJW 1973, 665; OLG Düsseldorf JurBüro 1989, 126.
81 LG Köln StV 1998, 611.
82 So aber LG Darmstadt Rpfleger 1976, 322 = JurBüro 1976, 1501 m abl Anm *Mümmler*.

IV. Die einzelnen Fälle einer Erstattungspflicht   F.

Denn maßgebend ist allein der dem Anwalt erteilte Auftrag. Die bloße Behauptung des Verurteilten, er hätte sich mit einem Bußgeldbescheid abgefunden, ist allerdings nicht ausreichend. Der Angeklagte ist hierfür behauptungs- und beweispflichtig. Denn es gibt keinen Erfahrungssatz dafür, dass ein Betroffener geringfügige Ordnungswidrigkeitenvorwürfe ohne weiteres hingenommen hätte.[83] Der Verteidiger sollte eine solche Beschränkung frühzeitig der Staatsanwaltschaft oder dem Gericht anzeigen, evtl eine solche Beschränkung auch in die Strafprozessvollmacht aufnehmen. Ist das nicht geschehen, können sich Anhaltspunkte auch aus dem Verhalten des Verteidigers ergeben, zB wenn sich seine Tätigkeit ausschließlich auf die Tat beschränkt hat, die zum Freispruch führt.[84]

Anhaltspunkte können sich auch ergeben aus dem Verhalten des Angeklagten, wenn er zB die Tat, zu der er verurteilt wurde, von Anfang an eingeräumt hat,[85] oder er sich gegen ähnliche Vorwürfe in der Vergangenheit nicht zur Wehr gesetzt hat.[86]

Um die manchmal schwierige Zuordnung zu erleichtern, bestimmt der durch das KostÄndG 1994 neu geschaffene § 464 d StPO: »Die Auslagen der Staatskasse und die notwendigen Auslagen der Beteiligten können nach Bruchteilen verteilt werden«. Nach dem Willen des Gesetzgebers (BT-Drucks 12/6962, S 111) soll § 464 d StPO es in den Fällen, in denen Gerichte entstandene Auslagen zwischen mehreren Beteiligten – unter Einschluss der Staatskasse – aufzuteilen haben, aus Gründen der Vereinfachung ermöglichen, in der Kostenentscheidung die den Beteiligten aufzuerlegenden Kosten statt durch abstrakte Abgrenzungsmerkmale durch eine Quote festzulegen. § 464 d StPO wendet sich sowohl an die Gerichte als auch an die mit der Kostenfestsetzung beauftragten Rechtspfleger. Es hat klarstellende Bedeutung in den Fällen, in denen schon jetzt eine Kostenfestsetzung aufgrund Gesetzes oder gefestigter Rechtsprechung möglich ist (zB in §§ 465 Abs 2, 473 Abs 4 StPO). Es soll vor allem in solchen Verfahren, in denen der Richter aufgrund der vorangegangenen Hauptverhandlung zu einer schnellen Beurteilung einer angemessenen Kostenaufteilung in der Lage ist, eine einfache Kostenentscheidung durch Quotelung ermöglichen, ohne eine Quotelung für alle Verfahren zwingend vorzuschreiben. Nimmt das Gericht eine Quotelung vor, sind die Kostenfestsetzungsinstanzen daran gebunden.

d) Zu einem sog **förmlichen oder echten Teilfreispruch** kommt es dann, wenn bei Tatmehrheit (§ 53 StGB) wegen einer Tat verurteilt, wegen einer anderen nicht verurteilt wird. Die StPO enthält für diesen Fall keine eigene Kostenbestimmung. Grundlage der Kostenentscheidung sind § 465 StPO und § 467 StPO. Nach dem BGH[87] lautete der korrekte Kosten- und Auslagenanspruch dann: Der Angeklagte hat die Kosten des Verfahrens zu tragen, soweit er verurteilt ist; soweit er freigesprochen bzw soweit das Verfahren eingestellt ist, fallen die Kosten des Verfahrens und die notwendigen Auslagen des Angeklagten der Staatskasse zur Last. Nach dem BGH war bei Teilfreispruch eine Bruchteilsentscheidung über die Verfahrenskosten und die notwendigen Auslagen des Angeklagten ausgeschlossen.   F 28

Die Neufassung des § 467 Abs 1 StPO durch das KostÄndG 1994 (»Soweit der Angeschuldigte freigesprochen…«) sieht – iVm dem neuen § 464 d StPO – nun auch für den Fall, dass der Angeschuldigte teilweise freigesprochen, die Eröffnung des Hauptsacheverfahrens gegen ihn teilweise abgelehnt, oder das Verfahren gegen ihn teilweise eingestellt wird, die Möglichkeit der Quotelung der Auslagen im Wege der Bruchteilsentscheidung vor. Das Gericht ist zu einer Quotelung der Auslagen nicht gezwungen. Es kann sich nach wie vor der oben wiedergegebenen Formel des BGH bedienen.[88]

---

83 LG Flensburg JurBüro 1978, 700 u 1980, 890.
84 OLG Düsseldorf JurBüro 1979, 1720; LR-*Hilger* § 465 StPO Rn. 45.
85 OLG Düsseldorf JurBüro 1989, 1720.
86 OLG Düsseldorf JurBüro 1989, 126.
87 BGHSt 25, 109.
88 OLG Karlsruhe StV 1998, 609.

Das Gericht wird aber aus Gründen der Verfahrensökonomie von der Quotelung machen, wenn keine komplizierten zeitaufwendigen Untersuchungen über die Höhe einzelner Verfahrensauslagen nötig sind und eine Kostenaufteilung nach Bruchteilen – ggf aufgrund einer sachgemäßen Schätzung – ohne besonderen Aufwand möglich ist (so BT-Drucks 12/6962, S 112). Diese Auslagenverteilung steht im Ermessen des Gerichts und soll insbesondere in einfachen und leicht überschaubaren Fällen eine schnelle und angemessene Kostenverteilung ermöglichen.[89]

Auch wenn das Urteil eine Bruchteilsentscheidung nach § 464 d StPO nicht getroffen hat, darf der Rechtspfleger im Kostenfestsetzungsverfahren die zu erstattenden Auslagen nach einem Bruchteil der gesamten Auslagen bestimmen.[90]

Auf die Beschwerde nach § 464 Abs 3 StPO muss das Beschwerdegericht die Bruchteilsentscheidung auf ihre Richtigkeit überprüfen.

Macht das Gericht von der Möglichkeit der Quotelung nach § 464 StPO keinen Gebrauch, so wird, wie in der Vergangenheit auch, zukünftig die Aufteilung der notwendigen Auslagen aufgrund eines sog fiktiven oder echten Teilfreispruchs große Schwierigkeit bereiten.

Nach der sog **Differenztheorie** soll der Angeklagte kostenmäßig so gestellt werden, wie er gestanden hätte, wenn allein die zur Verurteilung führende Tat Gegenstand des Verfahrens gewesen wäre; die in diesem Fall entstandenen Kosten fallen ihm zur Last. Er sollte jedoch von allen Mehrkosten freigestellt werden, die durch die Tat veranlasst sind, welche zum Freispruch geführt haben.[91]

Oft lassen sich diese Mehrkosten nicht eindeutig zuordnen, weil die Aufwendungen (zB Gebühren des Wahlverteidigers) das gesamte Verfahren betreffen. Dann müssen sie durch einen Vergleich der den Angeklagten tatsächlich entstandenen notwendigen Auslagen mit den im Fall des beschränkten Verfahrens gegenstandshypothetisch erwachsenen ermittelt werden. Anders ausgedrückt: Der Angeklagte hat bei einem Teilfreispruch grundsätzlich seine Auslagen selbst zu tragen, nur ausscheidbare Auslagen, die allein auf den freisprechenden Teil des Urteils entfallen, sind ihm aus der Staatskasse zu ersetzen. Bei der Verteidigervergütung bedeutet das, dass der RA in seinem Kostenfestsetzungsantrag zwei getrennte Rechnungen vornehmen muss, nämlich:

1. Eine Berechnung der tatsächlich entstandenen Gebühren und Auslagen für die gesamte Verteidigung und
2. eine weitere Berechnung über die Gebühren und Auslagen, die angefallen wären, wenn das Verfahren nur wegen der Straftat durchgeführt worden wäre, die zu einer Verurteilung geführt hat.

Der Unterschied, der sich aus den beiden Berechnungen ergibt, sind die Mehrkosten, die dem insoweit freigesprochenen Angeklagten aus der Staatskasse zu ersetzen sind.[92]

Das fiktive Honorar kann das Gesamthonorar erreichen, wenn der Schwerpunkt der Verteidigung beim Gegenstand der Verurteilung gelegen hat.[93]

Umgekehrt ist das fiktive Honorar nicht angefallen, wenn die Verteidigung von Anfang an auf den zum Freispruch zählenden Vorwurf beschränkt worden ist; dann ist das Verteidigerhonorar voll zu erstatten. Auslagen, die sich nicht oder nur schwer trennen lassen, können nach Bruchteilen abgeschätzt, also gequotelt werden.[94]

---

89 OLG Köln NStZ-RR 2004, 384.
90 LG Hamburg Rpfleger 2000, 29, OLG Köln, NStZ-RR 2004, 384.
91 BGH NJW 1973, 665; OLG Celle NJW 2004, 2396.
92 OLG Düsseldorf JurBüro 1984, 724.
93 OLG Stuttgart MDR 1975, 598; OLG Düsseldorf JurBüro 1975, 786.
94 BGHSt 25, 109.

In der Entscheidung des OLG Celle[95] findet sich eine ausführliche Darstellung der einzelnen Rechenschritte für die Berechnung der erstattungsfähigen Kosten bei Anwendung der Differenztheorie. Eine lesenswerte Entscheidung!

4. Straffreierklärung/falsche Anzeige

§ 468 StPO lautet: F 29

> »Bei wechselseitigen Beleidigungen wird die Verurteilung eines oder beider Teile in die Kosten dadurch nicht ausgeschlossen, dass einer oder beide für straffrei erklärt werden.«

Es handelt sich um die Straffreierklärung nach § 199 StPO und das Absehen von Strafe nach § 233 StGB. Beide sind von der starren Kostenregelung des § 465 Abs 1 StPO ausgeschlossen. Das Gericht kann einen oder beide Angeklagten in die Kosten nach Bruchteilen verurteilen, es kann die Kosten nach Bruchteilen auf beide verteilen oder teilweise der Staatskasse auferlegen. Die Entscheidung betrifft nur die Auslagen des Gerichtes, seine notwendigen Auslagen trägt der Angeklagte selbst.

§ 469 StPO lautet:

> »(1) Ist ein, wenn auch nur außergerichtliches Verfahren durch eine vorsätzlich oder leichtfertig erstattete unwahre Anzeige veranlasst worden, so hat das Gericht dem Anzeigenden, nachdem er gehört worden ist, die Kosten des Verfahrens und die dem Beschuldigten erwachsenen notwendigen Auslagen aufzuerlegen. Die einem Nebenbeteiligten (§§ 431 Abs 1 S 1, 442, 444 Abs 1 S 1 StPO) erwachsenen notwendigen Auslagen kann das Gericht dem Anzeigenden auferlegen.
> (2) War noch kein Gericht mit der Sache befasst, so ergeht die Entscheidung auf Antrag der Staatsanwaltschaft durch das Gericht, das für die Eröffnung des Hauptverfahrens zuständig gewesen wäre.
> (3) Die Entscheidung nach den Absätzen 1 und 2 ist unanfechtbar.«

Nur im Fall des Abs 2 ist ein Antrag der Staatsanwaltschaft erforderlich.

Ist das Gericht mit dem Hauptverfahren befasst, ergehen zwei Entscheidungen, nämlich die Kostenentscheidung nach § 467 StPO und ein Beschluss nach § 469 StPO. Die notwendigen Auslagen des Nichtverurteilten sind sowohl gegen die Staatskasse als auch gegen den Anzeigenden auf Antrag festzusetzen.[96]

Staatskasse und Anzeigenerstatter haften als Gesamtschuldner. Erstattet die Staatskasse die Auslagen des Beschuldigten, so kann sie beim Anzeigenden Regress nehmen.[97]

5. Zurücknahme des Strafantrags

a) Wird das Verfahren wegen **Zurücknahme des Strafantrags,** durch den es bedingt war, eingestellt, F 30 so hat der Antragsteller die Kosten sowie die dem Beschuldigten und einem Nebenbeteiligten erwachsenen notwendigen Auslagen zu tragen, § 470 S 1 StPO. Durch den Antrag bedingt ist das Verfahren, wenn der Antrag zulässig und wirksam war und das Verfahren ohne ihn nicht eingeleitet oder weiter betrieben worden wäre. Das ist nicht der Fall, wenn die Staatsanwaltschaft Tateinheit mit einem Offizialdelikt oder das besondere öffentliche Interesse der Strafverfolgung angenommen hat.[98]

Die Einstellung des Verfahrens wegen zulässiger Zurücknahme des Strafantrags (§ 77 d StGB), der die Voraussetzungen des Verfahrens bildet, hat zur Folge, dass das mit der Hauptsache befasste Gericht von Amts wegen durch selbstständigen Kostenbeschluss die Kosten des Verfahrens und

---

95 OLG Celle Beschl v 08.08.2016 – 1 Ws 382/16.
96 BayObLG NJW 1958, 1933; AG Moers AnwBl 1970, 240.
97 LG-*Hilger* § 469 StPO Rn. 16.
98 *Meyer-Gossner* § 470 StPO Rn. 2.

die dem Beschuldigten und einem Nebenbeteiligten erwachsenen notwendigen Auslagen dem Antragsteller auferlegen muss. Nach S 2 des § 470 StPO können sie dem Angeklagten oder einem Nebenbeteiligten auferlegt werden, soweit er sich zur Übernahme bereit erklärt hat, der Staatskasse, soweit es unbillig wäre, die Beteiligten damit zu belasten. Der Antragsteller kann die Zurücknahme des Strafantrags an die Bedingung knüpfen, dass er von allen Kosten freigestellt wird.[99]

§ 470 S 2 StPO geht zwar nicht so weit, dass er einer Einigung zwischen Antragsteller und Verletzter über die Verfahrenskosten bindende Wirkung gegenüber dem Gericht beilegt, indem es dieses zwingt, eine der Kostenvereinbarung entsprechende Entscheidung zu fällen, oder dass er gar eine gerichtliche Entscheidung erübrigt. Vielmehr ermächtigt § 470 S 2 StPO lediglich das Gericht, bei einer Übernahmebereiterklärung des Angeklagten diesem die Kosten anstelle des Antragstellers aufzuerlegen. Das Gericht soll den Willen der Beteiligten dR respektieren.[100]

Es wird die Übernahmeerklärung aber unberücksichtigt lassen, wenn zB die Kosteneinigung nur bezweckt, den vermögenden Antragsteller von der Kostenpflicht zu entlasten und sie auf den vermögenslosen Angeklagten abzuwälzen, bei dem die Staatskasse nichts holen kann, so dass praktisch die Kostenvereinbarung darauf hinausliefe, dass die Staatskasse ihre Kosten tragen müsste.[101]

In dem Beschluss können dem Angeklagten Verfahrenskosten und notwendige Auslagen nur insoweit auferlegt werden, als er zur Übernahme bereit ist. Wenn zB der Angeklagte sich nur bereit erklärt, die Hälfte der Verfahrenskosten und der notwendigen Auslagen zu tragen, so ist dem Antragsteller die andere Hälfte aufzuerlegen.

F 31 b) Nach der Anm zu Nr 3200 KV GKG kann das Gericht bei Zurücknahme des Antrags Gebühren herabsetzen oder beschließen, dass von der Erhebung einer Gebühr abgesehen wird. Darüber hinaus kann das Gericht gem § 470 S 2 StPO auch die Kosten und die Auslagen des Beschuldigten der Staatskasse auferlegen, soweit es unbillig wäre, die Beteiligten damit zu belasten. Ein solcher Entscheid kann in Betracht kommen, wenn der Antragsteller den Strafantrag im guten Glauben an die Richtigkeit von Zeugenerklärungen stellte, diese Zeugen aber in der Hauptverhandlung ihre Angaben nicht aufrecht erhalten und er nunmehr seinen Strafantrag zurücknimmt.

F 32 c) Auch wenn das Gericht entgegen einer auf einer Vereinbarung der Beteiligten beruhenden Übernahmebereiterklärung des Angeklagten ausnahmsweise die Kosten und notwendigen Auslagen des Beschuldigten dem Antragsteller auferlegt, bleibt die Vereinbarung im Verhältnis zwischen Antragsteller und Beschuldigten **zivilrechtlich** ggü der Staatskasse nach § 29 Nr 2 GKG **wirksam**, sofern die Erklärung vor Gericht abgegeben oder ihm mitgeteilt worden ist. Erwirkt der Angeklagte gegen den Antragsteller, gestützt auf die gegen diesen ergangene Kostenentscheidung, einen Kostenfestsetzungsbeschluss, kann der Antragsteller hiergegen Vollstreckungsgegenklage aus § 767 ZPO mit dem Einwand der Arglist erheben; der Abs 2 des § 767 ZPO ist nicht anwendbar, wenn der Antragsteller gegenüber der Entscheidung aus § 470 S 1 StPO keine Einwendung erheben kann.

Aus der Verwendung des Begriffs »Beschuldigter« in S 1 ergibt sich, dass das Verfahren nicht zur Erhebung der öffentlichen Anklage geführt zu haben braucht; in diesem Fall ist § 469 Abs 2 StPO entsprechend anzuwenden, dh eine Kostenentscheidung des Gerichts gemäß § 470 S 1 StPO ergeht nur auf Antrag der Staatsanwaltschaft.[102]

---

99 BGHSt 16, 105.
100 BayObLG DAR 1974, 184.
101 BGHSt 9, 149.
102 OLG Bremen JZ 1953, 471.

Obwohl S 2 den Beschuldigten als »Angeklagten« bezeichnet und damit die Eröffnung des Hauptverfahrens voraussetzt (§ 157 StPO), gebietet der Zweck der Vorschrift, S 2 auch auf das Ermittlungsverfahren anzuwenden.[103]

Gegen die Entscheidung ist die sofortige Beschwerde statthaft (§ 464 Abs 3 StPO).

6. Privatklage

Die allgemeinen Kostenbestimmungen der §§ 464 StPO ff gelten auch im Privatklageverfahren, soweit § 471 StPO nichts anderes bestimmt.

a) § 471 StPO spricht in seinem Abs 1 aus, dass im Privatklageverfahren die Verurteilung des Angeklagten ohne weiteres die Verpflichtung zur Erstattung der dem Privatkläger notwendigen Auslagen zur Folge hat, was das Gericht ausdrücklich aussprechen muss.[104]

F 33

Zur Sicherheitsleistung des Privatklägers für die dem Beschuldigten voraussichtlich erwachsenen Kosten und zur Prozesskostenhilfe vgl § 379 StPO. Die Sicherheitsleistung bestimmt sich nach den Vorschriften der §§ 108 bis 113 ZPO. Die Verpflichtung zur Sicherheitsleistung gilt grundsätzlich nur für Privatkläger, die ihren gewöhnlichen Aufenthalt nicht in einem Mitgliedstaat der Europäischen Union oder in einem Vertragsstaat des Abkommens über den Europäischen Wirtschaftsraum haben. Prozesskostenhilfe kann dem Privatkläger nach den §§ 114 ff ZPO bewilligt werden.

b) Bei Verurteilung hat der Angeklagte nach § 465 Abs 1 S 1 StPO die Kosten des Verfahrens zu tragen und nach § 471 Abs 1 StPO die dem Privatkläger erwachsenen notwendigen Auslagen zu erstatten. Nach § 471 Abs 4 S 2 StPO haften mehrere Verurteilte für die dem Privatkläger erwachsenen notwendigen Auslagen als Gesamtschuldner. Eine gesamtschuldnerische Haftung mehrerer Beschuldigter gegenüber dem Privatkläger kommt aber nur insoweit in Betracht, als sie »in Bezug auf dieselbe Tat« verurteilt sind, entsprechend dem Grundgedanken des § 466 StPO.[105]

F 34

c) Dass eine Partei für straffrei erklärt wird, schließt nach dem auch im Privatklageverfahren anwendbaren § 468 StPO ihre Belastung mit Kosten nicht aus.

F 35

d) Die **Kostenentscheidung bei Nichtverurteilung** regelt § 471 Abs 2 StPO. Wird die Klage gegen den Beschuldigten zurückgewiesen (§ 383 Abs 1 S 1 StPO), wird er freigesprochen oder wird das Verfahren eingestellt, so fallen dem Privatkläger die Kosten des Verfahrens sowie die dem Beschuldigten erwachsenen notwendigen Auslagen zur Last. Mehrere Privatkläger haften als Gesamtschuldner (Abs 4 S 1 StPO). § 471 Abs 2 StPO gilt für alle Fälle der endgültigen Einstellung des Privatklageverfahrens, also auch, wenn die Privatklage ausdrücklich zurückgenommen wird (§ 391 Abs 1 StPO) oder nach § 391 Abs 2 StPO die Zurücknahme anzunehmen ist, ferner, wenn das Privatklageverfahren deshalb eingestellt wird, weil ein Offizialdelikt vorliegt (§ 389 StPO). Übernimmt aber die Staatsanwaltschaft gemäß § 377 Abs 2 StPO die Verfolgung des Privatklagedelikts, so erfolgt keine Einstellung des Privatklageverfahrens, sondern dieses wird als Offizialverfahren fortgesetzt und die Kosten des Privatklageverfahrens gehen in denen des Offizialverfahrens auf. Der bisherige Privatkläger kann sich als Nebenkläger anschließen und hat bei Verurteilung des Angeklagten Anspruch auf Ersatz seiner Auslagen einschließlich derjenigen, die er im Privatklageverfahren aufgewendet hat.

F 36

e) Der **Tod des Beschuldigten** vor Rechtskraft des Urteils beendet das Strafverfahren kraft Gesetzes; ein ergangenes Urteil verliert seine Bedeutung. § 465 Abs 3 StPO stellt klar, dass der Nachlass des Verstorbenen nicht für die Kosten haftet; er haftet auch nicht dem Privat- oder Nebenkläger für Gebühren und Auslagen. Eine Einstellung des Verfahrens durch Beschluss erfolgt nicht, vielmehr

F 37

---

103 AG Schwetzingen NJW 1975, 946; KK-*Schikora/Schimansky* § 470 StPO Rn. 3; aA: LR-*Hilger* § 470 StPO Rn. 8; *Meyer* JurBüro 1984, 1627.
104 OLG Düsseldorf JurBüro 1989, 1000.
105 LR-*Hilger* § 471 StPO Rn. 35, 36.

ist lediglich der Tod des Angeklagten aktenkundig zu machen; § 471 Abs 2 StPO ist daher nicht anzuwenden; es können dem Privatkläger weder die Kosten noch die Auslagen des Angeklagten auferlegt werden. Das Gleiche gilt, wenn der freigesprochene Angeklagte vor Rechtskraft des Urteils stirbt. Ist das Urteil rechtskräftig, so wird durch den späteren Tod des Berechtigten oder Verpflichteten der Erstattungsanspruch nicht berührt (s auch Rdn. F 119).

Der Tod des Privatklägers führt nach § 393 StPO grundsätzlich zur Einstellung des Verfahrens mit der Folge, dass nach § 471 Abs 2 StPO sein Nachlass für die Verfahrenskosten und die notwendigen Auslagen des Beschuldigten haftet,[106] soweit nicht das Verfahren nach § 393 Abs 2 StPO von den Angehörigen fortgesetzt wird (s hierzu auch Rdn. F 43). Eine Kostenverteilung in entsprechender Anwendung des § 471 Abs 3 StPO ist ausgeschlossen.[107]

F 38 f) Nach § 380 StPO ist für bestimmte Privatklagedelikte (§§ 123 Abs 1, 185, 202, 223, 230, 241, 303 StPO) ein Sühneverfahren zwingend vorgeschrieben. Im **Sühneverfahren** wird keine Auslagenentscheidung getroffen. Selbstverständlich können sich die Parteien durch Vergleich über die Kosten des Sühneverfahrens einigen. Die Gebühr nach Nr 4102 Nr 5 VV RVG für die Tätigkeit in dem erfolglos gebliebenen Sühneverfahren gehört zu den notwendigen aus Kosten des Privatklageverfahrens. Sie ist deshalb vom unterlegenen Gegner zu erstatten.[108] Sieht der Verletzte von der Erhebung der Privatklage ab, obwohl die Voraussetzungen hierfür erfüllt sind, sind die dem Beschuldigten entstandenen Anwaltskosten nicht zu erstatten.[109]

F 39 g) Kommt es nur zu einer teilweisen Verurteilung, so kann das Gericht die Kosten des Verfahrens und die notwendigen Auslagen der Beteiligten angemessen verteilen oder nach pflichtgemäßem Ermessen einem der Beteiligten auferlegen. § 471 Abs 3 Nr 1 StPO regelt einmal den Fall, dass den Anträgen des Privatklägers in Bezug auf eine Straftat, derentwegen der Angeklagte verurteilt ist, nur zum Teil entsprochen ist, zB dass statt der erstrebten Verurteilung wegen übler Nachrede (§ 186 StGB) nur eine Verurteilung wegen formaler Beleidigung (§ 185 StGB) erfolgt. Die Vorschrift ist auch anzuwenden, wenn mehrere strafbare Handlungen Gegenstand der Privatklage sind und eine Verurteilung nur wegen einzelner Handlungen stattfindet. Hier wären an sich § 465 Abs 1 StPO und § 471 Abs 2 StPO anzuwenden. Indessen können erhebliche Auslagen entstanden sein, die sich sowohl auf die Fälle der Verurteilung wie der Freisprechung beziehen. Deshalb hielt es der Gesetzgeber für angemessen, die oft schwierige Frage der Verurteilung gewisser Auslagen nicht dem Festsetzungsverfahren, sondern der Ermessensentscheidung nach § 471 Abs 3 Nr 1 StPO zu überlassen. Das Gleiche gilt, wenn mehrere Angeklagte an derselben Tat beteiligt sind und einige verurteilt, andere freigesprochen werden; in diesem Falle dürfen jedoch Kosten, die nur im Verfahren gegen den Freigesprochen entstanden sind, nicht einem Verurteilten auferlegt werden.[110]

Die **Ermessensentscheidung des Gerichts** wird im Wesentlichen vom Verhältnis des Obsiegens und des Unterliegens bestimmt. Dieses Verhältnis ergibt sich aus einem Vergleich des in der zugelassenen Klage enthaltenen strafrechtlichen Vorwurfs mit dem Urteil. Die Kostenverteilung kann nach den Kostenmassen oder nach Bruchteilen erfolgen, sich auf bestimmte Auslagen beschränken; auch können die Ansprüche der Beteiligten auf Erstattung gegeneinander aufgehoben werden (vgl § 92 Abs 1 ZPO).

F 40 h) § 471 Abs 3 Nr 2 StPO regelt die Kostenentscheidung bei **Einstellung wegen Geringfügigkeit.**

Nach §§ 383 Abs 2, 390 Abs 5 StPO kann das Gericht erster Instanz sowie das Berufungsgericht das Privatklageverfahren einstellen, wenn die Schuld des Täters gering ist. Das Gericht kann hierbei

---

106 BayObLG NJW 1960, 2065; LR-*Hilger* § 471 StPO Rn. 10.
107 OLG Celle NJW 1953, 1726; LR-*Hilger* § 471 StPO Rn. 11.
108 LG Bochum AnwBl 1982, 211; LG-*Hilger* § 471 StPO Rn. 11.
109 LG Kreuznach AnwBl 1985, 323; AG Cham AnwBl 1982, 217; **aA:** AG Hanau AnwBl 1982, 268; AG Weilburg AnwBl 1980, 215; AG Wesel AnwBl 1979, 403; AG Charlottenburg JurBüro 1983, 887.
110 BVerfG NJW 1992, 1611; LR-*Hilger* § 471 StPO Rn. 32. Die Staatskasse darf nicht belastet werden.

die Kosten des Verfahrens sowie die dem Privatkläger und dem Beschuldigten erwachsenen notwendigen Auslagen angemessen verteilen oder einem der Beteiligten ganz auferlegen. Nach der Rechtsprechung des BVerfG darf das Gericht die Ermessensentscheidung dann nicht mit der Schuld des Beschuldigten begründen, wenn es die Hauptverhandlung in der Schuldfrage nicht bis zur Entscheidungsreife durchgeführt hat.[111]

Das Gericht darf aber berücksichtigen, inwieweit der Beschuldigte nachvollziehbaren Anlass zur Klageerhebung gegeben hat. Dabei darf es aber nur die Umstände des Sachverhalts zu Grunde legen, die keiner weiteren Aufklärung bedürfen.[112]

Gegen einen Einstellungsbeschluss des Amtsgerichts kann nach § 383 Abs 2 S 3 StPO lediglich wegen der Kostenentscheidung sofortige Beschwerde eingelegt werden. Ein Einstellungsbeschluss des Berufungsgerichts ist auch hinsichtlich der Kostenbeschwerde unanfechtbar, § 390 Abs 5 S 2 StPO.

i) Nach dem Wortlaut des § 471 Abs 3 StPO kommt es bei **Klage und Widerklage** nur darauf an, ob Widerklage erhoben ist, nicht, ob auf die Widerklage der Privatkläger verurteilt oder freigesprochen worden ist. Hinsichtlich der Kosten des Gerichts und der Auslagen der Parteien ist oft eine Trennung der durch die Privatklage verursachten Aufwendungen von den durch die Widerklage verursachten nicht möglich, da zB Zeugen oft von beiden Parteien benannt sind. Daraus ergibt sich das Bedürfnis für die Verteilung von Kosten und Auslagen. Wird aber der eine Teil verurteilt und der andere freigesprochen, so entfällt das Bedürfnis für eine Verteilung; der Verurteilte trägt dann alle Kosten und Auslagen.[113]

F 41

j) Haben sich Privatkläger und Beschuldigter außergerichtlich über die **gütliche Beilegung des Verfahrens** geeinigt, so kann technisch die Beendigung des Privatklageverfahrens nur erfolgen a) durch Zurücknahme des Strafantrags oder b) durch Rücknahme der Privatklage. Im Fall a) *richtet sich die Kostenentscheidung nach § 470 StPO*. Das bedeutet, dass der Richter bei seiner Kostenentscheidung gem § 471 Abs 2 StPO berechtigt (aber nicht verpflichtet) ist, über die Gerichtskosten und die notwendigen Auslagen des Beschuldigten gem § 470 S 2 StPO entsprechend **der Parteivereinbarung über die Kosten** zu entscheiden. Über die notwendigen Auslagen des Privatklägers ist weder nach § 470 S 2 StPO noch nach § 471 Abs 2 StPO zu entscheiden; sie können daher ohne weiteres Gegenstand einer Parteivereinbarung sein. Soweit das Gericht von § 470 S 2 StPO keinen Gebrauch macht, behält die von der gerichtlichen Kostenentscheidung abweichende Kostenvereinbarung der Parteien im Innenverhältnis ihre Bedeutung, und der Privatkläger kann, wenn ihm die Kosten und Auslagen des Beschuldigten gem § 471 Abs 2 StPO auferlegt sind, gegen die Vollstreckung aus dem Festsetzungsbeschluss Vollstreckungsgegenklage erheben. Legen die Parteien ihre Vereinbarung auch in einem gerichtlichen Vergleich nieder (§ 127 a BGB, §§ 160 Abs 3 Nr 1, 162 Abs 1 ZPO), so ist zu unterscheiden: Wird die Zahlung einer bestimmten Summe vereinbart, so ist der Vergleich Vollstreckungstitel iSv § 794 Abs 1 Nr 1 ZPO. Entspricht die protokollierte Abrede einer Kostengrundentscheidung, so muss hinzukommen, dass der Richter die Vereinbarung in seine Kostenentscheidung übernimmt. Denn die Kostenfestsetzung nach § 464 b StPO setzt eine Kostengrundentscheidung voraus. Eine nach § 464 Abs 2 StPO erforderliche Entscheidung fehlt, wenn der Vergleich nicht in die Kostengrundentscheidung des Gerichtes übernommen wird.[114]

F 42

Im Fall b) bedarf es dagegen zur Verfahrensbeendigung der Rücknahme der Privatklage. Es bestehen keine Bedenken, § 470 S 2 StPO entsprechend anzuwenden, denn die prozessuale Situation und die Interessenlage ist die gleiche wie im Fall a).

---

111 BVerfG NJW 1987, 2427; zu der Entscheidung s auch *Krehl* NJW 1988, 3254 und *Nieberg* NJW 1989, 1978. Die frühere Entscheidung bzw Begründungspraxis zur Kosten- und Auslagenentscheidung bei Einstellung des Privatklageverfahrens wegen Geringfügigkeit ist überholt.
112 BVerfG NJW 1991, 829; LR-*Hilger* § 471 StPO Rn. 31.
113 LR-*Hilger* § 471 StPO Rn. 33.
114 So LR-*Hilger* § 471 StPO Rn. 16; LG Marburg JurBüro 1981, 239 m zust Anm *Mümmler*.

F 43 **k) Vererblich ist die Privatklage** nur in den Ausnahmefällen des § 393 Abs 2 und 3 StPO auf Eltern, Kinder, Geschwister und auf den Ehegatten, sofern diese die Fortsetzung des Verfahrens binnen zwei Monaten, vom Tode des Privatklägers an gerechnet, erklären. Geschieht das, so ist in dem aufgenommenen Verfahren auch über die Kosten mitzuentscheiden; die in einem etwa schon ergangenen Einstellungsbeschluss getroffene Kostenentscheidung tritt ohne weiteres außer Kraft. Aus dem Nachlass bereits gezahlte Kosten müssen im Falle einer ändernden Entscheidung durch eine besondere Klage zurückverlangt werden. Wird es nicht fortgesetzt, muss zugleich mit der Einstellung eine Kostenentscheidung nach § 471 Abs 2 StPO zu Lasten der Erben getroffen werden.

7. Nebenklage

F 44 **a)** Der Nebenkläger hat die Rechte, nicht auch die Pflichten des Privatklägers, § 397 StPO. Erst mit dem Beschluss des Gerichts, der ihn als Nebenkläger zulässt (§ 396 Abs 2 StPO), erlangt der Verletzte diese Rechte. Zu den in § 397 Abs 1 StPO erwähnten Rechten gehören auch die Kostenerstattungsansprüche des Nebenklägers.

F 45 **b) Wird der Angeklagte verurteilt**, so sind ihm außer den Kosten des gerichtlichen Verfahrens auch die dem Nebenkläger erwachsenen notwendigen Auslagen aufzuerlegen, wenn er wegen einer Tat verurteilt wird, die den Nebenkläger betrifft, § 472 Abs 1 S 1 StPO.[115]

Hiervon kann ganz oder teilweise abgesehen werden, soweit es unbillig wäre, den Angeklagten damit zu belasten, § 472 Abs 1 S 2 StPO.

Die Regelung entspricht dem Grundsatz, der sich aus § 464 Abs 2 StPO ergibt, dass jeder Verfahrensbeteiligte seine Verfahrensauslagen selbst trägt, wenn ihm nicht in der Auslagenentscheidung eine Entschädigung aus der Staatskasse oder durch einen anderen Verfahrensbeteiligten zugebilligt wird. Der materiell-rechtliche Auslagenanspruch bedarf somit eines förmlichen gerichtlichen Ausspruches, um im Verfahren nach § 464 b StPO berücksichtigt zu werden.[116]

Mithin umfasst der Ausspruch, der Angeklagte habe die Kosten des Verfahrens zu tragen, nicht die notwendigen Auslagen des Nebenklägers.

Nicht ausdrücklich in § 472 Abs 1 StPO ist die Auslagenentscheidung bei teilweiser Verurteilung geregelt, zB wenn der Angeklagte bei mehreren Taten iSd § 264 StPO teils verurteilt, teils freigesprochen wird. Hier bietet sich die Verteilung der notwendigen Auslagen des Nebenklägers nach dem Rechtsgedanken des § 472 Abs 1 StPO an.[117]

Wird der Angeklagte verurteilt, so muss das Urteil gem § 464 Abs 2 StPO eine ausdrückliche Entscheidung über die notwendigen Auslagen des Nebenklägers treffen. Die früher überwiegend vertretene Ansicht, dass hierüber ein besonderer Urteilsausspruch nicht erforderlich ist, hat durch die Neufassung des § 472 StPO durch das Opferschutzgesetz vom 18.12.1986 jede Bedeutung verloren, denn durch die Möglichkeit der Billigkeitsentscheidung nach Abs 1 S 2 ist es nicht mehr selbstverständlich, dass der zum Tragen der Verfahrenskosten verurteilte Angeklagte auch die notwendigen Auslagen des Nebenklägers zu erstatten hat.[118]

Enthält das Urteil keine Entscheidung, so trägt der Nebenkläger seine Auslagen selbst.[119]

Da das Nachholen der unterbliebenen Entscheidung unzulässig ist, bleibt nur die sofortige Beschwerde nach § 464 Abs 3 S 1 StPO.

---

115 BGH Rpfleger 2002, 280.
116 OLG Bremen JurBüro 1981, 1224; s auch Rdn. F 4.
117 KK-*Schikora/Schimansky* § 472 StPO Rn. 7.
118 *Beulke* DAR 1988, 119; *Meyer-Gossner* § 472 StPO Rn. 10; OLG Düsseldorf JurBüro 1988, 1548.
119 KG JR 1989, 392; OLG Düsseldorf zfs 1988, 407.

Davon zu unterscheiden ist der Vergütungsanspruch des beigeordneten Anwalts gem § 397 a StPO. Der zum Beistand des Nebenklägers bestellte Anwalt kann die Gebühren eines gewählten Beistands nicht von seinem Auftraggeber, sondern nur von dem Verurteilten verlangen (§ 53 Abs 2 S 1 RVG). Diese Gebühren stellen somit keine notwendigen Auslagen des Nebenklägers dar.[120] Das bedeutet, dass eine Festsetzung nach § 464 b StPO im Namen des Nebenklägers nicht möglich ist. Der dem Nebenkläger als Beistand bestellte Rechtsanwalt kann seine über die aus der Staatskasse gezahlten Beträge hinausgehenden Gebühren gem § 126 ZPO selbst beitreiben und gem § 464 b StPO selbst festsetzen lassen.

c) Früher war umstritten, ob der Nebenklägervertreter die **Gebühr für das vorbereitende Verfahren** erhält. Die Frage hat sich erledigt durch Vorbem 4 Abs 1 VV RVG, wonach für die Tätigkeit des Rechtsanwalts als Vertreter eines Nebenklägers die Vorschriften des Teils 4 des VV RVG entsprechend anzuwenden sind. Also erhält der Rechtsanwalt die Gebühren für das vorbereitende Verfahren nach den Nrn 4104 ff VV RVG.

F 46

d) Nach der hM wird der Erstattungsanspruch des Nebenklägers nicht dadurch ausgeschlossen, dass **der Angeklagte aus einem anderen rechtlichen Gesichtspunkt verurteilt** wird, der einen Anschluss als Nebenkläger nicht zulässt, wenn nur zur Zeit der Zulassung diese gerechtfertigt war und die Verurteilung auf einer Strafnorm beruht, die ein dem Nebenkläger persönlich zustehendes Rechtsgut schützt.[121]

F 47

Es genügt also die Verurteilung wegen § 323 a StGB, wenn sich die im Rausch begangene Tat gegen den Nebenkläger gerichtet hat. Wird dagegen der Angeklagte aus einer Norm verurteilt, die lediglich die Allgemeinheit oder die allgemeine Verkehrssicherheit schützen soll, so ist das nicht ausreichend. Wird also der wegen Körperverletzung Angeklagte wegen unterlassener Hilfeleistung (§ 323 c StGB) verurteilt, so ist er dem Nebenkläger nicht erstattungspflichtig.[122]

e) Voraussetzung der Erstattungspflicht ist weiter, dass der Nebenkläger sich **wirksam angeschlossen** hat und rechtlich im Stande war, seinen Anspruch bei dem Gericht durchzusetzen, also zB nicht unzulässiger Weise als Minderjähriger in dem Verfahren zugelassen ist. Die Berechtigung der Zulassung als Nebenkläger hat das Gericht im Strafverfahren zu prüfen; im Kostenfestsetzungsverfahren (§ 464 b StPO) kann die Berechtigung des Nebenklägers zum Anschluss nicht mehr in Frage gestellt werden.[123]

F 48

Sieht das Gericht davon ab, dem verurteilten Heranwachsenden die Auslagen des Nebenklägers aufzuerlegen, so hat der Nebenkläger keinen Anspruch gegen die Staatskasse, s oben Rdn. F 10. Wird der Angeklagte für straffrei erklärt (§ 199 StGB, § 468 StPO), so umfasst seine Verurteilung in die Kosten noch nicht die Kosten des Nebenklägers; es steht im Ermessen des Gerichts, den Verurteilten mit den Auslagen des Nebenklägers zu belasten.

f) Sind **Verletzer und Verletzter gleichzeitig Mitangeklagte** im Offizialverfahren – das kommt häufig in Verkehrsunfallsachen vor –, und ist der Verletzte als Nebenkläger gegen den Verletzer zugelassen, so ist die Aufteilung der Aufwendungen, die durch die Verteidigung und die Nebenklage verursacht worden sind, schwierig.[124]

F 49

g) Wird der Angeklagte **freigesprochen** oder die Eröffnung des Hauptverfahrens gegen ihn abgelehnt, treten die Folgen des § 471 Abs 2 StPO zu Lasten des Nebenklägers und zu Gunsten des Angeschuldigten nicht ein, da jener das Verfahren nicht selbstständig betrieben, sondern sich nur

F 50

---

120 KG Beschl v 13.05.2009 – 1 Ws 37/09.
121 BGHSt 20, 284; OLG Düsseldorf MDR 1981, 958.
122 OLG Nürnberg AnwBl 1971, 183; BayObLG Rpfleger 1971, 110.
123 OLG Hamm KostRsp StPO § 471 (B) Nr 11.
124 Wegen der Probleme bei der Erstattung s unten Rdn. F 102.

einem von Amts wegen betriebenen Verfahren angeschlossen hat, und dieser nicht günstiger zu stehen braucht als im Falle des § 467 StPO.[125]

Die Gerichtskosten und die notwendigen Auslagen des Angeklagten trägt die Staatskasse. Der Nebenkläger hat seine Auslagen selbst zu tragen, ohne dass es eines besonderen Ausspruches hierüber bedarf. Das gilt auch dann, wenn der Nebenkläger die Klage gem § 172 StPO erzwungen hat.[126]

Dasselbe gilt, wenn in einem Einziehungsverfahren, dem sich der Verletzte als Nebenkläger angeschlossen hatte, die Kosten der Staatskasse auferlegt sind. Dem Nebenkläger können nur ggf auf Grund der §§ 469, 470, 472 StPO Kosten auferlegt werden. Wird das Verfahren aufgrund eines Straffreiheitsgesetzes eingestellt, so sehen neuere Amnestiegesetze vor, dass das Gericht die notwendigen Auslagen des Nebenklägers zwischen ihm und dem Angeklagten angemessen verteilen oder einem der Beteiligten auferlegen kann; fehlt es an einer solchen Vorschrift, so kann der Verletzte die Kosten seiner Nebenklage höchstens mit der Schadensersatzklage vom Verletzer ersetzt verlangen.

F 51 h) Bei einer **Verfahrenseinstellung** ist zu unterscheiden:

Stellt die Staatsanwaltschaft das Ermittlungsverfahren ein, trägt der Nebenkläger die ihm erwachsenen Auslagen selbst.

Stellt das Gericht das Verfahren ein nach einer Vorschrift, die das nach seinem Ermessen zulässt (zB § 153 Abs 2 StPO), so kann es die in Abs 1 des § 472 StPO genannten notwendigen Auslagen gem § 472 Abs 2 S 1 StPO ganz oder teilweise dem Angeklagten auferlegen, soweit das billig ist. Eine lediglich aufgrund des Tatverdachts beruhende Billigkeitsentscheidung ist nicht zulässig.[127]

Wohl kann berücksichtigt werden, dass der Beschuldigte durch die bereits feststehenden Tatsachen nachvollziehbaren Anlass zur Erhebung der Nebenklage gegeben hat.[128]

Stellt das Gericht das Verfahren nach vorangegangener vorläufiger Einstellung (§ 153 a StPO) endgültig ein, gilt nach § 472 Abs 2 S 2 StPO der Abs 1 des § 472 StPO entsprechend. Dh, grundsätzlich hat der Angeschuldigte die Auslagen des Nebenklägers zu tragen, nur aus Billigkeitsgründen kann bestimmt werden, dass sie bei dem Nebenkläger verbleiben.

Da der Angeschuldigte der Einstellung gegen Auflagen und Weisungen nach § 153 a Abs 2 StPO zustimmen muss, kann er auch die Kostenlast nach § 472 Abs 2 S 2 StPO in seine Überlegungen einbeziehen. Erklärt er neben seiner Zustimmung seine Bereitschaft, die Auslagen des Nebenklägers zu übernehmen, ist es sicherlich billig, ihm die Auslagen aufzuerlegen.

Gem § 472 Abs 3 StPO sind die Abs 1 und 2 für zwei Fälle entsprechend anzuwenden: Einmal stellt S 1 denjenigen Verletzten, der an sich zum Anschluss als Nebenkläger berechtigt wäre, sich aber darauf beschränkt, einen Anwalt nach § 406 g StPO hinzuzuziehen, kostenmäßig im Hinblick auf die ihm entstandenen Kosten einem Nebenkläger gleich.

Zum anderen stellt Satz 2 sicher, dass dem früheren Privatkläger durch die Übernahme des Verfahrens durch die Staatsanwaltschaft nach § 377 StPO keine kostenmäßigen Nachteile erwachsen.

Nach § 472 Abs 4 StPO haften mehrere Angeschuldigte, die für die notwendigen Auslagen des Nebenklägers einzustehen haben, entsprechend § 471 Abs 4 S 2 StPO als Gesamtschuldner.

F 52 i) Nur wenn eine entsprechende gerichtliche Kostenentscheidung vorliegt, können die notwendigen Auslagen des Nebenklägers gegen den Angeklagten festgestellt werden. Die bloße Erklärung des Angeklagten, er übernehme für den Fall der Einstellung die dem Nebenkläger erwachsenden notwendigen Auslagen, reicht nicht aus, weil es an einem für die Festsetzung erforderlichen Kostentitel

---

125 BGHSt 15, 60; OLG Zweibrücken Rpfleger 1970, 438.
126 RGSt 40, 408; LG Wuppertal AnwBl 1971, 183.
127 BVerfG NStZ 1988, 84; *Beulke* DAR 1988, 119.
128 BVerfG NStZ 1987, 421; *Beulke* DAR 1988, 119

fehlt. Wohl kann der Nebenkläger den Angeklagten aus der seiner Erklärung zugrunde liegenden materiell-rechtlichen Verpflichtung zivilprozessual in Anspruch nehmen.

Bei Anwendung des § 472 Abs 2 StPO sind nur die notwendigen Auslagen des Nebenklägers Gegenstand der Ermessensentscheidung, niemals die Kosten des Verfahrens und die notwendigen Auslagen des Angeschuldigten. Auch können die notwendigen Auslagen des Nebenklägers niemals der Staatskasse auferlegt werden. Legt das Gericht im konkreten Fall aus Gründen der Billigkeit dem Angeschuldigten die notwendigen Auslagen des Nebenklägers nicht auf, so kann dieser sie nicht vom Angeklagten im Wege des Zivilprozesses ersetzt verlangen.[129]

j) Wenn der Nebenkläger nach § 401 StPO selbstständig ein Rechtsmittel einlegt und es erfolglos bleibt oder zurückgenommen wird, fallen ihm mit den Kosten des Rechtsmittels nach § 473 Abs 1 S 3 StPO die notwendigen Auslagen des Angeklagten zur Last, Einzelheiten s unten Rdn. F 69–75.   F 53

k) Die Anschlusserklärung verliert ihre Wirkung durch **Widerruf** sowie durch den **Tod des Nebenklägers**, § 402 StPO; im letzteren Falle ist die Fortsetzung der Nebenklage durch dessen Angehörige grundsätzlich ausgeschlossen.[130]   F 54

Mit dem Widerruf der Anschlusserklärung verliert der Nebenkläger den erst mit Verurteilung des Angeklagten entstehenden Anspruch auf Erstattung seiner Auslagen. Beim Tod des Nebenklägers bleiben bereits entstandene Erstattungsansprüche bzw Kostenpflichten unberührt und fallen als Aktiva bzw Passiva in den Nachlass.[131]

Stirbt der Angeschuldigte vor rechtskräftigem Abschluss des Verfahrens, entfallen die Erstattungsansprüche des Nebenklägers.

l) Der Anschluss des Nebenklägers im **Strafbefehlsverfahren** ist erst möglich, wenn Termin zur Hauptverhandlung anberaumt oder der Antrag auf Erlass eines Strafbefehls abgelehnt worden ist, § 396 Abs 1 S 2 StPO. Legt der Angeschuldigte gegen den Strafbefehl Einspruch ein und nimmt diesen wieder zurück, bevor der Richter Hauptverhandlungstermin anberaumt hat, dann wird der Antrag auf Zulassung als Nebenkläger nicht wirksam, der Nebenkläger hat seine notwendigen Auslagen selbst zu tragen. Nimmt der Angeschuldigte den Einspruch zurück, nachdem der Anschluss des Nebenklägers wirksam geworden ist, dann umfasst die Kostenentscheidung des Strafbefehls auch die notwendigen Auslagen des Nebenklägers.[132]   F 55

Umstritten ist, ob die Kostenentscheidung des Strafbefehls auch die notwendigen Auslagen des Nebenklägers ohne besonderen Ausspruch umfasst, wer die Auslagen des Nebenklägers trägt,[133] oder ob ein solcher Ausspruch nötig ist.[134]

Hat der nebenklageberechtigte Verletzte vor Erlass des Strafbefehls seine Befugnisse gem § 406 g StPO ausgeübt, ist im Strafbefehl eine Auslagenentscheidung nach § 472 Abs 3 iVm Abs 1 StPO zu treffen.

m) Besonderheiten ergeben sich bei einem Vergleich: Schließt der Vertreter des Nebenklägers für diesen mit dem Angeklagten in der Hauptverhandlung einen Vergleich über nichtanhängige zivilrechtliche Ansprüche des Nebenklägers wegen eines durch die Straftat erlittenen Schadens und wird vereinbart, dass der Angeklagte die »im Adhäsionsverfahren entstandenen besonderen Kosten sowie die notwendigen Auslagen des Nebenklägers trägt, so sind dem Nebenkläger für den Vergleich eine 2,0 Verfahrensgebühr nach Nr 4143 VV RVG sowie eine 1,0 Einigungsgebühr nach Nrn 1000,

---

129 LR-*Hilger* vor § 464 StPO Rn. 30.
130 OLG Düsseldorf JurBüro 1986, 75.
131 OLG Karlsruhe MDR 1984, 250.
132 LG Stuttgart AnwBl 1979, 242; LR-*Hilger* § 471 StPO Rn. 3.
133 So LG Düsseldorf NStZ 1988, 572; KK-*Schikora/Schimansky* § 472 StPO Rn. 2.
134 So LG Wuppertal zfs 1992, 26.

1003 VV RVG zu erstatten. Es kommt nicht darauf an, ob ein Adhäsionsverfahren nach § 404 Abs 1 StPO förmlich eingeleitet worden ist.[135]

8. Adhäsionsverfahren

F 56 a) Im Wege des sog **Adhäsionsverfahrens** (§§ 403–406 c StPO) kann der Verletzte einen aus der Straftat erwachsenen vermögensrechtlichen Anspruch im Strafverfahren geltend machen. § 472 a StPO regelt die kostenrechtlichen Folgen des Adhäsionsverfahrens. Nach Abs 1 hat der Angeklagte, soweit dem Antrag auf Zuerkennung eines aus der Straftat erwachsenen Anspruchs stattgegeben wird, auch die dadurch entstandenen besonderen Kosten und die notwendigen Auslagen des Verletzten zu tragen. Das sind die gerichtlichen Kosten gem Nr 3700 KV GKG, die Rechtsanwaltsgebühren gem Nr 4143 VV RVG.

Sieht das Gericht von der Entscheidung über den Antrag ab, wird ein Teil des Anspruchs dem Verletzten nicht zuerkannt oder nimmt der Verletzte den Antrag zurück, so entscheidet das Gericht nach pflichtgemäßem Ermessen, wer die insoweit entstandenen gerichtlichen Auslagen und die den Beteiligten erwachsenen notwendigen Auslagen trägt, § 472 a Abs 2 S 1 StPO. Nach S 2 können die gerichtlichen Auslagen der Staatskasse auferlegt werden, soweit es unbillig wäre, die Beteiligten damit zu belasten.

F 57 b) **Die Kostenentscheidung** ergeht in dem Urteil oder in den Fällen der §§ 404 Abs 4, 405 StPO durch Beschluss. Der Angeklagte kann die Kostenentscheidung mit der sofortigen Beschwerde anfechten, wenn das Gericht dem Antrag ganz oder teilweise stattgegeben hat, §§ 406 a Abs 2 S 1, 464 Abs 3, 311, 304 Abs 3 StPO. Der Antragsteller kann die Kostenentscheidung nicht anfechten, weil ihm auch in der Hauptsache ein Rechtsmittel nicht zusteht, § 406 a Abs 1 StPO.[136]

F 58 c) Einigen sich die Parteien über den Entschädigungsanspruch durch **Vergleich**, so handelt es sich, da der Entschädigungsprozess im Grunde ein vor dem Strafrichter sich abspielender Zivilprozess ist (vgl auch § 404 Abs 2 StPO: »Die Antragstellung hat dieselben Wirkungen wie die Erhebung der Klage im bürgerlichen Rechtsstreit«) um einen Prozessvergleich iSd § 794 Abs 1 Nr 1 ZPO, der eine gerichtliche Entscheidung über den Antrag ausschließt; er ist also für die außergerichtlichen Auslagen, soweit sie die eine oder andere Partei übernimmt, Vollstreckungstitel, der auch eine gerichtliche Entscheidung über die außergerichtlichen Auslagen nach § 472 a Abs 2 StPO ausschließt. Aber auch die vergleichsweise Regelung über die Tragung der gerichtlichen Auslagen ist für das Gericht maßgebend, weil das Gericht nach pflichtgemäßem Ermessen insoweit nicht gut anders entscheiden könnte als die Parteien.

Für einen zu strafrechtlichem Protokoll erklärten Vergleich des Angeklagten mit dem Adhäsionskläger gelten kostenrechtlich die Vorschriften der ZPO. Demnach hat im Zweifel jeder Beteiligte des Adhäsionsverfahrens seine diesbezüglichen Auslagen selbst zu tragen.[137]

9. Kosten bei Nebenfolgen

F 59 a) Nebenbeteiligte sind der Einziehungsbeteiligte (§ 431 Abs 1 S 1 StPO), die Beteiligten bei Rechtsfolgen, die der Einziehung gleichstehen, nämlich Verfall, Vernichtung, Unbrauchbarmachung und Beseitigung eines gesetzwidrigen Zustandes (§ 442 Abs 1 StPO) sowie die juristische Person oder Personenvereinigung, gegen die Festsetzung einer Geldbuße (§ 444 Abs 1 StPO) oder Einziehung des Wertersatzes (§ 431 Abs 3 StPO) möglich ist. Die Kostenentscheidung nach § 472 b StPO setzt ein gerichtliches Verfahren voraus, in dem die in Abs 1 S 1 bezeichneten Nebenfolgen angeordnet werden können, und dass das Gericht die Beteiligung gem § 431 Abs 1 S 1 StPO angeordnet hat.

---

135 OLG Nürnberg Beschl v 06.11.2013 – 2 Ws 419/13.
136 KK-*Schikora/Schimansky* § 472 a StPO Rn. 2; **aA**: LR-*Hilger* § 472 a StPO Rn. 4; *Meyer-Goßner* § 472 a StPO Rn. 3.
137 LG Hildesheim Beschl v 23.09.2013 – 22 Qs 7/13.

Die §§ 467 a Abs 2, 469 Abs 1 S 2, 470 S 2, 473 Abs 2 u 473 Abs 5 Nr 2 StPO enthalten weitere Fälle der Kostenregelung, in die der Nebenbeteiligte einbezogen werden kann. Wird eine **Nebenfolge angeordnet**, so kann nach § 472 b Abs 1 S 1 StPO das Gericht dem Nebenbeteiligten die durch seine Beteiligung erwachsenen besonderen Kosten auferlegen. Das sind die Auslagen der Staatskasse, die vom Nebenbeteiligten verursacht worden sind. Das Gericht kann davon absehen, diese Auslagen dem Nebenbeteiligten aufzuerlegen; dann fallen sie im objektiven Verfahren der Staatskasse, im subjektiven Verfahren dem Verurteilten zur Last.[138]

Nach Abs 1 S 2 können die dem Nebenbeteiligten erwachsenen notwendigen Auslagen, soweit es der Billigkeit entspricht, dem Angeklagten im selbstständigen Verfahren auch einem anderen Nebenbeteiligten auferlegt werden. Das kann im vollen Umfang oder auch nur zum Teil geschehen. Werden die notwendigen Auslagen einem anderen nicht überbürdet, trägt sie der Nebenbeteiligte selbst.

b) Wird die **Nebenfolge nicht angeordnet**, so können die dem Nebenbeteiligten erwachsenen notwendigen Auslagen gem § 472 b Abs 2 StPO der Staatskasse oder einem anderen Beteiligten auferlegt werden. Andere Beteiligte sind weitere Nebenbeteiligte, der Angeklagte, der Privatkläger oder der Nebenkläger. **F 60**

10. Kosten im Rechtsmittelverfahren

a) Nach § 473 Abs 1 StPO treffen die Gerichtskosten **eines zurückgenommenen oder erfolglos eingelegten Rechtsmittels** den, der es eingelegt hat. Kostenpflichtig ist also der Rechtsmittelführer. Das können sein der Beschuldigte, der Privat- oder Nebenkläger, der Nebenbeteiligte oder sonstige Beteiligte, der Staat, wenn die Staatsanwaltschaft Rechtsmittelführer ist. Da § 473 Abs 4 StPO den Fall des Teilerfolges regelt, hat Abs 1 die volle Erfolglosigkeit des Rechtsmittels zum Gegenstand und gilt bei Zurücknahme des Rechtsmittels demgemäß nur, wenn die Zurücknahme eine vollständige ist. **F 61**

Bei Rücknahme des Einspruches gegen den Strafbefehl kann § 473 StPO, insbesondere Abs 3 StPO, nicht unmittelbar angewandt werden, weil der Einspruch kein Rechtsmittel im Sinne dieser Vorschrift ist.[139] Der Kostenausspruch des durch Rücknahme des Einspruches rechtskräftig gewordenen Strafbefehls umfasst automatisch auch die nach Erlass des Strafbefehls bis zur Rücknahme des Einspruchs entstandenen Kosten.[140]

Hat die Staatsanwaltschaft das Rechtsmittel zugunsten des Beschuldigten oder eines Nebenbeteiligten eingelegt und nimmt sie das Rechtsmittel zurück oder ist ihr Rechtsmittel erfolglos, so sind nach § 473 Abs 2 S 1 StPO die dem Beschuldigten oder dem Nebenbeteiligten erwachsenen notwendigen Auslagen der Staatskasse aufzuerlegen.

Legen die Staatsanwaltschaft und der Angeklagte Berufung ein und nehmen beide das Rechtsmittel zurück oder bleiben beide Rechtsmittel erfolglos, so sind dem Angeklagten nur die Mehrauslagen zu erstatten, die durch die Berufung der Staatsanwaltschaft verursacht sind.[141]

Die Kostenentscheidung betrifft nur die Kosten des Rechtsmittels. Die Kostenentscheidung der Vorinstanz bleibt unangetastet.

b) Welche kosten- und auslagenrechtlichen Wirkungen ein **unbeschränktes, voll erfolgreiches Rechtsmittel** hat, ist in § 473 StPO nur teilweise geregelt. Nach § 473 Abs 2 S 2 StPO sind die dem Beschuldigten oder einem Nebenbeteiligten erwachsenen Auslagen der Staatskasse aufzuerlegen, wenn das von der Staatsanwaltschaft zu ihren Gunsten eingelegte Rechtsmittel Erfolg hat. Im **F 62**

---

138 BGHSt NJW 1968, 900.
139 LG Ingolstadt Beschl v 27.03.2014 – 2 Qs 32/14.
140 OLG Koblenz VRS 46, 63; LR-*Hilger* § 473 StPO Rn. 3; s auch Rdn. F 55 (Nebenklage).
141 BGH NStZ-RR 2006, 128.

Übrigen verbleibt es bei den Grundsätzen der §§ 465, 467 StPO, dh, das Rechtsmittelgericht entscheidet unter Aufhebung des angefochtenen Urteils über die Kosten und Auslagen des gesamten Verfahrens. Hat zB die Staatsanwaltschaft gegen einen Freispruch Berufung eingelegt und verurteilt das Rechtsmittelgericht den Angeklagten, so trägt der Verurteilte nach § 465 StPO die Gerichtskosten und seine notwendigen Auslagen beider Instanzen; im umgekehrten Fall, wenn der in erster Instanz Verurteilte in der Berufungsinstanz freigesprochen wird, fallen die Kosten beider Instanzen und die gesamten notwendigen Auslagen des Freigesprochenen nach § 467 StPO der Staatskasse zur Last.

F 63   c) Da das Gesetz in § 473 StPO unterscheidet zwischen vollem Erfolg (Abs 2 S 2, Abs 3), Erfolglosigkeit (Abs 1) und teilweisem Erfolg (Abs 4), kommt es auf den **Begriff des Erfolges** an.

Um zu prüfen, ob ein Rechtsmittel Erfolg gehabt hat, ist die angefochtene Entscheidung, soweit sie der Prüfung des Rechtsmittelgerichts unterstellt war, zu vergleichen mit dem Ergebnis des Rechtsmittelverfahrens. Führt das Rechtsmittel zu einer Zurückverweisung der Sache, so wird das Ergebnis des Rechtsmittelverfahrens erst durch die abschließende Sachentscheidung bestimmt. Hinsichtlich der Kosten des Rechtsmittelverfahrens gilt, dass die Aufhebung des zunächst ergangenen Urteils und die Zurückverweisung an die untere Instanz für sich genommen noch keinen Erfolg im kostenrechtlichen Sinne darstellt, es kommt vielmehr darauf an, ob und inwieweit die neue Entscheidung – verglichen mit der aufgehobenen – zugunsten des Rechtsmittelführers ausfällt.[142]

Bei einer Beschränkung der Berufung auf das Strafmaß ist ein voller Erfolg auch dann anzunehmen, wenn der Angeklagte um eine erhebliche Strafmaßermäßigung bittet und eine ins Gewicht fallende fühlbare Ermäßigung (um ein Viertel) erreicht.[143]

Ein unwesentlicher Teilerfolg bleibt außer Betracht. Er liegt zB vor, wenn auf die unbeschränkte Berufung der Staatsanwaltschaft zwar der Schuldspruch verschärft wird, die Strafe aber die gleiche bleibt, oder wenn auf die unbeschränkte Berufung des wegen Beihilfe zum Diebstahl zu 30 Tagessätzen zu 10 € verurteilten Angeklagten das Berufungsurteil auf 25 Tagessätze zu 10 € wegen Begünstigung lautet.[144]

Problematisch sind die Fälle, in denen der Erfolg des Rechtsmittels lediglich durch Zeitablauf bedingt ist. Hat das Gericht die Fahrerlaubnis entzogen und eine Sperrfrist verhängt, der Angeklagte Berufung eingelegt mit der Erklärung, dass er nur den Wegfall der Fahrerlaubnisentziehung erstrebe, so kann es geschehen, dass im Zeitpunkt der Berufungshauptverhandlung die vorläufige Entziehung (§ 111 a StPO) schon so lange angedauert hat, dass die Sperre, wäre das Urteil alsbald rechtskräftig geworden, ganz abgelaufen wäre. Bringt das Berufungsgericht die Entziehung der Fahrerlaubnis und die Sperre in Wegfall, so liegt, abstrakt gesehen, ein voller Erfolg vor.[145]

Zum Begriff des Erfolges gehört aber, dass das Rechtsmittelgericht einen Fehler beseitigt, der dem Urteil des ersten Richters zur Zeit des Erlasses anhaftet; ein Erfolg liegt daher nicht vor, wenn das Berufungsgericht lediglich wegen Zeitablaufs die Maßregel aufhebt. Daher bestimmt **§ 473 Abs 5 StPO**: »*Ein Rechtsmittel gilt als erfolglos, soweit eine Anordnung nach § 69 Abs 1 oder § 69 b Abs 1 des Strafgesetzbuches nur deshalb nicht aufrechterhalten wird, weil ihre Voraussetzungen wegen der Dauer einer vorläufigen Entziehung der Fahrerlaubnis (§ 111 a StPO Abs 1) oder einer Verwahrung, Sicherstellung oder Beschlagnahme des Führerscheins (§ 69 a Abs 6 StGB) nicht mehr vorliegen.*«

Ein Rechtsmittel ist erfolglos, wenn es als unzulässig oder unbegründet verworfen wird. Erfolglosigkeit liegt auch dann vor, wenn das Rechtsmittel zwar zur Aufhebung und Zurückverweisung führt,

---

142   BGH Beschl v 13.10.2005 – 4 StR 143/05.
143   OLG Hamm Beschl v 18.04.2013 – 1 Ws 121/13.
144   BGHSt 13, 306.
145   So OLG Stuttgart MDR 1976, 23; OLG Koblenz JR 1974, 77.

die erneute Verhandlung in der Vorinstanz aber kein dem Rechtsmittelführer günstigeres Ergebnis hat.[146]

Daher trifft im Falle der Revision das Revisionsgericht auch keine Entscheidung über die Kosten des Rechtsmittels. Über diese wird in dem neuen Urteil der Vorinstanz mitentschieden. Das Verfahren der Vorinstanz vor und nach dem Revisionsrechtszug bildet kostenrechtlich eine Einheit.[147]

Ist zB der Angeklagte im ersten Rechtszug verurteilt, legt die Staatsanwaltschaft Revision ein, die zur Zurückverweisung führt, und endet die erneute Hauptverhandlung im ersten Rechtszug rechtskräftig wieder mit der Verurteilung im früheren Umfang, so treffen den Angeklagten gem § 465 StPO die Kosten und die ihm entstandenen Auslagen der weiteren Hauptverhandlung. Da aber sich die Revision der Staatsanwaltschaft im Endergebnis als unbegründet erweist, sind die dem Angeklagten in der Revisionsinstanz erwachsenen notwendigen Auslagen gem § 473 Abs 2 S 1 StPO der Staatskasse aufzuerlegen.[148]

Führt die Revision des Angeklagten zur Aufhebung und zur Zurückverweisung und wird der Angeklagte, wenn auch mit anderer rechtlicher Begründung, in der erneuten Hauptverhandlung zu derselben Strafe wie in der Vorinstanz verurteilt, so war sein Rechtsmittel erfolglos.[149]

Unbehagen bereiten die Fälle, in denen die mit Verfahrensfehler des Gerichts begründete Revision des Angeklagten zur Aufhebung des Urteils und zur Zurückverweisung führt und der Angeklagte erneut im gleichen Umfang für schuldig befunden und zur gleichen Strafe wie in dem aufgehobenen Urteil verurteilt wird. Abgesehen von der Niederschlagung der Gerichtskosten der Revisionsinstanz mittels § 8 GKG gibt es nach geltendem Recht keine Möglichkeit, die notwendigen Auslagen des Angeklagten für die Revisionsinstanz der Staatskasse aufzuerlegen.[150]

Ein Rechtsmittel hat teilweise Erfolg, wenn es nicht im vollen Umfang verworfen wird, sondern nur zu einem nicht ganz unerheblichen Teil erfolglos bleibt, also wenn dem Begehren des Beschwerdeführers zum Teil entsprochen wird.[151]

d) § 473 Abs 3 StPO regelt den **Erfolg des beschränkten Rechtsmittels.** Hat der Beschuldigte oder ein anderer Beteiligter das Rechtsmittel auf bestimmte Beschwerdepunkte beschränkt und hat ein solches Rechtsmittel Erfolg, so sind die notwendigen Auslagen des Beteiligten der Staatskasse aufzuerlegen.

F 64

Bestimmte Beschwerdepunkte sind abtrennbare Teile einer einheitlichen Verurteilung iSv §§ 318, 344 StPO. Eine solche Beschränkung liegt nur vor, wenn sich das Rechtsmittel auf abtrennbare Teile der Verurteilung wegen einer Tat bezieht. Legt der wegen mehrerer Taten verurteilte Angeklagte nur wegen einer Tat Rechtsmittel ein, ist Abs 3 nicht anwendbar. Hat er bei Verurteilung wegen mehrerer Taten das Urteil zunächst im vollen Umfange angefochten, beschränkt er das Rechtsmittel dann auf die Verurteilung wegen einer Tat, so liegt bezüglich der übrigen Taten eine vollständige Rücknahme des Rechtsmittels vor und es gilt § 473 Abs 1 StPO.

§ 473 Abs 3 StPO regelt nur die notwendigen Auslagen. Nicht geregelt ist, wen bei Erfolg des beschränkten Rechtsmittels die Gerichtskosten treffen. Hier verbleibt es bei den Grundsätzen der §§ 465, 467 StPO.

---

146 OLG München AnwBl 1973, 366.
147 BGH NJW 1963, 724.
148 BGH NJW 1963, 724.
149 BGH JR 1956, 69.
150 S die umfassende Darstellung bei LR-*Hilger* § 373 StPO Rn. 28.
151 OLG München NJW 1973, 864; OLG Celle MDR 1976, 1042.

Kann das Rechtsmittel verfahrensrechtlich nicht wirksam auf das allein angestrebte begrenzte Ziel eingeschränkt werden,[152] so ist gleichwohl Abs 3 anzuwenden, wenn der Beschwerdeführer erklärt, dass er mit seiner (notgedrungen) weitergehenden Anfechtung nur ein beschränktes Ziel erstrebe, und dieses im Ergebnis auch erreicht wird.[153]

Im Falle des § 473 Abs 3 StPO hat die Staatskasse auch die Kosten des Rechtsmittelverfahrens zu tragen.[154]

Problematisch ist nach wie vor die Kostenfolge, wenn der Angeklagte gegen einen Strafbefehl Einspruch einlegt und diesen auf bestimmte Beschwerdepunkte beschränkt und damit Erfolg hat.[155]

Hat die Staatsanwaltschaft mit dem beschränkten Rechtsmittel Erfolg, so richtet sich die Kostenfolge, wenn es zuungunsten des Beschuldigten eingelegt ist, nach § 465 StPO, wenn es zu Gunsten eingelegt ist, nach § 473 Abs 2 S 2, § 467 StPO.

F 65   e) Wird das **Rechtsmittel im Laufe des Verfahrens durch teilweise Zurücknahme des Rechtsmittels (§§ 302, 303 StPO) beschränkt**, so ist die kosten- und auslagenrechtliche Beurteilung streitig. Eine Mindermeinung wendet Abs 4 an.[156] Die **hM** wendet hinsichtlich des zurückgenommenen Teils des Rechtsmittels Abs 1 an, im Übrigen Abs 3. Der Beschwerdeführer hat diejenigen Kosten und Auslagen zu tragen, die bei rechtzeitiger, dh alsbald nach Urteilszustellung erklärter Beschränkung nicht angefallen wären.[157]

Im Fall der kombinierten Anwendung von Abs 1 u Abs 3 erfolgt die betragsmäßige Abgrenzung der Aufwendungen im Kostenansatz- bzw Kostenfestsetzungsverfahren.

F 66   f) **Hat das Rechtsmittel teilweise Erfolg**, so hat das Gericht die Gebühr zu ermäßigen und die entstandenen Auslagen teilweise oder ganz der Staatskasse aufzuerlegen, soweit es unbillig wäre, die Beteiligten damit zu belasten. Das gilt entsprechend für die notwendigen Auslagen der Beteiligten, § 473 Abs 4 StPO. Abs 4 ist nicht nur anzuwenden, wenn ein unbeschränkt eingelegtes Rechtsmittel einen Teilerfolg hat, sondern auch bei einem auf bestimmte Beschwerdepunkte beschränkten Rechtsmittel (Abs 3), welches nur teilweise erfolgreich ist. Die nach Abs 4 vorgeschriebene Ermäßigung, Auferlegung oder Quotelung muss das Gericht in der Kostengrundentscheidung vornehmen. Abs 4 gilt nur, wenn das Rechtsmittel hinsichtlich ein- und derselben Straftat nur teilweise Erfolg hat, nicht in dem Fall, dass bei Verurteilung oder Freispruch mehrerer Straftaten das Rechtsmittel nur hinsichtlich einer Straftat Erfolg hat.[158]

Der Teilerfolg muss sich also auf ein- und dieselbe Straftat beziehen. Er ist gegeben, wenn dem Rechtsmittel nur teilweise entsprochen wird und der erreichte Erfolg, gemessen an dem erstrebten Erfolg, nicht nur unwesentliche Bedeutung hat.[159]

Bei der Prüfung, ob es unbillig wäre, einen Rechtsmittelführer mit den gerichtlichen Auslagen des Verfahrens und seinen eigenen Auslagen zu belasten, kommt es auf das Maß des erreichten Teilerfolges und darauf an, ob er die angefochtene Entscheidung hingenommen hätte, wenn sie schon entsprechend der Entscheidung des Rechtsmittelgerichts gelautet hätte.[160]

---

152 ZB nicht auf den Wegfall der Verurteilung wegen einer tateinheitlich als verwirklicht angenommenen Gesetzesverletzung – BGHSt 29, 229.
153 BGHSt 19, 226; OLG Düsseldorf JurBüro 1990, 1205.
154 BGH NJW 1962, 1926; OLG Saarbrücken StV 1990, 306.
155 Für eine analoge Anwendung von § 473 Abs 3 StPO: OLG München NStZ 1998, 241; dagegen LG Kempten DAR 1999, 141.
156 OLG Hamm JMBlNRW 1984, 81; OLG Bamberg MDR 1984, 605.
157 OLG Celle AnwBl 1980, 36; OLG Düsseldorf VRS 1998, 366.
158 BGH NJW 1954, 122.
159 Beispiele siehe LR-*Hilger* § 473 StPO Rn. 56–58.
160 OLG Hamm MDR 1976, 865; *Oske* MDR 1970, 630.

Wird die Unbilligkeit verneint, dann wird das nur teilerfolgreiche, also teilerfolglose Rechtsmittel wie ein im vollen Umfang erfolgloses (Abs 1) behandelt.

g) Beim **Zusammentreffen mehrerer Rechtsmittel** ergehen getrennte Kosten- und Auslagenentscheidungen. Wenn zB die Staatsanwaltschaft Berufung mit dem Ziel höherer Bestrafung, der Angeklagte mit dem Ziel des Freispruches eingelegt haben und beide Berufungen erfolglos bleiben oder zurückgenommen werden, so trägt der Angeklagte die Kosten und die notwendigen Auslagen seines Rechtsmittels, die Staatsanwaltschaft die Kosten und die Auslagen des Angeklagten, die durch das erfolglose Rechtsmittel der Staatsanwaltschaft veranlasst sind.[161]   F 67

Welche Gerichtskosten durch das Rechtsmittel des Angeklagten oder durch das der Staatsanwaltschaft verursacht sind, ist im Kostenansatzverfahren zu entscheiden. Sind diese Kosten unausscheidbar, dann trägt der in die Kosten verurteilte Angeklagte sie in vollem Umfang.[162]

Soweit er nach § 473 Abs 2 S 1 StPO Ersatz der ihm erwachsenen notwendigen Auslagen verlangen kann, beschränkt sich sein Anspruch auf den Mehraufwand, der ihm durch die Verteidigung gegen das Rechtsmittel der Staatsanwaltschaft erwachsen ist, der also nicht entstanden wäre, wenn nur er sein erfolgloses Rechtsmittel eingelegt hätte.[163]

Das bedeutet bei den Verteidigergebühren, dass der Angeklagte nur den Unterschied zwischen der gesamten Gebühr des Verteidigers, die entstanden wäre, wenn allein über die Berufung des Angeklagten verhandelt worden wäre, ersetzt verlangen kann.

h) § 473 StPO gilt auch für die Kostenfolge eines Rechtsmittels im Privatklageverfahren. Ergänzend ist aber § 471 StPO anzuwenden.   F 68

Hat das Rechtsmittel des Privatklägers oder des Angeklagten Erfolg, so fallen die Kosten des gesamten Verfahrens und die notwendigen Auslagen des Beschwerdeführers dem jeweiligen Rechtsmittelgegner zur Last (§ 471 Abs 1 bzw § 471 Abs 2 StPO). Bleibt das Rechtsmittel des Privatklägers erfolglos oder wird es zurückgenommen, so gilt für die Kosten § 473 Abs 1 StPO und für die dem Angeklagten im Rechtsmittelverfahren erwachsenen Auslagen § 471 Abs 2 StPO. Hat das Rechtsmittel des Angeklagten keinen Erfolg oder wird es zurückgenommen, so gilt für die Kosten des Rechtsmittels § 473 Abs 1 StPO, für die dem Privatkläger im Rechtsmittelverfahren erwachsenen notwendigen Auslagen § 471 Abs 1 StPO.

Bei Erfolg eines auf bestimmte Beschwerdepunkte beschränkten Rechtsmittels und bei Teilerfolg eines Rechtsmittels sind § 473 Abs 3 u 4 StPO nicht anzuwenden. Denn diese Vorschriften sehen eine Belastung der Staatskasse mit gerichtlichen Auslagen und notwendigen Auslagen der Beteiligten vor, sie sind auf das Amtsverfahren zugeschnitten und entsprechen nicht den Besonderheiten des Privatklageverfahrens. Es ist vielmehr § 471 Abs 3 Nr 1 StPO entsprechend anzuwenden.[164]

Die nach § 471 Abs 3 StPO mögliche angemessene Verteilung der Kosten des Verfahrens und der notwendigen Auslagen ermöglicht eine Kostenentscheidung, die den Umständen des Einzelfalles Rechnung trägt. Auch Nr 2 u 3 des § 471 Abs 3 StPO sind im Rechtsmittelverfahren anzuwenden.[165]

i) Ist ein **Nebenkläger im Rechtsmittelverfahren** beteiligt, so ist hinsichtlich der kostenrechtlichen Folgen zu unterscheiden zwischen dem selbstständigen Rechtsmittel des Nebenklägers, dem Rechtsmittel des Angeklagten, dem der Staatsanwaltschaft und zwischen dem Zusammentreffen von Rechtsmitteln. In allen Fällen sind zwei Grundsätze zu beachten: Die notwendigen Auslagen des Nebenklägers können nie der Staatskasse zur Last fallen; die notwendigen Auslagen des   F 69

---

161 OLG Zweibrücken NJW 1974, 659.
162 LR-*Hilger* § 473 StPO Rn. 58–60.
163 OLG Zweibrücken NJW 1974, 659.
164 BGH NJW 1962, 1926; OLG Karlsruhe AnwBl 1975, 100.
165 Beispiele s LR-*Hilger* § 473 StPO Rn. 63–70.

Angeklagten können dem Nebenkläger nur dann auferlegt werden, wenn er das Verfahren ohne Mitwirkung der Staatsanwaltschaft quasi als Partei betrieben hat.[166]

F 70   **j)** Hat nur der **Nebenkläger selbstständig das Rechtsmittel eingelegt** (§ 401 StPO) und nimmt er das Rechtsmittel zurück oder bleibt es erfolglos, so treffen ihn die Gerichtskosten, und er trägt die durch das Rechtsmittel erwachsenen notwendigen Auslagen des Angeklagten (§ 473 Abs 1 S 3 StPO).[167]

Hat der Nebenkläger zu Ungunsten des Angeklagten Berufung eingelegt, so kann das Urteil der Berufungsinstanz auf Freispruch lauten, weil die Berufung auch zu Gunsten des Angeklagten wirkt (§ 301 StPO); die notwendigen Auslagen des Angeklagten in der Berufungsinstanz treffen dann den erfolglosen Nebenkläger; der Angeklagte hat nach Maßgabe von § 467 StPO einen zusätzlichen Erstattungsanspruch gegen die Staatskasse.[168]

Wird auf Revision des Nebenklägers die Sache zurückverwiesen und wird der Angeklagte in der zweiten Berufungsverhandlung abermals freigesprochen, so hat der Nebenkläger nur die Kosten und Auslagen des Revisionsverfahrens zu tragen, denn insoweit war er letztlich erfolglos; die Kosten der zweiten Hauptverhandlung in der Tatsacheninstanz trägt hinsichtlich der Gerichtskosten und der notwendigen Auslagen des Angeklagten die Staatskasse, da hier Gegner wiederum die Staatsanwaltschaft ist.[169]

Nach § 402 StPO verliert der Anschluss des Nebenklägers durch Widerruf sowie durch den Tod des Nebenklägers seine Wirkung. Das Rechtsmittel des Nebenklägers, das er selbstständig eingelegt hat, wird wie ein zurückgenommenes behandelt (§ 473 Abs 1 StPO); die Kosten treffen den Nachlass des Nebenklägers.[170]

Stellt das Rechtsmittelgericht das Verfahren nach einer Vorschrift ein, die es nach seinem Ermessen zulässt, so ist § 472 Abs 2 StPO anzuwenden. Die gerichtlichen Kosten fallen der Staatskasse zur Last, sie können weder den Nebenkläger noch den Angeklagten treffen, denn wenn auch der Nebenkläger allein das Rechtsmittel eingelegt hat, so handelt es sich doch immer noch um ein Offizialverfahren.[171]

F 71   **k) Hat das Rechtsmittel des Nebenklägers Erfolg,** so trägt der Angeklagte die Kosten des Verfahrens nach § 465 Abs 1 StPO und die notwendigen Auslagen des Nebenklägers nach § 472 Abs 1 StPO. Hat die Staatsanwaltschaft das Rechtsmittel eingelegt und hat der Nebenkläger sich lediglich am Rechtsmittelverfahren beteiligt, so ist er bei Erfolg des Rechtsmittels in gleicher Weise zur Erstattung der Auslagen berechtigt, wie wenn er selbst erfolgreich Rechtsmittel eingelegt hätte. Ist das Rechtsmittel der Staatsanwaltschaft erfolglos, muss der Nebenkläger seine eigenen Auslagen tragen, dafür hat er aber nicht für die Auslagen des Angeklagten einzustehen.

F 72   **l)** Hat das Rechtsmittel des Nebenklägers **teilweise Erfolg,** so gilt § 473 Abs 4 und § 472 Abs 1 StPO. Die Kosten und die notwendigen Auslagen der Beteiligten können zwischen Nebenkläger und Angeklagtem verteilt oder einem von ihnen auferlegt werden.

F 73   **m)** Wird das **Rechtsmittel des Angeklagten zurückgenommen** oder bleibt es erfolglos, so hat der Angeklagte die Auslagen des Nebenklägers in der Rechtsmittelinstanz voll zu erstatten.[172]

Hat das unbeschränkte **Rechtsmittel des Angeklagten Erfolg,** so fallen die notwendigen Auslagen des Angeklagten der Staatskasse zur Last (§ 467 StPO); der Nebenkläger ist dem Angeklagten

---

166   KK-*Schikora/Schimansky* § 473 StPO Rn. 9.
167   BGH NJW 1958, 719; OLG Hamm JMBlNRW 1978, 70.
168   BayObLG NJW 1959, 1236; LR-*Hilger* § 473 StPO Rn. 81–90.
169   OLG Düsseldorf DAR 1967, 25.
170   OLG Zweibrücken NJW 1966, 2076; OLG Stuttgart NJW 1970, 822.
171   OLG Hamm NJW 1970, 2126; LR-*Hilger* § 471 StPO Rn. 81–90.
172   BGHSt 15, 60; OLG Hamburg MDR 1970, 1029.

nicht zur Erstattung der Auslagen verpflichtet. Hat der Angeklagte sein Rechtsmittel auf bestimmte Beschwerdepunkte beschränkt und damit Erfolg, so können die notwendigen Auslagen des Nebenklägers entsprechend § 471 Abs 4 Nr 1 StPO iVm § 472 Abs 1 StPO ganz oder teilweise dem Angeklagten auferlegt werden.[173]

Hat das Rechtsmittel des Angeklagten **teilweise Erfolg** iSv § 473 Abs 4 StPO, so können die notwendigen Auslagen des Nebenklägers entsprechend § 471 Abs 2 Nr 1 StPO iVm § 472 Abs 1 StPO ganz oder teilweise dem Angeklagten auferlegt werden.[174]

Ob und ggf in welchem Umfang der Angeklagte die dem Nebenkläger in der Berufungsinstanz erwachsenen notwendigen Auslagen zu tragen hat, bestimmt sich nicht nach dem Erfolg seines Rechtsmittels schlechthin, sondern allein danach, inwieweit das Rechtsmittel des Angeklagten gegenüber dem berechtigten Strafverfolgungsbegehren des Nebenklägers Erfolg gehabt hat.[175]

n) Wird das **Rechtsmittel der Staatsanwaltschaft zu Ungunsten des Angeklagten zurückgenommen** oder bleibt es erfolglos, so hat der Nebenkläger seine notwendigen Auslagen selbst zu tragen.[176]   F 74

Hat das Rechtsmittel Erfolg, so hat der Angeklagte die notwendigen Auslagen des Nebenklägers zu erstatten (§ 472 Abs 1 StPO). Hat das Rechtsmittel teilweise Erfolg, so können die notwendigen Auslagen entspr § 471 Abs 2 Nr 1 StPO ganz oder teilweise dem Angeklagten auferlegt werden.

o) **Haben sowohl die Staatsanwaltschaft als auch der Nebenkläger Rechtsmittel eingelegt** und bleiben beide Rechtsmittel erfolglos oder werden sie zurückgenommen, so trifft den Nebenkläger die Gerichtsgebühr, während die gerichtlichen Auslagen hälftig von der Staatskasse und dem Nebenkläger zu tragen sind.[177]   F 75

Die dem Angeklagten durch das Rechtsmittel erwachsenen notwendigen Auslagen trägt nach § 473 Abs 2 S 1 StPO die Staatskasse, nicht der Nebenkläger, denn seine Erstattungspflicht ist auf den Fall beschränkt, dass er allein ein Rechtsmittel eingelegt hat.[178]

Nimmt aber die Staatsanwaltschaft das Rechtsmittel zurück und setzt der Nebenkläger sein Rechtsmittel fort, dann treffen, wenn das Rechtsmittel des Nebenklägers erst später zurückgenommen wird oder erfolglos bleibt, ihn die erwachsenen weiteren Auslagen des Angeklagten; denn vom Zeitpunkt der Rücknahme des Rechtsmittels der Staatsanwaltschaft an stand der Nebenkläger dem Angeklagten in gleicher Weise gegenüber als hätte er allein Rechtsmittel eingelegt.[179]

Haben sowohl der Angeklagte als auch der Nebenkläger Rechtsmittel eingelegt und bleiben beide Rechtsmittel erfolglos oder werden beide zurückgenommen, so ist § 473 Abs 1 S 2 und 3 StPO anzuwenden.

Hat der Angeklagte ein Rechtsmittel mit dem Ziel des Freispruchs, der Nebenkläger ein solches mit dem Ziel härterer Bestrafung eingelegt und hat nur der Angeklagte Erfolg, so ist das Rechtsmittel des Nebenklägers mit der Kostenfolge des § 473 Abs 1 StPO zu verwerfen.[180]

Haben sowohl der Angeklagte als auch die Staatsanwaltschaft Rechtsmittel eingelegt, die beide erfolglos bleiben, während der Nebenkläger kein Rechtsmittel eingelegt hat und sich nur auf die

---

173 OLG Hamburg NJW 1970, 1467; OLG Hamm AnwBl 1979, 240.
174 OLG Koblenz JurBüro 1980, 891; OLG Düsseldorf AnwBl 1983, 329; OLG München JurBüro 1985, 906.
175 OLG Düsseldorf JurBüro 1982, 1519.
176 OLG Hamburg MDR 1983, 689.
177 OLG Oldenburg NJW 1961, 1594; OLG Stuttgart NJW 1963, 2286.
178 BGHSt 11, 189; OLG Karlsruhe Rpfleger 1985, 123.
179 OLG Hamm NJW 1959, 1984; OLG Koblenz VRS 1954, 131.
180 BGH VRS 1950, 369.

Abwehr des Rechtsmittels des Angeklagten beschränkt hat, so hat der Angeklagte dem Nebenkläger die durch sein Rechtsmittel erwachsenen Auslagen voll zu erstatten.[181]

F 76   p) Nach § 473 Abs 6 Nr 1 StPO gelten die Abs 1–4 entsprechend für die Kosten und die notwendigen Auslagen, die durch einen Antrag auf **Wiederaufnahme** des durch ein rechtskräftiges Urteil abgeschlossenen Verfahrens verursacht worden sind. Der Wiederaufnahmeantrag gegen ein Urteil wird in Erweiterung des § 467 StPO hinsichtlich der Kosten- und Auslagenfrage wie ein Rechtsmittel behandelt. Abs 5 spricht nur von dem durch rechtskräftiges Urteil abgeschlossenen Verfahren. Er gilt aber auch bei Wiederaufnahme gegen Strafbefehle, da nach § 373 a StPO die Vorschriften der §§ 359–373 StPO entsprechend gelten. Nach § 464 a Abs 1 S 3 StPO gehören zu den Kosten eines Antrags auf Wiederaufnahme auch die zur Vorbereitung eines Wiederaufnahmeverfahrens (§§ 364 a u 364 b StPO) entstandenen Kosten, soweit sie durch einen Antrag des Verurteilten verursacht sind. Wird der Antrag verworfen oder zurückgenommen, so hat der Antragsteller die Kosten zu tragen (§ 473 Abs 1 StPO); ist der Angeklagte Antragsgegner, so fallen seine notwendigen Auslagen der Staatskasse zur Last (§ 473 Abs 2 S 1 StPO). Wird gem § 370 Abs 2 StPO die Wiederaufnahme des Verfahrens beschlossen und die Erneuerung der Hauptverhandlung angeordnet, so ist das Zwischenverfahren beendet; es unterbleibt aber eine Kostenentscheidung. Denn in dem Urteil, das aufgrund der neuen Hauptverhandlung ergeht, ist über die Kosten und Auslagen des gesamten (früheren und neuen) Hauptverfahrens einheitlich nach Maßgabe der §§ 465–467 StPO zu entscheiden. Wird der Verurteilte freigesprochen, so trägt die Staatskasse die Gerichtskosten und die notwendigen Auslagen des Angeklagten. Wird der Angeklagte erneut verurteilt, so ergeht eine einheitliche Kostenentscheidung nach § 465 StPO. Wird der Angeklagte einer Straftat schuldig gesprochen und nur wegen der Sperrwirkung des § 373 Abs 2 StPO nicht zur Strafe verurteilt, so ist eine solche Entscheidung kostenrechtlich wie ein Absehen von Strafe (§ 465 Abs 1 S 2 StPO) zu behandeln.[182]

Nach Abs 5 Nr 2 des § 473 StPO wird der Antrag auf ein Nachverfahren kostenrechtlich ebenfalls wie ein Rechtsmittel behandelt.

F 77   q) Die **Kosten der Wiedereinsetzung in den vorigen Stand** fallen dem Antragsteller zur Last, soweit sie nicht durch einen unbegründeten Widerspruch des Gegners entstanden sind, § 473 Abs 7 StPO.

Selbst wenn der Antragsteller mit seinem Antrag Erfolg hat, fallen ihm die Kosten zur Last, weil er das Zwischenverfahren durch seine Fristversäumnis veranlasst hat. Die durch einen unbegründeten Widerspruch des Gegners entstandenen Kosten hat er nicht zu tragen. Sie treffen den zu Unrecht widersprechenden Gegner, obwohl das im Gesetz nicht ausdrücklich gesagt ist.[183]

Die Kostenentscheidung erfolgt im Wiedereinsetzungsbeschluss oder in der Entscheidung, die das Hauptverfahren abschließt. Die Wiedereinsetzung (§ 46 Abs 2 StPO) kann nicht angefochten werden (§ 46 Abs 2 StPO). § 473 Abs 7 StPO enthält keine Regelung für den Fall, dass der Wiedereinsetzungsantrag verworfen wird. Die Kosten treffen aber den Antragsteller, denn sie gehören zu den Kosten des Verfahrens iSd § 465 StPO, die dem Antragsteller bereits durch das vorangegangene Urteil auferlegt sind.[184]

Wird der Antrag auf Wiedereinsetzung verworfen und legt der Antragsteller sofortige Beschwerde ein (§ 46 Abs 3 StPO), so folgt die Kostenentscheidung den allgemeinen Regeln; von der Überbürdung seiner notwendigen Auslagen auf die Staatskasse kann in entspr Anwendung des § 467 Abs 3

---

181 OLG Hamburg MDR 1070, 1029.
182 BGH KostRsp StPO § 465 Nr 11; hinsichtlich der Wiederaufnahme nach Nichtigkeitserklärung einer Norm gem §§ 79, 95 Abs 3 BVerfG siehe LR-*Hilger* § 473 Rn. 97.
183 LR-*Hilger* § 473 StPO Rn. 96–98.
184 OLG Düsseldorf JurBüro 1984, 251.

11. Beschlüsse aus §§ 51, 70, 77, 81 c, 145 StPO u § 56 GVG

a) Zeugen, Sachverständige, Verteidiger und Schöffen sind in die Kosten zu verurteilen, die ihre Säumnis, Weigerung oder ihr Verschulden verursacht haben. Außer den Kosten der Staatskasse, zB an Auslagen für Zeugengebühren, kommen auch Kosten des Angeklagten, des Privatklägers oder Nebenklägers in Betracht (zB Auslagen für Zeugen, § 220 Abs 2 StPO) sowie die notwendigen Auslagen (zB durch Verlängerung der Hauptverhandlung erhöhte Verteidigerkosten, Nrn 4106–4111 VV RVG). Der Gerichtsbeschluss spricht nur die Pflicht zum Tragen der Kosten aus, ohne diese, wie auch sonst bei Kostenentscheidungen, zu beziffern.   F 78

In dem Umfang, in dem die Kostenpflicht des verurteilten Dritten besteht, vermindert sich die Kostenpflicht des in die Verfahrenskosten verurteilten Angeklagten nach § 465 StPO. Diese Einschränkung muss in der Urteilsformel, mindestens in den Urteilsgründen zum Ausdruck kommen. Sie bleibt aber auch bestehen, wenn dies versehentlich unterbleibt.[186]

Die Einschränkung fällt trotz Rechtskraft des Urteils weg, wenn die Kostenpflicht des Dritten nachträglich, zB infolge genügender Entschuldigung entfällt.[187]

b) Die Betroffenen können gegen die Anordnung oder die Ablehnung der Aufhebung **Beschwerde nach § 304 Abs 2 StPO** einlegen, die Staatsanwaltschaft nach § 304 Abs 1 StPO auch gegen die Ablehnung und die Aufhebung der Anordnung, der Angeklagte, wenn er durch Unterlassen oder Aufhebung der Kostenüberbürdung beschwert ist.[188]   F 79

V. Kosten des Verfahrens, Umfang der Erstattungspflicht

1. Gebühren und Auslagen der Staatskasse, Allgemeines

§ 464 a Abs 1 S 1 u 2 StPO lautet: F 80

> »Kosten des Verfahrens sind die Gebühren und Auslagen der Staatskasse. Zu den Kosten gehören auch die durch die Vorbereitung der öffentlichen Klage entstandenen sowie die Kosten der Vollstreckung einer Rechtsfolge der Tat.«

Abs 1 S 1 entspricht dem § 1 GKG. Danach sind unter Kosten des Verfahrens die Gebühren (Teil 3 KV GKG) und die Auslagen der Staatskasse (Teil 9 KV GKG) zu verstehen.

2. Kosten der Vorbereitung der öffentlichen Klage

a) § 464 a Abs 1 S 2 StPO stellt klar, dass zu den Kosten des Verfahrens auch **die durch die Vorbereitung der öffentlichen Klage entstandenen Kosten** gehören. Das sind die Aufwendungen aller Behörden, die vor Erhebung der öffentlichen Klage zur Aufklärung einer Straftat und zur Ermittlung und Ergreifung des Täters gemacht worden sind. Zu den Kosten des Verfahrens gehören auch die durch die Vorbereitung der öffentlichen Klage entstandenen Kosten der Telefonüberwachung einschließlich der insoweit entstandenen Übersetzungskosten. Dolmetscher- und Übersetzungskosten anlässlich der Besuchsüberwachung sind von dem Verurteilten ebenfalls zu erstatten.[189]   F 81

---

185 OLG Hamm MDR 1991, 423; LG Duisburg JurBüro 1984, 250.
186 OLG Celle AnwBl 1988, 655.
187 BGH AGS 1997, 137 unter Aufgabe von BGHSt 10, 126; OLG Hamm NJW 1956, 1935.
188 OLG Braunschweig NJW 1967, 1381.
189 OLG Koblenz JurBüro 2001, 102.

Zu den Verfahrenskosten gehören auch die Kosten der einstweiligen Unterbringung und Untersuchungshaft, es sei denn, der Beschuldigte hat gearbeitet oder sich ernsthaft um Arbeit bemüht.[190]

Die Aufwendungen müssen die verfahrensgegenständliche Tat betreffen, d.h. in sachlichem Zusammenhang mit ihr stehen.[191] Die Kosten für Untersuchungshandlungen, die ausschließlich gegen einen anderen gerichtet waren, sind nicht dem Verurteilten zuzurechnen. Dies ergibt sich bereits aus § 466 S 2. Werden Ermittlungen zunächst gegen andere Verdächtige gerichtet, gehören diese zu den Kosten des Verfahrens, es sei denn, es wurde zunächst wegen mehrerer selbständiger Taten ermittelt.[192]

F 82 **b) Entschädigungen und Belohnungen Dritter** für Aufwendungen, die diese zur Aufklärung der Straftat gemacht haben, können nicht auf den Verurteilten überbürdet werden. Denn Auslagen des Vorbereitungsverfahrens können nur in dem Umfang, wie das Kostenverzeichnis das vorsieht, in Ansatz gebracht werden.[193]

3. Entschädigung von Zeugen und Sachverständigen

F 83 Die nach dem Gesetz über die **Entschädigung von Zeugen und Sachverständigen** zu zahlenden Beträge gehören zu den Auslagen der Staatskasse.

4. Vergütung des gerichtlich bestellten Verteidigers

F 84 Die **Gebühren und Auslagen des gerichtlich bestellten Verteidigers** gehören nach Kostenverzeichnis Nr 9007 zu den Auslagen der Staatskasse, die der Verurteilte zu tragen hat. Nach Art 6 Abs 3 c) EMRK hat jeder Beschuldigte zur Sicherung des Anspruchs auf ein faires Verfahren grundsätzlich das Recht, unentgeltlich den Beistand eines Verteidigers zu erhalten. Art 6 Abs 3 c) EMRK schließt den Rückgriff der Staatskasse wegen dieser Kosten auf den Verurteilten nicht aus, so dass die Staatskasse die entstandenen Kosten gegen den Verurteilten geltend machen kann.[194] Sie werden vom Verurteilten durch die Staatskasse eingezogen. Gegen den Kostenansatz steht dem Verurteilten die Erinnerung bzw Beschwerde nach § 66 Abs 2 GKG nF zu. Der Verurteilte kann in diesen Rechtsbehelfsverfahren nicht mit dem Einwand gehört werden, der Pflichtverteidiger habe eine ungenügende Einsatzbereitschaft gezeigt.[195]

5. Kosten der einstweiligen Unterbringung und der Untersuchungshaft

F 85 Auch sie gehören zu den Auslagen der Staatskasse (Nr 9011 KV GKG), soweit sie nach § 50 StVollzG zu erheben wären; ebenso Aufwendungen für Zwangsernährung.[196]

6. Beiträge für Dolmetscher und Übersetzer

F 86 Dolmetscher- und Übersetzerkosten sind grundsätzlich nicht zu erstatten. Eine Ausnahme gilt dann, wenn der Angeschuldigte diese schuldhaft unnötig verursacht hat (vgl § 464 c). Ein der Gerichtssprache nicht mächtiger, tauber oder stummer Beschuldigter hat nach Art 6 Abs 3 c) EMRK unabhängig von seiner finanziellen Situation einen Anspruch auf die unentgeltliche Beiziehung eines Dolmetschers; dies gilt uneingeschränkt für Gespräche mit seinem Verteidiger bereits während des Ermittlungsverfahrens[197], nicht jedoch für Gespräche mit weiteren Verteidigern.[198]

---

190 OLG Nürnberg NStZ-RR 1999, 190.
191 OLG Koblenz NStZ-RR 2002, 160.
192 SSW-StPO/*Steinberger-Fraunhofer* § 464 a Rn. 3 mit weiteren Beispielen.
193 LR-*Hilger* § 464 a StPO Rn. 5.
194 OLG Zweibrücken NStZ 1990, 51; aA: OLG Düsseldorf NStZ 1985, 370.
195 OLG Dresden Beschl v 19.09.2013 – 2 Ws 445/12.
196 LG Frankfurt NJW 1977, 1924.
197 BVerfG NJW 2004, 50.
198 OLG Düsseldorf NStZ-RR 1998, 253.

Zieht der Pflichtverteidiger für seine Gespräche mit dem Beschuldigten einen Dolmetscher heran, so sind seine Auslagen nach § 46 RVG zu erstatten.

Zieht der Wahlverteidiger einen Dolmetscher zu Besprechungen ohne Einschaltung des Gerichts hinzu, dann besteht ein Anspruch auf Erstattung der Dolmetscherkosten nur dann, wenn in der Kostenentscheidung die notwendigen Auslagen des Angeklagten der Staatskasse auferlegt sind.[199]

Es besteht auch grundsätzlich ein Anspruch auf unentgeltliche schriftliche Übersetzung von Haftbefehl, Strafbefehl, Anklageschrift und Ladungen, nicht jedoch auf Übersetzung der gesamten Akten.[200]

Inwieweit entsprechende Dolmetscher- und Übersetzerkosten unentgeltlich sind, ergibt sich im Übrigen auch aus der Anm Abs 4 zu Nr 9005 KV GKG; hier sind die Ausnahmetatbestände einer Auslagenerstattung abschließend aufgeführt.

7. Kosten der Vollstreckung

Zu den Kosten des Verfahrens gehören gem § 464 a Abs 1 S 2 StPO auch die nach der Rechtskraft des Urteils anfallenden Vollstreckungskosten. Auf diese Kosten findet das GKG keine Anwendung, da die Vollstreckung Justizverwaltungsangelegenheit ist. Der Umfang der Vollstreckungskosten ist hauptsächlich in der Justizverwaltungskostenordnung geregelt. **F 87**

8. Kosten des Antrags auf Wiederaufnahme des Verfahrens

Nach § 464 a Abs 1 S 3 StPO gehören zu den Kosten eines Antrags auf Wiederaufnahme des durch ein rechtskräftiges Urteil abgeschlossenen Verfahrens auch die zur Vorbereitung eines Wiederaufnahmeverfahrens (§§ 364 a u 364 b) entstandenen Kosten, soweit sie durch einen Antrag des Verurteilten entstanden sind. **F 88**

Dem Verurteilten, der keinen Verteidiger hat, ist auf Antrag ein Pflichtverteidiger schon für die Vorbereitung des Wiederaufnahmeverfahrens gem § 364 b StPO zu stellen. Stellt er den Wiederaufnahmeantrag und wird dieser verworfen, so werden dem Antragsteller die Kosten einschließlich der Vorbereitungskosten auferlegt, § 473 Abs 6 Nr 1 StPO. Gem § 464 a Abs 1 S 3 StPO trägt er dann auch die dem Pflichtverteidiger gewährte Vergütung. Wird jedoch der Wiederaufnahmeantrag nicht gestellt, fehlt die Grundlage für eine Kosten- und Auslagenentscheidung. Eine Belastung des Verurteilten mit den Auslagen der Staatskasse für den Pflichtverteidiger entfällt.

9. Kostenübernahme

Für entstandene Gerichtskosten haftet auch derjenige, der sich gegenüber dem Gericht zur Kostenübernahme bereit erklärt hat (etwa im Hinblick auf eine erhoffte Einstellung des Verfahrens), § 29 GKG.[201] **F 89**

10. Festsetzung der gerichtlichen Gebühren und Auslagen

Die Festsetzung erfolgt im Kostenansatzverfahren nach § 19 GKG. **F 90**

VI. Notwendige Auslagen, Umfang der Erstattungspflicht

1. Allgemeines

a) Nach **§ 464 a Abs 2 StPO** gehören zu den notwendigen Auslagen eines Beteiligten auch »1. die Entschädigung für eine notwendige Zeitversäumnis nach den Vorschriften, die für die **F 91**

---

199 OLG Düsseldorf AnwBl 1986, 107; OLG Frankfurt NJW 1981, 533; OLG Zweibrücken NJW 1980, 2143.
200 SSW-StPO/*Steinberger-Fraunhofer* § 464 a Rn. 8 mwN.
201 LG Zweibrücken JurBüro 1983, 1857.

Entschädigung von Zeugen gelten, und 2. die Gebühren und Auslagen eines Rechtsanwalts, soweit sie nach § 91 Abs 2 der Zivilprozessordnung zu erstatten sind.«

Bezieht sich Abs 1 des § 464 a StPO auf die Verfahrenskosten, die ein Verfahrensbeteiligter der Staatskasse schuldet, so handelt es sich bei Abs 2 um notwendige Auslagen, die die Staatskasse einem Beteiligten schuldet oder die ein Verfahrensbeteiligter einem anderen Beteiligten zu erstatten hat. Notwendige Auslagen sind vermögenswerte Aufwendungen, die zur zweckentsprechenden Rechtsverfolgung oder Verteidigung erforderlich waren. Die Notwendigkeit ist zu bejahen, wenn die Aufwendungen im Zeitpunkt ihrer Entstehung erforderlich waren.[202]

F 92 b) Die Auslagen müssen in der Person des Beteiligten selbst entstanden sein. Verfahrensbeteiligte im Sinne der Vorschrift sind der Beschuldigte, der Privatkläger, der Nebenkläger, der Antragsteller im Adhäsionsverfahren und die in § 467 a Abs 2 benannten Nebenbeteiligten.[203]

Die Auslagen eines Dritten sind nur dann erstattungsfähig, wenn der Dritte im Verfahren kraft eigenen Rechtes (§§ 137 Abs 2, 268 StPO; § 67 JGG) seine Partei ergriffen hat.[204]

Bestellen die gesetzlichen Vertreter für den minderjährigen Beschuldigten einen Verteidiger, dann stehen diese Auslagen den eigenen Aufwendungen des Erstattungsberechtigten gleich.[205]

Die Aufwendungen des Dritten sind dann eigene Auslagen des Erstattungsberechtigten, wenn ihm der Beteiligte zum Ersatz verpflichtet ist. Kann der Beteiligte wegen dergleichen Auslagen auch einen Dritten in Anspruch nehmen, zB Rechtsschutzversicherung, Berufsverband oder Gewerkschaft, so wird die Erstattungsfähigkeit notwendiger Auslagen nicht dadurch ausgeschlossen. Dass der Beteiligte die **Rechtsschutzversicherung** in Anspruch nehmen kann, beruht darauf, dass er durch eigene Aufwendungen (Prämienzahlungen) vorgesorgt hat. Es ist daher nicht gerechtfertigt, seinen Erstattungsanspruch gegen den Erstattungspflichtigen, auch nicht gegen die Staatskasse, wegen seiner privaten Vorsorge zu kürzen.[206]

Die für die Rechtsschutzversicherung gezahlten Prämien sind keine erstattungsfähigen Auslagen.

2. Entschädigung für notwendige Zeitversäumnis

F 93 Nach § 464 a Abs 2 S 1 ist für notwendige Zeitversäumnis, dh für Verdienstausfall und Fahrtkosten, nach den Vorschriften, die für die Entschädigung von Zeugen gelten, zu entschädigen. Bei dem Verweis auf das JVEG handelt es sich um einen Rechtsfolgeverweis, der sich lediglich auf den Umfang und die Höhe der Entschädigung bezieht.[207]

Zu entschädigen ist der gesamte durch das Verfahren entstandene Zeitverlust einschließlich der Beschaffung von Beweismitteln und der Reisen zum Verteidiger.[208]

3. Sonstige notwendige Auslagen

F 94 § 464 a Abs 2 StPO enthält keine abschließende Aufzählung der notwendigen Auslagen. Aus der Verwendung des Wortes »auch« ergibt sich, dass die Erstattungsfähigkeit anderer notwendiger Auslagen nicht ausgeschlossen ist.

Zu den sonstigen notwendigen Auslagen gehören insbesondere alle durch Vorladungen verursache Aufwendungen wie Fahrt-, Reise- und Verpflegungsaufwendungen sowie Reisekosten des

---

202 OLG Düsseldorf NStZ 1996, 99.
203 SSW-StPO/*Steinberger-Fraunhofer* § 464 a Rn. 12.
204 OLG Celle JurBüro 1964, 291.
205 LG Bückeburg NJW 1960, 1025.
206 OLG Frankfurt NJW 1970, 1694; VersR 1975, 90; LR-*Hilger* § 464 a StPO Rn. 24.
207 OLG Hamm NStZ 1996, 536.
208 OLG Zweibrücken MDR 1996, 318; aA: LG Bonn MDR 1980, 61.

Beschuldigten zu seinem Verteidiger für Besprechungen, nicht jedoch Kosten der Sicherheitsleistung oder Kosten für die Besuche von Untersuchungsgefangenen.[209]

Kosten für private Ermittlungen (Einschaltung einer Detektei, Privatgutachten etc.) sind grundsätzlich nicht erstattungsfähig, es sei denn, diese erweisen sich bei Betrachtung ex ante als notwendig oder haben sich bei Betrachtung ex post entscheidungserheblich zugunsten des Betroffenen bzw Angeklagten ausgewirkt.[210] Grundsätzlich ist es aber dem Beschuldigten/Angeklagten zumutbar, seine prozessualen Möglichkeiten auszuschöpfen und entsprechende Beweisanträge zu stellen.[211]

4. Gebühren und Auslagen eines Rechtsanwalts

a) Zu den stets erstattungsfähigen notwendigen Auslagen gehören nach § 464 a Abs 2 Nr 2 StPO die **Gebühren und Auslagen eines Rechtsanwalts,** den der Angeklagte oder sein gesetzlicher Vertreter mit der Verteidigung, ein sonstiger Beteiligter (Privat- und Nebenkläger, Nebenbeteiligter) mit der Vertretung beauftragt hat, soweit sie nach § 91 Abs 2 ZPO zu erstatten sind. Ergänzend bestimmt § 408 AO, dass notwendige Auslagen eines Beteiligten iSv § 464 a Abs 2 Nr 2 StPO im Strafverfahren wegen einer Steuerstraftat auch die gesetzlichen Gebühren und Auslagen eines Steuerberaters, Steuerbevollmächtigten, Wirtschaftsprüfers oder vereidigten Buchprüfers sind. Dem Rechtsanwalt stehen ferner die in § 138 StPO genannten Hochschullehrer sowie die ordnungsgemäß zugelassenen Rechtsbeistände gleich.

F 95

Die Gebühren und Auslagen des Rechtsanwalts gehören immer zu den notwendigen Auslagen des Erstattungsberechtigten. Es ist daher verboten, in Kostenfestsetzungsverfahren zu prüfen, ob die Zuziehung eines Rechtsanwaltes notwendig oder der Bedeutung des Falles angemessen war. Denn der Beschuldigte kann sich in jeder Lage des Verfahrens eines Verteidigers bedienen (§ 137 Abs 1 S 1 StPO); der Einwand, der Beschuldigte hätte sich selbst verteidigen können, ist daher ausgeschlossen.

Kann ein Verteidiger von seinem Auftraggeber, der einen Freispruch erzielt hat, innerhalb des gesetzlichen Gebührenrahmens des § 14 RVG iVm Nr 4100 VV RVG eine höhere Vergütung verlangen, als ihm im Verfahren nach § 464 b StPO gegenüber der erstattungspflichtigen Staatskasse festgesetzt worden ist, so muss der Auftraggeber bzw seine Rechtsschutzversicherung den Unterschiedsbetrag übernehmen.[212] Der Versicherungsnehmer kann allerdings von seiner Rechtsschutzversicherung nur die Übernahme der gesetzlichen Gebühren und Auslagen verlangen, also nicht die höhere Vergütung, die er mit seinem Verteidiger vereinbart hat.

Eine Einschränkung des Grundsatzes, dass zu den erstattungsfähigen Auslagen stets die Rechtsanwaltskosten gehören, enthält § 109 a Abs 1 OWiG. Er bestimmt: War gegen den Betroffenen in einem Bußgeldbescheid wegen einer Tat lediglich eine Geldbuße bis zu 10 € festgesetzt, so gehören die Gebühren und Auslagen eines Rechtsanwalts nur dann zu den notwendigen Auslagen, wenn wegen der schwierigen Sach- oder Rechtslage oder der Bedeutung der Sache für den Betroffenen die Beauftragung eines Rechtsanwalts geboten war.

b) **Nimmt die Staatsanwaltschaft ihr Rechtsmittel** vor Begründung **zurück,** so wird von einem Teil der Rechtsprechung die Erstattungsfähigkeit der Rechtsanwaltskosten unter Hinweis auf § 91 Abs 1 S 1 ZPO mit der Begründung verneint, die Tätigkeit eines Rechtsanwalts vor Begründung des Rechtsmittels durch die Staatsanwaltschaft sei überflüssig und nicht notwendig gewesen.[213]

F 96

---

209 SSW-StPO/*Steinberger-Fraunhofer* § 464 a Rn. 25 mwN.
210 LG Dresden NStZ-RR 2010, 61.
211 OLG Düsseldorf StV 1991, 480.
212 BGH MDR 1973, 308.
213 OLG Frankfurt aM NStZ-RR 1999, 351; OLG Oldenburg JurBüro 1991, 540.

Nach anderer Ansicht ist die Anwaltsvergütung auch dann zu erstatten, wenn die Staatsanwaltschaft das Rechtsmittel noch vor der Begründung zurücknimmt.[214] Dieser Ansicht ist zuzustimmen. § 137 Abs 1 S 1 gibt dem Beschuldigten das Recht, sich in jeder Lage des Verfahrens eines Verteidigers zu bedienen, ohne dass es darauf ankommt, ob die Zuziehung notwendig oder angemessen ist.[215] Dies muss dazu führen, dass die entsprechende Vergütung auch zu erstatten ist.

Auch bei einer vorsorglich eingelegten Revision erwächst dem Rechtsanwalt des Revisionsgegners die Revisionsgebühr nach Nr 4130 VV RVG mit jeder im Revisionsverfahren entwickelten Tätigkeit. Als solche Tätigkeiten kommen ua in Betracht nach Entgegennahme der Revisionsschrift (auch ohne Begründung) die Beratung des Auftraggebers, die Entgegennahme von Informationen, das Einreichen von Schriftsätzen oder Anträgen, die Akteneinsicht oder ein entsprechender Versuch. Folglich reicht die Einreichung eines Schriftsatzes mit dem Antrag, die Revision zu verwerfen, für sich aus, die Gebühr nach Nr 4130 VV RVG entstehen zu lassen. Auch diese Gebühr ist grundsätzlich zu erstatten. Es kann keine Rede davon sein, dass es sich um eine völlig überflüssige oder verfrühte Tätigkeit handelt. Auf jeden Fall ist die Beratung des Auftraggebers eine zweckentsprechende Tätigkeit. Der Verteidiger wird auch in etwa übersehen können, ob die Revision der Staatsanwaltschaft Aussicht auf Erfolg hat.[216]

F 97 c) Auch die Kosten der Teilnahme des Verteidigers an der Hauptverhandlung vor dem Revisionsgericht sind erstattungsfähig, weil der Angeklagte grundsätzlich Anspruch darauf hat, vor dem Revisionsgericht zu Wort zu kommen.[217]

5. Die Kosten mehrerer Rechtsanwälte

a) Mehrere Wahlverteidiger

F 98 § 464 a Abs 2 Nr 2 StPO verweist auf § 91 Abs 2 ZPO. Im Hinblick auf die Kosten mehrerer Rechtsanwälte ist somit S 2 des Abs 2 anzuwenden, wonach die Kosten mehrerer Rechtsanwälte nur insoweit zu erstatten sind, als sie die Kosten eines Rechtsanwalts nicht übersteigen. Nach dem Wortlaut des Gesetzes bedeutet dies, der Beschuldigte kann zwar mit der Begrenzung des § 137 Abs 1 S 2 StPO mehrere Anwälte als Wahlverteidiger bestellen, erstattbar sind aber nur die Kosten eines Anwalts. Dies gilt auch dann, wenn es sich um schwierige oder umfangreiche Verfahren handelt.[218] Die Kosten mehrerer Anwälte sind aber ausnahmsweise dann zu erstatten, wenn in der Person des Anwalts ein Wechsel eintreten musste (§ 464 a Abs 2 Nr 2 StPO iVm § 91 Abs 2 S 2 ZPO). Musste in der Person des Anwalts ein Wechsel eintreten, dessen Ursache nicht in der Sphäre des Angeklagten lag, ist jeweils nur die gesetzliche Vergütung und nicht etwa ein vereinbartes Honorar erstattungsfähig.[219]

b) Mehrere Pflichtverteidiger

F 99 Jede Beiordnung eines Pflichtverteidigers lässt für diesen den vollen Vergütungsanspruch entstehen. Es besteht keine Möglichkeit, ihm den Erstattungsanspruch gegen den Staat zu nehmen. Das gilt auch, wenn zwei Pflichtverteidiger bestellt worden sind. Der Staat, der die Entstehung der Kosten verursacht hat, kann sich nicht darauf berufen, dass die Kosten mehrerer Anwälte nicht zu erstatten sind.[220]

---

214 OLG Düsseldorf NStZ 1990, 204; OLG Stuttgart StV 1998, 615.
215 SSW-StPO/*Steinberger-Fraunhofer* § 464 a Rn. 17 mwN.
216 OLG Celle Rpfleger 1985, 376; OLG Hamburg JurBüro 1997, 195; OLG Stuttgart DAR 1994, 86; LG Münster AnwBl 1990, 527 m Anm *Madert*.
217 OLG Oldenburg AnwBl 1981, 119.
218 BVerfG NJW 2004, 3319.
219 LG Kleve Beschl v 11.08.2011 – 120 Qs 68/11.
220 LG Mönchengladbach AnwBl 1978, 358; KK-*Schikora/Schimansky* § 464 a StPO Nr 13.

Es ist unzulässig, einen zweiten Pflichtverteidiger mit der Maßgabe beizuordnen, dass nur eine Gebühr erstattet wird.[221]

Außerdem haben die Pflichtverteidiger unter den Voraussetzungen des § 52 Abs 1 und 2 RVG einen Anspruch auf Erstattung des Unterschieds zu den Wahlverteidigergebühren. Diese Unterschiedsbeträge gehören dann zu den notwendigen Auslagen, wenn die Staatskasse solche zu erstatten hat. Auch hier kann der Staat sich nicht darauf berufen, dass nur Kosten eines Anwalts zu erstatten sind, da er ja selbst die Beiordnung vorgenommen hat.[222]

c) Pflichtverteidiger neben Wahlverteidiger

Vergütung bei Verurteilung des Angeklagten: Wird der Angeklagte verurteilt, hat er gem § 465 Abs 1 StPO die Kosten des Verfahren zu tragen. Nach § 464 a Abs 1 StPO sind die Kosten des Verfahrens die Gebühren und Auslagen der Staatskasse. Dazu gehören auch die Gebühren und Auslagen, die der Staat dem Pflichtverteidiger zu zahlen hat. Für die Gebühren und Auslagen des Wahlverteidigers ist Vergütungsschuldner der Angeklagte. Der Pflichtverteidiger hat aufgrund seiner Bestellung Anspruch auf Erstattung seiner Pflichtverteidigervergütung aus der Staatskasse. Ist der Angeklagte zahlungsfähig und hat der Pflichtverteidiger einen Beschluss nach § 52 Abs 2 RVG erwirkt, erhält er außerdem den Unterschied zwischen den Wahlanwaltskosten und der Pflichtverteidigervergütung von dem Angeklagten. Es gibt keine Bestimmung, wonach dem Pflichtverteidiger in diesem Fall der Zugriff auf den Angeklagten verboten ist. Im Ergebnis hat der Angeklagte also die Vergütung des Wahlanwalts und des Pflichtverteidigers zu zahlen.

F 100

Vergütung bei Freispruch. Wird der Angeklagte freigesprochen, so ist umstritten, unter welchen Voraussetzungen die Staatskasse die Vergütung des Wahlverteidigers und des Pflichtverteidigers zu erstatten hat.

Da im Verhältnis zwischen Pflichtverteidiger und Wahlverteidiger durch die Verweisung in § 464 a Abs 2 Nr 2 StPO auf § 91 Abs 2 ZPO auch der S 2 des § 91 Abs 2 ZPO gilt, ist daraus gefolgert worden, dass grundsätzlich die Wahlverteidigerkosten nur in Höhe des Unterschiedsbetrags zwischen den Kosten der Pflichtverteidigung und den Wahlanwaltskosten erstattungsfähig sind.[223]

Es ist zu differenzieren nach zeitlicher Reihenfolge und/oder Notwendigkeit. Ist ein Pflichtverteidiger schon bestellt, dann kann der Beschuldigte dennoch einen Wahlverteidiger bestellen (§ 137 StPO). Die Bestellung des Pflichtverteidigers muss dann nach § 143 StPO grundsätzlich zurückgenommen werden. Um die bis dahin entstandenen Pflichtverteidigergebühren sind die Wahlanwaltskosten zu kürzen.[224]

Die Beschränkung der Erstattung der Kosten mehrerer Rechtsanwälte auf die eines Rechtsanwalts dient dem Schutz der Staatskasse vor zu hohen Belastungen. Sie kann sich vernünftigerweise nur auf solche Belastungen beziehen, die der Angeklagte veranlasst hat. Wird daher entgegen § 143 StPO die Bestellung als Pflichtverteidiger nicht zurückgenommen, ohne dass der Angeklagte durch sein Verhalten Anlass gegeben hätte, die Bestellung aufrechtzuerhalten, dann ist es nicht gerechtfertigt, die Wahlverteidigergebühren um die ab Bestellung des Wahlverteidigers weiter entstehenden Pflichtverteidigergebühren zu kürzen. Eine solche Handhabe würde zur erstattungsrechtlichen Aushöhlung des Rechts auf freie Verteidigerwahl führen, wäre unbillig und verstößt gegen das Grundgesetz.[225]

Auf die Fragen, ob nach den besonderen Umständen des Einzelfalles die Beauftragung eines Wahlverteidigers dem berechtigten Schutzbedürfnis des Beschuldigten entspricht, ob ein verständiger

---

221 OLG Frankfurt NJW 1980, 1703; KK-*Schikora/Schimansky* aaO.
222 OLG Rostock StV 1997, 33.
223 OLG Hamburg MDR 1980, 519; OLG Karlsruhe JurBüro 1982, 1226.
224 OLG Hamburg Rpfleger 1980, 118; OLG Düsseldorf MDR 1995, 965.
225 BVerfG NJW 1984, 2403; OLG Düsseldorf 2002, 594.

Angeklagter objektiven Anlass zur Besorgung hat, dass der Pflichtverteidiger seiner Aufgabe nicht in gebotener Weise nachkommt oder ihr nicht gewachsen ist und deshalb Rechtsnachteile zu befürchten sind, kommt es nicht an.[226]

Wurde zunächst ein Wahlverteidiger bestellt, so sind die ihm zustehenden Gebühren und Auslagen in voller Höhe zu erstatten. Nur dann, wenn die Beiordnung eines Pflichtverteidigers infolge des Verhaltens des Wahlverteidigers oder des Angeklagten erfolgte, mindern sich die Wahlverteidigerkosten um die Pflichtverteidigervergütung.[227]

Hinsichtlich des Pflichtverteidigers sei nochmals betont: Jede Beiordnung eines Pflichtverteidigers lässt für diesen den vollen Vergütungsanspruch entstehen. Es ist daher gleichgültig, ob seine Beiordnung vor oder nach der Bestellung des Wahlverteidigers erfolgte, ebenso ist es gleichgültig, ob die Bestellung eines Pflichtverteidigers unnötig war. Es besteht keine Möglichkeit, ihm den Erstattungsanspruch gegen den Staat zu nehmen. Der Staat, der die Entstehung der Kosten durch die Bestellung des Pflichtverteidigers verursacht hat, kann sich nicht darauf berufen, dass die Kosten mehrerer Anwälte nicht zu erstatten sind.

Bei einem Teilfreispruch sind die gezahlten Pflichtverteidigergebühren nicht in voller Höhe auf den nach der Differenzmethode zu berechnenden Erstattungsanspruch anzurechnen, sondern nur im anteiligen Verhältnis von Freispruch zu Verurteilung.[228]

Beim **Anwaltswechsel** sind die Kosten beider Anwälte erstattungsfähig, wenn in der Person des Verteidigers ein Wechsel eintreten musste, zB bei Tod des Verteidigers. Die Erstattung der durch einen Anwaltswechsel entstandenen Mehrkosten setzt voraus, dass dieser weder vom Anwalt noch von seiner Partei verschuldet wurde.[229]

Deshalb liegt kein notwendiger Anwaltswechsel vor, wenn der Angeklagte dem Wahlverteidiger das Mandat entzieht und einen anderen Verteidiger bestellt, weil er von dem letzteren eine bessere Verteidigung erwartet.[230]

Neben Tod und schwerer Erkrankung des Verteidigers kommen Aufgabe und Verlust der Zulassung in Frage.[231] Beim **Verkehrsanwalt** beschränkt sich der Erstattungsanspruch auf die fiktiven Reisekosten des Auftraggebers zu seinem Verteidiger am Sitz des Prozessgerichtes.

Die Kosten eines **Beweisanwalts** (Nr 4104 VV RVG) sind erstattungsfähig bis zur Höhe der fiktiven Reisekosten des Verteidigers.[232]

Kein Problem aus § 91 Abs 2 S 2 ZPO entsteht, wenn die Kosten mehrerer Verteidiger infolge gebührenrechtlicher Trennung nach Verfahrensabschnitten die Kosten eines Verteidigers nicht überschreiten, wenn zB der Anwalt am Sitz des Auftraggebers nur Tätigkeit entfaltet, die nach Nr 4104 VV RVG abgegolten wird, der zweite Verteidiger am Sitz des Prozessgerichtes Tätigkeit ausübt, die nach Nr 4108 VV RVG entlohnt wird.[233]

---

226 Rspr wie vorstehend, zusätzlich KG JR 1980, 436.
227 BVerfG NJW 1984, 2403; OLG Bamberg 1984, 436; OLG Düsseldorf NStZ 1985, 235; OLG Hamm StV 1989, 116; OLG Koblenz MDR 1984, 777.
228 OLG Düsseldorf JurBüro 1999, 82.
229 LG Bamberg JurBüro 1978, 1027.
230 OLG Düsseldorf Rpfleger 1975, 256.
231 Zu der Frage, ob Aufgabe oder Verlust der Zulassung verschuldet oder unverschuldet ist, s *Gerold/Schmidt-Madert* § 15 RVG; einen Fall des notwendigen Anwaltswechsels behandelt OLG Hamm NStZ 1983, 284, einen Fall des nicht nötigen OLG Hamburg NJW 1991, 1191.
232 Siehe LG Kulmbach JurBüro 1979, 1536 u LG Hanau AnwBl 1979, 1095, die die Erstattung bejahen, wenn die Reise des Hauptbevollmächtigten wegen besonderer Umstände im Einzelfall nicht zumutbar ist.
233 Siehe Anm *Schmidt* zu KostRsp BRAGO § 84 Nr 5 u 47.

6. Mehrere Auftraggeber

Die Verteidigung mehrerer Beschuldigter durch einen gemeinschaftlichen Verteidiger ist unzulässig, § 146 StPO. Es bleiben somit die Fälle, in denen mehrere Neben- oder Privatkläger von einem Rechtsanwalt vertreten werden. Möglich ist auch, dass der Rechtsanwalt einen Auftraggeber (zB den Ehemann) verteidigt und einen weiteren Auftraggeber (zB die Ehefrau) gegen einen Mitangeklagten als Nebenkläger vertritt. Wird der Rechtsanwalt so für mehrere Auftraggeber tätig, so erhöhen sich gem Nr 1008 VV RVG der Mindest- und Höchstbetrag durch jeden weiteren Auftraggeber um 30 %; mehrere Erhöhungen dürfen das Doppelte des Mindest- und Höchstbetrages nicht übersteigen.

F 101

Auch bei gleich liegender Interessenlage der Auftraggeber können diese sich jeweils durch einen Anwalt vertreten lassen. Dann sind die Gebühren jedes Anwalts erstattungsfähig; ihre Erstattungsfähigkeit kann nicht mit dem Argument verneint werden, bei Beauftragung eines Anwalts wären niedrigere Gebühren entstanden.

Umstritten ist, ob es sich bei der Vertretung mehrerer Nebenkläger im Adhäsionsverfahren gebührenrechtlich um dieselbe Angelegenheit handelt oder nicht. Handelt es sich um dieselbe Angelegenheit, können die Gebühren nur einmal nach den addierten Werten entstehen,[234] handelt es sich gebührenrechtlich nicht um dieselbe Angelegenheit, kann der Anwalt in jeder Angelegenheit eine Verfahrensgebühren abrechnen.[235]

7. Der Erstattungsanspruch bei Doppelfunktion des Rechtsanwalts

Verteidigt der Rechtsanwalt einen Angeklagten und vertritt ihn gleichzeitig als Nebenkläger gegen einen Mitangeklagten, dann übt der Anwalt eine Doppelfunktion aus; er ist tätig als Verteidiger und zugleich als Nebenklägervertreter. Also müsste der Rechtsanwalt einmal für die Verteidigung des Angeklagten und zum anderen für die Vertretung des Nebenklägers jeweils eine gesonderte Gebühr fordern können. Nach hM verbindet das einheitliche Strafverfahren zwei verschiedene Gegenstände zu einer Angelegenheit iSv § 15 Abs 2 RVG. Dies gilt jedenfalls dann, wenn Verteidigung und Nebenklage dieselbe prozessuale Tat betreffen. Dieselbe Angelegenheit iSd § 15 Abs, 2 liege vor, wenn bei subjektiver Betrachtung die einzelnen Tätigkeiten des Rechtsanwalts innerlich zusammengehören. Der Anwalt hat daher nur Anspruch auf die Wahlanwaltsgebühren,[236] wobei die Doppelfunktion des Rechtsanwalts bei der Bemessung des Gebührenrahmens zu berücksichtigen ist.[237]

F 102

Für eine Erhöhung des Gebührenrahmens gem Nr 1008 VV RVG ist kein Raum, denn Auftraggeber ist und bleibt eine Person. Die Doppelfunktion ist aber ein Umstand, der es gem § 14 RVG rechtfertigt, die Gebühr innerhalb des Gebührenrahmens höher zu bestimmen.

Erstattungsprobleme ergeben sich, wenn beide Angeklagten (A und B) verurteilt oder der Angeklagte (A), der zugleich Nebenkläger ist, freigesprochen, der andere (B) verurteilt wird. Werden beide Angeklagte verurteilt, dann hat A einen Anspruch gegen B auf Erstattung seiner Nebenklagekosten. Wird A freigesprochen, B verurteilt, dann hat A Anspruch gegen die Staatskasse auf Erstattung seiner Verteidigerkosten und gegen B auf Erstattung seiner Nebenklagekosten. Das Problem ist in beiden Fällen: wie ist das Verhältnis von Verteidiger- und Nebenklagekosten aufzuteilen, was hat B dem A zu erstatten?

Eine Meinung stellt auf das Interesse im Einzelfall ab. Je nach dem stärkeren Interesse kommt der Verteidigung oder umgekehrt der Nebenklagevertretung die größere Bedeutung zu. Dann muss die Gesamtvertretung bewertet werden, dann die Vergütung, wenn der Rechtsanwalt nur mit der Nebenklagevertretung beauftragt und sodann die Vergütung, wenn er nur mit der Verteidigung

---

234 OLG Brandenburg Beschl v 17.02.2009 – 2 WS 8/09.
235 KG Beschl v 16.03.2009 – 1 Ws 11/09.
236 OLG Düsseldorf JurBüro 1990, 1614; OLG München AnwBl 1979, 74.
237 OLG Celle Beschl v 25.08.2010 – 2 Ws 303/10.

beauftragt wäre; die Gesamtvergütung ist dann im Wege des Verhältnisses der Einzelvergütungen aufzuteilen.[238]

Eine andere Meinung sagt zB im Falle der Verurteilung beider Angeklagten, der Angeklagte muss den Teil der Vergütung selbst tragen, den er seinem Verteidiger bei Nurverteidigung schulden würde, von dem Mitangeklagten kann er nur den Mehrbetrag fordern, um den die Verteidigervergütung wegen der Doppelfunktion gem § 14 RVG erhöht worden ist. Ist zB die Gebühr wegen der Doppelfunktion auf 600 € erhöht worden, dann trägt der Angeklagte 400 € als Verteidigervergütung selbst, als Nebenklagevergütung kann er nur den Rest von 200 € vom Mitverurteilten fordern. Diese Meinung wird häufig in der Praxis angewandt, vermutlich deshalb, weil sie einfach zu handhaben ist.[239]

Nach LG Verden (aaO) sind Fotokopierkosten und sonstige Auslagen dem Nebenkläger nicht zu erstatten, da diese Kosten bereits für die Verteidigung und nicht zusätzlich im Hinblick auf die Vertretung als Nebenkläger entstanden sind.

Eine weitere Meinung sagt Folgendes: Werden A und B verurteilt, so kann A von B die volle Nebenklägervergütung fordern. Beträgt zB die Gesamtvergütung 450 €, hätte Verteidigung und Nebenklagevertretung als Einzelvergütung je 350 € gekostet, dann kann A von B für die Nebenklagetätigkeit. die Erstattung von 350 € fordern mit der Folge, dass er für die Verteidigung nur noch 100 € selbst tragen muss.[240]

Zur Begründung wird ein Rechtsgedanke übernommen, den im Zivilprozess der BGH und viele Oberlandesgerichte anwenden, wenn zwei Streitgenossen durch einen Anwalt vertreten werden, der eine Streitgenosse gewinnt, der andere verliert. Dann sind dem obsiegenden Streitgenossen die Kosten im vollem Umfang zu erstatten, die er dem Anwalt schuldet, nicht etwa nur die auf ihn im Innenverhältnis entfallenden Kosten.[241]

Wer im Zivilprozess das Problem in Übereinstimmung mit dem BGH löst, muss sich im Strafverfahren zu dieser Ansicht bekennen. Das LG Krefeld (aaO) weist darauf hin, dass diese Lösung klar überschaubar ist, eine gleichmäßige Sachbehandlung gewährleistet und geeignet sein dürfte, vom Prinzip her alle denkbaren Fälle solcher oder ähnlicher Art befriedigend, billig sowie relativ einfach zu erfassen und fährt dann fort: »Erstattungsfähig ist der Betrag, der geschuldet werden würde, wenn nur der Einzelauftrag ... erteilt worden wäre; Ersparnisse durch Beschränkung auf nur einen Anwalt sollen allein dem Auftraggeber zugutekommen. Denn er wäre ebenso wenig gehindert, zwei Anwälte zu beauftragen, wie mehrere Auftraggeber in gleicher Interessenrichtung. Dem dürfte auch nicht die Regelung des § 464 a Abs 2 Nr 2 StPO entgegenstehen, wonach nur >notwendige< Auslagen erstattungsfähig sind. Einmal gilt hier ebenfalls sinngemäß dasselbe bei mehreren Auftraggebern in gleicher Interessenlage (zB Eheleuten als Nebenkläger), dass sie sich alle am Verfahren beteiligen und dementsprechend jeder sich durch einen anderen Anwalt vertreten lassen. Zum anderen ist mit der Bezugnahme auf § 91 Abs 2 S 2 ZPO für das Strafverfahren nur der Fall der grundsätzlichen Nichterstattung mehrerer Verteidiger oder mehrerer Nebenklagevertreter für denselben Anwalt gemeint, also jeweils nur die einer >Parteirolle< bzw >Funktion<.«

8. Die Vergütung bei Tätigwerden von Vertretern des Rechtsanwalts und anderer Verfahrensbevollmächtigter; Unterbevollmächtigter

F 103   a) Lässt sich der Rechtsanwalt als Verteidiger zulässigerweise durch einen Rechtsanwalt, seinen allgemeinen Vertreter, einen Assessor oder durch einen zur Ausbildung zugewiesenen Referendar

---

238 LG Tübingen AnwBl 1979, 81; LG Arnsberg JurBüro 1985, 1511.
239 LG Verden JurBüro 1979, 1504 m zust Anm *Mümmler*; LG Freiburg JurBüro 1982, 1685.
240 LG Krefeld AnwBl 1979, 79 m ganz ausführl Begründung = Rpfleger 1978, 462.
241 BGH NJW 1954, 1551; JurBüro 1969, 941; s. hinsichtlich der OLG's die Übersichten bei *Gerold/Schmidt-von Eicken* 15. Aufl § 6 BRAGO.

vertreten, so erhält er nach § 5 RVG die gleichen Gebühren wie bei persönlichem Auftreten; sie sind demgemäß im gleichen Umfang erstattungsfähig.

Bei Vorliegen der Voraussetzungen des § 5 RVG ist mithin die volle Vergütung zu erstatten.

b) **Vertreter des Verteidigers.** Lässt sich der Verteidiger durch einen Rechtsanwalt vertreten, den allgemeinen Vertreter, einen Assessor oder einen zugewiesenen Referendar, so erhält er gem § 5 RVG die Gebühren nach Nr 4100 ff VV RVG in gleicher Weise, als wenn er selbst verteidigt hätte. Allgemeiner Vertreter kann ein Rechtsanwalt, eine andere Person mit Befähigung zum Richteramt aber auch ein Referendar sein, der mindestens 12 Monate im Vorbereitungsdienst tätig ist (§ 53 Abs 4 BRAO). Bei **Vertretung durch andere als die in § 5 RVG genannten Personen** kann der RA kraft Gesetzes keine Vergütung nach dem RVG berechnen. Lässt er sich zB durch einen Referendar, der nicht Stationsreferendar bzw nicht mindestens 12 Monate im Vorbereitungsdienst tätig ist, vertreten, ist für eine Anwendung des § 5 RVG kein Raum. Für solche durch Vertreter ausgeübte Tätigkeiten kann nur nach § 612 BGB die vereinbarte oder angemessene Vergütung berechnet werden, wenn der Auftraggeber mit dieser Vertretung einverstanden war, eine Abrechnung nach dem RVG scheidet aus.[242]

F 104

Es ist außerordentlich streitig, welche Vergütung der RA für eine Tätigkeit beanspruchen kann, die von – in § 5 RVG nicht genannten – Stellvertretern wahrgenommen worden ist. Die Skala reicht von »nichts« bis zu den vollen Gebühren des RA.[243]

Um unliebsame Auseinandersetzungen zu vermeiden, ist dringend zu empfehlen, **mit dem Auftraggeber zu vereinbaren**, dass der RA auch dann eine **Vergütung nach dem RVG** berechnen darf, wenn er sich im Einzelfall durch eine **in § 5 RVG nicht genannte Person** vertreten lässt.

Unterbevollmächtigter. Es kommt häufig vor, dass ein auswärtiger Verteidiger einen RA am Ort des Gerichts, vor dem die Hauptverhandlung stattfindet, bittet, für ihn »in Untervollmacht« den Hauptverhandlungstermin wahrzunehmen; der Auftrag ist oft noch mit der Bitte verbunden, mit einer Gebührenteilung einverstanden zu sein.

Eine der Nr 3401 VV RVG ähnliche Sondervorschrift für den Unterbevollmächtigten, dem Verteidigungstätigkeit übertragen wird, enthält der 4. Teil des VV RVG nicht. Auch der StPO ist der Begriff Verteidiger in Untervollmacht fremd. In Wahrheit liegt hier – jedenfalls gebührenrechtlich – eine Verteidigung durch zwei Verteidiger vor, die sich die Aufgaben teilen. Der »Hauptbevollmächtigte«, der nicht in der Hauptverhandlung auftritt, erhält die Gebühr aus Nr 4104 VV RVG, »der Unterbevollmächtigte«, der den Hauptverhandlungstermin wahrnimmt, die Gebühr nach Nr 4108 VV RVG. Weil der Hauptbevollmächtigte die Information entgegennimmt und die gesamte Tätigkeit vor der Hauptverhandlung allein ausübt, ist die Mindertätigkeit des Unterbevollmächtigten gem § 14 RVG bei der Ausfüllung des Gebührenrahmens zu beachten.[244]

Von der sog »Untervollmacht« ist zu unterscheiden, wenn der Verteidiger einem RA eine Einzeltätigkeit, zB die Teilnahme an einem Termin vor einem beauftragten oder ersuchten Richter, überträgt; hier richtet sich die Vergütung nach Nr 4301 Ziff 4 VV RVG.

Mit Genehmigung des Gerichts kann der Beschuldigte einen Rechtsbeistand zum Verteidiger wählen, § 138 Abs 2 StPO. Der Rechtsbeistand ist seit dem 01.01.1981 gebührenrechtlich dem Rechtsanwalt gleichgestellt.

F 105

9. Der Rechtsanwalt als Vertreter oder Verteidiger in eigener Sache

a) Die Verweisung in § 464 a Abs 2 Nr 2 StPO erstreckt sich auch auf § 91 Abs 2 S 3 ZPO. Danach sind in eigener Sache dem Rechtsanwalt die Gebühren und Auslagen zu erstatten, die

F 106

---

242 BGH Urt v 04.02.2010 – IX ZR 18/09.
243 Nachw der Rspr vgl *Gerold/Schmidt-Madert* § 4 (aF) Rn. 10 u 15.
244 *Gerold/Schmidt-Madert* Rn. 10 vor § 83 BRAGO; *Mümmler* JurBüro 1992, 303.

er als Gebühren und Auslagen eines bevollmächtigten Rechtsanwalts erstattet verlangen könnte. Unstreitig ist, dass der Rechtsanwalt, der in eigener Sache als Privat- oder Nebenkläger auftritt, die Gebühren und Auslagen wie ein bevollmächtigter Rechtsanwalt verlangen kann.

F 107 **b)** Verteidigt der Rechtsanwalt sich selbst, scheidet die Erstattung der Rechtsanwaltsvergütung nach hM aus: Die Verweisung in § 464 a Abs 2 Nr 2 StPO auf § 91 Abs 2 ZPO kann – entgegen einer früher teilweisen vertretenen Ansicht (vgl. OLG Frankfurt NJW 1973, 1991; LG Wuppertal NJW 1975, 2309; LG Mainz NJW 1979, 1897) – nicht dahin verstanden werden, wegen des Wortlauts der Regelung des § 91 Abs 2 S 3 ZPO stehe ein anwaltlicher Gebührenanspruch auch einem sich selbst verteidigenden Rechtsanwalt zu. Im Zivilrecht erlaubt § 78 Abs 4 ZPO eine Selbstvertretung des Anwalts in eigener Sache. Anders im Strafrecht: Nach übereinstimmender Ansicht in Rechtsprechung und Schrifttum ist es nicht zulässig, dass der Rechtsanwalt in dem von der StPO und dem OWiG gebrauchten Sinne sein eigener Verteidiger sein kann. Aus diesem Grunde findet die auf den Zivilprozess zugeschnittene Regelung des § 91 Abs 2 S 3 ZPO im Straf- und Bußgeldverfahren keine Anwendung.[245] Nur dann, wenn tatsächlich eine Stellvertretung zulässig ist, wie dies beim Auftreten als Nebenkläger oder Privatkläger der Fall ist, können Verteidigergebühren auch bei der Selbstvertretung entstehen und mithin zu erstatten sein.[246]

Der sich selbst verteidigende Rechtsanwalt kann also auch im Falle seines Freispruchs keinen Anspruch auf Erstattung einer Verteidigervergütung aus der Staatskasse haben.[247]

Lässt sich ein Rechtsanwalt durch einen anderen Rechtsanwalt – auch wenn es sich um einen Sozius handelt – vertreten, so sind die entstandenen Auslagen zu erstatten.

10. Die Gebühren des Rechtsanwalts im Einzelnen

F 108 **a)** Nach § 464 a Abs 2 Nr 2 StPO sind erstattungsfähig nach § 91 Abs 2 ZPO die gesetzlichen Gebühren und Auslagen des Rechtsanwalts. Durch die Bezugnahme auf § 91 Abs 2 ZPO ist die Erstattungsfähigkeit der Verteidigervergütung auf die »gesetzlichen Gebühren und Auslagen« beschränkt. Das bedeutet, dass auch in äußerst schwierigen und umfangreichen Strafverfahren die Erstattung von über die gesetzlichen Höchstgebühren hinausgehenden Beträgen ausgeschlossen ist.

Gesetzliche Gebühren sind die Rahmengebühren nach Nrn 4100 ff VV RVG, die im Einzelfall gem § 14 zu bemessen sind. Hinsichtlich der hierzu bestehenden Streitfragen gebührenrechtlicher Art wird auf die Erläuterungswerke zum RVG verwiesen. Nur das zur Auslegung des § 464 a Abs 2 Nr 2 StPO Wesentliche ist hier zu erörtern.

F 109 **b) Vereinbarte** Vergütungen (§ 1 RVG) sind nicht zu erstatten, falls sie die gesetzliche Höchstgebühr übersteigen. Das folgt bereits aus dem Wortlaut und der Verweisung der §§ 464 a StPO, 91 Abs 2 S 1 ZPO: Zu erstatten sind die **gesetzlichen Gebühren und Auslagen**.

F 110 **c)** Die gesetzlichen Gebühren nach den Nrn 4100 ff VV RVG sind **Betragsrahmengebühren**, weil das Gesetz nur einen Rahmen durch Mindest- und Höchstbetrag setzt. Nach § 14 Abs 1 S 2 RVG bestimmt der Rechtsanwalt innerhalb dieses Rahmens die Gebühr im Einzelfall unter Berücksichtigung aller Umstände, vor allem der Bedeutung der Angelegenheit, des Umfangs und der Schwierigkeit der anwaltlichen Tätigkeit sowie der Vermögens- und Einkommensverhältnisse des Auftraggebers, nach billigem Ermessen. § 464 b StPO sieht die Festsetzung der Gebühr vor, die ein Beteiligter einem anderen Beteiligten zu erstatten hat, nicht aber eine Festsetzung der Rahmengebühr des Rechtsanwaltes gegenüber seinem Auftraggeber. Eine solche ist nach § 11 Abs 8 RVG nur eingeschränkt möglich: Eine Vergütungsfestsetzung ist bei Rahmengebühren nur möglich, wenn entweder die Mindestgebühr geltend gemacht wird oder aber der Auftraggeber der Höhe der Gebühr ausdrücklich zugestimmt hat,

---

245 LG Potsdam Beschl v 09.01.2014 – 24 Qs 151/13 mwN.
246 OLG Hamm Rpfleger 1999, 565.
247 LG Düsseldorf Beschl v 16.11.2016 – 61 Qs 51/16.

d) **Bestimmung nach § 14 Abs 1 RVG.** Die vom RA gem § 14 Abs 1 S 1 RVG bestimmte Gebühr ist verbindlich, wenn sie billigem Ermessen entspricht. Ob das der Fall ist, unterliegt der Wertung. Es ist daher nicht möglich, im Einzelfall einen nach Euro und Cent genau bezifferten Betrag als den einzigen dem billigen Ermessen unterliegenden Betrag zurückzuführen. Daraus folgt, dass billiges Ermessen sich nicht positiv bestimmen, sondern nur negativ abgrenzen lässt, indem man von einer konkreten Bestimmung sagt, diese stehe außerhalb des Bereichs, der vom billigen Ermessen abgedeckt sei.[248]

F 111

Die Schwierigkeit liegt nun darin, festzulegen, wann eine bestimmte Gebühr außerhalb des Bereichs steht, der vom billigem Ermessen gedeckt ist.

Die Bestimmung der Gebühren durch den Rechtsanwalt auf der Grundlage der Kriterien des § 14 RVG ist unverbindlich, weil unbillig, wenn die beantragte Gebühr um 20 % oder mehr über der angemessenen Höhe liegt.[249] Bei der Festlegung der angemessenen Gebühr ist jeweils von der Mittelgebühr auszugehen und diese dann im Einzelfall unter Beachtung der in § 14 RVG festgelegten Kriterien zu erhöhen oder zu ermäßigen.[250] Bei der Bemessung der Terminsgebühr kann sich der Verteidiger im Strafverfahren an den Grenzen des Längenzuschlags der Nrn 4110, 4111 VV RVG orientieren.[251]

e) **Die Feststellung der Unbilligkeit.** Für die Feststellung der Unbilligkeit ist zu unterscheiden:
(a) Die Gebühr ist von einem Dritten zu ersetzen;
(b) der RA muss eine Gebühr gegen seinen Auftraggeber einklagen;
(c) sein Auftraggeber hat gegen einen Gegner oder Dritten einen materiell-rechtlichen Ersatzanspruch.

F 112

Zu (a): Ist die Gebühr von einem Dritten zu ersetzen, so ist gem § 14 Abs 1 RVG die von dem RA getroffene Bestimmung nicht verbindlich, wenn sie unbillig ist. Dritte sind Beteiligte, die aufgrund einer Kostenentscheidung einem anderen dessen Gebühren und Auslagen zu erstatten haben, zB der verurteilte Angeklagte, dem gem § 472 StPO die dem Nebenkläger erwachsenen notwendigen Auslagen auferlegt sind.

Dritter ist auch die Staatskasse, die gem § 467 Abs 2 StPO dem Angeschuldigten bei Freispruch die Verteidigergebühren zu erstatten hat.

Im Kostenfestsetzungsverfahren nach § 464 b StPO sind somit Rechtspfleger und Gericht auf die Prüfung beschränkt, ob die geltend gemachte, vom RA bestimmte Gebühr sich innerhalb des Gebührenrahmens hält und ob sie im Einzelfall unter Berücksichtigung aller Umstände unbillig ist. Im Festsetzungsverfahren muss also ausdrücklich festgestellt werden, dass die bestimmte Gebühr unbillig hoch ist.

Aus der negativen Fassung des § 14 Abs 1 S 2 RVG – »nicht verbindlich, wenn sie unbillig ist« – ist zu schließen, dass die Unbilligkeit vom Rechtspfleger oder vom Gericht dargetan werden muss, dass die erforderlichen Tatsachen von Amtswegen ermittelt werden müssen, da die Antwort nicht der Partei zusteht.

Die Behauptungs- und Beweislast trifft den Dritten. Zweifel gehen zu seinen Lasten. Ergibt sich nicht ihre Unbilligkeit, muss die begehrte Gebühr festgesetzt werden; ergibt sich ihre Unbilligkeit, wird die Gebühr im Kostenfestsetzungsverfahren bestimmt.

Die Rechtsschutzversicherung ist nicht Dritte iSd § 14 Abs 1 S 2 RVG; das Wort »zu ersetzen« ist iSv »zu erstatten« zu verstehen. Sie wird also gleich dem Auftraggeber behandelt.

---

248 *Schneider* in Anm KostRsp BRAGO; 12 Nr 5.
249 KG Beschl v 24.11.2011 – 1 Ws 113 und 114/10.
250 KG RVGreport 2007, 1043.
251 OLG Köln Beschl v 21.04.2016 – 2 Ws 218/16.

Zu (b): Muss der RA seine Gebühren gegen seinen Auftraggeber wegen des Verbots der Kostenfestsetzung (§ 11 Abs 8 RVG) einklagen, so gilt § 315 Abs 3 BGB: »Soll die Bestimmung nach billigem Ermessen erfolgen, so ist die getroffene Bestimmung für den anderen Teil nur verbindlich, wenn sie der Billigkeit entspricht. Entspricht sie nicht der Billigkeit, so wird die Bestimmung durch Urteil getroffen.« Hier trifft die Behauptungs- und Beweislast den RA.

Zu (c): Hat der Auftraggeber des RA einen materialrechtlichen Kostenersatzanspruch gegen einen Dritten (zB aus vertraglicher Übernahme, im Unfallschadensrecht aus § 249 BGB iVm dem jeweils anwendbaren Haftpflichttatbestand, aus Verzug oder positiver Vertragsverletzung), wonach der Dritte RA-Kosten zu ersetzen hat, so gilt das Gleiche wie vorstehend zu b).

In der Praxis werden diese Unterschiede kaum beachtet, so dass letztlich auch das Kostenfestsetzungsverfahren analog § 315 Abs 3 S 2 BGB abläuft.

Dem RA ist daher dringend zu empfehlen, auch im Kostenfestsetzungsgesuch alle Umstände anzugeben, die die Höhe der Gebühr rechtfertigen sollen, denn sonst gehen Rechtspfleger und Gericht nur vom Inhalt der Akten aus, aus dem die Tätigkeit des Anwalts meist nur äußerlich und unvollkommen, vor allen Dingen im Hinblick auf seine außergerichtliche Tätigkeit, hervorgeht.

Mittelgebühr. Wegen der Schwierigkeit zu bestimmen, wann eine Rahmengebühr unbillig ist, und weil mit der Aufzählung der Umstände, die einerseits für die Erhöhung, andererseits für eine Ermäßigung der Gebühr sprechen, der Praxis nicht viel geholfen ist, da ihr ein Ansatzpunkt fehlt, hat die Praxis sich diesen Ansatzpunkt mit der sog Mittelgebühr geschaffen. Die Mittelgebühr soll gelten und damit zur konkreten billigen Gebühr in den »Normalfällen« werden, dh in den Fällen, in denen sämtliche, vor allem die nach § 14 Abs 1 S 1 RVG zu berücksichtigenden Umstände durchschnittlicher Art sind, also übliche Bedeutung der Angelegenheit, durchschnittlicher Umfang und durchschnittliche Schwierigkeit der anwaltlichen Tätigkeit, wirtschaftliche Verhältnisse des Auftraggebers, die dem Durchschnitt der Bevölkerung entsprechen.[252]

Die Mittelgebühr lässt sich ausrechnen, wenn man Mindest- und Höchstgebühr addiert und das Ergebnis durch zwei teilt. Bei der Betragsrahmengebühr nach Nr 4108 VV RVG also: (60 € + 400 €) : 2 = 230 €.

Auf der anderen Seite darf der Mittelwert nicht aus Bequemlichkeit grundsätzlich als konkrete Gebühr angenommen werden. Er ist vielmehr Ansatzpunkt für die konkrete Gebühr, die unter Berücksichtigung aller erhöhenden und vermindernden Umstände ermittelt werden muss.[253]

Jedes der Bemessensmerkmale des § 14 RVG kann Anlass sein, vom Mittelwert nach oben oder unten abzuweichen, soweit der Umstand vom Durchschnitt abweicht.[254]

Die Kompensationstheorie besagt, wenn bereits ein einziger Umstand iSd § 14 RVG ein Abweichen von der Mittelgebühr rechtfertigen kann, dann kann das geringere Gewicht eines Bemessensmerkmals das überragende Gewicht eines anderen Merkmals kompensieren. Oder umgekehrt: Ein im Einzelfall besonders ins Gewicht fallendes Kriterium kann die Relevanz der übrigen Umstände kompensierend zurückdrängen.[255]

Toleranzgrenzen. Ein anderer Versuch, das Problem der Berechenbarkeit der konkreten Gebühr einigermaßen zu bewältigen, ist das Abstellen auf Toleranzgrenzen. Der Rechtspfleger berechnet die ihm als billig erscheinende Gebühr, vergleicht diese mit der durch den RA bestimmten und toleriert

---

[252] BVerwG JurBüro 1985, 1813; *Schmidt* JurBüro 1962, 178.
[253] OLG Saarbrücken JVBl 1965, 256.
[254] OLG München JurBüro 1979, 227.
[255] BVerwG RVGreport 2006, 21.

Abweichungen in Höhe eines bestimmten Prozentsatzes mit der Begründung, eine Abweichung innerhalb dieses Prozentsatzes mache die bestimmte Gebühr noch nicht zu einer unbilligen; umgekehrt macht dann ein Überschreiten der Grenze die anwaltliche Feststellung unverbindlich. Im Allgemeinen werden Abweichungen bis zu 20 % noch als verbindlich angesehen.[256]

Zwar gibt es keine rational begründbaren Argumente dafür, dass eine Abweichung von 19,5 % noch, eine solche von 20,5 % dagegen nicht mehr im Bereich des billigen Ermessens liegt. Es ist aber unergiebig, die Schwächen des Prinzips der Prozentabweichung zu kritisieren, ohne zugleich eine zuverlässigere und praktikablere Methode anzubieten.[257]

Allgemein anerkannt ist, dass das Gericht nicht befugt ist, geringfügige bzw kleinliche Abstriche von der vom RA bestimmten Gebühr zu machen.[258]

Höchst- und Mindestgebühr. Sicher ist, dass die Höchstgebühr nicht nur dann angebracht ist, wenn alle Umstände für eine Erhöhung sprechen, auch bei durchschnittlichen wirtschaftlichen Verhältnissen kann zB allein der Umfang oder die Schwierigkeit die Höchstgebühr rechtfertigen.[259]

Die Mindestgebühr kommt nur für ganz einfache Sachen von geringerem Umfang in Betracht, vor allem dann, wenn auch die wirtschaftlichen Verhältnisse des Auftraggebers ungünstig sind.

Hinsichtlich der namentlich in § 14 RVG genannten Bemessungsmerkmale wird auf die Erläuterungsbücher zum RVG (zB *Gerold/Schmidt-Madert* 19. Aufl.) sowie auf die Übersichten in der Kostenrechtsprechung zu § 14 RVG verwiesen.

11. Reisekosten des auswärtigen Rechtsanwalts

Durch die Bezugnahme in § 464 a Abs 2 Nr 2 StPO auf § 91 Abs 2 ZPO gilt auch dessen S 2, der bestimmt, dass Reisekosten eines Rechtsanwalts, der nicht bei dem Prozessgericht zugelassen ist und am Ort des Prozessgerichts auch nicht wohnt, nur insoweit zu erstatten sind, als die Zuziehung zur zweckentsprechenden Rechtsverteidigung notwendig war. Reisekosten sind geregelt in den Nrn 7003–7006 (also einschließlich Tage- und Abwesenheitsgeld und Übernachtungskosten). Da jeder Rechtsanwalt als Verteidiger bei jedem Strafgericht der Bundesrepublik Deutschland auftreten kann, ist also zu prüfen: War es notwendig zur zweckentsprechenden Rechtsverteidigung, dass sich der Freigesprochene eines Anwalts bedient hat, der nicht am Sitz des Gerichtes, bei dem das Strafverfahren anhängig war, wohnt? Ein nicht am Ort des Gerichts ansässiger RA kann aus verschiedenen Gründen mit der Verteidigung beauftragt werden.

F 113

▶ Beispiele:

a) Die Hauptverhandlung findet nicht vor dem Gericht am Wohnsitz des Angeklagten, sondern vor einem auswärtigen Gericht statt. Der Angeklagte beauftragt einen RA an seinem Wohnsitz mit der Verteidigung.

b) Gegen das Urteil des Wohnsitzamtsgerichts ist Berufung eingelegt. Der Verteidiger reist zur Berufungsverhandlung zum Landgericht.

c) Der Verteidiger fährt zur Revisionsverhandlung zum OLG (oder Rechtsbeschwerdeverhandlung in Bußgeldsachen) oder zum BGH.

d) Der Angeklagte ist zwar bei seinem Wohnsitzgericht angeklagt. Er zieht jedoch einen auswärtigen Rechtsanwalt zu, weil er ihn wegen seiner Spezialkenntnisse für besonders geeignet

---

256 OLG Düsseldorf JurBüro 1983, 875; OLG Köln AGS 1993, 60; OLG München AnwBl 1992, 455; AG Bühl zfs 1992, 243 (8, 5/10 Geschäftsgebühr); AG Münster zfs 1995, 32 m Anm *Madert*.
257 So *Schneider* in Anm zur KostRsp BRAGO § Nr 5; s auch BVerwG JurBüro 1984, 1813.
258 OLG München AnwBl 1980, 469 (Nebenkläger).
259 OLG München AnwBl 1980, 469.

hält oder weil er mit Rücksicht auf die Bedeutung des Verfahrens nur zu einem anerkannten Strafverteidiger Vertrauen hat.

In all diesen Fällen entstehen Reisekosten, die nicht entstanden wären, wenn der Angeklagte einen RA am Sitze des Gerichts mit seiner Verteidigung beauftragt hätte.

Selbstverständlich ist, dass der RA Anspruch auf Ersatz dieser Reisekosten gegen den Auftraggeber hat.

Hinsichtlich der Erstattung ist aber zu prüfen: Waren die Reisekosten des auswärtigen Verteidigers zur zweckentsprechenden Verteidigung notwendig? Die Antwort kann nicht für die Beispiele a) bis d) gleich sein.

Fall a): Ein Münchener Kraftfahrer verursacht in Stuttgart einen Verkehrsunfall mit erheblichen Schäden. Er wird in Stuttgart angeklagt und reist mit seinem Münchener Verteidiger nach Stuttgart. Er wird freigesprochen.

In diesem Fall wird man dem Angeklagten zugestehen müssen, dass er wegen der Bedeutung des Verfahrens einen RA in München, dem er vertraut, als Verteidiger wählt. Die Kosten des Münchener Verteidigers sind durch die Staatskasse zu erstatten. Hier hat der Angeklagte den Münchener Anwalt nicht aus Bequemlichkeit, sondern wegen des besonderen Vertrauens gewählt. Die Aufwendungen der Mehrkosten des auswärtigen Anwalts stehen auch in einem vernünftigen Verhältnis zur Bedeutung des Verfahrens.[260] Anders wäre die Lage zu beurteilen, wenn es sich um ein Bagatellverfahren gehandelt hätte, etwa wegen falschen Parkens in Stuttgart. Hier stehen die Reisekosten des auswärtigen Anwalts in keinem angemessenen Verhältnis zu der Bedeutung des Verfahrens.

Fall b): Für den Fall der Berufungsverhandlung ist die Zuziehung des bisherigen Verteidigers auf jeden Fall gerechtfertigt. Es ist dem Angeklagten nicht zuzumuten, zwischen den Instanzen den Anwalt zu wechseln. Die Reisekosten des auswärtigen Amtsgerichtsanwalts zum LG sind hiernach grundsätzlich zu erstatten.[261]

Fall c): Der Hauptverhandlung vor dem Revisionsgericht kommt erhöhte Bedeutung zu, weil das Revisionsgericht gem § 349 StPO vielfach im Beschlussverfahren entscheiden wird, also nur Verfahren von Bedeutung zur Hauptverhandlung kommen. Entschließt sich der RA, zur Revisionsverhandlung zu fahren, sind seine Kosten im Falle des Erfolgs der Revision erstattungsfähig.[262]

Fall d): Beauftragt der am Ort des Prozessgerichts wohnende Angeklagte einen auswärtigen RA mit der Verteidigung, so ist zu unterscheiden:

Betrifft das Verfahren ein schwieriges und spezielles Rechtsgebiet und ist am Sitz des Prozessgerichts kein mit dem Rechtsgebiet vertrauter Rechtsanwalt zu finden, so sind die Kosten eines auswärtigen RA zu erstatten.[263]

Darüber hinaus werden Angeklagte auch in den üblichen Strafsachen mitunter einen auswärtigen RA zu ihrem Verteidiger bestellen. Das wird zB dann geschehen, wenn der auswärtige Strafverteidiger einen besonderen Ruf genießt. Von Ausnahmen abgesehen (in einer Bagatellsache wird ein anerkannter Strafverteidiger beauftragt – ein nicht sehr wahrscheinlicher Fall –, denn ein Spitzenverteidiger wird es idR ablehnen, in einer Bagatellsache vor einem auswärtigen Gericht zu verteidigen), sind auch in solchen Fällen die Kosten des auswärtigen Verteidigers zu erstatten. Zu bedenken ist dabei, dass der Angeklagte ja nicht von vornherein weiß, dass er auf Kosten der Staatskasse

---

260 LG Flensburg JurBüro 1984, 1037 m zust Anm *Meyer*.
261 LG Freiburg AnwBl 1970, 243; **aA**: LG Saarbrücken m abl Anm *Schmidt*.
262 LG Düsseldorf AnwBl 1970, 109.
263 OLG Düsseldorf (2. Senat) MDR 1986, 957.

freigesprochen wird. Er muss also damit rechnen, die erhöhten Kosten eines auswärtigen Verteidigers selbst tragen zu müssen. Entschließt er sich trotzdem zu seiner Beauftragung, muss er beachtliche Gründe für seine Wahl haben. Diese Gründe sind im Falle des Freispruchs auf Kosten der Staatskasse auch von den Gerichten zu respektieren. Die Kosten eines auswärtigen Strafverteidigers sind in aller Regel daher gegen die Staatskasse festzusetzen.[264]

Die Praxis der Strafgerichte ist zum Teil erheblich engherziger. Die Erstattungsfähigkeit der Reisekosten eines auswärtigen Strafverteidigers wird noch anerkannt in
– Schwurgerichtssachen,[265]
– oder wenn der Schuldvorwurf schwer ist,[266]
– oder in schwierigen Strafverfahren, in denen Fachkenntnisse auf einem Spezialgebiet erforderlich sind.[267]

Umstritten ist, ob das Vorliegen eines besonderen Vertrauensverhältnisses ausreichend ist, um die Erstattung zu bejahen.[268]

Wenn nicht besondere Ausnahmen gegeben sind, sollen die Reisekosten eines auswärtigen Strafverteidigers nicht erstattungsfähig sein, weil dem Angeklagten zuzumuten ist, einen Verteidiger unter den am Sitz des Gerichts ansässigen Rechtsanwälten auszuwählen.[269]

Werden Reisekosten des auswärtigen Verteidigers nicht anerkannt, ist zu prüfen, ob »fiktive Kosten für Informationsreisen« erstattungsfähig sind. Wohnt der Beschuldigte nicht am Ort des Gerichts, sind die Mehrkosten des Verteidigers zumindest in Höhe der fiktiven Aufwendungen für Informationsreisen des Beschuldigten zu einem Verteidiger am Sitz des Gerichts erstattbar. Denn hätte der Beschuldigte einen Verteidiger am Sitz des Gerichts bestellt, hätte er diesen unterrichten müssen. Einem Beschuldigten muss zugestanden werden, dass er je nach Bedeutung und Umfang des Strafverfahrens ein oder mehrere Male seinen Verteidiger vor der Hauptverhandlung oder zwischen Hauptverhandlungstagen aufsucht, um mit ihm die Verteidigung zu besprechen, er kann nicht auf schriftliche Informationserteilung verwiesen werden.[270]

Die Zahl der erforderlichen Informationsreisen wird häufig zu gering angenommen. Der Verteidiger sollte schon im Kostenfestsetzungsgesuch angeben, wie oft der Beschuldigte bei ihm war und warum alle Besprechungen notwendig waren.

Die Berechnung der fiktiven Kosten für Informationsreisen erfolgt nach dem JVEG. Erstattet werden Verdienstausfall, Fahrtkosten und Abwesenheitsgeld. Die Reisekosten des Verteidigers sind dann bis zur Höhe der fiktiven Kosten der Informationsreisen zu erstatten. Erstattbar ist auch eine Ratsgebühr (§ 34 RVG), wenn sich der Beschuldigte an seinem Wohnsitz von einem Rechtsanwalt beraten lässt, wie und welchen Anwalt er am Gerichtsort beauftragt, weil er dort keinen kennt.

12. Auslagen des Wahlverteidigers

a) Zu den erstattbaren notwendigen Auslagen des § 464 a Abs 2 S 2 StPO gehören auch die **Auslagen** des **Rechtsanwaltes,** Teil 7 VV RVG. **Umsatzsteuer** (Nr 7008 VV RVG) und Entgelte für **Post- und Telekommunikationsdienstleistungen** (Nrn 7001, 7002 VV RVG) sind unproblematisch. Die Auslagenpauschale (Nr 7002 VV RVG) kann je Rechtszug gefordert werden.

F 114

---

[264] OLG Frankfurt OLGSt § 474 Abs 2 StPO; OLG Nürnberg AnwBl 1970, 323; OLG Koblenz NJW 1971, 1147.
[265] OLG Köln NJW 1992, 586.
[266] OLG Köln AGS 1993, 60.
[267] OLG Düsseldorf AnwBl 1986, 157.
[268] So OLG Köln NJW 1992, 586; aA: OLG Celle NStZ-RR 2004, 384.
[269] Vgl zB OLG Düsseldorf JurBüro 1986, 1677.
[270] OLG Düsseldorf JurBüro 1981, 1043; LG Düsseldorf AnwBl 1973, 176 m Anm *Madert*.

Bei Verbindung mehrerer Verfahren ist darauf zu achten, dass die für die verbundenen Verfahren geltend zu machenden Pauschalen erhalten bleiben, bei Trennung darauf, dass jetzt getrennte Pauschalen entstehen.

Aktenversendungspauschale. Gem Nr 9003 KV GKG fällt für jede auf Antrag von der aktenführenden Stelle (Staatsanwaltschaft oder Gericht) vorgenommene Versendung von Akten der Pauschalbetrag von 12 € an. Bis zum Inkrafttreten des 2. KostRMoG am 01.08.2013 war streitig, ob die Pauschale auch dann anfällt, wenn die Akte dem RA zwar durch Einlegung in sein Gerichtsfach übermittelt wird, aber sich die aktenführende Geschäftsstelle und das Gerichtsfach des RA nicht im selben Gebäude am selben Ort befinden.[271] Der Gesetzgeber hat hier Klarheit geschaffen und Nr 9003 KV GKG neu formuliert: Die Pauschale gilt für die bei Versendung von Akten anfallenden Transport- und Verpackungskosten. Danach ist eine Aktenversendungspauschale nicht zu erheben, wenn die Akte in das Gerichtsfach eingelegt wird, weil dann ja bare Auslagen für Transport- und Verpackungskosten nicht anfallen können. Der Gesetzgeber hat hier eine Klarstellung vorgenommen, so dass mangels Vorliegen einer Neuregelung die Übergangsvorschrift nach § 71 Abs 1 GKG nicht gilt.

Kostenschuldner der Aktenversendungspauschale ist derjenige, der die Versendung veranlasst hat.[272] In Straf- und Bußgeldsachen kann dies nur der Verteidiger sein, weil nur er Akteneinsicht nehmen kann (§ 147 StPO). Die Pauschale stellt eine umsatzsteuerpflichtige Leistung des Anwalts dar; sie unterliegt der Umsatzsteuer, da der Anwalt auf eine eigene Kostenschuld zahlt. Der Auftraggeber hat die Aktenversendungspauschale nebst Umsatzsteuer zu ersetzen, der Pflichtverteidiger erhält aus der Staatskasse die Aktenversendungspauschale nebst Umsatzsteuer erstattet.[273]

F 115 **b) Schreibauslagen.** Uneinheitlich und nach wie vor kleinlich ist die Rechtsprechung hinsichtlich der Erstattungsfähigkeit von Kosten für Fotokopien aus den Strafakten als Schreibauslagen nach Nr 7000 1 a VV RVG.

Im Strafverfahren sind nur notwendige Auslagen zu erstatten. Schreibauslagen für überflüssige Abschriften sind mithin nicht zu erstatten. Bei der Frage, ob die Herstellung von Abschriften aus den Strafakten nötig war oder nicht, ist vom Folgenden auszugehen: Der Rechtsanwalt hat die Verteidigung zu führen, nicht der Rechtspfleger oder das Gericht, die nach Abschluss des Strafverfahrens über die Schreibauslagen zu entscheiden haben. Deshalb ist von der Auffassung des RA auszugehen, was er für die Strafverteidigung benötigt. Ebenso ist auf den Zeitpunkt der Herstellung der Abschriften abzustellen, nicht auf den Zeitpunkt der Erstattung. Deshalb sollte bei Überprüfung der Notwendigkeit der Abschriftenherstellung jede kleinliche Handhabung vermieden werden.[274]

Nur wenn offensichtlich ist, dass der Verteidiger zweifelsfrei nebensächliche Seiten hat ablichten lassen, dürfen die Fotokopiekosten gestrichen werden. Zweifel gehen hierbei zu Lasten der Staatskasse.[275]

In Ermittlungsverfahren, die zahlreiche Einzeltaten zum Gegenstand haben, ist die Erstattungsfähigkeit von Ablichtungen nicht auf die in der Anklage aufgeführten Fälle beschränkt.[276]

Stellt der Verteidiger Fotokopien aus den Akten nicht nur für sich, sondern auch für den Angeklagten her, sind letztere jedenfalls dann erstattbar, wenn im Hinblick auf den Umfang und die

---

271 Keine Pauschale: AG Düsseldorf JurBüro 1997, 433 (Transport innerhalb von Düsseldorf); AG Ahaus AnwBl 1995, 154; für den Anfall der Pauschale: LG Frankenthal AnwBl 1995, 569; AG Marsberg AnwBl 1995, 3177.
272 BGH RVGreport 2011, 215 m Anm *Hansens*.
273 BGH Beschl v 26.04.2011 – IV ZR 232/08.
274 *Schmidt* JurBüro 1963, 180.
275 OLG Düsseldorf JurBüro 1984, 713; OLG Frankfurt StV 1987, 450.
276 OLG Bamberg StV 1987, 415.

VI. Notwendige Auslagen, Umfang der Erstattungspflicht

Schwierigkeit des Falles eine sachgerechte Verteidigung ohne genaue Aktenkenntnis des Angeklagten gefährdet oder mindestens erheblich erschwert wäre.[277]

Damit der Kostenbeamte die Notwendigkeit feststellen kann, ist es erforderlich, dass der Verteidiger die Blattzahlen angibt oder die Fotokopien selbst vorlegt.[278]

Nach OLG Düsseldorf genügt die bloße anwaltliche Versicherung nicht, wohl aber als Glaubhaftmachung einer eidesstattlichen Versicherung einer Bürogehilfin.[279]

13. Verstoß gegen § 137 Abs 1 S 2 StPO oder § 146 StPO

Nach § 137 Abs 1 S 2 StPO darf die Zahl der gewählten Verteidiger drei nicht übersteigen. Gemäß § 146 StPO ist die Verteidigung mehrerer Beschuldigter durch einen gemeinschaftlichen Verteidiger unzulässig. Nach der Rechtsprechung des BGH tritt die Unzulässigkeit der Verteidigung nicht kraft Gesetzes ein, sondern der Verteidiger muss wegen unzulässiger Verteidigung zurückgewiesen werden. Bis zur Zurückweisung sind seine Prozesshandlungen wirksam. Das bestimmt jetzt auch § 145 a Abs 1 S 1 StPO.[280]

F 116

Liegen die Voraussetzungen der Unzulässigkeit vor, so ist gem § 146 a Abs 1 S 1 StPO der Verteidiger zurückzuweisen, sobald das erkennbar wird. Nach § 146 a Abs 2 StPO sind Handlungen, die ein Verteidiger vor der Zurückweisung vorgenommen hat, nicht deshalb unwirksam, weil die Voraussetzungen des § 137 Abs 1 S 2 oder des § 146 StPO vorlagen. Also müssten dem Verteidiger für die vor der Zurückweisung liegenden Handlungen die gebührenrechtlich vorgesehenen Gebühren und Auslagen zustehen.[281]

Die hM aber verneint das mit der Begründung, der Mandatsvertrag sei gem § 134 BGB nichtig, und dem Verteidiger stehe auch nicht aus einer anderen zivilrechtlichen Grundlage ein Anspruch gegen seinen Mandanten zu. Dem ist zuzustimmen. Entscheidend ist, dass das Verbot der Mehrfachverteidigung im Zivilrecht seine Folgen haben muss, weil es sonst nicht hinreichend durchsetzbar ist. Das gilt unabhängig davon, ob eine förmliche Zurückweisung nach § 146 a StPO erfolgt ist. Die Erstattung kann also auch im Kostenfestsetzungsverfahren unter Hinweis auf § 146 StPO durch den Rechtspfleger dann versagt werden, wenn der Verstoß gegen § 146 StPO im Verfahren unbemerkt geblieben ist.[282]

14. Die Auslagen des Verteidigers im Ausschließungsverfahren nach §§ 138 a–d StPO

Gem den §§ 138 a und b StPO ist ein Verteidiger von der Mitwirkung in einem Strafverfahren auszuschließen, wenn auf ihn die dort geregelten Voraussetzungen zutreffen. Das Ausschließungsverfahren selbst ist in §§ 138 c und d StPO normiert.

F 117

Das Ausschließungsverfahren ist ein Verfahren des Rechtsanwalts in eigener Angelegenheit, denn er soll ausgeschlossen werden. Folglich kann er sich im gesamten Verfahren eines Beistandes, also auch eines anderen Rechtsanwalts, bedienen. Wird der Antrag auf Ausschließung des Rechtsanwalts abgelehnt, sind die Kosten des Ausschließungsverfahrens sowie die notwendigen Auslagen des Verteidigers der Staatskasse auferlegt, so gilt § 464 a Abs 2 StPO iVm § 91 Abs 2 ZPO, so dass die Vergütung eines Beistandes zu erstatten ist.[283]

---

[277] *Bode* MDR 1981, 287.
[278] OLG Hamm JurBüro 1978, 705.
[279] OLG Düsseldorf AnwBl 1970, 269.
[280] BGH NJW 1977, 115 u 910.
[281] OLG Celle JurBüro 1984, 1041.
[282] OLG München NJW 1983, 1688; OLG Düsseldorf NStZ 1984, 235; OLG Köln NStZ 1983, 560.
[283] BGH AnwBl 1981, 115.

Für seine Tätigkeit in dem Ausschließungsverfahren erhält der Vertreter in analoger Anwendung von § 52 RVG die Gebühren nach Nrn 4100 ff VV RVG.[284]

Ist dem Vertreter nur ein Einzelauftrag erteilt worden, hat er Anspruch auf die Gebühr nach den Nrn 4301, 4302 VV RVG.

15. Ausbleiben des Verteidigers

F 118 Bleibt der Verteidiger in der Hauptverhandlung aus, entfernt er sich unzeitig oder weigert er sich, die Verteidigung zu führen, so muss im Falle einer notwendigen Verteidigung der Vorsitzende gem **§ 145 Abs 1 StPO** dem Angeklagten zugleich einen anderen Verteidiger bestellen. Nach S 2 kann das Gericht jedoch auch eine Aussetzung der Verhandlung beschließen. Eine Aussetzung der Verhandlung kann das Gericht nach Abs 2 auch beschließen, wenn der notwendige Verteidiger gem § 141 Abs 2 StPO erst im Laufe der Hauptverhandlung bestellt wird. Die Verhandlung ist zu unterbrechen oder auszusetzen, wenn der neu bestellte Verteidiger erklärt, dass ihm die zur Vorbereitung der Verteidigung erforderliche Zeit nicht verbleiben würde, § 145 Abs 3 StPO.

Wird durch die Schuld des Verteidigers eine Aussetzung erforderlich, so sind ihm gem § 145 Abs 4 StPO die hierdurch verursachten Kosten aufzuerlegen.

Die **Voraussetzungen der Auferlegung der Kosten gem § 145 Abs 4 StPO** sind somit: Die Verteidigung muss notwendig sein gem § 140 Abs 1 und 2 StPO. § 145 Abs 4 StPO ist auf Wahl- und Pflichtverteidiger anwendbar.[285]

Der Verteidiger muss in der Hauptverhandlung ausbleiben, sich vorzeitig entfernen oder sich weigern, die Verteidigung zu führen. Eine entsprechende Anwendung auf andere Fälle – die Aussetzung zB ist notwendig, weil der Verteidiger erst in der Hauptverhandlung einen Beweisantrag stellt, den er vorher hätte ankündigen können – ist nicht zulässig.[286]

Eine Aussetzung der Hauptverhandlung muss erforderlich gewesen sein. Die Kosten einer bloßen Unterbrechung (zu den Begriffen Unterbrechung und Aussetzung s §§ 228, 229 StPO) können dem Verteidiger nicht angelastet werden.[287]

Der Verteidiger muss schuldhaft gehandelt haben.[288] Es genügt Fahrlässigkeit, die beispielsweise vorliegt, wenn der Verteidiger den Termin vergessen hat.[289]

Eine Aussetzung der Hauptverhandlung muss erforderlich gewesen sein. Eine Unterbrechung reicht nicht aus.[290]

Die Kosten des Verfahrens können dem Pflichtverteidiger nach § 145 Abs 4 StPO nur in den Fällen des § 145 Abs 1 StPO auferlegt werden, nicht aber, wenn die Hauptverhandlung aufgrund sonstigen pflichtwidrigen Verhaltens des Verteidigers ausgesetzt werden muss.[291]

Sind sämtliche Voraussetzungen gegeben, so sind die durch die Aussetzung verursachten Kosten in dem Umfang, in dem sie der Angeklagte bei Verurteilung oder die Staatskasse bei Freispruch zu leisten hätten, dem Verteidiger aufzuerlegen.[292]

---

284 OLG Koblenz MDR 1980, 78.
285 BGH NStZ-RR 2011, 97.
286 OLG Düsseldorf AGS 1997, 129 m Anm *Madert*.
287 OLG Celle MDR 1979, 864.
288 Beispiele siehe StPO-Kommentare zu § 145: ferner OLG Frankfurt StV 1997, 9; OLG Hamm MDR 1996, 210; OLG Düsseldorf AGS 1997, 120 m Anm *Madert*.
289 OLG Düsseldorf StV 1990, 55.
290 OLG Celle MDR 1979, 864.
291 OLG Köln StraFo 2001, 290.
292 OLG Karlsruhe NJW 1980, 951.

Die Entscheidung des Gerichts ist mit der Beschwerde nach § 304 Abs 2 StPO anfechtbar. Die Höhe der vom Verteidiger zu erstattenden Kosten wird nicht im Beschluss nach § 145 Abs 4 StPO, sondern erst in dem Verfahren nach § 464 b StPO festgesetzt.

Welche Kosten zu erstatten sind, ist umstritten. Nach einer Ansicht hat der ausgeschiedene Verteidiger die gesamten bis zum Ausscheiden entstandenen Kosten zu tragen.[293]

Da aber nur die durch die Aussetzung verursachten Kosten auferlegt werden können, hat nach richtiger Ansicht der Verteidiger nur die bis zur Aussetzung entstandenen Kosten zu tragen, soweit sie nach der Aussetzung nochmals notwendig entstehen.[294]

Daraus folgt, dass die Kosten erst dann eingefordert werden können, wenn das Verfahren nach der Aussetzung soweit gediehen ist, dass mit Sicherheit übersehen werden kann, welche bisherigen Aufwendungen nochmals nötig sind.[295]

16. Tod des Berechtigten, des Verpflichteten oder des Angeklagten

a) **Tod nach Rechtskraft.** Stirbt der Erstattungsberechtigte oder der Erstattungspflichtige nach Rechtskraft der Kostengrundentscheidung, so bleibt der Erstattungsanspruch bestehen. Denn es handelt sich um einen vermögensrechtlichen Anspruch, gegen dessen Vererblichkeit keine Bedenken bestehen. Das Erstattungsverfahren wird dann von den Erben und gegen sie betrieben.   F 119

b) **Tod vor Rechtskraft.** Nach § 465 Abs 3 StPO haftet der Nachlass eines Verurteilten nicht für die Kosten, wenn der Verurteilte vor eingetretener Rechtskraft des Urteils stirbt. Die Kostenpflicht des Verurteilten ist also von der Rechtskraft der Kostengrundentscheidung abhängig; erst mit der Rechtskraft werden nach §§ 8, 9, 6, 3 Abs 2 GKG die dem Angeklagten durch Urteil auferlegten Gebühren und Auslagen fällig. Tritt infolge des Todes des Verurteilten Rechtskraft nicht ein, so wird das Urteil auch hinsichtlich der Kosten hinfällig. Auch Dritte (zB Nebenkläger) können Ansprüche auf Erstattung ihrer Auslagen nicht auf das Urteil stützen, wenn es infolge des Todes des Angeklagten nicht rechtskräftig wird.   F 120

Im Übrigen sind die Folgen des Todes des Beschuldigten vor Rechtskraft der das Verfahren beendigenden Entscheidung lebhaft umstritten.

Die in Rechtsprechung und Schrifttum überwiegend vertretene Auffassung hält daran fest, dass der Tod des Beschuldigten vor Eintritt der Rechtskraft das Verfahren ohne weiteres beende, einer förmlichen Einstellung des Verfahrens es nicht bedürfe; werde eine solche ausgesprochen, habe sie nur deklaratorische Bedeutung; sei noch keine Kostenentscheidung ergangen, könne eine solche nicht mehr ergehen; sei eine Entscheidung über die Auslagen des Verfahrens bereits ergangen, werde sie mangels Rechtskraft gegenstandslos. Die Folge dieser Auffassung ist, die dem Angeschuldigten entstandenen Auslagen fallen seinem Nachlass zur Last, Staatskasse und Nebenkläger müssen, ohne einen Erstattungsanspruch zu haben, die ihnen entstandenen Auslagen jeweils selbst tragen.[296]

---

293 OLG Karlsruhe NJW 1980, 951.
294 Beispiel (nach *H Schmidt* in KostRsp StPO § 145 Nr 9): Die erste Hauptverhandlung hat sich über 5 Tage erstreckt. Es sind viele Zeugen vernommen worden, ohne dass eine Klärung herbeigeführt worden ist. Nach dem Ausscheiden des bisherigen Verteidigers hat der neue Verteidiger den Angeklagten überzeugt, dass es zweckmäßig sei, ein Geständnis abzulegen. Im nächsten Hauptverhandlungstermin hat der Angeklagte das Geständnis abgelegt und ist darauf ohne weitere Zeugenvernehmung verurteilt worden. Welche Kosten sind nun durch den ausgeschiedenen Verteidiger verursacht worden? Doch wohl bestenfalls die durch den neuen Hauptverhandlungstermin entstandenen Kosten, niemals aber die durch die vorhergehenden 5 Hauptverhandlungstage entstandenen Kosten. Die für die vorhergehenden 5 Tage entstandenen Kosten hätte der Angeklagte oder im Falle des Freispruchs die Staatskasse tragen müssen. Zusätzlich entstanden sind nur die Kosten, die durch den weiteren Verhandlungstag entstanden sind.
295 OLG München AnwBl 1979, 394.
296 BGH NJW 1987, 661; OLG Hamburg MDR 1983, 251; LR-*Hilger* § 467 StPO Rn. 17.

Die Gegenmeinung sieht im Tod des Beschuldigten ein Verfahrenshindernis nach § 206 a StPO und wendet § 467 Abs 3 S 2 Nr 2 StPO an.[297]

Der BGH[298] hat entschieden, dass die Kostenentscheidung im Falle des Todes des Angeklagten nach denjenigen Grundsätzen zu erfolgen hat, die bei der Einstellung wegen eines Verfahrenshindernisses anzuwenden sind. Damit hat sich der BGH für die Anwendung von §§ 206 a, 467 Abs 1, 2 ausgesprochen. Das Verfahren ist nach dem Tode des Angeklagten nach § 206 a StPO eingestellt worden, es wurde davon abgesehen, die notwendigen Auslagen des Angeklagten der Staatskasse aufzuerlegen, weil der Angeklagte nur deshalb nicht rechtskräftig verurteilt worden ist, weil mit seinem Tod ein Verfahrenshindernis eingetreten ist. Es wäre deshalb unbillig, der Staatskasse die notwendigen Auslagen des Angeklagten aufzuerlegen.[299]

F 121   c) Wegen der kostenrechtlichen Folgen des Todes des Privatklägers s oben Rdn. F 37.

VII. Das Festsetzungsverfahren

1. Gegenstand und Zweck des Verfahrens

F 122   Für das Festsetzungsverfahren bestimmt § 464 b StPO: »*Die Höhe der Kosten und Auslagen, die ein Beteiligter einem anderen Beteiligten zu erstatten hat, wird auf Antrag eines Beteiligten durch das Gericht des ersten Rechtszuges festgesetzt. Auf Antrag ist auszusprechen, dass die festgesetzten Kosten und Auslagen von der Anbringung des Festsetzungsantrags an zu verzinsen sind. Auf die Höhe des Zinssatzes, das Verfahren und auf die Vollstreckung der Entscheidung sind die Vorschriften der Zivilprozessordnung entsprechend anzuwenden.*«

Gegenstand des Festsetzungsverfahrens sind Kosten und Auslagen, die ein Beteiligter einem anderen Beteiligten zu erstatten hat. Das sind einmal die notwendigen Auslagen eines Beteiligten iSv § 464 a Abs 2 StPO, zum anderen die Kosten und Auslagen, die Zeugen, Sachverständige, Verteidiger, Schöffen und andere Personen nach §§ 51, 70, 77, 81 c Abs 6, 138 c Abs 6, 145 Abs 4, 161 a Abs 2, 177, 469, 470, 472 a, 472 b StPO, § 56 GVG durch ihre Säumnis, Weigerung, Verschulden oder sonstiges Verfahren verursacht haben und die ihnen durch Beschluss auferlegt worden sind. Nicht in das Festsetzungsverfahren nach § 464 b StPO gehören die der Staatskasse geschuldeten Gebühren und Auslagen, diese werden im Kostenansatzverfahren nach § 19 Abs 2 GKG festgesetzt. Die Vergütung des gerichtlich bestellten Verteidigers wird nach § 55 RVG festgesetzt.

F 123   **Zweck des Verfahrens** nach § 464 b StPO ist die betragsmäßige Festsetzung der einem Beteiligten zu erstattenden Aufwendungen. Nötig ist die ziffernmäßige Festsetzung auch deshalb, weil die Auslagenerstattungsentscheidung nach § 464 Abs 2 StPO die Höhe des geschuldeten Betrages offen lässt und aus diesem Grunde keinen Vollstreckungstitel bildet; letzteren braucht aber der Erstattungsberechtigte, um gegen den Erstattungspflichtigen die Vollstreckung betreiben zu können.

Daraus folgt: die Festsetzung setzt eine Entscheidung nach § 464 Abs 2 StPO voraus, die dem Grunde nach eine Erstattungspflicht rechtskräftig ausspricht. Liegt eine solche nicht vor, muss eine Kostenfestsetzung nach § 464 b StPO abgelehnt werden. Führt der Erstattungsberechtigte diese Kostengrundentscheidung noch herbei, so kann er das Festsetzungsverfahren erneut betreiben.[300]

Als Kostengrundentscheidung kommt in Betracht die Kostenentscheidung des Urteils oder des Beschlusses, der das Verfahren abschließt, § 464 Abs 2 StPO.

---

297 OLG Hamm NJW 1978, 177; OLG Stuttgart AnwBl 1972, 330; OLG Bamberg JurBüro 1973, 662; *Lampe* NJW 1974, 1856; OLG Frankfurt NStZ 1982, 480; OLG Hamburg NJW 1971, 2183; *Meyer-Goßner* § 464 StPO Rn. 14; *Kühl* NJW 1978, 977; *Schmidt* in Festschrift für Karl Schäfer (1979), 241, 239.
298 BGH Beschl v 13.02.2014 – 1 StR 631/13.
299 So bereits BGH Beschl v 08.06.1999 – 4 StR 595/97.
300 OLG Hamburg NJW 1971, 2183 (2185).

Zur Kostenentscheidung bei Rücknahme des Einspruchs gegen den Strafbefehl siehe oben Rdn. F 4; zur Kostenentscheidung eines im Privatklageverfahren geschlossenen Vergleiches siehe oben Rdn. F 42; zur Auslegung der Kostenentscheidung siehe oben Rdn. F 8.

2. Die Kostenentscheidung als Grundlage des Festsetzungsverfahrens

Grundlage des Festsetzungsverfahrens ist der rechtskräftige Auslagenerstattungsanspruch, also der rechtskräftige Kostenausspruch des Sachurteils oder die rechtskräftig isoliert Kostenentscheidung. Diese sog Kostengrundentscheidung ist für das Kostenfestsetzungsverfahren verbindlich und jeder Abänderung oder Ergänzung entzogen. Im Kostenfestsetzungsverfahren können fehlerhafte Kostenentscheidungen nicht korrigiert oder unvollständige Kostenansprüche ergänzt werden, wenn es unterlassen wurde, Abhilfe durch Einlegung der Beschwerde gegen den Kostenausspruch zu schaffen.

F 124

Das gilt selbst bei Verstößen gegen zwingende Vorschriften des Kostenrechts oder bei krassen Rechtsfehlern. Sind zB dem Verurteilten die Auslagen des Nebenklägers auferlegt, so kann er im Kostenfestsetzungsverfahren nicht mehr geltend machen, sie seien ihm zu Unrecht auferlegt, weil die Verurteilung nicht wegen eines die Erstattungspflicht begründeten Delikts erfolgt sei. Sind die notwendigen Auslagen des freigesprochenen Angeklagten der Staatskasse auferlegt worden, so ist es unzulässig, im Kostenfestsetzungsverfahren festzustellen, das Gericht habe versehentlich § 467 Abs 2 StPO nicht angewendet, es liege aber schuldhafte Säumnis des Angeklagten vor.[301]

Auch Einwendungen der erstattungspflichtigen Partei, mögen es rechtshemmende (zB Stundung, Verjährung) oder rechtsvernichtende (zB Zahlung, Aufrechnung, Erlass) sein, können nicht im Kostenfestsetzungsverfahren beschieden werden.

Die Einwendungen sind damit aber nicht abgeschnitten. Der Schuldner kann gegen den Kostenfestsetzungsbeschluss Vollstreckungsgegenklage nach § 767 ZPO erheben.

3. Der Antrag

a) **Antragsberechtigt** ist der Erstattungsberechtigte. Aber auch der Erstattungspflichtige hat ein Interesse an der Klärung der Höhe seiner Erstattungspflicht, sodass er ebenfalls antragsberechtigt ist.[302]

F 125

In einer Reihe von Erstattungsfällen brauchen der Berechtigte und der Verpflichtete nicht volljährig zu sein. Das Kostenfestsetzungsverfahren bildet aber ein besonderes Verfahren, auf das die Vorschriften der ZPO entsprechende Anwendung finden. Also muss für diese, auf Verwirklichung vermögensrechtlicher Ansprüche gerichteten Verfahren die Prozessfähigkeit der Beteiligten verlangt werden. Alle die Beteiligten, die sich durch Verträge nicht verpflichten können (§ 52 ZPO), müssen also in dem Verfahren durch ihre gesetzlichen Vertreter handeln.[303]

Antragsberechtigt sind auch Rechtsnachfolger des Erstattungsberechtigten oder Erstattungspflichtigen, denn der dem Grunde nach zuerkannte Auslagenerstattungsanspruch kann abgetreten und vererbt werden.[304]

Einer Umschreibung des Titels in der Hauptsache bezüglich der Kostengrundentscheidung bedarf es aber nicht. Eine Umschreibung zB des Strafurteils auf einen Rechtsnachfolger des Freigesprochenen ist auch nicht vorstellbar. Die §§ 727 ff ZPO sind daher nicht anwendbar. Dem

---

301 OLG Karlsruhe JurBüro 1988, 1073; *Meyer* JurBüro 1981, 162; **aA**: LG Aschaffenburg JurBüro 1985, 1046 m Anm *Mümmler*, wonach aufgrund offensichtlich gesetzwidriger Kostengrundentscheidung Kosten nicht festgesetzt werden können.
302 LR-*Hilger* § 464 b StPO Rn. 4.
303 LR-*Hilger* § 464 b StPO Rn. 4; **aA**: *Lappe* Justizkostenrecht S 226.
304 LG Münster AnwBl 1975, 101.

Rechtsnachfolger steht daher ein eigenes Antragsrecht zu, die Rechtsnachfolge hat er nachzuweisen. Dieselben Grundsätze gelten auch für den Rechtsnachfolger des Anwalts hinsichtlich der Vergütungsfestsetzung nach § 55 RVG. Sind mehrere Personen erstattungspflichtig, gilt § 421 BGB. Es steht im Belieben des Gläubigers, von welchem Schuldner er die Leistung fordern will. Sind zB neben der Staatskasse auch Dritten (zB Zeugen, Verteidigern) Verfahrenskosten auferlegt worden, die sie durch ihr Verhalten verschuldet haben, dann kann der freigesprochene Angeklagte nicht darauf verwiesen werden, dass er sich hinsichtlich solcher Kosten, die einem säumigen Zeugen oder Verteidiger auferlegt sind, zunächst an diesen halten müsse.[305]

F 126 b) Nach § 464 b S 2 StPO ist auf Antrag auszusprechen, dass die festgesetzten Kosten und Auslagen von der Anbringung des Festsetzungsantrags an zu verzinsen sind. Auf die **Höhe des Zinssatzes** (fünf Prozent über dem Basiszinssatz), das Verfahren und auf die Vollstreckung der Entscheidung sind die Vorschriften der ZPO entsprechend anzuwenden. Der früheste Zeitpunkt des Verzinsungsbeginns ist der der Rechtskraft der Kostengrundentscheidung, auch wenn der Festsetzungsantrag schon vor Eintritt der Rechtskraft angebracht wird.[306]

Ist übersehen worden, den Verzinsungsantrag zu stellen, kann er nachträglich gestellt werden: er wirkt dann auf den Zeitpunkt des Antrags zurück.[307]

Musste ein Beteiligter, um die notwendigen Auslagen aufbringen zu können, Kredit aufnehmen, so gehören die Kreditzinsen zu seinen notwendigen Auslagen.[308]

4. Das Verfahren im Einzelnen

F 127 a) Für **Form und Inhalt des Antrags** gilt dasselbe, was die ZPO für den Antrag auf Kostenfestsetzung vorschreibt.

Eine entsprechende Anwendung des § 105 Abs 2 ZPO ist in Privatklagesachen möglich. Sind die Kosten zwischen dem Privatkläger und dem Angeklagten nach Bruchteilen geteilt, so ist § 106 ZPO entsprechend anzuwenden.

F 128 b) **Zuständig** ist der Rechtspfleger des Gerichts des ersten Rechtszuges (§ 464 b S 3 StPO, §§ 103, 104 ZPO, § 21 Abs 1 Nr 1 RPflG). Der Rechtspfleger hat dem Gegner des Antragstellers ausreichendes rechtliches Gehör zu gewähren.[309] Einzelheiten hierzu s oben *Dörndorfer* Rdn. B 55–65.

Außerdem soll nach Nr 145 Abs 1 RiStBV der Rechtspfleger vor dem Erlass des Festsetzungsbeschlusses den Vertreter der Staatskasse hören; dieser kann zu der von ihm beabsichtigten Äußerung oder zu Einzelfragen eine Stellungnahme abgeben. Dessen Äußerung, soweit sie Tatsachen betrifft, ist wiederum dem Antragsteller zur Kenntnis zu bringen. Da das Festsetzungsverfahren als Parteiverfahren ausgestaltet ist, auch soweit es sich um öffentlich-rechtliche Ansprüche gegen die Staatskasse handelt, gilt das Beweisrecht des privatrechtlichen Parteiverfahrens, also das der ZPO. Bei Zurückverweisung an ein Gericht niederer Ordnung gem § 354 Abs 3 StPO ist »Gericht des ersten Rechtszuges« im Sinne des § 464 b S 1 das zuerst mit dem Verfahren befasste Gericht.[310] Das KG hat hier zu Recht darauf hingewiesen, dass andernfalls die Gefahr einer »Zuständigkeitszersplitterung« besteht: Bei einer Mehrzahl von Angeklagten ist es nämlich durchaus vorstellbar, dass Entscheidungen zu unterschiedlichen Zeitpunkten in Rechtskraft erwachsen und für Kostenfestsetzungsanträge von bereits rechtskräftig verurteilten Personen das Landgericht zuständig ist, für Anträge anderer Personen nach Zurückverweisung an ein Amtsgericht aber das Amtsgericht zuständig wäre.

---

305 LG Münster AnwBl 1975, 101.
306 LR-*Hilger* § 464 b StPO Rn. 7; *Riess* NJW 1975, 91; *Mümmler* JurBüro 1976, 56.
307 OLG Hamm JurBüro 1978, 925; KG AnwBl 1978, 417.
308 OLG Celle NdsRpfl 1969, 239.
309 OLG Stuttgart Rpfleger 1971, 308.
310 KG Beschl v 29.01.2014 – 2 ARs 5/14; OLG Brandenburg NStZ-RR 2010, 263.

c) Der **Rechtspfleger prüft**, ob die vom Rechtsanwalt bestimmte Gebühr billigem Ermessen entspricht (§ 14 Abs 1 S 2 RVG). Er darf von der Gebührenbestimmung nicht nach oben abweichen.[311]   F 129

Eine von dem Festsetzungsantrag einer Partei abweichende Ausgleichung einzelner Rechnungsposten ist aber zulässig, sofern der geforderte Gesamtbetrag nicht überstiegen wird (§ 308 Abs 1 S 1 ZPO).[312]

Der Hinweis, dass der Rechtsanwalt an eine vom Rechtspfleger als erstattungsfähig angesehene niedrigere Gebühr nicht gebunden sei, es ihm vielmehr unbenommen bleibe, gegen seinen Mandanten die höhere Vergütung geltend zu machen,[313] findet sich in vielen Kommentaren, bedarf jedoch eines ergänzenden Hinweises: In der zitierten Entscheidung hat der BGH nämlich ua ausgeführt:

> »Festsetzungsverfahren nach § 19 BRAGO (jetzt § 11 RVG) oder Gebührenstreitigkeiten vor den ordentlichen Gerichten einerseits und Kostenerstattungsverfahren nach den §§ 103 ff. ZPO oder § 464 b StPO andererseits sind voneinander unabhängig und entfalten gegenseitig keine irgendwie gearteten Bindungswirkungen. …
>
> Hält er die Bemessung der gesetzlichen Vergütung in diesem Verfahren für zu niedrig, so bleibt es ihm unbenommen, geltend zu machen, dass sein Auftraggeber ihm eine höhere Vergütung schuldet. Der Streit darüber ist innerhalb eines ordentlichen Zivilprozesses auszutragen.«[314]

Dies bedeutet: Kann der Anwalt keine höhere, als die festgesetzte und erstattete Vergütung beanspruchen, wird er insoweit auch im Vergütungsprozess vor dem Zivilgericht unterliegen. Dies gilt auch für den Fall, dass der Anwalt eine höhere Vergütung aus der Staatskasse zur Erstattung angemeldet hat, er aber tatsächlich keine über den Erstattungsanspruch hinausgehende gesetzliche Vergütung verlangen kann. Fällt aber der Erstattungsanspruch gegen die Staatskasse niedriger aus als der vertragliche Vergütungsanspruch gegen den Auftraggeber, muss auch der Auftraggeber den Unterschiedsbetrag übernehmen. In dem vom BGH zu entscheidenden Fall ging es dann u.a. auch darum, inwieweit die Rechtsschutzversicherung des Auftraggebers den Unterschiedsbetrag zu übernehmen hat. Nach der Entscheidung des BGH nur, soweit er dem Versicherten gegenüber zur Gewährung von Kostenschutz verpflichtet ist. Zur Gewährung von Kostenschutz verpflichtet ist die Rechtsschutzversicherung aber nur hinsichtlich der gesetzlichen Vergütung und nicht auch hinsichtlich einer höheren Vergütungsvereinbarung.

d) **Der Rechtspfleger entscheidet** durch Beschluss; dieser ist zu begründen (§ 34 StPO).   F 130

Er bedarf einer eingehenden sachlichen Begründung, wenn es sich um zweifelhafte Posten oder schwierige Fragen handelt.[315]

Er ist in entsprechender Anwendung des § 35 a StPO mit einer Rechtsmittelbelehrung zu versehen.[316]

Der Festsetzungsbeschluss ist dem Gegner des Antragstellers zuzustellen (§ 464 b S 3 StPO, § 212 a ZPO), dem Antragsteller nur, wenn der Antrag ganz oder teilweise zurückgewiesen wird, sonst ergeht die Mitteilung formlos (§ 104 Abs 1 S 4 ZPO). Ist die Staatskasse Erstattungspflichtige, ist der Beschluss dem Vertreter der Staatskasse zuzustellen (§ 464 b S 3 StPO, § 174 a ZPO, Nr 145 Abs 2 S 1 RiStBV).

Der Kostenfestsetzungsbeschluss ist entweder mit der (befristeten) Erinnerung oder aber mit der sofortigen Beschwerde anfechtbar. Die Rechtsbehelfe unterscheiden sich wie folgt: Die Erinnerung

---

311 LG Würzburg JurBüro 1980, 1334.
312 OLG Oldenburg JurBüro 1978, 1811; **aA**: KK-*Schikora/Schimansky* § 464 b Rn. 3; OLG Düsseldorf Rpfleger 2004, 120.
313 BGH MDR 1973, 308.
314 BGH MDR 1973, 309.
315 LG Krefeld MDR 1981, 606.
316 OLG Stuttgart Rpfleger 1971, 308.

ist dann der statthafte Rechtsbehelf, wenn die sofortige Beschwerde nicht zulässig ist. Unzulässig ist die sofortige Beschwerde zB dann, wenn der Wert des Beschwerdegegenstands den Betrag von 200 € nicht übersteigt. Im Einzelnen ist Folgendes zu beachten:

VIII. Erinnerung

1. Statthaftigkeit

F 131 **a)** Die Entscheidung des Rechtspflegers über den Kostenfestsetzungsantrag kann durch Einlegen der Erinnerung zur Überprüfung des Richters gestellt werden. Dabei ist es gleichgültig, ob ein Kostenfestsetzungsbeschluss ergangen oder ob die Festsetzung abgelehnt worden ist.[317] Entscheidungen des Rechtspflegers unterliegen nach § 11 Abs 1 und 2 RPflG der Anfechtung mit dem Rechtsmittel, das nach den allgemeinen verfahrensrechtlichen Vorschriften gegeben ist. Das sind in strafprozessualen Kostenfestsetzungsverfahren die sofortige Beschwerde (Fall des § 11 Abs 1 RPflG) oder die befristete Erinnerung (Fall des Abs 2). Die befristete Erinnerung findet statt, wenn gegen die Entscheidung, wäre sie vom Richter erlassen worden, kein Rechtsmittel gegeben wäre, also sie im Einzelfall nicht zulässig ist. Im Kostenfestsetzungsverfahren fallen hierunter Fälle, in denen die an sich statthafte sofortige Beschwerde nicht zulässig ist, weil der Wert des Beschwerdegegenstandes 200 € nicht übersteigt (§ 304 Abs 3 StPO). Nur dann, wenn der strafrechtliche Kostenfestsetzungsbeschluss nicht mit der sofortigen Beschwerde anfechtbar ist, kommt die befristete Erinnerung gem § 11 Abs 2 RPflG in Betracht, da die Entscheidung des Rechtspflegers zumindest einer Prüfung durch den Richter bedarf. In diesen Fällen wird also eine höhere Instanz nicht in den Entscheidungsprozess eingeschaltet. Die Entscheidung des Instanzrichters über die befristete Erinnerung ist abschließend.

F 132 **b) Beschwer.** Der Erinnerungsführer musste durch die Entscheidung des Rechtspflegers beschwert sein. Ist er nicht beschwert, ist es nicht statthaft, die Entscheidung des Rechtspflegers überprüfen zu lassen, um über eine bestimmte Rechtsfrage die richterliche Entscheidung herbeizuführen, mag an deren Klärung auch ein verständliches Interesse bestehen.[318]

Der Anwalt hat also Rechtsbehelfe im Kostenfestsetzungsverfahren im **Namen des Mandanten** einzulegen, es sei denn, die Ansprüche sind ihm abgetreten worden. Nur denn steht dem Anwalt eine eigene Rechtsbehelfsbefugnis zu.

F 133 **c) Erinnerungsfrist.** Die befristete Erinnerung ist gem § 11 Abs 2 RPflG innerhalb der für die sofortige Beschwerde geltenden Frist einzulegen. Umstritten ist bei der sofortigen Erinnerung genauso wie bei der sofortigen Beschwerde die Frist. Richtet sich das Beschwerdeverfahren nach den Grundsätzen der StPO, beträgt die Frist gem § 311 Abs 2 S 1 StPO eine Woche. Richtet sich die Frist nach der ZPO, beträgt sie gem § 567 Abs 1 S 1 ZPO zwei Wochen. Nach der wohl herrschenden Auffassung gilt hier die Wochenfrist des § 311 Abs 2 S 1 StPO.[319] Der BGH hat hier darauf abgestellt, dass auf das Kostenfestsetzungsverfahren die ZPO-Vorschriften lediglich insoweit Anwendung finden, als sie strafprozessualen Prinzipien nicht widersprechen.

Die gegenteilige Auffassung hält an der 2-Wochen-Frist mit der Begründung fest, dass das Beschwerdeverfahren Teil des gesamten Kostenfestsetzungsverfahrens ist, so dass die Verweisung auf die ZPO-Regeln in § 464 b S 3 StPO dieses grundsätzlich mit umfasst; der Gesetzgeber hat mit der Verweisung auf die Vorschriften der ZPO eine ausdrückliche Regelung getroffen, wonach eine

---

317 OLG München Rpfleger 1981, 157.
318 BGH VersR 1974, 365; OLG Koblenz JurBüro 1986, 495.
319 BGH NJW 2003, 763; OLG Koblenz NJW 2005, 917; LG Potsdam Beschl v 27.02.2014 – 24 Qs 141/13.

im Straf- wie im Zivilprozess gleiche Materie, nämlich das Kostenfestsetzungsverfahren, einheitlich behandelt werden soll.[320]

Das Problem mit der Frist wird nicht dadurch entschärft, dass der Kostenfestsetzungsbeschluss mit einer Rechtsmittelbelehrung zu versehen ist, die darauf hinweist, von welcher Erinnerungs- oder Beschwerdefrist auszugehen ist. Wird die Frist für die befristete Erinnerung/sofortige Beschwerde ohne Verschulden versäumt, ist gem § 44 StPO Wiedereinsetzung in den vorigen Stand zu gewähren. Gem. § 44 S 2 ist die Versäumung als unverschuldet anzusehen, wenn die Belehrung nach den §§ 35 a, 319 Abs 2 S 3 oder nach § 346 Abs 2 S 3 unterblieben ist. Zum Teil wird vertreten, dass Wiedereinsetzung von Amts wegen zu gewähren ist, weil es an einem Verschulden fehlt, wenn die Fristversäumung auf der aktenkundig falschen Rechtsmittelbelehrung beruht.[321] Nach anderer Ansicht kommt dagegen eine Wiedereinsetzung bei anwaltlicher Vertretung nicht in Betracht.[322] Grundsätzlich hat der Angeklagte zwar zur Vermeidung ungerechtfertigter Bestrafung nicht für das Verschulden seines Verteidigers einzustehen,[323] das gilt jedoch nicht, soweit lediglich Kosten und Auslagen betroffen sind. Vor Erlass der angefochtenen Entscheidung kann die Erinnerung nicht wirksam eingelegt werden. Das ist sie erst mit dem Hinausgehen aus dem internen Geschäftsbetrieb, nicht bereits mit der Unterzeichnung oder der kanzleimäßigen Fertigung.[324]

d) Einlegung, Form. Die Erinnerung kann schriftlich beim Gericht des ersten Rechtszugs eingereicht oder durch Erklärung zu Protokoll der Geschäftsstelle erklärt werden. Anwaltszwang besteht nicht. Nicht nötig ist es, das Wort »Erinnerung« zu verwenden. Es muss lediglich erkennbar sein, dass die Partei eine Überprüfung der vom Rechtspfleger getroffenen Entscheidung begehrt, was auch durch das Verwenden anderer Rechtsbehelfsbezeichnungen (Beschwerde, Einspruch, Widerspruch) geschehen oder aus dem Inhalt des Schreibens hervorgehen kann.

F 134

Einer Begründung bedarf die Erinnerung nicht. Eine Bitte der Partei, einen früheren Schriftsatz als Erinnerung zu behandeln, reicht aus, vorausgesetzt, dass der diese Bitte enthaltende Schriftsatz innerhalb der Erinnerungsfrist eingeht.[325]

e) Zur selbstständigen oder unselbstständigen **Anschlusserinnerung** s oben *Dörndorfer* Rdn. B 196.

F 135

2. Gegenstand der Erinnerung

a) Antrag unnötig. Der Gegenstand der Erinnerung kann vom Erinnerungsführer durch einen entsprechenden Antrag auf einen Teil der angefochtenen Entscheidung begrenzt werden. Die Begrenzung kann sich auch aus dem Inhalt der Erinnerung ergeben, zB aus der Erklärung, angefochten werde nur die Absetzung einer bestimmten Hauptverhandlungsgebühr. Ein Antrag oder auch nur eine Begründung sind aber nicht nötig für die Zulässigkeit des Rechtsbehelfs. Ergibt sich weder aus einem Antrag noch aus einer Begründung, dass der angefochtene Beschluss nur beschränkt angefochten werden soll, so ist er als im vollen Umfang angefochten anzusehen.

F 136

b) Nachschieben von Kostenpositionen. Ist dem Kostenfestsetzungsantrag voll stattgegeben worden, so ist die Erinnerung des Erstattungsgläubigers mangels Beschwer unzulässig. Die Beschwer kann nicht nachträglich durch Nachschieben neuer Positionen, über die der angefochtene Beschluss gar nicht befunden hat, konstruiert werden. Dann muss der Gläubiger vielmehr nachliquidieren.

F 137

---

320 OLG Düsseldorf Rpfleger 2002, 223; OLG München AnwBl 1986, 120 = Rpfleger 1985, 253; *Schmidt* in Festschrift für Karl Schäfer 1970, 231 ff; **aA:** (für Ein-Wochen-Frist): OLG München AnwBl 1986, 120; OLG Koblenz JurBüro 1983, 733 m Anm *Mümmler*; OLG Köln JurBüro 2000, 652.
321 OLG Jena Beschl v 04.12.2007 – 1 Ws 413/07.
322 BGH Beschl v 02.05.2002 – V ZB 36/01; OLG Düsseldorf NJW 1989, 242.
323 BVerfG NJW 1994, 1856.
324 OLG Hamm JurBüro 1983, 934.
325 OLG Frankfurt Rpfleger 1983, 117.

Anders ist es, wenn eine zulässige Erinnerung vorliegt. Dann kann sowohl der Erinnerungsführer als auch (durch Anschlusserinnerung) der Gegner neue Positionen zur Entscheidung stellen, ebenso wie auch im Zivilprozess mit der Berufung die Klage erweitert werden kann. Neue Positionen können auch hilfsweise geltend gemacht werden.[326]

F 138 **c) Erweiterung der Erinnerung.** Hier handelt es sich nicht um das Nachschieben neuer Positionen, sondern um die Erweiterung des zunächst nur beschränkten Erinnerungsangriffs. Die Erweiterung ist auch nach Ablauf der Erinnerungsfrist zulässig, weil eine Teilanfechtung des Kostenfestsetzungsbeschlusses die Rechtskraft auch des (zunächst) nicht angefochtenen Teils der Entscheidung hemmt.[327]

Voraussetzung ist allerdings, dass auf die weitergehende Anfechtung nicht verzichtet worden war. Ein solcher Verzicht kann aber allein dem zunächst beschränkten Angriff nicht entnommen werden; es müssen noch andere Umstände hinzutreten, um eine Auslegung als Verzicht auf weitergehende Anfechtung zu ermöglichen.[328]

F 139 **d) Austausch von Kostenpositionen.** Auch im Erinnerungsverfahren ist ein Austausch von Positionen in den gleichen Grenzen wie im Verfahren über das Festsetzungsgesuch (vgl oben *Dörndorfer* Rdn. B 71 ff) zulässig. Es darf in den Grenzen des mit der Erinnerung insgesamt noch geforderten Betrages statt eines geforderten, aber nicht erwachsenen oder nicht erstattungsfähigen Ansatzes ein anderer, sich aus demselben Sachverhalt ergebender Ansatz zugesprochen werden.

3. Zuständigkeit

F 140 **a) Abhilfe durch den Rechtspfleger.** Nach § 11 Abs 2 S 2 RPflG kann der Rechtspfleger der Erinnerung abhelfen. Das ist keine bloße Befugnis zur Abhilfe, sondern eine Pflicht zur Prüfung der Erinnerung sowie zur Abhilfe, soweit der Rechtspfleger den Rechtsbehelf für zulässig und begründet hält. Er darf deshalb die Frage, ob und bejahendenfalls in welcher Höhe abzuhelfen ist, nicht offen lassen.[329]

Das Unterlassen der Abhilfeprüfung ist ein Verfahrensfehler, der durch eine spätere richterliche Nichtabhilfe nicht geheilt wird.[330]

Hilft der Rechtspfleger ab, hat er nach Gewährung des rechtlichen Gehörs den Erstattungsbetrag in Änderung der angefochtenen Entscheidung neu festzusetzen oder die bisherige Festsetzung aufzuheben oder zu ergänzen.[331]

Die Abhilfeentscheidung des Rechtspflegers beendet das Erinnerungsverfahren, daher ist sie ihrerseits wieder mit der Erinnerung anfechtbar und deshalb muss sie der durch sie benachteiligten Partei zugestellt werden. Bei voller Abhilfe muss sie eine Kostenentscheidung enthalten; bei nur teilweiser Abhilfe muss der Richter bei der Entscheidung über den Rest eine einheitliche Kostenentscheidung über die gesamte Erinnerung treffen.

Hält der Rechtspfleger die Erinnerung nicht für begründet, legt er sie dem Richter (der ersten Instanz) vor. Hält er sie teilweise für begründet, hilft er insoweit ab und legt sie wegen des Restes dem Richter vor, auch wenn der Rest den Beschwerdewert nicht erreicht.[332]

Die Nichtabhilfeentscheidung bedarf keiner Begründung und ist auch den Parteien nicht mitzuteilen. Anders ist es nur dann, wenn der angefochtene Beschluss ohne die erforderliche Begründung

---

326 OLG München AnwBl 1969, 352.
327 OLG Köln JurBüro 1981, 1404.
328 OLG Köln JurBüro 1986, 928.
329 *Hansens* Rpfleger 2001, 574; OLG Düsseldorf MDR 1986, 503.
330 OLG Frankfurt JurBüro 1979, 1572.
331 OLG München JurBüro 1980, 1746.
332 OLG Düsseldorf Rpfleger 1986 m krit Anm *Lappe* und *Meyer-Stolte*.

ergangen war. Dann sollte der Rechtspfleger jetzt die Begründung nachholen und sie den Parteien mitteilen. Damit wird keine neue Erinnerung eröffnet, aber die Parteien können in dem bereits laufenden und noch nicht beendeten Erinnerungsverfahren zu der Begründung Stellung nehmen, die Erinnerung erweitern oder sich ihr anschließen.

b) Keine Änderung nach Vorlegung. Nach Vorlage an den Richter darf der Rechtspfleger seine Entscheidung nicht mehr ändern.[333]   F 141

Der Richter darf sie ihm deshalb auch nicht zur erneuten Überdenkung ohne förmliche Aufhebung und Zurückverweisung zurückgeben.

c) Abhilfe durch den Richter. Der Richter des ersten Rechtszuges hat die ihm vom Rechtspfleger vorgelegte Erinnerung im vollen Umfang zu prüfen. Zu der Frage, welcher Richter oder welche Richter das sind, s oben Rdn. B 206.   F 142

d) Entscheidungsbefugnis des Richters. Die Befugnis des Richters, sachlich über die Erinnerung zu befinden, ist nur dann uneingeschränkt, falls gegen die mit der Erinnerung angefochtene Entscheidung ein Rechtsmittel nicht gegeben wäre, wenn der Richter sie erlassen hätte. Nicht gegeben wäre nach jetzt einhelliger Rechtsprechung ein Rechtsmittel gegen die vom Richter erlassene Entscheidung, wenn der Beschwerdewert von mehr als 200 € nicht erreicht ist, § 304 Abs 3 StPO.   F 143

Ist also der Beschwerdewert von 200 € nicht erreicht, so muss der Richter insoweit entscheiden, als er die Erinnerung sowohl für zulässig als auch für begründet hält. Hält er beide Voraussetzungen auch nur teilweise für gegeben, so muss er der Erinnerung insoweit abhelfen und sie im Übrigen zurückweisen.[334]

4. Verfahrensgrundsätze

a) Rechtliches Gehör. Das rechtliche Gehör ist zu gewähren, dh es dürfen der Entscheidung keine Tatsachen zugrunde gelegt werden, zu denen sich die durch die Entscheidung beschwerte Partei nicht äußern konnte. Daraus ergibt sich: Der Erinnerungsgegner muss nicht gehört werden, wenn der Erinnerung nicht abgeholfen wird oder der Entscheidung nur solche Tatsachen zugrunde gelegt werden, zu denen er sich bereits in einem früheren Verfahrensstadium geäußert hat.   F 144

b) Das **Verbot von Überraschungsentscheidungen** ist zu beachten. So sollte zB auch ein Rechtsanwalt auf eine Verspätung der Erinnerung hingewiesen werden, wenn nicht offensichtlich ist, dass er die Verspätung erkannt hat.   F 145

c) Auf **neue Tatsachen und Beweismittel** kann die Erinnerung gestützt werden.[335]   F 146

d) Eine **mündliche Verhandlung** ist zulässig, aber **nicht vorgeschrieben.** Es kann auch Beweis erhoben werden. Für die Wahrheitsfeststellung reicht Glaubhaftmachung aus.   F 147

e) Keine aufschiebende Wirkung; Aussetzung der Vollziehung. Die Erinnerung hat keine aufschiebende Wirkung, jedoch kann nach § 11 Abs 2 S 4 RPflG iVm § 570 Abs 2 und 3 ZPO die Vollziehung der angefochtenen Entscheidung ausgesetzt werden. Zur Befugnis des Rechtspflegers, die Vollziehung auszusetzen, siehe oben *Dörndorfer* Rdn. B 210. Die einstweilige Aussetzung der Vollstreckung ist ebenso wie ihre Ablehnung nicht selbstständig anfechtbar.[336]   F 148

f) Verschlechterungsverbot. Das Verbot der Schlechterstellung des Erinnerungs- oder Beschwerdeführers (Verböserungsverbot, reformatio in peius) gilt nicht im strafprozessualen   F 149

---

333 KG Rpfleger 1985, 455 = KostRsp ZPO § 104 (B) Nr 38 m Anm *von Eicken*; OLG München Rpfleger 1982, 196 = JurBüro 1982, 1563.
334 OLG Bamberg JurBüro 1971, 150; OLG Hamm Rpfleger 1971, 14.
335 § 11 Abs 2 S 4 RPflG iVm § 571 Abs 2 ZPO.
336 OLG Bremen JurBüro 1986, 764; OLG Hamm JurBüro 1968, 644; KG Rpfleger 1971, 744.

Kostenfestsetzungsverfahren, weil die Bestimmungen der StPO vorrangig sind: hier ist nicht § 308 Abs 2 ZPO anwendbar, vielmehr gelten die Grundsätze der §§ 331, 358 Abs 1 StPO.[337]

5. Richterliche Erinnerungsentscheidung und deren Anfechtung

a) Abschließende Entscheidung.

F 150 In den Fällen der Erinnerung nach § 11 Abs 2 RPflG gibt es keine Vorlage vom (Instanz-)Richter an das Beschwerdegericht. Die Entscheidung ergeht durch zu begründenden Beschluss. Entweder wird die Erinnerung abgewiesen oder aber der angefochtene Beschluss aufgehoben und/oder ergänzt.

F 151– F 154 *(unbesetzt)*

b) Aufhebung und Zurückverweisung.

F 155 Nach § 309 StPO gilt der Grundsatz der Unzulässigkeit der Zurückverweisung, von diesem Grundsatz kann allenfalls in eng begrenzten Ausnahmefällen Gebrauch gemacht werden.[338] Anders im Anwendungsbereich der ZPO: Hier kann der Richter die Entscheidung des Rechtspflegers aufheben und die Sache an ihn zurückverweisen (vgl § 11 Abs 2 S 4 iVm § 572 Abs 3 ZPO). Von einer solchen, nach der ZPO möglichen Zurückverweisung sollte aber nur Gebrauch gemacht werden, wenn die Entscheidung des Rechtspflegers an einem schweren Mangel leidet und keine geeignete Grundlage für die weitere Beurteilung abgibt, zB wenn sie die Festsetzung ohne oder mit unhaltbarer Begründung überhaupt abgelehnt hat.

c) Entscheidung nur über die Kosten

F 156 Die Rücknahme des Kostenfestsetzungsantrags ist auch während des Erinnerungsverfahrens noch zulässig, nicht aber nach Erlass eines Kostenausgleichungsbeschlusses. Die Kosten einschließlich derjenigen des Erinnerungsverfahrens sind gem § 473 StPO demjenigen aufzuerlegen, der den zurückgenommenen Antrag gestellt hat. Durch Aufhebung oder Änderung der Kostengrundentscheidung wird das Erinnerungsverfahren gegenstandslos. Die Kosten sind auf Antrag demjenigen aufzuerlegen, der die gegenstandslos gewordene Festsetzung beantragt hatte. Weitere Einzelheiten s Rdn. B 216.

IX. Beschwerde

1. Statthaftigkeit der sofortigen Beschwerde

F 157 Gegen den Kostenfestsetzungsbeschluss des Rechtspflegers findet die sofortige Beschwerde gem §§ 464 b S 3 StPO, 104 Abs 3 S 1 ZPO, 11 Abs 1 RPflG statt. Vorrangig sind hier die Bestimmungen der StPO, die Vorschriften der ZPO sind lediglich insoweit anzuwenden, als sie den Grundsätzen nicht widersprechen.[339] Zulässig ist die sofortige Beschwerde, wenn der Wert des Beschwerdegegenstands 200 € übersteigt (§ 304 Abs 3 StPO) und das Rechtsmittel innerhalb der hier maßgeblichen Wochenfrist des § 311 Abs 2 StPO eingelegt wird.[340] Dem Rechtspfleger steht im strafrechtlichen Kostenfestsetzungsverfahren wegen § 311 Abs 3 nur ein eingeschränktes Abhilferecht zu.[341] Grundsätzlich besteht aber im Kostenfestsetzungsverfahren gem § 464 b StPO das Verbot des § 311 Abs 3 S 1 StPO, eine Abhilfeentscheidung zu treffen.[342]

---

337 OLG Karlsruhe MDR 1986, 694; aA: LG Düsseldorf JurBüro 1983, 887.
338 OLG Düsseldorf NJW 2002, 2963.
339 BGH NJW 2003, 763.
340 LG Potsdam Beschl v 09.01.2014 – 24 Qs 151/13.
341 OLG Hamm NJW 1999, 3726.
342 KG Beschl v 08.06.2011 – 1 Ws 9/11.

a) Beschwer. Die sofortige Beschwerde setzt eine Beschwer voraus. Einzelheiten s Rdn. B 191.   F 158

b) Beschwerdewert. Es muss ein Beschwerdewert von mehr als 200 € erreicht sein, § 304 Abs 3   F 159
StPO. Bei der Beschwerde des Kostenschuldners bildet die Beschwerde den Unterschied zwischen dem zuerkannten Betrag und dem Betrag, auf den die Kosten herabgesetzt werden sollen. Bei der Berechnung des Wertes wird die Mehrwertsteuer dazugerechnet,[343] nicht dagegen die auf die Beschwer entfallende Verzinsung nach § 104 Abs 1 S 2 ZPO.

Mehrere Kostenfestsetzungsbeschlüsse gem § 464 b StPO bzw § 55 RVG können derart in einem Sachzusammenhang stehen, dass der Beschwerdewert iSd § 304 Abs 3 StPO insgesamt einheitlich zu betrachten ist. So verhält es sich, wenn die Entscheidung über einen Kostenfestsetzungsantrag auf mehrere (Teil-) Beschlüsse »verteilt« wird. In einem solchen Fall sind die Beschwerdewerte der (Teil-) Beschlüsse zusammenzurechnen und kann eine Erinnerung als sofortige Beschwerde zu behandeln sein.[344]

Ist der Beschwerdewert nicht erreicht, bleibt nur die befristete Erinnerung.

c) Frist. Die Beschwerdefrist beträgt bei der sofortigen Beschwerde eine Woche ab Zustellung,   F 160
§ 311 Abs 2. Im Übrigen gilt das oben zur Erinnerungsfrist bei Rdn. F 133 Ausgeführte.

Siehe auch dort wegen der abweichenden Meinung zur Zwei-Wochen-Frist. Falls der Verteidiger die Auffassung seines zuständigen Gerichts nicht kennt, tut er gut daran, die Beschwerde innerhalb einer Woche einzulegen. Da er die Beschwerde oftmals aus Zeitmangel nicht zugleich begründen kann, empfiehlt es sich, anzukündigen, »Begründung folgt bis zum ...«. Zwar ist das Gericht an die vom Verteidiger gesetzte Frist nicht gebunden, aber wenn es vorher entscheiden will, muss das Gericht dies dem Verteidiger ankündigen, weil sonst eine Verweigerung des rechtlichen Gehörs vorliegt.

Hat der Rechtspfleger dem Angeklagten mit dem Hinweis auf eine zweiwöchige Beschwerdefrist eine falsche Rechtsbehelfsbelehrung erteilt, ist dem Angeklagten auf seine Kosten Wiedereinsetzung in den vorigen Stand von Amts wegen zu gewähren.[345]

d) Einlegung, kein Anwaltszwang. Die sofortige Beschwerde kann bei dem Gericht erster Instanz oder auch beim Beschwerdegericht eingelegt werden, § 306 Abs 1 StPO. Für die Beschwerde   F 161
besteht kein Anwaltszwang, weil die StPO einen solchen nicht kennt und § 78 ZPO wegen § 13 RPflG nicht anwendbar ist Das Rechtsmittel muss nicht die Bezeichnung »Beschwerde« tragen; es genügt, dass erkennbar wird, welche Entscheidung angefochten werden soll. Auch ist ein förmlicher Antrag nicht erforderlich. Ergibt sich das Beschwerdeziel weder aus einem Antrag noch aus dem sonstigen Inhalt des Rechtsmittels, so ist die angefochtene Entscheidung als im vollen Umfang zur Überprüfung des Beschwerdegerichts gestellt anzusehen. Der Beschwerdegegner kann sich nach Ablauf der für ihn geltenden Beschwerdefrist der Beschwerde anschließen. Diese unselbstständige **Anschlussbeschwerde** setzt keine Beschwer voraus und muss schon deshalb nicht die Beschwerdesumme erreichen. Sie verliert ihre Wirkung, wenn die (Haupt-)Beschwerde zurückgenommen oder als unzulässig verworfen wird. Hat sich der Beschwerdegegner aber innerhalb der für ihn geltenden Beschwerdefrist angeschlossen und erreicht sein Rechtsmittel die Beschwerdesumme, so wird es als **selbstständige Beschwerde** behandelt, über die unabhängig vom Schicksal der zuerst eingelegten Beschwerde zu befinden ist.

2. Gegenstand der Beschwerde

a) Nachschieben von Positionen. Es gilt weitgehend das zum Gegenstand der Erinnerung oben in   F 162
Rdn. F 137 bis 139 Ausgeführte. Vgl auch Rdn. B 198.

---

343 OLG Düsseldorf MDR 1964, 155; KG AnwBl 1980, 467.
344 KG Beschl v 05.10.2016 – 1 Ws 1/16.
345 OLG Celle Beschl v 10.07.2000 – 3 Ws 122/00.

F 163 **b) Erweiterung der Beschwerde, Austausch von Positionen.** Die Erweiterung des zunächst nur beschränkten Rechtsmittelangriffs ist auch noch in der Beschwerdeinstanz zulässig, sofern auf weitergehende Anfechtung nicht verzichtet worden war.[346] Auch der Austausch von Positionen ist im Beschwerdeverfahren im Rahmen des mit der Beschwerde geforderten Gesamtbetrages von Amts wegen zulässig.[347]

3. Zuständigkeit

F 164 Zuständig ist das dem erstinstanzlichen Gericht im Rechtsmittelzuge übergeordnete Gericht. Es entscheidet die Kammer in der für das Strafverfahren vorgesehenen Besetzung.[348]

4. Verfahrensgrundsätze

F 165 Das zum Erinnerungsverfahren bei Rdn. F 144 bis 149 Ausgeführte gilt auch für das Beschwerdeverfahren.

5. Entscheidung des Beschwerdegerichts

F 166 Ist die Beschwerde unbegründet, so wird sie zurückgewiesen.

Hat die Beschwerde Erfolg, so wird der angefochtene Beschluss aufgehoben.

Wird der Erinnerung oder der Beschwerde nur teilweise stattgegeben, sollte nicht vergessen werden, sie im Übrigen zurückzuweisen.

Wird der Beschwerde voll stattgegeben, so kommen unterschiedliche Tenorierungen in Betracht:

Bei erfolgreicher Beschwerde des Erstattungsschuldners wird idR in Änderung des angefochtenen Beschlusses der Festsetzungsantrag zurückzuweisen oder der zu erstattende Betrag niedriger festzusetzen und der Festsetzungsantrag im Übrigen zurückzuweisen sein. Ist die Beschwerde des Erstattungsgläubigers erfolgreich, so wird entweder der höhere zu erstattende Betrag festgesetzt, oder angeordnet, dass der Erstattungsschuldner über den festgesetzten Betrag hinaus einen weiteren Betrag an den Gläubiger zu erstatten hat, und falls beantragt, nebst Zinsen seit Eingang des ersten Festsetzungsantrags, mit dem der höhere Betrag gefordert worden war.[349] Über die außergerichtlichen Kosten wird nach § 473 StPO entschieden.

Mit Aufhebung oder Änderung der Kostengrundentscheidung werden das Beschwerdeverfahren und eine bereits ergangene – auch rechtskräftige – Beschwerdeentscheidung einschließlich deren Kostenentscheidung gegenstandslos. Die Kosten des gegenstandslos gewordenen Verfahrens hat derjenige zu tragen, der die Festsetzung vor Rechtskraft der ihm zugrundeliegenden Kostenentscheidung betrieben hat.[350]

6. Rechtsbeschwerde

F 167 Das Gesetz zur Reform des Zivilprozesses hat zum Wegfall der einfachen sowie der weiteren Beschwerde geführt. Dafür ist die Rechtsbeschwerde eingeführt worden (§§ 574 bis 577 ZPO), die revisionsähnlichen Charakter hat und auch in Beschlusssachen eine Klärung grundsätzlicher Rechtsfragen und eine einheitliche Rechtsprechung ermöglichen soll, wie aus § 574 Abs 2 und 3 ZPO ersichtlich ist.

---

346 OLG Köln JurBüro 1981, 1404.
347 KG AnwBl 1977, 510.
348 BGH NJW 2003, 763.
349 OLG Frankfurt JurBüro 1985, 1090 und 1718.
350 KG JurBüro 1978, 1246.

Die Rechtsbeschwerde ist aber im Kostenfestsetzungsverfahren in Strafsachen unzulässig.[351]

Das Landgericht hatte die Rechtsbeschwerde unter Verweis auf §§ 464 b S 3 StPO, 574 Abs 1 Nr 2, Abs 2 Nr 2, Abs 3 ZPO zugelassen. Die daraufhin eingelegte Rechtsbeschwerde hat der BGH auf Kosten der Landeskasse als unzulässig verworfen und dies wie folgt begründet:

Nach § 133 GVG ist für die Rechtsbeschwerde in Zivilsachen der Bundesgerichtshof zuständig. Dagegen ist für die Rechtsbeschwerden in Strafsachen im Gesetz keine ausdrückliche Zuständigkeit des Bundesgerichtshofs vorgesehen. § 135 Abs 2 GVG regelt die Zuständigkeit der Beschwerden in Strafsachen, wobei eine Rechtsbeschwerde nicht vorgesehen ist.

Auch aus § 464 b StPO ergibt sich nicht, dass eine Rechtsbeschwerde im strafprozessualen Kostenfestsetzungsverfahren zulässig ist. Die Vorschriften der ZPO finden aber nur insoweit Anwendung, als sie strafprozessualen Grundsätzen nicht widersprechen.

Für das Beschwerdeverfahren werden dementsprechend nicht die Vorschriften der ZPO; sondern der §§ 304 ff StPO für anwendbar erachtet.[352]

Auch die fehlerhafte Zulassung der Rechtsbeschwerde durch das Landgericht führt nicht zur Statthaftigkeit des Rechtsmittels.[353]

X. Geltendmachung des Erstattungsanspruchs des Beschuldigten durch den Rechtsanwalt oder Dritte

1. Allgemeines

Der Rechtsanwalt hat kein eigenes selbstständiges Festsetzungsrecht hinsichtlich seiner Vergütung. Stellt er den Festsetzungsantrag für den Beschuldigten, bedarf er hierzu einer Vollmacht. Denn die für das Strafverfahren erteilte Verteidigervollmacht umfasst das Festsetzungsverfahren nicht, weil dieses nicht mehr zum Strafverfahren gehört.[354] Ist die Kostengrundentscheidung vor dem Tod des Beschuldigten rechtskräftig geworden, so gilt die Vollmacht des Verteidigers, die Auslagenfestsetzung zu betreiben, als insoweit fortbestehend.[355] Der rechtskräftige Kostenerstattungsanspruch ist abtretbar und vererblich,[356] und zwar auch schon vor seiner ziffernmäßigen Festsetzung.

F 168

Ist der Kostenerstattungsanspruch an den Verteidiger oder einen Dritten abgetreten, so sind diese selbst berechtigt, den Festsetzungsantrag zu stellen. Es bedarf keiner Rechtsnachfolgeklausel. Vielmehr ist über die Aktivlegitimation im Kostenfestsetzungsverfahren selbst zu entscheiden.[357] Zulässig ist es auch, schon bei der Bestellung des Verteidigers den zukünftigen Erstattungsanspruch abzutreten.[358] Der Verteidiger sollte daher in geeigneten Fällen darauf achten, dass der Erstattungsanspruch an ihn abgetreten wird. Dann ist er selbst berechtigt, den Feststellungsantrag zu stellen. Es bedarf keiner Rechtsnachfolgeklausel.

Solange eine Abtretung des Kostenerstattungsanspruchs nicht dargelegt wird, fehlt es auch an einer Beschwer des Verteidigers, wenn und soweit Kosten abgesetzt worden sind. Mangels Abtretung hat der Anwalt lediglich einen Kostenerstattungsanspruch gegen den Mandanten, der seinerseits aufgrund er Kostengrundentscheidung einen materiell-rechtlichen Kostenerstattungsanspruch gegen

---

351 BGH Beschl v 27.11.2002 – 2 ARs 239/02.
352 BGH aaO; vgl. auch OLG Karlsruhe NStZ-RR 2000.
353 BGH aaO.
354 LR-*Hilger* § 464 b StPO Rn. 5; zur Auslegung der Vollmacht siehe OLG München Rpfleger 1968, 32; der RA, der vorher wegen Mehrfachverteidigung (§ 146 StPO) zurückgewiesen worden ist, kann keinen Kfs-Antrag stellen, LG Nürnberg-Fürth JurBüro 1984, 243.
355 LG Krefeld KostRsp StPO § 464 b Nr 2.
356 OLG Koblenz Rpfleger 1974, 403.
357 OLG Hamm AnwBl 1979, 237.
358 OLG Koblenz Rpfleger 1974, 403.

die Staatskasse erlangt hat; eine sofortige Beschwerde des Verteidigers wird auf Kosten des Beschwerdeführers (§ 473 Abs 1 StPO) als unzulässig verworfen.[359]

2. Kosten im Festsetzungsverfahren

F 169   a) Das **Kostenansatzverfahren** für gerichtliche Gebühren und Auslagen (§ 19 GKG) ist einschließlich der Erinnerung und Beschwerde gerichtsgebührenfrei, Kosten werden nicht erstattet, § 66 Abs 4 GKG.

Das Kostenfestsetzungsverfahren nach § 464 b StPO ist ebenfalls gerichtsgebührenfrei. Nach § 11 Abs 4 RPflG ist das Erinnerungsverfahren gerichtsgebührenfrei. Im Beschwerdeverfahren können Gerichtskosten gem Nr 3602 KV GKG entstehen.

b) Hinsichtlich der **Rechtsanwaltsgebühren** im Kostenfestsetzungsverfahren gilt: Im Zivilprozess gehört gem § 19 Abs 1 Nr 14 RVG die Kostenfestsetzung zum Rechtszug, wird folglich mit der Verfahrensgebühr des Prozessbevollmächtigten abgegolten. Nur der nicht zum Prozessbevollmächtigten bestellte Rechtsanwalt erhält gem Nr 3403 VV RVG eine 0, 8-Gebühr aus dem Wert der geltend gemachten Kosten. § 19 RVG gilt auch für den Verteidiger. Es ist aber allgemeine Meinung, dass im Strafverfahren die Stellung des Kostenfestsetzungsgesuchs zu den Aufgaben des Verteidigers gehört und durch die Verfahrensgebühr mit abgegolten wird. Es fehlt auch eine Gebührenbestimmung.

Ist der Anwalt ausschließlich mit der Kostenfestsetzung beauftragt, gilt § 19 Nr 14 RVG nicht.

Nur der Rechtsanwalt, der keine Verfahrenspauschalgebühr erhält, etwa deshalb, weil er nur mit dem Kostenfestsetzungsverfahren beauftragt worden ist, hat Ansprüche auf die Gebühr nach Nr 4302 Nr 2 VV RVG.

Nach Vorbem 4 Abs 5 Nr 1 VV RVG stehen dem Rechtsanwalt besondere Gebühren zu im Verfahren über die Erinnerung oder die Beschwerde gegen einen Kostenfestsetzungsbeschluss (§ 464 b StPO) oder im Verfahren über die Erinnerung gegen den Kostenansatz und im Verfahren über die Beschwerde gegen die Entscheidung über diese Erinnerung. Nach Abs 5 dieser Vorschrift bestimmen sich die Gebühren nach den Vorschriften des Teils 3 VV RVG. Der Rechtsanwalt, der gegen den Festsetzungsbeschluss Erinnerung oder Beschwerde einlegt oder der im Erinnerungsverfahren bzw dem Beschwerdeverfahren den Gegner vertritt, erhält somit eine 0,5-Gebühr aus Nr 3500 VV RVG.

3. Zwangsvollstreckung aus Kostenfestsetzungsbeschlüssen

F 170   a) Gem § 464 b S 3 StPO sind die Vorschriften der Zivilprozessordnung auf die Vollstreckung aus dem Kostenfestsetzungsbeschluss entsprechend anzuwenden. Nach § 794 Abs 1 Nr 2 ZPO bilden die Kostenfestsetzungsbeschlüsse einen Titel zur Zwangsvollstreckung. Zur Zwangsvollstreckung ist aber eine vollstreckbare Ausfertigung (Vollstreckungsklausel) erforderlich. Die Notwendigkeit einer **Vollstreckungsklausel** wird zum Teil mit der Begründung verneint, bei der Vollstreckung einer Vermögensstrafe bedürfe es nicht der Zustellung einer vollstreckbaren Ausfertigung. Da aber die StPO die Kostenfestsetzung als Parteiverfahren ausgestaltet, die Vollstreckung ausdrücklich der ZPO unterstellt hat (§ 464 b S 3 StPO), der Beschluss Vollstreckungstitel nach § 794 Abs 1 Nr 2 ZPO ist, bedarf er der Vollstreckungsklausel.[360]

Häufig fehlt die Vollstreckungsklausel. Dann sollte der Rechtsanwalt den Beschluss zurückschicken mit dem Antrag, ihn mit der Klausel zu versehen. Wird das abgelehnt, kann er Erinnerung nach § 732 Abs 1 ZPO einlegen.

---

359 LG Köln Beschl v 11.03.2014 – 104 Qs 60/14.
360 *Lappe* Justizkostenrecht S 233.

Das gilt auch, wenn der Erstattungspflichtige der Staat ist. Die Zustellung des Kostenfestsetzungsbeschlusses erfolgt von Amts wegen, § 104 Abs 1 S 3 ZPO. Ist die Staatskasse erstattungspflichtig, so ist nach Nr 145 Abs 2 S 1 der RiStBV eine vollstreckbare Ausfertigung des Festsetzungsbeschlusses dem Vertreter der Staatskasse zuzustellen (§ 464 b S 3 StPO, § 212 a ZPO). Ferner ist § 798 ZPO zu beachten, wonach aus einem Kostenfestsetzungsbeschluss die Zwangsvollstreckung nur beginnen darf, wenn der Schuldtitel mindestens eine Woche vorher zugestellt ist.

Bei einer **Zwangsvollstreckung** aus dem Kostenfestsetzungsbeschluss gegen den Staat ist zusätzlich § 882 a Abs 1 ZPO zu beachten. Danach darf die Zwangsvollstreckung gegen den Staat wegen einer Geldforderung erst vier Wochen nach dem Zeitpunkt beginnen, in dem der Gläubiger seine Absicht, die Zwangsvollstreckung zu betreiben, der zur Vertretung des Schuldners berufenen Behörde angezeigt hat. Dem Gläubiger ist auf Verlangen der Empfang der Anzeige zu bescheinigen. Soweit in solchen Fällen die Zwangsvollstreckung durch den Gerichtsvollzieher zu erfolgen hat, ist der Gerichtsvollzieher auf Antrag des Gläubigers vom Vollstreckungsgericht zu bestimmen. Wer die zur Entgegennahme dieser Anzeige berufene Behörde ist, ist in den Ländern durch Verordnung geregelt.

b) Nach Vorbem 4 Abs 5 Nr 2 VV RVG stehen dem Rechtsanwalt besondere Gebühren zu in der Zwangsvollstreckung aus Entscheidungen, die über die Erstattung der Kosten ergangen sind. Nach Abs 2 der Vorschrift bestimmen sich die Gebühren nach den Vorschriften des Dritten Abschnittes. Also erhält der Rechtsanwalt die Gebühr nach den Nrn 3309, 3310 VV RVG. Nach absolut hM hat der mit der Durchführung der Zwangsvollstreckung beauftragte Rechtsanwalt diese Vollstreckungsgebühr schon verdient, wenn er den Schuldner auffordert, zur Vermeidung der Vollstreckung zu zahlen, und der Schuldner hierauf zahlt, so dass es zu einer Vollstreckungsmaßnahme nicht mehr kommt. Bei der Vollstreckung gegen den Staat gilt die Anzeige nach § 882 a ZPO als eine die Zwangsvollstreckung vorbereitende Tätigkeit, folglich löst sie die Vollstreckungsgebühr nach Nr 3309 VV RVG aus.[361] § 19 Abs 2 Nr 4 RVG, der bestimmt, die Anzeige der Absicht der Zwangsvollstreckung nach § 882 a ZPO sei keine besondere Angelegenheit, steht dem nicht entgegen.[362]

XI. Aufrechnung gegen den Kostenerstattungsanspruch

1. Es kommt oft vor (zB im Fall des Teilfreispruchs sowie vor allem beim Teilerfolg eines Rechtsmittels), dass dem Anspruch des Angeklagten auf Ersatz seiner notwendigen Auslagen gegen die Staatskasse ein Anspruch der Staatskasse gegen ihn auf Zahlung von Geldstrafe und Gerichtskosten gegenübersteht. Die Staatskasse pflegt in einem solchen Fall regelmäßig ihren Anspruch gegen den Anspruch auf Erstattung der notwendigen Auslagen aufzurechnen.

2. Die Aufrechnung ist eine materielle Einwendung. Das Problem dabei ist, wie sie berücksichtigt wird. Nach den Grundsätzen der Kostenfestsetzung kann über den zur Aufrechnung gestellten Anspruch nicht im Kostenfestsetzungsverfahren entschieden werden, es sei denn, er ist unstreitig. Bei der Kostenfestsetzung im Zivilprozess wird ohne Berücksichtigung der Aufrechnung festgesetzt und der Schuldner auf die Vollstreckungsgegenklage (§ 767 ZPO) verwiesen. Nichts anderes kann an und für sich im Strafprozess gelten. Der Anspruch gegen die Staatskasse wird ohne Rücksicht auf die erklärte Aufrechnung festgesetzt und die Staatskasse hält dem Erstattungsanspruch ihren Kostenanspruch mit dem Kostenansatz entgegen. Damit ergibt sich das Rechtsproblem, wie die Vollstreckbarkeit des Kostenfestsetzungsbeschlusses beseitigt wird. Die Staatskasse auf die Vollstreckungsgegenklage zu verweisen, wäre eine überflüssige Formalie, denn über den Kostenanspruch des Staates ist nach den §§ 19, 66 GKG entschieden. Es ist

---

361 OLG Zweibrücken Rpfleger 1973, 78; LAG Hamm AnwBl 1984, 161; *Mümmler* JurBüro 1972, 1935;
   aA: AG Mülheim AnwBl 1982, 123 m abl Anm *Madert*.
362 OLG Köln Rpfleger 1967, 69.

daher der Lösung von *Lappe* zuzustimmen, den Kostenansatz und damit den Rechtsweg des § 66 GKG auf die Zulässigkeit der Aufrechnung und damit auch auf die Unzulässigkeit der Zwangsvollstreckung aus dem Kostenfestsetzungsbeschluss zu erweitern.[363]

3. Ist die Aufrechnung wirksam, dann wird der als Verteidiger tätige Rechtsanwalt um die Möglichkeit gebracht, sich wegen seiner Vergütung aus dem Anspruch des Angeklagten gegenüber der Staatskasse ganz oder wenigstens teilweise zu befriedigen. Diesen Nachteil beseitigt § 43 RVG. Danach ist eine von der Staatskasse gegenüber dem Angeschuldigten erklärte Aufrechnung insoweit unwirksam, als sie den Anspruch des Rechtsanwalts vereiteln oder beeinträchtigen würde, wenn der Angeschuldigte den Anspruch gegen die Staatskasse auf Erstattung von Anwaltskosten als notwendige Auslagen an den Rechtsanwalt abtritt. Der Rechtsanwalt als Verteidiger hat mithin Vorrang vor der Staatskasse.

§ 43 S 1 RVG lautet:

> »Tritt der Beschuldigte oder der Betroffene den Anspruch gegen die Staatskasse auf Erstattung von Anwaltskosten als notwendige Auslagen an den Rechtsanwalt ab, ist eine von der Staatskasse gegenüber dem Beschuldigten oder dem Betroffenen erklärte Aufrechnung insoweit unwirksam, als sie den Anspruch des Rechtsanwalts vereiteln oder beeinträchtigen würde.«

Nach § 43 S 2 RVG gilt dies jedoch nicht, wenn zum Zeitpunkt der Aufrechnung eine Urkunde über die Abtretung oder eine Anzeige des Beschuldigten oder des Betroffenen über die Abtretung in den Akten vorliegt.

Das Privileg des § 43 RVG gilt nur für die Anwaltskosten (Gebühren und Auslagen). Eigene Erstattungsansprüche des Angeschuldigten (etwa auf eigene Reisekosten), die er an den Anwalt abgetreten hat, sind gegen die Aufrechnung nicht geschützt.

Um in den Genuss der Privilegierung des § 43 RVG zu gelangen, muss es sich um eine wirksame Abtretung gem § 398 BGB handeln. Die Abtretung in einer Vollmacht ist unwirksam.[364]

Der Schutz des § 43 RVG greift dann nicht mehr, wenn die Abtretung erst nach der Aufrechnungserklärung durch die Staatskasse erfolgt. Dies gilt auch dann, wenn die Abtretung zwar vor der Aufrechnungserklärung erfolgt ist, die Offenlegung der Abtretung aber unterblieben ist.

4. Die Aufrechnung der Staatskasse ist nur insoweit wirksam, als dadurch der Anspruch des als Verteidiger tätigen Rechtsanwalts vereitelt oder beeinträchtigt wird. Dem Rechtsanwalt müssen also noch Kostenansprüche aus dem gegenwärtigen Verfahren zustehen.[365]

5. Beträgt der abgetretene Erstattungsanspruch zB 600 € und hat der Angeschuldigte dem Rechtsanwalt 200 € Vorschuss gezahlt, so ist die Aufrechnung der Staatskasse nur insoweit unwirksam, als dadurch die Realisierung des dem Rechtsanwalt noch zustehenden restlichen Gebührenanspruchs von 400 € vereitelt oder beeinträchtigt wird.

Für eine vereinbarte Vergütung, die die gesetzlichen Gebühren übersteigt, gilt § 43 RVG nicht.[366]

Hier sind geleistete Vorschusszahlungen vorweg auf den die gesetzliche Gebühr übersteigenden Teilbetrag der Vergütung anzurechnen.[367]

---

363 *Lappe* Justizkostenrecht S 231.
364 OLG Koblenz Beschl v 17.04.2009 – 10 U 691/07.
365 LG Bamberg JurBüro 1976, 1533.
366 OLG München AnwBl 1979, 71 m abl Anm *Chemnitz*.
367 **Beispiel:** Vereinbarte Vergütung 500 €, gesetzliche Gebühren 350 €, Unterschied als 150 €, geleisteter Vorschuss 200 €. Aus dem Vorschuss ist zunächst der außerhalb der gesetzlichen Gebühr liegende Honorar-Unterschiedsbetrag von 150 € zu verrechnen, so dass auf die gesetzliche Gebühr 50 € zu verrechnen sind. Die Aufrechnung der Staatskasse ist somit insoweit zu verrechnen, als der Rechtsanwalt dadurch eines Teils des Anspruchs von 300 € verlustig gehen würde.

Wenn der Rechtsanwalt unter Hinweis auf die bei den Akten befindliche Abtretungserklärung einer Aufrechnung der Staatskasse widerspricht, muss er angeben, in welcher Höhe ihm noch Ansprüche aus dem gegenwärtigen Verfahren zustehen. Er braucht nicht anzugeben, aus welchen Gründen er keinen Vorschuss gefordert hat.[368]

Falsch ist es auch, den Rechtsanwalt auf die Möglichkeit zu verweisen, sich die ausstehende Vergütung vom Auftraggeber in Raten abzahlen zu lassen.

Denn die Verweisung auf Ratenzahlung beeinträchtigt den Anspruch des Rechtsanwaltes, da er gegen die Staatskasse einen Anspruch auf sofortige Zahlung hat.

6. Rechnet die Staatsanwaltschaft als Strafvollstreckungsbehörde mit einer Geldstrafe und den Verfahrenskosten gegen den Kostenerstattungsanspruch auf, kann der Rechtsanwalt dagegen die Abtretung des Kostenerstattungsanspruchs einwenden. Ist die Rechtsnatur dieser Einwendung umstritten: Vielfach wird die Auffassung vertreten, dass es sich um die Anfechtung eines Justizverwaltungsakts auf dem Gebiet des Kostenrechts nach Art XI § 1 KostÄndG 1957 (BGBl I, S. 861) handele,[369] andere werten die Einwendung als Erinnerung analog § 5 GKG,[370] wiederum andere meinen, dass es sich um eine Maßnahme der Strafvollstreckung handele.[371] Diese unterschiedlichen Auffassungen führen zu unterschiedlichen Gerichtszuständigkeiten. Der 2. Strafsenat des BGH[372] hat nach Anhörung des Generalbundesanwalts gem § 14 StPO beschlossen: »*Wird eine Geldstrafe durch Aufrechnung mit einem Kostenerstattungsanspruch vollstreckt, richtet sich die Zuständigkeit zur Entscheidung über Einwendungen gegen die Wirksamkeit der Aufrechnung nach § 462 a StPO.*« Danach ist zuständig für die Entscheidung über Einwendungen des Rechtsanwalts gegen die von der Staatsanwaltschaft erklärte Aufrechnung das Gericht, das den Angeklagten zu der Geldstrafe verurteilt hat.

XII. Gebühren und Auslagen des gerichtlich bestellten Verteidigers und des beigeordneten Rechtsanwalts

1. Der Umfang des Vergütungsanspruchs des Pflichtverteidigers

a) Das Vierfache der Mindestgebühren, rückwirkende Bestellung

Der Rechtsanwalt, der gerichtlich bestellt oder beigeordnet ist, erhält anstelle der gerichtlichen Gebühr 80 % der Mittelgebühr des Wahlverteidigers.   F 172

An Stelle der vollen Gebühren eines Wahlanwalts erhält der Pflichtverteidiger eine herabgesetzte, fest bestimmte Vergütung aus der Staatskasse. Den Anspruch gegen die Staatskasse hat der Verteidiger nur für solche Tätigkeiten, die er nach der gerichtlichen Bestellung ausübt. Zu der Ausnahme nach § 48 Abs 5 RVG s nachfolgend Rdn. F 174. Wird der Bestellungsbeschluss durch das Beschwerdegericht aufgehoben, so bleibt der Vergütungsanspruch für die bis zur Aufhebung entfaltete Tätigkeit unberührt. Befindet sich der **Beschuldigte nicht auf freiem Fuß**, entstehen Gebühren gem Vorbem 4 Abs 4 VV RVG mit Zuschlag.

In der gesetzlich gebotenen Inanspruchnahme eines Rechtsanwalts durch das Gericht kann dessen stillschweigende Bestellung erblickt werden.[373]

---

368 *Gerold/Schmidt-Madert* § 96 a BRAGO Rn. 4; **aA**: *Mümmler* JurBüro 1975, 783 und 1007.
369 OLG Nürnberg JurBüro 1989, 1685; OLG Düsseldorf JurBüro 1080, 88.
370 OLG Bamberg JurBüro 1990, 1172; *Lappe* NJW 1988, 31030.
371 LG Mannheim Rpfleger 1981, 411; LG Münster NJW 1971, 2002.
372 BGH Beschl v 11.02.1998 – 2 Ars 359/97.
373 OLG Hamm AGS 2002, 91.

b) Einschränkung auf die Hälfte, Vergütungsvereinbarung, Vorschuss

F 173 Für Tätigkeiten des Anwalts für den Pflichtverteidigten kann die Pflichtverteidigervergütung oft zu niedrig sein. Dann empfiehlt sich der Abschluss einer Vergütungsvereinbarung (zur Zulässigkeit s Rdn. F 188).

Nach § 47 RVG kann der Pflichtverteidiger einen angemessenen Vorschuss für die entstandenen Gebühren und für die voraussichtlich entstehenden Auslagen fordern.

Die Festsetzung der Vorschusszahlung erfolgt nach § 55 RVG.

2. Zusatzgebühr bei Tätigwerden vor dem Zeitpunkt der Bestellung

F 174 Grundsätzlich stehen dem Pflichtverteidiger nur Gebühren zu, wenn und soweit sie in einem Zeitraum entstanden sind, auf den sich die Bestellung als Pflichtverteidiger erstreckt. Normalerweise entstehen Vergütungsansprüche gegen den Staat also erst für Tätigkeiten ab Bestellung zum Pflichtverteidiger. Eine Ausnahme von diesem Grundsatz bringt § 48 Abs 5 RVG: Dort heißt es: »*Wird der Rechtsanwalt in Angelegenheiten nach den Teilen 4 bis 6 des Vergütungsverzeichnisses im ersten Rechtszug bestellt oder beigeordnet, erhält er die Vergütung auch für seine Tätigkeit vor dem Zeitpunkt seiner Bestellung, in Strafsachen einschließlich seiner Tätigkeit vor Erhebung der öffentlichen Klage und in Bußgeldsachen einschließlich der Tätigkeit vor der Verwaltungsbehörde. Wird der Rechtsanwalt in einem späteren Rechtszug beigeordnet, erhält er seine Vergütung in diesem Rechtszug auch für seine Tätigkeit vor dem Zeitpunkt seiner Bestellung. Werden Verfahren verbunden, kann das Gericht die Wirkungen des Satzes 1 auch auf diejenigen Verfahren erstrecken, in denen vor der Verbindung keine Beiordnung oder Bestellung erfolgt war.*«

In Ergänzung zu § 48 Abs 1 RVG wird hier also kraft Gesetzes eine Vergütungsfähigkeit früherer Tätigkeit fingiert.

Also erhält der Pflichtverteidiger die Zusatzgebühr des § 48 Abs 6 RVG als Gebühr nach Nr 4104 VV RVG, wenn er im vorbereitenden Verfahren tätig war, mag auch die Bestellung zum Pflichtverteidiger später liegen.[374]

Voraussetzung für die Ausnahmeregelung des § 48 Abs 5 RVG ist, dass der Rechtsanwalt »im ersten Rechtszug bestellt« wird. Daraus ergibt sich, dass § 48 Abs 5 RVG keine instanzübergreifende Wirkung hat. Dem erst im Berufungsrechtszug bestellten Rechtsanwalt steht deshalb für seine Tätigkeit im vorbereitenden Verfahren und im ersten Rechtszug keine Gebühr gegen die Staatskasse zu.

Die angeordnete Rückwirkung gilt auch im folgenden Fall: Der Rechtsanwalt hat als Wahlanwalt den Angeklagten am 1. und 2. Hauptverhandlungstag verteidigt, am 3. Hauptverhandlungstag wird er zum Pflichtverteidiger bestellt. Wenn es jetzt ganz allgemein und ohne jegliche Einschränkung in Abs 5 heißt, der Rechtsanwalt erhält die Vergütung auch für seine Tätigkeit als Verteidiger vor dem Zeitpunkt der Bestellung, dann sind die für die Verteidigung am 1. und Hauptverhandlungstag entstandenen Gebühren aus der Staatskasse zu ersetzen.[375]

In der Begründung für die Neufassung heißt es: »*Die jetzt gewählte Fassung soll einheitlich die Verteidigertätigkeiten vor der Bestellung, auch vor Erhebung der öffentlichen Klage, dem Regime des § 97 unterstellen. Damit sollen auch Zweifel, ob die geltende Fassung (gemeint ist die frühere Fassung) als eigenständiger Gebührentatbestand für Tätigkeiten zwischen Anklageerhebung und Eröffnung des Hauptverfahrens anzusehen ist, im Sinne der Gleichstellung mit dem System der Wahlverteidigergebühren beseitigt werden.*« (BT-Drucks 12/6962 v 04.03.1994, S 100).[376]

---

374 OLG Hamm AGS 1995, 135 m Anm *Madert*; § 97 Abs 3 gilt auch für die Pauschvergütung des § 99 BRAGO, so dass die Ansicht des KG in 1994 m Anm *Madert* überholt ist.

375 KG AGS 1988, 104 m Anm *Madert*.

376 OLG Hamm AGS 1995, 135 m Anm *Madert*; § 97 Abs 3 gilt auch für Pauschvergütung des § 99 BRAGO, so dass die Ansicht des KG in 1994, 53 m Anm *Madert* überholt ist.

Vom Regelungsbereich nicht erfasst wird der Vergütungsanspruch eines während laufender Hauptverhandlung zum zweiten Pflichtverteidiger bestellten früheren Wahlverteidigers, sofern damit allein in der Person eines bereits bestellten, in der Hauptverhandlung ebenfalls durchgehend anwesenden Pflichtverteidigers liegende vorübergehende körperliche Einschränkung, namentlich mangelnde Schreib- und Nachschlagefähigkeit, kompensiert werden sollen.[377]

Die Vorschrift gilt auch für den Anwalt, der im Rahmen der Prozesskostenhilfe dem Nebenkläger beigeordnet worden ist.[378]

Bei einer Verfahrensverbindung gilt die kostenrechtliche Rückwirkung für Tätigkeiten als Wahlverteidiger in allen Verfahren, die vor der Beiordnung verbunden worden sind. Eine Erstreckungsanordnung gem, § 48 Abs 5 S 3 RVG ist nur veranlasst, wenn die Verbindung der Verfahren nach der Beiordnung des Verteidigers erfolgt.[379] Dies ist zwar hM, wird zum Teil aber bestritten, so dass zur Sicherung von Vergütungsansprüchen ausdrücklich ein Erstreckungsantrag gestellt werden sollte.

3. Gebühren in den Rechtsmittelinstanzen

Die uneingeschränkte Bestellung ermächtigt und verpflichtet den Rechtsanwalt zur Tätigkeit ab Bestellung durch alle Instanzen einschließlich der Revisionsinstanz. F 175

Die von dem Vorsitzenden der Tatsacheninstanz vorgenommene Beiordnung eines Pflichtverteidigers wirkt mit den sich daraus erhebenden gebührenrechtlichen Folgen auch für die Einlegung und Begründung der Revision,[380] sowie für Gegenerklärungen nach § 347 Abs 1 S 2 und § 349 Abs 3 S 2 StPO.

Bei notwendiger Verteidigung erstreckt sich die Beiordnung grundsätzlich auf das gesamte Revisionsverfahren außerhalb der Hauptverhandlung.[381]

Der Verteidiger erhält die Gebühr nach Nr 4130 VV RVG, vor allem für die Fertigung der Revisionsbegründung.

Sie erstreckt sich nicht auf die Hauptverhandlung vor dem Revisionsgericht. Hierzu bedarf es einer besonderen Verteidigerbestellung durch den Vorsitzenden des Revisionsgerichts, § 350 Abs 3 StPO.[382]

Umstritten ist noch immer, ob der Anfall einer Gebühr nach Nr 4141 VV RVG voraussetzt, dass eine Hauptverhandlung nahegelegen hätte. Nach der Entscheidung des Landgerichts Potsdam[383] kann der Pflichtverteidiger eine Befriedungsgebühr nach Nr 4141 VV RVG im Falle einer endgültigen Verfahrenseinstellung im Revisionsverfahren wegen des Todes des Angeklagten nur dann geltend machen, wenn konkrete Anhaltspunkte für Anberaumung einer Revisionsverhandlung vorhanden waren.

4. Die Pauschvergütung nach § 51 RVG für den Pflichtverteidiger

a) **Grundsätzliches.** Die Vergütung, die der Pflichtverteidiger für seine Tätigkeit aus der Staatskasse F 176
erhält, liegt weit unter den Normalgebühren. Für den Regelfall kann diese geringere Vergütung hingenommen werden. In besonders umfangreichen oder schwierigen Verfahren erweist sich die

---

377 OLG Hamburg Beschl v 17.09.2012 – 3 Ws 93/12.
378 OLG Köln RVGreport 2006, 2009.
379 OLG Bremen Beschl v 07.08.2012 – Ws 137/11; KG RVGreport 2010, 64; OLG Jena Beschl v 17.03.2008 – 1 ARs 3/08; aA: OLG Oldenburg RVGreport 2011, 220; OLG Celle Beschl v 02.02.2007 – 1 Ws 575/06.
380 OLG Hamburg NJW 1966, 2324.
381 OLG Stuttgart NJW 1979, 1373.
382 BGHSt NJW 1964, 1035; OLG Karlsruhe NJW 1969, 2028.
383 LG Potsdam Beschl v 13.06.2013 – 24 Qs 43/11, RVGreport 2/2014, 71 m Anm *D Burhoff*.

Vergütung jedoch als unzumutbar niedrig. § 51 RVG gewährt deshalb die Möglichkeit, eine höhere Pauschvergütung zu bewilligen. Zweck der Vorschrift ist, eine Ausgleichmöglichkeit für solche Fälle zu schaffen, in denen die gesetzlichen Gebühren die Arbeiten des bestellten Verteidigers nicht ausreichend abgelten.

Bei dem bestellten Verteidiger kann es sich sowohl um den Pflichtverteidiger als auch um den mit Einzeltätigkeiten beauftragten Anwalt, den gerichtlich bestellten oder beigeordneten Vertreter eines Privat- oder Nebenklägers, eines Beistands des Verletzten etc., handeln.

Die Vorschrift ist unanwendbar auf den Wahlverteidiger. Dieser kann die Feststellung einer Pauschgebühr nach § 42 beanspruchen.

Geregelt ist die Festsetzung einer Pauschgebühr des gerichtlich bestellten oder beigeordneten Rechtsanwalts in folgenden Verfahren:
– Straf- und Bußgeldsachen,
– Verfahren nach dem Gesetz über die internationale Rechtshilfe in Strafsachen (IRG),
– Verfahren nach dem Gesetz über die Zusammenarbeit mit dem Internationalen Strafgerichtshof (IStGHG).

Das IRG regelt ua:
– die Auslieferung eines Ausländers an die Behörde eines ausländischen Staates zur Strafverfolgung oder Strafvollstreckung (§§ 2 bis 42 IRG),
– die Durchlieferung eines Ausländers durch das Bundesgebiet (§§ 43 bis 47 IRG),
– Rechtshilfe durch Vollstreckung ausländischer Erkenntnisse (§§ 48 bis 58 IRG),
– Verfahren über sonstige Rechtshilfe (§§ 59 bis 67 a IRG).

Das IStGHG regelt ua:
– Verfahren zur Überstellung von Personen an den Internationalen Gerichtshof zur Strafverfolgung oder Strafvollstreckung (§§ 2 bis 33 IStGHG),
– Verfahren zur Durchbeförderung von Personen zur Strafverfolgung oder Strafvollstreckung durch das Bundesgebiet (§§ 34 bis 39 IStGHG),
– Verfahren über die Rechtshilfe durch Vollstreckung von Entscheidungen und Anordnungen des Gerichtshofs (§§ 40 bis 46 IStGHG),
– Verfahren über sonstige Rechtshilfe (§§ 47 bis 63 IStGHG),
– Verfahren über ausgehende Ersuchen (§§ 64 bis 67 IStGHG).

Die Möglichkeit der Bewilligung einer Pauschgebühr besteht für sämtliche Tätigkeiten, einschließlich der Strafvollstreckung und in Gnadensachen.

Bei Wertgebühren, die auch in Strafsachen entstehen können, ist der Anwendungsbereich ausgeschlossen.

Hat der Pflichtverteidiger gem § 52 RVG die Festsetzung der Wahlverteidigergebühren gegen die Staatskasse beantragt und wurde diesem Antrag entsprochen, ist ein danach § 51 RVG gestellter Antrag auf Bewilligung einer Pauschgebühr unzulässig.[384]

F 177 **b) Kostendeckende Vergütung**

Das BVerfG[385] hat in mehreren Senats- und Kammerentscheidungen ausgeführt, dass das Institut der Pflichtverteidigung eine besondere Form der Indienstnahme Privater zu öffentlichen Zwecken darstellt, die das Grundrecht des betroffenen Rechtsanwalts auf freie Ausübung seines Berufs berührt. Als staatlich erzwungene Maßnahme zur Durchführung eines geordneten Strafverfahrens ist eine solche Indienstnahme nur dann mit Art 12 Abs 1 GG vereinbar, wenn dem Verteidiger für die

---

384 OLG Karlsruhe Beschl v 22.01.2013 – 2 AR 51/12.
385 BVerfG Beschl v 23.08.2005 – 2 BvR 896/05.

von ihm geleistete Tätigkeit eine Vergütung zufließt, die dem Eintritt einer für ihn unzumutbaren wirtschaftlichen Belastung vorbeugt.[386]

Zu den Gründen, wenn dennoch Pauschvergütungen meistens äußerst knapp bemessen werden und dazu führen, dass vor allem in Verfahren mit mehrtägigen Verhandlungen der Pflichtverteidiger trotz der bewilligten Pauschvergütungen oftmals erhebliche finanzielle Verluste erleidet, s Fn 376.[387]

c) Voraussetzungen für die Pauschvergütung. § 51 RVG gilt nicht für die durchschnittlichen Strafverfahren, auch nicht für Strafverfahren, die etwas über dem Durchschnitt liegen. Voraussetzung der Bewilligung der Pauschvergütung ist, dass die Strafsache besonders umfangreich oder besonders schwierig ist. Nicht erforderlich ist, dass die Strafsache besonders umfangreich und besonders schwierig ist. Für die Berechtigung einer Pauschvergütung ist ausreichend, dass eine der beiden Voraussetzungen erfüllt ist. Ist keine der beiden Voraussetzungen (besonderer Umfang oder besondere Schwierigkeit) jeweils für sich allein gesehen erfüllt, bedingen jedoch Umfang und Schwierigkeit in ihrer Gesamtheit eine besondere Inanspruchnahme und Mühewaltung des Pflichtverteidigers, so rechtfertigt auch das die Bewilligung einer Pauschvergütung.[388]

Die zu § 51 RVG ergangene Rechtsprechung ist umfangreich, unübersichtlich und zum Teil widersprüchlich. Eine einheitliche Linie der Entscheidungen der Oberlandesgerichte ist nicht zu erkennen, was vor allem daran liegt, dass die Entscheidungen unanfechtbar sind. Im Folgenden kann daher nur auf einige Merkmale eingegangen werden.[389]

Besonders umfangreiche Strafsache

Ob es sich um eine besonders umfangreiche Strafsache handelt, ist nach objektiven Kriterien festzustellen. Besonders umfangreich ist ein Strafverfahren, wenn der vom Verteidiger erbrachte zeitliche Aufwand erheblich über dem Zeitaufwand liegt, den er in einer »normalen« vergleichbaren Sache zu erbringen hat:[390] Als Vergleichsmaßstab dürfen nur gleichartige Verfahren herangezogen werden, also zB für ein Verfahren vor der großen Strafkammer nur die üblicherweise vor der großen Strafkammer durchgeführten Verfahren.

Das OLG Köln[391] hat eine Pauschvergütung gem § 51 für mehrere Besuche des in einer auswärtigen Justizvollzugsanstalt inhaftierten Angeklagten als gerechtfertigt angesehen: In Bezug auf An- und Abreisezeiten des Pflichtverteidigers wurde aber darauf hingewiesen, dass eine Pauschvergütung nur dann ausnahmsweise gerechtfertigt sei, wenn die An- und Abreisezeiten deutlich über das hinausgehen, was ein in dem Gerichtsbezirk ansässiger Verteidiger üblicherweise an Wegzeiten aufwenden muss.

Das OLG Rostock[392] hat einem Pflichtverteidiger nach Abschluss eines umfangreichen Verfahrens mit mehr als 60 Hauptverhandlungstagen eine Pauschgebühr iHv 30 000 € bewilligt, während der

---

386 BVerfG Beschl v 06.11.1984 – 2 BvL 16/83.
387 LG Hannover StV 1981, 487; zutreffend OLG Köln NJW 1966, 1281: »Strafsachen, die einen Pflichtverteidiger ein ganzes Jahr oder eine vergleichbare lange Zeit seiner Klientel entzieht, verursachen zwangsläufig nicht nur hohe Einbußen in der eigenen Praxis des Anwalts, sondern können sie geradezu gefährden. Dabei ist es nicht allein die zeitliche Beanspruchung des Verteidigers oder die Dauer des Verfahrens, sondern mehr noch die seelische oder körperliche Belastung, die ihm die geistige und psychische Kraft für zusätzliche Arbeit nimmt. Diesen Tatsachen und ihren wirtschaftlichen Folgen muss Rechnung getragen werden, zumal, wie die Erfahrung bereits lehrt, die Gefahr wächst, dass gerade Strafverteidiger mit großer eigener Praxis vor der Übernahme so aufreibender Pflichtverteidigungen zurückscheuen.«
388 OLG Bamberg JurBüro 1982, 1362.
389 Ein alphabetischer Nachweisschlüssel von »Abschlagzahlungen« bis zur »Zuständigkeit« findet sich in der Kostenrechtsprechung bei § 51 RVG; siehe auch die Nachweise bei *Burhoff* in StraFo 2001, 199.
390 OLG Saarbrücken Beschl v 24.08.2010 – 2 AR 2/09.
391 OLG Köln Beschl v 06.01.2006 – 2 ARs 231/05.
392 OLG Rostock Beschl v 23.07.2010 – 1 Ws 384/09.

Pflichtverteidiger eine Gebühr iHv 50 000 € beansprucht hatte. Das OLG hat hinsichtlich der Reduzierung darauf hingewiesen, dass eine Erhöhung der Vergütung des Pflichtverteidigers auf den Höchstbetrag der Wahlverteidigergebühren nur in außergewöhnlichen Strafverfahren und eine Überschreitung der Wahlverteidigerhöchstgebühr allenfalls in extrem umfangreichen und schwierigen Verfahren in Betracht kommen könne.

Das OLG Köln[393] hat in einem Auslieferungsverfahren dem Pflichtverteidiger eine Pauschgebühr zugesprochen und darauf hingewiesen, dass die Honorierung des Pflichtbeistands im Auslieferungsverfahren gem Nrn 6100, 6101 VV RVG für eine Vielzahl der Auslieferungsverfahren unzureichend sei.

Anzeichen für besonders umfangreiche Strafakten sind der Umfang der Akten, vor allem auch der Beiakten (soweit sie nicht nur zur Feststellung der Rückfallvoraussetzungen beigezogen worden sind), die Zahl der Zeugen und Sachverständigen. die Dauer der Hauptverhandlung, die wiederholte Erstreckung der Hauptverhandlung in Zeiten, in denen der Rechtsanwalt üblicherweise in seiner Kanzlei zu tun hat, umfangreiche Vorbereitungstätigkeit, besonders mit längeren Schriftsätzen, Erstreckung des Verfahrens über Jahre mit großen Zeitabständen.[394]

Umstritten ist die Frage, ob der Zeitaufwand für umfangreiche Verfahrens- und Beweisanträge, die aus der Sicht des Gerichts unnötig und oder nur der Verfahrensverzögerung dienen, zu berücksichtigen sind.[395]

Besonders schwierige Strafsache. Schwierigkeit liegt vor, wenn die Sache aus besonderen Gründen – sei es rechtlichen, sei es tatsächlichen – über das Normalmaß hinaus verwickelt ist. Auch hier ist nötig, dass die Schwierigkeit erheblich ist. Es reicht also nicht aus, dass die Strafsache etwas verwickelter als üblich ist.[396]

Besondere rechtliche Schwierigkeiten bestehen noch nicht allein deshalb, weil es sich etwa um eine Wirtschaftsstrafsache handelt oder um Verstöße gegen das BtM-Gesetz.[397]

Wenn aber besondere Kenntnisse erforderlich sind, liegt auch eine besonders schwierige Strafsache vor. Hierzu gehören solche Strafsachen, für die sich der Rechtsanwalt zB die Kenntnisse des ausländischen Rechts verschaffen muss, oder bei denen über das normale Maß hinausgehende wirtschaftliche, buchhalterische oder steuerrechtliche Kenntnisse erforderlich sind, die sich der Anwalt nur schwer verschaffen kann.[398]

d) Höhe der Pauschvergütung. Der Verteidiger erhält unter den Voraussetzungen des § 51 RVG keine erhöhten Gebühren für einzelne Tätigkeiten. Er erhält für seine gesamte Tätigkeit, die

---

393 OLG Köln Beschl v 14.03.2006 – 2 ARs 35/06.
394 OLG Zweibrücken StV 1991, 123 (54 Diebstähle); OLG Karlsruhe StV (Pflichtverteidiger musste vom Sitz der Kanzlei zum Berufungsgericht anreisen, so dass er bei einer viertägigen Hauptverhandlung an zwei vollen Tagen und zwei halben Tagen seiner sonstigen Bürotätigkeit entzogen war); OLG Hamm AGS 1998, 140; OLG Jena JurBüro 1997, 56.
395 Nicht zu berücksichtigen ist die überw M: OLG Karlsruhe 1985, 553; OLG Hamburg JurBüro 1988, 598. Diese Rechtsprechung ist äußerst bedenklich, weil sie dazu führen kann, dass der Pflichtverteidiger sich durch die mögliche Versagung einer Pauschvergütung in seiner Verteidigungsstrategie beeinflussen lässt. Siehe hierzu *Fiesenberg/Classen* NJW 1990, 1021; *Thomas* in »Pflichtverteidigung und Rechtsstaat« 1995 S 66, 67; *Zaczik* in Anm zu OLG Hamburg StV 1991, 123.
396 **Beispiele:** Verkehr mit dem Angeklagten nur über Dolmetscher möglich, OLG Bamberg JurBüro 1988, 1878; KG Rpfleger 1962, 40: Bei der Prüfung der Frage, ob eine besondere schwierige Sache vorlag, ist zu berücksichtigen, dass die Verhandlungen mit dem Angeklagten bereits deshalb schwierig waren, weil mit ihm nur in Englisch gesprochen werden konnte. Siehe auch OLG Bamberg JurBüro 1974, 562: Angeklagter war im hohen Maße uneinsichtig und behinderte eine ordnungsmäßige Verteidigung erheblich. Ebenso OLG Nürnberg StV 2000, 441.
397 OLG Köln JurBüro 1972, 327.
398 OLG Koblenz Rpfleger 1985, 508.

abgegolten werden soll, einen festen Pauschbetrag. Es ist zwar üblich, die Vergütung nach Instanzen zu trennen, zumal die Tätigkeit in den einzelnen Instanzen verschieden schwierig und umfangreich sein kann. Der Pauschbetrag wird in der Regel in der Weise gefunden, dass die einzelnen Tätigkeiten bewertet werden. Zuerkannt wird aber ein Pauschbetrag. Es ist also nicht die entstandene Pflichtverteidigergebühr zu bestimmen und zu erhöhen. Es ist vielmehr die nach Zeitaufwand und Schwierigkeit angemessene Vergütung zu ermitteln. Die Höhe der Pauschvergütung lässt sich nicht für alle Fälle gleichmäßig bestimmen. Sie muss über den Gebühren des Pflichtverteidigers liegen. Sie kann sogar die gesetzlichen Höchstgebühren des Wahlverteidigers übersteigen.[399]

Die Ansicht, die Höchstgebühr des Wahlverteidigers sei auch die Obergrenze für die Pauschvergütung, ist freie Erfindung; weder Wortlaut noch Begründung des Gesetzes geben hierzu etwas her.

Für eine Strafsache vor der großen Strafkammer mit eintägiger Hauptverhandlung kann also zB eine Pauschvergütung von 1 250 € bewilligt werden (gesetzliche Höchstgebühr nach Nr 4112 VV RVG 270 €, nach Nr 4114 VV RVG 470 €).

In einem extrem umfangreichen und schwierigen Verfahren ist eine Pauschvergütung von 100 000 DM bewilligt worden.[400]

Bei Strafverfahren, die zwar besonders, aber nicht »außergewöhnlich« sind, wird im Allgemeinen eine Vergütung in Höhe des zwei- bis dreifachen Betrags der Pflichtverteidigergebühren zu bewilligen sein. Im Einzelfall kann eine noch höhere Pauschvergütung angemessen sein.[401]

Die Pauschvergütung ist zu bewilligen, sobald die zu vergütende Tätigkeit abgeschlossen ist. In der Regel muss also die Instanz beendet sein.[402]

e) **Vorschuss.** Nach § 51 Abs 1 S 5 RVG ist auf Antrag dem Rechtsanwalt ein angemessener Vorschuss zu bewilligen, wenn ihm vor allem wegen der langen Dauer des Verfahrens und der Höhe der zu erwartenden Pauschgebühr nicht zugemutet werden kann, die Festsetzung der Pauschgebühr abzuwarten.

f) **Die Pauschvergütung** wird **nur auf Antrag** bewilligt. Über den Antrag entscheidet das OLG, zu dessen Bezirk das Gericht gehört, bei dem die Strafsache im ersten Rechtszug anhängig war oder ist, § 51 Abs 2 S 1 RVG. Der BGH ist zur Entscheidung berufen, wenn er den Rechtsanwalt bestellt hat. Diese Ausnahmevorschrift erfasst jedoch nicht die Fälle, in denen der BGH während

---

399 OLG Bamberg JurBüro 1980, 1043 (Bei der Festsetzung einer Pauschvergütung ist nicht von der aufgewendeten Zeit iSe stundenweisen Berechnung auszugehen. Die Arbeitszeit ist nur ein Anhaltspunkt für den besonderen Umfang der Sache – das OLG Bamberg hat den fünffachen Betrag der Höchstgebühr des Wahlverteidigers bewilligt.). OLG München JurBüro 1977, 369 m Anm *Mümmler* (Pauschvergütung in Höhe der doppelten Gebühr des Wahlverteidigers). OLG Karlsruhe AnwBl 1989, 113 (kann mehr als das Doppelte der Gebühren des Wahlverteidigers betragen). OLG Nürnberg JurBüro 1987, 245. Vgl aber OLG Bremen JurBüro 1981, 1193 (Die Höchstgebühr des Wahlverteidigers stellt grundsätzlich auch die Höchstgebühr der Pauschvergütung eines Pflichtverteidigers dar) und OLG Düsseldorf AnwBl 1982, 265 (Pauschvergütungen, die die gesetzlichen Gebühren eines Wahlverteidigers überschreiten, kommen für der Pflichtverteidiger nur ausnahmsweise, nämlich bei außergewöhnlich umfangreichen oder schwierigen Strafsachen in Betracht); OLG Hamm AGS 2000, 87 (umfangreiche Wirtschaftssache), OLG Köln StraFo 2000, 323.
400 OLG München AnwBl 1977, 188 – Pflichtverteidigergebühr 13 250 DM, Wahlverteidigergebühr 27 000 DM.
401 OLG Bamberg JurBüro 1977, 950 (Höchstgebühr); OLG Karlsruhe AnwBl 1979 (mit Angaben von Tagessätzen); OLG München AnwBl 1977, 78 (Die Höchstgebühren eines Wahlverteidigers stellen zwar grundsätzlich die Höchstgrenze für die Pauschvergütung des Pflichtverteidigers dar. Doch ist ein Überschreiten dann geboten, wenn auch die Höchstgebühr des Wahlverteidigers in einem grob unbilligen Missverhältnis zu der Inanspruchnahme des Pflichtverteidigers stehen würde).
402 Vgl auch OLG Düsseldorf MDR 1993, 1133; OLG Hamm StraFo 1996, 158 (regelmäßig erst nach Rechtskraft).

eines laufenden Ermittlungsverfahrens mit der Sache befasst ist. Nur dann, wenn die Pauschgebühr für die Beteiligung an der Revisionshauptverhandlung und deren Vorbereitung bewilligt werden soll, ist der BGH zuständig. Die Zuständigkeit des BGH für die Bewilligung der Pauschgebühr ist in den anderen Fällen aber selbst dann nicht gegeben, wenn der BGH während eines laufenden Ermittlungsverfahrens mit der Strafsache befasst ist und der anwaltliche Vertreter von dem Ermittlungsrichter des BGH bestellt worden ist.[403] Die Entscheidung enthält auch einen Hinweis, wie in derartigen Fällen zu verfahren ist. Wenn für den antragstellenden Anwalt die Zuständigkeit des § 51 Abs 2 S 1 RVG noch nicht bestimmbar ist, könne er die Konkretisierung des zuständigen Gerichts durch Einreichung des Antrages auf Bewilligung der Pauschvergütung bei der Bundesanwaltschaft zur Weiterleitung an das OLG, zu dem diese Anklage erheben würde, erreichen (BGH aaO).

In dem Verfahren ist die Staatskasse zu hören, § 51 Abs 2 S 2 RVG. Die Äußerung des Vertreters der Staatskasse muss dem Anwalt zur Kenntnis- und Stellungnahme zugeleitet werden, zumindest wenn der Vertreter der Staatskasse dem Antrag des Anwalts entgegentritt.[404]

Auch auf die Pauschvergütung muss sich der Pflichtverteidiger Vorschusszahlungen anrechnen lassen.

Eine Anrechnung unterbleibt allerdings, soweit sich diese auf Wertgebühren bezieht. Das LG Rostock[405] hat die Absetzung der Verfahrensgebühren nach Nr 4142 VV RVG als unzulässig angesehen, weil es sich hier um eine Wertgebühr handelt.

Die Entscheidung ergeht durch Beschluss, der gem § 304 Abs 4 StPO unanfechtbar ist. Wohl sind Gegenvorstellungen zulässig.[406]

Eine versehentlich überhöht bewilligte und festgesetzte Pauschvergütung führt zu einer Neufestsetzung und Rückforderung der unberechtigt festgesetzten Vergütung.[407] Dem Rechtsanwalt ist der Entreicherungseinwand nach § 818 Abs 3 BGB mit Blick auf seine Stellung als Organ der Rechtspflege (§ 1 BRAO) regelmäßig verwehrt.

5. Die Auslagen des Pflichtverteidigers

F 178 a) **§ 46 Abs 1 RVG** bestimmt:

> »Auslagen, insbesondere Reisekosten, werden nicht vergütet, wenn sie zur sachgemäßen Durchführung der Angelegenheit nicht erforderlich waren.«

Es obliegt der Staatskasse, den Nachweis zu führen, dass die Auslagen nicht erforderlich waren.[408]

F 179 b) Bei der **Auslagenpauschale** ist der Pauschsatz nicht aus den Pflichtverteidigergebühren, sondern aus den gesetzlichen Gebühren des Wahlanwalts zu berechnen, denn das sind die gesetzlichen Gebühren iSv Nr 7002 VV RVG. Der Pflichtverteidiger hat keine niedrigeren Aufwendungen für Postgebühren als der Wahlanwalt.[409]

Auch der Pflichtverteidiger hat Anspruch auf Ersatz seiner Auslagen für Ablichtungen gegen die Staatskasse. Gem § 104 Abs 2 S 1 ZPO, auf den § 55 Abs 5 S 1 RVG verweist, genügt zur Berücksichtigung eines Ansatzes, dass er glaubhaft gemacht ist. Die Glaubhaftmachung ist in § 294 ZPO näher geregelt; als Mittel zur Glaubhaftmachung kommt auch die eidesstattliche Versicherung in Betracht. Für die dem Anwalt erwachsenen Auslagen für Post- und Telekommunikationsdienstleistungen

---

403 BGH Beschl v 08.06.2016 – 3 BGs 197/16.
404 BVerfG AnwBl 1964, 254.
405 LG Rostock Beschl v 01.09.2010 – 12 Qs 36/10.
406 OLG Nürnberg AnwBl 1974, 326.
407 KG Beschl v 22.04.2008 – 1 Ws 47/07.
408 KG Beschl v 27.05.2008 – 5 Ws 131/06.
409 BGH AnwBl 1971, 315; KG JurBüro 1980, 1198.

genügt also die Versicherung des Rechtsanwalts, dass diese Auslagen entstanden sind. Da bei der Dokumentenpauschale die Glaubhaftmachung also nicht ausdrücklich geregelt ist, kann das Gericht hier trotz Vorliegens einer anwaltlichen Versicherung im Einzelfall die Vorlage von Kopien zur Glaubhaftmachung dieser Auslagen verlangen.[410] Auch die Aufwendungen für das Ausdrucken elektronisch gespeicherter Textdateien, die im Rahmen der Akteneinsicht mittels CDs gespeichert wurden, sind zur sachgemäßem Bearbeitung der Rechtssache geboten.[411] Der Grundsatz der kostenschonenden Prozessführung könne es jedoch gebieten, durch entsprechende Einstellungen beim Ausdruck die Zahl der Seiten zu verringern (OLG Celle aaO).

Im Gegensatz zu den Entscheidungen in der Vergangenheit zeichnet sich in der obergerichtlichen Rechtsprechung die Tendenz ab, die **Notwendigkeit der Auslagenerstattung für Aktenausdrucke digital zur Verfügung gestellter Akten** zu beschränken, wenn nicht gar in Frage zu stellen. So hat zB das KG[412] die Erstattungsfähigkeit der Dokumentenpauschale für das Einscannen von Gerichtsakten oder den Ausdruck eingescannter Gerichtsakten mit dem Hinweis auf die Änderungen durch das 2. Kostenrechtsmodernisierungsgesetz abgelehnt. Danach soll zwar die Kostenpauschale nach VV 7000 Nr 1a RVG für das Kopieren einer Gerichtsakte anfallen, jedoch nicht für das Einscannen der Gerichtsakte. Selbst wenn aber die Notwendigkeit dem Grunde nach anerkannt wird, trifft den Anwalt im Einzelfall die Darlegungs- und Beweislast, dass diese Ausdrucke aus der »objektiven Sicht eines verständigen sachkundigen Dritten« notwendig gewesen sind.[413]

So hat das Landgericht Aachen[414] dem Pflichtverteidiger die Verpflichtung auferlegt, digitalisierte Akten am Bildschirm daraufhin anzusehen, ob und welche Teile er für die Verteidigung benötigt; der Ausdruck der gesamten Akte sei nur bedingt geboten.

Für notwendige Reisen (zB zu dem in einer auswärtigen Anstalt untergebrachten Beschuldigten) stehen dem Pflichtverteidiger die in Nr 7003 VV RVG bestimmten Reisekosten zu. Nach § 142 Abs 1 StPO ist der Vorsitzende des Gerichts bei der Auswahl des notwendigen Verteidigers nicht auf die am Sitz dieses Gerichts wohnhaften Rechtsanwälte beschränkt. Er kann jeden geeigneten Verteidiger bestellen, soll seine Auswahl aber möglichst unter den bei einem Gericht des Gerichtsbezirkes Wohnhaften treffen. Der nicht am Gerichtssitz wohnhafte Pflichtverteidiger hat für notwendige Reisen Anspruch auf Reisekosten, Abwesenheitsgeld und ggf Übernachtungsgeld.[415]

Dieser Anspruch kann ihm nicht dadurch genommen werden, dass seine Bestellung mit der Maßgabe ausgesprochen wird, er dürfe nur die Vergütung eines am Gerichtssitz ansässigen Anwalts beanspruchen.[416]

Der Pflichtverteidiger kann einen Verzicht auf die Erstattung seiner Reisekosten jederzeit widerrufen.[417]

Erklärt ein auswärtiger Anwalt sein Einverständnis in eine Beiordnung als Pflichtverteidiger zu den Bedingungen eines ortsansässigen Anwalts, um einen einverständlichen Verteidigerwechsel herbeizuführen, so hat er wirksam auf die Erstattung von Reisekosten und Abwesenheitsgeldern verzichtet. Ein Widerruf dieses Verzichts hat nur Wirkung für die Zukunft und nicht für die bereits angefallenen Kosten.[418]

---

410 OLG Köln Beschl v 18.12.2013 – 2 Ws 686/13.
411 OLG Celle Beschl v 28.11.2011 – 1 Ws 415/11.
412 KG Beschl v 28.08.2015 – 1 Ws 59/15.
413 OLG Celle Beschl v 11.12.2015 – 1 Ws 518/15.
414 LG Aachen Beschl v 15.6.2016 – 61 KLs 22/15.
415 OLG Düsseldorf AnwBl 2001, 577.
416 OLG Hamm AnwBl 1980, 39; OLG Düsseldorf AnwBl 2001, 577.
417 OLG Hamm AnwBl 1982, 215; **aA**: OLG Karlsruhe JurBüro 1986, 71.
418 OLG Zweibrücken AnwBl 1998, 218.

F 180 c) Auch hinsichtlich der **Auslagen** ist die Rechtsprechung nicht einheitlich. Das KG[419] hat die Fertigung eines kompletten Aktenauszugs für nicht erforderlich iSv § 46 RVG angesehen, während das OLG Köln[420] rund 16 000 € für die Fertigung eines vollständigen Aktenauszuges als erforderliche Auslagen anerkannt hat.

F 181 Nach § 46 Abs 2 RVG kann der Pflichtverteidiger vor Entstehung der Aufwendungen – und zwar aller Aufwendungen, nicht nur der Reisekosten – ihre Notwendigkeit feststellen lassen. Werden die Auslagen als notwendig festgestellt, ist diese Feststellung für das Festsetzungsverfahren bindend.

Da gegen den Feststellungsbeschluss bzw die ablehnende Entscheidung keine Rechtsbehelfe möglich sind, bietet sich alternativ an, gem § 47 RVG vorzugehen und aus der Staatskasse für die voraussichtlich entstehenden Auslagen einen angemessenen Vorschuss zu fordern. Gegen diese ablehnende Entscheidung sind nämlich sehr wohl Rechtsbehelfe möglich (Erinnerung gem § 56 RVG bzw sofortige Beschwerde gem § 56 iVm § 33 Abs 3 RVG).

Nur der positive Bescheid gem § 46 Abs 2 RVG bindet im Festsetzungsverfahren. Trotz negativen Bescheides müssen Auslagen ersetzt werden, wenn sich später herausstellt, dass sie notwendig waren.[421]

§ 46 Abs 3 RVG regelt die Vergütung von Auslagen zur Vorbereitung eines Wiederaufnahmeverfahrens. Dem Verurteilten, der keinen Verteidiger hat, wird unter bestimmten Voraussetzungen durch das für die Entscheidung im Wiederaufnahmeverfahren zuständige Gericht auf Antrag ein Verteidiger bereits für die Vorbereitung eines Wiederaufnahmeverfahrens bestellt (§ 363 b Abs 1 StPO). Mit der Bestellung kann dann die Erstattung von Auslagen, die für die Nachforschungen zur Vorbereitung eines Wiederaufnahmeverfahrens entstehen, aus der Staatskasse verlangt werden. Der Gesetzgeber hat hier auf die »Erforderlichkeit« verzichtet, Voraussetzung des Erstattungsanspruchs ist hier lediglich die Bestellung bzw Feststellung nach § 363 b Abs 1 StPO.

6. Vertreter des Pflichtverteidigers

F 182 Der bestellte Verteidiger muss grundsätzlich die Verteidigung selbst führen.[422]

Eine Vertretung des Pflichtverteidigers bzw dessen Unterbevollmächtigung ist nach allgemeiner Meinung nicht möglich, da die Bestellung zum Pflichtverteidiger auf seine Person beschränkt ist.[423] Anders das OLG Koblenz[424], das die Beiordnung eines Rechtsanwalts als Vertreter des Pflichtverteidigers für zulässig erachtet, die Gebühren aber insoweit beschränkt, als diese insgesamt nur einmal in der Person des Vertretenen entstehen können.

Wird für ihn ein allgemeiner Vertreter nach § 53 BRAO bestellt, so gilt die Bestellung auch für diesen. Ansonsten darf der zum Verteidiger bestellte Rechtsanwalt die Verteidigung nur mit Genehmigung des Vorsitzenden einem Vertreter überlassen.[425]

Die Vertretung durch einen Referendar ist nicht zulässig.[426] Wird die Genehmigung erteilt, so sind die Gebühren dem bestellten Verteidiger, nicht dem Vertreter zu zahlen.[427] Lässt sich der Pflichtverteidiger ohne Genehmigung des Gerichtes durch einen Assessor vertreten, entstehen ihm keine Vergütungsansprüche.[428]

---

419 KG RVGreport 2006, 109.
420 OLG Köln RVGRreport 2010, 99.
421 OLG Zweibrücken AnwBl 1981, 511.
422 BGH StV 1981, 393.
423 BGH NStZ 1995, 356; 2012, 276; OLG Hamm NStZ-RR 2009, 381.
424 OLG Koblenz Beschl v 16.10.2012 – 2 Ws 759/12.
425 OLG Frankfurt NJW 1980, 1703.
426 BGH NJW 1967, 165.
427 OLG Braunschweig Rpfleger 1956, 114.
428 OLG Hamm AnwBl 1979, 236.

Ob in der Tatsache, dass das Gericht den Vertreter verteidigen lässt, eine Entbindung des beigeordneten Verteidigers und eine Bestellung des Vertreters zum selbstständigen Pflichtverteidiger durch schlüssiges Handeln liegt, ist durch Auslegung zu ermitteln. Der Sozius des Pflichtverteidigers ist kein allgemeiner Vertreter iSd § 53 BRAO. Er ist deshalb nur dann berechtigt, Verteidigungshandlungen vorzunehmen, wenn ihm die Verteidigung ausdrücklich übertragen worden ist.[429]

Beim Auftreten eines Soziusses ist daher immer zu prüfen, ob die Genehmigung zum Handeln als Vertreter des Pflichtverteidigers vorliegt oder vielmehr die Bestellung zum Pflichtverteidiger mit gleichzeitiger Entbindung des zunächst beigeordneten Verteidigers. Im letzteren Fall hat der Sozius eigene Ansprüche auf Pflichtverteidigervergütung.[430]

Dem von Amts wegen als Verteidiger bestellten Referendar (§ 142 Abs 2 StPO) sind die notwendigen baren Auslagen aus der Staatskasse zu erstatten, Nr 107 Abs 2 RiStBV.

7. Festsetzung der Vergütung, Verfahren

Nach § 55 Abs 1 RVG wird die aus der Staatskasse zu gewährende Vergütung auf Antrag des Rechtsanwalts von dem Urkundsbeamten der Geschäftsstelle des Gerichts des ersten Rechtszuges festgesetzt. § 104 Abs 2 der Zivilprozessordnung gilt sinngemäß. War die Sache noch nicht gerichtlich anhängig, so ist der Urkundsbeamte des Gerichts zuständig, das den Verteidiger bestellt hat, § 55 Abs 1 S 2 RVG. Der Urkundsbeamte des Gerichts, das zuerst entschieden hat, bleibt auch zuständig, wenn die Sache unter Aufhebung des Urteils vom Revisionsgericht an ein anderes erstinstanzliches Gericht zurückverwiesen wird, es sei denn, dass Aufhebung und Zurückverweisung wegen Unzuständigkeit erfolgt sind.[431] Die aus der Staatskasse dem Verteidiger gezahlte Vergütung wird dem in die Kosten verurteilten Beschuldigten als Bestandteil der Gerichtskosten (Auslagen) in Rechnung gestellt, s oben Rdn. F 84. Er kann den Kostenansatz bemängeln; eine im Verfahren nach § 55 getroffene Entscheidung ist dann nicht bindend.

F 183

Die dem Pflichtverteidiger aus der Staatskasse zu gewährende Vergütung ist nicht verzinslich, da § 55 Abs 5 RVG nur auf § 104 Abs 2 ZPO verweist, der eine dem § 464 b S 2 StPO entspr Vorschrift nicht enthält.[432]

8. Rechtsbehelfe im Festsetzungsverfahren

Gegen die Festsetzung nach § 55 RVG gibt es folgende Rechtsbehelfe: Zum einen die (**vorgeschaltete**) **Erinnerung**, zum anderen das Rechtsmittel der **Beschwerde gegen Entscheidungen über die Erinnerung**. Der Streit, ob sich die Beschwerde nach den Vorschriften des RVG oder aber nach derjenigen der StPO richtet, hat sich durch das 2. KostRMoG erledigt. § **1 RVG** ist um einen weiteren **Absatz 3** wie folgt ergänzt worden:

F 184

> »(3) Die Vorschriften dieses Gesetzes über die Erinnerung und die Beschwerde gegen den Regelungen der für das zugrunde liegende Verfahren geltenden Verfahrensvorschriften vor.«

Entscheidungen des Urkundsbeamten der Geschäftsstelle sind mit der Erinnerung anfechtbar. Die Erinnerung ist nicht fristgebunden. Nach der Entscheidung des OLG Hamm[433] kann der Erinnerung der Einwand der Verwirkung entgegengehalten werden, wenn sie erst nach Ablauf des auf die Festsetzung folgenden Kalenderjahres erhoben wird.

Auch die Staatskasse hat die Möglichkeit, gegen die Vergütungsfestsetzung Erinnerung einzulegen, um ggf die Fetsetzung einer geringeren Vergütung zu erreichen. Es ergeht dann ein sogenannter

---

429 BayObLG NJW 1981, 1629.
430 OLG Karlsruhe KostRsp BRAGO § 97 Nr 5 m Anm *Schmidt*.
431 OLG Hamm Rpfleger 1956, 339.
432 OLG Frankfurt NJW 1974, 960.
433 OLG Hamm Beschl v 26.05.2009 – 2 Ws 103/09.

Rückfestsetzungsbeschluss, der gegen den Anwalt nach § 1 Abs 1 Nr 8 JBeitrO auch vollstreckt werden kann.[434] Einer zulässigen und begründeten Erinnerung kann der Urkundsbeamte der Geschäftsstelle abhelfen, andernfalls hat er die Erinnerung unverzüglich dem Gericht vorzulegen (§ 56 Abs 2 S 1 iVm § 33 Abs 4 S 1 RVG). Es entscheidet der Vorsitzende des Gerichts, bei dem die Festsetzung erfolgt ist, durch Beschluss.

Im Fall der Beiordnung einer Kontaktperson erfolgt die Festsetzung durch den Urkundsbeamten der Geschäftsstelle des Landgerichts, in dessen Bezirk die Justizvollzugsanstalt liegt, so dass über die Erinnerung und die Beschwerde die Strafkammer des Landgerichts entscheidet.

Wird die Erinnerung zurückgewiesen, ist gegen den Beschluss das Rechtsmittel der Beschwerde zulässig. Die Beschwerde setzt voraus, dass entweder der Wert des Beschwerdegegenstands 200 € übersteigt oder aber das Gericht in dem Zurückweisungsbeschluss die Beschwerde zugelassen hat.

Der Wert des Beschwerdegegenstands berechnet sich nach der Differenz zwischen der festgesetzten und der erstrebten Vergütung.

Eine nachträgliche Zulassung der Beschwerde nach Erlass der angegriffenen Entscheidung ist unzulässig und für das Beschwerdegericht nicht bindend.[435] Hat das Gericht dagegen eine Zulassung beschlossen, diese aber versehentlich nicht ausgesprochen, kann eine ergänzende Zulassung ausgesprochen werden.[436]

Die Beschwerde ist nur zulässig, wenn sie innerhalb von zwei Wochen nach Zustellung der Entscheidung eingelegt wird (§ 56 Abs 2 S 1 iVm § 33 Abs 3 RVG). Einzulegen ist die Beschwerde bei dem Gericht, dessen Entscheidung angefochten wird.

Eine weitere Beschwerde ist nur zulässig, wenn das Landgericht als Beschwerdegericht entschieden und sie wegen der grundsätzlichen Bedeutung der zur Entscheidung stehenden Frage in dem Beschluss zugelassen hat. Die weitere Beschwerde ist binnen einer Frist von zwei Wochen bei dem Landgericht einzulegen. Beschwerdegericht ist das OLG. Eine Beschwerde an einen obersten Gerichtshof des Bundes ist nicht statthaft (§ 56 Abs 2 S 1 iVm § 33 Abs 4, 6 RVG). Diese Vorschriften sind vorrangig gegenüber § 574 ZPO, so dass im Festsetzungsverfahren eine Rechtsbeschwerde zum BGH auch dann nicht statthaft ist, wenn das OLG die Rechtsbeschwerde zugelassen hat.[437]

9. Der Anspruch auf Wahlverteidigergebühren

F 185 a) Die Vorschrift des § 52 RVG legt im Einzelnen fest, unter welchen Voraussetzungen der gerichtlich bestellte Rechtsanwalt von dem Beschuldigten die Zahlung der Gebühren eines gewählten Verteidigers verlangen kann. Die Vorschrift bezweckt u.a. die **gebührenrechtliche Gleichstellung von Pflichtverteidiger und Wahlverteidiger**.

Der Pflichtverteidiger ist aufgrund seiner gerichtlichen Bestellung zur Verteidigung verpflichtet. Ihm steht gegen den Beschuldigten in der Regel kein Vergütungsanspruch zu, da kein Anwaltsvertrag geschlossen wird. Der Pflichtverteidiger hat kraft der Bestellung einen Anspruch gegen die Staatskasse und unter Umständen kraft Gesetzes zusätzlich einen Anspruch gegen den Beschuldigten in Höhe der Wahlanwaltsgebühren.

Da sich der Wortlaut auf die Gebühren beschränkt, besteht nach dieser Vorschrift kein Auslagenersatzanspruch, mit Ausnahme der Umsatzsteuer nach Nr 7008 VV RVG.[438]

---

434 *Hellstab* in: *Asperger, Hellstab, Richter*, RVG effizient, 8. Kapitel Rn. 264.
435 OLG München Beschl v 09.06.2010 – 11 W 769/10.
436 BGH Beschl v 24.11.2003 – II ZB 37/02.
437 BGH Beschl v 09.06.2010 – XII ZB 75/10.
438 OLG Düsseldorf Beschl v 24.02.2010 – III-1 Ws 700/09.

Der Anspruch entfällt insoweit, als die Staatskasse Zahlungen an den bestellten Rechtsanwalt geleistet hat.

Die Regelungen des § 52 Abs 1 bis 3 und 5 gelten in Bußgeldverfahren entsprechend.

Vom Anwendungsbereich der Vorschrift erfaßt ist zunächst der gerichtlich bestellte Rechtsanwalt, das ist in der Regel der Pflichtverteidiger.

Ergänzt wird die Vorschrift durch § 53 Abs 1, sodass die Vorschrift auch für den Fall gilt, dass der Rechtsanwalt
– dem Privatkläger gem § 379 Abs 3 StPO,
– dem Nebenkläger gem § 379 a Abs 2 StPO,
– dem Antragsteller im Klageerzwingungsverfahren (§ 172 Abs 3 StPO) oder
– dem Auftraggeber sonst in Angelegenheiten, in denen sich die Gebühren nach Teil 4, 5 oder 6 VV RVG bestimmen,
beigeordnet worden ist.

Der Rechtsanwalt kann von dem Beschuldigten die Zahlung der Gebühren eines Wahlanwalts verlangen. Es handelt sich um einen **Gebührenanspruch kraft Gesetzes**, der **neben** dem **Vergütungsanspruch** gegen die Staatskasse nach § 45 besteht.

Ein Gebührenanspruch bis zur Höhe der Wahlanwaltsgebühren setzt einen **Erstattungsanspruch und/oder** die **Leistungsfähigkeit** des Beschuldigten voraus.

Soweit dem Beschuldigten hinsichtlich seiner Auslagen ein Erstattungsanspruch gegen die Staatskasse zusteht, kann der Pflichtverteidiger ihn in dieser Höhe in Anspruch nehmen. Wenn der Beschuldigte außerdem wirtschaftlich leistungsfähig ist, kann der Pflichtverteidiger nach Feststellung der Leistungsfähigkeit auch noch die Differenz zu den Wahlanwaltsgebühren verlangen.

Ein **Erstattungsanspruch** gegen die Staatskasse kann sich bei Freispruch oder Teilfreispruch ergeben. Soweit der Angeschuldigte freigesprochen, die Eröffnung des Hauptverfahrens gegen ihn abgelehnt oder das Verfahren gegen ihn eingestellt wird, fallen die Auslagen der Staatskasse und die notwendigen Auslagen des Angeschuldigten der Staatskasse zur Last (§ 467 Abs 1 StPO).

Unabhängig von einem Erstattungsanspruch kann der gerichtlich bestellte Rechtsanwalt den Beschuldigten auf Zahlung der Wahlverteidigergebühren in Anspruch nehmen, wenn er dazu finanziell in der Lage ist. Der Anspruch setzt wirtschaftliche Leistungsfähigkeit auf Seiten des Beschuldigten voraus.

Der gerichtlich bestellte Verteidiger kann von dem **leistungsfähigen Beschuldigten**, gleichviel ob dieser verurteilt oder freigesprochen ist, nach § 52 Abs 1 RVG die **Zahlung der Gebühren eines gewählten Verteidigers verlangen**, soweit er nicht aus der Staatskasse Zahlung erlangt hat, und zwar auch dann, wenn der Rechtsanwalt dem Beschuldigten gegen seinen Willen zum Pflichtanwalt bestellt worden ist und infolgedessen rechtsgeschäftliche Beziehungen zwischen Verteidiger und Beschuldigten nicht bestehen. Auf die Gebühren eines gewählten Verteidigers muss er sich lediglich die gezahlten Pflichtverteidigergebühren, nicht aber die ebenfalls aus der Staatskasse erstatteten Auslagen nach Teil 7 VV RVG anrechnen lassen.[439]

Der Anspruch kann jedoch nur soweit geltend gemacht werden, als das Gericht des ersten Rechtszuges auf Antrag des Rechtsanwalts nach Anhörung des Beschuldigten feststellt, dass dieser **ohne Beeinträchtigung** des für ihn und seine Familie notwendigen Unterhalts zur Zahlung in der Lage ist, § 52 Abs 2 RVG. Um das Gericht zu der von Amts wegen vorzunehmenden Ermittlungen der etwaigen Leistungsfähigkeit des Angeklagten überhaupt in die Lage zu versetzen, muss der

---

[439] OLG Düsseldorf AnwBl 1987, 339; OLG Stuttgart MDR 1985, 959. Wegen der komplizierten Berechnung bei einem Teilfreispruch s OLG Hamburg Rpfleger 1999, 413.

Feststellungsantrag des Pflichtverteidigers gewisse Mindestangaben über seinen Mandanten enthalten; darunter Hinweise auf seine derzeitige berufliche Tätigkeit oder wenigstens Tatsachen, aus denen sich Schlüsse auf die Einkommens- und Vermögens Verhältnisse ziehen lassen.[440]

Streitig ist, in welchem Zeitpunkt die wirtschaftlichen Verhältnisse so sein müssen, dass der Beschuldigte Wahlanwaltsgebühren bezahlen kann. Nach einer Meinung sind die wirtschaftlichen Verhältnisse zur Zeit des Strafverfahrens maßgebend.[441]

Richtiger Ansicht nach sind die wirtschaftlichen Verhältnisse im Zeitpunkt der Entscheidung des Gerichts über den Antrag maßgebend.[442]

Folglich kann ein abgelehnter Antrag wiederholt werden, wenn sich die wirtschaftlichen Verhältnisse des Beschuldigten zwischenzeitlich gebessert haben. Der Anspruch aus § 52 RVG gilt nur für Vergütungsansprüche aus einer nach der Beiordnung entfalteten Tätigkeit, nicht für Ansprüche aus einer vorangegangenen Tätigkeit als Wahlverteidiger, es sei denn, es liegt ein Fall des § 48 Abs 6 RVG vor.

Für Ansprüche aus einer vorangegangenen Tätigkeit als Wahlverteidiger bedarf es nicht der Feststellung nach § 52 RVG.[443]

Soweit die Leistungsfähigkeit schlechthin für die von dem Rechtsanwalt innerhalb des gesetzlichen Rahmens geforderte Gebühr zu bejahen ist, kommt eine Prüfung des Gerichts, ob die Forderung des Rechtsanwalts den Grundsätzen des § 14 RVG entspricht, nicht in Betracht; besteht darüber zwischen dem Rechtsanwalt und dem Beschuldigten keine Einigkeit, so muss der Rechtsanwalt, wenn das Strafgericht des ersten Rechtszuges die Leistungsfähigkeit festgestellt hat, seine Ansprüche im Wege des bürgerlichen Rechtsstreits geltend machen. Aber auch wenn der Beschuldigte geltend macht, dass die von dem Rechtsanwalt beanspruchte Vergütung seine Leistungsfähigkeit übersteige, hat das Gericht nicht zu prüfen, welche Summe er als angemessen schuldet, sondern nur, wie weit seine Leistungsfähigkeit reicht; der Beschluss wird also etwa lauten: »*Es wird festgestellt, dass der Beschuldigte ohne Beeinträchtigung des für ihn selbst und seine Familie notwendigen Unterhalts in der Lage ist, x € an RA Y zu zahlen.*« Dieser Beschluss schafft dann für den Verteidiger die Möglichkeit, in dieser Höhe seinen Anspruch im Wege der Klage geltend zu machen; über die Berechtigung des Anspruchs, auch im Hinblick auf § 14 RVG, entscheidet dann das Zivilgericht. Die Feststellung nach § 52 RVG kann auch dahinlauten, dass der Beschuldigte in der Lage sei, einen Betrag von insgesamt x € in monatlichen Raten von x € zu zahlen. Wie schon gesagt, die Rechtskraft einer Feststellung, dass der Beschuldigte nicht oder nur beschränkt leistungsfähig sei, hindert den Anwalt nicht, unter Berufung auf eine Besserung der wirtschaftlichen Verhältnisse eine erneute Feststellung zu beantragen. Dagegen kann bei rechtskräftiger Feststellung der Leistungsfähigkeit der Beschuldigte keine erneute Feststellung unter Berufung auf eine wesentliche Verschlechterung seiner Leistungsfähigkeit verlangen; eine solche Abänderbarkeit erscheint nur erwägenswert, wenn Ratenzahlungen auf lange Sicht zugelassen sind. Zu beachten ist, dass die Verjährung des Vergütungsanspruchs aus

---

440 OLG Düsseldorf JurBüro 1985, 726.
441 OLG Saarbrücken NJW 1973, 2313; Bemerkung hierzu: Das Gesetz lässt eine Beschränkung der Rechte des Pflichtverteidigers nicht erkennen. Ist es wirklich unbillig, dass der »arme Angeklagte«, der nach der Erledigung des Strafverfahrens 500 000 € im Lotto gewonnen hat, die Wahlanwaltskosten zahlen muss? Sieht auch die Staatskasse davon ab, nachträglich die Gerichtskosten geltend zu machen, wenn sich die wirtschaftlichen Verhältnisse grundlegend gebessert haben?
442 OLG Bamberg JurBüro 1990, 482; OLG Düsseldorf AnwBl 1985, 594.
443 OLG Düsseldorf AnwBl 1984, 265 Anm *Chemnitz* (Ein durch die Tätigkeit als Wahlverteidiger entstandener und fälliger Gebührenanspruch wird durch die spätere Bestellung zum Pflichtverteidiger nicht nach § 100 Abs 2 BRAGO eingeschränkt; das gilt auch dann, wenn der vertragliche Gebührenanspruch und der gesetzliche Anspruch aus der Pflichtverteidigerbestellung – etwa wegen der Anordnung der Rückwirkung gem § 97 Abs 3 BRAGO – ihre Grundlage in demselben Gebührensachverhalt haben).

§ 52 Abs 1 RVG nicht bis zum Ergehen des Beschlusses aus § 52 Abs 2 RVG gehemmt ist, dass das Feststellungsverfahren die Verjährung nicht unterbricht.

Zur Ermittlung dieser Leistungsfähigkeit muss der Pflichtverteidiger den Antrag stellen, die Zahlungsfähigkeit des Beschuldigten feststellen zu lassen. Das Gericht setzt dem Beschuldigten eine Frist zur Mitteilung der persönlichen und wirtschaftlichen Verhältnisse. Gibt der Beschuldigte innerhalb der Frist keine Erklärung ab, wird die Leistungsfähigkeit vermutet.

Die Leistungsfähigkeit wird sodann durch Beschluss festgestellt. Der Beschluss ist mit der sofortigen Beschwerde nach den Vorschriften der §§ 304 bis 311 a StPO anfechtbar.

Die Feststellung der Zahlungsfähigkeit kann bereits mit Fälligkeit der Vergütung (§ 8) beantragt werden.[444]

b) Wird der Angeklagte freigesprochen, hat er gem § 467 StPO den **Anspruch auf Erstattung seiner notwendigen Auslagen aus der Staatskasse.** Dadurch, dass die Anwaltskosten aus der Staatskasse gezahlt werden, ist immer die Voraussetzung gegeben, dass der Beschuldigte ohne Beeinträchtigung seines Unterhalts zur Zahlung der Gebühren eines gewählten Verteidigers in der Lage ist. Sein Anspruch aus § 467 StPO ist daher zumindest in Höhe des Erstattungsanspruchs zu berücksichtigen. Wird der Angeklagte freigesprochen, hat der Pflichtverteidiger einen Anspruch auf Festsetzung der Pflichtverteidigergebühren. Es handelt sich hier um einen eigenen Anspruch des Pflichtverteidigers gegen die Staatskasse gem § 45 Abs 3 S 1 RVG. Dieser Anspruch tritt selbständig neben den Vergütungsanspruch gegen den Mandanten nach § 52 RVG,[445] wobei eine Doppelbelastung der Staatskasse dadurch vermieden werden kann, dass sie den Rechtsanwalt vor Festsetzung der Wahlverteidigergebühren zum Verzicht auf die Pflichtverteidigergebühren auffordert.[446] Doppelbelastungen lassen sich auch dadurch vermeiden, dass die Wahlanwaltsvergütung nur insoweit festgesetzt wird, als diese die Pflichtverteidigervergütung übersteigt.

F 186

Der Pflichtverteidiger kann allerdings die über die Pflichtverteidigervergütung hinausgehende Vergütung nicht im eigenen Namen gegen die Staatskasse geltend machen, da § 126 Abs 1, 2 ZPO nicht entsprechend auf die Pflichtverteidigervergütung anwendbar ist.[447] Etwas anderes gilt nur, wenn der Verurteilte seinen Erstattungsanspruch gegen die Staatskasse dem Verteidiger abgetreten hat. Eine Aufrechnung durch die Staatskasse kann dann durch Abtretung gem § 43 RVG begegnet werden.

Ob und in welcher Höhe der Angeklagte die Gebühren eines gewählten Verteidigers, die er nach § 52 Abs 1 RVG dem Pflichtverteidiger schuldet, im Falle eines **Teilfreispruchs** als notwendige Auslagen iSd § 464 a Abs 2 Nr 2 StPO aus der Staatskasse ersetzt verlangen kann, ist in drei Schritten zu ermitteln.[448]
1. Zunächst ist der Vergütungsanspruch eines gewählten Verteidigers, den er nach § 52 Abs 1 RVG dem Pflichtverteidiger schuldet, im Falle eines Freispruchs festzustellen, den der Pflichtverteidiger nach dem tatsächlichen Verfahrensablauf als Wahlverteidiger hätte.
2. Sodann sind von diesen Gebühren die Gebühren abzuziehen, die angefallen wären, wenn der Angeklagte von vornherein nur wegen der Taten verfolgt worden wäre, derentwegen er letztendlich verurteilt worden ist.
3. Von dieser Differenz ist dann der Betrag abzuziehen, den die Staatskasse als Gebühren an den Pflichtverteidiger gezahlt hat.

---

444 KG Beschl v 07.03.2007 – 1 Ws 21/07.
445 LG Magdeburg Beschl v 02.04.2014 – 22 Qs 526 Js 36766/12 (21/14).
446 LG Duisburg JurBüro 2006, 425.
447 OLG Nürnberg Beschl v 20.05.2014 – 2 Ws 225/14.
448 OLG Düsseldorf Beschl v 16.01.2013 – 1 Ws 363/12; OLG Celle Beschl v 05.04.2004 – 2 Ws 93/04.

Umstritten ist die Anrechnung bei Schritt 3.

Nach **einer Auffassung** sind bei einem Teilfreispruch gezahlte Pflichtverteidigergebühren nur im anteiligen Verhältnis von Freispruch zur Verurteilung auf die zu erstattenden Wahlverteidigergebühren anzurechnen.[449]

Nach **anderer Auffassung**[450] ist die gezahlte Pflichtverteidigervergütung vollständig anzurechnen. Diese Auffassung führt dazu, dass überwiegend kein gegen die Staatskasse festzusetzender Betrag verbleibt.

F 187   c) Gemäß § 52 Abs 4 RVG findet gegen den Beschluss die **sofortige Beschwerde** statt. Beschwerdeberechtigt sind der Verteidiger und der Beschuldigte. Erstattungspflichtige Dritte sind nicht beschwerdeberechtigt, sie sind nur mittelbar berührt; dies gilt auch für die Staatskasse.[451]

Auf den Beschwerdewert von 200 € gem § 304 Abs 3 S 2 StPO kommt es nicht an, weil lediglich über die Leistungsfähigkeit des Beschuldigten und nicht über Kosten selbst entschieden wird.[452] Hat das OLG entschieden, so ist nach § 304 Abs 4 StPO keine Beschwerde zulässig.

Die weitere Beschwerde ist ebenfalls ausgeschlossen. Wohl ist die Wiederholung eines abgelehnten Antrags bei Änderung der rechtlichen Verhältnisse zulässig.

10. Pflichtverteidiger und Vergütungsvereinbarung

F 188   Der gerichtlich bestellte Verteidiger ist nicht im Wege der Prozesskostenhilfe beigeordnet. Er fällt deshalb nicht unter § 4 Abs 5 RVG. Der Beschuldigte, dem ein Pflichtverteidiger bestellt wird, braucht nicht mittellos zu sein. Es sind sehr wohl Fälle denkbar, in denen das Gericht einen Anwalt zum Pflichtverteidiger bestellt, in denen es aber durchaus billig ist, wenn eine Vergütungsvereinbarung getroffen wird. Der Pflichtverteidiger ist deshalb nicht gehindert, eine Vergütung zu vereinbaren.[453]

Sinn und Zweck des Instituts der Pflichtverteidigung ist die Verfahrenssicherung sowie eine ordnungsgemäße Verteidigung, und nicht etwa die Zahlungsunfähigkeit des Mandanten. Aus diesem Grunde sollte besonders auf absolute Freiwilligkeit des Versprechens des Beschuldigten geachtet werden, um das Verhältnis zwischen ihm und dem Pflichtverteidiger nicht durch gebührenmäßige Erwägungen zu belasten.

Zweckmäßig ist auch, in der Vereinbarung den Hinweis aufzunehmen, dass die Vereinbarung freiwillig erfolgt ist und über die gesetzlichen Gebühren hinausgeht.[454] Die vereinbarte Vergütung kann auch gefordert werden, ohne dass erst ein Beschluss nach § 52 Abs 2 RVG ergehen muss. Diese Vorschrift betrifft nur die gesetzlichen Gebühren, nicht die vereinbarten. Denn bei der freiwillig getroffenen Vergütungsvereinbarung ist die Beurteilung seiner Leistungsfähigkeit dem Beschuldigten selbst überlassen.[455] Außerdem ist der Beschuldigte durch § 4 Abs 4 RVG geschützt.

11. Pflichtverteidiger neben Wahlverteidiger

F 189   Zum Verhältnis der Pflichtverteidigervergütung zu den Wahlanwaltsgebühren s oben Rdn. F 99.

---

449 OLG Oldenburg StraFo 2007, 127; OLG Düsseldorf NStZ-RR 1999, 64.
450 OLG Jena Beschl v 28.2.2014 – 1 Ws 403/13; OLG Hamburg Beschl v 03.09.2007 – 2 Ws 194/07; OLG Düsseldorf Beschl v 24.2.2010 – 1 Ws 700/09.
451 OLG Düsseldorf JMBlNRW 1979, 87; aA (Staatskasse beschwerdeberechtigt): OLG Düsseldorf Rpfleger 1979, 393; OLG Hamburg JurBüro 1984, 572.
452 OLG München AnwBl 1978, 265.
453 BGH AnwBl 1983, 219.
454 *Oppe* NJW 1967, 2042 ff; BGH AnwBl 1983, 219.
455 BGH NJW 1983, 4047.

12. Vorschüsse und Zahlungen, Anrechnung

Nach § 58 Abs 3 RVG sind **Vorschüsse und Zahlungen**, die der Anwalt vor (als Wahlverteidiger) oder nach der gerichtlichen Bestellung für seine Tätigkeit in dieser Strafsache (also im Umfang der Beiordnung) von dem Beschuldigten oder einem Dritten nach den Vorschriften des RVG (siehe Rdn. F 1) oder aufgrund einer Gebührenvereinbarung erhält. in den Grenzen des § 58 Abs 3 RVG auf die von der Staatskasse zu zahlenden Gebühren anzurechnen. Insoweit steht sich der Pflichtverteidiger schlechter als der im Wege der Prozesskostenhilfe beigeordnete Rechtsanwalt. Während nämlich nach § 58 Abs 2 RVG die **Anrechnung** zunächst auf die Gebühren geschieht, für den ein Vergütungsanspruch gegen die Staatskasse nicht besteht, werden an den Pflichtverteidiger geleistete Vorschüsse und Zahlungen gem § 58 RVG in erster Linie auf die Pflichtverteidigergebühren angerechnet. Es muss sich um Zahlungen für die gleiche Instanz handeln. Zahlungen, die der Anwalt als Wahlverteidiger für die erste Instanz erhalten hat, sind nicht auf die Pflichtverteidigervergütung für die zweite Instanz anzurechnen.[456] Ebenso sind nur solche Zahlungen anrechenbar, welche Tätigkeiten betreffen, für die bestellten Verteidiger ein Vergütungsanspruch gegen die Staatskasse zusteht; ist zB der bisherige Wahlanwalt erst am zweiten Hauptverhandlungstag als Pflichtverteidiger beigeordnet worden, so ist eine Vergütung, die er für die Zeit vor dem zweiten Verhandlungstag erhalten hat, nicht auf die Pflichtverteidigervergütung für die spätere Zeit anzurechnen.[457] Die Anrechnung oder Rückzahlung unterbleibt nach § 58 Abs 3 S 3 RVG, soweit der Verteidiger durch diese insgesamt weniger als das Doppelte der ihm ohne Berücksichtigung aus der Staatskasse erhält. Einfach ausgedrückt: Zahlung des Beschuldigten + einfache Pflichtverteidigergebühr – doppelte Pflichtverteidigergebühr Anrechnungsbetrag. Folge: einfache Pflichtverteidigergebühr – Anrechnungsbetrag = Restanspruch gegen die Staatskasse.[458] Bei der Berechnung muss der erhaltene Vorschuss um die MwSt vermindert werden, die der Rechtsanwalt an den Fiskus abgeführt hat.[459] Außerdem müssen bei der Berechnung der doppelten Pflichtverteidigergebühr die doppelte Auslagenpauschale nach Nr 7002 VV RVG und die Schreibauslagen nach Nr 7000 VV RVG hinzugerechnet werden.[460] Zur **Anzeige der erhaltenen Vorschüsse und Zahlungen** ist der Anwalt nach § 55 Abs 5 RVG verpflichtet.

F 190

In Bezug auf die Anrechnung von Vorschüssen und Zahlungen gem § 58 RVG sind durch das 2. KostRMoG mit Wirkung ab dem 01.08.2013 wesentliche Änderungen wie folgt eingetreten:

Nur Zahlungen und Vorschüsse, die in derselben gebührenrechtlichen Angelegenheit geleistet wurden, müssen angerechnet werden. Handelt es sich um verschiedene Angelegenheiten wie zB das erstinstanzliche Verfahren und das Berufungsverfahren, besteht keine Anrechnungspflicht. Hier ist die ebenfalls durch das 2. KostRMoG geänderte Fassung des § 17 Nr 10 RVG von Bedeutung: Danach sind nun auch das vorbereitende Verfahren und das nachfolgende Strafverfahren gebührenrechtlich verschiedene Angelegenheiten. Hier bietet sich nun ein gewisser Gestaltungsspielraum gegenüber der bisherigen Gesetzesfassung: Der Gesetzgeber hat den Begriff der »Verfahrensabschnitte« ersetzt durch denjenigen der »gebührenrechtlichen Angelegenheiten« Die Vorschrift des § 17 Nr 10 RVG regelt konkret die verschiedenen Angelegenheiten. War der Verteidiger zunächst als Wahlverteidiger im strafrechtlichen Ermittlungsverfahren tätig und hat hierfür mit seinem Auftraggeber eine Pauschalvergütung iHv 1 500 € vereinbart und erhalten, wirkt sich dies für den Fall der Niederlegung des Wahlmandats und Bestellung als Pflichtverteidiger nach Anklageerhebung wie folgt

---

456 OLG Düsseldorf JurBüro 1991, 808; *Enders* JurBüro 1996, 449.
457 OLG Bamberg JurBüro 1991, 1347; *Brieske* StV 1995, 331; *Enders* JurBüro 1996, 449.
458 **Beispiel:** Hat zB der Beschuldigte freiwillig 360 € gezahlt, hat er 60 € (360 € – 300 € anrechnungspflichtig) gezahlt. Der Pflichtanwalt erhält aus der Staatskasse nur noch 300 € – 60 € = 240 €. Hat er bereits 300 € erhalten, muss er 60 € zurückzahlen. Die Rückzahlung entfällt nur, wenn er die Pflichtanwaltsgebühr aus der Staatsklasse zurückvergütet hat. Siehe auch die Berechnungsbeispiele bei *Gerold/Schmidt-Madert* § 101 BRAGO Rn. 6.
459 OLG Hamm StV 1996, 334 m Anm *Neuhaus; Enders* JurBüro 1996, 449.
460 OLG Stuttgart JurBüro 1996, 134.

aus: Der Anwalt kann seine Vergütung sowohl für seine Tätigkeit im vorbereitenden Verfahren als auch im Hauptverfahren nach Anklageerhebung aus der Staatskasse erhalten. Für die vorbereitende Tätigkeit hat er bereits von dem Auftraggeber die Vergütung erhalten, so dass sich insoweit kein Anspruch mehr gegen die Staatskasse ergibt. Im Hauptsacheverfahren muss er sich aber nun aber keine Zahlungen auf die Pflichtverteidigergebühren anrechnen lassen, da der Auftraggeber hierauf gerade keine Vorschusszahlungen erbracht hat. Der Anwalt sollte hier also darauf achten, dass er in der Vergütungsvereinbarung die Zahlung ausdrücklich auf das vorbereitende Verfahren beschränkt.

Bei der Anrechnung von Vorschüssen und Zahlungen ist zudem Folgendes zu beachten:

In § 58 Abs 3 RVG ist ein neuer S 4 eingefügt worden, durch den klargestellt wird, dass auch unterhalb des Doppelten der Pflichtverteidigervergütung eine Anrechnung von Vorschüssen und Zahlungen dann zu erfolgen hat, wenn die Höchstgebühren eines Wahlverteidigers überschritten sind. Bei der Anrechnung von Vorschüssen und Zahlungen wird nun eine doppelte Prüfung vorzunehmen sein:
1. die Addition von gezahltem Vorschuss und der Pflichtverteidigervergütung aus der Landeskasse darf insgesamt das Doppelte der Pflichtverteidigervergütung nicht überschreiten und
2. die Höchstgebühren des Wahlanwalts dürfen nicht überschritten werden.[461]

13. Gebühren und Auslagen des beigeordneten Rechtsanwalts

F 191 Der dem **Privat- oder Nebenkläger** oder dem Antragsteller im **Klageerzwingungsverfahren** im Wege der Prozesskostenhilfe (§§ 379 Abs 3, 379 a, 172 Abs 3 StPO iVm §§ 114–127 ZPO) oder **der sonst beigeordnete Rechtsanwalt** erhält nach Vorbem 4 Abs 1 VV RVG in gleicher Weise wie der einem Beschuldigten bestellte Verteidiger eine Vergütung aus der Staatskasse.

Ein Unterschied besteht insoweit, als der Anwalt hier im Wege der Prozesskostenhilfe beigeordneter Anwalt ist; sein Vergütungsanspruch ist davon abhängig, dass zwischen ihm und dem Begünstigten ein anwaltlicher Geschäftsbesorgungsvertrag zu Stande kommt oder er wenigstens als Geschäftsführer ohne Auftrag tätig wird. Jedoch wird die Anwendung von § 45 RVG ausgeschlossen. Der Anwalt, der den in Vorbem 4 Abs 1 VV RVG Genannten im Wege der Prozesskostenhilfe beigeordnet ist, kann in entsprechender Anwendung von § 46 RVG von den zum Tragen der notwendigen Auslagen des Privat- oder Nebenklägers Verurteilten seine Gebühren und Auslagen (soweit sie nicht aus der Staatskasse erstattet sind) im eigenen Namen beanspruchen.[462] Wahlanwaltskosten des beiordneten Anwalts können gegen den verurteilten Angeklagten jedoch nur insoweit festgesetzt werden, als diese die Pflichtwaltskosten übersteigen.[463] Der Rechtsanwalt erhält für die Stellung des Antrags auf Prozesskostenhilfe die Gebühr nach Nr 4302 Nr 3 VV RVG. Der Nebenkläger hat nicht schon deshalb einen Anspruch auf Beiordnung eines Anwalts im Wege der Prozesskostenhilfe, weil der Angeklagte anwaltlich vertreten ist; § 121 Abs 2 S 1 2. Alt ZPO gilt nicht.[464] Dem Nebenkläger, dem Prozesskostenhilfe bewilligt ist, ist ein Rechtsanwalt beizuordnen, wenn das wegen der Schwierigkeit der Sach- und Rechtslage geboten erscheint, außerdem sind die persönlichen

---

461 Beispiel: Der Pflichtverteidiger nimmt an einer Hauptverhandlung vor der Strafkammer (9 Stunden) teil. Er hat einen Vorschuss von 300 € erhalten. Die Pflichtverteidigergebühren (Nrn 4112, 4114 und 4116 VV RVG) betragen 660 €, das Doppelte = 1 320 €. Die Summe von Vorschuss und Gebühren beträgt 960 €, so dass das Doppelte der Gebühren nicht überschritten ist und folglich keine Anrechnung zu erfolgen hat. Es ist zudem eine Prüfung nach § 58 Abs 3 S 4 RVG vorzunehmen: Die Höchstgebühren des Wahlanwalts (Nrn 4112, 4114 VV RVG) betragen 880 €. Die Summe von Vorschuss und Pflichtverteidigergebühren = 960 € übersteigt diese Höchstgebühren des Wahlanwalts um 80 €. Ergebnis: Der Pflichtverteidiger erhält aus der Landeskasse lediglich Gebühren in Höhe von 580 €.
462 OLG Hamburg Rpfleger 1975, 319.
463 OLG München KostRsp StPO § 471 (B) Nr 88.
464 BVerfG NJW 1983, 1599; OLG Hamburg MDR 1985, 605; OLG Düsseldorf JurBüro 1986, 47; siehe auch *Schwab* Prozesskostenhilfe und Nebenklage MDR 1983, 810; *Meyer* Prozess- und Beratungshilfe in Straf- und Bußgeldsachen JurBüro 1983, 1601.

Verhältnisse des Nebenklägers zu berücksichtigen.⁴⁶⁵ Unter »sonst beigeordnet« fällt der Zeugenbeistand gem § 68 b StPO. Der Rechtsanwalt hat einen Vergütungsanspruch gegen die Staatskasse.⁴⁶⁶

Zu beachten ist hier § 53 Abs 2 S 1 RVG: Der dem Nebenklägervertreter, dem nebenklageberechtigten Verletzten oder aber dem Zeugen als Beistand bestellte Anwalt kann die Gebühren eines gewählten Beistands aufgrund seiner Bestellung nur von dem Verurteilten verlangen. Der Anspruch entfällt insoweit, als die Staatskasse die Gebühren bezahlt hat. In diesen Fällen scheidet also eine Inanspruchnahme von Nebenkläger bzw Zeugen aus. Der Anwalt hat in diesen Fällen die Kostenfestsetzung nach § 126 ZPO, § 464 b StPO gegen den Verurteilten im eigenen Namen zu betreiben, wobei die Erstattung auf die Gebühren beschränkt ist. Festzusetzen ist die Gebührendifferenz zwischen den Gebühren eines gewählten und eines beigeordneten Beistands. Die Vergütung eines beigeordneten Beistands erhält der Rechtsanwalt aus der Staatskasse. Die Gebührendifferenz (ohne Auslagen) kann der Rechtsanwalt gegen den Verurteilten festsetzen lassen. Die Auslagen sind ja bereits durch die Staatskasse beglichen worden.⁴⁶⁷

14. Andere Fälle

a) Die Pflichtverteidigergebühren sind teils ausdrücklich, teils durch **allgemeine Verweisung in strafverfahrensähnlichen Verfahren** für entsprechend anwendbar erklärt, soweit dort die Bestellung eines Pflichtverteidigers oder die Beiordnung eines Rechtsanwalts zur Wahrnehmung der Interessen des Betroffenen in Frage kommt (vgl im Teil 6 VV RVG die Nrn 6100, 6101, 6200–6216, 6300–6303, 6400–6404).

F 192

b) Für das **Bußgeldverfahren** gelten gem § 46 OWiG die Vorschriften der StPO sinngemäß. Folglich kann auch im gerichtlichen Bußgeldverfahren ein Pflichtverteidiger bestellt werden.⁴⁶⁸

F 193

Im Verfahren vor der Verwaltungsbehörde bestellt die Behörde den Pflichtverteidiger, § 60 OWiG. Seine Vergütung richtet sich ebenfalls nach den Pflichtverteidigergebühren.

15. Die Pauschgebühr nach § 42 RVG für den Wahlverteidiger

§ 42 Abs 1 RVG sieht vor, dass in Verfahren, die insgesamt oder teilweise besonders umfangreich oder schwierig sind, für den Wahlanwalt auf Antrag eine Pauschgebühr für das ganze Verfahren oder einzelne Verfahrensabschnitte festgestellt werden kann. Sie erlaubt, in den genannten besonderen Verfahren den erhöhten Arbeitsaufwand des Verteidigers angemessen zu berücksichtigen.

F 194

Sie führt außerdem dazu, dass die Erstattung vereinbarter Vergütungen, die höher als die gesetzlichen Gebühren sind, in Zukunft teilweise möglich sein wird. Das war nach der Rechtsprechung zu § 464 a Abs 2 Nr 2 StPO nicht der Fall.

Die Feststellung einer Pauschgebühr kommt in Betracht, wenn die in den Teilen 4-6 VV RVG bestimmten Gebühren eines Wahlanwalts wegen des besonderen Umfangs und der besonderen Schwierigkeit nicht zumutbar sind. Bei der Prüfung der Unzumutbarkeit müssen auch die weiteren Umstände des § 14 RVG herangezogen werden.⁴⁶⁹

Im Gegensatz zum gerichtlich bestellten oder beigeordneten Rechtsanwalt kommt beim Wahlanwalt die Feststellung einer Pauschgebühr nur ausnahmsweise in Betracht. Dies deshalb, weil der gerichtlich bestellte oder beigeordnete Anwalt lediglich Festgebühren, der Wahlanwalt aber

---

465 OLG Bamberg AnwBl 1985, 319; OLG Düsseldorf JurBüro 1986, 74.
466 OLG Köln Rpfleger 2002, 95; OLG Schleswig JurBüro 1994, 673, wonach dem Zeugenbeistand sogar eine Pauschvergütung entsprechend § 99 BRAGO bewilligt werden kann.
467 OLG Hamm Beschl v 05.07.2012 – 2 Ws 136/12.
468 BayObLG NJW 1979, 771.
469 BGH RVGreport 2007, 264.

Betragsrahmengebühren erhält. Der Wahlanwalt kann also bereits bei der Bestimmung der Betragsrahmengebühr die besonderen Umstände berücksichtigen.

F 195   In § 42 Abs 1 S 4 RVG ist die Höhe der festzustellenden Pauschgebühr geregelt. Sie darf das Doppelte der Höchstbeträge nach Teil 4 (oder Teil 5) nicht übersteigen. Darüber hinausgehende Vergütungen muss der Verteidiger mit seinem Mandanten in der Form des § 4 RVG vereinbaren.

Der Antrag auf Feststellung einer Pauschgebühr ist dann nicht mehr zulässig, wenn die gesetzlichen Gebühren bereits festgesetzt worden sind[470] oder bereits die Festsetzung der Wahlanwaltsvergütung beantragt wurde.[471]

16. Beigeordneter Zeugenbeistand/Vernehmungsbeistand (§ 59 a RVG)

F 195a   Im gerichtlichen Straf- bzw Bußgeldverfahren erfolgt die Beiordnung des Zeugen- bzw Vernehmungsbeistands nach § 68 b StPO durch das Gericht. Mit der Beiordnung erlangt der Beistand einen Vergütungsanspruch gegen die Staatskasse. Dies ist in § 45 Abs 3 RVG »für den gerichtlich beigeordneten« Beistand ausdrücklich geregelt. Auch die Bewilligung einer Pauschgebühr setzt gem § 51 Abs 3 RVG die gerichtliche Beiordnung voraus.

Nach § 163 Abs 3 StPO kann auch die Staatsanwaltschaft einem Zeugen einen anwaltlichen Beistand für polizeiliche Vernehmungen beiordnen.

Nach § 87 e iVm § 53 des Gesetzes über die internationale Rechtshilfe in Strafsachen (IRG) kann das Bundesamt für Justiz im Verfahren auf Bewilligung der Vollstreckung von Geldstrafen und Geldbußen im Rechtshilfeverkehr mit den Mitgliedstaaten der Europäischen Union einen anwaltlichen Beistand bestellen.

In beiden Fällen erfolgt also die Bestellung bzw Beiordnung nicht durch das Gericht, so dass auch § 45 Abs 3 RVG nicht unmittelbar anwendbar ist.

Diese Lücke wurde nun durch das 2. KostRMoG geschlossen: § 59 a RVG regelt die entsprechende Anwendung des § 45 Abs 3 RVG bzw § 51 Abs 3 RVG auch in den Fällen der Beiordnung und Bestellung des Zeugenbeistands durch Justizbehörden.

Die Zuständigkeiten und Rechtsbehelfe sind in § 59 a RVG abweichend geregelt.

F 195b   Nach wie vor ist **umstritten**, ob sich die **Vergütung des nach § 68 b StPO beigeordneten Zeugenbeistands** nach der Vergütung eines Verteidigers bemisst oder aber lediglich eine Gebühr für eine Einzeltätigkeit angesetzt werden kann. Ursprünglich war im Regierungsentwurf des 2. KostRMoG eine Klarstellung enthalten, dass der Rechtsanwalt für die Tätigkeit als Beistand eines Zeugen die gleichen Gebühren wie ein Verteidiger erhalten soll. Nachdem der Bundesrat diese Änderung aber abgelehnt hat, ist diese Klarstellung unterblieben. Die Tendenz in der obergerichtlichen Rechtsprechung geht dahin, dass sich die Vergütung des als Zeugenbeistand beigeordneten Rechtsanwalts nach Nr 4301 Nr 4 VV RVG richtet (so das OLG Köln[472] unter Aufgabe seiner bisherigen Rechtsprechung).

Eine Inanspruchnahme des Zeugen ist ausgeschlossen (vgl § 53 Abs 3 RVG). Der Rechtsanwalt hat einen Vergütungsanspruch in Höhe der Vergütung eines beigeordneten Anwalts gegen die Staatskasse und – wenn und soweit eine Kostengrundentscheidung vorliegt – einen darüberhinausgehenden Gebührenanspruch nach § 126 ZPO, § 464 b StPO gegen den Verurteilten.

---

470 OLG Düsseldorf NStZ-RR 2013, 63.
471 OLG Celle Beschl v 29.07.2008 – 1 ARs 46/08.
472 OLG Köln Beschl v 03.05.2016 – 2 Ws 138/16.

XIII. Kostenerstattungsanspruch nach dem Gesetz über die Entschädigung für Strafverfolgungsmaßnahmen

1. Ein Beschuldigter hat gem § 2 Abs 1 StrEG Anspruch auf Entschädigung für durch den Vollzug von Untersuchungshaft erlittene Schäden und andere Verfolgungsmaßnahmen, soweit er freigesprochen, das Verfahren gegen ihn eingestellt oder die Eröffnung des Hauptverfahrens abgelehnt worden ist. Einstellung in diesem Sinne ist nur die Verfahrenseinstellung nach zwingenden gesetzlichen Vorschriften. Bei Einstellung nach Ermessensvorschriften kann eine Entschädigung aus Billigkeitsgründen erfolgen.

F 196

Die **Entscheidung dem Grunde nach** trifft nach § 8 StrEG das Gericht in dem Urteil oder in dem Beschluss, der das Verfahren abschließt. Hat die Staatsanwaltschaft das Verfahren eingestellt, entscheidet über die Entschädigungspflicht gem § 9 StrEG das Amtsgericht. Gegen die Entscheidung ist die sofortige Beschwerde nach den Vorschriften der StPO auch im Falle der Unanfechtbarkeit der das Verfahren abschließenden Entscheidung zulässig, §§ 8 Abs 3, 9 Abs 2 StrEG. Die Mehrtätigkeit des Verteidigers im Grundverfahren ist im Rahmen des § 14 RVG bei der Gebührenbemessung zu berücksichtigen.

2. Über die Höhe der zu leistenden Entschädigung entscheidet die Justizverwaltung durch Justizverwaltungsakt, § 10 Abs 2 StrEG. Gegen die Entscheidung ist der ordentliche Rechtsweg eröffnet, § 13 StrEG.

F 197

3. Wenn der Beschuldigte allein oder überwiegend wegen der ungerechtfertigten Strafverfolgung einen Rechtsanwalt beigezogen hat, so fragt sich, ob die hierdurch entstehenden **Anwaltskosten** zu dem Schaden gehören, der gem § 7 StrEG zu entschädigen ist. Die Frage ist vereinzelt verneint worden mit der Begründung, Anwaltskosten können nur nach der abschließenden Regelung der §§ 464 ff StPO erstattet werden.[473] Bei dem Anspruch auf Entschädigung handelt es sich um einen materiell-rechtlichen Kostenersatzanspruch. Ein solcher ist nicht durch prozessuale Vorschriften ausgeschlossen. Folglich erkennt die überwiegende Ansicht an, dass zu dem Entschädigungsanspruch auch die Anwaltskosten gehören.[474] Welche Gebühr für den Rechtsanwalt entsteht, hängt davon ab, ob eine Einzeltätigkeit nach Nr 4302 VV RVG oder eine Verteidigertätigkeit vorliegt. War er mit der Verteidigung beauftragt, wird die Gebühr nach Nr 4104 VV RVG nicht im vollen Umfang im Rahmen des § 7 StrEG erstattet. In Betracht kommt nur der entsprechende Anteil an der Gesamtgebühr, soweit sich die Tätigkeit des Anwalts auf die Strafverfolgungsmaßnahme richtete. Also ist fiktiv zu ermitteln, welche Gebühr wäre entstanden, wenn der Rechtsanwalt nur verteidigt hätte bzw wenn er nur im Hinblick auf die Strafverfolgungsmaßnahme tätig geworden wäre. Die Gesamtgebühr ist dann nach dem Verhältnis dieser beiden Gebühren zu teilen.[475] Macht der Rechtsanwalt für seinen Auftraggeber den Entschädigungsanspruch gegen den Staat geltend, so entsteht hierfür die Gebühr nach Nr 2300 VV RVG, die in den Entschädigungsbetrag einbezogen und miterstattet werden muss.[476] Die Anwaltskosten sind ggf gegen den Staat im ordentlichen Rechtsweg einzuklagen.[477]

F 198

Im Klageverfahren nach § 13 StrEG entstehen die Gebühren nach Nrn 3100 ff VV RVG.

4. Das StrEG gilt sinngemäß für das **Bußgeldverfahren** (§ 46 Abs 1 OWiG). § 110 OWiG trifft ergänzende Regelungen für das Verfahren der Verwaltungsbehörde.

F 199

---

473 GenStA Nürnberg MDR 1973, 160; OLG München DAR 1976, 56.
474 BGHZ NJW 1977, 957; vgl auch Zusammenstellung in der Anm *Schmidt* zu KostRsp StPO § 467 a Nr 13.
475 BGHZ 68, 86; GenStA Saarbrücken JurBüro 1974, 340 m Anm *Schmidt*.
476 *Meyer-Goßner* Rn. 6 zu StrEG; siehe auch LG Flensburg JurBüro 1997, 317 (nur, wenn Einschaltung eines Anwalts nötig war).
477 LG Flensburg JurBüro 1981, 1227.

XIV. Kostenerstattungsanspruch des psychosozialen Prozessbegleiters

F 200   1. Mit Wirkung zum 01.07.2017 ist durch das Gesetz zur Stärkung der Opferrechte im Strafverfahren (3. Opferrechtsreformgesetz) die sogenannte **psychosoziale Prozessbegleitung** eingeführt worden. Nach **§ 406 g StPO** kann sich der Verletzte des Beistands eines psychosozialen Prozessbegleiters bedienen. Diese Prozessbegleitung ist eine nicht-rechtliche Beratung und stellt ein zusätzliches Angebot für besonders schutzbedürftige Opfer von Straftaten dar. Die psychosoziale Prozessbegleitung ersetzt aber nicht die Rechtsanwältin oder den Rechtsanwalt.

Dem psychosozialen Prozessbegleiter ist es gestattet, bei Vernehmungen des Verletzten und während der Hauptverhandlung gemeinsam mit dem Verletzten anwesend zu sein. **Die Anforderungen** an die Qualifikation und die Vergütung des psychosozialen Prozessbegleiters richten sich nach dem Gesetz über die psychosoziale Prozessbegleitung im Strafverfahren (**PsychPbG**).

F 201   2. In § 406 g Abs 3 StPO ist die Beiordnung des psychosozialen Prozessbegleiters geregelt.

Unter den in **§ 397 a Abs 1 Nrn 4 und 5** bezeichneten Voraussetzungen **ist** dem Verletzten auf seinen Antrag hin ein psychosozialer Prozessbegleiter **beizuordnen**.

Unter den in **§ 397 a Abs 1 Nrn 1 bis 3** bezeichneten Voraussetzungen **kann** ein psychosozialer Prozessbegleiter **beigeordnet werden**.

Der Unterschied zwischen der zwingenden Beiordnung und der Kann-Bestimmung liegt in Folgendem:

Im Gegensatz zu § 397 a Abs 1 Nrn 4 und 5 muss in den Fällen des § 397 a Abs 1 Nrn 1 – 3 die besondere Schutzbedürftigkeit besonders festgestellt werden, so dass es auch für die Beiordnung eines psychosozialen Prozessbegleiters dieser besonderen Feststellungen bedarf.

F 202   3. Gemäß § 5 Abs 1 PsychPbG richtet sich die Vergütung des nach § 406 g Abs 3 beigeordneten psychosozialen Prozessbegleiters nach den §§ 6 – 10 PsychPbG. Der psychosoziale Prozessbegleiter erhält eine Vergütung wie folgt:

1. Im Vorverfahren   520,00 €
2. Im gerichtlichen Verfahren im ersten Rechtszug   370,00 €
3. Nach Abschluss des erstinstanzlichen Verfahrens   210,00 €.

Mit dieser Vergütung sind sämtliche entstandenen Aufwendungen und Auslagen sowie Ansprüche auf Ersatz der auf die Vergütung entfallenden Umsatzsteuer abgegolten.

Über § 8 PsychPbG iVm § 8 Abs 1 RVG bestimmt sich die Fälligkeit der Vergütung danach, ob der psychosoziale Prozessbegleiter im Vorverfahren tätig wird oder aber erst in einem gerichtlichen Verfahren.

Wird der psychosoziale Prozessbegleiter im **Vorverfahren** tätig, wird die **Vergütung** *fällig*, wenn der **Auftrag erledigt** oder die **Angelegenheit beendet** ist.

Ist der psychosozialen Prozessbegleiter in einem **gerichtlichen Verfahren** tätig, wird die Vergütung über die vorstehenden Fälligkeitstatbestände hinaus auch dann fällig, wenn eine **Kostenentscheidung** ergangen oder der **Rechtszug beendet** ist.

Nach § 8 PsychPbG iVm § 47 Abs 1 S 1 RVG kann der psychosoziale Prozessbegleiter aus der Staatskasse einen Vorschuss fordern.

Auf den Umfang und die Fälligkeit des Vergütungsanspruchs sowie auf die Festsetzung der Vergütung und Vorschüsse einschließlich der Rechtsbehelfe sind § 8 S 1, § 47 Abs 1 S 1, § 48 Abs 1, die §§ 54, 55 Abs 1, 56 Abs 1 S 1 und Abs 2 des RVG entsprechend anzuwenden (vgl § 8 PsychPbG).

Nach § 9 PsychPbG erlischt der Vergütungsanspruch, wenn er nicht binnen 15 Monaten nach Einstellung oder rechtskräftigem Abschluss des Verfahrens bei dem für die Festsetzung der Vergütung zuständigen Gericht geltend gemacht wird.

XIV. Kostenerstattungsanspruch des psychosozialen Prozessbegleiters   F.

Nach § 10 PsychPbG können die Landesregierungen für ihren Bereich durch Rechtsverordnung bestimmen, dass die in diesem Gesetz genannten Bestimmungen über den Vergütungsanspruch des PsychPbG keine Anwendung finden, wenn die Landesregierungen die Vergütung des psychosozialen Prozessbegleiters anderweitig geregelt haben. Die Landesregierungen können die Ermächtigungen durch Rechtsverordnung auf die Landesjustizverwaltungen übertragen.

4. § 8 PsychPbG verweist für das **Festsetzungsverfahren** auf §§ 55, 56 Abs 1 S 1, Abs 2 RVG. Danach ist für die Festsetzung der Urkundsbeamte der Geschäftsstelle des Gerichts des ersten Rechtszuges zuständig. Dieser hat auch über einen Vorschuss zu entscheiden. Auch die Vergütung für die Tätigkeit im Vorverfahren wird durch den Urkundsbeamten der Geschäftsstelle des erstinstanzlichen Gerichts festgesetzt. Kommt es nicht zu einem gerichtlichen Verfahren, erfolgt die Festsetzung durch den Urkundsbeamten der Geschäftsstelle des Gerichts, das den psychosozialen Prozessbegleiter bestellt hat (§ 8 PsychPbG iVm § 55 Abs 1 S 2 RVG). Nach § 406 g Abs 3 S 5 iVm § 162 Abs 1 S 1 StPO ist danach der Urkundsbeamte der Geschäftsstelle des Amtsgerichts zuständig, in dessen Bezirk die Staatsanwaltschaft oder aber ihre den Antrag stellende Zweigstelle ihren Sitz hat.   F 203

5. Gegen die Entscheidung des Urkundsbeamten der Geschäftsstelle findet die **Erinnerung** nach § 8 PsychPbG iVm § 56 Abs 1 S 1 RVG statt. Die Erinnerung ist **nicht fristgebunden**.   F 204

Erinnerungsbefugt sind der psychosoziale Prozessbegleiter sowie die Staatskasse. Die Entscheidung über die Erinnerung ergeht durch Beschluss. Für das Erinnerungsverfahren gilt § 33 Abs 4 S 1, Abs 7 und 8 RVG. Der Urkundsbeamte kann also der Erinnerung abhelfen. Anträge und Erklärungen können ohne Mitwirkung eines Bevollmächtigten schriftlich eingereicht oder zu Protokoll der Geschäftsstelle abgegeben werden.

Gegen die **Entscheidung über die Erinnerung** findet die **Beschwerde** statt. Für das Beschwerdeverfahren wird auf § 33 Abs 3 bis 8 RVG verwiesen. Die Beschwerde erfordert also einen Wert des Beschwerdegegenstands von über 200,00 €. Die Beschwerde ist aber auch zulässig, wenn sie das Gericht, das die angefochtene Entscheidung erlassen hat, wegen der grundsätzlichen Bedeutung der zur Entscheidung stehenden Frage in dem Beschluss zulässt. Die Beschwerde muss **innerhalb von 2 Wochen** nach Zustellung der Entscheidung eingelegt wird. Andernfalls wird die Beschwerde als unzulässig verworfen.

Soweit das Gericht die Beschwerde für zulässig und begründet hält, hat es hier abzuhelfen; im Übrigen ist die Beschwerde unverzüglich dem Beschwerdegericht vorzulegen. Eine Beschwerde an einen obersten Gerichtshof des Bundes findet nicht statt.

6. Das Verfahren über die Erinnerung und über die Beschwerde ist gebührenfrei. Kosten werden nicht erstattet (§ 8 PsychPbG iVm § 56 Abs 2 S 3 RVG).   F 205

Hat die Staatskasse den psychosozialen Prozessbegleiter vergütet, scheidet ein Rückgriff auf den Verletzten aus. In § 406 g Abs 3 S 3 ist ausdrücklich geregelt, dass die Beiordnung für den Verletzten kostenfrei ist.

Dem Verurteilten wird keine Vergütung eines psychosozialen Prozessbegleiters auferlegt, die **Kostenbelastung** erfolgt vielmehr von dem in die Kosten Verurteilten **durch** die **Erhöhung der** entsprechenden **Gerichtsgebühren**.

Nach Nummern 3150 bis 3152 KV GKG erhöhen sich die in dem Strafverfahren zu erhebenden Gerichtsgebühren im Falle der Beiordnung eines psychosozialen Prozessbegleiters wie folgt:

1. für das Vorverfahren um   520,00 €
2. für das gerichtliche Verfahren im ersten Rechtszug um   370,00 €
3. für das Berufungsverfahren um   210,00 €.

Dem Gericht obliegt aber ein Ermessen bei der Kostengrundentscheidung. Durch das 3. Opferrechtsreformgesetz ist **§ 465 Abs 2 StPO** um einen **Satz 4** wie folgt ergänzt worden:

> »Das Gericht kann anordnen, dass die Erhöhung der Gerichtsgebühren im Falle der Beiordnung eines psychosozialen Prozessbegleiters ganz oder teilweise unterbleibt, wenn es unbillig wäre, den Angeklagten damit zu belasten.«

In Vorbem 3.1.5 KV GKG ist mit Wirkung zum 01.01.2017 geregelt, dass eine Erhöhung der Gerichtskosten dann nicht eintritt, soweit das Gericht etwas anderes angeordnet hat (§ 465 Abs 2 S 4 StPO).

G. Kostenfestsetzung in Bußgeldsachen

Übersicht

		Rdn.			Rdn.
I.	Verfahren vor der Verwaltungsbehörde .	G 1	IV.	Gebühren in Bußgeldverfahren.......	G 8
II.	Kostenfestsetzung und Zwangsvollstreckung...............	G 5	V.	Bußgeldverfahren und staatsanwaltschaftliches	
III.	Gerichtliches Verfahren und Verfahren der Staatsanwaltschaft..............	G 6	VI.	Ermittlungsverfahren .... Sonstiges......................	G 10 G 11

I. Verfahren vor der Verwaltungsbehörde

1. Die §§ 105 bis 108 OWiG enthalten die **Vorschriften über die Kosten und das Kostenfestsetzungsverfahren in Verfahren der Verwaltungsbehörde.** In ihnen werden bestimmte Kostenvorschriften der StPO und des JGG ausdrücklich für anwendbar erklärt. Das war erforderlich, da die Vorschriften der StPO und des JGG sich auf richterliche Handlungen in Strafverfahren beziehen und daher nicht ohne weiteres auf die Handlungen der Verwaltungsbehörde zu übertragen sind. Für das gerichtliche Bußgeldverfahren enthält § 109 OWiG eine ergänzende Regelung für die Kosten; hier war eine weitere Regelung nicht nötig, da gem § 46 Abs 1 OWiG alle Kostenvorschriften der StPO und des JGG sinngemäß gelten. G 1

2. **§ 105 Abs 1 OWiG** lautet: »*In Verfahren der Verwaltungsbehörde gelten § 464 Abs 1 und 2, §§ 464 a, 464 c, soweit die Kosten für Gebärdensprachendolmetscher betroffen sind, die §§ 464 d, 465, 466, 467 a Abs 1 und 2, § 469 Abs 1 und 2, sowie die §§ 470, 472 b und 473 Abs 7 der Strafprozessordnung sinngemäß, im Verfahren gegen Jugendliche und Heranwachsende ferner § 74 des Jugendgerichtsgesetzes.*« G 2

Zur Klarstellung und Vermeidung von Zweifelsfragen werden die sinngemäß anzuwendenden Vorschriften **abschließend** aufgeführt. § 464 b StPO fehlt, da das Kostenfestsetzungsverfahren bei der Verwaltungsbehörde in § 106 OWiG selbstständig geregelt ist. Wegen des Fehlens von § 467 StPO siehe nachfolgend Rdn. G 3. Es gilt also all das, was vorstehend unter F zu den einzelnen Vorschriften der StPO aufgeführt ist. Im Folgenden brauchen nur einige Abweichungen und Besonderheiten dargestellt zu werden.

3. **Hinsichtlich der Einstellung des Bußgeldverfahrens** durch die Verwaltungsbehörde ist zu unterscheiden. Stellt die Bußgeldbehörde das Verfahren vor Erlass eines Bußgeldbescheides ein, dann beendet sie das Ermittlungsverfahren. Eine Kostenentscheidung ergeht nicht. Denn die Verwaltungsbehörde hat in Bußgeldverfahren lediglich die Stellung der Staatsanwaltschaft und auch in Strafsachen ist bei Einstellung des staatsanwaltschaftlichen Ermittlungsverfahren – abgesehen von den in §§ 467 a, 469, 470 S 1 StPO geregelten Fällen – eine Kostenentscheidung nicht möglich. Daher konnte § 467 StPO in § 105 Abs 1 OWiG nicht für anwendbar erklärt werden. Nimmt die Behörde dagegen den erlassenen Bußgeldbescheid zurück, dann hat sie, falls sie das Verfahren einstellt, eine Entscheidung darüber zu treffen, ob die Kosten des Bußgeldverfahrens und die dem Betroffenen erwachsenen notwendigen Auslagen der Staatskasse aufzuerlegen sind, § 105 Abs 1 OWiG iVm § 467 a Abs 1 u 2 StPO. G 3

4. Die mit dem Einstellungsbescheid ergehende Entscheidung über die Kostentragungspflicht kann nur mit dem Rechtsbehelf, der gegen die Entscheidung in der Hauptsache zulässig ist, angefochten werden; denn § 464 Abs 3 StPO wird in Abs 1 des § 105 OWiG von der sinngemäßen Anwendung ausgenommen. Daher ist gem § 108 Abs 1 Nr 1 OWiG gegen den selbstständigen Kostenbescheid nur der **Antrag auf gerichtliche Entscheidung nach § 62 OWiG** zulässig. Es entscheidet der Richter bei dem Amtsgericht, in dessen Bezirk, die Verwaltungsbehörde ihren Sitz hat, § 62 Abs 2 S 1 iVm § 68 Abs 1 OWiG. Der Antrag ist innerhalb von zwei Wochen nach Zustellung des Bescheides zu stellen; gegen die Entscheidung des Gerichts ist keine Beschwerde möglich. Welche Gebühren und Auslagen gegen den Betroffenen im Bußgeldbescheid festgesetzt werden, regelt § 107 OWiG. G 4

Auch gegen den Ansatz der Gebühren und Auslagen im Bußgeldbescheid ist Antrag auf gerichtliche Entscheidung nach § 62 OWiG zulässig, § 108 Abs 1 S 1 OWiG. Dieser Antrag ist unbefristet.

Auch gegen die Kostenentscheidung des Bußgeldverfahrens ist nur der Antrag auf gerichtliche Entscheidung nach § 62 OWiG zulässig, und zwar auch dann, wenn der Bußgeldbescheid im Übrigen nicht angegriffen wird.[1]

II. Kostenfestsetzung und Zwangsvollstreckung

G 5   Das **Kostenfestsetzungsverfahren bei der Verwaltungsbehörde** ist in § 106 Abs 1 OWiG eigenständig geregelt. Die Bestimmung ist eine Kombination von § 464 b StPO u § 104 Abs 1 ZPO. Gegen den Kostenfestsetzungsbescheid ist Antrag auf gerichtliche Entscheidung und gegen die Entscheidung des Gerichts sofortige Beschwerde möglich, § 108 Abs 1 OWiG. Hinsichtlich der **Zwangsvollstreckung aus dem Kostenfestsetzungsbescheid** bestimmt § 106 Abs 2 OWiG, das die Vorschriften der ZPO über die Zwangsvollstreckung aus Kostenfestsetzungsbeschlüssen sinngemäß gelten. Die Zwangsvollstreckung ist erst zulässig, wenn der Kostenfestsetzungsbescheid unanfechtbar geworden ist. Die vollstreckbare Ausfertigung wird vom Urkundsbeamten der Geschäftsstelle des nach § 68 OWiG zuständigen Gerichts erteilt.

III. Gerichtliches Verfahren und Verfahren der Staatsanwaltschaft

G 6   1. Da gem § 46 Abs 1 OWiG **für das gerichtliche Bußgeldverfahren** die Kostenvorschriften der StPO und das JGG sinngemäß gelten, gilt das zu diesen Vorschriften Gesagte. Das OWiG beschränkt sich auf eine Ergänzung, indem es in § 109 Abs 2 bestimmt, dass der Betroffene, wenn sein Einspruch verworfen wird, auch die Kosten des gerichtlichen Verfahrens trägt. Da die im Bußgeldbescheid der Verwaltungsbehörde getroffene Kostenentscheidung sich nur auf die Kosten des Bußgeldverfahrens der Verwaltungsbehörde erstreckt, nicht aber auf die danach entstandenen Kosten, sind bei Rücknahme oder Verwerfung des Einspruchs gegen den Bußgeldbescheid die Kosten des gerichtlichen Bußgeldverfahrens dem Betroffenen aufzuerlegen. Die Kostenentscheidung wird im Urteil getroffen, wenn der Einspruch in der Hauptverhandlung verworfen wird, sonst in einem selbstständigen Kostenbeschluss. Anfechtbar ist Letzterer mit der sofortigen Beschwerde, soweit der Wert des Beschwerdegegenstandes 200 € übersteigt, § 464 Abs 3, § 304 Abs 3, § 311 StPO iVm § 46 Abs 1 OWiG.

§ 109 Abs 1 OWiG bestimmt: Wird der Bescheid der Verwaltungsbehörde über die Verwerfung des Einspruchs (§ 69 Abs 1 OWiG) oder des Antrags auf Wiedereinsetzung in den vorigen Stand wegen Versäumung der Einspruchsfrist im Verfahren nach § 62 OWiG aufgehoben, so gilt auch für die Kosten und Auslagen dieses Verfahrens die abschließende Entscheidung nach § 464 Abs 1, 2 der StPO.

G 7   2. **Stellt die Staatsanwaltschaft** das Verfahren nach Einspruch gegen den Bußgeldbescheid vor der Vorlage der Akten an das Gericht **ein**, so trifft gem § 108 a Abs 1 OWiG sie die Entscheidungen nach § 467 a Abs 1, 2 der StPO.

Nach § 108 a Abs 1 OWiG iVm §§ 467 a Abs 1, 467 StPO sind die dem Betroffenen erwachsenen notwendigen Auslagen grundsätzlich der Staatskasse aufzuerlegen, wenn das Verfahren gegen ihn eingestellt wird. Davon kann abgesehen werden, wenn eine Verurteilung nur deshalb nicht erfolgt ist, weil ein Verfahrenshindernis besteht (vgl § 108 a Abs 1 OWiG iVm §§ 467 a Abs 1, 467 Abs 3 S 2 Nr 2 StPO. Die Vorschrift ist wegen ihres Ausnahmecharakters restriktiv auszulegen, so dass ein Ermessen nur dann eröffnet ist, wenn ein Verfahrenshindernis die alleinige Ursache der Einstellung sei.[2] In dem zu entscheidenden Sachverhalt wurde das Bußgeldverfahren wegen eines anhängigen Strafverfahrens eingestellt. In diesem Zeitpunkt war aber das Strafverfahren noch nicht

---

[1] LG Bonn JurBüro 1991, 1383.
[2] AG Bad Kreuznach Beschl v 26.09.2016 – 40 Owi 1022 Js 1520/15.

rechtshängig, weil die Rechtshängigkeit im Strafverfahren nicht bereits durch die Anklageerhebung, sondern erst durch den gerichtlichen Eröffnungsbeschluss begründet wird. Ein nicht rechtshängiges Strafverfahren könne aber die Verfolgung der Ordnungswidrigkeit im Zeitpunkt der Verfahrenseinstellung nicht hindern, so dass die Voraussetzungen für die Ablehnung der Übernahme der notwendigen Auslagen des Betroffenen nicht vorlagen.

Gegen die Entscheidung der Staatsanwaltschaft kann innerhalb von zwei Wochen nach Zustellung gerichtliche Entscheidung beantragt werden, § 108 a Abs 2 OWiG. Die Entscheidung über den Festsetzungsantrag (§ 464 b S 1 StPO) trifft der Urkundsbeamte der Geschäftsstelle der Staatsanwaltschaft; über die Erinnerung gegen den Festsetzungsbeschluss entscheidet das nach § 68 OWiG zuständige Gericht, § 108 a Abs 3 OWiG.

IV. Gebühren in Bußgeldverfahren

1. Die Gebühren in Bußgeldverfahren sind im Teil 5 des VV RVG geregelt. Wegen der Einzelheiten wird auf die Kommentare zum RVG verwiesen. Im Folgenden soll nur auf Grundsätzliches sowie auf die durch das 2. KostRMoG erfolgten Klarstellungen und Änderungen eingegangen werden. **G 8**

2. Teil 5 des VV RVG normiert eigene Rahmen für die Gebühren im Bußgeldverfahren, und zwar abweichend von den in Strafverfahren festgelegten Rahmen. Die konkrete Gebühr ist im Einzelfall gem § 14 RVG zu bestimmen. **G 9**

Auch im straßenverkehrsrechtlichen Bußgeldverfahren ist **grundsätzlich** von der **Mittelgebühr** auszugehen.[3,4] Diese Gebühr ist dann unter Berücksichtigung der Umstände des Einzelfalles angemessen zu erhöhen oder zu ermäßigen. Nach anderer Auffassung ist danach zu differenzieren, ob es sich um einen allgemeinen Durchschnittsfall, gemessen an den Verfahren aus allen Ordnungswidrigkeitsbereichen, oder einem Durchschnittsfall aus dem Bereich der Verkehrsordnungswidrigkeiten handelt. Die Mittelgebühr sei nur auf den allgemeinen Durchschnittsfall in der Gesamtbetrachtung aller Ordnungswidrigkeitenbereiche zugeschnitten und nicht auf einen Durchschnittsfall aus dem Bereich der Verkehrsordnungswidrigkeiten.[5] Das Gericht hat hier einen Gebührenansatz unterhalb der Mittelgebühr für gerechtfertigt angesehen.

Danach kann also in Bußgeldsachen wegen Verkehrsordnungswidrigkeiten, die für den Betroffenen außer einer Geldbuße keine weiteren Auswirkungen haben und zudem in tatsächlicher und rechtlicher Hinsicht einfach gelagert sind, auch eine unter der Mittelgebühr liegende Gebühr angemessen sein. Auch das Landgericht Zwickau[6] geht in »einfach gelagerten« straßenverkehrsrechtlichen Bußgeldangelegenheiten im Regelfall davon aus, dass die Gebühren im unteren Drittel des zur Verfügung stehenden Gebührenrahmens anzusiedeln sind. Das Gericht hat eine Angelegenheit von unterdurchschnittlicher Bedeutung unterstellt, in der Entscheidung aber offengelassen, was denn unter einem durchschnittlichen Verfahren zu verstehen sei. Dies stellt eine bedenkliche Entwicklung in der Rechtsprechung dar, da damit kaum mehr eine Mittelgebühr angesetzt werden kann,

Ein Hauptverhandlungstermin, der ohne Zeugenvernehmung bereits nach weniger als 15 Minuten beendet wird, soll auch in einem Bußgeldverfahren als unterdurchschnittlich zu bewerten sein und nicht den Ansatz der grundsätzlich in Betracht kommenden mittleren Terminsgebühr rechtfertigen.[7]

Gerade bei Verkehrsordnungswidrigkeiten sollte gesteigerter Wert auf die Begründung der Gebühr im Einzelfall gelegt werden, weil beispielsweise bereits ein drohender Punkt und/oder aber ein

---

3 *Burhoff*, RVG Straf- und Bußgeldsachen, Vorbem 5 VV RVG, Rn. 39 mwN.
4 LG Stralsund RVGreport 2016, 15.
5 LG Landshut Beschl v 19.01.2017 – 3 Qs 14/17.
6 LG Zwickau Beschl v 25.11.2015 – 1 Qs 174/15.
7 LG Potsdam Beschl v 15.08.2013 – 24 Qs 77/13.

verhängtes Fahrverbot unter dem Kriterium der »Bedeutung der Angelegenheit« iSd § 14 RVG zur Erhöhung der Gebühr führen kann.

Zu beachten ist, dass es sich bei der zusätzlichen Gebühr nach Nr 5115 VV RVG um eine Festgebühr handelt, die immer in Höhe der Mittelgebühr anfällt.

3. Mehrere Bußgeldverfahren stellen jeweils eine besondere Angelegenheit dar, solange sie nicht durch die Verwaltungsbehörde, die Staatsanwaltschaft oder durch das Gericht formell verbunden sind.[8] Die gleichzeitige Terminierung mehrerer Bußgeldverfahren bewirkt noch keine Verbindung.[9]

4. Ob die Grundgebühr neben der Verfahrensgebühr entsteht oder nicht war lange streitig, ist nun aber mit Wirkung zum 01.08.2013 durch das 2. KostRMoG endgültig geklärt. Hier ist nämlich in Abs 1 der Anm. zu Nr 5100 VV RVG eingefügt worden, dass die Gebühr »neben der Verfahrensgebühr« entsteht. Grundgebühr und Verfahrensgebühr entstehen mithin immer nebeneinander.

5. Im bußgeldrechtlichen Wiederaufnahmeverfahren entsteht keine Grundgebühr. Durch das 2. KostRMoG ist auch insoweit eine Klarstellung erfolgt: In Vorbem 5.1.3 Abs 2 VV RVG wird nun auf die »Gebühren dieses Unterabschnitts« verwiesen, dh auf die im Unterabschnitt 3 geregelten Gebühren.

6. Durch das 2. KostRMoG ist in der Vorbem 5 Abs 4 VV RVG ebenfalls eine Klarstellung dahingehend erfolgt, dass das Verfahren über einen Antrag auf gerichtliche Entscheidung gegen einen Kostenfestsetzungsbescheid und gegen den Ansatz der Gebühren und Auslagen in Bußgeldsachen der Erinnerung oder Beschwerde beim Kostenansatz und in der Kostenfestsetzung gleichstehen, die Gebühren sich also nach Nr 3500 VV RVG richten.

V. Bußgeldverfahren und staatsanwaltschaftliches Ermittlungsverfahren

G 10 Nicht selten wird ein Ermittlungsverfahren wegen eines Vergehenstatbestandes von der StA eingestellt, die Akten dann aber an die Verwaltungsbehörde zur Verfolgung der Ordnungswidrigkeiten abgegeben.

▶ Beispiel:

Die Staatsanwaltschaft ermittelt wegen Unfallflucht. Der Verteidiger fertigt die Einlassung. Daraufhin stellt die Staatsanwaltschaft das Verfahren ein, gibt die Akten an die Verwaltungsbehörde zur Verfolgung der Ordnungswidrigkeit (zB § 24 a StVG) ab. Die Verwaltungsbehörde erlässt einen Bußgeldbescheid. Dagegen legt der Verteidiger Einspruch ein und verteidigt in der Hauptverhandlung.

Hier ist der Verteidiger im staatsanwaltlichen Ermittlungsverfahren tätig geworden, folglich ist ihm neben der Grundgebühr nach Nr 4100 VV RVG die Gebühr aus Nr 4104 VV RVG erwachsen. Da der Verteidiger zudem an der Verfahrenseinstellung mitgewirkt hat, erhält er eine zusätzliche Verfahrensgebühr nach Nr 4141 VV RVG. Wenn der Verteidiger nach der Einstellung des Ermittlungsverfahrens im Bußgeldverfahren vor der Verwaltungsbehörde tätig wird, dann entsteht die Gebühr nach Nr 5101 VV RVG.[10] Denn das Verfahren vor der Staatsanwaltschaft als vorbereitendes Verfahren ist mit seiner Einstellung abgeschlossen; mit der Abgabe der Akten an die Verwaltungsbehörde beginnt ein neues, selbstständiges Verfahren. Es handelt sich um zwei Angelegenheiten iSv § 15 Abs 2 RVG. Lediglich die Grundgebühr nach Nr 5100 VV RVG entsteht nicht neu, dies ist durch die Anm Abs 2 zu Nr 5100 VV RVG ausgeschlossen.

Für jede Angelegenheit bedarf es eines gesonderten Auftrags des Auftraggebers; ist er rechtsschutzversichert, so muss er jeweils für beide Angelegenheiten die Deckungszusage beantragen. Die

---

8 LG Potsdam Beschl v 27.06.2013 – 24 Qs 184/12.
9 LG Bonn RVGreport 2010, 422.
10 Ausführliche Begründung s *Gerold/Schmidt-Madert* 15. Aufl.

frühere Streitfrage hat sich nun durch das 2. KostRMoG erledigt In § 17 **RVG** sind ua zwei neue **Nummern 10 und 11** eingefügt worden. Nach Nr 10 sind verschiedene Angelegenheiten:

»das strafrechtliche Ermittlungsverfahren und
a) ein nachfolgendes gerichtliches Verfahren und
b) ein sich nach Einstellung des Ermittlungsverfahrens anschließendes Bußgeldverfahren,«

Damit ist durch das 2. KostRMoG eine Klarstellung erfolgt und die entgegenstehende Rechtsprechung und Entscheidung des BGH[11] korrigiert worden. Der BGH hatte dem Anwalt eine Zusatzgebühr nach Nr 4141 VV RVG versagt, obwohl dieser an der Einstellung des staatsanwaltlichen Ermittlungsverfahrens mitgewirkt hatte, weil es danach noch zu einem Bußgeldverfahren vor der Verwaltungsbehörde gekommen war. Dies ist nun nicht mehr haltbar.

VI. Sonstiges

Hinsichtlich des **Pflichtverteidigers im Bußgeldverfahren** ist § 57 RVG zu beachten. G 11

Die Vorschrift regelt speziell den Fall, dass im Bußgeldverfahren die Verwaltungsbehörde über die Festsetzung der Anwaltsvergütung des bestellten oder beigeordneten Rechtsanwalts entschieden hat. Die Verwaltungsbehörde entscheidet dann, wenn es nicht zu einem gerichtlichen Verfahren gekommen ist. Dagegen richtet sich die Einwendung nach § 56, wenn in Bußgeldsachen ein gerichtliches Verfahren anhängig geworden ist.

Vom Anwendungsbereich erfasst sind sämtliche Entscheidungen, die die Verwaltungsbehörde innerhalb des 8. Abschnitts erlassen hat. Voraussetzung ist, dass die Verwaltungsbehörde entschieden und das Verfahren auch vor der Verwaltungsbehörde geendet hat.

Vom Anwendungsbereich der Vorschrift sind demnach folgende Entscheidungen der Verwaltungsbehörde erfasst:

– Entscheidungen im Bußgeldverfahren vor der Verwaltungsbehörde, die ohne Einspruch beendet werden;
– Entscheidungen der Verwaltungsbehörde im Festsetzungsverfahren nach § 55 Abs 7;
– Entscheidungen der Verwaltungsbehörde über Auslagen nach § 46 Abs 2 S 2, 3;
– Entscheidungen über die Bewilligung eines Vorschusses nach § 51 Abs 1 S 5;
– Entscheidungen über die Bewilligung einer Pauschgebühr nach § 51 Abs 3 S 2;
– Entscheidungen über die Inanspruchnahme nach § 52 Abs 6 S 2;
– Entscheidungen über die nachträgliche Anrechnung von Zahlungen nach § 58 Abs 3 iVm § 55 Abs 5 S 4, 7.

Gegen diese Entscheidungen ist der Antrag auf gerichtliche Entscheidung zulässig. Das Verfahren richtet sich nach § 62 OWiG.

Der Antrag auf gerichtliche Entscheidung ist bei der Verwaltungsbehörde zu stellen, die die angefochtene Entscheidung erlassen hat (§ 62 Abs 2 S 2 OWiG iVm § 306 Abs 1 StPO). Eine Frist ist ebenso wenig vorgesehen wie eine Mindestbeschwer.

Die Verwaltungsbehörde hat eine Abhilfemöglichkeit (§ 62 Abs 2 OWiG iVm § 306 Abs 2 StPO).

Bei Nichtabhilfe hat die Verwaltungsbehörde den Antrag spätestens vor Ablauf von drei Tagen dem Amtsgericht vorzulegen (§ 62 Abs 2 S 2 OWiG iVm § 306 Abs 2 StPO).

Die Entscheidung des Amtsgerichts ergeht ohne mündliche Verhandlung durch Beschluss (§ 62 Abs 2 S 2 OWiG iVm § 309 Abs 1 StPO).

---

11 BGH Urt v 05.11.2009 – IX ZR 237/08.

H. Festsetzung der aus der Staatskasse zu zahlenden Vergütung (§ 55 RVG)

Übersicht

		Rdn.
I.	Allgemeines	H 1
II.	Eigenart des Verfahrens	H 2
III.	Festsetzungsantrag	H 9
IV.	Das Festsetzungsverfahren	H 15
1.	Zuständigkeiten	H 15
2.	Bindung des Urkundsbeamten an den Beiordnungsbeschluss	H 16
3.	Bindung an den Antrag	H 19
4.	Prüfungsumfang des Urkundsbeamten	H 20
5.	Einwendungen und Einreden	H 28
6.	Vertretung von Streitgenossen	H 29
V.	Die Festsetzungsentscheidung	H 30
VI.	Erinnerung	H 34
VII.	Beschwerde	H 42
VIII.	Festsetzung der weiteren Vergütung (§ 50 RVG)	H 45
IX.	Festsetzung der Gebühren für Beratungshilfe	H 46
X.	Übergang von Ansprüchen auf die Staatskasse (§ 59 RVG)	H 49

I. Allgemeines

H 1 Die Vorschrift regelt die **Zuständigkeit** zur Festsetzung der aus der Staatskasse zu gewährenden Vergütung und eines Vorschusses darauf. Ihr Anwendungsbereich betrifft die Festsetzung sämtlicher Vergütungsansprüche der **gerichtlich beigeordneten oder bestellten** Rechtsanwälte. Erfasst werden Tätigkeiten in allen Gerichtsbarkeiten und nach Abs 7 auch in Bußgeldverfahren vor Verwaltungsbehörden.

Nach § 55 RVG werden deshalb die folgenden Vergütungsansprüche festgesetzt: Bei gerichtlicher Beiordnung bzw Bestellung des Rechtsanwalts
- im Wege von **Prozesskostenhilfe** (§ 121 ZPO) oder **Verfahrenskostenhilfe** (§ 76 FamFG);
- nach § 11 a ArbGG, § 4 a InsO (§ 12 RVG);
- nach §§ 138, 270 FamFG und nach § 67 a Abs 1 S 2 VwGO (§ 45 Abs 2 RVG);
- als **Pflichtverteidiger** und als **Nebenklägervertreter** in Strafsachen;
- in **Bußgeldverfahren**;
- als **Prozesspfleger** nach §§ 57 oder 58 ZPO (§ 45 Abs 1 RVG);
- als **Kontaktperson** eines Inhaftierten (§ 45 Abs 3 RVG);
- für den **Privatkläger** (§ 379 Abs 3 StPO).

§ 55 RVG erfasst auch Tätigkeiten des Rechtsanwalts im Rahmen der **Beratungshilfe** nach dem BerHG (§ 55 Abs 4 RVG). § 55 RVG gilt nicht für den Wahlverteidiger und Parteiauslagen.[1] Auch die von der Beiordnung oder Bestellung begünstigte Partei ist nicht antragsberechtigt.[2]

II. Eigenart des Verfahrens

H 2 **1. Das Vergütungsfestsetzungsverfahren** nach § 55 RVG dient, anders als das Kostenfestsetzungsverfahren nach §§ 103 ff ZPO, nicht der betragsmäßigen Ausfüllung einer Kostengrundentscheidung. Es setzt lediglich voraus, dass die **Vergütung fällig** ist und, dass der Rechtsanwalt **gerichtlich bestellt** oder (erneut) **beigeordnet** wurde.[3] Da die Vergütung nach § 8 Abs 1 RVG auch ohne den Erlass einer Kostenentscheidung fällig werden kann, besteht keinerlei Abhängigkeit des Anspruchs gegen die Staatskasse vom Inhalt einer Kostengrundentscheidung.[4] Lediglich der nach §§ 138, 270 FamFG beigeordnete oder nach § 67 a Abs 1 S 2 VwGO bestellte Rechtsanwalt kann eine Vergütung

---

[1] AG Koblenz BeckRS 2009, 12879 = JurBüro 2009, 329.
[2] BGH MDR 1978, 214.
[3] OLG Brandenburg FamRZ 2012, 898.
[4] *Gerold/Schmidt/Müller-Rabe* § 55 Rn. 8.

aus der Staatskasse erst verlangen, wenn der zur Zahlung Verpflichtete (§§ 39 oder 40 RVG) mit der Zahlung der Vergütung im Verzug ist (§ 45 Abs 2 RVG).

2. Das Verfahren nach § 55 RVG ist der einzige Weg, auf dem der gerichtlich bestellte oder beigeordnete Rechtsanwalt seinen Vergütungsanspruch gegen die Staatskasse verfolgen kann. Eine Feststellungsklage wäre wegen der speziellen Regelung des § 55 RVG unzulässig.[5] Es schafft keinen vollstreckbaren Titel gegen die Staatskasse. Das Verfahren hat weder mit dem Kostenfestsetzungsverfahren nach **§§ 103 ff ZPO** noch mit dem Vergütungsfestsetzungsverfahren nach **§ 11 RVG** Berührung. Im Ersteren geht es um die prozessuale Erstattungspflicht im Verhältnis der Prozessparteien zueinander.[6] Die besonderen Regelungen des Verfahrens nach § 11 RVG, insbesondere die Beschränkung auf gebührenrechtliche Einwendungen (§ 11 Abs 5 RVG) und die nur eingeschränkte Anwendbarkeit bei Rahmengebühren (§ 11 Abs 8 RVG), sind im Verfahren nach § 55 RVG **unanwendbar**.

H 3

3. Entscheidungen, die im Kostenfestsetzungs- oder Vergütungsfestsetzungsverfahren ergehen, binden die Festsetzung nach § 55 RVG nicht. Im umgekehrten Sinne gilt das auch für Entscheidungen nach § 56 RVG. Das ergibt sich schon aus der Verschiedenheit der Verfahrensbeteiligten. Deshalb entfalten Entscheidungen **keine Rechtskraftwirkung für andere Verfahren**.

H 4

▶ Beispiel:

> Wurde im Verfahren nach **§ 55 RVG** rechtskräftig entschieden, dass dem im Wege der Prozesskostenhilfe beigeordneten Rechtsanwalt eine bestimmte Gebühr aus der Staatskasse zu vergüten ist, so bindet diese Entscheidung ein Kostenfestsetzungsverfahren gegen den unterlegenen Gegner nach §§ 91, 126 Abs 1 ZPO nicht. Ebensowenig wird die Geltendmachung des nach § 59 Abs 1 RVG auf die Staatskasse übergegangenen Erstattungsanspruchs davon berührt.[7]

4. Das Verfahren nach § 55 RVG ist ein Justizverwaltungsverfahren.[8] Die Festsetzungsentscheidung ist aber kein Justizverwaltungsakt iSd § 23 EGGVG.[9] Funktionell zuständig ist der **Urkundsbeamte der Geschäftsstelle**. Der **Zweck** des Verfahrens besteht in der Überprüfung des Vergütungsanspruchs des Rechtsanwalts nach Grund und Höhe. Als **Parteien** sind der beigeordnete Rechtsanwalt und die Staatskasse beteiligt.

H 5

Trotz der justizförmigen Ausgestaltung des Festsetzungsverfahrens entscheidet der Urkundsbeamte der Geschäftsstelle **unabhängig**. In seiner Funktion als selbständiges Organ der Rechtspflege ist er an Weisungen der Justizverwaltung (zB Bezirksrevisor) nicht gebunden.[10] Er ist nicht Vertreter der Interessen der Staatskasse.

H 6

Der Urkundsbeamte kann für den Fall, dass die Festsetzung einer weiteren Vergütung nach § 50 RVG in Betracht kommt, dem Rechtsanwalt eine Frist zur Antragstellung setzen (§ 55 Abs 6 RVG).

H 7

Aus der gerichtsverfassungsrechtlichen Stellung des Urkundsbeamten folgt, dass er seine Entscheidung nur bei offenbarer Unrichtigkeit iSd § 319 ZPO und dann, wenn er einer Erinnerung **abhilft** (§ 56 Abs 2 S 1 iVm § 33 Abs 4 S 1 RVG), **von Amts wegen** ändern darf (vgl Rdn. H 32 und **Rdn. A 40**).[11]

H 8

---

5 *Hartmann* KostG/RVG § 55 Rn. 1.
6 OLG Zweibrücken FamRZ 2000, 756; vgl auch OLG München FamRZ 2006, 1461.
7 BGH JurBüro 1978, 57 = MDR 1978, 214; OLG Zweibrücken JurBüro 1999, 590; *Gerold/Schmidt/Müller-Rabe* § 55 Rn. 7.
8 OLG Düsseldorf Rpfleger 2008, 317; OVG Lüneburg JurBüro 1988, 1501; *Hartmann* KostG/RVG § 55 Rn. 1.
9 OLG Naumburg NJW 2003, 2912; **aA:** AG Lübeck Rpfleger 1984, 75.
10 OLG Naumburg NJW 2003, 2921; *Dörndorfer* RPflG § 26 Rn. 13.
11 OLG Frankfurt aM FamRZ 1991, 1462; OLG Hamm JurBüro 1982, 255; **aA:** OLG Stuttgart AnwBl 1978, 462.

III. Festsetzungsantrag

H 9 **1. Antragsberechtigt** ist nur der gerichtlich beigeordnete oder bestellte Rechtsanwalt. Die Antragsberechtigung bleibt ihm auch erhalten, wenn er aus der Anwaltschaft ausgeschieden ist. Nach seinem Tod ist der Rechtsnachfolger antragsberechtigt. Antragsberechtigt sind auch ein Zessionar oder ein Vollstreckungsgläubiger nach Abtretung bzw Pfändung und Überweisung des Vergütungsanspruchs sowie ein nach § 55 BRAO bestellter Kanzleiabwickler. Die Entscheidung über die Person des Rechtsnachfolgers ist im Festsetzungsverfahren zu treffen. Diese Frage kann nicht als außergebührenrechtlich in ein anderes Verfahren verlagert werden.

H 10 **2.** Die vom Rechtsanwalt vertretene Partei und ihr Prozessgegner haben **kein Antragsrecht**. Beide sind am Festsetzungsverfahren nach § 55 RVG nicht beteiligt. Ihnen steht daher auch kein Recht zur Anfechtung der gerichtlichen Festsetzungsentscheidung zu. Nimmt sie aber die Staatskasse nach § 59 Abs 1 RVG in Anspruch, dann können sie gebührenrechtliche Einwendungen erheben (§§ 59 Abs 2 S 1, 66 GKG). Die Festsetzungsentscheidung hat insoweit keine bindende Wirkung (vgl Rdn. H 4).

H 11 **3.** Der Antrag ist **nicht fristgebunden**. Eine Ausnahme davon macht **§ 11 Abs 6 S 1 RVG** und zwar dann, wenn die Festsetzung einer weiteren Vergütung (§ 50 RVG) in Betracht kommt. In diesem Fall kann (kein Ermessen)[12] der Urkundsbeamte der Geschäftsstelle den Rechtsanwalt **auffordern**, innerhalb einer (Ausschluss-) **Frist von einem Monat** Anträge auf Festsetzung der weiteren Vergütungen einzureichen. Die Fristsetzung muss vom Urkundsbeamten unterschrieben sein, eine Paraphe genügt nicht.[13] Die Monatsfrist ist eine gesetzliche Frist, sie kann weder verkürzt noch verlängert werden (§ 224 Abs 2 ZPO). Da es sich um keine Notfrist handelt, findet bei Fristversäumung keine Wiedereinsetzung in den vorigen Stand statt.[14]

▶ Praxistipp:

Auch wegen der Verjährung empfiehlt es sich für den Rechtsanwalt sowohl den Antrag auf Festsetzung der Vergütung nach § 55 RVG als auch (vorsorglich) den Antrag auf Festsetzung einer weiteren Vergütung nach § 50 RVG möglichst frühzeitig zu stellen und nicht den Abschluss des Verfahrens abzuwarten.

Wird nach Fristsetzung (§ 55 Abs 6 S 1 RVG) die Festsetzung nicht rechtzeitig beantragt, so **erlöschen sämtliche Vergütungsansprüche** gegen die Staatskasse (§ 55 Abs 6 S 2 RVG). Betroffen sind also nicht nur diejenigen auf Zahlung einer weiteren Vergütung nach § 50 RVG, sondern auch diejenigen nach §§ 49, 55 RVG.[15] Das Erlöschen dieser Ansprüche kann der Urkundsbeamte durch Beschluss feststellen, auch wenn von der Staatskasse noch keine Beträge eingezogen wurden.[16] Der Beschluss ist nach § 56 RVG mit der Erinnerung anfechtbar.

Eine Frist, die der Urkundsbeamte dem Anwalt zur Erläuterung oder Ergänzung des Festsetzungsantrags setzt, ist keine solche nach § 56 Abs 6 S 1 RVG, so dass ein erst nach Fristablauf eingehender Schriftsatz die Vergütungsansprüche nicht berührt. Die Ausschlussfrist muss aus der Aufforderung des Urkundsbeamten deutlich hervorgehen. Fehlt dieser Hinweis, kommt es nicht zur Ausschlusswirkung.[17] Die Aufforderung mit Fristsetzung ist zuzustellen (§ 329 Abs 2 S 2 ZPO). Eine formlose

---

12 *Hartmann* KostG/RVG § 55 Rn. 25; *Hartung/Schons/Enders/Hartung* § 55 Rn. 69; **aA**: *Riedel/Sußbauer/Schmahl* RVG § 55 Rn. 29.
13 BGH NJW 1980, 1167; OLG Düsseldorf JurBüro 2007, 42; OLG Bamberg JurBüro 1993, 89.
14 OLG Köln NJW-RR 1999, 1582; OLG Bamberg JurBüro 1993, 89.
15 OLG Koblenz NJW-RR 2004, 67; OLG Köln NJW-RR 1999, 1582.
16 KG JurBüro 1984, 1692.
17 OLG Zweibrücken Rpfleger 2005, 445.

Übersendung setzt die Frist nicht in Lauf.[18] Eine Zustellung gegen Empfangsbekenntnis nach § 174 ZPO genügt.[19]

Der Festsetzungsantrag ist nach Fälligkeit der Vergütung (§ 8 RVG) zulässig.[20] Ist mehreren Verfahrensbeteiligten ein Rechtsanwalt beigeordnet worden, so sind die Festsetzungsverfahren jeweils eigenständig.[21] **H 11a**

Der Vergütungsanspruch **verjährt** in drei Jahren (§ 195 BGB). Die Frist beginnt mit Ablauf des Jahres, in dem der Vergütungsanspruch entstanden ist (§ 199 Abs 1 BGB). Der Anspruch kann auch **verwirkt** werden. Dazu kann es insbesondere dann kommen, wenn der Anwalt einen weiteren Betrag **nachfordert**. Streitig ist, nach welchem Zeitraum Verwirkung anzunehmen ist. Nach einer Meinung kommt Verwirkung in analoger Anwendung des § 20 GKG dann in Betracht, wenn seit der letzten in dem konkreten Festsetzungsverfahren ergangenen Entscheidung oder verfahrensbeendenden Handlung das folgende Jahr abgelaufen ist.[22] Nach anderer Ansicht kommt es bereits drei Monate nach Zustellung des (Erst-)Festsetzungsbeschlusses zur Verwirkung.[23]

4. Der Antrag ist **nicht formbedürftig**. Soweit Landesjustizverwaltungen Formblätter eingeführt haben, ist deren Benutzung zweckmäßig und hilfreich. Ein Benutzungszwang besteht aber nicht.[24] Anwaltszwang besteht für das Verfahren auch in der Beschwerdeinstanz nicht. **H 12**

5. Der Antrag muss **inhaltlich** erkennen lassen, für welche Tätigkeit und in welcher Höhe eine Vergütung beantragt wird.[25] Eine nähere **Substantiierung** ist nur erforderlich, wenn es sich um einen Gebühren- oder Auslagenansatz handelt, der sich nicht aus dem Akteninhalt erkennen lässt (zB Terminsgebühr für ein außergerichtliches Gespräch). In diesen Fällen muss das Entstehen der verlangten Gebühr glaubhaft gemacht werden (§ 55 Abs 5 S 1 RVG iVm §§ 104 Abs 2 S 2, 294 ZPO).[26] **H 13**

Nach § 55 Abs 5 S 2 RVG hat der Antrag ferner die Erklärung zu enthalten, **ob und welche Zahlungen** der Rechtsanwalt von der Partei oder einem Dritten (zB Rechtsschutzversicherung oder Gegner) bis zum Tag der Antragstellung erhalten hat. Bei Zahlungen auf eine **anzurechnende** Gebühr (zB Geschäftsgebühr; vgl Vorbem 3 Abs 4 VV RVG) ist auch der Satz oder der Betrag der Gebühr und bei Wertgebühren auch der zugrunde gelegte Wert anzugeben (§ 55 Abs 5 S 3 RVG). Im Hinblick auf § 58 RVG hat der Rechtsanwalt jede empfangene Zahlung anzugeben. Auch, wenn er der Ansicht ist, dass andere Gebühren damit verrechnet wurden, muss bei der Vergütungsfestsetzung geprüft werden können, ob die Verrechnung zu Recht erfolgt ist.

6. Die Bestimmung einer **Rahmengebühr** nach § 14 RVG durch den Rechtsanwalt ist bei einem Verstoß gegen die Bemessungskriterien für die Festsetzung nicht bindend.[27] Das gilt insbesondere dann, wenn die Bestimmung unbillig ist (vgl dazu Rdn. H 25).[28] **H 14**

---

18 OLG Zweibrücken Rpfleger 2005, 445.
19 *Hartmann* KostG/RVG § 55 Rn. 25; *Hartung/Schons/Enders/Hartung* § 55 Rn. 72.
20 *Gerold/Schmidt/Müller-Rabe* § 55 Rn. 19; *Hartung/Schons/Enders/Hartung* § 55 Rn. 16; aA: *Hartmann* KostG/RVG § 55 Rn. 8 (zulässig vor Fälligkeit).
21 OLG Düsseldorf JurBüro 2008, 592.
22 OLG Brandenburg BeckRS 2010, 00529 = AGS 2011, 280; OLG Frankfurt FamRZ 1991, 1462; LAG Hamm MDR 1974, 72.
23 OLG Koblenz FamRZ 1999, 1362 u JurBüro 1983, 579; OLG Hamm JurBüro 1967, 431.
24 OLG Frankfurt/M JurBüro 1992, 683; OLG Hamm AnwBl 1975, 95; LAG Hamm AnwBl 1985, 106 = JurBüro 1985, 555.
25 Vgl dazu *Enders* JurBüro 2009, 397.
26 OLG Frankfurt AnwBl 1982, 202 = JurBüro 1982, 555 = Rpfleger 1982, 199; OLG Hamburg JurBüro 1981, 454 u 1974, 1285; OLG Celle JurBüro 1972, 69; AG Koblenz FamRZ 2007, 233.
27 OLG Düsseldorf Rpfleger 2002, 271; OLG Köln JurBüro 1996, 357.
28 *Hartung/Schons/Enders/Hartung* § 55 Rn. 59.

IV. Das Festsetzungsverfahren

1. Zuständigkeiten

H 15 **a) Grundsatz**

Zur Festsetzung ist das **Gericht des ersten Rechtszugs sachlich und örtlich** zuständig (§ 55 Abs 1 S 1 RVG). Diese Zuständigkeit gilt, unter Beachtung der in § 55 Abs 2 – 4 und 7 RVG geregelten **Ausnahmen**, generell für den im Wege der Prozesskostenhilfe beigeordneten und den in Verfahren nach den Teilen 4 – 6 VV RVG gerichtlich bestellten Rechtsanwalt. Die **funktionelle** Zuständigkeit liegt beim **Urkundsbeamten der Geschäftsstelle** (nicht beim Rechtspfleger!).[29] Das gilt auch bei Beiordnung oder Bestellung durch eine höhere Instanz und für die Zwangsvollstreckung.[30] Geht der Festsetzungsantrag nach Verweisung oder Abgabe des Verfahrens ein, so ist das Empfangsgericht für den gesamten Rechtszug zuständig.

H 15a **b) Ausnahmen**

– **§ 55 Abs 1 S 2 RVG:** Ist das Verfahren **nicht** gerichtlich anhängig geworden, so setzt die **Pflichtverteidigervergütung** der Urkundsbeamte der Geschäftsstelle des Gerichts fest, das den Rechtsanwalt bestellt hat. Zur vorzeitigen Beendigung kann es zB kommen, wenn das Ermittlungsverfahren eingestellt wird. In Bußgeldsachen ist in diesem Fall die Verwaltungsbehörde zuständig (§ 55 Abs 7 RVG).

– **§ 55 Abs 2 RVG:** In Angelegenheiten, in denen sich die Gebühren nach **Teil 3 des Vergütungsverzeichnisses** richten, ist, solange das Verfahren nicht durch rechtskräftige Entscheidung oder in sonstiger Weise (zB durch Vergleich, Erledigung der Hauptsache, Rücknahme der Klage oder des Antrags) **beendet** ist, der Urkundsbeamte der Geschäftsstelle des Gerichts des Rechtszugs zuständig. Gemeint ist das Gericht der jeweiligen Instanz. Hat zB ein Rechtsmittelgericht die Beiordnung angeordnet, so ist »sein« Urkundsbeamter für die Festsetzung zuständig. Hat aber das Rechtsmittelgericht die Beiordnung erst auf eine Beschwerde hin angeordnet, so ist das untergeordnete Gericht zuständig. Ist der Antrag des für das Rechtsmittelverfahren beigeordneten Rechtsanwalts noch vor der endgültigen Verfahrensbeendigung beim Rechtsmittelgericht eingegangen, so hat dessen Urkundsbeamter über den Festsetzungsantrag auch dann noch zu entscheiden, wenn das Verfahren inzwischen endgültig abgeschlossen wurde.[31] Für die Festsetzung der Vergütung eines für die Zwangsvollstreckung beigeordneten Rechtsanwalts ist das Gericht zuständig, das die Beiordnung angeordnet hat. War dies das Prozessgericht, so ist nicht ausschlaggebend, ob es für die Anordnung der Beiordnung zuständig war (vgl Rdn. H 15).[32]

– **§ 55 Abs 3 RVG:** Für die Festsetzung der Vergütung einer **Kontaktperson** nach § 34 a EGGVG ist der Urkundsbeamte der Geschäftsstelle des Landgerichts zuständig, in dessen Bezirk die JVA liegt.

– **§ 55 Abs 4 RVG:** Zuständig für die Festsetzung der Vergütung im Falle der **Beratungshilfe** ist der Urkundsbeamte der Geschäftsstelle des nach § 4 Abs 1 BerHG zuständigen Gerichts. Das ist das Gericht, in dessen Bezirk der Rechtsuchende seinen allgemeinen Gerichtsstand (§ 13 ZPO, § 7 BGB) hat. Maßgebend ist der Zeitpunkt des Antragseingangs bei Gericht.[33] Das gilt auch bei einem Wohnsitzwechsel.[34]

– **§ 55 Abs 7 RVG:** Für die Vergütungsfestsetzung in **Bußgeldsachen vor der Verwaltungsbehörde** ist die Verwaltungsbehörde zuständig (§ 55 Abs 7 iVm Abs 1 RVG).

---

29 OLG Stuttgart Rpfleger 2011, 458; OLG Dresden FamRZ 1997, 951; vgl zur Stellung des UdG *Dörndorfer* RPflG § 26 Rn. 13.
30 *Hartmann* KostG/RVG § 55 Rn. 17; Gerold/Schmidt/Müller-Rabe § 55 Rn. 18; **aA**: OLG München JurBüro 1985, 1841 (zuständig ist das Vollstreckungsgericht).
31 HessVGH KostRsp BRAGO § 128 Nr 41 m Anm *Lappe*.
32 OLG Schleswig SchlHA 1982, 112; aA: OLG München JurBüro 1985, 1841.
33 OLG Hamm FamRZ 2008, 2294.
34 OLG Zweibrücken JurBüro 1998, 197; BayObLG BeckRS 1995, 11075 = JurBüro 1995, 366.

2. Bindung des Urkundsbeamten an den Beiordnungsbeschluss

a) Der Urkundsbeamte ist **an die gerichtliche Bewilligungs- und Beiordnungsentscheidung gebunden**.[35] Bindung besteht auch an eine fehlerhafte Entscheidung.[36] Da die Bewilligung der Prozesskostenhilfe durch die Staatskasse grds nicht angefochten werden kann (§ 127 Abs 3 S 1 ZPO), ist es konsequent, auch im Festsetzungsverfahren ihre Korrektur auszuschließen.[37]

H 16

▶ Beispiele:

Das Vergütungsfestsetzungsverfahren ist gebunden, auch wenn
- unzulässiger Weise Rückwirkung auf einen Zeitpunkt vor vollständiger Antragstellung angeordnet wurde;[38]
- das Gericht für eine aussichtslose Rechtsverfolgung oder Rechtsverteidigung die Hilfe bewilligte und einen RA beiordnete oder Verfahren willkürlich getrennt wurden.[39]

b) Zweifelhaft ist, ob für den Urkundsbeamten auch Anordnungen des Gerichts **zur Höhe des Vergütungsanspruchs** bindend sind. Die Frage stellt sich zB, wenn die Beiordnung des bisherigen Rechtsanwalts aufgehoben und ein neuer Rechtsanwalt mit der Bestimmung beigeordnet wird, dass bereits entstandene Gebühren anzurechnen sind. Eine derartige Bestimmung betrifft nicht den Umfang der Beiordnung, sondern Gebührenfragen. Eine solche Entscheidung über Mehrkosten obliegt jedoch dem Urkundsbeamten; sie kann ihm nicht durch bindende Weisung des Prozessgerichts genommen werden.[40]

H 17

c) Umstritten ist die Zulässigkeit der Beiordnung eines **auswärtigen Rechtsanwalts** zu den **Bedingungen** eines ortsansässigen Anwalts.[41] Die Zulässigkeit einer dergestalt aus § 121 Abs 3 ZPO bzw § 78 Abs 3 FamFG abgeleiteten Beschränkung der Beiordnung ist jedenfalls im Festsetzungsverfahren nicht nachzuprüfen.[42] Die Partei und der betroffene Rechtsanwalt können gegen diese Beschränkung mit der Beschwerde vorgehen.[43] Alleine aus der Beiordnung eines auswärtigen Rechtsanwalts kann nicht darauf geschlossen werden, dass sie mit dieser Beschränkung erfolgte.[44] In einer uneingeschränkten Beiordnung ist allerdings auch keine generelle Feststellung der Erforderlichkeit von Reisekosten zu sehen. Deren Notwendigkeit ist vielmehr bei der Vergütungsfestsetzung zu prüfen.[45]

H 18

---

35 OLG Celle FamRZ 2008, 162; OLG Düsseldorf Rpfleger 2008, 206; OLG Schleswig BeckRS 2008, 20545; LAG Schleswig-Holstein NZA-RR 2006, 97.
36 OLG Köln AGS 2007, 362; OLG München AnwBl 1987, 340; Thüringer LSG BeckRS 2004, 31404981.
37 OLG München Rpfleger 1983, 503 = JurBüro 1983, 1843; OLG Düsseldorf Rpfleger 1971, 267.
38 OLG München JurBüro 1986, 769; LSG Thüringen BeckRS 2004, 31404981.
39 BAG NJW 2011, 1161; OLG Stuttgart Rpfleger 2007, 613 u JurBüro 1989, 1143; OLG Zweibrücken JurBüro 1995, 362; OLG Saarbrücken JurBüro 1989, 80; **aA:** OLG Hamm JurBüro 2013, 242 u 2009, 98; OLG Zweibrücken Rpfleger 1993, 41 (getrennte Geltendmachung von Ansprüchen); OLG Karlsruhe JurBüro 1992, 558 (unzulässige Berufung); OLG Düsseldorf JurBüro 1987, 869 = Rpfleger 1987, 219; LAG Rheinland-Pfalz MDR 2008, 532 (vermeidbare Kosten).
40 KG JurBüro 1981, 706 u MDR 1959, 937; OLG Hamm FamRZ 1995, 748; OLG Köln NJW-RR 2002, 133; aA: OLG Düsseldorf FamRZ 2008, 1767 m Anm *Büttner*.
41 **Bejahend:** OLG Hamm Rpfleger 1982, 483 = JurBüro 1982, 1735 u AnwBl 1983, 228 = JurBüro 1983, 615; *Mümmler* JurBüro 1985, 1615, 1621; **einschränkend:** OLG Koblenz AnwBl 1985, 48 = JurBüro 1985, 1727; LG Aachen JurBüro 1985, 1420; **verneinend:** OLG Zweibrücken AnwBl 1979, 440; OLG Schleswig JurBüro 1980, 1725; OLG Celle AnwBl 1981, 196; OLG Braunschweig AnwBl 1983, 576.
42 OLG Düsseldorf Rpfleger 2008, 316 u FamRZ 2008, 1767.
43 OLG Düsseldorf FamRZ 2008, 1767 u JurBüro 1993, 689; OLG Hamburg FamRZ 2000, 1227.
44 OLG Dresden ZInsO 2004, 1143; OLG Düsseldorf Rpfleger 2004, 709; OLG Koblenz JurBüro 2002, 84; OLG Hamm BeckRS 1989, 313640926; **aA:** OLGR Naumburg 2002, 310; OLG Hamm FamRZ 2000, 1227; OLG Hamburg FamRZ 2000, 1227.
45 OLG Stuttgart JurBüro 2008, 261.

3. Bindung an den Antrag

H 19 Das Vergütungsfestsetzungsverfahren ist ein auf Antrag einzuleitendes Parteiverfahren (vgl Rdn. H 5). Daraus folgt, dass der Urkundsbeamte an den Festsetzungsantrag des Rechtsanwalts gebunden ist, so dass eine über den Antrag hinausgehende Festsetzung unzulässig ist (§ 308 Abs 1 ZPO). Zulässig ist jedoch ein **Postenaustausch** im Rahmen des beantragten **Gesamtbetrags** und des zur Begründung vorgebrachten Sachverhalts. Statt einer nicht oder nicht in der angemeldeten Höhe entstandenen Gebühr, kann zB eine tatsächlich entstandene, aber nicht verlangte, Gebühr festgesetzt werden.[46] Dabei kann idR von einem Willen des Rechtsanwalts dahingehend ausgegangen werden, dass alle Ansprüche auf Gebühren und Auslagen, die er durch von der Beiordnung erfasste Tätigkeiten begründet hat, berücksichtigt werden sollen.

Über den mit dem Antrag geforderten Gesamtbetrag darf die Festsetzung jedoch nicht hinausgehen. Beantragt iSd § 308 Abs 1 ZPO ist der Betrag, dessen Zahlung der Rechtsanwalt nach dem Gesamtinhalt des Festsetzungsantrags von der Staatskasse verlangt. Angegebene Vorschüsse und Zahlungen Dritter sind zu berücksichtigen. Der Urkundsbeamte kann selbstverständlich auch den Rechtsanwalt auf eine übersehene Position hinweisen (§ 139 ZPO). Er kann auch auf die Stellung eines ergänzten oder neuen Antrags hinwirken. Dadurch wird zB eine spätere Nachliquidation vermieden.

4. Prüfungsumfang des Urkundsbeamten

H 20 Der Urkundsbeamte hat zu prüfen, ob
— die **Antragsberechtigung** gegeben ist;
— die Vergütung **fällig** ist;
— die zur Festsetzung angemeldete Vergütung durch den **zeitlichen und gegenständlichen** Umfang der Beiordnung gedeckt ist;
— der Rechtsanwalt die Tatbestände der angesetzten Gebühren **nach** seiner Beiordnung erfüllt hat und die Gebühren richtig berechnet wurden (§ 49 RVG);
— die verlangten Auslagen **entstanden** sind;
— die angefallenen Kosten **notwendig** waren;
— Zahlungen durch die Staatskasse oder Dritte **anzurechnen** sind.

Soweit die dem Entstehen von Gebühren und Auslagen zu Grunde liegenden Tatsachen nicht bereits **offenkundig** sind, müssen sie **glaubhaft** gemacht (§§ 104 Abs 2, 294 ZPO) werden.

H 21 a) Der **gegenständliche Umfang** der Beiordnung ergibt sich aus dem gerichtlichen Bewilligungs- und Beiordnungsbeschluss. Enthält dieser – wie meist – keine näheren Angaben dazu, so ist der Rechtsanwalt im Umfang der PKH-Bewilligung beigeordnet.

Die Bewilligung erfolgt für jeden **Rechtszug** besonders (§ 119 Abs 1 S 1 ZPO). Der Begriff des **Rechtszugs** ist nicht verfahrensrechtlich, sondern **kostenrechtlich** iSv § 35 GKG zu verstehen.[47] Er beginnt mit der Einleitung und endet mit der abschließenden Entscheidung oder anderweitigen Verfahrenserledigung.[48] Zum Rechtszug gehören insbesondere alle in **§ 19 RVG** aufgeführten Anwaltstätigkeiten und das Verfahren nach Zurückverweisung (§ 37 GKG).[49] **Nicht** zum Rechtszug gehören Verfahrensabschnitte oder -handlungen, die besondere Kosten verursachen **und** für die noch keine Prüfung der Bewilligungskriterien des § 114 ZPO erfolgte.[50] Deshalb sind zB das

---
46 KG AnwBl 1977, 510.
47 BVerwG NJW 2008, 3157; OLG Hamm JurBüro 1983, 1722.
48 BGH NJW-RR 2007, 1439 u BGH NJW 2004, 3260.
49 OLG Düsseldorf JurBüro 1987, 453.
50 BVerwG JurBüro 1995, 309.

Verfahren über die **Beschwerde** gegen die **Nichtzulassung eines Rechtsmittels** und das **Rechtsmittelverfahren** verschiedene Angelegenheiten (§ 17 Nr 9 RVG).[51]

In einigen Fällen werden PKH(VKH)-Bewilligung bzw Anwaltsbeiordnung **gesetzlich erstreckt**. Solche Fälle regeln **§ 48 Abs 2 – 4 und 6 RVG, § 149 FamFG**.

Nach § 48 Abs 2 S 1 RVG erstreckt sich die Anwaltsbeiordnung für eine Berufung oder Revision ohne Weiteres auch auf die Rechtsverteidigung gegen eine Anschlussberufung oder -revision. Die Beiordnung für die Erwirkung eines Arrests, einer einstweiligen Verfügung oder einer einstweiligen Anordnung erstreckt sich auch auf deren Vollziehung oder Vollstreckung. Es sei denn, der Beiordnungsbeschluss bestimmt ausdrücklich etwas anderes (§ 48 Abs 2 S 2 RVG).

Im Verbundverfahren erfasst nach **§ 149 FamFG** die bewilligte Verfahrenskostenhilfe auch die Folgesache Versorgungsausgleich (§ 137 Abs 2 Nr 1 FamFG). Für weitere Folgesachen muss aber die Hilfe besonders beantragt und bewilligt werden. Insoweit liegt nicht derselbe Rechtszug vor.

§ 48 Abs 3 RVG erstreckt die Beiordnung in einer Ehesache auch auf den Abschluss einer **Einigung iSd Nr 1000 VV RVG** über den Ehegattenunterhalt, den Kindesunterhalt im Verhältnis der Ehegatten zueinander, die Personensorge für die gemeinschaftlichen minderjährigen Kinder, die Regelung des Umgangs mit einem Kind, die Rechtsverhältnisse an der Ehewohnung und den Haushaltsgegenständen und die Ansprüche aus dem ehelichen Güterrecht, Das gilt auch für das außergerichtliche Aushandeln einer Scheidungsfolgenvereinbarung über die genannten Gegenstände.[52] Eine gerichtliche Protokollierung ist nicht unbedingt erforderlich. Es reicht auch aus, wenn anlässlich eines Verbundverfahrens eine notarielle Vereinbarung geschlossen[53] oder eine Jugendamtsurkunde errichtet[54] wurde. Auch eine Vereinbarung, die zwischen den Parteien schriftlich getroffen wurde, genügt.[55] Auf andere, mit der Ehe- oder Lebenspartnerschaftssache zusammenhängende Regelungen (zB über Gegenstände arbeits- und gesellschaftsrechtlicher Natur) wird die Beiordnung gesetzlich aber nicht erstreckt.[56] Nach **§ 48 Abs 5 RVG** muss die Beiordnung darauf ausdrücklich erstreckt werden. In einem isolierten Sorgerechtsverfahren gilt § 48 Abs 3 RVG nicht.[57]

In Angelegenheiten, in denen nach § 3 Abs 1 RVG Betragsrahmengebühren entstehen, erstreckt **§ 48 Abs 4 RVG** die Beiordnung auf Tätigkeiten ab dem Zeitpunkt der Beantragung der Prozesskostenhilfe. Ferner auch auf solche im Verfahren über die Prozesskostenhilfe einschließlich der vorbereitenden Tätigkeit.

Schließlich steckt **§ 48 Abs 6 RVG** in Angelegenheiten nach den Teilen 4 – 6 RVG gesetzlich den zeitlichen Rahmen der Beiordnung ab.

Eine **stillschweigende** Ausdehnung von PKH-Bewilligung und Beiordnung ist nicht zulässig.[58] Gerichtliche Beiordnung und gesetzliche Erstreckung der Beiordnung umfassen nur die Tätigkeit des Rechtsanwalts im **gerichtlichen** Verfahren. Für den Abschluss einer **außergerichtlichen Einigung** über Gegenstände im Rahmen der Beiordnung ist die Einigungsgebühr aber aus der Staatskasse zu

H 21a

---

51 BeckOK ZPO/*Reichling* ZPO § 119 Rn. 4.2.
52 OLG Köln NJW-Spezial 2007, 523.
53 OLG Brandenburg BeckRS 2007, 17344.
54 OLG Celle BeckRS 2007, 17335.
55 OLG Köln BeckRS 2006, 00755.
56 OLG Koblenz FamRZ 2004, 1804; OLGR Hamm 2003, 409; OLG Zweibrücken FamRZ 2001, 1466; KG MDR 1998, 1484; KG JurBüro 1980, 400; OLG Düsseldorf JurBüro 1981, 70; OLG München JurBüro 1983, 716; **aA:** OLG Hamburg JurBüro 1976, 1211; OLG Hamm JurBüro 1979, 700; OLG Zweibrücken FamRZ 1984, 74.
57 OLG Koblenz JurBüro 2001, 311; OLG München JurBüro 1999, 589; aA OLG Stuttgart FamRZ 1999, 389.
58 OLG Bamberg JurBüro 1986, 606.

vergüten.⁵⁹ Der Wortlaut des § 45 Abs 1 RVG steht dem nicht entgegen, es gilt vielmehr § 19 Abs 1 S 2 Nr 2 RVG.⁶⁰

H 22   Das Gericht kann die Bewilligung auch auf einzelne Verfahrens- oder Streitwertteile **begrenzen** (zB Klage über 50 000 €, PKH-Bewilligung nur für 20 000 €). Außerdem kann die Beiordnung nur für einzelne Tätigkeiten erfolgen (zB Beiordnung eines Verkehrsanwalts). Wurde PKH nur für einen Teil des Anspruchs bewilligt, gleichwohl aber der ganze Anspruch eingeklagt, so erhält der Rechtsanwalt eine Vergütung aus der Staatskasse nur im Umfang der PKH-Bewilligung und für Tätigkeiten, die zur Verfolgung dieses Anspruchs erforderlich waren.⁶¹

▶ Beispiel:

Das Gericht bewilligt dem Kläger PKH für eine Klage über 20 000 €; in Höhe von € 30 000 € wird hingegen PKH wegen fehlender Erfolgsaussicht versagt. K klagt aber gleichwohl auf Zahlung von € 50 000 €. Der Klage wird in Höhe von 20 000 € stattgegeben.

Der beigeordnete Rechtsanwalt erhält in diesem Fall eine Vergütung aus der Staatskasse nur aus 20 000 €. Wurde wegen des nicht von PKH-Bewilligung und Beiordnung umfassten weiteren Streitwertteils Beweis erhoben, so werden die für die Beweisaufnahme entstandenen Auslagen des Rechtsanwalts (zB Reisekosten für eine Fahrt zu einem auswärtigen Ortstermin) nicht aus der Staatskasse erstattet. Insoweit hat der RA aber einen Vergütungsanspruch gegen seine Partei. § 122 Abs 1 Nr 2 ZPO sperrt diesen Anspruch nicht.

H 23   b) Genauso bedeutend wie der gegenständliche Umfang der Beiordnung, ist deren **zeitlicher Umfang**. Grundsätzlich steht dem Rechtsanwalt eine Vergütung aus der Staatskasse nur für Tätigkeiten zu, die zeitlich **nach dem Wirksamwerden** der Beiordnung liegen. Für Tätigkeiten, die er **außerhalb** des zeitlichen Rahmens erbrachte, etwa solche, aus der davorliegenden Zeit als Wahlanwalt, besteht kein Anspruch gegen die Staatskasse.⁶² Primär ist der Zeitpunkt, den das **Gericht** im Bewilligungsbeschluss bestimmt hat, maßgebend.⁶³ Das gilt selbst dann, wenn die Bewilligung nicht auf diesen Zeitpunkt hätte bezogen werden dürfen.⁶⁴ Nennt der Bewilligungsbeschluss, wie meistens, keinen Zeitpunkt, dann wird die Beiordnung mit ihrer Bekanntmachung an den beigeordneten Rechtsanwalt wirksam. Die Bekanntgabe erfolgt entweder durch Verkündung oder formlose Mitteilung des Beschlusses (§ 329 Abs 2 ZPO).⁶⁵ Nach aA ist auf die Bewilligungsreife des Antrags abzustellen. Das ist der Zeitpunkt, zu dem das Gericht die PKH bei ordnungsgemäßem Geschäftsgang hätte bewilligen müssen.⁶⁶ **Rückbeziehung** von Bewilligung und Beiordnung ist grds nicht möglich. Das Gericht kann aber die Wirkungen auf einen Zeitpunkt zurückbeziehen, zu dem **alle vom Antragsteller zu erfüllenden Voraussetzungen** für die PKH-Bewilligung vorlagen.⁶⁷ Liegen die Gründe für die verzögerte Bewilligung in der Sphäre des Gerichts, kann eine rückwirkende Bewilligung auch noch nach **Abschluss der Instanz** erfolgen.⁶⁸ Dann kann im Wege der Auslegung des Beschlusses

---

59 BGH NJW 1988, 494 = JurBüro 1988, 1376; OLG Braunschweig BeckRS 2010, 00952; OLG München JurBüro 2004, 37 = Rpfleger 2004, 228; OLG Schleswig NJW-RR 2004, 422; OLG Düsseldorf MDR 2003, 415 u AnwBl 1983, 320 m Anm *Chemnitz* = JurBüro 1983, 701; OLG Celle MDR 1989, 647 u JurBüro 1984, 125; OLG Stuttgart JurBüro 1984, 1369; **aA**: OLG Nürnberg MDR 2006, 234; OLG Zweibrücken Rpfleger 2001, 557.
60 OLG Schleswig NJW- RR 2004, 422.
61 OLGR Schleswig 2005, 487.
62 BGH NJW 1970, 757.
63 BGH FamRZ 2006, 548; LAG Hamm NZA-RR 2007, 602.
64 OLG Köln FamRZ 1997, 1545; OLG Düsseldorf JurBüro 1994, 176; LAG Hamm NZA-RR 2007, 602; **aA**: OLG Nürnberg MDR 2000, 657.
65 *Gerold/Schmidt/Müller-Rabe* § 48 Rn. 90.
66 OLG Celle NJW 2011, 1460; BLAH Übersicht vor § 114 ZPO Rn. 8; *Hartmann* KostG/RVG § 48 Rn. 20.
67 BGH JurBüro 1982, 52 = NJW 1982, 446; BAG NZA-RR 2014, 382 (Rn. 9 ff) = JurBüro 2015, 35.
68 LAG Köln MDR 2005, 1138.

IV. Das Festsetzungsverfahren   H.

auch eine (stillschweigende) Rückdatierung angenommen werden.[69] Der Rechtsanwalt kann dann eine Vergütung für Tätigkeiten verlangen, die er **nach** dem ausdrücklichen oder stillschweigenden Zeitpunkt der Beiordnung erbrachte.

Datiert das Gericht die Bewilligung ausdrücklich auf einen **Zeitpunkt**, zu dem die Voraussetzungen für die PKH noch nicht vorlagen, so ist die Entscheidung fehlerhaft. Nach § 127 Abs 3 ZPO kann sie von der Staatskasse jedoch nur angefochten werden, wenn sie mit keinerlei Zahlungsbestimmungen verbunden war. Der fehlerhafte Beschluss ist für die Festsetzung bindend (vgl Rdn. H 16).

Für Tätigkeiten, die der Rechtsanwalt **vor** dem Beiordnungszeitpunkt erbrachte, besteht kein Anspruch auf Zahlung einer Vergütung aus der Staatskasse. Es sei denn, die Voraussetzungen eines Gebühren- oder Auslagentatbestandes wurden nach der Beiordnung erneut erfüllt.

▶ Beispiel:

Rechtsanwalt R, der Prozessvollmächte des Beklagten, beantragt schriftsätzlich Klageabweisung Einen PKH-Antrag reicht er später nach. Nach PKH-Bewilligung und seiner Beiordnung wird die Klage zurückgenommen. R beantragt danach, dem Kläger die Kosten des Rechtsstreits aufzuerlegen (§ 269 Abs 4 ZPO).

Vergütungsansprüche des Rechtsanwalts R?

(1) Durch den schriftsätzlich gestellten Antrag auf Klageabweisung ist für Rechtsanwalt R eine 1,3 Verfahrensgebühr (Nr 3100 VV RVG) aus dem Hauptsachestreitwert entstanden. Da er jedoch erst zu einem späteren Zeitpunkt beigeordnet wurde, besteht ein Anspruch gegen die Staatskasse (§§ 45, 55 RVG) nur auf eine 1,3 Verfahrensgebühr aus dem Kostenstreitwert.

(2) Vom Beklagten kann er Zahlung des nicht gedeckten Teiles der 1,3 Verfahrensgebühr aus dem Hauptsachestreitwert verlangen.

Die **Aufhebung** der PKH-Bewilligung nach § 124 ZPO lässt die bis zur Wirksamkeit der Aufhebung entstandenen Vergütungsansprüche des beigeordneten Rechtsanwalts unberührt.[70] Es sei denn, dass dieser selbst wissentlich unrichtige Angaben über die persönlichen und wirtschaftlichen Verhältnisse der Partei oder über das Streitverhältnis gemacht hat, die zur Bewilligung der PKH und zu seiner Beiordnung geführt haben. Dann steht der Einwand von Treu und Glauben seinem Vergütungsanspruch entgegen.[71]

Bei Aufhebung der Bewilligung aufgrund einer Beschwerde der Staatskasse nach § **127 Abs 3 ZPO** hat der Rechtsanwalt keinen Anspruch gegen die Staatskasse.[72]

c) Die Beiordnung ist zwar die Grundlage des öffentlich-rechtlichen Vergütungsanspruchs gegen die Staatskasse. Sie ersetzt aber das privatrechtliche Verhältnis zwischen Rechtsanwalt und PKH-Partei nicht. Zur Beiordnung muss deshalb der Abschluss eines Geschäftsbesorgungsvertrags und Vollmachtserteilung durch die Partei hinzutreten.

H 24

d) **Rahmengebühren** sind, im Unterschied zum Vergütungsfestsetzungsverfahren nach § 11 RVG, ohne im Verfahren nach §§ 49, 55 RVG festsetzbar. Nach § **14 Abs 1 S 1 RVG** ist die Bestimmung der Rahmengebühr durch den Rechtsanwalt auch der Staatskasse gegenüber grundsätzlich verbindlich. Ist die Bestimmung jedoch **unbillig**, so findet eine Billigkeitskontrolle nach § **315 Abs 3 BGB**

H 25

---

69 OLG Brandenburg FamRZ 2008, 1963; aA: OVG Koblenz NJW 1983, 2834 = AnwBl 1982, 278 m krit Anm *Bönke*.
70 OLG Köln JurBüro 2005, 544; OLG Koblenz FamRZ 1997, 755; OLG Düsseldorf AnwBl 1983, 94 = Rpfleger 1983, 396 = JurBüro 1982, 1407; OLG Zweibrücken JurBüro 1984, 239; LG Koblenz JurBüro 1984, 935.
71 *Gerold/Schmidt/Müller-Rabe* § 48 Rn. 103; *Enders* JurBüro 1995, 169 mwN; aA: *Stein/Jonas/Bork* ZPO § 124 Rn. 32 (die Staatskasse hat einen Schadensersatzanspruch).
72 LSG Berlin BeckRS 9999, 07815.

H. Festsetzung der aus der Staatskasse zu zahlenden Vergütung (§ 55 RVG)

statt (§ 14 Abs 1 S 4 RVG ist nicht anwendbar, denn es geht nicht um die Ersetzung durch einen »Dritten«). Die Bestimmung wird dann durch Urteil getroffen. Im Festsetzungsverfahren entscheidet darüber der Urkundsbeamte durch Festsetzungsbeschluss.[73] Zu beachten ist aber eine **Toleranzgrenze**. Unbillig ist die Bestimmung durch den Rechtsanwalt erst, wenn sie um mehr als 20 % von der nach Auffassung des Gerichts billigen Gebühr abweicht oder, wenn Umstände des Einzelfalls und gesetzliche Kriterien außer Acht gelassen wurden.[74] Teilweise werden auch Überschreitungen um 25 % bis 30 % toleriert.[75]

H 26 e) Schließlich hat der Urkundsbeamte zu prüfen, ob **Vorschüsse** und **Zahlungen,** die der Rechtsanwalt angegeben hat, nach § 58 RVG auf die Vergütung aus der Staatskasse **anzurechnen** sind.

Je nach Tätigkeitsgebiet des Rechtsanwalts sind **drei Anrechnungsvarianten zu unterscheiden**:
(1) § 58 Abs 1 RVG: Bei **Beratungshilfe** sind Zahlungen, die der Rechtsanwalt vom Gegner des Rechtsuchenden nach § 9 BerHG erhalten hat, auf die aus der Staatskasse zu zahlende Vergütung anzurechnen.
(2) § 58 Abs 2 RVG: Bei Tätigkeiten in **Angelegenheiten**, die nach **Teil 3 VV RVG** vergütet werden, sind Vorschüsse und Zahlungen zunächst auf den Teil der Rechtsanwaltsvergütung anzurechnen, für die ein Anspruch gegen die Staatskasse nicht oder nur unter der Voraussetzung des § 50 RVG besteht. Zahlungen, die der beigeordnete Rechtsanwalt von seinem Mandanten oder vom unterlegenen Gegner oder von Dritten erhalten hat, sind zunächst auf die **Differenz** zwischen den Wahlanwaltsgebühren nach § 13 RVG und den, idR verminderten, PKH-Gebühren nach § 49 RVG anzurechnen. Erst um einen überschüssigen Betrag ist der Vergütungsanspruch gegenüber der Staatskasse zu kürzen.

Hat der zunächst als Wahlanwalt tätige und danach rückwirkend beigeordnete Rechtsanwalt von seinem Mandanten einen Vorschuss erhalten, darf er den nach dem Rückwirkungszeitpunkt gezahlten Vorschuss zurückzahlen und die Vergütung aus der Staatskasse verlangen. Sofern seiner Partei keine Ratenzahlungen auferlegt wurden.[76]

Ein Fall, dass gegen die Staatskasse kein Vergütungsanspruch besteht kann vorliegen, wenn der Rechtsanwalt einen Gebührentatbestand nur als Wahlanwalt erfüllte.

▶ Beispiele:
– Wahrnehmung nur eines Termins vor Wirksamkeit der Beiordnung;
– Tätigkeiten außerhalb des Umfangs der Beiordnung.

(3) § 58 Abs 3 RVG: Vorschüsse und Zahlungen, die der Rechtsanwalt für Tätigkeiten nach **Teilen 4 bis 6 VV RVG** vor oder nach der gerichtlichen Bestellung bzw Beiordnung für bestimmte Verfahrensabschnitte erhalten hat, sind auf die aus der Staatskasse zu zahlenden Gebühren anzurechnen (S 1). Hat er Zahlungen empfangen, nachdem er Gebühren aus der Staatskasse erhalten hat, ist er zur Rückzahlung verpflichtet (S 2). Die Anrechnungs- bzw Rückzahlungspflicht ist aber begrenzt (S 3): Zur Anrechnung bzw Rückzahlung ist der Rechtsanwalt nur verpflichtet, soweit er durch die Zahlungen insgesamt mehr als den **doppelten** Betrag der ihm aus der Staatskasse zustehenden **Gebühren** erhalten würde.

H 27 f) Bei **Zweifeln** am tatsächlichen Vorbringen, kann der Urkundsbeamte Glaubhaftmachung verlangen oder eine Beweisaufnahme anordnen (vgl Rdn. H 13).

---

73 OLG Düsseldorf JurBüro 1982, 871.
74 LSG Thüringen BeckRS 2014, 31404957; OLG München Rpfleger 2004, 294; OLG Düsseldorf AGS 2002, 99 = Rpfleger 2002, 271; LSG Sachsen BeckRS 1998, 30933377.
75 LG Zweibrücken JurBüro 2008, 311 (bis 25%); *Hartung/Schons/Enders* RVG § 14 Rn. 23 (bis 30%).
76 BGH JurBüro 1963, 533 = MDR 1963, 827; OLG Düsseldorf AnwBl 1982, 382 = Rpfleger 1982, 356 = JurBüro 1982, 1210 = MDR 1982, 765; OLG Bamberg JurBüro 1985, 730.

5. Einwendungen und Einreden

Materiell-rechtliche Einwendungen und Einreden gegen den Vergütungsanspruch darf der Urkundsbeamte nicht von Amts wegen berücksichtigen. Es ist vielmehr Sache des Vertreters der Staatskasse, **Gegenrechte** (wie zB Verjährung oder Verwirkung[77]) geltend zu machen.[78] Einwendungen können sich insbesondere aus **§ 54 RVG** ergeben, wenn durch schuldhaftes Verhalten des beigeordneten Rechtsanwalts die Beiordnung bzw Bestellung eines zweiten Rechtsanwalts erforderlich wurde (zB Kündigung des Auftrags oder Verlust der Zulassung). Die Vorschrift führt zum Verlust des Gebührenanspruchs. Es handelt sich um eine gesetzliche Aufrechnungsregelung.[79] Die Prüfung, ob Gebühren- oder Auslagenansätze[80] zu kürzen oder zu streichen sind, ist im Festsetzungsverfahren durch den Urkundsbeamten der Geschäftsstelle vorzunehmen.[81] Aber auch Pflichtverletzungen, wie zB schuldhafte Versäumung der Wiedereinsetzungsfrist durch den beigeordneten Rechtsanwalt, können zum (teilweisen) Verlust seiner Gebührenansprüche führen.[82] Das gilt auch, wenn der Anwalt zum Nachteil der Staatskasse handelte, weil er zB eine Kostenvereinbarung zu ihren Lasten geschlossen hat oder einen Kostenfestsetzungsantrag nicht nach § 126 Abs 1 ZPO im eigenen, sondern im Namen der Partei stellte.[83] Grobe Fahrlässigkeit genügt.[84]

H 28

Beantragt ein **Rechtsnachfolger** des Rechtsanwalts die Festsetzung einer Vergütung, kann der Urkundsbeamte selbst über die vom Antragsteller vorgetragene Erbfolge entscheiden. Er kann aber auch die Vorlage eines Erbscheins verlangen. Entsprechendes gilt bei Testamentsvollstreckung.

6. Vertretung von Streitgenossen

Wird nur einem von mehreren Streitgenossen, die in derselben Angelegenheit gemeinsam einen Rechtsanwalt mit ihrer Vertretung beauftragt haben, PKH bewilligt und der Anwalt beigeordnet, so beschränkt sich dessen Vergütungsanspruch gegen die Staatskasse auf die **Mehrkosten**. Das sind idR die Erhöhungsgebühren nach Nr 1008 VV RVG.[85] Einen Rückgriffsanspruch der anderen Auftraggeber gegen die PKH-Partei nach § 426 BGB sperrt § 122 Abs 1 Nr 3 ZPO.[86] Nach aA ist der auf die PKH-Partei im Innenverhältnis entfallende Anteil an den Anwaltskosten aus der Staatskasse zu erstatten.[87] Zu erstatten sind die vollen nach §§ 45, 49 RVG angefallenen Gebühren des beigeordneten Rechtsanwalts.[88]

H 29

V. Die Festsetzungsentscheidung

Der Urkundsbeamte der Geschäftsstelle trifft seine Entscheidung über den Festsetzungsantrag durch Beschluss. Es handelt sich dabei weder um einen Verwaltungsakt iSv § 23 EGGVG noch um einen Vollstreckungstitel.[89] Wird dem Festsetzungsantrag voll entsprochen, ist eine Mitteilung an den Rechtsanwalt entbehrlich, da dieser durch die Zahlung der Staatskasse von der Festsetzung

H 30

---

77 Vgl zur Verwirkung OLG Düsseldorf FamRZ 2009, 452.
78 *Gerold/Schmidt/Müller-Rabe* § 55 Rn. 50.
79 *Hartung/Schons/Enders* RVG § 54 Rn. 4.
80 OLG Hamburg Rpfleger 1977, 420; *Hartmann* KostG RVG § 55 Rn. 14; *Hartung/Schons/Enders* RVG § 54 Rn. 25; aA OLG Jena Rpfleger 2006, 435.
81 OLG Hamm FamRZ 2006, 1511 u 1995, 748; OLG Köln FamRZ 2004, 123; OLG Düsseldorf FamRZ 1993, 819; *Hartung/Schons/Enders* RVG § 54 Rn. 30.
82 BVerwG Rpfleger 1995, 75; OLG Karlsruhe JurBüro 1992, 558; aA *Hartmann* KostG RVG § 54 Rn. 3.
83 OLG München NJW-RR 1998, 214 = JurBüro 1997, 589 = MDR 1997, 786.
84 OLG Saarbrücken JurBüro 2005, 484.
85 BGH JurBüro 1994, 174 = Rpfleger 1993, 452.
86 OLG Koblenz JurBüro 2004, 384 = Rpfleger 2004, 503.
87 OLG Köln NJW-RR 1999, 725.
88 OLG Düsseldorf Rpfleger 1997, 532; OLG München JurBüro 1997, 89 = Rpfleger 1996, 478.
89 OLG Naumburg NJW 2003, 2921; *Gerold/Schmidt/Müller-Rabe* § 55 Rn. 61; *Hartung/Schons/Enders* RVG § 55 Rn. 61; aA *Hartmann* KostG RVG § 55 Rn. 31.

H. Festsetzung der aus der Staatskasse zu zahlenden Vergütung (§ 55 RVG)

erfährt. Auch eine Begründung des Beschlusses ist in diesem Fall entbehrlich. Wird hingegen dem Antrag nicht, nur teilweise oder nur unter Austausch von Positionen stattgegeben, so ist die mit Gründen versehene Entscheidung dem Rechtsanwalt förmlich bekannt zu machen und mit einer Rechtsbehelfsbelehrung zu versehen.[90] Aus Gründen der Verwaltungsvereinfachung muss die Entscheidung dem Vertreter der Staatskasse nicht bekannt gegeben werden. Da § 55 Abs 5 S 1 RVG nur auf § 104 Abs 2 ZPO und nicht auch auf § 104 Abs 1 S 2 ZPO verweist, ist keine Verzinsung des Erstattungsanspruchs anzuordnen. Eine Kostenentscheidung ist nicht zu treffen.

H 31 Der Festsetzungsbeschluss erwächst nicht in **materielle Rechtskraft**. Der Urkundsbeamte darf, da § 55 RVG ihn dazu nicht befugt, seinen Beschluss nicht von Amts wegen ändern.

H 32 **Abänderungsbefugt** ist er, abgesehen vom Fall des § 319 ZPO nur, wenn er der von einem Beteiligten, Rechtsanwalt oder Staatskasse, eingelegten **Erinnerung** abhelfen will (§ 56 Abs 2 S 1 iVm § 33 Abs 4 S 1 RVG).[91] Vor der Abhilfe ist dem Gegner Gelegenheit zur Stellungnahme zu geben.[92]

H 33 Auch bei Änderung der Streit- oder Gegenstandswertfestsetzung ist der Urkundsbeamte nicht befugt, den Festsetzungsbeschluss von Amts wegen zu ändern. § 107 ZPO gilt nur für das Kostenfestsetzungsverfahren nach §§ 103 ff ZPO. Eine entsprechende Anwendung auf das Festsetzungsverfahren nach § 55 RVG ist nicht vorgesehen.

Das Erinnerungsrecht der Staatskasse kann **verwirkt** werden.[93]

VI. Erinnerung

H 34 Gegen die Festsetzungsentscheidung des Urkundsbeamten der Geschäftsstelle findet die Erinnerung statt (§ 56 Abs 1 RVG). Der Rechtsbehelf ist an keine **Form** gebunden, er kann somit schriftlich oder zu Protokoll der Geschäftsstelle eingelegt werden. Eine **Frist** besteht nicht.[94] § 56 Abs 2 S 1 RVG verweist nämlich nicht auf § 33 Abs 3 S 3 RVG. Falls der Urkundsbeamte der Erinnerung nicht abhilft (vgl Rdn. H 32), hat er sie unverzüglich dem Gericht zur Entscheidung vorzulegen (§ 56 Abs 2 S 1 iVm § 33 Abs 4 S 1 RVG). Zuständig ist das Gericht des Rechtszugs, bei dem die Vergütung festgesetzt worden ist (§ 56 Abs 1 S 1 RVG).[95] Das ist beim Amtsgericht der Einzelrichter, beim Familiengericht somit der Familienrichter,[96] im Falle des § 55 Abs 3 RVG die Strafkammer des Landgerichts (§ 56 Abs 1 S 2 RVG) und bei Beratungshilfe das nach § 4 Abs 1 BerHG zuständige Gericht (§ 56 Abs 1 S 3 RVG). Bei Kollegialgerichten entscheidet eines seiner Mitglieder als Einzelrichter (§ 56 Abs 2 S 1 iVm § 33 Abs 8 RVG). Weist die Sache Schwierigkeiten tatsächlicher oder rechtlicher Art auf oder hat die Rechtssache grundsätzliche Bedeutung, so hat er die Sache dem Spruchkörper zur Entscheidung zu übertragen (§ 56 Abs 2 S 1 iVm § 33 Abs 8 S 2 RVG). Beim Arbeitsgericht entscheidet der Vorsitzende alleine. In Geschäften, die dem

---

90 LAG Düsseldorf AGS 2006, 198; *Hartung/Schons/Enders* RVG § 55 Rn. 61; *Hartmann* KostG RVG § 55 Rn. 31.
91 OLG Schleswig FamRZ 2009, 452; OLG Frankfurt aM FamRZ 1991, 1462; OLG Hamm JurBüro 1982, 255; **aA:** OLG Stuttgart JurBüro 1979, 383 = AnwBl 1978, 462.
92 BVerfG NJW 2000, 1709.
93 OLG Rostock BeckRS 2012, 02354 = JurBüro 2012, 197; OLG Düsseldorf BeckRS 2016, 05559 u NJW-RR 1996, 441 = AGS 1995, 28 = JurBüro 1996, 144 = Rpfleger 1995, 421; OLG Köln JurBüro 1998, 539; OLG Saarbrücken OLGR 2000, 199; aA: OLG Brandenburg JurBüro 2010, 308 = AGS 2011, 280; AG Halle Rpfleger 2012, 266 (Beratungshilfeangelegenheit).
94 OLG Jena Rpfleger 2006, 434; OLG Düsseldorf BeckRS 2016, 05559.
95 OLG Naumburg FamRZ 2007, 1115.
96 OLG Köln FamRZ 2013, 1063.

VI. Erinnerung   H.

Rechtspfleger übertragen sind (zB Zwangsvollstreckungssachen; § 20 Nr 17 S 1 RPflG), entscheidet er auch über die Erinnerung gegen Entscheidungen des Urkundsbeamten (§ 4 Abs 1 RPflG).[97]

Hält das Gericht die Erinnerung für unzulässig oder unbegründet, muss es darüber eine mit Gründen versehene Entscheidung durch Beschluss treffen. Hilft es lediglich der Erinnerung nicht ab und legt die Sache dem Beschwerdegericht zur Entscheidung vor, so tritt, da es sich nicht um eine Durchgriffserinnerung handelt, kein Devolutiveffekt ein. Das Beschwerdegericht kann deshalb die Sache formlos zurückgeben, weil das Erinnerungsverfahren noch nicht abgeschlossen ist. Einer förmlichen Aufhebung der Nichtabhilfeentscheidung und einer Zurückverweisung bedarf es nicht.[98]

Soweit an Stelle des Urkundsbeamten der Geschäftsstelle der **Rechtspfleger** über den Festsetzungsantrag entschieden hat, ist das Geschäft, trotz des Verstoßes gegen die funktionelle Zuständigkeit, wirksam (§ 8 Abs 5 RPflG).[99] In diesem Fall ist aber, da eine Rechtspflegerentscheidung vorliegt, der statthafte Rechtsbehelf nach § 11 RPflG (nicht: § 56 RVG) zu bestimmen.[100]   H 35

Erinnerungsberechtigt sind nur der beigeordnete Rechtsanwalt und die Staatskasse. Nicht aber die PKH-Partei sowie der (kostenpflichtige) Gegner.[101]   H 36

Anwaltszwang besteht nicht (§ 78 Abs 3 ZPO).

Der Erinnerungsführer muss durch die Entscheidung des Urkundsbeamten (irgendwie) **beschwert** sein; eine bestimmte Erinnerungssumme ist für die Zulässigkeit des Rechtsbehelfs nicht erforderlich.   H 37

In diesem Fall kann der Rechtsanwalt mit der Erinnerung auch bisher **nicht beantragte Kosten** geltend machen.[102] Allerdings kann eine Beschwer nicht alleine durch neu beantragte Positionen geschaffen werden.

Die Entscheidung des Gerichts muss sich im Rahmen der vom Erinnerungsführer gestellten Anträge halten. Eine **Verschlechterung** des Erinnerungsführers ist nicht zulässig (Verbot der reformatio in peius); es sei denn, es hat auch der Gegner Erinnerung eingelegt.[103]

Zur Abänderung seiner Festsetzung kann der Urkundsbeamte außerhalb des Erinnerungsverfahrens nicht angewiesen werden (vgl Rdn. H 32). Eine Anweisung zur Änderung durch den **Vertreter der Staatskasse** ist aber idR als Erinnerung auszulegen. Es reicht aus, wenn ersichtlich ist, dass der Vertreter der Staatskasse eine Änderung der Festsetzung anstrebt.   H 38

Die Erinnerungsentscheidung ergeht durch **Beschluss** (§ 56 Abs 1 S 1 RVG). Eine bloße Kassenanweisung oder eine Aufforderung an den Rechtsanwalt zur Rückzahlung reichen nicht aus.[104] Erst auf Grund der gerichtlichen Erinnerungsentscheidung kann ein überzahlter Betrag vom Rechtsanwalt zurückgefordert werden. Eine Zurückverweisung der Sache an den Urkundsbeamten findet   H 39

---

97 OLG München JurBüro 1985, 1841; *Dörndorfer* RPflG § 4 Rn. 24.
98 OLG Saarbrücken BeckRS 2009, 05942; OLG Koblenz JurBüro 1989, 801; OLG München Rpfleger 1980, 203 = JurBüro 1980, 1052; aA OLG Bamberg JurBüro 1991, 696 u JurBüro 1989, 1270; OLG Karlsruhe BeckRS 1979, 01682.
99 OLG Hamm Rpfleger 1989, 319; *Dörndorfer* RPflG § 8 Rn. 45.
100 KG Rpfleger 1998, 65; BayObLG Rpfleger 1997, 101; *Dörndorfer* RPflG § 8 Rn. 47; aA: OLG Hamm Rpfleger 1989, 319; *Hartmann* KostG § 56 RVG Rn. 8.
101 OLG Oldenburg JurBüro 1983, 721; SG Berlin BeckRS 2011, 72175 = AGS 2011, 292.
102 OLG Saarbrücken AnwBl 1977, 509.
103 Vgl zum Verbot der reformatio in peius *Dörndorfer* RPflG § 11 Rn. 101; aA *Hartmann* KostG § 56 RVG Rn. 11.
104 OLG Düsseldorf JurBüro 1981, 1847.

idR nicht statt.[105] Es sei denn, dass ein grober Verfahrensmangel vorliegt, wenn etwa der Urkundsbeamte eine gebotene Sachverhaltsaufklärung unterlassen hat.[106]

H 40   Einer **Kostenentscheidung** bedarf es nicht, da das Verfahren über die Erinnerung gebührenfrei ist und Kosten nicht erstattet werden (§ 56 Abs 2 S 2 u 3 RVG).

Hilft der **Urkundsbeamte**, nach Anhörung der Beteiligten (vgl Rdn. H 32), der Erinnerung (teilweise) ab, so unterliegt seine Abhilfeentscheidung wiederum der Erinnerung. Sie ist deshalb den Beteiligten förmlich bekannt zu machen.

H 41   Die Erinnerungsentscheidung des **Rechtspflegers** (s Rdn. H 34) ist je nach Höhe des Beschwerdegegenstandes mit der Beschwerde (§ 11 Abs 1 RPflG iVm § 33 Abs 3 S 1 RVG) bzw Erinnerung (§ 11 Abs 2 RPflG; sog »Zweiterinnerung«) anfechtbar.[107]

VII. Beschwerde

H 42   1. Gegen die **Erinnerungsentscheidung** des Gerichts kann nach § 56 Abs 2 S 1 iVm § 33 Abs 3 S 3 RVG innerhalb von **zwei Wochen** nach Zustellung der Entscheidung **Beschwerde** eingelegt werden. Diese RVG-Regelungen verdrängen auch in Verfahren vor den Sozialgerichten die allgemeinen prozessualen Bestimmungen des SGG.[108] Hat der Urkundsbeamte der Erinnerung (teilweise) abgeholfen, so ist gegen diese Abhilfeentscheidung wieder die Erinnerung gegeben. Erst gegen die gerichtliche Entscheidung findet die Beschwerde statt. Zur Erinnerungsentscheidung des Rechtspflegers vgl Rdn. H 32 und H 41). Die Beschwerde ist bei dem Gericht einzulegen, dessen Entscheidung angefochten wird (§ 56 Abs 2 S 1 iVm § 33 Abs 7 S 3 RVG). Die Einlegung beim unzuständigen Gericht wahrt die Frist nicht.[109] **Anwaltszwang** besteht auch dann nicht, wenn das Hauptsacheverfahren dem Anwaltszwang unterlag (§ 33 Abs 7 S 1 RVG). Eine Beschwerde an einen obersten Gerichtshof des Bundes findet nicht statt (§ 33 Abs 4 S 3 RVG). Hält das Gericht die Beschwerde gegen seine Erinnerungsentscheidung für zulässig und begründet, »hat« es ihr (teilweise) abzuhelfen (§ 33 Abs 4 S 1 RVG). Bei unverschuldeter Versäumung der Beschwerdefrist findet **Wiedereinsetzung** in den vorigen Stand statt (§ 33 Abs 5 RVG).

H 43   2. Die **Zulässigkeit** der Beschwerde setzt voraus, dass der **Wert des Beschwerdegegenstandes 200 €** übersteigt (§ 56 Abs 2 S 1 iVm § 33 Abs 3 S 1 RVG). Das gilt auch in Beratungshilfeangelegenheiten.[110] Der **Beschwerdewert** wird nach dem Unterschiedsbetrag zwischen der festgesetzten und der erstrebten Vergütung und zwar nach den Sätzen des § 49 RVG, unter Einschluss der darauf entfallenden Umsatzsteuer, bemessen.[111] Maßgebend ist der Beschwerdewert im Zeitpunkt der Rechtsmitteleinlegung. Im Falle einer **teilweisen Abhilfe** ist auf den Wert der restlichen Beschwer abzustellen. Sinkt diese auf einen Wert bis 200 € ab, ist die Beschwerde unzulässig geworden.[112] Gegen die von der Abhilfe nicht betroffene Entscheidung des Rechtspflegers findet jetzt die befristete Erinnerung statt (§ 11 Abs 2 RPflG).[113]

Bei einer Beschwer **bis zu 200 €** kann aber das Gericht, das die angefochtene Entscheidung erlassen hat, die Beschwerde wegen der **grundsätzlichen Bedeutung** der zur Entscheidung stehenden Frage, zulassen (§ 56 Abs 2 S 1 iVm § 33 Abs 3 S 2 RVG).

---

105 *Gerold/Schmidt/Müller-Rabe* § 56 RVG Rn. 16; *Hartung/Schons/Enders* RVG § 56 Rn. 24; aA: OLG Düsseldorf JurBüro 1979, 48.
106 OLG Düsseldorf JurBüro 1979, 48.
107 *Hartmann* KostG § 56 RVG Rn. 21.
108 LSG Thüringen BeckRS 2012, 67742; LSG Bayern NJW-Spezial 2012, 699; aA: LSG Sachsen AGS 2013, 235.
109 LSG Thüringen RVGreport 2015, 103 m Anm *Hansens*.
110 KG JurBüro 2007, 543.
111 LSG Thüringen BeckRS 2015, 70882 = AGS 2015, 530.
112 OLG Hamm JurBüro 1982, 582; OLG Stuttgart JurBüro 1988, 1509.
113 *Dörndorfer* § 11 RPflG Rn. 40.

VIII. Festsetzung der weiteren Vergütung (§ 50 RVG)   H.

3. Eine **weitere Beschwerde** ist nach Maßgabe des § 56 Abs 2 S 1 iVm § 33 Abs 6 RVG statthaft. Ihre Zulässigkeit setzt voraus, dass das Landgericht als Beschwerdegericht entschieden und die weitere Beschwerde wegen der grundsätzlichen Bedeutung der zur Entscheidung stehenden Frage zugelassen hat (§ 56 Abs 2 S 1 iVm § 33 Abs 6 RVG). Über die weitere Beschwerde entscheidet das Oberlandesgericht (§ 33 Abs 6 S 3 RVG) und in Verfahren vor den Sozialgerichten das Landessozialgericht.[114]   H 44

4. Eine **Gegenvorstellung** ist sowohl gegen die erstinstanzliche Erinnerungsentscheidung als auch gegen die Entscheidung des Beschwerdegerichts zulässig.[115]   H 44a

VIII. Festsetzung der weiteren Vergütung (§ 50 RVG)

1. Die Festsetzung der weiteren Vergütung erfolgt ebenfalls im Verfahren nach § 55 RVG. Funktionell zuständig ist der Urkundsbeamte der Geschäftsstelle. § 50 RVG eröffnet dem beigeordneten Rechtsanwalt einen materiellen Anspruch gegen die Staatskasse auf den **Differenzbetrag** zwischen PKH-Gebühren (§ 49 RVG) und Wahlanwaltsgebühren (§ 13 RVG). Diese »weitere Vergütung« kann an den Anwalt aber erst ausbezahlt werden, wenn die Zahlungen der Partei (zB Ratenzahlungen) die in § 122 Abs 1 Nr 1 ZPO bezeichneten Kosten und Ansprüche decken. Außerdem muss sich ein Überschuss ergeben (§ 50 Abs 1 S 1 RVG: »nach Deckung...«). Die Festsetzung der weiteren Vergütung ist nach § 50 Abs 1 S 2 RVG zulässig, wenn   H 45

(1) das Verfahren durch rechtskräftige Entscheidung oder in sonstiger Weise (zB durch Klagerücknahme oder Vergleich) beendet wurde. Bei Abtrennung von Scheidungsfolgesachen im Verbundverfahren, müssen auch sie abgeschlossen sein.[116] Ein (auch längeres) Ruhen des Verfahrens genügt nicht.[117]

(2) die von der Partei zu zahlenden Beträge beglichen sind. Alternativ ist es ausreichend, wenn eine Zwangsvollstreckung in das bewegliche Vermögen der Partei erfolglos geblieben ist oder aussichtslos erscheint.

2. Nach § 50 Abs 1 S 1 iVm § 122 Abs 1 Nr 1 ZPO hat die Staatskasse die eingegangenen Zahlungen **vorrangig** auf die Gerichts- und Gerichtsvollzieherkosten sowie auf die auf sie übergegangenen Ansprüche der beigeordneten Rechtsanwälte gegen die Partei (vgl § 59 Abs 1 RVG) zu verrechnen. Ist das Verfahren über mehrere Instanzen geführt worden, ist jede Instanz gesondert abzurechnen.[118]   H 45a

3. Damit das Gericht Klarheit darüber erhält, ob zum einen die Voraussetzungen für die weitere Vergütung vorliegen und zum anderen, ob die Zahlungen der Partei nach § 120 Abs 3 Nr 1 ZPO vorläufig einzustellen sind, soll der Rechtsanwalt eine **Berechnung** (§ 8 RVG) seiner Regelvergütung (§ 13 RVG) unverzüglich zu den Prozessakten mitteilen (§ 50 Abs 2 RVG). Mit dieser Regelung korrespondiert § 55 Abs 6 RVG: Der Urkundsbeamte kann den Rechtsanwalt auffordern innerhalb einer Ausschlussfrist von einem Monat Anträge auf Festsetzung von Vergütungen einzureichen (vgl Rdn. H 11). Die Staatskasse ist verpflichtet, von der PKH-Partei Zahlungen (maximal 48 Monatsraten und festgesetzte Vermögensbeträge; § 115 Abs 2 u 3 ZPO) solange einzuziehen, bis die Regelgebühren des Rechtsanwalts gedeckt sind (§ 50 Abs 1 S 1 RVG).[119] Das ist eine Amtspflicht der Staatskasse, deren Verletzung einen Schadensersatzanspruch begründen kann.[120] Bei zwischenzeitlicher Einstellung der Ratenzahlungen nach § 120 Abs 3 ZPO ist deren Wiederaufnahme anzuordnen.   H 45b

---

114 LSG Thüringen AGS 2008, 508; aA LSG Niedersachsen-Bremen BeckRS 2008, 57896.
115 BGH NJW 2002, 1577; BSG NJW 2006, 860.
116 OLG Koblenz JurBüro 2000, 851; OLG Düsseldorf JurBüro 1983, 719.
117 OLG Düsseldorf MDR 1991, 550; *Gerold/Schmidt/Müller-Rabe* § 50 Rn. 12.
118 OLG München JurBüro 1995, 532 = Rpfleger 1995, 365.
119 BT-Drucks 17/11471, S 270; OLG Stuttgart JurBüro 1985, 1724; LAG Hessen BeckRS 2000, 30878789.
120 *Gerold/Schmidt/Müller-Rabe* RVG § 50 Rn. 15; *Hartung/Schons/Enders* RVG § 50 Rn. 12.

Dörndorfer

IX. Festsetzung der Gebühren für Beratungshilfe

H 46 1. Auch die Festsetzung der Vergütung für Beratungshilfetätigkeiten des Rechtsanwalts richtet sich nach § 55 RVG. **Sachlich und örtlich zuständig** ist nach § 55 Abs 4 RVG iVm § 4 Abs 1 BerHG das Amtsgericht, in dessen Bezirk der Rechtsuchende seinen allgemeinen Gerichtsstand hat. Hat der Rechtsuchende im Inland keinen allgemeinen Gerichtsstand, so ist das Amtsgericht zuständig, in dessen Bezirk ein Bedürfnis für Beratungshilfe auftritt.

H 47 2. Die Vergütungsfestsetzung durch den Urkundsbeamten der Geschäftsstelle ist vom Verfahren des Amtsgerichts in der Beratungshilfeangelegenheit selbst zu unterschieden. Für letzteres ist der Rechtspfleger funktionell zuständig (§ 24 a RPflG)[121] und es gelten die Vorschriften des FamFG entsprechend (§ 5 BerHG).

Die Festsetzungsentscheidung des Urkundsbeamten unterliegt der Erinnerung (§ 56 Abs 1 RVG). Über die Erinnerung entscheidet das nach § 4 Abs 1 BerHG zuständige Gericht (§ 56 Abs 1 S 3 RVG), und zwar der Rechtspfleger.[122] Gegen dessen Erinnerungsentscheidung findet, je nach Höhe der Beschwerdesumme, entweder die Beschwerde oder die (Zweit-) Erinnerung statt (vgl dazu Rdn. H 34 u 41). Die Beschwerdeentscheidung trifft auch dann eine Zivilkammer des Landgerichts, wenn Gegenstand der Beratungshilfe bei gerichtlicher Geltendmachung eine Familiensache wäre.[123] Alleine durch das Ausstellen eines Berechtigungsscheines wird die Sache noch nicht zur Familiensache.[124] Da die Beschwerde sich somit nicht gegen eine Entscheidung des Familiengerichts richtet, ist auch nach § 33 Abs 4 S 2 RVG iVm § 119 Abs 1 Nr 1 GVG das Oberlandesgericht nicht zuständig.

H 48 3. Der Urkundsbeamte ist an die Gewährung der Beratungshilfe gebunden.[125] Er kann seine Festsetzungsentscheidung weder von Amts wegen, noch auf Weisung des Vertreters der Staatskasse ändern.[126]

X. Übergang von Ansprüchen auf die Staatskasse (§ 59 RVG)

H 49 1. Soweit dem beigeordneten oder bestellten Rechtsanwalt wegen seiner Vergütung ein Anspruch gegen die **eigene Partei** oder einen **ersatzpflichtigen Gegner** zusteht, geht mit der Befriedigung des Rechtsanwalts durch die Staatskasse der Anspruch auf die Staatskasse über (§ 59 Abs 1 S 1 RVG). Es handelt sich hierbei um einen **gesetzlichen Forderungsübergang** iSd § 412 BGB. Auch bestehende Nebenrechte gehen auf die Staatskasse mit über (§§ 412, 401 BGB). Den übergegangenen Anspruch des Rechtsanwalts gegen die PKH-Partei kann die Staatskasse aber nur nach den Bestimmungen geltend machen, die das Gericht getroffen hat (§ 122 Abs 1 Nr 1b ZPO). Insoweit ist die Staatskasse an gerichtliche Zahlungsbestimmungen nach § 120 Abs 1 ZPO (zB Ratenanordnung) gebunden. Vom ersatzpflichtigen Gegner können der Staatskasse die nach § 126 Abs 2 ZPO zulässigen Einwendungen entgegengesetzt werden (s Rdn. B 228–231). Bei der Beitreibung sind die zusätzlichen Anforderungen des § 8 Abs 1 S 2 JBeitrG zu beachten.[127]

H 50 Der Forderungsübergang darf aber nicht zum Nachteil des Anwalts geltend gemacht werden (§ 59 Abs 1 S 2 RVG). Aus dieser Regelung folgt, dass der Anspruch des Anwalts gegenüber demjenigen der Staatskasse **Vorrang** hat. Die Staatskasse kommt mit ihrem Anspruch erst zum Zuge, wenn der Anwalt wegen seiner Wahlanwaltsgebühren (§ 13 RVG) befriedigt ist.[128]

---

121 Zum Vergütungsanspruch der Beratungsperson vgl *Dörndorfer* RPflG § 24a Rn. 19, 20.
122 AG Kiel Rpfleger 2009, 249; *Dörndorfer* RPflG § 4 Rn. 24.
123 BGH JurBüro 1984, 1817 = NJW 1985, 2537 = MDR 1985, 36.
124 BGH JurBüro 1984, 1817.
125 AG Tiergarten Rpfleger 1986, 31.
126 LG Berlin JurBüro 1984, 575.
127 OLG Schleswig FamRZ 2007, 752.
128 OLG Brandenburg JurBüro 2007, 259.

X. Übergang von Ansprüchen auf die Staatskasse (§ 59 RVG) H.

Ist dem **unterlegenen Gegner** ebenfalls PKH bewilligt worden, stellt sich die Frage, ob bei der Geltendmachung des auf die Staatskasse übergegangenen Anspruchs, die Sperre des § 122 Abs 1 Nr 1b ZPO zu beachten ist. Diese Frage ist in Rechtsprechung und Literatur umstritten. Nach einer Meinung behindert § 122 Abs 1 Nr 1b die Einziehung vom Gegner nicht.[129] Nach aA ist die Geltendmachung an die Maßgaben des Bewilligungsbeschlusses gebunden.[130] Der Meinung für die uneingeschränkte Einziehung ist der Vorzug zu geben.[131] § 122 Abs 1 Nr. 1b ZPO betrifft nämlich nur das Verhältnis zur **eigenen** Partei und nicht zum ersatzpflichtigen Gegner.[132] Diesem gegenüber gilt auch für die übergegangenen Ansprüche § 123 ZPO. H 51

Die Einziehung vom Gegner ist erst zulässig, wenn die Kostengrundentscheidung **rechtskräftig** geworden ist (§ 59 Abs 2 S 1 RVG, § 125 Abs 1 ZPO). Die PKH-Partei ist dem Gegner gegenüber in ihrer Prozessführung nicht beschränkt. Sie kann sich deshalb mit dem Gegner über die Kosten vergleichen. Diese Befugnis findet ihre Grenze nur bei rechtsmissbräuchlichem Vorgehen. Ein solches Verhalten läge etwa vor, wenn die PKH-Partei oder der beigeordnete Anwalt, mit dem Ziel, die Staatskasse zu benachteiligen, grundlos auf den Ersatzanspruch gegen den Gegner verzichten.[133] H 52

▶ Beispiel: H 53

K wird für einen Rechtsstreit gegen B PKH ohne Zahlungsbestimmungen bewilligt und Rechtsanwalt R beigeordnet. Die Wahlanwaltsvergütung des R beträgt 900 €. Aus der Staatskasse wurden an R 600 € PKH-Vergütung gezahlt. Die Prozesskosten des B betragen 900 €.

Wie stellt sich der Übergang nach § 59 Abs 1 RVG dar und was ist bei der Einziehung durch die Staatskasse zu beachten?

a) **Variante 1** = Die Kostenentscheidung lautet: *Der Beklagte hat die Kosten zu tragen*.
- Auf die Staatskasse ist, mit Zahlung der Vergütung an RA R (§ 45 RVG), der Erstattungsanspruch des K gegen B übergegangen (§ 91 Abs 1 ZPO, § 59 Abs 1 S 1 Alt 2 RVG),
- Für R besteht zur Wahlanwaltsvergütung eine Deckungslücke iHv 300 €. Er kann deshalb den Erstattungsanspruch K/B (§ 91 Abs 1 ZPO) nach § 126 Abs 1 ZPO in dieser Höhe im eigenen Namen geltend machen. Insoweit hat er Vorrang vor der Staatskasse (§ 59 Abs. 1 S 2 RVG).

b) **Variante 2** = Die Kostenentscheidung lautet: *Der Kläger trägt 1/3, der Beklagte 2/3 der Kosten*.
- Von den gesamten Prozesskosten hat K 1/3 zu tragen (§ 106 Abs 1 ZPO): 1800 € (900 € + 900 €): 3 = 600 €.
- K hat eigene Kosten iHv 900 €; B hat ihm daher 300 € zu erstatten.
- Die Deckungslücke des R beträgt (s Variante 1) 300 €. In dieser Höhe kann er vorrangig den erstattungspflichtigen B in Anspruch nehmen (§§ 91 Abs 1, 126 Abs 1 ZPO). Der Übergang kann nicht zu seinem Nachteil geltend gemacht werden (§ 59 Abs 1 S 2 RVG).

c) **Variante 3** = Die Kostenentscheidung lautet: *Der Kläger trägt 1/4, der Beklagte 3/4 der Kosten*.

Von den gesamten Prozesskosten hat K 1/4 zu tragen (§ 106 Abs 1 ZPO): 1800 € (900 € + 900 €): 3 = 450 €. K hat eigene Kosten iHv 900 €; es sind ihm daher 450 € von B zu erstatten.
- Die Deckungslücke des R beträgt (s Variante 1) 300 €. Von dem auf die Staatskasse übergegangenen Erstattungsanspruch des K gg B (§ 91 Abs 1 ZPO, § 59 Abs 1 S 1 Alt 2 RVG) kann

---

129 OLG Koblenz Rpfleger 2008, 144; OLG Nürnberg NJW-RR 2008, 885; OLG Karlsruhe FamRZ 2005, 2002; OLG Köln NJW-RR 2004, 439; OLG Nürnberg NJW-RR 2002, 863; BGH JurBüro 1997, 648; OLG Düsseldorf Rpfleger 1986, 448; OLG Köln FamRZ 1986, 926; KG MDR 1988, 420; OLG Schleswig JurBüro 1991, 1207; OLG Oldenburg JurBüro 1991, 1373.
130 OLG München JurBüro 2014, 29 u Rpfleger 2001, 307; OLG Hamburg JurBüro 1983, 612; OLG Zweibrücken Rpfleger 1989, 114; LG Itzehoe JurBüro 1984, 1691; *Mümmler* JurBüro 1987, 36 u 1653; *Fischer* JurBüro 1998, 622.
131 BGH JurBüro 1997, 648.
132 *Dörndorfer* Rpfleger 1987, 448.
133 LG Essen MDR 1956, 498; *Bauer* NJW 1956, 1161.

H. Festsetzung der aus der Staatskasse zu zahlenden Vergütung (§ 55 RVG)

er diesen Betrag vorrangig (§ 59 Abs 1 S 2 RVG) für sich beanspruchen. Die Staatskasse kann restliche 150 € gegen B geltend machen. Der Übergang ist im Kostenfestsetzungsverfahren (§§ 103 ff ZPO) zu berücksichtigen. Auf den Namen des beigeordneten Rechtsanwalts R sind 300 € gegen B festzusetzen (§§ 91 Abs 1, 126 Abs 1 ZPO).

I. Das Vergütungsfestsetzungsverfahren nach § 11 RVG

Übersicht

	Rdn.		Rdn.
1. Allgemeines	I 1	e) Bindung an den Antrag	I 26
a) Verhältnis zum Klageverfahren	I 2	f) Hemmung der Verjährung	I 27
b) Verhältnis zum Hauptsacheverfahren	I 4	7. Einwendungen	I 28
2. Die Verfahrensbeteiligten	I 5	8. Entscheidung	I 42
3. Antragsberechtigung	I 6a	9. Rechtsbehelfe	I 45
4. Antragsgegner	I 12	a) Ordentliche Gerichtsbarkeit und Arbeitsgerichtsbarkeit	I 45
5. Verfahrensgegenstand	I 14	b) Verwaltungs-, Finanzgerichts- und Sozialgerichtsbarkeit	I 46
6. Das Verfahren	I 20	10. Zwangsvollstreckung	I 49
a) Antrag	I 20	11. Rechtskraft	I 53
b) Zuständigkeit	I 22		
c) Rechtliches Gehör	I 24		
d) Aussetzung; Unterbrechung	I 25		

1. Allgemeines

Das Verfahren nach § 11 RVG bietet einerseits dem **Rechtsanwalt** die Möglichkeit, seine gesetzliche Vergütung rasch und einfach durch Festsetzungsbeschluss **titulieren** zu lassen. Andererseits eröffnet es dem ebenfalls antragsbefugten **Auftraggeber** die Möglichkeit, dass die vom Rechtsanwalt erstellte Berechnung der Vergütung (§ 10 RVG) von einer kompetenten Stelle überprüft wird. Zudem ist das Festsetzungsverfahren erster Instanz gebührenfrei (§ 11 Abs 1 S 4 RVG).   I 1

Wegen der Unterschiede der Vergütungsfestsetzung nach § 11 RVG zur Kostenfestsetzung nach §§ 103 ff ZPO und zur Festsetzung des öffentlich-rechtlichen Vergütungsanspruchs nach § 55 RVG vgl Rdn. A 3 – 5.

a) Verhältnis zum Klageverfahren

Beide Verfahren stehen nicht wahlweise zur Verfügung.   I 2

Wenn und soweit das einfachere und billigere Vergütungsfestsetzungsverfahren nach § 11 RVG **zulässig** ist, besteht für eine Gebührenklage oder für die Geltendmachung des Gebührenanspruchs im Mahnverfahren kein **Rechtsschutzbedürfnis**.[1] Das bedeutet, dass der Anwalt zunächst, bevor er Gebührenklage einreicht oder einen Mahnbescheid beantragt, den Versuch unternehmen muss, im Verfahren nach § 11 RVG einen Vollstreckungstitel (vgl § 11 Abs 2 S 3 RVG iVm § 794 Abs 1 Nr 2 ZPO) zu erwirken. Wenn eine Sachentscheidung abgelehnt wird, ist eine Ausschöpfung des für das Vergütungsfestsetzungsverfahren vorgesehenen Rechtsmittelzuges nicht erforderlich.

Ist das Verfahren nach § 11 RVG aber **unzulässig**, kann der Rechtsanwalt sofort Klage erheben oder einen Mahnbescheid beantragen. Das ist dann der Fall, wenn er nicht die gesetzliche, sondern eine vereinbarte Vergütung verlangt oder nicht in einem gerichtlichen Verfahren tätig war oder bei Rahmengebühren die Voraussetzungen des § 11 Abs 8 RVG nicht vorliegen. Der in der Praxis wohl häufigste Umstand, der Unzulässigkeit des Verfahrens nach § 11 RVG verursacht, ist die Erhebung von außergebührlichen Einwendungen durch den Auftraggeber (§ 11 Abs 5 RVG). Besteht lediglich Streit über den Gegenstandswert, so wird eine Sachentscheidung im Vergütungsfestsetzungsverfahren nicht ausgeschlossen, es ist vielmehr nach § 11 Abs 4 RVG zu verfahren.   I 3

Solange keine außergebührenrechtlichen Einwendungen im Klageverfahren erhoben worden sind, steht die Anhängigkeit einer Gebührenklage einem Antrag auf Vergütungsfestsetzung nicht entgegen, da das Verfahren nach § 11 RVG das einzige zulässige ist.[2]

---
1 BGH NJW 1981, 876.
2 KG AnwBl 1972, 24.

Eine im Festsetzungsverfahren nach § 11 RVG ergangene Sachentscheidung ist der materiellen Rechtskraft fähig (vgl Rdn. I 43).

b) Verhältnis zum Hauptsacheverfahren

I 4 Mit dem gerichtlichen Hauptsacheverfahren, in dessen Verlauf die festzusetzende Vergütung entstanden ist, hat das Verfahren nach § 11 RVG nichts zu tun. Es wird zwar aktentechnisch mit dem Hauptsacheverfahrens geführt und trägt auch dessen Aktenzeichen. Es ist aber, anders als das Kostenfestsetzungsverfahren nach §§ 103 ff ZPO, kein Nebenverfahren, sondern ein völlig **selbstständiges** Verfahren. Das hat zur Folge, dass beide Verfahren auch zeitlich nebeneinander laufen können.

▶ Beispiel:

Auch, wenn sich das Hauptsacheverfahren bereits im Rechtsmittelzug befindet oder ausgesetzt wird, hindert dies die Durchführung des Vergütungsfestsetzungsverfahrens nicht.

I 4a Die im Hauptsacheverfahren einem **neuen** Prozessbevollmächtigten erteilte Prozessvollmacht erstreckt sich nicht ohne Weiteres auf das Verfahren nach § 11 RVG. Zustellungen in diesem Verfahren sind deshalb grds an die Partei selbst vorzunehmen. Es sei denn, die Vollmacht umfasst ausdrücklich auch das Vergütungsfestsetzungsverfahren.[3]

Auch der Prozessbevollmächtigte des ersten Rechtszuges ist ohne ausdrückliche Bevollmächtigung nicht befugt, Anträge nach § 11 RVG für andere im ersten Rechtszug oder in den Rechtsmittelinstanzen für die Partei tätig gewordene Rechtsanwälte zu stellen.[4]

I 4b Mangels Gegenstands- und Parteiidentität erstreckt sich die materielle Rechtskraft eines Vergütungsfestsetzungsbeschlusses nicht auf andere Entscheidungen. Das gilt insbesondere für das Verhältnis zu einem Kostenfestsetzungsbeschluss im Verfahren nach §§ 103 ff ZPO.[5]

▶ Beispiel:

Die obsiegende Partei hat die Gebühren ihres Prozessbevollmächtigten gegen den unterlegenen Gegner nach §§ 103 ff ZPO festsetzen lassen. Diese Festsetzung hindert sie weder daran, im anschließenden Vergütungsfestsetzungsverfahren nach § 11 RVG einzuwenden, dass ihr Anwalt den Prozess falsch geführt habe und ihr dadurch ein Schaden entstanden sei, noch daran, die Entstehung festgesetzter Gebühren zu bestreiten.

Für das Verfahren nach § 11 RVG besteht auch nach Kostenfestsetzung gegen den unterlegenen Gegner ein Rechtsschutzbedürfnis. Es entfällt erst mit völliger Tilgung des Vergütungsanspruchs.[6]

I 4c Trotz der Unabhängigkeit des Festsetzungsverfahrens nach § 11 RVG vom Hauptsacheverfahren besteht ein gewisser Zusammenhang beider Verfahren. Sind die festzusetzenden Gebühren nämlich in einer Familiensache, in Verfahren vor den Arbeitsgerichten oder den Gerichten der öffentlich-rechtlichen Gerichtsbarkeit entstanden, so gelten für die Vergütungsfestsetzung die Vorschriften der jeweiligen Verfahrensordnungen über das Kostenfestsetzungsverfahren entsprechend (§ 11 Abs 2 S 3 RVG). Das ist insbesondere für die Beurteilung des statthaften Rechtsbehelfs von Bedeutung (vgl dazu Rdn. I 20, 35, 41 und 42).

---

3 KG Rpfleger 1979, 275; OLG Schleswig JurBüro 1979, 1823; OLG Hamm JurBüro 1983, 1816 = MDR 1983, 1033 u JurBüro 1992, 394; OLG München Rpfleger 1984, 74 = JurBüro 1984, 394.
4 *Gerold/Schmidt/Müller-Rabe* RVG § 11 Rn. 235.
5 OLG Hamburg JurBüro 1981, 1402; OLG Karlsruhe AnwBl 1985, 649 = MDR 1986, 157.
6 FG Bremen BeckRS 1999, 15606 = EFG 1999, 446.

2. Die Verfahrensbeteiligten

Das Gesetz bezeichnet sie als **Antragsteller und Antragsgegner**. Die Beteiligten des Vergütungsfestsetzungsverfahrens sind nicht identisch mit den Parteien des Hauptsacheverfahrens.

Antragsteller ist idR der Rechtsanwalt; es kann dies aber auch der Auftraggeber sein (§ 11 Abs 1 S 1 RVG). Spiegelbildlich ist **Antragsgegner** idR der Auftraggeber; bei Antragstellung durch den Auftraggeber ist dies der Rechtsanwalt.

3. Antragsberechtigung

Das Verfahren nach § 11 RVG findet nur statt, wenn die anwaltliche Vergütung in einem **gerichtlichen** Verfahren entstanden ist (§ 11 Abs 1 S 1 RVG). Weil sie für eine **außergerichtliche** Tätigkeit des Rechtsanwalts gewährt wird, ist deshalb die Beratungshilfegebühr nach Nr 2500 VV RVG nicht nach § 11 RVG festsetzbar.[7] **Unanwendbar** ist § 11 RVG auch auf die Vergütung für außergerichtliche Anwaltstätigkeiten in schiedsrichterlichen Verfahren (§ 36 Abs 1 Nr 1 und 2 RVG), in Verwaltungsverfahren vor einer Behörde und wegen Berufspflichtverletzung nach Nr 6200 – 6202 VV RVG.[8]

Ist hingegen die gesetzliche Vergütung des Rechtsanwalts, egal in welcher Funktion, in einem **gerichtlichen Verfahren** entstanden, ist sie nach § 11 RVG festsetzbar. In Betracht kommen Tätigkeiten des Rechtsanwalts als

– Verfahrensbevollmächtigter,
– Verkehrsanwalt (darauf, ob diese Kosten erstattungsfähig sind, kommt es nicht an),
– Terminsvertreter, wenn er von der Partei oder in deren Namen vom Hauptbevollmächtigten beauftragt wurde;[9] hat er aber den Auftrag vom Hauptbevollmächtigten, der im eigenen Namen handelte, erhalten, ist die Festsetzung nach § 11 RVG nicht möglich (s Rdn. I 7),[10]
– Einzeltätigkeiten im gerichtlichen Verfahren,[11]
– Verteidiger in Straf- und Bußgeldsachen (vgl § 11 Abs 8 RVG),
– Vertreter im Adhäsionsverfahren,
– Bevollmächtigter im Güteverfahren, wenn ein gerichtliches Verfahren nachfolgt.[12]

a) Unanwendbar ist § 11 RVG dann, wenn zwischen Rechtsanwalt und Auftraggeber **kein Auftragsverhältnis** besteht. Das gilt insbesondere für den Fall, dass der Anwalt einen Kollegen nur im eigenen Namen (kollegialiter), zB mit einer Vergleichsprotokollierung, beauftragt hat.[13]

Die gesetzliche Vergütung des nach §§ 138, 270 FamFG in einer Scheidungssache dem Antragsgegner beigeordneten Rechtsanwalts ist in einem gerichtlichen Verfahren entstanden und somit nach § 11 RVG festsetzbar. Der Gebührenanspruch des beigeordneten Rechtsanwalts ergibt sich trotz fehlendem Auftragsverhältnisses unmittelbar aus dem Gebührenrecht (§ 39 RVG).

b) Ist der Rechtsanwalt als **gesetzlicher Vertreter oder als Partei kraft Amtes** tätig geworden, scheidet eine Anwendung des § 11 RVG aus. In diesen Fällen fehlt ein Auftraggeber. Außerdem bestimmt sich die Vergütung in diesen Fällen nicht nach dem RVG (§ 1 Abs 2 RVG), sondern nach speziellen Regelungen (s § 1836 BGB). Das gilt insbesondere für den Rechtsanwalt in den Ämtern als Vormund, Pfleger und Betreuer. Nach § 1 Abs 2 S 3 RVG bleibt § 1835 Abs 3 BGB unberührt. Danach gehören zu den vom Mündel, Pflegling (§ 1915 Abs 1 BGB) und Betreuten (§ 1908 i Abs 1 S 1 BGB) zu ersetzenden Aufwendungen uU auch anwaltsspezifische Dienstleistungen. § 11 RVG

---

7 AG Mainz Rpfleger 1985, 324.
8 *Gerold/Schmidt/Müller-Rabe* § 11 RVG Rn. 10.
9 OLG Zweibrücken Rpfleger 1994, 477; OVG Münster Rpfleger 1986, 70.
10 KG AnwBl 1994, 84; *Gerold/Schmidt/Müller-Rabe* § 11 RVG Rn. 16.
11 OLG Brandenburg JurBüro 2002, 365 = FamRZ 2002, 1503; OLG München JurBüro 1974, 1388.
12 BayObLG JurBüro 2004, 598; OLG München Rpfleger 1994, 316.
13 LAG Düsseldorf AnwBl 2000, 631.

ist darauf unanwendbar.¹⁴ Auch wenn nach § 91 Abs 2 S 1 ZPO der unterlegene Gegner die Vergütung eines bevollmächtigten Rechtsanwalts erstatten muss, bleibt die Festsetzung nach § 11 RVG gesperrt.

Dasselbe gilt auch für den Rechtsanwalt in der Funktion eines **Prozesspflegers** nach § 57 ZPO.[15] Als **Insolvenzverwalter** ist er Partei kraft Amtes.[16] Sein Vergütungsanspruch richtet sich gegen die Insolvenzmasse (§§ 53, 54 InsO) und bestimmt sich nach §§ 63 ff InsO iVm InsVV.

I 8   c) **Mehrere Rechtsanwälte**, zB Mitglieder einer Sozietät, können das Verfahren gemeinsam betreiben. Die parteifähige BGB-Gesellschaft kann den Vergütungsanspruch als solche geltend machen. Wird der Antrag von einem einzelnen Mitglied der Sozietät gestellt, wird darin die Geltendmachung des Vergütungsanspruchs zu Gunsten der Sozietät zu sehen sein, zu der auch das einzelne Mitglied berechtigt ist.[17] Eine Prüfung, ob der einzelne Sozietätsanwalt nach dem Innenverhältnis der Sozietät zur Geltendmachung des Anspruchs berechtigt ist, findet im Vergütungsfestsetzungsverfahren nicht statt. Bestreitet der Auftraggeber die Antragberechtigung des Rechtsanwalts mit dem Einwand, dass der Auftrag der Sozietät erteilt wurde, so liegt darin eine außergebührenrechtliche Einwendung, die zur Ablehnung der Festsetzung nach § 11 Abs 5 RVG führt.

Zum Mitgliedswechsel nach dem Erlass des Festsetzungsbeschlusses s Rdn. I 45.

I 9   d) War im Hauptsacheverfahren für den Auftraggeber eine **Sozietät** aufgetreten und wird der Antrag von einem einzelnen Mitglied der Sozietät im **eigenen Namen** gestellt, muss der Antragsteller darlegen, dass ihm nach dem Sozietätsvertrag oder einer gesonderten Vereinbarung der Vergütungsanspruch allein zusteht. Fehlt ein derartiger Hinweis, bedarf es einer Aufklärungsverfügung. Beim Bestreiten durch den Antragsgegner muss nach § 11 Abs 5 RVG verfahren werden.

I 10   d) Auch **Rechtsbeistände** oder andere Personen, denen die Erlaubnis zur Besorgung fremder Rechtsangelegenheiten erteilt ist, sind antragsberechtigt (Art IX Abs 1 S 1 KostÄndG 1957).

I 10a   f) **Steuerberater, Steuerberatungsgesellschaften und Steuerbevollmächtigte** können nach § 45 StBVV ihre Vergütung für **gerichtliche Tätigkeiten** (zB vor den Finanzgerichten) ebenfalls im Verfahren nach § 11 RVG festsetzen lassen.[18]

I 11   g) Für **Patentanwälte** und **ausländische Rechtsanwälte** ist das Verfahren nach § 11 RVG nicht eröffnet. Ihre Vergütung ist nicht auf das RVG zurückzuführen.[19]

4. Antragsgegner

I 12   Antragsgegner des Rechtsanwalts ist der Zahlungspflichtige. Das ist idR der **Vertragspartner**. In gerichtlichen Verfahren wird das im Normalfall die vertretene Partei sein. Es kann aber auch ein **Dritter** sein, der den Rechtsanwalt im eigenen Namen beauftragt hat (zB Eltern eines mdj Kindes).[20] Ist der Auftrag von einer **Personenhandelsgesellschaft** oder einer (parteifähigen) **GbR** (vgl Rdn. B 563) erteilt worden, so ist nur diese Partei des Vergütungsfestsetzungsverfahrens. Die persönlich haftenden Gesellschafter sind daran nur beteiligt, wenn sie den Auftrag im eigenen Namen

---

14   OLG Frankfurt NJW 1966, 554 (Betreuer); KG FamRZ 1993, 460 (Nachlasspfleger); LG Düsseldorf JurBüro 1986, 726 (auch nicht, wenn der Pfleger die Anwaltssozietät beauftragt, der er selbst angehört); LG München I JurBüro 1963, 778 (Vormund).
15   OLG München MDR 1974, 413; **aA**: *E Schneider* MDR 1972, 155.
16   OLG Schleswig JurBüro 1975, 475.
17   BGH NJW 1963, 1301; OLG Saarbrücken Rpfleger 1978, 227.
18   FG Hamburg EFG 1984, 630; FG Berlin EFG 1985, 197; VGH Kassel EFG 1987, 523; **aA** FG München BB 1986, 315 mit abl Anm *Rhein*.
19   BPatG MDR 1976, 963 m Anm *H Schmidt*; OLG München JurBüro 1978, 533; *Gerold/Schmidt/Müller-Rabe* § 11 RVG Rn. 30, 31.
20   OLG München JurBüro 1998, 598 = MDR 1998, 1373.

5. Verfahrensgegenstand

erteilt haben.[21] Alleine durch die persönliche Haftung für Gesellschaftsverbindlichkeiten (s § 128 HGB) werden sie nicht zu Auftraggebern.[22]

Auch der **Rechtsnachfolger** des Rechtsanwalts oder des Auftraggebers ist antragsberechtigt. Ist das Festsetzungsverfahren bereits anhängig, tritt er in die Verfahrensstellung seines Rechtsvorgängers ein. Das gilt nicht nur für Gesamtrechtsnachfolger, sondern auch für Sonderrechtsnachfolger (zB Praxisübernehmer). Die Rechtsnachfolge muss nicht urkundlich (zB durch Erbschein, Abtretungsurkunde) nachgewiesen werden. Es reicht aus, wenn sie schlüssig dargelegt wird. Wird die Rechtsnachfolge aber vom Gegner bestritten, so handelt es sich um eine außergebührenrechtliche Einwendung, die zur Ablehnung des Verfahrens führt (§ 11 Abs 5 RVG).[23]

| 13

Ist der Nachlass unzureichend und wird vom Erben des Auftraggebers die **Dürftigkeitseinrede** (§ 1990 BGB) erhoben, steht dies der Durchführung des Vergütungsfestsetzungsverfahrens nicht entgegen. Auch im Klageverfahren müsste über diese Einrede nicht entschieden werden. Es genügt deshalb, wenn dem Erben im Vergütungsfestsetzungsbeschluss die Beschränkung seiner Haftung vorbehalten wird (§ 780 ZPO).[24]

5. Verfahrensgegenstand

a) Nur die **gesetzliche Vergütung** des Rechtsanwalts kann im Verfahren nach § 11 RVG festgesetzt werden. Die gesetzliche Vergütung umfasst nach § 1 Abs 1 RVG Gebühren und Auslagen. Darüber hinaus kann auch eine nach **§ 42 RVG festgestellte Pauschvergütung** festgesetzt werden.

| 14

Vertritt der Rechtsanwalt in derselben gebührenrechtlichen Angelegenheit **mehrere Auftraggeber**, die am Gegenstand gemeinschaftlich beteiligt sind, so erhöht sich nach Nr 1008 VV RVG seine Verfahrensgebühr. Der einzelne Auftraggeber schuldet nach § 7 Abs 2 S 1 RVG aber nur die Gebühren und Auslagen, die entstanden wären, wenn der Rechtsanwalt nur in seinem Auftrag tätig geworden wäre. In dieser Höhe kann er Festsetzung nach § 11 RVG beantragen. Zahlt ein Auftraggeber den von ihm geschuldeten Betrag, so kann der Rechtsanwalt, begrenzt durch die nach Nr 1008 VV RVG erhöhte Vergütung, den Restbetrag von einem anderen der gesamtschuldnerisch haftenden Auftraggeber verlangen.[25] Diese sind im Innenverhältnis ausgleichspflichtig (§ 426 BGB). Erheben von den mehreren Auftraggebern nur einzelne außergebührenrechtliche Einwendungen, so kann gegen die anderen Auftraggeber Festsetzung nach § 11 RVG erfolgen.[26]

Auch die zu **ersetzenden Aufwendungen** (§ 670 BGB) können im Verfahren nach § 11 RVG festgesetzt werden, wenn sie zu den Kosten des gerichtlichen Verfahrens gehören. Damit hat sich der frühere Meinungsstreit über die Festsetzbarkeit dieser Aufwendungen erledigt.[27]

| 15

b) Hat der RA mit dem Auftraggeber eine **Gebührenvereinbarung** getroffen, so ist nicht die gesetzliche, sondern die vereinbarte Vergütung geschuldet. Auch, wenn in diesem Falle der Rechtsanwalt nur die Festsetzung der gesetzlichen Vergütung beantragt, ist das Verfahren nach § 11 RVG dazu

| 16

---

21 BGH JurBüro 2005, 35; OLG Koblenz JurBüro 2003, 201.
22 OLG Bamberg JurBüro 1983, 1194; OLG Hamburg JurBüro 1984, 1180 = MDR 1984, 593; OLG Schleswig JurBüro 1984, 1178 = SchlHA 1985, 30; aA: KG NJW 1970, 1612; OLG Frankfurt AnwBl 1971, 318.
23 KG JurBüro 1986, 220 (Praxisübernehmer); OLG Köln AnwBl 1972, 168 u JurBüro 1982, 76 (Erbe); OLG Nürnberg MDR 1970, 688 (Erbe); LAG Nürnberg JurBüro 1996, 236 (Rechtsschutzversicherer des Auftraggebers).
24 OLG Düsseldorf Rpfleger 1981, 409 = JurBüro 1981, 1346 = MDR 1981, 944; OLG Schleswig JurBüro 1984, 517.
25 OLG München Rpfleger 1978, 377 = MDR 1978, 854.
26 LG Kaiserslautern BeckRS 2006, 14775 = JurBüro 2006, 479.
27 BGH JurBüro 2003, 588 zu § 19 BRAGO.

nicht geeignet.[28] Das gilt auch, wenn eine Vereinbarung mit dem Inhalt getroffen wurde, dass der Rechtsanwalt eine höhere, mindestens aber die gesetzliche Vergütung, erhalten soll.

Nichts anderes gilt auch für den Fall, dass die vereinbarte Vergütung **niedriger** als die gesetzliche Vergütung ist. Auch dann ist weder die niedrigere, noch die gesetzliche Vergütung im Verfahren nach § 11 RVG festsetzbar. Ob diese Vereinbarung etwa sittenwidrig und daher nichtig ist und der Rechtsanwalt deshalb die gesetzliche Vergütung fordern kann, setzt eine Würdigung außergebührenrechtlicher Umstände voraus, die im Vergütungsfestsetzungsverfahren nicht stattfindet.[29]

I 17 c) Das Verfahren nach § 11 RVG ist nicht alleine auf die im gerichtlichen Verfahren entstandenen Gebühren und Auslagen beschränkt. Erforderlich ist vielmehr nur, dass der Rechtsanwalt mit der Vertretung im gerichtlichen Verfahren beauftragt war und, dass die festsetzende Gebühr zu den Kosten des gerichtlichen Verfahrens gehört.[30] Ist im Rahmen der Vertretung in einem gerichtlichen Verfahren eine Gebühr für eine Anwaltstätigkeit, die **nicht dem Gericht gegenüber vorgenommen wurde**, entstanden (zB Terminsgebühr, Verkehrsgebühr), ist diese dennoch festsetzbar. Auch die **Einigungsgebühr** (Nr 1000 VV RVG) für den Abschluss einer außergerichtlichen Einigung zur (vollen oder teilweisen) Beilegung des gerichtlichen Verfahrens, gehört zu den Kosten des Rechtsstreits und ist festsetzbar.[31] Das gilt auch für die **Hebegebühr**, die für die Geldannahme im Zusammenhang mit einem gerichtlichen Verfahren entstanden ist.[32]

Nicht festsetzbar sind dagegen Gebühren und Auslagen, die schon **vor Erteilung** des Auftrags für das gerichtliche Verfahren entstanden sind.[33]

Die Vergütung des Rechtsanwalts für die Vertretung bei Zwangsvollstreckungstätigkeiten des **Gerichtsvollziehers** (zB Zwangsvollstreckung durch den Gerichtsvollzieher aus einer notariellen Urkunde), kann nach § 11 RVG festgesetzt werden (s auch Rdn. I 22). Das Verfahren vor dem Gerichtsvollzieher steht nämlich einem gerichtlichen Verfahren gleich (Nr 1003 Anm Abs 1 S 3 VV RVG).[34]

I 18 c) **Rahmengebühren** sind dann festsetzbar, wenn nur die **Mindestgebühren** geltend gemacht werden oder der Auftraggeber der Höhe der Gebühren ausdrücklich zugestimmt hat (§ 11 Abs 8 S 1 RVG). Diese Zustimmungserklärung ist mit dem Antrag vorzulegen (§ 11 Abs 8 S 2 RVG). Liegen diese Voraussetzungen nicht vor, bleibt nur die Klage oder das Mahnverfahren zur Titulierung des Vergütungsanspruchs.

I 19 d) Nach § 11 Abs 1 S 2 RVG sind **getilgte Beträge** abzusetzen. Das gilt, wenn die Zahlung unstreitig auf die festzusetzende Vergütung erfolgte.[35] Streitig ist, wie zu verfahren ist, wenn der Rechtsanwalt Zahlungen **anderweitig** verrechnet und sich der Auftraggeber dazu nicht äußert.

▶ Beispiel:

Für seine Tätigkeit als Prozessbevollmächtigter bringt RA R eine Vergütung in Höhe von 3500 € in Ansatz. Nach seinen Angaben hat der Auftraggeber 1500 € gezahlt. Dieser Betrag wird aber nur in Höhe von 1000 € verrechnet. Die restliche 500 € werden auf das Honorar in einer anderen Sache angerechnet. Es wird deshalb die Festsetzung von 2500 € beantragt.

---

28 OLG Frankfurt Rpfleger 1989, 303; OLG Bremen JurBüro 1972, 690.
29 BGH NJW 1980, 2407.
30 *Gerold/Schmidt/Müller-Rabe* § 11 RVG Rn. 49.
31 OLG Hamm AnwBl 2005, 76 = JurBüro 2005, 87; OLG Hamburg JurBüro 1980, 554; *Gerold/Schmidt/Müller-Rabe* § 11 RVG Rn. 55; aA OLG München FamRZ 1999, 1674.
32 OLG Nürnberg JurBüro 1992, 107.
33 OLG München AnwBl 1967, 90; OLG Hamm AnwBl 1970, 290 = NJW 1970, 2220 = JurBüro 1970, 770; LAG Hamm JurBüro 1970, 772 = MDR 1970, 876; OLG Stuttgart JurBüro 1985, 871.
34 AA *Bischof/Jungbauer* RVG § 11 Rn. 46 a.
35 OLG Nürnberg JurBüro 2006, 257.

6. Das Verfahren

Erhebt der Auftraggeber im Rahmen seiner Anhörung dagegen **keine** Einwendungen, ist nach Antrag festzusetzen.[36] Im Rahmen der Anhörung hat das Gericht aber den Auftraggeber darauf hinzuweisen, dass die Richtigkeit der Verrechnung im Festsetzungsverfahren nicht geprüft wird und, dass es die Festsetzung ablehnen wird, wenn die Richtigkeit der Verrechnung von ihm bestritten wird (§ 11 Abs 5 RVG).[37] Fehlen Angaben dazu, worauf Zahlungen zu verrechnen sind, so ist das Gericht nicht zu Ermittlungen verpflichtet und kann die Festsetzung ablehnen.[38]

Eine gebührenrechtliche Einwendung liegt vor, wenn Streit darüber besteht, ob Gebühren in derselben Sache nach RVG anzurechnen sind.[39]

6. Das Verfahren

a) Antrag

Der **Festsetzungsantrag** kann zu Protokoll der Geschäftsstelle eines jeden Amtsgerichts oder schriftlich, ohne Mitwirkung eines Bevollmächtigten, eingereicht werden (§ 11 Abs 6 RVG, § 129 a ZPO). Auch eine Einreichung als elektronisches Dokument ist möglich (§ 12 b RVG, § 130 a ZPO). Zulässig ist der Antrag erst, wenn die festzusetzende Vergütung fällig ist (§ 11 Abs 2 S 1 RVG). Die Fälligkeit richtet sich nach § 8 Abs 1 RVG. Die durch Mandatsniederlegung herbeigeführte Fälligkeit der Vergütung wird durch spätere Wiederaufnahme der Vertretung nicht beseitigt.[40]

120

Da nach **§ 10 Abs 1 RVG** der Rechtsanwalt die Vergütung nur auf Grund einer von ihm unterzeichneten und dem Auftraggeber mitgeteilten **Berechnung** einfordern kann, muss er diese Mitteilung im Antrag darlegen oder spätestens jetzt eine entsprechende Berechnung beifügen. Fehlt die Angabe oder ist keine Berechnung beigefügt, ist der Antrag, nach entsprechendem Hinweis (§ 139 ZPO), zurückzuweisen.[41]

Der vom **Auftraggeber** gestellte Festsetzungsantrag, muss nur die Angabe enthalten, für welche Anwaltstätigkeit – idR also für welches gerichtliche Verfahren – die Festsetzung beantragt wird und welche Zahlungen berücksichtigt werden sollen. Eine Bezifferung der Vergütung ist nicht erforderlich. Die Bezugnahme auf eine vom Anwalt nach § 10 RVG übersandte Berechnung reicht aus. Zulässig ist auch der Antrag auf Feststellung, dass der Vergütungsanspruch durch Vorschusszahlung erledigt ist.[42]

121

Unzulässig ist der Antrag des Auftraggebers, wenn die vom Rechtsanwalt geforderte Vergütung bereits vorbehaltlos bezahlt wurde.[43] Auch ein Antrag auf Rückzahlung der Vergütung wegen **Überzahlung** ist im Verfahren nach § 11 RVG nicht zulässig; ein solcher Anspruch kann nur im Klage- oder Mahnverfahren verfolgt werden.[44] Das gilt auch für den Anspruch des Rechtsanwalts auf Ersatz verauslagter Gerichtskosten.[45]

---

36 OLG Hamburg JurBüro 1974, 1134.
37 KG JurBüro 1978, 534 m Anm *Mümmler* = Rpfleger 1978, 33; *Gerold/Schmidt/Müller-Rabe* § 11 Rn. 192, 193; aA: OLG München JurBüro 1974, 1136 = Rpfleger 1974, 326; OLG Düsseldorf JurBüro 1973, 741 = Rpfleger 1973, 261.
38 OLG Köln JurBüro 2012, 654.
39 BGH Rpfleger 1997, 231.
40 OLG Schleswig JurBüro 1980, 68.
41 *Gerold/Schmidt/Müller-Rabe* RVG § 11 Rn. 226; *Hartung/Schons/Enders* RVG § 10 Rn. 45.
42 OLG Nürnberg JurBüro 2006, 257 = NJOZ 2006, 3971; LAG Nürnberg JurBüro 1996, 263; OLG Köln JurBüro 1984, 1356.
43 OLG Schleswig SchlHA 1980, 204.
44 OLG Brandenburg OLGR 2008, 46; OLG Nürnberg JurBüro 2006, 257 = NJOZ 2006, 3971.
45 KG BeckRS 1992, 03428 = JurBüro 1993, 419.

b) Zuständigkeit

I 22 **Sachlich und örtlich** zuständig ist das Gericht des **ersten Rechtszugs** und zwar zur Festsetzung der Anwaltsvergütung für alle Rechtszüge (§ 11 Abs 1 S 1 RVG). Das ist das Gericht erster Instanz des Hauptsacheverfahrens (Ausgangsverfahren). Bei **Verweisung** (auch: Rechtswegeverweisung) ist (nur) das Gericht zuständig, an das verwiesen wurde (§ 281 Abs 3 S 1 ZPO).[46] Das Empfangsgericht ist auch dann zuständig, wenn der Anwalt (zB Terminsvertreter) nur vor der Verweisung tätig geworden ist.[47] Endet der Auftrag des Rechtsanwalts mit dem **Mahnverfahren**, ist nicht das (zentrale) Mahngericht, sondern das für das Prozessverfahren zuständige Gericht (§ 690 Abs 1 Nr 5 ZPO) für die Festsetzung zuständig.[48] In **Zwangsvollstreckungssachen** ist das Vollstreckungsgericht zuständig, in dessen Bezirk die letzte Vollstreckungshandlung erfolgte. § 788 Abs 2 S 1 ZPO ist auch im Vergütungsfestsetzungsverfahren anwendbar.[49] Auch, wenn kein Hauptsacheverfahren stattfand, wie zB bei der Vollstreckung durch den Gerichtsvollzieher aus einer notariellen Urkunde, ist das Vollstreckungsgericht zuständig.[50] In **Familiensachen** setzt das Familiengericht die Vergütung fest, da das Festsetzungsverfahren ein Nebenverfahren ist.[51] Die Vergütung für ein vorausgegangenes **Güte- oder Schlichtungsverfahren** nach Nr 2303 Nr 1 oder Nr 2 VV RVG ist vom späteren Prozessgericht festzusetzen.[52] Folgt kein gerichtliches Verfahren, ist die Festsetzung unzulässig.[53]

I 23 **Funktionell** zuständig ist in Verfahren vor der ordentlichen Gerichtsbarkeit und der Arbeitsgerichtsbarkeit der Rechtspfleger (§ 21 Nr 2 RPflG). In der Verwaltungs-, Sozial- und Finanzgerichtsbarkeit entscheidet funktionell der Urkundsbeamte der Geschäftsstelle über den Festsetzungsantrag (§ 11 Abs 3 S 1 RVG).

c) Rechtliches Gehör

I 24 Dem Antragsgegner ist **vor** der Entscheidung rechtliches Gehör zu gewähren (§ 11 Abs 2 S 2 RVG).[54] Davon darf auch in einfach gelagerten Fällen nicht abgesehen werden. Es ist nämlich nicht auszuschließen, dass der Auftraggeber außergebührenrechtliche Einwendungen erhebt. Er kann zB Erfüllung einwenden, die Auftragserteilung bestreiten oder mit Schadensersatzansprüchen gegen den Vergütungsanspruch aufrechnen. Die Zustellung des Festsetzungsantrages ist zwar nicht vorgeschrieben, aber zweckmäßig.[55] Bei Übersendung des Festsetzungsantrags mit einfachem Brief besteht die Unsicherheit, ob die Aufforderung zur Stellungnahme den Antragsgegner überhaupt erreicht hat und ihm damit das rechtliche Gehör auch ausreichend gewährt wurde.[56] Bei unbekanntem Aufenthalt des Antragsgegners ist eine öffentliche Zustellung (§§ 185 ff ZPO) erforderlich.[57]

Zum Umfang der Prozessvollmacht eines neuen Prozessbevollmächtigten s Rdn. I 4a.

d) Aussetzung; Unterbrechung

I 25 Bestreitet der Auftraggeber den vom Rechtsanwalt seiner Berechnung zugrunde gelegten **Gegenstandswert**, so handelt es sich um keine außergebührenrechtliche Einwendung, die zur Ablehnung

---

46 LAG Düsseldorf JurBüro 1995, 649; SG Stuttgart AnwBl 1979, 188.
47 *Hartmann* KostG § 11 RVG Rn. 41.
48 BGH NJW 1991, 2084; BayObLG JurBüro 2004, 320; aA: OLG Naumburg NJW 2008, 1238.
49 BGH Rpfleger 2005, 322; BayObLG JurBüro 2003, 326; aA (das Prozessgericht ist zuständig): OLG Stuttgart NJW 2005, 759; LAG Hamm MDR 2002, 59.
50 KG Rpfleger 1986, 404 = JurBüro 1985, 1570.
51 BGH NJW 1981, 346; das gilt aber nicht für die Gebührenklage OLG Hamm FamRZ 1983, 689; OLG Zweibrücken FamRZ 1982, 85.
52 BayObLG JurBüro 2004, 598; LAG AnwBl 1989, 625.
53 OLG München Rpfleger 1994, 316.
54 OLG Brandenburg NJW 1999, 1268; LG Berlin JurBüro 2000, 32.
55 BVerfG NJW 2006, 2248 = FamRZ 2006, 763.
56 OLG Frankfurt/M NJW 1984, 744 (LS) = JurBüro 1983, 1517.
57 OLG Hamburg MDR 1976, 324; *E Schneider* in Anm IV zu KostRsp BRAGO § 19 Nr 20.

des Verfahrens führt. Nach § 11 Abs 4 RVG ist das Verfahren vielmehr **auszusetzen**, bis das in der Hauptsache zuständige Gericht darüber nach §§ 32, 33, 38 Abs 1 RVG entschieden hat.[58] Das gilt auch, wenn der Gegenstandswert erst im Beschwerdeverfahren bestritten wird.[59] Die Aussetzung steht nicht im Ermessen des Rechtspflegers bzw Urkundsbeamten der Geschäftsstelle.[60] Nach der gerichtlichen Wertfestsetzung ist das Vergütungsfestsetzungsverfahren von Amts wegen fortzusetzen.[61]

Wird der Gegenstandswert zwar nicht bestritten, hat aber der Rechtspfleger bzw der Urkundsbeamte Zweifel an seiner Richtigkeit, so können sie die gerichtliche Festsetzung oder eine Änderung des bereits festgesetzten Wertes anregen (vgl § 63 Abs 3 GKG). Ist der Wert nach § 33 RVG festzusetzen, steht das Antragsrecht nur dem Rechtsanwalt, dem Auftraggeber und dem erstattungspflichtigen Gegner zu (§ 33 Abs 2 S 2 RVG).

Im Übrigen gelten für Aussetzung und Unterbrechung des Verfahrens die §§ 148, 239 ff ZPO entsprechend.

e) Bindung an den Antrag

Rechtspfleger und Urkundsbeamter sind an den Antrag gebunden. Es darf deshalb dem Antragsteller nicht mehr zuerkannt werden als er zur Festsetzung beantragt hat (§ 308 Abs 1 ZPO). Ein **Postenaustausch** ist aber zulässig. Wenn aus dem vorgetragenen Sachverhalt eine andere Gebührenfolge herzuleiten ist, kann statt einer beantragten (zB Terminsgebühr) eine andere Gebühr (zB Verfahrensgebühr) festgesetzt werden.[62] Abzustellen ist auf die aktenkundige anwaltliche Tätigkeit in dem gerichtlichen Verfahren oder in dem im Antrag bezeichneten Verfahrensabschnitt. Unzulässig ist es hingegen, statt einer beantragten Aufwendung (zB verauslagte Gerichtskosten) eine nicht beantragte Gebühr festzusetzen.[63]

I 26

Die **Verzinsung** (5 Prozentpunkte über dem Basiszinssatz nach § 247 BGB) des festgesetzten Betrages darf nur auf Antrag angeordnet werden (§ 11 Abs 2 S 3 RVG, § 104 Abs 1 S 2 ZPO; vgl Rdn. B 111).

f) Hemmung der Verjährung

Nach § 11 Abs 7 RVG hemmt die **Einreichung des Antrags** die Verjährung des Vergütungsanspruchs. Auf seine Zuleitung an den Auftraggeber wird, im Unterschied zur Hemmung durch Klageerhebung, nicht abgestellt.[64] Auch ein unzulässiger Antrag hat Hemmungswirkung.[65] Die Hemmung endet sechs Monate nach der rechtskräftigen Entscheidung oder anderweitigen Beendigung (zB Antragsrücknahme) des Verfahrens (§ 204 Abs 2 S 1 BGB).

I 27

7. Einwendungen

a) Die Vergütungsfestsetzung ist abzulehnen, wenn der Antragsgegner **nicht gebührenrechtliche Einwendungen oder Einreden** erhebt (§ 11 Abs 5 S 1 RVG). Die Unterscheidung zwischen Einwendungen oder Einreden, die gebührenrechtlicher Art oder solchen, die nicht gebührenrechtlicher Art sind, ist für die Zulässigkeit des Verfahrens nach § 11 RVG somit von grundlegender Bedeutung. Es kommt nicht darauf an, ob der Streit Umstände betrifft, die sich im gerichtlichen

I 28

---

58 LAG Mainz BeckRS 2012, 72587 = NZA-RR 2012, 657.
59 *Hartmann* KostG § 11 RVG Rn. 48.
60 LAG Mainz BeckRS 2012, 72587 = NZA-RR 2012, 657.
61 *Gerold/Schmidt/Müller-Rabe* § 11 RVG Rn. 239; aA *Riedel/Sußbauer/Fraunholz* § 11 RVG Rn. 31 (§ 250 ZPO ist anzuwenden).
62 OLG Karlsruhe FamRZ 2004, 967; OLG Koblenz JurBüro 1990, 474 (je zu § 103 ZPO).
63 *Hartmann* KostG § 11 RVG Rn. 72; *Gerold/Schmidt/Müller-Rabe* § 11 Rn. 252.
64 BGH JurBüro 1981, 369 = AnwBl 1981, 66.
65 BGH NJW 2014, 920; BeckOK BGB/*Henrich* BGB § 204 Rn. 13 (für Klage).

Verfahren oder außerhalb eines solchen ereignet haben. Der Streit darüber ist gebührenrechtlicher Natur.[66]

Eine Einwendung oder Einrede hat dann im **Gebührenrecht** ihren Grund, wenn geltend gemacht wird, dass die geforderte Vergütung nach den Vorschriften des RVG nicht, noch nicht oder nicht in der beantragten Höhe entstanden ist. Sie kann auch damit begründet werden, dass der Gebührentatbestand, auf den ein Gebührenanspruch gestützt wird, nicht anwendbar ist oder, dass die geforderte Gebühr zwar entstanden, aber eine andere Gebühr auf sie (teilweise) anzurechnen ist (zB die Geschäftsgebühr auf die Verfahrensgebühr nach Vorbem 3 Abs 4 VV RVG);[67] ferner, dass die Gebühr aus einem falschen Wert berechnet wurde, dass der Gebührentatbestand in objektiver oder subjektiver Hinsicht nicht erfüllt wurde oder, dass die Vergütung noch nicht fällig ist.

29 b) Alle anderen Einwendungen und Einreden, die sich auf das für die Rechtsbeziehung maßgebliche Recht oder auf besondere Abmachungen zwischen Rechtsanwalt und Auftraggeber stützen, haben ihren Grund **nicht im Gebührenrecht**. Darunter fallen zB:

30 — **Leugnen des Auftrags.** Die Frage, ob und von wem ein Auftrag erteilt wurde sowie mit welchem Inhalt und Umfang er zustande kam, ist eine materielle und keine gebührenrechtliche Frage.[68] Dass die Entstehung des Gebührenanspruchs davon abhängen kann, macht diese Einwendung nicht zur gebührenrechtlichen.[69] Das Leugnen des Auftrags steht jedoch dann der Festsetzung nicht entgegen, wenn sich aus aktenkundigen Schreiben des Antraggegners zweifelsfrei ergibt, dass dieser Einwand aus der Luft gegriffen ist.[70]

31 — **Vorzeitige Beendigung des Auftrags.** Dasselbe gilt von dem Einwand, das Auftragsverhältnis sei vorzeitig von der einen oder anderen Seite beendet worden.[71]

32 — **Erfüllungs- und Aufrechnungseinwand.** Es handelt sich um außergebührenrechtliche Einwendungen.[72] Die Frage, ob der Auftraggeber den Vergütungsanspruch bereits erfüllt hat, entscheidet sich nicht nach den Vorschriften des RVG. Das gilt auch für einen Streit über die Wirksamkeit einer Aufrechnung, insbesondere darüber, ob die Gegenforderung (zB Schadensersatzanspruch wegen Schlechterfüllung) besteht und aufrechenbar ist. Hierher gehört auch der Streit darüber worauf geleistete Vorschüsse, sonstige Zahlungen oder Guthaben des Auftraggebers zu verrechnen sind.

33 — **Pflichtverletzung durch den Rechtsanwalt.** Der Einwand als solcher berührt idR zwar den Gebührenanspruch nicht. In diesem Einwand liegt aber die Behauptung, dass dem Auftraggeber auf Grund der Pflichtverletzung ein Schaden entstanden ist. Ob ein Schadenersatzanspruch des Auftraggebers besteht, ist aber nicht nach den Gebührenvorschriften des RVG zu beurteilen.[73]

---

66 *Gerold/Schmidt/Müller-Rabe* § 11 Rn. 101; aA KG JurBüro 1980, 72 (der Streit darüber, ob der Rechtsanwalt ursächlich an einem außergerichtlichen Vergleich mitgewirkt hat, ist als außergebührenrechtlich einzustufen; ähnlich OLG Frankfurt JurBüro 1987, 1799).
67 Vgl dazu auch BGH NJW 1997, 743 = Rpfleger 1997, 231.
68 OLG München BeckRS 2016, 15507; LAG Hamburg NZA-RR 2012, 493; OLG Düsseldorf JurBüro 1994, 425.
69 OLG Frankfurt/M JurBüro 1982, 227; KG AnwBl 1982, 375 = Rpfleger 1982, 310 = JurBüro 1982, 1185; VG Düsseldorf AnwBl 1983, 287 = Rpfleger 1983, 125; OLG Koblenz JurBüro 1975, 670 u JurBüro 1994, 732; OLG Hamm JurBüro 1976, 907; OLG Stuttgart JurBüro 1976, 1648; OLG Nürnberg JurBüro 1964 299.
70 OLG Koblenz JurBüro 2013, 199 u 2004, 593; OLG Brandenburg Rpfleger 2003, 539; OLG Bamberg FamRZ 2001, 505.
71 OVG Münster Rpfleger 1986, 320.
72 KG Rpfleger 2007, 616.
73 OLG Köln JurBüro 1986, 1666 (grundlose Kündigung) u AnwBl 1980, 155 = JurBüro 1980, 1179; OVG Münster Rpfleger 1986, 320 (Mandatsniederlegung zur Unzeit); KG Rpfleger 1969, 100; OLG Schleswig JurBüro 1965, 893.

7. Einwendungen

– **Verletzung der Aufklärungspflicht.** Der Einwand, dass der Rechtsanwalt unzureichend auf die Kostenbelastung oder auf kostengünstigere Möglichkeiten, wie zB eine PKH-Bewilligung, hingewiesen hat, ist nicht gebührenrechtlicher Art.[74]

– **Verjährung.** Auch die Einrede, der Vergütungsanspruch des Rechtsanwalts ist verjährt, hat ihren Grund nicht im Gebührenrecht, sondern im Verjährungrecht des BGB.[75] Liegt zweifelsfrei keine Verjährung vor, ist der Einwand ausnahmsweise unbeachtlich.[76]

– **Stundung und Verzicht.** Nicht gebührenrechtlich ist der Einwand, dass der Vergütungsanspruch gestundet ist oder dass Ratenzahlungen vereinbart wurden.[77] Das gilt auch für den Einwand des Verzichts auf die Vergütung durch den Rechtsanwalt. Der Verzichtseinwand bedarf aber der Substantiierung durch den Auftraggeber.[78]

– **Gebührenvereinbarung.** Auch das ist ein außergebührenrechtlicher Einwand.[79] Es handelt sich um eine Frage, die sich nicht durch die Anwendung des RVG entscheiden lässt.[80] Dem steht auch nicht entgegen, dass der Auftraggeber dem Rechtsanwalt vorgeschlagen hat, das Verfahren nach § 11 RVG zur Klärung gebührenrechtlicher Streitfragen einzuleiten.[81]

134

135

136

136a

c) **Substantiierung.** Nach dem Wortlaut des § 11 Abs 5 S 1 RVG ist die Vergütungsfestsetzung abzulehnen, wenn der Antragsgegner nicht gebührenrechtliche Einwendungen oder Einreden »erhebt«. Danach kann weder eine nähere Substantiierung des Einwands verlangt werden, noch kann im Festsetzungsverfahren eine Schlüssigkeitsprüfung stattfinden.[82] Die Begründetheit außergebührenrechtlicher Einwendungen ist daher im Verfahren nicht zu prüfen. Diese Prüfung ist vielmehr dem Klageverfahren zu überlassen. Deshalb wäre es auch sinnlos, eine nähere Substantiierung der Einwendungen zu verlangen.[83]

137

Das Vorbringen des Antragsgegners muss jedoch als Mindestanforderung erkennen lassen, dass der Einwand aus tatsächlichen Umständen hergeleitet wird auf Grund derer es, jedenfalls im Ansatz, denkbar ist, dass der Anspruch des Rechtsanwalts aus materiell-rechtlichen Gründen nicht bestehen könnte.[84] Der Einwand darf nicht völlig haltlos und aus der Luft gegriffen sein.[85] Die lediglich formularmäßig erhobene Behauptung des Antragsgegners, er habe außergebührenrechtliche Einwendungen, reicht nicht.[86] Das gilt auch für den völlig unsubstantiiert vorgebrachten Einwand, dass gezahlt sei.[87]

---

74 OLG Koblenz JurBüro 1986, 1661 = MDR 1986, 1037; KG Rpfleger 1969, 100; LAG Baden-Württemberg Rpfleger 1980, 162.
75 OLG Stuttgart AnwBl 1983, 568 = JurBüro 1983, 700 = MDR 1983, 502; OLG Frankfurt aM JurBüro 1981, 1517; OLG Köln AnwBl 1974, 280.
76 OLG Köln JurBüro 1986, 1525.
77 OLG Naumburg BeckRS 2016, 18237 = AGS 2017, 117.
78 OLG Hamburg JurBüro 2000, 144.
79 LAG Köln BeckRS 2014, 71696 = AGS 2014, 512; OLG Bamberg JurBüro 1988, 1335.
80 OLG Celle AnwBl 1985, 650 (Einwand der Gebührenteilung); OVG Bremen AnwBl 1984, 324 = JurBüro 1984, 1181; OLG Schleswig Rpfleger 1962, 364; OLG Hamm JurBüro 1961, 450; KG Rpfleger 1956, 86.
81 OLG Düsseldorf JurBüro 1980, 1343.
82 VGH Kassel BeckRS 2007, 26534 = NJW 2007, 3738; KG Rpfleger 2007, 616; OVG Schleswig 2007, 2204.
83 OLG Naumburg BeckRS 2008, 08297 m Anm *Mayer* FD-RVG 2008, 259865; 2003, 360.
84 OLG Saarbrücken BeckRS 2009, 08880 = NJOZ 2009, 1846; OLG Naumburg BeckRS 2006, 06503 = FamRZ 2006, 1473; OLG Frankfurt aM NJW-RR 1993, 1276; OLG Koblenz JurBüro 1986, 1668 = MDR 1986, 1308; OLG Köln AnwBl 1980, 155 = JurBüro 1980, 1179; OLG München JurBüro 1978, 1800; OLG Stuttgart JurBüro 1976, 1200; KG NJW 1971, 1322 = JurBüro 1971, 521.
85 OLG München BeckRS 2016, 12875; OLG Zweibrücken BeckRS 2016, 21412; OVG Münster BeckRS 2009, 30520.
86 OLG Koblenz NJW 1977, 1069 = AnwBl 1977, 70 = JurBüro 1977, 495.
87 OLG Frankfurt aM AnwBl 1983, 568.

Im Einzelfall kann es in diesem Zusammenhang auch angebracht sein, den Antragsgegner darauf hinzuweisen (§ 139 ZPO), dass eine Ablehnung der Vergütungsfestsetzung keine Entscheidung über die Berechtigung des Vergütungsanspruchs bedeutet und, dass die Erhebung einer Gebührenklage mit zusätzlichen Kosten verbunden ist.[88]

I 38 **d) Rechtsschutzversicherung.** Der Standardeinwand, dass der Antragsgegner rechtsschutzversichert ist und der Antragsteller sich deshalb an die Versicherung wenden soll, ist unbeachtlich.[89]

I 38a **e) Gebührenteilung.** Der Einwand, dass der Prozessbevollmächtigte und der Verkehrsanwalt untereinander (ohne Außenwirkung) Gebührenteilung vereinbart haben, ist unbeachtlich.[90]

Trägt der Antragsgegner hingegen vor, dass er als Folge der Gebührenteilung dem Prozessbevollmächtigten nur geringere Gebühren schulde, ist dies ein nicht gebührenrechtlicher Einwand.[91] Das gilt auch, wenn er vorbringt das Gebührenteilungsabkommen sei mit ihm, dem Auftraggeber, abgesprochen worden. Darin liegt die Behauptung einer Gebührenvereinbarung, die dem Festsetzungsverfahren entgegensteht, weil nicht die gesetzliche Vergütung des Rechtsanwalts festgesetzt werden soll.[92]

I 39 **f) Offensichtlich aus der Luft gegriffene** oder gänzlich haltlose und unverständliche Einwendungen sind unbeachtlich (s Rdn. I 37).[93] Mit Annahme einer solchen irrelevanten Einwendung ist aber Zurückhaltung geboten. Es muss, auch nach gerichtlicher Aufklärung (§ 139 ZPO), ausgeschlossen sein, dass sich nicht doch ein sachlicher Kern des Einwandes erkennen lässt.[94] Da es dem Festsetzungsverfahren nicht obliegt, die Schlüssigkeit einer Einwendung zu prüfen, besteht deshalb ein Rechtsschutzbedürfnis für eine Entscheidung durch das Prozessgericht.[95]

I 40 **g)** Wurde ein beachtlicher außergebührenrechtlicher Einwand erhoben, so ist das Vergütungsfestsetzungsverfahren **unzulässig** und der Festsetzungsantrag **abzulehnen.** Daran ändert auch die Erklärung des Rechtsanwalt nichts, dass er im Hinblick auf die vorliegenden Einwendungen nicht aus dem Festsetzungsbeschluss vollstrecken werde. Er strebe nur eine gerichtliche Prüfung seiner Gebührenansprüche an, um deren Höhe einem Dritten nachweisen zu können.[96] Die Unzulässigkeit des Verfahrens sollte zweckmäßiger Weise im Beschlusstenor zum Ausdruck gebracht werden.

I 41 Abzulehnen ist eine Sachentscheidung aber nur, »**soweit**« **die Einwendungen oder Einreden** des Antragsgegners reichen. Behauptet dieser zB Zahlungen in **bestimmter Höhe** geleistet zu haben oder bestreitet er nur das **Entstehen** einer von mehreren Gebühren, so besteht kein Grund dafür, die Festsetzung insgesamt abzulehnen. Dasselbe gilt, wenn der Antragsgegner eine beantragte Gebühr beanstandet, zur Begründung aber einen Sachverhalt vorträgt, der eine andere, niedrigere Gebühr begründen würde. Dann ist die Festsetzung nur in Höhe der Differenz abzulehnen.[97]

Die Einschränkung in § 11 Abs 5 RVG (»soweit«) ist in diesem Fall dahingehend zu verstehen, dass das Vergütungsfestsetzungsverfahren nur insoweit als unzulässig abzulehnen ist, als ihm außergebührenrechtliche Einwendungen entgegenstehen.[98]

---

88 OLG Koblenz AGS 1995, 128 m Anm *von Eicken.*
89 OLG Hamm JurBüro 1971, 527; LAG Baden-Württemberg Rpfleger 1982, 485.
90 OLG Karlsruhe JurBüro 1992, 740 = MDR 1992, 616; OLG Koblenz AnwBl 1985, 43 = JurBüro 1985, 220.
91 OLG Schleswig JurBüro 1983, 1516 = SchlHA 1983, 176.
92 OLG Koblenz JurBüro 1985, 220.
93 OLG Zweibrücken BeckRS 2016, 21412; OLG Naumburg FamRZ 2008, 1969; OLG Düsseldorf NJW-RR 2005, 500; OLG Koblenz NJW 1977, 1069 = JurBüro 1977, 495; OLG Stuttgart JurBüro 1976, 331.
94 KG BeckRS 2007, 01192.
95 OLG Hamm Rpfleger 1976, 408 = JurBüro 1976, 1649.
96 KG JurBüro 1980, 554.
97 OLG Hamm JurBüro 1975, 1605; KG AnwBl 1982, 375 = Rpfleger 1982, 310 = JurBüro 1982, 1185.
98 LG Bonn JurBüro 1975, 1209.

9. Rechtsbehelfe

8. Entscheidung

a) Gibt der Rechtspfleger/Urkundsbeamte dem Antrag oder einer Einwendung ganz oder teilweise nicht statt, so muss er seine Entscheidung **begründen**. Eine formelhafte Wiedergabe des Gesetzestextes stellt keine ordnungsgemäße Begründung dar.[99] Einer Begründung bedarf der Festsetzungsbeschluss nur dann nicht, wenn dem Antrag voll stattgegeben wurde und der Antragsgegner keine Einwendungen erhoben hat. Begründungszwang besteht auch dann, wenn zwar dem Antrag voll stattgegeben wird, aber Zweifel hinsichtlich einer Position bestanden.[100]

I 42

b) Einer **Kostenentscheidung** bedarf es nicht, da das Verfahren gebührenfrei ist (§ 11 Abs 2 S 4 RVG). Die vom Rechtsanwalt gezahlten Auslagen für die Zustellung des Beschlusses sind in den festzusetzenden Betrag aufzunehmen (§ 11 Abs 2 S 5 RVG). Im Übrigen findet eine Kostenerstattung nicht statt (§ 11 Abs 2 S 6 RVG). Konnte der Beschluss zunächst nicht zugestellt werden und sind deshalb weitere Zustellauslagen entstanden, so können diese nach § 788 Abs 1 S 2 ZPO festgesetzt werden. Auch in diesem Fall bedarf es keiner Kostenentscheidung.[101]

I 43

c) Der Beschluss ist, wenn er dem Festsetzungsantrag (teilweise) stattgibt, dem **Antragsgegner** zuzustellen (§ 104 Abs 1 S 3 ZPO). Zur Zustellung an Bevollmächtigte vgl Rdn. I 4a. Dem **Antragsteller** ist die Entscheidung zuzustellen, wenn sein Antrag (teilweise) zurückgewiesen wurde. Ansonsten genügt formlose Bekanntgabe (§ 104 Abs 1 S 4 ZPO). Vgl Rdn. B 125 ff.

I 44

9. Rechtsbehelfe

Nach § 11 Abs 2 S 3 RVG finden auf das Vergütungsfestsetzungsverfahren die Vorschriften der **jeweiligen Verfahrensordnungen** über das Kostenfestsetzungsverfahren entsprechende Anwendung. Bei der Prüfung des statthaften Rechtsbehelfs ist deshalb darauf abzustellen, vor welcher **Gerichtsbarkeit** das Festsetzungsverfahren stattfand. Während in Verfahren der ordentlichen Gerichtsbarkeit (Zivil- und Strafgerichtsbarkeit; vgl § 13 GVG) sowie der Arbeitsgerichtsbarkeit der Rechtspfleger für die Festsetzung funktionell zuständig ist (§ 21 Nr 2 RPflG), besorgt dieses Geschäft in der Verwaltungs-, Finanz- und Sozialgerichtsbarkeit der Urkundsbeamte der Geschäftsstelle (§ 11 Abs 3 S 2 RVG).

a) Ordentliche Gerichtsbarkeit und Arbeitsgerichtsbarkeit

Gegen die Entscheidung des Rechtspflegers findet die **sofortige Beschwerde** statt, wenn der Wert des Beschwerdegegenstandes 200,– € übersteigt (§ 11 Abs 2 S 3 RVG, § 11 Abs 1 RPflG, §§ 104 Abs 3 S 1, 567 Abs 2 ZPO). Die sofortige Beschwerde ist innerhalb einer Notfrist von 2 Wochen einzulegen (§ 569 Abs 1 S 1 ZPO); die Frist beginnt mit der Zustellung der Entscheidung (§ 569 Abs 1 S 2 ZPO). In **Strafsachen** beträgt die Beschwerdefrist 1 Woche (§ 311 Abs 2 StPO).[102] Mit der Beschwerde kann auch ein Antrag auf Nachfestsetzung bisher übersehener Posten verbunden werden.[103] Wird aber der Rechtsmittelstreitwert nicht erreicht, ist die Beschwerde und damit auch die Nachfestsetzung unzulässig. Umdeutung in einen reinen Nachfestsetzungsantrag ist dann aber möglich.[104]

I 45

---

99 OLG Schleswig JurBüro 1980, 704.
100 OLG Frankfurt aM OLGR 2005, 50 = AGS 2005, 267.
101 KG RVGreport 2011, 183 m Anm *Hansens*; *Gerold/Schmidt/Müller-Rabe* § 11 RVG Rn. 257.
102 Für die »strafprozessuale Lösung« sind ua: BGHSt 48, 106, 107/108; OLG Koblenz NJW 2005, 917; OLG Düsseldorf Rpfleger 1999, 257; aA: OLG Düsseldorf NStZ 2003, 234; OLG Koblenz Rpfleger 2000, 126. Vgl dazu auch *Dörndorfer* RPflG § 11 Rn. 84 mwN.
103 KG NJW-RR 1991, 768.
104 OLG München BeckRS 2002, 120950 = JurBüro 2002, 652; *Gerold/Schmidt/Müller-Rabe* § 11 RVG Rn. 280.

Erachtet der Rechtspfleger die Beschwerde für (teilweise) begründet, **hat** er dem Rechtsmittel **abzuhelfen** (§ 572 Abs 1 S 1 Hs 1 ZPO). Streitig ist, ob auch einer unzulässigen Beschwerde abzuhelfen ist.[105] Die Nichtabhilfe erfordert einen Beschluss, der grds zu begründen und den Parteien zur Wahrung des rechtlichen Gehörs formlos mitzuteilen ist.[106] Die Beschwerde (auch die unzulässige) ist anschließend unverzüglich (§ 121 Abs 1 BGB) dem Beschwerdegericht vorzulegen.[107] Zum weiteren Verfahren s Rdn. B 190 ff.

I 45a Wird der Rechtsmittelstreitwert **nicht** erreicht, findet gegen die Entscheidung des Rechtspflegers die (befristete) **Erinnerung** statt (§ 11 Abs 2 S 1 RPflG). Die Erinnerung ist innerhalb einer Frist von 2 Wochen einzulegen. Die Frist läuft auch dann, wenn dem Auftraggeber noch keine Kostenrechnung übersandt worden ist.[108] Über die Erinnerung entscheidet abschließend der Richter (§ 28 RPflG).[109]

b) Verwaltungs-, Finanzgerichts- und Sozialgerichtsbarkeit

I 46 **Verwaltungsgerichtsbarkeit.** Gegen die Entscheidung des Urkundsbeamten der Geschäftsstelle kann binnen zwei Wochen nach Bekanntgabe der Entscheidung die **Entscheidung des Gerichts** beantragt werden (§ 11 Abs 2 S 3 RVG, §§ 165, 151 S 1 VwGO). Die Frist beginnt mit der Bekanntgabe des Beschlusses (§ 147 VwGO). Fehlt eine Rechtsbehelfsbelehrung oder ist sie unrichtig erteilt, so ist die Einlegung noch innerhalb eines Jahres ab Zustellung zulässig (§ 58 Abs 2 VwGO). Der Urkundsbeamte hat zu prüfen, ob er dem Rechtsbehelf abhilft (§§ 151 S 3, 148 Abs 1 VwGO). Hilft er nicht ab, hat er die Sache dem Gericht zur Entscheidung vorzulegen.

Gegen die Entscheidung des Gerichts findet die Beschwerde statt (§§ 146 Abs 1, 147 Abs 1 VwGO), wenn der Wert des Beschwerdegegenstandes 200,- € übersteigt (§ 146 Abs 3 VwGO). Über die Beschwerde entscheidet abschließend das Oberverwaltungsgericht (§§ 150, 152 VwGO). Im Beschwerdeverfahren besteht Anwaltszwang (§ 67 Abs 4 VwGO).[110]

I 47 **Finanzgerichtsbarkeit.** Gegen die Entscheidung des Urkundsbeamten der Geschäftsstelle findet die **Erinnerung** an das Gericht statt (§ 149 Abs 2 S 1 FGO). Der Rechtsbehelf ist innerhalb einer Frist von 2 Wochen einzulegen (§§ 53, 149 Abs 2 S 2 FGO). Über die Zulässigkeit der Erinnerung sind die Beteiligten zu belehren (§ 149 Abs 2 S 3 FGO). Ist die Rechtsbehelfsbelehrung unterblieben oder unrichtig, so ist die Einlegung noch innerhalb eines Jahres seit Bekanntgabe der Entscheidung möglich (§ 55 FGO). Der Urkundsbeamte kann der Erinnerung abhelfen (§ 130 FGO). Das Gericht entscheidet in der Besetzung des § 5 Abs 3 S 2 FGO.[111] Seine Entscheidung ist unanfechtbar (§§ 128 Abs 4 S 1, 149 Abs 4 FGO).

I 48 **Sozialgerichtsbarkeit.** Gegen die Entscheidungen des Urkundsbeamten der Geschäftsstelle kann binnen einer Frist von 1 Monat das Gericht angerufen werden (§ 197 Abs 2 SGG). Ist die Rechtsbehelfsbelehrung unterblieben oder unrichtig, so ist auch hier die Einlegung noch innerhalb eines Jahres seit Zustellung der Entscheidung zulässig (§ 66 Abs 2 S 1 SGG). Der Urkundsbeamte kann dem Rechtsbehelf abhelfen, ansonsten hat er die Sache dem Gericht vorzulegen, das endgültig entscheidet.

---

105 Bejahend: OLG Frankfurt NJW-RR 2003, 140; einschränkend: MünchKommZPO *Lipp* § 572 Rn. 7.
106 OLG München Rpfleger 2004, 167; *Dörndorfer* RPflG § 11 Rn. 45.
107 BGH NJW-RR 2009, 718.
108 OLG Koblenz AGS 1997, 105 m Anm *von Eicken*.
109 Zum zuständigen Richter vgl *Dörndorfer* RPflG § 28 Rn. 6 ff.
110 VGH Kassel JurBüro 2010, 89 = NVwZ 2009, 1445.
111 FG Bremen BeckRS 1993, 08668 = EFG 1994, 162.

10. Zwangsvollstreckung

a) Nach **§ 11 Abs 3 S 2 RVG** findet aus dem Vergütungsfestsetzungsbeschluss die Zwangsvollstreckung statt. Die Vorschriften der ZPO über die Zwangsvollstreckung aus Kostenfestsetzungsbeschlüssen (vgl § 794 Abs 1 Nr 2 ZPO) gelten entsprechend. Deshalb ist vor Beginn der Zwangsvollstreckung die 2-wöchige **Wartefrist** des § 798 ZPO zu beachten (§§ 167 Abs 1, 168 Abs 1 Nr 4 VwGO; 151 FGO; §§ 198 Abs 1, 199 Abs 1 Nr 4 SGG). Der Vergütungsfestsetzungsbeschluss ist als eigenständiger Vollstreckungstitel vom Hauptsachetitel und dessen Vollstreckbarkeit gänzlich unabhängig. Erinnerung (Antrag an das Gericht) und Beschwerde haben keine aufschiebende Wirkung, sie hindern die Vollstreckung nicht. Das Gericht kann aber die Vollziehbarkeit aussetzen (§ 570 Abs 2 ZPO, § 149 Abs 1 S 2 VwGO, § 131 Abs 1 S 2 FGO, § 199 Abs 2 SGG). | 49

Für die Zwangsvollstreckung aus dem Vergütungsfestsetzungsbeschluss ist in Zivilsachen (vgl § 13 GVG) das **Amtsgericht/Vollstreckungsgericht** zuständig. Das gilt auch, wenn aus einem Festsetzungsbeschluss der außerordentlichen Gerichtsbarkeit vollstreckt wird.[112] | 49a

b) Nach §§ 797, 724 ZPO ist zur Zwangsvollstreckung eine **vollstreckbare Ausfertigung**, die der Urkundsbeamte der Geschäftsstelle erteilt, erforderlich. Die Vollstreckung für oder gegen andere als die im Titel namentlich bezeichneten Personen setzt die Umschreibung des Titels auf den (die) **Rechtsnachfolger** nach § 727 ZPO (= titelübertragende Klausel) voraus (§ 750 Abs 1 S 1 Hs 1 ZPO). Lautet der Vergütungsfestsetzungsbeschluss auf eine Rechtsanwaltsgemeinschaft und ist im Beschluss nicht ausdrücklich ausgesprochen worden, in welcher Rechtsgemeinschaft die Mitglieder der Sozietät stehen, so sind sie als Gesamtgläubiger berechtigt.[113] Anwälte, die im Festsetzungsbeschluss nicht genannt sind, benötigen zur Vollstreckung eine Rechtsnachfolgeklausel (§ 727 ZPO), ein nur privatschriftlicher Nachweis des Forderungsübergangs reicht nicht aus.[114] | 50

c) Nach Rechtskraft des Festsetzungsbeschlusses können materiellrechtliche **Einwendungen** nur noch im Wege der **Vollstreckungsabwehrklage** nach § 767 ZPO geltend gemacht werden. Nach § 767 Abs 2 ZPO sind aber Einwendungen, die **vor** Erlass des Beschlusses entstanden sind, präkludiert.[115] | 51

Nach §§ 767 Abs 1, 795 ZPO ist das Gericht des ersten Rechtszuges sachlich und örtlich zuständig.[116] Gemeint ist das Gericht (1. Instanz), das den Titel erlassen hat. Ist der Vergütungsfestsetzungsbeschluss von einem Verwaltungsgericht erlassen worden, so ist die Vollstreckungsabwehrklage dennoch zum Zivilgericht (Amtsgericht) zu erheben, da die titulierte Forderung eine privatrechtliche Grundlage hat.[117]

d) Die Verwaltungsgerichte sind auch nicht zur Abnahme der Vermögensauskunft im Verfahren nach §§ 802 c ff ZPO zuständig (sa Rdn. I 49a).[118] | 52

---

112 OVG Münster Rpfleger 2001, 257; OVG Lüneburg NJW 1984, 2485 = BeckRS 9998, 58075 = Rpfleger 1984, 331; OVG Rheinland-Pfalz NJW 1980, 1541; LG Berlin MDR 1982, 679; VG Berlin NJW 1976, 1420; aA: OVG Münster NJW 1980 2373 = Rpfleger 1980, 395; VG Magdeburg AGS 2014, 182.
113 OLG Saarbrücken Rpfleger 1978, 227; LG Hamburg AnwBl 1974, 166.
114 AG Berlin-Wedding DGVZ 1978, 31.
115 BGH NJW 1997, 743 u AnwBl 1976, 339 = Rpfleger 1976, 354 = MDR 1976, 914; OLG Nürnberg MDR 1975, 1029 mwN.
116 BGH NJW 2002, 444.
117 LG Heilbronn NJW-RR 1993, 575; OVG Münster Rpfleger 1986, 152; OVG Lüneburg NJW 1984, 2485 = Rpfleger 1984, 331; FG Baden-Württemberg EFG 1994, 554; aA, die Verwaltungsgerichte sind zuständig: VGH München AGS 2008, 349; LG Meiningen NJW-RR 1999, 152; OVG Münster NJW 1986, 1190; LG Bochum Rpfleger 1978, 426.
118 VG Berlin NJW 1976, 1420; **aA** LG Bochum Rpfleger 1978, 426 (noch zur eidesstattlichen Versicherung).

11. Rechtskraft

153 Entscheidungen im Vergütungsfestsetzungsverfahren können **formell und materiell rechtskräftig** werden.[119] Bei unverändertem Sachverhalt ist deshalb eine abweichende Entscheidung auch im Klageverfahren nicht möglich.

Wird der Gebührenstreitwert erst nachträglich festgesetzt oder seine Festsetzung **geändert**, so ist nach § 11 Abs 2 S 3 RVG auch **§ 107 ZPO** entsprechend anwendbar. Nach § 107 Abs 2 ZPO kann innerhalb eines Monats die Änderung der Festsetzung beantragt werden. Es dürfen aber nur die von der Wertänderung **betroffenen** Gebühren und gebührenabhängigen Auslagen an den neuen Wert angepasst werden. Andere, nicht auf der Wertänderung basierende, Änderungen sind unzulässig. Auch nichtgebührenrechtliche Einwendungen, sind in diesem Verfahren ausgeschlossen.

Hat das Gericht den Antrag wegen mangelnder Fälligkeit oder deshalb, weil dem Auftraggeber keine ordnungsgemäße Rechnung erteilt wurde, als **unzulässig** zurückgewiesen, so kann der Antrag danach wiederholt werden.[120] Es liegt keine der materiellen Rechtskraft fähige Entscheidung vor. Ist der Antrag zurückgewiesen worden, weil der Auftraggeber **nicht gebührenrechtliche** Einwendungen erhoben hat, kann der Anwalt seine Ansprüche mit der Gebührenklage weiterverfolgen.[121] Das gilt aber nicht, wenn der Antrag wegen gebührenrechtlicher Einwendungen abgelehnt wurde. In diesem Falle steht die materielle Rechtskraft des Beschlusses einer Gebührenklage entgegen.

---

119 BGH Rpfleger 1976, 354.
120 *Gerold/Schmidt/Müller-Rabe* § 11 RVG Rn. 324; *Schneider/Wolf* § 11 RVG Rn. 304.
121 *Gerold/Schmidt/Müller-Rabe* § 11 RVG Rn. 325; *Schneider/Wolf* § 11 RVG Rn. 304.

Anhang

I. Checkliste

Nachfolgend ein paar Tipps für den Praktiker.

Die in Klammern gesetzten Zahlen verweisen auf die Randnummern im Buch; soweit dabei kein Abschnitt genannt ist, wird auf Abschnitt B verwiesen.

I. Vorüberlegungen

1. Welches Festsetzungsverfahren ist beantragt? Verfahren nach §§ 103, 106, 126 ZPO, § 11 oder § 55 RVG?
2. Für welchen Rechtszug wird die Festsetzung beantragt?
3. Zuständigkeitsprüfung (sachlich, örtlich; 53 ff, 242, H 15, I 22)
4. Ist bereits eine Festsetzung erfolgt? Steht sie der beantragten ganz oder teilweise entgegen? (107)
5. Ist der Gebührenstreitwert bereits gerichtlich festgesetzt worden?

II. Festsetzungsantrag

1. Form des Antrags? (96)
2. Ordnungsgemäße Vertretung der Partei? (43, 65, 96)
3. Ist der Antragsteller antragsberechtigt? (41)
4. Ergeben sich aus dem Antrag Erstattungsgläubiger und Erstattungsschuldner? (40, 101)
5. Ist Verzinsung, Hinzusetzung verauslagter Gerichtskosten beantragt worden? (111)

III. Verfahren

1. Rechtliches Gehör des Gegners beachten. (63)
2. Bei Kostenausgleichung: Aufforderung des Gegners ist erforderlich; § 106 Abs 1 S 1 ZPO. (169)
3. Ist ausreichende Glaubhaftmachung erfolgt? (64)
4. Bindung an den Antrag, die Kostengrundentscheidung und eine Streitwertfestsetzung beachten. (71, 74, 79)

IV. Festsetzungsgrundlage

1. Liegt ein zur Kostenfestsetzung geeigneter Titel vor (rechtskräftiges/vorläufig vollstreckbares Endurteil, Prozessvergleich oder ein sonstiger nach § 794 Abs 1 ZPO, § 86 FamFG zur Zwangsvollstreckung geeigneter Titel)? (20 ff, E9, 10)
2. Besteht der Titel noch? (140)
3. Wird der Titel erst mit Rechtskraft wirksam? (23)
4. Ist die Kostengrundentscheidung eindeutig oder bedarf sie der Auslegung? (77 f, 376)
5. Bedarf die Kostenvereinbarung in einem Prozessvergleich der Auslegung? (78)
6. Kostengrundentscheidung im Urteil und Kostenregelung im Vergleich; Welche hat Vorrang? (336)
7. Ist ein Vergleich bedingt oder widerruflich geschlossen worden? (25)

V. Persönlicher und sachlicher Umfang der Kostengrundentscheidung

1. Ergibt sich aus dem Titel für den Antragsteller ein Erstattungsanspruch (zB für Nebenintervenienten (40), Streitgenossen (49, 377 ff), Rechtsnachfolger (40 f)?
2. Steht das Antragsrecht dem Antragsteller noch zu oder ist es auf einen Insolvenzverwalter (47) oder nach § 59 RVG auf die Staatskasse übergegangen?
3. Bei der Festsetzung von Zwangsvollstreckungskosten: Handelt es sich um Kosten des Rechtsstreits oder der Zwangsvollstreckung? (244)

Anhang

4. Ist zwischen Kosten des Rechtsstreits und des Vergleichs zu differenzieren? (335)
5. In Eilverfahren: Handelt es sich um Kosten der Anordnung oder solche der Aufhebung? (164, 348)
6. Sind Teile der Prozesskosten von der Kostengrundentscheidung ausgenommen worden? zB Mehrkosten der Anrufung eines unzuständigen Gerichts (373), Säumniskosten (375), Kosten der ausgeschiedenen Partei nach Parteiwechsel (48), Kosten erfolglos gebliebener Angriffs- und Verteidigungsmittel (§ 96 ZPO)?
7. Bei Kosten eines selbständigen Beweisverfahrens: Liegt Identität der Parteien und des Gegenstandes ganz oder teilweise vor? (311 ff)
8. Welcher Instanz sind Kosten zuzuordnen?

VI. Schlüssigkeitsprüfung

1. Ist der Gegenstand des Festsetzungsantrages hinreichend bestimmt (zB bei Reisekosten: Reise der Partei oder des Anwalts für welche konkrete Reise)? (71)
2. Ist der geltend gemachte Aufwand prozesszugehörig? (300)
3. Besteht Anlass, eine gerichtliche Wertfestsetzung anzuregen? (81)
4. Bedürfen Ansätze oder Einwendungen noch weiterer Begründung? (61)

VII. Vertretung durch einen Rechtsanwalt

1. Liegt eine gebührenrechtliche Angelegenheit oder liegen mehrere vor?
2. Wenn die Kosten mehrerer Anwälte geltend gemacht werden:
   a) Übersteigen sie die Kosten eines Anwalts? (539)
   b) Bei Anwaltswechsel: Musste der Anwaltswechsel erfolgen? (539 ff)
   c) War die Beauftragung eines zusätzlichen Anwalts, zB als Mahnanwalt (533 ff), Verkehrsanwalt (532), Unterbevollmächtigter (531) zur zweckentsprechenden Rechtsverfolgung oder Rechtsverteidigung nach § 91 Abs 1 ZPO notwendig?
   d) Sind durch die Beauftragung des zusätzlichen Anwalts andere (fiktive) Kosten (zB Kosten für eine Beratung oder Parteireisekosten, erspart worden? (73, 305, 401)

VIII. Anwaltsgebühren

1. Welche Gebühr ist konkret entstanden (zB Nr 3100 oder 3101 VV RVG, Nr 3104 oder 3105 VV RVG) und ist der Gebührentatbestand erfüllt worden (zB bei Nr 1000 VV RVG)?
2. Ist die Anwaltstätigkeit bereits durch andere Gebühr abgegolten (zB bei Gebühren nach Abschnitt 4 VV RVG)?
3. Ist die Gebühr aus dem vollen oder nur einem geringeren Wert angefallen?
4. Bei Rahmengebühr: Entspricht die Gebührensatzbestimmung durch den Rechtsanwalt der Billigkeit, § 14 Abs 1 S 4 RVG. (H 24)
5. Ist Anrechnung einer Gebühr vorgeschrieben (zB Vorbem 3 Abs 4 VV RVG)?
6. Bei der Vertretung mehrerer Auftraggeber: Ist die Vertretung in derselben Angelegenheit und wegen desselben Gegenstandes erfolgt? Ist die Höchstgrenze der Erhöhung beachtet worden (Nr 1008 Abs 3 VV RVG)? (561 ff)
7. Bei Anwendung des § 15 Abs 3 RVG: Obergrenze beachten.

IX. Kostenfestsetzungsbeschluss

1. Beschlusstenor: Kann das Rubrum der Kostengrundentscheidung übernommen werden? (110)
2. Sind Absetzungen und die Nichtberücksichtigung von Einwendungen ausreichend begründet worden? (123)
3. Sind, wie beantragt, verauslagte Gerichtskosten berücksichtigt worden?
4. Ist die beantragte Verzinsung angeordnet worden? (111 f)
5. Ist eine Kostenentscheidung erforderlich? (116 f)

6. Sind in den Beschluss Maßgaben zur Vollstreckbarkeit aufzunehmen (zB Sicherheitsleistung, Abwendungsbefugnis)? (119 f)
7. Unterschrift? (124).

X. Wertänderung (§ 107 ZPO)

Ist die Antragsfrist (1 Monat) gewahrt?

XI. Vergütungsfestsetzung nach § 11 RVG

1. Ist der Antragsteller antragsberechtigt? (I 5 ff)
2. Ist die Vergütung fällig? (I 20)
3. Ist bei Rahmengebühren die Begrenzung auf die Mindestgebühr beachtet worden? (I 18)
4. Bei Einwendungen/Einreden des Antragsgegners (28 ff):
   a) Handelt es sich um gebührenrechtlich oder außergebührenrechtliche Einwendungen?
   b) Sind die Einwendungen/Einreden nicht offensichtlich aus der Luft gegriffen (I 38): Festsetzung ablehnen soweit die Einwendung reicht. (I 40)

XII. Festsetzung auf den Namen des Rechtsanwalts nach § 126 ZPO

1. Ist bereits zu Gunsten der Partei festgesetzt worden? (232 ff)
2. Steht der Erstattungsanspruch noch der PKH-Partei zu oder ist er bereits (teilweise) auf die Staatskasse übergegangen? (226 f)
3. Ist die Rechtsanwaltätigkeit vom Umfang der Beiordnung gedeckt? (220) Sind Beschränkungen der Beiordnung zu beachten?
4. Wurde der Gebührentatbestand nach dem Wirksamwerden der Beiordnung erfüllt (uU Rückwirkung der Beiordnung beachten)? (H 23)
5. Ist eine Einrede (Einwendung) des Gegners nach § 126 Abs 2 ZPO zulässig? (228 ff)
6. Ist die Festsetzung auf den Namen des beigeordneten Rechtsanwalts beantragt worden? (222)

XIII. Festsetzung nach § 55 RVG

1. Zuständigkeitsprüfung nach § 55 Abs 1 bis 4 RVG?
2. Enthält der Antrag die Erklärung nach § 55 Abs 5 S 2 RVG? (H 13)
3. Ist die Anwaltstätigkeit vom Umfang der Beiordnung gedeckt (gesetzliche Erstreckung beachten; vgl § 48 Abs 2 bis 5 RVG)? (H 21) Etwaige Beschränkungen der Beiordnung beachten. (H 18)
4. Ist der Gebührentatbestand nach dem Wirksamwerden der Beiordnung erfüllt worden (uU Rückwirkung beachten)? (H 23)
5. Sind die Gebühren nach der Tabelle zu § 49 RVG berechnet?
6. Sind Vorschüsse (§ 47 RVG) zu berücksichtigen?
7. Sind Vorschüsse und Zahlungen des Auftraggebers oder von Dritten zu verrechnen (§ 58 RVG)? (H 26)

Anhang

II. Muster eines Kostenfestsetzungsantrags in Zivilsachen

① **Kostenfestsetzungsantrag**

Datum:

② Bei allen Zuschriften und Zahlungen bitte angeben:

③④ In Sachen

wird beantragt, ⑤ Gesch.-Nr.
☐ vollstreckbare ☐ abgekürzte Ausfertigung des ☐ Urteils ☐ Vergleichs vom
☐ mit Zustellungsbescheinigung gem. § 169 I ZPO zu erteilen, die Kosten gemäß
⑥ ☐ § 104 ZPO festzusetzen ⑦ ☐ § 106 ZPO auszugleichen ⑧ ☐ § 126 ZPO festzusetzen
⑨ ☐ § 11 RVG gegen den Auftraggeber festzusetzen (Dieser hat eine Berechnung nach § 10 RVG erhalten.) ⑩
und dem Antragsteller eine vollstreckbare Ausfertigung des Kostenfestsetzungsbeschlusses zu erteilen und auszusprechen,
dass der festgesetzte Betrag gem. § 104 I ZPO verzinst wird. Alle (weiter) gezahlten Gerichtskosten sollen hinzugesetzt werden. ⑪

⑫ Gegenstandswert: €

⑬ Berechnet nach dem Rechtsanwaltsvergütungsgesetz (RVG) und nach dem RVG-Vergütungsverzeichnis (VV)	VV Nr.	Gebühren-Satz	€
⑭ 1. Verfahrensgebühr §§ 2, 13			
⑮ 2. Erhöhung bei mehreren Auftraggebern §§ 2, 7, 13	1008		
3.			
4. Antrag auf Erlass des Vollstreckungsbescheids §§ 2, 13, 17 Nr. 2	3308	0,5	
⑯ 5. Terminsgebühr §§ 2, 13			
6. Terminsgebühr, reduziert §§ 2, 13			
7.			
8. Nichtzulassungsbeschwerde, Verfahrensgebühr §§ 2, 13			
9. Nichtzulassungsbeschwerde, Terminsgebühr §§ 2, 13			
10. Einigungsgebühr §§ 2, 13			
11. Erledigungsgebühr §§ 2, 13			
12. Verfahrensgebühr Erinnerung / Beschwerde §§ 2, 13 (Wert: €)	3500	0,5	
13. Terminsgebühr Erinnerung / Beschwerde §§ 2, 13 (Wert: €)	3513	0,5	
14.			
15. Entgelte für Post- u. Telekommunikationsdienstleistungen – Richtigkeit versichert	7001		
16. Entgelte für Post- u. Telekommunikationsdienstleistungen – Pauschsatz	7002		
⑰ 17. Dokumentenpauschale (S. zu je 0,50 €, anwaltlich versichert)	7000		
18. Dokumentenpauschale (S. zu je 0,15 €, anwaltlich versichert)	7000		
19. Fahrtkosten (km zu je 0,30 €)	7003		
20. Tage- und Abwesenheitsgeld	7005		
21.			
22.			
23. Zwischensumme			
24. Umsatzsteuer (MwSt.) Antragsteller kann USt.-Beträge nicht als Vorsteuer abziehen. ☐ USt. ist gem. § 11 RVG festzusetzen	7008		
25. Zwischensumme			
26. Gerichtskosten			
27. Gerichtskosten aus eigenen Mitteln gezahlt (anwaltlich versichert)			
28.			
29. Zwischensumme			
30. Schon festgesetzter Betrag / Hierauf erhalten			
31. Endsumme			

Rechtsanwalt/Rechtsanwältin

① Der Vordruck soll als Muster dienen.

② Das umrandete Feld ist zur Angabe eines Aktenzeichens bestimmt, unter dem die Sache in der Anwaltskanzlei bearbeitet wird.

③ Hier sind die Parteien des Verfahrens anzugeben. Stehen auf einer Seite mehrere Beteiligte, so genügt die Angabe einer Partei mit dem Zusatz »und andere«.

④ Wenn dies erforderlich ist, können im Einzelfall noch zusätzliche Angaben gemacht werden:
   a) Bei der Vertretung von Streitgenossen kann klargestellt werden, ob die Festsetzung für alle gemeinschaftlich (vgl Rdn. 49 ff) oder nur für einzelne Streitgenossen beantragt wird (zB durch den Zusatz zugunsten des Klägers zu 3; zur Erstattungsproblematik vgl Rdn. 50).
   b) Wenn mehrere Erstattungspflichtige vorhanden sind, muss ersichtlich sein, ob Festsetzung gegen alle begehrt wird oder nur gegen Einzelne.
   c) Bei Nebenintervention ist darauf zu achten, ob über die Kosten ausdrücklich entschieden wurde (vgl Rdn. 40). Der Nebenintervenient ist zu bezeichnen.

⑤ Hier ist das gerichtliche Aktenzeichen anzugeben. Sollen die Kosten mehrerer Rechtszüge festgesetzt werden, so empfiehlt es sich für jede Instanz einen eigenen Vordruck zu benutzen.

⑥ Hier ist anzukreuzen auf welche Vorschrift die Festsetzung sich stützt. Wird die Festsetzung von Zwangsvollstreckungskosten beantragt, ist zusätzlich § 788 ZPO zu nennen.

⑦ Dieses Kästchen ist beim Kostenausgleich anzukreuzen (vgl Rdn. 160 ff). Die Ausgleichung selbst wird im Kostenfestsetzungsbeschluss durchgeführt.

⑧ Hier ist vom PKH-Anwalt zum Ausdruck zu bringen, dass die Festsetzung auf den *eigenen Namen* beantragt wird (vgl Rdn. 220 ff).

⑨ An dieser Stelle wird zum Ausdruck gebracht, dass die Festsetzung der gesetzlichen Vergütung gegen den Auftraggeber beantragt wird.

⑩ Da der Rechtsanwalt die Vergütung nur auf Grund einer von ihm unterzeichneten und dem Auftraggeber mitgeteilten Berechnung einfordern kann, muss er hier eine entsprechende Erklärung abgeben (vgl Rdn. I 20).

⑪ Dieser Antrag dient dazu, dass die (Mit-) Festsetzung der vom Rechtsanwalt für seinen Auftraggeber verauslagten Gerichtskosten nicht übersehen wird.

⑫ Anzugeben ist der Gebührenstreitwert. Falls dieser bereits gerichtlich festgesetzt ist, kann darauf Bezug genommen werden. Ansonsten ist der vom Rechtsanwalt ermittelte Wert anzugeben.

⑬ Nachfolgend sind die zur Festsetzung beantragten Anwaltsgebühren und Auslagen nach dem RVG detailliert anzugeben.

⑭ Hier ist die Verfahrensgebühr einzusetzen. Hinweis: Wenn die Obergrenze des § 15 Abs 3 RVG zu beachten ist, ist es zwar nicht vorgeschrieben, aber empfehlenswert, im Antrag eine Kontrollberechnung durchzuführen.

⑮ Die Erhöhung der Verfahrensgebühr nach Nr. 1008 VV RVG setzt voraus: Dass der Rechtsanwalt in derselben gebührenrechtlichen Angelegenheit, wegen desselben Gegenstandes mehrere Auftraggeber vertreten hat, die am Gegenstand gemeinschaftlich beteiligt waren,

⑯ Die Zeile ist für den Ansatz der Terminsgebühr nach Nr. 3104 ff VV RVG bestimmt.

⑰ Zu den in den Zeilen 17, 18 angesetzten Auslagen reicht die bloße anwaltliche Versicherung des Anfalls nicht aus (vgl Rdn. 64).

Anhang

III. Anleitung zur Fertigung eines Kostenfestsetzungsantrags in Strafsachen

An das Amts/Landgericht ...

In der Strafsache/Privatklagesache gegen N.N.

Aktenzeichen ...

beantrage ich namens der von mir vertretenen Partei,
1. deren notwendige Auslagen gegen die Landeskasse/den Verurteilten/den Nebenkläger/den Privatkläger/den Privatbeklagten festzusetzen,[1]
2. auszusprechen, dass diese von der Anbringung des Festsetzungsgesuchs an mit ... zu verzinsen sind,[2]
3. den Beschluss mit der Vollstreckungsklausel zu versehen.[3]

Gründe:[4] Die notwendigen Auslagen des freigesprochenen Angeklagten sind der Landeskasse auferlegt worden durch Urteil vom ..., die notwendigen Auslagen des Nebenklägers sind dem Verurteilten auferlegt worden durch Urteil vom ..., die notwendigen Auslagen des Privatklägers sind dem Verurteilten auferlegt worden durch Urteil vom ...., die notwendigen Auslagen des Privatbeklagten sind dem Privatkläger auferlegt worden durch Urteil vom ...[5]

Diese setzen sich zusammen aus:[6]

I. Rechtsanwaltskosten gem. beigefügter, nachfolgender Kostenberechnung,

II. Parteiauslagen, wie nachfolgend:

zu I.:

1.	Grundgebühr gem Nr 4100 VV	... €
2.	Terminsgebühr für die Teilnahme am Termin vom ...	
	gem Nr 4102 VV	... €
3.	Verfahrensgebühr gem Nr 4104 VV	... €
4.	Verfahrensgebühr gem Nr 4106 VV	... €
5.	Terminsgebühr gem Nr 4108 VV	... €
6.		
	Pauschale für Entgelte für Post- und Telekommunikationsdienstleistungen	
	gem Nr 7002 VV	... €
	(oder tatsächliche Auslagen gem Nr 7001 VV,	
	Richtigkeit versichert)	... €
7.	Ablichtungen Nr 7000 Nr 1 a VV ...	
	... Seiten zu je 0,50 €, ... Seiten zu je 0, 15€ .... bzw. ..... Seiten zu je 1,00 € in Farbe, ... Seiten zu je 0,30 € in Farbe	
8.	Fahrtkosten gem Nr 7003 VV für ... km 0,30 €	... €
	(oder tatsächliche Fahrtkosten nach Nr 7004 VV	
	in voller Höhe, Belege beifügen)	

9.	Tage- und Abwesenheitsgeld gem Nr 7005 VV		... €
Zwischensumme:			... €
Umsatzsteuer gem Nr 7008 VV 19 %			... €
Gesamtsumme:			... €
Zu II. (Parteiauslagen nach dem JVEG):			
1.	Fahrtkostenersatz nach § 5 JVEG[7]		
	a)	zur polizeilichen Vernehmung von ...,	
		hin und zurück ... km	... €
	b)	zu seinem Verteidiger am ...,	
		hin und zurück ... km...	
		insgesamt:	... €
	c)	zum Termin vom ...	
		hin und zurück ... km, insgesamt ... x	... €
	d)	zum Hauptverhandlungstermin vom ...	
		hin und zurück ... km,	
		insgesamt: x.	... €
	e)	Entschädigung für Aufwand gem § 6 JVEG[9]	... €
insgesamt:			... €
Die in Ansatz gebrachten Mittelgebühren sind unter Berücksichtigung der Bemessungsgrundlagen des § 14 RVG angemessen.[10] Ich bitte, den Erstattungsbetrag auf eines meiner Konten zu überweisen. Auf die in der Strafprozessvollmacht enthaltene Geldempfangsvollmacht weise ich hin. Der Erstattungsbetrag ist an mich abgetreten.[11]			

Hinweis und Anmerkungen

Hinweis: Vorbild ist das Muster bei *Madert* in der 21. Auflage 2013

Anmerkungen:

1. Die Verwendung von im Fachhandel erhältlichen Formularen für Kostenfestsetzungsgesuche in Strafsachen empfiehlt sich nur, wenn das Formular ohne größere Änderungen oder Ergänzungen ausgefüllt werden kann. Wenn andere Positionen angemeldet werden, die im Vordruck nicht vorgesehen sind, wenn die Darlegung von Entstehung und Notwendigkeit in der Regel zusätzlichen Tatsachenvortrags bedarf, wird es vorzuziehen sein, das Gesuch in Form eines Schriftsatzes zu erstellen. Für einen solchen Schriftsatz soll die Anleitung als Abrufvorlage dienen, damit nichts Wesentliches vergessen wird. Es ist zweckmäßig, ein EDV-Programm zu erstellen, das an alle typischerweise notwendigen Eingaben erinnert. Das Gesuch ist an das Gericht des 1. Rechtszuges zu richten. Bei Zurückverweisung an ein Gericht niederer Ordnung ist Gericht des 1. Rechtszuges das zuerst mit dem Verfahren befasste Gericht, s Rdn. F 128. Nach der Bezeichnung nebst Anschrift des betreffenden Gerichts ist das kurze Rubrum des gerichtlichen Verfahrens, in welchem notwendige Auslagen festgesetzt werden sollen, anzugeben. Die Angabe dient nur dazu, dass das Gesuch bei Gericht und evtl beim Gegner in den richtigen Akten untergebracht wird. Richtet sich das Strafverfahren gegen mehrere Personen, so genügt hier die Angabe des auch im gerichtlichen Rubrum an 1. Stelle stehenden Namens

Anhang

mit dem Zusatz »und andere«. »Namens der von mir vertretenen Partei« ist durch den Namen der Partei zu ersetzen, wenn es zur Klarheit erforderlich ist. Zur Antragsberechtigung s Rdn. F 125. Gegen wen die Festsetzung beantragt wird, ist immer genau zu bezeichnen.

2. Ohne den Antrag auf Verzinsung darf der Rechtspfleger keine Verzinsung aussprechen, s Rdn. F 126.
3. Die meisten Kostenfestsetzungsbeschlüsse in Strafsachen ergehen ohne Vollstreckungsklausel, vermutlich aus Gedankenlosigkeit, weil das amtliche Formular eine solche nicht vorsieht. S Rdn. F 170. Fehlt die Vollstreckungsklausel, so sollte der Kostenfestsetzungsbeschluss sofort zurückgeschickt werden mit dem Antrag, ihn um die Klausel zu ergänzen. Wird dem Antrag wiederum nicht entsprochen, sollte der Verteidiger Erinnerung einlegen.
4. Zu Form und Inhalt des Antrags s Rdn. F 127. Vorgeschrieben ist nur eine Kostenberechnung, nicht deren Begründung. Eine Begründung ist aber aus vielerlei Gründen zweckmäßig. Eingangs empfiehlt es sich zu sagen, auf Grund welcher Entscheidung man die Kostenfestsetzung begehrt; das erleichtert dem Rechtspfleger die Arbeit.
5. Nach § 464 a Abs 2 StPO gehören zu den notwendigen Auslagen 1. die Entschädigung für notwendige Zeitversäumnis, 2. die Gebühren und Auslagen eines Rechtsanwalts. Gewöhnlich fängt man aber mit den Rechtsanwaltskosten an. Nach § 103 Abs 2 ZPO ist dem Gesuch die Kostenberechnung »beizufügen«. Es ist aber zweckmäßig, die Kostenberechnung im Gesuch selbst vorzunehmen. Sie muss dem § 10 RVG entsprechen. Gem § 104 Abs 2 S ZPO sind die einzelnen Posten der anwaltlichen Kostenberechnung auf Verlangen glaubhaft zu machen; nach § 104 Abs 2 S 2 ZPO genügt bei den Auslagen für Post- und Telekommunikationsdienstleistungen die Versicherung des Anwalts, dass diese entstanden sind.
6. Die Parteiauslagen setzen sich gem § 464 Abs 2 Nr 1 StPO in Verbindung mit dem JVEG zusammen aus Fahrtkostenersatz und Entschädigung für Aufwand.
7. Ob es sich bei § 464 a Abs 2 Nr 1 StPO um eine Rechtsgrund- oder eine Rechtsfolgeverweisung handelt, ist umstritten, s Rdn. F 93.
8. Kilometergeld je km 0,30 €. Wenn Fahrtauslagen für öffentliche Verkehrsmittel, Belege beifügen.
9. Entschädigung für Aufwand, s. Kommentare zum JVEG.
10. Auf diese Begründung kann man sich natürlich beschränken. Eine nähere Begründung ist aber unbedingt nötig, wenn der Fall unter eine oder gar mehrere der nachfolgenden Nummern fällt:
    (1) Wenn zu vermuten ist, dass der Rechtspfleger Abstriche machen oder der Gegner Einwendungen erheben wird.
    (2) Jede Überschreitung der Mittelgebühr ist aus § 14 RVG zu begründen, s Rdn. F 112. Vor allem ist das Bemessungsmerkmal »Umfang der Tätigkeit« genau darzulegen. Denn dem Rechtspfleger liegen nur die Gerichtsakten vor, aus ihnen ergibt sich meistens nur unvollkommen der Umfang der Tätigkeit des Anwaltes. Anzugeben sind also wie viele Besprechungen stattgefunden haben, von welcher Dauer sie waren (diese müssen in den Handakten vermerkt werden, evtl Fotokopie des Vermerks vorlegen) usw. Da Beschwerdeverfahren, Besichtigung der Unfallstelle, notwendige Besprechungen mit Dritten und dergleichen mehr ebenfalls durch die Pauschgebühren mit abgegolten werden, sind diese im Einzelnen darzulegen. Bei der Nebenklage darf für die Bedeutung der Angelegenheit nicht der Hinweis fehlen, dass der Ausgang des Strafverfahrens Einfluss auf die Regulierung von Schadensersatzansprüchen haben wird, entsprechendes Schreiben der gegnerischen Versicherung sind als Urkundenbeweis beizufügen.
    (3) Mehrvertretungszuschlag VV 1008 nicht vergessen und begründen, s Rdn. F 101.
    (4) Bei Doppelfunktion muss Erhöhung gem § 14 begründet werden, s Rdn. F 102.
    (5) Bei unechtem Teilfreispruch muss immer auf § 465 Abs 2 StPO eingegangen werden, s Rdn. F 27.
    (6) Fahrkosten des auswärtigen Verteidigers werden von den meisten Gerichten nur ausnahmsweise als erstattungsfähig angesehen, daher sind sie immer einzeln zu begründen, s Rdn. F 113.

(7) Gebühren sind immer dann eingehend unter Zitierung von Rechtsprechung und Schrifttum zu begründen, wenn die gegenteilige Auffassung von Rechtspfleger, Gericht oder Gegner bekannt ist.

(8) Eine vereinbarte Vergütung braucht nicht ersetzt zu werden, weil keine gesetzliche Gebühr, s Rdn. F 109. Allerdings ist bei der Bemessung der gesetzlichen Gebühr im Rahmen des § 14 RVG die Höhe der vereinbarten Vergütung ein wichtiges Anzeichen dafür, welche Bedeutung der Auftraggeber der Angelegenheit beigemessen hat, was ihm die Verteidigung wert war. Wenn die Höhe der vereinbarten Vergütung nicht offenbart werden soll, genügt es zu darzulegen: »Die Bedeutung der Angelegenheit für meine Partei geht auch daraus hervor, dass sie mit mir eine Vergütung vereinbart hat, die jedenfalls über den Betrag liegt, der hier beantragt wird zu erstatten«.

11. Falls die Partei die Verteidigervergütung noch nicht voll beglichen hat, sollte der Verteidiger sich immer die Erstattungsbeträge abtreten lassen. Zu beachten ist, dass die Abtretungsurkunde oder die Anzeige des Beschuldigten über die Abtretung umgehend zur Akten gelangt: Wichtig auch wegen § 43 RVG, s Rdn. F 171.

Anhang

IV. Antrag auf Festsetzung der Vergütung des Pflichtverteidigers, des beigeordneten Rechtsanwalts

An das Amts-/Landgericht in …

In der Strafsache/Privatklagesache gegen … Aktenzeichen …

beantrage ich, die nachstehend berechneten Gebühren und Auslagen festzusetzen.[1,2]

Ich bin dem Beschuldigten/Privatkläger/Nebenkläger[3] am … zum Verteidiger bestellt worden/ im Wege der Prozesskostenhilfe beigeordnet worden.

Vor dem Eingang der Klage bei Gericht/vor der Eröffnung des Hauptverfahrens war ich – nicht tätig.[4] Meine Tätigkeit in diesem Verfahrensabschnitt bestand in …

Gebühren- und Auslagenberechnung:[5,6]

1.	Grundgebühr gem Nr 4100 VV	… €
2.	Verfahrensgebühr gem Nr 4104 VV	… €
3.	Terminsgebühr gem Nr 4102 VV	… €
4.	Verfahrensgebühr gem Nr 4106 VV	… €
5.	Terminsgebühr gem Nr 4108 VV	… €
6.	Dokumentenpauschale Nr. 7000 VV	
	Pauschale für Entgelte für Post- und Telekommunikationsdienstleistungen gem Nr 7002 VV	… €
	(Falls tatsächliche Entgelte gem Nr 7001 VV	
	geltend gemacht werden,	
	Belege beifügen).	
7.	Tage- und Abwesenheitsgeld gem Nr 7005 VV	… €
	zusammen:	… €
8.	Umsatzsteuer gem Nr 7008 VV 19 %	… €
	insgesamt:	… €

Ich versichere, dass die Auslagen gem Nr 7001 VV bei der Tätigkeit nach Nr … entstanden sind.[7] Die Notwendigkeit der Auslagen für … ist durch Beschluss vom … festgestellt worden.[8]

Aus der Staatskasse habe ich Vorschüsse (§ 47 RVG) nicht/in Höhe von … € erhalten.[9] Gebühren für die Beratungshilfe (Nrn 2600 bis 2608 VV) habe ich nicht/in Höhe von … € erhalten.[10] Vorschüsse und sonstige Zahlungen (§ 58 Abs 3 RVG) habe ich nicht/in Höhe von … € erhalten.[11] Ich werde spätere Zahlungen des Beschuldigten/Privatklägers/Nebenklägers oder eines Dritten anzeigen.[12]

Ich bitte diesen Antrag zu bescheiden und die Auszahlung des festgesetzten Betrags anzuordnen. Erst danach bitte ich meinen Antrag auf Bewilligung einer Pauschvergütung gern § 51 RVG an das Oberlandesgericht unter Beifügung der Akten weiterzuleiten.[13]

IV. Antrag auf Festsetzung der Vergütung des Pflichtverteidigers, des beigeordneten Rechtsanwalts

Hinweis und Anmerkungen

Hinweis: Vorbild ist das Muster bei *Madert* in der 21. Auflage 2013

Anmerkungen:
1. Der Rechtsanwalt kann nicht gezwungen werden, die Festsetzung auf einem von der Justiz zur Verfügung gestellten Formular zu beantragen. Zur Zweckmäßigkeit. den Festsetzungsantrag in Form eines Schriftsatzes zu stellen, s Fn 1 der Anleitung zur Fertigung eines Kostenfestsetzungsgesuchs.
2. Die Vergütung ist nicht verzinslich. s Rdn. F 183.
3. S Rdn. F 191. Die Anleitung ist auch für den im Wege der Prozesskostenhilfe beigeordneten Rechtsanwalt verwendbar.
4. Nötig wegen § 48 Abs 3 RVG, s Rdn. F 174.
5. Die Anleitung bezieht sich auf die 1. Instanz. Sie ist für die 2. und 3. Instanz durch Angaben der jeweiligen Gebührenbestimmungen zu ändern. Der Anwalt sollte nicht den rechtskräftigen Abschluss des Verfahrens abwarten, sondern nach Abschluss der jeweiligen Instanz sofort den Antrag stellen. Denn jetzt kennt er noch den Umfang seiner Tätigkeit und die Gefahr, einen für das Entstehen der Gebühren wichtigen Umstand zu vergessen, ist gering, zum anderen ist die Vergütung nicht verzinslich.
6. S Rdn. F 178 – 181.
7. S Rdn. F 179 u Rdn. F 115.
8. Falls ein solcher Beschluss vorliegt, unbedingt erwähnen, s Rdn. F 181.
9. S Rdn. F 190.
10. Der Satz stammt aus dem Formular der Justiz. Seine Bedeutung ist fraglich, denn nach VV 2603 wird nur die Vertretungsgebühr des S 1 auf Gebühren für ein anschließendes gerichtlichen Verfahren zur Hälfte angerechnet. In Angelegenheiten des Strafrechts und des Ordnungswidrigkeitenrechts wird aber nur Beratung gewährt, § 2 Abs 2 BerHG.
11. S Rdn. F 190.
12. S Rdn. F 190.
13. Weil die Pflichtverteidigervergütung nicht verzinslich ist, die Bearbeitung des Antrags aus § 51 RVG oft viel Zeit in Anspruch nimmt, sollte immer der Antrag auf Festsetzung der Pflichtverteidigervergütung vorher oder zumindest gleichzeitig gestellt werden. Die Auszahlung der Pflichtverteidigergebühren hindert nicht die Stellung eines Antrags auf Bewilligung einer Pauschvergütung

Anhang

V. Antrag auf Bewilligung einer Pauschvergütung nach § 51 RVG

An das

Oberlandesgericht …

über

das Land-/Amtsgericht …

(das Gericht einsetzen, vor dem die Verteidigung durchgeführt worden ist)

Betreff: Bewilligung einer Pauschvergütung gemäß § 51 RVG

hier:

Strafsache gegen … wegen …
– gericht Az

beantrage ich,

mir gemäß § 51 RVG

eine Pauschvergütung von … €

zuzüglich gesetzlicher Mehrwertsteuer zu bewilligen.[1]

Gründe:

Durch Beschluss vom … bin ich zum Pflichtverteidiger bestellt worden. Vor dem Zeitpunkt meiner Bestellung war ich – nicht – tätig.

Meine Pflichtverteidigergebühren nach dem VV betragen … €. Insoweit verweise ich auf meinen Festsetzungsantrag vom….

In dem Antrag auf Festsetzung der Gebühren nach VV ist kein Verzicht auf meine Pauschvergütung nach § 51 RVG zu sehen.

Durch diese Gebühren ist meine Tätigkeit nicht ausreichend vergütet, weil es sich um eine besonders umfangreiche und/oder schwierige Strafsache gehandelt hat. Zur Begründung führe ich aus: …

Vorschüsse und Zahlungen habe ich weder vom Angeklagten noch von Dritten in dieser Sache erhalten.

Aus der Staatskasse habe ich keinen/einen … Vorschuss von … erhalten.

Als gesetzliche Vergütung nach dem VV habe ich … € erhalten.

Falls der Vertreter der Staatskasse meinem Antrag, entgegentritt, ist mir vor Entscheidung seine Äußerung zur Stellungnahme zuzuleiten (BVerfGE 18, 49 = Rpfleger 1984, 210).

---

[1] (Der Pflichtverteidiger kann neben der Pauschvergütung die Mehrwertsteuer verlangen; OLG Koblenz JurBüro 1985, 471; aA *Hansens* § 99 BRAGO Rn. 8; in der von ihm zitierten BGH-Entscheidung JurBüro 1962, 341 ist ausdrücklich gesagt, dass die Mehrwertsteuer gesondert festzusetzen ist.)

VI. Antrag auf Bewilligung einer Pauschvergütung für den Wahlverteidiger nach § 42 RVG

§ 42 Abs 1 RVG sieht vor, dass in Verfahren, die insgesamt oder teilweise besonders umfangreich oder schwierig sind, für den Wahlanwalt auf Antrag eine Pauschgebühr für das ganze Verfahren oder einzelne Verfahrensabschnitte festgestellt werden kann.

Die Bestimmung gilt für den Wahlverteidiger sowie für den RA, der den Privatkläger oder -beklagten, dem Nebenkläger, dem Antragsteller im Klageerzwingungsverfahren oder einem Zeugen als Beistand beigeordnet ist.

Die Pauschvergütung nach § 42 RVG kommt auch für den gerichtlich bestellten oder beigeordneten RA in Betracht, nämlich dann, wenn er nach §§ 52, 53 RVG den Beschuldigten oder einen anderen Vertreter unmittelbar in Anspruch nehmen kann.

§ 42 Abs 1 RVG gilt auch für das Bußgeldverfahren.

Höhe der Pauschgebühr:

In § 42 Abs 1 S 4 RVG ist die Höhe der festzustellenden Pauschgebühr geregelt. Sie darf das Doppelte der Höchstbeträge nach Teil 4 (oder Teil 5) nicht übersteigen. Darüber hinausgehende Vergütungen muss der Verteidiger mit seinem Mandanten in der Form des § 4 RVG vereinbaren.

Bezüglich des Verfahrens und der zu berücksichtigenden Gründe s *Gerold/Schmidt-Madert* 17. Aufl 2006, § 42 RVG Rn. 7 bis 10.

Hinsichtlich des Antrages kann das Vorstehende Formular unter IV. verwandt werden.

Anmerkungen:
1. Vorbild ist das Muster *Madert*, 21. Auflage 2013 sowie bei *Gerold/Schmidt-Madert* 17. Aufl 2006, § 51 RVG Rn. 18.
2. Der Antrag kann unmittelbar an das OLG gestellt werden. Das kann aber ohne die Instanzakten nicht entscheiden. Wird der Antrag über das Instanzgericht gestellt, kann es die Akten sofort beifügen.
3. Das Wort »nicht« ist ggf zu streichen, s auch Rdn. F 174.
4. So können die ungenügenden Pflichtverteidigergebühren genannt werden.
5. S Rdn. F 148, 149. Alle Umstände sind besonders sorgfältig zu schildern, möglichst mit genauen Zeitangaben, falls diese sich nicht unmittelbar aus den Strafakten ergeben, wie zB Anzahl und Umfang der Besprechungen mit dem Mandanten, die Besuche in der Haftanstalt, deren Dauer, nötige Besprechungen mit Dritten, Besichtigung des Tatorts, Umfang der durchzuarbeitenden Akten, verwickelter Sachverhalt, schwierige Rechtsfragen, unter Umständen auch Schwierigkeiten, die sich aus der Person des Angeklagten ergaben und die Arbeit des Rechtsanwalts beeinflussten.

Stichwortverzeichnis

Die fett gedruckten Zahlen bezeichnen die Kapitel. Die mager gedruckten Zahlen verweisen auf die Randnummern.

Abgabe **B** 546 ff
Abhilfebefugnis **B** 202
Ablehnung
– Beschwerde gegen -entscheidung **B** 308
– der Eröffnung des Hauptverfahrens **F** 15
– der Vergütungsfestsetzung **I** 37, 40
Ablichtungen **D** 267; **F** 115
– aus Behörden- oder Gerichtsakten **B** 432
– Kosten **B** 434
– Pflichtverteidiger **F** 179
– von den Beteiligten selbst hergestellte – **D** 141
– zusätzliche **D** 308
Abmahnung **B** 8a, 344
Abtretung
– des Kostenerstattungsanspruchs **B** 5, 43; **D** 42
Abwendung, der Zwangsvollstreckung **B** 246
Abwesenheitsgeld **B** 455, 532; **F** 113, 179
Abwickler **B** 550
Adhäsionsverfahren **F** 56–58
Aktenversendungspauschale **F** 114
Amtsermittlung **A** 27; **B** 61; **D** 65; **H** 8
Änderung
– der Kostengrundentscheidung **B** 112 f, 140, 148, 215 ff, 338 f; **D** 102
– der Quote **B** 113
– der Verfahrenswertfestsetzung **E** 15
– des Kostenfestsetzungsbeschlusses **A** 38; **B** 155 f; **D** 110
Anerkenntnis
– angenommenes – als Vollstreckungstitel **A** 5; **D** 38
Anfechtung
– bei Unanfechtbarkeit der Hauptentscheidung **F** 12
– der Kosten und Auslagenentscheidung **F** 11
– der Rechtspflegerentscheidung **B** 190
– des Kostenfestsetzungsbeschlusses **B** 190 ff
Angestellte (Reisekosten) **B** 454
Anhörungsrüge **A** 42
Anklagerücknahme **F** 24
Anrechnung **F** 190
– der Geschäftsgebühr (§ 15 a RVG) **B** 579; **D** 162
Anschlussbeschwerde **B** 196 ff; **D** 123
Anschlusserinnerung **B** 196 ff; **D** 116, 128
Anspruchshäufung, Rangfolge **A** 21
Antrag
– Begründung des – **A** 18
– Form und Inhalt des – **D** 75–76; **F** 127
– Sach- **A** 17; **D** 76
Antragsberechtigung **B** 41; **D** 41
– der Rechtsnachfolger **D** 43
– des Prozessbevollmächtigten **D** 42; **F** 125; **H** 9 f

Antragsfrist **B** 23; **D** 80; **H** 11
Anwaltsbestellung **B** 509 ff
Anwaltskosten
– vorgerichtliche **B** 8a
Anwaltsvergütung, Erstattung **A** 33
Anwaltswechsel **B** 72, 117, 537–539 ff; **F** 100
Anwaltszwang **B** 65, 96, 127, 195, 209, 218, 537–539, 558; **D** 75, 265; **F** 134, 161, 167; **H** 12, 36; **I** 20
Anzeige
– der erhaltenen Vorschüsse und Zahlungen **F** 190
– falsche **F** 29
Arbeitsgericht, eingeschränkte Kostenerstattung **C** 8
Arbeitssachen **C** 1–22
Arrest und einstweilige Verfügung **B** 164, 243, 311, 344 ff
Assessor **F** 103
Aufforderungsschreiben **B** 244, 247, 605
Aufgabe der Zulassung **B** 551
Aufhebung
– der Entscheidung des Rechtspflegers **B** 214
– eines angefochtenen Beschlusses **B** 212
– Erstattungsanspruch des Schuldners bei Urteils- **B** 255
– von Vollstreckungsmaßnahmen **B** 250
Aufrechnung **A** 23 ff; **B** 4, 49, 86, 92, 185; **D** 91, 133; **H** 26; **I** 24, 32
– gegen Kostenerstattungsanspruch **F** 171
– mit Erstattungsanspruch **A** 23; **B** 86, 185, 228
Aufrechnungseinwand **B** 86; **I** 32
Auftraggeber **I** 12
– mehrere - **B** 544, 563; **F** 101 ff
Auftragsbeendigung, vorzeitige **B** 550 ff; **I** 31
Auftragsverhältnis **I** 7
Aufwandsentschädigung **B** 455; **C** 10
Aufwendungen
– außerprozessuale – **B** 342 ff
– bare – **D** 141
– Erstattung unmittelbarer – **D** 135
– fiktive **B** 73
– notwendige **D** 306
– Privatgutachten **D** 149
Ausbleiben, des Verteidigers **F** 118
Ausgleichung der Kosten **B** 160 ff.; **D** 111
– fiktive **C** 12
Auskunftskosten (Drittschuldnerprozess) **C** 17
Auslagen **D** 230
– der Bevollmächtigten **B** 430 ff; **D** 164, 167
– der Partei **B** 430 ff; **D** 140–151
– der Staatskasse **F** 80
– des Pflichtverteidigers **F** 178–180

501

Stichwortverzeichnis

– des Wahlverteidigers F 114–115
– digitalisierte Akten F 179
– sonstige – F 94
Ausländische Partei B 595
Ausschließungsverfahren F 117
Außergerichtliche RA-Tätigkeit I 17
Außerordentliche Rechtsbehelfe B 219
Aussetzung
– Beschluss über – als Vollstreckungstitel D 18
– der Vollziehung B 210; D 125
– des Verfahrens B 66
Austausch von Positionen B 72, 200; D 117
Avalprovision B 608; D 151

Bare Aufwendungen D 141, 306
Beamte B 454
Beendigung des Anwaltsvertrages B 541
– vorzeitige B 550
Begründung A 18, 31; B 123; D 85, 96
Behördenakten, Ablichtung aus – B 432
Behördenkosten A 35
Behördliche Terminsvertreter D 145
Beibringungsgrundsatz A 27; D 63
Beigeladener D 48 ff
– Erstattung der außergerichtlichen Kosten des – D 49 ff
Beigeordneter Rechtsanwalt B 131 ff
– bei Streitgenossen B 224; D 130; F 163; H 1 ff, 29
– FamFG E 20
– Festsetzung zu Gunsten des – D 130
– Gebühren und Auslagen F 191
– PKH H 21 ff
– Vergütungsfestsetzung H 1 ff, 11
– Verkehrsanwalt/Unterbevollmächtigter B 224
Beiordnung
– Bindung an fehlerhafte – H 16
– eines ausländischen RA H 18
– eines psychosozialen Prozessbegleiters F 27
– gegenständlicher Umfang der – H 16 ff, 21
– zeitlicher Umfang der – H 23
Belege A 18; B 99; D 77, 212
Belehrung, unterlassene – I 46
Beratungsgebühr B 582
Beratungshilfe H 46 ff
Berichtigung, des Kostenfestsetzungsbeschlusses A 38; B 155; D 110
Berufung, zur Fristwahrung B 512; D 161
Berufungszurückweisungsantrag B 512
Beschlüsse
– aus §§ 51, 70, 77, 81 c, 145 StPO u § 56 GVG F 78 f
– im finanzgerichtlichen Verfahren D 26–27
– im sozialgerichtlichen Verfahren D 34–36
– im verwaltungsgerichtlichen Verfahren D 13–18
Beschlussverfahren, in Arbeitssachen C 2
Beschwer A 39; B 187, 191; D 113

Beschwerde
– Anschluss- B 196, 198, 207; D 123, 128; F 161; H 43
– -einlegung B 195; F 161; H 43
– -entscheidung B 212; D 126; F 13, 166
– -erweiterung B 199
– -frist B 123, 136, 192 f; F 11, 133, 160; H 42; I 25
– gegen Erinnerungsentscheidung H 42 ff
– -gegenstand B 197 ff; D 122; F 162–163
– -kosten B 215
– Tenorierung B 212 ff
– weitere –, Rechts- B 218
– -wert A 40; B 190; D 122
Beteiligte
– der Kostenfestsetzung A 10–11; B 40 ff; E 12; I 5 ff
– des Kostenfestsetzungsverfahrens D 40
– von der Kostenerstattung ausgeschlossene – D 45–47
Betriebsrat C 2
Bevollmächtigte
– Auslagen der – D 164 ff
– Hochschullehrer D 158
– im Finanzgerichtprozess D 154
– im Sozialgerichtprozess D 155
– im Verwaltungsgerichtprozess D 153
– mehrere – D 174
– Notwendigkeit der Zuziehung eines – im Vorverfahren D 185 ff, 207 ff
– Reisekosten der – D 173
– sonstige – D 156
– Verbandsvertreter D 157
– Vergütung der – D 159–161
– Vertretung durch – D 152
Bevollmächtigung B 508
Beweis A 27
– -aufnahme, keine Vorwegnahme A 22; B 64, 405; D 73, 137, 149, 306
– in der Kostenfestsetzung A 27; D 69–70
– -mittel, neue B 209
– -termin, Teilnahme der Partei B 449 f
– Vorwegnahme gerichtlicher Beweisaufnahme B 405
Beweisanwalt B 500; F 100
Beweislast A 18, 27; B 537–539; D 70, 96; F 112
Beweisverfahren, selbstständiges B 8a, 308, 311
– (Teil-)Identität der Parteien des – und der Hauptsache B 313
Bindung
– an den Streitwert D 73
– des Rechtspflegers an den Antrag B 71 ff
– des Urkundsbeamten der Geschäftsstelle D 71–73; H 16 ff
Bundesverfassungsgericht B 357; D 262–268
Bürgschaft B 245
– sprovision D 151

Stichwortverzeichnis

Bürogemeinschaft B 550
Bußgeldsachen G 8 ff
– Kostenfestsetzung in – G 1–11
Bußgeldverfahren
– Gebühren in – G 8–9
– gerichtliches Verfahren G 6–7
– und staatsanwaltliches Ermittlungsverfahren G 10
– vor der Verwaltungsbehörde G 1–4

Chancengleichheit B 367 f

Detektivkosten B 8a, 365, 412 ff
Dispositionsgrundsatz D 64
Disziplinarverfahren, Kostenfestsetzung in – D 286–310
Dokumentenpauschale B 29, 224, 421 f, 430 ff; D 164, 167
Dolmetscher
– -kosten B 422; F 86
Doppelfunktion des Rechtsanwalts F 102
Drittbeteiligte, des Vorverfahrens D 206
Dritter
– Aufwendungen – B 306; F 82
– Kostenauferlegung B 40
– Vergleichsbeitritt B 40
Drittschuldner
– Auskunftskosten C 17
– Festsetzungszuständigkeit C 22
– -klagen C 17
– Kosten des Drittschuldnerprozesses als Zwangsvollstreckungskosten C 19, 21
– -prozess B 254
– Zuständigkeit für Klagen aus § 840 ZPO C 18

Einigungsgebühr B 64, 571; C 17; I 17
Einstandspflicht, Prüfung der – B 403
Einstellung
– der Zwangsvollstreckung B 147, 319 f, 608
– des Verfahrens D 14; F 15, 22
– nach § 53 a StPO F 23
Einstweilige Anordnung
– als Vollstreckungstitel D 19, 28, 35
Einstweilige Unterbringung, Kosten F 85
Einwendungen B 84 ff
– aus der Person der Partei B 228
– aus Verhältnis des Gläubigers zu seinem Rechtsanwalt B 87
– gebührenrechtliche I 28
– gegen Kostengrundentscheidung B 85
– gegen Streitwert B 90, 201 f
– in der Kostenfestsetzung A 23; D 74
– in der Kostenfestsetzung gegen die Staatskasse A 24
– in der Vergütungsfestsetzung A 25
– in der Vergütungsfestsetzung gegen die Staatskasse A 26

– nichtgebührenrechtliche I 29 ff
– unstreitige – B 82 ff
Einzelrichter B 204, 206
Enteignungsverfahren
– nach dem BauGB D 237 ff
– nach dem Bundesleistungsgesetz D 242
– nach dem Landbeschaffungsgesetz D 244
– nach dem Schutzbereichsgesetz D 243
– nach Landesrecht D 245–260
Entschädigungen, und Belohnungen Dritter F 82
Entscheidung, in Festsetzungsverfahren A 28–37
Erbe I 13
Erbenhaftung, beschränkte – B 121
Erfüllungseinwand I 32
Ergänzung, des Kostenfestsetzungsbeschlusses B 156
Ergänzungsantrag B 106
Ergänzungsurteile D 9
Erhöhungsgebühr B 563 ff
– Wohnungseigentümergemeinschaft B 568
Erinnerung
– Abhilfe B 202; D 121; F 150–156
– Anschluss- D 116
– Aussetzung der Vollziehung B 190 ff, 210; D 125
– Beschwer D 113; F 132
– Entscheidung B 213 f; D 126
– Erweiterung B 199; F 138
– Form, Frist B 192 ff; D 114–115; F 133–134; I 45 ff
– Gegenstand der – B 197 ff; D 117; F 136–142; H 34 ff; I 45 ff
– Nachschieben von Kostenpositionen F 137
– Nachtragsliquidation D 118
– Nichtabhilfe B 202
– Statthaftigkeit B 190 ff; D 112; F 131
– Teilabhilfe B 202
– Verfahren B 208 ff; D 124; F 144–149
– Zurückverweisung D 127
– Zuständigkeit F 140–143
– Zweit- H 41
Erlass B 86
Erledigungserklärung B 30
Eröffnung des Hauptverfahrens, Ablehnung der – F 15
Ersatzvornahme B 615
Ersparte Aufwendungen B 73, 305, 401
Erstattungsanordnung (FGG) E 16 f
Erstattungsanspruch
– materieller – A 9
– öffentlichrechtlicher – A 8
– privatrechtlicher – A 7
Erstattungsfähige Kosten D 135 ff
– des Vorverfahrens D 183, 213
Erstattungsfähigkeit B 300 ff
Erstattungspflicht
– die einzelnen Fälle der – F 15–79
– Umfang der Kosten des Verfahrens F 80–130
Erweiterung, der Beschwerde B 199

503

Stichwortverzeichnis

Fahrer B 556
Fälligkeit (Kostenerstattungsanspruch) B 4
FamFG
– Anwaltsvergütung A 33
– Beschwerde A 40
– Kostenfestsetzungsverfahren E 8 ff
– Kostengrundentscheidung A 2; E 2 ff
– Vergleich E 5
– Vollstreckungstitel Kostenfestsetzungsbeschluss A 2, 46
– Zuständigkeit A 14
Familiensachen
– Kostenerstattungsgrundentscheidung E 2 ff
– Kostenfestsetzungsverfahren E 8 ff
– Rechtsmittel E 13 ff
– Zwangsvollstreckung E 19 ff
Fernsprechkosten B 440 ff
Festsetzung
– allgemein A 1
– Änderung der – A 38
– auf den Namen der Partei B 232
– der gerichtlichen Gebühren und Auslagen F 90
– der weiteren Vergütung, § 50 RVG H 45 ff
– Festsetzungsanspruch B 1
– Festsetzungszuständigkeit A 14
– fristgerechter Antrag des Gegners B 170
– Gegenstand der – A 4
– Rechtsbehelfe u Rechtsmittel F 1, 61 ff
– Rechtskraft der – A 45
– Rechtsmittel gegen die – A 39–40
– Verfahren F 1
– Verfahren in Arbeitssachen C 4
– Verfahren vor dem Urkundsbeamten der Geschäftsstelle D 59 ff
– Verfahrensvoraussetzungen A 15–16
– von Zwangsvollstreckungskosten B 242
– zu Gunsten des beigeordneten Rechtsanwalts B 220
Festsetzung nach § 55 RVG H 1 ff
– Antrag H 9 ff
– Eigenart des Verfahrens H 2 ff
– Entscheidung H 30 ff
– Feststellungsantrag H 9 ff
– Verjährung H 11a
– Verwirkung H 11a
– weitere Vergütung, § 50 RVG H 45 ff
– Zuständigkeiten H 15 ff
Festsetzungsanspruch, des beigeordneten RA B 220 ff; D 130
Festsetzungsgegenstand A 4 ff
– materielle Erstattungsansprüche A 9; B 8
– öffentlichrechtlicher Erstattungsanspruch A 8
– öffentlichrechtlicher Zahlungsanspruch A 6
– privatrechtlicher Erstattungsanspruch A 7
– privatrechtlicher Zahlungsanspruch A 5
Festsetzungstitel B 20 ff; D 4–39
– fehlender – B 157
– nicht geeignete Urteile B 23

Fiktive Aufwendungen B 73
Fiktive Kosten B 73, 305
Fiktive Kostenausgleichung C 12
Finanzbehörde D 46
Folgesache H 21, 45
Fotografiekosten B 439
Fotokopiekosten B 433
Freifahrscheine D 147
Freispruch F 15
Freiwillige Gerichtsbarkeit E 1 ff

Gebühren
– des Rechtsanwalts F 95–97
– mehrerer Rechtsanwälte F 98–99
Gebührenvereinbarung B 506; I 16
Gegenstand der Festsetzung A 4
Gegenstandswert, für die Gebühren des Vorverfahrens D 193
Gegenvorstellung B 218; D 99; F 177
Gehör
– bei Ausgleichung B 169
– bei Beschwerde/Erinnerung B 208
Gehör, rechtliches A 22; B 63; D 68; I 24
Generalunkosten D 140
Gerichtsakten, Abschriften aus – B 432
Gerichtsbescheide, als Vollstreckungstitel D 11, 25, 33
Gerichtsentscheidungen
– Beschlüsse F 5
– Entscheidung dem Grunde nach F 6
– Mehrere Kostenentscheidungen F 9
Gerichtskosten B 141, 443
– bei Ausgleichung B 173
– eines zurückgenommenen Rechtsmittels F 61
– falscher Ansatz der – B 88
– im Festsetzungsverfahren F 169
– Kostenübernahme F 89
Gerichtsstandwahl B 363
Geringhaltung, der Kosten B 361
Geschäftsgebühr B 356, 579 ff
– Anrechnung, § 15 a RVG B 356, 579; D 162
Geschäftsleute (Verdienstausfall) B 456
Gesellschaft bürgerlichen Rechts B 563 ff; I 12
Gesetzliche Vergütung D 65
Gestellung von Zeugen B 444 ff
Grundbuchamt (als Vollstreckungsorgan) B 241
– Grundlagen der Kostenfestsetzung B 1
Gutachtengebühr B 587
Güteverfahren B 317, 426

Haftpflichtversicherung B 403, 556–557
Halter B 556
Hauptsacheerledigung D 37, 203, 205
– -beschluss als Festsetzungstitel D 13
– -erklärung B 30
– im isolierten Vorverfahren D 203 ff
Hebegebühr B 572 f
Hinterlegungskosten B 608

Stichwortverzeichnis

Hochschullehrer D 158; F 95
Höchstgebühr F 112
Honorarvereinbarung D 307; F 109
– und Pflichtverteidiger F 188
Hypothetische Partei-Reisekosten,
  Anwaltskosten als – C 9

Informationsreisen B 521; D 143
Inkassobüro B 247
Insolvenzeröffnung B 45
Insolvenzverwalter B 47; D 177; I 7
Interessenkollision B 551

Jugendgerichtliches Verfahren F 10

Kammer für Handelssachen B 206
Klagerücknahme B 509; D 31; F 24
Kollegialgericht B 206
Kompensationstheorie F 112
Konkurrenz von Rechtsmitteln F 14
Kosten bei Nebenfolgen F 59
Kosten der Abwehr Dritter durch den
  Gläubiger B 253
Kosten der Zwangsvollstreckung B 247-249
Kosten des Rechtsstreits B 301
Kosten des Verfahrens F 80–90
Kosten des Vergleichs B 335
Kosten, erstattungsfähige
– Begriff A 2; B 300
– des Berufungs- und Revisionsverfahrens in
  Arbeitssachen C 11–12
– im Festsetzungsverfahren B 116; F 169
– notwendige – B 360 ff; D 138–139
Kostenausgleich B 160-187
Kostenberechnung B 98; D 77
Kostenbeschluss
– nach § 269 Abs 4 ZPO B 31
– nach § 516 Abs 3 ZPO B 31
– nach § 91 a ZPO B 30
– nach §§ 102, 156, 165 SGG D 36
Kostenentscheidung
– bei Ergänzungsurteilen D 9
– bei Nichtverurteilung F 36
– bei Verweisung des Rechtsstreits D 8
– des Erinnerungs- und Beschwerdeverfahrens B 219i; D 129
– im Beschwerdeverfahren B 215
– im Strafverfahren F 3–10
– in der Vergütungsfestsetzung I 43
– versehentlich unterbliebene B 374
Kostenerstattung, eingeschränkte
– im Drittschuldnerprozess C 19
– in der Zwangsvollstreckung B 247
– vor dem Arbeitsgericht C 8
Kostenerstattungsanspruch
– Abtretung des – B 43
– allgemeine Voraussetzung der
  Kostenerstattung B 300

– Arbeitssachen C 1 ff
– Aufrechnung B 5, 86, 92
– Entstehung des – B 4
– Fälligkeit des – B 4
– materiellrechtlicher – B 8
– materiellrechtlicher/prozessualer
  (Verhältnis) B 9 ff
– mehrere -e D 91
– prozessualer – B 2–3
– psychosozialer Prozessbegleiter F 200 ff
– Verfügung über den – B 5
– Vergleich über – B 15
– Verjährung des – B 6
– Verwirkung B 6
Kostenfestsetzung
– allgemein A 2
– Antrag B 96
– im isolierten Vorverfahren D 209–216
– im verfassungsgerichtlichen Verfahren D 262 ff
– im Zivilprozess B 1 ff
– in Arbeitssachen C 1–22
– in Bußgeldsachen G 1–11
– in den Angelegenheiten der freiwilligen
  Gerichtsbarkeit E 1 ff
– in der Verwaltungs-, Finanz- und Sozialgerichts-
  barkeit, gesetzliche Grundlagen D 1–3
– in Familiensachen E 1 ff
– in Strafsachen, gerichtliche Grundlage F 1–2
– Streitgenossen D 131–134
– Versagung des Verfahrens B 14
Kostenfestsetzungsantrag
– Belege B 96, 99; D 77
– Form, Inhalt des – B 96 ff; D 75
– mehrere erstattungspflichtige Gegner B 101;
  D 78
– Nachliquidation B 104; D 82
– Rücknahme des – B 69
– Sachantrag D 76
– vereinfachte Kostenfestsetzung A 4; B 102;
  D 79; E 12
– Verwirkung D 81
– Zeitpunkt der Einreichung B 103; D 80
Kostenfestsetzungsbescheid D 195, 201, 217 ff
– Anfechtung D 220–221
– im isolierten Vorverfahren D 217–219
– Vollstreckung D 222
Kostenfestsetzungsbeschluss
– Abhängigkeit von der Kostengrundentschei-
  dung B 140; D 102
– als Vollstreckungstitel D 103
– Änderung des – ohne Rechtsbehelf B 155;
  D 110
– Anfechtung B 190-219i
– Aufnahme von Beschränkungen in – B 119 ff;
  D 95
– Begründung B 123; D 96
– Bekanntmachung B 125
– Berichtigung B 155

Stichwortverzeichnis

- Beschränkungen B 119
- Feststellungsbeschluss B 134a
- Inhalt des – B 110 ff; D 83–86
- Kostenausgleich B 160
- Kostenentscheidung B 116 ff; D 94
- Nachfestsetzung B 159
- Rechtsbehelfsbelehrung D 98
- Rechtskraft B 135 ff; D 99 ff
- Streitgenossen B 134
- Umschreibung auf den Namen des RA´s B 237
- Unterschrift B 124
- Verzinsung B A ff; D 87–93
- Vollstreckbarkeit B 141 ff; D 103
- Zustellung des – B 97, 125 ff

Kostengrundentscheidung A 2 ff, 16, 23; B 2 ff, 20, 308
- Auslegung, Nachtragsbeschluss B 20 ff; D 1, 4; F 8
- Bindung B 74
- des finanzgerichtlichen Verfahrens D 23 ff
- des sozialgerichtlichen Verfahrens D 30 ff
- des verwaltungsgerichtlichen Verfahrens D 10 ff; F 6
- Fehlen der – B 157; F 7
- gegenständlicher Anwendungsbereich B 308
- im isolierten Vorverfahren D 202
- in Familiensachen und Angelegenheiten der freiwilligen Gerichtsbarkeit E 2 ff
- keine Prüfung, ob erstattungsfähige Kosten E 2 f, 8
- Neufassung der – B 140
- versehentlich unterbliebene – B 374; D 6
- Wegfall der – B 211; F 149

Kostenpflicht des Gläubigers B 249
Kostenregelung (im Vergleich) B 336 ff; E 5 f
Kostenteilung, im Berufungs-/Revisionsverfahren (Arbeitssachen) C 12
Kostenübernahme F 89
Kreditkosten B 458
Kriegsdienstverweigerer D 187, 204, 228, 235
Kündigung, des Anwaltsvertrages B 551

LAG, Vorverfahren nach dem LAG D 223 ff
Lagerkosten B 613
Lastenausgleich, Vorverfahren nach dem LAG D 223 ff
Leugnen, des Auftrags I 30

Mahnverfahren B 310, 535 ff
Materiellrechtlicher Kostenerstattungsanspruch, Drittschuldnerprozess C 20
Mediation D 151 a
Mehrere Anwälte B 521 ff, 537–539 ff
- als Wahlverteidiger F 98
- bei Streitgenossen B 552; D 174; F 98; I 8
- bei Streitigkeiten nach dem WEG B 557 a

Mehrkosten A 16; B 41, 56, 162, 362
- auswärtiger Anwalt B 504, 530 ff; D 173
- für Umweg B 447

Mietwertgutachten B 410
Mindestgebühr F 112
Mithaftende A 12
Mittelgebühr F 112
Mündliche Verhandlung B 62, 209; F 147
Mutwillenskosten D 39, 47, 137

Nachliquidation B 104 ff, 156; D 82, 100
Nachschieben, von Positionen B 104 ff, 198
Nachtragsliquidation D 118
Nachverfahren B 76
Nebenfolgen, Kosten bei – F 59
Nebenintervenient B 40; C 8
Nebenklage F 44–55
Nichtabhilfe B 202
Nichtbestreiten B 93, 152; D 64
Nichtexistierende Partei B 45
Nichtigkeits- u Restitutionsgrund B 85, 136, 192
Nichtverurteilung, Kostenentscheidung bei – F 36
Niederlegung, des Mandats B 551
Normenkontrollverfahren D 15, 268
Notwendige Auslagen
- bei Klagerücknahme und Einstellung F 24
- Umfang der Erstattungspflicht F 91–121

Notwendige Kosten B 360-367; D 138–139
Notwendigkeit
- Anwaltsbeauftragung im isolierten Vorverfahren D 207
- Anwaltsbeauftragung im Vorverfahren D 185 ff
- Prüfung der – B 360 ff
- von Abschriften, Ablichtungen B 432 ff
- Zwangsvollstreckungskosten B 602 ff

Öffentliche Zustellung B 130

Partei A 10; B 40 ff
- ausländische B 595
- auswärtige B 521
- Gerichtskosten der obsiegenden – A 2
- kraft Amtes B 47, 558
- nichtexistierende – B 45
- Tod der – B 45

Parteien
- der Kostenfestsetzung A 10
- der Vergütungsfestsetzung A 12
- der Vergütungsfestsetzung gegen die Staatskasse A 13
- des Hauptverfahrens B 40
- in Strafsachen A 11
- vor- und außerprozessuale Aufwendungen B 342

Parteienhäufung A 20
- Rangfolge A 21

Stichwortverzeichnis

Parteifähigkeit A 15
Parteikosten, im Einzelnen D 140–151
Partei-Reisekosten, Anwaltskosten als hypothetische – C 9
Parteistellung, verschiedene B 542
Parteiverfahren A 6, 27, 44
Parteiwechsel B 48, 543
Patentanwalt B 420, 544 ff, 558
– ausländischer B 544
Patentgerichtliches Verfahren B 36
Patentingenieur B 544
Pauschvergütung, des Pflichtverteidigers F 176–177
Personal der Partei B 454
Personengesellschaft I 12
Persönliches Erscheinen (angeordnet) B 447 ff; C 6
Pflichtverletzung
– des Anwaltsvertrages I 33
Pflichtverteidiger
– Anrechnung von Vorschüssen und Zahlungen an den – F 190
– Anspruch des – auf Wahlverteidigervergütung F 185
– Auslagen F 178
– Auslagen des – Bußgeldverfahren F 193
– Auslagen des – in strafverfahrensähnlichen Verfahren F 172–193
– Festsetzung der Vergütung des – F 183
– Pauschvergütung F 176
– u Honorarvereinbarung F 188
– u Wahlverteidiger, Verhältnis F 99
– Vertreter F 182
Postdienstleistungen B 440 ff; D 166
Postgebühren B 61, 328, 440, 442; D 230; F 179
Privatgutachten B 247, 405 ff; D 149
– Aufwendungen D 149
– besondere Gutachten B 410; D 149
– Höhe der Gutachterkosten B 411
– Rechtsgutachten B 410
Privatklage F 33–43
– Vererblichkeit F 43
Prozessaufwand
– allgemeiner B 160, 304, 442, 457; D 140
Prozessbegleiter
– psychosozialer – F 200 ff
Prozessbevollmächtigter, s. auch Bevollmächtigte
– Antragsrecht B 43; D 42
Prozessbezogenheit B 244, 302
Prozessfähigkeit D 65
– GbR B 563
Prozesskosten A 16; D 136
– Abgrenzung Zwangsvollstreckungskosten B 244
Prozesskostenhilfe (PKH) A 3, 6, 31; B 50, 96, 180, 222, 225, 233, 330 ff
– Aufhebung der – H 23
– bei Streitgenossen H 29

– beigeordneter Rechtsanwalt B 220 ff; C 13; D 130; H 1 ff
– Bewilligungsverfahren B 330
– für beide Parteien B 180, 225
– gegenständlicher Umfang H 21
– Kosten des Bewilligungsverfahrens B 330 ff
– ohne Einfluss auf Erstattungspflicht B 50
– teilweise – H 22
– Übergang auf die Staatskasse B 226; H 49
– Urkundsbeamter H 16
– zeitlicher Umfang H 23
Prozesskostenhilfebewilligungsverfahren B 330 ff; D 20
Prozesskostenvorschuss B 63, 154, 351 ff
– bei Ausgleichung B 179
Prozessunfähigkeit B 46
Prozessvergleich B 24 ff, 83, 85, 102, 153, 157; D 20, 104; F 58
– Auslegung B 78, 376
– bedingter – B 25
– Form B 27
– gegenseitiges Nachgeben B 26
– Kostenregelung weicht vom Urteil ab B 336
– ohne Kostenregelung B 28
– Rückfestsetzung nach Vergleich B 153
– über den Wert B 83
Prozessvoraussetzungen
– Verfahren vor dem Urkundsbeamten der Geschäftsstelle D 65
Psychosoziale Prozessbegleitung F 200 ff

Quote
– Änderung in Kostenentscheidung B 113

Rahmengebühr A 16, 34; B 356; F 108; H 25; I 18
Rangfolge, bei Anspruchs- und Parteienhäufung A 21
Ratenzahlungsvergleich B 252
Recherchen B 420 ff
Rechtsanwalt, in eigener Sache A 33; B 558, 596; D 175 ff, 265; E 16; F 106
Rechtsanwaltsgebühren B 544; D 268; F 56
– im Festsetzungsverfahren F 169
Rechtsausführungen A 22; D 48
Rechtsbehelfsbelehrung D 98, 114, 232
Rechtsbeistand B 505; D 153, 214; F 105
Rechtsbeschwerde A 41; B 136, 218, 360, 521; E 11
Rechtsgutachten B 410, 545; D 150
Rechtskraft A 31, 38, 45 ff; B 12, 21, 25, 49, 135 ff
– Abhängigkeit vom Bestand der Kostengrundentscheidung B 135 ff; D 99, 102
– Durchbrechung B 139; D 101
– -erstreckung B 12; H 4; I 4
– formelle – B 136, 155
– früherer Festsetzung B 107; H 31; I 53
– -hemmung B 137

507

Stichwortverzeichnis

– materielle – B 138
– -zeugnis B 142, 328
Rechtsmissbrauch B 227, 362 f, 552, 611; H 52
Rechtsmittel
– FamFG E 13 ff
– gegen den Ansatz der Vollstreckungskosten B 240
– gegen die Kostenentscheidung F 11–14
– im Festsetzungsverfahren der Vergütung des Pflichtverteidigers F 184
– Konkurrenz von – F 14
Rechtsmittelbeklagter B 511
Rechtsmittelbelehrung A 36
Rechtsmittelverfahren, Kosten im – F 61–75
Rechtsmittelverzicht (gegen Wertfestsetzung) B 82
Rechtsnachfolger A 10–12 f, 29; B 42; D 43; I 13
Rechtspfleger A 14, 39; B 53 ff
– Prüfungsumfang des – F 129
– Unabhängigkeit B 60
– unzuständiger B 59
– Verfahren vor dem – B 53 ff
– Zuständigkeit B 53 ff
Rechtsschutz
– Erstattung von Gebühren für den – D 163
– Gewährung des – B 402; D 1
– unentgeltlicher C 7
– vorläufiger D 16 ff, 27, 59, 149
Rechtsschutzbedürfnis B 13, 31; I 2, 39
– Fehlen des – D 94, 129, 191, 266
Rechtsschutzinteresse A 9; D 66
– Fehlen des – A 16; B 242; D 130
Rechtsschutzversicherung B 402; F 92 ff; G 9; H 13; I 38
Referendar F 103 f
– nicht als Vertreter des Pflichtverteidigers F 182
Reise (Begriff) A 7
Reisekosten der Partei B 98, 138, 303, 447 ff; C 6, 9; D 142
– als notwendige Auslagen D 264
– Fahrten mit öffentlichen Verkehrsmitteln B 455
– Flugreise zu dem Ort des Prozessgerichts B 455
– Höhe erstattbarer Reisekosten B 455
– hypothetische Parteireisekosten C 9
– Informationsreise B 61, 70, 452; D 143
– nicht vom Wohnsitz aus angetreten B 448
– Übernachtungskosten B 455
– von Personal der Partei B 454
– von Streitgenossen B 453
– zum Beweistermin B 451
– zum Verhandlungstermin B 449
Reisekosten des auswärtigen Verteidigers F 113
Reisekosten des Rechtsanwalts B 500 ff, 589 ff; D 173; F 113
– auswärtiger Rechtsanwalt B 530 ff; C 6; D 173
– in Arbeitssachen C 6
– notwendige B 589
– Reise dient mehreren Geschäften B 589
– Terminsvertreter B 533

– überörtliche Sozietät B 529
– Unterbevollmächtigter B 533
– Verkehrsanwalt B 534
Revisionsgericht, Hauptverhandlung vor dem – D 146; F 97
Rubrum A 29; B 47, 85, 110; D 72, 83; I 5
Rückfestsetzung B 148 ff, 575; D 106
Rücknahme
– der Klage B 20, 31, 315; D 12, 26, 36; F 24
– der Rechtsmittel des Angeklagten F 73
– des Kostenfestsetzungsantrags B 69, 216

Sachverständiger B 40; D 40, 145; F 16, 78
– Entschädigung B 88, 312, 406, 451
– prozessbegleitende Beratung B 409
– Vergütung A 1 ff
Säumniskosten A 4; B 41, 78, 112, 162; F 16
Schadensersatzansprüche B 87; C 17; D 106
– Anrechnung B 231
– aus § 717 Abs 2 ZPO B 149, 225
– aus § 840 Abs 2 Satz 2 ZPO C 20
Schadensersatzrecht, eigene Berufstätigkeit A 33
Schadensminderungspflicht B 361 ff
Schiedsgutachten B 354, 410
Schiedsmann B 36
Schiedsrichterliche Verfahren B 36, 353
Schlichtungsverfahren B 426
Schreibauslagen B 438; D 142, 230, 237, 267; F 115
Schriftsatzabschrift B 434
Schriftsatzanlage B 434
Schriftsatzgebühr B 583 ff
Schutzschrift B 346, 513 ff, 586
Selbständiges Beweisverfahren B 311 ff
Selbstanzeige, unwahre F 17
Selbstvertretung D 175 ff
– im fG-Verfahren B 558
– im Vorverfahren D 188
– im Zivilprozess B 558
Sicherheitsleistung B 119, 143, 146
– Beschaffung der – B 607
– im Kostenfestsetzungsbeschluss B 119, 245 ff; D 95
– Kosten der B 245, 607
– Nachweis der – B 604
– Rückgabe der – B 321
– zur Abwendung der Zwangsvollstreckung B 458
– zur Ermöglichung der Zwangsvollstreckung B 607 ff
Sicherungsvollstreckung B 146, 247
Simultandolmetscher B 422
Sofortige Beschwerde B 155, 190 ff, 240; C 4; E 18; F 11 ff
Sozialgerichtliches Kostenfestsetzungsverfahren D 137
Sozialrechtliches Verwaltungsverfahren D 298–299
Sozietät B 550, 566; I 8 ff, 50
– überörtliche B 529

Stichwortverzeichnis

Sozietätsanwälte B 529, 541, 550; I 8
– als Streitgenossen B 553 ff
Spezialanwalt B 545
Staatskasse C 13; D 1, 40, 48, 56, 68; F 1 ff
– Festsetzung der Vergütung gegen die – H 1 ff
– Gebühren und Auslagen F 80
– Kostenfestsetzung gegen die – A 24
– Übergang des Beitreibungsrechts auf die – B 226
– Vergütungsfestsetzung gegen die – A 13, 26
Steuerberater D 130, 153, 159 f, 207; I 10
Strafantrag, Zurücknahme des – F 30
Strafanzeigegebühr B 588
Strafbefehl, Kostenentscheidung im – F 4
Straffreierklärung F 29
Strafsache A 2, 11, 36, 40, 44; F 1 ff
– beonders umfangreiche F 177
– besonders schwierige F 177
Strafverfolgungsmaßnahmen, Kostenerstattungsanspruch F 196 ff
Streitgenossen A 9; D 131
– Antragsberechtigung B 49
– Ausgleichung B 49, 134, 181, 224, 313, 452, 550 ff; D 131
– Festsetzung bei – B 134
– mehrere Anwälte von – B 552 ff
– Obsiegen aller – D 132–133
– Obsiegen und Unterliegen von – B 377 ff; D 134
– PKH H 29
– Reisen von – B 453
Streitgericht B 537–539
Streitverfahren nach Mahnverfahren B 535 ff
Streitwert A 1, 32
– -änderung B 139 ff, 150
– -beschluss B 139
– -beschwerde B 67; I 25
– Bindung an – D 73
– Einwendungen gegen den – B 201; D 120
– -festsetzung A 38; B 79 ff; D 101
– in Arbeitssachen C 3
– nachträgliche Änderung H 33; I 53
– Rückfestsetzung B 148
Substantiierung H 13; I 37
Substantiierungsgutachten B 406 f; D 149
Substantiierungspflicht B 61

Tagegeld B 444; D 145
– Bemessung C 9
– des behördlichen Terminsvertreters D 145
– des Rechtsanwalts B 589; D 230
– Verwaltungsverfahren D 237
Teilabhilfe, bei Rechtsbehelf B 207; F 143; H 43
Teilanfechtung B 138
Teilbeschluss A 28
Teilfreispruch A 17, 24
– förmlicher, echter – F 25
– sog fiktiver – F 27

Teilzahlungen B 240
Telekommunikationsdienstleistungen B 440 ff; C 9; D 69, 77, 166
Tenor A 30; B 77
– Beschluss- B 110
Terminsgebühr B 73, 178, 540, 570
– im Mahnverfahren B 536
Terminsreisen D 144, 148
– Erstattung bei Wahrnehmung verschiedener Termine D 148
– zu aufgehobenen Terminen D 147
– zu Revisions-, Verkündungsterminen D 146
Terminsvertreter, behördliche D 145
Testkauf B 423 ff
Tilgung
– -seinwand B 63
– Vermerk über – im Festsetzungsbeschluss B 95
Titelumschreibung D 42; F 125; I 50
Tod
– der Partei B 44, 66; D 14, 44
– des Berechtigten, des Verpflichteten oder des Beschuldigten F 37, 119 ff, 168
– des Ehegatten B 25
– des Nebenklägers F 54, 70
– des Privatklägers F 37, 43, 121
– des Rechtsanwalts B 223, 541, 550; H 9
– des Verteidigers F 110
– im Strafverfahren F 119–121
Toleranzgrenzen F 112
Transportkosten B 613
Treu und Glauben B 361 ff, 503, 603; C 6, 9; D 74, 81, 152, 161

Übergang auf die Staatskasse
– des Beitreibungsrechts B 226 ff
– des Vergütungsanspruchs des Rechtsanwalts H 49
Überprüfungsgutachten B 408
Überprüfungsverfahren nach § 99 Abs. 2 VwGO D 7
Überraschungsentscheidung, Verbot von – A 22; B 209; F 145
Übersetzer, Beiträge für – F 86
Übersetzungskosten B 421; F 81
Umsatzsteuer A 27; B 61, 591 ff; D 164, 165 ff, 178
Umschreibung
– auf beigeordneten Rechtsanwalt B 228
– der Vollstreckungsklausel B 141
– des Kostenfestsetzungsbeschlusses B 42, 147, 236
– des Strafurteils A 11
– des Titels A 10
– Rechtsnachfolger B 42
Unabhängigkeit des Rechtspflegers B 60
Unbilligkeit von Gebühren A 34; F 111; H 25
Unmöglichkeit der Vertragserfüllung B 551; F 112 ff
Unterbevollmächtigter B 66, 223–224, 305, 533 ff, 547; F 103 ff

Stichwortverzeichnis

Unterbliebene Kostenentscheidung D 6, 16, 201; F 7
Unterbrechung
– der Hauptverhandlung F 118
– der Verjährung B 509
– des Verfahrens B 66, 111
– des Vergütungsfestsetzungsverfahrens I 25
Unterbringung, einstweilige
– Kosten F 85
Untersuchungsgrundsatz D 63
Untersuchungshaft F 85
Unzulässige Rechtsausübung B 361; D 74
Urheberrechtsstreitigkeiten B 427
Urkundsbeamter der Geschäftsstelle A 6, 14, 37, 42; B 143; D 86; H 32
– »Denkfehler« des – D 110
– Abhilfe D 121
– Bindung an Antrag D 71
– Bindung an Beiordnung H 16
– Bindung an Kostengrundentscheidung D 72
– Bindung an Streitwert D 73
– des Truppendienstgerichts D 314
– Einwendungen D 74
– Erinnerung A 39; D 112, 124
– Festsetzung der Vergütung F 183
– Kostenfestsetzungsbeschluss D 2
– Prüfungsumfang H 20 ff
– Rechtsstellung D 61; H 8
– Unterschrift auf Kostenfestsetzungsbeschluss D 86
– Verfahren vor dem – D 59 ff
– Zuständigkeit H 15
Urteilsverfahren in Arbeitssachen C 3, 5 ff
– Kompetenzzentren C 5
Urteilszustellung
– Kosten B 328

Veranlasserprinzip B 240
Verbandsbeitrag C 7
Verbandsvertreter C 7; D 157
Verbindung, von Kostenfestsetzungsverfahren B 68
Verbot von Überraschungsentscheidungen B 209
Verdienstausfall B 456 f; C 10; D 145, 213, 233 f, 237, 306; F 93
Verfahren
– kostenrechtlich selbständige – B 310 ff
Verfahrensgebühr B 559 ff
– für einzelne Tätigkeiten B 583 ff
Verfahrensgrundsätze A 15–16; B 61 ff, 208 ff; D 62
Verfahrenshindernis F 21
Verfahrensvoraussetzungen A 15–16
Verfassungsgerichtliche Verfahren, Kostenfestsetzung in – D 262 ff
Verfügungen über Kostenfestsetzungsanspruch B 5
Verfügungsgrundsatz D 64
Vergleich
– außergerichtlicher – B 166, 571; D 21, 37

– gerichtlicher D 20
– im Kostenfestsetzungsgesuch D 75
– in Adhäsionsverfahren F 58
– in Arbeitssachen C 8
– in der Zwangsvollstreckung B 614
– in FamFG-Verfahren E 5 f
– in sozialgerichtlichen Verfahren D 37
– -kosten B 335, 340 ff
– Kostengrundentscheidung D 20
– Prozess- B 24 ff, 78, 153; D 21
– schiedsrichterliche – D 22
– Teil- B 336
Vergütung
– Anwalts- A 33
– der Rechtsanwälte, Rechtsbeistände, Steuerberater D 159–161
– der sonstigen Bevollmächtigten D 160
– gesetzliche A 16
– im Vorverfahren D 192, 214 ff
Vergütungsanspruch des Rechtsanwalts, Übergang auf die Staatskasse H 49 ff
Vergütungsfestsetzung A 3; I 1 ff
– Ablehnung (§ 11 Abs 5 RVG) I 40
– Antragsberechtigung I 6
– Beschluss A 29
– Beweis A 27
– Einwendungen A 25
– Festsetzungsbeschluss I 1 ff, 42 ff
– gegen die Staatskasse A 13
– Parteien, Beteiligte der – A 12
– Streitwert A 32
– verauslagte Beträge I 15
– Verfahren E 20; I 20 ff
– Verhältnis zum Ausgangsverfahren I 4, 49
– Verhältnis zum Gebührenprozess I 2
– Vollstreckungstitel A 46
Verhandlungsgrundsatz A 27; B 61; D 63
Verjährung A 2; B 6
– der RA-Vergütung I 35
– des Kostenerstattungsanspruchs B 6, 91, 103
– -hemmung I 27
– Verfolgungs- F 21
Verkehrsanwalt B 224, 421, 534; F 100
Vermeidung des Rechtsstreits B 343
Verrechnung H 13; I 32
Verschlechterungsverbot B 211; F 149
Verschweigen, entlastender Umstände F 19
Verstrickungswirkung (für beigeordneten RA) B 228
Verteidiger
– -gebühren F 9 ff, 67
– in eigener Sache F 106–107
– Vergütung F 28, 84
Vertreter
– amtlich bestellter B 558
– des öffentlichen Interesses D 48
– des Rechtsanwalts F 103
– ohne Vertretungsmacht B 32; D 40

Stichwortverzeichnis

- Selbst- D 175
- Verbands- C 7; D 157, 213

Vertretungskosten, in Arbeitssachen C 6, 11–12
Vertretungszwang D 122
Verurteilung F 25
Verwaltungs(vor)verfahren A 4; B 309, 356; D 180, 228
Verwaltungsgebühren, Erstattung der – im Vorverfahren D 184
Verwaltungsverfahren D 228
- Bestellung eines Vertreters von Amts wegen D 229–232
- kommunalabgabenrechtliche D 196
- Kostenerstattung im – D 228
- sozialrechtliches – D 199, 221, 233

Verwaltungsverfahrensgesetze der Länder D 194
Verweisung
- Anwaltswechsel nach – B 546
- Arbeitsgericht/Zivilgericht B 56, 546; C 15; D 8
- in Arbeitssachen C 14
- Zivilgericht/Arbeitsgericht C 16

Verwirkung A 43; B 6, 91; D 81
Verzicht (auf Kostenerstattungsanspruch) B 69
Verzinsung B A ff
- bei mehreren Kostenerstattungsansprüchen D 87, 90–92, 126
- im sozialgerichtlichen Verfahren D 88
- nachträgliche Änderung des Titels B 112; D 93
- nachträglicher Antrag B 115; D 90

Vollmachtloser Vertreter B 32; D 40
Vollstreckbare Urkunde B 35
Vollstreckung A 2, 46; D 3, 103–104; I 49 ff
- Kosten der – B 242; F 87

Vollstreckungsbescheid B 34
Vollstreckungsgegenklage B 21; C 8; I 51
Vollstreckungsgericht B 242
Vollstreckungsschutzverfahren B 249
Vorbehalt beschränkter Erbenhaftung B 121; D 95
Vorbehalte, der Kostengrundentscheidung A 30
Vorbehaltsurteil A 2
Vorbereitung der öffentlichen Klage, Kosten der – F 81
Vorbereitungskosten A 16; B 16, 244, 247, 302, 400 ff
Vordruck A 37
Vorläufig vollstreckbares Urteil
- Kosten der Zwangsvollstreckung B 606 a

Vorläufiger Rechtsschutz, Kostengrundentscheidung D 10, 16 ff, 27, 59, 149
Vorsteuerabzugsberechtigte Partei B 591 ff
Vorverfahren
- Anfechtung B 309; D 220–221
- Drittbeteiligte im – D 206
- erstattungsfähige Gebühren des – D 192
- erstattungsfähige Kosten des – D 183
- finanzgerichtliches – D 181
- Gegenstandswert D 193
- isoliertes D 194 ff
- kommunalabgabenrechtliche Verwaltungsverfahren D 196
- Kostenentscheidung D 226
- Kostenfestsetzung D 209–219, 227
- Kostengrundentscheidung D 197–205
- Lastenausgleich D 223
- nach dem LAG D 223–224
- Notwendigkeit der Zuziehung eines Bevollmächtigten in – D 185–193, 207 ff
- sozialgerichtliches – D 182
- Vergütung der Bevollmächtigten D 225
- Verwaltungsgebühren D 184
- verwaltungsgerichtliches – D 180
- Vollstreckung D 222

Wahlverteidiger
- Auslagen F 114
- mehrere F 98
- neben Pflichtverteidiger F 189
- Pauschgebühr, § 42 RVG F 194

Wahlverteidigergebühren, Anspruch des Pflichtverteidigers auf – F 185–187
Wahrheitsfeststellung B 64
Wahrheitswidrige Belastung F 18
Wartefrist B 145
Wegstreckenentschädigung D 142
Wehrbeschwerdeverfahren, Kostenfestsetzung im – D 315 ff
Wehrdisziplinarverfahren, Kostenfestsetzung im – D 313–314
Weitere Vergütung (§ 50 RVG) H 45
Wertansatz (zu hoher) B 90
Wertfestsetzung, Bindung an – B 79 ff; D 73
Wettbewerbsstreitigkeiten B 344
Widerspruch (Mahnverfahren) B 535 ff
Wiederaufnahmeantrag F 76, 88
Wiedereinsetzung in den vorigen Stand B 136, 194
- Kosten der Wiedereinsetzung F 77

Wohnungseigentümergemeinschaft B 568

Zahlungen, Angabe erhaltener – H 26
Zahlungsanspruch
- öffentlichrechtlicher – A 6
- privatrechtlicher – A 5

Zahlungseinwand B 86
Zahlungsnachweis B 507
Zeitversäumnis B 304, 455 f; F 93
- Ausschluss der Entschädigung wegen – in Arbeitssachen C 4, 19
- Entschädigung für notwendige – F 93
- für Prozessbearbeitung B 304
- im Strafverfahren F 93
- in öffentlich-rechtlichen Streitigkeiten D 136, 139, 142
- in verfassungsgerichtlichen Verfahren D 264

Zeugen, Entschädigung von – B 444 ff; F 83

Stichwortverzeichnis

Zug-um-Zug-Verurteilung B 120
– bei Testkauf B 424
Zulassung des Rechtsanwalts
– Aufgabe der – B 508, 551
Zuordnung zur Kostengrundentscheidung B 301
Zurückverweisung B 212, 214; D 127
Zusammentreffen von Erinnerung und Beschwerde B 219f
Zuständigkeit A 14
– Festsetzungsverfahren B 53; H 15 ff
– Kostenfestsetzung im Zivilprozess B 53 ff, 341
– Vergütungsfestsetzungsverfahren I 22 ff
Zustellung
– »Direktzustellung« durch Fahrrad-Kurierdienst B 459
– des Kostenfestsetzungsbeschlusses B 125; D 97
– des Titels B 604
– EU-Ausland B 459
– öffentliche B 130
– -sadressat B 126
– -sbeamter B 328
– -skosten B 459
– Urteils- B 328
– Vergütungsfestsetzungsbeschluss I 44
Zuziehung eines Bevollmächtigten
– Entscheidung über die – D 189–191
– im isolierten Vorverfahren D 207
– im Vorverfahren D 185–187
Zwangsvollstreckungskosten B 57, 240 ff, 599–601 ff; C 21 ff; E 19 f
– Abgrenzung Prozesskosten B 244
– Einzelfälle B 247
– Erstattungsanspruch des Schuldners bei Urteilsaufhebung B 255
– keine Kosten der Zwangsvollstreckung B 250
– mittelbare - B 244
Zwangsvollstreckungsverfahren
– einstweilige Einstellung B 319
– mit eigener Kostenentscheidung B 241
– Rechtsmittelkosten B 251
– Vergleich B 614
Zweckentsprechende Rechtswahrnehmung B 364 ff
Zweiterinnerung H 41
Zwischenverfahren, unselbstständige D 7